隧道与地铁施工专题精讲丛书

U0892041

盾构施工技术

第二版

SHIELD CONSTRUCTION TECHNIQUE

SECOND EDITION

陈　馈　洪开荣　焦胜军　主　编
牟　松　章龙管　刘金祥　副主编

人民交通出版社股份有限公司
北　京

内 容 提 要

本书分为三篇，第一篇“盾构施工”介绍了盾构类型及其发展历史，全面、透彻阐述了盾构工作原理、选型、管理及盾构施工最新技术、土工问题、衬砌及管片技术等；第二篇“工程实例”重点论述了具有我国典型地质条件特点的以北京为代表的砂卵石地层盾构施工、以上海为代表的软土地层盾构施工、以广州为代表的复合地层盾构施工、以重庆地区为代表的岩石地层盾构 TBM 施工，并介绍了这几个国内有代表性城市盾构工程的各自特点及技术应用；第三篇“施工视频”，可通过手机扫描书上的二维码，即可观看，有助于帮助读者揭开盾构 TBM 及顶管施工的神秘面纱。

全书图文并茂，视觉震撼，深入浅出，资料翔实，参考性强，可供盾构设计、施工、工程管理、教学、科研等相关专业技术人员学习参考。

图书在版编目(CIP)数据

盾构施工技术/ 陈馈，洪开荣，焦胜军主编. —2 版. —北京：人民交通出版社股份有限公司，2016. 3

ISBN 978-7-114-12800-4

Ⅰ. ①盾… Ⅱ. ①陈… ②洪… ③焦… Ⅲ. ①盾构—工程施工 Ⅳ. ①U455. 43

中国版本图书馆 CIP 数据核字(2016)第 024236 号

Dungou Shigong Jishu

书　　名：盾构施工技术（第二版）

著 作 者：陈　馈　洪开荣　焦胜军

责任编辑：张江成

出版发行：人民交通出版社股份有限公司

地　　址：(100011)北京市朝阳区安定门外外馆斜街 3 号

网　　址：http://www. ccpcl. com. cn

销售电话：(010)85285857

总 经 销：人民交通出版社股份有限公司发行部

经　　销：各地新华书店

印　　刷：北京虎彩文化传播有限公司

开　　本：880×1230　1/16

印　　张：35. 25

字　　数：1052 千

版　　次：2009 年 5 月　第 1 版

2016 年 3 月　第 2 版

印　　次：2025 年 1 月　第 8 次印刷　总第 13 次印刷

书　　号：ISBN 978-7-114-12800-4

定　　价：98. 00 元

《盾构施工技术(第二版)》编写委员会

主　　编　陈　馈　洪开荣　焦胜军

副 主 编　牟　松　章龙管　刘金祥

编　　委　傅德明　竺维彬　贺少辉

　　　　　张岩涛　张　凌　张昆峰

责任编辑　王　霞　李　娜

主编单位　中铁隧道局集团有限公司

　　　　　陕西铁路工程职业技术学院

　　　　　湖南中天凿岩科技有限公司

　　　　　中铁工程服务有限公司

　　　　　厦门厦工中铁重型机械有限公司

　　　　　北京市轨道交通建设管理有限公司

　　　　　上海市土木工程学会

　　　　　广州地铁集团有限公司

　　　　　吉林省维尔特隧道装备有限公司

　　　　　中铁十一局武汉重型装备有限公司

　　　　　六朝松(北京)教育科技有限公司

　　　　　盾构(上海)教育科技中心

序一

21 世纪是隧道及地下空间大发展的时代，中国作为世界最大的隧道及地下工程施工市场，前景广阔。目前，我国的城市轨道交通正面临着史无前例的建设高潮，截至 2015 年，全国 39 个城市正在建设地铁。北京、上海、广州、重庆等城市在已经开通运营多条地铁线路的基础上，仍以每年数百亿元的投资速度推进。以北京市为例，北京市城市轨道交通 2020 年线网由 30 条线组成，总长度为 1177 公里；远景线网由 35 条线路组成，总长度 1524 公里；2015—2021 年将建设 12 个项目，总长度 262.9 公里，计划总投资 2122.8 亿元。

随着我国工程建设领域法制和法规的完善，对工程建设项目综合效益的要求和环境保护意识的提高，对施工技术和管理的要求日渐提高。在建筑物密集的繁华市区和特殊地质地形区段普遍要求采用盾构法。从北京、广州等地已建成地铁的工程实践来看，随着近年国内盾构施工技术水平和国产盾构技术的不断提高，盾构法施工显示出强大的优势，应用越来越多。

盾构法具有对周围环境影响小、自动化程度高、施工快速、优质高效、安全环保等优点。随着长距离、大直径、大埋深、地质复杂多变、复杂断面盾构施工技术的发展和不断成熟，盾构法越来越受到重视和青睐。特别是在地层条件差、地质情况复杂、地下水位高等情况下，盾构法更具有明显的优越性。盾构法施工有其自身独特的技术特点，盾构与常规设备不同，是根据具体施工对象量身定做的特种设备，盾构的设计与施工必须与工程地质紧密结合，与工程量及经济合理性相匹配，才能充分发挥盾构法安全、优质、快速的优势。

本书是在《盾构施工技术》(第一版)基础上进行全面修订后再版的，全面、透彻阐述了盾构工作原理、选型、管理及盾构施工最新技术，并紧密结合北京、上海、广州、重庆等地区的盾构隧道工程实践，真实地介绍了不同地质条件下盾构法施工技术的宝贵经验和教训，很有特色。该书理论紧密联系实际，图文并茂，视觉效果震撼，内容深入浅出，展现了盾构法施工的最新技术，并突出应用，可参考性强，是盾构法施工技术领域的一部力作，对国内盾构法施工具有很好的指导、借鉴作用。

借本书再版之际，谨以此序向多年来为我国隧道及地下工程事业的发展做出突出贡献的广大工程技术人员和施工企业致以诚挚的问候！并对为本书的再版辛勤付出的各位编委、作者表示感谢。

我将本书推荐给从事盾构设计、施工、工程管理、教学、科研等工作的人员和广大读者，相信本书的出版对我国盾构法施工技术水平的提高，定会起到积极的推动作用。

王梦恕

中国工程院院士

2016 年 1 月

序 二

《盾构施工技术(第二版)》阐述了盾构发展现状及前景展望、盾构选型、盾构施工技术、盾构设备使用与管理,主要研究和总结了以北京地区为代表的砂卵石地层、以上海地区为代表的软土地层、以广州地区为代表的复合地层、以重庆地区为代表的岩石地层的盾构施工最新技术。这一研究和总结不仅在中国而且在世界的盾构法隧道施工领域也是一项新的成果,它对以后的盾构法隧道工程、盾构的设计以及盾构法施工(尤其是在中国的)都将起到有价值的指导和参考作用。

本书的再版也反映出中国盾构法施工领域取得的快速发展,到目前为止,广州、北京、上海、重庆等地的盾构工程已完成了数百公里,这些工程的大规模实施,极大地丰富和完善了中国在各种复杂地层条件下的盾构施工技术,为今后在各种复杂地层条件下应用盾构法施工奠定了坚实的基础。

本书是一本难得的技术参考书,可供从事盾构施工及管理的同行作为工作和学习的重要参考资料。

在本书即将付印之际,我谨代表海瑞克股份公司(Herrenknecht AG)衷心地感谢该书的作者、中铁隧道集团及所有参与广州、北京、上海、重庆地铁工程建设的相关单位和工程技术人员。

E.h.Martin Herrenknecht

海瑞克股份公司董事会主席

2016 年 1 月

第二版前言

隧道及地下空间的大发展，促进了盾构法施工技术的进步。盾构法施工的历史，始于英国，发展于日本、德国。自从1825年布鲁诺尔在伦敦泰晤士河下使用矩形盾构开始修建世界上第一条盾构法隧道以来，盾构法施工至今(2016年)已有191年的历史。我国是20世纪50年代开始采用盾构法修建隧道和管道工程，虽然起步较晚，但由于注意吸收和采用先进技术和新工艺，参考和借鉴国外成功的经验和失败的教训，所以发展较快，但与技术先进国家仍存在较大的差距。

盾构法施工虽然具有掘进速度快、质量优、对周围环境影响小、施工安全性相对较高的优点，但由于盾构工程的复杂性，再加上选型及施工方法的不当，工程事故常有发生。盾构施工总是因为“地质的复杂性”、“盾构的不适应性”、“人认知的局限性、方案和措施的不合理性”等薄弱环节，而引发盾构工程事故。为了尽快反映盾构法施工的新技术、新方法，总结盾构法施工方面的经验，以便充分发挥盾构法施工的技术优势，中铁隧道集团有限公司于2009年组织国内多位盾构技术领域专家编写了《盾构施工技术》一书，该书自出版以来，已5次印刷，发行量已超过10000册，深受广大盾构技术人员的厚爱。

为全面掌握近年来盾构技术的最新发展动态，盾构及掘进技术国家重点实验室再次组织有关盾构法施工领域技术专家，对2009年出版的《盾构施工技术》进行全面修订。

全书分为15章，力求深入浅出，全面、透彻阐述盾构工作原理、选型、管理及盾构施工最新技术，重点论述了我国典型地质条件特点的几个国有代表性城市的盾构(TBM)工程的各自特点及技术应用实例，具体有以北京为代表的砂卵石地层盾构施工、以上海为代表的软土地层盾构施工、以广州为代表的复合地层盾构施工、以重庆为代表的岩石地层岩石掘进机(TBM)及盾构施工。该书图文并茂、视觉震撼、资料翔实。

目前，我国的城市轨道交通建设正面临着史无前例的高潮，截至到2015年，全国有39个城市正在建设地铁。北京、上海、广州、重庆等城市在已经开通运营多条地铁线的基础上，仍以每年数百亿元的投资速度推进。以北京市为例，北京市城市轨道交通2020年线网由30条线组成，总长度为1177公里；远景线网由35条线路组成，总长度1524公里；2015—2021年将建设12个项目，总长度262.9公里，计划总投资2122.8亿元。本书以城市地铁盾构法隧道施工技术为主要内容，对市政、公路、铁路隧道施工也有重要参考作用。

本书邀请了中国工程院院士王梦恕担任编委会顾问；由盾构及掘进技术国家重点实验室执行主任陈馈、中铁隧道集团总工程师洪开荣、陕西铁路工程职业技术学院副院长焦胜军教授等任主编。

在本书编写过程中，中国中铁一局、中国铁建十六局、北京城建集团、北京住总集团、广州市地下铁道总公司等有关人员分别提供了在北京、广州地铁施工中使用的盾构的部分参数及施工经验，上海城市建设设计研究院潘国沁先生提供了上海盾构隧道施工资料，上海隧道工程股份有限公司张冠军先生提供矩形隧道资料，并对本书的有关内容提出许多中肯的意见或建议，在此一并表示感谢。

尽管我们尽了最大的努力，但本书可能仍会存在许多缺点甚至错误，恳请广大读者批评指正。

盾构及掘进技术国家重点实验室

2016 年 1 月

目录

第一篇 盾构施工

第 1 章 盾构概论 ………………………………………… 3
1.1 盾构及其工作原理 ………………………………… 3
1.2 盾构分类 ………………………………………… 3
1.3 典型盾构介绍 ……………………………………… 6
思考题 ……………………………………………… 21
第 2 章 盾构的开发与应用 ………………………………… 22
2.1 盾构的起源与发展 ………………………………… 22
2.2 盾构在我国的发展与应用 …………………………… 26
2.3 盾构产业模式 ……………………………………… 35
2.4 盾构发展趋势 ……………………………………… 36
2.5 盾构法施工新技术 ………………………………… 37
2.6 盾构技术发展方向 ………………………………… 42
2.7 盾构市场前景 ……………………………………… 43
思考题 ……………………………………………… 44
第 3 章 盾构法概论 ……………………………………… 46
3.1 隧道施工的主要方法 ……………………………… 46
3.2 盾构法基本概念 …………………………………… 47
3.3 盾构法的主要技术特点 …………………………… 47
3.4 盾构法的优缺点 …………………………………… 48
3.5 盾构法适应范围 …………………………………… 48
3.6 国外盾构法隧道发展历史 ………………………… 50
3.7 我国盾构法隧道发展历史 ………………………… 51
3.8 典型盾构工法介绍 ………………………………… 57
思考题 ……………………………………………… 58
第 4 章 盾构选型 ………………………………………… 59
4.1 概述 ……………………………………………… 59
4.2 盾构选型的原则 …………………………………… 60
4.3 盾构选型的依据 …………………………………… 60
4.4 盾构选型主要步骤 ………………………………… 61
4.5 盾构选型的主要方法 ……………………………… 61
4.6 盾构形式的选择 …………………………………… 63

4.7　刀盘结构形式的选择 …… 65
4.8　刀具的种类与破岩机理 …… 67
4.9　刀盘驱动方式的选择 …… 71
4.10　主要技术参数的计算 …… 71
4.11　施工辅助设备的选择 …… 78
思考题 …… 78
第5章　盾构隧道竖井施工 …… 80
5.1　盾构隧道竖井的一般要求 …… 80
5.2　盾构竖井的构筑工法 …… 81
5.3　沉井竖井工法 …… 81
5.4　挡土围护竖井施工法 …… 84
5.5　竖井工程实例 …… 87
思考题 …… 89
第6章　盾构法隧道施工 …… 90
6.1　盾构的现场组装与调试 …… 90
6.2　盾构的现场验收 …… 96
6.3　盾构始发技术 …… 97
6.4　土压平衡盾构掘进技术 …… 101
6.5　泥水盾构掘进技术 …… 107
6.6　管片拼装技术 …… 112
6.7　壁后注浆技术 …… 113
6.8　施工测量 …… 114
6.9　盾构带压进仓技术 …… 116
6.10　刀具的检查与更换 …… 120
6.11　特殊地段及特殊地质条件施工 …… 127
6.12　地中对接技术 …… 131
6.13　隧道的防水施工技术 …… 134
6.14　盾构调头技术 …… 135
6.15　盾构到达技术 …… 141
6.16　二次衬砌施工技术 …… 143
6.17　盾构的拆卸与包装 …… 145
6.18　盾构法施工的安全健康 …… 149
6.19　盾构法施工的环境保护 …… 154
思考题 …… 157
第7章　盾构施工中的土工问题 …… 159
7.1　引言 …… 159
7.2　盾构掘进工作面的稳定问题 …… 160
7.3　盾构掘进过程中的土工问题 …… 169
7.4　隧道下卧层土体的变形与流动性 …… 182
7.5　盾构出/进洞段的土工问题 …… 183
7.6　土体加固技术 …… 185
思考题 …… 201

第 8 章 隧道的衬砌结构与构造 …… 202
8.1 隧道的衬砌结构 …… 202
8.2 一次衬砌 …… 203
8.3 二次衬砌 …… 205
8.4 管片的构造 …… 206
8.5 管片设计 …… 208
思考题 …… 224
第 9 章 管片制作技术 …… 225
9.1 资源配置 …… 225
9.2 前期筹备 …… 226
9.3 主要原材料及标准 …… 227
9.4 管片生产工艺 …… 228
思考题 …… 235
第 10 章 盾构(TBM)设备管理与使用 …… 236
10.1 盾构(TBM)设备的管理 …… 236
10.2 盾构(TBM)设备的使用 …… 241
10.3 盾构(TBM)保养与维修 …… 244
思考题 …… 264

第二篇 工 程 实 例

第 11 章 以北京为代表的砂卵石地层盾构施工 …… 269
11.1 北京地区典型工程地质条件及水文地质条件 …… 269
11.2 北京地铁盾构隧道工程概况 …… 272
11.3 砂卵石地层盾构施工的原理及主要问题 …… 281
11.4 北京地铁试验段盾构施工实例 …… 286
11.5 马家堡站—北京南站盾构施工实例 …… 292
11.6 辐条式盾构施工实例 …… 312
思考题 …… 317
第 12 章 以上海为代表的软土地层盾构施工 …… 318
12.1 上海软土地层盾构施工概述 …… 318
12.2 上海软土地层施工典型盾构 …… 322
12.3 ϕ6.34m 土压平衡盾构施工概述 …… 328
12.4 盾构穿越建筑物及保护技术 …… 331
12.5 盾构穿越既有地铁隧道及保护技术 …… 334
12.6 地铁 2 号线西延伸工程 2 标段施工实例 …… 337
12.7 双圆土压平衡盾构施工 …… 342
12.8 矩形盾构施工技术 …… 347
12.9 泥水盾构施工技术 …… 349
思考题 …… 362
第 13 章 以广州为代表的复合地层盾构施工 …… 363
13.1 广州复合地层盾构施工概述 …… 363

13.2 复合地层需要研究的地质问题 …… 364
13.3 复合地层中盾构适应性的局限性 …… 376
13.4 复合地层中盾构施工难点 …… 379
13.5 广州地铁盾构施工实例 …… 384
思考题 …… 412
第14章 以重庆为代表的岩石地层盾构TBM施工 …… 413
14.1 重庆地铁历史沿革与建设规划 …… 413
14.2 重庆地铁6号线一期TBM试验段工程 …… 416
14.3 重庆地铁6号线二期复合式TBM试验段工程 …… 463
14.4 重庆礼嘉—会展中心段市政交通工程BT项目 …… 481
思考题 …… 537

第三篇 施工视频

第15章 盾构TBM施工视频 …… 541
视频15-1 盾构的起源 …… 541
视频15-2 敞口式盾构施工演示 …… 541
视频15-3 NFM双模盾构 …… 541
视频15-4 小断面泥水盾构施工技术与应用 …… 542
视频15-5 泥水平衡与气压复合模式 …… 542
视频15-6 武汉长江隧道工程 …… 542
视频15-7 南京纬三路过江通道 …… 542
视频15-8 南京长江隧道 …… 543
视频15-9 上海长江水底隧道工程(ϕ15.43m泥水盾构) …… 543
视频15-10 南水北调穿黄隧洞施工 …… 543
视频15-11 土压平衡盾构施工演示 …… 543
视频15-12 土压平衡盾构结构与施工 …… 544
视频15-13 土压平衡盾构的组成及施工流程 …… 544
视频15-14 土压平衡盾构施工三维动画 …… 544
视频15-15 盾构隧道施工与变形控制技术 …… 544
视频15-16 德国海瑞克ϕ12.06m土压平衡盾构 …… 545
视频15-17 大直径土压平衡盾构施工 …… 545
视频15-18 内外刀盘式土压平衡盾构工作原理 …… 545
视频15-19 西雅图日立造船Bertha号盾构(世界最大土压平衡盾构) …… 545
视频15-20 英法海峡隧道施工演示 …… 546
视频15-21 大截面土压平衡矩形盾构 …… 546
视频15-22 德国海瑞克开敞式TBM …… 546
视频15-23 海瑞克双护盾TBM …… 546
视频15-24 郑州中州大道矩形顶管施工 …… 547
视频15-25 地下共同管廊工程 …… 547

参考文献 …… 548

第一篇 盾构施工

盾构法施工具有对周围环境影响小、自动化程度高、施工快速、优质高效、安全环保等优点。随着盾构施工技术的发展、成熟，盾构法越来越受到重视和青睐。特别是在地层条件差、地质情况复杂、地下水位高等情况下，盾构法施工更具有明显的优越性。但盾构法施工有其自身的技术特点，盾构必须与工程地质紧密结合，才能充分发挥其优势、真正保证盾构法施工的工程质量和安全。

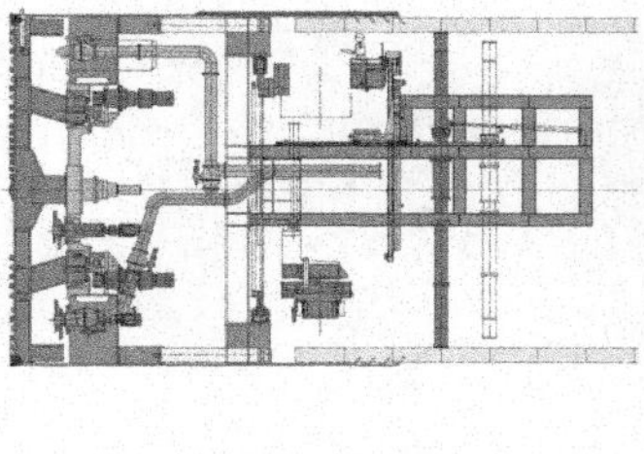
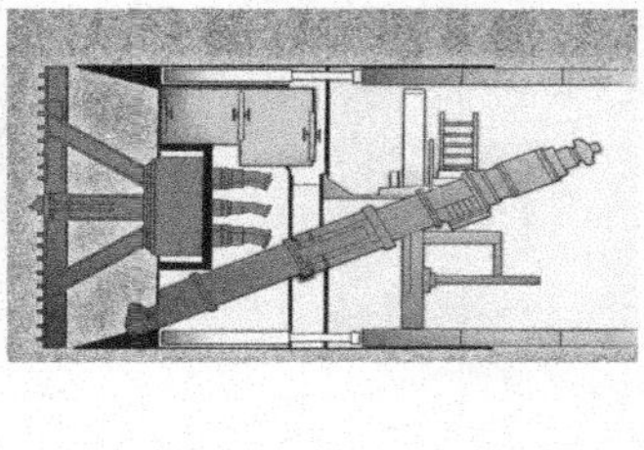

第 1 章

盾构概论

1.1 盾构及其工作原理

盾构，其英文名称为“Shield Machine”，是一种用于隧道暗挖施工，具有金属外壳，壳内装有整机及辅助设备，在其掩护下进行土体开挖、土渣排运、整机推进和管片安装等作业，而使隧道一次成形的机械，如图 1-1 所示。

图 1-1 盾构的外形及其结构

盾构是一种隧道掘进的专用工程机械.现代盾构集机、电、液、传感、信息技术于一体，具有开挖切削土体、输送土渣、拼装隧道衬砌、测量导向纠偏等功能。盾构已广泛用于地铁、铁路、公路、市政、水电隧道工程。

盾构的工作原理就是一个钢结构组件沿隧道轴线边向前推进边对土壤进行掘进。这个钢结构组件的壳体称“盾壳”，盾壳对挖掘出的还未衬砌的隧道段起着临时支护的作用，承受周围土层的土压、地下水的水压，将地下水挡在盾壳外面。掘进、排土、衬砌等作业在盾壳的掩护下进行。

“盾”——“保护”，指盾壳；

“构”——“构筑”，指管片拼装。

开挖面的稳定方法是盾构工作原理的主要方面，也是盾构区别于岩石掘进机的主要方面。岩石掘进机国内一般称为 TBM。TBM 是“Tunnel Boring Machine”的缩写，通常定义中 TBM 是指全断面岩石隧道掘进机，是以岩石地层为掘进对象。岩石掘进机与盾构的主要区别就是不具备承受泥水压、土压等维护掌子面稳定的功能，而盾构施工主要由稳定开挖面、掘进及排土、管片衬砌及壁后注浆三大要素组成。

1.2 盾构分类

1.2.1 按断面形状分类

盾构根据其断面形状可分为：单圆盾构、复圆盾构（多圆盾构）、非圆盾构（图 1-2～图 1-4）。其中复圆盾构可分为双圆盾构和三圆盾构。非圆盾构可分为椭圆形盾构、矩形盾构(图 1-5)、类矩形盾构、马蹄形盾构(图 1-6)、半圆形盾构。复圆盾构和非圆盾构统称为“异形盾构”。

图 1-2 单圆盾构

图 1-3 双圆盾构

图 1-4 三圆盾构

图 1-5 矩形盾构

图 1-6 马蹄形盾构

1.2.2 按直径不同分类

根据盾构直径的不同,可分为以下几类:盾构直径 0.2～2m,称为微型盾构;盾构直径 2～4.2m,称为小型盾构;盾构直径 4.2～7m,称为中型盾构;盾构直径 7～12m 称为大型盾构;盾构直径 12m 以上,称为超大型盾构。

1.2.3 按支护地层的形式分类

盾构按支护地层的形式分类,主要分为自然支护式、机械支护式、压缩空气支护式、泥浆支护式、土压平衡支护式 5 种类型,见图 1-7。

1.2.4 按开挖面与作业室之间隔板的构造分类

盾构按开挖面与作业室之间隔板构造的不同,可分为全敞开式、部分敞开式及闭胸式三种,具体划分见图 1-8。

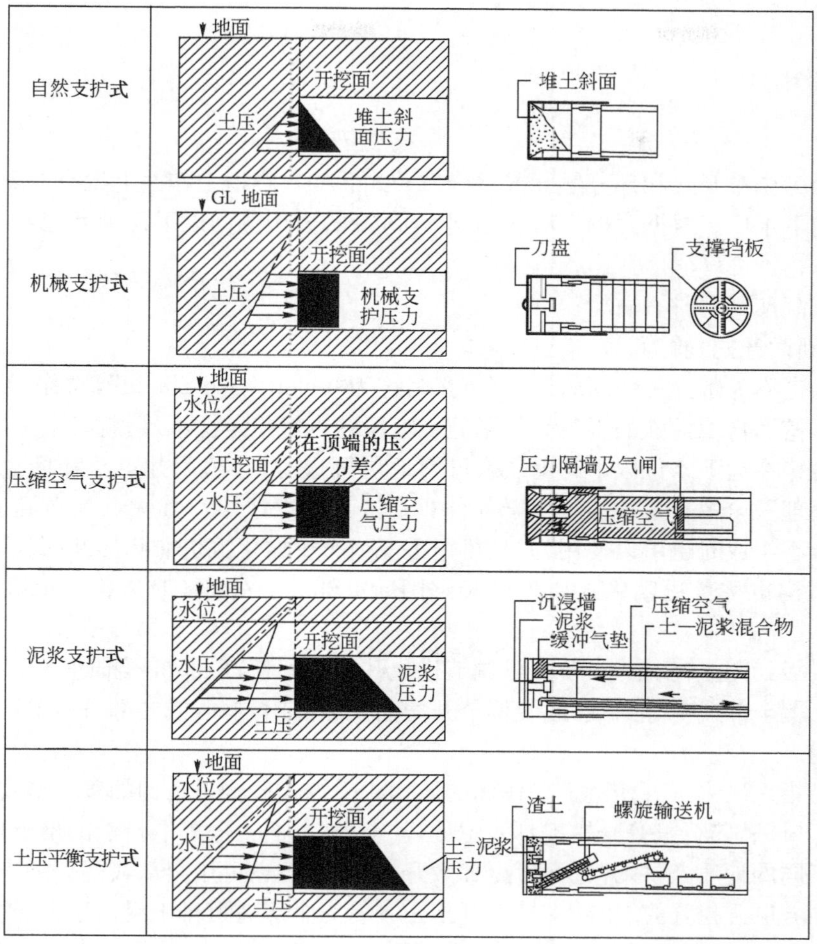

图 1-7 按支护地层的形式分类

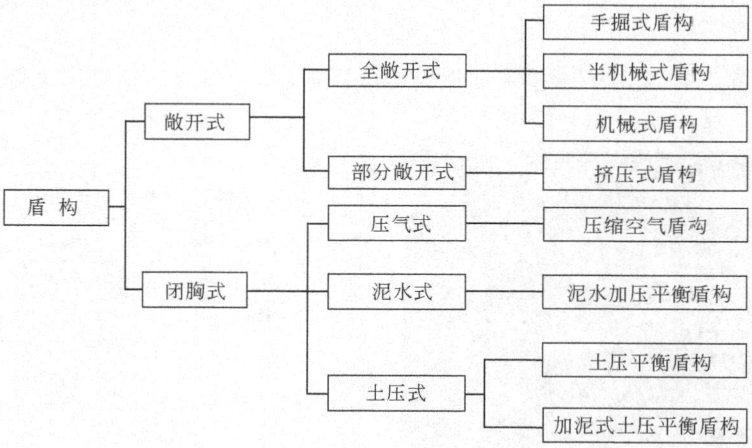

图 1-8 盾构的分类

1.3 典型盾构介绍

1.3.1 敞开式盾构

1)概述

敞开式盾构分为全敞开式和部分敞开式。全敞开式盾构在隧道工作面上没有封闭的压力补偿系统，不能抵抗土压和地下水压。根据开挖方法的不同，全敞开式盾构分为以下几种类型：

①手掘式盾构；

②半机械式(部分断面开挖)盾构；

③机械式(全断面开挖)盾构。

全敞开式盾构也称为敞开工作面盾构，其英文名称为“Open Face Shield”，简称 OF 盾构。全敞开式盾构一般适用于开挖面自稳性强的围岩。如果施工地层的自然稳定性不足，就必须采用机械手段使地层稳定。全敞开式盾构在地下水位以下的地层或渗漏地层掘进时，必须用井点法降低地下水位，地基可通过注浆或冻结法处理。全敞开式盾构适用于各种非黏性和黏性地层。其优点是当隧道工作面上有部分或全部由岩石或漂石组成时也可以使用，并且可用手工或半机械化掘进非圆形断面。

部分敞开式盾构也称普通闭胸式盾构(Closed Face Shield，简称 CF 盾构)，或称普通挤压式盾构。主要有两种类型：

①正面全部胸板封闭，挤压推进；留有可调节进土孔口的面积，局部挤压推进；

②正面网格上覆全部或部分封板，或装调节开挖面积的闸门，挤压或局部挤压推进。

2)手掘式盾构

手掘式盾构是指采用人工开挖隧道工作面的盾构。手掘式盾构是盾构的基本形式，其正面是敞开式的，开挖采用铁锹、风镐、碎石机等开挖工具人工进行。对开挖面一般采取自然的堆土压力支护及利用机械挡板支护。按不同的地质条件，开挖面可全部敞开人工开挖；也可用全部或部分的正面支撑，根据开挖面土体自立性适当分层开挖，随挖土随支撑。开挖土方量为全部隧道排土量。这种盾构便于观察地层和清除障碍，易于纠偏，简易价廉，但劳动强度大，效率低，如遇正面坍方，易危及人身及工程安全。在含水地层中需辅以降水、气压或土壤加固。

这种盾构由上而下进行开挖，开挖时按顺序调换正面支撑千斤顶，开挖出来的土从下半部用皮带输送机装入出土车。采用这种盾构的基本条件是：开挖面至少要在挖掘阶段无坍塌现象，因为挖掘地层时盾构前方是敞开的。

图 1-9 所示为日本三菱 ϕ10.92m 手掘式盾构，此盾构具有液压式伸缩工作搁架和用于机械支撑工作面的胸板。

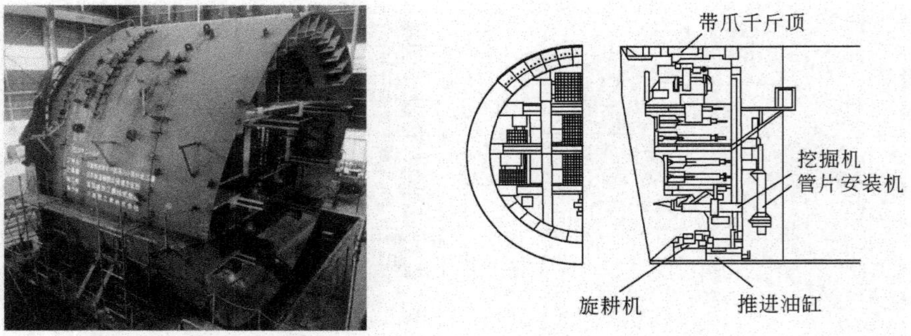

图 1-9 日本三菱 ϕ10.92m 手掘式盾构

手掘式盾构从砂性土到黏性土地层均能适用，因此较适应于复杂的地层。该形式的盾构在开挖面出现障碍物时，由于正面是敞开的，较易排除。由于这种盾构造价低廉，发生故障也少，因此是最为经济的盾构。

由于手掘式盾构掘进速度较低，劳动强度大，劳务费用高，因此在发达国家，这种盾构已基本被淘汰，只在个别情况下使用，如短程掘进(因短程隧道采用机械化或半机械化盾构掘进时不经济)、开挖面有障碍物、巨大砾石等场合。

在技术不发达且劳务费用低廉的国家中，手掘式盾构也被应用于长隧道的掘进。

在没有辅助措施时，手掘式盾构只适用于开挖面自稳性强的围岩。对开挖面不能自稳的围岩和渗漏地层，可与气压、降水、化学注浆等稳定地层的辅助施工法同时使用。施工中可根据具体情况采用压缩空气施工法，或采取改良地层、降低地下水位等措施。

手掘式盾构不一定是圆形断面，也可以是矩形或马蹄形断面。

3)半机械式盾构

由于手掘式盾构开挖速度很慢，且工人的工作条件也极差，在此基础上，开发了半机械式盾构。半机械式盾构是介于手掘式和机械式盾构之间的一种形式，它更接近于手掘式盾构。它是在敞开式盾构的基础上安装机械挖土和出土装置，以代替人二劳动，因而具有省力和高效等特点。机械挖土装置前后、左右、上下均能活动。它有反铲式、铣削头式、或为反铲和铣削头可互换式，或为反铲和铣削头两者兼有的形式。它的顶部与手掘式盾构相同，装有活动前檐、正面支撑千斤顶等。

半机械式盾构(图 1-10)开挖及出土都采用专用机械，配备液压反铲或铣削头等掘进机械，配备皮带输送机或螺旋输送机等出渣机械，或配备具有掘进与出渣双重功能的挖装机械。施工时必须充分考虑确保作业人员的安全，并选用噪声小的设备。为防止开挖面坍塌，盾构装备了活动前檐和半月形千斤顶，经常采用液压操作的胸板，胸板置于单独的区域或在盾壳的周边辅助地支撑隧道工作面。半机械式盾构适用土质以洪积层的砂、砂砾、固结粉砂和黏土为主。也可用于软弱冲积层，但须同时采用压气施工法，或采用降低地下水位、改良地层等辅助措施。

ϕ2.86m 反铲挖掘盾构　ϕ5.71m 反铲挖掘盾构　ϕ6.731m 反铲挖掘盾构　ϕ3.676m 旋臂掘进盾构　ϕ6.03m 旋臂掘进盾构

图 1-10　半机械式盾构

半机械式盾构的开挖装置有如下形式：

①盾构工作面下半部分装有铲斗、铣削头等。

②盾构工作面上半部分装有铲斗、下半部分装有铣削头。

③盾构中心装有铣削头。

④盾构中心装有铲斗。

半机械式盾构比手掘式盾构更适用于良好地层。形式①适用于开挖面需作支撑的地层，形式②～④适用于能自立的地层。形式②大多适用于亚黏土与砂砾的夹层。形式③大多适用于固结黏土层、硬质砂土层。形式④大多适用于黏土和砂砾混合层。

半机械式盾构也适于掘进非圆形断面的隧道。图 1-11所示的盾构是日本铁道建设公司高崎建设局在北陆新干线施工时使用的 ECL 盾构。隧道断面为马蹄形，隧道长 3580m，土质为软岩和中硬岩。这种盾构机械化程度高，挤压混凝土衬砌与盾构掘进同步进行。

ECL 是英文“Extruded Concrete Lining”的缩写，意为挤压混凝土衬砌，即以现浇灌注的混凝土代替传统的管片衬砌。ECL 盾构工法即挤压混凝土衬砌法，掘进与衬砌同时进行施工，不使用常规的管片，而是在掘进的同时将混凝土压入围岩与内模板之间，构筑成与围岩紧密结合的混凝土衬砌。由于用现浇混凝土直接衬砌，所以不需要进行常规盾构施工法的管片安装和壁后同步注浆等施工。

图 1-11 ECL 盾构及施工

4)机械式盾构

当地层能够自立,或采用辅助措施后能够自立时,在盾构的切口部分,安装与盾构直径相适应的大刀盘,以进行全断面敞开式机械开挖。机械式盾构(图 1-12)是一种采用紧贴着开挖面的旋转刀盘进行全断面开挖的盾构,全称为全敞开式机械式盾构,前面装备有旋转式刀盘,增大了盾构的掘进能力;开挖的土砂通过旋转铲斗和斜槽装入皮带输送机;围岩开挖和排土可以连续进行;适用土质同手掘式及半机械式盾构。

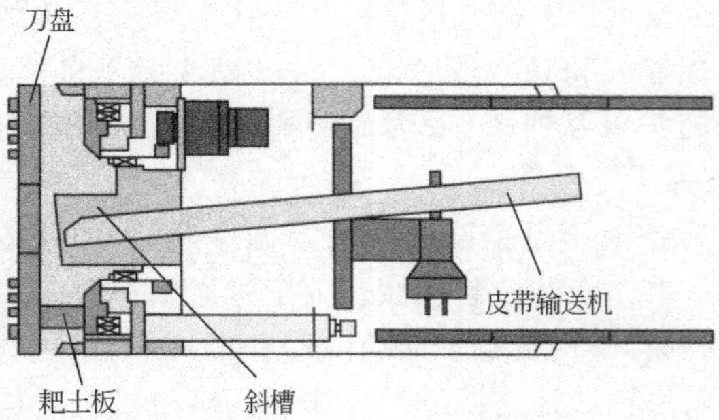

图 1-12 机械式盾构

机械式盾构的开挖机构采用最多的是大刀盘形式,它有单轴式、双重转动式、多轴式等,其中单轴式使用得最为广泛。

机械式盾构除改善作业环境和省力外,还能显著提高推进速度,缩短工期。与手掘式和半机械式盾构相比,其造价高。若隧道长度短时,不够经济。

5)挤压式盾构

挤压式盾构在日本也称为"盲式盾构(Blind Type Shield)"。挤压式盾构,在挤压推进时,对地层土体的扰动较大,地面易产生较大的隆陷变化,在地面有建筑物的地区不宜使用。

挤压式盾构仅适用于自稳性很差、流动性很大的软黏土和粉砂质围岩,不适用于含砂率高的围岩和硬质地层。若液性指数过高,则流动性过大,也不能获得稳定的开挖面。由于适用地质范围窄,所以目前已很少采用。挤压式盾构主要有盖板式、螺旋排土式、网格挤压式。

(1)盖板式挤压盾构

利用隔板将开挖面全部封闭,只在一部分上设有面积可调的排土盖板。盾构正面贯入围岩向前推进,使贯入部位土砂呈塑性化流动,由盖板部位进行排土。开挖面的稳定是靠调节盖板开口的大小和排土阻力,使千斤顶推力和开挖面土压达到平衡来实现的。

图 1-13 为日本三菱 ϕ6.32m 挤压式盾构。

(2)螺旋排土式挤压盾构

利用封板将开挖面封闭,盾构正面贯入围岩向前推进,使贯入部位土砂呈塑性化流动,由螺旋输送机进行排土。开挖面的稳定是靠调螺旋输送机的转速和螺旋输送机出土闸门的开度,使千斤顶推力和开挖面土压达到平衡来实现的。其原理见图 1-14 所示。

(3)网格挤压式盾构

网格挤压式盾构在上海软土层中常被采用。它具有的特点是,进土量接近或等于全部隧道出土量,且往往带有局部挤压性质,盾构正面装钢板网格,在推进中可以切土,而在停止推进时可起稳定开挖面的作用。切入的土体可用转盘、皮带输送机、矿车或水力机械运出。这种盾构如在土质较适当的地层中精心施工,地表沉降可控制到中等或较小的程度。在含水地层中施工,需要辅以疏干地层的措施。

网格挤压式盾构是利用盾构切口的网格将正面土体挤压并切削成为小块,并以切口、封板及网格板侧向面积与土体间的摩擦阻力平衡正面地层侧向压力,达到开挖面和稳定。其具有结构简单、操作方便、便于排除正面障碍物等特点。

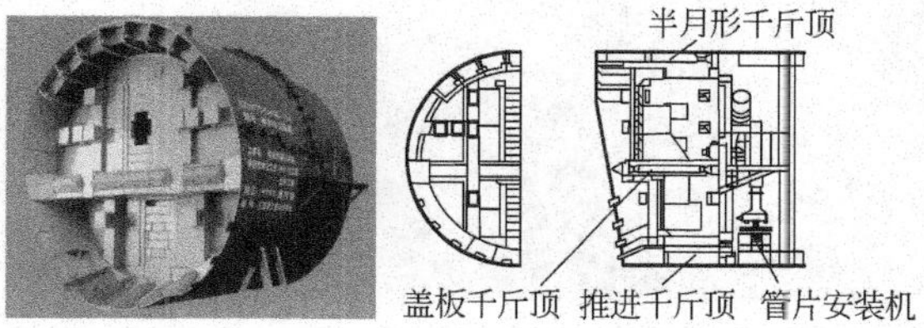

图 1-13 日本三菱 ϕ6.32m 挤压式盾构

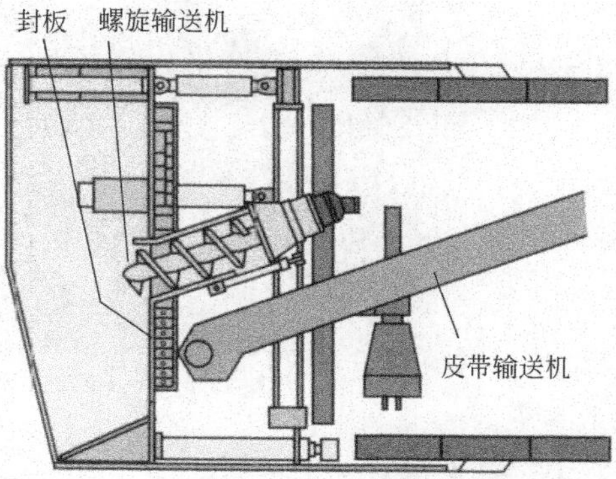

图 1-14 挤压式盾构

网格挤压式盾构正面网格开孔出土面积较小，适宜在软弱黏土层中施工，当处在局部粉砂层时，可在盾构土仓内采用局部气压法来稳定正面土体。根据出土方式的不同，网格挤压式盾构可分为干出土与水力出土两种类型。图 1-15 为网格式挤压式水力机械盾构。

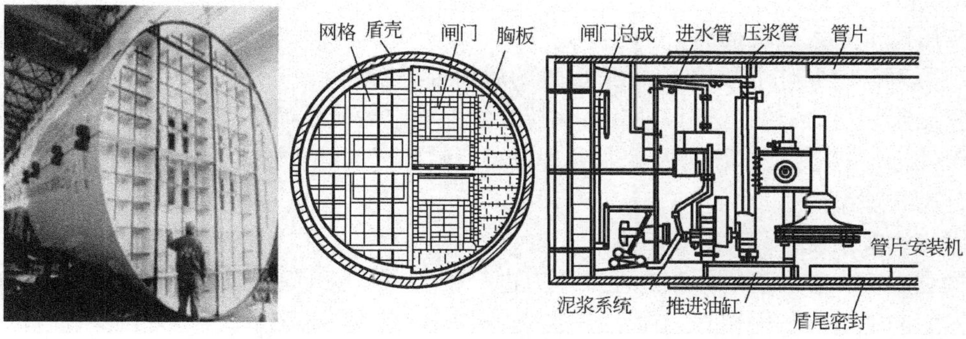

图 1-15 网格挤压式水力机械盾构

1.3.2 压缩空气盾构

使用压缩空气抑制地下水侵入已经有很长的历史了。早在 1828 年，在泰晤士河隧道的建造中，当 Brunel 遇到了大量水侵入时，Calladon 就已经提出了使用压缩空气的建议。1886 年，Greathead 首次在盾构施工中引入了这种工法。

压缩空气盾构的原理是空气压力与地下水的静水压力保持平衡，因此也称为“气压平衡（Air Pressure Balance）盾构”，简称 APB 盾构。但空气压力不能直接抵抗土压，土巨由自然或机械的支撑承受。

压缩空气盾构适用于黏土、黏砂土及多水松软地层。该盾构包括所有采取以压缩空气为支护材料的盾构，开挖可以是手掘式、机械式，断面可为部分或全断面。早期的压缩空气盾构施工时要在隧道工作面和止水隧道之间封闭一个相对较长的工作仓，大部分工人经常处于压缩空气下。后来开发的压缩空气盾构只是开挖仓承压，称为局部气压盾构，日本称为“限量压缩空气盾构”。这类盾构装有密封隔板，可将经过加压的工作面密封起来，使其与完成的隧道断面隔离，能在大气压下安全地操作设备。图 1-16 为日本三菱 ϕ5.25m 压缩空气盾构。ϕ5.25m 压缩空气盾构通过一个球阀型的旋转漏斗排土，并同时确保开挖面压力的稳定。图 1-17 为球阀型旋转漏斗排土实况照片。

压缩空气的压力应大于或等于隧道工作面底部的水压，由于水压是有明显的梯度的，因此，在顶部过剩的压力会使空气进入地层。当土壤颗粒由于气流失去平衡时，覆土层较浅的隧道工作面就有可能泄露而引起“喷发”，可能引起灾难性的后果。由于压缩空气盾构有“喷发”的危险，且工作条件极差，现已被泥水盾构所取代。

图 1-16　ϕ5.25m 压缩空气盾构

图 1-17　球阀型旋转漏斗排土

1.3.3　泥水盾构

1)泥水盾构的构成

泥水盾构也称泥水加压平衡盾构(Slurry Pressure Balance Shield),简称 SPB 盾构。泥水盾构是在机械式盾构的前部设置隔板,装备刀盘及输送泥浆的送排泥管和推进盾构的推进油缸。在地面上还配有泥水处理设备。

泥水盾构由以下 5 大系统构成:

①一边利用刀盘挖掘整个开挖面、一边推进的盾构掘进系统;

②可调整泥浆物性,并将其送至开挖面,保持开挖面稳定的泥水循环系统;

③综合管理排泥状态、泥水压力及泥水处理设备运转状况的综合管理系统;

④泥水分离处理系统;

⑤壁后同步注浆系统。

泥水盾构利用循环悬浮液的体积对泥浆压力进行调节和控制,采用膨润土悬浮液(俗称泥浆)作为支护材料。开挖面的稳定是将泥浆送入泥水室内,在开挖面上用泥浆形成不透水的泥膜,通过该泥膜的张力保持水压力,以平衡作用于开挖面的土压力和水压力。开挖的土砂以泥浆形式输送到地面,通过泥水处理设备进行分离,分离后的泥水进行质量调整,再输送到开挖面。

泥水盾构的发展有三个技术发展体系,即日本、英国和德国技术体系。到目前则只有日本和德国两个主要的发展体系。以日本的泥水盾构为基础开发出土压平衡盾构,而德国的泥水盾构则促使混合型盾构的开发。德国和日本体系的主要区别是,德国体系的泥水盾构在泥水仓中设置了气压仓,而日本体系的泥水盾构的泥水仓全是泥水。

(1)日本体系

日本一般采用直接控制型泥水盾构(图 1-18)。直接控制型泥水盾构的泥水系统采用泥水平衡模式,其流程如下:送泥泵从地面泥浆调整槽将新鲜泥浆输入盾构泥水仓,与开挖泥土进行混合,形成稠泥浆,然后由排泥泵输送到地面泥水分离站,经分离后排除土渣,而稀泥浆流向调整槽,再对泥浆密度和浓度进行调整后,重新输入盾构循环使用。泥水仓中泥浆压力,可通过调节送泥泵转速或调节控制阀开度来进行。由于送泥泵安在地面,控制距离长而产生延迟效应,不便于控制泥浆压力,因此常用调节控制阀的开度来进行泥浆压力调节。

(2)德国体系

德国采用间接控制型泥水盾构(图 1-19),其泥水系统的工作特征是由泥浆和空气双重回路组成,因此也称为“D”模式或气压复合模式。

气压复合模式泥水盾构在泥水仓内插装一道半隔板,在半隔板前充以压力泥浆,在半隔板后面盾构轴心线以上部分充以压缩空气,形成空气缓冲层,气压作用在半隔板后面与泥浆的接触面上。由于接触面上气、液具有相同压力,因此只要调节空气压力,就可以确定和保持在开挖面上相应的泥浆支护压力。当盾构掘进时,有时由于泥浆的流失,或推进速度的变化,送、排泥浆量将会失去平衡,气液接触面就会出现上下波动现象。这时通过液位传感器，根据液位的高低变化来操纵送泥泵转速，使液位恢复到设定位置，以保持开挖面支护液压的稳定。也就是说，送泥泵输出量随液位下降而增加，随液位上升而减小。另外，在液位最高和最低处设有限位器，当液位达到最高位时，停止送泥泵；当液位降低到最低位时，则停止排泥泵。由于空气缓冲层的弹性作用，当液位波动时，对支护泥浆压力变化无明显影响。

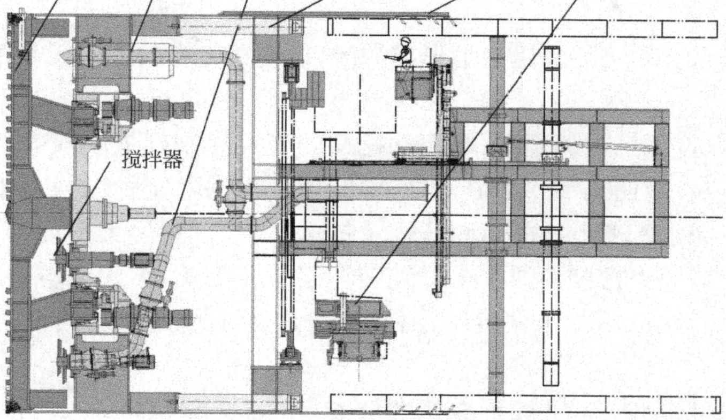

图 1-18 直接控制型泥水盾构(日本体系)

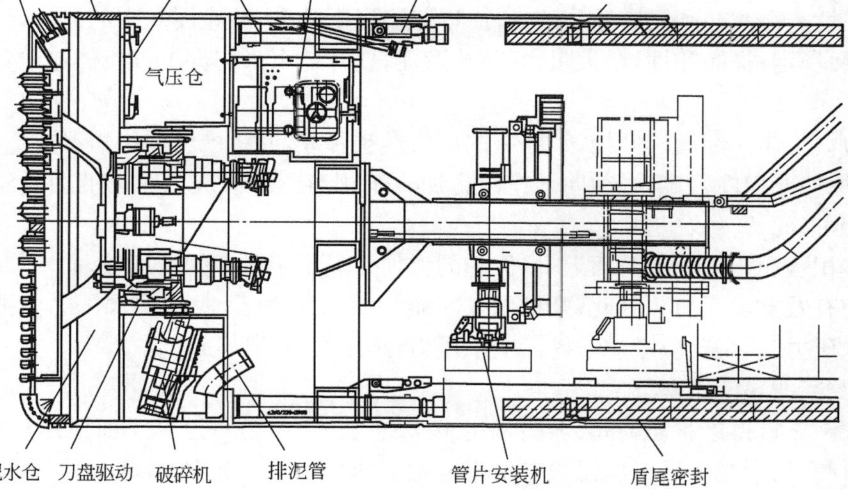

图 1-19 间接控制型泥水盾构(德国体系)

间接控制型泥水盾构与直接控制型泥水盾构相比，操作控制更为简化，对开挖面土层支护更为稳定，对地表变形控制也更为有利。

2)开挖面稳定机理

(1)泥膜形成机理

泥水盾构是通过在泥水仓中适当压力的泥浆，使其在开挖面形成泥膜，支撑隧道开挖面的土体，并由刀盘切削土体表层的泥膜，与泥水混合后，形成高密度的泥浆，然后由排泥泵及管道将泥浆输送到地面，进行分离处理。

在泥水平衡的理论中，泥膜的形成是至关重要的，当泥水压力大于地下水压力时，泥水按达西定律渗入土壤，形成与土壤间隙成一定比例的悬浮颗粒，被捕获并积聚于土壤与泥水的接触表面，泥膜就此形成。随着时间的推移，泥膜的厚度不断增加，渗透抵抗力逐渐增强。当泥膜抵抗力远大于正面土压时，产生泥水平衡效果。

(2)泥膜形成的基本要素

泥水盾构施工时稳定开挖面的机理为：以泥水压力来抵抗开挖面的土压力和水压力以保持开挖面的

稳定,同时控制开挖面变形和地基沉降;在开挖面形成不透水性泥膜,保持泥水压力有效作用于开挖面。从泥水平衡理论中可以看出,在泥水盾构法施工中,尽快形成不透水的泥膜是一个相当关键的环节。

在开挖面,随着加压后的泥水不断渗入土体,泥水中的砂土颗粒填入土体孔隙中,可形成不透水的泥膜。而且由于泥膜形成后减小了开挖面的压力损失,泥水压力可有效作用于开挖面,从而可防止开挖面的变形和崩塌,并确保开挖面的稳定。因此,在泥水盾构施工中,控制泥水压力和控制泥水质量是两个重要的课题。

为了保持开挖面稳定,必须可靠而迅速地形成泥膜,以使压力有效作用于开挖面。因此,泥水应具有以下特性:

①泥水的密度。为保持开挖面的稳定,即把开挖面的变形控制到最小限度,泥水密度应比较高。从理论上讲,泥水密度的提高,能使泥水屈服值升高,同时使泥膜的稳定性增强。实验证明,高密度的泥水可以产生高质量的泥膜,泥水密度最好能达到开挖土体的密度。但是,大密度的泥水会引起泥浆泵超负荷运转以及泥水处理困难;而小密度的泥水虽可减轻泥浆泵的负荷,但因泥粒渗水量增加,泥膜形成慢,对开挖面稳定不利。因此,在选定泥水密度时,必须充分考虑土体的地层结构,在保证开挖面稳定的同时,也要考虑设备能力。

②含砂量。在强透水性土体中,泥膜形成速度与掺入泥水中砂粒的最大粒径以及含砂量(砂粒重/黏土颗粒重)有密切关系,这是因为砂粒具有填堵土体孔隙的作用。为了充分发挥这一作用,砂粒的粒径应比土体孔隙大,而且含量适中。

③泥水的黏性。泥水必须具有适当的黏性,以起到以下效果:防止泥水中的黏土、砂粒在泥水仓底部沉积,保持开挖面稳定;提高黏性,增大阻力,防止逸泥;使开挖下来的弃土以流体输送,经泥水处理设备,将泥水分离。

④泥水压力。土体一经盾构开挖,其原有的应力即被释放,并将产生向应力释放面的变形。此时,为控制地基沉降,保持开挖面稳定,必须向开挖面施加一个相当于释放应力大小的力。泥水盾构中由泥水压力,用以抵消开挖面的释放应力。

虽然渗透体积随泥水压力上升而上升,但它的增加量远小于压力的增加量,而增加泥水压力,将提高作用于开挖面的有效支承压力。因此,开挖面在高质量泥水条件下,增加泥水压力会提高开挖面的稳定性。在决定泥水压力时,主要应考虑开挖面的水压力、土压力及预留压力。

(3)掘进速度与泥膜的关系

泥水盾构处于正常掘进状态时,刀具并不直接切削土体,而是对刀盘正面已形成的泥膜进行切削。在切削后的一瞬间,又形成了下一层泥膜。由于盾构刀盘转速是一定值,而且盾构推进速度最大能力受到一定限制,因此掘进速度只与切入土体的深度有关,而和泥膜无关。但是,当泥水盾构处于不正常掘进状态时,特别当泥水质量和泥水压力达不到设计要求时,泥膜需经过较长时间才能形成,这样就制约了掘进速度。高质量泥水形成泥膜的时间为1～2s。

3)地质适应范围

泥水盾构最初是在冲积黏土和洪积砂土交错出现的特殊地层中使用,由于泥水对开挖面的作用明显,因此在软弱的淤泥质土层、松动的砂土层、砂砾层、卵石砂砾层、砂砾和坚硬土的互层等地层中均适用。

目前,泥水加压盾构工法对地层的适用范围不断扩大,即使处于恶化的施工环境和存在地下水等的不良条件下,由于有相应的处理方法,因而几乎能适应所有的地层。

(1)黏性土层

黏土矿物经相互间电化学结合而形成的黏性土层,近似变质了的琼胶块状体,由泥水比重和加压带来的力容易形成对开挖面的稳定,无论黏性土层的软弱状态如何,都适合于用泥水盾构施工。泥水盾构也适用于粉砂土地层施工。

(2)砂层

不含水的砂层由于漏浆，不能保持对开挖面的加压和稳定。通常，在含有某一数量的粉砂土、黏土的冲积层中，几乎都有一定的含水量，全部都是细砂的地层是少见的，干燥的松弛砂也很少有，由于砂层内摩擦角有许多是在28°左右，所以大部分可用泥水加压来保持开挖面的稳定。松弛的含水量多的砂层，在其他盾构工法中很难保持土层稳定，可采月泥水盾构，并提高其泥水密度、黏度和压力。

(3)砾石层

对于水分多、不含有作为黏合剂的粉砂土及黏土等的砾石层和有大直径的砾石层，可采用泥水盾构施工，并在泥水仓内安装砾石破碎装置。

(4)贝壳层

贝壳层大多含有水并存在于土体中，相对于砾石层更加坚硬，开挖面较难稳定，但使用大直径泥水盾构能较好地适应这种地层。

泥水盾构能适用于各类地质的土层，对开挖面难以稳定的土质特别有效，还能克服地面条件和其他地下条件的因素所造成的种种困难，如上部是河或海等有水体的地方、有道路和建筑物的地方，以及适合于要减少沉降的地方等。在这些场所采用泥水加压盾构，无论在工法上，还是经济上都是有效的。

1.3.4 土压平衡盾构

1)概述

土压平衡(Earth Pressure Balance)盾构，简称EPB盾构。土压平衡盾构是在机械式盾构的前部设置隔板，使土仓和排土用的螺旋输送机内充满切削下来的泥土，依靠推进油缸的推力给土仓内的开挖土渣加压，使土压作用于开挖面以使其稳定。土压平衡盾构的支护材料是土壤本身。土压平衡盾构由盾壳、刀盘、刀盘驱动、螺旋输送机、皮带输送机、管片安装机、人仓、液压系统等组成，见图1-20。

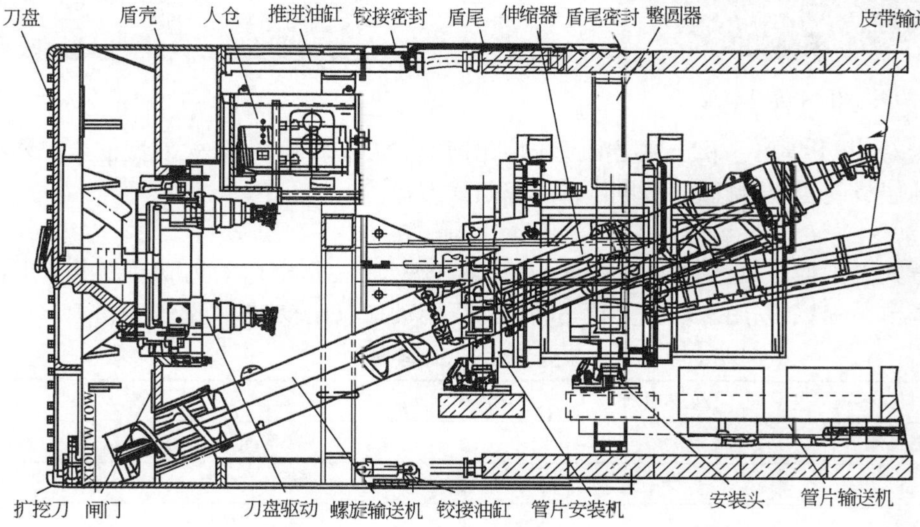

图1-20 土压平衡盾构

土压平衡盾构的工作原理如下：刀盘旋转切削开挖面的泥土，破碎的泥土通过刀盘开口进入土仓，泥土落到土仓底部后，通过螺旋输送机运到皮带输送机上，然后输送到停在轨道上的渣车上。盾构在推进油缸的推力作用下向前推进。盾壳对挖掘出的还未衬砌的隧道起着临时支护作用，承受周围土层的土压、承受地下水的水压，并将地下水挡在盾壳外面。掘进、排土、衬砌等作业在盾壳的掩护下进行。

2)基本配置

(1)刀盘

刀盘是机械化盾构的掘削机构，刀盘结构应根据地质适应性的要求进行设计，必须能适合围岩条件，在确保开挖面稳定的情况下，提高掘进速度。刀盘设计时，应充分考虑刀盘的结构形式、刀盘支承方式、刀盘开口率、刀具的布置等因素。

刀盘具有三大功能：

①开挖功能。刀盘旋转时，刀具切削隧道掌子面的土体，对掌子面的地层进行开挖，开挖后的渣土通过刀盘的开口进入土仓。

②稳定功能。支撑掌子面，具有稳定掌子面的功能。

③搅拌功能。对于土压平衡盾构，刀盘对土仓内的渣土进行搅拌，使渣土具有一定的塑性，然后通过螺旋输送机将渣土排出。

盾构的刀盘结构形式与工程地质情况有着密切的关系，不同的地层应采用不同的刀盘结构形式。土压平衡盾构的刀盘有两种形式，即面板式和辐条式。

面板式刀盘(图 1-21)在中途换刀时安全可靠，但开挖土体进入土仓时易黏结、易堵塞，在刀盘上易形成泥饼。

辐条式刀盘(图 1-22)开口率大，辐条后设有搅拌叶片，土砂流动顺畅，不易堵塞。但不能安装滚刀，且中途换刀安全性差，需加固土体，费用高。

图 1-21　面板式刀盘

图 1-22　辐条式刀盘

辐条式刀盘对砂、土等单一软土地层的适应性比面板式刀盘较强；辐条式刀盘也能安装滚刀，在风化岩及软硬不均地层或硬岩地层掘进时，也可采用辐条式刀盘。

(2)刀盘驱动

刀盘驱动方式有三种，一是变频电机驱动，二是液压驱动，三是定速电机驱动。由于定速电机驱动，刀盘转速不能调节，一般不采用。现将变频驱动与液压驱动加以比较，具体见表 1-1。

刀盘驱动方式比较表　　表 1-1

项　目	①变频驱动	②液压驱动	备　注
驱动部外形尺寸	大	小	一般情况下，①：②=(1.5～2)：1
后续设备	少	多	②需要液压泵、油箱、冷却装置等
效率(%)	95	65	液压系统效率低
启动电流	小	小	①变频启动电流小； ②无负荷起动电流小
启动力矩	大	小	①启动力矩可达到额定力矩的 120%
启动冲击	小	较小	①利用变频软起动，冲击小； ②控制液压泵排量，可缓慢启动，冲击较小
转速控制、微调	好	好	①变频调速； ②控制液压泵排量，可以控制转速和进行微调
噪声	小	大	液压系统噪声大
隧道内温度	低	高	液压系统传动效率低、功率损耗大、温度高
维护保养	容易	较困难	②液压系统维护保养要求高，保养较为复杂

(3)刀盘支承

刀盘的支承方式有中心支承方式、中间支承方式和周边支承方式(图 1-23)三种。在设计时应考虑盾构直径、土质条件、排土装置等因素。

①中心支承方式。一般用于中小型直径的盾构。该方式刀盘旋转切削土体时,土仓内土体的流动空间和被直接搅拌的范围大,土体流动顺畅,土体搅拌混合效果良好,黏土附着的可能性少,不易引起堵塞,开挖面压力较稳定,因而盾构掘进效果较好,改善了盾构控制地面沉降的性能。但由于机内空间狭小,处理大石块、卵石比较困难。

②中间支承方式。结构上较为平衡,主要用于中大型直径的盾构。当用于小直径盾构时,应认真考虑防止中心部位黏结泥饼等问题。由于中间支承的存在,将盾构土仓分隔成两个区域,中心区域占土仓内相当大的空间。当刀盘旋转切削土体时,中心区域以外部分的土体流动顺畅,易于搅拌;中心区域内的土体流动较差,当切削土体黏性较大并长期积聚于中心区域时,中心区域土体逐渐增多并最终形成泥饼,会完全丧失流动性。内外两个区域的土体流动性差异较大,土体搅拌混合的效果难以确保。刀盘采用中间支撑方式的盾构在黏性土(包括粉细砂)中施工时,若处理不好,土仓内切削土体搅拌效果不易满足要求,并可能会因黏附堵塞形成泥饼,造成出土不畅、阻力增大、开挖面压力控制不稳定。因而,盾构掘进效果受到影响,且对控制地面沉降不利。

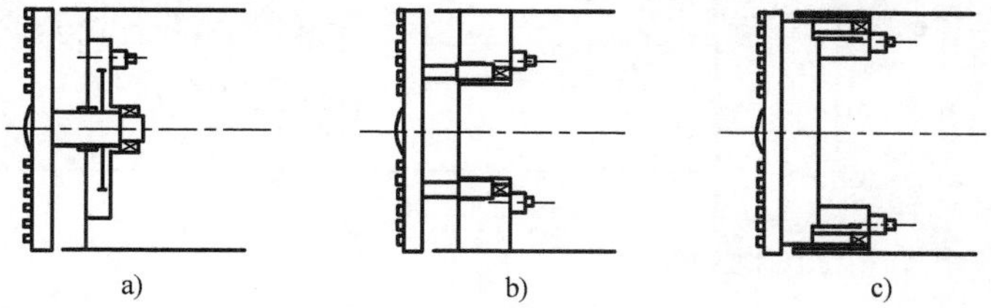

图 1-23　刀盘的支承方式

a)中心支承方式;b)中间支承方式;c)周边支承方式

③周边支承方式。一般用于小直径盾构,机内空间较大,砾石处理较为容易。该方式易在刀盘的外周部分黏结泥土,在黏性土中使用时,应充分研究如何防止黏附的问题。

(4)膨润土添加系统及泡沫系统

膨润土添加系统和泡沫系统是盾构掘进的调节媒介。采用该系统,对于不同的地质条件,通过添加塑流化改性材料,改善盾构土仓内切削土体的塑流性,既可实现平衡开挖面水土压力,又能向外顺畅排土,拓宽了土压平衡盾构的适应范围。

(5)螺旋输送机

螺旋输送机由伸缩筒、出渣筒、液压马达、螺旋轴、出渣闸门组成,是土压平衡盾构的排土装置。其主要有以下 3 个功能:

①将盾构土仓内的土体向外连续排出。

②土体在螺旋输送机内向外排出的过程中形成密封土塞,阻止土体中的水分散失,保持土仓内土压的稳定。

③将盾构土仓内的土压值自动与设定土压值进行比较,随时调整向外排土的速度,控制盾构土仓内实现连续的动态土压平衡过程,确保盾构连续正常向前掘进。

(6)皮带输送机

皮带输送机将渣土从螺旋输送机的出渣口转运到停在轨道上的渣车内。

(7)同步注浆系统

同步注浆的目的主要有以下 3 个方面:

①及时填充盾尾建筑空隙,支撑管片周围岩体,有效地控制地表沉降。

②凝结的浆液作为盾构施工隧道的第一道防水屏障,防止地下水或地层的裂隙水向管片内泄漏,增强盾构隧道的防水能力。

③为管片提供早期的稳定并使管片与周围岩体一体化，限制隧道结构蛇行，有利于盾构姿态的控制，并能确保盾构隧道的最终稳定。

(8)盾尾密封系统

盾尾密封系统是盾构正常掘进的关键系统，盾构法隧道施工所发生的安全事故常常在盾尾。铰接式盾构的盾尾密封系统包括铰接密封和盾尾密封。

①铰接密封

铰接密封一般有3种形式：一种是采用一道或多道橡胶唇口式密封；另一种是采用石墨石棉或橡胶材料的盘根加气囊式密封；还有一种是双排气囊式密封。

②盾尾密封

盾尾止水采用钢丝刷密封装置(图1-24)，是集弹簧钢、钢丝刷及不锈钢金属网于一体的结构。盾尾油脂泵向每道钢丝刷密封之间供应油脂，以提高止水性能。

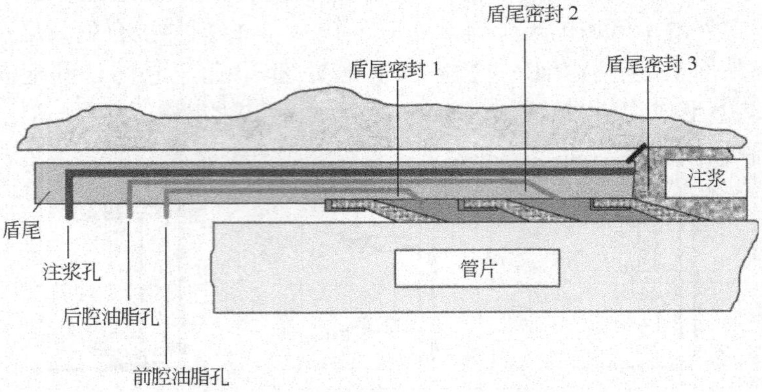

图1-24　采用三道钢丝刷的盾尾密封系统

(9)管片安装机

管片安装机有两种形式，即机械抓取式和真空吸盘式。

(10)数据采集系统

数据采集系统具有采集、处理、储存、显示、评估出现的与盾构有关的数据功能。采用该系统，可输出环报、日报、周报等数据；有各种参数的设定、测量、掘进、报警，以及历史曲线和动态曲线。所有采集数据均能保存下来，供日后分析、判断和参考。

(11)导向系统

随时掌握和分析盾构在掘进过程的各种参数，是指导盾构正常掘进不可缺少的条件。导向系统由经纬仪、ELS靶、后视棱镜、计算机等组成，能连续不断地提供关于盾构姿态的最新信息。通过适当的转向控制，可将盾构控制在设计隧道线路允许公差范围内。导向系统的主要基准点是由一个从激光经纬仪发射出的激光束，经纬仪安装在盾构后方的管片上。目前较先进的导向系统是VMT导向系统和PPS导向系统。

3)开挖面稳定机理

开挖土仓由刀盘、切口环、隔板及螺旋输送机组成。土压平衡盾构就是将刀盘开挖下来的土渣填满土仓，在切削刀盘后面及隔板上各焊有能使土仓内土渣强制混合的搅拌棒。借助盾构推进油缸的推力通过隔板进行加压，产生泥土压力，这一压力作用于整个作业面，使作业面稳定，刀盘切削下来的土渣量与螺旋输送机向外输送量相平衡，维持土仓内压力稳定在预定的范围内。

土仓内的土压力通过土压传感器进行测量，并通过控制推进力、推进速度、螺旋输送机转速来控制。

盾构在粉质黏土、粉质砂土和砂质粉土等黏性土层中掘进时，由刀盘切削下来的土体进入密封土仓后，可对开挖面地层形成被动土压力，与开挖面上的主动土压力相平衡。在密封土仓和螺旋输送机内有足够多的切削土体时，产生的被动土压力即可与开挖面上的主动土压力大致相等，使开挖面的土层处于稳定。在密封土仓的土压与开挖面的土压保持平衡的状态下，盾构向前推进的同时，启动螺旋输送机排土，使排土量等于开挖量，即可使开挖面的地层始终保持稳定。排土量一般通过调节螺旋输送机的转速和出土闸门的开度予以控制。

在黏性土层推进时，当含砂量超过某一限度时，泥土的塑流性明显变差，土仓内的土体因固结作用而被压密，导致渣土难以排送，可向土仓内注水或泡沫、泥浆等，以改善土体的塑流性。

在砂性土层施工时，由于砂性土流动性差，砂土的摩擦力大、渗透系数高、地下水丰富等原因，土仓室内压力不易稳定，所以需进行土渣改良。向开挖的土仓里注入膨润土或泡沫剂，然后进行强制搅拌，使砂质土泥土化，具有塑性和不透水性，使土仓内的压力容易稳定。

土压平衡盾构开挖面的稳定由下列各因素的综合作用而维持：

①土仓内的土压力平衡地层压力和水压力。

②螺旋输送机调节排土量。

③适当保持泥土的流动性，根据需要调节添加剂的注入量。

开挖面稳定系统必须保持填充在土仓内的泥土压力，调节排土量，以便能平衡开挖面的地层土压力和水压力。

当土仓内的土压力大于地层压力和水压力时，地表将隆起，见图1-25。

当土仓内的土压力小于地层压力和水压力时，地表将下沉，见图1-26；因此土仓内的土压力应与地层压力和水压力平衡，见图1-27。

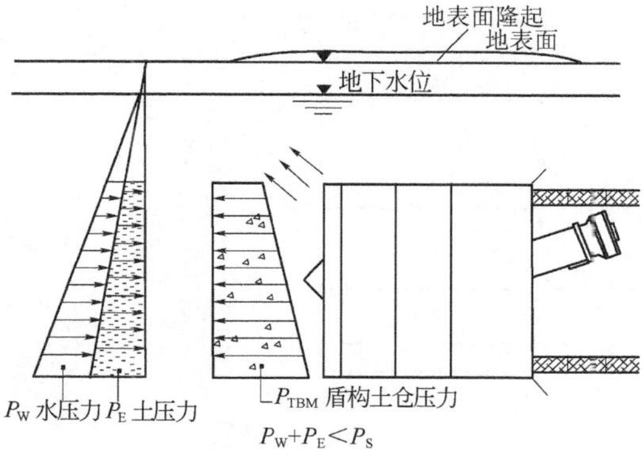

图1-25　土仓压力大于水压力及土压力之和，地面隆起

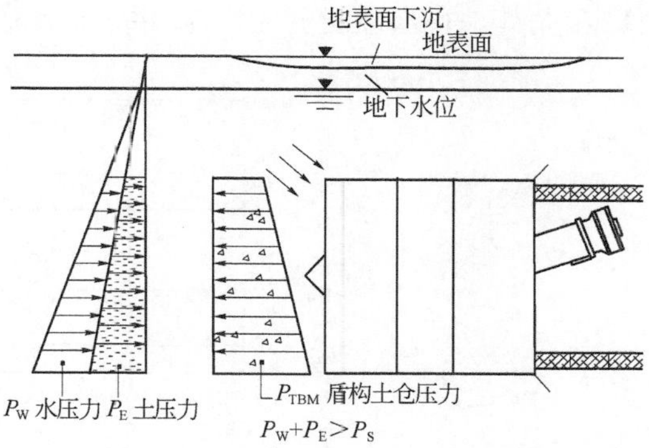

图1-26　土仓压力小于水压力及土压力之和，地面下陷

4)地质适应范围

土压平衡盾构主要应用在黏稠土壤中，该类型土壤富含黏土，亚黏土或淤土，具有低渗透性。这种土质在螺旋输送机内压缩形成防水土塞，使土仓和螺旋输送机内部产生土压力，来平衡掌子面的土压力和水压力。

土压平衡盾构用开挖出的土料作为支撑开挖面稳定的介质，对作为支撑介质的土料，要求其具有良好的塑性变形、软稠度、内摩擦角小及渗透率小。一般土壤不完全具有这些特性，需进行改良。改良的方法通常为，加水、膨润土、黏土、CMC、聚合物或泡沫等，根据土质情况选用。

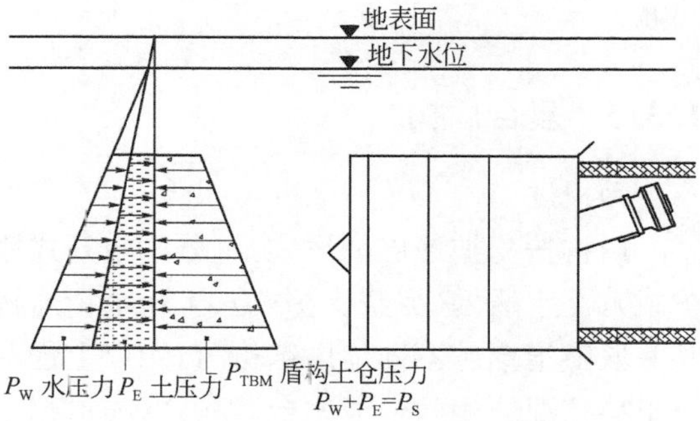

图1-27　土仓压力等于水压力及土压力之和

有软稠度的黏质粉土和粉砂是最适合使用土压平衡盾构的土层。根据土层的稠度，有时不需要水或只需要加很少量的水。通过搅拌装置在土仓内的搅拌，使十分黏着的土层也能变成塑性的泥浆。

随着含砂率的增加，加水就显得不够，因为它不能减小内摩擦角。增大的渗水性必须解决好螺旋输送机的密封问题。细土粒含量的缺乏可以通过加入黏土和膨润土悬浮液来补偿。对非黏透水性土层可以通过注射泡沫进行改良处理。粒状结构中的气泡可以降低土浆密度，减小颗粒摩擦，使土浆混合物在较宽的形变范围内有最理想的弹性，以利于控制开挖面的支撑压力。

泡沫是用特殊发泡剂、泡沫添加剂和压缩空气,通过泡沫发生器制成的 30～400μm 的细小齿状气泡。特殊发泡剂由各种表面活性剂经过特别调配制成,泡沫添加剂是以矿浆为主要原料的高分子水溶液。特殊发泡剂的水溶液称为 A 型特殊发泡材料;如果将特殊发泡剂的比例降低,代之以泡沫添加剂,所形成的水溶液称之为 B 型特殊发泡材料。泡沫剂的主要技术特点如下:

①在砂土及砂卵石地层中,泡沫的支撑作用,使切削土体的流动性增强,土仓内的渣土不会因压密而固结,不会产生堵塞,刀盘或螺旋输送机的驱动扭矩减小,刀具磨损减小。

②微细泡沫置换土颗粒中的孔隙水,增强了土体的止水性,能较容易地开挖强渗透性或地下水位较高的砂卵石地层,有效防止螺旋输送机喷涌。

③在黏性土地层中,泡沫起着界面活性剂的作用,可有效防止切削下来的黏性土附着于刀盘和土仓内壁,防止结泥饼现象。

④泡沫的可压缩性,使开挖面的土压力波动减小,有利于开挖面的稳定。

⑤泡沫的 90%是空气,排出的渣土中的泡沫在短时间内会逐渐消除,很快就可以恢复到注入泡沫前的状态,不会造成环境污染。

泡沫剂的适用范围见图 1-28。图中Ⅰ区为 A 型特殊发泡材料的适用范围;Ⅲ区为 B 型特殊发泡材料的适用范围;Ⅱ区既可使用 A 型特殊发泡材料,也可使用 B 型特殊发泡材料。A 型特殊发泡材料,主要用于黏性土及含水量较少的砂质土;B 型特殊发泡沫材料制成的泡沫比 A 型特殊发泡沫材料制成的泡沫更稳定,尤其是止水性能更佳,主要用于含水砂砾地层及地下水位较高的砂质土。

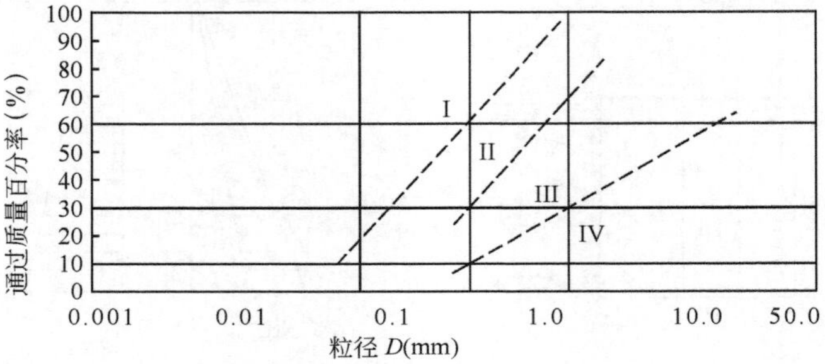

图 1-28　泡沫剂适用范围

Ⅰ-A 型特殊发泡材料适用范围;Ⅱ-A 或 B 型特殊发泡材料适用范围;Ⅲ-B 型特殊发泡材料适用范围;Ⅳ-泡沫剂与聚合物混合适应范围

1.3.5　复合盾构

1)概述

盾构按支护地层的形式,可分为敞开式盾构(自然支护式、机械支护式)、压缩空气盾构(压缩空气支护式)、泥水盾构(泥浆支护式)、土压平衡盾构(土压平衡支护式),它们分别适用于相应的土层结构。当某一段隧道穿越不同地层结构时,用以上任一形式的盾构都不适于单独将此段隧道掘进贯通,而根据相应土层情况要用两台或多台盾构,在隧道掘进长度较短时很不经济,或由于条件限制,使布置多台盾构非常困难,需将以上不同形式的盾构进行组合。在结构空间允许的情况下,将不同形式盾构的功能部件同时布置在一台盾构上,掘进过程中可根据地质情况进行功能或工作方式的切换和调整;或对不同形式盾构的功能部件进行类似模块化设计,掘进时根据土层情况进行部件调整和更换。这样一台盾构在不同的地层经转换后可以以不同的工作原理和方式运行,这类盾构称为复合盾构,也称混合盾构。国外 Voest Alpine 公司称其为 Poly shield;Wayss & Freytag 公司和 Herrenknecht 公司称之为 Mix Shield,也有将此类盾构称为 Combined Shield。

复合盾构可以根据土层地质和水文条件作调整,其本质上是对开挖面支撑方式以及刀具、出渣运输系统和其他设备的调整。复合盾构的组合模式有压缩空气/敞开式盾构、泥水式/敞开式盾构、土压平衡/

敞开式盾构、泥水式/土压平衡盾构、敞开式/泥水式/土压平衡盾构、敞开式/压缩空气/土压平衡盾构等。

图 1-29 为三模式复合盾构，可转换的三种工作模式为泥水式/土压平衡式/敞开式。

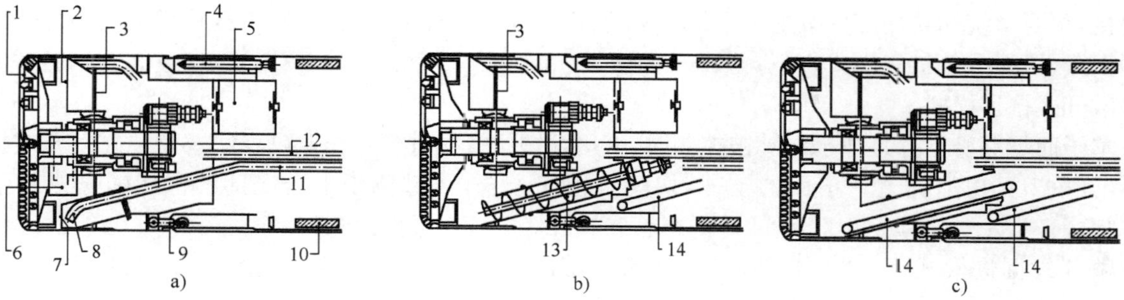

图 1-29 三模式复合盾构

a)泥水式；b)土压平衡式；c)敞开式

1-刀盘；2-沉潜墙；3-隔板；4-推进缸；5-人仓；6-破碎机；7-格栅；8-吸泥管；9-铰接缸；10-管片 11-排泥管 12-进泥管；13-螺旋输送机；14-皮带输送机

图 1-30 为德国(维尔特)(Wirth)公司制造的在西班牙巴塞罗那地铁施工中使用的双模式(开敞式 TBM/土压平衡式)复合盾构。该复合盾构布置了两套出渣系统，一套使用螺旋输送机，另一套使用皮带输送机。在地质较软时，由于地表建筑物沉降控制的需要，则采用闭式螺旋输送机出渣，相当于土压平衡盾构，此时关闭皮带输送机出渣系统的挡门，皮带输送机不工作，而螺旋输送机则伸入到土仓并进行工作。当地质状况允许盾构敞开式掘进时，退回螺旋输送机，并关闭螺旋输送机仓门，打开皮带输送机仓门，刀盘旋转时，其背后的铲斗将渣土送到皮带输送机上，此皮带输送机较短，后面连接后配套出渣皮带机，将渣土送到渣车或主洞皮带机上，采用开式皮带机出渣，相当于开敞式岩石掘进机(TBM)。带有螺旋输送机的土压平衡模式和带有中央皮带输送机的开敞模式的两套出渣系统，均永久固定安装在护盾内，能在最短的时间内从一种模式切换至另一种模式。

图 1-30 双模式(敞开式/土压平衡式)复合盾构

2)结构特点

复合盾构是指既适用于软土，又适用于硬岩的一类盾构，主要用于既有软土又有硬岩的复杂地层施工。复合盾构的主要特点是刀盘上既安装切刀和刮刀等软土刀具，又安装滚刀等硬岩刀具。

复合盾构的另一个主要特点是一般具有两套出渣系统。从开挖仓内输出开挖土渣，泥水盾构、土压平衡盾构、敞开式盾构是完全不同的，一般泥水模式使用泥浆管，土压平衡模式使用螺旋输料机，敞开式使用皮带输送机。因此在混合式盾构中至少装有两套出渣系统。

对于泥水式/土压平衡盾构，转换到泥水模式时，必须安装一台碎石机或靠人工去除大砾石。设计在泥水式和土压平衡模式下都可以使用的刀盘是完全可能的，即使要更换刀盘也不存在问题，只要有竖井即可。沉潜墙是德国体系泥水式盾构的一个特征，在土压平衡模式下，沉潜墙转化成了压力隔板，因此必须设计成可以承受较大的负载。沉潜墙下部的开口可关闭，使用伸缩式螺旋输送机，螺旋输送机在泥水模式下缩回。

1.3.6 复合式土压平衡盾构

复合式土压平衡盾构，既属于土压平衡盾构，也属于复合盾构。此类盾构只有一套出渣装系统，即螺旋输送机，主要系统和功能部件按土压平衡盾构配置，但具有三种掘进模式，即土压平衡模式、敞开模式、半敞开模式(压缩空气加气模式)。

1)敞开式掘进模式

在掌子面足够稳定并且涌水能够被控制时，采用"敞开式"掘进模式作业(见图1-31)。在敞开式掘进模式下，开挖刀具切削隧道掌子面的土体，切削土进入土仓，通过位于土仓底部的螺旋输送机将渣土排出。

在敞开式掘进模式下，在土仓的底部，要有足够的渣土供螺旋输送机出渣用，土仓的其他空间是空的。

在"敞开式"作业模式下，土仓通过螺旋输送机的出料口与隧道相通。关闭出料口闸门，土仓将会在瞬间被压力封闭。当推进停止时，可以随时进入开挖仓而无须采取其他措施。

2)半敞开式掘进模式(加气模式)

在掌子面具有足够的自稳能力，且水压小于0.15MPa，在掌子面可以稳定的地层中时，采用半敞开式掘进模式进行掘进(见图1-32)。半敞开式作业时，隧道掘进速度近似于敞开式作业。土仓下部分是刀盘切削下来的渣土，上部为压缩空气。半敞开式作业的开挖和推进与敞开式作业基本一致。半敞开式作业时，当土仓内气压≤0.1MPa时，不会发生螺旋输送机出渣喷涌现象；当0.15MPa≥土仓内气压>0.1MPa时，可能会发生出渣喷涌现象，但可以控制。

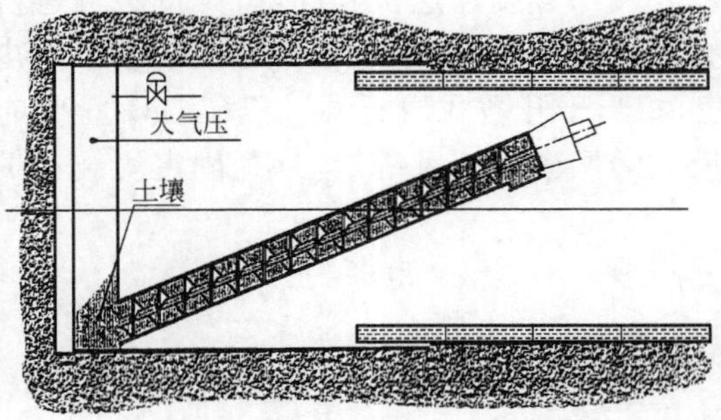

图1-31 敞开式掘进模式

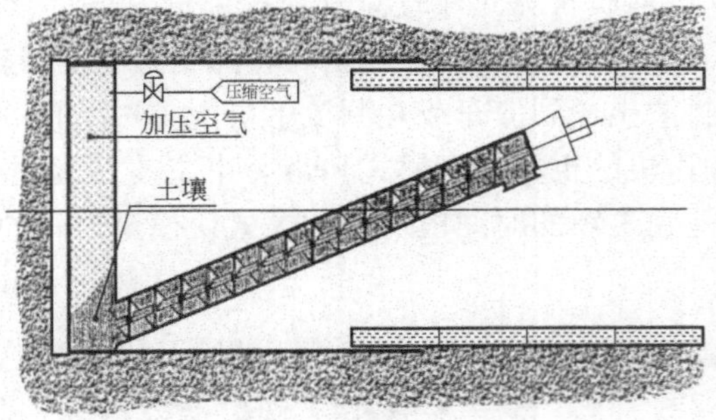

图1-32 半敞开式掘进模式

3)土压平衡掘进模式

土压平衡掘进模式用于围岩不稳定或水压高、水量大的地层。采用土压平衡模式施工时，可以通过添加剂注入系统加入泥浆、聚合物或泡沫，以改善渣土的塑流性。在土压平衡模式下工作时，要很好地控制螺旋输送机的转速和出渣量，以防止土仓中压力下降过大，而造成地面下沉。土压平衡模式就是在盾构开挖时，利用土仓内的土压或加注辅助材料产生的压力来平衡开挖面的土压及地下水压力，以避免掌子面坍塌或地层失水过多而引起地表下沉的一种盾构掘进模式。渣土改良系统(图1-33)是土压平衡掘进原理的重要组成部分。渣土改良的目的是：降低渣土的内摩擦角，进而降低刀盘的扭矩，增加渣土的流动性，降低渣土的渗透性，最终达到堵水、减磨、降扭及保压的效果。

土压平衡式掘进模式(图1-34)主要用于开挖面不能自稳或地下水较多，以及流塑性的软黏土地层和砂土层的盾构施工。土压平衡掘进可以有效地防止过大的地面沉降。

复合式土压平衡盾构在土压平衡模式下工作时，必须具备以下功能特点：

①盾构必须具有土仓土压监测功能，以便对土仓内的土压进行监控和调节。

②盾构必须具有泡沫、膨润土和压缩空气注入系统。通过注入这些不同的附加材料，可以在不同的地层中，根据需要进行渣土改良。

③盾构本身必须具有一定的密封防水性能，具体就是指主轴承、铰接密封和盾尾密封必须具有一定

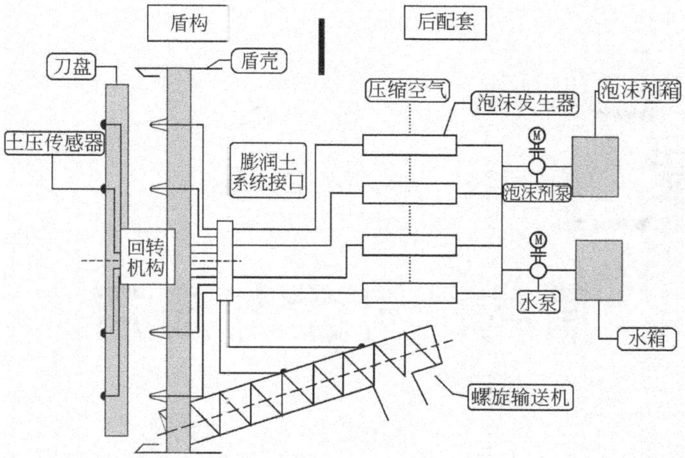

图 1-33 渣土改良系统

的防水性能。

④刀盘的主轴承密封必须能承受一定的土压力。

⑤人仓是用于在压力模式下人员进出土仓的通道，也是土压平衡盾构必不可少的重要部件之一。

⑥螺旋输送机的出渣量及出渣速度可以控制，螺旋输送机必须可以随时关闭，并具有防喷涌的功能，螺旋输送机必须能建立土塞效应。

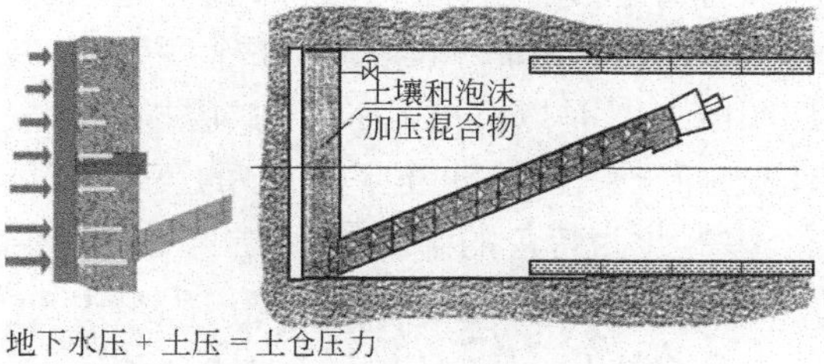

图 1-34 土压平衡掘进模式

思考题

1. 什么是盾构？其工作原理是什么？
2. 岩石掘进机与盾构的主要区别是什么？
3. 盾构按支护地层的形式可分为哪几类？
4. 土压平衡盾构由哪些主要部分组成？试述其主要地质适应范围。
5. 刀盘主要有哪些功能？
6. 辐条式刀盘和面板式刀盘各有什么特点？适用于哪些地质条件？
7. 刀盘的支承方式有哪些？各自适用于什么范围？
8. 试述复合盾构的结构特点。应用的具体地质条件。
9. 简述如何根据地质条件合理选择盾构的结构形式？
10. 泥水盾构和土压平衡盾构的主要区别是什么？
11. 渣土改良的目的是什么？
12. 日本体系和德国体系的泥水盾构特点是什么？各有什么适用条件？
13. 结合实际工程，谈谈刀盘结构设计时应注意什么，需要满足哪些指标？

第2章

盾构的开发与应用

2.1 盾构的起源与发展

盾构是目前世界最先进的隧道施工特种专用机械。在发达国家，使用盾构施工已占隧道总量的90%以上。国外盾构经历了4个发展阶段（图2-1）：一是以Brunel盾构为代表的手掘式盾构（1825—1876年）；二是以机械式、气压式盾构为代表的第二代盾构（1876—1964年）；三是以闭胸式盾构为代表（泥水加压平衡式、土压平衡式）的第三代盾构（1964—1984年）；四是以大直径、大推力、大扭矩、高智能化、多样化为特色的第四代盾构（1984年至今）。

a)　　b)　　c)　　d)

图2-1　盾构发展的4个历史阶段的代表性盾构形式

2.1.1 盾构的起源

1806年，法国工程师马克·布鲁诺尔（Marc Isambrd Brunel）发现船的木板中，有一种蛀虫（船蛆）钻出孔道，船蛆是一种蛤，头部有外壳，在钻穿木板时，分泌出液体涂在孔壁上形成坚韧的保护壳，用以抵抗木板潮湿后的膨胀，以防被压扁。在蛀虫钻孔并用分泌物涂在四周的启示下，Brunel发现了盾构掘进隧道的原理，并在英国注册了专利（图2-2）。布鲁诺尔专利盾构由不同的单元格组成，每一个单元格可容纳一个工人独立工作，并对工人起到保护作用。所有的单元格牢靠地装在盾壳上。当一段隧道挖完后，由液压千斤顶将整个盾壳向前推进。1818年，布鲁诺尔完善了盾构结构的机械系统，设计成用全断面螺旋式开挖的封闭式盾壳，衬砌紧随其后。布鲁诺尔螺旋盾构见图2-3。

盾构的问世至今（2016年）已有191年的历史。1825年，马克·布鲁诺尔第一次在伦敦泰晤士河下用一个断面高6.8m、宽11.4m的矩形盾构修建了世界上第一条盾构法隧道。

马克·布鲁诺尔矩形盾构由12个邻接的框架组成，每一个框架分成3个工作仓，每个仓可容纳一个工人独立工作，并对工人起到保护作用。每个工作仓都牢固地装在盾壳上，当掘进完一段隧道后，由螺杆将鞍形框架向前推进，紧接着后部砌砖。

开始时，由于没有掌握抵制泥水涌入隧道的方法，隧道施工因被淹而停工。1828年1月12日，第一次出现因洪水停工。伦敦地下铁道公司的Callodam曾向布鲁诺尔提出采用压缩空气来抵制泥水涌入隧道的建议，然而布鲁诺尔未采纳。在经历了5次特大洪水后，直到1843年才完成了这条全长只有370m的隧道。

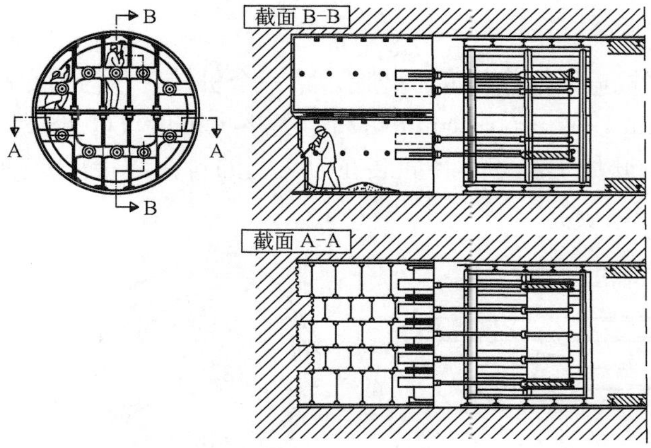

图 2-2 布鲁诺尔专利盾构(1806 年)

图 2-3 布鲁诺尔螺旋盾构(1818 年)

盾构最初称为小筒(Cell)或圆筒(Cylinedr),1866 年,莫尔顿在申请专利中第一次使用了“盾构”(Shield)这一术语。

2.1.2 圆形盾构的开发

1869 年,英国人詹尼斯·亨利·格瑞海德(Janes Heary Greathead)用圆形盾构再次在泰晤士河底修建了一条外径为 2.18m、长 402m 的隧道,并第一次采用了铸铁管片。由于隧道基本上是在不透水的黏土层中掘进,所以在控制地下水方面没有遇到什么困难。格瑞海德圆形盾核后来成为大多数盾构的模型。

图 2-4 为用于修建 Rotherhithe 隧道的 $\phi 9.35$m 格瑞海德圆形盾构。

2.1.3 泥浆盾构的开发

1874 年,詹尼斯·亨利·格瑞海德(Janes Heary Greathead)开发了液体支撑隧道工作面的盾构,通过液体流,土料以泥浆的形成排出,具体见图 2-5。

图 2-4 格瑞海德圆形盾构

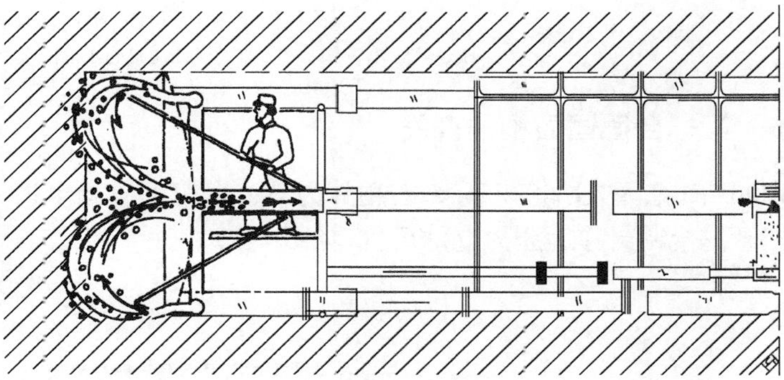

图 2-5 格瑞海德泥浆盾构(1874 年专利)

2.1.4 压缩空气的使用

劳德·考克让施(Lord Cochrane)按照 1828 年 Callodam 向 Brunel 提出的建议,于 1830 年发明了气闸,它能使人们从常压空间进入到加压的工作仓。1879 年,在安特卫普首次采用压缩空气掘进隧道,但未使用盾构。

1886 年,詹尼斯·亨利·格瑞海德(Janes Heary Greathead)在伦敦地下施工中,将压缩空气方法与盾构掘进相结合使用。压缩空气在盾构掘进中的使用,标志着在承压水地层中掘进隧道的一个重大进步,填补了隧道施工的空白,促进了盾构在世界范围内的进一步推广。

2.1.5 机械化盾构的开发

在 Brunel 开发盾构之后的另一个进步是用机械开挖代替人工开挖。第一个机械化盾构的专利是在 1876 年由英国人约翰・获克英森・布伦敦(John Dickinson Brunton)和姬奥基・布伦敦(George Brunton)申请的。这台盾构采用了半球形旋转刀盘,开挖土渣落入径向装在刀盘上的料斗中,料斗将土渣转运到皮带输送机上。见图 2-6。

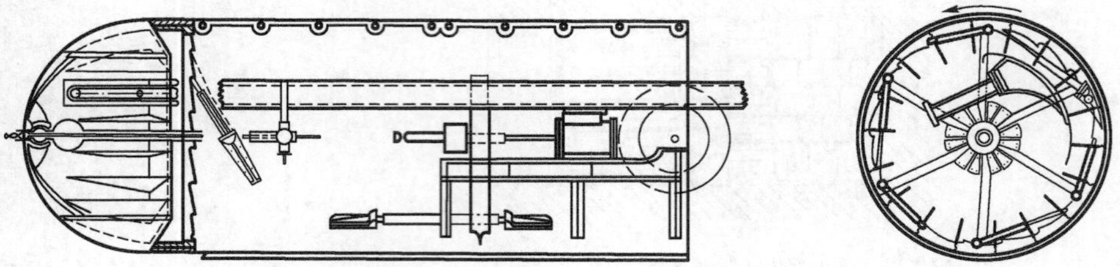

图 2-6 布伦敦(Brunton)机械化盾构(1876 年专利)

1896 年,英国人普莱斯(Price)开发了一种辐条式刀盘机械化盾构,并于 1897 年起成功应用在伦敦的黏土地层施工中。它第一次将格瑞海德圆形盾构与旋转刀盘结合在一起,在 4 个辐条式刀盘上装有切削工具,刀盘通过一根长轴由电机驱动,见图 2-7。

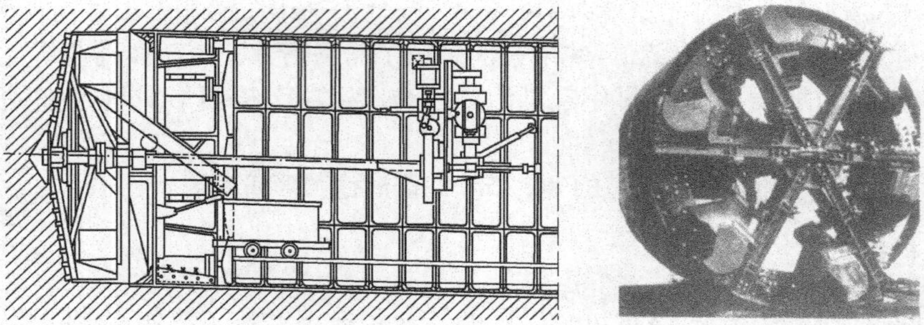

a) b)

图 2-7 普莱斯(Price)机械化盾构

a)Price 机械化盾构(1896 年专利);b)Markham 公司 Price 机械化盾构

2.1.6 第一台德国盾构的开发

1896 年,德国人哈姬(Haag)在柏林为第一台德国盾构申请了专利。这是一台用液体支撑隧道工作面并把开挖仓密封作为压力仓的盾构,见图 2-8。

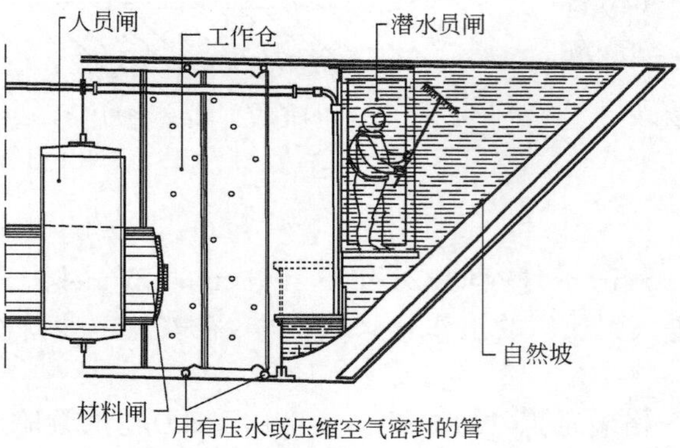

图 2-8 德国哈姬(Haag)泥浆盾构(1896 年专利)

2.1.7　泥水加压盾构的开发与应用

最初的泥浆盾构通过喷射水流，将土料以泥浆的形成排出。但水不能支护开挖面，无法阻止开挖面不停地流动。这种情况与充满水的挖槽相类似，从而提出在开挖面用类同槽壁法的支护，而膨润土泥浆可在无黏聚力土槽沟中支护掘出的开挖面，这样就诞生了泥水加压平衡盾构。

1964年英国摩特·亥(Mott·Hay)、安德森(Anderson)和约翰·巴勒特(John·Bartlett)申请了泥水加压平衡盾构的专利。但由于英国当时缺乏能适合促进这种技术的隧道工程，这种技术的发展受到了限制。

1967年第一台用刀盘切削土体和水力出渣的泥水盾构在日本投入使用，这台盾构由三菱公司制造，其直径为3.1m。

1970年日本铁道建设公司在京叶线森崎运河下，羽田隧道工程中采用了直径为7.29m泥水盾构施工，施工长度为1712m，施工获得了极大成功，这是当时直径最大的泥水盾构。

随后，德国Wayss & Freytag公司意识到膨润土技术所具有的潜在发展前景，开发了德国的第一台泥水盾构，并于1974年在德国汉堡首次使用了这种盾构，用于开挖4.6km长污水管道。

2.1.8　土压平衡盾构的开发

1963年，日本Sato Kogyo公司首先开发出土压平衡盾构(见图2-9)。1974年第一台土压平衡盾构在日本东京使用，用于掘进长1900m的隧道，该盾构由日本IHI(石川岛播磨)公司制造，其外径为3.72m，其外形见图2-10。

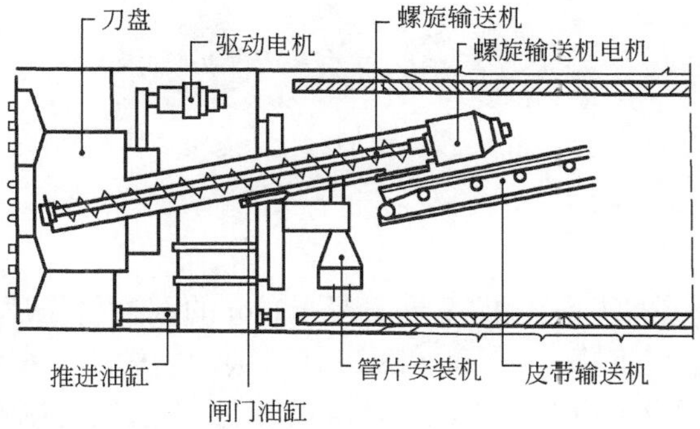

图2-9　日本Sato Kogyo公司开发的土压平衡盾构(1963年)

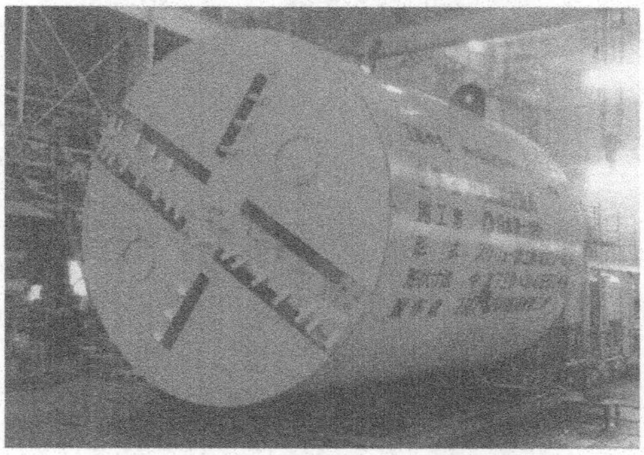

图2-10　日本第一台使用的土压平衡盾构(IHI公司于1974年制造)

2.1.9　复合盾构的开发

根据开挖面稳定以及掘进、出土模式的不同，盾构可分为敞开式、半敞开式、土压平衡式、泥水式等，它们都适用于相应的土层结构。当某一段隧道穿越不同地层结构时，用以上任一形式的盾构都不适于单独将此段隧道掘进贯通，而根据相应土层情况要用两台或多台盾构，在隧道段掘进长度较短时很不经济，或由于条件限制使布置多台盾构非常困难。此时需将以上不同形式的盾构进行组合，在结构空间允许的情况下，将不同形式盾构的功能部件同时布置在一台盾构上，掘进过程中可根据地质情况进行功能或工作模式的切换。这种在不同的地层经转换后可以以不同的工作模式运行的盾构称为复合盾构(也称混合盾构)。复合盾构主要是针对欧洲的地质条件、由德国开发的。1985年，Wsyss & Freytay公司和海瑞克公司申请了复合盾构的专利。它以Wsyss & Freytay公司拥有专利的泥水盾构为基础，有其独特的沉浸墙/压力隔板结构。通过转换，可以以土压平衡或压缩空气盾构模式运行。1993年9月，第1台外径为7.4m的多模式复合盾构用在巴黎一段长1600m、穿过3种完全不同地层的隧道，它可以从泥水式转换到土压平衡式或敞开式。复合盾构可以根据工层地质和水文条件作调整，其本质上是对开挖面支撑方式以及刀具布置、排土机构进行调整。复合盾构的组合模式有压缩空气/敞开式、泥水式/敞开式、土压平衡式/敞开式、泥水式/土压平衡式、敞开式/泥水式/土压平衡式等。由于隧道和盾构空间有限,工作模式的转化一般在竖井里进行。在城市地铁的建造中,隧道掘进一般由车站分成长度为0.5～2km的区间,可以在适当的站点进行工作模式转换。

2.2 盾构在我国的发展与应用

2.2.1 手掘式盾构的开发与应用

我国盾构的开发与应用始于1953年,东北阜新煤矿用手掘式盾构修建了直径为2.6m的疏水巷道。

1962年2月,上海城建局隧道工程公司结合上海软土地层对盾构进行了系统的试验研究,研制了1台直径4.16m的手掘式普通敞胸盾构(图2-11和图2-12),在两种有代表性的地层进行掘进试验,用降水或气压来稳定粉砂层及软黏土地层。在经过反复论证和地面试验后,选用由螺栓连接的单层钢筋混凝土管片作为隧道衬砌,环氧煤焦油作为接缝防水材料。隧道掘进长度68m,试验获得了成功,并采集了大量的盾构法隧道施工数据资料。

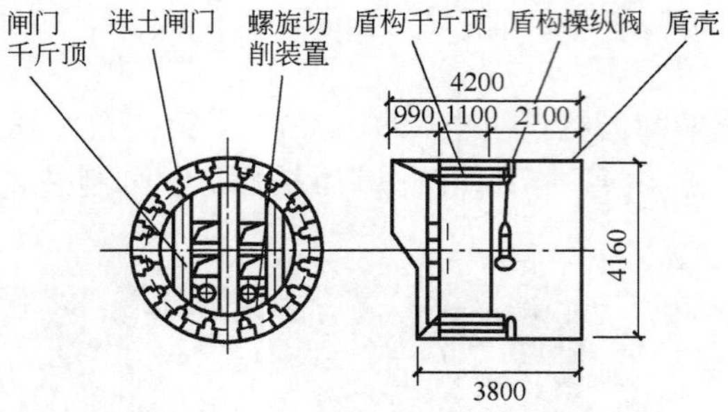

图2-11 手掘式敞胸盾构始发(尺寸单位:mm)

图2-12 手掘式敞胸盾构始发

2.2.2 网格挤压式盾构的开发与应用

1965年3月,由上海隧道工程设计院设计、江南造船厂制造的2台直径5.8m的网格挤压盾构,于1966年完成了2条平行的隧道,隧道长660m,地面最大沉降达10cm。1966年5月,中国第一条水底公路隧道——上海打浦路越江公路隧道工程主隧道采用由上海隧道工程设计院设计、江南造船厂制造的直径10.22m网格挤压盾构施工(图2-13和图2-14),辅以气压稳定开挖面,在水深为16m的黄浦江底顺利掘进隧道,掘进总长度1322m。打浦路隧道于1970年底建成通车。此次所用的网格盾构有所改进,敞开式施工可转换为闭胸式施工。

图2-13 ϕ10.22m网格挤压盾构

图2-14 上海打浦路隧道工程施工

1973年,采用1台直径3.6m的水力机械化出土网格盾构和2台直径4.3m的网格挤压盾构,在上海金山石化总厂修建了1条污水排放隧道和2条引水隧道。1980年,上海市进行了地铁1号线试验段施工,研制了1台直径6.412m网格挤压盾构,采用泥水加压和局部气压施工,在淤泥质黏土地层中掘进隧道1130m。1982年,上海外滩的延安东路北线越江隧道工程1476m圆形主隧道采用上海隧道股份设计、江南造船厂制造的直径11.3m网格挤压水力出土盾构施工(图2-15)。

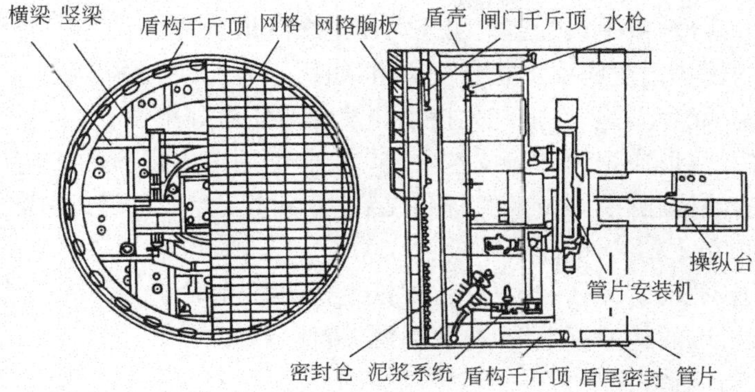

图2-15 ϕ11.3m网格挤压盾构

2.2.3 插刀盾构的开发与应用

1986年,中铁隧道集团开始研制半断面插刀盾构(图2-16),并成功用于修建北京地铁复兴门折返线。半断面插刀盾构将"盾构法"与"浅埋暗挖法"紧密结合,取消了小导管超前注浆,在盾构壳体和尾板的保护下,进行地铁隧道上半断面的开挖。半断面插刀盾构能全液压传动、电控操作、可自行推进、转向、调头。能有效控制地面沉降,减轻工人劳动强度,施工速度较快,日均进尺达3~4m。

图2-16 单断面插刀盾构

2.2.4 盾构的引进

1990年,上海地铁1号线工程全线开工,18km区间隧道引进了7台由法国FCB公司制造的ϕ6.34m土压平衡盾构。

1996年,上海延安东路隧道南线工程,总长1300m,采用日本引进的ϕ11.22m泥水盾构施工(图2-17)。

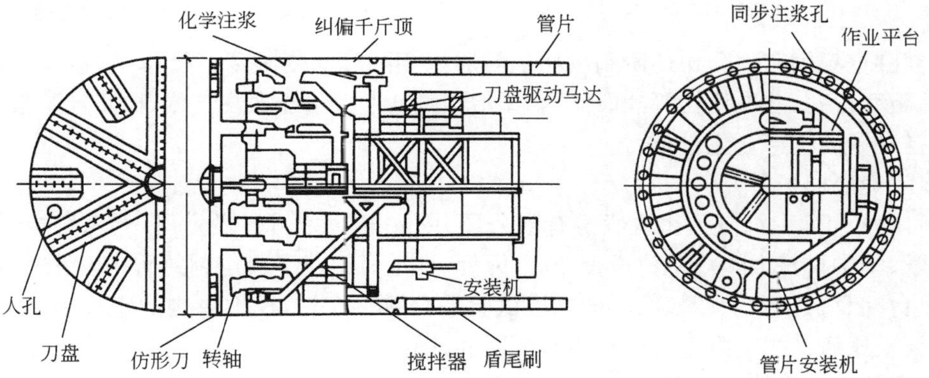

图2-17 用于上海延安东路隧道南线工程施工的ϕ11.22m日本泥水盾构

2.2.5 土压平衡盾构的国家"863"计划

1)土压平衡盾构的开发

2002年8月,国家科技部将ϕ6.3m土压平衡盾构的研究设计列入国家"863"计划。通过公开招标,第一批3项设计课题分别由国内盾构设计、制造与施工的两家优势企业——中铁隧道集团有限公司和上海隧道工程股份有限公司为主承担。

2002年底，同样通过公开招标，第二批4项课题(包括试验研究、关键技术攻关、样机研制和标准规范编制等)分别由中铁隧道集团公司和上海隧道工程股份有限公司为主承担。两家国内盾构设计、制造与施工的优势企业成立了联合攻关组，组织了有浙江大学、同济大学、华中科技大学、东南大学、煤炭科学研究总院、北京城建、洛阳九久技术开发有限公司等单位参加的产、学、研结合的课题组。采用强强联合的合作模式，形成企业动态技术联盟。充分利用国内现有的盾构设备研发能力及施工技术，充分利用国内现有的液压、测控等技术的研究成果，组织相关专业领域的著名专家，针对这些成果在盾构设备上的应用开展研究，围绕样机的研制进行攻关。

在国家“863”计划的引导下，中铁隧道集团完成了 ϕ6.3m 土压平衡盾构的结构设计、盾构控制原理流程图设计、盾构液压系统、电气系统、流体输送系统以及元器件的选型，完成了盾构系统刀具的研究设计、开发与制造，完成了盾构泡沫添加剂、盾尾密封油脂的开发应用研究，并实现了产品化。2004年7月15日，中铁隧道集团研制的刀盘(图2-18)及刀具、液压系统成功用于上海地铁2号线进行工业试验，实现连续掘进2650m、平均月掘进331m、最高月掘进470m，达到了项目要求的各项指标。2005年3月26日，上海地铁2号线西延伸工程盾构区间隧道成功贯通，标志着中铁隧道集团承担的国家“863”计划土压平衡盾构关键技术研究取得阶段性成果。

2004年5月，中铁隧道集团有限公司与日本小松公司联合制造了1台 ϕ6.3m 土压平衡盾构(图2-19)，并成功应用于广州地铁4号线施工；2004年10月下旬，上海隧道工程股份有限公司成功制造了一台 ϕ6.3m 土压平衡盾构(先行号)应用于上海地铁2号线西延伸隧道工程(图2-20)。

图2-18 中隧集团研制的刀盘成功用于上海地铁

图2-19 中铁隧道集团与小松联合制造的土压盾构

同时，中铁隧道集团有限公司还研制成功了与盾构相配套的变频牵引机车、装渣车、砂浆运输车、管片运输车等后配套设备，并在盾构管片研制、新型泡沫剂研制及渣土改良技术、同步注浆技术方面也取得了一定进展，推动了盾构产业化进程。

2)盾构掘进地层模拟研究

2004年7月28日，上海隧道工程股份有限公司、中铁隧道集团有限公司、上海科技投资公司、浙江大学、同济大学、华中科技大学等单位投资2000万元，在上海组建了股份制的盾构设计试验研究中心，研制出我国第一台拥有自主知识产权的盾构掘进试验平台(图2-21)，模拟盾构的直径为1.8m。在该试验平台上，可进行土压盾构掘进黏土、砂土、砂砾地层的试验。

3)砂砾复杂地层关键技术研究

中铁隧道集团有限公司在完成针对上海软土地层土压平衡盾构关键技术研究的基础上，进一步扩大研究范围，以北京地铁4号线为工程对象，研究适合砂砾复杂地层的刀盘刀具技术，通过掘进模拟试验的方法，研制出具有自主知识产权的复合式刀盘刀具切削系统及其磨损检测装置，研制出盾构实时远程测控系统，以满足盾构在砂性土、卵石、砾岩交互的复杂地层条件下安全高效施工的要求。2005年12月，中铁隧道集团有限公司自主研制的适用于砂砾复杂地层的土压平衡盾构刀盘，成功应用于北京地铁4号线 19 标颐和园—圆明园区间。

图 2-20 上海隧道股份公司制造的 ϕ6.3m 土压盾构

图 2-21 盾构掘进模拟试验平台

4)泥水盾构技术的消化吸收

为缩小我国在泥水盾构的设计、制造技术方面与国际先进水平的差距。国家科技部于 2005 年 7 月将泥水盾构的研究列入“863”计划，对大直径泥水盾构消化吸收与设计课题进行了专题立项，该项目由中铁隧道集团有限公司和上海隧道股份公司为主承担，并取得了以下成果：

(1)在消化吸收国外大直径泥水盾构技术的基础上，依托南水北调中线一期穿黄工程，开展了泥水盾构的掘进系统和管片拼装机等设计制造的研究工作，完成了 ϕ9m 泥水盾构总体设计图、电气控制和泥水系统等系统设计图；在泥水系统接管器方面有创新，并申报了国家发明专利，专利申请号为 200610025637.1。

(2)在消化吸收武汉长江公路隧道引进的 ϕ11.38m 泥水盾构刀盘的基础上，根据南水北调中线一期穿黄工程具体地质条件，开展了泥水盾构刀盘刀具的结构设计、刀盘磨损极限检测系统和主驱动密封等关键技术的研究，完成了 ϕ9m 泥水盾构刀盘的设计，在优化设计方面取得了进展。

(3)研制出具有自主知识产权的 ϕ2.5m 盾构控制系统模拟试验平台(图 2-22)，并申请了“盾构机控制系统检测试验台”国家发明专利，专利申请号为 200610160040.8。盾构控制系统是盾构的核心技术之一，是盾构完成各项功能的指挥系统，也是国外公司掌控的关键技术之一。盾构控制系统试验平台的研制成功为盾构的研发奠定了基础。

5)复合式土压平衡盾构研制

中铁隧道集团在引进消化吸收和自主创新的基础上，于 2008 年 4 月研制成功了我国第一台具有自主知识产权的复合式土压平衡盾构(图 2-23)。

图 2-22 盾构控制系统检测试验平台

图 2-23 中铁隧道集团研制的国内首台复合盾构

6)盾构产业化

在巨大的盾构市场需求拉动下，国内盾构制造企业迅速崛起。

目前，国内已有中铁工程装备集团有限公司(简称“中铁装备”)、中国铁建重工有限公司(简称“中国铁建重工”)、上海隧道股份机械制造分公司(简称“上海隧道”)、中交天和机械有限公司(简称“中交天和”)、北方重工、三一重工、大重、大起、二重、广重、北京华隧通、首钢、天地重工、杭州锅炉厂、上海沪东厂、上海重型机器厂、资阳南车集团、江苏凯宫隧道、安徽凯盛重工、重庆大安重型钢结构公司等近 30 家企业涉足盾构制造业。其中，最具竞争优势的是中铁装备、中国铁建重工、上海隧道、中交天和等 4 家企业，因为它们具有强大的自我保护能力，不仅能实现产品的自产自销，而且在盾构地质适应性方面有着较为丰富的施工技术和经验积累，整体团队形成了国内外同行业中少有的集成优势。

①中铁装备：盾构年产能 100 台套，先后被列入国家火炬计划高新技术企业、工信部品牌培育示范企业、河南省 10 家创新方法示范企业、50 家重点培育的装备制造企业，盾构 TBM 市场占有率连续 3 年保持国内第一，建有“河南省盾构成套装备工程技术研究中心”，参与建设“盾构及掘进技术国家重点实验室”。

②铁建重工：盾构年产能 100 台套，在湖南长沙、株洲、四川隆昌、甘肃兰州、新疆乌鲁木齐等地建立了多个制造基地，在长沙、北京、兰州等地建立了 11 个研究院，先后承担和参与了多个国家“863”计划、国家科技支撑计划项目、国家重点新产品计划及多个省市科技重大专项，率先在隧道装备行业中通过国家级企业技术中心认定，组建了“国家级企业技术中心”和“湖南省地下掘进装备工程技术研究中心”。

③上海隧道：上海隧道股份机械制造分公司已形成年制造 100 台套盾构的生产能力；建有“国家级企业技术中心”和“上海盾构工程技术研究中心”。

④中交天和：为中国交通建设股份有限公司成员公司，2010 年 4 月建址于江苏常熟；具备年产盾构 40 台套的生产能力；江苏省高新技术企业；建有“江苏省盾构关键技术工程技术研究中心”。

⑤北方重工：盾构年产能 50 台套，2007 年并购法国 NFM 公司后，成为跨国经营企业；建有“全断面掘进机国家重点实验室”。

2.2.6 中国应用盾构的特点

在新一轮的隧道及地下工程建设中，盾构法将发挥更为重要的作用，但同时也面临着诸多问题和挑战，中国应用盾构的特点可归纳为以下几个方面：

1)地质条件多样化

我国隧道及地下工程建设地域分布十分广泛，地质条件差异巨大，东有以上海、杭州等地区为代表的软弱土地层；南有以广州、深圳为代表的软硬不均复合地层；北有以北京地区为代表的典型砂卵石地层；西有以成都为代表的富水砂卵石地层。加之我国东北哈尔滨等地的冻土、云南昆明面临的泥炭质土，中部地区如西安、兰州等地的老黄土，武汉、南京等地越江地铁中的高磨耗卵砾石地层，重庆、青岛、福州等地面临的高硬度岩层等。目前，盾构施工中还有很多的问题没有效解决，例如，软黏土地层隧道施工的稳定性问题，隧道结构的振陷问题，砂卵石、卵砾石等地层面临的高磨耗问题，大粒径漂石、孤石的通过问题，以及老黄土地层导致的遇水塌陷、地裂缝等，既是未来有待解决的典型问题，也是我国盾构隧道修建技术的研究方向。同时，当穿越高强度地层、完好坚硬岩时，盾构法技术会受到极大的挑战，如何考虑 TBM 法、钻爆法等与盾构法相结合，甚至多工法的有机融合，是未来建设中需要面对的普遍问题。

根据地质勘察资料，我国的地层磨损性共分 4 个区，即极易磨损区、易磨损区、中等磨损区和低磨损区。

(1)极易磨损区

将砂卵石含量很高、上软下硬、极硬岩和花岗岩球状风化体岩层等复杂地层划分为极易磨损区。极易磨损区土体物理力学参数特征：卵石含量高于 50%、内摩擦角大于或等于 35°、石英含量很高；地层中孤石粒径大、强度高、分布多；基岩岩石饱和单轴抗压极限强度大于 150MPa。极易磨损区常发生的刀具失效类型有滚刀裂缝、刀圈断裂，切刀和周边刮刀磨损、脱落和崩断，贝壳刀磨损等。盾构选型方面，应配置滚刀、切刀、周边刮刀和超前刀，并增大刀盘开口率，允许破碎后的卵石通过刀盘面，以降低刀具磨损。极易磨损区的城市分布、地层情况及建议配置刀具类型见表 2-1。

极易磨损区城市分布、地层情况及建配置刀具　　表 2-1

地　　层	城　　市	建议配置刀具类型
砂卵石地层	北京、广州、成都	滚刀＋切刀＋周边刮刀＋超前刀
上软下硬地层	广州、深圳	
极硬岩地层	广州、深圳	
花岗岩球状风化体岩层	深圳	

(2)易磨损区

易磨损区特点包括:砾石、圆砾广泛分布,卵石含量低于 50%,内摩擦角 30°～35°,石英含量高,地层中含孤石,基岩岩石饱和单轴抗压极限强度较大(大于或等于 100MPa)。易磨损区常发生的刀具失效类型有滚刀磨损、切刀、周边刮刀磨损、齿刀磨损和中心刀磨损等。盾构选型方面,可适当配置滚刀或切刀,增大刀盘开口率,允许较多大粒径卵石通过刀盘面,以降低刀具磨损。易磨损区城市分布、地层情况及建议配置刀具类型见表 2-2。

易磨损区城市分布、地情情况及建议配置刀具　　表 2-2

城市	地 层 描 述	刀具配置建议
沈阳	粉质黏土、中粗砂、砾砂和圆砾地层	切刀＋周边刮刀＋贝壳刀
厦门	粉质黏土,砂质、砾质黏性土,下伏微风化基岩岩石饱和单轴抗压极限强度最大值接近 150MPa	滚刀＋切刀＋先行刀＋中心刀＋周边刮刀
武汉	黏性土,细砂、中细砂混粉质黏土,中粗砂混砾、卵石。含砂黏性土内摩擦角最大值 30°左右,砾石主要成分为石英、长石,且砾石含量高	滚刀＋切刀＋中心刀＋周边刮刀
福州	黏性土、含碎石黏性土地层,含孤石,中风化基岩岩石饱和单轴抗压极限强度最大值接近 100MPa	滚刀＋切刀＋周边刮刀
哈尔滨	粉砂、中砂、砾石内摩擦角接近 35°,颗粒成分为石英、长石	滚刀＋切刀＋中心刀＋周边刮刀
大连	卵石(透镜体状)＋含碎石粉质黏土(厚层状)＋碎石,下伏基岩为板岩、石英岩和凝灰岩。卵石含量高、粒径大,成分为石英岩	滚刀＋切刀＋先行刀＋中心刀＋周边刮刀
长沙	粗砂＋圆砾＋卵石(含砂、砾石),石英质,卵石粒径较大	
南宁	圆砾(厚层状)＋砾砂,圆砾层中砾石颗粒较大、含量高,以石英岩、硅质岩为主	
昆明	圆砾、碎石含量高(50%以上),粒径较大,卵石、砾石成分主要为砂岩、石英等;下伏基岩灰岩为次坚岩	
南京	砂土＋含砾粉质黏土(内摩擦角接近 30°),砾石含量较高,磨圆度差,主要成分为石英	滚刀＋切刀＋周边刮刀
东莞	黏性土＋风化岩,上软下硬,地面以下 5～25m 范围内微风化,岩石饱和单轴抗压极限强度 101MPa,局部含球状风化体	滚刀＋切刀＋先行刀＋周边刮刀
乌鲁木齐	粉土＋砾石土	切刀＋先行刀＋中心刀＋周边刮刀

(3)中等磨损区

中等磨损区的地层为局部含卵石的中粗砂且卵石含量较高(20%～30%),粉质黏土层中黏粒含量高,极易在刀盘中心结泥饼,进而造成刀具偏磨。中等磨损区常发生的刀具失效类型有滚刀偏磨、刀圈断裂、刮刀脱落等。盾构选型方面,以切刀和刮刀为主,部分配置滚刀,调整刀盘开口率,允许存在的大粒径卵石通过刀盘面,以降低刀具磨损。中等磨损区的城市分布、地层情况及建议配置刀具类型见表 2-3。

中等磨损区城市分布、地层情况及建议配置刀具　　表 2-3

城市	地 层 描 述	刀具配置建议
西安	黄土为主,局部为含卵石的中、粗砂	滚刀+切刀+周边刮刀
太原	粉土(局部夹中砂透镜体)+中粗砂(矿物成分主要为石英、长石、云母等,级配不良)	切刀+周边刮刀
宁波	砂质粉土+淤泥质(粉质)黏土+粉质黏土	切刀+周边刮刀
南昌	砾砂+粗砂(内摩擦角最大 36.5°)+砾砂夹圆砾,母岩成分以石英岩、砂岩为主,圆砾含量较高,粒径较大,中粗砂充填,砂成分以石英、长石为主	切刀+周边刮刀+周边保径刀+撕裂刀+鱼尾刀+滚刀
合肥	粉质黏土+黏土+全～中风化泥质砂岩(极软岩)	辐条式刀盘;切刀+撕裂刀+鱼尾刀+周边刮刀+保径刀+圆环保护刀+超挖刀+贝壳刀
兰州	卵石层厚度较大,为砂土充填,充填程度高,母岩以石英及长石砂岩为主	滚刀+切刀+周边刮刀

(4)低磨损区

低磨损区的软土地层以黏性土为主,地层均匀、单一,很少或不含粗粒土,或者砾石埋深较深,几乎不在盾构机掘进范围内。盾构在此类地层中施工时受力均匀,能顺利运转和前进。低磨损区常发生的刀盘刀具失效类型有刀盘中心结泥饼、刀具偏磨等。盾构选型方面,以刮刀为主,盾构施工中添加土体改良材料,避免发生结泥饼或开挖面失稳,以降低刀具的损坏率。低磨损区的城市分布、地层情况及建议配置刀具类型见表 2-4。

低磨损区分布、地层情况及建议配置刀具　　表 2-4

城市	地 层 描 述	刀具配置建议
上海	黏性土(软土层)	中心鱼尾刀+切刀+周边刮刀
天津	黏性土	
郑州	厚层砂质黄土、黏性土	
长春	地层以粉质黏土、黏土、粗砂为主	
苏州	粉质黏土+粉土+粉砂+碎石土(埋深较深,地面 40m 以下)	
杭州	黏性土+淤泥质(粉质黏土),粉细砂、砾砂和圆砾埋深较深	
石家庄	黏性土+含卵砾石中砂+卵石层内摩擦角局部达 40°,但埋深较深(地面 40m 以下)	
无锡	黏性土	
贵阳	黏土+强～中风化泥岩(软岩)	
常州	黏性土+粉砂	
温州	粉细砂+黏土+淤泥质黏土	
徐州	粉砂+粉土+黏土	
济南	黏性土+粉砂	
西宁	黏性土	

2)盾构种类多样化

①按压力平衡方式分类:敞开式盾构、土压平衡盾构、泥水盾构。

②按适应地质分类:软土盾构、复合盾构、硬岩盾构(习惯称为岩石掘进机或 TBM)。

3)越江跨海常态化

我国水系众多,尤其在东南沿海地区与长江、黄河沿线,河湖较为密集,滨江、临湖城市的穿江越河在所难免。我国上海先后建成轨道交通 4 号线越江隧道、轨道交通 5 号线虹梅南路—金海路越江隧道、轨道交通12号线利津路站—复兴岛站区间越江隧道等城轨交通越江隧道；我国武汉轨道交通2号线于2011年首次采用地铁盾构隧道形式穿越长江，我国兰州轨道交通1号线也面临穿越黄河的问题；正在规划中的福州地铁仅1～6号线穿越闽江、乌龙江多达8次。选择抗水压能力更强，但造价较高的泥水平衡盾构，还是充分利用土压平衡盾构的抗水压极限，其决策将直接影响隧道施工与运营的安全性与经济性。此外，如何根据江河地质情况选择刀盘刀具，进行优化配置，并合理处理运营期间水下复杂因素对隧道结构的不利影响，也至关重要。

4)结构断面多元化

随着近年我国盾构装备制造技术与隧道施工技术的不断进步，使不同形式、不同大小盾构隧道结构的实践成为可能。一方面，随着我国城市规模的不断扩张，市郊轨道交通不断拓展、市域联系加强，长距离地铁区间不断出现，这些区间设计时速往往较高、区间长度较长，常规地铁盾构隧道管片直径6.0、6.2m的断面已不能满足要求，直径7.0、8.0m等中型断面不断涌现。例如，东莞地铁R2线、深圳地铁11号线等，其最高设计时速120km/h，同时区间隧道长达3km以上，为了减少列车运行阻力，节约能源，提高旅客乘车舒适度，首次采用了外径6.7m的管片；蒙华铁路陕西靖边的白城隧道拟采用马蹄形断面盾构；宁波地铁采用类矩形断面盾构。

5)建设环境复杂化

一直以来，城市地铁的修建都面临穿越城市建筑密集区的挑战，特别是在现今城市建设速度加快的大背景下，隧道穿越城市密集建筑群、水库、高铁线路、桥基等重要建(构)筑物的情况更是屡见不鲜。同时，近距离交叉、斜交等问题对于施工和结构安全都提出了挑战。例如，深圳地铁罗—大区间隧道，不但需要穿越多个密集建筑群，还需应对多种形式的隧道交叉结构问题；北京地铁4号线动物园至白石桥区间隧道，采用盾构法施工，与地铁9号线区间暗挖法隧道以约15°的小角度空间立体交叉，4号线盾构隧道在上，9号线暗挖法隧道在下。在北京、上海、广州等一线城市，地下空间利用飞速发展，浅层地下空间利用日趋饱和，为提高城市功能，创造更加宜居的环境，迫切需要进行地下50～100m范围内地下空间的开发利用。

6)地下空间深度化

现在我国城市地铁无论是车站还是区间，都正面临着向大深度拓展的挑战。在车站方面，例如，成都地铁天府广场站，共分为4层，深达地下30m；深圳地铁车公庙枢纽站，集地铁、的士、公交换乘站于一体，为1号线、7号线、9号线、11号线4条线的大型换乘枢纽站。在区间隧道方面，我国北京近期正在建设中的地铁3号线与16号线，由于需长距离下穿埋置较深的既有暗挖车站和既有线，隧道最大埋深分别深达38和34.5m；正在规划中的新机场线，将与地铁3号线、R19快线的6条隧道上下并行，其中新机场线与R19快线将采用全线重叠形式，最大埋深将达40m以上。正在建设的深圳地铁9号线也出现了大深度多线重叠的困难情况。大深度隧道的建设需求，一方面对施工技术提出了高要求，另一方面对既有的结构分析理论、设计方法也带来了极大挑战。而复杂地下交叉结构的实现及其长期的安全性保障，更是难上加难，值得在以后的建设过程中不断探索。

2.2.7 与国外的差距

盾构制造工艺复杂，技术附加值高，目前国际上只有中国、德国、美国、日本、法国、加拿大等少数几个国家的企业具有自主设计及制造盾构的能力，且造价高昂。

国际上能够自主设计制造盾构的厂家主要有：德国海瑞克公司(Herrenknecht)，其主要技术优势是超大直径、特长距离和超高水压条件下的盾构技术；日本IHI公司，其主要技术优势是土压平衡盾构、大直径泥水盾构、异型盾构；美国罗宾斯公司(Robbins)，其主要技术优势是以岩石掘进机领域为主，涉及盾构设计、制造领域较晚；加拿大罗浮特公司(Lovat)，其为集盾构设计、制造与维护于一体的全方位服务企业，进入中国市场晚，已被辽宁三三工业有限公司收购；日本三菱集团(Mitsubishi Group)，其技术优势主要涉及土压平衡盾构、泥水加压平衡盾构、多圆盾构、MST盾构等；日本川崎重工业株式会社(Kawasaki),其技术优势侧重于超大直径和高水压条件下的盾构装备设计与制造;日本小松集团(Komatsu),其技术优势主要涉及土压平衡盾构、泥水加压平衡盾构、子母盾构等。

5年以前,国产盾构在我国盾构市场的占有率仅10%左右,当时大量的盾构依赖德国海瑞克、日本小松、法国NFM等制造,外国盾构在我国盾构市场占有率高达90%,处于绝对垄断地位。

近5年以来,我国盾构技术发展迅速,目前国产盾构市场占有率(约85%)处于绝对优势,但我国盾构设计制造业的总体技术水平与德国、日本等国仍存在以下七个方面的差距:

(1)地质适应性设计方面。德国、日本等国,在长期的实践探索过程中,已经形成了一套针对隧道地质条件的盾构设计理论、盾构模拟试验方法和系统的经验数据。如日本早在1969年就编制《盾构施工法指南》,1986年编制《隧道标准规范(盾构篇)及解说》。目前我国尚没有十分完善的地质适应性设计理论。近年来,国产盾构从无到有,从有到优,虽然技术进步较快,但基本处于跟踪模仿阶段,在部分技术方面,知其然,不知其所以然,部分前沿技术仍处于"复制""粘贴"式的仿造阶段。因此,部分国产盾构仍然存在质量不稳定因素,主要体现为地质适应性较差、部分关键部件寿命短等问题;在理论指导方面具体表现在刀具及刀盘设计技术、地质适应性设计方面缺少完整的理论依据、经验数据和可靠的试验数据;我国各个地区的地质条件相差很大,盾构施工普遍存在盾构与其需掘进地段地质条件之间适应性较差的问题。国内部分盾构制造企业仍然依靠国外盾构制造商的技术支持。

(2)总体设计与系统集成技术方面。盾构技术是机械制造、液压、传感、自动控制、信息、材料等综合技术的集成;盾构集机、电、液、传感、信息、材料等技术于一体,涉及学科广泛,因此对系统设计的能力要求很高,目前我国盾构总体设计能力仍然偏弱。盾构技术的核心是实现关键技术的自主能力,近年来我国研制盾构都是在引进、消化、吸收国外盾构技术的基础上进行的,且部分盾构制造厂家仍然离不开国外盾构公司的技术支持;国外盾构厂家已在实践中形成了一套较为成熟的盾构设计、制造、安装和调试的系统技术,我国目前尚没有完全适合国情的系统设计经验数据,没有完全掌握系统的制造工艺、安装与调试技术。到目前为止,除中铁工程装备集团、中国铁建重工集团、上海隧道盾构工程有限公司、中交天和机械设备制造有限公司等盾构厂家具有自主设计能力外,国内其他盾构制造企业尚没有形成真正的自主设计能力。

(3)关键部件生产技术方面。盾构的许多配套设备技术要求很高,但国内盾构配套设备生产技术相对落后,许多关键部件仍需进口。譬如,刀盘驱动的主轴承、液压泵、驱动马达、液压阀件、检测元件、刀具轴承等基本依赖进口;用于盾构姿态控制、地表沉降控制的土压探测与传感装置也基本依赖进口;刀盘刀具设计技术是盾构的核心技术,减少刀具磨损需要考虑很多方面,包括刀具本身的材质、刀具结构形式、刀具切削的外部条件等,我国现有盾构在这方面还缺乏较深入研究,对刀具磨损过程认识不足,对刀具、刀盘的岩土适应性设计方面缺少完整的理论依据、系统的经验数据和可靠的实验装备,在刀具的可靠性和寿命方面及刀具的磨损实时检测方面,与国外存在一定差距。虽然从总体上来看,国内机械制造业近年来与国外企业生产设备水平的差距在缩小,但仍然有以下问题没有从根本上解决:一是材料的问题,如特种钢不如国外,造成强度、刚度不足,影响产品寿命;二是工艺问题,淬火、热处理等工艺过于落后,造成加工成本上升和可靠性不足;三是机加工设备、检测设备、检测手段的问题,造成机加工精度和工作效率难以保证;四是企业文化问题,国内专业技术人员普遍存在专注、专心、专业的精神不够,不愿意精益求精做事,无法把产品做到极致。

(4)模型试验与系统仿真方面。国外在盾构研制开发过程中,非常重视系统仿真与模型试验,作为实现盾构结构与性能优化设计的重要手段。大多数国内企业在生产研制过程中过分依赖于对国外技术的吸收、图纸的消化,缺乏必要的模型试验与系统仿真研究。在盾构虚拟样机建立与动态仿真、盾构施工作业过程的数值仿真、刀盘系统与纠偏系统的数值仿真与模型试验、液压系统的数值仿真与模型试验、物料输送机械/流体传动系统的数值仿真等方面,仍然存在一定差距,直接影响自主研发水平的提升。

(5)衬砌、管片制作及拼装技术方面。德国、日本等国已成功实施了全自动化拼装系统,包括混凝土管片的输送、拼装机钳住管片、管片就位、管片接头螺栓的自动穿孔和拧紧等工序的自动化。目前,国内盾构施工虽然实现了管片移动的机械化,但是管片的对中、就位、拼装等大多数还是靠人工作业。而且,国内在异形管片(矩形管片、球体管片、曲线管片等)的设计方面尚处于起步阶段,管片拼装技术、插接管片技术等尚需进一步加大开发力度。

(6)超高水压下常压换刀技术方面。采用常压换刀刀盘,有利于提高刀具检查和更换的安全性和效率,尽可能地减少带压进仓作业的次数和风险。目前国际最先进的常压换刀刀盘技术一直在不断进步,已经进入第五代(第一代,只能换滚刀,而且是用螺杆和单闸门;第二代,增加了可更换切刀;第三代,改为油缸加双闸门控制;第四代,增加了整体式双刃滚刀和刀具滚动检测;第五代,采用双轴双单刃滚刀)常压换刀技术,有一套成熟的加工、制造工艺,已成功开发出双轴双单刃,即两把单刃滚刀装在一个常压换刀刀箱内的设计,破岩能力更强,换刀安全可靠。而国内的常压换刀技术仅仅处于实验室室内试验阶段,尚无实际工程应用。

(7)异形盾构设计与制造技术。日本的异形盾构技术已相当发达,但国内仅上海隧道工程股份有限公司开发了矩形盾构和类矩形盾构,并成功应用于工程中,中铁工程装备集团正在研究马蹄形盾构,拟用于蒙华铁路白城隧道。

2.3 盾构产业模式

1)产业价值链分析

盾构是根据隧道施工对象"度身定做"的,正如裁缝根据具体的人进行"量体裁衣"一样,盾构的制造特点是以工程为依托,根据施工环境(基础地质、工程地质、水文地质、地貌、地面建筑物及地下管线、构筑物等特征)进行模块化设计和制造。盾构的特殊性决定了盾构产业链体系建立在以工程为依托,系统设计为核心,相关配件制造企业加盟生产,施工单位配合使用的基础上,其设计、制造必须与工程项目紧密结合,其产业价值链如图 2-24 所示。

图 2-24 盾构产业价值链

2)欧美模式

欧美模式在产业链上的主要特征是自主设计,自主组装,同时为用户提供技术服务,部件制造则采取全球采购或采取和相关重型制造企业结成战略联盟的形式。其产业价值链见图 2-25,其核心是以系统设计为主。

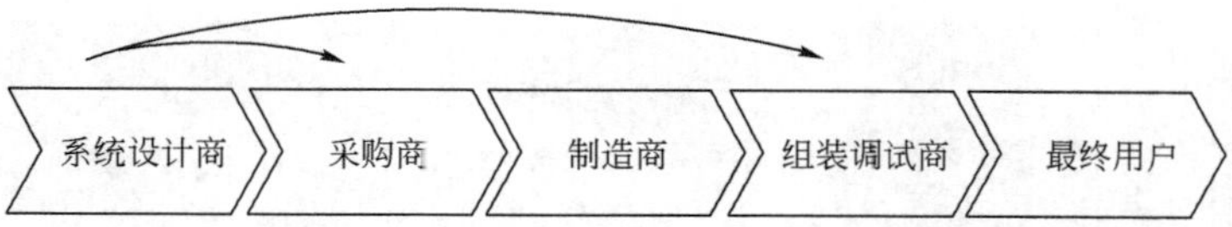

图 2-25 盾构产业价值链欧美模式

3)日本模式

与欧美模式不同,日本企业都是制造企业,企业本身就有较强的大型机械设备制造能力,并把先进制造技术作为核心竞争力加以保护。日本模式在产业链上的主要特征是自主设计、自主采购、关键部件自主制造(通用部件分包)、自主组装,并为客户提供技术服务。其产业价值链见图 2-26,其核心是以制造业为主。

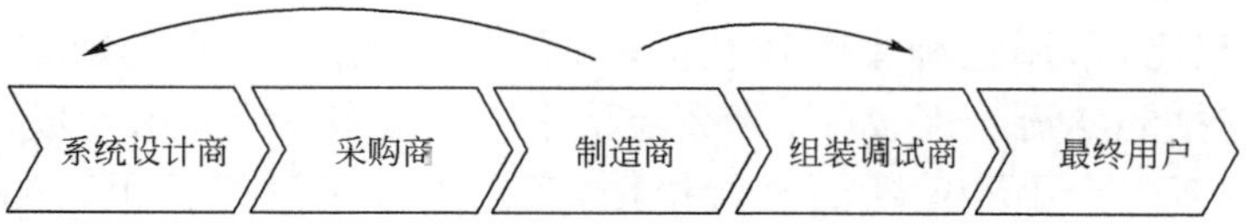

图 2-26 盾构产业价值链日本模式

4)中国模式

按照中国的国情,中国的盾构产业适合于设计、制造、施工一体化模式,实施施工企业产业化模式。施工企业实现盾构产业化的模式,既不同于欧美企业最初源于设计公司,也不同于日本企业源于重型制造工厂,施工企业盾构产业化以施工为核心,是一个边施工、边反馈、边制造、边提升的过程,其产业模式是从产业价值链的末端向前延伸,见图 2-27,其核心是以施工为主。

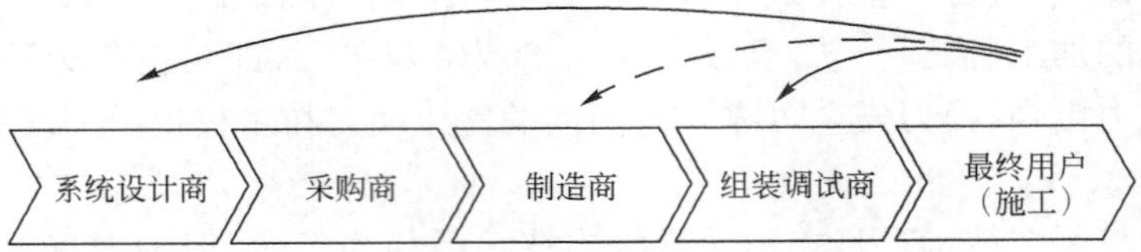

图 2-27　盾构产业链中国模式

2.4　盾构发展趋势

国际上盾构技术日趋完善,盾构技术的发展趋势是微型和超大型化、形式多样化、高度自动化和高适应性。

2.4.1　微型和超大型化

从发展趋势来讲,趋向于两极化。为适应隧道及地下工程建设的发展需要,盾构的断面尺寸具有向超大、微小 2 个方向发展的趋势。

1998 年建成运营的日本东京湾道路隧道采用了 8 台 ϕ14.14m 泥水盾构施工;2003 年建成的德国易北河第四隧道采用 1 台 ϕ14.2m 泥水盾构施工;2004 年贯通的荷兰绿色心脏隧道采用 1 台 ϕ14.87m 泥水盾构施工;上海沪崇隧道工程采用德国海瑞克公司 ϕ15.43m 泥水盾构施工;武汉三阳路长江隧道采用 ϕ15.76m 泥水盾构施工;最大直径土压平衡盾构由日立造船公司制造,直径 17.45m(最大开挖直径 17.48m),用于美国西雅图 SR99 项目,因施工过程中发生主轴承损坏事故,目前已拆除。

目前,德国海瑞克公司引领了全球超大直径盾构的发展方向,其设计制造的超大直径土压平衡盾构直径达 15.55m(图 2-28),用于意大利 Sparvo 隧道工程;设计制造的超大直径泥水盾构,直径达 17.6m,用于香港屯门—赤蜡角长 4.2km 海底公路隧道工程。

图 2-28　用于意大利 Sparvo 隧道工程的 ϕ15.55m 土压平衡盾构

直径 200mm 的微型盾构已在工程中得到应用。为降低成本,日本大成建设公司开发了适用于立体交叉工程的小型盾构,这种小型盾构特别适用于隧道的断面挖掘工程。其挖掘特点是将隧道断面切分成若干个小断面,然后采用这种小型盾构将各断面分别挖掘成仅剩薄壁的小隧道,最后把各薄壁打通。与传统的隧道断面挖掘相比,采用这种小型盾构分断面挖掘方法可以降低成本 30%以上。通常,盾构的价格昂贵,如果挖掘的隧道长度较短,那么经济上就不划算,而采用大成建设公司的这种小型盾构,将隧道断面分成若干个小隧道断面进行挖掘,实际上等于进行长距离的隧道挖掘,所以比较经济。

2.4.2 形式多样化

为适应不同的地质，既要设计能适合复杂地质条件使用的多模式复合盾构，又要制造用于地质条件简单的功能单一软土盾构。为适应不同工程的需要，盾构的形式越来越多，目前，已生产断面为圆形、矩形、双圆、三圆、球形盾构，以及子母盾构等。

2.4.3 高度自动化

未来的盾构发展方向之一是高度自动化。盾构的设计制造在一定程度上反映了一个国家的综合科学技术和工业水平，体现了计算机、新材料、自动化、信息传输和多媒体等的技术综合和密集水平。目前，国际先进盾构已普遍采用了类似机器人的技术，计算机控制技术、网络远程通信遥控技术、现代传感检测技术、激光导向技术、超前地质探测技术等。随着计算机技术的快速发展，盾构的自动化程度越来越高，其具有施工数据采集功能、盾构姿态管理功能、施工数据管理功能、设备管理功能、施工数据实时远传功能。其可自动检测盾构的位置和姿态，并利用模糊理论自动进行调整，可自动实现平衡压力的控制，可自动实现管片的拼装等。目前，已实现在办公室控制盾构，在办公室可以直接从计算机屏幕上获取远地施工的盾构施工图像和参数，并可以发出指令进行控制。

2.4.4 适应性强

随着盾构技术的发展，硬岩掘进机技术与软土盾构技术相互渗透、相互融合，使盾构的地质适应能力大大增强。

2.5 盾构法施工新技术

为了满足在城市繁华地区及一些特殊工程的施工，大量的盾构法施工新技术应运而生。这些新型盾构技术不仅解决了一些常规技术难以解决的施工问题，而且使盾构技术的效率、精度和安全性都大大提高。这些新技术主要反映在以下 3 个方面：

①施工断面的多元化，从常规的单圆形向双圆形、三圆形、方形、矩形及复合断面发展。

②施工新技术，包括进出洞技术、地中对接技术、长距离施工、急曲线施工、扩径盾构施工法、球体盾构施工法等。

③隧道衬砌新技术，包括压注混凝土衬砌、管片自动化组装、管片接头等技术。

2.5.1 扩径盾构工法

扩径盾构工法是对原有盾构隧道上的部分区间进行直径扩展。施工时，先依次撤除原有部分衬砌和挖去部分围岩，修建能够设置扩径盾构的空间作为其始发基地。随着衬砌的撤除，原有隧道的结构、作用荷载和应力将发生变化，所以必须在原有隧道开孔部及附近采取加固措施。扩径盾构在撤除衬砌后的空间内组装完成后，便可进行掘进。为使推力均匀作用于围岩，需要设置合适的反力支承装置。当盾体尾部围岩抗力不足时，需要采用增加围岩强度的措施，也可设置将推力转移到原有管片上的装置。

2.5.2 球体盾构工法

球体盾构亦称直角盾构，其刀盘部分设计为球体，可以进行转向。

球体盾构施工法，又称直角方向连续掘进施工法。主要是在难以保证盾构竖井的用地，或需要进行直角转弯时使用。球体盾构的施工方法分为“纵—横”和“横—横”施工两种。

“纵—横”方向连续掘进施工，是从地面开始连续沿竖直方向向下开挖竖井，到达预定位置后，球体进行转向,然后实施横向隧道施工的方法。

纵一横式球体盾构见图 2-29,其施工工艺见图 2-30。

图 2-29 纵一横式连续掘进球体盾构

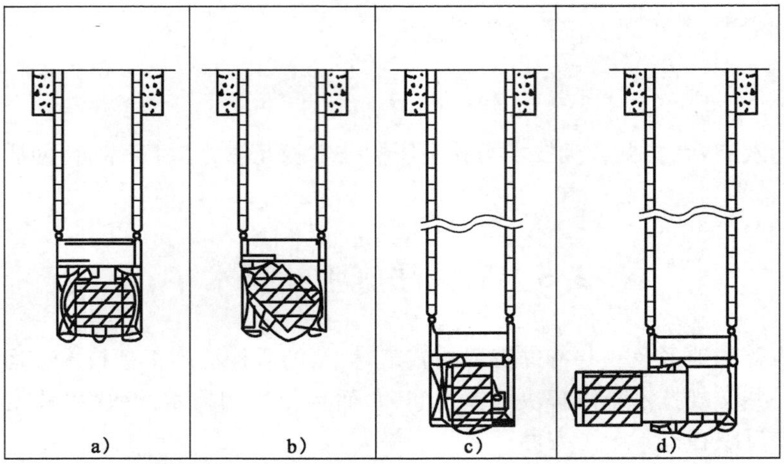

图 2-30 纵横式球体盾构连续施工工艺

a)主盾构竖向掘进;b)次盾构内藏球体回转;c)球体回转完毕;d)次盾构水平掘进

“横一横”方向连续掘进是环体盾构先沿一个方向完成横向隧道施工后,水平旋转球体进行另一个横向隧道的施工,可以满足盾构 90°转弯的要求。横一横式连续掘进球体盾构见图 2-31。

图 2-31 横一横式连续掘进球体盾构

2.5.3 多圆盾构工法

多圆盾构工法又称 MF 盾构工法,MF 是英文“Multi－circular Face”的缩写。MF 盾构工法是使用多圆盾构修建多圆形断面的隧道施工法。通过将圆形作各种各样的组合,可以构筑成多种多样断面的隧道。图2-32为多圆盾构的典型应用示意。多圆盾构适合于地铁车站、地铁车道、地下停车场、共同沟的施工。MF盾构可以采用泥水式、土压平衡式两种类型。

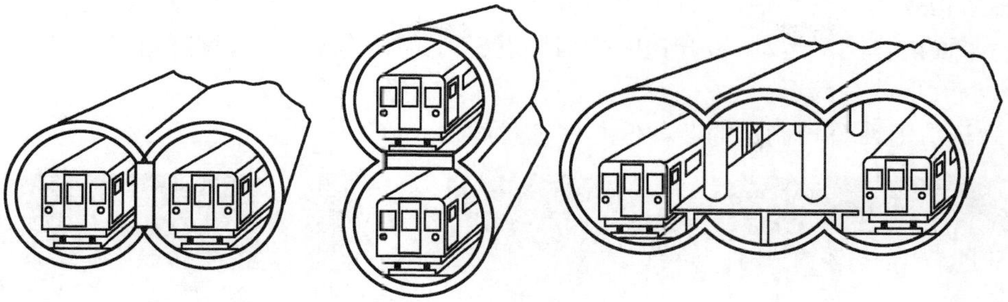

a) b) c)

图2-32 多圆盾构的典型应用

a)水平隧道;b)分层隧道;c)地铁车站

2.5.4 H&V盾构工法

H&V盾构见图2-33,由具有直字铰接构造的多个圆形盾构组成,通过使复数个前盾各自向相反的方向铰接,给盾构施加旋转力,通过螺旋形掘进,可从一个横向平行的盾构连续地变换到纵向平行盾构。

图2-33 H&V盾构

H&V是英文"Horizontal Varition & Vertical Varition"的缩写,H&V盾构工法即水平和垂直变化的盾构施工法,可从水平双孔转变为垂直双孔,或者由垂直双孔转变为水平双孔,可以随时根据设计条件,不断改变断面形状,开挖成螺旋形曲线双断面(见图2-34)。两条隧道的衬砌各自独立。由于两条隧道作为一个整体来施工,可解决两条隧道邻近施工的干扰和影响问题。

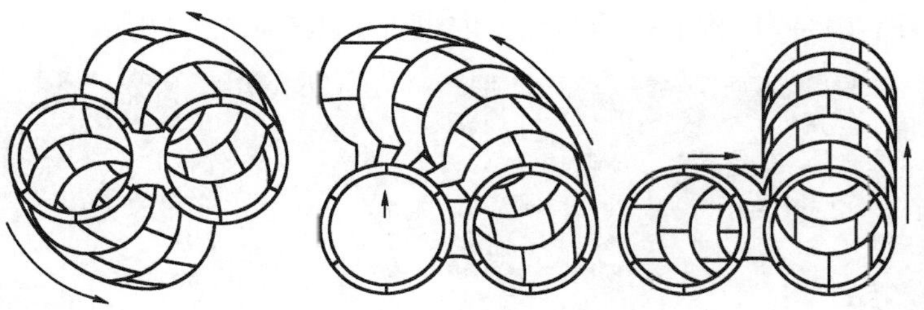

图2-34 H&V盾构法原理示意图

2.5.5 变形断面盾构法

图2-35 变形断面盾构(日本三菱)

变形断面盾构通过主刀和超挖刀相结合,其中主刀用于掘进圆形断面的中央部分,超挖刀用于掘进周围部分。根据主刀的每个旋转相位,通过自动控制系统来调节液压千斤顶的伸缩行程,进行超挖,通过调节超挖刀的振幅,可施工任意断面形状的截面。

图2-35为用于名古屋共同沟施工的7950mm(长)×5420mm(宽)的土压平衡式变形断面盾构。

2.5.6 偏心多轴盾构法

偏心多轴盾构采用多根主轴，垂直于主轴方向固定一组曲柄轴，在曲柄轴上再安装刀架。运转主轴刀架将在同一平面内作圆弧运动，被开挖的断面接近于刀架的形状。可根据隧道断面形状要求设计刀架为矩形、圆形、椭圆形或马蹄形。

图 2-36 为日本 IHI 公司制造的 3 种偏心多轴式盾构。

图 2-36 偏心多轴式盾构

目前，偏心多轴式盾构已在日本的下水道工程、地铁工程和其他管线等许多地下工程中得到了广泛的应用。

2.5.7 机械式盾构对接技术(MSD 法)

当使用两台盾构从隧道两端相向掘进到隧道汇合处时，盾构对接的主要问题是高地下水的渗入或工作面的坍塌问题。解决这些问题的方法通常是冷冻接合处周围的土体，然而会产生冷冻土体的膨胀及冻土融化后的沉降等一系列问题。

采用机械式盾构对接技术，通过在两台盾构的前缘设置对接装置，有效解决了地中对接的难题。机械式盾构对接(Mechanical Shield Docking)技术也称“MSD”法，是指采用机械式盾构对接的一种地下接合的盾构施工法。

MSD 法施工时，一台为发射盾构(见图 2-37)，另一台为接收盾构(见图 2-38)。发射盾构一侧安装可前后移动的圆形钢套，而在接收盾构的一侧的插槽内设置抗压橡胶密封止水条。

图 2-37 发射盾构

图 2-38 接收盾构

施工工艺如图 2-39 所示。其工艺流程如下：

①两台盾构分别从两侧各自推进到预定位置后，停止开挖。在维持土压或泥水压力的状态下，任一侧的刀盘回缩至盾壳内，两台盾构尽可能向前推进。

②发射盾构推出收藏在盾构内的圆形钢套，插入接收盾构的插槽内，使两台盾构在地下接合。

③完成对接后，在圆形钢套的内周焊接连接钢板，使两台盾构的盾壳形成一体，拆去除盾壳外的其余结构后，浇注混凝土。

2.5.8 盾构水下施工土木对接技术

在跨越大江大河施工领域，过去是桥梁建设具有传统优势，但随着盾构技术在我国城市地铁建设中的逐步成熟，我国隧道施工已开始进入穿越大江大河和海洋的时代。盾构长距离的水底施工和地中对接施工已成为跨江越海必须掌握的盾构施工新技术。除机械对接外，最常用的是土木对接技术，其方法是在对接区域进行地层加固处理，当加固后的地层达到止水及强度要求后，即可拆卸盾构外壳内的结构和部件，并在盾壳内进行衬砌作业。

地层加固的方法通常采用化学注浆法或冻结法。化学注浆施工法的施工性能优越，造价低；冻结法改良地层的效果可靠，但造价高，工期长。通常两种方法都可行，但采用哪种方法更优，需要根据具体的施工条件选定。从盾构内进行辅助加固施工的方式有两种，一种是从两侧盾构内设置的超前加固设施同时，对地层进行加固处理；另一种是仅从某一侧盾构内设置的加固设施进行超前地层加固处理，另一侧盾构到达后直接进入加固地层中。由两侧盾构内进行加固的方法用于2台盾构几乎同时到达的场合，采用这种方法进行的加固处理，其加固范围基本对称，特别是当采用化学注浆法进行作业时，加固的效果更好。仅从一侧盾构内加固的方法是从先行的盾构内进行加固，采用这种方法加固的范围较大，且改良范围的形状不规则，效果不易控制，见图2-40。

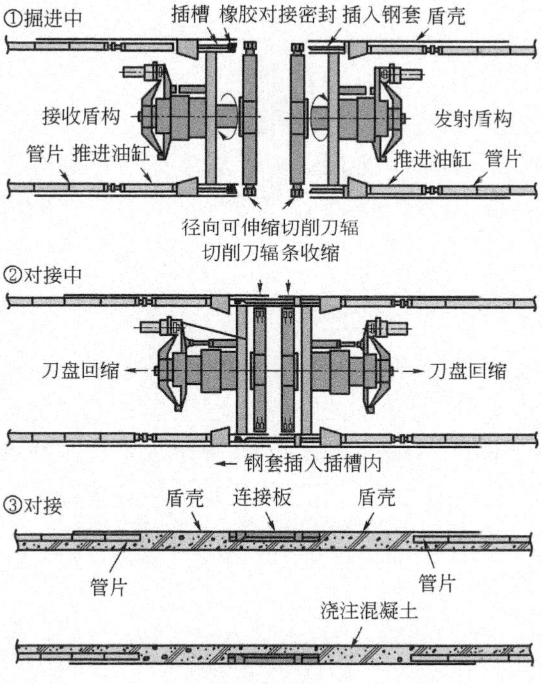

图2-39 机械式盾构对接施工工艺

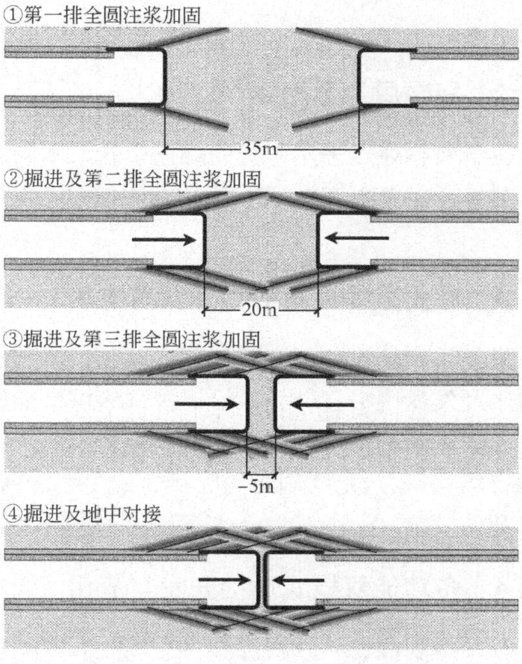

图2-40 地中对接盾构内地层加固工艺

2.5.9 带压进仓技术

盾构长距离施工中，不可避免地要进行中途检查和更换刀具或进仓进行维修作业。因此，安全可靠地在非常压下快速进入土仓进行刀具的检查、更换及其他部件的维修或地下障碍物的排除，已形成一项新型技术。带压进仓原理为经过对刀盘前方地层进行处理后，在保证刀盘前方周围地层和土仓满足气密性要求的条件下，通过在土仓建立合理的气压来平衡刀盘前方的水、土压力，达到稳定掌子面和防止地下水渗入的目的，为作业人员在土仓内进行安全作业提供条件，如图2-41所示。

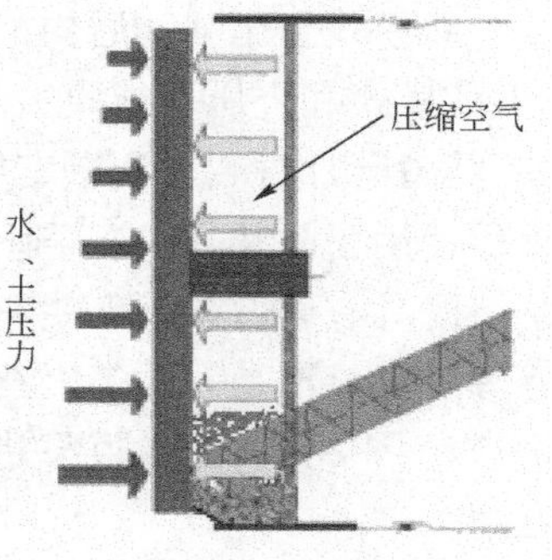

图2-41 带压作业原理示意图

2.6 盾构技术发展方向

世界盾构技术正朝着工程的超大断面化、异形断面化、超大深度化、超长距离化,施工快速化,操作的高度自动化方向发展。超大深度盾构、超大断面盾构、超长距离掘进盾构、高度自动化盾构、快速掘进盾构、异形断面盾构是世界盾构技术的发展方向。根据我国的国情,近期我国盾构技术的发展方向如下。

2.6.1 土压平衡盾构系列化

土压平衡盾构是一种先进实用的软土盾构,能适用于各种软土地层,即使含有砾石、卵石、硬岩也能掘进。结合各城市的不同工程地质水文条件,设计制造各种型号的土压平衡盾构,更符合中国的国情,也符合一般的技术和经济发展规律要求和环保要求。

土压平衡盾构系列化的研究应按用途进行工程地质系列化、直径系列化、截面形式系列化划分,系列范围内进行模块化和标准化设计研究。

土压平衡盾构系列化的目的,是使土压平衡盾构在技术上能够满足不同地质、不同用途和不同断面隧道的需要,同时使土压平衡盾构技术达到更优化。

目前,土压平衡盾构在我国的应用比率占80%以上,土压平衡盾构系列化研究应是今后一段时期的主要目标。

2.6.2 复合盾构全面推广应用

复合盾构通过采用不同的掘进模式及不同的刀具布置以适应不同地层。由于复合盾构的地质适应性非常广,在我国广州、成都、重庆、深圳、北京地区以及其他一些城市的部分地区具有广阔的应用前景。

2.6.3 超大直径泥水盾构开发与应用

世界盾构技术的超大断面化,使超大直径泥水盾构的应用将成为一种发展趋势,且超大直径泥水盾构对于开发我国沿江、沿海、沿河及许多城市的经济发展具有十分重要的战略意义。因此,抓紧和加快超大直径泥水盾构技术的研究,进而掌握超大直径泥水盾构的设计、制造和施工技术,能极大地提高我国盾构机市场竞争力,是我国与国际接轨的重要步骤,促使我国的盾构技术牢牢地跻身于世界盾构技术的先进行列。

2.6.4 多功能双模式盾构开发与应用

开发多功能、高适应性的双模式盾构,遵循的设计理念主要有:①必须确保人员和盾构的安全;②能有效解决施工中遇到的各种难题;③能应对各种地质风险;④具有高适应性,并兼顾局部特殊性。

1)双模式土压平衡盾构

双模式土压平衡盾构配有土压平衡复合刀盘,适用于岩石和软土地层中,可以稳定掌子面,且可在TBM模式和土压平衡模式两种模式下运行。该类型盾构充分考虑了岩石和软土两种不同地层的掘进模式,具备管片拼装与洞壁支护两种隧洞支撑技术的优点,有效克服了传统土压平衡盾构遭遇复杂岩石土地层使用受限及TBM不适于在软土地层中使用等缺点。

既具有岩石条件下快速掘进功能,又具有软弱地层时平衡开挖面功能,使盾构技术与TBM技术相互渗透、融合,是一种集岩石掘进机技术与软土盾构技术于一身的新型混合式TBM,拓宽了设备的地质适应范围,使单台隧道掘进设备具有更广泛的地质适应性,能有效降低施工风险,且操作简单、成本低廉。

2)双模式泥水盾构

双模式泥水盾构具有泥水模式和TBM模式。泥水模式用于高水压裂隙岩层掘进，TBM模式用于无水或少水岩层掘进。当地层条件发生变化时，能灵活实现泥水和TBM两种开挖模式的转换，以满足安全快速施工的需求。

2.7 盾构市场前景

2.7.1 国内盾构市场特点

近年来，以基础设施建设为主要拉动因素的我国工程机械行业，总体面临市场需求不旺的较大困难和考验，从高速膨胀期进入低谷徘徊阶段。但以盾构TBM为代表的我国隧道掘进机械行业，却逆势而上，迎来了历史上最好的发展时期，全行业的技术、产品和营销都有长足的进步，企业实力明显提高。

目前，国内70%以上的订单和销售主要集中在中国中铁、中国铁建、中国交通建设集团、上海隧道股份等少数几个企业，其他相当一部分企业面临严重的国内订单不足，从而转向开发海外市场和维修、翻新、再制造或其他产品的业务。国内盾构市场主要具有以下几个特点：

(1)开拓国际市场积极性进一步提高，出口形势看好。

出口国家和地区有所扩大，除原来的新加坡、中国香港、马来西亚、伊朗、印度、以色列等外，还开始出口非洲、南美洲、澳洲及欧洲。出口发展的原因，因为国内市场竞争的压力，必须另辟蹊径外。目前国内制造的盾构TBM产品，质量趋于稳定，产品性价比好，已逐渐被国外用户所认可，具有越来越强的竞争力。

(2)全行业技术、产品发展及质量稳定性有新的提高。

随着企业实力的提高，对技术和产品发展投入有增加，除以斜井TBM，大断面矩形顶管机、矩形及类矩形盾构为代表的新产品已完成外，中铁装备和中国铁建重工自主制造的直径8m的TBM标志着我国已掌握TBM技术，并开始参与TBM市场竞争。在产品质量方面，近年来国产的地铁盾构，在质量稳定性和施工适应性方面已不逊于国外知名品牌。

(3)具有中国特色的盾构TBM再制造、维修和翻新方兴未艾。

目前，全国盾构TBM保有量已近900台，有大量的旧机进入再制造或翻新的范畴，根据中国国情以及目前提倡的节能减排、绿色生产、资源再利用的精神，众多企业都开展了盾构TBM再制造的研究和实施，并得到了政府的高度重视和支持。2015年11月3日，“盾构再制造创新战略联盟成立大会暨第十三次全国机械维修学术会议”在北京召开，成立了盾构再制造创新战略联盟，工信部发布了《盾构/TBM再制造2025发展路线暨十三五推进计划》，启动了百台盾构再制造。

(4)盾构行业的社会关注度日益提高。

2014年5月10日，习近平主席视察中铁装备公司，这是盾构全行业的荣誉，也是中央对盾构行业的巨大支持和鼓励，对盾构行业的社会关注度的上升及社会地位的提高起到了良好的推动作用。

2.7.2 盾构行业发展存在的问题

目前，在盾构行业发展中存在的主要问题如下：

(1)关键配套件的国产化问题仍未有效解决。

除了主减速机已由中铁隧道集团联合安徽蚌埠行星机械公司成功自主开发外，主轴承和主液压件的配套几乎全依靠进口，国产件质量不稳定，得不到用户的信任。中国是全球最大的盾构TBM生产国和最大的市场，必须具备关键配套件国产化能力。

(2)国产TBM及超大直径盾构市场还未完全打开。

近几年来，国内企业技术进步很快，已经具备了TBM的研发及自主制造能力，但是仍不能得到用户的信任，在项目招投标时往往不能成功；关于超大直径盾构，业主也指定必须购买国外产品。预计在今后大量的水利工程、铁路公路隧道、穿江过海隧道施工中，TBM 及超大直径盾构的使用率会很高，市场潜力很大，所以在继续巩固和扩大地铁盾构市场的同时，需努力开拓 TBM 及超大直径盾构市场。

(3)需要继续营造开放、更加公平合理的市场竞争环境。

公平合理的市场竞争环境是行业持续稳定发展的重要保证，也是企业发展的最好动力。目前，国内系统保护、地方保护的情况依然存在，自产自销的模式阻碍了其他企业的健康发展，在这方面还有较大的改善空间。国家必须旗帜鲜明地反对过度保护，共同营造良好的市场环境，促进行业健康发展。

2.7.3 盾构市场前景分析

随着国家可持续发展战略、城市化战略、西部大开发战略和高速铁路发展战略的实施，我国的基础设施建设在 21 世纪进入了大规模施工阶段。

地下空间的开发，由于具有不占用地面资源、缓解地面交通、不影响景观、有利于环境保护等优点，因此铁路隧道、公路隧道、城市地铁、过江隧道、地下行人通道、地下商场的建设方兴未艾。

城市轨道交通作为提高交通能力、缓解交通拥堵的利器，已得到各级政府重视，轨道交通对经济增长的直接贡献率为 0.263，即一亿元投资可带来 2630 万元财政收入，产生 2.63 亿元的 GDP，所以在中国有巨大的发展潜力。作为城市轨道交通建设的主力军的盾构，市场巨大的潜力是不言而喻的。中国是全球最大的盾构市场。在轨道交通建设方面，2014 年，全国 27 个城市新开工轨道交通线路共计 60 条，建设里程 1666.89km，其中北京、广州、成都列前三位。北京、天津、上海、广州是中国 4 个最早拥有地铁的城市，尽管其地铁运营总量远比发达国家的一些国际大都市落后，但拥有地铁这个事实已经足以令这 4 个城市具有巨大的吸引力。在 20 世纪末，深圳、南京这 2 个城市也幸运地搭上了地铁项目的最后一班车。紧随其后，杭州、苏州、西安、青岛、重庆、沈阳、哈尔滨、成都、武汉也都相继开始了地铁项目的运作。目前，我国城市轨道交通建设正面临着史无前例的高潮。截至 2015 年，全国 39 个城市正在建设地铁；北京、上海、广州等城市在已经开通运营多条地铁线的基础上，仍以每年数百亿元的投资速度推进。目前，39 个已获批建地铁的城市相继制订了以 2020 年或相近年份的地铁建设规划，其规划末期运营里程总和达 8290km；预计到 2017 年，新开工里程将达 4300km，平均每年开工 1400km。以北京市为例，北京市城市轨道交通 2020 年线网由 30 条线组成，总长度为 1177km；远景年线网由 35 条线路组成，总长度 1524km；2015—2021 年将建设 12 个项目，总长度 262.9km，计划总投资为 2122.8 亿元。

在城市地下道路和综合管廊建设、地下空间建设方面。发展地下交通是解决城市道路拥堵的方向和出路。除地铁外，还包括地下道路，在这方面，巴黎、东京、新加坡、西雅图、波士顿等城市已经有了成功的范例。北京在 2005 年就提出了“北京中心城中心地区地下空间开发利用规划”，提出四纵两横地下快速路系统方案；上海、南京、无锡等地都已开始或建成了若干地下道路。城市地下综合管廊的建设计划，正在全国 36 个城市试点。

海外市场。随着世界经济的缓慢复苏，以及众多发展中国家对基础设施建设的投入的增加，我国新兴的盾构 TBM 产品正在试探性地进入海外市场，表现基本良好，预计今后一段时间，以东南亚、南亚、南美、非洲为主的掘进机市场潜力很大，逐步打入欧洲、美国、澳大利亚等的可能性也很大。

作为世界最大的隧道及地下工程施工市场，中国的市场潜力正在迅速释放。据专家预计，我国盾构 TBM 产业的市场前景看好，保守估计，5 年内需新增盾构约 500 台，且旧盾构需大修或再制造；在今后 10～15 年期间，我国盾构 TBM 国内外市场规模应该不小于每年 150 台套。

思考题

1. 盾构的发展经历了哪几个阶段？
2. 简述盾构的起源。

3. 中国应用盾构的特点有哪些？
4. 我国的地层磨损性可分为哪几个区域？各区域有什么特点？
5. 我国盾构与国外的差距主要体现在哪几个方面？
6. 分析我国盾构行业技术与国外的差距原因是什么？
7. 盾构未来的发展趋势是什么？
8. 盾构法施工新技术主要体现在哪些方面？
9. 多圆盾构主要应用于哪些场合？
10. 机械式盾构对接技术的关键点是什么？
11. 带压进仓技术的原理是什么？
12. 我国盾构技术的发展方向是什么？
13. 我国盾构国产化需要从哪些方面着手实施？

第3章

盾构法概论

3.1 隧道施工的主要方法

隧道施工是指修建隧道及地下洞室的施工方法、施工技术和施工管理的总称。隧道施工方法的选择主要依据工程地质和水文地质条件，并结合隧道断面尺寸、长度、衬砌类型、隧道的使用功能，以及施工技术水平等因素综合研究确定。根据隧道穿越地层的不同情况和目前隧道施工方法的发展，隧道施工方法的分类见图3-1。

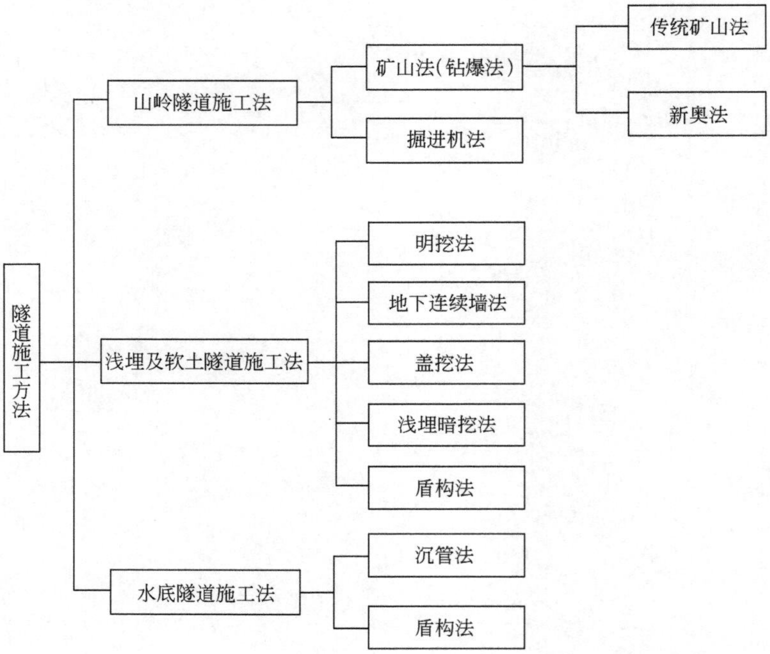

图3-1 隧道施工的主要方法

隧道施工技术主要研究解决上述各种隧道施工方法所需的技术方案和措施（如开挖、掘进、支护和衬砌施工方案和措施）；隧道穿越特殊地质地段时（如膨胀土、黄土、溶洞、塌方、流沙、高地温、高地应力、岩爆、瓦斯地层等）的施工手段；隧道施工过程中的通风、防尘、防有害气体及照明、风水电作业的方式方法和对围岩变化的量测监控方法。

隧道施工管理主要解决施工组织设计（如施工方案的选择、施工技术措施、场地布置、进度控制、材料供应、劳动力及机具安排等）和施工中的技术管理、计划管理、质量管理、经济管理、安全管理等问题。

必须指出，由于地质勘探的局限性和地质条件的复杂性及多变性，隧道施工过程中经常会遇到突然变化的地质条件、意外情况（如塌方、涌水等），原制定的施工方案、施工技术措施和施工进度计划等也必须随之变更。因此，隧道施工技术人员应有丰富的工程实践经验和应变能力，详细制订出灵活多变的施工方案，以适应客观条件的变化。

3.2 盾构法基本概念

盾构施工法简称盾构法，就是用盾构修建隧道的方法，是地下暗挖隧道的一种施工方法，它使用盾构在地下掘进，在边防止软基开挖面土砂崩塌和保持开挖面稳定的同时，边在机内安全地进行隧道的开挖作业和衬砌作业，从而构筑成隧道的施工法。

按照这个定义，盾构法是由稳定开挖面、盾构挖掘和衬砌三大要素组成。盾构施工的主要原理就是尽可能在不扰动围岩的前提下完成施工，从而最大限度地减少对地面建筑物及地基内埋设物的影响。

盾构在地层中推进时，通过盾构的外壳和管片来支撑四周围岩，防止土砂崩塌进行隧道施工。闭胸式盾构是用泥土加压或泥水加压来抵抗开挖面的土压力和水压力，以维持开挖面的稳定性；敞开式盾构是以开挖面自立为前提，否则需要采用辅助措施。

初期的盾构施工法是用人工开挖式或机械开挖式盾构结合使用压气施工法，边保证开挖面稳定，边进行开挖。在围岩渗漏很严重的情况下，用注浆法进行止漏加固，而对软弱地层则采用封闭式施工。

盾构施工的历史，始于英国，发展于德国、日本，经过一百多年研究开发和应用，现已演变成目前非常盛行的泥水盾构和土压平衡盾构。这两种机型的最大优点是在开挖功能中考虑了稳定开挖面的措施，将盾构施工法三大要素中的前两者融为一体，无须辅助施工措施就能适应地质情况变化较大的地层。

3.3 盾构法的主要技术特点

盾构法的施工过程需先在隧道区间的一端开挖竖井，将盾构吊入竖井中安装，盾构从竖井的预留洞门处开始始发掘进，并沿设计线路推进直至到达另一竖井。

用盾构进行隧道施工，具有自动化程度高、节省人力、施工速度快、一次成洞、不受气候影响、开挖时可控制地面隆陷、减少对地面建筑物的影响和在水下开挖时不影响水面交通等特点。在隧道洞线较长、埋深较大的情况下，用盾构施工更为经济合理。盾构施工法在施工长度大于500m以后才能发挥较为显著的优势。由于盾构造价昂贵，加上盾构竖井建造费用和用地问题，盾构法一般适宜于长隧道施工，对短于500m的隧道采用盾构法施工，则认为是不经济的。

盾构法施工的主要技术特点如下：

(1)对城市的正常功能及周围环境的影响很小。除盾构竖井处需要一定的施工场地以外，隧道沿线不需要施工场地，无须进行拆迁，对城市的商业、交通、住居影响很小。可以在深部穿越地上建筑物、河流；在地下穿过各种埋设物和已有隧道而不对其产生不良影响。施工时一般不需要采取地下水降水等措施，也无噪声、振动等施工污染。

(2)盾构是根据隧道施工对象“度身定做”的。盾构是适合于某一区间隧道的专用设备，必须根据施工隧道的断面尺寸、埋深条件、围岩的基本条件进行设计、制造或改造。当将盾构转用于其他区间或其他隧道时，必须考虑断面尺寸、开挖面稳定机理、围岩粒径等基本条件是否相同，有差异时要进行针对性改造，以适应其地质条件。盾构必须以工程为依托，与工程地质紧密结合。

(3)对施工精度的要求高。区别于一般的土木工程，盾构施工对精度的要求非常高。管片的制作精度几乎近似于机械制造的程度。由于断面不能随意调整，对隧道轴线的偏离、管片拼装精度也有很高的要求。

(4)盾构施工是不可后退的。因为管片内径小于盾构外径，所以盾构施工一旦开始，盾构就无法后退。如要后退必须拆除已拼装的管片，这是非常危险的。另外盾构后退也会引起的开挖面失稳、盾尾止水带损坏等一系列的问题。所以，盾构施工的前期准备工作是非常重要的，一旦遇到障碍物或刀具磨损等问题，只能通过实施辅助施工措施后，打开隔板上设置的出入孔，从压力人仓进入土仓进行处理。

3.4 盾构法的优缺点

盾构法与传统地铁隧道施工方法相比,具有地面作业少、对周围环境影响小、自动化程度高、施工快速、优质高效、安全环保等优点。随着长距离、大直径、大埋深、复杂断面盾构施工技术的发展、成熟,盾构法越来越受到重视和青睐,目前,已逐步成为地铁隧道的主要施工方法。

盾构法施工主要具有以下优点:

(1)快速。盾构是一种集机、电、液压、传感、信息技术于一体的隧道施工成套专用特种设备。盾构法施工的地层掘进、出土运输、衬砌拼装、接缝防水和盾尾间隙注浆充填等作业都在盾构保护下进行,实现了工厂化施工,掘进速度较快。

(2)优质。盾构法施工采用管片衬砌,洞壁完整光滑美观。

(3)高效。盾构法施工速度较快,缩短了工期,较大地提高了经济效益和社会效益。同时,盾构法施工用人少,降低了劳动强度、降低了材料消耗。

(4)安全。盾构法施工,改善了作业人员的洞内劳动条件,减轻了体力劳动量,施工在盾壳的保护进行,避免了人员伤亡,减少了安全事故。

(5)环保。场地作业少,隐蔽性好,因噪声、振动引起的环境影响小;穿越地面建筑群和地下管线密集区时,周围可不受施工影响。

(6)隧道施工的费用和技术难度基本不受覆土深浅的影响,适宜于建造覆土深的隧道。当隧道越深、地基越差、土中影响施工的埋设物等越多时,与明挖法相比,经济上、施工进度上越有利。

(7)穿越河底或海底时,隧道施工不影响航道,也完全不受气候的影响。

(8)自动化、信息化程度高。盾构采用了计算机控制、传感器、激光导向、测量、超前地质探测、通信技术,是集机、光、电、气、液、传感、信息技术于一体的隧道施工成套设备,具有自动化程度高的优点。盾构具有施工数据采集功能、盾构姿态管理功能、施工数据管理功能、施工数据实时远传功能、实现了信息化施工。

盾构法施工主要存在以下不足之处:

(1)施工设备费用较高。

(2)陆地上施工隧道,覆土较浅时,地表沉降较难控制,甚至不能施工;在水下施工时,如覆土太浅,则盾构法施工不够安全,要确保一定厚度的覆土。

(3)用于施工小曲率半径隧道时,掘进较为困难。

(4)盾构法施工的隧道上方一定范围内的地表沉降尚难完全防止,特别在饱和含水松软的土层中,要采取严密的技术措施,才能将沉降限制在很小的限度内。目前,还不能完全防止以盾构正上方为中心土层的地表沉降。

(5)在饱和含水地层中,盾构法施工所用的管片,对达到整体结构防水性的技术要求较高。

(6)施工中的一些质量缺陷问题尚未得到很好解决,如衬砌环的渗漏、裂纹、错台、破损、扭转,以及隧道轴线偏差和地表沉降与隆起等。

3.5 盾构法适应范围

3.5.1 对地质条件及环境条件的适用性

建造隧道的方法有多种多样,但用盾构法建造地下隧道却具有其独到之处。

21 世纪是地下空间的世纪,盾构是地下工程中的重要施工装备,在地下空间开发中起着举足轻重的作用,特别是在人口密集、交通繁忙的大城市中,盾构法是一种必不可少的施工方法。随着地下建筑物、地下管线、地下铁道的不断发展,在城市中建造地铁及其他地下结构物,将逐步深化。

盾构法施工的费用一般不受深度因素和覆土深浅的影响，该法适宜于建造覆土较深的隧道。在同等深层的条件下，盾构法与明挖法施工相比，较为经济、合理。近年来，盾构有了较大的突破性改进，已由初期的气压手掘式盾构，发展到最近的以泥水盾构和土压平衡盾构为主的大直径、大推力、大扭矩、高智能化、多样化盾构。

盾构是国家基础建设、资源开发和国防建设的重大技术装备之一，应用前景广泛。盾构法施工适用于各类软土地层和软岩地层的地下隧道掘进，尤其适用于城市地铁、水底隧道、排水污水隧道、引水隧道、公用管线隧道。

隧道的施工方法有很多种，隧道勘测、规划与设计阶段进行施工方法选择时，必须对各种施工方法的地质条件及环境条件的适用性、经济性、安全、质量、工期等进行充分的论证和比较分析。盾构法对地质条件及环境条件的适用性见表 3-1。

盾构法对地质条件及环境条件的适用性 表 3-1

工法概要	盾构在地层中推进，通过盾构外壳和管片支承四周围岩，防止土砂崩塌，进行隧道施工。闭胸式盾构是用泥土加压或泥水加压来抵抗开挖面的土压力和水压力，以维持开挖面的稳定性；敞开式盾构是以开挖面自立为前提，否则需要采用辅助措施
适用地质	一般适用于从岩层到土层的所有地层。但对于复杂的地质条件，或特殊地质条件，应进行认真的论证并选型。选择合适的盾构形式。对于盾构穿越下述地层，应结合盾构性能进行细致分析和论证：整体性较好的硬岩地层、岩溶、高应力挤压破损、膨胀岩、含坚硬大块石的土层、卵砾石层、高黏性土层，或可能存在不明地下障碍物的地层等
地下水措施	闭胸式盾构一般不需要辅助措施，敞开式盾构需要辅助措施
隧道埋深	最小覆盖深度一般大于隧道直径，压气施工、泥水加压施工要注意地表的喷涌；最大覆盖深度多取决于地下水压值
断面形状	以圆形为标准，使用特殊盾构可以进行半圆形、复圆形、椭圆形等断面形状作业。施工中，一般难以变化断面形状
断面大小	在施工实例中，最大直径达到 15.44m，一般难以在施工中变化断面形状
急转弯施工	有曲率半径/盾构外径＝3 的急转弯隧道的施工实例
对周围影响	接近既有建筑物（或结构物）施工时，有时也需要辅助措施，除竖井部外，极少影响交通噪声，振动只发生在竖井口，可用防音墙加以处理

3.5.2 大直径盾构的适用范围

直径 10m 以上的大直径盾构多用于修建水底公路隧道和铁路隧道。如日本于 1998 年建成通车的东京湾公路工程，采用了 8 台直径 14.14m 的泥水盾构施工；德国汉堡易北河第四公路隧道采用了德国海瑞克公司制造的直径 14.2m 泥水盾构施工；穿越荷兰绿心区的高速铁路隧道“绿心隧道”采用了法国 NFM 公司制造 14.87m 泥水盾构；上海崇明越江公路隧道使用德国海瑞克公司制造的直径 15.44m 泥水盾构施工；武汉长江公路隧道采用了 2 台直径 11.38m 的泥水盾构施工；广深港客运专线狮子洋隧道采用了 4 台直径 11.18m 的泥水盾构施工；北京铁路地下直径线采用了直径 11.97m 的泥水盾构施工。

大直径盾构还可以用于建造暗埋地铁车站。在苏联莫斯科用 9～10m 直径的盾构建成 3 条平行的车站隧道，在中间隧道与两侧隧道间修建通道形成 3 拱塔柱式车站，如图 3-2 所示；也可用盾构修建 3 拱立柱式车站。在日本，用盾构建成的 2 条平行车站隧道，在 2 隧道之间修建通道，形成眼镜形地下车站。

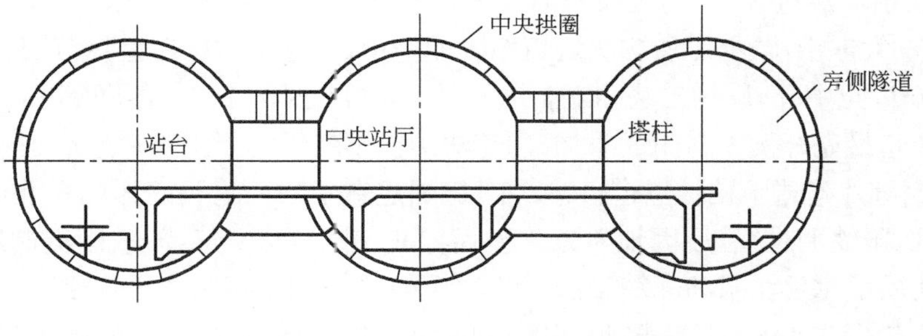

图 3-2 用盾构施工的三拱塔柱式车站

在饱和含水松软地层中用盾构法修建地铁车站比用地下连续墙法费用高,因此只有在地面不得开挖的条件下,才采用盾构法修建地铁车站。而在如莫斯科寒武纪黏土等良好地质条件下,以盾构法修建较深地铁车站,则具有优越性。

3.5.3 中直径盾构的适用范围

直径6.3m左右的中型盾构,适用于修建地下铁道的区间隧道。

3.5.4 小直径盾构的适用范围

直径3m左右的小型盾构,较多用于引水、排水、电缆、通信及其他市政公用设施综合管道的建设。如西气东输城陵矶长江穿越隧道采用了1台直径3.24m的泥水盾构施工。

3.6 国外盾构法隧道发展历史

18世纪末,英国人提出在伦敦地下修建横贯泰晤士河隧道的构想,并对具体的掘削工法和使用机械等问题做了讨论。到1798年开始着手希望实现这个构思,但由于竖井挖不到预定的深度,故计划受挫。但修建横贯泰晤士河隧道的设想与日俱增,4年后,Torevix决定由另一地点建造连接两岸的隧道,随后工程再次开工。施工中克服了种种困难,当掘进到最后30m时,开挖面急剧浸水,隧道被水淹没,横贯泰晤士河隧道的设想再次破灭。工程从开工到被迫终止用了5年时间。横贯泰晤士河的计划在以后10年中未见显著进展。

1818年,Brunel在一次乘船时,看到了小虫腐蚀木船底板成洞的经过,从而得到启示.在此基础上提出了盾构工法,并取得了专利。这就是所谓的敞开式手掘盾构的原型。Brunel对自己的新工法非常自信,并于1823年拟订了伦敦泰晤士河两岸的另一条道路隧道的计划。随后,这个计划由当时的国会确认,工程于1825年动工。隧道长458m、隧道断面为11.4m×6.8m。初期,工程进展顺利;1828年1月12日,第一次出现洪水停工,伦敦地下铁道公司的Callodam曾向Brunel提出采用压缩空气的建议,然而Brunel未采纳。工程被迫中止后,Brunel并没有因此而灰心失望,他总结了失败的教训,花费7年的时间,对盾构加以改进,后于1834年工程再次开工,终于在1841年贯通隧道,在1843年隧道全部竣工投入使用。Brunel在该隧道中采用的是矩形铸铁框盾构。自Brunel向泰晤士河隧道发起挑战到隧道竣工,前后经历了20多个春秋。Brunel经过不懈的努力,克服了种种困难,终于取得了最后胜利。此时,他已是72岁的老人。Brunel对盾构工法的贡献极为卓著,这是后人的一致评论。

自Brunel的矩形盾构以后,盾构技术又经过了23年的改进,到1869年建造横贯泰晤士河的第二条隧道,首次采用圆形断面,该隧道外径2.18m、长402m。这项工程由Burlow和Greathead两人负责。Greathead采用了新开发的圆形盾构,使用铸铁扇形管片,直到隧道掘削结束未出任何事故。随后Greathead在1886年南伦敦铁道隧道施工中使用了盾构和气压组合工法获得成功,这为现在的盾构法隧道奠定了基础。从起初Torevix反复失败和受挫折,到引出Brunel的手掘盾构工法,进而改进成为Greathead圆形盾构工法,前后经过80年的漫长岁月。压缩空气在盾构掘进中的使用,标志着在承压水地层中掘进隧道的一个重大进步,填补了盾构法隧道施工的空白,促进了盾构在世界范围内的进一步推广。

19世纪末到20世纪中叶,盾构工法相继传入美国、法国、德国、日本、苏联等国,并得到不同程度的发展。美国于1892年最先开发了封闭式盾构;同年法国巴黎使用混凝土管片建造了下水道隧道;1896—1899年,德国使用钢管片建造了柏林隧道;1913年,德国建造了断面为马蹄形的易北河隧道;1917年,日本采用盾构工法建造国铁羽越线,后因地质条件差而停止使用;1931年,苏联用英制盾构建造了莫斯科地铁隧道,施工中使用了化学注浆和冻结工法;1939年,日本采用手掘圆形盾构建造了直径7m的关门隧道;1948年,苏联建造了列宁格勒地铁隧道;1953年,中国阜新建造ϕ2.6m的圆形盾构疏水隧道;1957年,中国北京建造了ϕ2m和ϕ2.6m的盾构下水道隧道;1957年日本采用闭胸式盾构建造东京地铁隧道。

总之，在这50～60年的时间里盾构工法虽然也有进步，但这一时期的特点是盾构工法在世界各国得以推广普及。

20世纪60—80年代，盾构工法继续发展完善，成绩显著。1960年，英国伦敦开始使用滚筒式掘进机；同年美国纽约最先使用油压千斤顶盾构；1967年，日本埼玉隧道中最先使用三菱公司制造泥水盾构，首次实施泥水加压盾构施工；1963年，日本Sato Kogyo公司首先开发出土压平衡盾构，1974年日本东京首次使用土压平衡盾构施工，1975年日本又推出泥土加压盾构成功；1978年，日本开发成功高浓度泥水盾构；1981年，日本开发成功气泡盾构；1982年，日本开发成功ECL盾构工法；1988年，日本开发成功泥水式双圆盾构工法；1989年，日本开发成功H&V盾构工法、注浆盾构工法。总之，这一时期的特点是开发了多种新型盾构工法，并以泥水式、土压式盾构工法为主。

1990—2008年这一段时间里，盾构工法的技术进步极为显著，归纳起来具有以下几个特点：

(1)盾构隧道长距离化、大直径化

位于英国的多佛和法国的桑加特之间的连接英法两国的英吉利海峡隧道(也称欧洲隧道)，由两条内径为7.6m的单线铁路隧道和一条内径为4.8m的服务隧道组成，是目前世界三大海底隧道之一。该隧道于1987年12月正式开工，服务隧道于1990年12月1日贯通，北线铁路隧道于1991年5月22日贯通，南线铁路隧道于1991年6月28日贯通。英吉利海峡隧道于1993年6月建成并对外运营。海峡铁路隧道单线全长49.342km，其中海底段为37.925km，隧道最大埋深为100m。英吉利海峡隧道全线分12个施工区间，法国侧采用5台ϕ8.8m土压平衡盾构施工，英国侧采用6台双护盾掘进机施工。

于1996年竣工、1998年建成运营的长15.1km的日本东京湾道路隧道采用了8台ϕ14.14m泥水盾构施工。

海峡连接工程全长18km、隧道长7.9km的丹麦斯多贝尔特海峡隧道，于1996年竣工。该隧道采用4台ϕ8.782m土压平衡盾构。

德国易北河第4条隧道采用1台ϕ14.2m泥水盾构，于2003年竣工。

2004年贯通的荷兰“绿心隧道”采用1台ϕ14.87m泥水盾构施工。

在欧洲，由欧洲隧道公司于1999年底向英国、法国两国政府提交了关于修建第二座英吉利海峡隧道的可行性报告。作为报告中提出的迫切要求是有关公路隧道的建议，欧洲隧道公司在获得Maunesell Scetaurouate顾问的支持，英吉利海峡隧道选定了两种方案：一种为普通车用的双层公路隧道，另一种为隔墙的隔开轨道复线铁路隧道。公路隧道由宽3.5m×2车道，加上2.5m宽的路边带构成的行车横断面，设定隧道外径为15m，采用土压平衡盾构掘进；而铁路隧道方案是以一个方向运转的轨道相隔开的隧道，隧道内径不小于13m、外径为15m。该隧道采用ϕ15m土压盾构施工，于2003年动工，预计2008年竣工。

(2)断面多样化

从断面形状方面，出现了矩形、马蹄形、椭圆形、多圆搭接形(双圆搭接、3圆搭接)等多种异形断面盾构。这些盾构工法，从使用的盾构功能方面，出现了球体盾构、子母盾构、扩径盾构、变径盾构、分岔盾构、途中更换刀具(无需竖井)盾构、障碍物直接切除盾构等特种盾构；从盾构的掘削方式方面，出现了摇动、摆动掘削方式的盾构，打破了以往的传统的旋转掘削方式。

(3)施工自动化

盾构施工设备出现了管片供给、运送、组装自动化装置，盾构掘进中的方向、姿态自动控制系统，施工信息化、自动化的管理系统及施工故障自诊断系统。

3.7 我国盾构法隧道发展历史

3.7.1 我国早期的盾构

1953年，东北阜新煤矿用直径2.6m的手掘式盾构及小混凝土预制块修建疏水巷道，这是我国首条用盾构法施工的隧道。1957 年,北京市下水道工程采用直径 2.0m 和直径 2.6m 的盾构进行施工。

3.7.2 20 世纪 60、70 年代盾构法技术的发展与应用

1962 年,上海城建局隧道工程公司结合上海软土地层对盾构进行了系统的试验研究,研制了 1 台直径 4.16m 的手掘式普通敞胸盾构,在两种有代表性的地层进行掘进试验,用降水或气压来稳定粉砂层及软黏土地层。在经过反复论证和地面试验后,选用由螺栓连接的单层钢筋混凝土管片作为隧道衬砌,环氧煤焦油作为接缝防水材料。隧道掘进长度 68m,试验获得了成功,并采集了大量的盾构法隧道施工数据资料。

1965 年 3 月,由上海隧道工程设计院设计、江南造船厂制造的 2 台直径 5.8m 的网格挤压式盾构,于 1966 年完成了 2 条平行的隧道,隧道长 660m,地面最大沉降达 10cm。

1966 年 5 月,中国第一条水底公路隧道——上海打浦路越江公路隧道工程。主隧道采用由上海隧道工程设计院设计、江南造船厂制造的直径 10.22m 网格挤压盾构施工,辅以气压稳定开挖面,在水深为 16m 的黄浦江底顺利掘进隧道,掘进总长度 1322m。打浦路隧道于 1970 年底建成通车。此次所用的网格盾构有所改进,敞开式施工可转换为闭胸式施工。

1973 年,采用 1 台直径 3.6m 的水力机械化出土网格盾构和 2 台直径 4.3m 的网格挤压盾构,在上海金山石化总厂修建了 1 条污水排放隧道和 2 条引水隧道,共掘进了 3926m 海底隧道,首创了垂直顶升法建筑取排水口的新技术。

3.7.3 20 世纪 80 年代盾构法技术的进步与发展

1980 年,上海市进行了地铁 1 号线试验段施工,研制了 1 台直径 6.412m 网格挤压盾构,采用泥水加压和局部气压施工,在淤泥质黏土地层中掘进隧道 1130m。1982 年,上海外滩的延安东路北线越江隧道工程 1476m 圆形主隧道采用上海隧道股份设计、江南造船厂制造的直径 11.3m 网格挤压水力出土盾构施工。

1985 年,上海芙蓉江路排水隧道工程引进一台日本川崎重工制造的直径 4.33m 小刀盘土压盾构,掘进 1500m。该盾构具有机械化切削和螺旋机出土功能,施工效率高,对地面影响小等特点。

1986 年,中铁隧道集团公司研制出半断面插刀盾构,并成功用于修建北京地铁复兴门折返线。

1987 年上海隧道股份研制成功了我国第一台 ϕ4.35m 加泥式土压平衡盾构,用于上海市南站过江电缆隧道工程,穿越黄浦江底粉砂层、掘进长度 583m,技术成果达到 20 世纪 80 年代国际先进水平,并获得 1990 年国家科技进步一等奖。

3.7.4 20 世纪 90 年代以来盾构法技术的发展

1990 年,上海地铁 1 号线工程全线开工,18km 区间隧道采用 7 台由法国 FCB 公司、上海隧道股份、上海隧道工程设计院、上海船厂联合制造的 ϕ6.34m 土压平衡盾构。每台盾构月掘进 200m 以上,地表沉降控制达－3～＋1cm。

1996 年,上海地铁 2 号线再次使用这 7 台土压盾构,并又从法国 FMT 公司引进 2 台土压平衡盾构,掘进 24km 区间隧道,上海地铁 2 号线的 10 号盾构为上海隧道股份自行设计制造。

20 世纪 90 年代,上海隧道工程股份有限公司自行设计制造了 6 台 ϕ3.8～6.34m 土压平衡盾构,用于地铁隧道、取排水隧道、电缆隧道等,掘进总长度约 10km。

在 90 年代中,直径 1.5～3.0m 的顶管工程,也采用了小刀盘和大刀盘土压平衡顶管机,在上海地区使用了 10 余台,掘进管道约 20km。1998 年,上海黄浦江观光隧道工程购买国外二手 ϕ7.65m 铰接式土压平衡盾构,经修复后性能良好,顺利掘进隧道 644m。

1996 年,上海延安东路隧道南线工程 1300m 圆形主隧道,采用从日本引进的 ϕ11.22m 泥水盾构施工。

1996 年,广州地铁 1 号线 8.8km 区间隧道由日本青木公司建设施工,采用 2 台 ϕ6.14m 泥水盾构和

1台ϕ6.14m土压平衡盾构。

1999年5月，上海隧道股份研制成功国内第1台3.8m×3.8m矩形组合刀盘式土压平衡顶管机，在浦东陆家嘴地铁车站掘进120m，建成2条过街人行地道。

2000年2月，广州地铁2号线海珠广场至江南新村区间隧道，采用上海隧道股份改制的2台ϕ6.14m复合式土压平衡盾构，在珠江底风化岩地层中掘进。

2001年以来，广州地铁2号线、南京地铁1号线、深圳地铁1号线、北京地铁5号线、天津地铁1号线、先后从德国、日本引进14台ϕ6.14～6.39m的土压盾构和复合式土压盾构，掘进地铁隧道50km。

2003年，上海地铁8号线首次采用双圆盾构隧道新技术，从日本引进2台ϕ6520×W11120双圆形土压平衡盾构，掘进黄兴路站—开鲁路站2.6km区间隧道。

2004年，上海上中路越江隧道工程引进大直径的ϕ14.87m泥压盾构，在黄浦江掘进施工2条隧道，隧道结构为双层4车道。

盾构法隧道已经成为我国城市地铁隧道的主要施工方法。以广州地铁为例，1号线采用了2台泥水盾构、1台土压平衡盾构施工；2号线采用了6台土压平衡盾构施工；3号线采用了13台土压平衡盾构、2台泥水盾构施工；4号线采用了10台土压平衡盾构施工；5号线采用了24台土压平衡盾构、2台泥水盾构施工；6号线采用了14台土压平衡盾构、1台泥水盾构施工；2、8号线延长线采用了8台土压平衡盾构、2台泥水盾构施工；3号线北延段采用了12台土压平衡盾构、2台泥水盾构施工；观光线采用了6台土压平衡盾构施工；广佛线采用了12台土压平衡盾构、2台泥水盾构施工。

2005年以来，成都地铁1号线、西安地铁2号线、沈阳地铁1号线、杭州地铁1号线等相继开工建设，并采用盾构法施工。武汉地铁、重庆地铁、苏州地铁等也即将开工建设。

于2006年建成的上海翔殷路隧道采用了ϕ11.58m泥水盾构施工。

于2004年开工、2006年盾构下井、2008年4月贯通的武汉长江公路隧道，采用了2台ϕ11.38m泥水盾构施工。

上海长江口越江隧道工程(也称上海沪崇隧道工程)采用南隧北桥的施工方案，在2004年开工的南段隧道采用ϕ15.44m的大直径泥水盾构施工。

2007年，广深港客运专线狮子洋隧道采用4台ϕ11.18m泥水盾构施工。

2008年，北京铁路地下直径线采用ϕ11.97m泥水盾构施工。

国内外盾构法隧道的主要发展历史如表3-2所示。

国内外盾构法隧道主要发展历史一览表 表3-2

年份	国家或地点	盾构及辅助工法
1804	英国伦敦	L. Torevix于泰晤士河隧道准备工作停止
1818	英国伦敦	M. I. Brunel提出盾构工法并获得专利
1825	英国伦敦	M. I. Brunel在泰晤士河底隧道中最先使用矩形盾构
1830	英国	Lord Cochrane发明气压支撑获得专利
1836	英国	M. I. Brunel在泰晤士河道路隧道中，使用改正了的新型盾构再次开工
1843	英国伦敦	泰晤士河道路隧道工程竣工
1865	英国	铸铁管片
1869	英国伦敦	J. H. Greathead在泰晤士河地下铁隧道中，最先使用铸铁管片和圆形盾构
1874	英国伦敦	J. H. Greathead开发液体盾构
1876	英国伦敦	John Dickinson Brunton和George Brunton申请机械盾构专利
1879	安特卫普	首次采用压缩空气掘进隧道
1886	英国伦敦	J. H. Greathead在南伦敦铁道隧道施工中，将压缩空气与盾构掘进相结合使用
1891	美国巴尔的摩	使用长方形盾构
1892	美国巴尔的摩	最先使用闭胸式盾构

续上表

年份	国家或地点	盾构及辅助工法
1892	法国巴黎	使用混凝土管片
1896	美国	使用木制管片
1896	法国巴黎	使用长方形盾构(下水道隧道)
1896	英国伦敦	J. Price设计接近现在盾构的机械盾构
1896	德国柏林	Haag为第一台德国泥浆盾构申请了专利
1897	英国	首次使用混凝土作衬的铸铁管片
1896—1899	德国柏林	使用钢板管片
1909—1910	德国易北河	使用钢管片
1913	德国易北河	使用马蹄形盾构
1914	美国克利夫兰	使用钢筋混凝土管片
1915	英国	使用气压工法
1917	日本	国铁羽越线折渡隧道中使用盾构法(地质条件差,施工技术不足中途中止使用)
1926	日本	丹那导水隧道中使用盾构法(由于地下水压高,硬岩中途放弃)
1931	苏联莫斯科	首次在莫斯科地下铁工程中使用英制和苏制盾构施工,由于防渗水采用了化学注浆、冻结法,在第5次工程中使用莫斯科盾构
1939	日本	国铁关门隧道中使用直径7m的手握式圆形盾构(并用气压)
1948	苏联列宁格勒	地铁中使用机械盾构,同时开发列宁格勒基辅机械盾构
1953	中国阜新	直径2.6m圆形疏水道
1953	日本	在关门道路隧道中采用半圆盾构
1957	中国北京	直径2m、2.6m下水道
1957	日本东京	地铁4号线永田工区采用半圆盾构
1960	英国伦敦	使用滚筒式掘进机
1960	美国纽约	Beach首次使用油压千斤顶盾构
1960	日本名古屋	地铁隧道中,日本首次使用圆形断面盾构
1961	法国	提出水压封闭式盾构(与泥水加压盾构原理相同)
1962	日本东京	东京下水道局石神川下干线中采用圆形断面盾构(下水隧道中首次采用盾构)
1962	上海	采用上海城建局隧道工程公司研制的1台直径4.16m的手掘式盾构
1963	日本大阪	大阪市大淀送水管工程中使用机械盾构
1963	日本	日本Sato Kogyo公司首先开发出土压平衡盾构
1964	英国	Mott Hay和Anderson及John Bartlett申请了泥水加压平衡盾构的专利
1965	中国上海	江南造船厂制造2台直径5.8m的网格挤压盾构,施工2条隧道
1965	中国上海	打浦路过江隧道(ϕ11.22m网格式盾构)
1965	日本东京	地铁9号线中使用挤压盾构
1967	日本	使用刀盘切削土体和水力出渣的泥水盾构(荒川左岸下水道工程直径3.1m)
1970	日本东京	最先使用大直径泥水加压盾构(ϕ7.29m)
1973	中国上海	采用1台ϕ3.6m水力出土盾构和2台ϕ4.3m网格挤压盾构施工
1974	日本东京	第一台土压平衡盾构使用,用于掘进长1900m的隧道,该盾构由日本IHI(石川岛播磨)公司制造,其外径为3.72m
1974	日本	提出梁-弹簧模型管环荷载计算法
1974	日本	开发卵石泥水盾构
1974	德国汉堡	Wayss& Freytag公司开发第一台德国膨润土泥水盾构

续上表

年份	国家或地点	盾构及辅助工法
1975	日本	开发泥土加压盾构
1977	日本	开发使用局部气压盾构
1978	日本东京	开发使用高浓度泥水盾构
1980	中国上海	采用 ϕ6.412m 网格挤压水力出土盾构施工
1981	日本	开发气泡盾构(工程实验)
1982	日本东京	现场掘削同时作衬工法
1982	中国上海	采用 ϕ11.3m 网格挤压水力出土盾构施工
1985	德国	Wsyss & Freytay 公司和海瑞克公司申请混合盾构专利
1985	上海芙蓉江	采用 ϕ4.33m 小刀盘土压盾构施工
1986	中国北京	中铁隧道集团研制半断面插刀盾构,应用于修建北京地铁复兴门折返线
1987	中国上海	上海隧道股份公司研制 ϕ4.35m 加泥式土压平衡盾构,应用于电缆隧道施工
1988	日本东京	京桥隧道工程中使用 MF 盾构
1988	法国多哈海峡	1 台盾构连续掘进 20km
1989	日本	H&V 盾构工法(双圆断面扭转分岔)成功
1990	日本名古屋	名古屋地铁 ϕ10.48m 土压盾构
1990	上海	上海地铁 1 号线采用 7 台 ϕ6.34m 土压平衡盾构施工
1992	日本东京	自由断面盾构功能,证实实验成功
1992	法国里昂	索恩河过河隧道中 ϕ10.96m 土压盾构掘进成功
1993	日本东京	NOMST 工法成功
1993	广州	广州地铁 1 号线,1993 年开工,1997 年通车
1994	日本神奈河	球体盾构横—横掘进成功
1994	中国上海	延安东路过江隧道复线工程 ϕ11.22m 泥水平衡盾构
1994	日本大阪	地铁站三圆站盾构工法成功(中间走车,两侧下客)
1994	日本东京	矩形盾构在东京问世
1996	上海	上海地铁 2 号线采用 10 台 ϕ6.34m 土压平衡盾构施工
1996	中国上海	上海延安东路隧道采用 ϕ11.22m 泥水盾构施工
1996	中国广州	广州地铁 1 号线采用 2 台 ϕ6.14m 泥水盾构和 1 台 ϕ6.14m 土压盾构施工
1996	日本	东京湾盾构隧道(ϕ14.14m)竣工
1996	日本	直角分岔盾构工法问世
1996	日本	东京地铁 7 号线 ϕ14.18m 母子泥水盾构开发成功
1996	日本	三圆搭接站盾构工法(中间站台,两侧走车)
1997	日本	竖井与横向隧道连续一体化施工法成功
1997	日本	掘削轮廓隧道构筑法的提出
1997	日本	PC-ECL 工法开发成功
1997	日本	DPLEX 盾构工法开发成功(多轴圆形摇动)
1997	日本	纵双圆搭接盾构工法的成功开发
1997	日本	扩径盾构成功开发
1998	广州	广州地铁 2 号线,1998 年开工,采用盾构法施工,2002 年贯通
1998	日本	ϕ14.18m 超大盾构市区掘进成功
1999	中国上海	研制 3.8m×3.8m 矩形顶管机,用于过街人行地道施工
1999	日本	直径 11.52m 土压盾构机问世

续上表

年 份	国家或地点	盾 构 及 辅 助 工 法
1999	日本	封套式盾构工法(外防水套型盾构工法、高水压工法)
2000	北京	北京地铁5号线采用盾构法施工
2000	日本	可变断面工法
2001	深圳、南京	深圳、南京地铁1号线开工,采用盾构法施工
2001	日本	插入扩径盾构工法
2001	日本	可以再利用双重构造盾构机的开发
2002	天津	天津地铁1号线开工,采用盾构法施工
2002	日本	内仓引拔利用型盾构机开发成功
2002	日本	电蚀法盾构机直接出井工法
2002	日本	包缠盾构工法
2003	上海	上海地铁8号线采用双圆盾构法施工
2003	德国	易北河隧道建成(ϕ14.2m复合盾构)
2003	日本	摆动式矩形盾构机
2003	日本	地中分离母子盾构工法
2003	英国、法国	第二条英吉利海峡隧道(ϕ15m、土压式)开工
2003	日本	双模盾构的开发及实用化(可敞开、可闭胸的双模盾构)
2004	荷兰	绿心隧道(泥水式)竣工
2004	上海	上海隧道股份公司研制的ϕ6.34m土压平衡盾构,用于上海地铁二号线西延伸工程
2004	上海	上中路越江隧道采用ϕ14.87m泥水盾构施工
2005	成都	成都地铁1号线开工,采用盾构法施工
2006	上海	上海翔安路隧道采用ϕ11.58m泥水盾构施工
2006	沈阳	沈阳地铁1号线开工,采用盾构法施工
2006	武汉	长江第一条公路隧道采用2台ϕ11.38m泥水盾构施工
2006	上海	上海长江口越江隧道采用大直径泥水盾构(ϕ15.43m)施工
2007	广州	广深港客运专线狮子洋隧道采用4台ϕ11.18m泥水盾构施工
2007	西安	西安地铁2号线一期工程开工
2007	杭州	杭州地铁1号线开工,采用盾构法施工
2007	苏州	苏州地铁1号线开工,采用盾构法施工
2008	天津	中铁隧道集团研制ϕ6.39m复合式土压平衡盾构,用于天津地铁工程
2008	北京	北京铁路地下直径线采用ϕ11.97m泥水盾构施工
2008	上海	长江西路隧道采用ϕ15.43m泥水盾构施工
2011	意大利	Sparvo隧道采用ϕ15.55m土压平衡盾构施工
2013	美国	西雅图SR99项目采用ϕ17.45m土压平衡盾构施工
2010年竣工	上海	外滩隧道采用ϕ14.27m土压平衡盾构施工
2010年竣工	南京	纬七路过江隧道采用ϕ14.93m泥水盾构施工
2011年竣工	上海	迎宾三路隧道采用ϕ14.27m土压平衡盾构施工
2013年竣工	杭州	钱江隧道采用ϕ15.43m泥水盾构施工
2015年竣工	南京	纬三路过江隧道采用ϕ14.93m泥水盾构施工
2015年竣工	扬州	瘦西湖隧道采用ϕ14.93m泥水盾构施工
2014年开工	上海	虹梅南路隧道采用ϕ14.93m泥水盾构施工
2015年开工	呼和浩特	呼和浩特地铁1号线、2号线开工,采用盾构法施工

续上表

年 份	国家或地点	盾 构 及 辅 助 工 法
2015 年开工	香港	屯门—赤蜡角海底公路隧道工程采用 ϕ17 6m 泥水盾构
2015 年开工	武汉	武汉三阳路隧道将采用 ϕ15.76m 泥水盾构施工
2016 年开工	广州	佛莞城际铁路新狮子洋隧道将采用 ϕ13.50m 泥水盾构施工

3.8 典型盾构工法介绍

3.8.1 泥水盾构工法

泥水盾构工法就是采用泥水盾构进行隧道施工的方法。其工法原理为：送泥泵从设置在地面上的调浆池抽取泥水（水与膨润土的混合物），经送泥管送入到泥水盾构的泥水仓，在泥水仓内，充满压力的泥水贯入地层若干厘米深，使膨润土嵌入到土粒间的缝隙里，形成一层"蛋糕"，从而使开挖面的土层变得较稳定和不透水。通过泥水盾构的刀盘旋转，将开挖面的已形成"蛋糕"状的土体切削下来，与泥水仓内的膨润土浆液混合后，然后通过排泥泵和隧道内的中继泵，经由排泥管道后将泵送到地面上的泥水分离站，泥水分离站将开挖的渣土从膨润土浆液中分离出来，分离出来的泥水进行质量调整后可循环使用，再通过送泥泵送入盾构的泥水仓，见图 3-3。

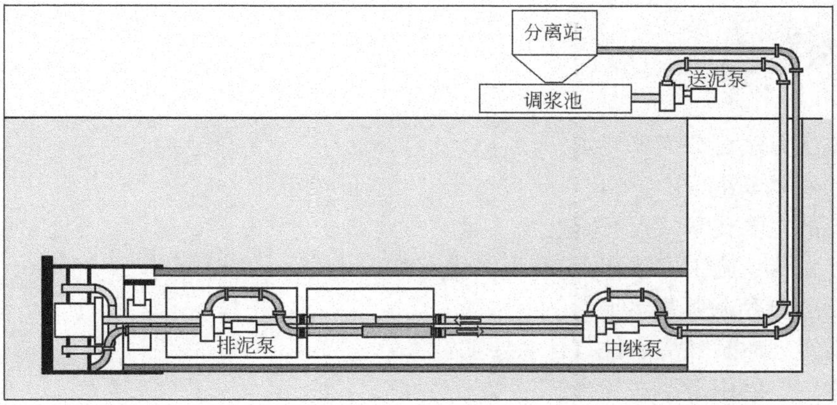

图 3-3 泥水盾构工法

3.8.2 土压平衡盾构工法

土压平衡盾构工法就是采用土压平衡盾构进行隧道施工的方法。其工法原理为：由刀盘切削下来的土体进入土仓后由螺旋输送机输出，在螺旋输送机内形成压力梯降，保持土仓压力稳定，使开挖面土层处于稳定。盾构向前推进的同时，螺旋输送机排土，使排土量等于开挖量，即可使开挖面的地层始终保持稳定。排土量通过调节螺旋输送机的转速和出土闸门的开度予以控制。从螺旋输送机出来的渣土通过皮带输送机转运，通过皮带输送机将渣土卸到停在皮带机下方的渣车上。渣车通过电瓶车牵引运至盾构隧道的竖井，通过地面上的门吊，将渣车吊到地面，并卸在渣坑内，使用挖掘机将渣土装至自卸汽车上外运，见图 3-4。

3.8.3 特种盾构工法

特种盾构工法，也称异形盾构工法，是指采用特种盾构施工隧道的方法。所谓特种盾构是指单圆盾构以外的其他类盾构。

目前，特种盾构工法主要有扩径盾构工法、球体盾构工法、多圆盾构工法、H&V 盾构工法、变形断面盾构工法、偏心多轴盾构工法、ECL 盾构工法等。本书第 2 章第 2.5.1～2.5.6 节已进行部分介绍。

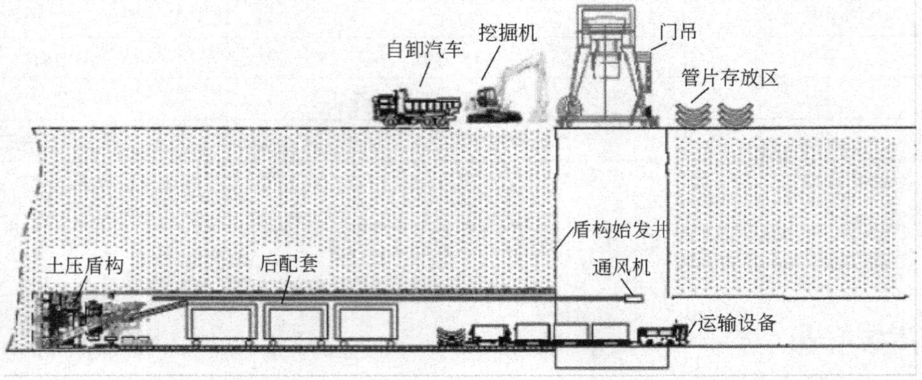

图 3-4 土压平衡盾构工法

单圆断面隧道的优点是隧道的稳定性、施工性最佳,其缺点是在某些应用领域中出现无用断面区(即死区),致使出现断面浪费、不经济。此外,使用单圆盾构施工在有效利用地下空间方面也会受到限制。

近年来,特别是在日本,根据使用目的,开发尽量减少断面死区、构筑经济断面形状的盾构隧道工法,及开发可以穿越密集地下建筑空隙的、可在有限地下空间构筑盾构隧道的工法,正在悄然兴起。

思考题

1. 目前隧道施工方法可分为哪几类?
2. 盾构法由哪些要素组成?
3. 盾构法施工的主要技术特点有哪些?
4. 盾构法与传统隧道施工方法相比,有哪些优点?
5. 盾构法施工主要存在哪些不足?
6. 盾构法施工对地质及环境条件有什么要求?
7. 小直径盾构主要应用于哪些场合?
8. 泥水盾构工法的工作原理是什么?
9. 土压平衡盾构工法与泥水盾构工法最大的区别是什么?
10. 盾构在实际施工时,若刀盘出现重大故障,无法维修,应该如何处理?
11. 什么情况下需要应用异形盾构?
12. 单圆断面隧道的优缺点有哪些?

第4章

盾构选型

4.1 概　　述

盾构法是建造地下隧道最先进的施工方法之一，自从1825年布鲁诺尔在英国泰晤士河下首次使用手掘敞开式矩形盾构技术开挖出第一条隧道以来，盾构技术经历了180多年的应用与发展，已使盾构法能够适用于任何水文地质条件下的施工，无论是松软的、坚硬的、有地下水的、无地下水的、地下暗挖隧道工程都可用盾构法。

布鲁诺尔发明的世界上第一台盾构仅掘进370m长的隧道就历时18年，施工中经历了5次特大洪水，牺牲了6条生命。目前，盾构法隧道的施工技术在世界许多国家不断得到发展，但在推广与应用上出现了一些施工事故，这些事故的发生，80%以上是因盾构的选型失误引起的，不仅影响了整个工程的工期，还造成了极大的经济损失和不必要的人员伤亡。

盾构是根据工程地质、水文地质、地貌、地面建筑物及地下管线和构筑物等具体特征来"度身定做"。盾构不同于常规设备，其核心技术不仅仅是设备本身的机电工业设计，还在于设备如何适用于各类工程地质。盾构施工的成功率，主要取决于盾构的选型，盾构的选型正确与否也决定了盾构是否适应现场的施工环境，也决定着盾构施工的成败。

4.1.1　盾构的"类型"

盾构的"类型"是指与特定的盾构施工环境，特别是与特定的基础地质、工程地质和水文地质特征相匹配的盾构种类。

根据施工环境的不同，隧道掘进机(包括盾构和岩石掘进机)的"类型"可分为软土盾构、岩石掘进机(即通常所说TBM，主要用于山岭隧道或岩石地层的地铁隧道)、复合盾构三类。因此，盾构的"类型"分为软土盾构和复合盾构两类。

软土盾构是指适用于未固结成岩的软土、某些半固结成岩，及全风化和强风化围岩条件下的一类盾构。软土盾构的主要特点是刀盘仅安装切削软土用的切刀和刮刀，无需滚刀。

复合盾构是指既适用于软土，又适用于硬岩的一类盾构。其主要用于既有软土，又有硬岩的复杂地层施工。复合盾构的主要特点是刀盘上既安装有用于软土切削的切刀和刮刀，又安装有破碎硬岩的滚刀，或安装有破碎砂卵石和漂石的撕裂刀。

4.1.2　盾构的"机型"

盾构的"机型"是指在根据工程地质和水文地质条件，盾构所采用的最有效的开挖面支护形式。

按盾构支护地层的形式(自然支护式、机械支护式、压缩空气支护式、泥水支护式、土压平衡支护式)盾构的"机型"主要分为：敞开式盾构(采用自然支护式和机械支护式)、压缩盾构(压缩空气支护式)、泥水盾构(泥水支护式)和土压平衡盾构(土压平衡支护式)等4种。目前，敞开式盾构和压缩盾构已基本被淘汰，本书重点研究目前应用最广的土压平衡盾构和泥水盾构两种机型。

4.1.3 盾构的“操作模式”

盾构的“操作模式”是指在一定“型”的基础上，根据特定的盾构施工环境，盾构所采用的最有效的“出渣进料”操作方式。“操作模式”是盾构在施工过程中采用的一种操作方式。如复合式土压平衡盾构的“操作模式”可分为敞开式、半敞开式(气压式)、闭胸式(土压平衡模式)3种。

4.1.4 盾构的“形式”

盾构的“形式”涉及盾构的“型”和“操作模式”。

无论是适用于单一软土地层的软土盾构，还是适用于复杂地层的复合盾构，都包含土压平衡盾构和泥水盾构两种机型。

盾构的“型”是指盾构的类型和机型，是在施工前决定的；而“操作模式”则是在施工过程中，根据具体的施工环境，由操作人员实时决策的。

4.2 盾构选型的原则

盾构选型是盾构法隧道施工安全、环保、优质、经济、快速建成的关键工作之一。盾构选型应从安全适应性(也称可靠性)、技术先进性、经济性等方面综合考虑，所选择的盾构形式要能尽量减少辅助施工法，并确保开挖面稳定和适应围岩条件，同时还要综合考虑以下因素：

①可以合理使用的辅助施工法如降水法、气压法、冻结法和注浆法等。

②满足工程隧道施工长度和线形的要求。

③后配套设备、始发设施等能与盾构的开挖能力配套。

④盾构的工作环境。

不同形式的盾构所适应的地质范围不同，盾构选型总的原则是安全性适应性第一位，以确保盾构法施工的安全可靠；在安全可靠的情况下再考虑技术的先进性，即技术先进性第二位；然后再考虑盾构的价格，即经济性第三位。盾构施工时，施工沿线的地质条件可能变化较大，在选型时一般选择适合于施工区大多数围岩的机型。

盾构选型时主要遵循下列原则：

(1)应对工程地质、水文地质有较强的适应性，首先要满足施工安全的要求。

(2)安全适应性、技术先进性、经济性相统一，在安全可靠的情况下，考虑技术先进性和经济合理性。

(3)满足隧道外径、长度、埋深、施工场地、周围环境等条件。

(4)满足安全、质量、工期、造价及环保要求。

(5)后配套设备的能力与主机配套，满足生产能力与主机掘进速度相匹配，同时具有施工安全、结构简单、布置合理和易于维护保养的特点。

(6)盾构制造商的知名度、业绩、信誉和技术服务。

根据以上原则，对盾构的形式及主要技术参数进行研究分析，以确保盾构法施工的安全、可靠，选择最佳的盾构施工方法和最适宜的盾构。盾构选型是盾构法施工的关键环节，直接影响盾构隧道的施工安全、施工质量、施工工艺及施工成本。为保证工程的顺利完成，对盾构的选型工作应非常慎重。

4.3 盾构选型的依据

盾构选型应以工程地质、水文地质为主要依据，综合考虑周围环境条件、隧道断面尺寸、施工长度、埋深、线路的曲率半径、沿线地形、地面及地下构筑物等环境条件，以及周围环境对地面变形的控制要求的工期、环保等因素。同时，参考国内外已有盾构工程实例及相关的盾构技术规范、施工规范及相关标准，对盾构类型、驱动方式、功能要求、主要技术参数、辅助设备的配置等进行研究。选型时的主要依据如下：

(1)工程地质、水文地质条件。颗粒分析及粒度分布，单轴抗压强度，含水率，砾石直径，液限及塑限，N值，黏聚力C，内摩擦角ϕ，土粒密度，孔隙率及孔隙比，地层反力系数，压密特性，弹性波速度，孔隙水压，渗透系数，地下水位(最高值、最低值、平均值)，地下水的流速、流向，河床变迁情况等。

(2)隧道长度、隧道平纵断面及横断面形状、尺寸等设计参数。

(3)周围环境条件。地上及地下建构筑物分布，地下管线埋深及分布，沿线河流、湖泊、海洋的分布，沿线交通情况、施工场地条件，气候条件，水电供应情况等。

(4)隧道施工工程筹划及节点工期要求。

(5)宜用的辅助工法。

(6)技术经济比较。

4.4 盾构选型主要步骤

(1)在对工程地质、水文地质条件、周围环境、工期要求、经济性等充分研究的基础上，选定盾构的类型；对敞开式、闭胸式盾构进行比选。

(2)在确定选用闭胸式盾构后，根据地层的渗透系数、颗粒级配、地下水压、环保、辅助施工方法、施工环境、安全等因素，对土压平衡盾构和泥水盾构进行比选。

(3)根据详细的地质勘探资料，对盾构各主要功能部件进行选择和设计(如刀盘驱动形式，刀盘结构形式、开口率，刀具种类与配置，螺旋输送机的形式与尺寸，沉浸墙的结构设计与泥浆门的形式，破碎机的布置与形式，送泥管的直径等)，并根据地质条件等，确定盾构的主要技术参数。在选型时应进行盾构的主要技术参数详细计算，主要包括刀盘直径，刀盘开口率，刀盘转速，刀盘扭矩，刀盘驱动功率，推力，掘进速度，螺旋输送机功率、直径、长度，送排泥管直径，送排泥泵功率、扬程等。

(4)根据地质条件，选择与盾构掘进速度相匹配的盾构后配套施工设备。

4.5 盾构选型的主要方法

4.5.1 根据地层的渗透系数，进行选型

地层渗透系数对于盾构的选型是一个很重要的因素。通常，当地层的渗透系数小于10^{-7}m/s时，可以选用土压平衡盾构；当地层的渗透系数在10^{-7}m/s～10^{-4}m/s之间时，既可以选用土压平衡盾构，也可以选用泥水式盾构；当地层的透水系数大于10^{-4}m/s时，宜选用泥水盾构。根据地层渗透系数与盾构类型的关系，若地层以各种级配富水的砂层、砂砾层为主时，宜选用泥水盾构；其他地层宜选用土压平衡盾构，如图4-1所示。

4.5.2 根据地层的颗粒级配进行选型

土压平衡盾构主要适用于粉土、粉质黏土、淤泥质粉土、粉砂层等黏稠土壤的施工，在黏性土层中掘进时，由刀盘切削下来的土体进入土仓后由螺旋机输出，在螺旋机内形成压力梯降，保持土仓压力稳定，使开挖面土层处于稳定。一般来说，细颗粒含量多，渣土易形成不透水的流塑体，容易充满土仓的每个部位，在土仓中可以建立压力，来平衡开挖面的土体。盾构类型与颗粒级配的关系详见图4-2，图中黏土、淤泥质土区，为土压平衡盾构适用的颗粒级配范围；砾石粗砂区，为泥水盾构适用的颗粒级配范围。粗砂、细砂区，可使用泥水

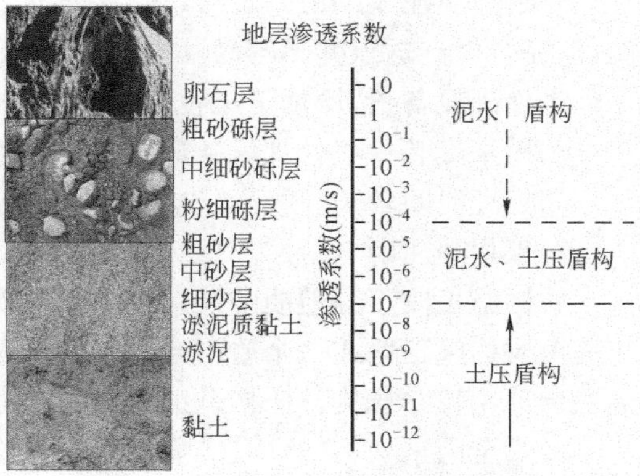

图4-1 地层渗透性与盾构选型的关系

盾构,也可经土质改良后,使用土压平衡盾构。

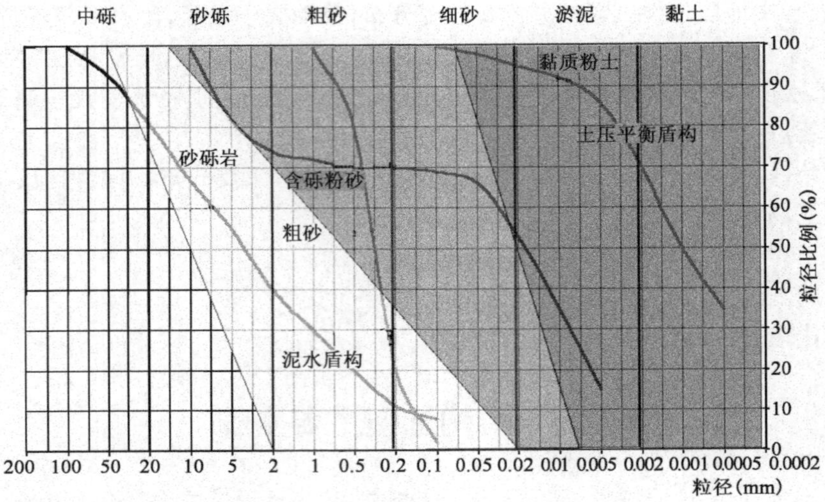

图 4-2　盾构类型与地层颗粒级配的关系

一般来说,当岩土中的粉粒和黏粒的总量达到 40%以上时,通常宜选用土压平衡盾构,相反的情况选择泥水盾构比较合适。粉粒的绝对大小通常以 0.075mm 为界。

4.5.3　根据地下水压进行选型

当水压大于 0.3MPa 时,适宜采用泥水盾构。如果采用土压平衡盾构,螺旋输送机难以形成有效的土塞效应,在螺旋输送机排土闸门处易发生渣土喷涌现象,引起土仓中土压力下降,导致开挖面坍塌。

当水压大于 0.3MPa 时,如因地质原因需采用土压平衡盾构,则需增大螺旋输送机的长度,或采用二级螺旋输送机,或采用保压泵。

4.5.4　盾构选型时必须考虑的特殊因素

盾构选型时,在实际实施时,还需解决理论的合理性与实际的可能性之间的矛盾,必须考虑环保、地质和安全因素。

1)环保因素

对泥水盾构而言,虽然经过过筛、旋流、沉淀等程序,可以将弃土浆液中的一些粗颗粒分离出来,并通过汽车、船等工具运输弃渣,但泥浆中的悬浮或半悬浮状态的细土颗粒仍不能完全分离出来,而这些物质又不能随意处理,这就出现了使用泥水盾构的一大难题。降低污染、保护环境是选择泥水盾构面临的十分重要的课题,需要解决的是,如何防止将这些泥浆弃置在江河湖海等水体中,避免造成范围更大、更严重的污染。

要将弃土泥浆彻底处理可以作为固体物料运输的程度也是可以做到的,国内外都有许多成功的实例,但完全做到这点并不容易,因为:

①处理设备贵,增加了工程投资。

②用来安装这些处理设备需要的场地较大。

③处理时间较长。

2)工程地质因素

盾构施工段工程地质的复杂性主要反映在基础地质(主要是围岩岩性)和工程地质特性的多变方面。在一个盾构施工段或一个盾构合同标段中,某些部分的施工环境适合选用土压平衡盾构,但某些部分又很适合选用泥水盾构。盾构选型时应综合考虑,并对不同选择进行风险分析后择其优者。

3)安全因素

从保持工作面的稳定、控制地面沉降的角度来看,当隧道断面较大时,使用泥水盾构要比使用土压平衡盾构的效果好一些，特别是在河湖等水体下、在密集的建筑物或构筑物下及上软下硬的地层中施工时。在这些特殊的施工环境中，施工过程的安全性将是盾构选型时的一项极其重要的参考标准，如北京铁路地下直径线最终选择了泥水盾构。

4.6 盾构形式的选择

在选择盾构形式时，最重要的是要以保持开挖面稳定为基础进行选择。为了选择合适的盾构形式，除需对土质条件、地下水进行调查以外，还要对用地环境、竖井周围环境、安全性、经济性进行充分考虑。

近几年以来，由竖井或渣土处理而影响盾构形式选择的实例不断增加。另外，在一些实例中，施工经验也会成为盾构选型的重要影响因素。因此，在选型时，有必要邀请具有制造同类盾构经验的国内外知名盾构制造商进行技术交流；可邀请国内盾构隧洞设计、科研、施工方面的专家进行选型论证和研究，并应参照类似工程的盾构选型及施工情况。

各种盾构所对应的土质及与辅助工法的关系如表 4-1 所示。

盾构与土质及辅助工法的关系 表 4-1

地质			盾构类型	手掘式盾构机			半机械式盾构机			机械式盾构机			挤压式盾构机			泥水式盾构机			土压式盾构机					
																			土压式			加泥式		
分类	土质	N值	含水率（%）	辅助工法			辅助工法			辅助工法			辅助工法			辅助工法			辅助工法			辅助工法		
				无	有	种类	无	有	种类	无	有	种类	无	有	种类	无	有	种类	无	有	种类	无	有	种类
冲积黏土	腐殖土	0	＞300	×	×		×	×		×	×		×	△	A	×	△	A	×	△	A	×	△	A
	淤泥、黏土	0～2	100～300	×	△	A	×	×		×	×		○	—		○	—		○	—		○	—	
	砂质粉土	0～5	＞80	×	△	A	×	×		×	×		○	—		○	—		○	—		○	—	
	砂质黏土	5～10	＞50	△	○	A	×	△	A	△	○	A	△	—		○	—		○	—		○	—	
洪积黏土	壤土、黏土	10～20	＞50	○	—		○	—		△	—		×	×		○	—		△	—		○	—	
	粉砂质黏土	15～25	＞50	○	—		○	—		○	—		×	×		○	—		△	—		○	—	
	砂质黏土	＞20	＞20	△	—		○	—		○	—		×	×		○	—		△	—		○	—	
软岩	风化页岩、泥岩	＞50	＜20	×	—		○	—		○	—		×	×		—	—		—	—		—	—	
砂质土	含粉砂黏土的砂	10～15	＜20	△	○	A	△	○	A	△	○	A	×	×		○	—		○	—		○	—	
	松散砂	10～30	＜20	×	△	A・B	×	×		×	△	A・B	×	×		△	○	A	△	△	A	○	—	
	压实砂	＞30	＜20	△	○	A・B	△	○	A・B	△	○	A・B	×	×		○	—		△	△	A	○	—	
砂砾砾石	松散砂砾			×	△	A・B	×	△	A・B	×	△	A・B	×	×		△	○	A	△	△	A	○	—	
	固结砂砾	10～40		△	○	A・B	△	○	A・B	△	○	A・B	×	×		○	—		△	△	A	○	—	
	含砾石砂砾	＞40		×	△	A・B	△	○	A・B	×	×		×	×		△	△	A	△	△	A	○	—	
	砾石层			×	△	A・B	×	△	A・B	×	×		×	×		△	△	A	△	△	A	△	—	

注：1. 手掘式盾构、半机械式盾构、机械式盾构，原则上采用气压施工方法。

2. "无"表示不采用辅助施工法；"有"表示采用辅助施工法。

3. "○"表示原则上符合条件；"△"表示应用时须进行研究；"×"表示原则上不符合条件；"—"表示特别不宜使用。

4. "A"表示注浆法；"B"表示降水法。

4.6.1 土压平衡盾构

土压盾构主要适用于粉土、粉质黏土、淤泥质粉土、粉砂层等黏稠土壤的施工，在黏性土层中掘进时，由刀盘切削下来的土体进入土仓后由螺旋输送机输出，在螺旋输送机内形成压力梯降，保持土仓压力稳定，使开挖面土层处于稳定。盾构向前推进的同时，螺旋输送机排土，使排土量等于开挖量，即可使开挖面的地层始终保持稳定。排土量通过调节螺旋输送机的转速和出土闸门的开度予以控制。

当含砂量超过某一限度时，泥土的塑流性明显变差，土仓内土体因固结作用而被压密，导致渣土难以排送，需向土仓内注水、泡沫、泥浆等添加材料，以改善土体塑流性。在砂性土层施工时，由于砂性土流动性差，砂土摩擦力大、渗透系数高、地下水丰富等原因，土仓内压力不易稳定，须进行渣土改良。

根据以上，土压平衡盾构主要分为两种，一种是适用于含水量和粒度组成比较适中，开挖面土砂可直接流入土仓及螺旋输送机内，从而维持开挖面稳定的土压式盾构；另一种是对应于砂粒含量较多而不具有流动性的土质，需通过水、泡沫、泥浆等添加材料，使泥土压力可以很好地传递到开挖面的加泥式土压平衡盾构。

土压平衡盾构根据土压力的状况进行开挖和推进，通过检查土仓压力，不但可以控制开挖面的稳定性，还可以减少对周围地基的影响。土压平衡盾构一般不需要实施辅助工法。

加泥式土压平衡盾构可以适用于冲积砂砾、砂、粉土、黏土等固结度比较低的软弱地层、洪积地层以及软硬不均地层，在土质方面的适用性最为广泛。但在高水压下(>0.3MPa)，仅用螺旋输送机排土难以保持开挖面的稳定性，还需安装保压泵或进行切削土的改良(图 4-3)。

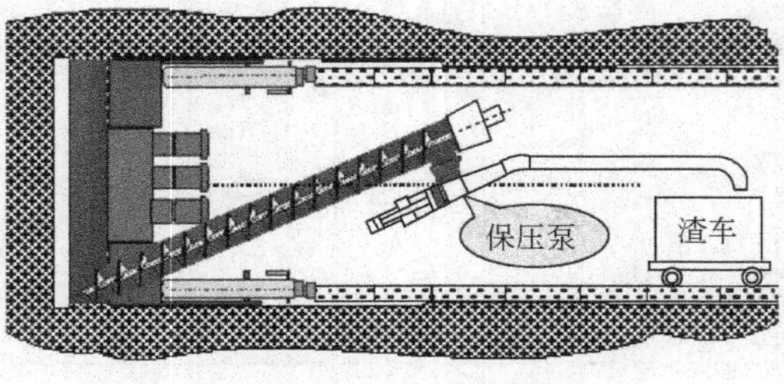

图 4-3　在高压水地层防喷涌的保压泵

4.6.2 泥水盾构

泥水盾构通过施加略高于开挖面水土压力的泥浆压力来维持开挖的稳定。除泥浆压力外，合理选择泥浆的状态也可增加开挖面的稳定性。泥水盾构比较适合于河底、江底、海底等高水压条件下的隧道施工。

泥水盾构使用送排泥泵通过管道从地面直接向开挖面进行送排泥，开挖面完全封闭，具有高安全性和良好的施工环境。既不对围岩产生过大的压力，也不会受到围岩压力的反压，对周围地基影响较小。一般不需辅助施工。特别是在开挖断面较大时，控制地表沉降方面优于土压平衡盾构。

泥水盾构适用于冲积形成的砂砾、砂、粉砂、黏土层、弱固结的互层，以及含水率高开挖面不稳定的地层；洪积形成的砂砾、砂、粉砂、黏土层，以及含水率很高、固结松散、易于发生涌水破坏的地层。但对于难以维持开挖面稳定性的高透水地层、砾石地层，有时也要考虑采用辅助工法。

根据控制开挖面泥浆压力方式的不同，泥水盾构有两种：一种是日本体系的直接控制型，另一种是德国体系的间接控制型(即气压复合控制型)。直接控制型的泥水仓为单仓结构形式；间接控制型的泥水仓为双仓结构，前仓称为开挖仓，后仓称为气垫调压仓。开挖仓内完全充满受压的泥浆后，平衡外部水土压力，开挖仓内的受压泥浆通过沉浸墙的下面与气垫仓相连。

隧道开挖过程中，直接控制型泥水盾构开挖仓内的泥水压力波动较大，一般在(0.05～0.1)MPa 之间变化，见图 4-4。

间接控制型泥水盾构的气垫调压仓通过压缩空气系统精确进行控制和调节压力，开挖仓内的压力波动较小，一般为(0.01～0.02)MPa，泥浆管路内的浮动变化将被准确、迅速平衡，减少了外界压力的变化对开挖面稳定造成的影响，见图 4-5。

4.6.3 手掘式盾构

手掘式盾构由于头部敞开，因此，比较适用于软硬不均的开挖面，以及砾石、卵石等地层。手掘式盾构是以开挖而能够长时间自稳为基本条件，在开挖面不够稳定时，需通过注浆进行地基加固；在地下水位较高会有涌水而影响开挖面稳定性时，需采取降水等辅助措施。

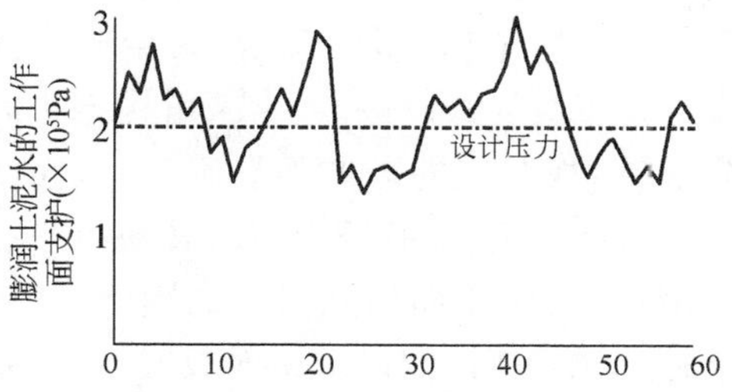

图 4-4 直接控制型泥水盾构压力波动曲线图

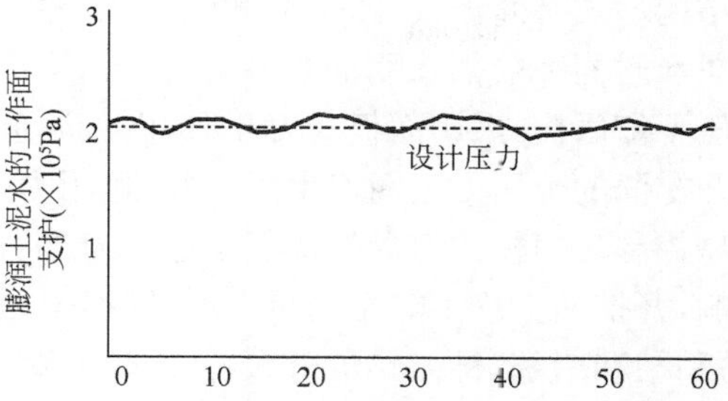

图 4-5 间接控制型泥水盾构压力波动曲线图

一般来说，洪积形成的砂砾、砂、固结粉砂、黏土层易于自稳，最适于使用手掘式盾构。冲积形成的松散砂、粉砂、黏土层，开挖面不能自稳，需采月辅助措施。

手掘式盾构直到20世纪70年代末期一直得到较广泛应用。由于目前不依靠辅助施工的闭胸式盾构的使用优势，现在手掘式盾构已基本被淘汰。

4.6.4 半机械式盾构

半机械式盾构适用于开挖面可以自稳的围岩条件。适合的土质主要是洪积形成的砂砾、砂、固结粉土及黏土，对于软弱的冲积层是不适用的。在使用辅助工法方面同手掘式盾构。目前已基本淘汰。

4.6.5 机械式盾构

机械式盾构的刀盘有面板式和辐条式两种。面板式刀盘的机械式盾构是通过面板来维持开挖面稳定，并通过开口率解决块石、卵石的排出问题；辐条式刀盘的机械式盾构一般用于开挖面易于稳定的小断面盾构，针对块石、卵石使用。机械式盾构与手掘式、半机械式盾构相同，主要用于开挖面以自稳的洪积地层中。对开挖不易自稳的冲积地层应结合压气施工、地下降水、注浆加固等辅助工法使用。由于需使用辅助工法，目前已基本被淘汰。

4.6.6 挤压式盾构

挤压式盾构适用于非常软弱的地层，最适合冲积形成的粉质砂土层。由于是从开口部排出土砂，所以不能用于硬质地层。另外，砂粒含量如果太大，会出现土砂压缩而造成堵塞。相反，如果地层的液性指数太高，则很难控制土砂的流入，会出现过量取土的现象。由于适用地层有限，近年已不采用。

4.7 刀盘结构形式的选择

4.7.1 刀盘的主要功能

刀盘主要具有三大功能：

①开挖功能：刀盘旋转时，刀具切削隧道掌子面的土体，对掌子面的地层进行开挖，开挖后的渣土通过刀盘的开口进入土仓。

②稳定功能：支撑掌子面，具有稳定掌子面的功能。

③搅拌功能：对于土压平衡盾构，刀盘对土仓内的渣土进行搅拌，使渣土具有一定的塑性，然后通过螺旋输送机将渣土排出；对于泥水盾构，通过刀盘的旋转搅拌作用，将切削下来的渣土与膨润土泥浆充分混合，优化了对泥水压力的控制和改善了泥浆的均匀性，然后通过排泥管道，将开挖渣土以流体的形式泵送到设在地面上的泥水分离站。

4.7.2 刀盘的结构形式

刀盘的结构形式有面板式(图 4-6)和辐条式(图 4-7)两种,具体应用时应根据施工条件和土质条件等因素决定。泥水盾构一般都采用面板式刀盘;土压平衡盾构则根据土质条件不同可采用面板式或辐条式。对于土压平衡盾构,采用面板式刀盘时,由于泥土流经刀盘面板的开口进入土仓,盾构掘进时土仓内的土压力与开挖面的土压力之间产生压力降,且压力降的值受面板开口的影响不易确定,从而使开挖面的土压力不易控制。面板式刀盘的优点是通过刀盘的开口限制进入土仓的卵石粒径;其缺点是由于受刀盘面板的影响,开挖面土压不等于测量土压,因而土压管理困难;由于受面板开口率的影响,渣土进入土仓不顺畅、易黏结和堵塞,且刀具负荷大,使用寿命短。在黏土层施工时,如果采用面板式刀盘,则由于刀盘支撑,将土仓分隔成两个区域,当刀盘旋转切削土体时,中心区域以外部分的土体流动顺畅,易于搅拌;中心区域内的土体流动较差,当切削土体黏性较大并长期积聚于中心区域时,中心区域土体逐渐增多,并最终形成泥饼,完全丧失流动性,造成出土不畅、阻力增大、开挖面压力控制不稳定,对控制地面沉降不利。

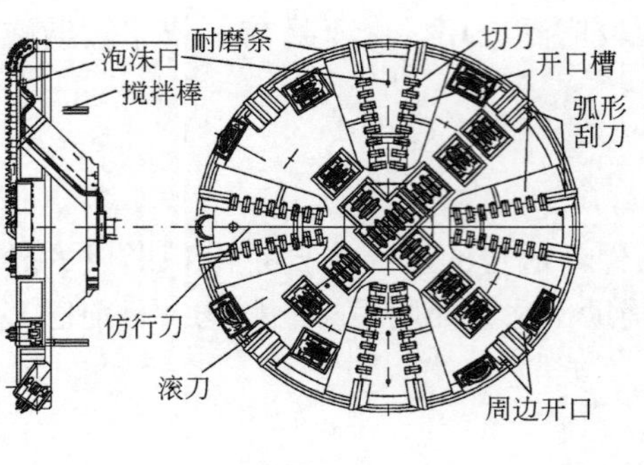

图 4-6 用于风化岩及软硬不均地层的面板式刀盘

图 4-7 辐条式刀盘(无滚刀)

辐条式刀盘(图 4-7)仅有几根辐条,土、砂流动顺畅,有利于防止黏土附着,不易黏结和堵塞;由于没有面板的阻挡,渣土从开挖面进入土仓时没有土压力的衰减,开挖面土压等于测量土压,因而能对土压进行有效的管理,能有效控制地面沉降。同时,刀具负荷小,寿命长。辐条式刀盘仅有几根辐条,切削下来的土体可直接进入土仓,没有压力损失,同时在辐条后设有搅拌叶片,土、砂流动顺畅,土压平衡容易控制。因此,幅条式刀盘对砂、土等单一软土地层的适应性比面板式刀盘强;幅条式刀盘也能安装滚刀(图 4-8),在风化岩及软硬不均地层或硬岩地层掘进时,也可采用辐条式刀盘。

图 4-8 装有滚刀的辐条式刀盘

辐条式刀盘上的滚刀一般设计成与先行刀可互换式,可根据地质需要,将滚刀换装成先行刀。同时,辐条式刀盘也可换成面板式刀盘,在辐条之间安装可拆卸的面板,即可变为面板式刀盘。

1)砂层、砂砾层、小粒径砂卵石地层

盾构在砂层、砂砾层、小粒径砂卵石地层施工时,宜采用辐条式刀盘。

(1)地层特点:对刀盘刀具磨损较大,渣土改良较困难,不利于保持土压平衡。

(2)刀盘结构:如图 4-9 所示,辐条式大开口率(70%~75%),易于进渣和控制土压平衡,有利于减小刀具磨损。

(3)刀具布置:切削刀分层布置、加大切刀的合金尺寸,以加强其耐磨和抗冲击性能。

2)岩石地层

盾构在岩石地层施工时,刀盘需具有较强的破岩能力,宜采用面板式复合刀盘(图 4-10)。

图 4-9 辐条式刀盘

图 4-10 面板式复合刀盘

3)黏土层

盾构在黏土层施工时,宜采用小面板辋条式刀盘。

(1)地层特点:软土层具有泥饼形成堵仓的先天条件。

(2)设计特点:采用小面板辐条式刀盘(图 4-11),中心管柱支撑结构,有利于减少中心泥饼的产生。

4)大粒径卵石层

盾构在大粒径卵石层施工时,宜采用辋条式复合刀盘(图 4-12)。

图 4-11 小面板幅条式刀盘

图 4-12 辐条式复合刀盘

(1)地层特性:卵石地层对刀盘的磨损大,特别是大直径卵石不易破碎。

(2)刀盘结构:辐条式为主的结构有利于减小刀盘扭矩,大开口有利于卵石的排出。

(3)刀具配置:采用滚刀设计可以对不能通过螺旋输送机排出的大卵石起到破碎作用(排破结合),同时增加刀具的耐磨性。

4.8 刀具的种类与破岩机理

4.8.1 刀具的种类

盾构的掘进刀具一般按以下形式进行分类,见图 4-13。

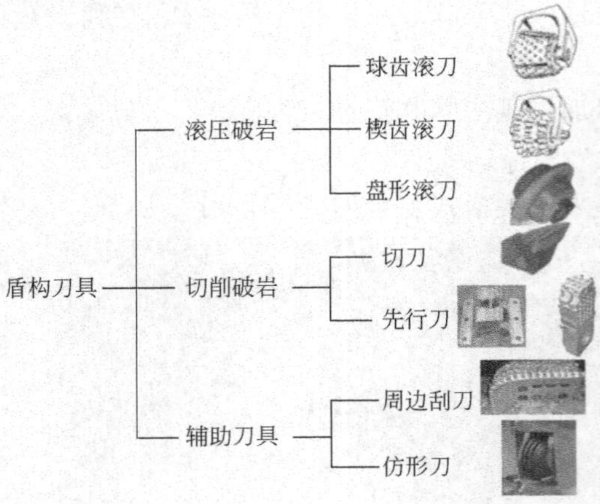

图 4-13　盾构刀具的分类

1)滚刀

滚刀分为齿形滚刀和盘形滚刀。齿形滚刀主要有球齿滚刀和楔齿滚刀两种,常用于软岩;盾构上应用较广的是盘形滚刀。盘形滚刀按刀圈的数量分为单刃、双刃、多刃等 3 种形式(图 4-14)。

在风化的砂岩及泥岩等较软岩地层时,一般采用双刃滚刀,较硬岩采用单刃滚刀。盘形滚刀按刀圈材质的不同,分为耐磨层表面刀圈、标准钢刀圈、重型钢刀圈、镶齿硬质合金刀圈滚刀等,并分别适用于不同的地层。

(1)耐磨层表面刀圈:适用于掘进硬度 40MPa 的紧密地层,硬度 80～100MPa 的断裂砾岩、砂岩、砂黏土等地层。

(2)标准钢刀圈:适用于掘进硬度 50～150MPa 的砾岩、大理石、砂岩、灰岩地层。

图 4-14　单刃、双刃、三刃滚刀

(3)重型钢刀圈:适用于掘进硬度 120～250MPa 的硬岩,硬度 80～150MPa 的高磨损岩层,如花岗岩、闪长岩、斑岩、蛇纹石及玄武岩等地层。

(4)镶齿硬质合金刀圈:适用于掘进硬度高达 150～250MPa 的花岗岩、玄武岩、斑岩及石英岩等地层。

2)切刀

切刀安装在刀盘开口槽的两侧,也称刮刀。用来切削未固结的土壤,并把切削土刮入土仓中,刀具的形状和位置按便于切削地层和便于将土刮入土仓来设计,在同一个轨迹上一般有多把切刀同时开挖。切刀的宽度使每把刀的切割削轨迹之间有一定的重叠。目前最有效的切刀为双层耐磨设计(图 4-15),配有双层碳钨合金刀齿,以提高刀具的耐磨性,在第一排刀齿磨损后,第二排刀齿可以代替第一排刀齿继续发挥作用。同时在刀具的背部设有双排碳钨合金柱齿。切刀在刀盘上的安装采用背装式,可以从开挖仓内拆卸和更换。

3)先行刀

先行刀一般安装在辐条中间的刀箱中。采用背装式,可从土仓进行更换。先行刀超前切刀布置,使先行刀超前先切削地层,从而保护切刀,并避免其先切削到砾石或块石地层。先行刀主要有 3 种形式:贝壳刀(图 4-16)、齿刀和撕裂刀(图 4-17)。日本盾构常采用贝壳刀,德国海瑞克公司盾构较常采用齿刀,加拿大罗威特公司和法国 NFM 公司盾构较常采用撕裂刀。

先行刀在切刀接触地层之前,特别是较硬的地层之前先松动地层。一般切削宽度较窄,从而使先行刀在砾石地层等较硬的地层中有更高的切削效率。先行撕裂刀除先行将致密的土层松动外,同时还起着击碎砂卵石的作用,先行刀还能起到延长切刀寿命的作用。

先行撕裂刀也可采用双层耐磨设计,配有双层碳钨合金刀齿,以提高刀具的耐磨性,在第一排刀具磨损后,第二排刀具可以代替第一排刀具继续发挥作用。同时,在刀具的背部设有双排碳钨合金柱齿。

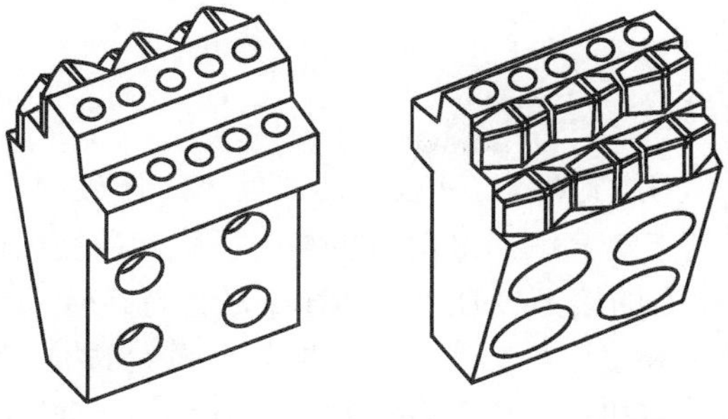

图 4-15 双层耐磨切刀

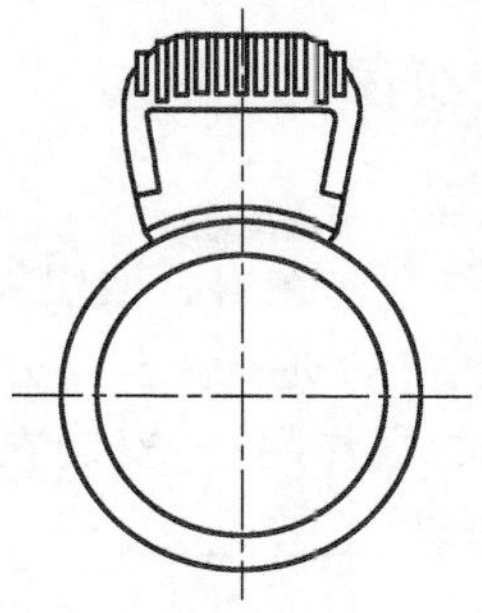

图 4-16 先行贝壳刀

图 4-17 先行齿刀和先行撕裂刀

先行刀按刀盘双向转动设计，齿刀和撕裂刀可安装在一个特殊设计的刀箱中，允许根据刀盘的转动方向做适当的微动，这种微动的设计主要用来减少先行刀侧面的磨损。必要时，齿刀和撕裂刀的刀座可设计成与滚刀可互换的结构。

4)周边刮刀

周边刮刀也称铲刀，安装在刀盘的外圈，用于清除边缘部分的开挖渣土，防止渣土沉积，确保刀盘的开挖直径，以及防止刀盘外缘的间接磨损。该刀的切削面上设有一排连续的碳钨合金齿和一个双排碳钨合金柱齿，用于增强刀具的耐磨，确保即使在掘进几公里之后，刀盘仍然有一个正确的开挖直径。周边刮刀采用背装式，可从土仓内进行更换。对周边刮刀而言，单排连续碳钨合金刀齿是足够的，因为周边刮刀仅其端部切削地层，而切刀在整个宽度范围切削地层。不同类型的周边刮刀如图 4-18 所示。

图 4-18 不同类型的周边刮刀

5)仿形刀

仿形刀(图 4-19)安装在刀盘的外缘上，通过液压油缸动作，采用可编程控制，通过刀盘回转传感器来实现。司机可以控制仿形刀开挖的深度(即超挖的深度)，以及超挖的位置。例如:决定要对左侧进行扩挖，以使盾构向左转弯时，那么仿形刀只需在左侧伸出，扩挖左侧水平直径线上、下 45°的范围即可。

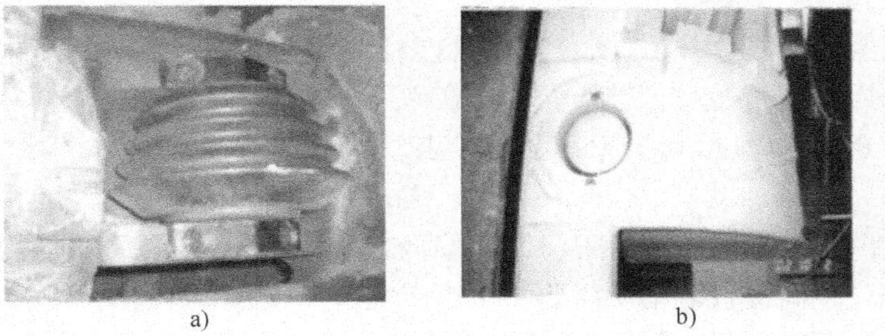

a) b)

图 4-19 仿形刀

4.8.2 刀具破岩机理

1)滚刀破岩机理

如图 4-20 所示,盾构在岩石地层采用滚刀进行破岩,其破岩形式属于滚压破碎岩石。滚压破碎岩是一种破碎量大、速度快的机械破岩方法,其特点是靠滚刀滚动产生冲击压碎和剪切碾碎的作用,达到破碎岩石的目的。在推力的作用下,安装在刀盘上的滚刀紧压岩面,随着刀盘的旋转,滚刀绕刀盘中心轴公转,并绕自身轴线自转。在刀盘强大的推力作用下,滚刀压入岩石;在扭矩作用下,滚刀在掌子面中心切缝上滚动。当推力超过岩石的强度时,滚刀下的岩石直接挤压破碎,滚刀贯入岩石,掌子面被滚刀挤压碎裂而形成隧道同心圆沟槽。随着沟槽深度的增加,岩体表面裂纹加深扩大,当超过岩石剪切和拉伸强度时,相邻同心圆沟槽间的岩石成片剥落,形成石渣。滚刀不能对漂石或卵石进行有效破碎,除非隧道掌子面为基岩。一般情况下在滚压破碎中推力是主要的参数,因为它决定了扭矩(滚动力)以及其他参数。但是,在决定滚压破碎的功率中扭矩是最主要的参数,因为它占破碎功的绝大部分。

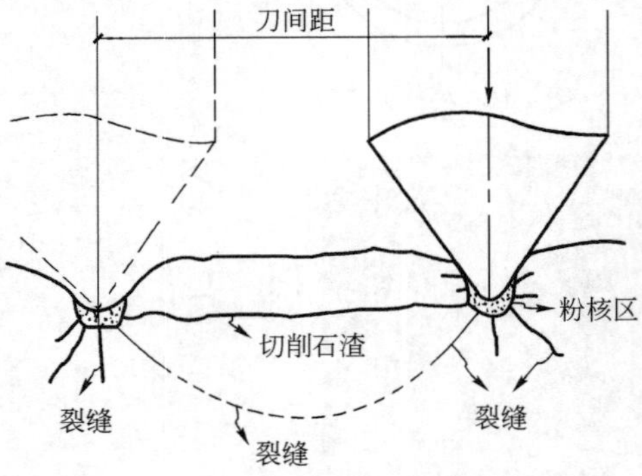

图 4-20 滚刀破岩机理

2)切刀切削机理

软土的切削主要是切刀直接对土层进行剪切破坏来进行切削的。

切刀呈靴状,其基本结构如图 4-21 所示。切刀是软土刀具,切刀的切削原理主要是盾构向前推进的同时,切刀随刀盘旋转对开挖面土体产生轴向(沿隧道前进方向)剪切力和径向(刀盘旋转切线方向)切削力,在刀盘的转动下,通过刀刃和刀头部分插入到地层内部,像犁子犁地一样切削地层。切刀的前后角等斜面结构有利于软土切削时的导渣作用,同时可用于在硬岩掘进中的刮渣,因此在盾构在掘进硬岩时也必须配置切刀。

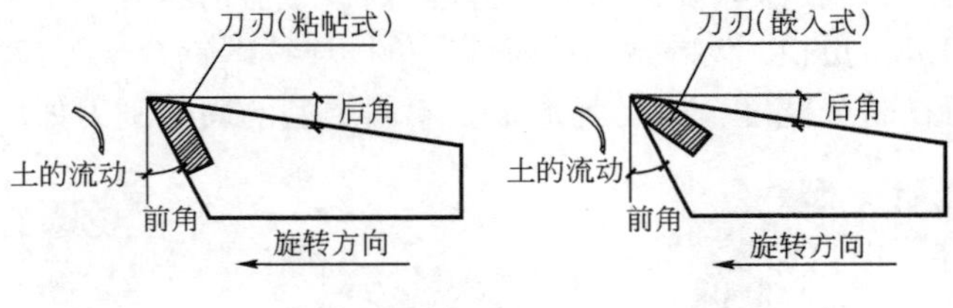

图 4-21 切刀的形状

在硬岩中掘进时,切刀有利渣土及时、顺利地流入土仓中。考虑到在硬岩掘进时破碎下来的岩石可能撞坏切刀,在刀具的布置上作了以下的考虑:把切刀背向布置,并拉近两切刀之间的距离,在硬岩掘进时能够对切刀有一定的保护作用。如图 4-22 所示,图中所示的虚线为掘进时渣土的流动线,这样在掘进时渣土不能到达切刀的下部,避免了在硬岩掘进时打坏切刀。刀具离刀盘的中心越远,其线速度也就越大,则渣土流动的轨迹线越缓,两个切刀的背向布置间距就可以适当加大。

3)撕裂刀破岩机理

在砂卵石地层宜采用重型撕裂刀(图 4-23)进行破岩,利用撕裂刀随刀盘高速旋转产生的冲击惯性能量,对卵石、砾石和漂石等进行"锤击"破碎。由于在砂卵石地层,卵石属松散体,地层对卵石缺少约束力,不能提供给滚刀足够的转动力矩和滚刀破岩的支撑力,导致滚刀破岩无效,因此,此类地层不宜采用滚刀。

需要注意的是,在砂卵石地层,如果刀盘转速偏低或扭矩不足,撕裂刀只能起到松土器的作用,还不能有效击碎卵石。掘进期间刀盘驱动所需要的扭矩应大于克服刀盘旋转的摩擦力需要的扭矩、克服刀盘切削力需要的扭矩、克服旋转部件惯力需要的扭矩之和。

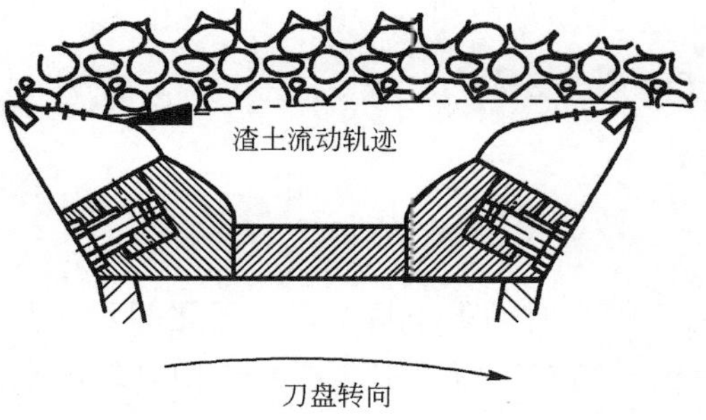

图 4-22 硬岩掘进时保护切刀示意图

图 4-23 重型撕裂刀

4.9 刀盘驱动方式的选择

刀盘的驱动方式有三种，一是变频电机驱动，二是液压驱动，三是定速电机驱动。鉴于定速电机驱动，刀盘转速不能调节，目前一般不采用。变频驱动与液压驱动的比较见表 4-2。

刀盘驱动方式比较表 表 4-2

项 目	①变频方式	②液压方式	备 注
驱动部外形尺寸	大	小	一般：①：②＝(1.5～2)：1
后续设备	少	多	②需要液压泵、油箱、冷却装置等
效率(%)	95	65	液压传动效率低
起动电流	小	小	①变频起动电流小； ②无负荷起动电流小
起动力矩	大	小	①起动力矩可达到额定力矩的 120%
起动冲击	小	较小	①利用变频软起动，冲击小； ②控制液压泵排量，可缓慢起动，冲击较小
转速控制、微调	好	好	①变频调速； ②控制液压泵排量，可以控制转速和进行微调
噪声	小	大	液压系统噪声大
隧道内温度	低	高	液压系统传动效率低，功率损耗大，温度高
维护保养	容易	较困难	②液压系统维护保养要求高，保养较复杂

液压驱动具有调速灵活，控制简单、液压马达体积小、安装方便等特点，但液压驱动效率低、发热量大。

变频驱动具有发热量小、效率高、控制精确等优点，在工业领域应用较广。虽然目前的中小型盾构的刀盘驱动较常采用液压驱动，大直径盾构较常采用变频驱动，但由于变频驱动效率高，从节能方向及发展趋势来看，变频电机驱动方式是刀盘驱动今后的发展方向。

4.10 主要技术参数的计算

盾构选型过程中，刀盘驱动扭矩、推进系统的推力等主要技术参数的计算非常重要，以便设计出与地质条件相适应的盾构。盾构工作过程的力学参数计算是一个非常复杂的问题，由于受地质因素、土层改良方法、掘进参数等一系列因素的影响，在盾构参数计算的方法上存在很多的不确定因素。

4.10.1 盾构外径

盾构外径取决于管片外径、保证管片安装的富余量、盾构结构形式、盾尾壳体厚度及修正蛇行时的最小余量等。

盾尾外径为：

$$D=D_S+2(\delta+t) \tag{4-1}$$

式中：D_S——管片外径；

t——盾尾壳体厚度；

δ——盾尾间隙。

盾尾间隙δ主要考虑保证管片安装和修正蛇行时的最小富余量。盾尾间隙δ在施工时即可以满足管片安装、又可以满足修正蛇行的需要，同时应考虑盾构施工中一些不可预见的因素。盾尾间隙一般为25～40mm。

4.10.2 刀盘开挖直径

刀盘开挖直径应考虑刀盘外圈防磨板的磨损后仍能保证正确的开挖直径。在软土地层施工时，刀盘开挖直径一般大于前盾外径0～10mm；在砂卵石地层或硬岩地层施工时，刀盘的磨损较严重，刀盘开挖直径一般应大于前盾外径30mm。

4.10.3 盾壳长度

盾壳长度L由前盾(切口环)、中盾(支承环)、盾尾三部分组成。盾壳长度主要取决于地质条件、隧道的平面形状、开挖方式、运转操作、衬砌形式及封顶块的插入方式。

$$L=\xi D \tag{4-2}$$

式中：ξ——盾构灵敏度；

D——盾构外径。

根据国外盾构设计经验，一般在盾构直径确定后，盾构灵敏度值ξ(即盾壳总长L与盾构外径D之比)的参考值如下：

小型盾构($D\leqslant3.5$m)：$\xi=1.2\sim1.5$。

中型盾构($3.5\text{m}<D\leqslant9\text{m}$)：$\xi=0.8\sim1.2$。

大型盾构($D>9$m)：$\xi=0.7\sim0.8$。

4.10.4 盾构重量

盾构的重量是盾壳、刀盘、推进油缸、铰接油缸、管片安装机、人仓、螺旋输送机(泥水盾构为碎石机及送排泥管路)等安装在盾壳内的所有设备的重量的总和。

一般地，盾构重量(W)与盾构直径(D)的关系如下：

$$\left.\begin{aligned}&(1)\text{对手掘式盾构或半机械式盾构：} && W=(25\sim40)D^2\\&(2)\text{对机械式盾构：} && W=(45\sim55)D^2\\&(3)\text{对泥水盾构：} && W=(45\sim65)D^2\\&(4)\text{对土压平衡盾构：} && W=(55\sim70)D^2\end{aligned}\right\} \tag{4-3}$$

式中：D——盾构外径，m；

W——盾构主机重量，kN。

4.10.5 盾构推力

在设计盾构推进装置时，必须考虑的主要阻力有以下6项：盾构推进时的盾壳与周围地层的阻力F_1；刀盘面板的推进阻力F_2；管片与盾尾间的摩擦阻力F_3；切口环贯入地层的贯入阻力F_4；转向阻力(曲线施工和纠偏)F_5；牵引后配套拖车的牵引阻力F_6。

推力必须留有足够的余量，总推力一般为总阻力的1.5～2倍。

$$F_e = AF_d \tag{4-4}$$

式中：F_e——盾构装备总推力，kN；

A——安全储备系数，一般为1.5～2；

F_d——盾构推进总阻力，$F_d = F_1 + F_2 + F_3 + F_4 + F_5 + F_6$。

有时，也可按下式估算：

$$F_d = 0.25\pi D^2 P_J$$

式中：D——盾构外径，m；

P_J——单位掘削面上的经验推力，也称比推力；一般比推力装备的标准，敞开式盾构为700～1100kN/m²，闭胸式盾构为1000～1500kN/m²。

1）盾构推进时的周边反力

（1）对砂质土而言

$$F_1 = 0.25\pi DL(2P_e + 2KP_e + K\gamma D)\mu_1 + W\mu_1 \tag{4-5}$$

式中：F_1——盾构推进时的周边反力，即盾壳与周围地层的摩擦阻力，kN；

D——盾构外径，m；

L——盾壳总长度，m；

P_e——作用在盾构上顶部的竖直土压强度，kPa；

K——开挖面上土体的静止土压系数；

γ——开挖面上土体的浮重度，kN/m³；

μ_1——地层与盾壳的摩擦系数，通常取$\mu_1 = 1/2\tan\varphi$，φ为土体的内摩擦角；

W——盾构主机的重量，kN。

也可用以下公式简便计算：

$$F_1 = \mu_1(\pi DLP_m + W) \tag{4-5'}$$

式中：F_1——盾构推进时的周边反力，kN；

μ_1——地层与盾壳的摩擦系数；

D——盾构外径，m；

L——盾壳总长度，m；

P_m——作用在盾构上的平均土压力，kPa；

W——盾构主机的重量，kN。

（2）对黏性土而言

$$F_1 = \pi DLC \tag{4-6}$$

式中：D——盾构外径，m；

L——盾壳总长度，m；

C——开挖面上土体的黏聚力，kPa。

2）刀盘面板的推进阻力

手掘式、半机械式盾构上，为开挖面支护反力；机械式盾构上，为作用于刀盘上的推进阻力；闭胸式盾构上为土仓内压力。

$$F_2 = 0.25\pi D^2 P_f \tag{4-7}$$

式中：F_2——刀盘面板的推进阻力，kN；

D——盾构外径，m；

P_f——开挖面前方的压力：泥水盾构为土仓内的设计泥水压力，土压平衡盾构为土仓内的设计土压力，kPa。

3）管片与盾尾间的摩擦阻力

$$F_3 = n_1 W_S \mu_2 + \pi D_S b P_T n_2 \mu_2 \tag{4-8}$$

式中：F_3——管片与盾尾之间的摩擦阻力，kN；

n_1——盾尾内管片的环数；

W_S——一环管片的重量，kN；

μ_2——盾尾刷与管片的摩擦系数，通常为0.3～0.5；

D_S——管片外径，m；

b——每道盾尾刷与管片的接触长度，m；

P_T——盾尾刷内的油脂压力，kPa；

n_2——盾尾刷的层数。

4)切口环贯入地层的贯入阻力

(1)对砂质土而言

$$F_4=\pi(D^2-D_i^2)P_3+\pi DtK_P P_m \tag{4-9}$$

式中：F_4——切口环贯入地层的阻力，kN；

D——前盾外径，m；

D_i——前盾内径，m；

P_3——切口环插入处的地层的平均土压，kPa；

t——切口环插入地层的深度，m；

K_P——被动土压系数；

P_m——作用在盾构上的平均土压力，kPa。

(2)对黏土而言

$$F_4=\pi(D^2-D_i^2)P_3+\pi DtC \tag{4-10}$$

式中：C——开挖面上土体的黏聚力，kPa。

5)转向阻力

$$F_5=RS \tag{4-11}$$

式中：F_5——转向阻力，也称变向阻力，kN；

R——抗力土压(被动土压力)，kPa；

S——抗力板在掘进方向上的投影面积，m^2。

转向阻力仅在曲线施工中或者盾构推进中出现蛇行时存在，由于抗力板在掘进方向上的投影面积的计算比较复杂，因此，一般不计算转向阻力，在确定总推力时考虑盾构施工中的上坡、曲线施工、蛇行及纠偏等因素，留出必要的富余量。

6)牵引后配套拖车的牵引阻力

$$F_6=W_b\mu_3 \tag{4-12}$$

式中：F_6——牵引后配套拖车的牵引阻力，kN；

μ_3——后配套拖车与运行轨道间的摩擦系数；

W_b——后配套拖车及拖车上设备的总重量，kN。

4.10.6 刀盘扭矩

刀盘扭矩的计算比较复杂，刀盘在地层中掘进时的扭矩一般包含切削土阻力扭矩(克服泥土切削阻力所需的扭矩)、刀盘的旋转阻力矩(克服与泥土的摩擦阻力所需的扭矩)、刀盘所受推力荷载产生的反力矩、密封装置所产生的摩擦力矩、刀盘的前端面的摩擦力矩、刀盘后面的摩擦力矩、刀盘开口的剪切力矩、土压内的搅动力矩。

刀盘扭矩的计算包括：刀盘切削扭矩 T_1，刀盘自重形成的轴承扭矩 T_2，刀盘轴向荷载形成的轴承扭矩 T_3，密封装置摩擦力矩 T_4，刀盘前表面摩擦扭矩 T_5，刀盘圆周面的摩擦反力矩 T_6，刀盘背面摩擦力矩 T_7，刀盘开口槽的剪切力矩 T_8。

刀盘设计扭矩

$$T=T_1+T_2+T_3+T_4+T_5+T_6+T_7+T_8$$

刀盘驱动扭矩应有一定的富余量，扭矩储备系数一般为 1.5～2。同时，根据国外盾构设计经验，刀盘扭矩可按下式进行估算，即：

刀盘扭矩：

$$T=K_\alpha D_3$$

式中：K_α——相对于刀盘直径的扭矩系数，一般取土压平衡盾构 $K_\alpha=14\sim23$，泥水盾构 $K_\alpha=9\sim18$。

1）刀盘切削扭矩

$$T_1=nq_u h_{max} D^2 n^2 \tag{4-13}$$

式中：T_1——刀盘切削扭矩，kN·m；

n——刀盘转速，r/min；

q_u——切削土的抗压强度，kPa；

h_{max}——贯入度，即刀盘每转的切入深度，m，$h_{max}=V/n$，其中，V 为推进速度，m/h；

D——刀盘直径，m。

2）刀盘自重形成的轴承旋转反力矩

$$T_2=W_c R_1 \mu_g \tag{4-14}$$

式中：W_c——刀盘重量，kN；

R_1——主轴承滚动半径，m；

μ_g——轴承滚动摩擦系数。

3）刀盘轴向推力荷载形成的旋转阻力矩

$$T_3=P_t R_1 \mu_g \tag{4-15}$$

$$P_t=\alpha\pi\left(\frac{D}{2}\right)^2 P_d$$

式中：P_t——为刀盘推力荷载；

α——刀盘不开口率，$\alpha=1-A_s$，其中 A_s 为刀盘开口率；

D——刀盘直径，m；

P_d——盾构前面的主动土压，kPa。

4）主轴承密封装置摩擦力矩

$$T_4=2\pi\mu_m F_m(n_1 R_{m1}^2+n_2 R_{m2}^2) \tag{4-16}$$

式中：μ_m——主轴承密封与钢的摩擦系数，一般取 $\mu_m=0.2$；

F_m——密封的推力，kPa；

n_1——内密封数量；

n_2——外密封数量；

R_{m1}——内密封安装半径，m；

R_{m2}——外密封安装半径，m。

5）刀盘前表面摩擦扭矩

$$T_5=\frac{2\alpha\pi\mu_1 R_c{}^3 P_d}{3} \tag{4-17}$$

式中：α——刀盘不开口率；

μ_1——土与刀盘之间的摩擦系数；

R_c——刀盘半径，m；

P_d——盾构前面的主动土压，kPa。

6）刀盘圆周面的摩擦反力矩

$$T_6=2\pi R_c B P_z \mu_1 \tag{4-18}$$

式中：R_c——刀盘半径，m；

B——刀盘周边的厚度，m；

P_z——刀盘圆周的平均土压力，kPa；

μ_1——土与刀盘之间的摩擦系数。

7)刀盘背面摩擦力矩

刀盘背面的摩擦力矩由土仓内的土压力所产生。土腔室内的土压力为 P_w

$$T_7=\frac{2\alpha\pi\mu_1 R_c{}^3 P_w}{3} \tag{4-19}$$

式中：α——刀盘不开口率；

μ_1——土与刀盘之间的摩擦系数；

R_c——刀盘半径，m；

P_w——土仓设定的土压力，kPa。

8)刀盘开口槽的剪切力矩

$$T_8=\frac{2\pi\tau R_c^3 A_s}{3} \tag{4-20}$$

式中：τ——刀盘切削剪力，$\tau= c+ P_w\tan\varphi$；

R_c——刀盘半径，m；

A_s——刀盘开口率；

c——开挖面上土体的黏聚力，kPa；

φ——土仓内土体的内摩擦角，如果是泥水盾构，则是渣土和泥水的混合物，一般取内摩擦角 $\varphi=5°$；

P_w——土仓设定的土压力，泥水盾构为泥水压力，kPa。

4.10.7 主驱动功率

$$W_0=\frac{A_w T\omega}{\eta} \tag{4-21}$$

式中：W_0——主驱动系统功率，kW；

A_w——功率储备系数，一般为 1.2～1.5；

T——刀盘额定扭矩，kN·m；

ω——刀盘角速度，$\omega=2\pi n/60$，n 为刀盘转速，r/min；

η——主驱动系统的效率。

4.10.8 推进系统功率

$$W_f=\frac{A_w Fv}{\eta_w} \tag{4-22}$$

式中：W_f——推进系统功率，kW；

A_w——功率储备系数，一般为 1.2～1.5；

F——最大推力，kN；

v——最大推进速度，m/h；

η_w——推进系统的效率，$\eta_w=\eta_{pm}\eta_{pv}\eta_c$，$\eta_{pm}$ 为推进泵的机械效率，η_{pv} 为推进泵的容积效率，η_c 为联轴器的效率。

4.10.9 同步注浆系统能力

1)每环管片的理论注浆量

$$Q=0.25\pi(D^2-D_s{}^2)L \tag{4-23}$$

式中：Q——每环管片的建筑空隙，即每环管片的理论注浆量，m^3；

D——刀盘开挖直径，m；

D_s——管片外径，m；

L——管片宽度，m。

2)每推进一环的最短时间

$$t=\frac{L}{v} \tag{4-24}$$

式中：L——管片宽度，m；

v——最大推进速度，m/h。

3)理论注浆能力

$$q=Q/t=0.25\pi v(D^2-D_s^2) \tag{4-25}$$

式中：q——同步注浆系统理论注浆能力，m^3/h；

D——刀盘开挖直径，m；

D_s——管片外径，m；

v——最大推进速度，m/h。

4)额定注浆能力

同步注浆泵需要的额定注浆能力 q_p 主要考虑地层注入率 λ 和注浆泵的效率 η 两个因素，即：

$$q_p=\lambda q/\eta=0.25\pi\lambda v(D^2-D_s{}^2)/\eta \tag{4-26}$$

式中：λ——地层的注入系数；根据地层而异，一般为1.5～1.8；

D——刀盘开挖直径，m；

D_s——管片外径，m；

v——最大推进速度，m/h；

η——注浆泵效率。

4.10.10 泥水输送系统

1)送排泥流量的计算

(1)开挖土体流量

$$Q_E=0.25\pi D^2 v \tag{4-27}$$

式中：D——刀盘开挖直径，m；

v——最大推进速度，m/h；

Q_E——开挖土体流量，m^3/h。

(2)排泥流量

$$Q_2=Q_E(\rho_E-\rho_1)/(\rho_2-\rho_1) \tag{4-28}$$

式中：Q_E——开挖土体流量，m^3/h；

ρ_E——开挖土体密度，t/m^3；

ρ_1——送泥密度，t/m^3；

ρ_2——排泥密度，t/m^3；

Q_2——排泥流量，m^3/h。

(3)送泥流量

$$Q_1=Q_2-Q_E \tag{4-29}$$

式中：Q_1——送泥流量，m^3/h；

Q_2——排泥流量，m^3/h；

Q_E——开挖土体流量，m^3/h。

在以上计算的基础上,送排泥流量应考虑一定的富余量,储备系数一般为1.2~1.5。同时考虑到送排泥系统在旁通模式时,送排泥流量相等的特点,在送泥泵选型时,其排量值的选取应不小于计算的排泥流量。

2)送排泥流速的计算

(1)送泥管内流速

$$v_1 = 4Q_1/(\pi D_1^2) \tag{4-30}$$

式中:v_1——送泥管内流速,m/h;

Q_1——送泥流量,m^3/h;

D_1——送泥管内径,m。

(2)排泥管内流速

$$v_2 = 4Q_2/(\pi D_2^2) \tag{4-31}$$

式中:v_2——排泥管内流速,m/h;

Q_2——排泥流量,m^3/h;

D_2——排泥管内径,m。

4.11 施工辅助设备的选择

盾构及后配套拖车上的设备以外的设备称为施工辅助设备。施工辅助设备因围岩条件、施工环境及施工方法的不同而不同。一般包括材料堆放场、渣土运输设备、材料运输设备、电力设备、照明设备、通信设备、通风设备、竖井升降设备、给排水设备、消防设备、砂浆拌和设备、地基加固设备、起重设备、始发(到达)与调头设备、泥水处理设备等。施工辅助设备应结合工程的特点和施工环境进行优化配备。

通风设备应符合以下要求:一次通风宜采用压入式通风,风管采用软管,管径根据隧道断面、长度、出渣方式确定。根据计算风量和风压,结合通风方式及布置选择通风设备,宜采用轴流式通风机。长距离通风时,为满足风压的要求,宜采用相同型号的风机等距离间隔串联方式。施工区域的风速不宜低于0.3m/s。

思考题

1. 什么是软土盾构? 什么是复合盾构?
2. 查阅最新相关资料,说明盾构有哪些失效形式?
3. 盾构选型时应主要遵循哪些原则?
4. 盾构选型的主要依据有哪些?
5. 简述盾构选型的主要步骤。
6. 盾构选型的主要方法是什么?
7. 根据你的理解,盾构选型首要考虑的问题是什么?
8. 结合典型施工案例分析,如何进行盾构选型设计?
9. 通过查阅资料,敞开式盾构和压缩空气盾构为何被淘汰?
10. 简述土压平衡盾构的工作原理。
11. 论述土压平衡盾构的适用范围,列举几个国内工程的盾构类型。
12. 简述泥水盾构的工作原理及适应范围。
13. 刀盘的主要功能有哪些?
14. 简述刀盘的结构形式及优缺点。

15. 简述不同类型的刀具破岩机理。

16. 根据你的了解，如何根据地质条件，合理配置刀具组合。

17. 如何选择刀盘的驱动方式？

18. 试述盾构中液压驱动与变频驱动的优缺点及适用场合。

19. 简述盾构法施工辅助设备的选择原则。

20. 以实际工程的某一型号盾构为例，对其主要技术参数进行计算，对比各参数的理论计算与实际施工运行结果。

第5章

盾构隧道竖井施工

5.1 盾构隧道竖井的一般要求

采用盾构法施工时，一般需在盾构掘进的始端和终端设置工作井(又称为竖井)。按竖井的用途，可分为盾构始发竖井和接收竖井，而在竣工后竖井多被用作地铁车站、排水、通风等永久性结构。竖井一般都设在隧道轴线上，用明挖法施工。

盾构始发竖井是用于组装、调试盾构，隧道施工期间作为管片、其他施工材料、设备、出渣的垂直运输及作业人员的出入通道。竖井的平面净尺寸必须满足上述各项的要求。一般情况下在盾构两侧各留1.5m作为盾构安装作业的空间。盾构的前后应留出洞口封门拆除、初期推进时出渣、管片运输和其他作业时所需的空间，竖井的长度应大于盾构主机长度3.0m。

接收竖井宽度应大于盾构1.5m，竖井的长度应大于盾构主机长度2.0m。

根据盾构的安装、拆除作业、洞口与隧道的接头处理作业等需要，确定洞口底至竖井底板顶面的最小高度。

从理论上讲，井壁预留洞口大小略比盾构的外径大一些即可(盾构外径含外壳突出部分)，但考虑到井臂洞口的施工误差、隧道设计轴线与洞口轴线间的夹角、密封装置的需要，需留出足够的余量。

采用1台盾构掘进施工的双线隧道的始发竖井、接收竖井可以为同一个竖井。见图5-1所示。

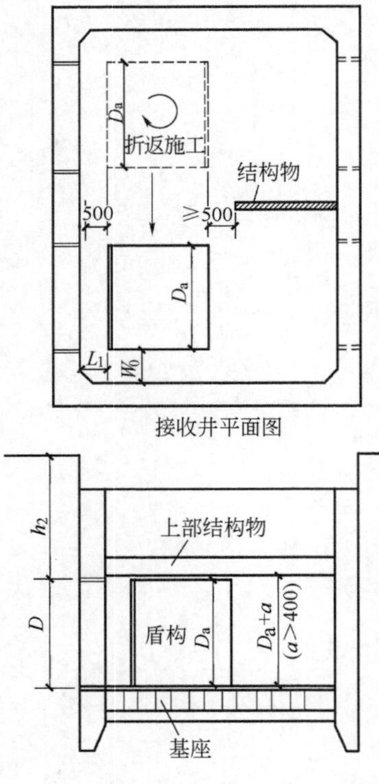

图5-1 盾构折返施工用的竖井

5.1.1 盾构始发竖井

始发竖井即始发盾构的竖井。从地表将盾构的分解件及附属设备搬入始发竖井，然后在井内组装和调试盾构后，开始按预定方向开始掘进，因此需设置盾构反力装置和盾构始发洞口。始发竖井的另一个功能是运输存放盾构始发掘削中需要的各种器械及材料的基地。始发竖井及其周围的场地是一个停放出土设备、起吊设备、管片编组、各种机电设备、背后注浆设备、原材料等的场地。

5.1.2 盾构接收竖井

盾构接收竖井用于接收在土层中已完成了某一阶段推进长度的盾构。盾构进入接收井后，或实施解体，或进行维修保养，为继续推进作准备，或作折返施工。

地铁隧道的盾构始发竖井和接收井的间距为1000m左右，一般利用地铁车站两端，因此统称为端头井。越江越海的隧道始发竖井和接收井的间距较大，上海长江隧道的间距达7.8km；英法海峡隧道盾构采用海底对接，2竖井间距达34km。

5.1.3 中间竖井

对长距离隧道来说，因盾构检修、隧道通风、路线中途改变掘进方向等需要设置的竖井，称为中间竖井。

由于盾构要在中间竖井内实现到达、始发，所以到达方向的内空尺寸及始发方向的内空尺寸，均应满足作业要求。

此外，按照一些设施的特殊需要，有时也要设置中间竖井，如下水道的合流点、电力线的接合点等，但是这些设施竖井的尺寸完全取决于设施安装的需要。

5.2 盾构竖井的构筑工法

盾构竖井的施工方法较多地采用沉井和挡土墙围护。沉井施工有排水下沉、不排水下沉和气压沉箱工法。挡土墙围护有钢板桩、柱列桩和地下连续墙工法。

由于沉井的工程造价较低，当附近的地表沉降控制要求不很高，开挖深度较浅时，竖井应尽量采用沉井方案。适宜采用沉井法施工的竖井开挖深度 H。应视地质条件而定，例如，容易产生流砂的砂质粉土、粉砂、黏质粉土中，或者在坑底难以稳定的淤泥质黏性土中，在实施施井点降水及其他辅助施工条件后的 H_0 在 15m 以内；采用不排水下沉的沉井宜控制在 25m 以内；气压沉井工法可施工更深的竖井。

挡土墙工法分为钢板桩、SMW、地下连续墙等几种工法。其中，钢板桩、SMW 工法均是辅以横梁支撑的组合工法；对地下连续墙矩形竖井而言，为横梁支撑；圆形竖井为圆形支撑或无支撑；球体盾构构筑竖井的工法是近年问世的一种新工法。其特点是用预制管片现场拼接井筒下沉，竖井隧道一体化施工，具有井壁薄、工期短、成本低等优点。

5.3 沉井竖井工法

5.3.1 沉井构造

沉井的基本构造如图 5-2 所示。沉井一般由井壁、刃脚、内隔墙、井孔凹槽、底板、顶盖等构成。

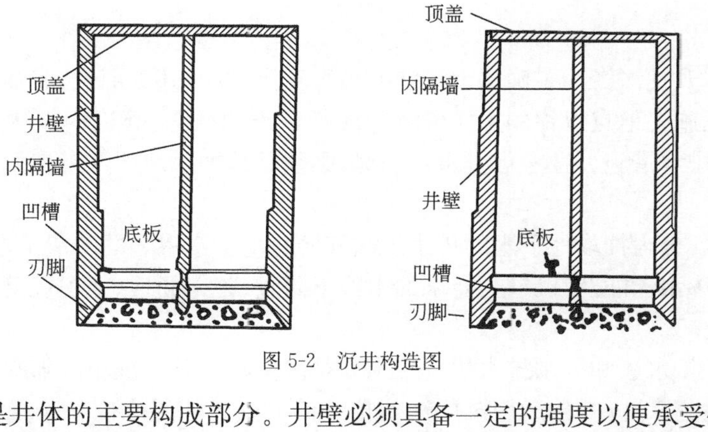

图 5-2 沉井构造图

井壁（也称井筒）是井体的主要构成部分。井壁必须具备一定的强度以便承受作用其上的水、土压力造成的弯曲应力，通常为钢筋混凝土结构或钢结构。此外，井壁必须具备一定的自重，以便克服下沉时的摩阻力，为此井壁厚度一般为 0.3～2m。

刃脚即井壁最下端的尖角部分，是井筒下沉过程中切土受力最集中的部位，所以必须具有足够的强度，以免破损。对硬地层来说，踏面应用钢板或者角钢保护。刃脚侧面的倾角通常为 45°～60°。确定刃脚高度时应从封底状况（干封或湿封）及便于抽取刃脚下的垫木和土方开挖等方面综合考虑。湿封底时高度大一些,干封底时高度小些。此外,通常刃脚应外突井壁一定间隔,约 20～30cm。

内墙是指当井体内空缺较大或者设计要求将其内空分割成多个小空间时,井内设置的内隔墙。其作用是把井体内空分割成多个小空间,客观上还有提高井体刚度的作用。内墙间距一般不超过 5～6m,其厚度一般为 0.5～1m.。

井体下沉到设计标高后,为防止地下水涌入井内,须在下端从刃脚踏面至凹槽上缘的整个空间,填充不渗水的能承受基底地层反力、并具一定刚度的材料,以防地下水的涌入和基底的隆起,这层填充材料的整体即底板。通常底板为两层浇注的混凝土,下层为无筋混凝土,上层为钢筋混凝土。底板的厚度取决于基底反力(水压+土压)、底板的构造材料的性能、施工方法等多种因素。

当设计要求不允许在大断面或大深度沉井内设置内隔墙时,为确保井筒的刚度,可采用在底部增设底梁,或者在井壁不同深度处设置若干道由纵横大梁构成的水平框架,提高整体的刚度,以便确保安全。

5.3.2 沉井工法的特点

沉井的主要优点:

①沉井躯体刚度大,断面大,承载力高,抗渗能力强,耐久性好,内部空间可利用。

②单体工程较为经济。

③施工周期较短。

④施工设备简易。

沉井的最大弱点:

①沉井下沉过程中,相邻范围(通常为刃脚底部深度的 1.5 倍水平距离)的地表沉降量大,并且沉井在下沉过程中,会使外侧的土体产生扰动,因此不宜在建筑物密集的城市中心地区采用。

②沉井在下沉过程中,常会在井壁外侧的土体中夹带石块和杂物一起下沉,给盾构井、出洞带来困难。

③当沉井的下沉深度很深时(>25m),常会伴有下沉困难,井内土体不稳定(流砂,坑底土体隆起),或由于采用不排水下沉,导致抓斗挖土困难;为增大下沉系数而井壁过厚;需作水下混凝土封底而带来许多问题。

④因井壁外侧土体的相对动、静摩擦阻力变化,或土体灵敏度高等因素,沉井常会产生突沉,工作井洞门的标高难以控制。

5.3.3 干挖法沉井

干挖法沉井即排水开挖法。为了确保干挖法的施工安全,发挥其工期短、成本低等优点,控制好地下水位是关键。必须依据施工地点以往的土质资料和现行调查的结果,邻近构筑物、水井的状况及施工条件,制订出切合实际的排水措施。在考虑排水措施时,必须严禁抽取地下水带来的周围地层的沉降、井水干枯等现象的发生。

控制地下水位技术,分为抽取地下水的排水工法和防止地下水渗入的防渗工法两大类。具体方法多种多样,可根据地层的渗水性能及其层厚、要求的水位下降量、施工场地、工程规模等条件,采用其中一种方法,或者两方法并用。

排水工法有集水井排水法和外围排水法。集水井排水法是在开口沉箱内部底面上设置集水井,使渗向底面的地下水集中在集水井中,然后用泵压送到箱外的方法。如果水位下降量大,则开挖底面时的动水坡度增大,有可能产生流砂现象。另外,由于排水致使周围土体充填压实,给箱体沉降带来困难。

外围排水法是在开口沉箱的外测设置几条深井,在各深井中插入水泵一起向外抽取地下水的方法。地下水位下降后的水位分布形状,因地层渗透系数的不同而异。渗透系数越小,水位的下降量和范围越小。因此,渗透系数越大,层厚越厚,排水效果越好。该工法与集水井排水法相比,排水量越大,影响范围也越大。流入过滤管的地下水中夹有周围地层的土砂,致使过滤管堵塞,同时也可造成外围地层的沉降。

为避免由于排水工法造成的周围地层沉降，还可并用设置防渗墙和抽取地下水再回灌地层的恢复水位工法。

5.3.4 不排水沉井

水挖法即不排水开挖法。这种方法的特点是沉井内外的水位基本一致。所以地下水位以下的开挖是水中挖掘。该法适于渗水量大的砂砾层和流砂层等不稳定地层(可避免排水造成的涌砂等不良现象的发生)，或者施工现场环境条件限制不允许排水(如大量排水影响周围构造物安全或排水污染水源等)等情形。水挖法因水挖设备的不同，可分为中央抓斗法、水力机械法、钻吸法等。

1)抓斗法

用吊车抓斗挖掘井筒的中央部位地层，由于抓斗始终在井筒中心部位抓土，即使抓得很深，但刃脚下方的土体也始终抓不到。如果刃脚部位的土体强度较低，则由于井筒自重的作用，土体极易崩塌，这种现象称为崩脚现象。也就是说这种方法对软土层来说有效。反之，若地层有一定的强度(如密实砂层或砂砾层)，则崩脚现象就不太容易发生，进而致使井筒下沉困难。这种情况下需用摇杆螺旋钻松动地层，然后再进行抓土下沉施工。

2)水力机械法

使用高压水枪破土，用空气吸泥机(或泥浆泵)通过排泥管排泥。高压水枪破土顺序为先中央后四周，对称分层冲挖。与抓斗法相比，其优点是可以冲挖到刃脚的斜面处，加上预设在井筒外侧的高压射水管的冲挖，可很好地完成对刃脚斜面处的土体冲挖。该方法的缺点是冲挖范围不易控制，存在盲目性。

3)钻吸法

钻吸法即先钻孔松动土体，然后向孔内射水冲挖，所以挖土范围易于控制，可避免盲目性，效率高，即使刃脚的斜面部位也能挖掘到位。加之预埋在刃脚外侧和刃脚斜面上的射水孔的高压射水的冲挖作用，可使刃脚斜面及踏面处的土体被挖走。

水挖法要求地表配备泥浆沉淀设备及泥水分离设备，同时水挖法还要求施工现场具备废泥、废水的排放条件。

5.3.5 气压沉箱工法

人们把在刃脚的上方一定距离处设置一道隔板(即底板)的井筒称为箱体(底板下方的空间称为作业室)。按边排土、边下沉的方式使箱体沉入地中，即沉箱。构筑设置沉箱的方法称为沉箱法，用沉箱工法构筑的竖井称为沉箱竖井。

沉箱的施工方法一般为气压法，也称气压沉箱法，见图5-3。

压气沉箱工法的基本原理是向沉箱下部的作业室内压送气压与地下水压相当的压缩空气，阻止地下水渗入作业室，即利用压缩空气抑制地下水，从而保证开挖作业在干涸状态(干态)下进行。

该工法除了具有沉井工法的全部优点之外，还具备如下一些特有的优点：

①压缩空气防止地下水涌出的功能极为可靠，因此施工安全性好。

②该工法与土质的关系不大。

③因对周围地下水位无影响，因此地表沉降小，适于近接施工。

④可直接进行地层的承载力试验。

⑤极佳的抗震性。

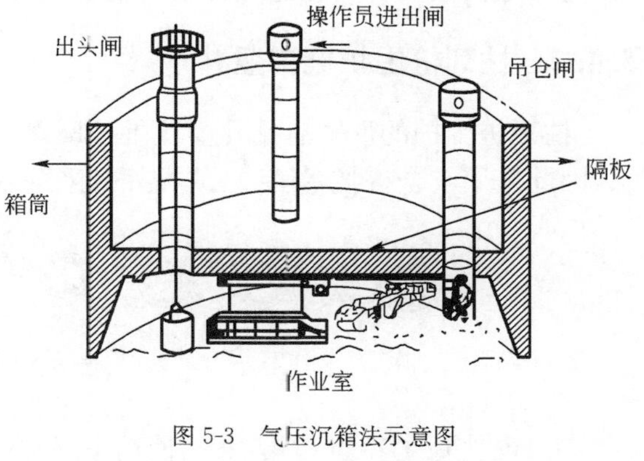

图5-3 气压沉箱法示意图

压气沉箱工法的缺点是作业人员易患沉箱病(醉氮、

氧中毒、二氧化碳中毒等)。当深度较浅对应的箱内气压≤0.2MPa 时,该工法是一种较好的施工方法。但是,当沉设深度较深,对应的气压>0.2MPa 的情形时,由于作业气压升高,作业人员呼吸困难,作业效率下降,同时作业时间也相应缩短,致使人均日作业量进一步下降、作业人员患沉箱病的概率增大。总之,艰苦的作业环境、低下的作业效率,极大地限制了该工法的发展。

随着自动化技术、机电一体化技术的发展,1988 年自动化遥控无人沉箱挖掘机(见图 5-4)的问世给该工法带来了新的生机。由于无人挖掘,因此上述弊病得以克服,其优点得以充分发挥。近年来该工法异军突起,发展极快。继 1988 年自动化遥控无人单挖型沉箱工法之后,1995 年推出作业员呼吸充 He 混合气体遥控无人挖掘大深度沉箱压气工法(最大作业气压达 0.7MPa);1996 年,又推出挖掘机自动回收型沉箱无人挖掘工法;1998 年 8 月,推出适用于多种地层(软土层、硬土层、砂砾层及岩石层)的多功能型自动无人挖掘沉箱工法。

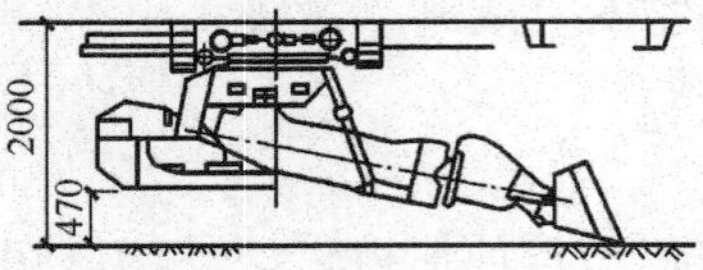

图 5-4　遥控挖掘机

5.4 挡土围护竖井施工法

5.4.1 钢板桩围护施工竖井

该方法用锤击或者振动打桩机将钢板桩插入地中,引拔时使用振动打桩机引拔,不仅效率高,而且成本低。但是由于噪声、振动等环境污染的问题,致使这些方法在城市中很少使用。作为替代方法,可使用螺旋钻、油压千斤顶等器械将钢板桩压入地中。也提出过多种引拔工法方案,但均存在效率低、成本高的弊病。另外,该工法的打入深度、引拔高度均受限制。钢板桩的截面形状有 U 形、H 形、Z 形等,见图 5-5,用钢管桩做挡土围护具有更好的刚度。

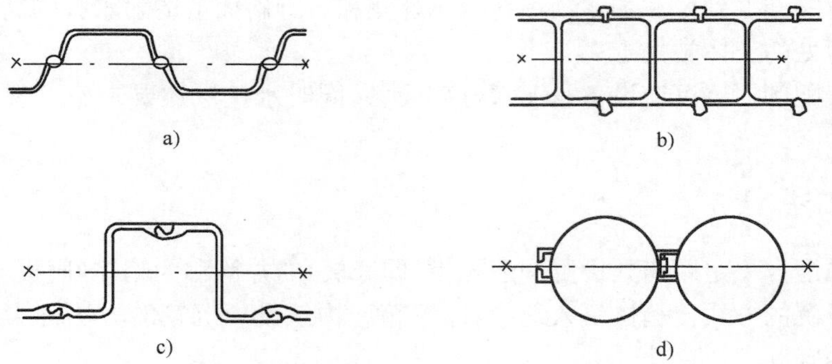

图 5-5　钢板桩截面形状

a)U 形钢板;b)H 形钢板;c)Z 形钢板;d)钢管

钢板桩围护竖井施工中最棘手的问题就是伴随开挖竖井出现的变形。有时钢板桩的接头选择为铰接,与其他挡土墙材料相比刚性小。钢板桩竖井工法构筑的竖井的深度适用范围在 15m 以下。

5.4.2 柱列桩围护施工竖井

柱列桩围护的形式有钻孔灌注桩、SMW 桩。一般的钻孔灌注桩成“一字形”排列时易发生桩间渗漏水,因此采用咬合桩技术解决,或在外排采用水泥土搅拌桩作防渗墙,如图 5-6 所示。

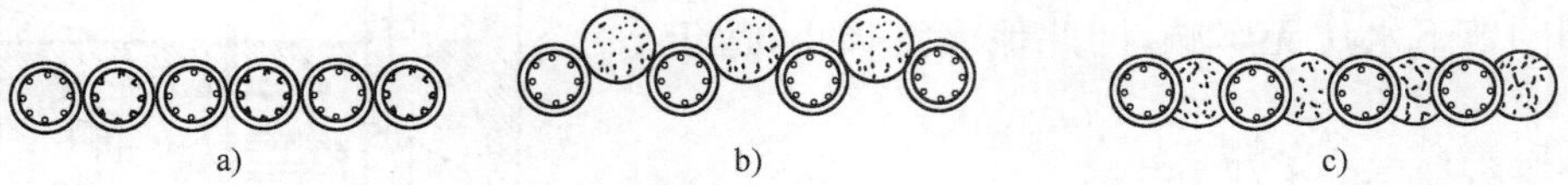

图 5-6　钻孔灌注桩围护排列形式

a)一字形配置;b)错缝配置;c)搭接配置

SMW 工法的特点是噪声低、振动小、效率高、土质适用范围宽,所以近年来施工使用量急剧增加。

该方法是向地中注入水泥浆，并用搅拌机械在原位使水泥浆与土体拌和，然后在中心位置上插入 H 型钢，进而形成一定宽度的排柱形固化墙，即挡土墙，施工流程见图 5-7。

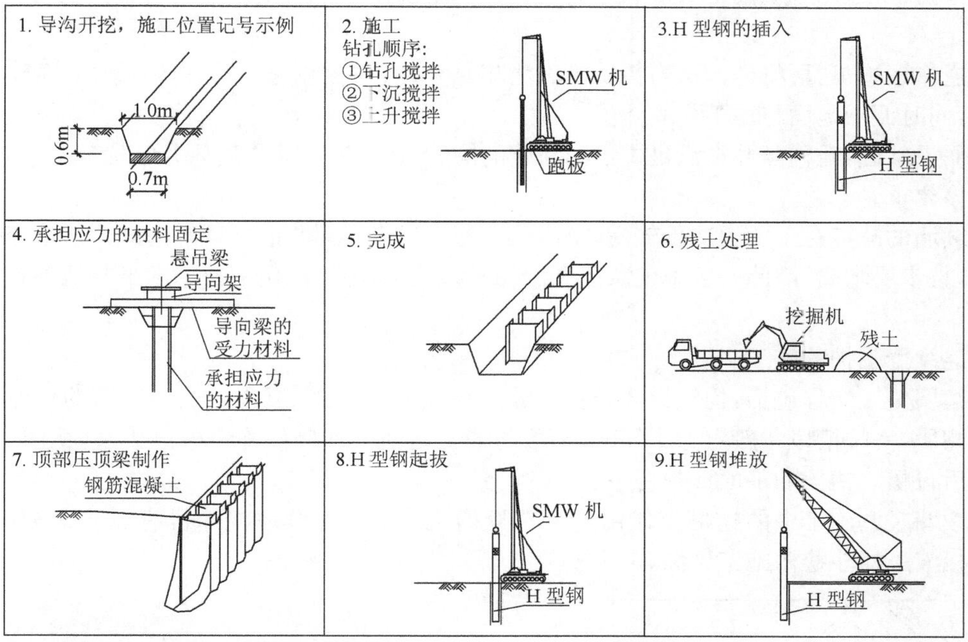

图 5-7 SMW 围护桩施工流程

SMW 围护桩一般采用三轴深层搅拌机施工，桩径有 650mm 和 850mm，施工桩深 30m，水泥掺入量大于 15%，型钢插入按计算选择全孔、隔孔等(见图 5-8)。SMW 围护桩适用于开挖深度 20m 以内的竖井，在竖井内衬结构完成后，可拔出型钢。盾构进出洞口处的型钢应在盾构靠上 SMW 围护桩后拔除。

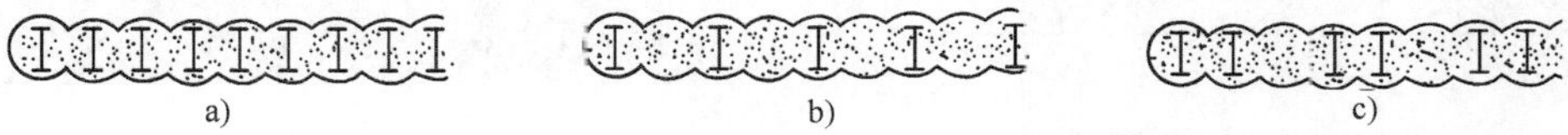

图 5-8 SMW 桩型钢插入方式

a)全孔布置；b)隔孔布置；c)组合式

SMW 工法施工中，应注意的一些要点如下：

(1)钻孔施工要点：

①钻孔的垂直性要好。

②水泥浆和土体的拌和要均匀。

③插入芯材的垂直精度和插入深度应满足设计规定。

(2)竖井开挖要点：

①当现场场地狭窄时，应特别注意 SMW 墙体施工结束后，重型施工机械、寻规等集中荷载不能撞击 SMW 固化墙，以免破坏墙体或使墙体产生裂纹。

②在向水平横梁和芯材间隙填充砂浆或混凝土之前，固定好芯材，以防填充时芯材错位。

5.4.3 地下连续墙围护施工竖井

1)地下连续墙围护的特点

采用地下连续墙结构是解决大型隧道工作井深基坑施工最常用的方法之一，它可作为工作井的挡土结构，又可作为工作井永久结构的一部分，其具有其他结构形式无法取代的优点：

①大深度：目前采用地下连续墙施工的盾构工作井井壁的最大深度已达 140m。当盾构工作井的深度 $H>25$m 时，采用地下连续墙方案更容易实施。

②地表沉降小：采用地下连续墙施工的竖井周围的地表沉降量，常可控制在开挖深度的 1/300，该方法适宜于在市中心地带施工。

③适应性强：可适用于不同平面形状组合的基础、挡土结构、桩基础等，能紧靠构筑物旁边 3m 左右作特殊施工。

④便于逆作法施工：可将逆作法与传统施工法相结合，有效控制紧靠施工现场的地面建筑及地下构筑物的变形，同时便于地面与地下作立体施工。

⑤能兼作深基础：盾构竖井在满足进出洞功能的同时，通常还需兼作通风井结构基础，地下连续墙比较容易满足该要求。

地下连续墙的缺点在于工程造价较高，市内施工存在对废弃泥浆的处理等问题。地下连续墙的施工设备较昂贵，技术要求高，因此一般施工队伍无法拥有该技术，施工队伍的技术水平与地下连续墙的质量有直接关系。

2)地下连续墙围护的施工

地下连续墙施工流程包括：构筑导墙、挖槽、放入钢筋笼、浇注混凝土。这一连串的作业单元称为地下连续墙的槽段，一幅槽段一般定为 4～8m，槽段与槽段之间的连接件称为槽段接头(见图 5-9)，槽段分为先行幅和后行幅。槽段的平面形状有一、L、T 字形。

地下连续墙竖井施工中的挖槽工作由连续墙挖槽机完成。连续墙挖槽机有抓斗式和旋转式两种。常用的长导板液压抓斗挖槽施工见图 5-10。

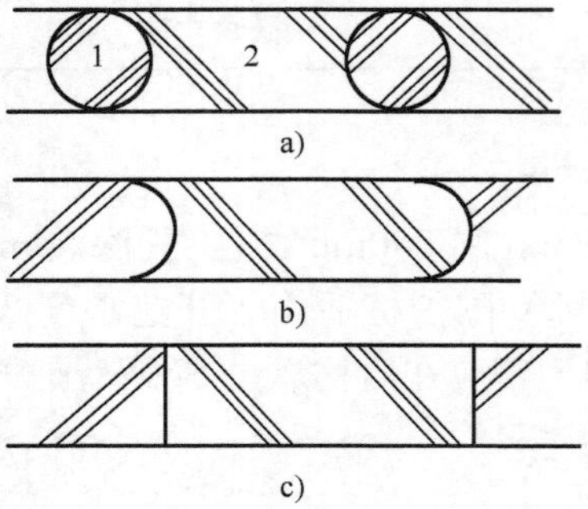

图 5-9　地下连续墙接头

a)地下连续墙 A 接头；b)地下连续墙 B 接头；c)地下连续墙 C 接头

图 5-10　地下连续墙施工现场

导墙是确保地下连续墙平面尺寸和垂直度的首选措施，挖槽机沿导墙挖土，挖槽施工中注入膨润土护壁泥浆，以防土体坍塌，还须控制垂直度在 1/300 以内。先行幅挖槽完成后，在两头吊入钢制接头管，然后再吊入钢筋笼。深度大于 30m 的地下连续墙，钢筋笼可分段吊入。混凝土浇筑采用导管，必须连续施工。

3)竖井开挖施工

地下连续墙竖井有圆形和矩形。深埋的单线盾构隧道采用圆形竖井内衬逆筑法施工(见图 5-11)，其具有开挖施工不用内支撑、施工安全度高、施工成本低的优点。

圆形竖井的地下连续墙施工完成后，一般在竖井内设置深井降水，使水位降至开挖面以下，起到疏干土体和防止坑底失稳的作用；也可在基坑底部进行土体加固，如注浆、搅拌桩、高压旋喷等。竖井开挖和内衬混凝土逆筑法施工每次开挖深度 3～5m，然后进行立模、扎钢筋、浇筑混凝土。在内衬混凝土逆筑时，要十分注意与上部已浇筑混凝土的施工缝不能出现渗漏水，若出现应及时处理。内衬混凝土全部浇筑完成后，浇筑底板钢筋混凝土。

矩形竖井的地下连续墙施工完成后，也可选用深井降水、注浆、搅拌桩、高压旋喷等措施，对基坑底部进行土体加固。基坑开挖一般采用多层支撑顺筑法施工，边开挖、边支撑，一般采用双向井字形钢支撑，并施加预应力，每层支撑间的竖向间距一般不大于 4m；也可采用钢筋混凝土支撑或混合支撑。基坑开挖至设计标高后，浇筑底板钢筋混凝土。

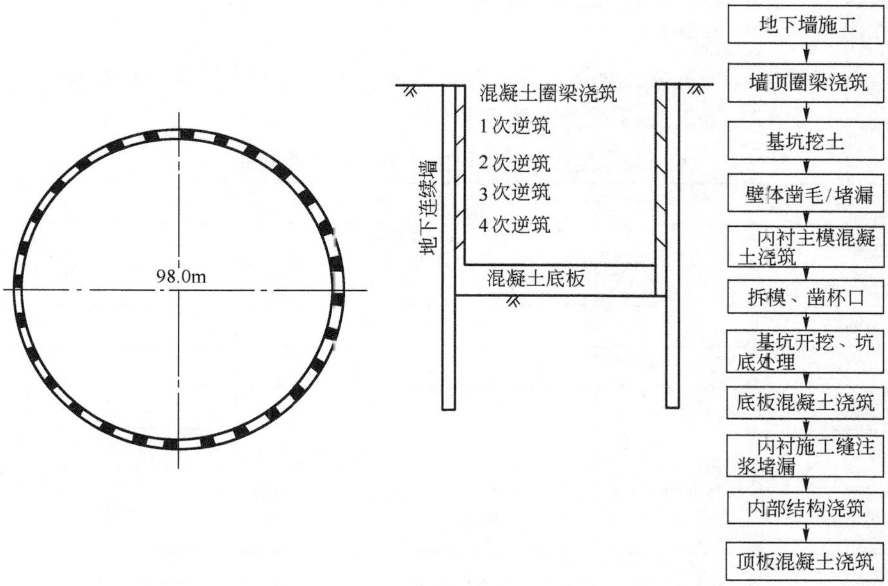

图 5-11 圆形竖井内衬逆筑法施工示意图

地铁盾构工作竖井一般设在地铁车站两端，与地铁车站基坑一起施工。一般采用更加经济的斜支撑方案，可取消封堵地下墙，以缩短工期。地铁盾构竖井平面图如图 5-12 所示。

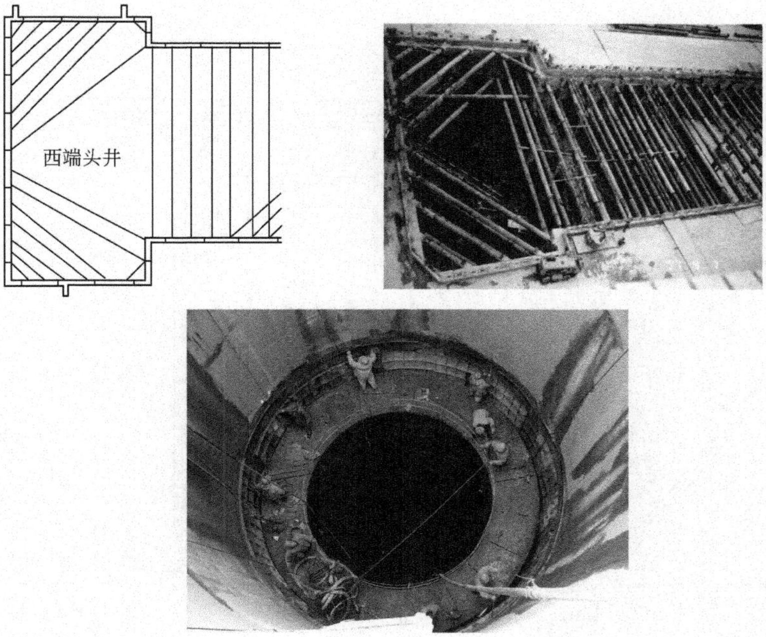

图 5-12 地铁盾构竖井平面图和施工照片

5.5 竖井工程实例

上海上中路隧道是双管双层双向 8 车道穿越黄浦江的公路隧道，全长 2.8km。隧道起始于浦西上中路与龙川路交叉点的东侧，与中环线南段上中路衔接；终点为浦东华夏西路（规划）与公园大道交叉口的西侧,与中环线南段华夏西路衔接。

圆形隧道段长 1250m,采用盾构法施工,隧道外径 14.5m,盾构外径 14.9m。浦东和浦西段岸上各设置一座盾构竖井用于盾构始发和接收。

浦东盾构竖井和暗埋段基坑采用明挖、顺筑方法施工,地下连续墙作为围护结构,基坑支撑有钢筋混凝土支撑和钢支撑与钢筋混凝土支撑混合布置两种形式,见表 5-1。

浦东竖井和暗埋段围护结构及支撑体系　　　　表 5-1

项　　目		浦 东 竖 井	PD1	PD2
节段长度(m)		23	26	23.2
地下连续墙	厚(mm)	1200	1000	1000
	深(m)	45	41	36.5
开挖深度(m)		26.2	23.7	
支撑体系	支撑道数	5	6	6
	形式	5 道钢筋混凝土支撑	1、2、5 道为钢筋混凝土支撑,3、4、6 道为 ϕ609mm 钢管撑	1、5 道为钢筋混凝土支撑;2、3、4、6 道为 ϕ609mm 钢管撑

基坑内还设置了钢立柱桩,通过立柱和联系梁与各道支撑连接,减小支撑跨度,形成稳定性良好的支撑体系。

竖井基坑宽 43.6m、开挖深度达 26.2m;暗埋段的 PD1、PD2 基坑平均宽度为 35.2m,最大开挖深度为 23.7m。浦东盾构竖井和暗埋段平面图如图 5-13 所示。

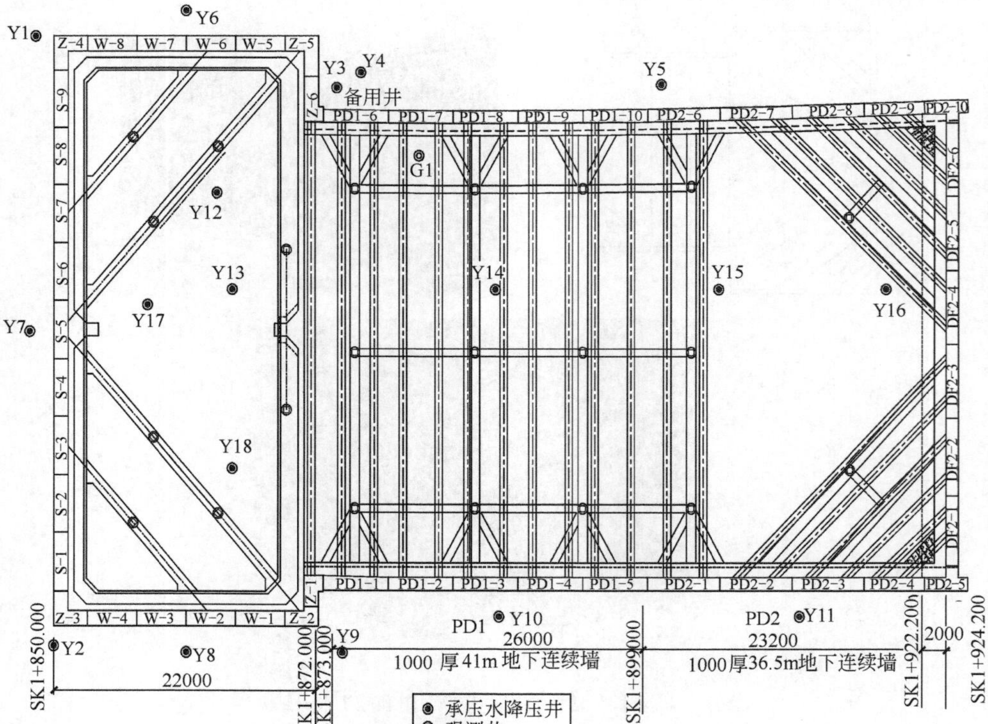

图 5-13　浦东盾构竖井和暗埋段平面图

对竖井和暗埋段坑底下 3m 土体进行双重管高压旋喷加固(共施工旋喷桩 1930 根),加固后土体 28d 强度指标 $q_u \geqslant 1.2$MPa。旋喷桩桩径为 1100mm,桩心距为 900m,水灰比为 1∶1,高压水泥浆压力为 32MPa,流量为 72L/min,水泥用量为 435kg/m^3。

浦西盾构竖井平面(图5-14)尺寸46m×22m、深32.85m,坑底采用高压旋喷法加固,开挖施工用7道钢筋混凝土斜支撑。浦西竖井离春申港仅7m,为了确保春申港河堤的安全,在浦西竖井与春申港河堤之间打一排兼有隔水和抗剪作用的SMW工法隔离墙,并在隔离墙内外两侧布置跟踪注浆管。

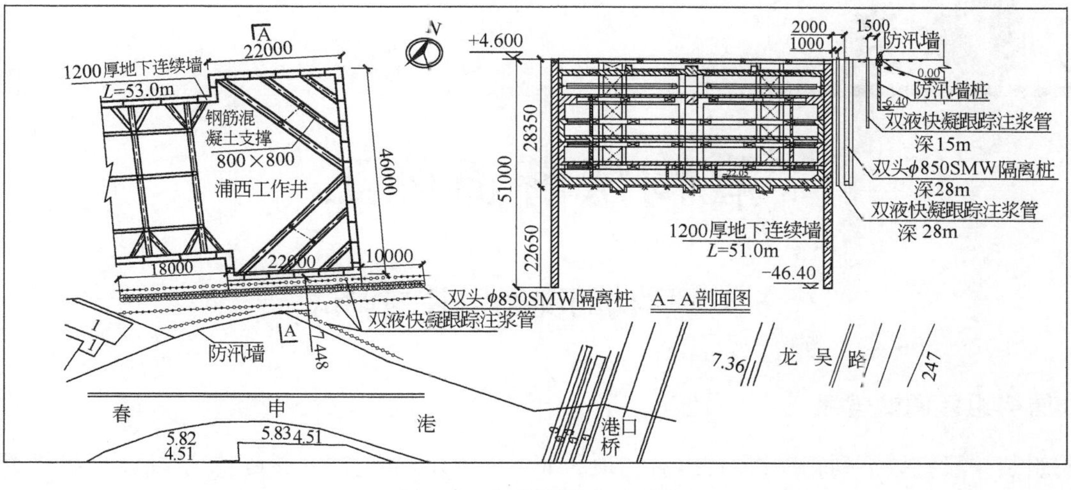

图5-14 浦西盾构竖井平面图

思考题

1. 盾构隧道竖井的一般要求有哪些?
2. 盾构隧道竖井包括哪些,各有哪些用途?
3. 简述盾构竖井的构筑工法及应用范围。
4. 沉井工法有哪些特点?
5. 查阅相关资料,列举国内采用球体盾构构筑竖井的工程案例。
6. 简述地下连续墙围护的特点及施工流程。
7. 试述SMW围护桩的施工流程及注意事项。
8. 地下连续墙围护施工的圆形竖井,其开挖施工技术要点是什么?
9. 矩形竖井的地下连续墙施工完成后,基坑开挖一般如何施工?
10. 查阅最新的国内外文献,谈谈盾构竖井施工有哪些新方法和新技术。
11. 根据你的了解,一下圆形和矩形竖井的特点及适用范围。
12. 查阅相关资料,简述盾构竖井施工应注意哪些施工要点?
13. 通过工程调研,简述盾构隧道竖井有哪些用途?

第 6 章

盾构法隧道施工

6.1 盾构的现场组装与调试

6.1.1 盾构组装调试程序

盾构组装一般宜按下列程序进行：组装场地的准备→始发基座安装→行走轨道铺设→吊装设备准备并就位→将后配套各部件组装成拖车总成，包括结构、设备、管路等→将连接桥与后配套组装连接→主机中体组装→主机前体组装→刀盘组装→主机前移，使刀盘顶至掌子面→管片安装机轨道梁下井安装→管片安装机安装→盾尾安装→反力架及反力架钢环的安装→主机与后配套对接→附属设备的安装及管路连接。盾构组装调试流程如图 6-1 所示。

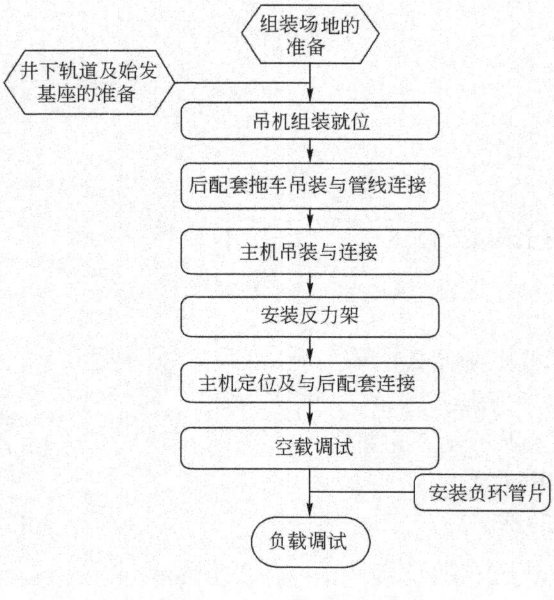

图 6-1 盾构组装调试流程

盾构的组装场地一般分为 3 个区，即后配套拖车存放区、主机及配件存放区、吊机存放区。

吊装设备一般采用 1 台履带吊，1 台汽车吊，2 台液压千斤顶，以及相应的吊具，它们的吨位和能力取决于盾构最大部件的重量和尺寸。

在组装盾构前安装调试好门吊，使组装更加灵活，有利于缩短组装时间。

组装盾构所需工具设备可按下述项目准备：拉伸预紧扳手、液压扭力扳手、风动扳手、扭力扳手、棘轮扳手、重型套筒扳手、内六角扳手、开口扳手、管钳、普通台虎钳、导链、吊带、油压千斤顶、弯轨器、轨道小车、液压小推车等，其规格型号因盾构型号及制造厂家的要求而异。

6.1.2 始发基座的安装

盾构始发基座（也称始发架）的形式详见图 6-2。盾构组装前，在组装井内精确放置始发基座并定位固定，然后铺设轨道。

盾构始发基座一般采用钢结构，预制成榀。始发基座的水平位置按设计轴线准确进行放样。将基座与工作井底板预埋钢板焊接牢固，防止基座在盾构向前推进时产生位移。盾构始发基座的安装如图 6-3 所示。

盾构基座安装时，应使盾构就位后的高程比隧道设计轴线高程高约 30mm，以利于调整盾构初始掘进的姿态。盾构在吊入始发井组装前，须对盾构始发基座安装进行准确测量，确保盾构始发时的正确姿态。

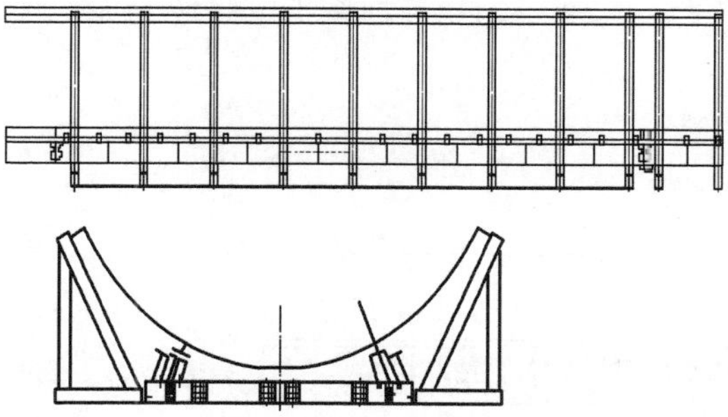

图 6-2　盾构始发基座示意图

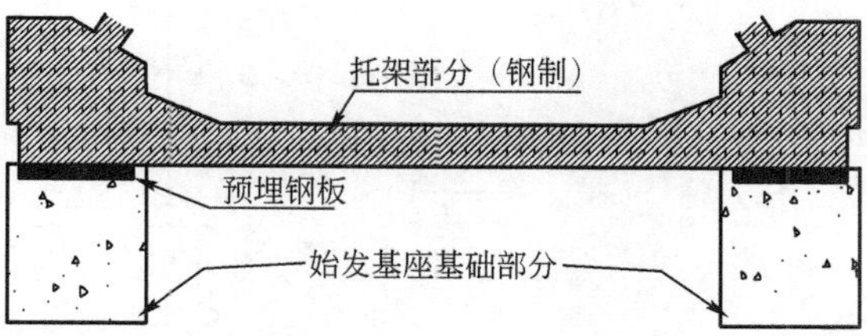

图 6-3　盾构始发基座的安装

(1)始发基座轴线安装测量

始发基座的轴线在吊入始发井时必须进行标记，当基座吊入始发井后，先对照始发井底部测量准确的轴线及始发井两端端墙上的中心标记，采用投点仪辅以钢丝的投点的方法，对基座进行初步安放，然后在始发井圈梁上的轴线点同时架设经纬仪，将轴线点投入始发井底部，调节基座，使基座的轴线标记点与设计轴线点位于同一竖平面内。安装安成后，须用盘左及盘右进行检测，确保盾构始发基座轴线标志点的误差均在 3mm 以内，以达到相应规范的要求。

(2)始发基座高程安装测量

根据始发基座的结构尺寸，须计算基座上表面的设计高程值。在始发基座轴线位置安装完成后，进行基座的高程测量。用水准仪将所需要的高度放样于始发井两侧侧墙上，并作出明显的标志。所放样的高程点要有足够的密度，盾构工作井共需标设 6 个高程标志点，6 个高程标志均匀分布在始发井侧墙的两侧。高程标志完成后，对所在标志进行复核，任意两个标志间的高程互差不超过 2mm，且与绝对高程的差值不超过 1mm，为始发基座的精确安装提供保障。始发基座安装时，在相对应的高程标志间拉小线，进行基座的初步安装，完成后，用水准仪进行精测，对基座的高程进行微调，达到设计高程的精度要求(允许偏差为 0～＋3mm)。考虑到在进行轴线及高程微调时两者之间互相影响，在完成整个基座的安装后，须进行全面细致的复核，以确保盾构始发基座的准确安装。

6.1.3　盾构组装顺序

1)后配套拖车下井

各节拖车下井顺序为从后到前的顺序，如盾构有 4 节拖车时，其下井顺序为：4 号拖车→3 号拖车→2 号拖车→1 号拖车。拖车下井后，组装拖车内的设备及其相应管线，由电瓶机车牵引至指定的区域，拖车间由连接杆连接在一起，见图 6-4。

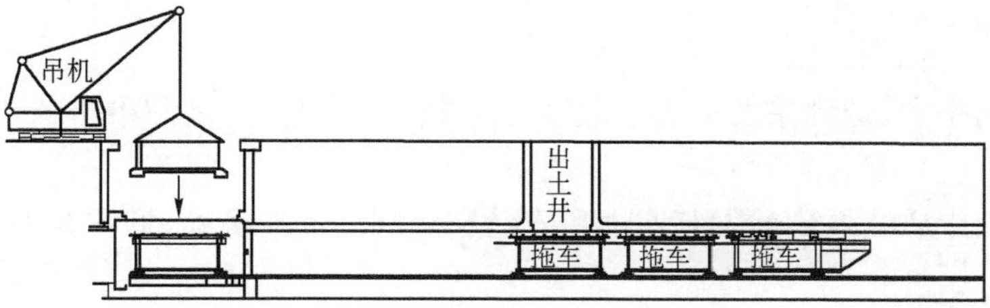

图 6-4　后配套拖车及设备桥下井

2)设备桥下井

设备桥(也称连接桥)长度较长，下井时须由汽车吊与履带吊配合着倾斜下井。下井后其一端与 1 号拖车由销子连接，另一端支撑在现场施焊的钢结构上，然后将上端的吊机缓缓放下后移走吊具。用电机车将 1 号拖车与设备桥向后拖动，将设备桥移出盾构组装竖井，1 号拖车与 2 号拖车连接，见图 6-5。

3)螺旋输送机下井

螺旋输送机长度较长，下井时须由汽车吊与履带吊配合倾斜下井。2 台吊机通过起、落臂杆和旋转臂杆使螺旋输送机就位。螺旋输送机下井后,摆放在矿车底盘上,用手动葫芦拖至指定区域,见图 6-6。

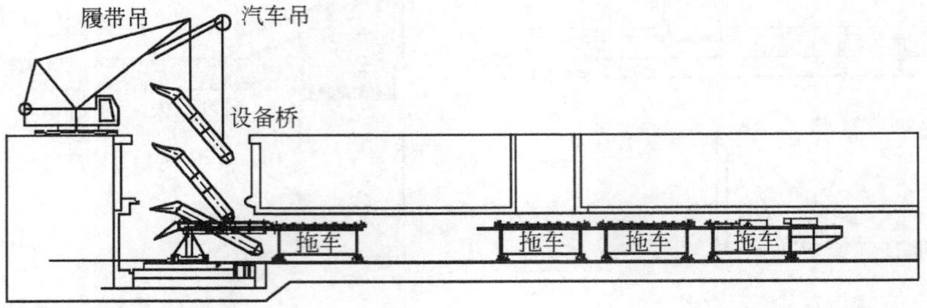

图 6-5　设备桥下井

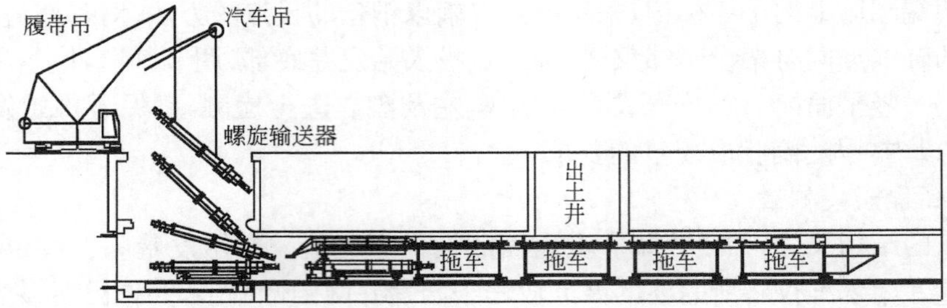

图 6-6　螺旋输送机下井

4)中盾下井

中盾在下井前将两根软绳系在其两侧,向下吊运时,由人工缓慢拖动,防止中盾扭动,吊机缓慢下钩,使中盾自然下垂,由平放翻转至立放状态送到始发基座上,见图 6-7。

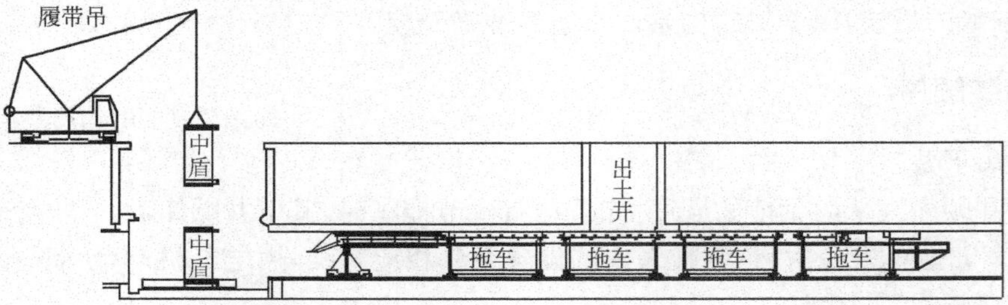

图 6-7　中盾下井安装

5)前盾下井

前盾翻转及下井同中盾,送到始发基座上后进行与中盾的对位,安装与中盾的连接螺栓。

6)安装刀盘

刀盘翻转及下井同中盾。送到始发基座上后安装密封圈及连接螺栓,见图 6-8。

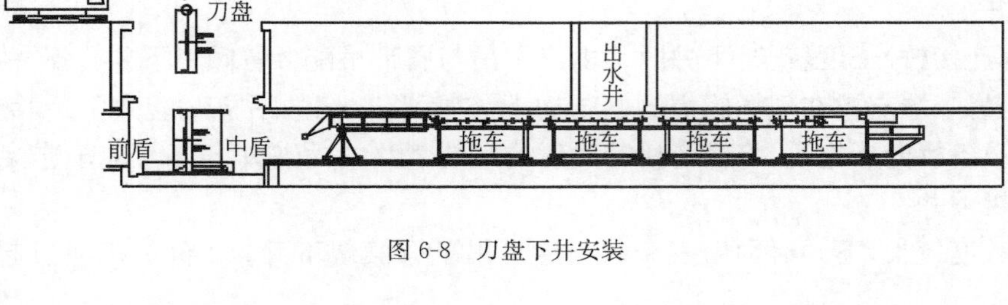

图 6-8　刀盘下井安装

7)主机前移

主机前移,使刀盘顶到掌子面。在始发基座两侧的盾构外壳上焊接顶推支座,前移一般由两个的液压千斤顶完成。

8)安装管片安装机

管片安装机翻转及下井与中盾相同,下井安装后再进行两个端梁的安装,见图 6-9。

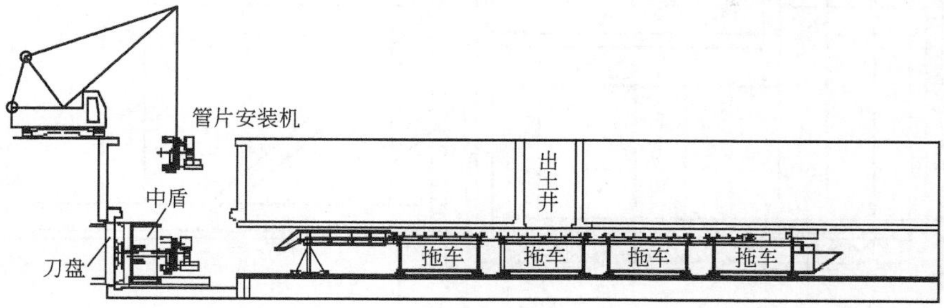

图 6-9 管片安装机的下井安装

9)盾尾下井

盾尾焊接完成后,在汽车吊与履带吊配合下,倾斜着将盾尾穿入管片安装机梁,并与中盾对接,见图 6-10。

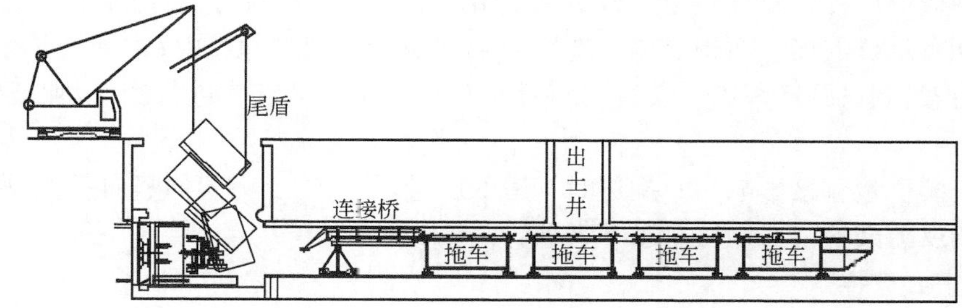

图 6-10 盾尾下井安装

10)安装螺旋输送机

延伸铺设轨道至盾尾内部,将螺旋输送机与矿车底盘一起推进盾壳内。螺旋输送机前端用倒链拉起,使螺旋输送机前端通过管片安装机中空插到中盾内部。螺旋输送机与前盾连接处密封要装要求紧固,中体与螺旋输送机固定好,见图 6-11。

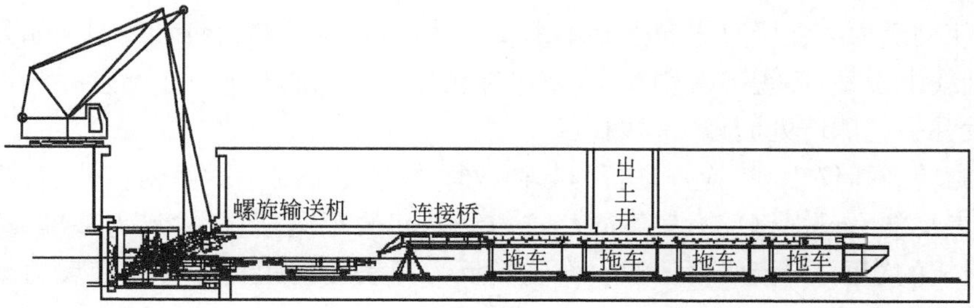

图 6-11 安装螺旋输送机

11)反力架及负环钢管片的安装

在盾构主机与后配套连接之前,开始进行反力架的安装。反力架端面应与始发基座水平轴垂直,以便盾构轴线与隧道设计轴线保持平行。反力架与车站结构连接部位的间隙要垫实,保证反力架的安全稳定,见图 6-12。

盾构反力架的作用是在盾构始发掘进时,提供盾构向前推进所需的反作用力。盾构始发掘进前应首先确定钢反力架的形式,并根据盾构推进时所需的最大推力进行校核,然后根据设计加工盾构钢反力架,待钢反力架安装完毕后，方可进行始发掘进。

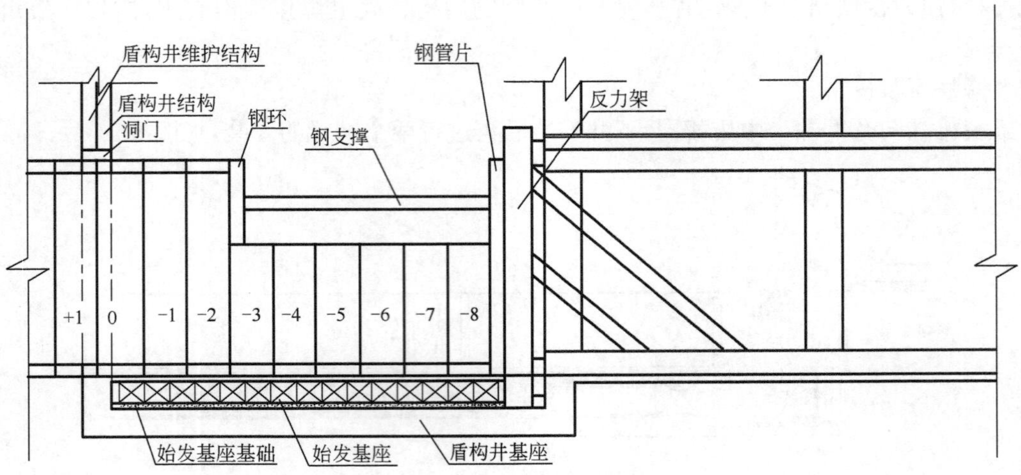

图 6-12　反力架及负环钢管片

进行盾构反力架形式的设计时，应以盾构的最大推力及盾构工作井轴线与隧道设计轴线的关系为设计依据。

钢反力架预制成形后，由吊车吊入竖井，由测量给出轴线位置及高程，进行加固。反力架要和端墙紧贴，形成一体，保证有足够的接触面积。如出现反力架和端墙出现缝隙，在反力架和端墙之间补填钢板，钢板要分别与反力架、洞口圆环焊牢。安装完毕后要对反力架的垂直度进行测量，保证钢反力架与盾构推进轴线垂直。

盾构反力架安装质量直接影响初始掘进时管道的质量，其中钢反力架的竖向垂直及与设计轴线相垂直是主要因素。钢反力架安装必须注意以下事项：

(1)钢反力架中心放样

钢反力架中心的安装采用水准仪配合经纬仪进行。其中，经纬仪架设于盾构始发端的圈梁轴线点上，后视另一轴线点，将轴线点投向反力架中心标志处，指挥反力架左右平移，直至与轴线重合。然后，用水准仪测量中心标志的绝对高程，指挥钢反力架上下移动，达到设计的高程值。由于反力架的中心不是影响始发掘进的主要因素，安装时，反力架的中心误差控制在 15mm 以内。

(2)钢反力架与轴线及自身垂直放样

钢反力架中心放样完成后，须使反力架面在竖直方向上垂直，且此面与盾构设计轴线垂直。放样时，首先，使用水平尺使钢反力架在竖直方向上基本垂直。然后，使用经纬仪将轴线引入始发井底部，在靠近反力架处的设计轴线上设站，后视另一轴线点，将经纬仪置于 0°，旋转 90°，在始发井侧墙一侧放样两点，然后用倒镜在始发井另一侧墙处同样放样两点。

放样后，须再旋转经纬仪 180°，检查是否与起初放样的点位于同一平面内。分别在侧墙上方及下方的两点间拉线，用直尺准确量出钢反力架不同部位与线之间的距离，以任一点为基准，调节钢反力架，使反力架表面与线组成的线面平行(线面任意一部位到反力架表面的距离相等)，使反力架处竖向垂直，且反力架面与设计轴线垂直。

12)管线连接

连接电器和液压管路，从后向前连接后配套与主机各部位的液压及电气管路。

6.1.4　盾构组装的总体要求

(1)盾构组装前必须制订详细的组装方案与计划，同时组织有经验的作业人员组成组装班组，并在组装施工前对组装人员进行技术和安全培训。

(2)盾构的运输，必须由具有资质的专业大件运输公司运输进场。

(3)盾构吊装，由具有资历的专业队伍负责起吊。

(4)应根据履带吊机(一般采用250t)对地基承载力的要求，对其工作区域进行处理，如浇筑钢筋混凝土路面、铺设钢板等，防止地层不均匀沉陷。

(5)盾构主机吊装之前必须对始发基座进行准确定位。

(6)大件组装时应对盾构始发井端头墙进行严密的观测，掌握其变形与受力状态，保证始发井结构安全。

(7)大件吊装时一般以90t汽车吊辅助翻转。

(8)组装前对所使用设备、工具进行安全检查，以保证组装过程的安全顺利进行。每班作业前按起重作业安全操作规程进行技术交底，严格按有关规定执行。

(9)由专人负责大件运输和现场吊装、组装的秩序维护，确保组装安全。

(10)机械部件组装前需要弄清其结构及安装尺寸的关系、螺栓连接紧固的具体要求等，同时自始至终保持清洁。

(11)组装前必须检查泵、阀等液压件的封堵是否可靠，如有情况，必须进行现场清洗；管件在组装前如果没有充满油液，也必须进行严格清洗。

(12)高低压设备和电气元件的安装，严格执行制造厂所提供的有关标准和我国电力电气安装的有关规定和标准。

6.1.5 盾构组装要点

(1)组装前必须熟知所组装部件的结构、连接方式及技术要求。

(2)组装工作必须本着由“后向前、先下后上、先机械后液压、电气”的原则。

(3)对每一拖车或部件进行拆包时必须做好标记，注意供应商工厂组装标记，如：VRT→表示隧道掘进方向，NL2表示2号拖车，L表示左侧，R表示右侧。

(4)液压管线的连接必须保证清洁，禁止使用棉纱等易脱落线头的物品擦拭。

(5)组装过程中严禁踩踏、扳动传感器、仪表、电磁阀等易损部件。

(6)组装场内的氧气、乙炔瓶必须定点存放、专人负责。

(7)组装工具必须由专人负责，专用工具必须严格按照操作规程使用。

(8)对盾构所有部件的起吊，必须保证安全、平稳、可靠。

6.1.6 盾构的调试

盾构的调试按阶段，可划分为工厂调试和施工现场调试。现场调试又分为井底空载调试、试掘进重载调试。工厂调试阶段的工作是对设计、制造质量及主要功能进行调试；井底空载调试阶段的工作是在盾构吊到井底后，按照井底调试大纲，对其总装质量及各种功能进行检查和调试；试掘进重载调试，是通过试掘进期间进行重载调试，经调试并验收合格后，即可正式交付使用。

1)空载调试

盾构组装完毕后，即可进行空载调试。空载调试的目的主要是检查盾构各系统和设备是否能正常运转，并与工厂组装时的空载调试记录进行比较，从而检查各系统是否按要求运转，速度是否满足要求。对不满足要求的，要查找原因。主要调试内容为：配电系统、液压系统、润滑系统、冷却系统、控制系统、注浆系统的调试，以及各种仪表的校正。

以土压平衡盾构为例，空载调试的内容如下：

(1)确认每台电机的接线情况，各种管路、信号线路的连接情况。

(2)确认各种紧急按钮是否有效。

(3)确认液压油箱的油位和各减速箱的油位。

(4)确认液压泵运转是否正常。

(5)在有危险的部位放置警示牌。

(6)排掉各活塞泵内的空气。

(7)接通电源,确认各部分电压是否符合要求。

(8)确认各漏电保护开关是否有效。

(9)检查各电动机的转向是否正常。

(10)排掉润滑油管路内空气,并确认转换压力和各油路分配阀运行情况是否良好。

(11)依次对每台液压泵进行无负荷运转,直到泵内无空气混入的声音为止。

(12)通过控制室启动各液压油泵和刀盘马达,检查运转是否正常。

(13)随时观察各种管路是否漏油。

(14)对推进和铰接系统,检查推进油缸和铰接油缸的伸缩情况,管路有无泄漏油现象,及其泵站的运转。

(15)对管片拼装机进行运行确认。

①对拼装机的控制系统,即有线操作和无线操作进行确认,检查拼装机各机构运转及自由度情况;

②对旋转马达进行运转,检查其是否灵活可靠,并将其内的空气排净;

③对拼装机伸缩、提升、支撑千斤顶的动作加以确认,并排净其内的空气;

④检查拼装机上各种连接油管,检查其是否有漏油现象及泵站的运转情况。

(16)检查管片吊机和管片输送小车的操作遥控手柄,检查其运转情况。

(17)对螺旋输送机进行空载试车,检查检查螺旋输送机前后闸门伸开和关闭、螺旋杆伸缩情况,管路有无泄漏现象及其泵站的运转情况。

(18)在主控制室对刀盘进行旋转试验:

①在试验前,将刀盘位置处的盾构始发基座割去一块,以防止刀盘旋转时和始发基座发生碰撞;

②刀盘进行正、反方向旋转,检查是否正常。

(19)管片整圆器的调试:

①将整圆器液压油缸中的空气排净;

②检查其各部分的油管是否漏油,滑道是否顺滑,行进是否灵活。

(20)皮带输送机的调试:在辊子摆放到位、皮带硫化完毕后,检查皮带运转情况,及时调整皮带和刮板。

①检查皮带机的转向;

②检查各个滚轮转动是否灵活可靠;

③检查输送带有无裂纹和撬渣;

④调整输送带在滚筒上的位置;

⑤对盾构设备进行一次最后的全面检查及局部调整。

(21)泡沫系统和刀盘加水:泡沫系统参数设定好后,启动泡沫泵和风水供应系统,察看泡沫发生器混合发生情况,刀盘前部泡沫喷射和混合效果。

(22)注浆系统:检查注浆泵运转和管路连接情况。

盾构设备经空载试验,确认各项性能达到设计要求后,方可进行试掘进施工。

2)负载调试

通过空载调试证明盾构具有工作能力后,即可进行盾构的负载调试。负载调试的主要目的是检查各种管线及密封设备的负载能力,对空载调试不能完成的调试工作作进一步完善,以使盾构的各个工作系统及其辅助系统达到满足正常施工要求的工作状态。通常试掘进时间即为对设备负载调试时间。

6.2 盾构的现场验收

盾构设备在现场组装和调试完成后,应进行验收。验收组由盾构设备的买方、卖方及设备使用单位的技术人员以及有关专家联合组成。验收组按照技术文件和图纸，共同进行检查和试验。并由买方和卖方的双方代表签署盾构设备的组装证书，以及单机和系列机械和设备的调试证书。如果盾构调试成功，盾构组装符合技术文件的要求，双方代表应签署竣工安装证书。验收合格后，进行盾构的始发与试掘进，试掘进长度按盾构采购合同的规定，试掘进完成后进行盾构设备的最终验收。最终验收的内容包括验收盾构的制造质量、设备性能、安全、环保几方面。最终验收合格后，由买方和卖方的双方代表签署最终验收证书。

盾构的最终验收是盾构管理责任由制造商向使用单位完全转移的标志，是盾构掘进管理的重要环节。

盾构验收前盾构制造商需提供主要部件出厂合格证书、盾构检验证书、工厂调试报告、工地验收文件清单及相关表格、合同中规定的图纸和技术资料、验收标准等文件。合同设备应在规定的考核期内，实现全部保证指标和相关条款，则表示最终验收合格。

验收中应认真记录验收数据，填写验收报告，验收要有专项表格，设备和系统的各项验收数据必须达到性能指标，才能通过验收。

设备最终验收的主要依据如下：

(1)盾构采购合同。

(2)盾构技术文件及技术参数。

(3)合同附件的相关条款。

(4)对新机需提供设计联络、监造、安装调试过程中，及随后的掘进过程中所签署的文件、备忘录等。

(5)调试有关参数记录。

(6)试掘进有关参数记录。

6.3 盾构始发技术

6.3.1 盾构始发流程

盾构始发是指利用反力架和负环管片，将始发基座上的盾构，由始发竖井推入地层，开始沿设计线路掘进的一系列作业。盾构工程中的始发施工，在施工中占有相当重要的位置。在20世纪60年代，手掘式盾构施工法鼎盛，始发施工方法是用来部分拆除竖井的临时墙等，顺次建设挡土墙以防止地层崩塌，同时进行开挖。进入70年代，泥水式、土压式等闭胸型盾构得到广泛应用，这类盾构的前面为封闭结构，不能像手掘式盾构施工法那样施工，因此，必须让盾构全断面贯入地层，通过泥浆循环或土砂的塑性流动进行开挖。盾构法施工的进步，在对地层进行保护方面贡献很大，但始发施工并未简化，反而使施工方法变得更为复杂。目前，盾构隧道有埋深加大且大型化的趋势，施工周围的环境日趋严峻，在这种情况下，盾构工程的始发施工对辅助施工法的依赖性越来越大，目前到了没有辅助施工法就几乎不能进行始发施工的地步。与此相应，辅助施工法进步显著，现在不但可靠性高，而且在大深度场所也能应用。以前是以化学注浆施工法为主，目前逐渐采用了高压旋喷注浆和冻结法等更为安全的施工法。

盾构始发是盾构施工的关键环节之一，其主要内容包括：始发前竖井端头的地层加固、安装盾构始发基座、盾构组装及试运转、安装反力架、凿除洞门临时墙和围护结构、安装洞门密封、盾构姿态复核、拼装负环管片、盾构贯入作业面建立土压和试掘进等。盾构始发流程见图6-13。

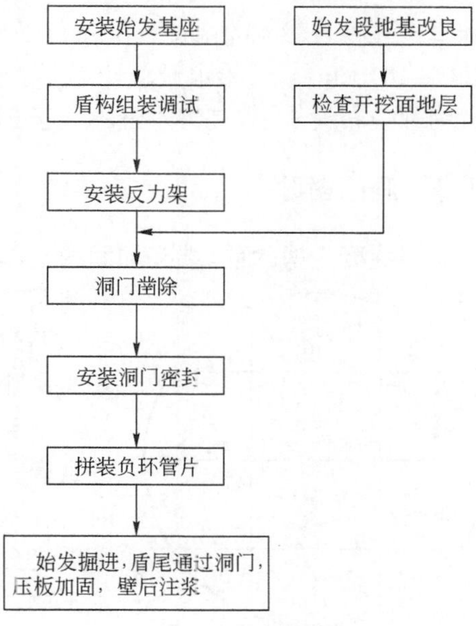

图6-13 盾构始发流程图

6.3.2 端头加固

在始发掘进和到达掘进时，随着竖井挡土墙的拆除，端头土体的结构、作用荷载和应力将发生变化，对始发掘进和到达掘进的竖井端头地层需进行土体加固。地层加固的目的如下：防止拆除临时墙时的振动影响；在盾构贯入开挖面前，能使围岩自稳及防止地下水流失；防止开挖面坍塌；防止地表沉降。地层加固有化学注浆法、砂浆回填法、深层搅拌法、高压旋喷注浆法、冷冻法等。国内较常用的是深层搅拌法、高压旋喷注浆法、冷冻法，其相关内容将在本书第7章"盾构施工中的土工问题"中进行详细介绍。

盾构法隧道施工中，端头土体加固是盾构始发、到达技术的一个重要组成部分，端头土体也是盾构始发、到达事故多发地带，即端头土体加固的成功与否直接关系盾构能否安全始发、到达。因此，合理选择端头加固施工工法和必要的加固监测，是保证盾构法隧道顺利施工的非常重要的环节。

端头土体加固与一般地基加固的不同之处是不仅仅要有强度要求，还要有抗渗透性要求。在此基础上，还要考虑经济的要求，这主要由加固长度、宽度、加固方法的选择来决定。即加固方法是否存在风险性过大，或过于保守，加固范围过大等。

由于冻结法有造价高、解冻后存在沉降等缺点，旋喷桩加固虽然效果好，但其造价远高于深层搅拌桩。所以，端头加固采用较为广泛的是深层搅拌法，并在搅拌桩加固体与连续墙间无法加固的间隙处，采用旋喷法进行补充加固。

端头土体加固最常见的问题有两点：一是加固效果不好，造成开洞门时土体坍塌；二是加固范围不当，造成始发时水土流失。

端头土体加固的效果不好是在始发过程中经常遇到的问题，采取的主要措施是必须根据端头土体情况选择合理的加固方法，而且要加强过程控制，特别要严格控制一些基本参数。对于加固区与始发井间形成的必然间隙要采取其他方式处理。

出现开洞门失稳现象时，在小范围的情况下可采用边破除洞门混凝土，边利用喷素混凝土的方法对土体临空面进行封闭。如果土体坍塌失稳情况严重时，只有封闭洞门重新加固。

始发与到达端地层加固范围一般为隧道衬砌轮廓线外左右两侧各3.0m、顶板以上为3.0m、底板以下2.5m，加固长度根据土质而定，富水地层加固长度必须大于盾构本体长度(刀盘+盾壳)。加固后地层应具有良好的均匀性和整体性；在凿除洞门后能够自稳，且具有低渗透性。端头加固完成后，应进行钻孔取芯试验以检查效果，取芯试件无侧限抗压强度应达到$\sigma_{cu}\geqslant$1MPa，黏聚力$C\geqslant$0.5MPa；在加固区钻水平孔和垂直孔检查渗水量，水平孔分布于盾构隧道上、下、左、右部和中心处各一个，深8m，其渗透系数$\leqslant 1.0\times10^{-8}$cm/s，其渗水量总计不大于10L/min。垂直孔在加固区前端布置2个孔和施工中钻孔误差较大的部位布设1个，其渗水量不大于2L/min。检查孔使用后，采用低强度水泥砂浆封孔。

6.3.3 洞门凿除

洞门混凝土凿除前，端头加固的土体须达到设计所要求的强度、渗透性、自立性等技术指标后，方可开始洞口凿除工作。

洞门壁混凝土采取人工用高压风镐凿除，凿除工作分二步进行，第一步先凿除外层500mm厚混凝土并割除钢筋及预埋件，保留最内层钢筋；外层凿除工作先上部后下部，钢筋及预埋件割除须彻底，以保证预留洞门的直径。第二步，当盾构组装调试完成，并推进至距离洞门约1.0～1.5m时，凿除里层。里层凿除方法是根据断面的不同，将其分割成9～20块。下图是分割为12块的施工方法，具体做法是，在洞门中心位置上凿3条水平槽，沿洞门周围凿一条环槽，然后开2条竖槽，具体见洞门凿除顺序示意图6-14。

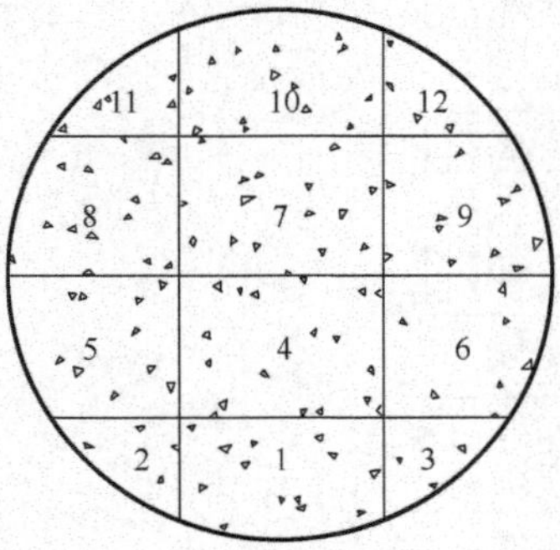

图6-14 洞门凿除顺序

6.3.4 洞门密封

为了防止盾构始发或到达时泥土、地下水从盾壳和洞门的间隙处流失，以及盾尾通过洞门后背衬注浆浆液的流失，在盾构始发或到达时需安装洞门密封。

洞口密封的施工分两步进行。第一步，是在结构的施工过程中，做好洞门预埋件工作，预埋件必须与结构的钢筋连接在一起。第二步，在盾构正式始发或到达前，应先清理完洞口的渣土，然后进行洞口密封装置的安装。

洞门密封装置由帘布橡胶、扇形压板、防翻板、垫片和螺栓等组成。安装洞门密封之前，应对帘布橡胶的整体性、硬度、老化程度等进行检查，对圆环板的成圆螺栓孔位等进行检查，并提前把帘布橡胶的螺栓孔加工好。然后将洞门预埋件的螺栓孔清理干净，最后按照帘布橡胶板、圆环板、扇形压板、防翻板的顺序进行安装。

盾构始发时，为防止盾构进入洞门时刀盘损坏帘布橡胶，可在帘布橡胶板外侧涂抹一定量的油脂。随着盾构向前推进，需根据情况对洞门密封压板进行调整，以保证密封效果，见图 6-15。

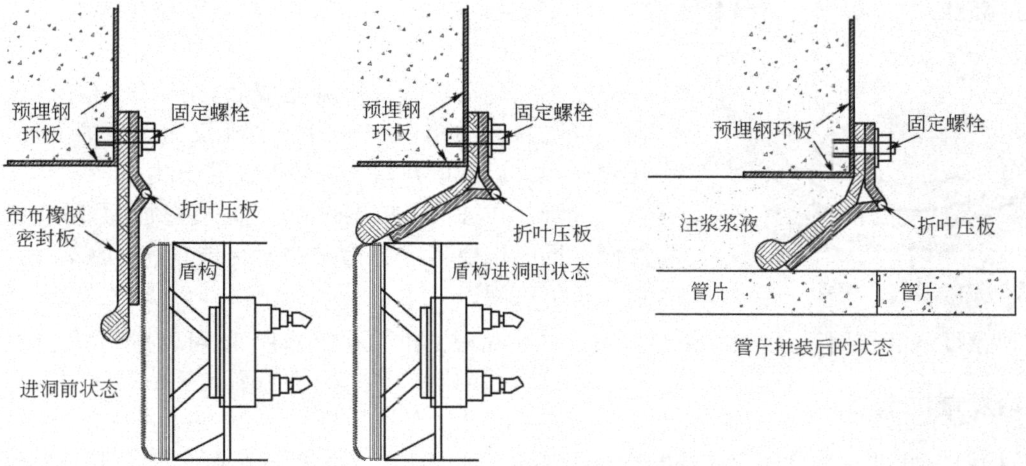

图 6-15 土压平衡盾构始发洞门密封示意图

泥水盾构始发时，除防止泥水盾构始发掘进时，泥土、地下水从盾体和洞门的间隙处流失外，还要防止循环泥浆的流失。同时为建立一定的泥水压力，在盾构始发时一般需安装由两道相同密封组成的洞门临时密封装置。见图 6-16。

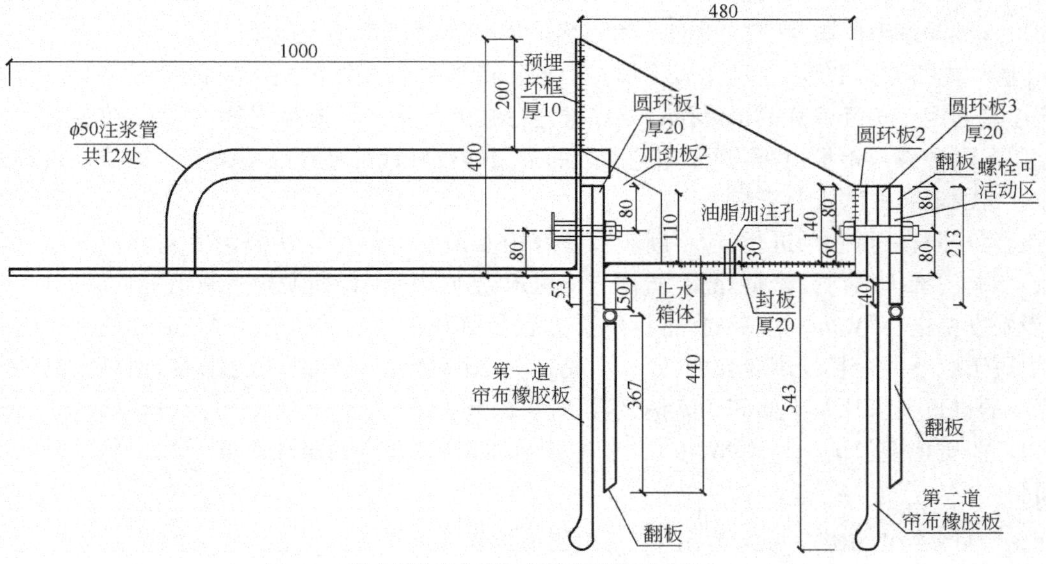

图 6-16 泥水盾构始发洞门密封示意图(尺寸单位:mm)

盾构进入预留洞门前，在外围刀盘和帘布橡胶板外侧涂润滑油，当盾构刀盘全部通过第一道密封后，开始向泥水仓内加压，压力仅满足泥浆充满泥水仓，然后在两道密封间利用预留注脂孔向内注油脂，使油脂充满两道帘布橡胶密封间的空隙。当盾尾通过第一道密封，且折叶板下翻后，进一步加注油脂，使洞门临时密封起到很好的防水效果。当盾尾通过第二道密封且折叶板下翻后，要及时利用注脂孔向内继续注油脂，使油脂压力始终高于泥水压力 0.01MPa 左右，从而使盾构顺利始发，并减少始发时的地层损失。

6.3.5 负环管片拼装

当完成洞门凿除、洞门密封装置安装及盾构组装调试等工作后，组织相关人员对盾构设备、反力架、始发基座等进行全面检查与验收。验收合格后，开始将盾构向前推进，并安装负环管片。

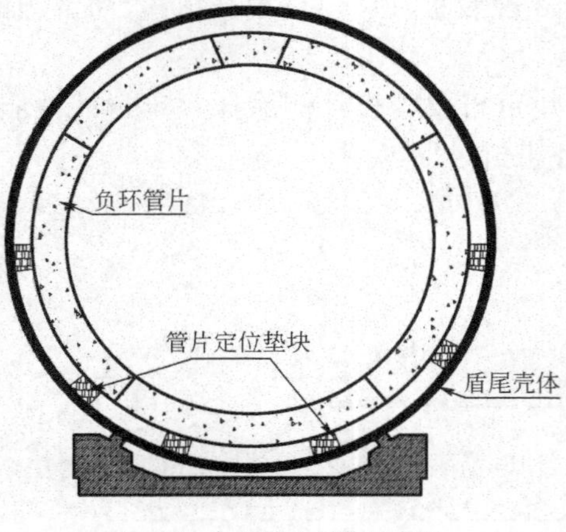

图 6-17 负环管片拼装示意图

①在盾尾壳体内安装管片支撑垫块，为管片在盾尾内的定位做好准备，见图 6-17。

②从下至上一次安装第一环管片，要注意管片的转动角度一定要符合设计，换算位置误差不能超过 10mm。

③安装拱部的管片时，由于管片支撑不足，一定要及时加固。

④第一环负环管片拼装完成后，用推进油缸把管片推出盾尾，并施加一定的推力把管片压紧在反力架上的负环钢管片上，用螺栓固定后即可开始下一环管片的安装。

⑤管片在被推出盾尾时，要及时支撑加固，防止管片下沉或失圆。同时也要考虑盾构推进时可能产生的偏心力，因此支撑应尽可能稳固。

⑥当刀盘抵达掌子面时，推进油缸已经可以产生足够的推力稳定管片，就可以把管片定位块取掉。

6.3.6 始发掘进要点

(1)盾构始发掘进时的总推力应控制在反力架承受能力以下，同时确保在此推力下刀具切入地层所产生的扭矩小于始发基座提供的反扭矩。

(2)在盾构推进、建立土压过程中，应认真观察洞门密封、始发基座、反力架及反力架支撑的变形、渣土状态等情况，发现异常，应适当降低土压力(或泥水压)、减小推力、控制推进速度。

(3)由于始发基座轨道与管片有一定的空隙，为了避免负环管片全部推出盾尾后下沉，可在始发基座导轨上焊接外径与理论间隙相当的圆钢，利用圆钢将负环混凝土管片托起。

(4)在盾构内拼装好整环后，利用盾构推进油缸将负环管片缓慢推出盾尾，直至与钢负环接触，并用管片螺栓连接固定。负环管片的最终位置要以推进油缸的行程进行控制，在第一环负环管片与负钢环之间的空隙用早强砂浆或钢板填满，确保推进油缸的推力能较好地传递至反力架上。第二环负环及以后管片将按照正常的安装方式进行安装。

(5)随着负环管片拼装的进行，应不断用准备好的木楔填塞负环管片与始发基座轨道及三角支撑之间的间隙，待洞门维护结构完全拆除后，盾构应快速地通过洞门进行始发掘进施工。

(6)当始发掘进至第 50～60 环时，可拆除反力架及负环管片。盾构施工中，始发掘进长度应尽可能缩短，但不短于以下两个长度中较长的一个：一是，管片外表面与土体之间的摩擦力应大于盾构的推力，根据管片环的自重及管片与土体间的摩擦系数，计算出此长度；二是，始发长度应能容纳后配套设备。

(7)始发前盾尾钢丝刷必须用 WR90 油脂进行涂抹，且必须达到涂抹质量(饱满、均匀)，每根钢丝上均粘有油脂。

(8)严禁盾构在始发基座上滑行期间进行盾构纠偏作业。

(9)盾构始发过程中，严格进行渣土管理，防止由于渣土管理控制不当，造成地表沉降或隆起；开始掘进后，必须加强地表沉降监测，及时调整盾构掘进参数。

(10)当盾尾完全进入洞门密封后，调整洞门密封，及时通过同步注浆系统对洞门进行注浆，封堵洞圈，防止洞门密封处出现漏泥水和所注浆液外漏现象的发生。

(11)在始发阶段由于盾构设备处于磨合阶段，要注意对推力、扭矩的控制，同时也要注意各部位油脂的有效使用。

6.4 土压平衡盾构掘进技术

6.4.1 土压平衡盾构施工流程

土压平衡盾构施工工艺流程见图 6-18。

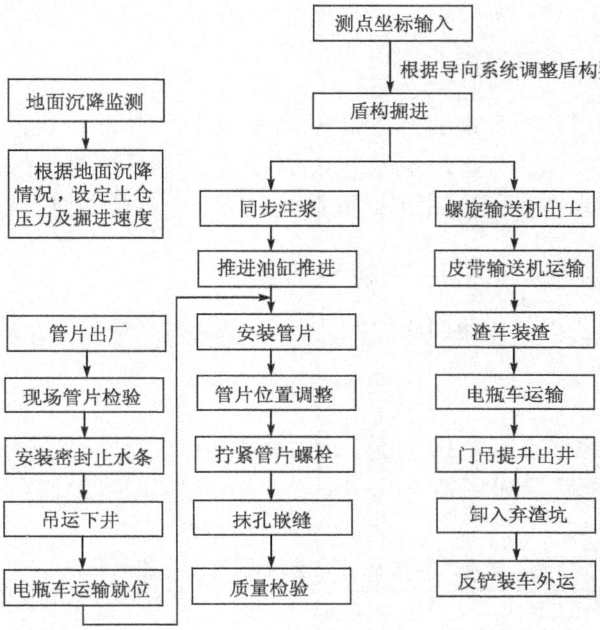

图 6-18 土压平衡盾构法施工工艺流程

6.4.2 掘进管理原则

正式掘进施工阶段采用始发试掘进阶段所掌握的最佳施工技术参数，结合具体的地质情况，通过加强施工监测，不断完善施工工艺，控制地面沉降。掘进前由工程部土木工程师下达掘进指令与管片指令，主司机应严格按照掘进指令上的各种参数进行掘进，拼装管片应按照管片指令上所注明的管片布置形式进行安装。掘进过程中，应根据导向系统给出的坐标值严格控制好盾构姿态，当盾构的水平位置或高程偏离设计轴线 20mm 时，便要进行盾构姿态纠偏。在纠偏过程中，每一循环盾构的纠偏值水平方向不超过 9mm，竖直方向不超过 5mm。掘进过程中，严格控制并记录各组推进油缸的行程。在直线段，各组推进油缸的行程差每循环不宜超过 20mm。盾构在停止掘进时，土仓内应保持相应的压力，以防止在安装管片或停机时，掌子面发生坍塌。在掘进过程中，盾构掘进姿态不能突变，水平和高程的姿态改变量不能超过 2‰。在每一掘进循环后，必须由土木工程师对盾尾间隙进行测量。将测量数据记录下来并将其输入导向系统，通过导向系统计算后预测出下几环管片的布置形式。背衬注浆与掘进应同时进行，背衬注浆是控制地表沉降的关键工序，所以应严格做到没有注浆就不能掘进。盾构掘进施工全过程须严格受控，工程技术人员应根据地质变化、隧道埋深、地面荷载、地表沉降、盾构姿态、刀盘扭矩、油缸推力、盾尾间隙、油缸行程等各种测量和量测数据信息，正确下达每班的掘进指令及管片指令，并即时跟踪调整。盾构主司机及其他部位操作人员必须严格执行掘进指令以及管片指令，细心操作，对盾构初始出现的偏差应及时纠正，绝对不能使偏差累积，造成超限。盾构纠偏时，纠偏量不要太大，以避免管片发生错台和对地层的扰动。

为了防止盾构掘进对地面建筑物产生有害的沉降和倾斜，防止盾构施工影响范围内的地下管线发生开裂和变形，必须规范盾构操作并选择适当的掘进工况，减小地层损失，将地表隆陷控制在允许的范围内(－3～＋1cm)。

掘进时，严格按照启动顺序开机。开机前全面检查冷却循环水系统、压缩空气系统、推进系统、管片拼装系统、主轴承密封润滑系统、盾尾注脂系统等，确保系统正常方能启动操作。盾构掘进过程中，必须确保开挖面的稳定，按围岩条件调整土仓压力和控制出渣量。盾构掘进的推力必须在考虑围岩情况、盾构类型、超挖量、隧道曲线半径、坡度和管片反力等情况下，确保盾构掘进时的推力始终保持在适当的数值上。

6.4.3 土压平衡工况掘进

1)土压平衡工况掘进特点

土压平衡工况掘进时，刀具切削下来的土充满土仓，然后利用土仓内泥土压与作业面的土压和水压相抗衡。与此同时，用螺旋式输送机排土设备进行与盾构推进量相应的排土作业，掘进过程中，始终维持开挖土量与排土量相平衡，以保持正面土体稳定，并防止地下水土的流失而引起地表过大沉降。

2)掘进控制

掘进控制程序如图 6-19 所示。

在盾构掘进中，保持土仓压力与作业面压力(土压、水压之和)平衡是防止地表沉降，保证建筑物安全的一个很重要的因素。

(1)土仓压力值的选定。

土仓压力值 P 值应能与地层土压力 P_0 和静水压力相抗衡，在地层掘进过程中根据地质和埋深情况以及地表沉降监测信息，进行反馈和调整优化。地表沉降与工作面稳定关系，以及相应措施对策见表 6-1。

地表沉降与工作面稳定关系，以及相应措施与对策　　表 6-1

地表沉降信息	工作面状态	P 与 P_0 关系	措施与对策	备　注
下沉超过基准值	工作面坍陷与失水	$P_{max}<P_0$	增大 P 值	P_{max}、P_{min} 分别表示 P 的最大峰值和最小峰值
隆起超过基准值	支撑土压力过大，土仓内水进入地层	$P_{min}>P_0$	减小 P 值	

(2)土仓压力的保持

土仓压力主要通过维持开挖土量与排土量的平衡来实现。可通过设定掘进速度、调整排土量，或设定排土量、调整掘进速度两条途径来达到。

(3)排土量的控制

排土量的控制是盾构在土压平衡工况模式下工作时的关键技术之一。

理论上螺旋输送机的排土量 Q_S 是由螺旋输送机的转速来决定的，当推进速度和 P 值设定，盾构可自动设置理论转速 N：

$$Q_S = V_S N$$

式中：V_S——设定的每转一周的理论排土量；

Q_S——与掘进速度决定的理论渣土量 Q_0 相当，即

$$Q_0 = AVn_0$$

A——切削断面面积；

n_0——松散系数；

V——推进速度。

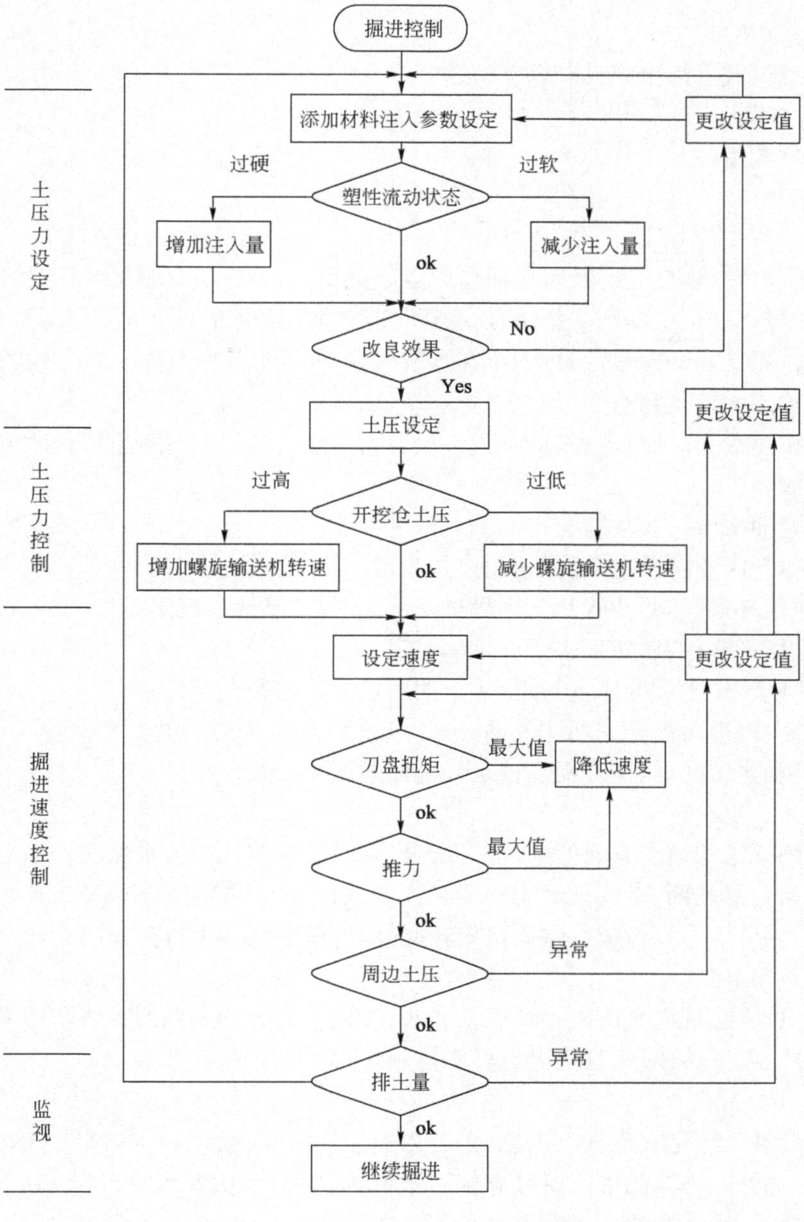

图 6-19 土压平衡盾构掘进控制程序

通常,理论排土率用 $K=Q_S/Q_0$ 表示。

理论上,K 等于 1 或接近 1,这时渣土就具有低的透水性且处于良好的塑流状态。事实上,地层的土质不一定都具有这种特性,这时螺旋输送机的实际出土量就与理论出土量不符,当渣土处于干硬状态时,因摩擦阻力大,渣土在螺旋输送机中的输送遇到的阻力也大,同时容易产生固结、阻塞现象,实际排土量将小于理论排土量,则必须依靠增大转速来增大实际出土量,以使之接近 Q_0。这时 $Q_0>Q_S$,$K<1$。当渣土柔软而富有流动性时,在土仓内高压力的作用下,渣土自身有一个向外流动的能力,从而使实际排土量大于螺旋输送机转速决定的理论排土量,这时,$Q_0<Q_S$,$K>1$,必须依靠降低螺旋输送机的转速来降低实际排土量。当渣土的流动性非常好时,由于输送机对渣土的摩擦阻力减小,有时还可能产生渣土喷涌现象,这时,转速很小就能满足出土要求,K 值接近于 0。

渣土的排出量必须与掘进的挖掘量相匹配,以获得稳定而合适的支撑压力值,使掘进机的工作处于最佳状态。当通过调节螺旋输送机的转速仍不能达到理想的出土状态时,可以通过改良渣土的塑流状态来调整。

(4)渣土具有的特性

在土压平衡工况模式下渣土应具有以下特性:

①良好的塑流状态;

②良好的黏—软稠度;

③低内摩擦力;

④低透水性。

一般地层岩土不一定具有这些特性,从而使刀盘摩擦增大,工作负荷增加。同时,密封仓内渣土塑流状态差时,在压力和搅拌作用下易产生泥饼、压密固结等现象,从而无法形成有效对开挖仓密封和良好的排土状态。当渣土具有良好的透水性时,渣土在螺旋输送机内排出时无法形成有效的压力递降,土仓内的土压力无法达到稳定的控制状态。

当渣土满足不了这些要求时,需通过向刀盘、混合仓内注入添加剂对渣土进行改良,采用的添加剂种类主要是泡沫或膨润土。

3)确保土压平衡而采取的技术措施

(1)拼装管片时,严防盾构后退,确保正面土体稳定。

(2)同步注浆充填环形间隙,使管片衬砌尽早支承地层,控制地表沉陷。

(3)切实做好土压平衡控制,保证掌子面土体稳定。

(4)利用信息化施工技术指导掘进管理,保证地面建筑物的安全。

(5)在砂质土层中掘进时向开挖面注入黏土材料、泥浆或泡沫,使搅拌后的切削土体具有止水性和流动性,既可使渣土顺利排出地面,又能提供稳定开挖面的压力。

4)渣土改良

为了使刀盘切削下来的渣土具有好的流塑性、合适的稠度、较低的透水性和较小的摩擦阻力,通过盾构配置的专用装置向刀盘前面、土仓及螺旋输送机内注入添加剂,如泡沫、膨润土或聚合物等,利用刀盘的旋转搅拌、土仓搅拌装置搅拌及螺旋输送机旋转搅拌,使添加剂与土渣充分混合,达到稳定土压平衡的作用。

通过渣土改良,可以达到渣土的流塑性以及较小的摩擦阻力,减少泥饼的形成。不同厂家为防止泥饼产生,在结构设计上有一些改进,这也是有益的措施。

(1)泡沫

无论盾构通过砂性土还是在黏性土地层,都可以通过向土仓内注入泡沫来改善渣土的性状,使渣土具有良好的流塑性。同时,泡沫的加入可以起到防水作用,防止盾构发生喷涌和突水事故。但由于泡沫的用量和价格都比较高,所以只有在加泥不满足要求以及发生喷涌、突水的情况下才使用。当泡沫注入后,可以将螺旋输送机回缩,控制好盾构推力,将盾构刀盘进行空转,使泡沫与土仓内的渣土充分拌和,使泡沫剂在改善渣土性状和止水方面发挥最大的功效。

泡沫系统由螺杆泵泵送泡沫剂与一定比例的水混合液,经过泡沫发生器,高压空气吹压发泡,产生大量的泡沫,通过管路将泡沫输送到刀盘前面、土仓及螺旋输送机中,并与渣土充分混合。泡沫具有如下优点:由于气泡的润滑效果,减少了渣土的内摩擦角,提高了渣土的流动性,从而降低了刀盘的扭矩,改善了盾构作业参数;减少渣土的渗透性,使整个开挖土传力均匀,工作面压力变动小,有利于调整土仓压力,保证盾构掘进姿态,控制地表沉降;减少黏土的黏性,使之不附着于盾构及刀盘上,有利于出土机构出土;泡沫无毒,在2h后可自行分解消失,对土壤环境无污染。

盾构通过向开挖面注入泡沫,使开挖土获得良好的流动性和止水性,并保持开挖面稳定,扭矩明显下降。而在黏性土层中,由于其内摩擦角小,易流动,泡沫只起到活性剂作用,防止土黏在刀具和土仓内壁上,减少对刀具的磨损,提高出土速度和掘进速度。

(2)膨润土

膨润土系统也是用来改良土质,以有利于盾构的掘进。膨润土系统主要包括膨润土箱、膨润土泵、气动膨润土管路控制阀及连接管路。有的设备将膨润土系统与泡沫系统共用一套注入管路。需要注入膨润土时,膨润土被膨润土泵沿管路向前泵至盾体内,根据需要,将膨润土加入到开挖室、泥土仓或螺旋输送机中。

(3)聚合物

主要是利用聚合物本身高析水性能,使渣土产生塑性,用于防止喷涌发生。在高压富水地层中防止渣、水喷涌发生方面效果比较明显。

6.4.4　土压平衡盾构的掘进模式

土压平衡盾构一般有三种掘进模式,见图 6-20,即敞开模式、局部气压模式和土压平衡模式(EPB),每一种掘进模式具有各自的特点和适用条件。

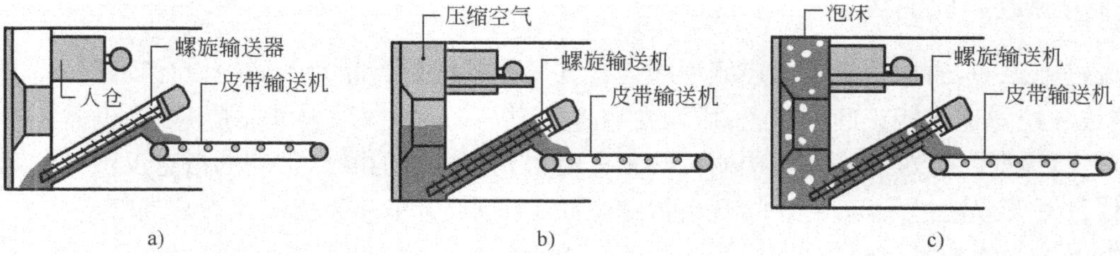

图 6-20　土压平衡盾构的三种掘进模式

a)敞开模式;b)局部气压模式;c)土压平衡模式

1)敞开式

土压平衡盾构面对开挖面是稳定性较好的岩层时,可以采用敞开式掘进,不用调整土仓压力。开敞式掘进模式一般用于地层自稳条件比较好的场合,即使不对开挖面进行连续压力平衡,在短时间内也可保证开挖面不失稳,土体不坍塌。在能够自稳、地下水少的地层多采用这种模式。盾构切削下来的渣土进入土仓内即刻被螺旋输送机排出,土仓内仅有极少量的渣土,土仓基本处于清空状态,掘进中刀盘和螺旋输送机所受反扭力较小。采用敞开模式掘进时,以滚刀破岩为主,采用高转速、低扭矩和适宜的螺旋输送机转速推进;同步注浆时浆液可能渗流到盾壳与周围岩体间的空隙甚至刀盘处,为避免此现象发生可采取适当增大浆液黏度、缩短浆液凝结时间、调整注浆压力、管片背后补充注浆等方法来解决。

2)局部气压模式

也称半敞开式。土压平衡盾构对于开挖面具有一定的自稳性,可以采用半敞开式掘进;调节螺旋输送机的转速,土仓内保持 2/3 左右的渣土。如果掘进中遇到围岩稳定、但富含地下水的地层;或者施工断面上大部分围岩稳定,仅有局部会出现失压崩溃的地层;或者破碎带。此时应增大推进速度以求得快速通过,并暂时停止螺旋机出土、关闭螺旋机出土闸门,使土仓的下部充满渣石,向开挖面和土仓中注入适量的添加材料(如膨润土、泥浆或添加剂)和压缩空气,使土仓内渣土的密水性增加,同时也使添加材料在压力作用下渗进开挖面地层,在开挖面上产生一层致密的"泥膜"。通过气压和泥膜阻止开挖面涌水和坍塌现象的发生,再控制螺旋机低速转动以保证在螺旋机中形成"土塞",是完全可以安全快速地通过这类不良地层的。掘进中土仓内的渣土未充满土仓,尚有一定的空间,通过向土仓内输入压缩空气与渣土共同支撑开挖面和防止地下水渗入。该掘进模式适用于具有一定自稳能力和地下水压力不太高的地层,其防止地下水渗入的效果主要取决于压缩空气的压力,在上软下硬地层施工时多采用这种模式。在上软下硬地层施工时以滚刀破岩为主破碎硬岩,以齿刀、刮刀为主切削土层。在河底段掘进时,需要添加泡沫剂、聚合物、膨润土等改善渣土的止水性,以使土仓内的压力稳定平衡。

3)土压平衡模式

土压平衡盾构对于开挖地层稳定性不好或有较多的地下水的软质岩地层时,需采用土压平衡模式(即 EPB 模式);此时需根据前面地层的不同,保持不同的渣仓压力。

盾构在掘进开挖面土体的同时,使掘进下来的渣土充满土仓内,并且使土仓内的渣土密度尽可能与隧道开挖面上的土壤密度接近。在推进油缸的推力作用下,土仓内充满的渣土形成一定的压力,土仓内的渣土压力与隧道开挖面上的水、土压力实现动态平衡,这样开挖面上的土壤就不会轻易坍落,达到既完成掘进又不会造成开挖面土体的失稳。

土仓内的压力可通过改变盾构的掘进速度或螺旋机的转速(排渣量土)来调节,按与盾构掘削土量(包括加泥材料量)对应的排渣量连续出土,保证使掘削土量与排渣量相对应,使土仓中的塑流性渣土的土压力能始终与开挖面上的水土压力保持平衡,保持开挖面的稳定性,压力大小根据安装在土仓壁上的压力传感器来获得,螺旋机转速(排土量)根据压力传感器获得的土压自动调节。

采用土压平衡模式时,以齿刀、切刀为主切削土层,以低转速、大扭矩推进。土仓内土压力值应略大于静水压力和地层土压力之和,在不同地质地段掘进时,根据需要添加泡沫剂、聚合物、膨润土等以改善渣土性能,也可在螺旋输送机上安装止水保压装置,以使土仓内的压力稳定平衡。

6.4.5 盾构掘进方向的控制

盾构掘进施工中,盾构司机需要连续不断地得到盾构轴线位置相对于隧道设计轴线位置及方向的关系,以便使被开挖隧道保持正确的位置;盾构在掘进中,以一定的掘进速度向前开挖,也需要盾构的开挖轨迹与隧道设计轴线一致,而此时盾构司机必须即时得到所进行的操作带来的信息反馈。如果掘进与隧道设计轴线位置偏差超过一定界限时,就会使隧道衬砌侵限、盾尾间隙变小使管片局部受力恶化,也会造成地层损失增大而使地表沉降加大。

盾构施工中,采用激光导向来保证掘进方向的准确性和盾构姿态的控制。导向系统用来测量盾构的坐标(X,Y,Z)和位置(水平、上下和旋转)。测量的结果可以在面板上显示,将实际的数据和理论数据进行对比,导向系统还可以存储每环管片安装的关键数据。

1)导向系统

目前,国内使用的盾构主要有三种类型的导向系统。

(1)PPS 导向系统

PPS 系统采用固定、自动和马达控制的全站仪来测量系统元器件。这些元器件包括 2 个 EDM 棱镜,它们安装在盾构靠近刀盘的固定位置上;一个参照棱镜,它安装在全站仪架上,以便进行定期全站仪的稳定性;一个高精度的电子倾斜仪用来测量倾斜和盾构的扭转。这些元器件的控制由随机 PPS 系统电脑自动控制。

(2)SLS-T APD 系统

SLS-T APD 系统由 VMT 公司生产,由 ELS 激光靶、激光全站仪、棱镜、计算机、黄盒子等系统组成。SLS-T APD 系统的主要的基准是由初始安装在墙壁或隧道衬砌上的激光全站仪发出的一束可见激光。激光束穿过机器中的净空区域,击到安装在机器前部的电子激光靶上。

在电子激光靶内部是一个双轴倾斜仪,用这个倾斜仪来测量 ELS 靶的仰俯角和滚动角。电子激光靶的前方安装有一个反射棱镜,激光基准点和电子激光靶之间的距离通过全站仪中的内置 EDM 来测定。通过知道激光站和基准点的绝对位置,就能得到电子激光靶的绝对位置及方位,从而得到机器的位置和方位。SLS-T APD 导向系统不仅能为随时(特别是在掘进的过程中)精确测量盾构的位置,而且它还通过简单明了的方式,把得到的结果呈现在司机面前,以便司机及时采取必要的纠偏措施。

黄盒子用来给全站仪和激光供电。系统计算机和全站仪之间的通信也通过黄盒子进行。

(3)ROBOTEC 系统

ROBOTEC 导向系统由全站仪、棱镜(有挡板保护,测量时挡板自动打开)、数据线、各种接口设备、操作软件组成。它的工作原理上与 SLS-T APD 系统等相似。ROBOTEC 系统特点是:不用接收靶,直接使用棱镜,减少了一层换算关系,它还可以在盾构推进中实现无人值守及自动测量的功能。

2)推进油缸的分区控制

通过分区操作盾构推进油缸控制盾构掘进方向。盾构的推进机构提供盾构向前推进的动力,推进机

构包括 n 个推进油缸和推进液压泵站。推进油缸按照在圆周上的区域被编为 4～5 组。现一般为 4 组，见图 6-21，分上、下、左、右可分别进行独立控制的 4 个液压区。在曲线段(包括水平曲线和竖向曲线)施工时，盾构推进操作控制方式是把液压推进油缸进行分区操作。每组油缸均能单独控制压力的调整，为使盾构沿着正确的方向开挖，可以调整 4 组油缸的压力，油缸也可以单独控制。

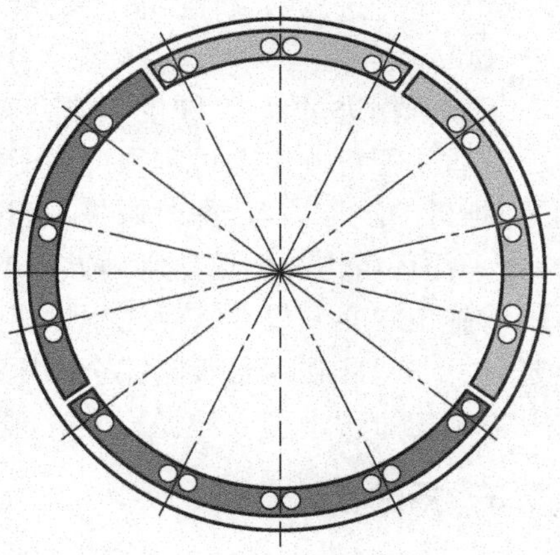

图 6-21 盾构推进油缸分组图

一般情况下，当盾构处于水平线路掘进时，应使盾构保持稍向上的掘进姿态，以纠正盾构因自重而产生的低头现象。

通过调整每组油缸的不同推进速度、每组压力来对盾构进行纠偏和调向。油缸的后端顶在管片上以提供盾构前进的反力。

在上、下、左、右每个区域中各有一个油缸安装了行程传感器，通过油缸的位移传感器可以知道油缸的伸出长度和盾构的掘进状态。

3)推进过程中的蛇行和滚动

在盾构推进过程中，蛇行和滚动是难以避免的。出现蛇行和滚动主要与地质条件、推进操作控制有关。针对不同的地质条件，进行周密的工况分析，并在施工过程中严格控制盾构的操作，减少蛇行值和盾构的滚动。当出现滚动时采取正反转刀盘方法来纠正盾构姿态。盾构推进时还需注意以下几个问题：

①工作面的地层结构及物理力学特性的不均匀性。

②推进系统性能的平衡性、稳定性。

③监控系统的敏感性，可靠性和稳定性。

④富水软弱地层对盾壳的环向弱约束性。

⑤通过软硬变化地层时的刀盘负载与盾壳约束条件的不对称性(包括进出洞的类似情况)。

6.5 泥水盾构掘进技术

6.5.1 泥水盾构基本原理

泥水盾构用于不稳定地层的开挖，这种不稳定地层可能是各种各样的，从渗透性一般到渗透性很强(如含有少量干细砂或流砂的砾石)；泥水盾构被用于当隧道掘进要求对地层的干扰控制严格时，诸如沉陷和隆起等极其敏感的建筑物下进行的情况，因为这种技术能够精确地控制泥水压力(在±5kPa)。泥水盾构使用液态介质来支撑掌子面能达到高的封闭压力(0.4～0.5MPa，在特殊情况下可达到 0.8MPa)，因此当工程的静水压力比较大时，通常选择泥水盾构而不用土压平衡盾构。

泥水盾构是将一定浓度的泥浆，泵入泥水盾构的泥水室中，随着刀盘切下来的土渣与地下水顺着刀槽流入开挖室中，泥水室中的泥浆浓度和压力逐渐增大，并平衡于开挖面的泥土压和水压，在开挖面上形成泥膜或泥水压形成的渗透壁，对开挖面进行稳定挖掘。

为了使开挖面保持相对稳定而不坍塌。只要控制进入泥水室的泥水量和渣土量与从泥水室中排出的泥浆量相平衡，开挖即可顺利进行。

6.5.2 泥水盾构掘进管理要点

①根据隧道地质状况、埋深、地表环境、盾构姿态、施工监测结果制定盾构掘进施工指令与泥浆性能参数设置指令。并准备好壁后注浆工作、管片拼管工作。

②施工中必须严格按照盾构设备操作规程、安全操作规程以及掘进指令控制盾构掘进参数与盾构姿态。掘进过程中，严格控制好掘进方向，及时调整。

③设定掘进参数,优化掘进参数。掘进与管片背后注浆同步进行。控制施工后地表最大变形量在−30～10mm之内。

④盾构掘进过程中,坡度不能突变,隧道轴线和折角变化不能超过0.4%。

⑤盾构掘进施工全过程须严格受控,根据地质变化、隧道埋深、地面荷载、地表沉降、盾构姿态、刀盘扭矩、推进油缸推力等,即时调整。初始出现的小偏差应及时纠正,尽量避免盾构走"蛇"形,在纠偏过程中,每一循环盾构的纠偏值水平方向不超过9mm,竖直方向不超过5mm,以减少对地层的扰动。

⑥施工中必须设专人对泥水性能进行监控,根据泥浆性能参数设置指令进行泥水参数管理。泥水管路延伸、更换,应在泥水管路完全卸压后进行。

⑦施工过程出现大粒径石块时,必须采用破碎机破碎、砾石分离装置分离。

6.5.3 掘进参数管理

1)切口水压的设定

盾构切口水压由地下水压力、静止土压力、变动土压力组成,切口泥水压力应介于理论计算值上下限之间,并根据地表建构筑物的情况和地质条件适当调整。

2)掘进速度

正常掘进条件下,掘进速度应设定为20～40mm/min;在通过软硬不均地层时,掘进速度控制在10～20mm/min。在设定掘进速度时,注意以下几点:

①盾构启动时,需检查推进油缸是否顶实,开始推进和结束推进之前速度不宜过快。每环掘进开始时,应逐步提高掘进速度,防止启动速度过大冲击扰动地层。

②每环正常掘进过程中,掘进速度值应尽量保持恒定,减少波动,以保证切口水压稳定和送、排泥管的畅通。在调整掘进速度时,应逐步调整,避免速度突变对地层造成冲击扰动和造成切口水压摆动过大。

③推进速度的快慢必须满足每环掘进注浆量的要求,保证同步注浆系统始终处于良好工作状态。

④掘进速度选取时,必须注意与地质条件和地表建筑物条件匹配,避免速度选择不合适对盾构刀盘、刀具造成非正常损坏和造成隧道周边土体扰动过大。

3)掘削量的控制

掘进实际掘削量可由下式计算得到:

实际掘削量

$$Q=(Q_2-Q_1)\times t$$

式中:Q_2——排泥流量,m^3/h;

Q_1——送泥流量,m^3/h;

t——掘削时间,h。

当发现掘削量过大时,应立即检查泥水密度、黏度和切口水压。此外,也可以利用探查装置,调查土体坍塌情况,在查明原因后应及时调整有关参数,确保开挖面稳定。

4)泥水指标控制

(1)泥水密度

泥水密度是泥水主要控制指标。送泥时的泥水密度控制在1.05～1.08g/cm^3之间;使用黏土、膨润土(粉末黏土)提高相对密度;添加CMC来增大黏度。工作泥浆的配制分两种,即天然黏土泥浆和膨润土泥浆。排泥密度一般控制在1.15～1.30g/cm^3。

(2)漏斗黏度

黏性泥浆在砂砾层可以防止泥浆损失、砂层剥落,使作业面保持稳定。在坍塌性围岩中,使用高黏度泥水。但是泥水黏度过高,处理时容易堵塞筛眼,造成作业性下降;在黏土层中,黏度不能过低,否则会造成开挖面塌陷或堵管事故,一般漏斗黏度控制在25～35s。

(3)析水率

析水量是泥水管理中的一项综合指标,它更大程度上与泥水的黏度有关,悬浮性好的泥浆就意味着析水量小，反之就大。泥水的析水量一般控制在5%以下，降低土颗粒和提高泥浆的黏度，是保证析水量合格的主要手段。

(4)pH值

泥水的pH值一般在8～9。

(5)API失水量$Q \leqslant 20$mL(100kPa,30min)。

6.5.4 泥水压力管理

泥水盾构工法是将泥膜作为媒体，由泥水压力来平衡土体压力。在泥水平衡的理论中，泥膜的形成是至关重要的，当泥水压力大于地下水压力时，泥水按达西定律渗入土壤，形成与土壤间隙成一定比例的悬浮颗粒，被捕获并积聚于土壤与泥水的接触表面，泥膜就此形成。随着时间的推移，泥膜的厚度不断增加，渗透抵抗力逐渐增强。当泥膜抵抗力远大于正面土压时，产生泥水平衡效果。

虽然渗透体积随泥水压力上升而上升，但它的增加量远小于压力的增加量，而增加泥水压力将提高作用于开挖面的有效支承压力。因此，开挖面处在高质量泥水条件下，增加泥水压力会提高开挖面的稳定性。

作用在开挖面上的泥水压力一般设定为：

泥水压力＝土压＋水压＋附加压

附加压的一般标准为0.02MPa，但也有比开挖面状态大的值。一般要根据渗透系数、开挖面松弛状况、渗水量等进行设定。但附加压过大，则盾构推力增大和对开挖面的渗透加强，相反会带来塌方、造成泥水窜入后方等危害，需要慎重考虑。此外，泥水压力的设定有各家理论，也有与开挖面状况不吻合的场合。因此，要从干砂量测定结果等进行推测和考虑，并需要通过试验来考虑对数值等的变更。

1)直接控制型泥水盾构的泥水压力管理

直接控制型泥水盾构在掘进中的实际泥水压力值的管理，由图6-22流程图作自动管理。其中，用压力信号发送器No.2接受由P_1泵送出的送泥压力，并送往送泥压力调节器，由自动调节来操作控制阀CV-3，通过调节阀的开闭进行压力调整。用压力信号发送器No.1接受开挖面泥水压力，并送往开挖面泥水压力保持调节器。在这里把它和设定压力的差作为信号送给控制阀CV-2，通过阀的开闭进行压力调整。由此，对于设定压力的管理，控制在±0.01MPa的变动范围以内。

2)间接控制型泥水盾构的泥水压力管理

间接控制型泥水盾构的泥水压力的控制采用泥水气平衡模式。

如图6-23所示，在盾构的泥水室内装有1道半隔板，将泥水室分割成两部分，半隔板的前面称为泥水仓，半隔板的后面称为气垫仓(调压仓)；在泥水仓内充满压力泥水，在气垫仓内盾构轴线以上部分加入压缩空气，形成气压缓冲层，气压作用在气垫仓内的泥水液面上；由于在接触面上的气、液具有相同的压力，因此只要调节空气的压力，就可以确定开挖面上相应的支护压力。

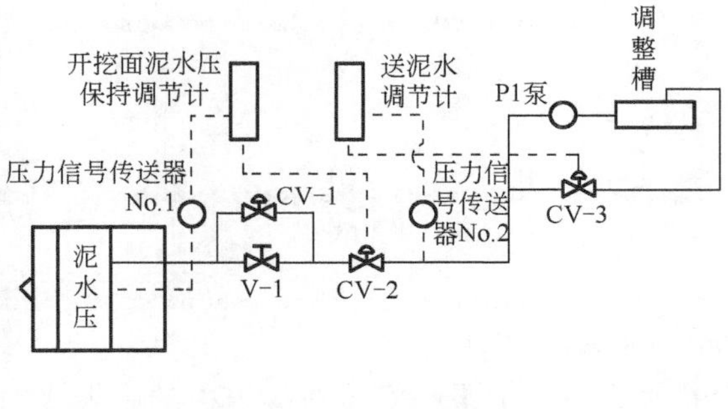

图6-22 直接控制型泥水盾构泥水压力控制

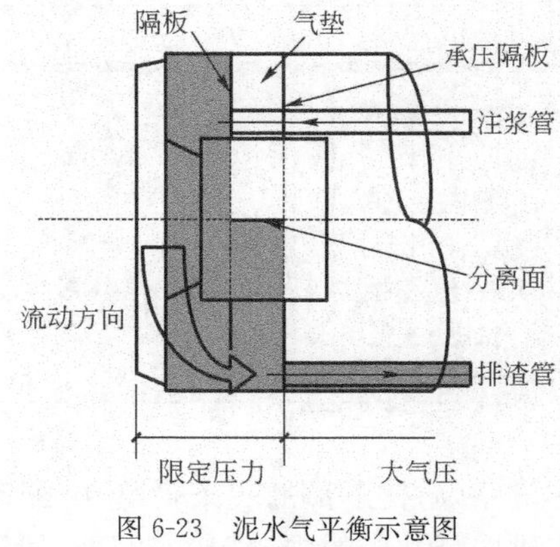

图6-23 泥水气平衡示意图

当盾构推进时，由于泥水的流失或盾构推进速度的变化，进出泥水量将会失去平衡，气垫仓内的泥水液面就会出现上下波动，为维持设定的压力值(与设定的气压值发生偏差，由Samson调节器根据在泥水仓内的气压传感器测得值与设定的气压值比较得出),通过进气或排气改变气压值,当盾构正面土压值增大时,气垫仓内泥水液位升高(高于盾构轴线),由于气垫仓内气体体积减少,压力升高,排气阀打开,降低气垫仓内气体压力,当气体压力达到设定的气压值时,关闭排气阀;当盾构正面土压值减少时,气垫仓内泥水液位降低(低于盾构轴线),由于气垫仓内气体体积增加,压力降低,进气阀打开,升高气垫仓内气体压力,当气体压力达到设定的土压值时,关闭进气阀。通过液位传感器,可以根据液位的变化控制进泥泵或排泥泵的转速,在保持压力设定值不变的状态下(由 Samson 调节器差分控制系统控制),使气垫仓内泥水液位恢复到盾构轴线位置。

间接控制型泥水盾构通过压缩空气来间接地自动调节土仓内悬浮液的压力,使之与开挖面的水土压力相平衡,从而实现支撑作用。压缩空气垫能够调节泥浆的平面高度,即使在发生漏水或水从开挖面进入的情况下,它起着一个吸振器的作用并最终可消除压力峰值。调压仓的压缩空气不断补偿悬浮液的波动,及时满足或补充掘进工作面对膨润土液的需求。这种调整可以达到比较精确的程度。如果平衡状态被打破,空气控制系统会自动迅速向调压仓内补充高压空气,或排出高压空气,保证压力的平衡状态。过压的高压空气通过安全阀或调节阀排出。

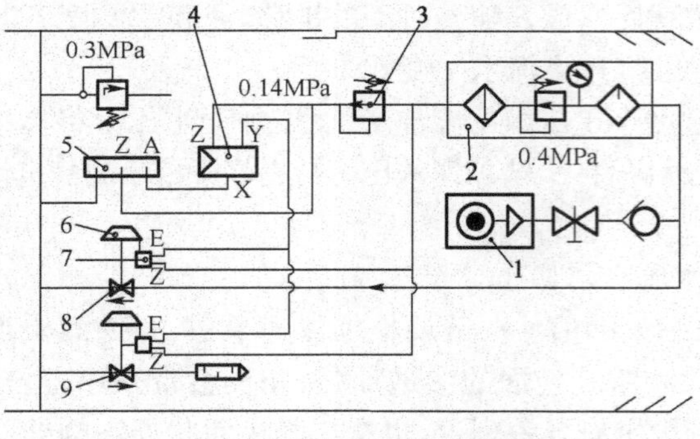

图 6-24　间接控制型泥水盾构泥水压力控制

1-气源,2-气源处理组件;3-减压阀;4-气动控制器;5-气动压力变送器;6-气动执行器;7-气动定位器;8、9-气动调节阀

空气控制系统的原理见图 6-24。空气控制系统主要由气源 1、气源处理组件 2、减压阀 3、气动控制器 4、气动压力变送器 5、气动执行器 6、气动定位器 7、气动调节阀 8、气动调节阀 9 组成。

6.5.5　泥水循环系统

泥水循环系统具有两个基本功能,一是稳定掌子面,二是通过排泥泵将开挖渣料从泥水仓通过排泥管输送到泥水分离站。掌子面的稳定性靠膨润土泥浆对掌子面的压力以及靠膨润土泥浆的流变特性来确保。泥水循环系统由送排泥泵、送排泥管、延伸管线、辅助设备等组成。在盾构推进过程中,地面泥浆池中的新泥浆通过送泥泵 P1.1 和隧道中的中继接力泵 P1.i 输送到开挖面。盾构内通往前仓的送泥管路分为 5 段:2 个在上部通向泥水仓,2 个在下部通向气垫仓,1 个在中央通过中心回转接头通向泥水仓,见图 6-25。

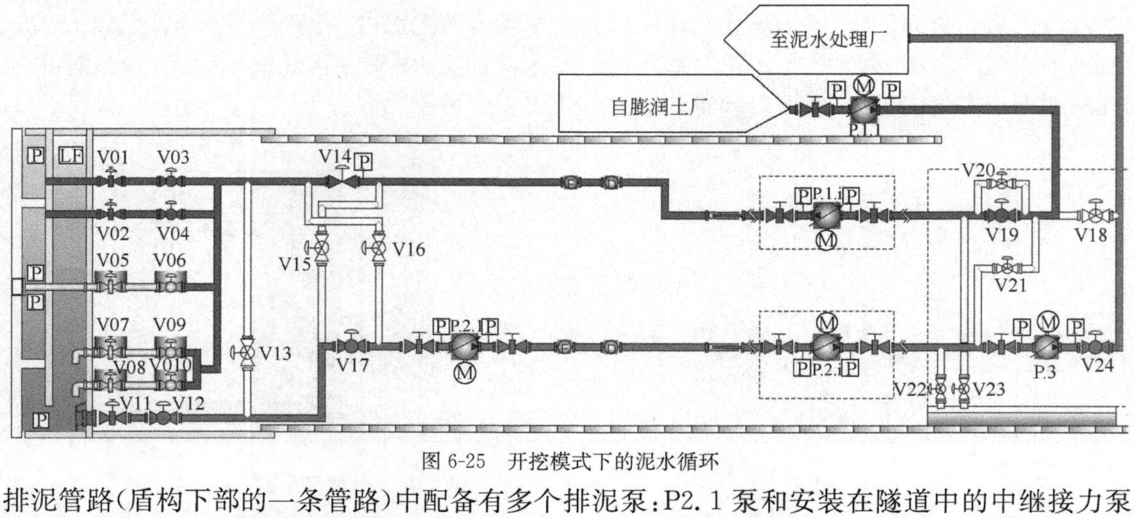

图 6-25　开挖模式下的泥水循环

排泥管路(盾构下部的一条管路)中配备有多个排泥泵:P2.1 泵和安装在隧道中的中继接力泵 P2.i 及安装在盾构竖井中的中继接力泵 P3,泥水密度和泥水流量分别由安装在每条管路上的伽马密度仪和电磁流量仪来测定;正面泥水量送泥泵来控制,排泥流量由排泥泵来控制。送泥泵 P1.i 将调制好的泥水通过送泥管输送到泥水仓;而排泥泵 P2.i 则将携带渣土的泥水排出,通过排泥管输送到地面的泥水处理

设备进行分离。泥水循环系统的控制，共分为手动、半自动、自动3种方式，其中自动方式中包括开挖模式、旁通模式、隔离模式(接管时)、反循环模式(也称逆洗模式，用于堵管或清洗管路)、停机模式等5种操作模式。

在泥水循环系统中安装有两个伽马密度测量仪(图6-26)，用以测定送排泥管内的密度的“即时”值。密度值在显示屏上显示。如果送泥管或排泥管内的密度超过预先设定的数值，则产生警报信号，提示司机改变掘进的参数，或通知地面检查泥水分离系统的工作状况。如果密度超出设计的进泥密度和排泥密度过多，司机应当停机通知相关人员检查，找出原因。在一个行程结束时，密度的平均值将在掘进报告中给出，根据这个平均密度，可以进行密度分析，进行泥水改良工作。

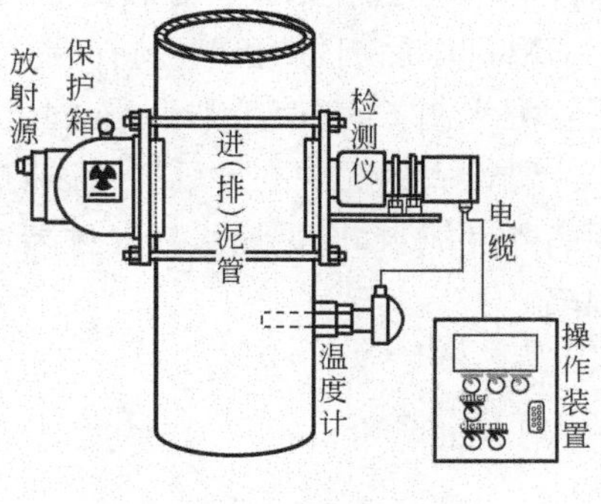

图6-26 泥水密度测量仪

6.5.6 泥水分离技术

泥水盾构是通过加压泥水来稳定开挖面，其刀盘后面有一个密封隔板，与开挖面之间形成泥水仓，里面充满了泥浆，开挖土渣与泥浆混合由排浆泵输送到洞外的泥水分离站，经分离后进入泥浆调整池进行泥水性状调整后，由送泥泵将泥浆送往盾构的泥水仓重复使用。通常将盾构排出的泥水中的水和土分离的过程称为泥水处理。

泥水处理设备设于地面，由泥水分离站和泥浆制备设备两部分组成。泥水分离站主要由振动筛、旋流器、储浆槽、调整槽、渣浆泵等组成；泥浆制备由沉淀池、调浆池、制浆系统等组成。

(1)泥水分离站

选择泥水分离设备时，必须考虑两个方面：其一是必须具有与推进速度相适应的分离能力；其二是必须能有效地分离排泥浆中的泥土和水分。同时，在考虑分离站的能力时还应有一定的储备系数。

泥水处理一般分为三级：一级泥水处理的对象是粒径74μm以上的砂和砾石，工艺比较简单，用振动筛或旋流器等设备对其进行筛分，分离出的土颗粒用车运走；二级泥水处理的对象主要是一级处理时不能分离的74μm以下的淤泥、黏土等的细小颗粒；三级处理是对需排放的剩余水作pH值调整，使泥水排放达到国家环保要求，其处理采用的材料主要是稀硫酸或适量的二氧化碳气体。

(2)泥浆制备

泥水制作流程及控制措施如图6-27所示。

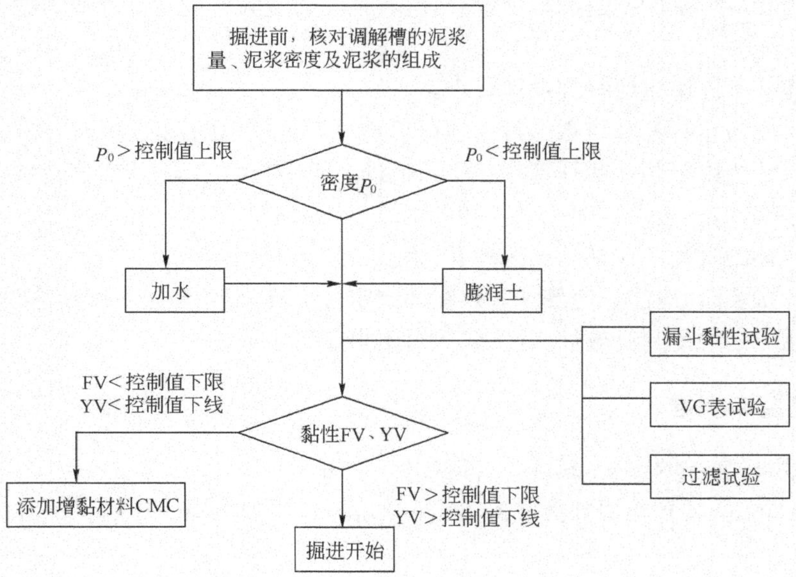

图6-27 泥水制作流程图

从泥水分离站排出的泥浆经沉淀后进入调整槽，在调整槽内对泥浆进行调配，确保输送到盾构的泥浆性能满足使用要求。制浆设备主要包含1个剩余泥水槽、1个黏土溶解槽、1个清水槽、1个调整槽、1个CMC(增黏剂)贮备槽、搅拌装置等。

泥水制备时，使用黏土、膨润土(粉末黏土)提高密度；添加CMC来增大黏度。

黏性大的泥浆在砂砾层可以防止泥浆损失、砂层剥落，使作业面保持稳定。在坍塌性围岩中，也宜使用高黏度泥水，但是泥水黏度过高，处理时容易堵塞筛眼；在黏土层中，黏度不能过低，否则会造成开挖面塌陷。

6.6 管片拼装技术

6.6.1 拼装准备

在拼装管片前，检查确认所安装的管片及连接件等是否为合格产品，并对前一环管片环面进行质量检查和确认；掌握所安装的管片排列位置、拼装顺序，盾构姿态、盾尾间隙(管片安装后，盾尾间隙要满足下一掘进循环限值，确保有足够的盾尾间隙，以防盾尾直接接触管片)等；盾构推进后的姿态应符合拼装要求。

6.6.2 管片拼装作业

管片的拼装从隧道底部开始，先安装标准块，依次安装相邻块，最后安装封顶块。安装封顶块时先径向搭接约2/3管片宽度，调整位置后缓慢纵向顶推。管片安装到位后，及时伸出相应位置的推进油缸顶紧管片，然后移开管片安装机。

管片每安装一片，先人工初步紧固连接螺栓；安装完一环后，用风动扳手对所有管片螺栓进行紧固；管片脱出盾尾后，重新用风动扳手进行紧固。拼装要点如下：

(1)管片拼装应按拼装工艺要求逐块进行，安装时必须从隧道底部开始，然后依次安装相邻块，最后安装封顶块。每安装一块管片，立即将管片纵环向连接螺栓插入连接，并戴上螺帽用电动扳手紧固。

(2)封顶块安装前，对止水条进行润滑处理，安装时先径向插入，调整位置后缓慢纵向顶推。

(3)在管片拼装过程中，应严格控制盾构推进油缸的压力和伸缩量，使盾构位置保持不变，管片安装到位后，应及时伸出相应位置的推进油缸顶紧管片，其顶推力应大于稳定管片所需力，然后方可移开管片安装机。

(4)管片连接螺栓紧固质量应符合设计要求。

(5)拼装管片时应防止管片及防水密封条的损坏，安装管片后顶出推进油缸，扭紧连接螺栓，保证防水密封条接缝紧密，防止由于相邻两片管片在盾构推进过程中发生错动，防水密封条接缝增大和错动，影响止水效果。

(6)对已拼装成环的管片环作椭圆度的抽查，确保拼装精度。

(7)曲线段管片拼装时，应注意使各种管片在环向定位准确，保证隧道轴线符合设计要求。

(8)同步注浆压力必须得到有效控制，注浆压力不得超过限值。

6.6.3 管片拼装控制标准

(1)轴线允许偏差：高程偏差±50mm，平面偏差±50mm。

(2)管片错台<3mm，管片接缝开口<3mm，管片拼装无贯穿裂缝，无大于0.3mm宽的裂缝及剥落现象。

(3)水平直径和垂直直径允许偏差<50mm。

6.7　壁后注浆技术

6.7.1　注浆目的与方式

管片壁后注浆按与盾构推进的时间和注浆目的不同，可分为同步注浆、二次补强注浆和堵水注浆。

同步注浆：同步注浆与盾构掘进同时进行，是通过同步注浆系统及盾尾的注浆管，在盾构向前推进盾尾空隙形成的同时进行，浆液在盾尾空隙形成的瞬间及时起到充填作用，使周围岩体获得及时的支撑，可有效防止岩体的坍塌，控制地表的沉降。

二次补强注浆：管片背后二次补强注浆则是在同步注浆结束以后，通过管片的吊装孔对管片背后进行补强注浆，以提高同步注浆的效果，补充部分不充填的空腔，提高管片背后土体的密实度。二次注浆其浆液充填时间滞后于掘进一定的时间，对围岩起到加固和止水的作用。

堵水注浆：为提高背衬注浆层的防水性及密实度，在富水地区考虑前期注浆受地下水影响以及浆液固结率的影响，必要时在二次注浆结束后进行堵水注浆。

盾构推进时，盾尾空隙在围岩坍落前及时地进行压浆，充填空隙，稳定地层，不但可防止地面沉降，而且有利于隧道衬砌的防水，选择合适的浆液（初始黏度低，微膨胀，后期强度高）、注浆参数、注浆工艺，在管片外围形成稳定的固结层，将管片包围起来，形成一个保护圈，防止地下水侵入隧道中。壁后注浆的目的如下：

（1）使管片与周围岩体的环形空隙尽早建立注浆体的支撑体系，防止洞室岩壁坍陷与地下水流失造成地层损失，控制地面沉降值。

（2）尽快获得注浆体的固结强度，确保管片衬砌的早期稳定性。防止长距离的管片衬砌背后处于无支承力的浆液环境内，使管片发生移位变形。

（3）作为隧道衬砌结构加强层，具有耐久性和一定强度。充填密实的注浆体将地下水与管片相隔离，避免或大大减少地下水直接与管片的接触，从而作为管片的保护层，避免或减缓了地下水对管片的侵蚀，提高管片衬砌的耐久性。

6.7.2　同步注浆参数的控制

同步注浆是从安装在盾构上的注浆管直接注入盾尾空隙的方法，盾构推进油缸与注浆是联动的，控制系统通过 PLC 与盾构的推进相互锁定，保证盾构前进时环缝中的压力。砂浆流动速度是无级调整的，这样就可以调整它来满足盾构前进的速度。注浆操作通过预先设定的压力进行控制，从而保证：避免过高的压力损坏盾尾密封或管片；系统中每个部位都有足够的压力来平衡预计的地面土压力和地面水压力，这样可避免地面的沉降。

所有操作功能都通过中央控制板控制。注浆操作控制板上可以选择/预先设定：每个注入点上的砂浆压力、在每个注入点计算行程（砂浆量）、总行程计算（砂浆量）、每环的注入点砂浆注入量、每环总的砂浆量、预先设定的限定值。

（1）注浆压力

同步注浆时要求在地层中的浆液压力大于该点的静止水压及土压力之和，做到尽量填补而不宜劈裂。注浆压力过大，管壁外面土层将会被浆液扰动而造成地表隆起，浅埋地段易造成跑浆；而注浆压力过小，浆液填充速度过慢，填充不充足，会使地表沉降增大。泥水盾构施工中，一般同步注浆压力比相应水压高 0.2～0.3MPa。

（2）注浆量

同步注浆量理论上是充填切削土体与管壁之间的空隙，但同时要考虑盾构推进过程中的纠偏，跑浆（包括向地层中扩散）和注浆材料收缩等因素。

(3)注浆时间及速度

根据盾构推进速度，以每循环达到总注浆量而均匀注入，从盾构推进进行注浆开始，推进完毕注浆结束，具体注浆速度根据现场实际掘进速度计算确定。

6.7.3 注浆材料

注浆材料必须选择适合于隧道的土质和盾构型式等条件。作为注浆材料，应具备以下性质：不发生材料离析、不丧失流动性、注浆后的体积减少小、尽早达到围岩强度以上、水密性好。

注浆材料最重要的是充填性、流动性及不向盾尾以外的区域流失等特性，满足这些特是实现壁后注浆目的的关键。但由于上述条件是相互矛盾的，譬如，为了提高充填性，应使浆液的流动性好，但是流动性太好，又易使隧道管片背后顶部部分出现无浆液充填的现象。

通常使用的注浆材料有单液型和双液型。

(1)单液

单液注浆材料的性质具有：

①可压送的流动性。

②能填充到目标间隙范围。

③在填充的注浆材料硬化前，不发生材料离析或凝固。

单液浆液在搅拌机中经拌和成为流动的液体，再由砂浆泵注入盾尾后部的间隙，注入时要求浆液处于流动性好的液态，以利于充填，浆液经过液体—固体的中间状态(流动态凝结及可塑状凝结)后固结(硬化)。但是，由于水泥的水化反应非常缓慢，所以从注入固结需要几个小时，因此，管片背面的顶部位置很难充填到，加上水泥砂浆液易受地下水的稀释，致使早期强度下降。

在单液浆液中不同的材料配比，决定了它们不同的凝胶时间、抗压强度、固结率等，加入的水玻璃作为速凝剂以加快浆液的凝胶时间。

(2)双液

双液注浆材料的性质具有：

①能在指定范围内注浆。

②材料离析少而且不受地下水的影响。

③能调节硬化时间。

④能根据需要尽早达到所需的强度等。

在围岩难以稳定的黏土层或易坍塌的砂层，需要在推进的同时，把壁后注浆材料通过安装在盾尾中的注浆管注入空隙中去，除了要求在注浆期间具有流动性外，还要求浆液在注浆后可迅速变为可塑状固结或固结，故背后注浆中使用的是水玻璃类双液型浆液。以水泥与水玻璃浆液为主剂，根据需要添加其他附加剂，它克服了单液水泥砂浆液的凝结时间长、不宜控制等不利。凝胶时间随水玻璃浓度、水泥浆浓度(即水灰比)、水玻璃与水泥浆体积比、温度等有关。一般情况下水泥浆浓度增大，浆液凝胶时间长；水玻璃与水泥浆体积比增大，浆液的凝胶时间短；水玻璃浓度增大，凝胶时间缩短。

使用双液注浆时，应注意对注浆管的清洗，否则会发生堵管现象。

6.8 施工测量

盾构隧道施工测量的目的保证盾构隧道掘进和管片拼装按隧道设计轴线施工；建立隧道贯通段两端地面控制网之间的直接联系；并将地面上的坐标、方位和高程适时地导入地下联系测量，作为后续工程(铺轨、设备安装等)的测量依据。

盾构施工测量应根据施工环境、工程地质条件、水文地质条件、掘进指标等确定施工测量与控制方案。盾构施工测量的内容主要应包括：隧道环境监控量测、隧道结构监控量测、盾构掘进测量、盾构贯通测量、盾构隧道竣工测量等。

6.8.1 交桩复核测量

对业主所交的水平控制网的点位和高程控制网的水准点，在开工前应复测一次。

水平控制网的点位主要有两部分组成，一部分是GPS控制点，另一部分是加密的导线点。导线点与在其旁边所做的附点组成闭合导线环进行复测，开工前复测一次，以后根据施工进度在复测洞内控制点时进行复测，或根据现场需要组织复测。

高程控制网的水准点，开工前复测一次，以后根据施工进度在复测洞内控制点时进行复测，或根据现场需要组织复测。

6.8.2 隧道环境监控量测

隧道环境监控量测，包括线路地表沉降观测、沿线邻近建(构)筑物变形测量和地下管线变形测量等。线路地表沉降观测，应沿线路中线按断面布设，观测点埋设范围应能反映变形区变形状况。宜按表6-2要求设置断面。地表地物、地下物体较少地区断面设置可放宽。

观测点埋设范围 表6-2

隧道埋设深度(m)	观测点纵向间距(m)	观测点横向间距(m)
$H>2D$	20～50	7～10
$D<H<2D$	10～20	5～7
$H<D$	10	2～5

注：H为隧道埋设深度；D为隧道开挖宽度。

沿线邻近建(构)筑物变形测量，应根据结构状况、重要程度、影响大小有选择地进行变形量测。

地下管线变形量测一般应直接在管线上设置观测点。

盾构穿越地面建筑物、铁路、桥梁、管线等时除应对穿越的建(构)特进行观测外，还应增加对其周围土体的变形观测。隧道环境监控量测，应在施工前进行初始观测，直至观测对象稳定时结束。变形测量频率见表6-3。

隧道环境监控变形测量频率 表6-3

变形速度(mm/d)	施 工 状 况	测量频率(次/d)	变形速度(mm/d)	施 工 状 况	测量频率(次/d)
>10	距工作面1倍洞径	2/1	1～4	距工作面2～5倍洞径	1 / 2
5～10	距工作面1～2倍洞径	1 / 1	<1	距工作面>5倍洞径	<1/7

6.8.3 隧道结构监控量测

隧道结构监控量测包括：盾构始发井、接收井结构和隧道衬砌环变形测量，管片应力测量。隧道管片环的变形量测包括水平收敛、拱顶下沉和底板隆起；隧道管片应力测量应采用应力计量测；初始观测值应在管片浆液凝固后12h内采集。

6.8.4 盾构掘进测量

1)盾构始发位置测量

盾构掘进测量也称施工放样测量。

盾构始发井建成后，应及时将坐标、方位及高程传递到井下相应的标志点上；以井下测量起始点为基准，实测竖井预留出洞口中心的三维位置。

盾构始发基座安装后，测定其相对于设计位置的实际偏差值。盾构拼装竣工后，进行盾构纵向轴线和径向轴线测量，主要有刀盘、机头与盾尾连接点中心、盾尾之间的长度测量；盾构外壳长度测量；盾构刀口、盾尾和支承环的直径测量。

2)盾构姿态测量

(1)平面偏离测量

测定轴线上的前后坐标并归算到盾构轴线切口坐标和盾尾坐标,与相应设计的切口坐标和盾尾坐标进行比较,得出切口平面偏离和盾尾偏离,最后将切口平面偏离和盾尾偏离加上盾构转角改正后,就是盾构实际的平面姿态。

(2)高程偏离测量

测定后标高程加上盾构转角改正后的标高,归算到后标盾构中心高程,按盾构实际坡度归算切口中心标高及盾构中心标高,再与设计的切口里程标高及盾尾里程标高进行比较,得出切口中心高程偏离及盾尾中心高程偏离,就是盾构实际的高程姿态。

盾构测量的技术手段应根据施工要求和盾构的实际情况合理选用,及时准确地提供盾构在施工过程中的掘进轨迹和瞬时姿态;采用2′全站仪施测;盾构纵向坡度应测至1‰、横向转角精度测至1′、盾构平面高程偏离值和切口里程精确至lmm。

盾构姿态测定的频率视工程的进度及现场情况而定,理论上每10环测一次。

3)管片成环状况测量

管片测量包括测量衬砌管片的环中心偏差、环的椭圆度和环的姿态。管片3~5环测量一次,测量时每个管片都应当测量,并测定待测管片的前端面。测量精度应小于3mm。

6.8.5 贯通测量

隧道贯通测量包括地面控制测量、定向测量、地下导线测量、接收井洞心位置复测等。隧道贯通误差应控制在:横向:±50mm,竖向±25mn。

6.8.6 竣工测量

1)线路中线调整测量

以地面和地下控制导线点为依据,组成附合导线,并进行左右线的附合导线测量。中线点的间距,直线上平均为150m,曲线除曲线元素外不小于60m。

对中线点组成的导线采用Ⅱ级全站仪,左右角各测三测回,左右角平均值之和与360°较差小于5″,测距往返各二测回,往返二测回平均值较差小于5mm。经平差后线路中线依据设计坐标进行归化改正。

2)断面测量

利用断面仪进行断面测量,每一断面处测点6个。根据测量结果确定检查盾构管片衬砌完成后的限界情况。地铁隧道一般直线段每10m,曲线段每5m测量一个净空断面,断面测量精度小于10mm。

6.9 盾构带压进仓技术

带压进仓技术用于盾构在特殊环境下的换刀作业与紧急情况下的维修作业,工作气压可达7×10^5Pa以上。盾构带压进仓采用饱和潜水技术和混合气体呼吸技术。

6.9.1 压力人仓的结构

为满足作业人员在带压情况下快速地进行检查、更换刀具以及检查、维修刀盘内其他部件的要求,一般需配置并列式双室人仓(图6-28)。并列式人仓由应急仓(也称准备仓)和主仓组成,应急仓和主仓横向连接,它们之间由压力门隔开。主仓可容纳3个人,应急仓可容纳2人。

应急仓的功能是在需要时,在降压状态下,医务人员可以从应急仓进入到主仓,同时也可向主仓内运送工具和材料等以提高工作效率。

压力人仓配有以下设备：压缩空气阀(加压管阀)、带阻尼器的排气阀(减压管阀)、通信设备(对讲机、蜂窝电话)、工业水闸阀、加热器、照明系统(含应急照明)、压力表、时钟、温度计、折叠椅、记录器、气体分析仪、控制面板。

主仓室(图 6-29)拥有单独使用的压缩空气供给和通风网络系统，使主仓能完全安全地独立使用。应急仓加压不能高于主仓。

间接控制型的复合气垫式泥水盾构的人仓布置如图 6-30 所示。

图 6-28 并列式双室人仓

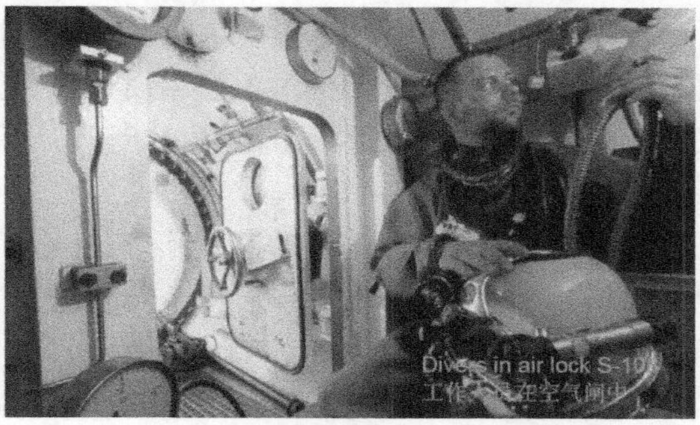

图 6-29 并列式人仓的主仓室

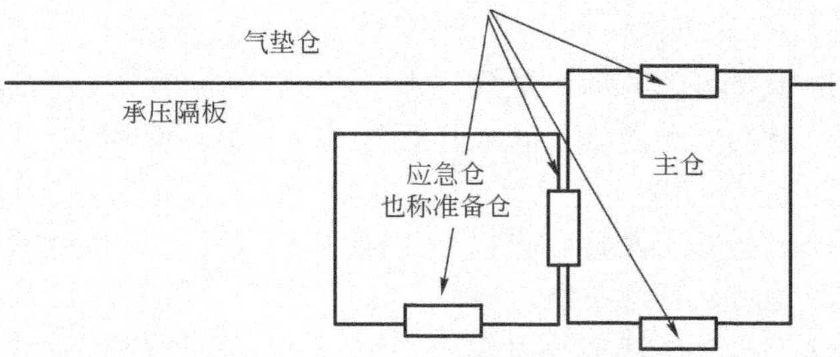

图 6-30 泥水盾构的人仓布置示意图

6.9.2 带压进仓作业程序及要点

带压进仓作业程序如图 6-31 所示。

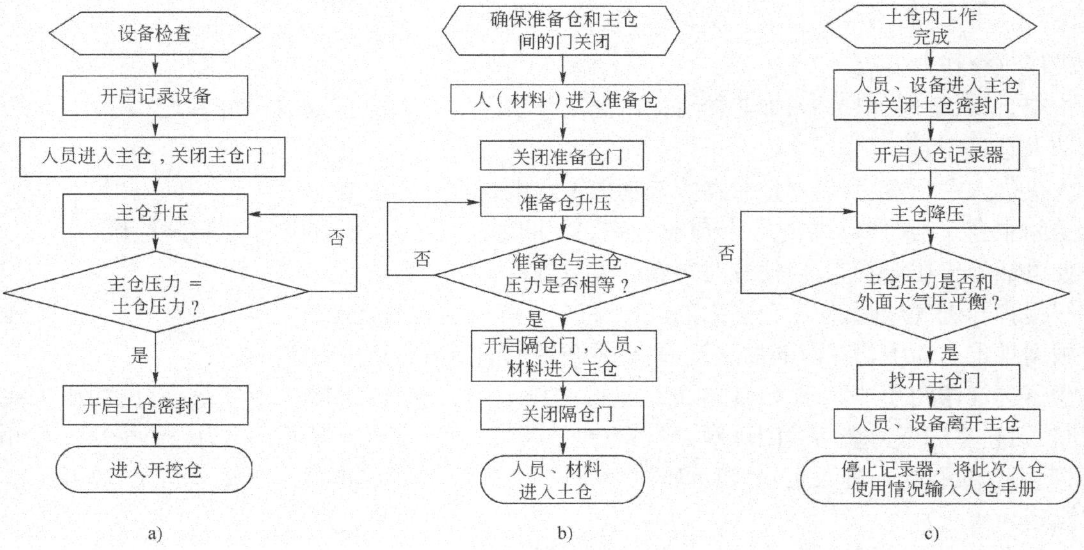

图 6-31 带压进舱程序图

a)人员进入土仓；b)人员、材料经过准备仓进入土仓；c)人员离开土仓

1)一般要求

①人仓的操作应由受过训练的人仓管理员执行。

②只有通过了体检和带压测试并经过了相关培训的人员才能带压进仓。

③要做好带压进仓的技术交底工作。

④必须遵守所有人仓前部和内部的警示和信息标志。

⑤必须定期检查人仓所有部件(显示仪、条形记录器、热系统、钟、温度计、密封和阀)的功能。

⑥必须定期检查电话和紧急电话设备是否能按照规定要求工作。

⑦检查门密封和密封面是否干净和损坏,必要时更换密封。

⑧使用人仓时测试条形记录器是否能正常工作,供纸是否充足。

2)主仓升压

①主仓未升压前应检查显示仪、条形记录器、加热系统、钟、温度计、电话、紧急电话和阀,密封是否干净。检查并保证主仓上的双倍条形记录器能正常工作,纸张充足。检查主仓和中隔板上的密封门是否关闭并正确锁好。

②人仓管理员要通过电话一直与空气仓中的人员联系。人仓管理员通过操作门阀使主仓室的压力值达到规定的操作压力。为保证人仓内人员的健康安全,应逐渐升高人仓的压力,将压力缓慢上升到操作压力值。人仓管理员应随时监测人仓中各人员的健康状况。一旦有人员出现任何微小的不适现象立即切断压缩空气中断人仓升压,并按操作程序减压,同时准备医疗救援。

③主仓室内的人员可按照要求调节加热系统。人仓和土仓(即开挖仓)之间的密封门只有在二者压力达到平衡时才可被打开。当人员进入土仓后人仓管理员停止条形记录器。

3)主仓降压

①准备降压的人员离开土仓进入人仓后应立即关闭压力挡板上的小窗和压力补偿用的门阀。降压前应仔细检查人仓内的各密封门是否已关好。

②人仓内的人员通过电话向人仓管理员报告人员情况。人仓管理员通过操作门阀逐渐降低人仓中的压力,同时应注意观察测压计和流速计的读数是否正常。与此同时,人仓管理员通过调节门阀开始向人仓通风。

③通过调节门阀使压力稳定而缓慢的下降,直到压力仓内的压力变为正常为止。在降压过程中人仓内人员可打开加热系统以适应环境温度,推荐的温度范围在 15～28℃。

④降压完毕后人仓管理员停止条形记录器,将人仓的使用过程(日期、时间、压力、人数等)输入人仓手册。

4)带压进仓作业要点

①检查工具、备件、记录器、加热器、钟表、温度计、紧急电话、进气阀、排气阀以及人仓门是否工作正常并清洁人仓门密封。

②人员进入主仓室后,启动记录器检查功能及送纸是否工作正常。

③关闭主仓室闸门以及主仓室与应急仓室之间的闸门,并确认所有闸门均正确关闭。

④使电话处于在线状态,以便随时与仓外人员进行联系。

⑤缓慢打开进气球阀,使主仓室内的气压升高,直至达到操作压力。

⑥根据规定启动主仓室内的加热器,调整主仓室内的温度至适宜状态。

⑦微调进气球阀和排气球阀,使得主仓室内的压力与土仓(泥水盾构为气垫仓)内的压力完全一致(通过比较两仓室的压力表),关闭球阀,并小心地打开主仓室与土仓(泥水盾构为气垫仓)之间的闸门。

⑧打开闸门后,人员进入土仓(泥水盾构为先进入气垫仓,然后再打开气垫仓与土仓间闸门,人员再从气垫仓进入土仓)。

⑨人员在土仓内进行带压作业,保持闸门为打开状态。

泥水盾构带压进仓闸门开闭作业操作程序如图 6-32 所示。

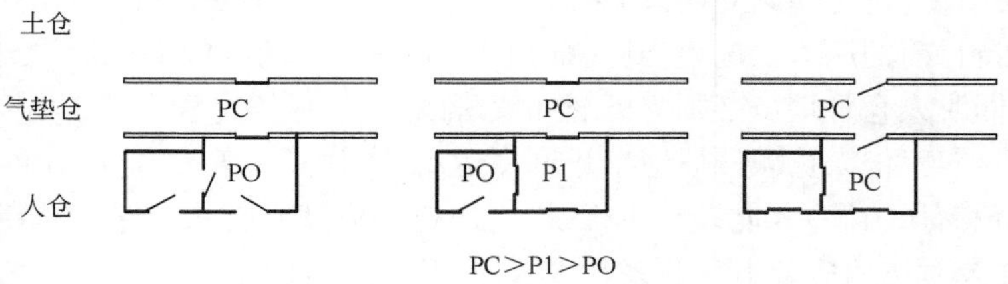

图 6-32 带压进仓作业操作程序示意图

6.9.3 升压和带压作业过程中的安全注意事项

①仓内禁止存放可燃气体和氧气瓶。患有感冒或流感的人不能带压进入人仓，否则可能有耳膜破裂的危险。

②进仓人员要带些干燥的衣物，以备减压时穿，防止感冒。

③不要将可能膨胀的饮品或食物带入空气仓。

④人仓在压力下工作时由于安全原因准备仓一般是没有压力的，准备仓的两个门都是关闭的；为了空气仓内人员的健康必须逐渐升高空气仓的压力，将压力缓慢上升到操作压力值。

⑤定期检查流速计以确保人员仓通风；随时监测空气仓人员的健康状况；一旦空气仓人员出现任何不适现象时，要立即中断压缩空气并降压，让不适人员离开空气仓。

⑥因在升压和带压作业过程中，压力仓/土仓内温度较高，因此在此期间要多饮水；否则，脱水会立即导致压缩空气病症，但加压前/加压期间禁止饮用二氧化碳饮料。

⑦由于压力越高人体吸入的气体越多，尤其是氮气首先就会在人体液体内溶解，然后溶解在人体组织中，其饱和程度取决于压力、维持的时间以及人体组织吸收氮气的能力，胖的人体组织特别容易吸收，因此，肥胖人员一般不允许在有压下进仓。

⑧在带压作业过程中，为确保作业人员安全，仓内压力要随时保持基本恒定，其波动值要控制在5kPa以内。

⑨在带压作业过程中，体能消耗要远远高于常压下作业，因此用力要适度，并注意做好自身的身体防护，尽量避免碰伤皮肤或发生身体扭伤现象。

⑩由于在需带压作业地段，地层稳定性较差，虽然采取了一系列封堵加固措施和通过压缩空气来平衡掌子面的水土压力，但仍存在许多不定因素，当界面条件发生变化时，掌子面仍存在有部分失稳或出现涌水、漏水的可能，所以在检查刀盘和带压作业时仍具有一定的危险性，因此在这一过程中必须一直密切关注掌子面的稳定情况和涌水量的变化；出现异常情况时，应立即停止带压作业。

6.9.4 减压过程中的防病措施

减压期间必须释放溶解在体内的气体。减压期间必须按照减压方案减压，这样体内的气体就会通过血液循环和肺排出来。如果压力降低太快，会在人体液体和组织内形成气泡(二氧化碳—水反应)，气体栓塞就是带压作业后最容易出现的组织病症根源。另外，释放的气体会造成暂时性或者永久性组织损伤。从压力状态下到常压下的转变周期过短，就会造成严重的压缩空气病症，经常会在减压期间或者几小时后出现。压缩空气病症主要体现为：肌肉和/或关节痛；皮肤瘙痒和/或红蓝颜色；中央神经系统紊乱：眩晕、耳鸣、听力僵硬、呼吸困难、视力和语言紊乱、中风/麻痹、痉挛；手指和脚趾麻木等。因此在减压过程中，应注意以下事项：

①人员仓管理员必须认真履行带压作业人员的减压程序，并做好时间记录，坚决杜绝减少减压时间的现象与跳期减压的现象。

②为保证仓内作业人员的安全，减压过程中确保仓内通风量。

③减压期间注意事项：在减压期间仓内工作人员必须穿上干燥衣服，避免因冷感冒或者发抖，避免

浅/轻呼吸,禁止非自然姿势;定期站立,移动胳膊/腿关节;如果有人出现压缩空气病症,或其他病症,必须立即停止减压,维持目前的压力状况,直到病症消失。几分钟以后,如果病症没有消失,就要将仓内压力升至原来的位置,同时人仓管理员必须立即通知值班医生,并仔细对病人减压。

④出仓后注意事项:工作人员减压后应禁止剧烈运动,注意多休息;禁止长时间热水浴;多饮水;加压后至少 24h 后(完全没有压力了)才能乘坐飞机;带压作业后应随身携带应急工作卡,如果出现关节痛以及其他突发病症时要及时按照应急卡片联系负责医生,及时医治。

6.10 刀具的检查与更换

刀具在掘进过程中,刀刃因磨耗超限或脱落、缺损、偏磨时,必须进行刀具更换。刀具可分为切刀、刮刀、撕裂刀和滚刀等,并分别适用于不同的地质条件。当地质条件发生变化时,为保证盾构施工安全和加快施工进度,亦应更换适应于该地层条件的刀具。盾构运行时,刀盘上不同位置的滚刀磨损量不一样,因此在刀具检查中,根据磨损程度的不同,可进行位置的更换,以节约施工成本。

6.10.1 刀具检查与更换的安全要点

刀具的检查与更换必须在确保安全的前提下进行。刀具更换是一项较复杂的工序,首先除去压力仓中的泥水、残土,清除刀具上黏附的泥沙,确认要更换的刀具,运入工具,设置脚手架,然后拆去旧刀具,换上新刀具。更换刀具停机时间比较长,容易造成盾构整体沉降,从而引起地层及地表沉降,损坏地表及埋设建(构)筑物,危及工程安全。为此,更换前应做好准备工作,尽量减少停机时间。更换作业尽量选择在中间竖井或地质条件较好、地层较稳定的地段进行。如必须在地质条件较差的地层进行时,必须带压更换或对地层进行预加固,确保开挖工作面及基底的稳定。

刀具更换时必须确保作业人员的安全。更换刀具的人员必须系安全带,刀具的吊装和定位必须使用吊装工具。尤其是在更换滚刀时要使用抓紧钳和吊装工具。所有用于吊装刀具的吊具和工具都必须经过严格的检验,以确保人员和设备的安全。需转动刀盘时,必须使进仓人员撤离至安全区域,由专人操作,任何人不得擅自启动。

换刀前要制定详细的换刀方案、步骤和要求,并做好技术交底和人员培训。同时,还要制定详细的应急预案。刀具更换必须实行土木和机电工程师值班制度;带压进仓作业要有严格的带压进仓方案;带压进仓作业要制定安全措施,并进行交底;刀具更换机具使用按照相关机具操作规程进行;刀具运输和更换注意安全做到自防、互防和联防;刀具更换所使用的废弃物应该统一回收,避免造成环境污染;更换刀具时必须作好更换记录,更换记录主要包括刀具编号、原刀具类型、刀具磨损量、修复刀具的运行记录、更换原因、更换刀具类型、更换时间和作业人员姓名等。

6.10.2 换刀前的准备工作

换刀准备工作主要包括如下内容:

①总体规划。在日常的工作中负责刀盘的工程师与土木工程师密切沟通,加强对施工区段地质情况的了解,对地质资料中反映的施工重点和难点要特别留心。在制定刀具、刀具配件计划时,充分估计特殊区段对刀具的破坏程度,同时在制定换刀计划时,及时、有效地与土木工程师、掘进司机沟通,确定最佳的开仓地点。初步提出刀具的更换方案的同时,提前做好材料的准备,人员的培训等。

②设备物资供应。设备与材料的准备,是实现快速换刀的根本保证。在确保常用设备(机具)、材料到位的情况下,使用更为先进的工具,例如:风动吊机,手拉葫芦,风动扳手等。开仓换刀前对盾构各个系统进行检查,作好风水电等各个方面的协调工作,保证换刀过程中良好的工作环境。

③人员培训。必须经过专门培训的人员才能进仓进行刀具的更换。

④成立应急救援小组。换刀是一种非常危险的作业工序,必须成立应急救援小组,并严格执行《应急

准备和响应控制程序》防止意外发生。

⑤开仓审批。开仓技术方案经过工程部与设物部讨论，由机电总工程师和土木总工程师确认，报项目经理签发，业主和监理同意后方可开仓，责任落实到人，按严格的开仓程序进行。

6.10.3　常压换刀程序

当盾构在硬岩或自稳能力较强的地段(整体性较好的中风化、微风化地层)掘进时，不需带压进仓，这种情况下可在无压下直接进入刀盘作业。刀具更换程序应为：刀盘清理→刀具检查和磨损量的测量→制定换刀计划→刀具拆除→安装新的刀具→做好详细的刀具更换记录→整体检查。

6.10.4　带压换刀作业要点

在需要带压进仓换刀时，严格按照带压进仓作业程序进行，制定详细的升压、减压作业细则。人员仓升压与减压按国家《空气潜水减压技术要求》GB 1251—2008 所规定的原则进行，不得随意调整。带压进仓作业要点如下：

①建立健全安全质量责任制，进仓、检查刀盘及换刀、减压作业、运输严格按规程操作。

②带压进仓的换刀人员必须经过岗前培训，培训合格方能持证作业，对作业人员上岗前针对进仓、检查刀盘及换刀、减压作业的特点进行安全交底，树立安全作业的意识。

③带压进仓前及换刀过程中监测人员应跟踪监测地面的变化情况；进仓人员应时刻注意观察刀盘内水位变换情况。

④实行主要领导 24h 现场值班制度。

⑤保证现场材料供应，确保作业过程的有效运转。

⑥值班工程师现场 24h 值班，并在值班过程中做好带压进仓作业的各种记录并收集、整理，第二天及时上报公司。

⑦带压作业过程中，加强各种检测仪表、空压机、气路电路的观测，如发现空压机故障，应立即启动另一台空压机；如发现停电，应立即启动内燃发电机；如发现管路漏气，应立即汇报并及时处理。以防意外情况发生。并将监测及时地上报值班领导。

⑧每班作业时，电工应加强用电管理，确保工地施工用电安全。

⑨人仓、自动保压系统及减压仓由专人负责操作，同时做好各项记录。

⑩作业人员作业时应佩戴好个人防护用品，防止意外伤亡事故的发生。

⑪仓内严禁携带易燃易爆物品、严禁使用明火，防止爆炸、造成事故。

6.10.5　刀具磨损监测

不需要进入到开挖仓，对刀具磨损的监测工作是在常压下进行的。监测切刀的磨损情况，是通过在刀具里预埋了线圈，当刀具磨损到一定程度时，线圈形成接通，信号通过感应传递到刀具支座上，一双线圈又从刀座传导到刀盘后部的诊断器上，警视报告刀具的磨损情况，见图 6-33。

也有在刀具上建立液压回路的方法来监测刀具的磨损。在每把检测刀上都设有一个钻孔通至靠近外表面的地方，通过手动泵来加压，如果刀具被磨损到一定程度，这个漏油孔就被打开，使压力断开，意味着刀具已磨损。这些监测工作都是在常压下进行的，不需要进入到开挖仓内部，见图 6-34。

图 6-33　刀具磨损捡测(电)

6.10.6　滚刀失效形式

1)正常磨损

刀具进行破岩时，破岩效率与滚刀的刃口宽度有关，随着刀圈

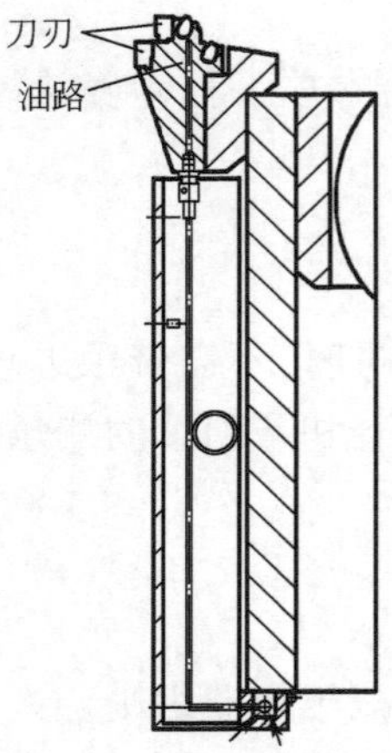

图 6-34　刀具磨损检测(液)

磨损量的增加,刃口的宽度增加,当达到一定范围时会影响掘进速度,甚至不能再掘进。滚刀的正常磨损是指刀圈刃口宽度超过规定值的均匀磨损。此类磨损使用测量仪进行测量。正常磨损是刀具失效的主要形式,重庆过江隧道施工中,由于刀具检查更换及时,从更换下来的刀具看,均属正常磨损。

2)刀圈断裂

掘进过程中,由于地层突然变硬或刀盘某些部件脱落或其他铁件卡在刀刃与地层之间,会导致刀圈局部过载而使刀圈应力集中发生断裂,同时刀圈与刀体配合过盈量未达到要求也会造成刀圈断裂。

3)平刀圈

平刀圈也称弦磨,是由于地质原因或刀具的轴承损坏引起的。当掌子面主要为抗压强度较软的塑性黏土层、砂砾层及全风化岩、强风化岩时,不能给滚刀回转提供足够的启动扭矩(摩擦阻力),此外由于塑性黏土层黏性较大,滚刀及座孔被堵塞,刀盘面板处形成泥饼,使得滚刀相对掌子面不能良好转动,从而造成滚刀偏磨。如果滚刀的轴承损坏,滚刀也不能在隧道开挖面上滚动,使刀圈呈现单侧磨损。掘进过程中出现平刀圈如果没及时发现,不但会加速这把刀的磨损,并且会造成相邻滚刀过载失效,从而迅速向外扩展,直到整个刀盘上的刀具全部失效。刀盘强大的推进力使滚刀贯入岩石,盘形滚刀自回转。当掌子面是上软下硬地层时,即盘形滚刀随刀盘回转至刀盘中上部时,由于全风化岩、强风化岩地质较软,不能给滚刀刀圈回转提供足够的条件,又有泥饼的现状,使得盘形滚刀相对开挖面不能良好转动;当同一把滚刀转至刀盘中下部时,由于抗压强度较高的地层可以提供足够的回转条件,盘形滚刀又能相对掌子面良好转动。这样,在上软下硬的混合岩地层中切削围岩时,盘形滚刀时而回转时而不转,容易造成多边形偏磨。

4)刀具漏油

油脂因密封损坏而从滚刀中泄漏出来。刀具发生漏油,主要原因是轴承损坏、刀具过载或浮动油封失效。

①轴承损坏。主要原因轴承寿命已达极限或滚刀的装配不当造成,当刀盖的紧固力矩不足或对轴承内圈进行轴向定位的隔圈尺寸过大,都有可能造成轴承装配过松,降低了轴承的承载能力。轴承预紧度偏小时,轴承外圈相对于内圈产生轴向窜动,也会影响浮动密封的密封效果。

②刀具过载。地质条件发生急剧变化,作用于刀盘的推力超过了盘形滚刀的承载能力。

③刀具密封失效。刀具轴承及浮动密封的寿命已达极限。主要体现为润滑油泄漏,润滑油泄漏导致水、渣土渗入轴承,使轴承无法正常转动并导致轴承损坏。

5)刀圈剥落

刀圈表面掉落整块的碎片,而整个刀圈没有断裂,称为“刀圈剥落”也称“刀圈碎裂”。刀圈剥落是由于刀圈表面产生疲劳裂纹,逐步扩展导致微观断裂,因磨损而剥落。如果剥落块较小,一般不影响刀具的正常运转。

6)挡圈断裂或脱落

挡圈用于避免刀圈沿轴线方向的平行位移。如果挡圈断裂或脱落会引起刀圈位移。

6.10.7　盘形滚刀的检查

1)盘形滚刀外观检查

检查刀盘上所有盘形刀具螺栓是否有脱落或松动现象;检查滚刀挡圈是否断裂或脱落,检查刀圈是否发生移位;检查滚刀刀圈是否完好,有无裂纹、断裂及弦磨现象;检查滚刀刀体是否漏油或轴承损坏现象,并做好记录。

2)盘形滚刀磨损的测量

盘形滚刀在没有刀圈断裂和损坏的前提下，正确地测量盘形滚刀刀圈的磨损量。中心滚刀和正滚刀刀圈最大磨损极限为 25mm，最外边的几把边滚刀最大磨损极限为 15mm，达到最大磨损极限时必须更换。

6.10.8 盘形滚刀的更换

从中心刀开始依次往外圈更换刀具；用 1.5t 手动倒链悬挂在土仓顶部的吊耳上，依次更换吊点办法把旧盘形滚刀运送出；依次更换吊点把新刀运进土仓内安装新刀。使用紧固扭矩把手紧固螺栓。所有需要更换的盘形滚刀经过清洗并擦干；安装刀具时应事先将刀盘上的安装位置清理干净。

盘形滚刀更换的基本原则如下：

①中心刀的最大磨损极限为 25mm，双刃正滚刀的最大磨损极限为 25mm，单刃正滚刀的最大磨损极限为 25mm，单刃边刀的最大磨损极限为 15mm。换下的边滚刀可用在正滚刀位置。

②当刀具出现下列任一损坏情况时，必须更换：刀圈断裂、平刀圈、刀体漏油、刀圈剥落、挡圈断裂或脱落、刀轴或刀体损伤。

③相邻刀具的磨损量高差不大于 15mm。

④更换刀具后，将固定刀轴的螺栓紧固至规定的扭矩，待掘进一环后，再进仓复紧刀具螺栓。

6.10.9 土压平衡盾构的带压换刀作业

1)土压平衡盾构带压进仓条件

①实施带压地段的刀盘前方周围地层要保证不发生大的气体泄露或该段地层经加固处理后达到带压作业所需的气密性要求。

②刀盘前方没有股状水出露，或经加固后刀盘前方没有股状流水。

③适用于工作压力 0.36MPa 以内的带压作业。

2)带压进仓工法原理

经过对刀盘前方地层加固处理后，在保证刀盘前方周围地层和土仓满足气密性要求的条件下，通过在土仓建立合理的气压来平衡刀盘前方水、土压力，达到稳定掌子面和防止地下水渗入的目的，为在土仓内进行带压换刀或维修作业创造工作条件。

3)带压作业工艺流程

带压作业工艺流程见图 6-35。

4)带压作业操作要点

(1)超前地层加固

为确保刀盘前方周围地层的气密性和有效封堵刀盘后部来水，带压作业前需利用设备自带的超前注浆孔对刀盘前周围地层进行注浆加固。在施工过程中注意以下几点：

①在注浆前需向刀盘及土仓内注满膨润土，注入压力稍高于掘进时的土仓压力，一方面以保证刀盘、刀具不被注浆体固结，同时可使泥浆能在可注性较好的地层有一定的扩散范围和在掌子面形成一层封闭泥膜，增强刀盘前方地层的气密性和提高掌子面的自稳能力。

②注浆管采用自加工的小导管，小导管按作业允许空间分节加工，通过设备自带的超前注浆孔分节打入地层，每节段间采用丝扣连接；每个孔注浆完成并等浆体初凝后，及时抽出注浆管。

③注浆浆液宜选用水泥—水玻璃扩散性好、凝结时间合理的双液浆，以达到充分加固地层和有效封堵刀盘后部来水(主要是对切口环及以后部位的封堵)的目的，提高掌子面地层在拟定压力范围的自稳能力和气密性。

④要选择合适的注浆压力和终止压力，同时注意土仓压力变化，一方面保证地层的加固效果，另一方面不能因注浆压力过高而击穿盾尾、铰接密封(以注浆压力瞬间值不大于盾尾和铰接密封的额定压力值为标准)。

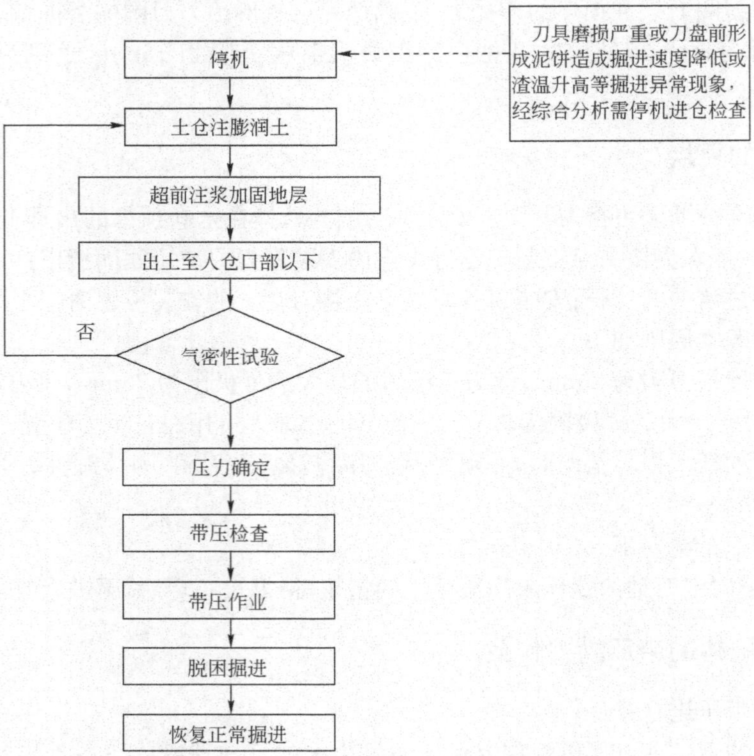

图 6-35　土压平衡盾构带压作业工艺流程图

⑤注浆完成后等待龄期，一般为 8h，这时应不停地转动刀盘，防止刀盘凝结无法转动。

(2)出土及气密性试验

为了确保带压进仓作业安全顺利进行，进仓前必须进行土仓压气试验、测定土仓渗水量和人员仓气密性试验等工作。

在超前注浆工作全部完成并等强后，即可进行刀盘前和土仓内的渣土输出，在出渣过程中，边出渣边补充气压，并随时注意土仓压力变化，以土仓压力不小于停机前掘进时的土仓压力，出渣至土仓渣土面低于人仓口部以下(不能全部出空，以免发生螺旋输送机漏气现象)。在出土和进行气密试验过程中注意以下几点：

①出土要分阶段进行，打开自动保压系统设定为设计值，将土仓中的渣土输出约 1/3，观察土仓压力值的变化，同时安排人员观察江面上漏气是否严重，若土仓压力无法保持，则重新恢复注浆，若土仓压力保持 2h 没有变化，则继续出土至 2/3，观察土仓压力值的变化，若土仓压力保持 2h 没有变化或不发生大的波动时(压力变化值 5kPa)，则表明土仓压气试验合格。

②土仓渗水量测定。注浆封水只能封堵盾壳周围岩层、管片背后岩层中的裂隙水，对于掌子面上较大的裂隙水在压气情况下仍会不断地进入土仓。根据现场经验，测定的渗水量若大于 $0.5m^3/h$，则不能安全地实施带压进仓作业，必须采取安全稳妥的排水措施。

③人员仓气密性试验。人员仓是人员出入土仓进行维修和检查的转换通道，出入土仓的工具和材料也由此通过，通常情况下人员仓处于无压模式，带压作业时处于加压模式，而气密性试验是通过升压、降压试验来检查人仓门、土仓门、仓壁上各种管路是否漏气。根据现场经验，从 0 升压(不装消音器)至设计值不超过 10min 即为合格；降压操作过程中通常会出现土仓门漏气现象，造成气压降不到 0，现场实践得出。若降压后气压能小于 30kPa 则为安全；若气压降不到 30kPa 以下，则需要带压进行土仓门密封的处理。

(3)带压进仓检查

为了进一步判断掌子面的地质情况和刀盘刀具磨损情况，首先要由专业工程技术人员带压进仓对掌子面的地质情况和稳定性进行检查、确认，同时对刀盘、刀具磨损情况进行检查，确定换刀方案和各种带压换刀前的各项准备工作。

地质检查的工作内容有：掌子面地质情况素描、地层加固效果验证、掌子面出露水情况、地层取样，并综合以上因素对掌子面稳定性进行判定，同时拍摄工程照片。

刀盘、刀具检查的工作内容有：测各种刀具的磨损量、测刀盘面板的磨损量，拍摄细部照片等，并根据检查结果制定下一步工作方案。

(4)带压进仓作业

根据技术部门制定的工作方案，施工人员在专业操仓和救生人员的配合下进行换刀、处理断螺栓、凿刀槽等工作。

①减压方案的确定。工程技术人员首先根据进仓检查情况和当前位置处的水土压力确定工作气压值，专业医务人员根据工作气压值、工作量大小、人员身体素质确定安全、稳妥的减压方案。

②更换刀具。刀具更换的原则是先易后难，螺栓拆除采用风动扳手，螺栓紧固采用省力扳手，确保刀具安装质量。

换刀过程中当遇到断螺栓时，一般采用以下两种处理方案：若断口在螺孔之外，则直接拆除；若断口在螺孔里面，则要用风动手钻打孔，用取丝器取出断螺栓，严禁采用电动工具。

当刀具发生偏磨后，在硬岩段掘进时就会在掌子面形成突出掌子面的岩石，为了使新安装的刀具在开始转动时以较小的贯入度切削岩石，同时避免新装刀具先接触岩面而出现局部偏载现象，因此必须将突出的岩石按技术要求凿除，否则就会很容易损坏新装刀具，将严重影响施工效率，甚至造成其他严重后果。

③减压出仓。一般情况下，每组有效带压作业时间为3h左右(在带压情况下作业人体很容易疲劳)，工作结束后按既定的减压方案进行减压、出仓，下一组人员进仓。

(5)完成收尾工作恢复推进

换刀工作完成后，作业人员将土仓内所有的铁制工具拿出仓外，机电技术人员对所有的刀具安装质量进行检查，确认无误后关闭土仓门恢复推进。

5)带压作业需配置的设备

因带压作业属特种作业，除盾构自带的气压设备外，还应准备以下设备和机具。

表6-4中$10m^3$内燃空压机是在当供风量不足、带压条件下须使用风动机具、突然停电须供风等情况时启用；$10m^3$电动空压机是在供风量不足、盾构自带空压机发生故障时启用；减压医疗仓(含供氧装置)，自带人员仓减压发生故障时，进仓施工人员应迅速进入医疗仓减压。

带压作业设备机具配备表 表6-4

设备或机具名称		规格	数量	备注
应急备用设备	内燃空压机	$10m^3$，压力$10.3kg/cm^2$	1台	
	电动空压机	$10m^3$，压力$10.3kg/cm^2$	1台	
	减压医疗仓		1套	急救用
	对讲机		3台	
换刀机具	风动扳手		1把	
	扭矩扳手		1把	
	导链		1台	
	照明灯		若干	并备用手电筒4把

6)对准备工作的技术要求

由于带压进仓作业的特殊性，要求施工前的各种准备工作必须做充分，并经过技术部门的严格检查、确认。

技术人员及操作工人对盾构上的自带设备进行检查、试运行；备用设备采用一列机车编组运至盾构拖车附近,正确连接后进行试运行。

对作业人员的身体检查、培训应委托有经验的专业单位完成,按照规范严格对进仓人员进行筛选;并对进仓人员进行带压作业注意事项的交底培训。

对带压进仓地段的地表(水下施工时为河床)进行声呐探测,其主要目的是为了探测地表(或河床)有无塌陷,确认带压进仓的边界条件有无发生变化,为下一步的注浆封水、注浆加固方案确定提供依据。

7)注浆封水、加固的质量控制

在带压作业前,首先要在盾构掘进过程中通过试验测定预定停机位置处地层的涌水量大小,并据此判断土仓与盾壳周围岩层、管片背后岩层的连通程度,从而确定注浆封水的工作量。注浆封水一般在两个部位进行,均采用水泥浆+水玻璃双液浆。

(1)管片背后封水

对邻近盾尾的1～3环管片,利用吊装螺栓孔进行周圈定压定量注浆,以封堵管片背后岩层中的裂隙水。

(2)切口环部位封水

利用盾构前体上的超前注浆孔进行注浆,以封堵盾壳周围岩层中的水,必要时在拱顶部位的孔中打入注浆芯管,同时对地层进行加固,具体步骤如下:

①利用铰接油缸向前掘进,行程达到80～110mm即停止,收缩铰接油缸使刀盘离开掌子面50～80mm,以便带压换刀。

②注浆前必须利用加泥系统将土仓内充满泥浆,泥浆量依据土仓压力来控制。

③自下而上利用超前注浆孔注浆,浆液采用定压不定量,凝结时间一般控制为1min。注浆过程中容易出现浆液流入土仓,凝结后造成刀盘无法转动,这时应采取保压注浆,即利用自动保压系统向土仓加入一定气压,气压值应选小于刀盘主轴承密封的承压值,略大于注浆设定的孔口压力值,防止浆液流入土仓,同时要不停地低转速转动刀盘。

④拱顶超前注浆孔注浆时要尽可能地将注浆芯管打入岩层,封堵切口环的同时对地层进行加固。

(3)浆液等强

注浆完成后等待龄期一般为8h,这时也要不停地转动刀盘,防止刀盘凝结无法转动。

6.10.10 泥水盾构的带压换刀作业

1)带压进仓的条件

(1)开仓工作应在预定地点进行,并做好开仓前的所有准备。

(2)当盾构在0.07～0.3MPa压力下工作时,带压进仓中技术人员或潜水员由压缩空气供给来呼吸,泥水盾构的潜水员在膨润土中工作。在泥水盾构中可以采用降低膨润土液位的方法,较自由地进入开挖仓,转动刀盘进行换刀作业。人员在压缩空气中最长工作时间为0.07MPa时约为4h,0.3MPa时约为2h45min。

(3)当盾构在0.3～0.5MPa压力下工作时,带压进仓中技术人员或潜水员由压缩空气或混合气体供给来呼吸,技术人员在压缩空气下工作,泥水盾构的潜水员在膨润土中工作。人员在压缩空气中最长工作时间0.3MPa时为2h45min,0.5MPa时为1h,需要在换刀的地方,降低膨润土液位,能自由进入开挖仓。

(4)当盾构在>0.5MPa压力下工作时,技术人员在压缩气下工作,潜水员在膨润土中工作,采用进入半饱和及饱和气压方法,由2台穿梭式运输仓(见图6-36)配合工作。需要在换刀的地方,降低膨润土液位,能自由进入开挖仓。

(5)适用于工作压力0.69MPa以内的带压作业,超过0.45MPa时需较高的潜水技术和设备。

2)泥水仓液面控制操作程序

进入开挖仓室内进行刀具更换作业,必须使用压缩空气调节系统保持泥水仓和气垫仓的压力,此外,还要进行泥水仓液面控制操作。

图 6-36 穿梭式运输仓

由于盾构正常掘进时,开挖泥水仓室内充满了泥浆,而气垫仓室内的液面处于中部正常位置,所以在带压进仓工作之前必须进行平衡开挖仓室和气垫仓室液面的高度,以便于作业人员的进入。起初,气垫仓室内液面高度充满处于中部,液面上部充满着压力为 Pc 的压缩空气;开挖仓室内充满泥浆,见图 6-37a)。

压缩空气由气垫仓室进入开挖仓室,气垫仓室内的液面高度逐渐升高,开挖仓室内的液面高度逐渐降低,原液面高度位置的压力逐渐增降为 P_a,见图 6-37b)。

当开挖仓室内的液面高度降至与气垫仓室内的液面高度一致时,两仓内的压缩空气的高度也达到了平衡,见图 6-37c)。平衡开挖泥水仓室和气垫仓室的液面高度的操作完成后,方可进行人员带压进仓作业。

当开挖仓室内的换刀作业完成后,再次开始掘进前,必须及时回注开挖室内的泥浆至满仓。起初开挖仓室内的液面高度与气垫仓室内的液面高度一致,两仓内的压缩空气的压力也一样。关闭闸阀 1 并打开闸阀 2,见图 6-37d)。

当打开闸阀 2 后,开挖仓室内的压力降低,开挖仓室内的液面高度逐渐升高,气垫仓室内的液面高度逐渐降低,见图 6-37e)。

最后,开挖仓室内几乎充满泥浆,当泥浆从闸阀 2 流出后关闭闸阀 2,开挖仓室内残留的少量压缩空气在正常掘进时可以随泥浆排除,见图 6-37f)。

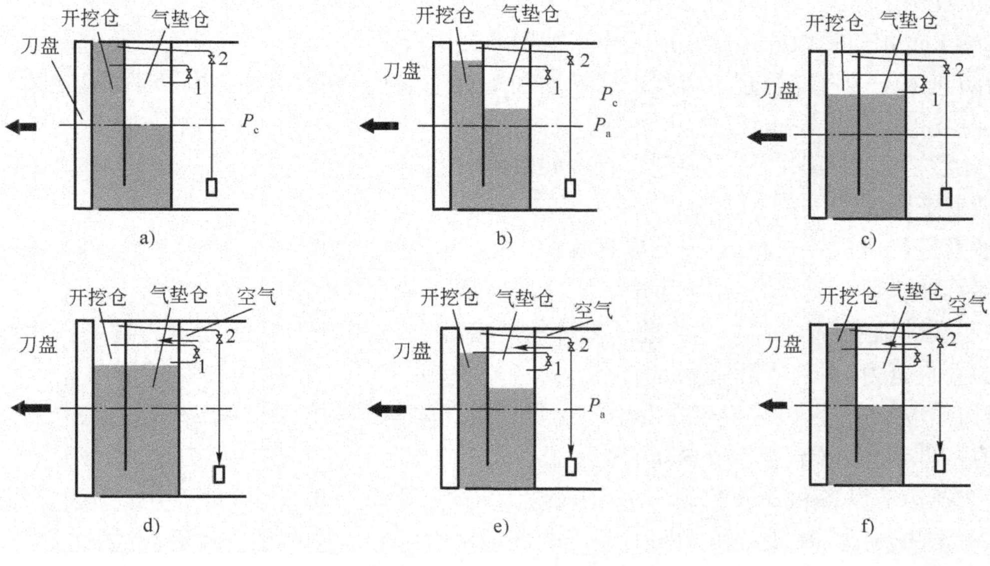

图 6-37 泥水仓液面控制操作程序

6.11 特殊地段及特殊地质条件施工

特殊地段及特殊地质条件主要是指覆土厚度小于盾构直径 D 的浅覆土层、曲线半径小于 $40D$ 的小半径曲线地段、坡度大于 30‰的大坡度地段、穿过地下管线地段、遇到地下障碍物的地段、穿越建(构)筑物的地段、平行盾构隧道净间距小于 $0.7D$ 的小净距地段、穿越江河地段、砂卵石及大孤石地段、穿越地质条件复杂地段等。

6.11.1 特殊地段和特殊地质施工要点

(1)盾构施工进入特殊地段和特殊地质条件前,必须详细查明和分析工程的地质状况与隧道周边环境状况,对特殊地段及特殊地质条件下的盾构施工制定相应可靠的施工技术措施。

(2)根据隧道所处位置与地层条件,合理设定和慎重管理开挖面压力,把地层变形值控制在预先确定的容许范围以内。

(3)根据不同隧道所处位置与不同工程地质与水文地质条件,预计壁后注浆的材料和压力与流量,在施工过程中根据量测结果,进行注浆材料和压力与流量调整,防止浆液逸出,以达到严格控制地层松弛和变形的目的。

(4)施工中对地表及建(构)筑物等沉降进行预测计算,并加密监测测点和频率,根据监测结果不断调整盾构掘进参数。当测量值超过允许值时,应采取应急对策。

6.11.2 特殊地段及特殊地质条件的针对性施工措施

1)浅覆土层施工

(1)为减少施工对环境影响,可采取地层加固、地面构筑物保护措施。

(2)应事先制定相应的措施,以克服因覆土荷载小而导致盾构抬头。

2)小半径曲线施工

(1)必须根据地层条件、超挖量、壁后注浆、辅助工法等制定小半径曲线施工方案和安全施工措施,并注意防止推进反力引起隧道变形、移动等。

(2)使用超挖装置时,应将超挖量控制在施工需要的最小范围之内。

(3)壁后注浆应选择体积变化小、早期强度高、速凝型的注浆材料。

(4)应增加施工中线、水平测量的频率,并定期检测洞内控制点。

(5)在施工过程应采取措施防止后配套车架脱轨或倾覆。

(6)为防止由于转弯部分超挖引起地层松动和增大地层抗力,可考虑选择合适的辅助工法进行地层加固。

(7)应注意把盾尾间隙的变化控制在允许的范围内。

3)大坡度区段施工

在大坡度进行盾构施工时,易造成成环隧洞浮动,盾构在上坡时容易发生"上抛"现象,盾构后配套容易发生脱落,运输机车容易发生溜车事故。可采取以下针对性措施。

(1)每环推进结束后,必须拧紧当前环管片的连接螺栓,并在下环推进时进行复紧,避免作用于管片推力产生的垂直分力,引起成环隧洞浮动。

(2)盾构上坡推进时,盾构很容易发生"上抛"现象。调整盾构向上纠偏 2‰左右,调整好土仓(泥水)压力设定值,以切口土体不隆起或少隆起为主。

(3)在选择运输设备和安全设施时,必须考虑大坡度区段施工的安全,对牵引机车进行必要的牵引计算,并考虑一定的余量。施工中可采用大吨位电机车作为水平运输的牵引动力,并要求具有安全可靠的止动装置;同时,编组列车的管片车及砂浆车也安装制动装置;隧洞运输轨道在盾构后配套及盾构内设置安全可靠的制动装置。

(4)上坡时应加大盾构下半部推进千斤顶的推力,这样可以有效控制盾构的方向。对后方台车,要采取防止脱滑措施。

(5)同步及即时注浆时宜采用收缩率小、早期强度高的浆液。

(6)在急下坡始发与到达时,基座应有防滑移安全措施。

(7)在急上坡到达时,为防止地层坍塌、漏水,事先必须制订相应对策。

(8)在大坡度区段,地层的土水压力随着推进而时刻变化,因此开挖面压力也必须根据土水压力进行适当调整,特别是下坡时,由于压力仓内的开挖土砂有可能出现滞留而不能充分取土,必须慎重管理开挖土量。

4)地下管线区段施工

根据管线制造材料、接口构造、管节长度等不同情况,地下管线大致可分为刚性管线和柔性管线两种。它们对于隧道施工中不可避免的地层沉降的反应是不同的。对于刚性管线来说,当地层移动时,主要考虑的是否会引起管道的断裂破坏,而对于柔性管线来说,地层移动造成的影响则主要是管线接头的断裂或泄漏引起的破坏。

(1)在施工前,必须详细查清沿线受施工影响范围内的各种地下管线的分布、管线类型、允许变形值等情况,分析预测地层隆陷对管线的影响,并在施工中加强监测。针对不同的管线及其与隧道的不同位置关系,采取合理的保护措施。

(2)对重要管线和施工中难以控制的管线施工前应根据不同情况采用迁移、加固措施。当施工前预测和施工中监测分析确认某些重要管线可能受到损害时,将根据地面条件、管线埋深条件等采用临时加固、悬吊,或管下地基注浆等保护方案。加强与有关管线单位的协同合作,顺利完成对管线的调查与保护工作。

(3)盾构掘进时应及时调整掘进速度和出土量,从而减少地表的沉降和隆起,及时对环形空隙进行充填,并且做好二次补压浆工作。

(4)加强地面沉降监测,尤其要对重要的对沉降敏感的管线(如混凝土管、煤气管等)要布点监测并及时分析评估施工对管线的影响,根据施工和变位情况调节观测的频率,及时反馈指导施工。

(5)在盾构进入管线区以前,将已通过段所得到的地层变形实际监测成果为基础,再次对管线区内的地面沉降做出进一步预测,以期准确反映实际情况,并据此做出正确的管线保护方案。

5)地下障碍物处理

(1)地下障碍物处理前,必须查明障碍物具体位置和实物,制订处理方案,以确保施工安全。

(2)地下障碍物的处理一般遵循提前从地面采取措施处理的原则。如确需在盾构掘进过程中进行处理时,必须充分研究可行性与对策。

(3)从地面拆除地中障碍物时,可选择合适的辅助工法,拆除后要妥当地进行回填。

(4)在盾构掘进过程中拆除障碍物时,可选择带压作业或地层加固方法。

(5)在开挖面的狭窄空间内,安全地进行障碍物的切断、破碎、拆除、运出作业,应尽量控制地层的开挖量以保障开挖面的稳定。

6)穿越建(构)筑物施工

在隧道施工过程中,由于开挖破坏了地层的原始应力状态,这将引起地层的移动,而地层移动的结果又必将导致不同程度的地面沉降,当沉降差异过大时,建筑物就会遭到损坏。对天然浅基础建筑物,沉陷引起的建筑物的差异沉降(倾斜)较大时,建筑物破坏的可能性也大。对桩基础建筑的保护主要是对处于松动圈和塑性区的桩基加以适当保护。因此,在施工前详细查清施工影响范围内的建筑物及其基础状况,在施工中加强监测,对其安全性作出判断,有针对性地采取主动措施加以必要的保护。

盾构施工前必须对可能穿越的建(构)筑物进行调查,并根据以往的工程经验,预计施工对建筑物的影响,必须有针对性地制订保护方案,采取保护措施,周密地进行管理,控制地表变形。对在施工影响范围内(左、右线中线两侧各 30m)的所有地面建筑物包括高架桥、人行天桥、地下通道、地下商场等进行调查,调查的重点是四层(含四层)以上的建筑物,尤其是位于隧道上方距左右线隧道断面 15m 范围内的业主未提供详细资料的建筑物要详细调查清楚,对已有资料的要进一步核实,未有资料的要全面调查。

施工对建筑物的影响主要取决于地层变形特征,根据不同地质和埋深条件,以及对施工引起的地层变形及其对建筑物的影响的不同,采取必要的加固与保护方案措施:

①对天然浅基础建筑物:加强建筑物变形监测分析,加强地表隆陷监测反馈指导施工;严格规范控制

盾构掘进机的工况选择、转换和操作控制，及时注浆充填环形间隙，减少地层损失，控制地表隆陷。

②对深桩基础建筑物，结合以往成功实例和国内外的经验，盾构法隧道施工引起的松动圈厚度一般不超过2.5m。桩底距隧道2.5m范围内的桩基采取洞内径向注浆加固桩基底部地层，以保护和提高桩基承载力。对距隧道2.5～4.0m范围内的桩基，以洞内径向注浆加固桩底地层作为备用方案，将根据施工监测分析结果报业主和工程师批准后实施。

以建筑物调查结果和量测结果为基础，对施工前和施工初期施工引起的地层沉降及其对建筑物的影响进行精确预测。

在施工期间严格控制盾构掘进机的工况和操作参数减少地层损失，及时环形间隙填充注浆，减少地层变形；使管片衬砌尽早支承地层以控制围岩松弛和塑性区的扩大。

对地表沉降和建筑物变形进行严密监测，对所有受影响的建筑物进行布点监测，对楼房再增加倾斜监测，并及时分析反馈。同时利用实测数据进一步修正完善地表沉降和建筑物变形的预测结果，对可能引起有害变形的建筑物做出早期预警并制订应急措施，和确定备用方案的实施与否。

7)小净距隧道施工

(1)施工前，应根据隧道所处的地层条件、盾构形式、隧道断面大小、两条隧道之间的相对位置与距离，预计施工对已建隧道的影响和平行隧道掘进时的互相影响，并采取相应的施工措施减少这些影响。

(2)施工过程中，应控制掘进速度、土仓压力、出土量、注浆压力等以减少对临近隧道的影响。

(3)可采取以下辅助施工措施以防止地层的松动和盾构隧道的变形：

①加固盾构隧道间的土体；

②加固已有建(构)筑的地基；

③两条隧道应错开施工。

8)穿越江河地段

(1)穿越过江河地段施工应特别重视详细查明地层条件和河流情况，制订可靠的施工措施。

(2)穿越江河施工时，必须选择合理的盾构设备类型。

(3)施工过程中，应确保开挖面的稳定，防止地层坍塌，防止突水突泥。

(4)现场必须准备足够的防排水设备与设施。

(5)必要时，对水底地层进行预加固处理。

(6)采取措施防止对堤岸、周边结构物的影响。

(7)特别注意观察与防止泥浆和添加材料的泄漏和喷出；特别注意观察与解决管片的变形和隧道上浮问题。

9)砂卵石及大孤石地段

(1)施工前，应根据砾石粒径、含量和施工长度及出渣设备能力等因素，选择盾构的刀盘形式和刀具配制方式、数量；合理设计的盾构刀盘，确保刀盘有足够的强度和刚性，使之不会变形，并根据不同地质状况选用不同的布刀方式；设计宽大的并列式双室人仓，并考虑超前加固措施及盾构姿态控制措施。

(2)采用土压平衡盾构时，应根据螺旋输送机出渣情况，做好渣土改良工作。

(3)采用泥水平衡盾构时，根据砾石含量和粒径选择破碎方法或输送泵。

(4)加强超前地质预报，根据前期的地质勘查资料，通过地质调查结合超前地质钻探，进一步确定可能有孤石位置，以便于提前采取有效措施。在有孤石地段进行预先加固，在常压下开仓处理。

10)穿越复杂地层地段施工

(1)穿越复杂地层地段，应优先选择使用复合式盾构进行施工。

(2)综合考虑所穿越地段地质条件，合理选择盾构刀具形状和配置，以适应各种地层的掘进。

(3)合理选择适当时机和地点，及时更换刀具或改变其配置，以适应前方地层的掘进。

(4)根据开挖面地质预测预报信息，调整掘进参数和壁后注浆参数，以确保开挖面的稳定和掘进速度。

(5)根据开挖面地质条件,及时调整土压平衡压力,及时决定是否采用渣土改良或及时调整渣土改良参数。

6.12 地中对接技术

地中对接有两种情况,一种是两台盾构分别从两端相向掘进,在地中对接点进行正面对接;另一种是从侧向将新建隧道接到已建隧道上。本章所述为两台盾构相向掘进正面对接的情况。

之所以采取地中对接施工方式主要有三种因素:一是单条隧道长度大,采用两台盾构从两端同时相向掘进,以缩短工期;二是因道路交通状况和周围环境等问题而难以设置到达(转向)竖井或因河底施工而不能设置竖井;三是因为埋设深度大,设置竖井不经济。

2007年开建的广深港铁路客运专线狮子洋隧道工程全长10.8km,其中盾构段长9277m。盾构段采用4台直径11.182m的泥水平衡盾构施工。隧道施工方案在国内首次采取了"相向施工、地中对接、洞内解体"的方式掘进,即"2个工作井、4台盾构地中对接"。标志着我国修建水下隧道取得新进展。该隧道内径9.80m,外径10.80m,采用"7+1"分块式的通用楔形环钢筋混凝土单层管片衬砌。

从国外成功实例看,地中对接有辅助加固对接法和机械式地中对接法两种方法。盾构进行正面地中对接时,必须尽量选择条件好的接合地点。接合处一般采用化学加固法、高压喷射搅拌法、冻结施工法等进行加固。但是,为了减少辅助施工法的使用、缩短工期,也可采用直接用机械进行对接的方法。机械对接方式有刀盘缩回方式、贯入环方式、护罩推出方式等各种方式。无论采用哪种施工法,都要考虑现场的施工环境,围岩条件、工程成本及工期等来确定。

6.12.1 机械式地中对接法

机械式地下对接施工法,需要高精度地对接,不仅盾构的纵、横向位置,而且盾构正面的倾斜度也必须对准。为此,除要准确进行隧道内的基线测量和水准测量外,还要拥有在两台盾构靠近时正确掌握其相互位置关系的技术。机械对接时盾构的靠近测量见图6-38。机械对接有三种方式:刀盘缩回方式、贯入环方式、护罩推出方式。

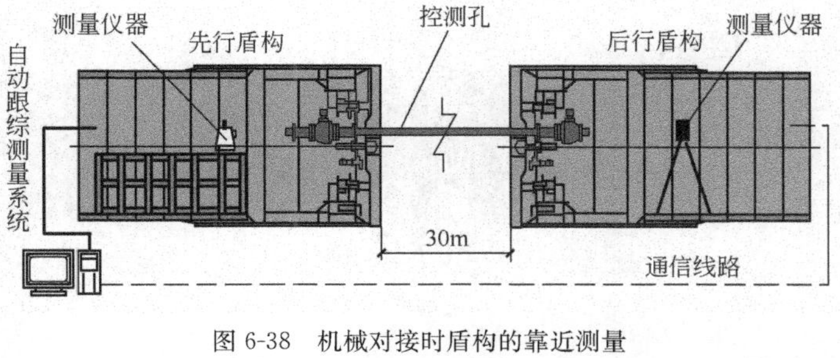

图6-38 机械对接时盾构的靠近测量

1)刀盘缩回方式

在对接地点将2台盾构的刀盘后退,对接切削的方法。止水及防止泥沙流入的方法是在机内预先设置放射状冷冻管和附着冷冻管造成冻土。该方法是尽量缩短2台盾构的间距,大幅度地减小冻结范围,以缩短工期和降低造价。采用8台泥水盾构施工的日本东京湾海底公路隧道的地中对接曾采用了这种方式。

刀盘缩回式地中对接的作业程序如下(图6-39):

①先行盾构到达对接地点后,收缩备用切削刀,将切削刀收于面板内,准备冻结。

②后行盾构距先行盾构15~50m时,通过勘探钻孔确认各自的位置。

③边修正方向边掘进剩余段,在对接前夕将后行盾构的切削刀也退入面板内。

④用中间弯曲千斤顶对好盾构的连接面,同时将面板对接。

⑤用盾构内的冷冻管开始冻结,确认冻土的止水性后,拆卸盾构,进行衬砌。

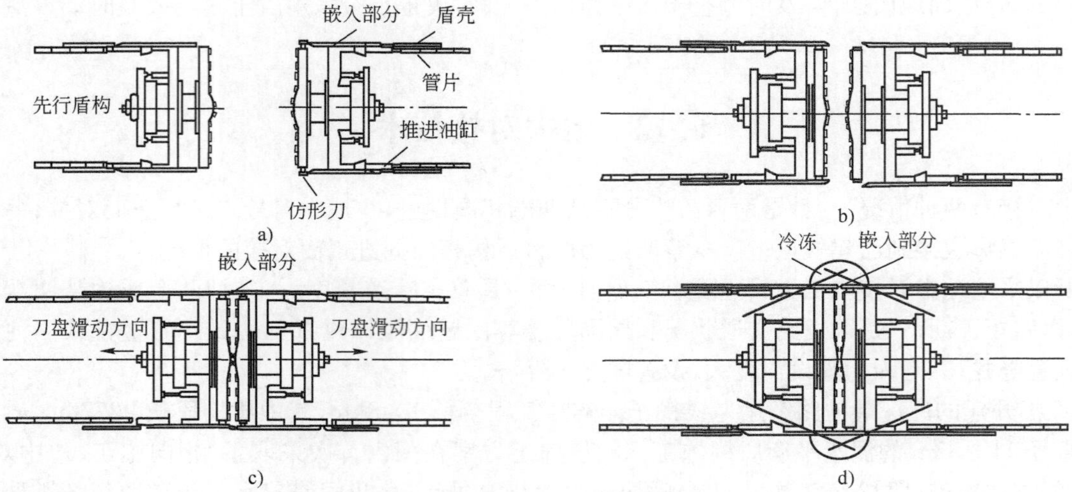

图 6-39　刀盘缩回式地中对接施工

2)贯入环方式

采用贯入环式地中对接时,接收侧盾构称接收盾构,推进侧盾构称发射盾构。发射盾构一侧安装可前后移动的圆形钢套(即贯入环),而在接收盾构的一侧的插槽内设置承压橡胶密封止水环。盾构在对接地各自定位后,推入贯入环压在承压橡胶环上进行机械式对接。

这是一种基本上不需要辅助施工法的纯机械式地下对接法。施工顺序见图 6-40。

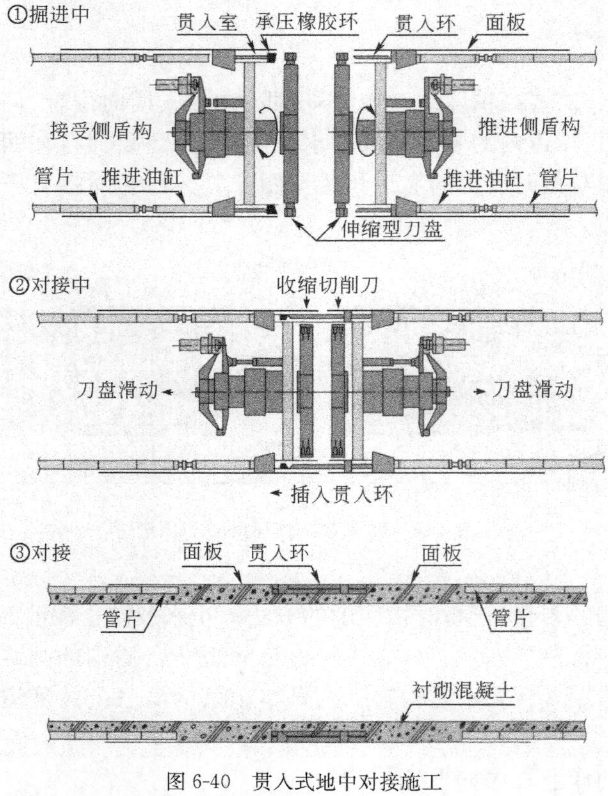

图 6-40　贯入式地中对接施工

①2 台盾构分别从两侧各自推进到预定位置后,停止开挖。在维持土压或泥水压力的状态下,准确测量 2 台盾构的相对位置后,尽可能向前掘进,直到 2 台盾构即将相遇,这时收缩装在切削刀外周的伸缩型切削刀,然后边推进盾构,边滑动刀盘退回腔内。

②将装在推进侧盾构内的贯入环插入接收侧盾构内,进行机械式对接,使 2 台盾构在地下接合。

③完成对接后,在贯入环内周焊接连接钢板,使 2 台盾构的盾壳形成一体,拆去除盾壳外的其余结构

后，浇注混凝土。

3)护罩推出方式

护罩推出方式是在2台盾构的面板内装一可滑动的护罩，待盾构在对接地点互相靠近后，推出护罩进行对接。为进行止水及防止泥沙流入，需配合使用冻结法等辅助施工法。

6.12.2 辅助加固对接法

1)地层稳定处理的方法

辅助加固对接法是一种常用方法，即在对接区域进行地层稳定处理，在达到止水及防止泥砂流入要求后，即可拆卸盾构外壳内的结构和部件，并在盾壳内进行衬砌作业。地层稳定处理采用化学注浆法、冻结法及高压旋喷注浆法。此外，稳定处理分两种：一种是在盾构到达前从地面进行；另一种是在海底不能从上部施工时，就从盾构内进行。

化学注浆施工法，施工性能优越，造价也低，但改良效果的可靠性方面存在问题，能适应的条件受到限制，有时要配合采用压气施工法来稳定地层。

高压旋喷注浆法(JSG、CJG等)是将水泥浆与地层混合或置换之，因而可望获得充分的改良效果。

冻结法造价高，工期长，但能切实改良地层，也可从盾构内施工，故适用于海底地下对接、埋设深度大和大断面的地下对接。从盾构内进行施工的冻结法是：

(1)两侧的盾构到达后，从两台盾构内设置冷冻管，造成冻土。

(2)让某一侧的盾构先到达，设置冷冻管开始冷冻，另一侧盾构后到达，仅用附着冷冻管造成冻土。

由两侧盾构内进行的冻结的方法用于两台盾构几乎同时到达的场合。由于土方少，改良范围基本上左右对称，因而有利冻胀和解冻沉降，但存在工期长的缺点。另一方面，从一侧的盾构内冻结的方法是从先行的盾构内进行冻结，可以缩短工期，但改良范围增大，且改良范围的形状不规则，易产生冻胀和解冻沉降等不利影响。采用哪一种方法需要考虑地层条件、造价及工期等而定。

2)超前注浆法加固

为了确保盾构对接以及第一台拆卸后进行人工挖掘时的安全，地层加固一般采用超前注浆法加固。方法如下：在2台盾构距离约35m时，从2台盾构内围绕盾体360°进行超前地层加固处理。为了达到封闭整个地层的目的，在整个35m范围的加固分3排圆周注浆孔逐步实施。整个盾构周圈预留有25个超前注浆孔，通过这些孔注入双液浆来加固地层，地层加固的方法及顺序如图6-41所示。

(1)当2盾构距离约35m时，从2台盾构内围绕盾体360°进行超前钻孔。

(2)进行注浆加固作业。

(3)2台盾构分别向前掘进一段距离，相距约20m时，再次进行360°超前钻孔和注浆。

(4)2台盾构分别再向前掘进一段距离，相距约5m时，再次进行360°超前钻孔和注浆。

(5)完成地层加固后，即可进行盾构的拆卸。

3)盾构解体与隧道结构对接

当完成在对接段将盾构解体、拆除、运出后，即可将盾壳内的杂物清理干净后，再进行对接段隧道结构的施工和连接。

由于盾构在地中实现对接，为了便于盾构在隧道内拆卸，护盾的设计一般采用双层独立的内外盾壳。除尾壳外，前盾和中盾均为双盾壳设计。拆卸时，尾盾壳直接留在地层中，仅拆除中

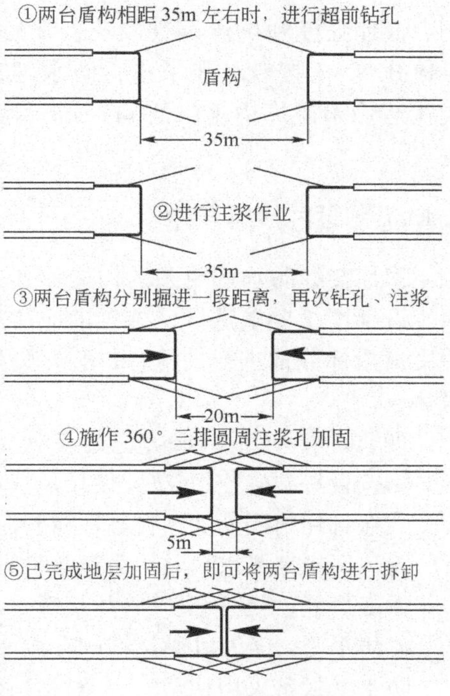

图6-41 超前注浆法土木对接施工

体和前体的内盾壳。前盾与中盾的外层盾壳留在地层中作为盾构洞内拆机的支护。在外壳的保护下,所有内部钢结构和部件都可拆卸。在后续工程中,仅需再制作前盾与中盾的外护盾和盾尾,即可利用所有拆卸下来的钢结构和部件重新组装成一台完整的盾构。

6.13 隧道的防水施工技术

6.13.1 盾构隧道防水标准

盾构隧道防水标准如表6-5所示。

盾构隧道防水标准 表6-5

等级	管片	隧道上部	隧道下部	渗水量[L/(m^2·d)]
一级	无渗漏、无湿渍	无渗漏	无渗漏、可有偶见湿渍	0.05
二级	无渗漏、无湿渍	无渗漏、可有偶见湿渍	少量渗漏水	0.1

盾构隧道防水应注意和隧道防腐一并考虑,并应满足环境保护的要求。盾构隧道防水以管片自防水为基础,以接缝防水为重点,辅以对特殊部位的防水处理,形成一套完整的防水体系。盾构隧道的防水包括管片防水、管片接缝防水、螺栓孔防水、注浆孔防水及渗漏处理等,同时应加强对隧道与洞门及联络通道之间的防水处理。

隧道管片接缝防水的构造形式、截面尺寸和材料性能,是根据隧道纵向变形允许值,计算出的管片环缝张开值确定的,故接缝防水密封条的防水效果是盾构隧道的防水重点。

管片螺栓孔的防水按设计要求和构造尺寸制成环状垫圈,依靠紧固螺栓而达到防水目的。必要时,应按设计要求进行螺栓孔注浆。

隧道变形缝和柔性接头是变形集中、变形量大的特殊部位,因此防水处理和结构施工应严格按设计要求实施,以达到隧道整体防水的目的。

6.13.2 管片防水

管片强度和抗渗等级以及各项质量指标符必须符合设计要求,管片的所有预埋件、钻孔、连接螺栓孔等,应按设计要求进行防水、防腐处理。管片堆放、运输中应加强管理和检查,防止管片开裂或在运输中碰掉边角。盾构推进过程中,避免对拼装好管片产生纵向或环向裂纹,影响管片防水能力。

6.13.3 管片接缝防水

管片接缝防水密封条的构造形式、材料的性能与尺寸必须符合设计要求。管片接缝防水材料必须按设计图纸要求选择。施工前应注意做好如下工作:所采用的防水材料,必须按设计要求和生产厂的质量指标分批进行抽检;采用水膨胀橡胶防水材料时,运输和存放时须采取防潮措施,并设专门库房存放。

现场防水密封条粘贴应遵守下列规定:

①按管片型号使用,严禁使用尺寸不符或有质量缺陷的产品。

②在管片角隅处加贴自黏性橡胶薄片时,其尺寸应符合设计要求。

③环面纠偏要求粘贴传力衬垫材料时,必须按正确位置粘贴。

④变形缝、柔性接头等管片接缝防水的处理应按设计图纸要求实施。

⑤防水密封条及其黏结剂的存放库房、烘箱设备等处需按规定配备防火设施。

防水密封条采用粘贴安装,对粘贴好防水密封条的管片应注意防雨、防水和防太阳暴晒,以防止密封条涨落和老化;运输和装拼中应避免擦碰、剥离、脱落或损伤密封条;作业前的运输、堆放、翻动等工作均不得损坏管片防水槽等关键部位；防水密封条粘贴后，在运输时应保护好，发现问题及时修补后，方能下井进行拼装。拼装时应逐块检查防水密封条（包括传力衬垫材料）确保完整、位置正确。

管片采用嵌缝防水材料，槽缝应清洗干净，使用专用工具填塞平整密实。封顶块和邻接块管片的止水条采用弹性较高，便于粘贴牢固，不易损伤的遇水膨胀弹性橡胶密封条。

变形缝、柔性接头等特殊部位，除按图进行结构施工外，还必须严格按图纸的防水处理要求实施。

盾构隧道始发段，以及到达段设置变形缝，变形缝的环缝弹性密封条采用三元乙丙复合遇水膨胀橡胶密封条，以加强密封效果。

6.13.4 管片螺栓孔防水

管片的每一个连接螺栓两端均设置一个“O”形遇水膨胀橡胶圈防水。橡胶圈设置时紧靠管片混凝土，靠垫片和管片螺母压紧。

6.13.5 联络通道防水

联络通道在铺设防水层前，应将基面清理干净，混凝土作业时应捣实。防止收缩变形产生开裂。使用合格防水卷材，用专用热合连接成幅及无钉悬挂铺设。

防水密封条在混凝土具有一定的强度后才开始膨胀，切实发挥止水作用。防水密封条在粘贴或固定时要牢固，防止脱落。

联络通道绑扎钢筋时用木板、麻布等垫片对防水板和密封条进行防护。联络通道浇注混凝土和振捣时避免碰到止水带。浇注后及时向施工缝的预留槽填设高强度聚氨酯密封胶。联络通道内部防水砂浆施工前对基底进行严格清理，对局部渗漏和裂纹段进行修补堵漏。

6.13.6 特殊部位的防水

盾构施工过程如采用注浆孔进行注浆时，注浆结束后要对注浆孔进行密封防水处理。

盾构隧道与工作井现浇混凝土施工缝宜采用缓膨型遇水膨胀止水条，应严格按照设计施作，确保施工缝密封止水。

洞门混凝土施工，应做好收缩应力和变形开裂工作，避免裂缝引起渗漏。

盾构隧道与联络通道、取排水口等附属构筑物的接缝防水按设计要求选择防水材料和施工方法。

6.14 盾构调头技术

地铁隧道上下行线施工时，有时只投入一台盾构，施工完一条线后需反向掘进另一条线。盾构从区间隧道掘进到工作井时，将盾构平移调转到另一条隧道线位上，再做反向掘进的过程称为盾构调头。盾构调头与工作井的地面场地条件无关，盾构在竖井内调头时，盾构也无须解体，也不存在因再次拆卸而影响盾构的质量和使用寿命的问题，盾构调头作业具有降低工程费用与缩短工期的优点。盾构调头采用的设施一般有盾构接收架、盘式轴承、顶升油缸或浮式千斤顶、滑轮、倒链、卷扬机等。

6.14.1 盾构调头作业要点

①盾构调头前，应做好施工现场调查及现场准备工作。

②盾构设备重量大、体积大，因此起吊、移动调头工作时间长，必须预先编制调头作业方案，做到可靠、安全。调头设备必须满足盾构安全调头要求。

③盾构调头时必须有专人指挥，专人观察设备转向状态，避免方向偏离或设备碰撞。

④调头前应做好设备各种管线的标识工作，调头后按照标识做好盾构管线的连接工作，连接后严格按照规则试运行。

6.14.2 采用延长管线进行盾构调头的程序

①接收准备工作包括:调头场地钢板的铺设;设备桥支撑门架的下井、安装;在调头场地内铺设临时轨道(采用自制钢凳架设临时轨线)将设备桥支撑门架下井并移至站台后部备用;反力架的下井、安装;接收架(始发架)的拆除、钢板焊接、运输、下井定位;调头材料机具的运输、下井。

②调头及定位。

③桥调头及延长管线连接。

④检修及保养。

⑤调试并始发。盾构整机调试按盾构调试报告进行,总的原则是先单机调试,再整机联动。

⑥掘进。

⑦套调头及恢复正常掘进。

6.14.3 不采用延长管线进行盾构调头的程序

①接收准备工作包括:调头场地钢板的铺设;设备桥支撑门架的下井、安装;在调头场地内铺设临时轨道(采用自制钢凳架设临时轨线)将设备桥支撑门架下井并移至站台后部备用;反力架的下井、安装;接收架(始发架)的拆除、钢板焊接、运输、下井定位;调头材料机具的运输、下井。

②主机平移。

③后配套调头。

④主机调头。设备桥后配套一般采用吊机等设备进行逐一掉头。

6.14.4 盾构调头实例

1)工程概况

南京地铁一期工程南起小行,北至迈皋桥,线路全长 16.9km。其中 TA15 标由两个区间组成,采用 2 台土压平衡盾构进行施工。第 1 台盾构(开拓Ⅰ号)从许府巷站南端头井始发向玄武门站方向推进,至玄武门站后进行盾构调头,盾构从许—玄区间左线进入右线,向许府巷站推进,到达许府巷南端头后,拆卸、检修并转场至许府巷站北端头,向南京站方向推进。第 2 台盾构(开拓Ⅱ号)在许府巷站北端头井始发,向南京站方向推进。见图 6-42。

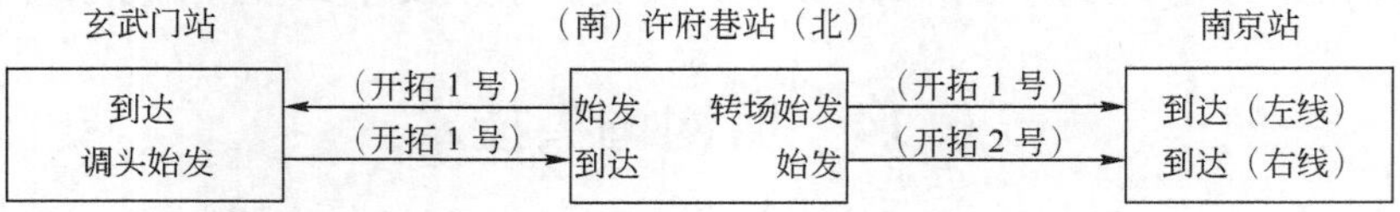

图 6-42 南京地铁 TA15 标盾构总体推进计划

第 1 台盾构从许府巷站南端头左线始发,到达玄武门站后,进行调头,调头后进入许—玄区间右线,在玄武门站二次始发。由于玄武门站结构及调头场地十分狭小(图 6-43),仅仅提供了端头 12m 的调头场地及 50m 长的站台,而盾构总长为 65m,且出渣列车最小长度为 12m,所以不能满足整机始发的条件;同时,盾构主机及后配套拖车都是体积大、重量大的实体,后配套拖车不能进入净空仅为 4.2m 的站台内,因此给盾构的调头工作增加了难度和复杂性。根据现场条件,同时考虑出渣速度和便于管片运输,调头时使用延长管线连接主机和后配套,分主机和设备桥调头、始发掘进、后配套调头,成功地完成了盾构在玄武门站的调头始发。

2)盾构到站接收

盾构的到达也称盾构到站或盾构接收。盾构的到达,是指在稳定地层的同时,将盾构沿设计线路推进到竖井边,然后从预留洞门处将盾构推进至竖井内接收架上。

(1)准备工作

为保证盾构调头时,调头场地有足够的支撑面,在盾构调头井内铺设 5mm 厚的细砂及 20mm 厚的钢板，钢板间的接缝进行段焊，并保证接缝平整，有错台时进行打磨处理。

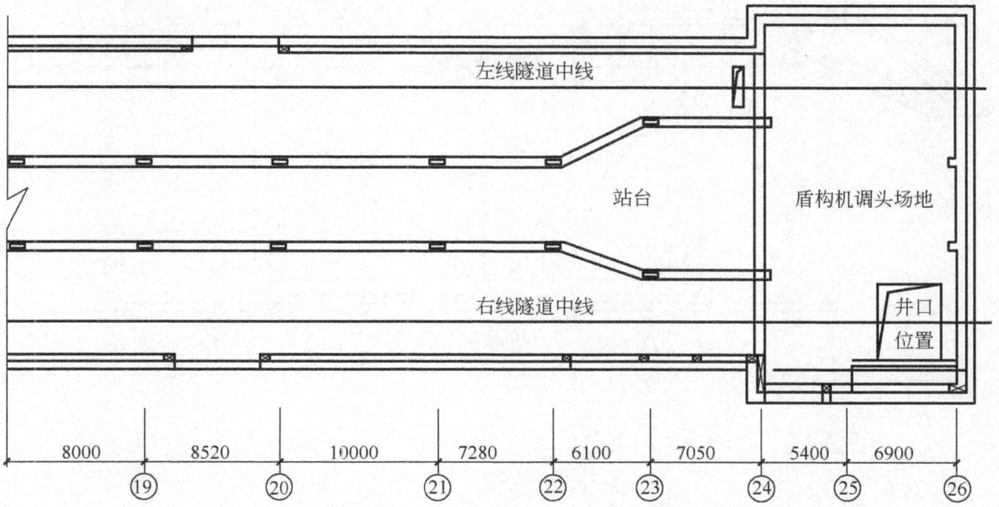

图 6-43 玄武门站底板俯视图

在调头场地内铺设临时轨道，将设备桥支撑架下井并移至玄武门站的站台后部备用。

利用 80t 汽车吊在调头井进行反力架、钢负环的下井、拼装，并利用 15t 起道机平移反力架及钢环至调头场地后部定位，组装平移时应在反力架的前、后部加焊支撑，防止倾翻。

盾构主机的接收采用盾构始发时所使用的始发架，并且在始发架底部采用 20mm 厚的钢板进行焊接封闭，以保证盾构调头时底部有足够的支撑面，焊接时应保证焊缝平整，错台部位进行打磨。采用 25t 汽车吊将接收架下井，并用自制盘式轴承平移至隧道左线，检查并紧固接收架连接螺栓，应确保连接螺栓完好。采用钢板或型钢垫平接收架，应确保垫层牢靠，对接收架进行精确定位，并进行复测。精确定位后，采用 14 号工字钢对接收架进行固定，固定支撑在站台一侧，洞门侧和预埋件焊接，同时将接收架轨道延伸至洞门内，并加固。

(2)盾构接收

控制盾构姿态，避免损坏洞门环，脱离洞门密封前注浆要饱满，防止漏水。盾构进站时在应低速推进。进站时及时在盾体前部耐磨层处垫 4mm 钢板进行支撑，防止耐磨层与轨道接触。检查接收架是否位移，变形，若有变形及时加固或调整。盾构进站后，拆除 4 号拖车皮带机驱动装置。在前体、中体两侧各焊接顶升支座，焊接时确保对称、牢固。支座采用 20mm 厚的钢板制作，共 4 个，支座焊接加工误差为 ±3mm，支座底板保持水平。见图 6-44。当主机完全进站后，用型钢将主机与接收架焊接为一体，便于整体起升。

3)盾构主机调头

盾构主机调头程序如下：

①设备桥中部焊接支撑架。

②用油缸分别将设备桥前部、后部顶升，并在支撑架底部安装 $\phi50$ 的钢管，如图 6-45 所示。

③主机与后配套脱离(拆除管线和拖拉油缸)，并后移后配套拖车至主机与后配套完全脱离。

④采用 4 根 150t 油缸将盾构顶升，接收架底部均匀安装自制盘式轴承(如图 6-46)，取出底部的垫块后将主机落至轴承上(主机顶升时注意油缸应保持同步，且应有专人指挥)。

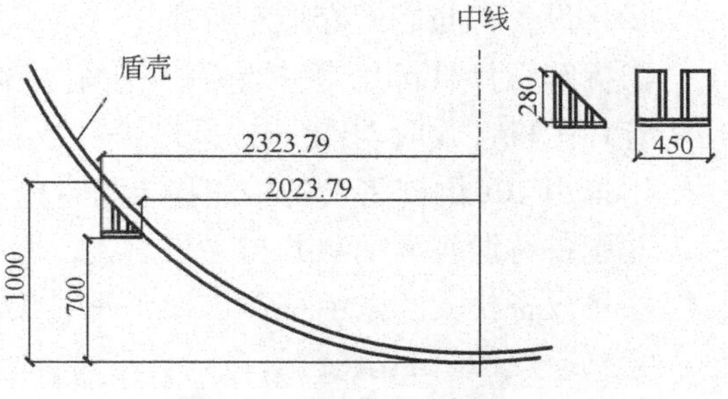

图 6-44 顶升支座示意图

注：1. 支座采用 20mm，钢板制作，共四个。2. 支座焊接要确保坚固，焊缝打坡口，满焊。3. 加工误差 ±300mm。4. 安装保证精度，误差 ±3mm，支座底板保持水平。

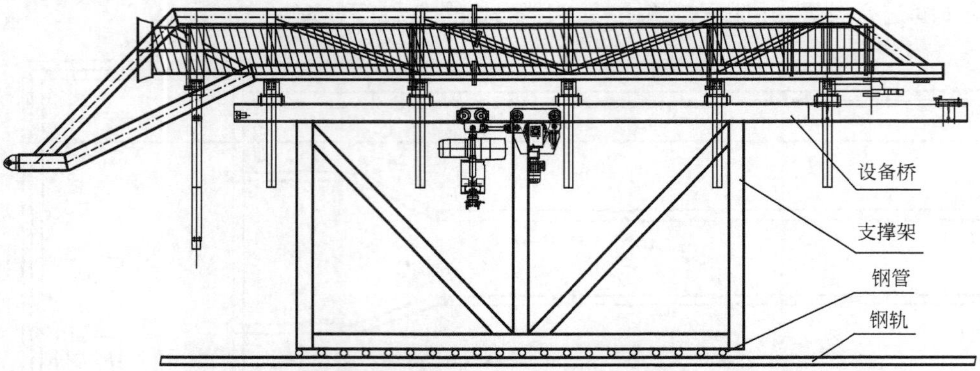

图 6-45 设备桥调头支撑示意图

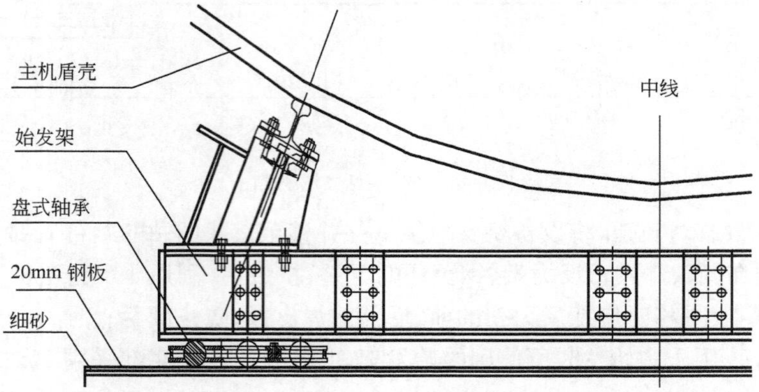

图 6-46 盘式轴承安装

⑤在底板的钢板上焊接顶推支座，并用 100t 油缸及 150t 油缸将主机连同接收架平移至调头场地中部并进行调头，调头时注意防止螺旋输送机与车站结构及反力架发生干扰。

⑥主机调头后平移至隧道右线前部。

⑦采用 4 根 150t 油缸将盾构顶升，接收架底部用钢板或型钢支撑，进行精确定位，并将接收架轨线延伸至隧道内。

⑧反力架和钢环精确定位并焊接反力支撑。

⑨盾尾刷均匀涂抹 WR90 油脂。备用注浆管及超前钻机管内填充 WR90 油脂。

盾构主机调头示意图见图 6-47。

4)设备桥调头

设备桥调头示意如图 6-48 所示。

①左线调头并铺设轨线，主机后部铺设轨线。

②将设备桥与后配套拖车脱离。

③拆解管片吊机轨道，拆除一号拖车后部的管片吊机控制柜及电缆卷筒并移至设备桥前部固定，以便于管片吊机接收时功能的恢复。

④采用 10t 倒链将设备桥前移至站台内，并在 20 与 21 轴之间进行调头。

⑤设备桥调头后前移并与主机对接。

⑥将设备桥支撑架前移并与设备桥对接，并拆除中部支撑。

⑦安装皮带机驱动装置。

⑧安装管片安装机控制柜及电缆卷筒。

⑨安装皮带并进行皮带的硫化。

5)主机始发掘进

①安装延长管线。延长管线的连接从后配套拖车开始进行。由于洞门与 22 号立柱之间距离只有

25m，延长管线较长，不易堆放。因此，应将后配套拖车后移 40m，延长管线布置如图 6-49 所示。

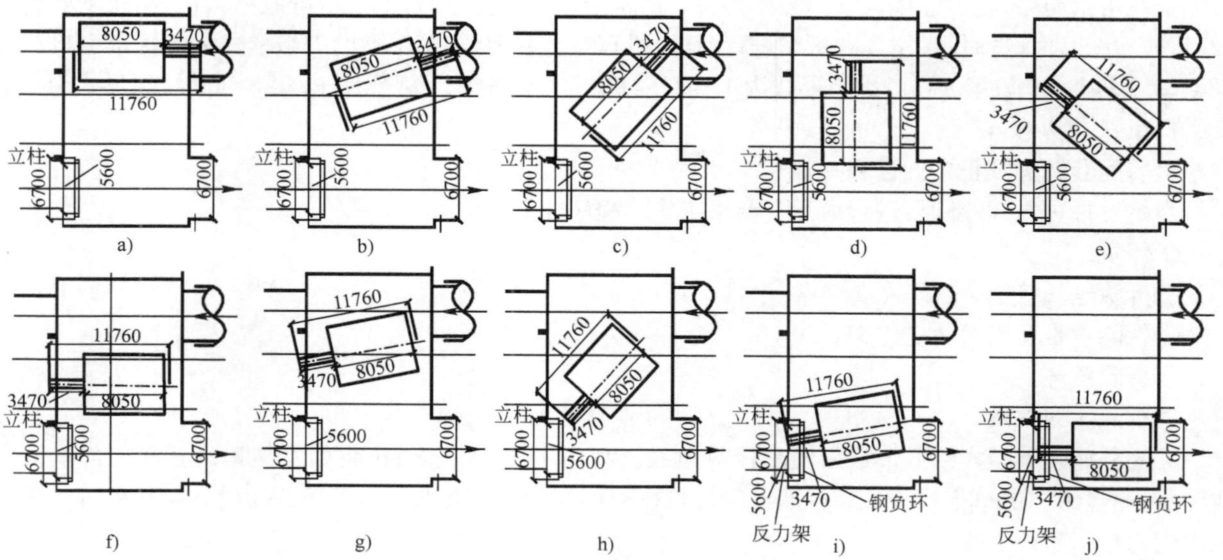

图 6-47　主机调头示意图(尺寸单位：mm)

a)右线已安装好反力架、钢环，盾构机已经做好调头的一切准备；b)盾构机逆时针转动，并向调头场地中部移动；c)继续逆时针转动，直至螺旋输送机拖出左线；d)将主机逆时针旋转至 90°位置；e)继续逆时针转动主机，直至螺旋输送机绕过站台侧的立柱；f)继续逆时针旋转主机至 180°位置；g)继续逆时针转动主机，此时螺旋输送机高出站台，可利用站台空间；h)继续逆时针旋转主机至螺旋输送机绕过反力架立柱；i)顺时针旋转主机，逐步将螺旋输送机穿入反力架及钢架；j)盾构主机进入右线，前移，准备精确定位反力架

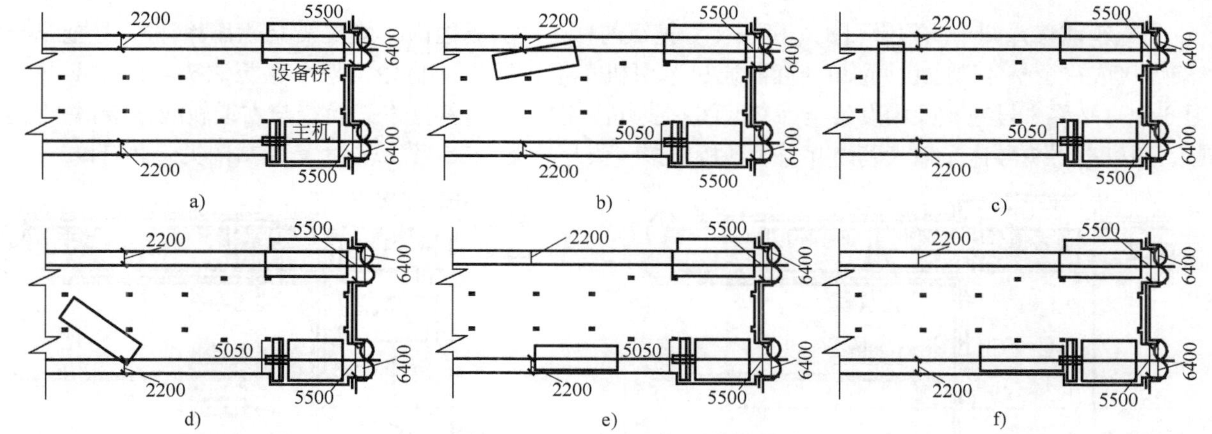

图 6-48　设备桥调头示意图(尺寸单位：mm)

a)设备桥接收，准备前移；b)前移至立柱 21，准备转向；c)设备桥旋转 90°；d)继续旋转并绕过立柱；e)旋转平移至右线；f)设备桥前移并与主机对接

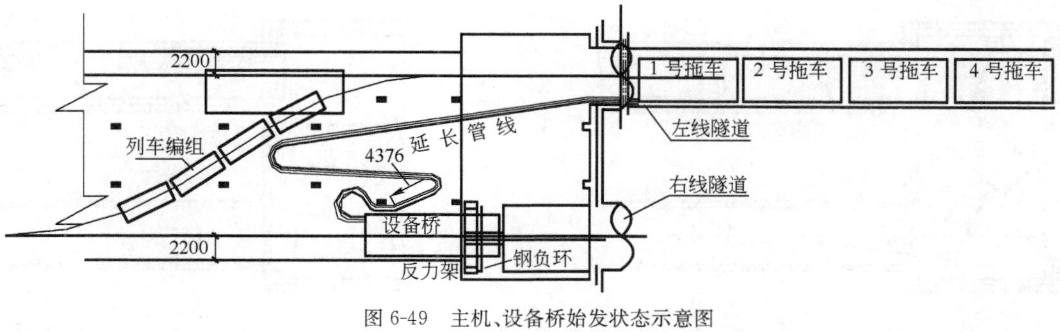

图 6-49　主机、设备桥始发状态示意图

②盾构调试。按调试程序进行盾构整机调试。总的原则是先单机调试，再整机联动。

③始发掘进。安装洞门密封并焊接防扭支撑，割除洞门钢筋并推进，向刀盘内装填 3/4 容积的土坯

以便于快速建立土压,当刀盘推至距洞门700mm时,割除洞门最后一层钢筋,割除时必须保证迅速,割除并完全取出钢筋后,将刀盘推入洞门开始掘进。盾构沿始发架掘进时,推力尽可能小,刀盘油压不要超过12MPa。在始发掘进时,采用3列机车进行运输,机车布置在前部,第1列的编组形式为1辆牵引机车、1辆渣车、1辆管片车;第2列的编组形式为1辆牵引机车、1辆渣车、1辆管片车;第3列的编组形式为1辆牵引机车、1辆砂浆车。

6)后配套调头及正常掘进

当始发掘进至53环时,进行后配套调头工作。程序如下:

①停机。

②拆除延长管线。

③拆除皮带及设备桥支撑架。

④拆除负环。

⑤拆除左线轨线。

⑥平移始发架至左线并形成后配套接收轨线。利用4个15t起道机将始发架顶升并在底部安装盘式轴承,通过牵引机车拖拉绕过结构墙上的滑轮拉点的钢丝绳将始发架平移至隧道左线,并将轨线延伸至洞内与拖车轨线连接。

⑦拆除反力架及钢环。利用起道机平移反力架及钢环至井口处,利用80t汽车吊将钢环及反力架拆解吊出。

⑧后配套拖车解列并拆卸拖车间的管线。在拖车解列前必须将每节拖车用阻车器固定,防止溜车;拆解拖车间的电缆并回收至1号拖车上捆扎固定;拆解拖车间的连接胶管并及时封堵。拆解拖车间的拉杆。

⑨拖车前移并调头。用牵引机车牵引1号拖车前移至调头场地内的始发架上;用型钢将1号拖车与始发架焊接成一个整体以防止调头时倾翻;通过牵引机车拖拉钢丝绳将始发架平移至调头场地中部并调头(图6-50);平移1号拖车及始发架至许玄区间右线并固定始发架;将始发架轨线与右线轨线连接,并将型钢割除;用机车将1号拖车拖入洞内并与设备桥对接。依此类推,将2号、3号、4号拖车调头后并对接。

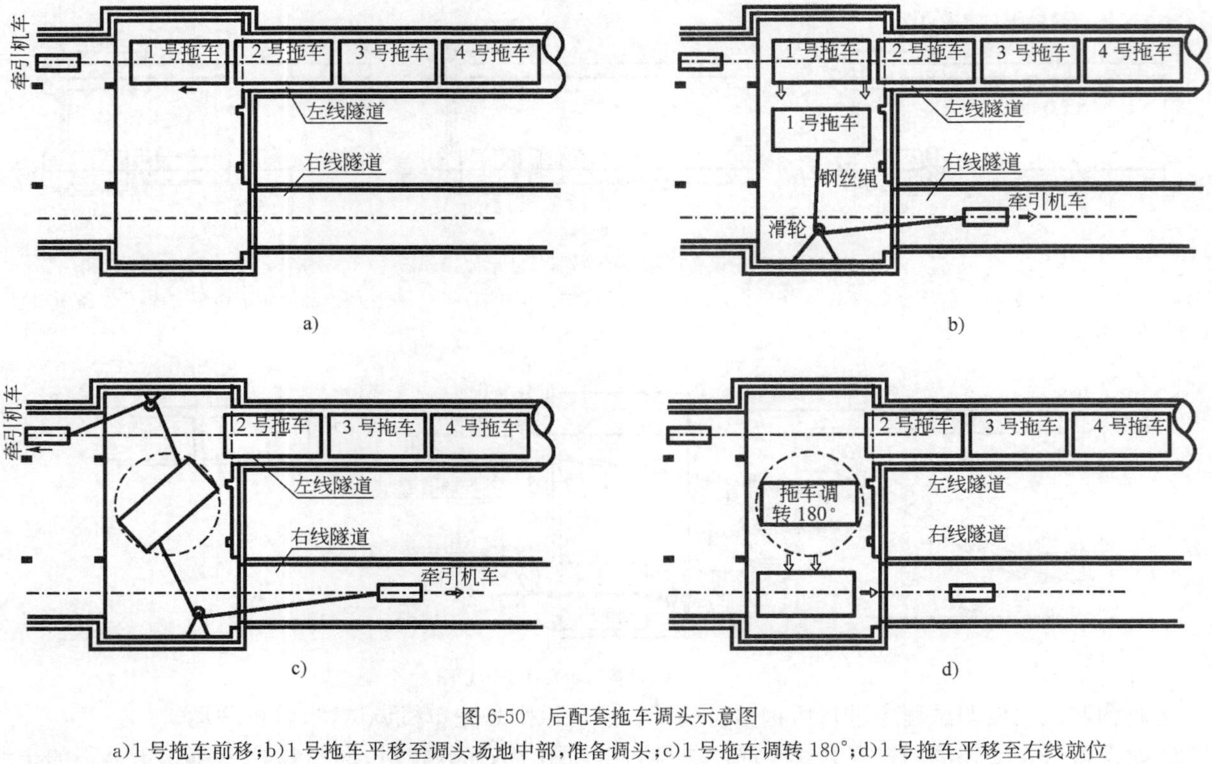

图6-50 后配套拖车调头示意图

a)1号拖车前移;b)1号拖车平移至调头场地中部,准备调头;c)1号拖车调转180°;d)1号拖车平移至右线就位

⑩后配套管线连接及整机调试掘进。将4号皮带机移至井口时，安装皮带机驱动装置；连接拖车间的电缆；连接拖车间的胶管；安装皮带并进行皮带的硫化。盾构调试完毕后进行正常掘进。

6.15　盾构到达技术

6.15.1　盾构到达施工程序

盾构到达是指盾构沿设计线路，在区间隧道贯通前100m至车站的整个施工过程。

盾构到达一般按下列程序进行：洞门凿除→接收基座的安装与固定→洞门密封安装→到达段掘进→盾构接收。如图6-51所示。

到达设施包括盾构接收基座（也称接收架）、洞门密封装置。接收架一般采用盾构始发架。

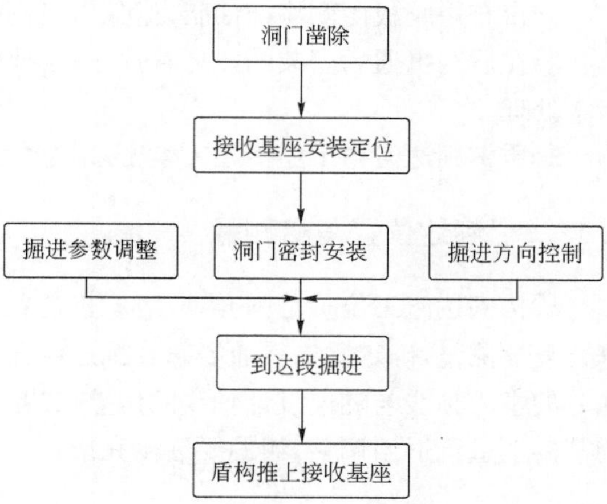

图6-51　盾构到达施工程序

6.15.2　盾构到达施工的主要内容

盾构到达施工主要内容包括：

①到达端头地层加固。

②在盾构贯通之前100m、50m处分两次对盾构姿态进行人工复核测量。

③到达洞门位置及轮廓复核测量。

④根据前两项复测结果确定盾构姿态控制方案并进行盾构姿态调整。

⑤到达洞门凿除。

⑥盾构接收架准备。

⑦靠近洞门最后10～15环管片拉紧。

⑧贯通后刀盘前部渣土清理。

⑨盾构接收架就位、加固。

⑩洞门防水装置安装及盾构推出隧道。

⑪洞门注浆堵水处理。

⑫制作连接桥支撑小车、分离盾构主机和后配套机械结构连接件。

6.15.3　盾构到达的准备工作

盾构到达前，应做好下列工作：

①制订盾构接收方案，包括到达掘进、管片拼装、壁后注浆、洞门外土体加固、洞门围护拆除、洞门钢圈密封等工作的安排。

②对盾构接收井进行验收并做好接收盾构的准备工作。

③盾构到达前100m，50m时，必须对盾构轴线进行测量、调整。

④盾构切口离到达接收井距离约10m时，必须控制盾构推进速度、开挖面压力、排土量，以减小洞门地表变形。

⑤盾构接收时应按预定的拆除方法与步骤，拆除洞门。

⑥当盾构全部进入接收井内基座上后，应及时做好管片与洞门间隙的密封，做好洞门堵水工作。

6.15.4　盾构到达施工要点

①盾构到达前应检查端头土体加固效果，确保加固质量满足要求。

②做好贯通测量,并在盾构贯通之前 100m、50m 两次对盾构姿态进行人工复核测量,确保盾构顺利贯通。

③及时对到达洞门位置及轮廓进行复核测量,不满足要求时及时对洞门轮廓进行必要的修整。

④根据各项复测结果确定盾构姿态控制方案并提前进行盾构姿态调整。

⑤合理安排到达洞门凿除施工计划,确保洞门凿除后不暴露过久。并针对洞门凿除施工制定专项施工方案。

⑥盾构接收基座定位要精确,定位后应固定牢靠。

⑦增加地表沉降监测的频次,并及时反馈监测结果指导施工。盾构到站前要加强对车站结构的观察,并加强与施工现场的联系。

⑧为保证近洞管片稳定,盾构贯通时需对近洞口 10～15 环管片作纵向拉紧。

⑨帘布橡胶板内侧涂抹油脂,避免刀盘刮破影响密封效果。

⑩在盾构贯通后安装的几环管片,一定要保证注浆及时、饱满。盾构贯通后必要时对洞门进行注浆堵水处理。

⑪盾构到达时各工序衔接要紧密,以避免土体长时间暴露。

6.15.5 到达位置复核测量

盾构到达施工位置范围时,应对盾构位置和盾构隧道的测量控制点进行测量,对盾构接收井的洞门进行复核测量,确定盾构贯通姿态及掘进纠偏计划。在考虑盾构的贯通姿态时须注意两点:一是盾构贯通时的中心轴线与隧道设计轴线的偏差,二是接收洞门位置的偏差。综合这些因素在隧道设计中心轴线的基础上进行适当调整,纠偏要逐步完成。

6.15.6 盾构到达段掘进

根据到达段的地质情况确定掘进参数:低速度、小推力、合理的土压力(或泥水压力)和及时饱满的回填注浆。

在最后 10～15 环管片拼装中要及时用纵向拉杆将管片连接成整体,以免在推力很小或者没有推力时管片之间的松动。

6.15.7 接收基座安装及盾构推上接收基座

接收基座的构造同始发基座,接收基座在准确测量定位后安装。其中心轴线应与盾构进接收井的轴线一致,同时还要兼顾隧道设计轴线。

接收基座的轨面标高应适应盾构姿态,为保证盾构刀盘贯通后拼装管片有足够的反力,可考虑将接收基座的轨面坡度适当加大。接收基座定位放置后,采用Ⅰ25 的工字钢对接收基座前方和两侧进行加固,防止盾构推上接收基座的过程中,接收基座移位。

在接收基座安装固定后,盾构可慢速推上接收基座。在通过洞门临时密封装置时,为防止盾构刀盘和刀具损坏帘布橡胶板,在刀盘外圈和刀具上涂抹黄油。

盾构在接收基座上推进时,每向前推进 2 环拉紧一次洞门临时密封装置,通过同步注浆系统注入速凝浆液填充管片外环形间隙,保证管片姿态正确。

6.15.8 洞门圈封堵

在最后一环管片拼装完成后,拉紧洞门临时密封装置,使帘布橡胶板与管片外弧面密贴,通过管片注浆孔对洞门圈进行注浆填充。注浆的过程中要密切关注洞门的情况,一旦发现有漏浆的现象应立即停止注浆并进行封堵处理。确保洞口注浆密实,洞门圈封堵严密。

6.16 二次衬砌施工技术

6.16.1 盾构隧道的二次衬砌

一般盾构隧道在完成管片安装后即可，不需进行二次摸注衬砌，但为满足个别盾构隧道工程的特殊需要，也有在管片衬砌后再进行一次模注衬砌。这种二次模注衬砌目前还只能单工序施工，即在管片安装全部完成后再单独施作模注混凝土。

在二次衬砌施工前，必须进行管片接头螺栓的复紧，管片的清扫及漏水部分的止水。

6.16.2 二次模注混凝土设备

1)针梁式全圆模板台车

针梁式全圆模板台车，见图6-52。在长隧道圆形断面上，利用钢模与针梁互为支承、穿梭前进。它具有操作方便灵活、施工速度快、混凝土表面平整光滑、接缝错台小等优点，但相对穿行模板台车只有一个工作面，故单口衬砌速度受到约束。

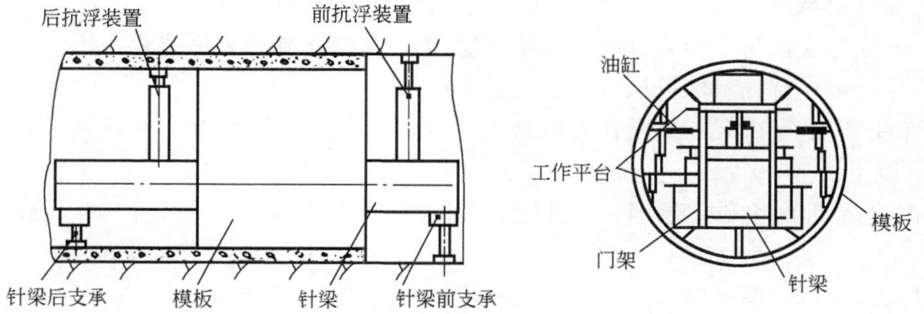

图6-52 针梁式模板台车

针梁式全圆模板台车针梁的长度可根据具体施工需要确定，它由若干段拼接而成，箱形结构的针梁断面尺寸也根据隧道断面确定，针梁两端的下面有高度不同的支承横梁，用来连接针梁及其下部的支承油缸，整个钢模是由针梁下部的4个支承油缸支承。针梁式全圆模板台车由底模、左右侧模和顶模组成，一般每节模板长度为12～15m，共分为4段，每段均包括有底模、左右侧模和顶模4块，每块之间均为铰接，除底模是随着针梁共起落而脱模外，其侧模、顶模各自具有独立液压系统，可分别进行工作。

在组合钢模板上开有若干个(尺寸一般为450mm×600mm)窗口，以供进料、进出人及检查之用。此外还设有若干个孔，用来埋设灌浆管。在顶模上还设有3个混凝土尾管注入口，以便拆去混凝土导管时不致使仓内混凝土外流，并可借助于混凝土泵的压力使隧洞顶拱的混凝土浇满。

在组合钢模的顶拱和左右侧模的全长上布置有液压油缸(也有采用丝杆)，供浇注混凝土时作固定支承和脱模时作收模用，模板脱模后，再次复位时，则由定位油缸的定位销来保证其圆度。在针梁下部的支承油缸和上部的抗浮支承架油缸，以及针梁两端的横移调整油缸，是为针梁钢模相对于隧洞轴线的位置调整之用。走行龙门架与钢模连接成整体，通过龙门架的上、下部支承滚轮，实现模板的前移和针梁的移动。

2)全圆穿行式模板台车

穿行式模板台车，是在整体式模板台车的基础上发展的。整体式模板台车下部设轨轮走行与模板部分为一整体，台车在混凝土灌注结束后，至混凝土强化至脱模期间，台车不能移动，从而使衬砌速度受到约束，为此需增加整体模板台数，以提高衬砌速度。穿行式台车，见图6-53，可在等待其中一节模板灌注后的混凝土强化期间，进行另外一节模板的衬砌工序作业。因此，当模板台车台数相同时，穿行式台车的衬砌速度比整体式台车的衬砌速度要快得多，可实现单个工作面的快速衬砌。

图 6-53 穿行式模板台车

穿行式模板台车一般由 2～3 段模板总成、一个龙门架组成，龙门架的作用是反复背驮模板总成，或进行混凝土浇筑，或与待收模的模板总成连接进行拆模，并前移至下一支立位置。穿行式模板台车的模板总成由顶模、两侧边模及两底模组成，当浇注完混凝土、龙门架撤离时，模板总成可自立承载混凝土重量；模板总成具有一定的强度和刚度；两端堵头使接缝衔接平滑、无缝隙。龙门架或称穿行架由机架、走行机构、液压系统和螺杆支撑系统组成，龙门架结构承载混凝土浇筑时模板和混凝土的重量和压力；整个模板总成由龙门架支承并下降，这样内收后的模板总成外轮廓尺寸小于定位后的模板总成的内轮廓尺寸，使内收后的模板总成能在定位的模板总成内穿过；由于模板总成内收时要占据自行轨道以内的下部空间，所以龙门架长度大于模板长度以便给模板内收让出空间；在模板两端以外，龙门架的四根立柱通过下面的行走机构与走行轨相接，4 根立柱与箱形结构的主桁架相连，构成龙门架主体，龙门架的下横梁控制了通过车辆的高度；由液压系统完成对模板总成的支立。在模板总成和龙门架之间设置托架机构，使它的连接方便、准确。

全圆穿行式模板台车的特点如下：

①可分离：穿行架与模板总成可以分离，而一般模板台车都为整体式。

②可自稳：模板总成在与穿行架分离后能够自稳，满足混凝土强度发展要求。

③可穿行：穿行架可背一组模板从另一组模板下穿过。

④可连续作业：一台穿行架 3 组配套模板总成可满足连续衬砌作业，达到快速施工，单工作面设计月衬砌可达 500m 以上。

⑤可平行作业：台车结合软垫层铺设作业架、后部处理作业架等作业平台，能够满足各工序平行作业的要求。

基于以上特点，穿行式模板台车适用于衬砌速度要求高的长大隧道。

6.16.3 模板台车定位、灌注、脱模

1)模板台车定位、前移

由穿行架走行轮、升降油缸、水平横移油缸、穿行架与模板总成间的各伸缩油缸动作完成对接和中线、水平定位，并由穿行架与模板总成间及模板自身的连接销、锁定螺栓(杆)等完成锁定。

台车拱墙模板脱模后落在穿行架上，通过穿行架在三组模板之间的行走来实现台车拱墙模板的前移；底模模板由穿行架两端悬臂梁进行提升后，在穿行架上滑动前移。从而实现模板台车内的穿行。

底模一端靠模板间的对接螺栓承重，另一端靠活动安装的可调节位置的下伸到管片的一排螺杆承重，螺杆要求避开钢筋网。

2)安装堵头

模板台车定位并锁定后，即进行木模堵头安装。木模堵头板预留止水条安装的缝带，在安装堵头板的过程把止水片也一并安装好。

3)混凝土灌注

灌注混凝土时应左右对称分层进行，确保两侧混凝土平行灌注，采用两台输送泵同时灌筑混凝土，在临近衬砌工作面处设浮放道岔，形成双线条件，以便停放输送泵、混凝土输送车牵引机车。捣固采用插入式振捣器加高频低幅附着式振捣器配合进行；灌注作业按相关规定及细则执行。

4)模板抗浮技术

模板台车的底部收缩量较大，在灌注混凝土过程中，模板台车一直受浮力作用。因此，在其穿行架前后两端各加设多个 50t 千斤顶用以抵抗台车所受的巨大浮力。

5)封顶工艺

为确保安全和封顶密实，在台车上坡端最后一块模板拱顶预留有一排气孔。在台车定好位后，通过拱部窗口观察将排气管插到距岩面5cm左右时固定好。封顶时，只能用一台泵进行灌注，并有专人指挥，排气孔观察人员与混凝土泵司机要保持密切联系，排气孔一有漏浆，立即停止正常泵送，采取点动控制泵送，确保灌注安全。

在灌注封顶时，混凝土必须确保连续供应，并插好排气孔，注意封顶程序，确保安全和封顶密实。封顶结束后，当混凝土初凝后及时将排气管松动，拔出。排气孔的设置。

6)混凝土的脱模、养护

在混凝土灌筑完成48h后方可脱模，脱模时穿行架与预脱模的模板连接后，按先收侧模，再收顶模，最后收底模的程序进行脱模。脱模后喷水养护，养护期为14d，当隧洞内湿度在85%以上时，可停止喷水养护；当湿度不够时，继续喷水养护至28d龄期。

6.16.4 衬砌施工主要技术措施

①严格拱顶混凝土灌注工艺，采取预埋排气管，确保拱顶混凝土灌注密实。

②精心进行配合比设计并不断优化，严格按配合比准确计量。

③立模前先检查断面、中线、渗漏水情况，清除底部积水、松散石渣等杂物。

④灌注混凝土期间，预埋注浆孔及排水孔孔洞。

⑤泵送混凝土入仓自下而上，从已灌筑段接头处向未灌筑方向，分层对称浇筑，防止偏压使模板变形。封顶混凝土严格按规范操作，从内向端模方向灌注，排除空气，保证拱顶灌筑厚度和密实。

⑥严格控制混凝土从拌和出料到入模的时间，当气温20～30℃时，不超过1h，10～19℃时不超过1.5h。严格混凝土生产的过程控制，加强振捣，增加混凝土的密实度，保证衬砌混凝土的抗渗等级达到W8。每循环脱模后，清刷模板，涂脱模剂。

⑦冬季施工时，混凝土拌合、运输、养护严格执行规范要求。

6.16.5 安全施工要点

①台车穿行时，模板必须收拢到穿行要求位置，模板上所有作业窗一律关闭、上紧，确保穿行安全。

②在穿行过程中，有专人掌握刹车器，另设专人指挥，防止台车溜放和冲撞。

③确保堵头板安装质量和模板立模质量，要有专人看模，遇险情立即通知停止灌注，并使人员撤离至安全地段。

④在灌注封顶时，注意封顶程序，确保安全和封顶密实。

6.17 盾构的拆卸与包装

6.17.1 一般规定

盾构的拆机和包装是盾构工程完工后，盾构退场的必经程序。拆机使用履带吊和汽车吊，拆机顺序为主机→设备桥→拖车，拆机前作好管线的标识。

为便于运输，包装应采用木包装，通过薄铁皮焊接到大件上。运输距离较近时，为节省费用，可临时使用塑料布进行简易包装。

盾构拆卸前必须制定详细的拆卸方案与计划，同时组织有经验的经过技术培训的人员组成拆卸班组。履带吊机工作区应铺设钢板，防止地层不均匀沉陷。大件吊装时采用90t汽车吊车辅助大件翻转。

拆卸作业前，应按起重作业安全操作规程及盾构制造商的拆卸技术要求进行班前交底。盾构的拆卸，按先电气系统、后液压系统、再机械构件的原则进行。拆机前应对拆卸的部件进行分别标识和登记，确保再次组装时不缺件和不错装。所有管线接头必须做好相应的密封和保护，特别是液压系统管路、传感器接口等。对液压油管除进行标识外，拆卸后立即安上堵头，以防污染。

盾构主机吊耳的布置必须使吊装时的受力平衡，吊耳的焊接必须由专业技术工人操作，同时必须有专业技术人员进行检查监督。

6.17.2 盾构拆机前的准备

从箱式变压器接电，用 YC3×50+2×25mm^2 电缆将电源引至盾构拆机用电处，在盾构拆机井口安装配电箱一只。在拆机前将盾构所有需要拆卸的电缆和液压管路进行标识。管线标识，要做到不缺、不漏，清晰明确。

6.17.3 盾构的拆卸

本节以地铁用土压平衡盾构为例介绍盾构的拆卸方案。

1)吊耳及顶推支座的焊接

在刀盘、前盾、中盾及盾尾原来吊耳的位置(即盾构组装时吊耳位置)进行焊接，不得移位。每个吊耳焊接时要保持连续性，不得随意停止。焊接时采取保温措施和敲击释放应力。吊耳焊完后，在盾壳和接收架上焊接顶推支座。

2)管线的拆除

(1)拆管片安装机管线

拆与主机、设备桥连接的水管和风管、泡沫管和膨润土管，把管线留在主机和设备桥上并固定，用塑料膜扎住接口处。准备一个干净油桶，接漏出的液压油，拆与主机、设备桥相连接的油脂管、液压油管，用堵头堵住接头，管线留在主机和设备桥上。

(2)拆设备桥管线

拆与主机上连接的水管和风管、泡沫管和膨润土管、把管线留在设备桥上并固定，同时用塑料膜扎住接口处。拆与主机上相连接的油脂管、液压油管，用堵头堵住两边接头，管线留在设备桥上。松开拖车上皮带架、风筒的固定螺栓，取出内部滚筒，风筒仍然留在上面。

(3)刀盘内管线的拆除

拆除旋转接头上泡沫管、膨润土管，把管线留在主机上并固定，同时用塑料膜扎住接口处。拆与旋转接头相连接的油脂管、液压油管，用堵头堵住接头，管线留在主机上。

(4)1 号拖车管线的拆除

拆与设备桥连接的水管和风管、泡沫管和膨润土管，把管线留在 1 号拖车上并固定，同时用塑料膜扎住接口处。拆与设备桥上相连接的油脂管、液压油管，用堵头堵住接头，管线留在 1 号拖车上。松开拖车上皮带架、风筒的固定螺栓，取出内部滚筒，风筒仍然留在上面。

(5)2 号拖车管线的拆除：

把油箱内的液压油全部放出，把水循环管路里的水全部排掉。拆与 1 号拖车连接的水管和风管、泡沫管和膨润土管，把管线留在 1 号拖车上并固定，用塑料膜扎住接口处。拆与 1 号拖车相连接的油脂管、液压油管，用堵头堵住接头，管线留在 1 号拖车上。松开拖车上皮带架、风筒的固定螺栓，取出内部滚筒，风筒仍然留在上面。

(6)3 号拖车管线的拆除

拆与 2 号拖车连接的水管、泡沫管和风管，把管线留在 3 号拖车上并固定，用塑料膜扎住接口处。松开拖车上皮带架、风筒的固定螺栓，取出内部滚筒。风筒仍然留在上面。

(7)4 号拖车管线的拆除

拆与 3 号拖车连接的水管和风管，把管线留在 3 号拖车上并固定，用塑料膜扎住接口处。拆与水管卷筒连接的水管，用塑料膜扎住接口处。松开拖车上皮带架、风筒的固定螺栓，取出内部滚筒，风筒仍然留在上面。

3)主机与设备桥分离

用管片车及型钢做成临时支撑,撑住设备桥前部。拆卸主机与设备桥之间的拖拉油缸,用机车及人字形拉杆(在4号拖车上),将后配套后移约20m后安装4个阻车器。

4)后配套电气系统拆除

拆除设备桥电缆的前接头,将电缆收到主机室旁的走道盘好并捆扎;拆除1号拖车与其他拖车连接电缆的后接头,将电缆收到主机室旁的走道盘好并捆扎;拆除2号拖车与其他拖车连接电缆的后接头,将电缆收到2号拖车右侧尾部平台盘好并捆扎;拆除3号拖车与4号拖车连接电缆的前接头,将电缆收到4号拖车盘好并捆扎。

5)刀盘拆卸并吊出

割除刀盘前部螺栓保护帽上的钢筋,并拆除保护帽;用拉伸预紧扳手松掉刀盘前部连接螺栓并取出放入木箱。250t履带吊进场并挂好钢丝绳,稳起刀盘,用液压扭力扳手松掉刀盘后部连接螺栓(吊机应受力2~3t)并取出。用两个3t倒链将刀盘向前拉动,定位销脱离后,起吊刀盘并放置在地面枕木上;安装刀盘专用吊具,250t履带吊与80t汽车吊配合将刀盘翻转并装车运至临时存放地。

6)主机前移

顶推支座的位置在左右两侧和接收架的顶推支座对应,用100t油缸将主机前移至站台极限位置,前体紧贴站台。

7)螺旋输送机拆卸

拆除管片安装机底部V形梁,轨道延伸至管片安装机位置。各用一个10t的倒链挂住螺旋输送机的前部和中部的吊耳,后部吊耳用钢丝绳挂在汽车吊上。用一个5t的倒链将螺旋输送机前部吊起拉紧,然后拆卸螺旋输送机前部的固定螺栓及中部销轴,慢慢地的拉升倒链将螺旋输送机拉出来,利用10t倒链进行吊点转移,将输送机抽出,放在两台管片车上,推入洞内10m。

8)盾尾拆除

拆除铰接油缸连接油管并封堵,拆除盾尾紧急密封气管,拆除注浆管路,拆除铰接密封压板及密封条,用5t倒链将盾尾向后拉出,用250t履带吊及80t汽车吊将盾尾吊出地面并翻转后装车运存放场地。

9)管片安装机的拆除

拆除前后移动油缸销轴将油缸固定,安装管片安装机专用吊具,拆除管片安装机后部端梁及两侧刮板,用钢丝绳将管片安装机挂好并将吊索微微起吊,用2个1.5t倒链向后移动,导向轮退出后起吊,用汽车吊和履带吊配合翻身后装车运至存放场地。

10)管片安装机轨道梁的拆除

拆卸内侧管线,吊出内侧管线并装车,用钢丝绳及两个5t倒链挂好轨道梁,用液压扭力扳手及风动扳手拆卸轨道梁连接螺栓,起吊轨道梁装车并运到存放场地。

11)主机后移并分离

更换顶推支座顶推方式,将盾构向后顶,用100t油缸将主机后移至井沿的位置。

12)中体吊出

拆卸人仓连接螺栓,并将人仓后移,固定焊接,拆卸底部铰接油缸,安装红吊耳于铰接油缸销轴上,250t履带吊挂好钢丝绳,拆卸中体与前体的连接螺栓,用2个10t倒链(或者利用顶推支座和顶推油缸)将中体向后拉出至定位销脱离,同时用顶推油缸辅助。起吊中体并在地面用80t汽车吊配合翻身装车、运出至存放场地。装车前在结合面涂抹油脂并封闭后垫于方木上。

13)前体吊出

盾构后移,前部结合面涂抹油脂并封闭(油毡),250t履带吊起吊前体并在地面与80t汽车吊配合翻身、装车运至存放场地。

14)接收架上铺设钢轨并延伸

以洞口钢轨高度为基准,向站台方向铺设枕木、钢轨,将轨线延伸到站台内。

15)螺旋输送机的吊出

螺旋输送机前移,沿着井口对角方向起吊螺旋输送机,吊出后运输到存放场地。

16)设备桥吊出

设备桥及后配套前移,拖车前后放置阻车器,拆卸与 1 号拖车的销轴连接,并把销轴留在 1 号拖车上,拆卸人行平台、皮带轮,并吊出装车,用门吊及 2 个 20t 倒链挂好设备桥,起吊设备桥并调整倒链使设备桥与水平成 40 度并吊出。

17)后配套拖车的吊出

(1)1 号拖车

移动 1 号拖车到井口,前后放置阻车器,拆除与 2 号拖车连接的拉杆,拉杆取下,销轴仍然留在拖车上,起吊 1 号拖车到地面,拆除拖车轮对,把拖车放置在平板汽车上。拆除拖车前部的皮带支撑架,取下放在拖车内部。拆除风筒及其连接,并做标记,放在拖车内部固定。将拖车运至存放场地。

(2)2 号拖车

移动 2 号拖车到井口,前后放置阻车器,拆除与 3 号拖车连接的拉杆,拉杆取下,销轴仍然留在拖车上,起吊 2 号拖车到地面,拆除拖车轮对,把拖车放置在平板汽车上。拆除拖车前部的皮带支撑架,取下放在拖车内部。拆除风筒及其连接,并做标记,放在拖车内部固定。将拖车运至存放场地。

(3)3 号拖车

移动 3 号拖车到井口,前后放置阻车器,拆除与 4 号拖车连接的拉杆,拉杆取下,销轴仍然留在拖车上,起吊 3 号拖车到地面,拆除拖车轮对,把拖车放置在平板汽车上。拆除拖车前部的皮带支撑架,取下放在拖车内部。拆除风筒及其连接,并做标记,放在拖车内部固定。将拖车运至存放场地。

(4)4 号拖车

移动 4 号拖车到井口,前后放置阻车器,拆与机车连接的人形拉杆,并把拖车的连接支撑装上。拆拖车的后 2 个水管卷筒,拆拖车后面的平台、支架以及储风筒起吊装置,整体拆除,与拖车分开运输,起吊 4 号拖车到地面,拆除拖车轮对,把拖车放置在平板汽车上。拆除拖车前部的皮带支撑架,取下放在拖车内部。拆除风筒及其连接,并做标记,放在拖车内部固定。将拖车运至存放场地。

6.17.4 盾构的包装

本节以地铁用土压平衡盾构为例介绍盾构的拆卸后的包装方案。

1)刀盘包装

清理结合面,在结合面上涂抹少许油脂,用油毡贴在结合面上,用塑料布进行外部包装。

2)前盾包装

清理与中体、刀盘的结合面,在结合面上涂抹少许油脂,用油毡贴在结合面上,用塑料膜遮住顶部,并捆扎。

3)中盾包装

清理与前体的结合面,在结合面上涂抹少许油脂,用油毡贴在结合面上,用塑料膜遮住顶部,并捆扎。

4)盾尾和管片安装机的包装

取掉盾尾紧急密封,清洁盾尾及管片安装机,在管片安装机下面放一包装木板,上面用塑料薄膜包住,管片安装机固定在上面,把管片安装机放置在盾尾内部,周围用钢结构焊接固定在盾尾上,用塑料布进行包装。

5)螺旋输送机的包装

清洗后,在螺旋输送机滑动面和前部用方木做两个支撑点,高度保持一致,把螺旋输送机于木支撑上固定,用塑料布包住外部。

6)设备桥的包装

拆除上面的人行平台和管线,前后用工字钢作支撑,用塑料布包住外部。

7)拖车包装

包装前拖车如图 6-54 所示。

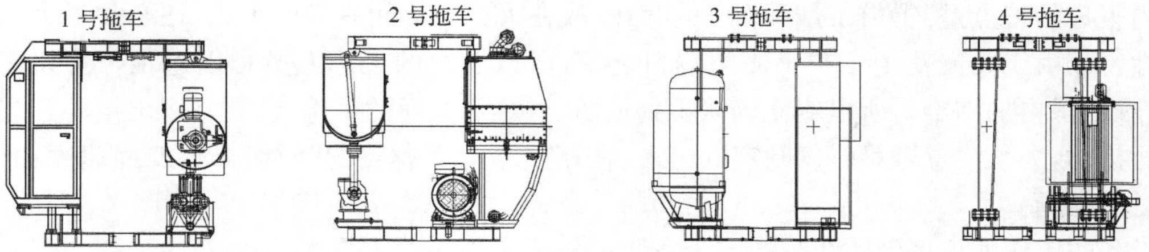

图 6-54 包装前拖车结构示意图

(1)1 号拖车的包装

拆去顶上的连接梁,把两片贴拢,并用螺栓紧固,下面用连接件进行连接并紧固,把皮带架、风筒、轮对、电缆槽、管线等放在拖车内部并焊接、捆扎固定。用塑料薄膜把配电柜、操作面板包住,拆卸的螺栓留在原来位置,外部用塑料布包装,露出 4 个吊耳。

(2)2 号拖车的包装

固定拖车上的起吊葫芦,拆去顶上的连接梁,把两片贴拢,并用螺栓紧固,下面用连接件进行连接并紧固,把皮带架、风筒、轮对、电缆槽、管线等放在拖车内部并焊接、捆扎固定。用塑料薄膜将配电柜、操作面板包住,拆卸的螺栓留在原来位置,外部用塑料布进行包装,露出 4 个吊耳。

(3)3 号拖车的包装

拆去顶上的连接梁,把两片贴拢,并用螺栓紧固,下面用连接件进行连接并紧固,把皮带架、风筒、轮对、电缆槽、管线等放在拖车内部并焊接、捆扎固定。用塑料薄膜把配电柜、操作面板包住,拆卸的螺栓留在原来位置,拖车外部用塑料布包装,露出 4 个吊耳。

(4)4 号拖车的包装

固定拖车上的起吊葫芦,拆去顶上的连接梁,把两片贴拢,并用螺栓紧固,下面用连接件进行连接并紧固,把皮带架、风筒、轮对、电缆槽、管线等放在拖车内部并焊接、捆扎固定。用塑料薄膜将配电柜、操作面板包住,拆卸的螺栓留在原来位置,拖车外部用塑料布包装,露出四个吊耳。

8)轨道梁的包装

清洁结合面,结合面涂抹油脂,将轨道梁放在集装箱内固定。

9)皮带机和皮带的包装

清洁皮带机和皮带,皮带卷起并捆扎,将皮带机和皮带放置在集装箱内固定。

10)水管卷筒和电缆卷筒的包装

清洁每个卷筒,对水管和电缆进行固定,放置在集装箱内。

11)零散部件的包装

清洁所有部件,固定零散小件,放置在集装箱内。

6.18 盾构法施工的安全健康

盾构法施工是利用盾构从竖井始发进行开挖地下隧道的工程,其特点是作业空间狭小,作业场所主要集中在掌子面。因此在安全方面除了易发生一般建设工程常见的人员摔伤、砸伤、挤伤等事故外,还易发生洞内火灾、瓦斯爆炸、缺氧、高气压等盾构隧道特有的灾害。所以对盾构施工中的安全卫生必须重视。

6.18.1 灾害防止

施工时,为了防止灾害的发生必须采取必要的防护措施。尤其必须对盾构工程特有的作业环境、作业条件、作业方法等起因的灾害要特别注意。

1)火灾防止

隧道内火灾的特点是:①由于烟和CO的存在,故在灭火时不能只考虑灭火,还必须考虑二次灾害发生的可能性。②由于火灾发生于掌子面与洞口之间,所以洞内的工作人员难以避难。③如火灾引发停电,会使避难变得更加困难。所以应充分认识到消防、避难等方面的困难,认真制定出消防措施。尤其在采用气压盾构时,必须注意避难时气闸室的出入、在压气条件下燃点的降低、火灾传播速度加快、灭火器具效率降低等问题。

液压设备的工作油根据消防法被指定为危险品。带入隧道内必须办理必要的手续。带入量少于规定量时,可作为少量危险品储存在指定处,当超出指定量时则应根据消防法规定,作为危险品进行处理。

为了防止火灾,应尽量减少隧道内可燃物,并尽可能不动用明火。同时应建立防火体制,明确责任制,对火源、可燃物进行严格管理,排除火灾隐患。采取措施将火消灭在初期阶段也是很重要的。采用气压盾构时,禁止将火种、火柴、打火机或其他引燃物带入隧道内。原则上,禁止进行焊接、气割等明火和电弧的作业。

此外,需使有关人员知道对火源的监督管理体制,对不同火源所使用的灭火设备的配置,明火作业场所监督人员的配置等,以便开展初期消防活动。

初期消防失败时,隧道内短时间内会处于危险状态。所以必须根据规定,立即退到安全区,以防火灾扩大。

盾构工程中,由于施工条件限制,有可能会影响消防演习活动顺利进行。因此,必要时最好从施工计划阶段开始,与有关部门建立密切的联络关系和协商。

2)瓦斯爆炸

当开挖沼泽填筑地、污浊港湾围填地等腐泥层、甲烷地带、腐植土层时,甲烷等可燃性气体就会从围岩涌出,或从隧道内涌水中游离出来,有在隧道内引起瓦斯爆炸和燃烧的危险。

因此在进行盾构施工时,必须事先对盾构预定通过地区及周围的地形、地质、水文等进行调查,同时也必须对现场周围以前或现在正在施工的工程进行充分的调查。预计有可能出现可燃性气体的时,必须通过钻探或其他方法对有无可燃性气体及其状况进行必要的调查。另外,也可以根据需要在盾构掘进之前对地基进行加固或重新考虑盾构形式,或设法使机电设备、机器防爆化或采取其他措施。

有可能发生可燃性瓦斯时,必须做好隧道内通风,排出可燃性气体。为此,必须慎重研究选择合适的通风设备、通风方式和通风能力。

另外还必须认真研究制定出隧道内防止漏水和出渣的方法。在施工时,应有专人测量瓦斯浓度,每天作业开始之前,对有可能滞留瓦斯的地方进行瓦斯浓度测量。

测量可燃性瓦斯的装置形式有,测量个别地段用的便携式或经常使用的定位式等。测量瓦斯浓度时,必须连续观察瓦斯的涌出量。必要时做到能自动报警。采用可适应瓦斯变化的测量方法进行测量。

目前,对可燃性瓦斯、有害瓦斯、氧气浓度的测量已研制出各种测量装置及器具,有遥控自动测量、集中管理测量、自动记录等,也有可自动报警的装置。对这些瓦斯测量装置必须努力做好维修管理工作,每天检查一次以上,以保证其功能完善,使其一直处于正常使用状态,同时记录、保存其测量结果。

当发生的可燃性瓦斯浓度超过容许值时,必须立即使作业人员退至安全区域,禁止使用明火或其他引燃源物品,并进行通风和排气。甲烷等可燃性气体易停留在开挖面上方、隧道顶部和通风不畅的地方,这些地方会产生浓度很高的甲烷层。因此,除了使用主要通风、排气设备外,还需考虑采用移动式辅助通风设备,充分搅拌稀释隧道内空气。

3)缺氧及瓦斯中毒事故的防止

外边的新鲜空气无法流入或通风不畅之处,由于空气中氧的消耗,会导致含氧量少的气体(缺氧气体)漏出,加之空气以外的气体(甲烷、二氧化碳、硫化氢等)的漏出,会造成缺氧及瓦斯中毒事故。因此,在进行盾构施工时需根据盾构通过地区及其周边的预先调查资料预测缺氧气体、有害气体的危险性。通过钻探或其他方法，认真做好事前调查。

缺氧气体产生的原因及发生状态根据土质条件、施工方法及气压变化的影响不同而呈复杂多样化。但是，通过或靠近以下所列的地层和地域时，隧道内有发生缺氧气体的危险。

①没有地下水或地下水少的砂砾层和砂层且上部有不透水层时。

②含有氧化铁或氧化锰等还原性化合物的地层。

③含有甲烷、乙烷的地层。

④含有腐殖物、有机质的地层。

⑤涌水或有可能涌出碳酸水的地层。

⑥有缺氧空气滞留的地层。

⑦在附近有其他工程采用压气施工法施工的地域。

因此，在进行调查时，除了地质条件外，还必须对现场周围曾经施工或正在施工的工程进行周密调查。此外，在气压盾构中有与本工程同时施工的盾构推进施工时，需密切注意其相互影响，必须考虑到将漏出的缺氧气体带入邻洞的可能性。

为了防止缺氧气体及瓦斯中毒事故的发生，隧道内必须具备充足的通风量，使隧道内的氧气浓度不低于允许极限，而有害气体浓度不超过允许浓度。为此，需慎重研究，并选择合适的通风设备和通风能力。

另外，在施工过程中，应经常在作业场所测量气体成分，一旦测出有缺氧气体和有害气体存在时必须立即采取充分的通风措施。关于施工中空气中的氧气浓度、有无有害气体、有害气体状态的测量及其记录的必要事项，都应按有关规定进行。

4)高气压病的防止

从事压气作业的人员，有患减压症、耳和副鼻腔障碍、沉箱病(多痰症)等影响健康的疾病的危险。为了防止这些高气压病的发生，必须依据医学上认可的方法，正确处理高气压隧道内的作业时间、气闸室内的加减压速度、作业结束后的有害气体压力减少时间等。对从事这些压气作业下的作业人员必须事先进行健康检查，以后对合格者每隔 6 个月仍需检查一次。另外，应使作业人员应各自留意日常健康状态，并努力做好健康管理工作，对员工就健康问题做经常指导。

其他就压气施工法的各种设备，对其结构、设置方法、使用管理、维修检查等必须严守相关规定，尽力实现安全作业。

5)起吊、运输、轨道事故的防止

需防止在隧道内、竖井内运输材料时，废渣运输、起吊作业时发生事故。为此应考虑相关设备的设置方法和安全性，根据需要设置防脱索装置。必要时应设置接触防止、飞逸防止等设备。特别是对采用自动组装管片的自动化装置要有确保十分安全的机械装备，应制定相关人员的作业规程，并严格遵守。此外，相关机械设备结构、规格除了要符合规定外，还要依照法规规定的事项对这些机械设备进行使用管理、维修检查。同时制定出与现场条件相适应的运输、运行规定，并使相应作业人员通晓有关规定。

6.18.2 紧急情况下的对策与急救措施

为防止紧急事故发生，需对隧道内外所有机械、设备及通信设施采取备用措施。同时，建立能与隧道内外的各作业场所、相关部门立即取得联系的体制。

隧道内发生火灾、开挖面坍塌、涌水等紧急事故时，或者因有害气体、缺氧气体、可燃性气体的涌出发生中毒、瓦斯爆炸等事件时，必须立即停止作业，采取切实可行的措施，使作业人员迅速退到安全地带。

1)通信联络设备

必须充分注意隧道内外的通信联络设备以及报警设备的配置、备用设备的配置、检查维修等。必要时除通常的通信设备外，还可考虑设置无绳通话设备。

2)避难用设备器具

根据需要,在适合的地方配备空气呼吸器、氧气呼吸器等呼吸保护用具和便携式照明器具等避难用具。除采取确保避难通道畅通的措施外,还必须使作业人员对此有详细的了解。用于可能出现可燃性气体涌出地段的便携式照明器具应采用防爆型或用化学发光剂发光的制品。除了经常保持避难、救护设备随时可使用以外,还需对作业人员进行避难、救护方面的教育和训练。特别是对于确保呼吸的用品,由于在压气中使用的环境条件不同,其性能变化较大,故需熟知其性能及正确的使用方法。

3)急救措施

作业人员负伤或生病时,必须采取最有效的急救措施。事先准备好隧道内外的护送设备,指定急救医院和制定护送注意事项等措施也很重要。

4)急救设备和器材

尤其是敞开式盾构在暂时或长期停止开挖时,应将开挖面全部封闭,需事先备好挡土板及填充围岩空隙的材料。

5)应急医疗设备

在 $1kg/cm^2$($100kN/m^2$)以上的压力下工作时,应设有医疗闸或急救时可利用的医疗设备,同时必须具有送排气设备、与外部进行联系的设备、暖气设备以及消防设备等。

6.18.3 作业环境的保护和维持

施工中必须设置必要的设备,采取必要的措施和对策,使作业环境一直保持安全和卫生。

盾构施工时必须考虑地下开挖作业的特殊性,认真地保持维护作业环境,以便能够安全、舒适地进行施工。在隧道内需确保通风设备、照明设备及通道等的安全,采取消除影响作业人员健康的措施。

1)通风

必须根据地质条件、盾构规模、施工方法、进度等选用合适的通风方式和通风设备。此外,在事前调查中发现有发生缺氧气体、有害气体的可能时,应认真研究其对策,使隧道内具有足够的通风能力,同时还需考虑能否处理意外事态的发生。采用压气施工时,除研究开挖面的稳定性以外,还需从安全的角度出发研究所需供气量以及其他因素来计划压气设备。

通常,仅隧道内作业人员的呼吸对空气的污染每人就需 $3m^3/min$ 的通风量。

出现缺氧气体及有害气体时,除含氧量不得低于允许值外,还必须使有害气体、可燃性气体的浓度不超过其允许值。若超出允许浓度,必须立即采取措施改进通风设备和通风方式。

表 6-6 所示为有害气体和可燃性气体的允许值。表中的法定值是根据有无危险确定的。由于盾构设备产生的热量提高了隧道内的温度,必须采取措施使隧道内的温度降低于允许值 37℃以下。其措施一般是采用通风装置送冷空气。在隧道外也要注意出发竖井以及到达竖井中的机械组装和解体时的焊接、切割作业生产的临时污染。此外,采用以低温液化气进行冷冻施工时,必须注意液态氮从配管接头漏出时引起的缺氧危险。

隧道内有害气体、可燃性气体一览表 表 6-6

气体分类	气体特征			预计事故及危险	限制参考值
	相对密度	颜色气味	爆炸极限(容量%)		
一氧化碳	1.0	无色、无臭	12.5～74	中毒、爆炸	10^{-4}
二氧化氮	1.5		—	中毒	3×10^{-6}
二氧化碳	1.5	无色、无臭	—	缺氧症	1.5%
硫化氢	1.2	无色、臭蛋味	4.3～45	中毒、爆炸	10^{-5}
亚硫酸气	2.3	无色、硫黄臭	—	中毒	2×10^{-6}
氧	1.1	无色、无臭	—	缺氧症	18%
甲烷	0.6	无色、无臭	5.3～14	爆炸	1.5%

2)照明

在作业场所以及通道必须有照明设施,以尽量防止灾害发生,保护作业环境。

对开挖面、拼装机、各种机械的操作部位、注浆处、皮带输送机等直接作业的照明,需确保可安全作业的充足照度,最低照度宜在70勒克斯以上。使用照明设备时,应尽力减小明暗对比,以防晃眼。由于移动型照明设备在频繁移动的情况下容易损害,故应采用有防水外壳的照明设备,并需经常进行检修。

即使是作为通道使用的区域,为了确保作业人员行走安全和轨道车辆的行驶安全,也必须进行必要的照明。有时在整个通道上保持同样照度比较困难,但在最暗的地方也需保证在20勒克斯左右。有的照明根据盾构的断面大小而定,一般多采用40W的荧光灯,配置间隔5～8m。这些固定式照明设备由于需长期使用,除考虑耐久性外,还需经常进行维修检查。

此外,对于特殊危险地方,需设置警戒标志灯。

3)排水

为了在施工中不发生事故,必须进行隧道内排水。

由于大量的意外涌水和排水设备的故障等,有可能引发重大事故,故需充分考虑备用排水设备和停电时的对策。

必须注意排水泵的使用,对断路器、接地、移动电线等应采取安全措施,以防触电。

4)通道

为了防止隧道内轨道车辆等发生事故,作业人员通行安全,必须确保通道安全。

通道必须具有足够的空间,以防止作业人员接触运行中的轨道车辆。同时,通道的路面也需保证安全,并采用适当的照明设备。通道与轨道和运输道路之间要用栏栅、安全绳等明确地区分开。

5)劳动保护用品

除安全帽外,根据作业内容,需具备呼吸保护用具、安全带、口罩、耳塞、防护眼镜、防震手套、防水服等劳保用品。并根据不同的需要供作业人员使用。对于这些保护用品,必须使用合格的产品而不能使用破旧品,同时使作业人员充分了解其使用方法。

6)噪声防止

噪声不仅给作业人员造成不适,而且还会妨碍以对话和声音进行联系的信号,从而导致影响安全作业。同时还会影响人的生理机能,造成噪声性耳聋。盾构施工时的主要噪声发生源有竖井的打桩机、挖土机以及隧道外施工用的门吊、泥水处理设备、土砂料斗、鼓风机等。因此需选用噪声较小的机械设备。另外根据工程和作业方法,对形成噪声源的机械设备还可采取音源改善、隔音、吸音等措施,以降低噪声程度。若有产生噪声性耳聋的可能时,除定期测量噪声等级外,还应监视防止噪声的效果,并考虑噪声程度和噪声的传播时间等。必要时必须采取令工人带耳塞的方法。

7)防振措施

在盾构工程中,除风镐、混凝土振动器等震动工具以外,有时也采用其他的施工和运输器械。作为防振对策,除应选用配有有效的防振装置的机械、工具、使用防振手套等保护用品外,还需对有振动的作业进行管理。

6.18.4 压气管理

采用压气施工方法时,需特别注意作业人员的健康、确保作业安全卫生。

1)压气作业的一般管理

在隧道外醒目之处明示严禁无关人员进入隧道。在隧道外应经常注明进洞人员的名单,进出洞时应点名,并随时准确地了解作业人员的情况。

在压气条件下作业时,禁止将火种和可燃性物品带入隧道。

2)压气设备的一般管理

压气施工法所使用的设备必须是能确保施工所需压气压力,可供足够空气量的可靠设备,尤其是在空气压缩机系统和电力设备系统发生故障时,会对开挖面及作业人员产生很大的影响,故需配备备用电源或考虑配置自用发电设备,以便即使在停电或发生意外事故时,也可确保最低限度的功能。另外,必须始终注意向隧道内供给空气的调节,尤其是必须在操作这些调节阀和阀门的操作之处设置隧道内压力表,以防万一。

3)压气设备的使用管理及维修检查

应将压气作业的主要设备与运行、操作相关的联络信号的方法,详细地给相关的运行和操作者进行技术交底。不允许指定外的人员操作送、排气阀和调节阀。对主要设备的维修检查需制定标准,并指定专人负责人。必须按照规定标准进行维修检查,并将其检查结果予以记录、保存。

6.19 盾构法施工的环境保护

虽然盾构法与明挖法相比,具有噪声小、振动小、对交通及环境影响小的优点,但由于盾构工程大多数是在房屋集中或商业等城市活动频繁的地点建设,所以环境保护还是应该特别加以注意。近年来,随着社会状况的变化,人们越来越关心建设工程对环境的影响。因此,要求在遵守有关法规的同时,还需对法规之外的一些问题根据不同地区的具体情况采取相应的措施。

6.19.1 盾构工程环境保护的特点

盾构工程污染环境的因素除了有噪声、振动、地基变形等之外,基本与其他建筑工程相同(见表 6-7)。此外它还有特殊污染,主要集中在竖井部分。其原因如下:

①作为公害产生源的盾构法施工的辅助设备大部分设在竖井;

②竖井内的作业时间很长。

特别是施工时间,从建竖井到盾构掘进完毕直至浇注二次衬砌,有时长达数年之久,结果使得工程范围内局部区域(竖井周围)的人们长期受到影响。因此,对盾构工程的环境保护措施来说,竖井是极为重要的。另外,特殊情况下还应考虑缺氧、井水枯竭和地下水污染的问题。

盾构工程中的环境变化 表 6-7

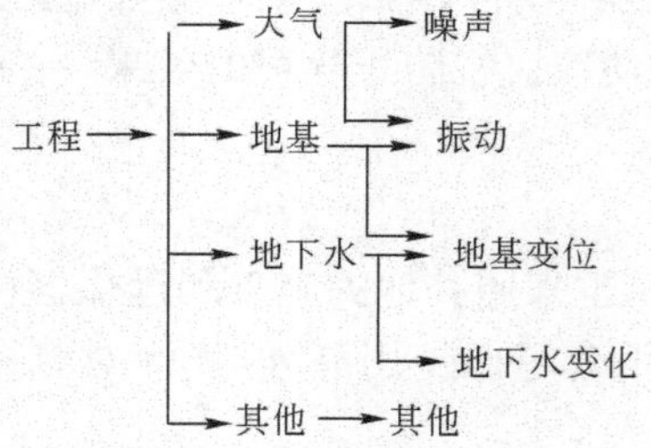

起因　媒介　环境变化	主 要 不 利 影 响
	1. 生理影响; 2. 日常生活影响; 3. 对医院、学校、幼儿园等的影响
	1. 生理影响; 2. 地基变动(沉降、龟裂、陷落等)房屋破损等
	地基变位(沉降、龟裂、陷落、隆起等),房屋破损等
	1. 井水枯竭; 2. 地基变位; 3. 井水污染
	1. 对交通的影响; 2. 日照时间减少、破坏景观

6.19.2 环境保护实施步骤

实施环境保护,要根据周围状况综合考虑。因此有时视周围的土地利用状况不需要采取对策,有时为了防止噪音而设置隔音墙,但由此又可能对采光和景观产生影响。

环境对策的实施步骤基本上与其他建设工程相同,若按工程进度归纳,可分为设计阶段的预防、施工阶段的管理和完工后的善后处理。

为预防起见，要分析对环境造成影响的因素，并据此对现场状况进行调查，确定对应方案。在施工阶段，要在切实管理好各类机器的同时，调查在盾构施工过程中对环境产生的影响，并采取相应措施将对环境不利的因素控制在最小范围。

完工后进行事后调查，并针对具体问题采取相应对策。此时应注意地基变化等在完工后的较长时间(约 1 年)内仍将存在的不利影响。地基变化结束时间。

6.19.3 环境影响因素及其对策

1)噪声与振动

噪声与振动是所有建设工程中最难处理的公害。在盾构工程中也必须重点考虑。

(1)发生原因

盾构工程的噪声和振动来源有两个：

①建竖井时拆路面，打挡土桩、开挖等作业造成的。

②盾构掘进时由竖井的出渣设备、注浆设备、通风设备、空气机和泥水处理设备等造成的噪音。

盾构掘进所产生的噪声与振动要比建竖井时产生的噪声与振动小。一般，噪声产生的问题要比振动产生的问题多。此外，盾构在埋深浅的地点掘进时也会产生振动。

(2)对策

①噪声对策

施工产生的噪声通常是控制在该地区噪声限制标准以下。但是，当加上工程现场周围的暗噪声(该地点平常的噪声)有时就会超出噪声限制标准值。因此，降低噪声水平的期望值(即将工程噪声降至多少dB)是根据暗噪声和考虑周围居民的反映而确定的，为此，需事先测定工程现场周围的暗噪声，并调查周围房屋状况及其密集程度等。

暗噪声的测定时间可根据该地区的生活时间带来确认。控制噪声发生的主要对策如下：选择噪声低的施工方法以及施工设备，并对施工设备进行隔音处理或加罩或安装消音设备；定期检修设备并注意操作方法；合理布置施工设备；设隔音设备(一般为隔音墙，隔音墙有两种结构，一种是用搁板将发生噪声的机械从外部围起来的壁式结构，另一种是用搁板覆盖至房顶的屋顶式结构。)；采用适当的作业时间带。

②振动对策

振动灾害的特点是除了像噪音那样使人感到不快外，还会对房屋和一些设施造成破坏。

振动源和噪声源大致相同，故其对策也基本与噪声对策相同，主要对策如下：选用振动小的施工方法以及低振动的机械；安装防振装置；合理布置施工设备；限制冲击式作业，缩短振动时间。

2)地基沉降

盾构工程中的地基沉降分为盾构掘进过程中产生的沉降与竖井开挖过程中产生的沉降。

(1)盾构掘进过程中产生沉降的原因及对策

①原因

盾构掘进时，若正上方发生 4cm 以上的沉降，就会造成地表破坏，其主要原因如下：地应力变化导致地基内部变形；开挖面围岩坍塌及发生扰动；掘进时围岩产生扰动；盾尾空隙的壁后注浆施工不充分；纠偏及弯道施工时超挖太多。

发生沉降不是上述某一种原因单独造成的，而是各种因素综合作用的结果。

②对策

以上现象，可采取以下措施加以避免：选择与当地土质、障碍物状况等施工条件相适应的施工方法和盾构类型；进行适当的施工管理以确保开挖面的稳定，比如，对土压平衡盾构开挖面的土压和排土量进行适当的施工管理，并选择适当地添加材料；对泥水盾构则进行泥水压力和浓度的管理；防止偏挖，减少俯仰和偏转，减轻盾构与围岩之间的摩擦；通过选择合适的壁后注浆材料，采用同步注浆方式等，切实充实盾尾；对管片接头、注浆孔等进行切实的止水，防止土体中的空隙水压力下降。

(2)竖井部分地基沉降的原因和对策

①原因

竖井部分地基沉降的原因有以下几种:地基隆起、隆胀、涌砂;防坍支护变形;从脱落掉块处的背面产生涌砂。

②对策

解决这些问题的主要对策有以下几种:根据开挖深度、土质等选择合适的防坍支护施工法;切实保证基础埋设深度;对脱落掉块部分进行化学注浆,防止从该处产生涌砂;注意施工管理并在发生过大移位和泥砂流入等情况时,进行合理的处理;通过底层土体加固等来加强底板。

3)防止水质污染

盾构工程中的水质污染有两种,一是隧道内和泥水分离站的污水流入公共水域、下水道等;二是作为辅助施工法采用的注浆化学液体流入地下水。其防止措施有以下几项。

①将现场的污水排入公共水域或下水道之前,必须通过沉淀池、沉砂池(有时使用凝聚剂)除去悬浮物质,若呈碱性或酸性则进行综合处理。对污水中的油污可通过使其上浮,然后吸附分离除去。

②化学注浆时,应注意药液的选择,同时应设观测井,以监测水质状况。如果担心会有污染时则可重新考虑施工计划,采用其他的施工方法或改变化学用品。

4)地下水位下降

采用降水法来稳定开挖面或洞内出现大量涌水,可能会导致地下水位下降从而引发地基下沉和井水枯竭等现象。

此时应采取的对策主要有:

①通过压气、化学注浆等辅助工法挡水。

②即使在围岩能自稳的情况下也采用密闭式盾构,以防地下水从作业面流入洞内。

5)缺氧

缺氧对周围环境的影响是采用气压盾构施工法必须注意的事项。即压缩空气经过土体进入地下洞室、水井等时,若该处地层具备以下条件,则氧气将在土体中被消耗,进来的空气则呈缺氧状态。

①上层有不透水的砂砾层,其中含水,或者砂砾层中没有涌水或很少有涌水的地层。

②含有亚铁盐类、亚锰盐类的地层。

③含有甲烷、乙烷、丁烷的地层。

④渗出或可能渗出碳酸水的地层。

⑤腐泥层。

此外,地下原先存在的缺氧空气有时会被压缩空气挤出来流入地下空间。空气中氧气的浓度在18%以下为缺氧。氧气浓度的变化对人体的影响如表6-8所示。

氧气浓度下降对人体的影响 表6-8

呼吸		动脉血中氧气分压(kPa)	动脉血中氧气饱和程度(%)	症状
氧气浓度(%)	氧气分压(kPa)			
16～12	16～12	8～6	89～85	脉搏和呼吸次数增加,精神不易集中,毛细血管不畅,头痛等
14～9	14.1～9.04	7.32～5.32	87～74	判断力迟钝,精神状态不稳定,对刺伤等无感觉,酩酊状态,记忆丧失,体温增加
10～6	10.11～6	5.32～2.66	74～33	意志不清,中枢神经障碍,痉挛
6以下	6以下	2.66以下	33以下	昏睡—呼吸缓慢—呼吸停止—6～8min心脏停止跳动

为防止缺氧危害健康,主要要考虑土质条件和地下洞室周围的情况等,采取更合适的施工方法。如

果采用压气施工法则要注意以下几点：切实搞好施工管理；对可能漏出缺氧空气的地点用注浆施工法等堵塞；将施工现场周围废弃的井填埋。

6)废弃物(弃土)

建设工程自然要考虑工程现场周围的环境，但更重要的是应考虑使现场产生的废弃物不对现场以外的环境造成影响。

盾构工程的废弃物，主要是弃土。改良弃土的方法有物理改良法和化学改良法两种。物理改良法主要有脱水、晒干、强制脱水等方法；化学改良法主要有水泥类、石灰类、高分子类改良等方法。

近年来经常使用的密闭型盾构施工法，有时会产生含水率高的塑性流动弃渣，必要时需进行适当的处理。

(1)晒干

建立弃土的临时堆场，将弃土暂时存放在那里，使其干燥降低含水率。这种方法虽然不需要外加剂，但却占地面积较大。城市难以确保场地，故一般多设在远离现场的地方。

(2)强制脱水

开挖土中的水分用泥砂筛筛走，用液体旋风分离器筛出粒径较大的泥砂，然后对粉砂与黏土加凝聚剂后加压脱水。这种方法用于泥水盾构的弃渣处理。

(3)添加水泥类改良材料

将水泥类改良材料加入开挖土中使之混合并与开挖土中的水分发生反应从而形成稳定的水化物。它即可降低土中的含水率，还可提高土的强度。这种方法的改良效果虽好，但形成的是碱性改良土，而且设备及其布置需要占用一定的场地。

(4)添加石灰类改良材料

在开挖土中加入石灰，混合使之与土中的水分子发生反应，降低含水率，同时通过使水分子与黏土矿物发生火山灰反应来加以改良。这种方法的改良效果虽好，但形成的是碱性改良土，且设备的布置需要占用一定的场地。

(5)添加高分子类改良剂

在开挖土中加入高分子类改良剂，使之与土混合，改良剂吸收土中的水分，同时其自身黏度增加，从而使弃渣土得以改良。

这种方法的改良剂加量少见效快，改良土呈中性，但改良强度比添加水泥类改良剂和石灰类改良剂的低。

7)日照及景观

近年来，国外盾构施工中，作为一种防噪音的方法，设置隔音墙的事例不断增加，这种方法虽然效果很好，但有的情况下临时隔音墙高度达 10m 以上，导致日照时间减少，破坏周围景观。因此，设置隔音墙时，对于与景观的协调问题要充分考虑。

思考题

1. 简述盾构现场组装与调试程序。
2. 简述土压平衡盾构现场组装的顺序。
3. 简述盾构反力架的安装技术要点。
4. 试述盾构反力架的作用及设计依据。
5. 简述盾构组装的总体要求。
6. 简述盾构组装要点。
7. 根据你的了解，盾构调试时，对刀盘主要调试哪些指标？

8. 土压平衡盾构空载调试的内容有哪些?

9. 盾构现场验收的主要依据有哪些?

10. 论述端头加固的技术要点。

11. 试述盾构始发关键技术及流程。

12. 简述盾构始发掘进要点。

13. 在土压平衡工况模式下渣土应具有哪些特性?

14. 简述土压平衡盾构中土仓压力值的选定原则。

15. 简述土压平衡盾构的掘进模式及适用条件。

16. 确保土压平衡采取的技术措施有哪些?

17. 查阅相关资料,论述目前盾构施工中最新的导向纠偏技术及仪器。

18. 通过对实际隧道工程的调研,盾构司机在现场是如何控制盾构掘进方向的?

19. 简述泥水盾构的基本工作原理。

20. 根据地质条件,如何选择盾构的掘进速度?

21. 泥水盾构掘进管理要点是什么?

22. 简述直接控制型泥水盾构的泥水压力管理。

23. 简述间接控制型泥水盾构的泥水压力管理。

24. 怎样选择泥水分离设备?

25. 泥水处理一般分为几级? 简述每一级的作用。

26. 结合实际隧道工程,简述管片拼装控制标准。

27. 壁后注浆的目的是什么?

28. 简述同步注浆的概念及控制的参数包含哪些?

29. 结合实际工程,分析盾构姿态测定的实际频率。

30. 简述带压进仓作业程序及要点。

31. 升压和带压作业过程中的安全注意事项有哪些?

32. 带压进仓的减压过程中,应注意哪些事项?

33. 通过调研,简述带压进仓作业人员需要掌握的基本要领。

34. 简述刀具检查与更换的安全要点。

35. 通过对国内实际隧道工程的调研,结合地质条件,分析滚刀的换刀频率。

36. 结合已完工隧道工程,统计滚刀各种失效形式的比例。

37. 通过查阅资料,简述目前常用的刀具磨损检测装置有哪些。

38. 查阅最新资料,分析刀圈断裂的原因及采取哪些改善措施?

39. 穿越复杂地层地段施工,试述盾构施工措施。

40. 根据你的了解,论述盾构采用地中对接技术的主要原因。

41. 讨论盾构机械式地中对接法有哪几种方式,各自有什么特点?

42. 简述采用延长管线进行盾构调头的程序。

43. 简述不采用延长管线进行盾构调头的程序。

44. 盾构到达施工包括哪些主要内容?

45. 简述盾构到达施工要点。

46. 通过查阅资料,分析哪些情况需要进行盾构隧道的二次衬砌。

47. 根据盾构施工特点,结合你对盾构结构的了解,简述盾构从装配车间一直到现场掘进完成后主要的运输、包装及拆卸要点。

第 7 章

盾构施工中的土工问题

7.1 引　　言

盾构施工中的土工问题主要指因土体受施工扰动引起周围地层移动和地表沉降/隆起对周围建(构)筑物和地下管线的土工环境损伤(公害),主要包括盾构出洞/进洞时的土工问题、盾构的掘进时工作面的稳定问题、盾构掘进过程中的土工问题、盾构长期停机时的土工问题、盾构辅助施工时(如土体加固)的土工问题等。盾构施工中的土工问题在许多场合相当突出,由此类问题引发施工事故的案例较多。

案例一:丹麦境内连接菲英岛、斯普罗岛与西兰岛的斯多贝尔特海峡连接工程,在 1991 年 10 月 14 日晨,正当维修 Jutlandia 号盾构的螺旋输送机时,在土仓和海水之间形成了一个水力通道,海水以极快的速度突然大量涌入隧道并流进相邻的另一条隧道,淹没了斯普罗岛的部分工地现场。通过潜水员用黏土覆盖 Jutlandia 号盾构上方的海水通道,抽除隧道内涌水,修复进水隧道,1992 年 7 月恢复推进,历时 10 个月。

图 7-1　广州地铁 1 号线长—陈区间房屋倒塌照片

案例二:日本青木公司施工的广州地铁 1 号线地表沉降较大,导致 3 栋 3～4 层楼房倒塌(图 7-1)。

案例三:2003 年 7 月 1 日凌晨,上海轨道交通 4 号线浦东南路站至南浦大桥站区间隧道工程联络通道冷冻法施工发生事故,大量的水和流沙涌入隧道,引起隧道部分结构损坏及周边地区地面沉降,造成 3 栋建筑物严重倾斜(图 7-2),黄浦江防汛墙局部塌陷并引发管涌,事故直接损失约 1.5 亿元,历经 4 年才修复。

图 7-2　上海轨道交通 4 号线事故造成建筑物严重倾斜

案例四:南京地铁 2 号线施工中的元通站基坑塌方、汉中门隧道塌方以及茶亭站塌方。南京地铁 2

号线在中和村一元通站区间施工时,于2007年在11月20日盾构即将到达元通站时(在端头加固区已可以看见刀盘),突然发现泥砂从接收井端涌出,由于事态发展很快,加之应急措施没有跟上,最终导致隧道后方已成洞管片破裂坍塌长达140m左右,造成地表开裂和塌陷(见图7-3和图7-4)。

图7-3 南京地铁2号线大面积地表沉降

图7-4 南京地铁2号线大面积地表开裂

盾构法隧道的施工不可避免地引起地层的扰动,引起周围土体应力和应变状态的改变,从而引起地层变形和地面沉降。当盾构法隧道施工引起的地层变形超过一定范围时,就会严重危及邻近建筑物、道路和地下管网的安全。所以在设计施工阶段,非常有必要预测隧道施工引起的地层变形,保护现有结构物和地下管线,使之免受隧道施工的影响,这就需要深入研究盾构法隧道施工对土体的扰动机理以及产生的地层变形,从而采取相应的措施减小变形,降低对周围环境的影响,得到良好的综合效益。本章将重点研究盾构掘进中对土体的施工扰动及引起地层移动和地表变形沉降的力学机理,概括施工扰动影响的主导因素,并介绍对地表沉降进行预测和控制的措施。

7.2 盾构掘进工作面的稳定问题

7.2.1 概述

盾构法隧道技术是城市地下工程施工对周围地层扰动最小的施工方法,但同其他施工方法一样,由于地质条件和施工工艺的限制,很难避免盾构推进对周围环境的扰动,甚至导致过大的地面沉降。而这种环境的破坏主要取决于盾构开挖面的稳定性,所以开挖面的稳定是盾构施工的一个重要问题。

盾构中稳定开挖面的机构分为敞开式和闭胸式两种,这两种盾构对解决开挖面稳定问题的方法有很大的不同,敞开式盾构是依靠开挖面土体的强度,而闭胸式盾构则是通过泥浆压力或泥土压力来抵抗开挖面释放的荷载以保持其稳定。

在敞开式盾构中,为防止土体的崩塌而配备有挡土机构。同时,对城市地下软土,为了土体稳定,还需配合使用各种辅助施工方法,主要有压气法、降水法、化学注浆法等,并可根据各工程的具体情况结合使用几种辅助施工方法。但这些辅助施工方法存在以下问题:

①压气造成地下空气缺氧。

②恶劣的高气压工作环境。

③地下水位降低使周围水井枯竭。

④化学药液(掺和剂)引起地下水污染等。

因而迫切希望有一种无需使用上述辅助施工法的新的盾构施工方法。于是,闭胸式盾构施工法得到迅速推广,目前已占整个盾构工程的95%以上。本节主要针对闭胸式盾构施工法中泥水盾构和土压平衡盾构的开挖面稳定问题展开研究。

7.2.2 泥水盾构开挖面的稳定

1)开挖面稳定机理

泥水盾构稳定开挖面的机理如下：

①以泥水压力来抵抗开挖面的土压力和水压力以保持开挖面稳定，同时，控制开挖面变形和地基沉降。

②在开挖面形成弱透水性泥膜，保持泥水压力有效作用于开挖面。

在开挖面，随着加压后的泥水不断渗入土体，泥水中的砂填入土体孔隙中，可形成渗透系数非常小的泥膜。而且，由于泥膜形成后减小了开挖面的压力损失，泥水压力可有效地作用于开挖面，从而可防止开挖面的变形和崩塌并确保开挖面的稳定。因此，在泥水盾构施工法中，控制泥水压力和控制泥水质量是两个重要的课题。

2)泥膜与泥水特性

为了保持开挖面稳定，必须可靠而迅速地形成泥膜，以使压力有效地作用于开挖面。为此，泥水应具有以下特性。

(1)泥水密度。

为保持开挖面稳定，即把开挖面的变形控制到最小限度，泥水密度应比较高。从理论上讲，泥水密度最好能达到开挖土体的密度。但是，大密度的泥水会引起泥浆泵超负荷运转以及泥水处理困难；而小密度的泥水虽可减轻泥浆泵的负荷，但因泥粒渗走量增加，泥膜形成慢，对开挖面稳定不利。因此，在选定泥水密度时，必须充分考虑土体的地层结构，在保证开挖面稳定的同时也要考虑设备能力。一般，泥水密度为1.05～1.30g/cm^3。

(2)含砂量。

Muller 等人将开挖面的过滤形态分为以下三种类型，见图 7-5。

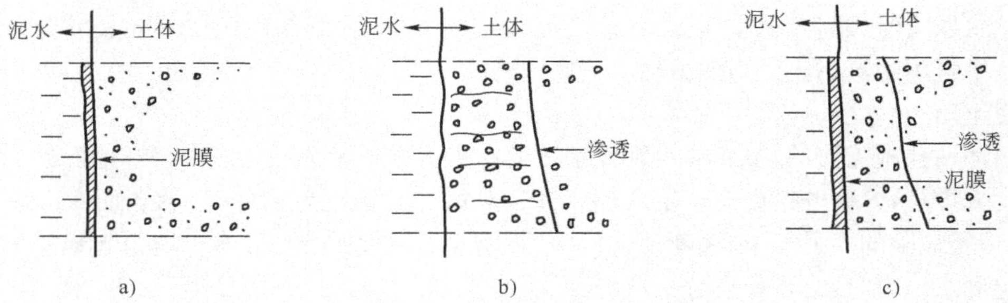

图 7-5 泥水在开挖面土体中的贯入过滤

a)类型 1：细砂上形成泥膜；b)类型 2：向粗颗粒中渗透，无表面过滤；c)类型 3：既能渗透又能过滤

类型 1：泥水几乎不产生渗透，只形成泥膜。

类型 2：土体孔隙大，泥水全部渗走，不产生泥膜。

类型 3：介于类型 1 和类型 2 之间，即泥水渗走的同时也形成泥膜。

类型 1 的过滤形态多发生在渗透系数小的黏性土层；类型 2 则多出现在渗透系数大的砂砾层中；类型 3 多在砂质土层中发生。如果泥水向土体过量渗透，不仅泥水压力不能有效作用于开挖面，而且会引起土体孔隙水压力上升，有效应力下降，这对开挖面稳定是不利的。因此，对渗透系数大的砂质土、砂砾石层，必须采取措施以加速泥膜的形成。

在强透水性土体中，泥膜形成的快慢与掺入泥水中砂粒的最大粒径以及含砂量(砂粒重/黏土颗粒重)有密切关系，这是因为砂粒具有填堵土体孔隙的作用。为了充分发挥这一作用，砂粒的粒径应比土体孔隙大且其含量应适中。

实验表明，当土体渗透系数 $K=5\times10^{-3}$m/s 时，当砂粒的最大粒径为 0.84mm 时，还不能防止渗漏，直到最大粒径为 2.0mm 时，约经 10s 左右，渗漏量趋于稳定，泥膜形成。研究表明，砂粒含量(S/c)与过滤水量的关系如下：随着 S/c 的增加，成膜性越来越好，当 $K=2\times10^{-1}$ cm/s，$d_s>0.42$mm 时，只要 S/c 大于 0.1，即可形成泥膜，过滤水量随之变小。

泥水的含砂量直接影响泥膜形成的快慢，因为砂粒具有填堵土体孔隙的作用，所以砂粒粒径应比土体孔隙大且含量适中，因此对渗透系数大的砂质土、砂砾石层必须注意此点以加速泥膜的形成。

(3)泥水的黏性。

为了收到以下效果，泥水必须具有适当的黏性：

①防止泥水中的黏土、砂粒在泥水室内沉积，保持开挖面稳定。

②提高黏性，增大阻力，防止逸泥。

③使开挖下来的弃土以流体输送，经后处理设备滤除废渣，将泥水分离。

(4)具有抑制土体塌方和泥水劣化的优越机能。

(5)对于温度和压力的稳定性高。

(6)不易受盐分和水泥等电解质影响。

(7)对细菌和有机物具有免疫、不变化等性质。

3)泥水压力的取值

土体一经盾构开挖，其原有的应力即被释放，并将产生向应力释放面的变形。此时，为控制地基沉降，保持开挖面稳定，必须向开挖面施加一个相当于释放应力大小的力。

在泥水盾构中是用泥水压力来抵消开挖面的释放应力，但在决定泥水压力时，必须考虑开挖面的水压力、土压力和预留荷载。

(1)水压力

水压力即指开挖面的孔隙水压力，根据事前的地质勘探，可准确地得到。但有些地区的地下水位随季节变幅较大，因此，在研究泥水压力时，必须考虑施工季节这一因素。

(2)土压力

在设计泥水压力时如何考虑土压力，目前尚无固定的方法，主要靠现场技术人员的判断。以下介绍几种实际施工中常用的考虑土压力的方法。

①不考虑土压力

根据反循环钻孔施工法的观点，取设计泥水压力＝水压力＋预留压力。由于开挖面的稳定是通过土体本身的强度来维持，允许开挖面有一定变形，所以，对那些自稳性差的地基、软弱而变形系数大的地基来说，这样处理是危险的。另外，在大断面盾构中，开挖崩塌和大的变形极有可能引起地基下沉，因此，采用此方法决定泥水压力时，必须作充分论证。

②采用静止土压力

为了将开挖面保持在最稳定的状态，且把开挖变形控制到最小限度，并防止地表沉降，最好是在计算设计泥水压力时用静止土压力。

③采用主动土压力

土体中的土压力，以静止土压力为基准，当地基朝向开挖面变形时，则为主动土压力；当地基朝向土体变形时，即为被动土压力。朗肯根据土体单元主应力的关系，求出了主动状态和被动状态下的土压力系数：

$$K_a = \tan^2(45° - \varphi/2) - 2c/\gamma_z \tan(45° - \varphi/2) \tag{7-1}$$

$$K_p = \tan^2(45° + \varphi/2) - 2c/\gamma_z \tan(45° + \varphi/2) \tag{7-2}$$

式中：K_a——主动土压力系数；

K_p——被动土压力系数；

φ——内摩擦角，(°)；

c——土的黏聚力；

γ——土的重度($10kN/m^3$)；

z——距地表深度，m。

如果开挖变形在弹性范围内，即使土体中有变形，但仍能保持开挖面稳定，因此，也可用主动土压力、被动土压力来决定泥水压力。但是，一般来说被动土压力都非常大，以此值来控制，采用直接控制型泥水盾构时就必须加大泥水加压设备（泥浆泵），且相应的盾构推进油缸也要加大，压力隔板板要加厚。因此，从经济方面考虑，尚无按被动土压力进行控制的工程实例，而当采用主动土压力时，虽然由于开挖面松动，有利于出渣，但必须注意开挖面向盾构一侧变形引起的地表沉降。

④采用 Terzaghi 的松弛土压力

当上覆土层的厚度远大于盾构外径时，在良好的地基中可望获得一定的拱效应，因而可将 Terzaghi 的松弛土压力作为铅直土压力考虑。此松弛土压力是指假定开挖时洞顶出现松动，当这部分土体产生微小沉降时，作用于洞顶的铅直土压力。因此，应用 Terzaghi 理论时，必须求出开挖面的松弛范围。用于计算的松弛范围比隧道断面的松弛范围小，当用 Terzaghi 理论设计泥水压力时，所得值偏于安全。以下介绍 Terzaghi 松弛土压力理论。

Terzaghi 用干砂进行脱落实验，见图 7-6。

图 7-6 中，当板 ab 一下落，板上部的砂就塌落下来，但作用于滑动面的抗剪力支撑着它，于是，板 ab 上的土压力减小，而 a 和 b 左右的土压力增加，板 ab 上就起拱。如增大板 ab 的宽度使砂塌落，滑动面将变为 ac 和 bd。Terzaghi 将此种状况模型化（见图 7-7），并推导出铅直土压力的理论公式。

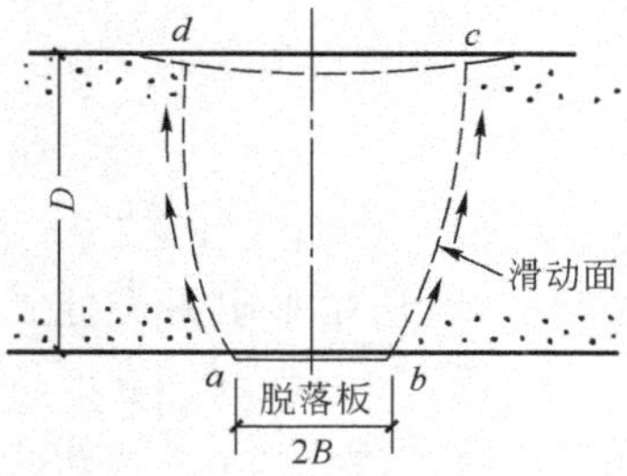

图 7-6　脱落试验

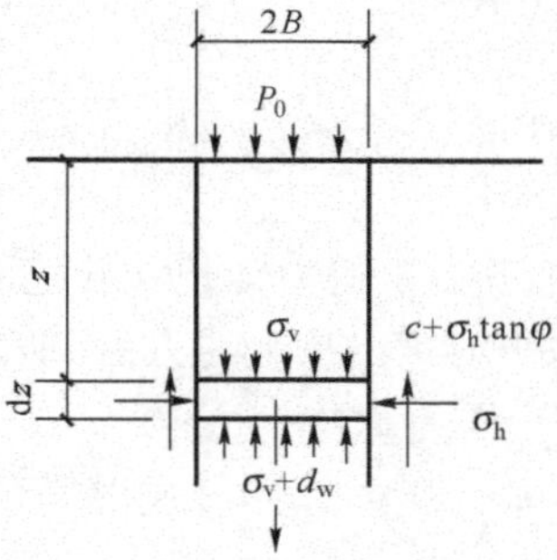

图 7-7　模型化图

由距地表深 z 处某一微小单元铅直方向力的平衡条件得：

$$2B\gamma \mathrm{d}z = 2B(\sigma_v + \mathrm{d}\sigma_v) - 2B\sigma_v + zc\,\mathrm{d}z + 2K\sigma_v \mathrm{d}z \cdot \tan\varphi \tag{7-3}$$

令 $z=0$，取 $\sigma_v = P_0$，得上式的解为：

$$\sigma_v = \frac{B(\gamma - c/B)}{K\tan\varphi}\left[1 - e^{-K\tan\varphi\cdot(z/B)}\right] + P_0 e^{-K\tan\varphi\cdot(z/B)} \tag{7-4}$$

式中：K——经验土压力系数，取 1.0；

P_0——上覆土重。

将这一理论应用于盾构断面，得下式：

$$B = R\cot\left[2\left(\frac{\pi}{4} + \frac{\varphi}{2}\right)\right] \tag{7-5}$$

用这一松弛范围可计算盾构顶端的铅直土压力，进而将此铅直土压力乘以主动土压力系数可得水平土压力。此水平土压力即可作为计算泥水压力的土压力。

⑤采用村山的松弛土压力

村山等人将 Terzaghi 的松弛压力观点用于推求盾构前进方向开挖面前方土压力松弛而产生的水平力，即假定盾构前方因开挖面释放应力而形成滑动面，由洞顶的滑动宽度求出盾构前进方向的松弛范围，并算出松弛土压力。这是一种考虑了实际崩塌的合理的评价方法，在研究泥水压力时也是有用的。但由于无法考虑开挖面变形，所以，必须注意地基沉降。以下介绍这一理论。

村山等人假定，开挖面前部的滑动面始于开挖面下端，拱顶高度为铅直的对数螺线，滑动面的形状可用下式计算：

$$\gamma = \gamma_0 \exp(\theta \cdot \tan\varphi) \tag{7-6}$$

为保持稳定，图 7-8 中各滑动力［包括由滑动线所围土块 abc 的重量 w，作用于土块上面的松动土压(qB)，沿滑动面的黏聚力的抗滑力 c 以及用泥水压力抑制开挖面变形的水平力 P］围绕对数螺线中心 O 旋转的动力矩必须平衡。

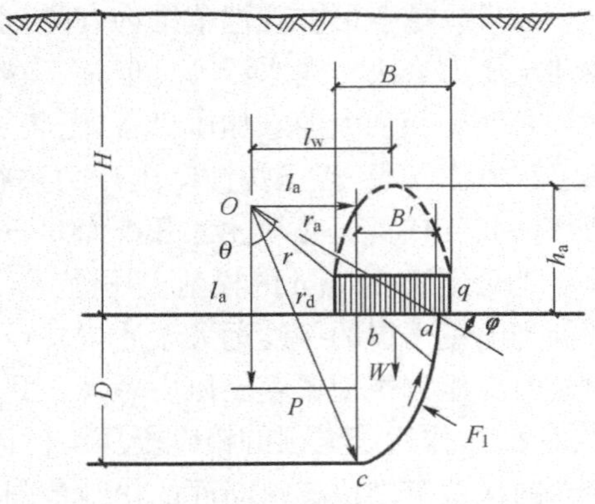

图 7-8 村山理论中的开挖面平衡

$$Pl_p = Wl_w + qB(l_a + \frac{B'}{2}) - \int_{r_0}^{r_d} rc\cos\varphi \mathrm{d}s \tag{7-7}$$

$$\mathrm{d}s = \sqrt{1 + r^2\left(\frac{\mathrm{d}\theta}{\mathrm{d}r}\right)^2}\mathrm{d}r \tag{7-8}$$

因此，保持开挖面稳定所需的水平力为：

$$P = \frac{1}{l_a}\left[Wl_w + qB(l_a + \frac{B}{2}) - \frac{c}{2\tan\varphi}(r_d^2 - r_0^2)\right] \tag{7-9}$$

当 $\varphi=0$ 时，则有：

$$P = \frac{1}{l_a}\left[Wl_w + qB(l_a + \frac{B}{2}) - \frac{\pi r_0^2}{2}c\right] \tag{7-10}$$

计算水平力 P 时，首先假定松弛范围 B 为某一值，然后按下式计算松弛土压力：

$$q = \frac{\alpha B(r - \frac{2c}{\alpha B})}{2K\tan\varphi}\left[1 - \exp(-\frac{2KH}{\alpha B}\tan\varphi)\right] \tag{7-11}$$

式中：α——试验常数，$\alpha=1.8$。

其次，求出图 7-8 中各力矩的力臂长和开挖面前方的土块的力矩，再由式(7-9)或式(7-10)算出由泥水压力控制开挖面的水平力 P。按上述方法，假定各种松动范围，从中求出最大控制水平力 P_{max}。由此 P_{max} 可求出盾构中心的土压力 $P^* = P_{max}/D$。

村山等人提出的松弛土压力计算公式很复杂，必须多次改变松弛范围，由试算误差求解最大控制水平力，实际计算用电算较合适。

(3)预留压力

为了在开挖面形成泥膜，必须使泥水压力高于地下水压力，以使泥水向土体渗透，并填充土体中的孔隙。但如果开挖面泥水流入土体，则可能引起泥水压力降低，以至引起开挖面失稳。因此，在决定泥水压力时，一般还需在水压力、土压力的基础上再加一部分预留压力。此预留压力多采用 10～20kPa。

7.2.3 土压平衡盾构开挖面的稳定

土压平衡盾构开挖面稳定机理具有以下特征：使刀具切下的土砂呈塑性流动，充满于土仓内以控制开挖面；用螺旋输送机和排土调整装置来调整排土，使之与切削土量保持平衡，并使土仓内的土砂有一定压力，以抵抗开挖面的土压力、水压力；用土仓内和螺旋输送机内的土砂获得止水效果。

为了保证开挖面的稳定，重要的是要使切削下来的土砂具有塑性流动性，并使土砂确实充满土仓内，同时还应使开挖下来的土砂具有止水性。因此，土压平衡盾构稳定开挖面的机理，因工程地质条件不同而不同。通常分为黏性土和砂质土两类。

1)黏性土层的开挖面稳定机理

在粉质砂层和砂质粉土层等黏性土地层，由切削刀具切下的土砂一般比原地层强度低，具有塑性流动性。即使是黏着力大不易流动的土，由于切削刀具和螺旋输送机的搅拌作用，以及向土仓内注水等，也可使之具备流动性。就止水性而言，因黏性土的渗透系数较小，故无什么问题。

其次是必须使土仓内的土砂具有一定压力，以便与开挖面的水压力和土压力相抗衡。配合挖掘速度，通过调整螺旋输送机的转矩、转数以及排土闸门的开度，使开挖土量和排土量平衡，以保持土压力的稳定。一般都在土仓内壁布置土压计来控制开挖面压力。但应注意，有时因流动性差而无法准确测量土仓内的土压力。

另外，如土室内土砂过多，黏性土将会压密固化，开挖、排土均无法进行，此时需注入外加剂，通过向土仓内注水、空气、膨润土、泡沫或泥浆等添加剂，并作连续搅拌，以提高土体的塑流性，确保渣土的顺利排放。

2)砂性土层的开挖面稳定机理

由于砂性土和砂砾土的内摩擦角大，土的摩擦阻力大，故难以获得好的流动性。当切削下来的土充满土仓和螺旋输送机内时，将使切削刀具转矩、螺旋输送机转矩、盾构推进油缸推力增大，甚至使开挖、排土无法进行。另外，此类地层渗透系数大，仅靠土仓和螺旋输送机内的压缩效应不可能完全止水，在开挖面水压高时，螺旋输送机排土闸门处易出现喷涌。因此，对这类地层，通常采用给开挖面或土仓内注入外加剂和加装搅拌棒进行强制搅拌等方法，以使开挖土具有流动性和止水性。与粘性土地基一样，通过控制开挖量和排土量来平衡开挖面的水压力、土压力，亦可达到保持开挖面稳定的目的。

3)渣土改良

在土压平衡盾构施工中，尤其在复杂地层及特殊地层盾构施工中，为了保持开挖面的稳定，根据围岩条件适当注入添加剂，确保渣土的流动性和止水性，同时要慎重进行土仓压力和排土量管理。渣土改良的目的如下：

①使渣土具有良好的土压平衡效果，利于稳定开挖面，控制地表沉降。

②提高渣土的不透水性，使渣土具有较好的止水性，从而控制地下水流失。

③提高渣土的流动性，利于螺旋输送机排土。

④防止开挖的渣土黏结刀盘而产生泥饼。

⑤防止螺旋输送机排土时出现喷涌现象。

⑥降低刀盘扭矩和螺旋输送机的扭矩，同时减少对刀具和螺旋输送机的磨损，从而提高盾构的掘进效率。

(1)渣土改良方法

渣土改良就是通过盾构配置的专用装置向刀盘面、土仓内或螺旋输送机内注入水、泡沫、膨润土、高分子聚合物等添加剂，利用刀盘的旋转搅拌、土仓搅拌装置搅拌或螺旋输送机旋转搅拌使添加剂与土渣混合，其主要目的就是要使盾构切削下来的渣土具有好的流塑性、合适的稠度、较低的透水性和较小的摩阻力，以满足在不同地质条件下盾构掘进可达到理想的工作状况。

(2)防泥饼措施

当盾构穿越的地层主要有泥岩、泥质粉砂岩、砂岩、黏土层时，盾构掘进时可能会在刀盘尤其是中心区部位产生泥饼。此时，掘进速度急剧下降，刀盘扭矩也会上升，大大降低开挖效率，甚至无法掘进。施工中的主要技术措施如下：

①加强盾构掘进时的地质预测和泥土管理，特别是在黏性土中掘进时，更应密切注意开挖面的地质情况和刀盘的工作状态。

②增加刀盘前部中心部位泡沫注入量并选择较大的泡沫注入比例，减少渣土的黏附性，降低泥饼产生的概率。

③必要时在螺旋输送机内加入泡沫，以增加渣土的流动性，利于渣土的排出；

④必要时采用人工处理的方式清除泥饼。

4)土压控制

在设定土压力时主要考虑地层土压、地下水压(孔隙水压)及预先考虑的预备压力。

(1)地层土压计算

除前述计算方法外，在我国铁路隧道设计规范中，根据大量施工经验，在太沙基土压力理论的基础上，提出以岩体综合物性指标为基础的岩体综合分类法，根据隧道埋深不同，将隧道分为深埋隧道和浅埋隧道，再根据隧道的具体情况采用不同的计算方式进行土压计算。

深、浅埋隧道的判定原则一般以隧道顶部覆盖层能否形成“自然拱”为原则。深埋隧道围岩松动压力值是根据施工坍方平均高度(等效荷载高度)确定的。深、浅埋隧道分界深度通常为施工坍方平均高度的2～2.5倍。

$$H_p = (2 \sim 2.5)h_q \tag{7-12}$$

式中：H_p——深、浅埋隧道分界的深度；

h_q——施工坍方平均高度，$h_q=0.45\times2^{6-S}\omega$；

S——围岩类别，如Ⅲ类围岩，则 $S=3$；

ω——宽度影响系数，且 $\omega=1+i(B-5)$；

B——隧道净宽度，m。

i——以 $B=5$m 为基准，B 每增减 1m 时的围岩压力增减率，当 $B<5$m 时，取 $i=0.2$，$B>5$m 时，取 $i=0.1$。

在深埋隧道中，按照太沙基土压力理论计算公式以及日本村山理论，可以较为准确的计算出盾构前方的松动土压力。在实际施工过程中，可以根据隧道围岩分类和隧道结构参数，采用我国现行的《铁路隧道设计规范》中推荐的计算围岩竖直分布松动压力 q 的计算公式：

$$q = 0.45\times2^{6-S}\gamma\omega \tag{7-13}$$

式中：γ——围岩重度。

地层在产生竖向压力的同时，也产生侧向压力，侧向水平松动压力 σ_a 的计算见表 7-1。

侧向水平松动压力计算

表 7-1

围岩分类	Ⅵ～Ⅴ	Ⅳ	Ⅲ	Ⅱ	Ⅰ
水平松动压力 σ_a	0	$(0\sim1/6)q$	$(1/6\sim1/3)q$	$(1/3\sim1/2)q$	$(1/2\sim1)q$

在浅埋隧道中，静止土压为原状的天然土体中，土处于静止的弹性平衡状态，这时的土压力为静止土压力。在任一深度 h 处，土的铅垂方向的自重应力 σ_z 为最大主应力，而水平应力 σ_x 为最小主应力。

$$\sigma_x = k\sigma_z = k\gamma h \tag{7-14}$$

式中：k——侧向土压力系数，$k=\upsilon/(1-\upsilon)$；

υ——岩体的泊松比。

一般采用下列经验公式计算 K 值。

经验值：砂层中，$k=0.34\sim0.45$；黏土地层中，$k=0.5\sim0.7$。

经验公式：

Jaky 公式(砂层)，$k=1-\sin\varphi$；

Brooker 公式(黏性土层)，$k=0.95-\sin\varphi'$。

式中 φ、φ' 为土的有效内摩擦角。

日本《建筑基础结构设计规范》建议，不分土的种类，k 均为 0.5。

计算地面以下深度为 z 处的地层自重应力 σ_z，等于该处单位面积上土柱的重力。

$$\sigma_z = \gamma_1 h_1 + \gamma_2 h_2 + \gamma_3 h_3 + \cdots + \gamma_n h_n = \sum\gamma_i h_i \tag{7-15}$$

式中：γ_i——第 i 层土的天然重度在地下水位以下一般采用浮重度，kN/m³；

h_i——第 i 层土的厚度，m；

n——从地面到深度 z 处的土层数。

在浅埋隧道的施工过程中，由于施工的扰动，改变了原状天然土体的静止弹性平衡状态，从而使刀盘前方土体产生主动或被动土压力。

盾构推进时，如果土压力设置偏低，工作面前方土体向盾构刀盘方向产生微小移动，土体出现向下滑动趋势，为阻止土体的下滑趋势，土体抗剪力增大，当土体的侧向应力减小到一定程度，土体的抗剪强度达到一定值，土体处于主动极限平衡状态，与此相应的土压力称为主动土压力。主动极限平衡被破坏，地面将下沉。

盾构推进时，如果土仓压力设置偏高，刀盘对土体的侧向应力逐渐增大，刀盘前方土体出现向上滑动趋势，为抵抗土体向上滑动，土体抗剪力逐渐增大，处于被动平衡状态，与此相应的土压力称为被动土压力。被动极限平衡被破坏时，地面将隆起。

根据盾构的特点及盾构施工的原理，采用朗金理论计算主动土压力与被动土压力。

当盾构推力偏小时，土体处于向下滑动的极限平衡状态。此时土体内的竖直应力 σ_z 相当于最大主应力 σ_1，水平应力 σ_x 相当于最小主应力 σ_a。水平应力 σ_x 为维持刀盘前方的土体不向下滑移需要的最小土压力，即土体的主动土压力。画出土体的应力圆(见图 7-9)，此时水平轴上 σ_3 处的 E 点与应力圆在抗剪强度线切点 M 的连线和竖直线间的夹角 β 为破裂角。

由图 7-9 可知：

$$\beta = \frac{1}{2}\angle ENM = \frac{1}{2}(90^\circ - \varphi) = 45^\circ - \varphi/2$$

$$\sigma_x = \sigma_a = \sigma_3 = \sigma_z \tan^2(45^\circ - \varphi/2) - 2c\tan((45^\circ - \varphi/2) \tag{7-16}$$

式中：σ_z——深度为 z 处的地层自重应力；

c——土的黏聚力；

z——地层深度；

φ——地层内部摩擦角。

当盾构的推力偏大时，土体处于向上滑动的极限平衡状态。此时作用在刀盘前方的土压力 σ_p 相当于大主应力 σ_1，而竖向应力 σ_z 相当于小主应力 σ_a。画出土体的应力圆(图 7-10)，当应力圆与抗剪强度线相切时，刀盘前方的土体被破坏，向前滑移。此时作用在刀盘上的土压力 σ_p 即为土体的被动土压力。

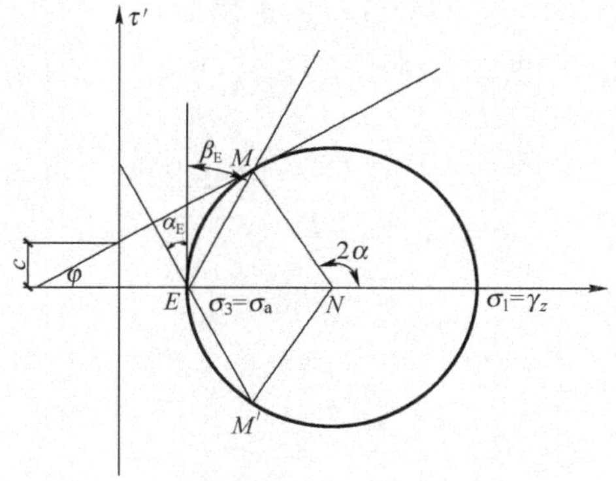

图 7-9　主动土压力应力圆

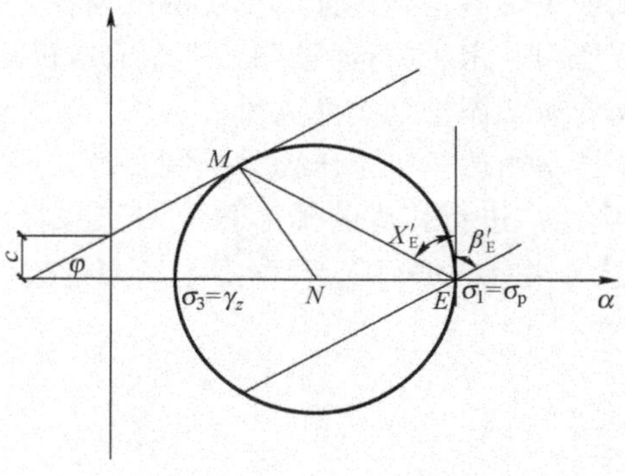

图 7-10　被动土压力应力圆

由图 7-10 可知：

$$\beta' = \frac{1}{2}\angle ENM = \frac{1}{2}(90^\circ + \varphi) = 45^\circ + \frac{\varphi}{2}$$

$$\sigma_p = \sigma_1 = \sigma_z \tan^2\left(45^\circ + \frac{\varphi}{2}\right) + 2c\tan\left(45^\circ + \frac{\varphi}{2}\right) \tag{7-17}$$

式中：σ_z——深度为 z 处的地层自重应力；

c——土的黏聚力；

z——地层深度；

φ——地层内部摩擦角。

(2)地下水压力计算

当地下水位高于隧道顶部，由于地层中孔隙的存在，从而形成侧向地下水压。地下水压力的大小与水力梯度、渗透系数、渗透速度以及渗透时间有关。在计算水压力时，由于地下水在流经土体时，受到土体的阻力，引起水头损失。作用在刀盘上的水压力一般小于该地层处的理论水头压力。

在掘进中，随着盾构不断往前推进，土仓内的压力介于原始的土压力值附近，加上水在土中的微细孔中流动时的阻力，故在掘进时地层中的水压力可以根据地层的渗透系数进行酌情考虑。当盾构因故停机

时,由于地层中压力水头差的存在,地下水必然会不断地向土仓内流动,直至将地层中压力水头差消除为止。此时的水压力为:

$$\sigma_w = q\gamma h \tag{7-18}$$

式中:q——根据土的渗透系数确定的一个经验数值,砂土中 q=0.8~1.0,黏性土中 q=0.3~0.5;

γ——水的重度;

h——地下水位距离刀盘顶部的高度。

在实际施工中,由于管片顶部的注浆可能会不密实,故地下水可能会沿着管片外部的空隙形成过水通道,当盾构长时间停机时,必将形成一定的压力水头。

$$\sigma_{w1} = q_{砂浆}\gamma h_W \tag{7-19}$$

式中:$q_{砂浆}$——根据砂浆渗透系数和注浆饱满程度确定的一个经验数值,一般取 0.8~1.0;

γ——水的重度;

h_W——补强注浆处和刀盘顶部高差。

在计算水压力时,刀盘后部的水压力 σ_{w1} 与刀盘前方的水压力 σ_w 取大值进行考虑。

(3)预备压力

由于施工存在许多不可预见的因素,致使施工土压力小于原状土体中的静止土压力。按照施工经验,在计算土压力时,通常在理论计算的基础之上再考虑 10~20kPa 的压力作为预备压力。

(4)土压平衡控制

土压平衡控制的要点就是维持开挖面稳定,确保土仓内的土压力平衡开挖面的地层土压力和水压力。土压平衡盾构开挖面的稳定由下列各因素的综合作用而维持:适当的推进速度使土仓内的土压力平衡地层压力和水压力;通过调节螺旋输送机的转速和排土闸门开度调节排土量;适当保持泥土的流动性,根据需要调节添加剂的注入量。

土压平衡盾构以土压力为控制目标,通过将盾构土仓内的实际土压值 P_i 与设定土压值 P_0 进行比较,依此压差进行相应的排土管理,其控制流程如图 7-11 所示。设定土压值 P_0 应控制在以下范围内:(水压力+主动土压力)<P_0<(水压力+被动土压力)

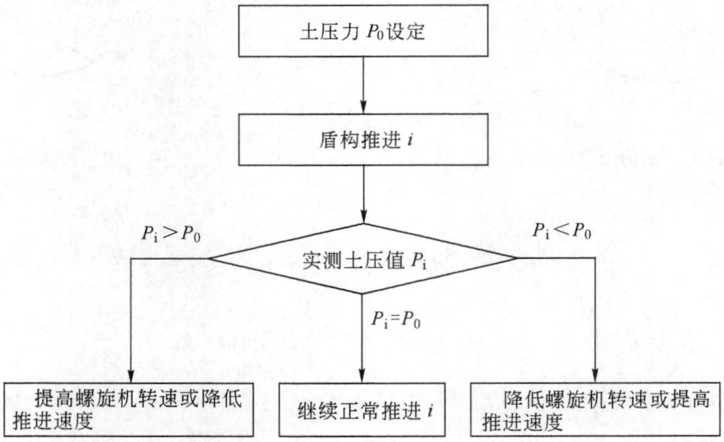

图 7-11 土压控制流程

7.2.4 特殊条件下开挖面的稳定

1)互层地基开挖面的稳定

城市地基土多呈互层状态,开挖面也几乎都是互层的。由于互层地基中各土层的开挖释放力不同,就产生了以哪一层的土压力作为控制压力的问题。一般认为以释放荷重最大的那一层来决定控制压力较为合适。此时,释放荷重小的地层将被动受压,但一般情况下地基被动受压能力很强,所以不会出现被动破坏。

2)软土地基开挖面的稳定

软土地基的静止压力和主动土压力相差甚微，如以主动土压力控制，压力稍一降低，就有可能产生主动破坏。因此，最好是加大预留压力，即适当提高控制压力。但软黏土加压过度，会使前方地表隆起，同时扰动土体进而出现后续沉降，这一点应引起注意。

3）大断面盾构的开挖面稳定

大断面盾构的开挖面可能会出现大的变形、地基沉陷或隆起等问题。由于开挖面的变形与开挖半径的4次方成正比，故当开挖半径增大到2倍时，变形将达16倍。因此，在研究大断面盾构开挖面稳定的同时，还需充分研究其变形的问题。

7.3 盾构掘进过程中的土工问题

7.3.1 盾构掘进引起的地层变形

盾构法施工技术随着盾构性能的改进有很大发展，但施工引起的地层变形仍不可避免。在市区地下施工时，为防止危及地表建筑物和各类地下管线等各类设施，对地表的沉降量应严格的控制，因此，从某种意义上讲，能否有效控制地层位移（主要为地面沉降）是盾构法施工的成败关键。

1）地层位移的原因

盾构法修建隧道引起地层位移的主要原因是施工过程中的地层损失、地层原始应力状态的改变、土体的固结及土体的蠕变效应、衬砌结构的变形等。主要表现在以下几个方面：

①因开挖造成地层原始应力状态的改变，从而引起地层位移。

②因地层损失引起地层位移。

地层损失包括建筑空隙以及超、欠挖或其他土层流失，具体为：盾构工作面前方土体的挤入；盾构上方土体挤入因盾构外壳直径和拼装管片直径不同产生的建筑空隙；盾构纠偏所引起的土体超挖；盾构推进有曲率时所造成的土体损失；盾构推进时，切口环上的突缘引起的超挖。

③因盾构的推进引起的土体孔隙水压力变化，或因降水引起地下水位下降，引起土体的固结沉降。

④管片结构变形及土体的次固结和流变。

2）地层位移的影响因素

（1）隧道埋深的影响

实测和实验研究表明：隧道埋深对地层位移的影响因地层情况各异，Attewell（1977）得出如下关系式：

$$\frac{i}{R} = k\left(\frac{h}{2R}\right)^n \tag{7-20}$$

式中：R——隧道半径；

h——隧道埋深；

i——隧道轴线到地面沉陷槽曲线反弯点的距离；

k、n——与地层特性及施工因素有关的常数。

（2）隧道介质种类和环境的影响

T·Ito等（1982）指出：盾构法施工地面沉陷槽宽度主要取决于最接近隧道拱顶的那一层土的状况，这意味着如果隧道完全位于地下水位下，那么紧挨隧道上方的承压水土层对沉陷槽有重大影响。

（3）上部荷载的影响

隧道上方的竖直压力对地层沉陷的影响极大，Broms和Bennermark（1967）提出用稳定比N_s表示隧道施工的难易程度和地层位移的程度。

$$N_s = \frac{\sigma_z - \sigma_r}{c_u} \tag{7-21}$$

式中：σ_z——隧道中心埋深处的总竖直压力；

σ_r——隧道的支护压力（包括气压）；

c_u——土体的不排水抗剪强度。

Peck(1969)指出，在塑性黏土中，当隧道埋深不小于两倍隧道直径时，即 $\frac{z}{2R}\geqslant 2$ 时，N_s 将不大于 6，这时隧道的施工不会有太大困难。在盾构法施工中，N_s 值越大，黏土侵入盾尾间隙的可能性越大，当 N_s 接近 7 时，盾构将变得难以控制。支护压力很大时，往往造成地表隆起，并使后期沉陷量增大，故稳定比应根据地层情况控制在一定范围内。

(4)土体性质的影响

土体的压缩性、强度性质对地层位移有重要的影响。

(5)盾构性能的影响

开挖面水压及土压不平衡，切削能力减弱，推进力下降等因素将引起开挖面坍塌、超挖，隧道开挖出现偏差会引起尾部空隙增大，开挖面切削转矩及盾构推力过大会引起地层扰动。

(6)回填注浆质量和操作质量的影响

回填注浆是否充足、及时，管片拼装质量是否完善，土压是否适当，盾构推进时姿态控制是否良好，是否发生偏差、蛇行，施工工序是否合理，施工人员操作是否熟练，经验是否丰富等均影响到地层位移。

3)地层位移预测

对地层位移预测的主要方法有：经验公式、数值模拟、模型试验研究、专家系统和灰色理论等。专家系统和灰色理论为近年来热点研究课题，是一种对变形预测的新思路，但该法考虑因素繁多，模型复杂，在工程上应用较困难；模型试验方法费用高，可控性差。根据国外的地铁实际量测数据和我国上海地铁 1 号线盾构法施工的量测资料统计表明，以实际量测资料统计分析为基础的经验估计法尽管模型简单，但比较实用，能够在设计阶段大致估计出可能产生的变形的大小，对施工有较好的指导作用。

在研究隧道开挖地层位移规律中，数值模拟占据了重要地位。通过详尽的数值分析，总结出地层位移的规律，是一种有效的方法。

以下简要介绍上述几种方法的发展状况。

(1)经验公式

经验预估法主要通过对地表沉陷进行观测，将观测数据进行数学处理后用数学形式对沉陷规律加以表现，进而对地表最大沉陷量和沉陷分布进行理论上和经验上的推断。

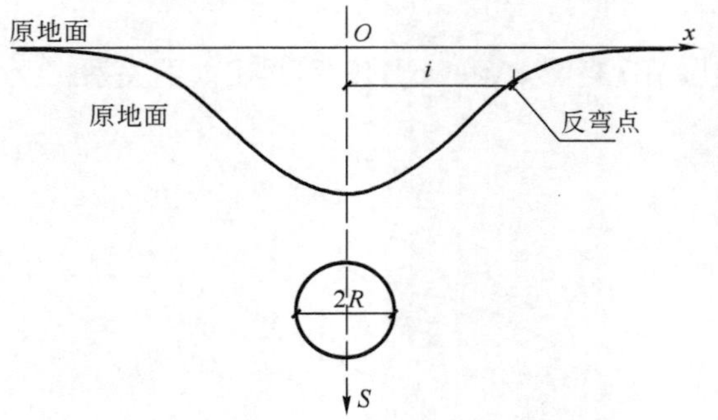

图 7-12 隧道上部沉降槽形状—正态分布曲线(Peck,1969)

工程实践中实用的是 Peck 公式和一系列修正的 Peck 公式。Peck 假定施工引起的地面沉降是在不排水的情况下发生的，所以沉降槽体积等于地层损失的体积。地层损失在隧道长度上是均匀分布的。地面沉降的横向分布类似正态分布曲线，如图 7-12 所示。

Peck 横向分布公式为：

$$S_x = S_{max}\cdot \exp\left(-\frac{x^2}{2i^2}\right) \tag{7-22}$$

$$S_{max} = \frac{V_s}{\sqrt{2\pi}\cdot i} \approx \frac{V_s}{2.5i} \tag{7-23}$$

式中：S_x——距离隧道中线处的地面沉陷量；

S_{max}——隧道中线的地面沉陷量；

x——距离隧道中线的距离；

V_s——开挖 1m 隧道引起的地层损失量；

i——沉陷槽的宽度系数。

$$i = \frac{z}{\sqrt{2\pi}\cdot \tan\left(45^\circ - \frac{\varphi}{2}\right)} \tag{7-24}$$

式中：φ——隧道周围地层的内摩擦角。

地面沉陷槽宽度 $B\approx2.5i$。

Attewell 对宽度系数 i 进行了修正，提出横向沉陷槽宽度系数 i 取决于接近地表的地层强度、隧道埋深和隧道半径，可近似写为：

$$\frac{i}{R}=k\cdot\left(\frac{z}{2R}\right)^{n} \tag{7-25}$$

$$\delta_{max}=\frac{V}{\sqrt{2Ai}} \tag{7-26}$$

式中：z——隧道开挖面中心到地面距离；

R——盾构外半径；

A——隧道横截面；

k、n——试验系数；

V——沉陷槽体积；

δ_{max}——隧道中线的地面沉陷量。

英国的 Clough 和 Schmidt(1974)提出饱和含水塑性黏土中地面槽宽度系数 i 的计算公式为

$$\frac{i}{R}=\left(\frac{z}{2R}\right)^{0.8} \tag{7-27}$$

式中：z——地面到隧道中心深度；

R——隧道半径。

O'Reilly-New 对英国黏性地层中的 11 处 19 例及砂性土和回填土层的 6 处 16 例的最大沉降值、沉降槽容积、反弯点距离的实测值进行分析，假定沉陷槽形状为正态分布曲线，认为对黏性土层，有：

$$i=kz \tag{7-28}$$

$$\delta_{max}=\frac{V_s}{\sqrt{2\pi}i} \tag{7-29}$$

对于硬黏土式(7-28)中的 k 取 0.4，软黏土取 0.7，中等软硬的黏土则取 0.5。

周文波(1993)用统计方法整理出横向最大沉降量的估计公式。

对砂性土：

$$S_{max}=1.032\exp\left(\frac{7.8655}{z/2R}\right) \tag{7-30}$$

对黏性土：

$$S_{max}=29.086-\frac{12.173}{\ln\left(\frac{z}{2R}\right)}+7.4233N^{1.1556} \tag{7-31}$$

沉降影响范围估算公式为

$$w=1.5Rk\left(\frac{z}{2R}\right)^{n} \tag{7-32}$$

式中：k、n——参数，采用土压平衡盾构时，对黏性土：$k=1.3$，$n=0.70$；对于砂性土：$k=0.65$，$n=1.2$。

(2)地层预测的数值模拟

在研究盾构隧道开挖地层位移规律中，数值模拟方法是地面沉陷预测技术的另一重要途径。Clough 等(1985)、Ohta 等(1985)、Rowe 等(1983)均指出，虽然工艺水平参数在施工之前不可能精确确定，但这个参数的合理变化对地表和隧道周围地层位移的影响是可以评价的。同时指出，要获得沉陷的合理分布，根本上是要模拟土的各向异性和地层内的塑性。

Ito 等(1982)用积分方程理论并结合有限元方法计算了作用于隧道衬砌上的外部压力，并将计算结果与现场量测数据和模型实验结果进行了比较。Niwa 和 Fuki(1979)、Ito 和 Histake(1979)[6]等则用有限元法分析了盾构周围地层土的动态特征。

Ghabossi 等(1978)讨论了用有限元模拟地层位移的可能性，用有限元分析模拟了应力条件、隧道开挖和管片安装的各个阶段，结果表明，二维平面应变分析是模拟地层位移的最有效、最简单的方法。

Resendiz 和 Romo(1981)在两个独立的二维分析中考虑了工作面前方土层位移和土层位移至尾部孔隙的影响,在两种情况下都假定为平面应变,而且采用双曲线模型。此外,假定土层中初始应力和剪切强度随埋深而发生线性变化,对若干几何和力学参数进行了研究,并将分析结果表达成一个简单的无量纲关系式。

Ito 和 Histake(1982)用边界元法对弹性和黏弹性地层中浅埋隧道引起的三维地面沉陷进行了分析。分析中考虑了掘进速度、开挖面位置、隧道衬砌等的影响。Rowe、Ng(1981)推荐了一种用横截面的弹塑性分析模拟隧道和土层衬砌相互作用的方法。用孔隙(即间隙参数)来反映施工影响,即把孔隙作为施工产生的地层额外损失的预留量,从而用有限元对地层位移规律进行研究。

Ohta 等(1985)的二维分析考虑了隧道掌子面前方土层的位移和土层位移至盾尾间隙的情况。在纵向沉陷规律研究中,用轴对称和平面应变弹性分析,而研究沉陷的横向分布规律时则采用改进的卡姆黏土模型和平面应变弹塑性模型。

Clough 和 Finno(1985)在有限元法中使用一个任意的参数(由经验确定),以模拟施工工艺水平的影响。本方法的一个最大特点是能够直接确定由工作面压力引起的扰动带的范围和模拟这部分土层的后续固结沉陷。

Lee 等(1990)发展了一种用于模拟施工工序、后续地层位移、隧道开挖面周围及地表应力状态等地面沉陷影响的三维弹塑性有限元方法。给出了非线性问题的求解步骤和适合于三维隧道分析的弹塑性土体本构模型。Lee 等为了研究浅埋隧道的三维性状,考察了具有几何简单形状和地层条件的隧道。对无衬砌隧道、完全衬砌隧道这两种极限状况下隧道周围土体的应力场和位移场进行了有限元分析,发现掌子面附近土体中的应力场和位移场与横向平面应变假设所得的结果极不相同。

Lee 等(1991)在桑德贝输水隧道工程中,使用了一种三维弹塑性有限元分析来计算开挖引起的位移,该分析可以模拟隧道盾构的推进和因隧道施工引起的土的损失。实测和计算结果表明:只要采用可靠的土体参数,就可以把这种方法用有于类似软土隧道设计。

Rowe 和 Lee(1992)对用于估算软土中浅埋隧道施工引起的土体三维应力变化和地层的各种简化方法进行了评价,指出:对于浅埋隧道,掌子面周围的地层位移大小用轴对称分析法不能正确的加以预测,但利用两个对称假设前提下获得的归一化位移曲线的均值可以合理地近似掌子面周围土体的位移趋势。只要对计算所需要的三个经验参数加以合理估计,就可以用累计概率的方法对近地表位移加以预测。

Rowe 和 Lee(1992)通过对 14 个工程的实际应用,指出:只要获得可靠的土性参数,用数值方法和经验方法就可以合理地求得间隙参数和预测地表沉降。同时间隙参数与复杂的数值计算方法结合还可以对隧道工程中关键断面土体位移在水平向和竖向的分布加以预测。

Eisenstein 等(1992)认为超固结黏土中浅埋无衬砌隧道的长期稳定性与土体自稳时间直接相关。为了克服现行隧道设计中的局限性,采用将有限元和极限平衡理论相结合方法对初始应力场、开挖引起的卸载、土体强度和模量与深度的关系、孔隙水压力及其变化对开挖面稳定性的影响等进行了研究。

(3)地层位移的模型实验研究

国外通过模型实验对软土中开挖隧道引起的地层位移和隧道的稳定性进行了研究,主要有:

Litwinizyn(1957)选用了一种介质模型,用大量具有相同大小的球体模拟地层材料,认为地层是这种球体的自然堆垒,而对其应力、应变状态不做任何假定。实验结果表明,沉陷槽的横向分布曲线与高斯概率曲线相同。

Atkinson 等(1974)在砂性土和黏土中进行浅埋隧道的离心模型实验,得到了隧道破坏时的应力差和 z/d 的关系,并由塑性理论下限定理求得了地面沉陷的理论解。

Mair 等(1981)以超固结的黏土模拟介质,对无支护隧道的变形与破坏做了实验。结果表明:隧道的稳定性随着无支护长度的缩短而提高,随着埋深对直径的比值增大而提高;若认为介质无体积改变,则地表沉陷槽的体积应等于土层损失的体积。

Kimura 和 Mair(1981)通过利用软土中模型隧道的离心模型试验来探讨二维理想化模型和复杂得

多的隧道掘进之间的关系。二维模型试验序列有着与塑性理论推出的隧道稳定性理论解答相一致的结果。而三维实验序列揭示了隧道稳定性如何强烈地受隧道开挖几何特征影响的。

(4)地层位移预测的专家系统和灰色理论

虽然经验公式和数值方法已经成为隧道开挖地层预测的两个重要手段,但它们在应用上也有很多困难,如经验公式的应用受到隧道的几何形状、地层条件、施工方法、施工质量等有着很大差异的因素的限制,而专家系统提供了一条解决问题的新思路。通过总结以往的工程经验和研究结果,把它提炼为条理化的经验法则,上升到专家系统的知识库,在计算机上模拟专家的推理方式,这不仅可以避免硬科学遇到的种种困难,而且可使预测结果更具有指导意义。同济大学(1990)在总结二十多年来研究成果的基础上,提出了把专家系统用于隧道沉陷预估的设想,并于1990年建立了地面沉陷预估的专家系统原形,1991年将其应用于上海地铁1号线的施工监测,在应用中取得了较为满意的结果。张庆贺(1994)将灰色系统理论引入地面沉陷研究,建立了盾构法隧道开挖引起地面沉陷的灰色模型,并将其应用于上海地铁1号线的地面沉陷预测。

7.3.2 盾构法施工及影响地层沉降的因素

1)盾构推进引起地层位移的原因

盾构法施工对周围环境的影响与施工的主要技术环节密切相关,因此,进行理论分析时只有把握住其中的主要因素,才能得出与实际情况相符的结果。早在1969年Peck就指出,盾构法施工引起地层损失以及对相邻结构的破坏与施工的具体细节是分不开的,不同的施工程序产生的结果是不一样的。

盾构推进引起地层位移因盾构的不同而异。对于挤压式盾构,正面土体受到盾构的巨大挤压力后产生很大的扰动和变形,而对于土压平衡盾构,由于土仓内的压力能平衡开挖面的水土压力,从而可以保持开挖面的稳定,使得正面土体受扰动影响较小。

盾构掘进时,无论是泥水盾构、土压平衡盾构,还是敞开式盾构或挤压盾构等,都不同程度地对土层产生挤压扰动及引起开挖面土体的松动。其中尤以挤压式盾构推进时的扰动为最大。当开挖面土体受到的水平支护压力小于原始侧向水土压力时,则开挖面土体向盾构内松动引起地层损失。当作用于开挖面土体推进力大于原始侧向水压力时,则正面土体向上向前位移,导致盾构前上方地面隆起。

由于盾构外径与隧道管片外径之间存在建筑空隙,如果充填不实或不及时、将使盾尾后周边土体失去原始平衡状态而向盾尾空隙位移,引起地层损失。这一空隙除挤压盾构法施工外,所有盾构法施工都存在,在含水不稳定地层中,这往往是引起地层损失的主要原因。

推进方向改变,曲线推进以及纠偏或叩头推进时,实际开挖面不是圆形而是椭圆,因此引起地层损失。盾构轴线与隧道轴线偏离越大则由超挖引起的地层损失越大。

盾构在黏土层推进时,盾尾后的建筑空隙往往由于盾尾外面黏附一层黏上而加大。

隧道衬砌的变形、沉降以及渗漏将引起地层的位移。盾壳或衬砌周围注浆时,如果注浆压力大于相应的水土压力,将对土体产生一定程度的挤压作用。

从上面的论述可以看出,盾构施工中影响地层位移的因素很多,但总体上可分为瞬时效应和持续效应两种。瞬时效应是指盾构施工完成后短期产生的影响,而持续效应则是指持续时间很长的影响,如衬砌的变形、隧道的沉降以及土体的固结等。对于瞬时效应可以从力学和几何两方面来考虑。

力学效应包括对开挖面土体的正面推进力和注浆引起的侧向挤压力。正面推进力主要决定开挖面的稳定性,由千斤顶的推力、土仓压力、盾构推进中所受阻力及土层原始地应力来决定;侧向挤压力主要由注浆压力大小来决定(注:在泥水盾构中还与泥水压力有关)。

几何效应则主要指盾构施工引起的土体损失,它与盾构尺寸、衬砌尺寸、注浆量、盾构纠偏、衬砌变形等多种因素有关。

2)盾构法施工产生的力学效应

盾构施工的力学效应包括对开挖面土体的正面推进力和注浆引起的侧向挤压力。

土压平衡盾构是通过土仓内的泥土压力与开挖面的水土压力的平衡来保持开挖面稳定。土仓压力 P_{TBM} 与盾构推力、推进速度、刀盘转矩、螺旋输送机转速有关。土压平衡盾构正面推进力 N 可表示为：

$$N = P_{TBM} - (P_W + P_E) \tag{7-33}$$

式中：P_{TBM}——盾构土仓内的土压力；

P_E——开挖面静止土压力；

P_W——开挖面水压力。

为使开挖面保持稳定，则必须满足 $N=0$(见图 7-13)。当 $N<0$ 时，开挖面土体松动，易引起前方地面沉陷(图 7-14)；当 $N>0$ 时，开挖面土体受到挤压，易引起前方地面隆起(图 7-15)。土仓内的土压力 P_{TBM} 通过土压传感器进行测量，并通过控制推进力、推进速度、刀盘转矩、螺旋输送机转速来控制。

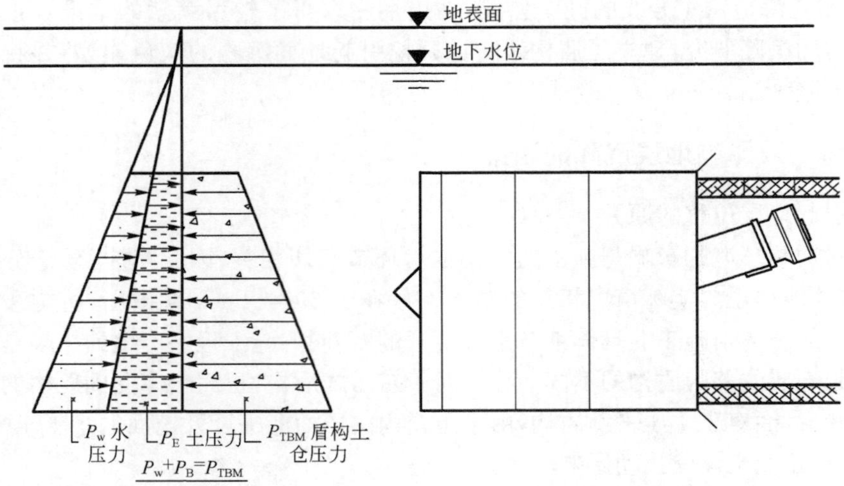

图 7-13　土仓压力等于水压力及土压力之和($N=0$)

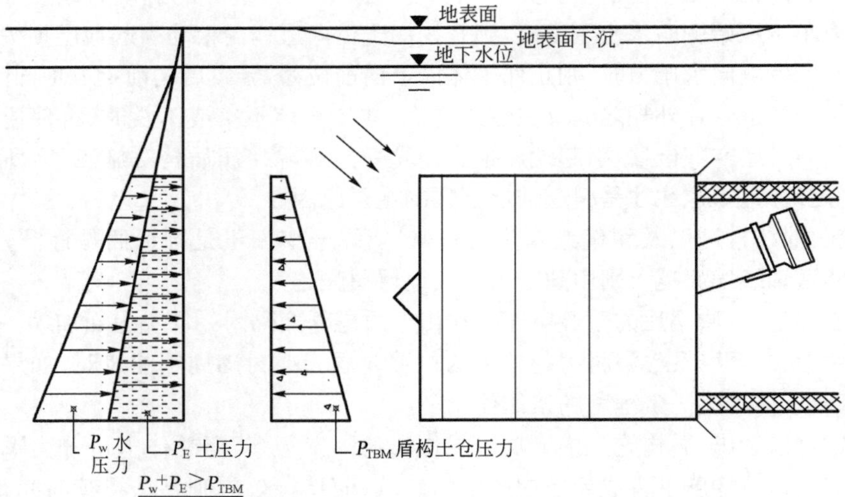

图 7-14　土仓压力小于水压力及土压力之和($N<0$)，地面下陷

泥水盾构是通过向泥水仓内输送加压的泥水来获得开挖面的稳定，对于不透水性的黏土，泥浆压力适当大于围岩主动土压力，就可以保证隧道开挖面的稳定。

对于透水性大的砂性土，泥浆会渗入到土层内一定深度，并在很短时间内，在土层表面形成泥膜，有助于改善围岩的自承能力，并使泥浆压力在全开挖面上发挥有效的支护作用。通过泥膜，产生与作业面上的土压、水压相抗衡的泥水压，以保持作业面的稳定。同时开挖的土渣以泥水流体状通过排泥管道排至地面，再通过泥水分离站将土粒与泥水分离，分离后的泥水进行质量调整后，再送到作业面进行循环。当泥水仓内的泥水压力大于地层压力和水压力时，地表将会隆起；当泥水仓内的泥水压力小于地层压力和水压力时，地表将会下沉。因此，泥水仓内的泥水压力应与地层土压力和水压力平衡。

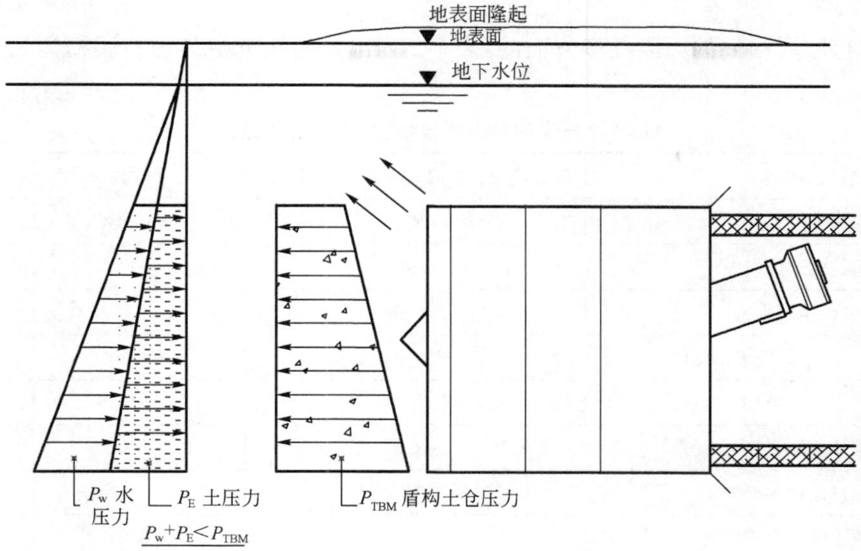

图 7-15　土仓压力大于水压力及土压力之和($N>0$)，地面隆起

3)盾构法施工的几何效应

(1)地层损失参数 GAP

Lee and Rowe(1982)、Rowe et al(1983)提出了预测地表和地层不同深处沉降的方法，引入了地层损失参数 GAP(也称总间隙参数)，用于不排水饱和黏土的沉降预测。GAP 描述了大于隧道管片外径的超挖土体的量，包括开挖面在力作用下的三维运动造成的超挖土体损失及施工因素造成的土体损失。GAP 的大小等于盾构开挖的拱顶位置到管片衬砌顶的距离，如图 7-16 所示。

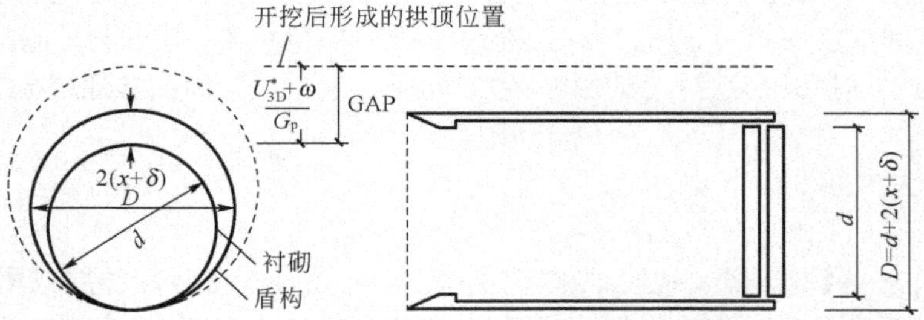

图 7-16　盾构地层损失参数 GAP 的定义

根据 Lee 的定义：

$$GAP = G_p + U_{3D}^* + \omega \tag{7-34}$$

式中：G_p——盾构外径和管片外径之间的几何净空，由盾尾厚度 δ 和盾尾间隙 x 构成，

$$G_p = D - d = x + \delta \tag{7-35}$$

D——盾构外径；

d——管片外径。

盾尾间隙 x 便于盾构偏离设计轴线时进行水平及垂直方向的纠偏，便于管片拼装工作的进行。x 的取值为 25～60mm。一旦选定了盾构和管片，G_p 的大小也就确定了。

U_{3D}^* 为开挖面推进引起的等效三维径向位移，是指由于开挖面应力释放导致土体的三维变形，使得土体塌落到开挖面造成的超挖土量。ω 是指施工因素(包括盾构的纠偏、上抛、叩头、后退等)产生的土体损失。ω 值的计算公式如下：

$$\omega = L\alpha \tag{7-36}$$

式中：L——盾构长度；

α——盾构上抛时的仰角。

(2)地层损失模式

盾构推进引起地层损失的原因是多方面的,表7-2列出了黏性土中各种地层损失的预估公式及相应的GAP的取值。

GAP计算中的考虑因素(适用于黏性土地层)　　表7-2

地层损失因素		隧道单位长度内的最大地层损失值	地层损失率	相应的GAP取值
开挖面地层损失		$\pi R^2 h$	0~0.2%	Rh
切口超挖的地层损失		$2\pi R$	0.1%~0.5%	$2t$
沿盾壳的地层损失		$0.1\pi R^2$	0.1%	$0.1R$
盾尾后的地层损失	地下水位以上	$2\pi R(R-R_1)$	0~4%	$2(R-R_1)$
	地下水位以下	$\pi R(R-R_1)$	0~2%	$R-R_1$
纠偏的地层损失		$\pi RL\alpha$	0.2%~2%	$L\cdot\alpha$
曲线推进的地层损失		$L^2R/[8(R+R_c)]$	0.3%~1%	$L^2/[8R(R+R_c)]$
正面障碍引起的地层损失		A	0~0.5%	$A/(\pi R)$

注:表7-2中,R为盾构外半径,R_1为管片外半径,t为超挖量,L为盾构长度,α为仰角,R_c为开挖面土体在盾构推进单位长度时向后的水平位移,h为盾构推进曲线半径,A为盾构正面障碍物体积,$V\%$=地层损失值/(πR^2)。

U_{3D}^*和ω对于不同的盾构施工法和不同的施工,实际取值不一样,通过表7-2中不同值的组合可以把地层损失分为不同的模式,地层损失模式不一样,GAP的计算方法也不一样。由于盾构施工中运用同步注浆工艺,从而抑制地层损失的发展,因而在考虑地层损失模式时必须计入注浆率($n\%$)的影响,所谓注浆率是指浆液填补的实际间隙量与理论地层损失量的比值。

模式一:用于盾构械性能好、工作人员经验丰富的盾构正常直线推进时。此时,盾构纠偏、上抛、叩头量很小,由此引起的超挖不作单独考虑;考虑盾构推进中正常的蛇形前进,这部分土体损失值ω_1用超挖刀的超挖量计算;认为盾构密封仓内土压力与开挖面水土压力保持平衡,则开挖面地层损失引起的U_{3D}^*为0;不考虑盾壳周围的土体损失;考虑G_P的影响;考虑同步注浆。衬砌周围的地层损失参数:

$$\mathrm{GAP}=(1-n\%)\cdot(G_p+\omega_1) \tag{7-37}$$

盾壳周围的地层损失参数:

$$\mathrm{GAP}=(1-n\%)\cdot\omega_1 \tag{7-38}$$

模式二:用于盾构在一些特殊地层、地段中施工的情况。例如盾构在砂性土层或覆土浅的土层中推进时上抛,或在盾构出洞后因千斤顶推力设置不合理而偏离轴线,或盾构作曲线推进。考虑刀盘超挖和盾壳周围的土层损失,同时考虑开挖面土体三维运动引起的地层损失U_{3D}^*,则衬砌周围的地层损失参数:

$$\mathrm{GAP}=(1-n\%)\cdot(G_p+\omega_2+U_{3D}^*) \tag{7-39}$$

盾壳周围的地层损失参数

$$\mathrm{GAP}=(1-n\%)\cdot(\omega_2+U_{3D}^*) \tag{7-40}$$

模式三:主要用于盾构推进过程中开挖面失稳时。当盾构正常推进时,开挖面土体三维变形引起的地层损失一般很小。但如果盾构后退或发生涌水使开挖面坍塌时,引起的地层损失就比较严重。此时假定开挖面自由,开挖面土体原始地应力完全释放,这样就得到最大的开挖面地层损失(U_{3D}^*)max,此时衬砌周围的地层损失参数:

$$\mathrm{GAP}=(1-n\%)\cdot(G_p+(U_{3D}^*)_{max} \tag{7-41}$$

盾壳周围的地层损失参数:

$$\mathrm{GAP}=(1-n\%)\cdot(U_{3D}^*)_{max} \tag{7-42}$$

7.3.3 地表隆沉的发展过程

1)地面沉降的原因

盾构推进引起的地层损失和盾构隧道受扰动或受剪切破坏的重塑土的再固结，是地面沉降的基本原因。引起地层沉降的施工及其他因素主要有：

①开挖面土体移动。盾构掘进时，开挖面土体受到的水平支护应力小于原始侧向应力，则开挖面土体向盾构内移动，引起地层损失而导致盾构上方地面沉降，当盾构推进时，如作用在正面土体的推应力大于原始侧向应力，则正面土体向上向前移动，引起负地层损失而导致盾构上方地面隆起。

②盾构后退。在盾构暂停推进时，由于盾构推进千斤顶漏油回缩可能引起盾构后退，使开挖面土体坍落或松动，造成地层损失。

③土体挤入盾尾空隙。由于背衬注浆不及时，压浆量不足，注浆压力不适当，使盾尾后隧道周边土体失去原始三维平衡状态，而向盾尾空隙中移动，引起地层损失。在含水不稳定地层中，这往往是引起地层损失的最主要因素。

④改变推进方向。盾构在曲线推进、纠偏、抬头或叩头推进过程中，实际开挖断面不是圆形而是椭圆，因此引起地层损失。盾构轴线与隧道轴线的偏角越大则对土体扰动和超挖程度及其引起的地层损失越大。

⑤当盾构外周黏附一层黏土时，盾尾后隧道管片外周环形空隙会有较大的增加，如不相应增加压浆量，地层损失必然增加。

⑥在土压力作用下，隧道管片产生的变形也会引起少量的地层损失。

⑦隧道管片衬砌沉降较大时，会引起不可忽略的地层损失。同时饱和松软地层衬砌渗漏亦引起沉降。

⑧受扰动土体的固结沉降。由于盾构推进中的挤压作用和盾尾后的压浆作用等施工因素，使周围地层形成正值的超孔隙水压区，其超孔隙水压力，在盾构隧道施工后的一段时间内消散复原，在此过程中地层发生排水固结变形，引起地面沉降(固结沉降)。土体受到扰动后，土体骨架还发生持续很长时间的压缩变形。在土体蠕变过程中产生的地面沉降为次固结沉降。在孔隙比和灵敏度较大的软塑和流塑性地层中，次固结沉降往往要持续几年以上，所占总沉降量的比例可高达35%以上。

2)地表隆沉发展历程

盾构在不同地层掘进时引起的地表变形可分为先行沉降、开挖面前沉降或隆起、盾构通过时沉降、盾尾空隙沉降、后期沉降等5个阶段，其产生的原因与机理见表7-3。

盾构施工引起变形的原因与机理　　表7-3

沉降类型	主要原因	应力扰动	变形机理
先期沉降	地下水位降低	孔隙水压力减少，围岩有效应力增加	压缩和压密、下沉
盾构开挖面沉降或隆起	工作面处施加压：过大时隆起，过小时沉降	围岩应力释放、扰动负荷土压力	弹塑性变形
盾构通过时沉降	施工扰动，盾构与围岩(土体)间剪切错动，出渣	扰动	压缩
盾尾空隙沉降	围岩(土体)失去支撑，管片背后注浆不及时	应力释放	弹塑性变形
后续沉降	结构变形、地层扰动、空隙水压下降等	土体固结	压缩和蠕变下沉

(1)先行沉降

先行沉降是自开挖面距地面观测点还有相当距离(数十米)直到开挖面到达观测点之前所产生的沉降，是随着盾构掘进因地下水水位降低而产生的，是由地基有效上覆土厚度增加而产生的压缩、固结沉降。地层软弱不同，先行沉降影响距离也不一样。

(2)开挖面前沉降或隆起

开挖面前沉降是自开挖面距观测点(约几米)起直至开挖面位于观测点正下方之间所产生的沉降，多由于开挖面的崩塌、盾构的推力过大等所引起的开挖面土压力失衡所致，是由土体应力释放或盾构反向土仓压力引起的地基塑性变形，隆沉大小主要与盾构正面压力平衡状态有关。盾构土仓内压力小于土体正面压力时,盾构开挖产生地层损失,盾构上方地面会出现沉降;相反,当土仓内压力高于土体正面压力,则盾构上方地面会出现隆升现象。

(3)盾构通过时沉降

从开挖面到达观测点的正下方之后直到盾构尾部通过观测点为止,这一期间所产生的沉降,主要是土的扰动和由盾构掘进直径与盾构直径差引起土体应力释放所致。

(4)盾尾空隙沉降

盾尾空隙沉降是指盾构的尾部通过观测点的正下方之后所产生的沉降,是盾尾空隙的土体应力释放所引起的弹塑性变形,沉降大小与盾尾同步注浆压力、浆液充填率密切相关,充填较理想时,沉降小,反之沉降大。

(5)后期沉降

后期沉降是指是固结和蠕变残余变形,主要是地基扰动所致。

7.3.4 盾构掘进主要沉降控制因素分析

1)地层沉降与土仓压力的关系

在盾构掘进中,保持土仓压力与作业面压力(土压、水压之和)平衡是防止地表沉降、保证建筑物安全的一个很重要的因素,土仓压力 P 值应能与地层土压力和静水压力相抗衡,设刀盘中心地层静水压力、土压力之和为 P_0,则 $P=KP_0$,在黏性土中 K 一般取 1.0,并根据实际情况作级差为 0.005MPa 的调整,砂性土中 K 一般取 1.3,而级差调整以 0.01MPa 为佳。土仓压力 P 的调整根据掘进过程中地质、埋深及地表沉降监测信息,通过维持开挖土量与排土量的平衡来实现。可通过设定掘进速度、调整排土量或设定排土量、调整掘进速度两条途径来达到。

2)地层沉降与同步注浆量的关系

随着盾构推进,在盾壳外径与管片外径之间会产生建筑空隙。建筑空隙的充分充填和及时充填是减少地表沉降的关键环节。

确定同步注浆压力时应避免过大的注浆压力引起地表有害隆起或破坏管片衬砌,并防止注浆损坏盾尾密封,理论上注浆压力略大于地层土压与水压。

3)地层沉降与出渣量的关系

渣土的排出量必须与掘进的挖掘量相匹配,以获得稳定而合适的支撑压力值,使盾构的工作处于最佳状态。在出渣量异常和出渣量较大的地段,沉降也相对较大。

7.3.5 盾构施工的主要技术环节

1)盾构推进

盾构向前推进主要依靠推进油缸的推力作用。在盾构前进过程中要克服正面土体的阻力、盾壳与土体之间的摩擦力。盾尾密封与管片的摩擦力、后配套拖车与钢轨的摩擦力。盾构总推力要大于正面推力与总摩擦力之和,但推力过大会使正面土体因挤压而前移和隆起,而推力太小又影响盾构前进的速度。通常,盾构的总推力应满足关系式:

正面土体主动土压力+水压+总摩擦力<盾构总推力<正面土体被动土压力+水压+总摩擦力。

盾构推进时还应控制好推进速度,并防止盾构后退。推进速度由推进油缸的推力和进出土量决定,推进速度过快或过慢都不利于盾构的姿态控制,速度过快易使盾构上浮,速度过慢易使盾构下沉。在拼装管片时,缩回推进油缸易使盾构后退,后退引起土体损失势必造成开挖面上方的土体沉降。

在土压平衡(或泥水盾构)施工中,要对土仓内的土压力(或泥水压力)进行合理设定,以使密封土仓内的土体压力(或泥水压力)与开挖面的水土压力大致相平衡,这是维持开挖面稳定的关键所在,也是土压平衡盾构和泥水盾构施工最主要的技术环节。

2)盾构姿态和纠偏量的控制

盾构姿态包括推进坡度、平面方向和自身的转角三个参数。影响盾构姿态的因素有：出土量的多少、覆土厚度、推进时盾壳周围的注浆情况、开挖面土层的分布情况、推进油缸作用力的分布情况等。例如盾构在砂性土层或覆土层比较薄的地层推进容易上浮。解决办法主要是依靠调整推进油缸的合力位置。

盾构前进的轨迹一般为蛇形，要保持盾构按设计轴线掘进，必须在推进过程中及时通过测量，并进行纠偏。纠偏量不能太大，过大的纠偏量会造成过多的超挖，影响周围土体的稳定，要做到"勤测勤纠"。

3）土方的挖掘和运输

在盾构施工过程中，挖土量的多少是由切削刀盘的转速、切削扭矩以及推进油缸的推力决定的；排土量的多少则是通过螺旋输送机的转速（或排泥泵的流量）来调节的。因为土压平衡盾构和泥水盾构是借助土压力或泥水压力来平衡开挖面水土压力的，为了使土仓压力或泥水压力波动较小，必须使挖土量和排土量保持平衡。

4）管片拼装

管片拼装过程中要减小盾构后退，拼装工作的关键是保证环面的平整度，往往由于环面不平整造成管片破裂，甚至影响隧道轴线。同时要保证管片与管片之间以及管片与盾尾之间的密封性，防止隧道涌水。

5）壁后注浆

盾构外径与管片的外径大小不等，管片脱离盾尾后在管片的外围形成一圈间隙，必须及时进行注浆，否则将造成地层沉降。注浆要做到及时、量足，且浆液体积收缩小，才能收到预期效果。注浆时压入口的压力要大于该点的静止水压力与土压力之和，尽量使其填充而不是劈裂。注浆压力过大，管片外的土层被浆液扰动而造成较大的后期沉降，并容易跑浆。反之，注浆压力过小，浆液填充速度过慢，填充不足，也会使地表变形增大。

7.3.6　减少地层损失的措施

盾构法施工前，首先要对隧道的整个线路进行地质勘探，然后根据不同的地质条件选定所需的盾构类型及辅助施工方法。在选择盾构时，除应考虑施工区域地层的地质情况、隧洞沿线的地面情况、隧道长度、隧道断面形状、工期和使用条件等各种因素外，还要充分考虑开挖和衬砌等施工问题，选定能安全、经济地进行施工的盾构类型。

盾构的类型确定以后，即进入了盾构的施工掘进阶段。根据盾构法隧道的施工过程和施工特点，盾构法隧道施工引起地表变形的基本原因可归纳如下：

①开挖面土体的移动。当隧道掘进时，开挖面土体受水平支护应力可能小于或大于原始侧压力，开挖面上前方土体会产生下沉或隆起。

②土体挤入盾尾空隙。盾构法隧道的管片脱离盾尾后，在隧道开挖壁面和管片外周围形成一环形空隙，土体将向这一空隙产生位移，从而引起地面沉降。

③土体与管片的相互作用。在周围土体压力作用下，管片要产生变形，同时管片对周围地层也产生相反方向的作用力，地层变形是土体与管片的相互作用的综合表现。

④改变推进方向。盾构向上或向下倾斜，使多余的土体被挖去，盾尾空隙增大。

⑤受扰动土体的再固结是地层变形的另一主要原因，尤其是在饱和软土地层中。

地表变形的大小取决于地层和地下水条件、隧道直径、埋深和施工条件等。在盾构推进时，尽量减小超挖和对周围地层的扰动是必要的。盾构施工掘进中，通过掘进参数的优化和匹配使盾构达到最佳推进状态，即对周围土层扰动小、地层损失小、超孔隙水压力小，以控制地面的沉降和隆起，保证盾构推进速度快、隧道管片拼装质量好。一般在盾构始发后都进行一段试掘进。在试掘进阶段结合地表沉降等环境变化参数的量测，根据实测数据对盾构推进、拼装、停止等状态进行分段监测，掌握规律，从而进行盾构掘进参数的优化。在盾构施工中提高盾构操作水平，不断优化盾构施工的正面压力、推进速度、纠偏控制等技术参数。及时进行同步注浆，并合理确定同步注浆量和注浆压力，加强监控量测和跟踪注浆。对土压平衡式盾构,还要验算螺旋输送机排土闸门处的渗流力,以防止砂土液化。

7.3.7 地层与建筑物隆陷控制

盾构掘进前,掌握施工影响范围内的地面建筑物、地下管线、地下障碍物、地下设施等,必要时进行物探,对重要建筑物采取事前保护措施。

建立严格的地面沉降量测控网,及时定期进行监测,掌握隧道施工时和建成后对周围环境及对隧道本身的影响。注意对盾构前方监测点监测数据的分析。如果盾构前方监测点地面变形控制在(−5mm～+5mm),则盾构在通过时地面变形可控制在(−30mm～+10mm),否则要调整掘进参数,控制地面沉降。

地面变形接近−20mm～+5mm时,尽快找出原因并采取相应措施。

加强掘进参数的管理,尤其是土仓压力设定要合理,通过优化盾构掘进参数来保持开挖面的稳定,从而控制地层和建筑物的隆降。

根据初始段的掘进,对盾构施工所采用的参数进行不断优化调整,以使盾构在全线掘进中,随地质、埋深、环境条件的变化而动态适时调整施工参数,将地面总沉降控制在−30mm～+10mm范围内。

盾构始发掘进及接收掘进时,若端头井地基土较差,则采取注浆加固措施,确保始发和接收洞口的安全。施工中在盾构快进入加固体土体时要严格控制盾构的操作,采取适当对开挖面注水或膨润土泥浆,低速掘进,低速转动大刀盘等措施,并加强同步注浆及二次注浆管理来控制地层的隆陷。为了减少和防止地面沉降,在盾构掘进中,要尽快在脱出盾尾后的衬砌背面环形空隙中充填足量的浆液材料。根据地质条件,确定浆液配比,注浆压力、注浆量及注浆起止时间。

盾构在曲线上推进时,土体对盾构和隧道的约束力差,盾构轴线较难控制,因此推进速度要减缓,纠偏幅度不要过大,要加大注浆量、加强纠偏测量工作等,以减少地层损失,严格控制地面沉降。

防止从管片接头、壁后注浆孔等漏水则要而引起地层下沉,按施工要求进行管片安装和防水施工,保证施工质量。若出现管片漏水则要及时采取二次注浆,达到防水效果。

对建筑物、构造物基础进行注浆加固。

根据建筑物结构类型及对沉降的敏感程度、沉降的允许值,确定建筑物及地面变形警戒值。建立完善的监测网,及时反馈信息,及时进行跟踪注浆及补充注浆。

7.3.8 盾构穿越河流的施工措施

穿越河流底部时,如围岩顶板下沉会对河床产生危害甚至破坏,进而引发一系列不良后果,同时河水下渗也可能对隧道施工产生危害。

施工前详细调查水文气象和工程地质情况,重点调查河底隔水层的连续性、渗透系数、厚度等,以及各种地层的渗流情况;采用适合该地层的盾构设备,并配置必要的超前钻探和注浆设备、聚合物和膨润土注入设备等。

控制盾构速度和总推力,采取较低的速度掘进,速度控制在不大于20mm/min,严格控制推进油缸总推力,减少土层扰动,以免破坏河底土体。

盾构进入河底前预先调整好盾构姿态,以较好的姿态下穿河底。在掘进过程中,盾构驾驶员根据测量偏差及时调整盾构的掘进方向,尽可能减少纠偏,特别是要杜绝大幅度纠偏,减少对土体的扰动,从而保证盾构平稳地从河下穿越。

由于河底至盾构拱顶间土层相对较薄,注浆压力过大可能破坏水底隔水层,形成一条涌水通道。因此掘进过程中控制注浆压力在0.2～0.3MPa范围内,控制注浆量为理论建筑间隙的130%～180%。

掘进时定时、定量、均匀压注盾尾油脂,有效保护盾尾钢丝密封刷。如遇特殊情况,可按实际情况加大盾尾油脂的压注注量。控制好管片姿态,提高拼装质量,防止盾构与管片间隙过大形成透水通道,必要时在管片外侧粘贴海绵用于止水,封堵管片与盾构的间隙。采取上述措施后,基本可控制盾尾渗漏。如果盾尾仍发生渗漏，可采取应急措施，从管片注浆孔向外压注聚氨酯，形成环圈，封闭涌水通道。管片接缝间出现渗漏，及时进行堵漏处理，防止渗漏水引起河底下沉对河底产生破坏。

7.3.9 盾构穿越建(构)筑物的施工措施

1)详细勘探

隧道施工前，先确定施工影响的范围，对施工影响范围内的土层进行详细勘探分析，按照不同的地质和施工条件，根据理论分析和已有施工实践资料的积累，对地表沉降范围、沉降特征以及隧道周围土体受扰动范围做出预测。对沉降影响范围内的建筑物和地下管线详细调查，了解建(构)筑物的规模、形式、材料、基础构造、使用状况等，并对房屋墙面和地面、楼面进行详细的观察，主要是了解结构完好程度、有无裂隙及裂隙长度、宽度等。必要时可进行拍照存档，以防止不必要的纠纷。将观察结果记录在案，并认真分析，为制订积极有效的保护方案做准备。

由于各种建筑物对地面沉降的敏感程度不同，按照预测的地层沉降量，对地层移动影响范围内的各种地面建(构)筑物，根据其结构形式、现状和盾构施工对其可能造成的沉降量，采取不同的保护措施。

2)在穿越前进行模拟掘进

在模拟掘进区，设置好能准确掌握类似变形的监测仪器，即相应深度的土体垂直及水平位移监测点、地下水位及水压监测点，自始至终监测模拟建筑物及其基础的沉降状况，并与施工管理标准值、允许值比较，将比较结果反馈给工程师。同时将同步记录的盾构土仓压力、盾构掘进速度、刀盘转速、同步注浆等数据反馈给工程师。经过对比研究和分析后，找出上述参数之间的关系，从而进行穿越段土压力设定、掘进速度和同步注浆等关键参数的初步设定。本项工作宜在盾构始发阶段完成。

3)加强施工监测

在盾构掘进至距建筑物50m左右时布置沉降监测点，开始记录建筑物的沉降值并随时观察建筑物总体沉降、不均匀沉降及附近地面的情况。沉降监测点布置在建筑物的外墙角、门窗边角、建筑物突出部位及地下室地面上。在盾构穿越期间加密监测频率，一般为每2小时1次，利用监测数据指导盾构掘进，如测得变形速率超过警戒值，立即采取相应措施保证建筑物安全。

4)进行加固注浆

为了控制建筑物的不均匀沉降，需要从建筑物侧面进行注浆加固底部土体，加固区域为基础底部至盾构顶部，盾构边线和建筑物基础之间的范围内。根据施工经验，被加固土体强度应达到28d单轴无侧限抗压强度0.8～1.2MPa，同时在建筑物与盾构隧道间预埋注浆管，根据对地表及建筑物的实时监测结果，必要时及时进行二次注浆加固。

5)控制掘进参数

总结试掘进阶段的经验和相关的数据分析结果，通过合理设定盾构土压力、掘进速度、盾构姿态、同步注浆等盾构参数，减少对地层的扰动并及时填补建筑空隙，控制地表沉降小于10mm，达到保护地面建筑的目的。

6)信息化施工

穿越期间进行24h监测，监测结果及时返回给技术人员。利用监测结果及时调整施工参数，指导施工，提高掘进水平。加强对施工土压力、出土量、推进姿态、推进速度、同步注浆管理，找出上述参数之间的关联，进一步优化土压力值及相宜的推进速度等参数，最大程度减少地层损失，将沉降控制在最小范围内，满足沉降要求，使得盾构施工顺利穿越该建筑物。

7)建立施工方案审批制度

施工前合理制订具体施工方案，将施工措施及时报业主和监理工程师批准。

8)及时进行二次注浆

同步注浆要求做到适量，确保注浆参数的合理和及时二次补浆。为了防止建(构)筑物有害沉降的发生，重要措施之一是保证同步注浆和及时二次补浆。注浆的要点为同步、足量和及时，以便及时填充空隙,减少土体变形。同步注浆量一般为建筑空隙的130%~180%,但除了依据理论计算外,还须根据地面构筑物的隆陷状况和出土情况,及时加以调整。在盾构通过3~5环后,及时进行二次灌浆,以弥补同步注浆的不足。

9)对建筑物长期监测和跟踪注浆

盾构穿越后,对建(构)筑物及区间隧道实施长期监测,并进行跟踪注浆,确保建筑物的稳定与安全,并及时将结果上报。

7.3.10 盾构通过上软下硬地段的施工措施

掘进遇到上层土相对松散而下层土相对密实的情况下,在盾构施工过程中容易造成盾构在线路方向上的偏离。盾构掘进过程中,刀盘切削工作面土体上部软土体较易进入密封土仓,而下部密实的岩体不易破碎。此时,往往会使上部软地层过量切削进入土仓,特别是当隧道上部地下水较丰富且有砂层时,一旦密封土仓压力失衡,上部松散地层容易造成土体流失,进而发生较大沉降,甚至发生地表塌陷的事故。在上软下硬地层施工中宜采取以下措施。

1)合同配置刀具

在边缘和靠近边缘的正面部分要配置足够的重型齿刀或滚刀以确保刀具能够充分破碎底部的砾岩地层,保证盾构能够向前推进。

2)必要的渣土改良措施

采用土压平衡盾构施工时,增加土仓内的泥浆或泡沫注入量,以减少刀具的磨损并防止开挖面失稳。

3)合理控制掘进参数

①采用小推力低转速,适当降低掘进速度,使刀盘对底部较硬地层进行充分破碎。

②严格控制出土量。如发现出土量过大要逐步增加土仓压力,将每一环的出土量控制在理论值的95%~105%。

③重视盾构基础数据的异常反馈,认真分析其异常原因,并采取果断措施;密切注意工程地质及地表沉降变化情况,及时调整掘进参数、减少对地层的扰动、控制地表沉降在允许范围内。

④严格进行同步注浆,保证注浆压力和注浆量,充分填充盾尾和管片之间的建筑间隙,以减少周围土体的位移变形。

⑤根据盾构推进的地质预报及出土情况分析,充分了解前方地层情况,及时添加调整渣土改良材料,以改良渣土,防止产生“泥饼”和“喷涌”。

⑥及时对盾尾密封添加足量的油脂,确保盾尾的密封性,以防止因盾尾密封不好而产生漏水、漏浆和漏砂等现象。

⑦合理利用盾构铰接油缸,改变刀盘倾角以加强对砾岩部位的切割,提高盾构掘进过程中的轴线控制能力。

⑧调整盾构推进油缸的区域油压,砾岩区域推进千斤顶油压较软岩部位适当加大,以控制千斤顶的合力作用点、抵消上抛力,控制好盾构轴线位置和隧道坡度。如盾构向上的趋势较大,方向难以控制则可以利用刀盘边缘的扩挖刀,对下部较硬地层适量扩挖,以避免盾构上抛超限。

⑨检查更换刀具时,必须进行加固或带压进仓方法。

⑩加强设备管理,做好设备故障诊断和定期保养,提高设备完成率。

7.4 隧道下卧层土体的变形与流动性

7.4.1 土体变形

根据地质和工程实测资料,分析隧道下卧层的土体变形,估计隧道的不均匀沉降,是隧道纵横断面结构和防水设计中的重要课题。由于隧道长度与直径之比总是相当大，而且现在隧道衬砌纵向接头中基本采用弹性防水材料，因而具有柔性，所以在施工阶段可以认为隧道各衬砌环是随下卧土层的沉降而沉降。在基本运用阶段，即使隧道内增加内部结构，使隧道纵向刚度有所增加，但隧道仍然随下卧层的长期不均匀沉降，而发生纵向变形。

7.4.2 土体的流动性

在地下水动水压作用下，由隧道下卧土层向隧道内漏入的水土越多，则隧道因之而产生的纵向弯曲越严重，隧道底部环向裂缝愈大，水土流失的增加与裂缝的加宽，恶性循环地发展，便导致隧道塌陷。从国内外隧道结构塌陷的实例看，这往往是发生隧道塌陷事故的最主要原因。如上海金山海水引水工程中，由于隧道底部水土流失，导致破坏性纵向沉陷及破坏性横向受力状态。在细砂至中粗砂、粉砂层中，土粒在 1.372×10^4Pa 的水压下即可能通过 0.25mm 的裂缝流入隧道。当隧道处于多个含水层中，要对隧道穿过的每个含水层，或部分穿过含水层的水压、土体颗粒组成做出可靠的试验结果。要取足够数量的试样进行颗粒分析试验，以得出实际上土体颗粒组成的变化情况。对于厚度大于 25cm 的饱和夹砂层，也应取土样分析其土体颗粒组成，并进行土体在一定动水压力作用下的流动性试验。存在水土流失条件的地方，要对隧道防水措施以及防止内衬收缩裂缝提出严格限制。

7.5 盾构出/进洞段的土工问题

出洞即盾构始发，是指盾构由工作井出来从加固土体进入原状土区段的过程；进洞即盾构到达，是指盾构由原状土进入加固土体区段并进入工作井的过程。

盾构出/进洞段的土工问题常见的主要有端头井的加固效果不好，造成开洞门时失稳，引起土体坍塌和水土流失。或端头加固长度不足时，在盾构出洞时，刀盘从加固土体进入原状土时造成从盾尾处水土流失，严重时引起地面塌陷；或盾构进洞时，刀盘从加固土体进入竖井时造成从刀盘处水土流失，严重时引起地面塌陷。其主要原因是由于进出洞端头井的预留洞门都比盾壳直径大，对于流塑状的原状土，会沿着空隙涌入。同时，盾构下半部土体受到扰动，承载力降低，会造成盾构出洞时头部下倾。

盾构进出工作井时，造成地表沉降的主要原因是洞口暴露的加固土体发生移动，洞圈周围水土流失以及盾构土仓的压力未与原地层土压平衡等；另一个主要原因是施工过程中纠偏引起土体下沉及洞门密封的密封效果不佳以及不能及时通过盾尾进行同步注浆所致。

在出/进洞段施工过程中，采取的主要技术措施是：合理进行地层加固，以提高地层的强度、止水性、均匀性、整体稳定性；通过降水提高土体的强度；采用双层洞门密封装置，以减少从盾壳外圈漏浆；合理控制掘进参数，以减少对地层的扰动。

以下介绍出/进洞段常见问题的预防及处理。

7.5.1 端头加固效果不好

端头加固方法的选取应根据地质、水文、周围环境合理选取。应因地制宜地采用深层搅拌法、高压旋喷法、井点降水法、冷冻法等，有时可多种方法并用。深层搅拌法适合于黏性土层、淤泥质土层；高压旋喷法适用于砂性土、粉土。深层搅拌法、旋喷加固法和冷冻法的内容将在本章第 7.6 节“土体加固技术”中重点介绍。

在软土的含水地层中建造隧道，用降水法排除地下水，稳定开挖面的土体，是防止地下施工流砂产生的有效措施，与其他疏干水方法相比是最经济的。降水可有效地疏干砂性土中的地下水，提高土体的密实度，但不能大幅度提高土体的强度。如洞口敞开面积大、埋深深、敞开时间长，仍会有土体失稳坍塌的问题存在，此时降水仅能作为辅助措施。人工降低地下水位是在施工范围内埋设一定数量的滤水管(井)，用抽水设备抽井内水，降低地下水位到有利工程施工，而在施工过程中仍保持不断抽水，使工作面土体始终保持干燥,从根本上防止流砂现象的发生。同时,由于抽去土中水后,动水压力减少或消除,土体竖直面更为稳定。采用降水法一般为地面向下打井点,所以其使用的范围、地区受到了限制,但是在盾构施工进出洞阶段,这是一个主要方法,并经常使用。

端头土体加固的效果不好是在始发或到达过程中经常遇到的问题。采取的主要措施是必须根据端头土体的地质情况选择合理的加固方法,而且要加强过程控制,特别是要严格控制一些基本参数。对于加固区与工作井间形成的间隙要采取其他方式进行补充加固处理。

7.5.2 开洞门时失稳

开洞门时失稳主要表现为土体坍塌和水土流失二种,其主要原因也是由端头加固效果不好所致。在小范围的情况下可采用边破除洞门混凝土,边利用喷素混凝土的方法对土体临空面进行封闭。如果土体坍塌失稳情况严重时,必须立即封闭洞门重新加固。

7.5.3 始发后盾构"叩头"

始发推进后,在盾构抵达掌子面及脱离加固区时,由于盾构下半部土体受到扰动,承载力降低,容易出现盾构"叩头"的现象,根据地质条件不同有些可能出现超限的情况。为此,通常采用抬高盾构始发姿态、合理安装始发基座以及快速通过的方法尽量避免"叩头"或减少"叩头"的影响。

7.5.4 洞门密封效果不好

洞门密封的主要目的也是在进出洞掘进阶段减少土体流失。当洞门端头土体加固达到预期效果时,对于洞门环的强度要求相对较低,否则要在盾构推进前彻底检查和确定洞门环的状况。若洞门密封效果不好时可及时调整壁后注浆的配合比,使注浆后尽早封闭,也可采用在洞门密封外侧向洞门密封内部注快凝双液浆的办法解决。

7.5.5 端头土体加固长度不足

土体加固方案、加固范围、效果等对始发和到达端的地层沉降影响大,加固方案应根据地质条件而定。当端头井为砂性土层时,加固长度应大于盾构主机长度。否则盾构始发时,当刀盘从加固区进入隧道的原状土区时,盾尾还位于隧道土体外,隧道中的水土会通过洞门与盾壳外周的间隙流失,从而引起地表塌陷。同理,到达时,当刀盘从加固区破土后,其盾尾还在隧道内的原状土区,流塑状的原状土仍会通过洞门与盾壳的间隙处从刀盘四周流失,从而引起地表塌陷。

端头土体加固长度不足是盾构进出洞时引发地面塌陷的最主要原因。如南京地铁一期工程许府巷—玄武门站区间左线始发端盾构出加固区后的沉降远大于其他始发到达端,最大沉降达−71.3mm(图7-17),最主要原因是受土体加固因素的影响。许府巷站盾构南端头井(许—玄区间左线始发井)隧道中上部主要为粉土、粉细砂层、隧道下部为粉质黏土。从地层条件看,应按粉细砂层加固较为稳妥,且加固区长度应大于盾构主机长度,但本端加固长度仅有6m(主机长8.7m)。虽然旋喷桩加固效果好,但其造价远高于搅拌桩,施工中,旋喷桩仅作为补强措施在这端施工了一排,主要采用深层搅拌桩加固,且搅拌桩施工时在地面下10m掉下2根钻头,出现了几根断桩,地层均匀性、止水性受到影响。以上原因使得盾构始发时造成了大量水土流失。而许—玄区间右线在许府巷站到达时沉降较小,主要与到达端进行了补充加固有关,补充加固长度6m,地层加固总长度达9m,超过了盾构主机长度。许府巷站北端头井(许府巷—南京站区间盾构始发井)也为粉细砂地层,加固长度为6m,盾构出加固区后的沉降也在−20mm以上,比玄武门站始发时大10mm,虽然其轴线沉降不超过−30mm,但在隧道侧面地表沉降仍达到−37mm,且隧道右侧地表出现了一个大塌陷坑(2002年12月8日盾构始发时,右侧覆土坍塌约6m^3)。除与加固长度有关外,加固区两侧应考虑用一排旋喷桩代替搅拌桩,以控制泥水流失。由于流砂地层的特点,盾构加固长度偏短时,会造成始发与到达施工时产生地面塌陷事故,甚至带来灾难性的事故,需特别引起注意。

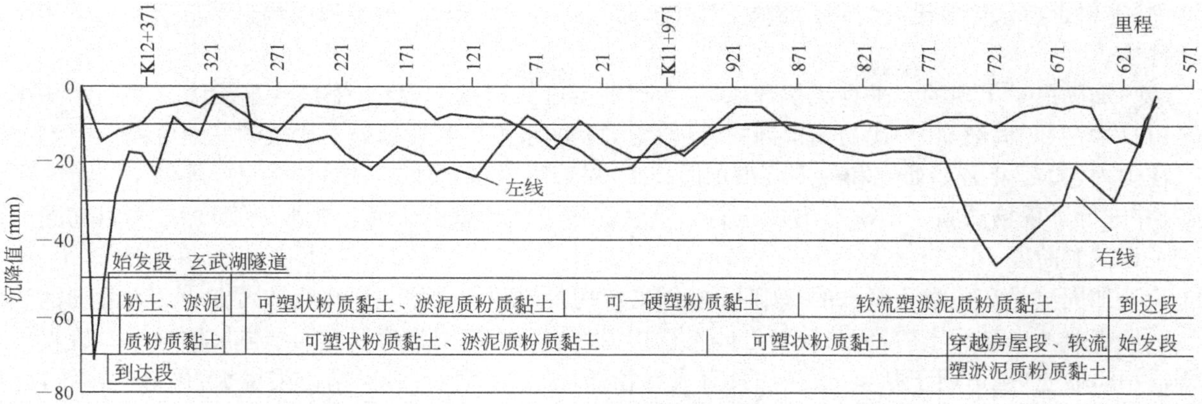

图 7-17 许府巷—玄武门站区间隧道轴线地表隆沉曲线

盾构施工中，土体加固方案、加固范围、加固效果等对始发和到达端的地层沉降影响大，应重点控制盾构始发到达段地层沉降，砂性土层中的端头土体加固长度宜大于盾构主机长度。始发到达段沉降大于正常掘进段的另一原因是在盾构始发到达阶段，土仓压力处于不断调整阶段，始发时土压在逐渐增大，到达时土压则减小，在土压调整过程中，未能建立真正意义上的土压平衡，因而必然引起部分地层损失。

7.6 土体加固技术

土体加固技术是盾构法施工中的辅助施工技术，常见的有旋喷加固、深层搅拌加固、冷冻法加固和注浆加固等。

旋喷加固、深层搅拌加固一般在软土地层中采用，在盾构施工中常见于端头加固、联络通道地表加固，起到提高土体稳定性和承载力，隔水、置换土体中的不良土体的作用，从而确保盾构在始发、出洞和联络通道开挖过程中的土体安全。冷冻法常用于盾构区间的联络通道施工，特殊情况下用于端头加固施工。注浆加固常用于以上 3 种加固方式的辅助加固。

采用旋喷、搅拌、冷冻均是在不良地层中起到提高土体的自稳性、承载力、隔水的作用，进行土层的改良，提高盾构在始发与到达端头井及联络通道施工时的安全性。

在选择盾构隧道端头井、联络通道的加固方案时，应根据加固的效果结合工程要求、地质条件以及施工条件因地制宜地选择经济合理的加固方式。加固应考虑地层的构成、各地层的特性、地下水等，确保加固质量。

7.6.1 旋喷加固

旋喷加固技术是指使用旋喷钻机将带有特殊喷嘴的注浆管送到预定的深度，然后慢慢地提升钻杆，边提升边旋转，边由喷嘴喷出具有一定压力的液体和气体的射流，使浆液流和土层混合，凝固成一体，形成具有一定强度的固结桩体加固地层的方法。

旋喷加固技术主要适用于第四纪冲积层、残积层及人工填土等。对于砂类土、黏性土、黄土和淤泥等都能加固。但对砾石直径过大、含量过多及有大量纤维质的腐殖土加固质量稍差，有时甚至不如静压灌浆的效果。对地下水流速过大，喷射的浆液无法在灌浆管周围凝结，无填充物的岩溶地段、永冻土和对水泥有严重腐蚀的地基，均不宜采用旋喷注浆法。

旋喷加固技术是 20 世纪 60 年代后期由日本日产冻结有限公司首先创造的一种土体加固技术，最初发明的是单管旋喷法(日本称 CCP 法)，并在大阪地下铁道工程建设中试用时获得了成功。单管旋喷法有地层加固质量易保证、施工速度快和成本低等优点，但有旋喷固结体较小的缺点。为了扩大旋喷直径，创造了二重管法、三重管法等旋喷工艺，三重管工法可使旋喷直径达到 2～3m。20 世纪 90 年代后，日本鹿岛建设株式会社开发了“超级旋喷法”技术，可形成超大型旋喷桩加固地基，这种方法在直径15cm的钻孔中，喷射含有水泥等硬化材料的超高压射流，通过旋转切削土砂，可在地层内形成直径为5m的超大直径柱体。

旋喷加固最早出现的是垂直旋喷，但对于在深地层中修建隧道，只有采用水平旋喷工艺。水平旋喷法是由日本在20世纪80年代初期首创的，目前意大利的水平旋喷技术处于比较领先地位。

在国内，1972年开始研究和应用旋喷加固技术，对旋喷设备、旋喷工艺、浆液配方等做了大量的研究工作，并进行了现场试验。1978年开始进行三重管旋喷工艺的试验研究。在水平旋喷方面，目前国内正处于工程试验阶段。

旋喷加固法是在化学注浆法的基础上，应用射流切割原理创立的一种地基加固方法。旋喷加固法以高压射流直接冲击破坏土体，使浆液与土体自行拌和为均匀旋喷泥浆后形成固结体加固地层。旋喷加固法既适用于砂土，也适用于黏土，旋喷法具有成本较低，施工速度较快，固结体强度大，可靠性高等优点。旋喷法是利用高速射流强制性地破坏土体形成固结体，在覆盖层中一般不存在可灌性问题；同时由于高速射流被限制在土体破碎范围内，因此浆液不易流失，能保证预期的加固范围和控制固结体的形状；能在钻孔中任何一段内施工，也可以在孔底或中部喷射，此外，也可以水平方向喷射和倾斜方向喷射施工；旋喷法通常采用水泥浆液，不会造成环境和地下水的污染，且耐久性较好；施工噪声较小，单管和二管法施工较简便。

1)旋喷加固的特点

(1)应用范围广

①既可用于加固新建工程的地基，又可在工程修建中处理地基，提高地基强度，减少或整治建筑物的沉降和不均匀沉降。

②沉基坑侧壁挡土或挡水以保护邻近建筑物及保护地下工程建设。

③基坑底部加固，防止管涌与隆起。

④坝体的加固及防水帷幕。

⑤边坡加固及隧道顶部加固。

(2)施工简便

旋喷施工时，只需在土层中钻一个小孔(一般为ϕ50mm～ϕ108mm)，便可在土中通过旋喷作业形成直径为0.4～3.0m，甚至5.0m的固结体。旋喷加固法能灵活成型，在孔深范围内可随意改变桩体直径，且在地层中偶尔遇到障碍物的情况下也能采用。

(3)固结桩体强度高

在黏土中采用水泥浆液形成的旋喷桩体的无侧限抗压强度可达到5～10MPa，在砂土中则更高，一般可达10～20MPa。此外，旋喷桩还有耐久性好、材料来源广、价格低廉、浆液流失少、设备简单和无公害无污染等特点。

2)旋喷加固法的分类

旋喷加固法的分类见图7-18。旋喷加固法按钻孔和成桩的方向分，可分为垂直旋喷和水平旋喷；按喷射管路的数量可分为单(重)管旋喷注浆法、双(重)管旋喷注浆法、三(重)管旋喷注浆法，分别简称为单管法、双管法、三管法。

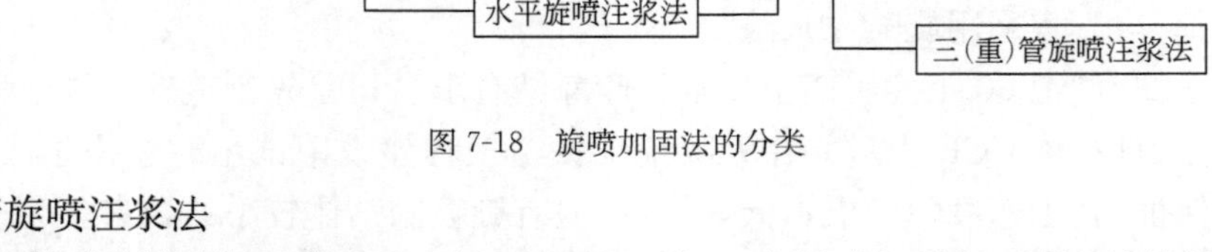

图7-18 旋喷加固法的分类

(1)单(重)管旋喷注浆法

通过单重(根)管路，利用高压浆液(压力20MPa左右)，喷射冲切破坏土体，单管旋喷加固质量好、施工速度快、成本低，但固结体直径较小，见图 7-19a)。

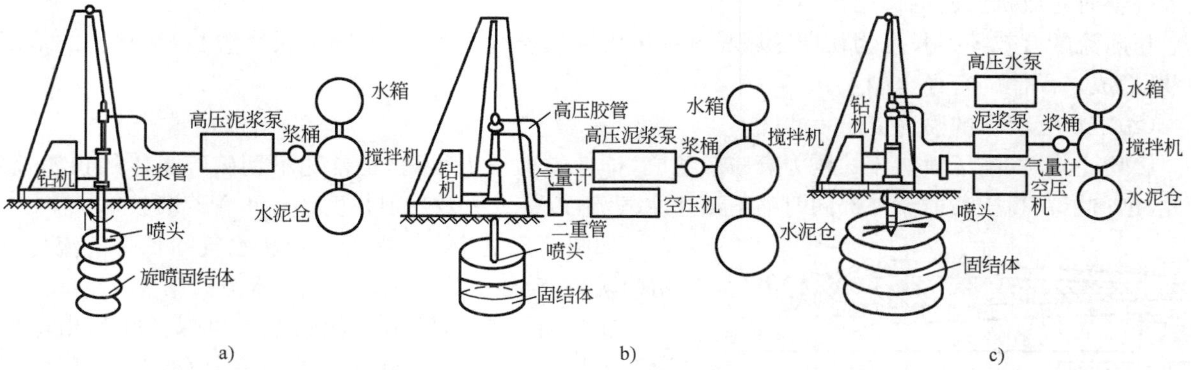

图 7-19 高压旋喷注浆示意图

a)单重管旋喷注浆；b)双重管旋喷注浆；c)三重管旋喷注浆

(2)双(重)管旋喷注浆法

在单管法基础上又加以压缩空气，并使用双通道双重(根)注浆管。在管的底部侧面有一个同轴双重喷嘴，高压浆液以 20MPa 左右的压力从内喷嘴中高速喷出，在射流的外围加以 0.7MPa 左右的压缩空气喷出。在土体中形成直径明显增加的柱状固结体，见图 7-19b)。

(3)三(重)管旋喷注浆法

使用分别输送水、气、浆三种介质的三重(根)注浆管。高压水射流和外围环绕的气流同轴喷射冲切破坏土体，在高压水射流的喷嘴周围加上圆筒状的空气射流，进行水、气同轴喷射，可以减少水射流与周围介质的摩擦，避免水射流过早雾化，增强水射流的切割能力。喷嘴边旋转喷射，边提升，在地基中形成较大的负压区，携带同时压入的浆液充填空隙，就会在地基中形成直径较大、强度较高的固结体，起到加固地基的作用。三管法注浆时，水压为 20MPa，气压为 0.7MPa，浆压 2～5MPa，见图 7-19c)。

3)高压喷射流的形态

高压喷射流的基本形态与旋喷注浆施工的工艺类型有关，旋喷加固的工艺类型分为单管旋喷法、双重管旋喷法和三重管旋喷法。按力学本质分析，单管旋喷的喷射流在土中的运动属于非淹没射流动力学范畴的问题，双重管旋喷的喷射流在土中的运动属于二相流体在多孔介质中的流动问题，而三重管旋喷的喷射流在土中的运动则属于三相流体在多孔介质中的流动问题。由于多相流体在多孔介质中流动问题的研究在理论上还处于起始阶段，因此，本章仅介绍两种不同旋喷工艺的喷射流的形态。

(1)单管旋喷的喷射流

对于单管旋喷时以高压喷射的水泥浆流，可借用高速水流在静止空气中形成的连续喷射流的模式进行研究，如图 7-20所示。

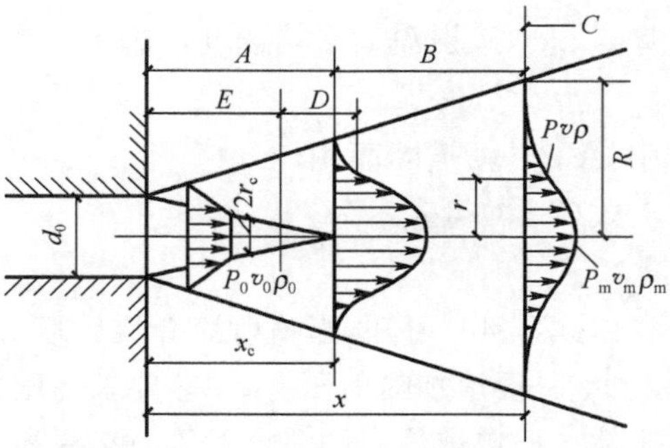

图 7-20 单管旋喷法高压喷射流的构造

单管旋喷的喷射流由三个区域构成，即保持出口压力的初期区域 A、紊流发达的主要区域 B 和喷射流变得不连续的终期区域 C。

在初期区域中，喷嘴出口处速度分布是均匀的，轴向动压是个常数，随着与喷嘴距离的增加，保持均匀分布的部分越来越窄，直到某一位置，断面上的流速分布不再均匀，速度分布保持均匀的这一部分称为喷射核(E 区段)，轴向动压有所减小的过渡部分称为迁移区(D 区段)。初期区域的长度是喷射流的一个重要参数，可据此判断破坏土体和搅拌效果。

主要区域在初期区域之后，在这一区域内，喷射流的宽度不断加大，轴向动压迅速减弱，流速进一步降低，并有扩散率为常数、喷射流扩散宽度和距离的平方根成正比等特点，在土中旋喷时，喷射流与土主要在本区域内搅拌混合。

在终期区域，喷射流能量衰减很大，宽度很大，末端呈雾化状态，最后与空气混合，并消散在大气中，土中旋喷时对成桩所起的作用已不大。

喷射流的有效喷射长度为初期区域长度和主要区域长度之和，有效喷射长度愈长，搅拌土的范围愈大，所形成加固体的直径也越大。

(2)三重管旋喷的喷射流

旋喷注浆时，高压喷射流的压力衰减较急剧，即使喷射压力很高，也常达不到破碎土体的预期效果。为此，创造了在高压喷射流外部同时喷射高速水气流，以扩大有效喷射长度的三重管旋喷技术。

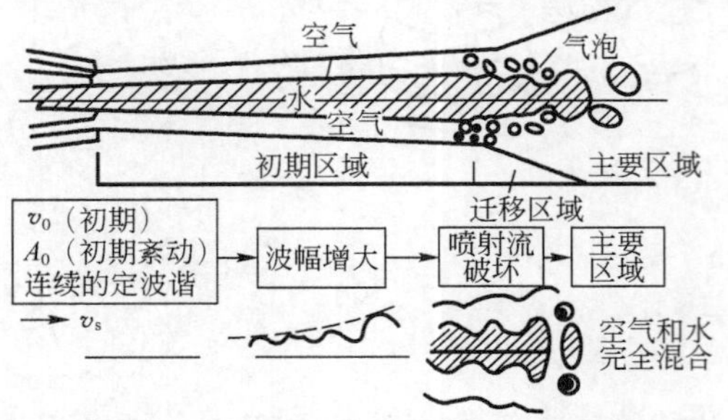

图 7-21　三重管旋喷法高压喷射流的构造

如图 7-21 所示，三重管旋喷法水气同轴喷射流可分为初期区域、迁移区域和主要区域三部分。

在初期区域内，喷射水流的速度可保持喷嘴出口处的速度，但由于喷射水流与空气流相冲撞及喷嘴内部表面不够光滑，由喷嘴喷出的水流较紊乱，且在其中形成气泡，使喷射流受到干扰。在初期区域的末端，气泡所占的宽度与喷射水流的宽度基本相同。

在迁移区域内，高压水喷射流与空气开始混合，使喷射水流中出现较多的气泡。

在主要区域内，高压水喷射流强度迅速衰减，内部含有大量气泡，并逐渐分裂破坏为不连续的细水滴。与此同时，同轴水气喷射流的宽度迅速扩大，使之可发挥预期的作用。

4)旋喷成桩机理

(1)高压喷射流对土体的破坏作用

高压喷射流破坏土体的作用是多方面的，包括射流动压、射流脉动负荷、水锤冲击力、空穴现象、挤压力及气流液流搅动等因素，其中以喷射动压作用为主，由动量定理，喷射流在空气中喷射时，其破坏力为：

$$F = \rho Q v_m \tag{7-43}$$

式中：F——破坏力，N；

ρ——喷射介质的密度，kg/m^3；

Q——流量，m^3/s；

v_m——喷射流的平均速度，m/s。

$$Q = v_m A$$

式中：A——喷嘴断面积，m^2。

式(7-43)可表示为：

$$F = \rho A v_m^2 \tag{7-44}$$

由式(7-44)可知，当喷射流介质密度和喷嘴断面积一定时，要取得更大的破坏力，就要增加平均流速，也就是要增加喷射压力，一般要求高压泵的工作压力在 20MPa 以上，使喷射流有足够的能量冲击破坏土体。但单纯依靠增大喷射压力来提高喷射切割效果，在能量上浪费很大，不是获得较大桩径的最好办法。由式(7-43)可知，决定喷射切割效果的因素是冲量而不是速度，因此，应综合考虑各主要规程参数(喷嘴直径、压力、喷浆量和提升速度)，以获得最好的效果。

在喷射过程中，有效射流长度内的土体结构被破坏至喷射流的终期区域，能量衰减很大，不能冲击切割土体，但能对有效射流边界的土产生挤压力，有挤密效果，并使部分浆液进入土粒之间的空隙中，使固结体与四周土联结紧密。

(2)旋喷成桩机理

旋喷注浆时，高压喷射流边旋转边缓慢上升，对注浆孔周围的土体进行切削破坏。周围土体被破坏后，一部分细小土颗粒被喷射浆液置换，并随着液流被携带到地表(俗称冒浆)，其余的土颗粒则与浆液搅拌混合，在旋喷动压、离心力和重力的共同作用下，土颗粒在横断面按质量大小重新有规律地排列，小颗粒大多在中间部位,大颗粒多数向外侧或边缘部分移动,形成浆液主体,经过搅拌混合、压缩和渗透等作用过程,并隔一定时间后,浆液主体便凝固成强度较高、渗透系数较小的水泥土网络结构固结体,即旋喷桩。土质不同,形成的旋喷桩在横断面上的结构也略有不同,如图 7-22 所示,四周未被切削下来的土体被挤密压缩。在砂类土中,还有一部分浆液渗透到压缩层外,形成渗透层。旋喷桩体各部分的水泥含量和强度不同,一般水泥含量为 30%～50%,中心部分强度低,边缘部分强度高。

5)浆液材料

水泥是高压旋喷注浆的基本材料,水泥类浆液可分为以下几种类型。

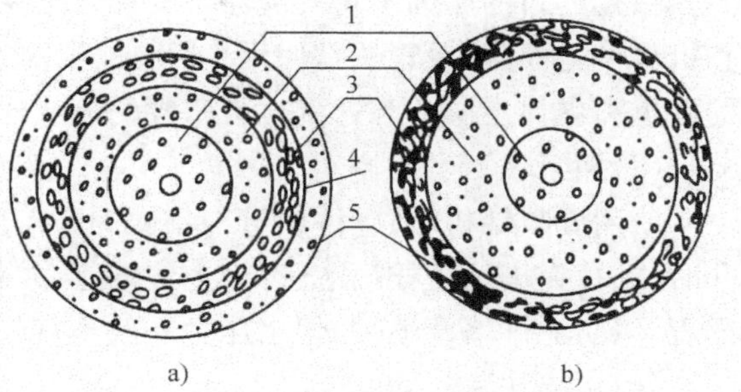

图 7-22 旋喷桩固结体横断面图
a)砂土;b)黏土
1-浆液主体部分;2-搅拌混合部分;3-压缩部分;4-渗透部分;5-硬壳

(1)普通型浆液

一般采用普通硅酸盐水泥,不加任何外加剂,水灰比一般为 0.8:1～1.5:1,固结体的抗压强度(28d)可达 1.0～20MPa,适应于无特殊要求的工程。

(2)速凝早强型

适于地下水位较高或要求早期承担荷载的工程,需在水泥浆中加入氯化钙、三乙醇胺等速凝早强剂。掺入 2%氯化钙的水泥土的固结体的抗压强度为 1.6MPa,掺入 4%氯化钙后为 2.4MPa。

(3)高强型

喷射固结体的平均抗压强度在 20MPa 以上。可以选择强度等级高的水泥,或选择高效能的扩散剂和无机盐组成的复合配方等。

在水泥浆中掺入 2%～4%的水玻璃,其抗渗性有明显提高。如工程以抗渗为目的,最好使用"柔性材料"。可在水泥浆液中掺入 10%～50%的膨润土(占水泥质量的百分比)。此时不宜使用矿渣水泥,如仅有抗渗要求而无抗冻要求,可使用火山灰水泥。

6)垂直旋喷工艺

垂直旋喷的工艺流程见图 7-23。

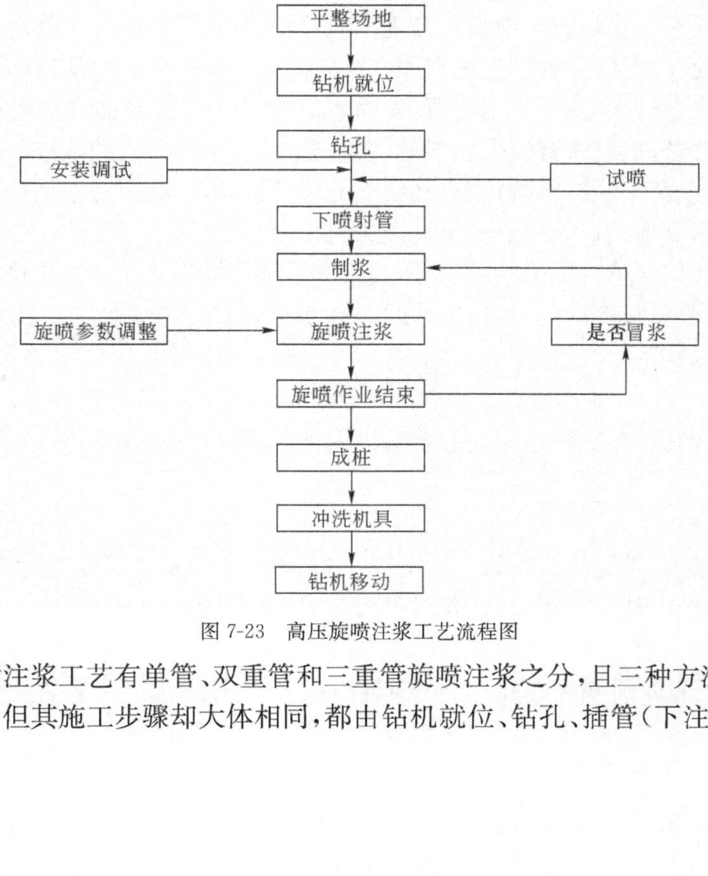

图 7-23 高压旋喷注浆工艺流程图

垂直旋喷时,旋喷注浆工艺有单管、双重管和三重管旋喷注浆之分,且三种方法注入地层的浆液材料和种类和数量也不同,但其施工步骤却大体相同,都由钻机就位、钻孔、插管(下注浆管)、旋喷作业、冲洗等工序组成。

(1)钻机就位

钻机就位是旋喷注浆加固施工作业的第一道工序,钻机安放在设计的孔位上,钻机就位后,对钻机作水平校正,使钻杆轴线垂直对准孔位中心,钻孔位置与设计位置的偏差不得大于 50mm。

(2)钻孔

钻孔的目的是为了将旋喷注浆管插入地层,并到达预定的深度。钻孔方法根据地层条件、加固深度和机具设备而定,单管法常使用 76 型或 70 型旋转振动钻机,深度可达 30m 以上,适用于标贯值小于 40 的砂土和黏性土层。当遇到比较坚硬的地层时或在双重管与三重管施工时,宜用地质钻机成孔。

(3)插管

使用旋喷钻机时,下注浆管与钻孔两道工序合二为一,钻孔与下注浆管同时完成。采用地质钻机钻孔时,钻孔完毕后需拔出芯管,换上旋喷管,并将其插入钻孔,到达预定深度。在插管过程中,宜边射水边插管,以防泥砂堵塞喷嘴,但水压力一般不宜超过 1MPa,以免孔壁坍塌。

(4)旋喷注浆

旋喷管插入钻孔并到达预定深度后,立即按设计配合比搅拌浆液。自下而上进行旋喷作业,边旋转边提升旋喷管,并随时检查浆液初凝时间、注浆流量、风量、压力和旋转提升速度等参数是否符合设计要求,随时做好记录,旋喷管提升到设计高程后,旋喷作业结束。

(5)冲洗机具

旋喷注浆施工完毕后,应将注浆管等机具设备冲洗干净,管内、机内不得残存水泥浆。冲洗时,将注浆泵的吸管移到水箱内,在地面上喷射,靠高速水流将泥浆泵、注浆管内的浆液全部排除。

(6)移动机具

将钻机等设备移到新的孔位上,为下一个孔的旋喷注浆作准备。

7)水平旋喷工艺

水平旋喷是指在土层中设置基本水平的钻孔,水平或略向上仰地插入注浆管后进行旋喷注浆的施工方法。水平旋喷的喷射压力主要取决于旋喷桩的直径和土层的工程地质条件,一般在 60MPa 左右。

与垂直旋喷相比较,水平旋喷的特点主要在于水平施工,包括水平钻孔和水平注浆。由于成桩条件不同,水平旋喷的工艺要求要比垂直旋喷高。与垂直旋喷相比,水平旋喷工艺具有以下特点:在加固深度范围内,尽可能减少中途接卸钻杆;要求将钻杆兼作注浆管;由里向外旋喷,注意使注浆管外拔速度尽量保持均匀;当旋喷直径要求较大时,可采用复喷(先喷水后喷浆)工艺,或加大喷射压力,或适当放慢外拔速度,使之达到预定的要求;旋喷浆液流失较多时,需补充浆液,可用流出的浆液在孔口进行回灌,浆液收缩较大时,应适时补浆,以免旋喷桩凹陷;当水平旋喷的长度过长,不能由一根钻杆一次钻进和旋喷时,也可分段旋喷,每一段仍用一根钻杆。一般情况下,水平旋喷桩可构成群桩拱体,在拱体保护下,进行地下工程的施工。分段旋喷时,除第一段为水平桩外,其余水平旋喷桩均略向上抬或略向外倾斜,使拱体呈放射状。倾斜角度主要由分段长度确定,各分段之间需有 2～3m 的搭接长度。

水平旋喷工艺流程如下。

(1)钻机定位

先将钻机在注浆孔前就位,钻杆正对孔心。钻机应牢靠固定,以免在钻进过程中发生晃动,自身产生位移。

(2)钻孔

一般将注浆管(单管、双重管或三重管)兼作钻杆进行钻孔。钻孔应平直,孔底偏差距离应小于旋喷桩的半径。为了防止钻杆出现下垂现象,钻孔时可预先将钻杆上抬一定角度。

(3)旋喷注浆

兼作注浆管的钻杆钻进到规定深度后,立即进行高压喷射注浆。注浆管由里向外边旋转边徐徐拔出。

(4)注浆结束

对每个注浆孔在旋喷注浆作业完成后，迅速拔出注浆管，并立即打入一个木桩，封闭孔口。木桩用于止浆，也是完成注浆的标志。若浆液收缩较大，可适时补充一些浆液。

8)质量检验

旋喷加固体强度增长较慢，检验时间应待旋喷注浆完成后28d后进行。检验点的数量为施工注浆孔数的2%～5%，对不足20孔的工程，至少应检验2个点，不合格应进行补喷。

(1)检验点的布置

①建筑物荷载大的部位。

②防渗帷幕中心线上。

③施工中出现异常情况的部位。

④地质情况复杂，可能对旋喷注浆质量产生影响的部位。

(2)检测方法

①开挖检验。待浆液凝结具有一定的强度后，即可开挖检查固结体垂直度、形状和质量。

②钻孔检查。

a.抗渗试验。从固结体中钻取岩芯，进行室内物理力学性能试验。在钻孔中做压水或抽水试验，测定其抗渗能力。

b.标准贯入试验。在旋喷固结体的中部可进行标准贯入试验。一般距注浆孔中心0.15～0.20m，每隔一定深度作一个。

③载荷试验。包括平板静载荷试验和孔内载荷试验。

a.平板静载荷试验。其分为垂直和水平静载荷试验两种。垂直载荷试验时，需在顶部0.5～1.0m范围内，浇筑0.2～0.3m厚的钢筋混凝土层；水平推力载荷试验时，需在固结体加载荷受力部分，浇筑0.2～0.3m厚的钢筋混凝土加载荷面。混凝土的等级不得低于C18。

b.孔内载荷试验。主要有两种方法。

方法一：气压或液压膨胀法。在钻孔中，用气压或液压使胶囊膨胀，从膨胀量可知横向荷重和位移关系，求得变形系数和地层反力系数。

方法二：载荷板法。载荷通过ϕ108地质套管传给承压底盘，从其变形和载荷的关系求得承载量和沉降量。

7.6.2 深层搅拌加固

深层搅拌法，是指通过钻孔将水泥、石灰等材料作为固化剂的主剂送入地层，依靠深层搅拌机在地层中将软土和固化剂(浆液或粉体)就地强制搅拌，利用固化剂和软土之间产生的一系列物理化学反应形成深层搅拌桩，使软土的物理力学性能得到改善的地层加固方法。

盾构始发与到达端头井的施工深层搅拌加固桩径、间距的选择须根据设计要求、地质报告及使用设备进行选择，搅拌注浆范围不得小于隧道外轮廓线上下各3m。

深层搅拌法按固化剂材料的种类及形态的不同主要可分为以下类型，见表7-4。

深层搅拌法分类 表7-4

分类依据	类别	主要特点
固化剂材料种类	水泥土深层搅拌法	喷射水泥浆或雾状粉体
	石灰粉体深层搅拌法	喷射雾状石灰粉体
固化剂材料形态	浆液喷射深层搅拌法	喷射水泥浆
	粉体喷射深层搅拌法	喷射雾状石灰粉体或水泥粉体或石灰水泥混合粉体

深层搅拌法出现在第二次世界大战结束以后，由美国最早研究成功，然后日本进行了进一步的深入研究，研制出了性能各异的深层搅拌机，注入地层的固化剂从单一的水泥浆液拓宽到石灰粉和化学浆液。

在国内,冶金部建筑研究总院和交通部水运规划设计院首先研究这类技术,并于 1977 年 10 月开始进行室内试验和搅拌钻机的研制。

1)应用范围

深层搅拌法适用于饱和软黏土、淤泥质亚黏土、新填土、沼泽地带炭土、沉积粉土等土层的地基加固,用于提高软土地基的承载力,减少沉降量,还可用于提高边坡的稳定性,主要应用于以下方面:

①稳定隧道竖井外侧的土体,用于盾构进出洞的端头土体加固。

②作为建筑物或构筑物的地基。

③加固深基坑的边坡,以预防基坑边坡产生滑坡现象。

④加固道路或桥涵。

⑤作为地下防渗墙,阻止地下水渗透。

2)深层搅拌加固的特点

①基本不存在挤土效应,对周围地基的扰动小。

②可根据不同的土质和工程设计的要求,合理选择固化剂及配方,应用较灵活。

③施工无振动,无噪声,污染小,可在市区和建筑物密集地带施工。

④土体经加固后,重度基本不变,不致产生较大附加沉降。

⑤加固桩结构形式灵活多样,可根据工程需要,选用块状、柱状、壁状或格栅状。

3)加固机理

深层搅拌法加固地层的机理与采用的固化剂和种类有关。固化剂有水泥、石灰、石膏、矿渣等多种,本节仅介绍以水泥和石灰作固化剂的土体加固机理。

(1)水泥加固土体的机理

水泥与土搅拌后,发生一系列物理化学反应对土体起加固作用。这些物理化学反应与混凝土的硬化机理不同,混凝土的硬化主要是进行水解和水化作用,凝结速度较快;而在水泥土中,水泥掺量少,一般占被加固土重的 7%～15%。且水泥的水解和水化反应是在具有一定活性的土颗粒的包围下进行的,因而土颗粒将随时与水泥水化物发生化学反应,生成新的化合物。黏土颗粒与水泥水化物发生的作用主要有离子交换和团粒化作用、硬凝反应和碳酸化作用等。由于化学反应发生在水泥水化物和土颗粒之间,完成化学反应所需的时间必然较长,因此,水泥加固土体的硬化速度缓慢而且复杂,加固土的强度增长也较缓慢。水泥加固土体主要产生下列反应:

①水泥的水解和水化反应。普通硅酸盐水泥主要由氧化钙、二氧化硅、三氧化二铝、三氧化二铁及三氧化硫组成,由这些不同的矿物分别组成了不同的水泥矿物:硅酸二钙、硅酸三钙、铝酸三钙、铁铝酸四钙、硫酸钙。当用水泥加固软土时,水泥颗粒表面的矿物很快与软土中的水发生反应,生成氢氧化钙、含水硅酸钙、含水铝酸钙及含水铁酸钙等化合物。

a. 硅酸三钙:在水泥中含量最高,约占总量的 50%,是决定强度的主要因素。

$$2(3CaO \cdot SiO_2) + 6H_2O = 3CaO \cdot 2SiO_2 \cdot 3H_2O + 3Ca(OH)_2$$

b. 硅酸二钙:在水泥中含量较高,约占总量的 25%,主要产生后期强度。

$$2(2CaO \cdot SiO_2) + 4H_2O = 3CaO \cdot 2SiO_2 \cdot 3H_2O + Ca(OH)_2$$

c. 铝酸三钙:约占水泥总量的 10%,水化速度最快,促进早凝。

$$3CaO \cdot Al_2O_3 + 6H_2O = 3CaO \cdot Al_2O_3 \cdot 6H_2O$$

d. 铁铝酸四钙:约占总量的 10%,水化速度最快,能促进早期强度。

$$4CaO \cdot Al_2O_3 \cdot Fe_2O_3 + 2Ca(OH)_2 + 10H_2O$$
$$= 3CaO \cdot Al_2O_3 \cdot 6H_2O + 3CaO \cdot Fe_2O_3 \cdot 6H_2O$$

由上述反应生成的氢氧化钙、含水硅酸钙迅速溶于水中,使水泥颗粒表面重新暴露出来,再与水发生反应,使周围的水溶液逐渐达到饱和。溶液达到饱和后,水分子虽然继续深入颗粒内部,但新生成物不能溶解,只能以细分散状态的胶体析出,悬浮于溶液,形成凝胶体。

e. 硫酸钙：含量 3%左右。

$$3CaSO_4 + 3CaO \cdot Al_2O_3 + 32H_2O = 3CaO \cdot Al_2O_3 \cdot CaSO_4 \cdot 32H_2O$$

所生成的化合物 $CaO \cdot Al_2O_3 \cdot CaSO_4 \cdot 32H_2O$ 称为“水泥杆菌”，这种反应较迅速，能把大量自由水以结晶水的形式固定下来，使土中自由水的减少量约为水泥杆菌生成量的 46%。但硫酸钙掺量不能过多，否则水泥杆菌针状结晶会使水泥发生膨胀而遭到破坏。

②黏土颗粒与水泥水化物的作用。

a. 离子交换和团粒化作用。黏土颗粒表面带负电荷，要吸附阳离子，形成胶体分散体系，表现出胶体的特征。黏土中的二氧化硅遇水后形成硅酸胶体微粒，其表面带有钾离子或钠离子与水泥水化生成的氢氧化钙中的钙离子(Ca^{2+})进行当量离子交换，使土颗粒分散度降低，产生聚结，形成较大的团粒，提高了土体的强度。

水泥水化后生成的凝胶粒子的比表面积比水泥颗粒的比表面积约大 1000 倍，具有很大的表面能，吸附性很强，能使团粒进一步结合起来，形成水泥土的团粒结构，进一步提高水泥土的强度。

b. 硬凝反应。随着水泥水化反应的进行，溶液中析出大量的 Ca^{2+}，当 Ca^{2+} 的数量超过离子交换的需要量后，在碱性环境中，组成黏土矿物的二氧化硅与三氧化铝的一部分或大部分与 Ca^{2+} 产生化学反应，并逐渐生成不溶于水的稳定的铝酸钙、硅酸钙的结晶水化物。这些化合物在水中和空气中逐渐硬化，提高了水泥强度，且其结构比较致密，水分不易侵入，从而使水泥土具有一定的水稳定性。

c. 碳酸化作用。水泥水化物中游离的氢氧化钙能吸收水中和空气中的二氧化碳，发生碳酸化反应，生成不溶于水的碳酸钙：

$$Ca(OH)_2 + CO_2 = CaCO_3 \downarrow + H_2O$$

这种碳酸化反应能增加水泥土的强度，但增长较慢，幅度也较小。

(2)石灰加固土体的机理

石灰主要靠遇水后发生的物理化学反应加固土体。石灰遇水后发生以下三个反应：

①石灰吸水后发热和膨胀。

②与黏土颗粒发生离子交换作用及土微粒的凝聚作用。

③化学结合作用。

以上三个反应过程在时间上有先后。完成这些反应过程后，土体性能可获得较大改善。生石灰通常能增加软黏土的透水性，可用于提高在软黏土中进行排水的效果，但对于深基坑，则不宜用石灰加固基底，以免引起承压水沿加固层渗入基坑。

4)湿喷工艺

所谓湿喷，是指直接喷射浆液并将其与软土一起强制搅拌的深层搅拌法。工艺流程如图 7-24 所示。

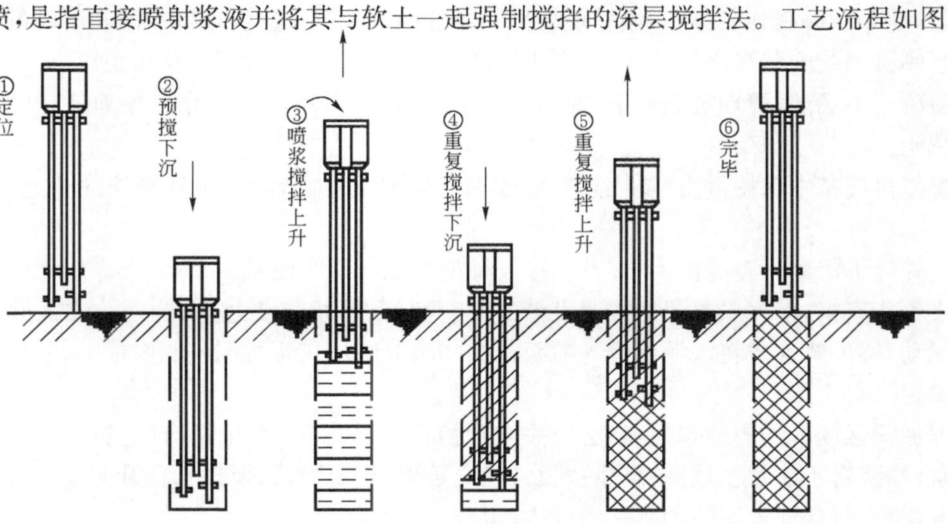

图 7-24 水泥土深层搅拌法施工工艺流程

施工步骤如下：

(1)设备安装

铺设走管与桩机平台，然后安装塔架，再安装导向架及搅拌轴、输浆管。电气系统必须安装接地装置，供浆系统应在离搅拌机50m的范围内。

(2)搅拌机定位

用起重机或塔架悬吊深层搅拌机到达指定桩位，桩位对中误差不大于50mm，搅拌轴和导架的垂直度偏差不大于1.5%。

(3)预搅下沉

待搅拌机的冷却水循环正常后，启动深层搅拌机的电机，放松起重机的钢丝绳，使搅拌机沿导向架搅拌切土下沉到设计位置，其间不注浆。

(4)喷浆搅拌提升

搅拌机下沉到设计深度后，开动灰浆泵，逐渐提升深层搅拌机，边提升、边喷浆、边搅拌。

(5)重复上下搅拌

重新将深层搅拌机下沉到设计位置，然后重新提升。在重新下沉和提升的过程中，同时进行搅拌作业。

(6)清洗机具

向贮浆桶中注入适量的清水，开启灰浆泵，清洗全部管路中残存的水泥浆，直到基本干净。

(7)移动机具

施工下一根桩。

5)湿喷施工要点

①深层搅拌法加固软黏土，宜选用52.5R以上变通硅酸盐水泥作为固化剂，水泥掺量根据加固强度，一般为加固土重的7%～15%，掺加水泥量为110～160kg/m^3。

②改善水泥土性质和桩体强度，可选用木质素磺酸钙、石膏、氯化钠、氯化钙、硫酸钠等外加剂，还可掺入不同比例的粉煤灰。

③深层搅拌以水泥作为固化剂，其配合比为水泥∶砂＝1∶1～1∶2。为利于泵送，宜加入减水剂(木质素磺酸钙)，掺入量为水泥用量的0.2%～0.25%，并加入硫酸钠，掺入量为水泥用量的1%，以及加入石膏，掺入量为水泥用量的2%，水灰比为0.41～0.50。

④依据地质勘查资料进行室内配合比试验，结合设计要求，选择最佳水泥加固掺入比，确定搅拌工艺。

⑤依据设计图纸，编制施工方案，做好现场平面布置，安排施工进度，布置水泥浆制备的灰浆池，有条件时将水泥浆制备系统安装在流动挂车上，便于流动供应，采用泵送浇筑时，泵送距离小于50m为宜。

⑥施工前应平整场地，清理现场地下、地面及空中障碍物，以利施工安全。场地低洼时应回填黏土，不得回填杂填土。

⑦深层搅拌机应基本保持垂直，要注意平整度和导向架垂直度，搅拌轴和导架的垂直度偏差不大于1.5%。

⑧深层搅拌叶下沉到一定深度后，即开始按设计配合比拌制水泥浆。

⑨水泥浆不能离析，水泥浆要严格按照设计的配合比配置，水泥要过筛，为防止水泥浆离析，可在灰浆机中不断搅动，待压浆前才将水泥浆倒入贮浆桶中。水泥浆从灰浆机倒入贮浆桶前，须经过滤，将水泥块等杂物滤掉。

⑩要根据加固强度和均匀性预搅，软土应完全预搅切碎，以利于水泥浆均匀搅拌。压浆阶段不允许发生断浆现象，输浆管不能发生堵塞；严格按设计确定数据，控制喷浆、搅拌和提升速度；控制重复搅拌时的下沉和提升速度，以保证加固范围每一深度内，得到充分搅拌。

⑪在成桩过程中，由于电压过低或其他原因造成停机，使成桩工艺中断时，为防止断桩，在搅拌机重

新启动后，将深层搅拌机下沉 0.5m 后再继续成桩。停机超过 3h，为防止浆液硬结堵管，应拆卸输浆管彻底清洗管路。

⑫相邻两桩施工间隔时间不得超过 12h(桩状)。

⑬设计要求搭接成壁状时，应连续施工相邻桩，相邻桩体施工间隔时间不得超过 24h，且搭接长度应大于 100mm。

⑭考虑到搅拌桩与上部结构的基础或承台接触部分受力较大，因此通常还可以对桩顶板 1.5m 范围内再增加一次输浆，以提高其强度。

⑮在搅拌桩施工中，根据摩擦型搅拌受力特点，可采用变掺量的施工工艺，即用不同的提升速度和注浆速度来满足水泥浆的掺入比要求。在定量泵条件下，在软土中掺入不同水泥浆量，只有改变提升速度，通过提升速度检测仪检测。

⑯当施工现场表土坚硬，需要注水搅拌时，现场四周设排水沟及集水井。

6)湿喷安全技术措施

①深层搅拌机冷却循环水在整个施工过程中不能中断，应经常检查进水和回水温度，回水温度不应过高。

②深层搅拌机的入土切削和提升搅拌，负荷太大及电机工作电流超过额定值时，应减慢提升速度或补给清水，一旦发生卡钻或停钻现象，应切断电源，将搅拌机强制提起之后，才能重新启动电机。

③泵送水泥浆前管路应保持湿润，以利输浆；水泥浆内不得有硬结块，以免吸入泵内损坏缸体，每日完工后彻底清洗一次，喷浆搅拌施工过程中，如果发生故障停机，宜拆卸管路，排除灰浆，进行清洗；灰浆泵应定期拆开清洗。

④深层搅拌机械及起重设备，在地面土质松软环境下施工时，场地要铺填石块、碎石，平整压实，根据土层情况，铺垫枕木、钢板等。

7)粉喷工艺

粉体喷射深层搅拌法是利用粉喷机，使压缩空气携带粉体固化材料，经过高压软管和搅拌轴送到搅拌叶片背后的喷嘴喷出，通过和原位地基土强制搅拌混合，使地基土和加固材料发生化学反应，在稳定地基土的同时，提高强度的方法。

粉体搅拌法目前主要使用的固化剂为石灰粉、水泥以及石膏、矿渣等，也可使用粉煤灰作掺和料。粉喷与湿喷相比，具有以下特点：粉体固化材料可吸收软土地基中更多的水分，对加固含水量高和软土、极软土及泥炭土地基效果更显著；粉体比浆液更易于与原土充分搅拌混合，有利于提高加固土体的强度；粉喷的搅拌钻头在提升搅拌时能对加固体产生挤压作用，也有利于提高加固土体的强度；消耗的固化材料要少，且无地面隆起现象。

粉喷搅拌法施工设备由粉喷搅拌机、粉体发送器、空气压缩机、搅拌钻头等组成。粉喷搅拌机主要由电动机、钻架、卷扬机、液压泵、转盘、主动钻杆、变速箱等组成。

粉喷深层搅拌法工艺流程见图 7-25，其施工步骤如下：

①搅拌机定位：根据设计，确定搅拌加固体的位置，搅拌机就位时，误差不应大于 50mm。调节钻机支腿油缸，使导向架和搅拌轴垂直度偏差不超过 1%。

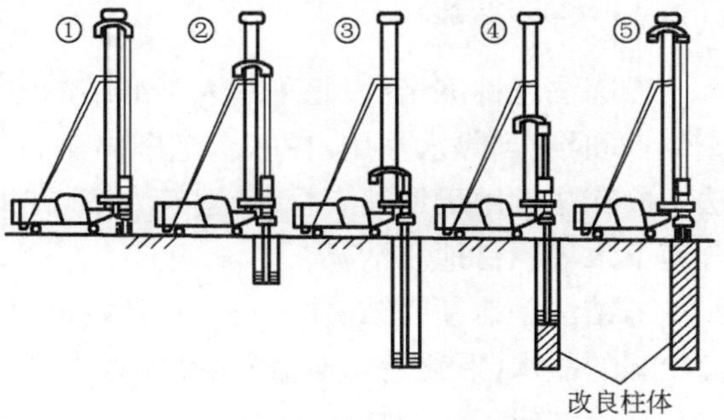

图 7-25 粉体喷射搅拌法工艺流程

②下钻：启动搅拌钻机，使钻头边旋转边钻进。钻进时不喷射加固材料，但需喷射压缩空气，以免喷射口堵塞。

③钻进结束：钻至设计标高后停钻。

④提升喷粉搅拌：启动搅拌钻机，钻头反向旋转，边旋转边提升。同时，通过粉体发送器将固化剂喷入被搅动的土体，使土体和粉料充分拌和。

⑤提升结束，桩体形成：钻头提升到离地面 0.3～0.5m时，粉体发送器停止向孔内喷射粉料，以免粉料溢出

地面和污染环境。

8)粉喷施工要点

(1)粉体搅拌法目前主要使用的固化剂为石灰粉、水泥以及石膏、矿渣等,也可使用粉煤灰作掺和料。

(2)工作场地表层硬壳很薄时,需先铺填砂、砾石垫层,以便机械在场内顺利移动和施钻,如场内桩位有障碍物,例如木桩、石块等应排除。

(3)桩体喷粉要求一气呵成,不得中断。应按理论计算量向灰罐投料,投一次料,打一根桩,确保成桩质量。

(4)粉喷施工时,为避免钻机移动和管路过长,施工顺序宜先中轴后边抽,先里排、后外排,钻机移动最长距离不超过 50m。

(5)施工过程中要注意防止因管内结块造成堵管,遇堵管时,宜拆洗管路或向上提升再打。第二次复打时至少重叠 1m,以防发生断桩。

(6)送灰过程中如出现压力突然下降,灰罐加不上压力等现象,应停止提升,原地搅拌,及时查明原因。重新加灰复打时至少重叠 1m。

(7)设计要求搭接的桩体,须连续施工,一般相邻桩的施工间隔不超过 8h。

(8)控制好单位桩长的喷粉量,实际每米喷粉量与设计的喷粉量误差不超过 5kg。

(9)粉体生石灰桩技术要求:

①石灰应该是细磨的,在搅拌过程中,为防止桩体中石灰聚集,石灰最大粒径应小于 2mm。

②石灰应尽量选取纯净无杂质的,石灰中氧化钙和氧化镁的总含量不少于 85%,其中氧化钙含量不宜低于 80%,石灰的流性指数不低于 70%。

③石灰的储存期,不宜超过 3 个月。

9)深层搅拌加固的质量检验

根据工程的重要性和复杂程度可选择以下 1~3 种方法进行质量检验:

(1)搅拌桩在成桩后 7d 内用轻便触探器钻取桩身加固土样,观察搅拌均匀程度。同时用轻型触探(N_{10})桩与天然地基在相同标高处的对比试验,当 7d 龄期 N_{10} 大于原天然地基土 N_{10} 值 1 倍以上时,桩身强度可满足设计要求。检验桩的数量应不少于已完成桩数的 2%,并不少于 6 根。

(2)取样检验。检验不同龄期水泥土(石灰柱)试块,测定其无侧限抗压强度。

(3)动测检验。当搅拌桩达到 28d 龄期后,宜采用动测方法随机抽查 10%的桩数,以确定是否出现断裂、蜂窝状结构及夹泥等搅拌不均匀的缺陷。

(4)静载荷试验。对工程地质条件复杂的场地或重要的大、中型工程,宜采用单桩或多桩复合地基静载荷试验及单桩竖向载荷试验方法。载荷试验应在 28d 龄期后进行,检验点数每个场地不得少于 3 点。若试验值不符合设计要求时,应增加检验孔的数量。

(5)开挖检验。可根据工程设计要求,选取一定数量的桩体进行开挖,检查加固体的外观质量、搭接质量和整体性等,用打击物冲击应有坚实感。

7.6.3 冷冻法施工

冷冻法也称冻结法,是采用人工冻结的方法将土体温度降至零度以下,使土体固结形成较好的稳定土体,同时起到隔水作用,在冻土范围内进行构筑物的施工,施工完结后结束冷冻并进行融沉注浆的方法。冷冻法常用于地表有管线、建筑物等,在地面加固施工造成成本升高及地质条件较差,地处砂层、富含地下水等不良地质情况下。

冻结法是地基固结法的一种,在预定冻结区域里,以 60~100cm 的间距埋设冷冻管,通过冷冻装置使冷却的盐水(氯化钙水溶液)在冷冻管内循环,使地基冻结固化。

1)冻结施工法的特点

①利用了热传导原理,适用于从黏性土层到砂砾层地基。

②被冻结的土砂相当坚固，而且有较高的止水性能。

③对地基和地下水没有污染。

④易于冻结管理及预测冻结范围。

2)冷冻站

冻结站如图7-26所示。

冷冻站制冷设备，盐水泵、冷却水泵及其管路系统的安装，执行《制冷设备、空气分离器安装工程施工及验收规范》(GB 50274)、《机械设备安装工程施工及验收通用规范》(GB 50231)及《工业金属管道工程施工及验收规范》(GB 50235)中的有关规定。配电系统安装及调试执行《电气装置安装工程盘柜及二次回路结线施工及验收规范》(GB J50171)规定。冻结段开挖砌筑施工全部完成后，冷冻机方可停机，拆除冷冻站设备。

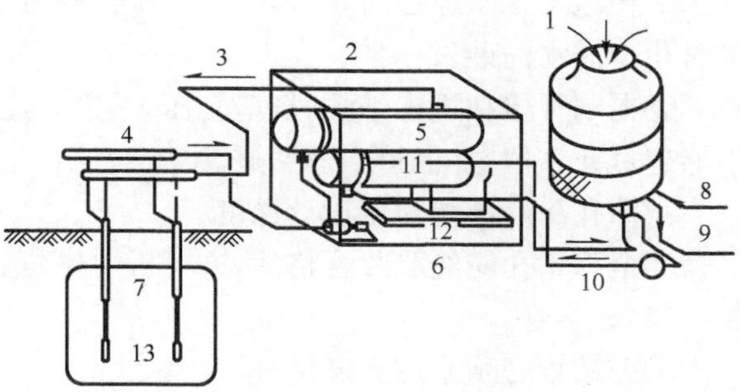

图7-26　盐水方式冻结系统

1-冷却塔；2-冷冻装置；3-盐水；4-盐水集管；5-盐水冷却器，6-盐水泵；7-冷冻管，8-给水；9-排水；10-冷却水，11-凝缩器；12-压缩器；13-冻土

3)地层冻结设计要点

①地层冻结加固应在设计的时间内保证土方开挖和结构施工的安全，并使周围环境和建(构)筑物不受损害。地层冻结设计应包括以下内容：a. 冻结壁结构方案比较与选择。b. 冻结壁的承载力和变形验算(Ⅰ类冻结壁除外)。c. 冻结孔布置设计。d. 冻结壁形成验算。e. 冻结制冷系统设计。f. 对冻结壁的监测与保护要求。g. 可能对周围环境和建(构)筑物产生影响的分析。h. 对周围环境和建(构)筑物的影响监测与保护要求。

②在冻结壁形成期间，冻结壁内或冻结壁外200m区域内的透水砂层中不宜采取降水措施。必须降水施工时，冻结设计应充分考虑降水产生的不利影响。

③最低盐水温度应根据设计冻结壁平均温度、地层环境及气候条件确定。设计冻结壁平均温度低、地温高、气温低时取较低的盐水温度。

④按下列要求控制盐水温度：积极冻结7d盐水降至－18℃以下，积极冻结15d盐水温度降至－24℃以下(设计最低盐水温度高于－24℃时取设计最低盐水温度)，开挖过程中盐水温度降至设计最低盐水温度以下。施工内支撑后可进行维护冻结，但维护冻结盐水温度不宜高于－22℃。

⑤开挖过程中，在保证冻结壁平均温度和厚度达到设计要求且实测判定冻结壁安全的情况下，可适当提高盐水温度，但不得高于－25℃。

⑥开挖时，去回路盐水温差不得高于2℃。

⑦冻结壁内力和变形计算可考虑设置有内支撑的工况，但必须对内支撑的结构形式、承载力及其施工时序等有明确的设计。设内支撑时，冻结壁的空帮时间不大于24h。

⑧冻结孔布置参数包括冻结孔成孔控制间距、冻结孔开孔间距、冻结孔孔位、冻结孔深度和冻结孔偏斜精度要求等。冻结壁形成参数包括冻结壁交圈时间、预计冻结壁扩展厚度和冻结壁平均温度等。

⑨冻结孔成孔控制间距应按冻结工期要求、设计盐水温度和冻结平均温度等确定，但不宜大于冻结壁设计厚度。多排冻结孔密集布置时，内部冻结孔成孔控制间距可取边孔的1.2倍。冻结孔偏斜精度要求可按表7-5选定。

冻结孔偏斜精度要求　　表7-5

冻结孔类型	水平或倾斜冻结孔			竖直冻结孔	
冻结孔深度 H(m)	≤10	10～30	30～60	≤40	40～100
冻结孔最大偏斜 R_p(mm)	150	150～350	350～600	150～250	250～400

⑩冷冻站制冷系统由制冷剂循环系统、冷媒剂循环系统、冷却水循环系统三部分组成。

⑪冷媒剂循环系统的溶液为氯化钙水溶液，氯化钙水溶液应符合下列规定：氯化钙水溶液的凝固点应低于设计盐水温度8～10℃；氯化钙水溶液的比重不宜高于1.27。

4)冻结孔与冻结管

(1)冻结孔

①近水平冻结孔的开孔间距、钻孔偏斜率、相邻钻孔间距及钻孔深度应符合设计要求。

②在施工含水地层时，必须采用二次开孔方法开孔并安装孔口密封装置，防止钻透隧道管片时和钻进时孔口涌水涌砂。

③在刚开始钻进冻结孔时，应轻压，钻进时逐渐加压，加压时应观察指示钻压的油压表，确保油压表不能超过允许值；并保持中速钻进。

④钻孔深度不得短于设计深度。

⑤全部钻孔应经验收合格后，方可拆除钻机。

(2)冻结管

①冻结管必须采用无缝钢管。

②冻结管的壁厚和外径：冻结管的壁厚不少于5mm，冻结管外径89～127mm。

③冻结管的连接可以采用丝扣连接并焊接，或采用加管箍焊接；当采用管箍焊接时，管箍的材质应与冻结管材相同。

④冻结管材质与连接方式：冻结管应用20号低碳钢无缝钢管，其连接方式分丝扣连接和内接箍对焊连接两种。

⑤冻结管下放深度不得小于设计深度，每个冻结孔下放的每节冻结管应有长度、管径及编号记录，严禁冻结管内有任何杂物。

⑥冻结管下入钻孔后，必须进行试压。试验压力应为全冻结管内盐水柱与管外清水柱压力差及盐水泵工作压力之和的2倍，经试压30min压力下降不超过0.05MPa，再延续15min压力保持不变为合格。

⑦漏管处理：密封性不合格的冻结管必须进行处理达到密封要求，首选方案是下入小直径的冻结管，其次是堵漏法，最后是补打冻结孔法。

(3)验收

对实际孔位及冻结管、测温孔、水文孔的深度，最终测斜成果以及冻结管的试压资料，应由有关单位进行验收。对冻结孔最终测斜成果有质疑时，由第三方进行复测。

5)冻结壁检测与判断

(1)测温孔检测

①测温管内的测温元件设置后，管口应进行保护，防止测温元件及电缆被损坏。

②测温元件精度应达到±0.5℃。

③从冻结站运转至冻结壁形成，应每隔8～24h观测一次；在开挖(打开洞门)至冻结壁内结构完成期间内，宜每隔4～12h观测一次；在结构做完后宜每隔1～3d测量一次，且监测点可以适当减少。有特殊要求时，观测应符合设计要求。所有观测应留有原始记录，并有观测者签字。

(2)卸压观测孔及其他观测孔

在冻结站运转前，必须了解地层情况。应做好卸压孔的压力测量工作，且应与原始资料吻合，发现异常必须查明原因进行处理。

冻结站运转前期，应每隔24～48h观测一次。在压力开始上涨后，宜每隔6～24h测量一次。所有观测应有原始记录。

在冻结壁形成后，卸压孔的压力至少应大于地压0.1MPa。

(3)冻结壁形成的判断

①含水层中卸压孔压力应高于对应地压 0.1MPa，并经两次以上卸压仍能维持，在没有卸压孔或冻结壁不是闭合状态情况下除外。

②根据测温孔温度计算冻结壁厚度、冻结壁的平均温度，以及开挖边界上的温度均应达到设计要求。

③冻结孔盐水去、回路温度温差应逐渐减小并稳定。

④在没有卸压孔或冻结壁不是闭合状态时，应对每个冻结孔的盐水流量及去、回路盐水温度进行监测并满足设计要求以确定冻结壁形成正常。必要时应对每个冻结孔进行纵向测温，确保冻结壁安全。

6)开挖与构筑

冷冻法加固施工时，为了随时了解施工状况，现场必须安设视频监视系统和通信系统。

(1)联络通道开挖时应具备的条件

①水文孔与外部无水力联系。

②冻结时间达到设计值，盐水温度达到设计最低盐水温度；冻结器盐水循环去路、回路温差绝对值不宜高于 1.5℃。

③根据测温孔测温结果计算，冻土帷幕的平均温度和厚度达到设计值。

④泄压孔压力上涨超过 7d，或打开泄压孔阀门后不再流水。

⑤距冻结孔外侧 400mm 处的位置打探孔深入冻结帷幕内 5cm 处的冻土温度低于－5℃，冻结帷幕与隧道管片的交界面处冻结宽度不小于 1.2m。探孔位置选在孔间距较大处或冻结有异常处。

⑥打开泄压孔确认无泥水涌出。

⑦已安装防护门，确认防护门启闭功能正常，接好供气管道。

⑧完成隧道支撑加固。

⑨应制定完善的应急预案，并准备好水泥、水玻璃和液氮等应急材料与设备；应有冷冻机等机电设备及电源等完好的检查报告，并经监理认可；应制订完善的结构监测方案和周边环境监护方案，并布置实施到位；应布设视频监测系统，并具备可靠的通信联络系统。

⑩应有监理部门出具的试开挖通知文件。

(2)试挖

①在开挖区域边缘、临时支护区域内均匀分布打 3 个探孔，孔径 ϕ30～40mm、深度 500～800mm(不含外墙厚度)，检查土体冻结情况。若 3 个孔内土体温度均在 0℃以下即结冰视为冻结效果达到开挖要求；若有一孔土体温度在 0℃以上即没有结冰，视为冻结效果未达到开挖要求，不能开挖，封好孔、继续积极冻结，直至达到探孔要求。

②在开挖区域两侧，设计的有效冻结壁外边缘和零度线中间打探孔，检查土体冻结情况。探孔要求和土体冻结效果判别原则同上。

③在开挖区域中间部位开一试挖窗口，窗口尺寸不宜大于 500mm×500mm。向里挖深 500～600mm，检查土体情况。若土体干燥、自立性较好，视为达到开挖条件。否则，继续深挖至 1000mm，若结果仍不好，说明开挖区域土体冻结质量没有达到开挖要求，应回填、封闭试挖窗口，继续积极冻结，直至下次试挖达到要求为止。

④按上述顺序进行试挖，各条都达到要求，视为试挖通过，若有一条达不到要求，则试挖未通过，停止试挖。

(3)正式开挖

开挖断面可采取全断面和台阶法开挖。

(4)永久结构钢筋混凝土施工

严格按《混凝土结构工程施工质量验收规范》(GB 50204—2002)施工。

(5)壁后充填注浆和融沉注浆

①充填注浆设计以及技术要求如下：在支护层与冻结壁交界面间以及喷射混凝土与永久结构交界面

间预留注浆管,待永久结构达到一定强度时对壁后进行充填注浆,以减少周围土体变形。一般混凝土浇筑一周后可进行充填注浆。

②严格控制注浆压力和注浆量不超过设计范围,结合监测数据,按照少注多次的原则,逐步控制地层沉降趋于稳定。

③注浆管端部的接头丝扣应检查完好无损,阀门密封可靠,在出现孔口喷泥水时能及时关闭。

④注浆时监测隧道收敛变形,应保证在注浆压力作用下隧道及地表变形量在设计允许范围内。

7)工程监测

(1)监测内容

地表沉降监测;隧道变形监测;隧道的沉降位移监测;隧道的水平及垂直方向的收敛变形监测;地面建筑物沉降监测;地下管线沉降监测。通道冻结壁、支架收敛变形监测;通道土压力和支架受力监测。

(2)测点布置及测量方法

测点布置及测量方法应符合《地下铁道、轻轨交通工程测量规范》《城市测量规范》《工程测量规范》的有关规定。

(3)监测频率

监测频率见表7-6。

监测测量频率 表7-6

钻孔期间	冻结期间	开挖期间	施工结束~稳定
1次/2d	1次/3d	1~2次/1d	1次/5d

注:监测频率可根据监测数据变化情况作适当调整。

(4)报警值

①地表沉降监测点按地铁测量监测规定执行,即+10mm、-30mm为累计报警值,±3mm作为日变量报警值。

②地下管线沉降监测点,以±10mm作为累计报警值,±3mm作为日变量报警值。

③周围建筑物沉降累计沉降报警以地下管线报警值为参考,其差异沉降(推算为房屋倾斜率报警值为1/300)。

④隧道沉降变化报警值以±10mm作为累计报警值,±3mm作为日变量报警值。

⑤隧道收敛累计报警值为±10mm。

⑥收敛变形总量一般在20mm,4d内能达到70%~80%,7d内能达到90%左右,基本趋于稳定,以后的变形速率在0.1mm/d以下。

8)应急预案

由于停电及设备故障可能导致重大事故发生,特别是冷冻法施工时如长时间停电危害极大,故在施工时必须配备内燃发电机作或采用两电源供电的方式作为停电应急设备。冷冻设备现场必须采用两台机组并联,一旦其中1台机组发生故障时,另1台能随时投入使用。冻结施工前应编制应急预案,并要做到以下几点:

①防护门应依据施工需要,按设计单位提供的设计进行加工制作、安装,正式开挖前应安装就位。

②液氮。正式开挖前,应落实用于事故处理的液氮储蓄罐设施联系渠道、通向工作面的路线,使用操作方法。

③注浆设施及材料:双液注浆泵及配套设施一套;配备42.5R普通硅酸盐水泥、水玻璃、聚氨脂、双快水泥等注浆材料。

④其他抢险物品,如木板、棉被、黄砂和水泥水玻璃若干。

⑤备用一台发电机组或采用双电源供电方式。

⑥采用2台冷冻机组。

思考题

1. 简述泥水盾构开挖面的稳定机理。
2. 简述土压平衡盾构在黏性土层的开挖面稳定机理。
3. 简述土压平衡盾构在砂性土层的开挖面稳定机理。
4. 盾构推进引起地层位移的原因有哪些？
5. 试述盾构掘进主要沉降控制因素。
6. 盾构施工的主要技术环节有哪些？
7. 盾构穿越建(构)筑物主要应采用哪些施工措施？
8. 盾构通过上软下硬地段的施工措施有哪些？
9. 端头加固主要有哪些方法？
10. 盾构始发与到达端头加固范围怎么确定？

第 8 章

隧道的衬砌结构与构造

8.1 隧道的衬砌结构

8.1.1 隧道断面的形式

盾构法施工隧道为位于两竖井结构间的暗埋隧道段，盾构由一端的竖井（始发井）开始推进，再从另一端的接收竖井推出，形成有一定坡度的隧道。根据隧道的使用要求、施工技术的可能、外围土层的特性、隧道受力等因素，其横断面一般有圆形、矩形、半圆形、马蹄形、眼镜形等多种型式，最常用的横断面形式为圆形与矩形，特别是圆形断面最为常见。

圆形隧道断面具有以下优点：

①可以等同地承受各方向外部压力。尤其是在饱和含水软土地层中修建地下隧道，由于顶压、侧压较为接近，更可显示出圆形隧道断面的优越性。

②施工中易于盾构推进。

③便于管片的制作、拼装。

④盾构在施工中即使发生转动，对断面的利用也毫无妨碍。

8.1.2 隧道衬砌的构成

隧道衬砌是承受隧道周围的水、土等荷载，以确保隧道结构净空和安全的地下结构，属永久性构造物。衬砌分为一次衬砌和二次衬砌。盾构隧道的衬砌结构如图 8-1 所示，衬砌的双层构造，通常由一次衬砌和二次衬砌构成。外层称为一次衬砌，内层称为二次衬砌。一般来说一次衬砌是将称作管片的预制件用螺栓等连接物拼装起来而构成。二次衬砌是在一次衬砌的内侧现浇混凝土构成。

一次衬砌的作用是支撑来自地层的土压力、水压力，承受盾构的推进力及承受各种施工设备构成的内荷载。二次衬砌的作用，除进一步加强补充一次衬砌的作用外，通常还应具备良好的防渗、防蚀、防振，修正轴线起伏及内装饰的作用。因设计目的的不同，二次衬砌的作用也略有差异。

盾构法隧道的一次衬砌一般为多种形式，最常用的是拼装式衬砌，也有采用钢拱肋和背板支护法、现场浇筑混凝土法（挤压混凝土衬砌）的施工实例。采用拼装式衬砌时，一次衬砌沿隧道轴向（纵向）一定长度（通常为 1000～2000mm）的一段环状物称为管环；把管环沿周向分割成 n 块弧状板块，该弧状板块即称为管片。为了提高盾构隧道的构筑速度，管片是事先在工厂采用钢筋混凝土或球墨铸铁材料制作好的预制件，构筑隧道时运至现场拼装为管环，进而串接成一次衬砌（图 8-2）。

盾构法隧道一般无须设置二次衬砌。如需补强、防渗或外水压力较大时，可设计二次衬砌。二次衬砌采用模筑混凝土，根据不同的地质情况，可设计为混凝土、钢筋混凝土或钢纤维混凝土衬砌。二次衬砌结构应根据其作用进行设计，如南水北调中线一期工程穿黄引水隧洞采用的双层衬砌结构形式，其外层为装配式钢筋混凝土管片，管片厚 0.4m，内层衬砌为现浇钢筋混凝土整体结构，厚 0.45m。内外衬砌由弹性防水垫层相隔。

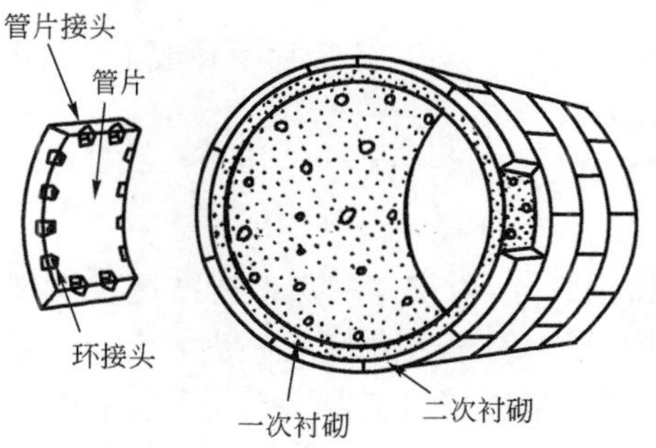

图 8-1　双层隧道衬砌的构成

图 8-2　采用管片拼装的单层衬砌

8.2　一 次 衬 砌

8.2.1　拼装式管片衬砌

管片作为盾构开挖后的一次衬砌，它支撑作用于隧道上的土压和水压，防止隧道土体坍塌、变形及渗漏水，是隧道永久性结构物，并且要承受盾构推进时的推力以及其他荷载。

1)按断面形式分类

管片按断面形式的不同可分为箱型(含中子型)、平板型、波纹型。

箱形管片是指因手孔较大而呈肋板型结构的管片，手孔大不仅方便螺栓的穿入和拧紧，而且也节省了大量的材料，并使单块管片重量减轻。箱形管片通常使用在大直径隧道中，但若设计不当时，在盾构推进油缸的作用下容易开裂。

平板型管片是指手孔较小而呈现曲板型结构的管片，由于管片截面削弱小，对盾构推进油缸具有较大的抵抗能力，正常运营时对隧道通风阻力也小。

2)按材质分类

管片因使用材料、断面性状及接头方式的不同而异，分类见表 8-1。管片按材质的不同，主要可分为钢筋混凝土管片、铁制管片(铸铁管片、球墨铸铁管片)、钢管片、复合管片。此外，还有使用特殊接头抗震的可绕性管片及背面附有注浆袋和尿烷泡沫剂的特殊管片。目前较常使用的管片主要有钢管片、球墨铸铁管片和钢筋混凝土管片。

管 片 的 种 类　　表 8-1

材　　质	断 面 形 式	接 头 方 式
钢筋混凝土管片	箱型	直螺栓
	平板型	直螺栓 弯螺栓 榫接头 铰接头 楔接头
铁制管片 (铸铁、球墨铸铁)	波纹型	直螺栓
	箱型	直螺栓
钢管片	箱型	直螺栓
复合管片 (钢板＋钢筋混凝土)	平板型	直螺栓
		榫接头

(1)钢筋混凝土管片

由于施工条件和设计方法的不同,钢筋混凝土管片具有不同的形式,按管片手孔成形大小区分,可大致分为箱形和平板型两类。

钢筋混凝土管片成本低、使用最多;耐久性好;可构建实用、无障碍衬砌。

(2)铸铁管片

国外在饱和含水不稳定地层中修建隧道时较多采用铸铁管片,由初期的灰口铸铁逐步发展到球墨铸铁,其延性和强度接近于钢材,管片较轻,安装运输方便,耐蚀性好,机械加工后管片精度高,能有效地防渗抗漏。缺点是金属消耗量大、机械加工量大、价格昂贵,同时具有脆性破坏特性,不宜用作承受冲击荷载的隧道衬砌结构。近年来已逐步为钢筋混凝土管片代替。

(3)球墨铸铁管片

球墨铸铁管片的优点是强度好、耐久性好、制作精度高;与混凝土管片相比,重量重、掘削面小;承受特殊荷载的地点可选用特殊构造。其缺点是成本较高,焊接困难。

(4)钢管片

钢管片的优点是重量轻、强度高、组装运输容易;可任意安装加固材料、加工容易;缺点是耐锈蚀性差、成本昂贵、金属消耗量大。钢管片比钢筋混凝土管片具有更大的承受不均匀荷载和变形的能力,常用于隧道通过高层建筑或桥梁等局部荷载下,以及地层不均匀的地段。

(5)复合管片

复合管片常用于区间隧道的特殊段,如隧道与工作井交界处,旁通道连接处,变形缝处,垂直顶升段以及有特殊要求的泵房交界和通风井交界处等。有时也用于高压水条件下的输水隧道中。它的构造形式是:外周、内弧面或外弧面采用钢板焊接,在钢壳内部用钢筋混凝土浇灌,形成由钢板和钢筋混凝土复合的管片。

复合管片与钢筋混凝土管片相比厚度小,管片轻,但强度比钢筋混凝土管片大、抗渗性能好;与铸铁管片相比,它具有抗压性、韧性高等优点;与钢管片相比,金属消耗量小。

复合管片是混凝土和钢板有效复合构造,耐腐蚀性差,造价较高,无特殊要求时不宜大量采用。

3)按适用线形分类

(1)楔形管片

具有一定锥度的管片称为楔形管环。楔形管片主要用于曲线施工和修正轴向起伏。

管片拼装时,根据隧道线路的不同,直线段采用标准环管片,曲线段施工时采用楔形管片(左转弯环、右转弯环)。由楔形管片组成的楔形环有最大宽度和最小宽度,用于隧道的转弯和纠偏。用于隧道转弯的楔形管片由管片的外径和相应的施工曲线半径而定。楔形环的楔形角由标准管片的宽度、外径和施工曲线的半径而定,其范围通常见表 8-2。

采用这类管片时,至少需三种管模,即标准环管模、左转弯环管模、右转弯环管模。

(2)通用管片

通用管片是针对同一条等直径隧道而言的。该管片既能适用于直线段隧道,也能适用于不同半径的曲线段隧道。

通用管片就是由楔形管片拼装而成的楔形管环,所谓通用就是把楔形管环实施组合优化,使得楔形管环能适用于不同曲率半径的隧道。

从理论上而言,通用管片可适用于所有单圆盾构施工的隧道工程,其理由在于,通过通用管片的有序旋转可完成直线段和不同半径的曲线段以及空间曲线段。在隧道的实际设计过程中,通用管片更适用于轴线存在较多曲线段以及空间曲线段的隧道。采用通用管片的优点在于:设计图纸简捷、施工方便、同时可减少钢模的品种、降低工程造价。其缺点在于:K 管片必须作纵向插入时,要求盾构推进油缸的行程增大,盾构的机身长度大、管环的每块管片必须等强度设计。比照通用管片的优缺点条件,可以认为隧道轴线为直线时,采用通用管片无特别的优势。另外,轴线存在较多曲线段,并且其中某一曲线段的曲率半径

$R \leqslant 40D$(隧道外径)时,因管环宽度会受到限制而无法体现通用管片的优势。

楔形管片参数　　表 8-2

图示	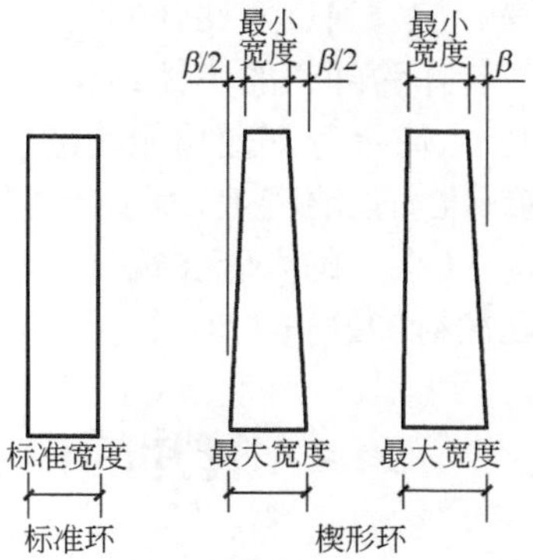		
参数	管片外径 D(m)	楔形量 β(mm)	楔形角 θ(°)
	$D<4$	15～45	15～60
	$4 \leqslant D<6$	20～50	15～45
	$6 \leqslant D<8$	25～60	10～35
	$8 \leqslant D$	10～70	10～30

8.2.2　挤压混凝土衬砌

挤压混凝土衬砌是 1982 年日本开发的工法(也称 ECL 工法)。ECL 是英文"Extruded Concrete Lining"的缩写,意为挤压混凝土衬砌,即以现浇灌注的混凝土代替传统的管片衬砌。ECL 盾构工法即挤压混凝土衬砌法,掘进与衬砌同时进行施工,不使用常规的管片,而是在掘进的同时将混凝土压入围岩与内模板之间,构筑成与围岩紧密结合的混凝土衬砌。由于用现浇混凝土直接衬砌,所以不需要进行常规盾构施工法的管片安装和壁后同步注浆等施工。

挤压混凝土衬砌是在盾构尾部安装有可现浇混凝土的装置形成挤压混凝土衬砌,类似于地面高层建筑的现场浇筑混凝土的滑升模板结构,随着盾构的推进,现浇的混凝土通过自动混凝土供应管路送到盾尾的作业面,直接在盾构尾部浇捣成所需要的衬砌结构。该施工方法自动化程度高,在施工时必须掌握好盾构推进速度与盾尾内现浇混凝土的施工速度及混凝土衬砌凝固快慢的关系。挤压混凝土衬砌施工方法具有以下特点:自动化程度高,施工速度快;衬砌结构为现场浇注的整体式混凝土或钢筋混凝土结构,可达到理想的受力、防水要求,建成的隧道有满意的使用效果。

8.3　二 次 衬 砌

二次衬砌的设计参数应根据一次衬砌的类型和特征、衬砌的接触面情况、围岩和环境条件、防水要求、施工方法等确定。

盾构隧道多采用现场浇注混凝土旳方法修筑二次衬砌。一般有下列 3 种设计方法:

(1)以一次衬砌为隧道的主体结构

二次衬砌一般用来进行防蚀、修正蛇行、防水、装饰和防震等施行的,并对一次衬砌的管片起到加固效果。多采用素混凝土,但为了适应将来的荷载变化,有时也进行一些配筋。因此,二次衬砌厚度较小,在日本大多为 150～300mm。

(2)将二次衬砌和一次衬砌合并作为隧道的主体结构

局部在有大荷载作用、因周边地基开挖引起荷载发生变化、土压等荷载的时效变化明显、隧道轴向刚度需要提高等情况下,也可采用二次衬砌与一次衬砌一起作为主体结构施工的做法。此时的设计可分为全部考虑从临时结构到最终状态的荷载变化的设计方法和只考虑最终状态的荷载进行设计的方法。

(3)单独以二次衬砌为隧道的主体结构

在良好的围岩条件下,也有将一次衬砌的管片作为临时结构,将二次衬砌作为主体结构设计的做法。该方法随着从盾构施工法适宜的围岩扩大到自立性好的良好围岩,有时在经济上显得更为有利。

将二次衬砌与一次衬砌合在一起作为隧道的主体结构,和单独以二次衬砌作为主体结构,二次衬砌厚度和配筋应根据受力情况结合防蚀、防水等其他功能确定。

为减小二次衬砌厚度,采用钢纤维加强混凝土,缩小隧道外径的做法在国外也有应用。

二次衬砌多采用现浇混凝土,在一次衬砌内侧浇筑,但也有使用内插管(钢管、铸铁管等),在其与一次衬砌之间使用填充材料而形成二次衬砌的施工实例。

8.4 管片的构造

8.4.1 管环的构成

盾构隧道衬砌的主体是由管片拼装组成的管环。如图 8-3 所示,管环通常由 A 型管片(标准块),B 型管片(邻接块)和 K 型管片(封顶块)构成,管片之间一般采用螺栓连接。封顶块 K 型管片根据管片拼装方式的不同,有从隧道内侧向半径方向插入的径向插入型(图 8-4)和从隧道轴向插入的轴向插入型(图 8-5)以及两者并用的类型。半径方向插入型为传统插入型,早期的施工实例很多。但在 B－K 管片之间的连接部,除了由弯曲引起的剪切力作用其上外,由于半径方向是锥形,作用于连接部的轴向力的分力也起剪切力的作用,从而使得 K 管片很容易落入隧道内侧,因此,最近不易脱落的轴向插入型 K 管片被越来越多地使用。这也与近来盾构隧道埋深加大,作用于管片上的轴向力比力矩更显著有关系。使用轴向插入型 K 管片的情况下,需要推进油缸的行程要长些,因而盾尾长度要长些。有时在轴向和径向都使用锥形管片,将两种插入型 K 管片同时使用。径向插入型 K 管片为了缩小锥度系数,通常其弧长为 A、B 管片的 1/4～1/3;而轴向插入型 K 管片,其弧长可与 A、B 管片同样大小。

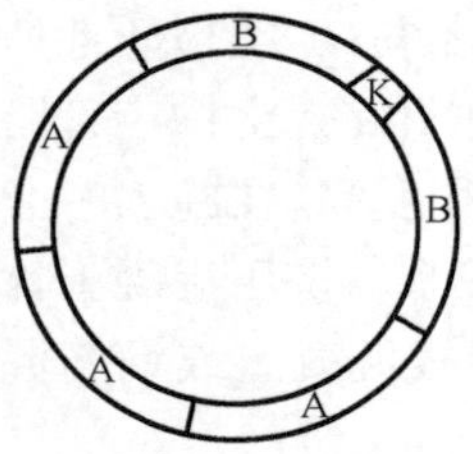

图 8-3　管环的构造

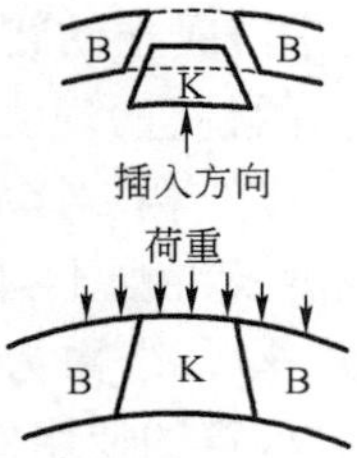

图 8-4　K 型管片径向插入型

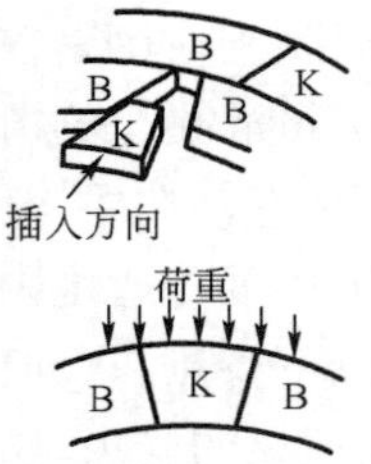

图 8-5　K 型管片轴向插入型

8.4.2 管环的分块

管环的分块数,从降低制作费用、加快拼装速度、提高防水性能角度看,是越少越好,但如果分块过少的话,单块管片的重量增加,从而导致管片在制作、搬运、洞内操作及拼装过程中出现各种各样的问题。因此在决定管片环分块时一定要经过充分研究。

管环的分块数应根据隧道的直径大小,螺栓安装位置的互换性(错缝拼装时)而定。

管环的分割数 n(即管片数)$=x+2+1$。

其中,x 为标准块的数量,衬砌中有 2 块邻接块和 1 块封顶块。x 与管片外经有关,外径大则 x 大,外径小则 x 小。

铁路隧道 x 一般取 3～5 块,对上下水道、电力和通信电缆隧道 x 一般取 0～4 块。

一般情况下,软土地层中小直径隧道管环以 4～6 块为宜(也有采用 3 块的,如内径 ϕ900～2000mm 的微型盾构隧道的管片,一般每环采用 3 块圆心角为 120°的管片),大直径以 8～10 块为多。地铁隧道常用的分块数为 6 块(3A＋2B＋K)和 7 块(4A＋2B＋K)。

封顶块有大、小二种，小封顶块的弧长 S 以 600～900mm 为宜。封顶块的楔形量宜取 1/5 弧长左右，径向插入的封顶块楔形量可适当取大一些，此外每块管片的环向螺栓数量不得少于 2 根。

管环分块时需考虑相邻环纵缝和纵向螺栓的互换性，同时尽可能地考虑让管片的接缝安排在弯矩较小的位置。一般情况下，管片的最大弧长宜控制在 4m 左右为宜。管环的最小分块数为 3 块，小于 3 块的管片无法在盾构内实施拼装。

管环的最大分块数虽无限制，但从造价以及防水角度考虑，分块过多也是不可取的。

8.4.3　管片宽度及厚度

盾构法隧道的管片不仅要承受长期作用于隧道的所有荷载、防止地下涌水，而且在施工过程中还必须承受盾构前进中推进油缸的推力及衬砌背后注浆时的压力。管片的厚度要根据盾构外径、土质条件、覆盖土荷载决定，必须首先能承受施工时推进油缸的推力。管片厚度过薄，极易在施工过程中损伤及引起结构不稳定，所以必须注意。

管片的宽度从拼装性、弯道施工性方面讲，越小越好；而从降低管片制作成本、提高施工速度、增强止水性能方面讲，则是越大越有利。在确定管片宽度时，必须考虑以上这些条件和盾构的长度。从以往实例看，早期的管片宽度以 750～900mm 为主。但最近管片宽度有增大的趋势，使用 1000～2000mm 管片的工程在不断增加。管片宽度增加后，如不能确保管片的抗扭刚性，那么应力集中等的影响就会增大，与管片宽度方向的应力分布就不能保持一致，从而起不到梁构件的作用。因此，设计时必须充分注意。

在实际工程中，应对各种条件加以分析后再决定管片的宽度。在日本，钢筋混凝土管片宽度多在 900～1000mm 之间，钢管片宽度以 750～1000mm 为多。国内地铁隧道的钢筋混凝土管片最常用的宽度是 1000mm、1200mm、1500mm 三种。近年来，随着生产及吊运水平的提高，以及为节约防水材料，减少连接件等要求，国内大直径 11m 级的钢筋混凝土管片的宽度已扩大到 2000mm。但是需作说明一点的是管片宽度加大后，推进油缸的行程需相应增长，从而造成盾尾增长，会直接影响盾构的灵敏度，因此，管片也不是越宽越好。

管片的厚度一般需根据计算或工程类比而定。根据工程实践，管片厚度可取隧道外径的 4%～6%，隧道直径大者取小值，小直径隧道取大值。

$$h_s = (0.04 \sim 0.06)D$$

式中：D——隧道的外径，m；

h_s——管片的厚度，对钢筋混凝土管片，h_s 一般取 $0.05D$。

8.4.4　管片接头

管片接头上作用着弯矩、轴向力以及剪切力，但其结构性能根据接面的对接状态和紧固方法有很大的不同。有的拼接方法即使不设紧固装置，也能抵抗基本的剪切力。传统上多使用全面拼对方式，但最近部分对接，楔式对接及转向对接的使用频率有日趋增长的趋势。

为了提高管片环的刚性，管片接头多用金属紧固件连接。为了达到管片拼装高效化、快速化的目的，开发了多种金属紧固件。

管片有环向接头和纵向接头。接头的构造形式有直螺栓、弯螺栓、斜插螺栓、榫槽加销轴等。如图 8-6所示。

为了避免管片采用弯螺栓或大面积开孔开发了斜插螺栓的形式。直螺栓接头是最普通常用的接头形式，不仅用于箱型管片，也广泛用于平板型管片。直螺栓连接条件最为优越，在施工方面，该形式的螺栓就位、紧固等最能让施工人员接受，弯螺栓接头是在管片的必要位置上预留一定弧度的螺孔，拼装管片时把弯螺栓穿入弯孔，将管片连接起来。

斜插螺栓在欧洲是最常用的接头形式。因相邻环之间采用有效的榫槽错缝拼装形式，因此隧道掘进到 200 环以后，一般多是拆除所有的环、纵向螺栓的，他们认为：拆除螺栓以后的隧道，能适应普通的荷载以及一定裂度(7度)的地震荷载。环向的隧道接缝主要弯矩由相邻环的管片承担,另一部分由接头偏心受压条件负担。斜插螺栓预埋螺母(螺栓套)的设计至关重要,其直接影响管片的拼装速度及施工质量。国内目前用于管片连接的斜插螺栓接头是一种改良型接头,该接头形式可避免管片大面积开孔,还可相应减少螺栓的用钢量。

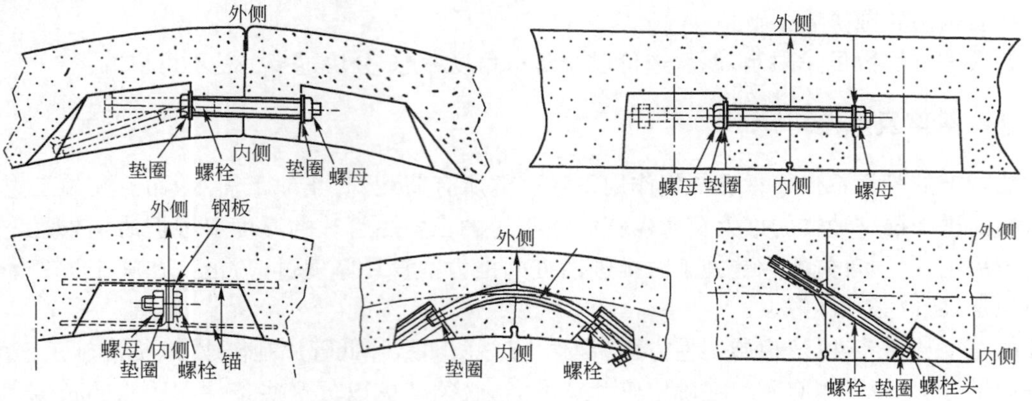

图 8-6　管片接头形式

环向接头的螺栓是把相邻分散的管片进行连接的主体结构,螺栓的数量与位置直接影响圆环的整体刚度和强度。我国环向接头采用单排螺栓较为普遍,布置在管片厚度1/3左右的位置(偏于内弧侧),每处螺栓的接头数量不少于2根。

8.4.5　传力衬垫

传力衬垫材料粘贴在管片的环、纵缝内以达到应力集中时的缓冲作用,它不属于防水措施。衬垫材料根据不同位置,不同受力条件,不同使用习惯,其性质,厚度、宽度各有不同。国内最早明确提出使用衬垫的工程是上海地铁1号线试验段,当时主要采用的是2mm厚的胶粉油毡,以后的工程则大多采用丁腈橡胶软木垫,也有采用软质PVC塑料地板,或经防腐处理过的三夹板等。软质PVC塑料地板及胶粉油毡薄片在混凝土预制块中受压时,均反映出加工硬化的条件。

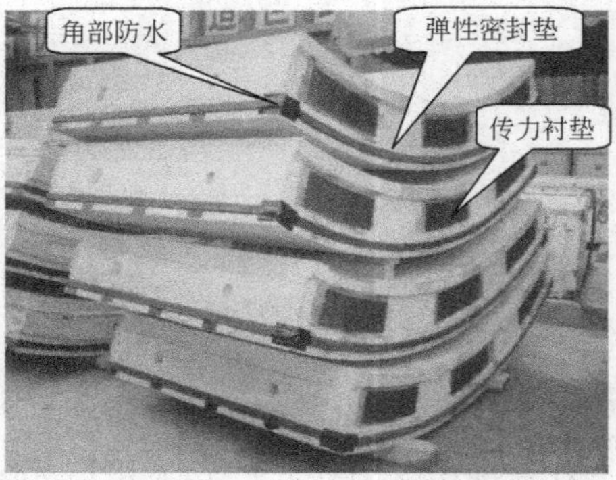

图 8-7　平板型钢筋混凝土管片

目前,地铁盾构用管片的传力衬垫材料一般采用厚度为3mm的丁腈橡胶软木垫,衬垫使用单组分氯丁—酚醛胶黏剂黏结在管片上。一般除封顶块贴1块传力衬垫外,其余每块管片上贴3块传力衬垫。如图8-7所示。

8.4.6　弹性密封垫与角部防水

管片接缝面防水是盾构隧道防水的重要环节,盾构法隧道防水的核心就是管片接缝防水,接缝防水的关键是接缝面防水密封材料及其设置。一般在管片的接缝面设置密封材料沟槽,在沟槽内贴上框形三元乙丙橡胶或遇水膨胀橡胶弹性密封垫圈进行防水。

管片角部防水一般采用自黏性橡胶薄片,其材料为未硫化的丁基橡胶薄片;尺寸一般为长200mm、宽80mm、厚1.5mm。

8.5　管片设计

8.5.1　设计思路

管片设计是从隧道横断方向和纵断方向两个方面进行。通常,管片的断面取决于横断方向的设计,而地震、地基沉降带来的影响等，一般根据需要在纵断方向的设计中进行研究。

日本隧道横断方向管片设计的基本思路如图 8-8 所示。表 8-3 所示为日本以外的其他国家的设计思路。表 8-4 所示为日本和德国的管片设计方法比较，可作为参考。

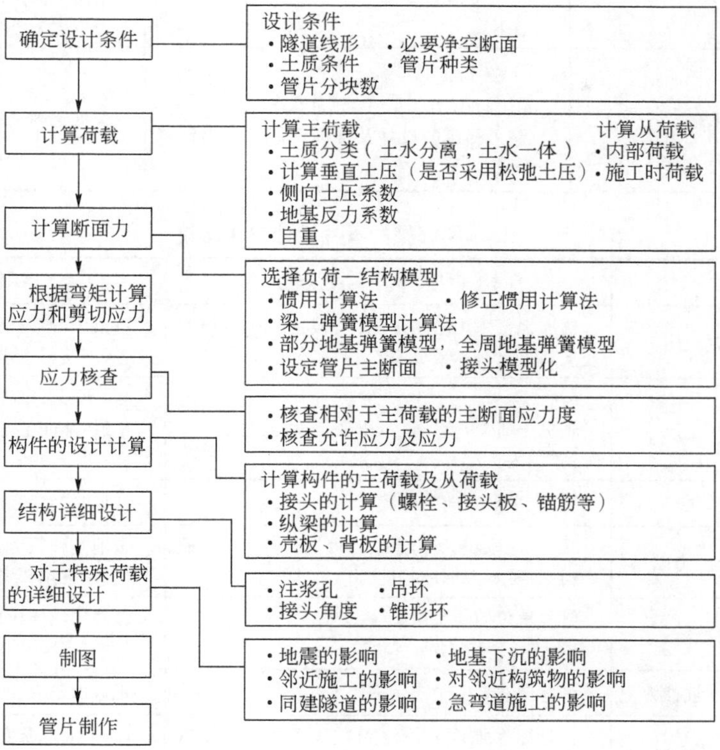

图 8-8 管片设计流程

日本以外其他国家盾构隧道设计方法 表 8-3

国名	设计模型	设计土压、水压	地基反力系数
澳大利亚	全圆周弹簧模型（Moir Wood. Curtis 法）	σ_v＝覆盖土层总荷载 $\sigma_H=\lambda\sigma_v$＋静水压 $\lambda\geqslant\mu/(1-\mu)$，$\mu$ 为泊松比	平板载荷试验或根据测量结果反算切线方向是与围岩完全结合或以摩擦力为上限结合
奥地利	全圆周弹簧模型	浅埋隧道 σ_v＝覆盖土层总荷载 $\sigma_H=\lambda\sigma_v$(考虑地下水压) 深埋隧道采用太沙基的松动土压公式	$k=E_s/r$ 只考虑半径方向的反力
比利时	Schulze-Duddeck 法 采用有限单元法校核	Schulze-Duddeck 法	没有正确确定系数的方法
德国	覆盖土厚≤2D 时采用部分弹簧模型(不包括顶部) 覆盖土厚≥2D 时采用全圆周弹簧模型	σ_v＝覆盖土总荷载 $\sigma_H=\lambda\sigma_v(\lambda=0.5)$	$k=E_s/r$
法国	全圆周弹簧模型或有限单元法	σ_v＝覆盖土总荷载或太沙基公式 $\sigma_H=\lambda\sigma_v$，λ 为经验值	$k=\dfrac{E'}{(1+\mu)R}$
中国	经验方法	σ_v＝覆盖土总荷载 $\sigma_H=\lambda\sigma_v$，λ 经验值	用垂直或水平载荷试验求解
西班牙	考虑了围岩和衬砌相互作用的 Buqera 方法	黏聚力忽略不计的太沙基公式 $\lambda=1.0$	只考虑半径方向

续上表

国　名	设 计 模 型	设计土压、水压	地基反力系数
英国	一般为弹簧模型 Moir Wood 方法	σ_v＝覆盖土总荷载(＋水压) $\sigma_H=(1+\lambda)/2\sigma_v$(＋水压) $\lambda=K_0$	采用类似条件下的测量结果
美国	弹性支承环	σ_v＝覆盖土总荷载 $\sigma_H=\lambda\sigma_v$($\lambda=0.4\sim0.5$)及水压 (隧道衬砌的设计及细则不通过数学计算来确定)	根据室内试验求解,不考虑摩擦力

日本和德国的管片设计方法比较　　表 8-4

项　目		日本(平板型钢筋混凝土管片)	德国(平板型钢筋混凝土管片)
荷载	垂直土压	优质地基采用松动土压(但 $H\geqslant1.5D$)(根据土质将土水一体或分离)	总土压($H>3D$ 时)根据土质采用松动土压(根据土质将土水一体或分离)
	水平土压	$q_e=\lambda P_e$ 根据土质、N 值,侧向土压系数 λ 在 0.4～0.9范围内	$q_e=K_0P_c$ 一般,侧向土压系数 $K_0=0.5$(有时根据土质按 $K_0=1-\sin\varphi$ 计算)
	水压	垂直、水平方向的荷载	计算时换成径向荷载
	土反力	采用根据地基反力系数计算出的三角形荷载(管片自重不考虑地基反力)	按地基弹簧考虑 (管片自重要考虑地基反力)
	自重	管片单位体积重量 $r_c=2.6\times10^4\text{N/m}^3$	管片单位体积重 $r_c=2.5\times10^4\text{N/m}^3$
施工荷载	推进油缸推力	考虑偏心	不考虑偏心
使用材料	混凝土	设计标准强度 $\sigma_{ck}=480\times10^5$Pa(圆柱体试件)	B45:标称强度 $\sigma_{ck}=450\times10^5$Pa,立方体试件,换算成圆柱体强度 $\sigma_{ck}=380\times10^5$Pa
	钢筋	SD295(SD30) (屈服强度 $\sigma_{sy}=0.3\times10^9$Pa)	$B_{st}=500/550$ (屈服强度 $\sigma_{sy}=5\times10^7$Pa)
变形系数	混凝土	$E_c=3.9\times10^{10}$Pa	$E_c=3.7\times10^{10}$Pa
	钢筋	$E_c=2.1\times10^{11}$Pa	$E_c=2.1\times10^{11}$Pa
容许应力(设计用值)	混凝土	$\sigma_{ca}=1.7\times10^7$ $\tau_{a1}=6.3\times10^5$Pa $\tau_{a2}=6.3\times10^5$Pa	$\sigma_{ca}=2.3\times10^7$ $\tau_{01}=1.1\times10^6$ $\tau_{02}=2.7\times10^6$ $\tau_{03}=4.5\times10^6$
	钢筋	$\sigma_{sa}=1.8\times10^8$	$\sigma_s=2.86\times10^8$
钢筋保护层(纯保护层)		对标准管片,最小厚度为13mm	主筋:$C=3.0$cm 次要构件:$C=1.5$cm
截面力计算方法		常规计算法(采用 $\eta=0.8$,$\xi=0.2$,按均匀刚性计算)	弹性梁模型(管片接头、环接头、地基弹簧都考虑)
地基反力系数		根据土质,N 值,地基反力系数 K 取 0～8×10N/cm³	根据地基变形系数和隧道直径计算 $K=E_s/R_c$($H>3D$ 时,$K=0.5E_s/R_c$)
管片主体校核	弯曲	按钢筋混凝土计算(弹性模量比 $\eta=15$)	按钢筋混凝土计算(弹性模量比 $\eta=10$)
	剪切	按钢筋混凝土计算	按钢筋混凝土计算
接头校核	管片接头	将螺栓看作钢筋,按钢筋混凝土计算	按照劈裂力进行校核
	环接头	不可能校核,用与管片螺栓相同的连接件	根据剪力进行校核(根据榫的剪力校核)
		按千斤顶推力的支承压力校核	按千斤顶推力产生的劈裂力校核
管片环的变形校核		在《盾构隧道设计施工指南(草案)》中,容许变形量 $\sigma_a\leqslant R_c/150$	容许变形量 $\sigma_s\leqslant R_c/200$

8.5.2　设计需考虑的因素

管片从隧道施工开始到施工完毕后的很长时间内，都要担负着支承各种荷重和确保隧道安全的使命。管片衬砌的设计目的，就是确认覆盖整个隧道的衬砌的安全性，同时找出最合理、最经济的衬砌结构。

但隧道结构应力由于施工条件，地质条件，环境条件等因素的不同，复杂多样、并且作用荷重也是一个不确定的因素，所以正确把握这些现象是非常困难的。因此在设计衬砌时，首先应对各种条件要作充分勘查，然后再从经验和理论两个方面去设定荷重以及选择计算方法。管片设计时需要考虑的主要因素如下：

(1)确保隧道构造的安全

必须保证能够承受从开工到竣工后的长期使用阶段作用于隧道上的各种荷载(静、动荷载)作用。

(2)降低成本

就盾构法隧道而言，管片制作成本通常占盾构法隧道总造价的30%～50%，合理地设计管片是降低盾构隧道造价的关键环节。

(3)制作及施工容易

管片设计时，还应考虑管片制造(制作工艺、养护方法)、管片拼装成管环，直至串接成一次衬砌施工的方便性，并考虑对其他施工工序的影响小等因素。

8.5.3　管片设计原则

(1)边界条件确定

按施工工艺及工程水文地质特点确定设计荷载及边界条件，从结构和非结构两方面做出符合技术标准的设计。

(2)构造形式的选择

根据隧道的用途、土质条件及施工方法等因素选择管片的种类、构造、形式及强度。

中小直径的上、下水隧道，电力、电信隧道多采用钢筋混凝土管片和钢管片；对铁路、公路等大直径隧道而言，以选择钢筋混凝土管片为主，当然，偶尔也会使用铸铁管片和钢管片。无论什么地层都应先对钢筋混凝土箱型和平板型管片的适应性进行论证。当存在特殊荷载作用时也可考虑铸铁管片和钢管片的适用性。

在计算管环的断面应力时，应根据管片的种类、接头方式、接头的位置组合产生的接头效应等因素确切地评价衬砌构造特征。计算管环断面应力时，是把管环看作具有均质刚度的环，还是看作具有多个铰支环，或是看作具有转动弹簧和剪切弹簧环，应根据隧道的用途、地质土层、衬砌构造特征决定。

(3)按允许应力法设计计算

管片设计须在充分满足与用途相对应的构造安全性的基础上，在选用合格材料、合理施工方法的前提下，按允许应力法进行设计计算。

(4)技术经济性比较

全面考虑工程造价、使用年限、长期维修费用及运营中的经济效益，对设计进行经济技术性的全面比选。

8.5.4　荷载计算

衬砌设计时所考虑的各种荷载，应根据不同的条件和设计方法进行设定，并根据隧道的用途组合这些荷载。管片设计时应考虑的荷载种类较多，具体设计时根据隧道用途的不同，这些荷载的作用组合也不同。衬砌所承受的荷载应根据施工和使用阶段可能出现的最不利情况进行组合。

作用在衬砌结构上的荷载，存在许多不确定的因素，所以必须根据每个施工阶段的变化及使用阶段荷载的变动，选择使衬砌结构的荷载效应为最大、工作状态为最不利的荷载组合进行设计。

表 8-5 列出了管片设计所采用的荷载种类。表 8-5 中，主要荷载是管片设计时通常必须考虑的基本荷载。附加荷载是施工过程中和隧道完工后所承受的荷载，这是必须根据隧道用途加以考虑的荷载。此外，特殊荷载，则是根据地层条件、隧道的使用条件等必须予以特别考虑的荷载。

管片设计所采用的荷载种类　　表 8-5

序　号	作用分类	结构受力及影响因素	荷载分类	
1	永久荷载	结构自重	恒载	主要荷载
2		垂直土压力和水平土压力		
3		水压力		
4		上覆荷载的影响		
5		地层压力		
6		地层抗力(地基反力)		
7		内部恒载		
8		混凝土收缩和徐变的影响		
9	可变荷载	地面活载所产生的土压力	活载	
10		列车活载及其动力作用		
11		公路车辆活载及其动力作用		
12		人群荷载		
13		温度变化的影响	附加荷载	
14		盾构施工荷载		
15	偶然荷载	落石冲击力	特殊荷载	
16		地震力		
17		平行或交叉隧道设置的影响		
18		近接施工的影响		
19		地基沉降的影响		
20		其他		

图 8-9 表示盾构隧道主要荷载的设计状况。

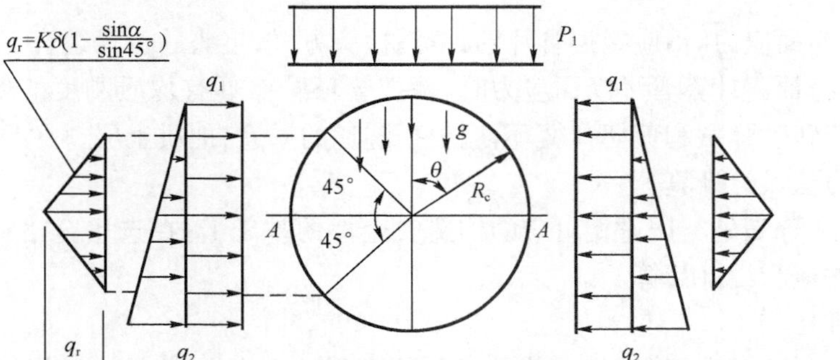

图 8-9　自由变形圆环法的荷载

图 8-9 中：

$$P_1 = P_e + P_w$$

$$q_1 = q_{e1} + q_{w1}$$

$$q_2 = q_{e2} + q_{w2} - q_1$$

$$q_r = K\delta$$

$$P_g = \pi g = \pi \cdot \frac{W}{2\pi R_c} = \frac{W}{2R_c}$$

式中：P_e、P_w——垂直土压和水压，kPa；

q_{e1}、q_{e2}——水平土压，kPa；

q_{w1}、q_{w2}——水平水压，kPa；

q_r——水平向土体抗力，kPa，分布在水平直径上下各45°范围内；

K——水平土体抗力系数，kN/m^3；

δ——A点的水平位移，m；

P_g——结构自重反力，kPa；

W——管环单位长度的重量，kN。

1)垂直土压力和水平土压力

作用于隧道的土压力中，垂直土压力和水平土压力是确定设计计算用的土压力，与隧道的变形无关。此外，隧道底部的土压力可看作是反向土压力，作为地基反力处理。

计算土压力有两种方法，一种是将水压力作为土压力的一部分来考虑，另一种是将水压力与土压力分开计算，通常前者适用于黏性土，后者适用于砂质土。对于中间土来说，现在还没有明确的判断标准，但可以将渗透系数$10^{-4} \sim 10^{-3}$cm/s作为分界值。土的重度，在水压和土压合算时，地下水位以上用湿重度，地下水位以下用饱和重度；在水压土压分算时地下水位以上用湿重度，地下水位以下用浮重度。

(1)垂直土压力

根据隧道位置和地基条件，垂直土压力有时采用总覆土压力，有时采用松动土压力。通常，覆土厚度都大于隧洞外径，在砂质土或硬黏土情况下，用松动土压力；在其他地层，因不能获得土的成拱效果，故采用总覆土压力。计算松动土压力时，通常采用如图8-10所示的尺寸及太沙基公式。

$$\sigma_v = \frac{B_1\gamma - c}{K_0 \tan\varphi}\left[1 - e^{-K_0 H(\tan\varphi)/B_1}\right] + P_0 e^{-K_0 H(\tan\varphi)/B_1}$$

式中：$B_1 = K_0 \cot\left(\frac{\pi/4 + \varphi/2}{2}\right)$；

σ_v——太沙基的松弛土压力；

K_0——水平土压与垂直土压的比，常取1；

φ——土的内摩擦角；

P_0——上覆荷重；

γ——土的重度；

c——土的黏聚力。

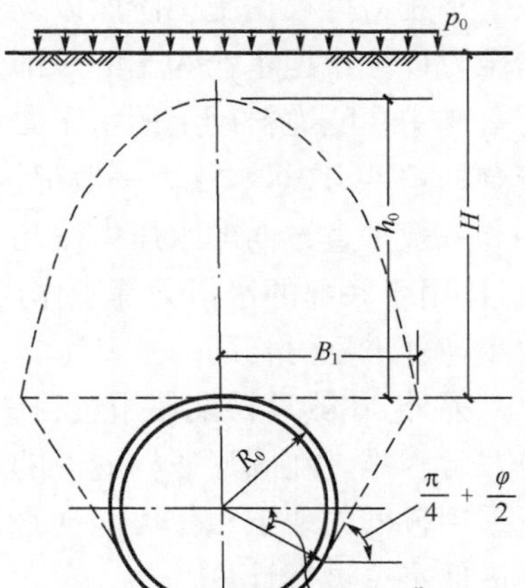

图8-10 太沙基的松弛土压力

在P_0/γ小于h_0(土的松弛高度)时，用下式计算：

$$\sigma_v = \frac{B_1\gamma - C}{K_0 \tan\varphi}\left(1 - e^{-K_0 H\tan\varphi/B_1}\right)$$

$$h_0 = \frac{B_1(1 - C/B_1\gamma)}{K_0 \tan\varphi}\left(1 - e^{-K_0 H\tan\varphi/B_1}\right) + \frac{P_0}{\gamma} e^{-k_0 H\tan\varphi/B_1}$$

在p_0/γ小于H的情况下，则采用下式计算：

$$h_0 = \frac{B_1(1 - C/B_1 \cdot \gamma)}{K_0 \tan\varphi}\left(1 - e^{-K_0 H_1 \tan\varphi/B_1}\right)$$

式中：H_1——换算覆盖层厚度，$H_1=H+P_0/\gamma$。

(2)水平土压力

水平土压力与垂直土压力的情况相同，要准确地进行推算比较困难。设计中水平土压力值一般采用计算垂直土压力与侧向土压力系数相乘。

在无地基抗力的条件下，可以选择考虑到施工条件的静止土压力作为侧向土压力系数。

在可以得到地基抗力的条件下，使用主动土压力系数作为侧向土压力系数，或者对静止土压力系数适当折减进行计算。侧向土压力系数不但应该考虑到土的性质，也要考虑与设计计算方法和施工方法的关系进行决定。但是要进行恰如其分的设定是非常困难的，可参考表8-6确定。

侧向土压力系数(λ)与地基抗力系数(k)　　表8-6

水土压力计算	土的种类	λ	k(kN/m³)	N值的大致范围
水土分算	密实砂性土	0.35～0.45	30～50	$30<N$
	中密砂性土	0.45～0.55	10～30	$15<N\leqslant30$
	松散、稍密砂性土	0.50～0.60	0～10	$N\leqslant15$
	固结黏性土	0.35～0.45	30～50	$25\leqslant N$
	坚硬、硬塑黏性土	0.45～0.55	10～30	$8\leqslant N<25$
	可塑黏性土	0.50～0.65	0～10	$4\leqslant N<8$
水土合算	可塑黏性土	0.55～0.65	5～10	$4\leqslant N<8$
	软塑黏性土	0.65～0.75	0～5	$2\leqslant N<4$
	流塑黏性土	0.70～0.85	0	$N<2$

管片的设计断面应力会由于垂直方向荷载和水平方向荷载之间微妙的平衡关系而发生变化，侧向土压力系数(λ)，地基抗力系数(k)要在充分考虑地基条件和隧道的用途之后，慎重地进行确定。

2)水压力

水压力是计算土压力时，考虑将水和土压分开的情况下给定的，竖向水压力之差是作为浮力作用的，因此，需要根据其他荷载和衬砌顶部地基的状况，对隆起加以研究。

水压力可根据施工阶段以及长期使用过程中地下水位的变化确定水位，区分不同的地层条件，按静水压力计算或把水作为土的一部分计入土压力。

作用在隧道衬砌上的水压力，原则上采用孔隙水压力，但孔隙水压力的确定非常困难，从实用及偏于安全的角度考虑，水压力一般都按静水压力确定。

一般垂直方向的水压力按均布荷载计算，作用在衬砌顶部的水压力等于作用在其顶点的静水压力值，作用于底部的水压力等于作用在衬砌最低点上的静水压力；水平方向的水压力作为梯形分布荷载，其大小与静水压力相同。

另外，在隧道长期使用过程中，由于自然或人为等因素的影响会使地下水位发生变动，确定地下水位也非常困难。在圆形盾构隧道的设计计算中，采用较高的地下水位并不等于一定是偏于安全的设计；相反采用较低的地下水位可能会是最不利的荷载组合工况。因此，在确定地下水位时，应分别按最高水位和最低水位进行计算。

3)土体抗力

土体抗力也称地层抗力或地基反力，土体抗力的确定一般有两种方法：一种是认为地层抗力与地层变形(位移)无关，是一种与作用荷载相平衡的反作用力；另一种是认为地层抗力与地层变形(位移)有关，从属于地基的位移。在荷载作用下，衬砌结构的一部分会发生向着围岩方向的变形，由于隧道周边围岩具有一定的刚度，必然会对衬砌结构产生反作用力来抵制它的变形，这种反作用力即为地层抗力，目前多以“温克尔(Winkler)”假定为基础的局部变形理论确定。

地层抗力会随着所采用的计算模型及计算方法的不同而不同，常采用以下计算方法：

(1)日本惯用计算法

垂直方向的地基抗力按与地基位移无关考虑,取与垂直荷载相平衡的均布反力作为地基抗力。

水平方向的地基抗力考虑衬砌向围岩方向的变形,作用在衬砌水平直径上下各45°中心角的范围内,假定以水平直径处为顶点,三角形分布(见图8-9),其中水平直径处的地层抗力最大,其大小可根据与衬砌向着围岩方向的水平变形成正比关系进行计算确定。地基抗力系数可根据地层条件,参考表8-6进行取值。

$$q_r = K\delta$$

式中:K——地基反力系数(水平土体抗力系数),kN/m^3;

δ——衬砌的水平位移值,m。

(2)弹簧模型法

假定地层抗力沿衬砌环、径向分布,将衬砌与地层间的相互作用通过弹簧来模拟,地基抗力考虑为管片向地基方向变形时所产生的反力。

在欧美各国多采用全周地基弹簧模型,日本多采用部分地基弹簧模型,而且多不考虑切线方向弹簧,只将半径方向弹簧作为有效弹簧,地基弹簧系数大多参考惯用计算法的地基抗力系数进行确定。

对于管片自重变形所产生的地基抗力,应根据施工方式确定是否考虑。若壁后注浆材料有较好的早期强度,或管片脱出盾尾后真圆度保持较好(盾构采用真圆器或推进油缸推力控制较好),可以考虑由管片自重变形所产生的地基抗力。尤其是隧道外径较大时,与土水压力所产生的断面应力相比,自重所引起的断面应力要大得多($D\geqslant12$m时,占60%~80%)。

4)管环自重

管片自重荷载是沿衬砌轴线分布的竖向荷载,一般按下式计算:

$$g = \frac{W}{2\pi R_c}$$

式中:g——管片自重荷载,kPa;

W——衬砌单位长度重量,kN/m;

R_c——衬砌环半径,m。

5)内部荷载

内部荷载包括施工过程中作用的荷载和隧道完工后作用的荷载。

作为施工过程中所作用的内部荷载,有盾构的后配套拖车和出渣车等与施工有关的各种机械设备。当这些荷载作用于壁后注浆材料尚未硬化的管片环上时,必须检查管片环的稳定性,但是,在壁后注浆材料充分硬化之后,一般可以认为这些荷载是由周围地基支持的。因此,实践中并不对这些内部荷载进行研究,而是采取不将这些设备放置在壁后注浆材料尚未硬化的管片环上的方法。

此外,隧道完工后产生作用的内部荷载,因隧道的使用目的不同而异,例如铁路车辆、公路路基的反力、隧道内的悬挂设施和内水压力等。其中,像铁路车辆那样的作用于隧道底部的荷载,可以认为与施工过程中的内部荷载一样是由隧道周围地基直接承受的;但其他内部荷载对衬砌有影响,所以必须根据实际情况设定荷载和进行适当的研究。

6)施工荷载

盾构施工荷载是指从管片组装开始到盾尾建筑空隙中的壁后注浆材料硬化为止,作用在隧道衬砌上临时荷载的总称。盾构施工荷载包括推进油缸推力、壁后注浆压力、管片拼装机的操作荷载和其他施工荷载等。

施工荷载因围岩条件和施工条件的不同而异,须将施工荷载对管片的影响控制到最低程度以及合理地把施工荷载反映到设计中。另外,施工技术水平的高低对隧道衬砌的设计也是一个重要的因素。

(1)推进油缸的推力

盾构掘进过程中作用于隧道衬砌上的盾构推进油缸的推进反力,在所有施工荷载中,该荷载对衬砌影响最大。

推进油缸推力的偏心距应根据盾构非常规掘进状态(平曲线掘进、竖曲线掘进、蛇行修正等)进行确定,并考虑适当的富余量,偏心量在设计上一般考虑为10mm;但是,对于外径为2～3m的中小直径盾构,实际上30～40mm偏心量的实例很多。如果推进油缸的偏心距过大,由推进油缸推力所形成的偏心弯矩会使管片衬砌环部分结构产生拉应力,管片就非常容易开裂。另外,盾构在曲线段掘进时,由于盾构推进油缸产生的偏心荷载,会使隧道两侧的压力出现暂时性的不平衡,从而形成复杂的纵向弯曲应力状态;环与环之间承受弯曲应力的连接螺栓容易发生剪切破坏;作用在管片衬砌上的过大压应力,会使管片发生局部破坏。对以上出现的施工荷载在设计时需慎重考虑。

由于管片单片的推力试验很难反映管片环整体的工作情况,当推进油缸的设计推力与盾构实际装备的推力不同时要特别注意。

(2)注浆压力

在向盾尾建筑空隙进行注浆时,会在管片注浆孔周边形成一个临时性的偏心荷载,此荷载容易使管片发生变形甚至破坏,如径向插入型封顶块(K块)的错台、接头螺栓的破坏、衬砌环的变形等。

注浆压力一般是根据开挖面的围岩及埋深情况计算的水、土压力来确定,但还需根据盾构施工的实际条件来确定注浆压力,并在这一注浆压力作用下,对管片结构进行验算。

施工时的注浆压力一般为0.1～0.3MPa。有时为了减少地表沉降,采取较高的注浆压力,对此要特别加以注意,并应考虑对隧道周边的软弱围岩扰动从而产生的固结沉降。

(3)管片拼装机的操作荷载

管片拼装过程中,除起吊环承受吊装荷载外,管片承受拼装夹具的反作用力。设计中应根据拼装夹具的额定能力与动态效应对管片装配过程中的结构受力进行计算分析。对于混凝土类管片,常将螺栓孔或注浆孔预埋件作为管片起吊环使用,其抗拔承载力应根据装配器的性能而定,一般达到3倍管片环重量以上,施工中必须对起吊环的抗拔承载力进行验证。另外,若螺栓孔或注浆孔内安装拉杆作为反力座在施工时进行设备材料吊装或防止管片环变形用,应对预埋件和其抗拔承载力进行分析验证。

(4)其他施工荷载

作为施工荷载,除上述内容外,还有部分荷载应予以考虑,例如后配套拖车自重的影响、真圆保持器等千斤顶荷载、刀盘旋转力的影响、盾构型式及开挖面的各种设备等,有时渣车及管片运输车的荷载也会对管片产生影响。另外在软黏土及松散的砂层中,随着管片从盾尾脱出时,上部围岩塌落至管片环顶部形成偏心荷载。如果这些荷载对结构影响较大时,应根据施工情况设定合适的荷载,对结构受力进行分析。

7)特殊荷载

特殊荷载是根据周围地基条件、施工条件和隧道使用条件等必须特别考虑的荷载。主要包括地震影响、平行或交叉隧道设置的影响、近接施工的影响、地基沉降的影响等。

当隧道近距离平行设置时,应根据相互间的位置关系、地质条件、隧道外径、盾构型式、施工时序等条件,对施工和运营期间的相互干扰和相互影响进行论证,必要时应采取保护措施。

(1)平行或交叉隧道设置的影响

近年来,多条隧道平行小间距设置的实例越来越多,其在横断面方向或纵断面方向的位移及应力与单条隧道显著不同。必须对多条隧道相互干扰而产生的地基松弛或施工荷载的影响进行分析,必要时采取衬砌或地基加固,或防止隧道变形等措施。

①隧道之间的相互位置关系。平行设置隧道的位置无论是在水平方向还是垂直方向,只要其相隔距离小于后续隧道外径(1D)就必须进行分析,而且相隔距离越小其影响就会越大,尤其是相隔距离小于0.5D时,就必须进行详细的论证。

隧道在上下方向平行设置时,后续盾构的施工荷载、土体开挖所伴随的卸载对先行隧道影响较大,尤其是后续隧道在下部施工时,上部的隧道会由于开挖时的地基松弛导致垂直荷载的增加,并产生不均匀沉降。这时对有必要先行隧道横向和纵向受力及变形进行论证。

②地质条件。平行设置隧道的相互干扰以及施工荷载的影响随围岩条件不同而不同。

在敏感性高的黏性地层或自立性差的松散砂性地层中，其影响最为显著。这时有必要对地基松弛引起荷载变化进行慎重地研究。

即使地层比较好或已经过地层加固处理，若隧道间的相隔间距较小，施工荷载的影响也是很大的，采用闭胸式盾构时影响更为显著。

③隧道外径。平行设置隧道施工时，与先期施工隧道的外径相比，后续施工隧道的外径的影响是支配性的，后续施工隧道的外径越大其影响也越大。

④盾构形式。平行设置隧道进行施工时，后续盾构对先期施工隧道的影响由于盾构形式的不同而发生很大差异。

隧道在水平方向上平行设置时，闭胸式盾构对隧道的影响是开挖面通过时盾构推力所产生的偏心压力，而敞开式盾构一般不产生推力的影响，多由于开挖面敞开出现暂时性的侧向土压力及地基抗力的减少。因此，闭胸式盾构隧道一般表现为后续隧道对先期施工隧道产生一个外推的效应，而敞开式盾构隧道一般表现为后续隧道对先期施工隧道产生一个近似内拉的效应。

另外，闭胸式盾构推力的影响要比其他施工荷载大得多，尤其是地基软弱、隧道间隔距离较小时，推力将为控制性的因素。

因此在考虑平行设置隧道施工的影响时，对地质条件、隧道之间的位置关系以及盾构型式所引起的差异都要进行详细慎重的分析。

⑤后建隧道的施工时序。一般后建隧道宜等到先行施工隧道围岩稳定后再行施工，但实际施工时很难做到。

在先期施工隧道的影响还未消失就进行后续隧道的施工时，隧道施工相互间的影响更为显著，此时有必要对隧道相互间的施工时序进行充分的研究。

⑥施工时的荷载。对先期施工隧道产生影响的因素主要为后建隧道施工时的荷载，包括推力、壁后注浆压力、泥水压力及泥土压力等，这些荷载通过夹持土体作用于先行隧道上。在偏心压力作用下，先行隧道横断面及纵断面方向上产生异常的位移和应力。虽然施工荷载为临时荷载，但是盾构掘进时推力对隧道间土所产生的荷载即使在盾构通过以后也很难急速地减小，有时会长时期残留，因此在考虑施工荷载时要充分加以注意。

(2)近接施工的影响

在已施工完成的隧道附近兴建其他结构物时会对隧道周边的围岩产生扰动，作用于隧道上的荷载也会发生变化，因此根据需采取相应的衬砌加固、地基加固等适当的防护措施。若具备条件，应尽可能根据规划情况在进行隧道设计时加以考虑，采取相应措施。

尤其是在以下的情况下近接施工的影响比较大，因此在合理地评价荷载的同时，有必要使用能够考虑荷载随时间变化的计算方法(荷载历史及衬砌的应力历史)。另外，如果对于将来发生的荷载变化将二次衬砌作为结构组成部分来考虑的话，有必要对结构模型进行充分的论证。

①隧道的顶部或顶部附近建造新的结构物，上部荷载发生大的变化。

②隧道的下部或下部附近进行开挖工程，垂直土压力和水平土压力等荷载条件以及地基抗力系数等围岩的性质发生大的变化。

③隧道的侧向地基受到扰动，侧向土压力及地基抗力发生大的变化。

④作用于隧道的水压力发生大的变化。

上述情况中其影响有暂时性的和长期性之分，进行论证时必须对此进行慎重的区分。

(3)地基沉降的影响

在软弱地层或地层变化较大的地层修建隧道时，除考虑隧道施工原因造成的地基下沉外，还须考虑原有地层自身原因产生的沉降。地基下沉主要表现在对隧道本身及隧道与其他结构物的连接部位的影响，因此必须对其影响充分研究。

①隧道本身。在正在固结过程中的地基中修筑隧道,隧道所在位置与周围的地基相比,相当于隧道断面高度的部分土的固结沉降量不同,因此隧道会发生相当于这一差异沉降的强制位移。

另一方面,隧道纵向的刚度变化部位、地基软硬界限部位、甚至在正处于固结沉降过程中或将来会发生固结沉降的软弱地基中,隧道下部软弱地基层厚变化较大的部位,不均匀沉降对隧道的影响皆应加以考虑。

在上述情况下,隧道的力学机理尚不明确,一般采用隧道横向结构模型,通过增加垂直土压或对地基弹簧强制位移来加以考虑,对衬砌的强度进行验证。对于隧道纵向不均匀沉降,通过将隧道所在位置的地基沉降量通过地基弹簧进行加以考虑,模拟地基不均匀沉降时隧道的追随过程,并根据需要采取降低隧道纵向刚度、通过地基加固减少沉降量、扩大隧道净空断面等措施。

②隧道和竖井连接部分。在隧道与竖井连接处,由于是两种不同的结构相接,所以易于产生相对位移,应根据需要将连接部做成可挠性结构,以防止应力集中。或者竖井基础进行处理,以减少不均匀沉降的影响。另外,为保证净空,将断面加大也是有效方法。

(4)地震的影响

当考虑地震的影响时,应根据隧道的重要程度,考虑隧道的周围环境、围岩条件、所在地区的地震烈度、隧道的结构、形状等进行慎重研究,采取必要的抗震措施。

地下结构由于受到地层的约束,因此震害明显低于地上结构。当隧道的覆土厚度达到一定的程度的话,可以认为隧道和地基基本产生相同的振动,而且盾构隧道与其他隧道相比,由于接头的存在使隧道的刚度有所减小,有利于抗震。但是,在以下条件下,地震对隧道的影响较大,需慎重研究。

①地下连接部位以及与竖井的连接部位等衬砌结构发生变化的时候,隧道的结构发生变化,在结构变化部发生断面应力。

②隧道位于软土地基中,在地震或其他反复荷载作用下可能会因其强度降低和基底土的侧向流动产生显著的沉降,即所谓"震陷",须结合具体的场地条件对震陷问题进行专门分析。

③地质、覆盖层厚度、基岩深度等地基条件发生突变时,在隧道纵向地基的变形不同在隧道纵向上发生断面应力。

④在急转弯的曲线部,地震波的入射方向与隧道轴向之间的方向急剧变化而在轴向上发生断面应力。

⑤在松散的饱和砂质地基,有发生液化的可能性时,液化会引起起隧道的上浮,此时地震的影响不能忽视。

尤其隧道结构与竖井结构连接部位,地震时,由于结构完全不同,相对于隧道的其他部位,难以避免会产生较大的断面应力。因此,为了降低这一部分隧道纵向的刚度,最好设置可挠性管片或在管片环间使用橡胶垫片或弹性垫片使其成为柔性接头。

8.5.5 抗震性论证

盾构隧道的抗震性论证一般分为三个方面,对中小口径的隧道来说,以下面(1)和(3)为中心进行论证,而对于大口径隧道除此之外还要根据需要对(2)进行论证。以下就这几种论证方法进行概要说明。

(1)隧道以及隧道周围地基的稳定性论证

隧道若位于有发生液化危险的地基中的话,液化后土体失去强度,或由瞬时性超静孔隙水压力形成由下向上的渗流场,使得隧道上方作用土荷载减少,隧道对于所承受的浮力失去抵抗力,产生隧道上浮的可能性。

判别土层液化的方法很多,如我国《建筑抗震设计规范》和日本港口设计规范基于标准贯入试验和颗粒粒径累加的方法、我国《岩土工程勘察规范》推荐的用静力触探判别的方法,以及国外依据土层的剪切波速或剪应力比较的判别方法等。由于液化处理费用高昂,所以对其周边土层的液化判别必须谨慎从事,应采用多种方法相互印证,并结合室内动三轴试验和地区工程经验进行专门的分析。而对于所采用措施的可靠性,也应通过室内试验加以确认。

(2)隧道横断面方向的力学论证

当前我国地下隧道横断面的抗震分析多按地震系数法进行。这一方法的基本出发点是,认为地震对地下结构的作用主要包括两部分,一是结构及其覆盖层重量产生的与地表地震加速度成比例的惯性力,二是地震引起的主动侧压力增量。

由于隧道的表观重度(隧道 1m 延长的重量/隧道断面积)与围岩的重度相比都比较轻或者基本相同,所以一般作为地震的影响,伴随地震动在周围地基中产生的变形、位移等很重要,惯性力的影响则可忽略不计。以这一概念建立起来的抗震分析方法称为“反应位移法”或“地震变形法”。其特点是以地下结构所在位置的地层位移作为地震对结构作用的输入。

反应位移法是对隧道位置的地基位移量进行计算,将所有的位移或部分位移作用于隧道,对隧道的断面应力和变形量进行计算的方法。关于隧道位置的地基位移量的计算方法,主要有:

①假定地基表层发生剪切振动,只根据其一次形态求出位移振幅,这也是最简单和最常用的方法。

②假定地基表层发生剪切振动,通过最坏分析求出位移振幅。

③从基底入射的地震波在地基的各层面重复反射,考虑由此所产生的增幅现象求出位移振幅(重复反射法)。

④将地基置换为弹簧—质点模型,计算出位移振幅。

⑤通过 FEM 反应分析求出位移振幅。

(3)隧道纵断面方向的力学论证

隧道纵断面方向的抗震计算多采用反应位移法。计算时,根据隧道所在位置地基的情况确定波长,假定通过反应位移法所得到的地基位移为正弦波,将其作用于隧道而求得隧道纵向上的断面应力和变形量,这也是一般常用的计算方法。

对于隧道的刚度,要考虑一次衬砌的接头引起的刚度降低,有二次衬砌时也要考虑其影响,充分考虑隧道结构之后进行决定。必须验算的项目主要有一次衬砌的接头部位以及接头部位的二次衬砌的断面应力和变形量,竖井接合部位的断面应力和位移量。

(4)动力分析方法

无论地震系数法和反应位移法都是将随时间变化的地震作用用等量的静力荷载或静位移代替,然后再用静力计算模型求解结构的反应。

最近,使用结构物和地基共同作用的计算模型进行动力计算的例子逐渐增多。如果能够确切地假定结构材料和结构杆件的非线性特性,可以用动力计算求出结构物各部分在地震时的动态。但由于计算模型、输入的地震波的合理性、对计算结果的解释等都较复杂,因为目前还没有一个定论的计算方法,故尚未达到全面采用的程度。

由于动力计算法是捕捉地震时自然现象的有力手段,故对于大型地下结构,用动力分析方法与静力法的计算结果相互对照验证也是必要的。

当然,在隧道规划阶段就应进行详细周密的工程地质勘探,作为抗震措施在抗震问题得到考虑的前提下进行线路选择也是一种方法。更进一步,为了在进行某种程度的修补后,仍能确保必需的断面,故将净空断面扩大一些也是有效的办法。

8.5.6　设计方法

管片设计方法大致可分成以下三种:

①将管片环视作抗弯刚度均匀的圆环。

②将管片环视作多铰圆环。

③将管片环视作具有旋转弹簧的圆环。

从具有代表性的设计方法来看,对于第①种,有常用设计方法和修正常用设计法;对于第②种有多铰圆环解析法;对于第③种,则有梁—弹簧模型解析法。

一般认为,盾构掘进隧道的地基条件很重要,但还因断面形状和施工方法的不同,其力学性状也不相同。因此,必须根据这些特点对衬砌进行设计。从以往的实践情况看,绝大多数隧道都是圆形断面,本文主要介绍圆形断面的设计方法。

如前所述的三种管片的设计方法外,用剪切弹簧来评价交错拼接效果的设计方法也已进入实用阶段。

(1)常用设计方法

这是一种不考虑管片接头刚度降低而将其视作刚度均匀的圆环的设计方法。计算时,假定土体随管片环的变形而产生地基反力,解弹性方程,地基反力如图 8-9 所示,是以隧道的起拱点为顶点的等腰三角形;其大小与位移的大小成正比(Winkler 线性假定)。

常用设计方法是当前日本一般采用的设计方法。表 8-7 列出了该设计方法的具体计算公式。

设计法的管片荷载面力计算公式 表 8-7

荷载	弯矩	轴向力	剪力
垂直荷载 $P_{e1}+P_{w1}$	$M=\frac{1}{4}(1-2\sin^2\theta)(p_{e1}+p_{w1})R_c^2$	$N=(p_{e1}+p_{w1})R_c\sin^2\theta$	$Q=-(p_{e1}\pm p_{w1})R_c\sin\theta\cos\theta$
水平荷载 $q_{e1}+q_{w1}$	$M=\frac{1}{4}(1-3\cos^2\theta)(p_{e1}+p_{w1})R_c^2$	$N=(q_{e1}+q_{w1})R_c\cos^2\theta$	$Q=(q_{e1}+q_{w1})R_c\sin\theta\cos\theta$
水平三角形荷载 $q_{e2}+q_{w2}-P_{e1}-P_{w1}$	$M=\frac{1}{48}(6-3\cos\theta-12\cos^2\theta+4\cos^3\theta)(q_{e2}+q_{w2}-q_{e1}-q_{w1})R_c^2$	$N=\frac{1}{16}(\cos\theta+8\cos^2\theta-4\cos^3\theta)(q_{e2}+q_{w2}-q_{e1}-q_{w1})R_c$	$Q=\frac{1}{16}(\sin\theta+8\sin\theta\cos\theta-4\sin\theta\cos^2\theta)(q_{e2}+q_{w2}-q_{e1}-q_{w1})R_c$
水平地基反力 $k\delta$	当 $0\leqslant\theta\leqslant\frac{\pi}{4}$ 时 $M=(0.2346-0.3536\cos\theta)k\delta R_c^2$ 当 $\frac{\pi}{4}\leqslant\theta\leqslant\frac{\pi}{2}$ 时 $M=(-0.3487+0.5\sin^2\theta+0.2537\cos^2\theta)k\delta R_c^2$	当 $0\leqslant\theta\leqslant\frac{\pi}{4}$ 时 $N=0.3536\cos\theta k\delta R_c$ 当 $\frac{\pi}{4}\leqslant\theta\leqslant\frac{\pi}{2}$ 时 $N=(-0.7071\cos\theta+\cos^2\theta+0.7071\sin^2\theta\cos\theta)k\delta R_c$	当 $0\leqslant\theta\leqslant\frac{\pi}{4}$ 时 $Q=0.3536\sin\theta k\delta R_c$ 当 $\frac{\pi}{4}\leqslant\theta\leqslant\frac{\pi}{2}$ 时 $Q=(\sin\theta\cos\theta-0.7071\cos^2\theta\sin\theta)k\delta R_c$
自重 g	当 $0\leqslant\theta\leqslant\frac{\pi}{2}$ 时 $M=(\frac{3}{8}\pi-\theta\sin\theta-\frac{5}{6}\cos\theta)gR_c^2$ 当 $\frac{\pi}{2}\leqslant\theta\leqslant\pi$ 时 $M=\left[-\frac{1}{8}\pi+(\pi-\theta)\sin\theta-\frac{5}{6}\cos\theta-\frac{1}{2}\pi\sin^2\theta\right]gR_c^2$	当 $0\leqslant\theta\leqslant\frac{\pi}{2}$ 时 $N=(\theta\sin\theta-\frac{1}{6}\cos\theta)gR_c$ 当 $\frac{\pi}{2}\leqslant\theta\leqslant\pi$ 时 $N=\left(-\pi\sin\theta+\theta\sin\theta+\pi\sin^2\theta-\frac{1}{6}\cos\theta\right)\times gR_c$	当 $0\leqslant\theta\leqslant\frac{\pi}{2}$ 时 $Q=-(\theta\cos\theta+\frac{1}{6}\sin\theta)gR_c$ 当 $\frac{\pi}{2}\leqslant\theta\leqslant\pi$ 时 $Q=\left[(\pi-\theta)\cos\theta-\pi\sin\theta\cos\theta-\frac{1}{6}\sin\theta\right]gR_c$
管片环水平直径点的水平位移 δ	$\delta=\frac{[2(p_{e1}+p_{w1})-(q_{e1}+q_{w1})-(q_{e2}+q_{w2})]R_c^4}{24(\eta EI/h+0.0454kR_c^4)}$		

(2)修正常用设计法

管片环有接头,因而刚度有所降低,故在将其作为抗弯刚度均匀的圆环处理的情况下,考虑接头影响进行计算,这种方法称为修正常用设计法。

即使把管片环相互交错拼接,因管片存在接头,因此修正常用设计法将管片环抗弯刚度假定为比管片整体抗弯刚度 EI 低的均匀抗弯刚度 $\eta EI(\eta\leqslant 1)$,来计算圆环截面力(M,N,Q),参数 η 称为抗弯刚度的有效率。

管片接头具有某些铰接特性，所以可以认为弯矩并非全部由管片接头传递，部分弯矩传给了交错拼接的相邻管片（见图8-11）。

该计算法将管片环视作具有均匀抗弯刚度 ηEI 的圆环，求截面力时，仅加大弯矩，假定为 $(1+\xi)M$，与轴向力 N 组合进行设计，这是合理的。参数 ξ 为传给相邻管片的弯矩与计算弯矩之比，称为弯矩加大率。此外，在这种情况下，管片接头的设计弯矩和轴向力可以分别假定为 $(1-\xi)M$ 和 $(1-\xi)N$。

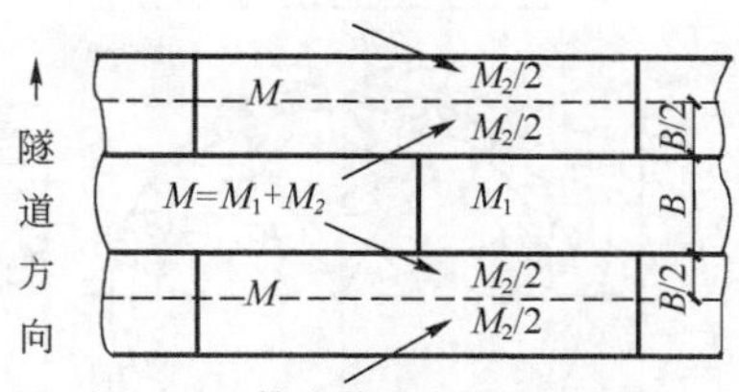

图8-11　接头传递弯矩的示意图

参数 η 值和 ξ 值因管片种类、管片接头的结构形式、环相互交错拼接的方法和结构形式而有所不同，此外，受周边地层的影响也特别大，目前还未从理论上建立计算方法。

但是，据推测，这两个参数相互有联系，若 η 值接近于1，则 ξ 值就趋于0。用修正常用计算法计算截面力时，η 值取得过小，就会对地层的地基反力估计过高。同时会对管片环的截面力估计过小，因此这些参数的取值需要认真考虑。目前的实际情况是，参数 η 值和 ξ 值是根据试验结果和经验来确定的。

有鉴于此，在日本《盾构工程用标准管片》中规定，一般 η 取1.0，而 ξ 取0。为参考起见，部分工程 $\eta=0.8$，$\xi=0.3$。表8-8所列是 η 与 ξ 组合的实例。

η 值与 ξ 值　　表8-8

管片类型			η(%)	ξ(%)	备注
日本土木工程学会和日本下水道协会	平板型管片 钢筋混凝土管片 钢管片		100 (0)	0 (30)	括号内为参考值
日本国铁盾构工程	平板型管片 钢筋混凝土管片①	A	10～30	50～70	A型：接头位于断面中间
		B	30～50	30～60	B型：接头位于内外边缘
	中子型管片② 钢筋混凝土管片		—	—	接头形式为螺栓
	球墨铸铁管片		50～70	10～30	接头形式为螺栓
地面的错缝拼接试验结果③			60～80	30～50	在地层内 $\eta>60\sim80$，$\xi<30\sim50$

注：①一般 η 变小，ξ 就增大。
②虽然在国铁还没有实施事例，但据预测 η 值和 ξ 值均在平板型钢筋混凝土管片和球墨铸铁管片之间。
③是在土木工程学会和日本下水道协会合编的《盾构工程用标准管片》（1982年修订版）中刊登的载试验结果。

（3）多铰环解析法

这种计算法是一种肯定地把接头作为铰接结构的解析法。

多铰环本身是不稳定结构，但考虑到依靠隧道周边地层大面积的反力可以变为稳定结构物。假定沿圆环分布有均匀的径向地基反力。

采用这种计算方法时，因依赖隧道周边地层的反力，故需要注意选择合适的地基。此外，在管片拼装过程中和刚从尾盾脱出后地基反力尚未充分发挥作用时，为使管片环能够自承，需要研究采取辅助手段，或者使管片接头具有一定的刚度，自身能够保持环状。

由此可见，这种解析法通常用于地层条件较好的场合。

（4）弹性铰环法

由于盾构隧道的管片环是由多块预制的管片拼装而成，管片与管片之间可做成各种形状的接头，必要时加以螺栓连接。拼装接头不可能与整体现浇钢筋混凝土结构刚度相同。事实上，各管片接头处存在一个能承担一部分弯矩的弹性铰，它既非刚接，也不是完全铰，其承担弯矩的多少与接头刚度 K 有关。内力计算时将管片环视作在管片接头处设置的弹性铰环状结构。接头刚度 K 一般由经验和试验确定。各截面的内力值可由图8-12所示基本结构用解析法求得。

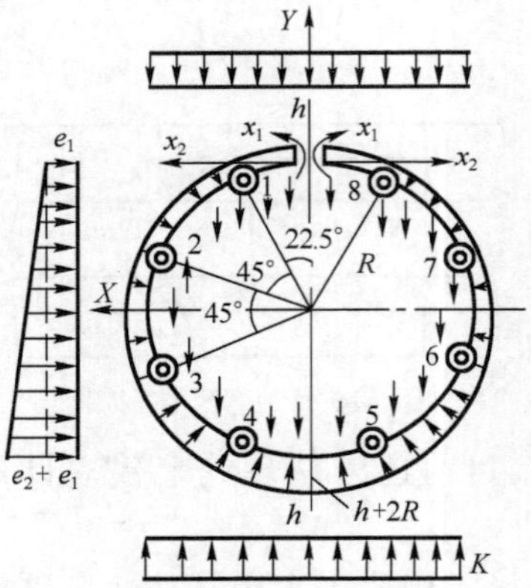

图 8-12 弹性铰环法基本结构

(5)梁—弹簧模型解析法

这种解析方法的特点是,将管片环模拟为梁的构架(直梁或曲梁),用旋转弹簧和剪切弹簧分别模拟管片接头和环间接头,将其弹性性能用有限元法进行构架分析,计算截面力。这种解析方法是一种解释管片环承载机理的有效方法。

采用这种方法时,在管片环对接、两环或三环交错联结的情况下,也可以计算截面力,并能直接求出环间的剪力。此外,当管片接头的旋转弹簧常数为 0 时,与多铰环相同;如果为无穷大,则与刚度均匀环相同。

8.5.7 设计上应当注意的问题

管片是一种靠主梁、面板、纵肋和接头等来支承外部荷载的结构。以下介绍设计钢管片和钢筋混凝土管片的主梁、面板、纵肋和接头时应注意的问题。

(1)主梁

管片虽是一种弯曲构件,但其高度(即管片厚度)与曲率半径之比通常为 1/10 左右。钢管片和钢筋混凝土箱型(含中子型)管片等可以视为是用纵肋充分加固的,故当作承受弯矩和轴向力的直构件来设计。对于主梁的处理,根据管片形式的不同而各不相同。

①钢管片的主梁有效宽度如表 8-9 所示,但有时也考虑主梁局部压屈的影响。

计算截面力时各种管片的有效宽度和计算上的处理　　表 8-9

项目	钢制管片		钢筋混凝土管片	
	2 根主梁	3 根主梁	箱型(含中子型)	平板型
管片形状	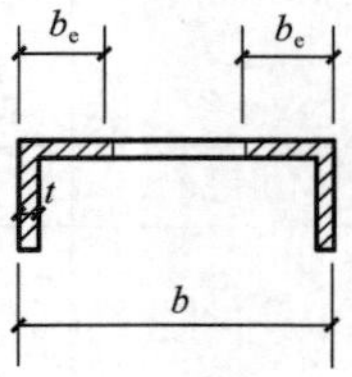	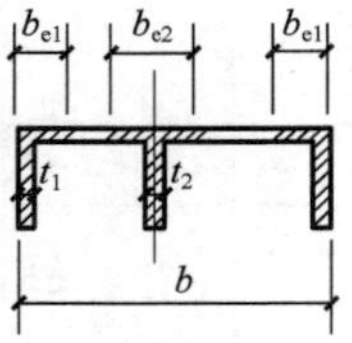	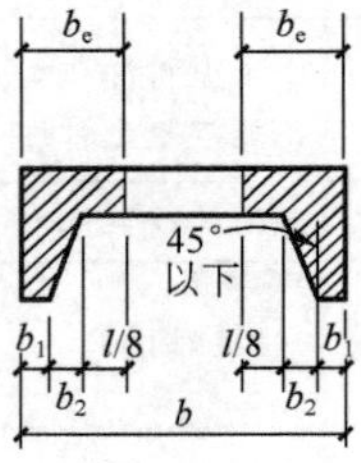	b_1:环间接头的缺损断面 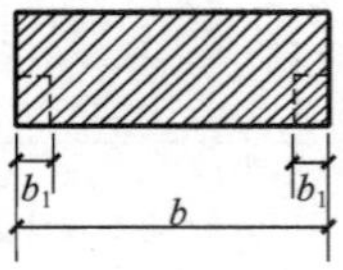
主梁有效宽度 b_e	$b_e=25t$ $(2b_e \leqslant b)$	$b_{e1}=25t_1$ $b_{e2}=50t_2$ $b_e=2b_{e1}+b_{e2}$ $(2b_e \leqslant b)$	$b_e=b/2$ 或 $b_e=b_1+b_2+l/8$ (l 为纵肋间距)	$b_e=b$ 或 $b_e=b-2b_1$
纵肋的有效宽度(b_e)	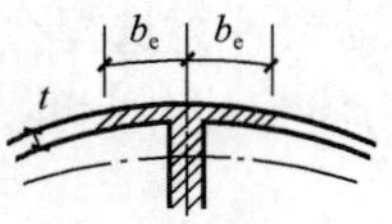		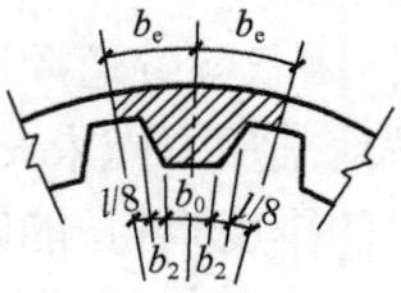	全断面有效
	$b_e=20t$		$b_e=b_0/2+b_2+l/8$ (l 为纵肋间距)	
面板的设计方法	1. 用两对边固定支承的极限设计法 2. 用两对边简支的缆索极限设计法		用四边固定支承的矩形板的弹性设计法	

②钢筋混凝土箱型管片主梁的有效宽度可用日本土木学会《隧道标准规范(盾构篇)》(1986年版)中的下式计算：

$$b_e = b_1 + b_2 + l/8$$

式中：b_e——每根主梁单侧宽度；

l——纵肋间距。

③平板型管片主梁的有效宽度，在《盾构隧道设计施工指南(草案)》中规定为不包括缺损断面的混凝土构件的全断面。另一方面，在日本《盾构工程用标准管片》中则采用通常不考虑缺损断面的混凝土全断面。

(2)面板

作用于隧道的荷载通过管片面板向主梁、横肋、纵肋及接头等传递。因此，从理论上说，面板是支撑其周边的板，根据尺寸可知面板的荷载为均布荷载。考虑到一般所采用的两根主梁的钢管片和钢筋混凝土中子型管片，纵肋间距小于管片宽度与管片半径，故均采用表8-9所列的设计方法计算面板的承载力。

(3)纵肋

纵肋是按承受盾构推进油缸推力的短柱进行设计的。但也能对主梁的压屈起有效的加固作用，此外，纵肋应等间距配置，其数量多于每一管片环的盾构推进油缸的个数。

推进油缸的推力的作用点如图8-13所示，径向偏心距的两极值，往往是根据盾尾内拼装的管片的变形和盾尾空隙量等来计算，一般取偏心距 $e=1.5\times$盾尾空隙。

(4)管片接头

一般来说，使用螺栓接头时，如图8-14所示，钢管片一般用管片外缘为旋转端的模型来计算螺栓应力；混凝土管片则按把螺栓当作抗拉钢筋的钢筋混凝土断面(中子型管片时为T型断面，平板型管片时为矩形断面)来设计。

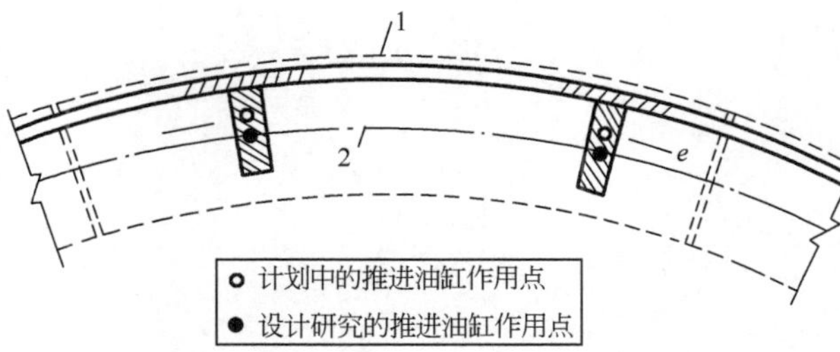

图8-13 对推进油缸推力作用的研究

1-分配靴座的轮廓线；2-设计中的推进油缸作用线

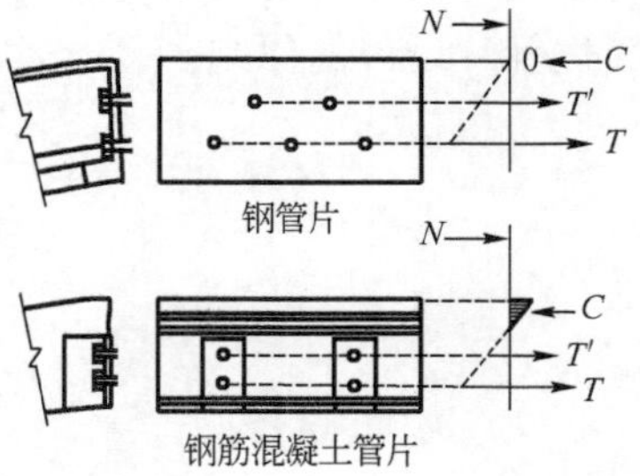

图8-14 接头断面弯矩应力的分布

至于接头板，在使用钢管片和钢筋混凝土平板型管片时，根据作用于螺栓的力来计算板厚；使用中子型管片时，则根据作用于螺栓的力计算接头板周围的剪应力。

管片接头设计截面力因解析法而异，以下分别介绍各自的处理方法。

常用设计法和常用修正设计法是对刚度均匀的圆环进行结构分析的，而与管片分块和接头位置无关，所以对管片接头应给予和管片本身相同的强度与刚度。但实际情况是，当前使用的接头形式实际上难以满足这些性能要求，因此，就将管片交错连接，靠相邻管片的搭接效果来弥补。

在这种情况下，通过管片接头所传递的弯矩减少了相邻管片分担的那一部分弯矩。此外，在《盾构工程用标准管片》中规定，标准混凝土管片应“根据经验和过去工程施工情况，按强度确定接头的性能。对于外径为1000～6000mm的混凝土管片，管片接头的容许抗力矩应为整体抗力矩的60%以上。

在《标准钢管片》中，管片接头以常规设计法所算出的最大弯矩和轴向力为基础。

在梁—弹簧模型解析中，设计时需要满足用于计算管片接头截面力的旋转弹簧常数。在该解析法中，一般接头的刚度小于管片整体刚度，故产生的应力减小(管片的应力应增大)。

计算多铰环截面力时，管片接头成为铰接结构，可以传递剪力，但为了便于施工，设计时需要使管片接头具有抗弯性以利拼装,并对设计荷载具有较好铰接性能。

对于封顶块管片的接头,径向插入式管片的接头面与隧道中心方面需有一定角度的倾斜以便插入,因此,不仅剪力,而且轴向力也会使接头面产生剪切滑动,设计时需要充分注意。

(5)环间接头

常用设计法和常用修正设计法都是将管片构件作为二维梁构件处理的,因此,交错连接时环间接头产生剪力无法计算。对此梁—弹簧模型解析,需要正确掌握剪切弹簧常数,把环向接头螺栓作为剪切弹簧处理,可以说是近似三维解析,因此,可直接求出作用于环间接头的剪力。如上所述,实际情况是,用常用设计法和修正常用设计法进行设计时,环向接头的计算是根据拼装性能和止水性方面取得的经验和以往工程施工的情况,决定其间距和大小的。此外,环间接头对于因地震影响和地基沉陷等引起的隧洞纵向及急弯段施工产生的影响,也需要采取措施。再者,把管片交错连接从而得到搭接效果时,当然需要使管片接头具有一定的刚度和强度,以便能将其弯矩减少部分传递给相邻管片,对环间接头的配置应充分注意。

思考题

1. 拼装式管片衬砌按断面形式怎么分类?
2. 拼装式管片衬砌按材质怎么分类?
3. 拼装式管片衬砌按适用线形怎么分类?
4. 盾构隧道二次衬砌一般采用什么方法修筑,有哪些设计方法?
5. 管片设计需考虑的因素有哪些?
6. 简述管片设计的原则。

第9章

管片制作技术

9.1 资源配置

9.1.1 组织机构

为了优质高效完成管片制作，一般应建立健全管片制作的组织机构，一般设置生产技术部、安全质检部、设备物资部、财务部、办公室，见图9-1。

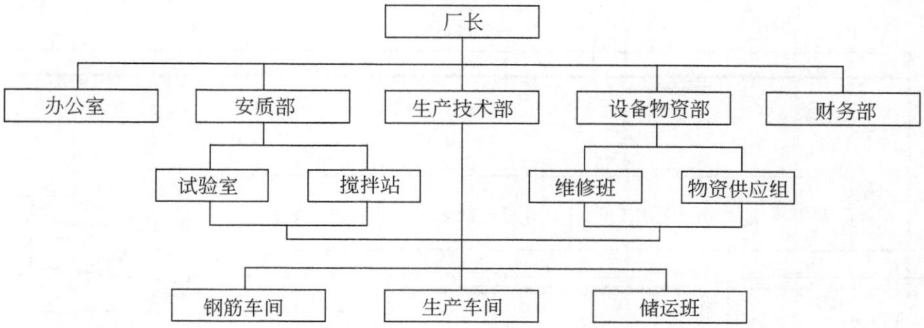

图9-1 管片厂组织机构

9.1.2 质量管理体系

管片制作应制定质量管理体系，成立质量管理小组，对管片制作所用的材料、设备、技术和环境进行检查和监督，严格控制管片制作的每道工序，杜绝使用不合格材料，并在管片制作过程中严格管理，确保生产出优质管片。质量管理体系见图9-2。

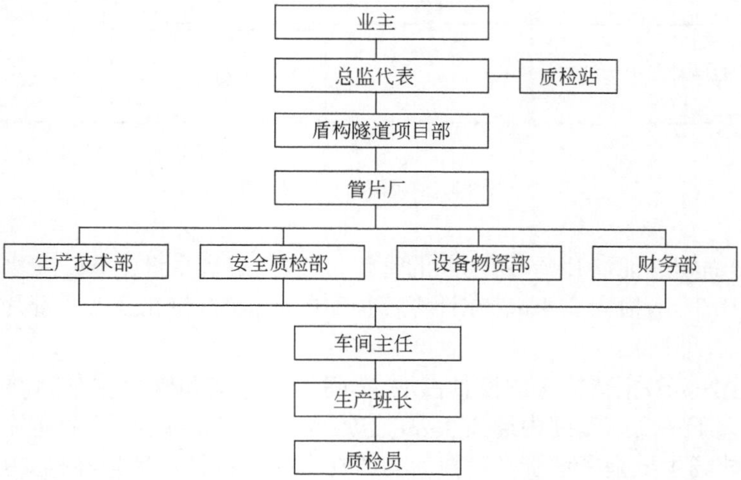

图9-2 质量管理体系图

9.1.3 生产及检测设备

管片的设计因隧道断面、地质、隧道功能的不同而不同，制作管片的主要生产及检测设备的型号规格也就不同。制作管片需配备的生产及检测设备主要有管片模具、钢筋笼加工胎膜、全自动混凝土搅拌站、锅炉、门吊、车间桁吊、钢筋自动弯弧机、钢筋切割机、钢筋调直机、CO_2 保护焊机、电弧焊机、翻片机、空气压缩机、管片运输平板车、管片水平拼装平台、管片抗弯试验机、管片抗渗试验机、推力试验机、管片吊具、装载机、叉车、压力机、恒温干燥箱、回弹仪、天平、大地称、砂石筛、混凝土试模、坍落度桶等。

9.2 前期筹备

管片制作的前期准备工作包括技术准备、厂房建设、各种机械设备的采购安装以及管片试生产等各项工作。

9.2.1 场地布置

场地布置主要包括养护池、生产车间、钢筋车间、搅拌站、管片存放场的设计与规划。图 9-3 为城陵矶长江穿越隧道(管片内径为 2440mm，外径为 2940mm)的管片厂场地规划图，供参考。

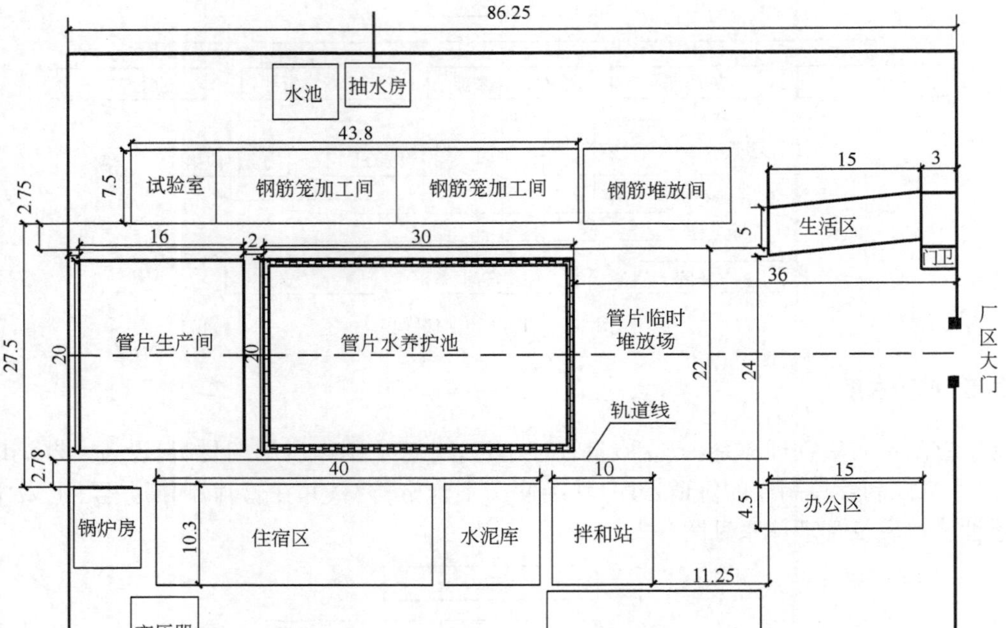

图 9-3 管片厂场地规划实例

1)养护池

养护池(见图 9-4)面积应能储存 7d 所生产的管片，并有一定富余量。管片在水中养护时(见图 9-5)，养护间距一般为纵向 0.35m，横向 0.4m。在计算养护池的面积时，应充分考虑管片的养护间距。

2)车间

管片生产车间(见图 9-6)主要应考虑模具占地、车间内的通道和管片在车间的临时存放所需要的面积。模具间距一般应大于 1.2m，车间内通道主要应包括混凝土运输道路、管片运输道路和钢筋笼运输道路所需面积。临时存放场主要是考虑管片脱模后需要在车间进行管片编号、修补的需要。采用简易车间时，主要使用门吊为起重设备，生产车间的面积应考虑到门吊轨线距厂房基础约 2m 的安全距离。

钢筋车间(见图 9-7)占地面积根据钢筋用量按需要考虑。

图 9-4 管片养护池全景

图 9-5 管片水中养护

图 9-6 管片生产简易车间

图 9-7 钢筋加工简易车间

3)管片存放场

管片存放场地的面积按储存管片数量所需要的面积考虑,并需考虑场内运输道路和管片装运方面的必要面积。

9.2.2 配合比设计

根据混凝土等级要求,将原材料(一般应由监理见证取样)委托当地具有一级试验资质的质量检验测试中心进行配合比设计。

混凝土配合比应根据《普通混凝土配合比设计规程》(JGJ 55—2011)设计并需监理工程师批准,向监理提供完全压实后的每一立方混凝土中全部混凝土成分的详细资料,以及每种成分拟定的数量;在工程中按测试所得的数据采用相同材料;提前 24h 将这种试验通知监理工程师以使其能够到场;在每次试拌前按规定制作三批不同的混凝土试样,对此三批混凝土进行 28d 龄期测试;未经监理工程师事先允许,不得更改已认可的试配比例和任何混凝土成分的供货来源;在要求变更拟使用的材料或所用材料的比例之前,监理工程师可以要求进行试配,试验室配合比设计按《混凝土强度检验评定标准》(GB/T 50107—2010)。

在混凝土的试验结果及试配详细资料上报监理工程师认可之后,方可开始浇筑混凝土。与强度有关的试验方案应经监理工程师批准。设计的配合比应满足施工和管片生产质量要求,而且应在保证质量的前提下考虑合理的经济性。

9.3 主要原材料及标准

管片生产所用水泥、砂石料、钢材、外加剂等原料按有关规范和标准进行采购、保存、检验,并需业主和监理工程师的认可和批准,且必须附有生产厂家的产品质量保证书。一般选用普通硅酸盐水泥。砂、碎石应符合规范要求并符合下列要求:①砂在 2.36mm 筛中的空壳筛余率,不超过 3%;②粉细物质含量(黏土、粉沙、尘埃),按重量计不超过 2%;③按规范测得的砂、碎石的含水率应不超过 2%;④碎石的压碎性指标不应超过 30%,骨料最大标称尺寸应不超过 25mm。

采用清洁的不含有害物质且符合规范要求的用水,水灰比一般不得超过 0.40。

钢筋表面应清洁,不得有易脱落的锈皮、油漆等污垢;钢筋必须顺直,调直后表面的伤痕及锈蚀不应使钢筋截面积减少。钢筋笼架接头焊缝高度不小于 0.3d(d 为钢筋直径),宽度小于 0.7d,搭接长度双面焊应大于 5d,单面焊应大于 10d。

9.4 管片生产工艺

管片制作工艺流程如图 9-8 所示。

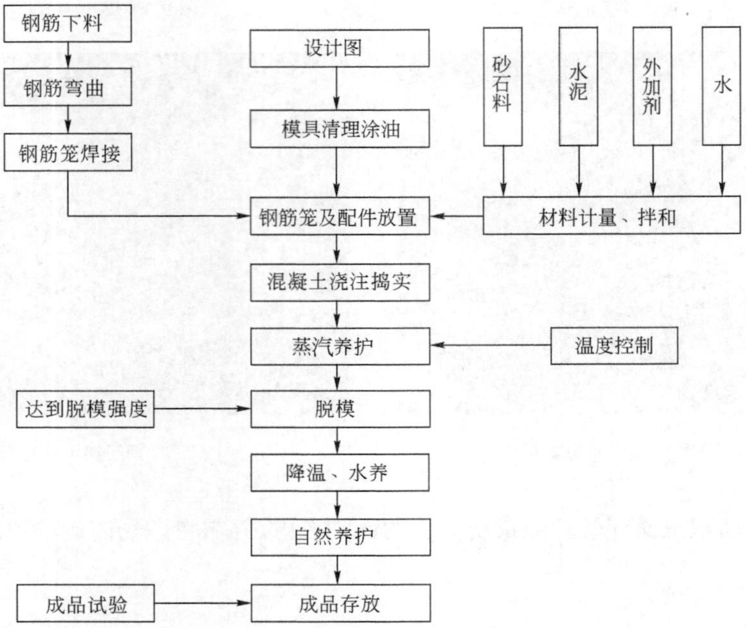

图 9-8 管片制作工艺流程图

1)钢筋笼的制作

(1)工艺流程

钢筋原材料检验→调直→断料→弯弧、弯曲→部件检查→部件焊接→钢筋骨架成型焊接→钢筋笼检验(见图 9-9、图 9-10)。

图 9-9 钢筋弯曲机

图 9-10 钢筋骨架成型焊接

(2)工序控制

①材料进场检验

钢筋进场时应有出厂质量证明书(试验报告单),进场后按炉罐(批)号及直径分批堆放,分批查对标牌。

每盘盘条必须由一整根盘成。盘条表面不得有裂缝、折叠、结疤、耳子、分层及夹杂。允许有压痕及局部的凸块、凹坑、划痕、麻面,但其深度和高度不得大于0.2mm。

月牙肋钢筋表面不得有肉眼可见的裂缝、结疤和折叠。钢筋表面允许有凸块,但不得超过横肋的高度。钢筋表面不得沾有油污及其他杂物。

钢筋的大量除锈,通过钢筋冷拉或钢筋调直机调直过程完成,少量的钢筋除锈可采用电动除锈机或喷砂方法完成,钢筋局部除锈可采取人工用钢丝刷或砂轮完成。

②调直及断料

利用钢筋调直切断机对盘条进行调直,对月牙肋钢筋的局部曲折、弯曲可采用弯曲机,平直锤或人工锤击矫直。

断料前应由2人以上配合,轻吊轻放,将钢筋原材料放置在承料架上,承载量不得大于3t。下料根据配料表及生产任务单进行切断。

每次断料前必须对机器刀片及刀口位置进行检查,每种型号、规格的钢筋经过检测无误后进行批量下料。

切断后的材料必须按规格整齐堆放在指定位置(图9-11),并由运输小车送到下一道工序。每日班后必须对调直机、切断机进行清洁、保养。

图9-11 钢筋按规格堆放

③弯弧、弯曲

根据弯弧、弯曲钢筋的规格调整从动轮的位置及芯轴的直径。根据配料表对钢筋进行试弯,并与标准样校核合格后,再进行弯弧、弯曲操作。弯弧前必须检查设备完好状况,发现异常及时修理。弯弧操作进料时必须轻送,出料口操作者用双手往靠身处压送。弯曲前操作者需检查芯轴挡块、转盘有无损坏及裂纹,将防护罩紧固可靠经运转确认正常后,方可作业。弯曲操作时严禁超过本机规定的钢筋直径、根数及额定转速工作,弯曲后钢筋先放在运料小车上,送到半成品堆放区指定位置。操作完毕后切断电源,进行机器清洁,保养工作,严格执行弯弧机、弯曲机的操作规程。加工钢筋允许误差见表9-1。

加工钢筋的允许误差 表9-1

项　目	允许误差(mm)
受力钢筋长度	±10
弯起钢筋的弯折位置	±20
箍筋部位长度	5

④部件焊接

根据钢筋配料表对横向矩形箍筋进行焊接,焊接在成型架上进行,焊机电流不得超过额定电流,以免出现烧伤现象。按照图纸规定的焊点焊接。焊接时必须将部件放平、焊牢,严禁出现扭曲现象。

⑤钢筋骨架成型焊接

钢筋骨架成型在符合设计要求的钢筋笼成型胎模(见图9-12、图9-13)或焊台(见图9-14、图9-15)上进行制作。一般中大型管片采用胎模,小型管片采用焊台。

焊接前必须对部件检查,合格后摆放到胎模上的指定位置。各部件安放后,经测量调整和检验各项尺寸均符合要求,才可进行焊接工作。焊接时焊点的位置要准确,不得漏焊,焊口要牢固,焊缝表面不允许有气孔及夹渣。

焊接顺序:先焊牢端部有定位档板一端的上下主筋,再摆正另一端焊牢连接点位。主筋与箍筋应从中间位置依次分别向两端进行焊接。端部构造附筋按图纸等间距点焊。

图 9-12　钢筋笼成型胎模

图 9-13　钢筋骨架吊至水平地面上

图 9-14　钢筋笼成型焊台

图 9-15　在焊台上制作的钢筋骨架

焊接以牢固而不伤主筋为标准,凡焊接烧伤主筋 1mm 以上均为不合格。焊接时,采用 CO_2 气体保护焊机根据操作规程进行施焊。焊后氧化皮及焊渣必须及时清除干净,保证焊接质量。焊接成型后的钢筋骨架吊离胎模,放在水平地面上。由专职检测人员测量其弧长、拱高、扭曲度、主副筋间距等项目尺寸均合格后,挂上绿色标识牌,填写记录,例如:"A1R 焊工李某,质检王某 ,日期"。以便于发生不合格时,追溯焊接者退回返修,直至合格为止。再用四点吊钩将钢筋骨架吊至指定区域堆放整齐。钢筋骨架制作允许误差值见表 9-2。

钢筋骨架制作允许误差值　　表 9-2

项　目	允许误差(mm)	项　目	允许误差(mm)
主筋间距	±10	分布筋间距	±5
箍筋间距	±10	骨架长、宽、高	−10～+5

2)管片制作

(1)工艺流程

模具组装→模具调校→钢筋骨架入模及预埋件安装→混凝土浇筑成型→蒸汽养护→脱模→成品检验、修补及标识→运至水池养护。

(2)工序质量控制

①模具组装

严格按照先内后外、先中间后四周的顺序,用干净的抹布彻底清理模具内表面附着的混凝土残留物及其他杂物。吊装孔座、手孔座等关键部位必须采用专用工具清除孔内积垢。最后利用压缩空气吹净模具内外表面的残渣。

由专人负责涂抹脱模剂,涂抹前先检查模具内表面是否清理干净,不合格立即返工清理。涂抹时使用干净抹布均匀涂抹,不得出现流淌现象。如出现则采用棉纱清理干净。

将端模板向内轻轻推进就位，用手旋紧定位螺栓，使用端模推上螺栓将端模推至吻合标志，把端模板与侧模板联结螺栓装上，用手初步拧紧后用专用工具均衡用力拧至牢固，特别注意应严格使吻合标志完全对正位，并拧紧螺栓，不得用力过猛。

把侧模板与底模板的固定螺栓装上，用手拧紧后再用专用工具从中间位置向两端顺序拧紧，严禁反序操作，以免导致模具变形。

②模具调校

组装好模具后，由专职模具检测人员对其宽度、弧长、手孔位进行测量，不合格进行及时调校，必须达到模具限定公差范围，以保证成品精度。检测方法为：

利用0～1800mm量程的内径千分尺检测钢模的宽度，误差为－0.4mm～＋0.2mm。

利用0～5m量程的钢卷尺检测钢模底板的弧长，误差为±1mm。

必须注意，检测宽度时，内径千分尺的测头必须在指定检测点方能进行。检测弧长时，钢卷尺必须紧密贴附在钢模底板上，且对准钢模的边线。在模具投入生产后，每天必须对产品进行宽度、对角线的测量。如发现尺寸有超差，马上对钢模进行检测。

钢模橡胶止水条属易损件，应每天检查并有足够的备用件。检查方法是：每个工作日由组模人员目视检查，如有破损现象，立即调换新的止水条，避免因止水条破损而引起漏浆。

③钢筋骨架入模及预埋件安装

由专人按模具的型号规格将钢筋骨架、预埋件、螺旋构造钢筋、弯曲螺栓分别摆放在模具指定位置。

检查钢筋骨架是否具备绿色标识牌，然后安装上保护层垫块。垫块根据不同部位分别选用齿轮形和支架形。支架形用于底部，按设计要求进行设置，无特别要求时，一般每块管片对称设垫6只（封顶块对称设垫4只）；齿轮形用于侧面，按设计要求进行设置，无特别要求时，一般每块管片两侧面设垫6只（封顶块设垫4只），端面每块两侧设垫均为4只。

用四点吊钩将合格的钢筋骨架按模具规格对号入模。起吊过程必须平稳，不得使钢筋骨架与模具发生碰撞。

安放预埋管时，先将管套上螺旋钢筋，将螺杆插入模具后进入预埋管管内，对准手孔座孔位处事先安放的垫圈，固定螺杆。

螺杆头部必须全部插入到手孔座的模孔内，防止连接不紧出现缝隙造成漏浆现象。

由专人检查各附件是否按要求安放齐全、牢固，不符合要求必须进行修正。

检查钢筋骨架保护层垫块是否安放正确，保证主筋保护层为50mm，侧面箍筋保护层为25mm。

对手孔垫圈锚固脚与钢筋骨架进行焊接，焊口要牢固。如附件、附筋与骨架碰不上，可加焊短钢筋连接，焊接时要用特殊纸皮承接掉落的焊渣，以免烫伤模具内表面，降低光洁度。

④混凝土浇筑、振捣

定期检验混凝土搅拌站上料系统和搅拌系统电子计量系统，保证机器运行精度。由试验工程师负责检查混凝土的搅拌质量，坍落度一般控制在70～90mm为宜。

管片模具为附着式振动方式，为确保振捣质量，采取边浇筑边振捣的施工方法。

混凝土浇筑采用分三层下料方式可减少表面气泡。第一次浇入模具端部凹凸槽位置，约厚度2/5处，打开中间振动器振动1min左右；第二次浇入模具端部止水带位置，约厚度4/5处，打开所有振动器振动1min左右；再将混凝土全部浇入振动3～4min，关掉所有振动开关。实际操作时，振动时间根据混凝土的流动性掌握，目视混凝土不再下沉或出现气泡冒出为止。

振捣过程中须观察模具各紧固螺栓、螺杆以及其他预埋件的情况，发生变形或移位，立即停止浇筑、振捣，尽快在已浇筑混凝土凝结前修整好。

⑤混凝土抹面

打开顶板的时间一般在混凝土浇筑后45min左右，具体时间随气温及混凝土凝结情况而定。打开顶板时注意插牢顶板插销，以防顶板落下伤人。

粗抹面:使用铝合金压尺,刮平去掉多余混凝土(或填补凹陷处),使混凝土表面平顺。

中抹面:待混凝土表面收水后使用灰匙进行光面,使管片表面平整光滑。

精抹面:以手指轻按混凝土有微平凹痕时,用长匙精工抹平,力求表面光亮无灰匙印。

在混凝土浇筑完 1h 左右拔出螺杆并及时清洗干净,涂抹黄油后放在模具的指定位置。

⑥蒸汽养护

蒸汽养护能提高混凝土脱模强度、缩短养护时间,加快模具周转。养护分两班进行,每班 12h,设专人负责。

混凝土初凝后合上顶板(不用拧紧螺栓),在模具外围罩上一个紧密不透气的帆布罩,进行蒸汽养护。

顶板作为支架支承帆布罩,顶板不能与混凝土表面接触,应有 10～15cm 的距离,让蒸汽在此空间流动,帆布罩应紧贴地面,压上重物,以免蒸汽逸出。

混凝土浇筑完成后静置约 2h,加盖养护罩,引入饱和蒸汽进行养护。升温时间控制在 2～3h,为防止温度升高过快造成混凝土膨胀损害内部结构,在自然温度下,每 1h 升温 10～15℃,不得超过 20℃。恒温阶段一般在 1.5h 左右。蒸汽养护温度为 50～60℃,最高不超过 60℃。降温时间必须控制在 1.5 h 以上,到达规定的蒸养时间后关上供汽阀,部分掀开帆布罩(图 9-16),让模具和混凝土自然冷却 1h 后,再全部揭开帆布罩,半小时后开始脱模。

图 9-16 进行蒸汽养护的帆布罩

蒸汽养护参数见表 9-3,曲线如图 9-17 所示。管片出模后要加强水养护,以提高混凝土后期强度。

管片蒸汽养护 表 9-3

项目	参数	项目	参数
管片静停时间	2h	恒温时间	1.5h(根据季节温度调定)
升温梯度	10～15℃/h	降温梯度	≤10℃/h
蒸汽养护最高温度	≤60℃	脱模时与外界的温差	≤20℃

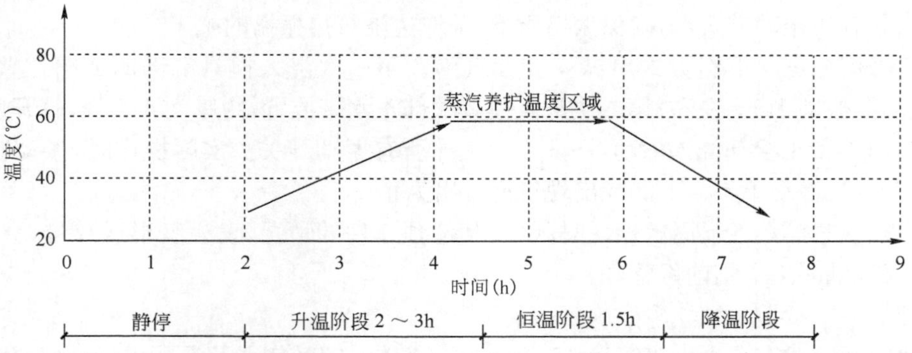

图 9-17 蒸汽养护曲线图

⑦脱模

混凝土降温后将混凝土试块送试验室进行试压。强度达到 15MPa 以上时，接试验室通知后开始脱模。

脱模顺序：松开灌浆孔固定螺杆→打开模具侧模板→打开模具端板→用吊具连接管片→振动脱模。

脱模必须使用专用吊具，将吊具吸盘固定在管片的指定位置，由专人向门吊司机发出起吊信号，1 人稍微开启中间振动阀，使管片与模具脱离。将管片吊至翻片机上进行 90°翻转，再用专用吊具将侧立的管片吊至平板车上。脱模过程中严禁锤打、敲击。

⑧成品检验及修补、标识

a. 成品尺寸检验

用大于管片宽度量程的游标卡尺测量管片的宽度，用大于管片厚度量程的游标卡尺测量管片的厚度。用 5m 规格的钢卷尺测量管片弧长。用直径为 1mm，长度为 7m 的尼龙线对扭曲变形情况进行检验。成品质量检验标准见表 9-4。

管片成品质量标准 表 9-4

序　号	内　容		检 测 要 求	允许误差(mm)
1	外形尺寸	宽度	测三点	±1
		弦长、弧长	测三点	±1
		厚度	测三点	−1～+3
2	混凝土强度			≥设计标号
3	混凝土抗渗			≥设计标号

每块管片都进行外观质量检验，管片表面应光洁平整，无蜂窝、露筋、无裂纹、缺角。轻微缺陷进行修饰，止水带附近不允许有缺陷，灌浆孔应完整，无水泥浆等杂物。

b. 产品修补

深度大于 2mm，直径大于 3mm 的气泡、水泡孔和宽度不大于 0.2mm 的表面干缩裂缝用胶黏液与水按 1∶1～1∶4 的比例稀释，再掺进适量的水泥和细砂填补，研磨表面，达到光洁平整。

破损深度不大于 20mm，宽度不大于 10mm，用环氧树脂砂浆修补，再用强力胶水泥砂浆表面填补研磨处理。

c. 合格管片标识

标识内容：分别为产品的型号、产品型号的生产累积号、产品的生产日期。

标识位置：内弧面右上角；正对内弧面的右上侧端面。见图 9-18。

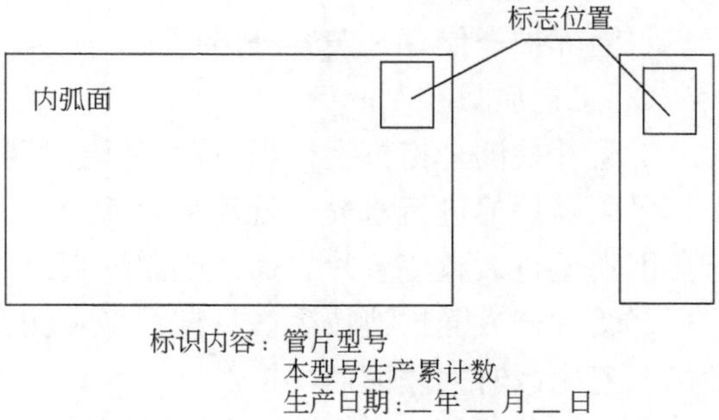

图 9-18 管片标识

标识符号见表 9-5。

管片型号标志符号 表 9-5

型　号	标　志	封顶块标志	邻 接 块	标 准 块 标 志
标准环	T	KT	BT　CT	A1T　A2T　A3T　A4T　A5T…
左转弯环	L	KL	B1L　B2L	A1L　A2L　A3L　A4L　A5L…
右转弯环	R	KR	B1R　B2R	A1R　A2R　A3R　A4R　A5R…

管片最终检验由安质部质量监督员负责，车间质检员发现产品质量问题向安质部报告。不合格的产品及时标识和隔离。所有产品检验数据应填表记录。

管片出厂前应对如下项目按如下频率抽检：

a. 管片单体弯曲试验：每 1500 块一次，使用标准片。

b. 管片接合破坏试验：每 500 环一次，使用标准片或邻接片接合。

c. 管片单体推力试验：每 500 环一次，使用封顶片。

以上各项若每季生产量不足 500 环时，每季试验一次。"a"项管片试验不合格时，可再取两片重新试验，如再不合格则此批管片应不予使用。

螺栓、螺帽等组件，每 500 个或一批货抽样取两个做外观、形状、尺寸及螺栓精度检查，如不合格则此批螺栓、螺帽应不予使用。每 5000 个或一批货抽样取两个做机械及物理性能试验，试验不合格时，可再取两个重新试验，如再不合格则此批螺栓、螺帽应不予使用。

管片生产正常后应对每日生产的不同类型的管片分别抽检两块检漏，检漏标准为：按设计抗渗压力恒压 2h，渗流线不得超过管片厚度的 1/3。

管片水平拼装检验应符合下列规定：由三环管片进行水平组合拼装，并经检验合格方可投入正式生产。

管片投入正式生产后，对每套钢模生产的管片按如下规定作水平拼装检验：管片开始生产 50 环后进行水平拼装一次；开始生产 100 环后，再经一次水平拼装检验合格后可定为每生产 100 环作一次水平拼装检验。水平拼装的检验标准应符合表 9-6 的要求。

管片水平拼装检验允许误差表 表 9-6

项　目	检 测 要 求	检 测 方 法	允许误差(mm)
环向缝间隙	每环测 3 点	插片	≤2
纵向缝间隙	每条缝测 3 点	插片	≤2
成环后内径	测 4 条(不放衬垫)	用钢卷尺	±2
成环后外径	测 4 条(不放衬垫)	用钢卷尺	−2～+6

3)管片养护、储运

(1)工艺流程

水池养护→储存→美容→出厂。

(2)工艺质量控制

①管片检测合格打上标识，待管片温度与室外温度相差 10℃以下时，由平板车运至养护池，由门式吊车吊入养护池进行水养。管片移入养护池前，应确定其管片混凝土表面温度和水温之差不大于 20℃，避免因温差过大致使管片表面产生收缩裂纹。

②管片进入养护池按生产日期及型号侧立排放整齐，并做好记录。养护池底部应铺设枕木，避免管片吊入养生区时因碰撞而受损。

③水池养护须记录水温、管片下水前温度及水养护时间。管片在养护池中一般养护 7d 后，起吊由翻身架翻转 90°后，用叉车运至储存场。

④管片移入储存场依生产日期分批放置储存，储存场地面应坚实平整。

⑤存放时管片应内弧面向上平稳地堆放整齐，管片下及管片之间应垫有柔性材料，垫条应对称放置，使管片间无碰撞，堆放高度不得超过 4 层。

⑥管片放置干冷的储存场进行强度养护，混凝土强度达到设计强度的 100%后管片方可出厂。

⑦管片出厂前需盖合格印。

⑧运输管片用叉车装车，管片内弧面向上平稳地置放于运输车辆上，管片底及管片之间垫有柔性木垫(方木)，只可堆放 3 层高，防止运输过程中碰撞。

⑨ 管片用平板汽车运到施工现场，用门吊从车上吊下，施工现场管片存储场地应用混凝土硬化，地面坚实平整，存放时管片应内弧面向上平稳地堆放整齐，堆放高度不超过 4 层。

思考题

1. 简述管片制作的质量管理体系。
2. 制作管片需配备的生产及检测设备主要哪些？
3. 管片制作的场地布置主要包括哪些？
4. 简述管片生产的主要原材料及标准？
5. 试述管片制作工艺流程主要包括哪些？
6. 简述管片养护、储运的工艺流程与质量控制措施。
7. 简述管片蒸汽养护的技术要点。

第 10 章

盾构(TBM)设备管理与使用

10.1 盾构(TBM)设备的管理

10.1.1 管理的内容

盾构(TBM)设备管理的范围包括对盾构或 TBM(含盾构或 TBM 主机及后配套设备)、施工辅助设备(也称常规设备)、施工辅助设施、材料、配件及施工人员的管理。

盾构(TBM)设备管理的对象包括盾构或 TBM、常规设备及施工作业人员,管理内容包括盾构或 TBM、施工辅助设备、施工辅助设施的管理、使用、保养、维修、配件、外加工 6 个方面。

10.1.2 管理的组织机构

盾构(TBM)设备的有效管理是通过有效的组织机构来实现的。组织机构是管理的载体,是实现有效管理的保证。盾构(TBM)法施工项目部必须建立盾构(TBM)设备管理组织机构,明确岗位职责。确保对盾构或 TBM、施工辅助设备、施工辅助设施及施工作业人员进行有效的管理。盾构(TBM)项目部设备管理的组织机构一般按图 10-1 设置。

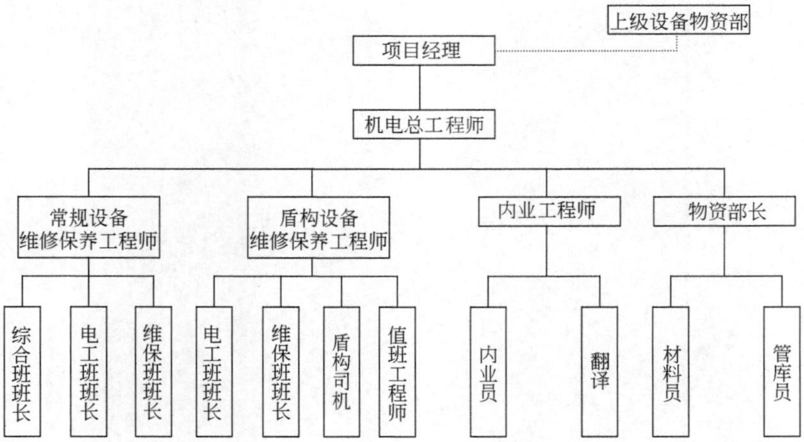

图 10-1 盾构(TBM)法施工设备管理组织机构

10.1.3 现场管理

1)设备台账

建立盾构(TBM)及后配套设备、施工辅助设备的台账,并由内业员管理,定期对账,做到账物相符。

构成固定资产的施工设备均应建立履历簿。履历簿中应详细记录该机简历、变动、事故、运转、修理、保养、技术改造、油质测试、状态检测等情况。履历簿由内业员及时认真填写。

机械使用说明书、出厂合格证、图纸、配件目录、设计资料、电子文档等随机技术资料，由内业员妥善保管，按规定存档。

机械运转记录由操作司机填写，将该机的运转小时、油料消耗、完成工作量等认真如实记录，按月汇总并由机电部内业员存档。

内业员要认真履行职责，及时收集资料，规范、正确地填写各类机械报表。要加强设备管理方面的信息积累和统计分析，各种原始凭证、数据资料要齐全、准确，并认真做好固定资产净值率、主要生产设备完好率、设备大修计划完成率、净产值设备修理费用、设备事故和设备故障停机等主要技术经济指标的统计分析工作。

2)配件管理

配件管理实行工程师签认制度。盾构（TBM）设备的配件管理坚持"以修为主、国产为辅"方针，严格控制昂贵进口配件的发放。

配件计划由维修保养工程师制订，经项目部机电总工审核后，于每月 25 日前报经理审批。管库员发放配件时，一律坚持以旧换新的原则，对于损坏的进口配件必须由维修保养工程师签认方可领用。各施工设备的司机、修理工、配件库管人员应主动及时向维修保养工程师反映配件的使用与消耗情况。配件采购后，必须经维修保养工程师验收合格后方可入库，严格点收制度。配件入库后，管库员按规定存放，每月 25 日将配件库存动态表上报维修保养工程师。

3)油水管理

建立严格的油水管理制度，定期、定点抽取油样进行化验分析，并以检测结果来指导油水管理工作。

使用过程中，应每月进行油质检验，以确定最佳换油时间，确保盾构（TBM）正常运转。应配备基本的油水检测设备、仪器及化验人员，如条件不具备时，必须委托有油水化验资质的单位进行。内业员将盾构（TBM）油质的检测时间、检测结果以及按检测结果换油情况记入机械情况记录本，并将油质检测报告存档。

严格盾构（TBM）用油的标准化管理，认真把好油料的采购"进货关"、验收"保管关"和"使用关"。物资部门负责油料的采购、入库检验、保管及超期储存（6 个月）的复验等，检验单作为入库凭证之一存查。必须采购盾构（TBM）生产商推荐品牌或国家批准定点生产企业的名优产品，并负责提供油品技术证件，保管期限和本部门的复检证明，作为质量依据。

冷却水必须用软水，冷却水池要保证水量充足，散热良好，定期换水，定期清洗水池，保证清洁。

4)设备状态评估

为了加强对盾构（TBM）及施工辅助设备的管理，保证施工设备技术状况良好及安全运行，切实做好维修保养工作，应成立施工设备状态评估组，每月对施工设备进行状态评估。盾构（TBM）完成全部掘进任务前，应由状态评估组对盾构（TBM）及施工辅助设备、管片模具和配套设备的技术状况进行全面的退场前评估。评估工作一般在剩余 3 环的时候进行，目的是记录盾构（TBM）在掘进状态下的各种技术参数。同时，要进行油水检测。评估结束后形成盾构（TBM）状态评估报告。对状态评估中提出的问题应及时进行解决。

盾构（TBM）正常使用过程中的定期状态评估由项目部组织实施，项目部、工区和有关管理单位人员参加；盾构（TBM）完成全部掘进退场前的状态评估，由盾构（TBM）管理单位组织，项目部和工区配合，有关部门派员参加。状态评估的内容、范围、时间及实施的相关工作，参加状态评估人员的责任和权利由组织实施单位确定。状态评估完成后要提交完整的评估报告。使用单位要按照评估报告要求，制订维修方案；盾构（TBM）管理单位要对使用单位的维修保养进行监督指导。

5)操作管理

操作管理项目主要包括开挖面管理、推进管理、出渣管理、管片拼装管理、壁后注浆管理、二次衬砌管理。

盾构（TBM）掘进参数必须由土木工程师根据地质状况下达指令，操作人员应根据土木工程师的指令操作盾构(TBM)。

盾构(TBM)施工过程中,随时注意开挖面状态、盾构(TBM)姿态、盾构尾部的管片有无变形与破损、漏水和地表沉降等,在进行各种调查、测量等作业时要慎重,使工程严格按技术规范完成。

6)安全管理

管理人员和施工作业人员必须树立"安全第一"的思想。盾构(TBM)项目部应成立安全管理委员会,建立事故报告制度,建立安全预防措施和应急预案,配备防火、防洪、防漏电、防坍塌用品或设施,制订盾构(TBM)及其他常规设备的安全操作规程。

安全管理委员会一般应设置1名专职安全员。盾构(TBM)司机、管片安装机司机、注浆泵司机、电瓶车司机、门吊司机及盾构(TBM)维修保养人员必须持证上岗。

7)成本管理

根据合同及承包价的验工指标,预算成本费率。根据项目责任成本和分解资料编制项目利润、项目管理费和间接费计划,准确核算实际成本,正确归集摊销各项费用。在实践中不断总结,建立盾构(TBM)工程的施工消耗定额,搞好成本控制,做好盾构(TBM)的成本分析,建立完整的成本管理制度。

8)环境管理

盾构(TBM)法施工环境管理的原则是:整理、整顿、清扫、清洁、身美。即"5S管理"。

"整理"是把要与不要的材料、工具、设备、报表分开放置,然后再将不要的物品处理掉,这是改善环境的第一步。

"整顿"是把要的物品定量定位。材料、工具、油料要摆放整齐;管片、钢轨、钢枕堆放整齐;设备分类停放,待修的机械停放指定位置。

"清扫"是将施工场地、环境、设备、材料的灰尘和污垢清扫干净,确保设备和施工现场的整洁。

"清洁"是在"整理"、"整顿"、"清扫"之后的彻底维护。清洁是安全生产的第一步。

"身美"是指员工统一着装。

9)信息管理

建立盾构(TBM)管理的信息系统,实现盾构(TBM)管理的信息化、网络化与远程化,对盾构(TBM)管理全过程进行跟踪和控制。做好盾构(TBM)施工过程中各项技术参数的信息采集和记录,并对所采集的数据进行汇总和分析。

信息采集的内容要齐全,如盾构主要包括:盾构土仓压力、泥水压力、泥水状态、推力、扭矩、转速、姿态、排土量、温度、地下水位,地表及建筑物、地基变形等。采集的信息和记录要保存完整,建立信息数据库,各种信息和记录应有电子文档和书面记录两种方式,有专人保管,以便作为今后盾构施工技术改进、发展的参考资料。

盾构(TBM)的数据采集系统是一个比较完善的自动采集与监控系统,在任何情况下应充分保证数据采集系统的正常运行。计算机在盾构(TBM)正常施工阶段应保持每天24h开机,并定期对计算机的采集数据与软件系统进行备份。

未经允许,严禁对数据采集计算机系统进行任何软、硬件方面的改动。由于采集系统是通过程控电话系统来对隧道内的PLC系统进行连接的,所以应对数据采集系统的连接电缆进行日常的检查与保养,发现问题应立即修复;由于数据采集系统存在随时掉线的可能,其采集的环数可能和实际的不符。应每天有专人对数据采集系统计算机上的环数与实际环数进行核对,发现有误时应立即修改数据采集系统环数,以保证采集数据的正确性。

对掘进过程中采集的信息,必须进行分析,发现问题及时反馈,以指导生产。

10.1.4 岗位职责

盾构(TBM)项目部必须建立健全岗位责任制,明确各个岗位的职、责、权,分工明确,实现职、责、权三者的统一。

盾构(TBM)项目部是盾构(TBM)管理、使用的责任主体单位，负责盾构(TBM)的现场管理、使用、保养、修理、保管等工作。项目经理负责盾构(TBM)的全面管理，对盾构(TBM)的机械状况和寿命负责。机电总工程师在项目经理的领导下，具体实施各项管理制度、机械维护以及成本核算等。机械技术人员在机电总工程师的领导下，具体执行各项管理制度。

(1)机电总工程师的职责

①在项目经理的领导下，主管盾构(TBM)及辅助设备的技术管理工作，领导盾构(TBM)操作司机、维修保养工程师、内业工程师、物资部长的工作；

②组织实施盾构(TBM)的组装、调试、始发(步进)、掘进、到达、调头、转场、拆机、包装、存放、运输工作；

③组织编制设备管理制度和规程，检查和监督操作人员严格按规程进行作业。审查有关设备维修保养计划，并监督执行；

④组织对盾构(TBM)和辅助设备的操作人员和维修保养人员进行培训；

⑤组织设备管理工作，组织设备、计算机管理的技术攻关。每月组织一次盾构(TBM)状态评估与油水检测工作；

⑥组织对施工中的材料和配件管理，审核修旧利废的技术方案，保证施工材料和配件供应；

⑦编制年度技术工作计划。组织编制盾构(TBM)的维修保养计划、配件材料需求计划、油水检测计划，并按时下达到班组；

⑧组织对盾构(TBM)设备和施工技术的研讨活动，主持盾构(TBM)施工技术工作会议，并检查落实技术会议决议的执行情况；

⑨协调盾构(TBM)施工作业和设备维修保养的关系，处理好使用和维修保养的关系。

⑩对机械技术人员的工作情况进行考核。

(2)盾构(TBM)维修保养工程师的职责

①负责盾构(TBM)及后配套设备的维修保养规程和安全操作规程的编制；

②负责盾构(TBM)及后配套设备的维修保养工作。负责对维修保养班下达维修保养任务，指导维修保养班和电工班的工作；

③每天至少2次对盾构(TBM)及后配套设备进行巡视，对盾构(TBM)及后配套设备的保养结果进行检查，并将检查结果报机电总工程师；

④负责制订每周维修保养计划和配件材料供应计划，交机电总工程师审批；

⑤负责并参与维修保养班每周的周检，并将周检及维修保养结果报机电总工程师；

⑥每天对操作人员填写的运转记录和维修班填写的点检报表进行检查确认。负责收集整理有关报表。

(3)掘进班长的职责

①对本班及本机组全面负责，保证盾构(TBM)及后配套设备的正常运转；

②指导盾构(TBM)主司机、管片吊机操作员、管片安装机操作员、注浆泵操作员的工作；

③有权拒绝无操作合格证的人员上机操作，组织、领导、监督机组人员对盾构(TBM)及后配套设备搞好使用、保养及维修工作。主动向维修保养工程师及时反映情况，并提出合理化建议；

④负责盾构(TBM)施工工序的协调组织；

⑤收集和总结盾构(TBM)施工中及维修保养中的技术问题；

⑥参与事故的分析和处理。

(4)盾构(TBM)值班工程师的职责

①负责制订《盾构(TBM)作业指导书》；

②负责对盾构(TBM)巡视，并将巡视结果报机电总工程师。巡视内容如下：检查盾构(TBM)及后配套设备状况，检查盾构(TBM)司机、管片安装机操作员、注浆泵操作员等盾构(TBM)操作人员是否按《盾

构(TBM)安全操作规程》和《盾构(TBM)作业指导书》进行安全操作,检查掘进班对盾构(TBM)的清洁保养情况;

③负责对盾构(TBM)司机进行现场技术指导,并处理工作中发现的违章作业行为;

④指导并参与盾构(TBM)的组装与调试,始发、调头、转场和拆机工作;

⑤负责向维修保养工程师或机电部内业工程师报告值班过程中设备存在的问题,并及时对值班中所发生的问题进行处理;

⑥提供值班记录、盾构(TBM)掘进参数、技术总结。

(5)盾构(TBM)司机岗位职责

①严格遵守盾构安全技术操作规程,服从维保工程师、土木工程师的指导。当盾构(TBM)有发生事故的可能时,必须立即报告值班工程师,并及时采取有效措施,确保安全生产;

②保证盾构(TBM)的安全运转及附件、工具、原始资料的完整齐全,严禁拆除盾构(TBM)上的任何部件;

③掘进过程中盾构(TBM)掘进参数严格按照土木工程师提供的施工指令,严禁擅自更改。如遇指令与地质状况不符时,应停止掘进,并将情况及时反馈给土木工程师;

④认真填写盾构(TBM)运转记录和掘进报表,做好交接班工作;

⑤控制好盾构姿(TBM)态,监控盾构(TBM)的故障显示并反馈给维保工程师;

⑥作好操作室的清洁工作,保持良好的施工作业环境。

(6)内业工程师的职责

①在机电总工程师的领导下,对盾构(TBM)的技术资料、技术文件进行管理,制订并执行技术资料和文件管理办法;

②及时收集原始资料,规范、正确填写有关盾构(TBM)及施工辅助设备的报表;

③负责设备管理的信息收集、整理、汇总、处理、分析;

④负责内部资料、档案的分类、整理并保存;

⑤定期上报配件消耗统计、电力消耗统计、机械使用成本等规定的材料;

⑥负责计算机的管理及计算机的日常维护。

(7)常规设备(施工辅助设备)维修保养工程师职责

①负责解决施工辅助设备存在的问题;

②负责制订施工辅助设备的作业指导书;

③检查施工辅助设备使用、保养、维修执行情况;

④负责施工辅助设备巡视工作,检查维修保养结果。

(8)安全员的职责

①进行安全宣传和对职工进行安全知识培训;

②会同维修保养工程师进行事故分析处理;

③研究防止安全事故发生的措施;

④每天对施工设备的操作与运转情况进行安全巡视。

10.1.5 岗位考核

为确保各岗位认真履行本职工作,确保盾构(TBM)施工的顺利进行,必须制订相应的岗位考核办法和奖惩制度。

只有制订严格的岗位考核办法,才能确保管理有目标,考核有依据,奖惩有标准。

岗位考核记分与当月奖金挂钩,严格考核、奖惩兑现、赏罚分明,确保各项工作有条不紊。检查考核过程中发现的问题给责任部门或责任人发放限期整改通知单,要求认真进行整改,并对整改结果跟踪检查。

10.1.6 技术培训

建立有效的培训制度，开展对盾构(TBM)司机、盾构(TBM)维修保养人员、安全员的技术培训，使其技术素质、技术水平、管理水平、操作维修水平不断提高。

盾构(TBM)技术培训主要包括以下内容：盾构(TBM)的结构原理、工作原理；导向系统的操作；数据采集系统的操作；泥水处理技术；现场用电技术；油水检测与状态监测技术；盾构(TBM)法施工新技术、新工艺。盾构操作人员、维修人员等要经培训考试合格后持证上岗。

10.2 盾构(TBM)设备的使用

10.2.1 施工组织设计的编制

h盾构(TBM)施工前应编制详细的实施性施工组织设计。如：盾构工程实施性施工组织设计主要包括盾构的构造、特性及适用范围；施工沿线地表环境调查报告；施工沿线地下障碍物的调查报告；工程地质与水文地质勘查报告。隧道沿线探孔间距一般不应大于50m，地质变化地段应加密。设计文件对工程的技术要求与规定；施工现场平面布置图；盾构的现场组装、安装及吊装方案；工作竖井的施工方案与检查井的施工方案；盾构法施工的临时给水、排水、照明、供电、消防、通风、通信等设计；管片制造、运输、储存、防水、拼装与同步注浆、二次补充注浆方案；配套辅助施工机械设备的选型、规格、数量，现场及工作井垂直运输及水平运输等机械设备布置；盾构的始发、掘进、到达的条件以及掘进与运土方案；测量与监控方案；防漏电、防缺氧、防爆、防毒等安全监测和保护措施。

10.2.2 安全操作要求

1)盾构(TBM)操作要求

坚持施工生产“安全第一”的方针，建立事故报告制度，建立安全预防措施和应急预案，根据施工中所使用的盾构(TBM)类型、盾构(TBM)使用说明书制订详细的《盾构(TBM)安全操作规程》，并充分发挥安全管理委员会(安全监察机构)和群众性的安全组织的作用，严格监督安全操作规程的贯彻执行。

盾构(TBM)司机、管片安装机司机、注浆泵司机、电瓶车司机、起吊司机、盾构(TBM)维修保养人员必须持证上岗。项目部和工区要制订安全预防措施和应急预案，配备安全管理和指挥人员。建立事故报告制度，任何人发现设备事故或事故苗头时，应立即报告安全员或值班工程师。工地要配备预防火灾、水淹、漏电、坍塌、物体坠落的用品或装置，保证人员和盾构(TBM)的安全。

在盾构(TBM)不同岗位上的操作人员，必须进行岗前专业培训，经考核合格后发给上岗证，持证上岗。特殊工种的工作人员如电气、吊车司机、机车司机、电焊工、装载机司机、机械维修人员等应同时遵守相关行业的安全操作规程。在人仓内工作的人员必须通过医学适应性体检。在控制室内操作的人员要求无色盲。电力设备的维修保养必须由具有此资格的电工人员进行，且须在有资格的负责人监督和指导。操作和维护高压设备的人员必须是经过特殊培训的，且具有高压操作资格证书。操作空气压缩设备和液压设备的工作人员必须具有相应的专业知识和一定的工作经验。

在盾构(TBM)内工作的相关人员应十分熟悉盾构(TBM)上的所有安全保障设备，以便在可能发生危险时能利用这些设备来避免和消除危险的发生。在工作区域的所有人员应十分熟悉盾构(TBM)上所有的警示灯、警报器、紧急停止按钮、消防系统等。工作人员应熟悉盾构(TBM)内的联络系统，并经常检查以保证这些通信设备能正常使用。

2)操作注意事项

盾构(TBM)在掘进操作过程中，要始终注意掘进参数变化。特别是对于盾构，必须保证盾构正面土体处于稳定状态。

盾构正面土体稳定的效果将直接影响地层变形。平衡压力过大、过小，进土量过多、过少等情况将导致正面稳定不佳的情况产生。

盾构正面土体稳定控制包含着推力、推进速度和出土量三者的相互关系，对盾构施工轴线和地层变形量的控制起主导作用。保证盾构正面土体稳定，有效地控制轴线和地层变形的措施如下：

①在盾构施工中根据不同土质和覆土厚度、地面建筑物，配合监测信息的分析，及时调整平衡点；

②控制每次纠偏的量，减少对土体的扰动；

③及时调整注浆量和注浆压力。

盾构掘进时，可能会遇到的几种情况：对地层情况调查不细而遇到障碍物；对水文地质条件掌握不全而遇到流沙、暗浜、回填土层、承压水或地层土体软硬不均匀；对盾构自重方向、出土或仪表控制不当；对注浆控制不当；或是盾构处在小半径曲线区间段等。当出现以下几种情况时，应停止盾构掘进并采取措施：

①盾构前方发生坍塌或遇有障碍；

②盾构自转角度过大；

③盾构位置偏离过大；

④盾构推力比预计的大；

⑤可能发生危及管片防水、运输及注浆设备故障等。

10.2.3 盾构操作

1)盾构主机操作

开机前全面检查冷却循环水系统、压缩空气系统、推进系统、管片拼装系统、主轴承密封润滑系统、盾尾注脂系统、泥水系统等，确保系统正常方能启动操作。并确保开机前无人停留在盾构的危险区域。

严格按照启动顺序开机。掘进过程中，主司机应时刻监视主机室内操作面板上的各种参数，并严密监视出渣情况，应随时根据导向系统的参数调整盾构姿态。副司机应随时巡检盾构设备状态，如泵站噪声、液压系统管路连接有无松动及是否有渗漏油、油脂添加系统原料是否充足、轨道是否畅通、注浆是否正常等。盾构操作必须做到：①没有注浆或注浆量不能保证时不能掘进；②没有方向量测时不能掘进。

盾构掘进过程中，必须确保开挖面的稳定，必须按围岩条件调整土仓压力(泥浆压力、泥浆性质)和控制出渣量(送排泥量)。保持适当的推进压力，不可过大或过小。盾构掘进的推力必须在考虑围岩情况、盾构类型、超挖量、有无蛇曲修正、隧道曲线半径、坡度和管片反力等情况下，确保盾构掘进时的推力大小始终保持在适当的值上。

2)管片安装操作

管片安装须按正确的安装程序进行。管片拼装质量直接影响弹性密封垫的防水作用。拼装时应注意控制管片成环的椭圆度和管片环面的平整度。椭圆度过大会引起环缝张开量增大，易造成漏水。拼装后的初始椭圆度应按照规范要求控制，管片脱离盾尾后应尽量限制椭圆度的增大，应复紧管片连接螺栓。环面不平整度一般是因管片制作和拼装精度不够，推进油缸推力不均衡引起，环面不平整度应控制在5mm内，若超出应用垫片填平补齐。

管片安装必须从隧道底部开始，然后依次安装相邻块，最后安装封顶块。封顶块安装前，应对止水条进行润滑处理，安装时先径向插入，调整位置后缓慢纵向顶推。管片块安装到位后，应及时伸出相应位置的推进油缸顶紧管片，其顶推力应大于稳定管片所需力，然后方可移开管片安装机。

管片吊运时管片下严禁站人或人员身体某部位处于管片下方。进行管片安装时，安装区域下方严禁站人或人员身体某部位处于管片下方。管片输送小车前移管片时移动区域不能有人员或设备。操作前的检查中发现任何不正常的问题，都必须经相关人员检查确认正常后才能进行工作。在使用操作中，出现任何不正常问题，工作人员必须离开危险区域，在将管片等放到安全位置，经相关人员检修确认后，才能进行工作。具有电工特种作业操作证人员才能开箱进行电气检查。

在管片安装过程中，如出现过载工作，须立即采取紧急制动和按下紧急按钮，人员离开危险区域后，再将管片旋转到安全位置；若无法将管片旋转到安全位置，则需采取木头垫起或安全吊索链的方法保护后，进行相应的检查和处理后重新工作。在管片安装时，出现以下情况时，须立即按下紧急按钮停止工作，检查和处理后重新启动：

(1)系统油缸和管路出现损坏破裂时；

(2)油泵或电机出现异常现象时；

(3)定位螺栓和抓取器或其他部位有损坏时。

3)壁后注浆

盾构推进过程中，应及时进行同步注浆，使管片衬砌尽早支承地层，防止地层沉降。同步注浆一般采用水泥砂浆。应注意控制管片背衬注浆部位、注浆量和注浆压力。每环推进前对同步注浆的浆液进行小样试验，严格控制初凝时间。在同步注浆过程中，合理掌握注浆压力，使注浆量、注浆速度与推进速度等施工参数相匹配。

每班注浆作业完毕后，及时清理搅拌机、砂浆罐、注浆泵和注浆管路。要定期清理储浆罐，清除结块。清洗管路时，释放管道及设备中的压力，防止高压伤人。使用高压清洗机清洗设备时应严格按照清洗机操作规程进行操作。因故长时间停机或出现堵管现象时，要及时清洗管路，防止管内砂浆凝结，尤其是盾尾暗置注浆管。

4)导向系统操作

导向系统必须由经过严格培训的专业测量人员操作。导向系统自动检测盾构的姿态，实时测量与设计线形的偏移量。应正确输入隧道设计线路数据，数据输入前必须至少经过两个人的复核，输入计算机后也必须至少经过两个人的复核。应随时保证测站点和后视点的坐标正确。每周至少应进行一次站点与控制点复测，必要时应对站点数据进行修正。定期用人工测量方法对导向系统的数据进行复核，包括系统的测量结果、测点坐标等。系统的测站点和后视点均安装在隧道管片的固定支架上，应保证支架安装稳固，不能有晃动。在施工过程中，尤其要注意不能有物体触碰、撞击它。经常对导向系统的各部分进行巡视、检查及维保。确保导向系统处于正常状态。移动站点前，应首先检查原来的测点是否被碰撞、移动，应在确认原有测站点和后视点无误的前提下再进行新测站点的测量工作。移动时要确保全站仪和棱镜安全，防止振动与损伤。

5)人仓操作

人仓的操作应由受过训练的人仓管理员执行。只有通过了体检和带压测试并经过了相关培训的人员才能带压进仓。所有人仓管理员需要用到的操作和显示元件均安装在空气仓的外面。要做好带压进仓的技术交底工作。

必须定期检查人仓所有部件(显示仪、条形记录器、热系统、钟、温度计、密封和阀)的功能。必须定期检查电话和紧急电话设备是否能按照规定要求工作。检查门密封和密封面是否干净和损坏，必要时更换密封。使用人仓时测试条形记录器是否能正常工作，供纸是否充足。

患有感冒或流感的人不能进入人仓，因为有造成耳膜破裂的危险。人员进出人仓时必须穿干衣服。必须遵守所有人仓前部和内部的警示和信息标志。

6)后配套管线延伸

盾构施工用水、用电及高压空气等通过在后配套拖车上的水管卷筒、高压电缆卷筒、风管卷筒等采用管线与隧道外连接，随着盾构的推进，卷筒上管线存储长度不断减少，应适时进行管线的延伸。

水管延伸在有压力的情况下不能进行。在进行延伸前，必须检查管线是否已经卸压。延长管线时机器上和隧道里管道的阀门都必须关闭，只有在管线卸压后才可拆开管道并安装另一段管道。完成管道的延伸后将管道上所有的阀门再重新打开，不必放掉水管中的水。应经常检查水管卷筒，以保证卷筒上有足够的存储量。为了便于电缆的卷起和伸长，并能很好地保护高压电缆，最好利用带滚筒的挂钩将电缆挂在隧道洞壁上。应经常检查高压电缆卷筒，以保证卷筒上有足够的存储量。应及时进行高压电缆的延伸。在进行电缆延伸期间应派专人在变电站守候防止意外事故的发生。在高压电缆延长的过程中，除应急灯外，其他设备都应处于断电状态。当电缆延伸完成后，在送电前应仔细检查盾构的各用电设备是否处于断电状态，以防送电时产生的电流冲击损坏电气设备。

7)数据采集系统操作

盾构施工过程中通过数据采集系统进行各项技术参数的信息采集和记录，在任何情况下应充分保证数据采集系统的正常运行。

数据采集系统在盾构正常施工阶段应保持每天24h开机，不得无故停机或关机。由于数据采集系统是通过程控电话系统来对隧道内的PLC系统进行连接的，所以应对数据采集系统的连接电缆进行日常的检查与保养，发现问题应立即修复。

由于数据采集系统存在随时掉线的可能，其采集的环数可能和实际的不符。应每天有专人对数据采集系统的计算机上的环数与实际环数进行核对，以保证采集数据的正确性。

数据采集系统的计算机随时有发生故障的可能，应定期对计算机的采集数据进行备份。

8)应急预案

必须预先制订发生紧急事故或灾害时所应采取的措施和对策，以备在紧急或发生灾害时应用。为防备紧急事故发生，需对隧道内外所需机械、设备及通信联络设备采取备用措施。同时需建立与隧道内外的各作业场所、相关部门等立即取得联络的体制。

隧道内发生火灾、开挖面坍塌、涌水等紧急事故时，或者因有害气体、缺氧、可燃气体的涌出中毒、瓦斯爆炸事件时，必须立即停止作业，采取切实可行的措施，使作业人员迅速退到安全地带。

(1)通信联络设备：必须重视隧道内外的通信设备、报警设备和备用装置的配置、检查维修等。必要时，除通常的通信设备外，也可考虑设置无绳通话设备。

(2)避难用设备器具：根据需要，在合适的地方配备空气呼吸器、氧呼吸器等呼吸保护用具和携带式照明器具等避难器具。除采取确保避难通道通畅的措施外，还必须使作业人员对此有详细的了解。用于可能出现可燃性气体涌出地段的携带式照明器具应采用防爆型和用化学发光剂发光的制品。除了经常保持避难、救护设备随时处于可使用的状态之外，还需对作业人员进行避难、救护方面的教育及训练。特别是对于呼吸用保护用品，带压状态使用的环境条件不同，其性能变化较大，故需熟知其性能及正确的使用方法。

(3)急救措施：作业人员负伤或生病时，必须采取最有效的急救措施。事先准备好隧道内外的护送设备，制订护送方案。施工现场设立医务室及配备相关医疗设备，配备具有医疗急救经验的医生，满足日常医疗及急救服务。与距工地较近的医院签订急救医疗服务合同，以便及时提供医疗和急救服务。

(4)急救设备、器材：当敞开式盾构暂时或长期停止开挖时，应将开挖面全部封闭，需事先备好挡土板及填充围岩空隙的材料。

(5)应急医疗设备：在100kPa以上的压力下工作时，应设有应急医疗设备。其构造规格应符合法令的规定，必须具有送、排气设备，与外部进行联系的设备、暖气设备及消防设备等。

9)掘进报告的填写

作好盾构使用过程中的运转记录，每掘进一环填写掘进报告。掘进报告主要包括：掘进环号、掘进里程、掘进起止时间、掘进参数、盾构运转状况及运行中存在的问题。

10.3 盾构(TBM)保养与维修

10.3.1 一般规定

为了确保盾构(TBM)的技术状况，使盾构(TBM)的完好率和利用率达到较高的水平，必须对盾构(TBM)及后配套设备进行日常保养和定期维修保养。

盾构（TBM）的维修保养，遵照"养修并重，预防为主"的原则，以开展设备诊断和状态监测为基础，采用日常保养、定期保养和强制保养相结合的方式进行。

（1）充分利用盾构（TBM）上的在线故障监测及数据采集系统，与常规的振动分析和油样检测等手段相结合，开展故障诊断和状态检测工作，进行盾构（TBM）的磨损监测、振动监测和油液分析，及时预防故障。诊断出的故障应及时进行修理，并将故障的部位、原因及修理后的状况记录存档。盾构（TBM）的故障诊断和状态监测工作必须纳入维修保养计划中。

（2）盾构（TBM）的保养包括"日检"、"周检"、"强制保养"、工地转移前的维修保养。

（3）机电总工要根据盾构（TBM）的具体情况，施工环境等，制订盾构（TBM）的保养规范。维修保养工作必须按照规范强制执行。维修保养实行工程师签认制度，所有维修保养工作内容都要有书面记录，并且由维保工程师检查签认。

（4）严禁以修理代替保养工作。保养工作必须有专人负责，保养程序合理，保养方法正确，保养过程有人监督。进行保养工作时，一定要按照设备的工作顺序，在保证安全的情况下进行，必要时停机进行保养。

（5）维修工作必须做到随坏随修，及时恢复机械的技术性能，确保设备处于良好状态。维修保养中需要更换的重要配件，应达到原机的要求，不得降低标准使用。

（6）严禁擅自拆除和变更盾构（TBM）上的部件，严禁将不同用途的部件随意改用，严禁拆套互换液压、电气控制等元件，严禁拆卸安全性、指示性的传感器、安全阀、仪表、溢流阀等，如有损坏或失准，应及时更换。

（7）如需在盾构（TBM）上安装、拆除、技术改造部件或系统时，必须经过技术论证，并经有关管理部门研究批准后方可实施，任何人不得随意决定。对电器和液压系统的任何修改（包括临时接线等）要书面请示项目部机电总工，并由项目部报请有关部门批准后方可实施，同时应记入设备的记录表中备查。要及时恢复损坏、丢失的液压管路和电气线路的标识符号。

（8）盾构（TBM）的保养应以保为主、以保带养。保养内容主要是：清洁、紧固、调整、润滑、防腐，亦称"十字作业法"。

（9）盾构（TBM）发生故障或有故障迹象时，司机必须立即停机，并报告维修保养工程师，由维保工程师安排修理工进行处理。

（10）维修保养工程师每天对盾构（TBM）的运转状况进行巡视，对盾构（TBM）操作人员填写的运转记录和维修班填写的点检报表进行检查确认，及时发现故障隐患，做好预防性维护，以保持盾构（TBM）技术状态良好；值班工程师每班对盾构（TBM）及后配套设备的运转状况和安全操作情况进行巡视检查，对巡视中发现的问题提出处理意见，并以书面形式通知掘进班长和机电总工程师。

（11）盾构（TBM）的维修工作必须在确保安全的前提下进行。只有当盾构（TBM）停止运转后，才能进行盾构（TBM）的维修工作。维修时要断开电器开关，悬挂"禁止合闸"警示牌，维修结束后由悬挂警示牌的电工确认并取下警示牌后，方可合闸。对高压电气设备维修时应先放电。液压系统维修前必须关闭相关阀门并降压，防止液压油缸的缩回和液压马达的意外运行。液压系统的维护必须注意清洁，严禁使用棉纱等易起毛的物品清洁管接头内壁、油桶、油管等。

（12）维修与保养工作中，必须做好记录。维修与保养记录由维修保养人员认真填写，由维修保养工程师及机电总工签认后，归档保存。

（13）试掘进期完成后应进行一次全面的检查和保养，更换液压系统滤清器，更换刀盘驱动的齿轮油。在试掘进期内要加强设备的检查，增加检查的频次。

（14）盾构（TBM）的维修保养计划为强制性计划，是工程进度、质量、安全的重要保证，必须严格执行。

10.3.2 油水监测与状态监测

对盾构（TBM）设备管理是事前的，不是等设备出现故障或被迫停机后的修理，强调加强对设备使用过程中的保养和检测。施工中,对设备的所有过程进行监控,利用检测仪器、设备进行科学地分析、化验,掌握设备的实际状态,有针对性地进行保养和预测可能的故障,保证设备正常工作,减少因突发故障的停机,提高掘进效率。

盾构(TBM)是一种集机、电、液、传感等技术于一体的集中控制的大型专用设备,盾构(TBM)的油水检测及状态监测至关重要。正确地选用盾构(TBM)各系统油品并及时进行油水检测和采用先进的检测仪器进行状态监测与故障诊断,是盾构(TBM)等大型复杂专用设备管理工作的重中之重。

油水检测与状态监测是确保盾构(TBM)技术状况,延长盾构(TBM)使用寿命的重要途径,是盾构(TBM)管理的最主要内容之一。

盾构(TBM)上配置的设备数量多,关联性强,任何一套单独设备出现故障都将不同程度地影响盾构(TBM)的掘进,增加工程成本。因此,必须建立严格管理制度。

常用的状态监测与故障诊断技术有:感官检查诊断技术、温度监测技术、油样检测分析技术、旋转机械振动测试技术。

使用单位应配置故障诊断仪器,定期进行故障诊断;使用单位应配备基本的油水检测设备和仪器以及化验人员,如条件不具备时,必须委托有油水化验资质的单位进行。定期、定点抽取油样进行化验分析,检测内容尽可能详细,并以检测结果来指导油水管理工作。严禁以事后补检代替日常油水检测工作。

1)油水检测

油水检测是盾构(TBM)设备管理的最主要的内容之一,必须建立严格的油水管理制度,配备基本的油水检测设备、仪器及化验人员,定期、定点抽取油样进行化验分析,并以检测结果来指导油水管理工作。

在盾构(TBM)设备的机械运动中,大部分摩擦副产生的磨粒进入润滑油或液压油中,油液中携带着来自磨损表面的碎屑,作为一种诊断媒介,对磨粒的分析可提供设备状态的重要信息,了解油液中磨粒的成分、数量、形态,能够及时准确地了解机械的磨损程度和磨损性质,从而判断机械的技术状态和故障趋势。

盾构(TBM)的各类油液检测,主要采用油质检测仪和污染度测试仪,对油质的理化性能指标进行检测,并结合铁谱、光谱分析技术,对磨损磨粒进行定性和趋势分析,对油质的理化性能指标和磨损磨粒进行检测和分析。

油液污染度、水分、斑点、黏度分析等理化分析方法可以直观地判断盾构(TBM)各类油质的劣化程度;铁谱分析可以清楚地辨别油液磨粒的种类、大小、磨损性质和油品的老化程度,尤其是对异常磨损的较大磨粒的分析判断;光谱分析虽然对较大磨粒不很敏感,但仍可以精确地测定油液中所含微量元素的含量和属性,并据此判断油液中磨损物的来源是外界侵入还是机件的表面磨耗。

常用的监测手段及仪器包括:油液的理化指标,油液的铁谱、光谱分析,振动分析,温度分析,听诊器及转速分析,压力表测试,盾构的机载 PLC 在线监测与诊断系统(数据处理系统)进行在线监测与自诊断等。油样检测分析技术主要为理化性能分析和油液磨粒分析(铁谱、光谱分析)。

进行油液监测的主要设备有:油泵、马达、齿轮、主轴承、主泵站、辅助泵站、注浆泵、管片安装机、皮带输送机等。分析化验的油品为齿轮油、液压油等。

实施方案主要为两大类:一类是理化性能检验,即测定油液的黏度、水分、酸值、pH 值等是否超标,从而确定油品是否合格、能否继续使用。另一类是通过对油品的磨粒分析即铁谱分析和光谱分析,来判断设备运转是否正常、是否产生严重磨损。通过对油中磨损磨粒的分析与监视,结合其他监测手段来综合判断盾构(TBM)的运行状态和磨损情况。

取油样采用专用取样工具,在机械充分运转达到正常油温时,在固定的取样位置进行取样,取样后应及时对取样工具进行保养。取样工具主要有专用抽油器、透明塑料油管、专用油样瓶、化纤手巾等;化纤手巾用于擦拭外露油管表面积尘和取油口脏污,禁止使用带毛的棉纱。为防止不规范取油造成的多重污染,凡油样瓶、透明塑料油管,均为一次性无污染用品,取油前塑料袋封装严密,取油后不得重复使用,必须丢弃。为使所取油样能够代表运转部件润滑的真实状况,不得在机械停机时抽取油样,必须使机械充分运转、达到正常运转油温，使油箱中油液充分混合、油中各种磨粒完全呈悬浮状态时，才能取样。对于盾构（TBM）各油箱，应区分该系统泵站是否在工作，确认后取油。主机油箱取油，一般在2～3循环后开始。如油位较低需补油，然后将机器空载转动5min左右取样，否则，影响分析结果的准确性。为保证取油的规范性，取样时必须确定固定部位的取油口。对同一设备，每次要在同一部位取油，以保证油样分析结果的可比性。取油前擦净油口周围的粉尘和脏污，用专用抽油器取油；尽量避免在截止阀放油口处直接放油，以免油中混入泥沙，透明塑料油管应深入油面10cm，不得直插到底，以免吸入油箱底面的油泥，影响分析结果的准确性。取样后应清洗采样泵，以免污物滞留在泵内，清洗取油器时用布或纸巾擦净即可。

油液分析技术分为油液本身的物理化学性能分析和油液中不溶物质的分析技术。油液中不溶物质的分析技术也称为磨损磨屑检测技术。检测手段有两种，一种是油液理化指标的常规分析仪器，一种是对润滑油所含各种微粒物质进行测量分析的精密仪器。用于检测油水理化性能指标和污染度的仪器有快速油质分析仪、润滑油现场测定仪、润滑油现场分析仪、润滑油污染测定仪、发动机冷却水质检测仪、电瓶液、防冻液测定仪、油样分析取样器等。润滑油磨损磨屑检测方法有光谱分析法、微粒计数器法、磁塞法、过滤器法、铁谱分析法，最常用的是铁谱分析法和光谱分析法。铁谱检测采用分析式铁谱仪及直读式铁谱仪；光谱检测分析一般委托外部检测机构进行。

TBM各关键部件的取样按下列要求进行：主轴承润滑系统每月在润滑油回油截止阀处取样，取样量200mL，用于铁谱、光谱、理化指标和污染度分析；主轴承密封系统每月分别从刀盘护盾下部的左右密封油箱回油处取样，取样量200mL，用于铁谱、光谱、理化指标和污染度分析；液压系统主油箱每月从大油箱内用专用抽油器抽取150mL油样，用于作污染度和理化指标分析；锚杆钻机每月从锚杆钻机油箱处抽取150mL油样，用于污染度和理化指标分析；齿轮箱每月从变速箱中旋开观察镜顶部的放油螺钉，从此孔内深入油腔抽取200mL油样，用于污染度、理化指标、铁谱和光谱分析；辅助泵站每月从油箱内抽取150ml油样，用于理化指标和污染度分析；仰拱块吊机每2个月从油箱处抽取150mL油样，用于污染度和理化指标分析；材料吊机每2个月从油箱处抽取油样，用于污染度和理化指标分析；管片安装机每2个月从减速机注油口处抽取油样，用于污染度和理化指标分析。

2）状态监测

常用的状态监测技术主要有：感官检查诊断技术；温度检测技术，分为常规测温技术和红外测温技术；无损检测技术，使用工业内窥镜；性能参数趋势检测技术，检测的参数主要有：压力、转速、流量、温度、频率、振动量、电压、电流阻值、功率、沉降量等；油样检测分析技术。状态检测分为磨损残余物检测和润滑剂状态监测。监测手段采用污染度、运动黏度、水分、机械杂质、斑点、铁谱、光谱等化验分析技术。

（1）温度

设备在运转过程中密切注意其温度传感器及温度计等的显示，工地检测站可配备一台红外测温仪，根据工地所采用设备的实际情况，向生产厂家了解其允许的温度范围，定期对各受控设备进行温度检测。

（2）振动检测

各旋转设备在运转时，故障出现前都会有故障初期振动特征信号产生，对各特征信号进行采集、处理并分析，便会大大提高故障预报的准确率。在进行设备振动诊断时，采用HG—3518型数据采集仪，可实现设备状态参数（振动加速度、速度、位移）振动波形的现场采集与分析，并与计算机结合，可对各种故障信号进行处理，早期预报及诊断。设备的振动具有加速度、速度、位移三个描述参量，通常基于振动的设备运行状态判定标准有加速度、速度、位移标准，由于低频时的振动强度由位移值度量；中频时的振动强度由速度值度量；高频时的振动强度由加速度值度量，在进行轴承与齿轮部件的中频与高频振动时，一般采用速度判断与加速度的判断，选用能够客观地评定振动大小的绝对单位制（即MKS制）进行状态评估，速度v的单位以m/s表示，加速度a的单位以m/s^2表示。

根据旋转机械振动诊断的国际标准ISO2373，结合各大型设备在实际施工中的本身技术要求、不同的工况与现场多次测试的结果给予修正，制订出了企业标准，以便提高设备的诊断能力，减少设备故障的发生。

利用振动信号对故障进行诊断是一种行之有效的方法。机械部件在运动过程中的振动及其特征信息是反映该系统状态及其变化规律的主要信号，通过采集这些信号并加以分析处理，从而判别机械故障的原因、部位。振动检测主要包括振动的加速度、速度、位移分析、功率谱分析、幅值谱分析、时域分析、频域分析等。

振动分析比较适合于盾构(TBM)的主驱动电机及油泵、泥浆泵、管片机、主驱动减速器、各类水泵等旋转机械的监测与诊断。

(3)听诊技术

根据设备运转的噪声来判断设备的动行状况。依据日常检测监视中发现的不正常现象和通过对设备状态监测数据的统计分析以及对重要设备系统磨损规律和故障发生趋势的研究，每周对设备关键系统的故障发生可能性和发展趋势预报一次。

每月对各种油品检测数据以及其他监测数据进行统计分析，由机电总工主持召开机况分析会，检测人员和负责维护的技术人员共同进行机况的分析及故障预测，根据分析结果写出机况分析报告。

检测人员依据各项检测数据以及机械设备的结构特点、性能及操作、维修保养的特殊要求，判断出故障隐患，并和维修工程师、维保工人一道，以不拆卸或局部解体的方法，借助于仪器测定，找出故障原因及准确部位。将故障原因、诊断依据和处理建议等写成报告，并将报告发给负责工程师、机械总工和公司领导审批。

10.3.3 盾构的日常保养

日常保养在每班作业前后及运转中进行，由盾构维修保养班负责进行。日常保养的中心内容是检查，主要检查重要部位和易损部位，并对检查中发现的问题及时处置。

维修保养人员对盾构运转状况进行外观目测和仪表数据观测，采用视、听、触、嗅等手段，检查盾构及后配套设备的运转情况，观测主控室的运转参数，检查机件的异响、异味、发热、裂纹、锈蚀、损伤、松动、油液色泽、油管滴漏等，初步判断盾构的工作状态。

盾构的日常保养由保养班在掘进班作业时按《盾构每天保养表》中规定的内容进行，检查表上“正常”划“√”，“变化待观察”划“○”，“需调整修理”划“×”，并在备注栏用文字说明已完成的具体保养内容。日常保养主要包括以下工作：

①各部位的螺栓、螺母松动检查并紧固；

②异常声音、发热检查；液压油、润滑油、润滑脂、水、气的异常泄漏检查；

③各润滑部位供油、供脂情况检查并补充；油位检查及补充；

④电源电压及掘进参数检查确认；

⑤电气开关、按钮、指示灯、仪表、传感器检查并处置；

⑥液压、电气、泥浆、注浆、水、气等管线检查确认并处置；

⑦安全阀设定压力检查并确认；滤清器污染状况检查确认并处置；

⑧铰接密封是否漏气、漏浆，必要时调整压板螺钉以缩小间隙；

⑨盾尾密封情况；

⑩推进油缸靴板与管片的接触情况。

10.3.4 盾构的定期保养

盾构在使用过程中，必须进行定期保养。定期保养是指按规定的运转对盾构及后配套设备进行检查和维护。定期保养包括每周保养和强制保养、工地转移前的保养和存放保养。

1)每周保养

每周保养主要包括以下内容：

①检查旋转接头，并对轴承注脂。检查泡沫管是否有泄漏；
②检查螺旋输送机（土压盾构）轴承、后闸门、伸缩油缸等并注脂；
③对刀盘进行检查：刀盘磨损情况、刀具磨损量、耐磨格栅等；
④检查油位，油滤清器，检查有无泄漏；
⑤清理电动机、液压油泵的污物；
⑥检查推进油缸、铰接油缸，对润滑点注脂；
⑦润滑管片安装机、管片吊机、管片输送机的润滑点，润滑所有轴承和滑动面；
⑧检查送排泥泵的密封及送排泥管道的磨损情况（泥水盾构）；
⑨检查空压机温度；检查凝结水和冷却器污染；
⑩液压油箱油位开关操作测试；
⑪检查皮带输送机各滚子的转动、刮板磨损情况（土压平衡盾构）；
⑫检查壁后注浆系统所有接头处的密封情况，润滑所有润滑点，彻底清理管线；
⑬检查并清洁主控室 PLC 及控制柜，检查旋钮、按钮、LED 显示的工作情况；
⑭检查并清洁风水管卷筒及控制箱、高压电缆卷筒及控制箱、传感器及阀组、接线盒及插座盒、送排泥泵站、照明系统等；
⑮检查变压器的油温、油标，清除变压器上的水及污渍，监听变压器运行声音；
⑯其他部位按照《盾构每周保养表》中规定的内容进行。

2)强制保养

盾构维修保养采用日常保养、每周保养和强制保养相结合的方式。盾构的保养除了在盾构工作间隙中进行“日检”和“周检”保养外，每两周应停机 8～12h 进行强制性集中维修保养。在强制保养日，维修保养工程师组织修理工在盾构司机的配合下对平时难以全面保养的部位进行保养和维修。除每周保养的内容外，强制保养包含的主要内容如下：

①润滑人仓的铰链；
②检查螺旋输送机的螺旋管的壁厚（土压盾构）；
③检查皮带输送机变速器油位，皮带张力（土压盾构）；
④刀盘驱动主轴承、刀盘驱动行星齿轮、液压油箱进行油质取样检测，按质换油；
⑤检查管片安装机轴承的紧固螺栓；
⑥空压机检查皮带、更换机油过滤器、按质换油；
⑦润滑后配套拖车行走轮的调节螺栓和轮轴；
⑧检查注浆压力表及传感器工作情况；
⑨检查蓄能器氮气压力，必要时添加；
⑩检查刀盘驱动装置行星齿轮的冷却水流量；
⑪润滑膨润土泵轴承（土压盾构）；
⑫更换油脂泵齿轮油；
⑬后配套吊装装置，抽取油样，测试油的污染程度和含水量；
⑭更换后配套空压机空滤器、油滤器，检测溢流阀，紧固电气接头；
⑮检查循环水回路的水质；
⑯润滑送排泥泵的轴承（泥水盾构）；
⑰用超声探测仪检查送排泥弯管、送排泥泵壳体的壁厚（泥水盾构）；
⑱测量送排泥泵电动机的绝缘电阻（泥水盾构）；
⑲按期更换油滤清器；
⑳检查刀盘驱动的齿轮油，必要时更换；

㉑检查电缆卷筒、水管卷筒、风管卷筒传动装置油位;检查链条张紧力并润滑;

㉒用压缩空气清洁后配套空压机溢流阀;

㉓注浆泵进行安全检查,检查主轴承密封;

㉔按期更换空压机空滤器,检查油水分离器,按质换油;

㉕润滑电缆卷筒、水管卷筒及风管卷筒的轴承,按质更换变速箱齿轮油;

㉖停电后检查紧固变压器接头,用干燥压缩空气清除灰尘;

㉗更换皮带输送机齿轮油(土压盾构);

㉘后配套拖车操作运行安全检查。

3)退场保养维修

工程完工后,应对盾构进行一次全面的检查、维修、保养,使设备的技术态况达到二类及以上标准,并将保养维修报告报上级主管部门,经验收合格后方可办理退场手续。

盾构掘进完成后,要做好拆机、清洁、检查、登记工作,参照盾构退场前的状态评估报告制订详细的维修保养计划,并按照经审查批准的维修保养计划进行退场维修保养,以全面恢复盾构的技术状况。

4)停放保养

盾构长期停用时,应进行必要的检查维护,做好下列工作:存放场地应硬化,应有防雨防晒的顶棚;暴露于空气中的接合面上涂抹油脂,用油毡贴在接合面上,并用防雨布进行覆盖;定期润滑维护;作好防寒防冻工作。

10.3.5 盾构(TBM)刀具维修

更换下来的刀具应及时进行维修,特别是滚刀。滚刀的维修主要包含清洗、检查、拆卸、组装等过程,维修程序如图 10-2～图 10-57 所示。如果通过检查后,确认刀具的轴承和密封都未损坏时,则只更换刀圈,进行到图 10-12“清理刀圈的配合面”程序后,将加热的刀圈套入刀体即完成滚刀的修理工作。

图 10-2 清洗

图 10-3 检查刀圈磨损状况

图 10-4 检查刀具油脂状况(1)

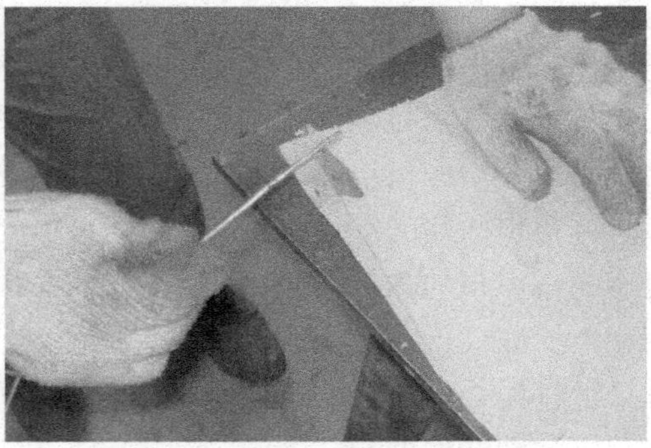

图 10-5 检查刀具油脂状况(2)

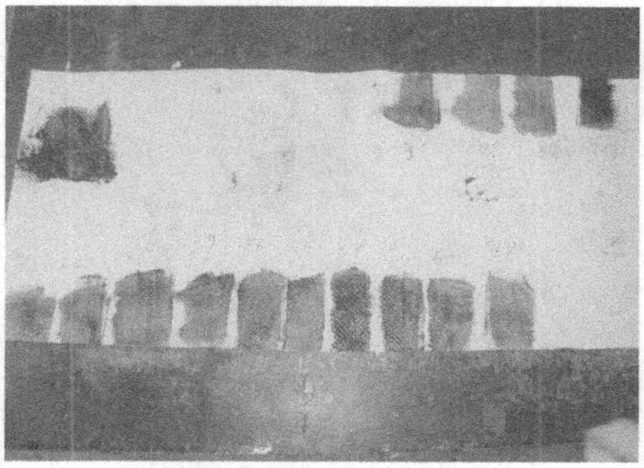

图 10-6 检查刀具油脂状况(3)

图 10-7 刀具密封状态检查

图 10-8 刀具扭矩检查

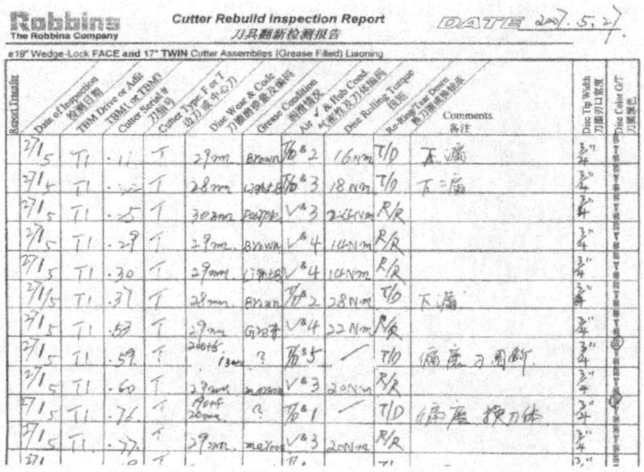

图 10-9 填写刀具检查报告

图 10-10 刨开挡圈

图 10-11 切开报废的刀圈

图 10-12 清理刀圈的配合面

图 10-13 松刀具锁紧螺母

图 10-14 取出锁紧螺母

图 10-15 检查刀具前端的密封环

图 10-16 压出刀轴

图 10-17 刀体翻身压出前端内密封环、轴承

图 10-18 取出后端盖轴承并检查

图 10-19 取出后端盖,检查后端密封环

图 10-20 取出前端盖轴承

图 10-21 检查前端轴承

图 10-22 可用件按原刀号及位置摆放

图 10-23 新刀圈加热

图 10-24 将加热的刀圈放入刀体

图 10-25 在轴承外圈的配合面涂抗咬合剂

图 10-26 将轴承外圈压入

图 10-27 安装挡圈

图 10-28 加热轴承内圈、后端盖

图 10-29 在刀轴表面涂抗咬合剂，将后端盖套入

图 10-30　用压机给后端盖定位

图 10-31　清洗刀体内腔

图 10-32　清洗内密封环

图 10-33　给后端盖装密封环

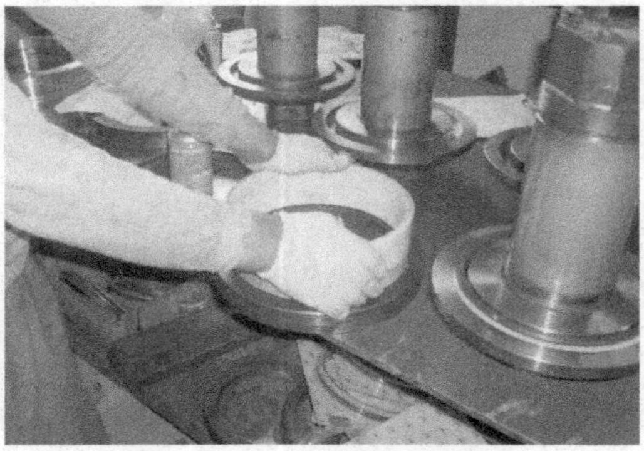

图 10-34　给内密封环装密封环

图 10-35　放入后轴承

图 10-36　压入后端内密封环

图 10-37　清洁密封环表面

图 10-38　将刀轴组件放在压机

图 10-39　刀体组件套入刀轴组件

图 10-40　压后轴承使其定位

图 10-41　压后轴承使其定位

图 10-42　涂抗咬合剂

图 10-43　放入前轴承

图 10-44　压入前端内密封环

图 10-45　清洁密封环表面

图 10-46　涂抗咬合剂

图 10-47　密封环表面滴油

图 10-48　套入前端盖

图 10-49　套入锁紧螺母

图 10-50　压前端盖

图 10-51　紧螺母

图 10-52　加力杆紧螺母

图 10-53　测扭矩

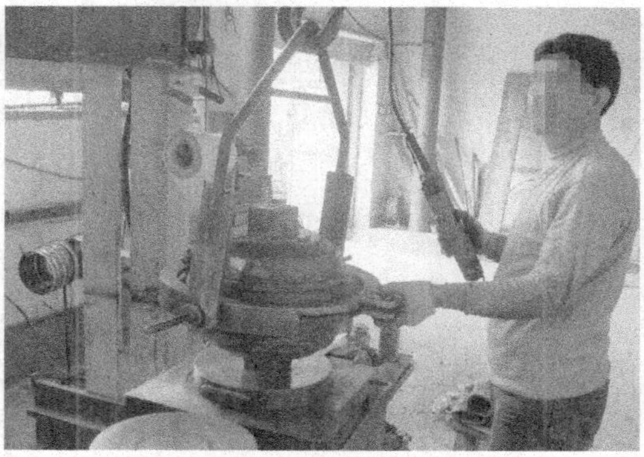

图 10-54 边紧螺母,边测扭矩,完成校调后吊下

图 10-55 气压测试

图 10-56 注油

图 10-57 完成刀具的修理

10.3.6 盾构主要部件和主要系统的维修保养

1)刀盘及刀具

刀盘是盾构的主要部件,施工中应根据地质条件对刀盘及刀具进行检查。

在盾构始发后,应对刀盘及刀具进行首次检查,此后,根据地质情况定期进行检查。

主要检查内容为:检查刀具、耐磨条、耐磨格栅、搅拌棒的磨损情况,必要时更换刀具。检查刀具螺栓有无松动,检查刀盘有无裂纹,检查添加剂通道是否堵塞,并将检查情况做详细的记录。

刀盘有裂纹时,应及时补焊。检查所有刀具安装螺栓的紧固情况,用规定扭矩的扳手进行紧固。

2)旋转接头

经常检查旋转接头的泡沫管是否有渗漏,并及时进行处理。手动加注口(位于旋转接头外侧)每周加注一次,注意控制加入量。

每天对旋转接头部分的灰尘进行清理,防止灰尘进入刀盘轴承内密封。检查旋转接头润滑脂的注入情况,将油脂注入管拧下应有润滑油脂涌出。如有堵塞应及时处理。经常检查旋转接头的转动情况,如有异常须立即停机并进行处理。

3)仿形刀与稳定器

在仿形刀工作前应检查油箱油位,定期对仿形刀和稳定器做功能性测试。

油量要处于油箱总容量的 4/5 左右,必要时加注液压油。每周对仿形刀做功能性测试,检查其伸出和缩回动作的工作压力。每周对稳定器做功能性测试,检查其工作情况。

4)盾体

及时清理盾壳内的污泥和砂浆,检查铰接密封有无漏气和漏浆情况,必要时调整铰接密封的压板,按说明书规定对润滑及密封部位进行注脂。

每掘进循环必须及时清理盾壳内的污泥和砂浆。按说明书规定每天给铰接密封各注脂点注脂,直到有油脂从铰接处冒出。

推进油缸与铰接油缸的球头部分加注润滑脂,检查推进油缸靴板与管片的接触情况,如有较大偏差应及时调整推进油缸的定位螺栓。用机油润滑推进缸定位调整螺栓,防止锈蚀。检查盾尾密封情况,如有漏水和漏浆应及时处理,并检查盾尾油脂密封系统的工作情况。

在每环管片安装之前必须清理管片的外表面,防止残留的杂物损坏盾尾密封。

5)螺旋输送机(土压平衡盾构)

检查有无漏油、检查油位、检查电机温度,定期检查磨损情况,及时进行清洁和润滑。检查要点如下。

检查螺旋输送机油泵有无漏油现象,如漏油则须停机并进行处理。检查螺旋输送机驱动及液压管路有无漏油现象,如漏油即停机进行处理。检查螺旋输送机油泵电机温度,一般温度应低于70℃。如果温度过高应立即停机并查明原因进行处理,每周润滑螺旋输送机驱动电机。检查变速箱油位,正常油位应位于油箱油位的1/2左右。如果变速箱油位过低,须添加齿轮油。检查轴承、闸门、伸缩缸的润滑情况,及时清理杂物并添加锂基润滑脂。检查螺旋片磨损情况,如耐磨条磨损完时,必须及时补焊耐磨层。

对螺旋输送机的各手动人工注脂点要特别注意,认真按照说明书规定的时间、数量注脂。

6)管片吊机与管片输送机

及时进行清洁和润滑,定期检查吊具的磨损情况。对真空式,每天检查密封和空气滤芯。

经常清理管片吊机行走轨道,清洁吊链并检查和添加链箱中的润滑油。检查控制盒按钮、开关动作是否灵活正常,必要时检修或更换。检查电缆卷筒和控制盒电缆线滑环,防止电缆被卡住、拉断。

7)管片安装机

对管片安装机及时进行清洁,定期进行润滑、调整。

每个掘进循环应清理工作现场杂物、污泥和砂浆。检查油缸和管路有无损坏或漏油现象,如有故障应及时处理。检查电缆、油管的活动托架,如有松动和破损要及时修理和更换。

每周检查并给液压油缸铰接轴承、旋转轴承、伸缩滑板等润滑部位加润滑脂。每周检查管片安装机驱动马达旋转角度编码器和接收机工作是否正常,如有必要应对角度限位进行调整。检查抓取机构和定位螺栓,是否有破裂或损坏,若有必要应立即更换。每周检测抓取机构的抓紧压力,必要时进行调整。检查各按钮、继电器、接触器有无卡死,粘连现象,测试遥控操作盒,如有故障及时处理。检查充电器和电池,电池应及时充电以备下次使用,电池充电前应尽量将余电用完,每月应对电池进行一次完全放电维护以延长电池的使用寿命。检查控制箱、配电箱是否清洁、干燥,无杂物。

8)注浆系统

每次注浆前应检查管路的畅通情况,注浆后应及时将管道清理干净,防止残留的浆液不断累积堵塞管道。每次注浆前必须对注浆口的压力传感器进行检查,紧固其插头和连线。注浆后及时清理和润滑注浆系统。

9)空压机

空压机的所有维护保养工作必须在停机并卸压的状态下进行。经常检查出气口温度、润滑油油位、皮带松紧度,定期更换润滑油、空气滤清器、油过滤器、油水分离器及安全阀等。

检查空压机管路的泄漏和出气口的温度,如有异常应及时排除。保持机器的清洁,防止杂物堵塞顶部的散热风扇。在任何情况下,都不应使用易燃液体清洗阀、冷却器的气道、气腔、空气管道以及正常情况下与压缩空气接触的其他零件。在用氯化烃类的非可燃液体清洗零部件时,应注意将残液清理干净。防止开机后排出的有毒蒸气,不允许使用四氯化碳作为清洗剂。

10)储气罐及输气管

用于气体保压的储气罐是压力设备,要经常检查其泄漏情况并及时维修。

储气罐的泄水阀每日打开一次排除积水。经常检查管路和阀门有无泄漏,并及时进行修复。每月对保压系统做功能性检测,确保其正常工作。每年对储气罐上的安全阀进行校准。

11)人仓

使用与维修时应注意防火、防静电。

检查测试气路、电话和有线电话，如有故障和损坏要及时修理和更换。检查压力表、压力记录仪、空气流量计、加热器、照明灯工作是否正常。给压力记录仪添加记录纸，并做功能性测试。检查仓门的密封情况，首先清洁密封的接触面，如有必要可更换密封条，清洁整个密封仓，清洗消声器和水喷头。

人仓使用后如近期不再使用，可将人仓外部的压力表、记录仪拆除，并清洗干净。同时应将人仓清洗干净，并将人仓门、密封门关紧。

人仓内及作业人员不得携带易燃物品。人仓内应配备灭火器，应装有水枪。进行焊接、气割及明火或高温作业时，在附近不应放置易燃物品。人仓内作业人员不能穿化纤衣服，以防静电。

12)主轴承

经常检查齿轮油的油位和油温，每月提取油样进行油质检测，按质换油。检查要点如下。

(1)每天检查主轴承齿轮油油位，并作记录。保证油位处于油总量的1/2左右。检查刀盘轴承齿轮油温度，一般应低于60℃。如温度不正常须立即停机并查找原因。检查刀盘轴承密封油脂分配马达动作是否正常，在检查刀盘时，进入土仓实际检查刀盘轴承密封油脂的溢出情况。检查刀盘轴承齿轮油分配马达工作是否正常。检查刀盘轴承外圈润滑脂注入情况。

(2)主轴承密封非常重要，必须每天检查油脂泵的工作情况，密封腔内的润滑油脂的压力设定要略高于开挖面平衡压力，并经常检查油脂压力。

(3)经常检查轴承的润滑情况，对轴承的润滑油定期取样检查。每月提取刀盘轴承齿轮油油样送检，根据检查结果确定是否要更换齿轮油或滤芯，具体标准按液压设备供货商所提供的标准执行。更换齿轮油必须同时更换滤芯。每半年检查齿轮油滤芯，并根据压差开关反映的情况判断是否更换滤芯。必要时检查刀盘轴承与刀盘螺栓连接的紧固情况。

13)变速箱与刀盘驱动马达

经常检查变速箱油位和油温，每月提取油样进行油质检测，按质换油。检查要点如下：检查变速箱油位，正常时油位应处于油量指示器的2/3左右。如油位过低应先找出漏油故障，解决故障后补充齿轮油。检查变速箱温度是否在正常范围(一般应低于60℃)，观察冷却水的流动情况。检查变速箱的温度开关，每周清除上面的污垢。首次工作50h后更换所有齿轮油。检查马达的工作温度和泄漏油温度，应低于65℃。每周检测马达的工作压力。每周检查马达的转速传感器和位置传感器，紧固其插头和连线。

14)液压系统

检查液压油箱油位，检查油温和运行声音，每月提取油样进行油质检测，按质换油。检查要点如下。

检查油箱油位，必要时加注液压油。检查阀组、管路和油缸有无损坏或渗漏油现象，如有必要及时处理。

每半年检查所有过滤器工作情况，并根据检查结果和压差传感器的指示更换滤芯。每月取油样送检。经常监听泵的工作声音，发现异常应及时停机检查。经常检查泵、马达和油箱的温度，温度一般应在70℃以下。发现异常要及时检查处理。经常检查液压油管的弯管接头，发现松动要及时上紧。

经常检查冷却器的冷却水进/出口的温度和油液的温度，必要时清洗冷却器的热交换器。进水口温度应保持在28℃以下，如温度过高应加强水循环。油液温度应低于60℃，如温度过高应停机冷却。

每月检查液压系统的压力，并与控制室面板显示值相比较。在对液压系统维修前，必须确保液压系统已停用并已经卸压。特别是在清空蓄能器时要特别注意。液压系统的加油和换油必须严格按照盾构说明书规定的程序执行。尽量采用厂家推荐的品种，严禁将不同规格品牌的油混合使用。每次加油前必须对所选用的油品进行抽样检测，检测合格方可使用。换油时更换所有液压油。

液压系统的维修应按以下标准：

(1)液压系统一旦发现泄漏必须立即维修，维修过程中应采取措施严防油液污染，必须保持液压系统的清洁。

(2)维修工作结束后,在重新开动机器前必须确定阀门(进油阀、回油阀)已打开,特别是蓄能器的阀门。

(3)液压管被碾压或过度弯曲都可能造成保护外皮的损坏。如果其保护外皮受损就有可能影响其最大工作压力,致使发生险情。(碾压和过度弯曲液压管还可能造成压力损失和回油压力过高。)

(4)液压管线的拆卸必须做到随时拆卸,随时封口,防止异物进入液压系统。各维修工必须随身携带一条干净纯棉毛巾及干净白绸布。

15)泡沫系统(土压平衡盾构)

定期清洁清洗泡沫箱和管路,检查泡沫泵的磨损情况,定期给润滑部位注油(脂)。检查要点如下:检查泡沫泵的工作情况,每周给需要润滑的部分加注润滑油或润滑脂,加注量视情况而定。检查水泵压力开关的预设值,必要时进行校正。检查压缩空气管路情况,必要时清洗管路。检测泡沫发生情况,清洗泡沫发生器,必要时更换内部石英砂。检查电动阀和流量传感器的工作情况,电动阀开闭动作是否正常,流量显示是否正确,如有必要进行维修或更换。每周检查旋转接头处的泡沫管路有无堵塞,如发生堵塞要及时清理。检查泡沫剂储量,及时添加。

16)膨润土系统(土压平衡盾构)

润滑膨润土泵的轴承和传动部件,检查并清理膨润土管路和膨润土箱,检查流量调节阀和压力传感器。检查要点如下:检查气动泵动作是否正常。检查油水分离器和管路,每周给油水分离器加油,加油至油水分离器储油瓶的标志线处。检查膨润土管路,清理管路的弯道和阀门部位,防止堵塞。检查流量调节阀和压力传感器。每月清理膨润土箱和液位传感器。

17)通风系统

检查通风机工作是否正常,有无异响。检查通风管有无破损,及时修补或更换。

18)水系统

经常检查进水压力和温度,定期检查水过滤器和清洗滤芯。检查要点如下:每月清理自动排污阀门。检查水管路上的压力和温度指示器,如有损坏及时更换。检查水管卷筒、软管,如有损坏应及时修理。对易损坏的软管作防护处理。检查水管卷筒的电动机、变速箱及传动部分。如有必要加注齿轮油,并为传动部分加注润滑脂。每周检查刀盘驱动的马达变速箱、冷却器和马达的温度传感器。清除传感器上的污物。每周检查热交换器,并清除上面的污物。必要时使用60℃的清水反冲清洗热交换器。每天检查排水泵,如有故障应及时修理。每天检查所有的水管路,修理更换泄漏、损坏的管路闸阀。

19)油脂泵站

检查油脂储量,检查气压,监听有无异响。检查要点如下:经常检查油脂泵站的油水分离器,加注润滑油至油水分离器储油瓶的标志线处。检查油脂泵的工作情况,注意监听是否有异常声响。检查气动油脂泵的气动压力,将压力控制在规定的范围。检查油脂泵的气管是否有泄漏现象,如有泄漏应及时修理或更换。更换油脂桶时应对油脂量位置开关进行测试。检查刀盘轴承密封油脂注入脉冲次数是否正常,必要时调整油脂泵压力。检查盾尾密封注脂次数或压力是否正常,不正常时应检查油脂管路是否堵塞。特别是重点检查气动阀是否正常工作。经常检查盾构润滑油脂工作是否正常,检查油脂溢流阀。观察油脂消耗,如低于正常消耗量应检查密封情况,必要时紧固或更换。

20)供电系统

电气作业必须坚持"安全第一"的方针,所有维修保养工作必须在断电下进行。检查要点如下。

检查高压电缆外表有无破损,如有破损要及时处理。检查高压电缆铺设范围内有无可能对电缆造成损坏的因素,要及时采取防范措施。在电缆收放时对高压电缆进行绝缘检查,现场制作电缆接头与电缆连接时必须按电工规范进行。接头作完后必须进行耐压试验,达到要求才允许使用。

检查电缆卷筒变速箱齿轮油油位,及时加注齿轮油。检查电缆卷筒链轮的链条,注意加注润滑脂。每月检查电缆卷筒滑环和碳刷的磨损情况,注意清洁滑环和碳刷。检查碳刷的弹力以及碳刷与滑环的接触情况,必要时进行修理或更换。检查电缆接头的紧固情况,必要时紧固接头。检查绝缘支座和滑环的绝缘情况,必要时进行清洁处理。

收放电缆时进行高压开关柜的分断、闭合动作试验。检查其动作的可靠性。检查六氟化硫气体压力是否正常。检查高压接头的紧固情况。

变压器应有专人维护保养，并定期进行维护、检修。监视变压器是否运行于额定状况，电压、电流是否显示正常。注意监听变压器的运行声音是否正常。观察变压器的油标，油面不得低于最低油位。检查油温是否超标，油色有无变化。检查是否有油液的渗漏现象。检查接地线是否正常。检查配电柜电压和电流指示是否正常。检查电容补偿控制器工作是否正常。检查补偿电容工作时的温升情况，温度是否在允许的正常范围内。检查补偿电容有无炸裂现象，如有需要，予以更换。检查补偿电容控制接触器的放电线圈有无烧熔现象，如有，要尽快更换。

检查配电柜内的温度是否正常，检查配电柜制冷机是否正常工作，检查制冷机的冷却水流量是否正常。检查低压断路器过载保护和短路保护是否正常。检查大容量断路器和接触器工作时的温升情况，如温度较高说明触点接触电阻较大，需要进行检修或更换。检查柜内软启动器，变频器显示是否正常。对主开关每半年进行 ON/OFF（开/关）动作试验，检查其动作可靠性。经常对配电柜及元件进行除尘。每周对电缆接线和柜内接线进行检查，必要时进行紧固。

21）主机控制系统

检查 PLC 插板及连接线，定期清洁 PLC 及控制柜内的灰尘；定期进行 PLC 的冷启动和定期备份 PLC 程序；定期对控制面板上的 LED 显示进行校正。检查要点如下。

检查 PLC 插板是否松动及连接线是否松动，紧固接线端子。检查 PLC 通信口插头连接是否正常。每周清洁 PLC 及控制柜内的灰尘。定期进行 PLC 的冷启动。备份 PLC 程序。检查 IPC 与 PLC 的通信线连接是否可靠。

每周清洁 IPC 电脑和控制柜内的灰尘。备份 IPC 电脑的程序。检查面板内接线的安装状况，必要时进行紧固。每周清洁灰尘。每周检查按钮和旋钮的工作情况，如有损坏及时更换。检查控制面板上的 LED 显示是否正常。

定期对控制面板上的 LED 显示进行校正。校正时要使用标准信号发生器，先校正零点再校正范围，二者要反复校正。每周对推进油缸和铰接油缸行程显示与油缸实际行程进行测量校对，如有误差应及时校准。检查各种传感器的接线情况，如有必要紧固接线、插头、插座。清洁传感器，特别是接线处或插头处要清洁干净。防止水和污物造成故障。检查传感器的防护情况，如有必要须采取防护措施。防止损坏传感器。每月用压力表对压力传感器在控制面板上的显示情况进行检查和校准。

22）皮带输送机（土压平衡盾构）

经常检查变速箱油位、皮带的磨损、滚筒的转动、轴承的润滑情况，定期清洁皮带机。检查要点如下。

检查各滚子和边缘引导装置的滚动情况，如滚动不好，即清洗并润滑。检查皮带的磨损情况，如皮带磨损严重，即更换皮带。检查皮带是否有跑偏现象，如皮带跑偏需进行校正。

检查驱动装置变速箱油位，如果变速箱油位过低更换全部齿轮油。检查各轴承润滑，添加润滑脂。检查皮带松紧情况，必要时增加皮带张力。清洁电路，电机。检查电路接线端子有无松动，如松动则需紧固。检查断路器、接触器、继电器触点烧蚀情况，如烧蚀明显则用细砂纸打磨平；如严重烧蚀，则需更换触点。每周检查和清洁所有零件。

23）后配套拖车

注意清扫、清洁，经常检查拖车行走机构的跨度和润滑情况。检查要点如下：经常检查拖车行走机构的工作情况，按规定定期加注润滑脂。每周检查各拖车间的连接销、连接板，防止意外断裂或脱开。经常检查拖车行走机构的跨度与钢轨的轨距是否合适，不合适应及时调整。

24）送排泥管（泥水盾构）

经常检查泥浆管状况（包括减震器、橡胶管和钢管），必要时提前更换和补焊。定期监测泥浆管最前部的磨损情况，决定是否需要补焊或更换。

10.3.7 TBM 主要部件和主要系统的维修保养

除了对 TBM 进行以下内容的维修保养外，每天对卸渣机、喷锚系统、皮带输送机的导向轮和 1 号皮带机从动轮等的注脂部位进行注脂润滑；每周对拖车滚轮，冷却风机，辅助吊机，水泵，空压机，接力风机，皮带机的张紧油缸、提升油缸、主动轮、轴承座、2 号皮带机从动轮、3 号皮带机从动轮等的注脂部位进行注脂润滑。

1)主机系统

破损、磨损及裂纹等外观检查和检修在保养之前进行，并贯穿于保养过程始终。检查的主要内容为：检查相对运动表面有无积垢和损伤；检查离合器摩擦片磨损量，检查溜渣槽磨损，检查主机部件、结构件、踏板是否砸伤；检查钢拱架回转托轮是否磨损、各部螺栓是否松动或脱落；检查各传感器是否松动或断线等；检查液压系统是否外泄，阀块安装是否牢固，油管接头是否松动或破损等。关于裂纹检查，由于焊接应力、掘进时强烈振动和内应力分布不均，会导致完好的焊缝逐渐开裂，严重时钢结构坠落，砸伤人员和设备，因此应对主体部件结构、电机连接处和振动剧烈处进行裂纹检查，发现裂纹应及时焊补、焊牢。

保养时尽可能在外观检查的基础上对主机的附属设备进行功能检查，出现功能故障时，应及时检修。功能检查的主要内容为：检查各类吊机的动作是否正常；检查钢拱架安装、管片安装器及运送机构运转是否灵活等。

定期对油位指示装置进行观察，油位不足时，及时查明原因并通过滤油机补油。定期观察带有滤芯堵塞指示的油滤清器，根据需要及时进行更换。每班检查液压系统或润滑系统的油箱、回转马达、变速箱等带有油位指示的部位，观察带有滤芯堵塞指示的油滤清器，根据需要及时进行更换。每周对泵站油箱、齿轮箱或油马达的油位进行观察(各油箱均有观察视窗并标有最大、最小油位刻线)，油位不足时，应及时补充新油，因油管爆裂损失的油液，也应及时加注，以免油量不够造成动作失常或高温。发现油位显著升高时应引起警惕，及时分析并查找原因，是否系统进水或混入其他液体，根据需要对在用油和新油作黏度对比或含水量试验。

TBM 设备的操作手柄、仪表、视窗等外观表面和环境由操作人员每天进行清洁。

为防止油封损伤和精密仪器、设备表面损伤，应保持 TBM 的油缸活塞杆外露面、精密导轨面、仪表表面、显示窗表面、需拆卸部位的表面和注油嘴的清洁。不得存在锈斑、油污、泥水，清洁后涂抹少量润滑脂。主机上的油缸活塞杆外露面、精密导轨面、仪表表面、显示窗表面和注油嘴，每天必须进行清洁。

每月用高压风吹扫离合器压盘与摩擦片之间积尘，用胶皮妥善遮盖离合器罩，以免落入油污或脏污，引起离合器片打滑。

为防尘、防水、防锈、防砸，尤其是主机上各液压分配阀、操纵阀和各信号电缆等应加焊铁板或保护套保护。

为防止各结构件、相对运动件由于落石淤塞造成挤压、卡滞或变形和剧烈磨损，应及时清除各死角及滑轨面的碎石、淤泥。

及时冲洗除尘器内的钢丝滤网和纤维滤网，并冲洗除尘风机风道内的积尘；定期清理刀盘后部风道内积尘。

及时清除钢拱架移动平台导向滑动板上的脏污，同时涂抹润滑脂。每班检查外机架和主轴承润滑脂泵的工作状况，发现问题及时检修。

每班检查皮带运转状况并及时调整。检查中发现皮带跑偏、离合器摩擦片磨损过限等现象时，必须及时调整。

每天对主机重要结构部件的黄油嘴加注润滑脂，其余部位根据要求每隔两天或一周加注一次。

每周检查主轴承的密封状况。由内机架进入刀盘，查看主轴承内外迷宫式密封处是否有润滑脂挤出，润滑脂泵工作时，该处应有润滑脂溢出。停机保养时注意观察，若无溢出，打开润滑脂泵持续泵油，达到满意效果再关机。

每季清理前后外机架撑靴及后支腿导向柱上积尘，并涂抹高黏度的齿轮油。

掘进期间主机各部位振动很大，重要结构件螺栓易松动、脱落、折断。必须进行螺栓松动检查，检查的重点在主机前部振动剧烈部位。主机的所有液压张紧螺栓应每半年用液压张紧装置按规定扭矩复紧一次。

运转中观察滤清器压差报警指示，并及时更换滤芯。

对电气连线的进行松动及受潮情况检查，避免接线松动和短路。

2)锚杆钻机

①每班进行功能检查；

②每班检查冲洗箱、软管、接头的泄漏；

③每班加注润滑脂；

④每班检查钻机与滑板、走行链条的连接松紧度、链条机构是否卡滞，适时调整；

⑤每班检查弧形轨道、凿岩机重要螺栓松紧度，按规定扭矩紧固；

⑥每班清理锚杆钻机上坠落的碎石，同时用废齿轮油润滑钻机走行链条，适时添满油气润滑玻璃油杯里的润滑油；

⑦每季度检查凿岩机蓄能器充气压力 。

3)仰拱吊机与材料吊机

①每班进行吊机功能试验，当动作失灵、不动作或有噪声时，及时修理；

②每班清理吊机顶部及走行区域滚轮处积渣，经常在链条上涂抹齿轮油；

③每天观察液压接头、回转接头或油管是否渗漏，油箱油位低及时加液压油；

④每周检查吊机变速箱，适时补油；

⑤每周检查走行机构轮组磨损、总成磨损、链条变形情况。

4)除尘风机

①每天清洗滤网、视情况更换滤网，冲洗风道积尘；

②每周检查沿途风道连接处软风管接头是否脱落或破损；

③每周检查除尘风机电机固定螺栓是否松动，电机运转是否平稳；

④每季度检查电机接线盒线间、相间绝缘值，观察电机旋转轴与风扇叶片之间的旋转密封是否可靠。

5)皮带输送机

①每班观察皮带跑偏情况，通过皮带从动轮张紧装置的调整螺栓适量调整滚筒两侧张紧量，以皮带运转时松紧适度、不跑偏为标准；

②每班通过皮带运转情况，观察皮带下方皮带托滚旋转是否灵活、驱动滚筒或从动滚筒轴承噪声和径向跳动是否明显，安装支架是否紧固。检查托滚、刮板磨损，如磨损过度及时更换；

③皮带损伤检查。每班检查所有皮带表面、背面及侧面的损伤情况，查明原因及时修补。

④每天检查内机架一号皮带下方石渣堆积程度，及时清理并查找堆积原因；

⑤每周清理皮带桥皮带两侧或下方，尤其是皮带托滚周围的尘土、沉积物和淤积碎石；

⑥每半年拔出驱动滚筒驱动马达，检查变速箱齿轮磨损程度，更换新齿轮油；

⑦连续皮带机按厂家的相关规定要求进行保养与检修。

6)料车拖拉系统

①每班进行功能检查；

②每班清理链轨、链槽渣石；

③每班检查拖拉泵站运行压力和泵体发热情况，温度过高立即停机冷却。

④每周检查驱动回转马达链轮和引导小链轮是否磨损、拖拉链条是否脱钩、变形拉长，检查链条连接块及链槽磨损程度；必要时，通过前坡道链轮张紧机构张紧链条，或焊割修整，或更换磨损件。

7)卸渣机

①每班进行功能检查；

②每班清理翻板、渣斗、滚筒等处积石；

③每班检查刮渣器与皮带贴合程度，及时调整；

④曲线段施工时，每班检查电缆在滑槽活动是否灵活、卡滞，及时调整、校正；

⑤每周观察翻板表面磨损、卡滞情况；

⑥每周检查行走马达连接螺栓是否松脱、折断，行走滚轮是否打滑；必要时，在滚轮踏面沿周向间断堆焊凸棱，增加行走附着力。

8)空气压缩机

①每班检查冷却剂液位，不足时及时补充；

②定期用高压风吹扫冷却器及周边积垢；

③每 2000h 更换冷却剂滤清器，每年或指示灯闪光时更换空气滤清器；

④每季度检查所有软管是否破裂、老化，使用 2 年时必须更换所有软管；

⑤每半年标定压力传感器，每年标定安全阀；每 2 年更换冷却剂，并同时更换分离器元件和冷却剂滤清器。

9)喷锚设备

①每班检查油箱油位、高压压力、蓄能器与油泵转换压力、真空计过滤器污染程度、液压接头和输料管接头密封；

②每班对所有润滑点加注润滑脂；

③每班清洗混凝土输送泵所有管路；

④每周检查耐磨板、S 阀磨损、输料管壁厚和磨损，检查螺栓松动，螺栓按规定扭矩校核；

⑤喷锚移动机构的齿条和滚轮滚道，每周涂抹润滑脂。

10)应急发电机

①每次启动前，检查机油和燃油油位、冷却液液位，不足及时补充；

②每周检查蓄电池电解液位置和电压，保证随时处于充足电状态；

③每月检查空气滤清器是否堵塞；

④定期清理发动机表面积尘；

⑤其余均按发动机保养与维修的相关规定执行。

11)空调系统

①每班观察空调运行参数；

②定期检查管路是否泄漏(制冷剂、压缩机油等)。打开蒸发器盖板检查铜管是否污染；

③定期检查螺钉、电路接头；

④每 500h 更换压缩机油和机油滤清器；

⑤设备封存之前，开动空调设备，将氟利昂制冷剂收回系统，断开冷凝器管路的同时，立即严密、妥善密封空调冷却系统出口通道。

思考题

1. 盾构(TBM)设备管理的范围包括哪些?

2. 盾构(TBM)现场管理包括哪些内容?

3. 盾构(TBM)保养与维修的一般规定有哪些?

4. 常用的状态监测与故障诊断技术主要有哪些?

5. 简述盾构的日常保养技术要点。

6. 怎么开展盾构的强制保养? 盾构的强制保养包含哪些主要内容?

7. 简述盾构控制系统的维修保养内容。
8. 简述液压系统的维修标准。
9. 简述滚刀的维修技术要点。
10. 简述主轴承的维修保养要点
11. 试述 TBM 主机系统的维修保养内容。
12. 试述 TBM 主要系统的维修保养内容。

第二篇 工程实例

我国地域辽阔，地质复杂，根据各地的地质条件特点，大致可划分为四大类地层，即以北京地区为代表的砂层、砂卵石地层，以上海地区为代表的软土地层，以广州地区为代表的风化岩及软硬不均复合地层，以重庆地区为代表的岩石地层。在各地不同的地质条件下，盾构法施工面临着各自不同的挑战。

第11章

以北京为代表的砂卵石地层盾构施工

11.1 北京地区典型工程地质条件及水文地质条件

11.1.1 引言

北京地区处于平原与山区相连接的地带，主要为第四系永定河山前冲洪积层和河流相的沉积层，由砂、砂砾石、砂卵石、圆砾以及黏土、粉土、黏质粉土和粉质黏土等互层组成(图11-1、图11-2)。其特点为东部是黏性土、砂层和砂砾石互层的多层状态，西部很快渐变为砂砾石/卵石、圆砾与粉土互层状态；东部砂砾石层中的砾石粒径较小(一般小于100mm)，西部砂砾石/卵石、圆砾层中的砾石/卵石的粒径较大(一般小于100mm)，同时西部的砂卵石/卵石层中能见到超大粒径的漂石(图11-3)，个别漂石的粒径达1500mm以上；各层的层位、层厚分布不稳定，时厚、时薄，有时尖灭，也有的呈透镜体夹层。

图11-1　砂与砂砾石互层

图11-2　砂卵石与砂砾石互层

图11-3　砂砾石层中超大粒径的漂石

11.1.2 地层分类

调查和统计已施工隧道的工程地质及水文地质条件，按照盾构施工的特点与差异，北京地区的地层可分为以下几类。

(1)粉质黏土

容易发生塑性变形和破坏。含水量的大小对其状态(坚硬、硬塑、可塑、软塑、流塑)和它的强度、稳定影响较大。一般情况下该土层的稳定性较好。

(2)粉土

一般情况下粉土的稳定性尚可。饱和粉土在振动荷载作用下容易产生液化现象,从而使地基和隧道围岩失稳。该土层在施工降水过程中,容易产生细颗粒流失形成空洞(尤其在与粗颗粒交界处),而且含水量大时的稳定性较差。

(3)细砂、粉细砂

饱和状态下受振动荷载的作用容易产生液化现象。含水量大时会产生流动出现塌方,特别是粉细砂在施工降水过程中容易产生细颗粒流失形成空洞(尤其相对隔水界面和与粗颗粒交界处)。干燥的粉细砂在外界扰动下容易形成流沙,而使隧道围岩失稳。

(4)中粗砂、粗砂

中粗砂、粗砂地层稳定性与其含水状况不同而变化很大。

(5)卵石、圆砾(粒径小于 100 mm)

一般来说,该类地层的稳定性较好,但级配单一的圆砾层的稳定性较差。经开挖基坑实地观察,开挖深度在 10m 左右时,边坡坡率为 1∶0.3(大于 73°)仍然属于安全边坡,经过人工掏挖坡脚造成自然滑坡试验,滑动后的新鲜边坡坡率也约为 1∶0.3。卵石、圆砾地层的破坏形式相对黏性土来说常为脆性破坏。

(6)含超大粒径漂石的卵石、圆砾(粒径大于 100 mm)

其工程特性与粒径小于 100 mm 的卵石、圆砾地层相似,只不过是由于该地层中存在的大粒径(已遇到 600～1 500 mm)漂石会对盾构施工造成严重影响,故单独将其列为一类。此类卵石常被中粗砂、粉土及粉质黏土充填,构成稳定的围岩结构。

(7)岩体

在近北京城区的西山一带修建隧道往往会遇到岩体。岩体以花岗岩、砂岩和灰岩为主,岩石的强度和硬度都比较大,隧道掘进困难。岩体遇水饱和后强度会有所降低,但是对其工程性质不会有多大影响。

就工程特性而言,归结起来,北京地区存在如下 3 类典型土层:①砂砾石/砂卵石/圆砾地层;②粉砂/细砂/中～粗砂地层;③粉土～黏土地层。砾石的最大粒径一般在 400～600 mm,个别漂石的粒径可达 1500mm 以上,地层的最大含砂率约 25%～40%不等。在多数情况下,地下工程的修建,尤其是地铁工程的修建,均处于此 3 类典型地层的混合地层中。

11.1.3 水文地质特征

北京地区(准确地说是市区浅层 30 m 上下)的地下水赋存特点是:3 层水和 5 个区域。

3 层水分别是上层滞水、潜水和承压水;且潜水和承压水在不同区域会有层位上的变化,如处于西北部地区的潜水层,到了东部和东南部就变成了承压水层,且补给十分畅通。

所谓的 5 个区域,是因地层分布的差异和城市长期开采地下水、城区地下管线渗漏及施工降水等的影响,而呈现出城市的东、西、南、北、中区在地下水位、径流条件、水层分布等方面具有明显差异的现象。这是北京地区水文地质的重要特征。

11.1.4 总体工程特征

北京地区永定河冲洪积扇地层的总体工程特征归纳为如下 4 点:

①地下水位相对较深;

②除砂层和级配单一的圆砾层外,地层自稳性好;

③能适应盾构法、明挖法和浅埋暗挖法等多样化的工法施工;

④地铁隧道大多数穿越由粉质黏土/粉土、砂(细砂、粉细砂/中粗砂、粗砂)、砂砾石/砂卵石/圆砾组成的交互地层,一定数量的隧道穿越单一的粉质黏土层、砂层或砂砾石/砂卵石层。

北京地区的典型地质参见图 11-4。

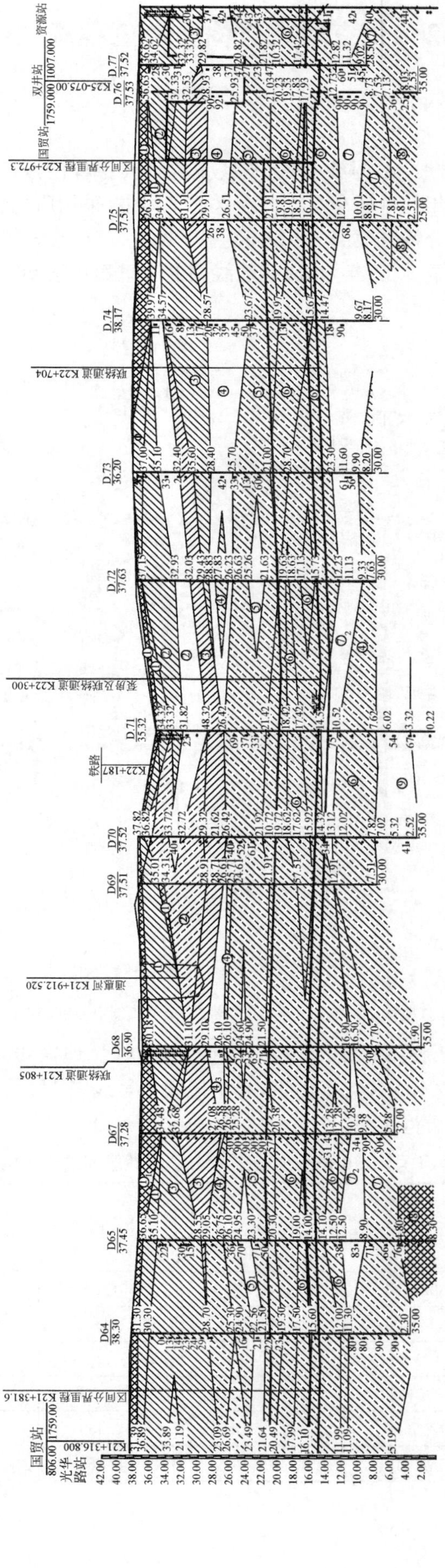

图 11-4 国贸站—双井站地质剖面示意图

11.2 北京地铁盾构隧道工程概况

11.2.1 盾构工法所占的比例

作为奥运工程，北京地铁 5 号线、10 号线、奥运支线及机场线工程已经建成通车运营，4 号线的主体工程施工也已全部结束，于 2009 年 9 月通车运行。在这些工程中，采用盾构技术先后穿越了北京市区四环以内所有地层和四环以外的部分特殊地层(图 11-5)。2007 年底至 2008 年，北京市已经或将要开工的新线轨道交通线路达 10 条以上，至 2015 年，建成运营线路的总里程将达 561 km。这些新建线路的区间隧道大部分将采用盾构法修建。

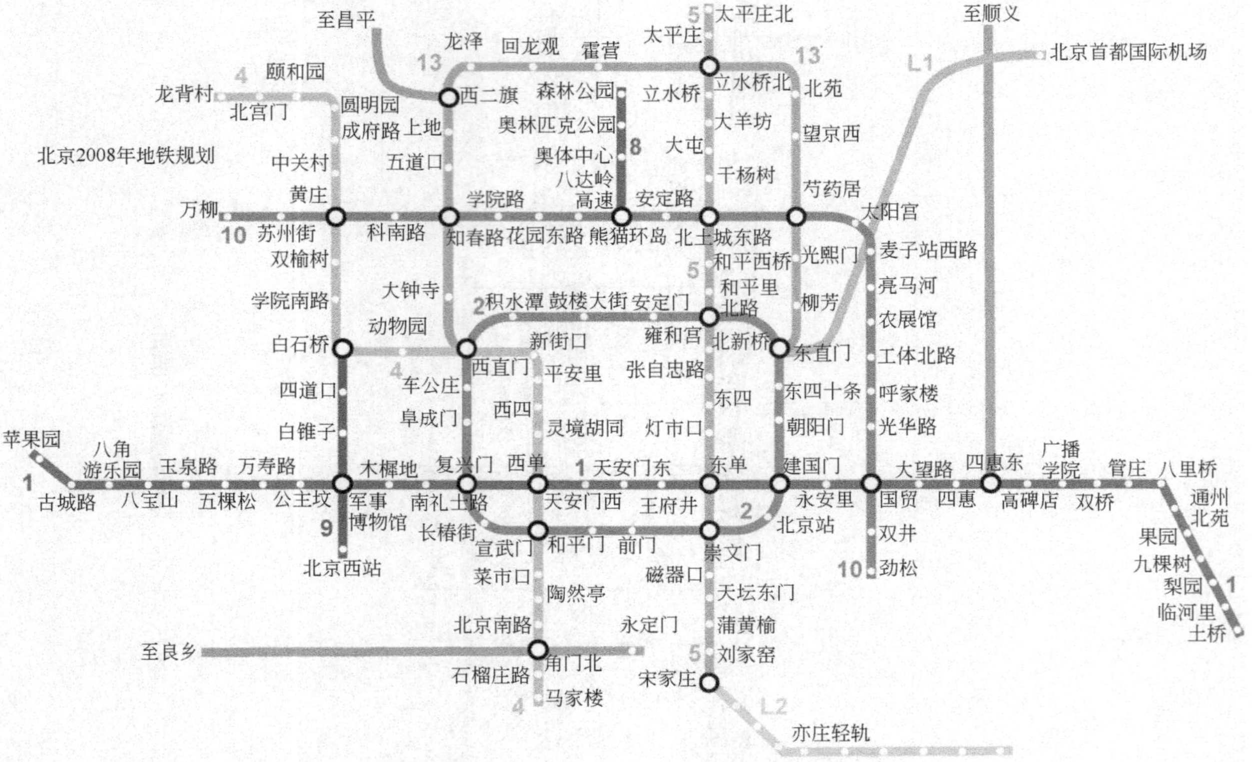

图 11-5 北京地铁路网中的 5 号线、10 号线、奥运支线、机场线和 4 号线

综合考虑工程地质及水文地质条件、城市环境及地面交通状况、地铁线路建设工期及施工过程对城市环境和日常交通的影响、盾构技术的优势等因素，北京地铁 5 号线、4 号线、10 号线、奥运支线和机场线的区间隧道的施工大量地选用了盾构工法，见表 11-1。

北京地铁 5 号线、4 号线、10 号线、奥运支线和机场线区间隧道盾构工法统计 表 11-1

线路长及盾构法所占比例 \ 线路名称		5 号线	4 号线	10 号线	奥运支线	机场线
区间线路总长(m)	左线	23938.23	23249.06	20357.826	3147.931	26357
	右线	23902.03	23311.12	20716.853	3147.931	27977
地下线路总长(m)	左线	15416.631	23036.953	20357.826	3147.931	10737
	右线	15380.682	23099.013	20716.853	3147.931	10737
盾构法施工总长(m)	左线	6120.688	11877.751	6612.458	—	6659
	右线	6081.419	11783.774	6608.859	—	6659

续上表

线路名称 / 线路长及盾构法所占比例	5 号线	4 号线	10 号线	奥运支线	机场线
盾构法长度占区间线路比例(%)	25.51	50.82	32.19	0	24.51
盾构法长度占区间线路比例(%)	39.62	51.29	32.19	0	62.02
盾构法区间数量	7	12	6	0	2

11.2.2 盾构隧道所穿越的地层

各条线路盾构区间隧道所穿越的主要地层见表 11-2。

北京地铁 5 号线、4 号线、10 号线、奥运支线和机场线所穿越的主要地层 表 11-2

线路	盾构区间	盾构区间长度(m)		所穿越的主要地层及地层特性
		左线	右线	
5 号线	宋家庄站—刘家窑站	1493.442	1456.7	本段区间盾构隧道位于永定河冲洪积扇的南部地带，隧道洞身所穿越的地层主要为：粉质黏土、粉土④层，夹粉土④$_1$ 层、粉细砂④$_2$ 层；粉质黏土、粉土⑥层，夹粉土⑥$_2$ 层、细中砂⑥$_2$ 层
	东单站—灯市口站	754.138	754.173	线路隧道走向与地层产状基本平行，隧道围岩具有上软下硬的特点。区间隧道埋深 8.2～9.5m，隧道上部地层为黏质粉土砂质粉土②层及粉质黏土②$_1$ 层，洞身通过地层为黏质粉土砂质粉土②层及粉质黏土②$_1$ 层、粉细砂③层、圆砾④层，隧道下部为圆砾④$_1$ 层和圆砾④层。局部地段隧道底部进入潜水层，未进入承压水
	灯市口站—东四站	657.546	657.546	间隧道埋深 14.8～15.6m，隧道上部地层为粉土②$_3$ 层、粉土②层和中粗砂③$_1$ 层，洞身通过地层为中粗砂③$_1$ 层、圆砾④层、黏质粉土砂质粉土⑤层和粉质黏土重粉质黏土⑤$_1$ 层，隧道下部地层为圆砾④层、黏质粉土砂质粉土⑤层和粉质黏土重粉质黏土⑤$_1$ 层。隧道进入潜水层，一部分进入承压水层
	张自忠路站—北新桥站	632.727	632.7	该 2 段相连的区间盾构隧道位于永定河冲洪积扇的轴部，洞身主要穿越粉细砂层、圆砾层、黏质/砂质粉土、中粗砂层、卵石层。圆砾层饱和、密实，砾石为亚圆形，未风化～微风化，粒径一般为 5～20mm，最大达 150mm，中粗砂充填，局部成为中粗砂透镜体，该层中部或底部颗粒较粗而变卵石层，其粒径一般为 20～80mm，在里程 K11＋950 以北地段，圆砾、卵石层逐渐变薄尖灭。卵石层饱和、密实，卵石为亚圆形，未风化，粒径一般为 20～80mm，最大达 200mm，中粗砂或黏土充填，局部地段颗粒较细逐渐变为圆砾或砾砂，该层在里程 K11＋800 以北逐渐尖灭
	北新桥站—雍和宫站	701.222	701.2	
	雍和宫站—和平里北街站	1037.513	1035	
	东四站—张自忠路站	844.1	844.1	
4 号线	北京南站—陶然亭站	821.833	862.415	隧道洞身通过的地层主要为：④$_3$ 粉细砂层，褐黄、密实、湿、低压缩性，含云母、氧化铁及个别砾石、⑥粉质黏土，褐黄色、硬塑为主、中压缩性，含姜石、氧化铁、⑥$_2$ 粉土及⑦卵石圆砾，一般粒径 20～50mm，最大粒径 110mm，卵石的主要成分为辉绿岩、砂岩等，细中砂填充。其中隧道沿线多以全断面砂卵石地层为主

续上表

线路	盾构区间	盾构区间长度(m)		所穿越的主要地层及地层特性
		左线	右线	
4号线	角门北站—北京南站	1161.488	1231.434	本段区间盾构隧道主要穿越地层为圆砾⑤层(一般粒径10～40mm,最大粒径150mm,亚圆形,粒径大于20mm的颗粒含量约占全重的55%～75%,卵石主要成分为辉绿岩、砂岩等,中粗砂充填)、中粗砂⑤$_1$层、粉细砂⑤$_2$层、粉质黏土⑤$_4$层、粉质黏土⑥层、黏土⑥$_1$层、粉土⑥$_2$层、细中砂⑥$_3$层、卵石⑦层(一般粒径20～60mm,最大粒径180mm,亚圆形,粒径大于20mm的颗粒含量约占全重的55%,卵石主要成分为辉绿岩、砂岩等,中粗砂充填)、中粗砂⑦$_1$层、粉细砂⑦$_2$层。盾构隧道结构范围内为全断面卵石⑦层,局部地段隧道上层穿越少量黏土及粉细砂层
	灵境胡同站—西四站	690	690	
	西四站—平安里站	901	901	
	平安里站—新街口站	875	921	
	动物园站—国家图书馆	1360.57	1086.292	隧道穿越地层为粉质黏土④层、粉土④$_2$层、粉细砂④$_3$层、卵石圆砾⑤层、中粗砂⑤$_1$层、粉质黏土⑥层、黏土⑥$_1$层、粉土⑥$_2$层、细中砂⑥$_3$层、卵石圆砾⑦层、中粗砂⑦$_1$层、粉土⑦$_3$层、粉土⑧$_2$层、卵石圆砾⑨层等土层
	国家图书馆—学院南路站	1108.707	1106.168	隧道穿越地层为粉质黏土④层、粉土④$_2$层、粉细砂④$_3$层、卵石圆砾⑤层、中粗砂⑤$_1$层、粉质黏土⑥层、黏土⑥$_1$层、粉土⑥$_2$层、细中砂⑥$_3$层、卵石圆砾⑦$_3$层、中粗砂⑦$_1$层、粉土⑦层、粉土⑧$_2$层、卵石圆砾⑨层等土层
	魏公村站—人民大学站	814.258	816.929	该段隧道上半断面在粉土层中通过,下半断面进入圆砾石层中
	成府路站—圆明园站	1019.576	1059.706	本段区间盾构隧道洞身穿越的地层包括:粉土③层,占整个穿越地层的比例为0.8%;粉质黏土⑥层,占整个穿越地层的比例为47.2%;粉土⑥$_2$层,占整个穿越地层的比例为45.0%;黏土⑥$_1$层,占整个穿越地层的比例为7.0%
	圆明园站—颐和园站	1528.406	1517.999	本段区间盾构隧道洞身穿越的地层包括:粉土③层,占整个穿越地层的比例为9.3%;粉质黏土⑥层,占整个穿越地层的比例为46%;粉土⑥$_2$层,占整个穿越地层的比例为35.2%;卵石圆砾⑦层,占整个穿越地层的比例为3.2%;粉细砂⑦$_2$层,占整个穿越地层的比例为6.3%
	颐和园站—北宫门站	1072.919	1078.511	本段区间盾构隧道洞身穿越的地层除粉土③层(比例约为9.3%)、粉质黏土⑥层(比例约为46%)、粉土⑥$_2$层(比例为35.2%)、卵石圆砾⑦层(比例约为3.2%)、粉细砂⑦$_2$层外,在靠近北宫门站段的数百米,主要穿越风化程度不同的砂岩、灰岩和花岗岩体
	北宫门站—龙背村站盾构接收井	523.294	511.62	本段区间盾构隧道洞身主要穿越风化程度不同的砂岩、灰岩和花岗岩体
10号线	学院路站—花园东路站	1083.59	1083.59	本段区间盾构隧道位于永定河冲洪积扇中部(海淀台地内东部边缘)。地面以下20～25m左右范围内地层以第四纪冲洪积的黏性土、粉土、砂土交互沉积层为主,以下以第四纪冲洪积的砂土、碎石土层为主
	国贸站—双井站	1473.862	1471.967	本段区间盾构隧道穿越的主要地层:洞身上部为卵石⑤层、中粗砂⑤$_1$层,饱和、稳定性差;洞身中部为粉质黏土⑥层、黏土⑥$_1$层、粉土⑥$_2$层;洞身底部为粉质黏土⑥层、粉土⑥$_2$层、粉细砂⑦$_2$层,由于隧道底部有承压含水层,极易发生底鼓或涌砂。该区间穿越的地层以砂卵石和黏性土为主
	北土城东路站—芍药居站	476	476	本段区间盾构隧道主要穿越第四纪全新世冲洪积层:粉土③层、粉质黏土③$_1$层、黏土③$_2$层、粉细砂③$_3$层、粉质黏土④层、黏土④$_1$层、粉土④$_2$层和粉细砂④$_3$层

续上表

线路	盾构区间	盾构区间长度(m)		所穿越的主要地层及地层特性
		左线	右线	
10号线	芍药居站—太阳宫站	780.73	780.73	本段区间盾构隧道主要穿越第四纪全新世冲洪积层：粉土③层、粉质黏土③$_1$层、黏土③$_2$层；粉质黏土④层、粉土④$_2$层
	盾构始发井—三元桥站—亮马河站	2099.163	2095.564	本段区间盾构隧道主要穿越粉质黏土⑥层、黏土⑥$_1$层、粉土⑥$_2$层、细中砂⑥$_3$层，极个别部位为中粗砂⑦$_1$层
	亮马河站—农展馆站	688.30	688.30	本段区间盾构隧道主要穿越粉质黏土④层、粉细砂④$_3$层、卵石圆砾⑤层、粉质黏土⑥层、粉土⑥$_2$层。在农展馆站段100余米长度范围内，隧道洞身中上部或中下部穿越卵石圆砾⑤层
机场线	东直门站—三元桥站	2568.259	2575.771	本段区间盾构隧道主要穿越黏土、粉土，局部遇到粉细砂、中砂层
	首都机场T2航站楼支线盾构区间	4108	4108	本段区间盾构隧道位于永定河冲积扇的东部地带，洞身主要穿越粉土、粉质黏土和黏土，以穿越粉质黏土居多。隧顶以上地层在T2K3+325里程处以南主要为粉土，以北主要为粉质黏土。隧底局部穿越细砂～中砂层

11.2.3 投入的盾构数量、类型及每台盾构平均掘进里程

北京地铁各条线路每一标段投入的盾构数量及每台盾构的平均掘进里程如表11-3所示；各条线路盾构法施工的掘进速度、关键工序的施工工期及施工造价分别如表11-4、表11-5及表11-6所示。北京地铁各条线路每一标段所用盾构如图11-6～图11-11所示。

每一标段投入的盾构数量、类型、制造商及每台盾构的平均掘进里程统计 表11-3

线路	盾构区间	盾构类型及制造商		投入盾构(台)	平均掘进里程(m/台)
		类型	制造商		
5号线	宋家庄站—刘家窑站	面板式刀盘土压平衡盾构，见图11-6	日本日立	1	2950.142
	东单站—灯市口站	面板式刀盘土压平衡盾构	德国海瑞克	1	2823.403
	灯市口站—东四站				
	张自忠路站—北新桥站	面板式刀盘土压平衡盾构，见图11-7	德国海瑞克	1	2667.849
	北新桥站—雍和宫站				
	雍和宫站—和平里北街站			1	2072.513
	东四站—张自忠路站			2(由4号线调过来)	844.1
4号线	角门北站—北京南站	面板式刀盘土压平衡盾构，见图11-8	日本三菱	2	2039.285
	北京南站—陶然亭站				
	灵境胡同站—西四站			2(其中1台由5号线转场)	2489
	西四站—平安里站				
	平安里站—新街口站				
	动物园站—国家图书馆站	辐条式刀盘土压平衡盾构	日本IHI	2	3627.9
	国家图书馆站—魏公村站				
	魏公村站—人民大学站				
	成府路站—圆明园站	面板式刀盘土压平衡盾构，见图11-9	1台为海瑞克盾构，1台为中铁隧道与日本小松联合制造盾构	2	2562.8435
	圆明园站—颐和园站				
	颐和园站—北宫门站			1	3186.344
	北宫门站—龙背村站前盾构接收井				

续上表

<table>
<tr><th rowspan="2">线 路</th><th rowspan="2">盾构区间</th><th colspan="2">盾构类型及制造商</th><th rowspan="2">投入盾构(台)</th><th rowspan="2">平均掘进里程(m/台)</th></tr>
<tr><th>类 型</th><th>制造商</th></tr>
<tr><td rowspan="6">10号线</td><td>学院路站—花园东路站</td><td rowspan="2">面板式刀盘土压平衡盾构,见图 11-10</td><td rowspan="2">德国海瑞克</td><td rowspan="2">2</td><td rowspan="2">2560.815</td></tr>
<tr><td>国贸站—双井站</td></tr>
<tr><td>北土城东路站—芍药居站</td><td rowspan="2">辐条式刀盘土压平衡盾构,见图 11-11</td><td rowspan="2">日本 IHI</td><td rowspan="2">1</td><td rowspan="2">2513.46</td></tr>
<tr><td>芍药居站—太阳宫站</td></tr>
<tr><td>盾构始发井—三元桥站—亮马河站</td><td rowspan="2">土压平衡盾构</td><td rowspan="2">德国海瑞克</td><td rowspan="2">2</td><td rowspan="2">2793.1135</td></tr>
<tr><td>亮马河站—农展馆站</td></tr>
<tr><td rowspan="2">机场线</td><td>东直门站—三元桥站</td><td>面板式刀盘加泥式土压平衡盾构</td><td>德国海瑞克</td><td>2</td><td>2551</td></tr>
<tr><td>T2 支线盾构区间右线</td><td>面板式刀盘土压平衡盾构</td><td>德国海瑞克</td><td>1</td><td>4108</td></tr>
</table>

北京地铁各条线路盾构法施工的掘进速度 表 11-4

施工方法 / 线路	盾构法	
	最大掘进速度(m/d)	平均掘进速度(m/d)
5 号线	36	9.78
4 号线	32.4	18
10 号线	44.4	11.09
机场线	24.24	14.4

北京地铁各条线路盾构法关键工序的施工工期 表 11-5

线 路	盾构井施工(月)	盾构下井组装(d)	盾构调头(d)	盾构解体、吊出、转场(d)	盾构过站(d)
5 号线	3.5～6	28～55	32～49	21～45	—
4 号线	4	—	—	30～60	26～60
10 号线	3～7.5	15～50	20	15～70	—
机场线	3～7	28～30	—	14	—

北京地铁各条线路盾构法施工造价 表 11-6

线 路	盾构造价(万元)	盾构井施工(万元)	盾构下井组装(万元)	盾构解体、吊出、转场(万元)	盾构过站(万元)		盾构推进平均造价(万元/km)
					加深底板	过站	
5 号线	3000～4300	310～500	35～400	60～110	—	—	3000～3400
4 号线	5500	80～200	180	200	50	150	3450
10 号线	3000～4600	300～705	43.2～210	124～220	—	—	3227.7～4452
机场线	3000～4600	350	50～120	40～100	—	—	2400

图 11-6 用于宋家庄站—刘家窑站的日本日立盾构

图 11-7 用于张自忠路站～北新桥站的海瑞克盾构

图 11-8 用于角门北站—北京南站的日本三菱盾构

图 11-9 用于圆明园—颐和园站的盾构刀盘(中铁隧道制造)

图 11-10 用于学院路—花园东路站的海瑞克盾构

图 11-11 用于北京地铁 10 号线施工的日本 IHI 盾构

11.2.4 北京地铁盾构主要技术参数

现将北京地铁使用的部分盾构的主要技术参数列于表 11-7。

表 11-7 中：

盾构 1——用于宋家庄站—刘家窑站区间隧道施工的日本日立盾构；

盾构 2——用于张自忠路站—北新桥站—雍和宫站区间隧道施工的德国海瑞克盾构；

盾构 3——用于马家堡站—北京南站区间隧道施工的日本三菱盾构；

盾构 4——用于圆明园站—颐和园站区间隧道施工的中铁隧道/日本小松联合制造盾构；

盾构 5——用于学院路站—花园东路站区间及国贸站—双井站区间隧道施工的德国海瑞克盾构；

盾构 6——用于三元桥站—亮马河站—农展馆站区间隧道施工的德国海瑞克盾构；

盾构 7——用于北京地铁 5 号线东单站—灯市口站区间、灯市口站—东四站，机场线 T2 航站楼支线右线盾构隧道施工的海瑞克盾构；

盾构 8——用于北土城东路站—芍药居站—太阳宫站区间隧道施工的日本 IHI 盾构。

北京地铁盾构主要技术参数 表 11-7

序号	部 件 名 称	盾构 1	盾构 2	盾构 3	盾构 4	盾构 5	盾构 6	盾构 7	盾构 8
1	盾构总体尺寸								
	开挖直径(mm)	6170	6200	6160	6210	6280	6260	6280	6170
	主机长度(mm)	8405		8665	8930			8565	10650
	盾壳长度(mm)			8215	8570	7950	7400	7565	8580
	总长度(m)			67	67	65		65	69
	总质量(t)			350	294				
	最大工作压力($\times10^5$Pa)		3	3	3	3	3	3	3
	最大设计压力($\times10^5$Pa)		4.5	4.5	4.5	4.5	4.5		5
	最小转弯半径(m)		350	250	350		250	300	250
2	前体								
	前盾直径(mm)	6150	6190	6140	6140	6250	6250	6250	6140
	前体长度(mm)			750	3300			1650	
	盾壳厚度(mm)	45		46	45			60	45
	隔板厚度			16	上 36,下 70				
	土压传感器数量(只)		5	6	4	5		3	3
	隔板门数量			2	2				
	隔板门尺寸(mm×mm)			ϕ600	600×500 1200×480				
	搅拌臂数量			2	2				
3	中体								
	外径(mm)	6150		6140	6140	6240	6240	6240	6140
	长度(mm)			3840	2080			2580	
	盾壳厚度(mm)	32		45	45			40	45
4	盾尾								
	外径(mm)	6150		6140	6140	6230	6230	6230	6140
	长度(mm)		3550	3625	2820	3150		3665	3925
	盾壳厚度(mm)	45		45	45			40	45
	密封刷数量(道)	3	3	3	3	3	3	3	3
	油脂注入点数量	12	8	6	16	12	12	12	12
	最小盾尾间隙(mm)	30					30		25
5	人员仓								
	形式		双仓	双仓	单仓	双仓	双仓	双仓	单仓
	长度(mm)		2000	2600	2384	2000	1400	1800	1700
	直径(mm)		1600	1600	1650	1600	1600	1600	1250
	操作压力($\times10^5$Pa)		3	3	3	3	3	3	3
	容纳人数		2 人/3 人	2 人/3 人	2	2 人/3 人	2 人/3 人	2 人/3 人	2 人

续上表

序号	部 件 名 称	盾构 1	盾构 2	盾构 3	盾构 4	盾构 5	盾构 6	盾构 7	盾构 8
6	推进油缸								
	功率(kW)		55	55	75	55	55	55	55
	油缸规格(mm)				270/230	220/180		270/230	250/200
	油缸行程(mm)		2000	2150	2000	2000	2200	2000	2100
	油缸数量		16	22	22	30	30	30	16
	最大推进速度(mm/min)	80	80	80	80	80	80	80	60
	缩回速度(mm/min)		1400	296	974	1400	1400	1600	
	最大推力(kN)	38500	28350	37840	37730	36400	34200	34200	37500
7	铰接油缸								
	形式		被动式	主动式	主动式	被动式	被动式	被动式	主动式
	油缸规格(mm)		180/80		332/220	180/80	160/80	180/80	250
	油缸数量		14	16	12	14	14	14	12
	油缸行程(mm)		150	170	230	150	150	150	300
	行程测量油缸数量			16	4	4	4	4	3
	总拉力(kN)	30000	7340	32000	34596	7340		7340	30000
8	刀盘								
	形式	面板式	面板式	面板式	面板式	面板式	面板式	面板式	辐条式
	刀盘开挖直径(mm)	6170	6200	6160	6210			6280	6170
	刀盘标称直径			6140	6200			6260	6140
	质量(t)			22	53			52	30
	刀盘进渣口				12				
	搅拌臂数量			2	4				
	开口率(%)		38	39	47.7	38		28	68
9	刀具								
	中心刀(把)	1	1	1	1	1	有	4	1
	周边刮刀(把)	12	16	12	12	8	有	16	
	先行撕裂刀(把)	42		40	0				34
	双刃滚刀(把)			0	6				
	切刀(把)	90	124	98	108	92	有	92	82
	贝壳刀(把)				6(边缘部分)				
	仿形刀(把)	2	2	2	2				2
	最大超挖量(mm)	150		100	130				150
10	刀盘驱动								
	类型	电机驱动	液压驱动	电机驱动	电机驱动	液压驱动	液压驱动	液压驱动	变频驱动
	功率(kW)		315×2	55×10	75×9	315×3	315×2	315×2	55×10
	旋转速度范围(r/min)	0.5～1.0～1.5	1.5/3.0	0.3～1.94	0.3～2.2	0～6.1	0～1.8	2～2.5	0～1.77
	标称扭矩(kN·m)	3570～5357	4085	5415	5773	4377	4350	4100	5105
	脱困扭矩(kN·m)	5357	4700	6498	6880	5350	5200	5200	6126
	主轴承直径(mm)		2600	260	3600	2600	2600	2600	3100
	设计寿命(h)		10000	17850	10000	10000	10000	10000	10000

续上表

序号	部件名称	盾构1	盾构2	盾构3	盾构4	盾构5	盾构6	盾构7	盾构8
11	管片安装机								
	功率(kW)		45	37	37	45	45	45	44.5
	自由度数量		6	4	4	6	6	6	4
	纵向移动行程(mm)	+800, −100	2000	1000	600	2000	1600	2000	950
	伸缩长度(mm)		1000	700	550	1000	1000	1000	700
	旋转速度(r/min)	0～1.5		0.76/1.53	2			0～1.75	0～1
	旋转角度(°)	±210	±200	±220	±200	+/−180	+/−200	+/−200	+/−220
	提升力(kN)	150		150	172			120	174
	推力(kN)	200		220	216	50		220	61
12	管片吊机								
	负载能力(t)	2×2		5	5.6			5	4
	上升/下降功率(kW)	1.5×2		3.5	3.5	8	5	3	1.8
	行走电机功率(kW)	2.2×2		2.2	2.2				
	起吊速度(m/min)	3.6		3.6	0.75/3.2				
	行走速度(m/min)	10		10	10				
	行走长度(m)	18		18	12				
	起吊高度(mm)			2010	2221				
13	螺旋输送机								
	功率(kW)		110	75	250	200	110	110	130
	标称直径(mm)	700	700	800	711.2	700	700	700	710
	转速范围(r/min)	0～24	0～19	1.4～13.3	0～20.6	0～21.86	0～19	0～19	0～13
	最大扭矩(kN·m)	55.7	190	91.8	62.2	225	190	190	
	管道上注入口			2	6				
	出渣能力(m^3/h)	280	250	224	219	270	250	250	181
14	皮带输送机								
	功率(kW)	30	22	30	18.5	30	22	30	22
	运输速度(m/min)	140	150	100	132	150	150	150	120
	运输能力(m^3/h)	280	450	260	280	300	400	280	286
	带宽(mm)	750	800	750	650	800	800	800	750
	带长(m)	52	45	43	61	45	38	48	76
15	注浆系统								
	注浆泵功率(kW)		19×2	39	30	38	23	30	30
	注浆口数量		4	4	4	4		4	2常用 +2预备
16	膨润土/加泥系统								
	运输能力(m^3/h)			14.4	10.2				
	工作压力(MPa)			1.5	2.5				
	膨润土管路数量			4	4				
	膨润土罐容量			8	6.8				
	功率(kW)					6	6	(10m^3/h)	30

续上表

序号	部 件 名 称	盾构1	盾构2	盾构3	盾构4	盾构5	盾构6	盾构7	盾构8
17	泡沫注入系统								
	泡沫运输量(L/min)			25	800				
	泡沫功率(kW)			45	1.5×2	11	11	7.5	7.4
	水泵运输量(L/min)			25	140				
	水泵功率(kW)			3	3×2				
	泡沫喷枪数量		4	2	4	4	4	4	4
	泡沫储存箱			1	1				
	供电系统								
	初级电压(kV)		10	10	10	10	10	10	10
18	二级电压(V)		630	380/220	380	400	400	400	380
	照明电压(V)		230	220	230	230	230	230	230
	阀控制电压(V)		24	100	24	24	24	24	24
	变压器容量(kV·A)		1250	1200	2000	2000	1250	1250	1550
	频率(Hz)		50	55	50	50	50	50	50

注：1bar＝10^5Pa。

11.3 砂卵石地层盾构施工的原理及主要问题

砂卵石地层颗粒之间的孔隙大，颗粒之间没有黏聚力，刀盘旋转切削时，地层非常容易坍塌，容易产生较大的围岩扰动。因此，对无水砂卵石地层如何控制盾构开挖面的稳定性，是保证盾构安全高效推进的首要前提。

11.3.1 砂卵石地层盾构开挖面的失稳模式

1)无水砂卵石地层开挖的力学特性

砂卵石地层是一种典型的力学不稳定地层，其基本特征是结构松散、无胶结，呈大小不等的颗粒状。这种地层一旦被开挖，就很易破坏原来的相对稳定或平衡状态，使开挖面和洞壁失去约束而产生不稳定。砂卵石地层颗粒之间的孔隙大，颗粒之间的黏聚力 c 为零。刀盘旋转切削时，地层非常容易坍塌，围岩容易发生扰动，当切削刀具的开挖力传递到开挖部位周围，扰动的围岩范围就更大。围岩中的大块卵石、砾石越多，粒径越大，这种扰动程度就越大。特别是隧道顶部大块卵石剥落会引起上覆地层的突然沉陷。

2)无水砂卵石地层盾构开挖面的失稳模式

盾构在整个掘进过程中，所穿越地层基本上可以分为两种：①基本为全断面砂卵石地层；②部分断面砂卵石地层。

在盾构掘进过程中，如果开挖面没有足够的支撑压力，开挖面上覆地层发生失稳的模式对应有以下两种情况。

(1)全断面砂卵石地层

盾构在全断面卵石、圆砾石层，上覆地层分别为砂性土和黏性土。砂卵石地层中颗粒之间传力方式为点对点，如图 11-12 所示。

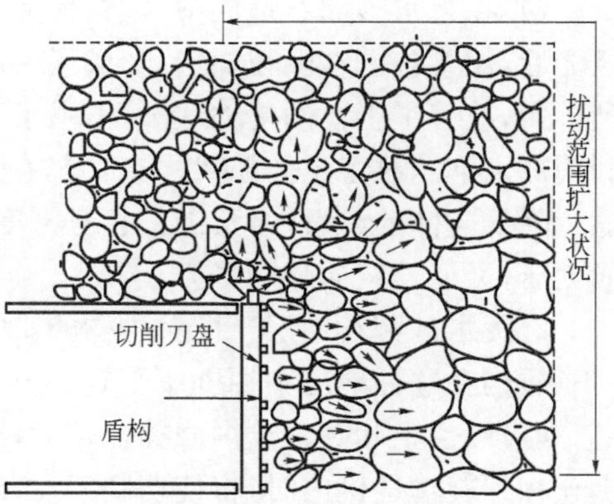

图 11-12 砂卵石地层开挖状况

若开挖面支撑压力不足，或大块卵石排出时，或螺旋输送机的排土量大于刀盘切削土量时，在刀盘前上方会产生较大的空洞区域，卵石或砾石将相继松动，在开挖面上方引起较大的塌落区,继而使得上覆砂性土和黏性土层产生的松动范围也比较明显,如图 11-13 所示。若覆土较浅,将引起很大的局部地表沉降。如果上覆土体的抗剪强度很低,还会引起冒落的危险。

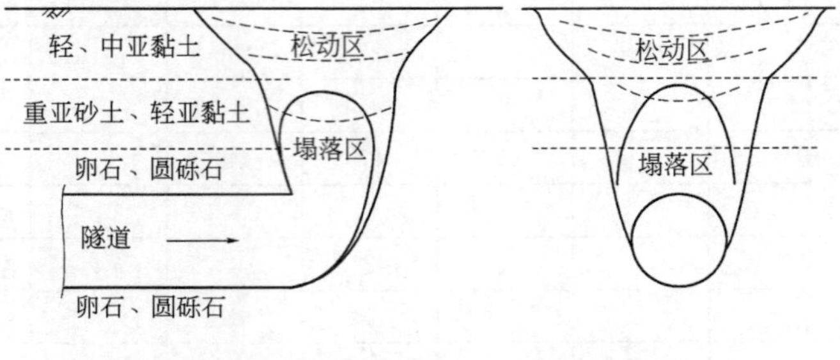

图 11-13　全断面砂卵石地层开挖面失稳形态

(2)部分断面砂卵石地层

盾构穿越部分断面砂卵石地层时,卵砾石位于盾构开挖面的下半部,上部为细砂、中砂层,开挖面上方土体塌落和松动的程度都较全断面砂卵石地层轻,如图 11-14 所示。

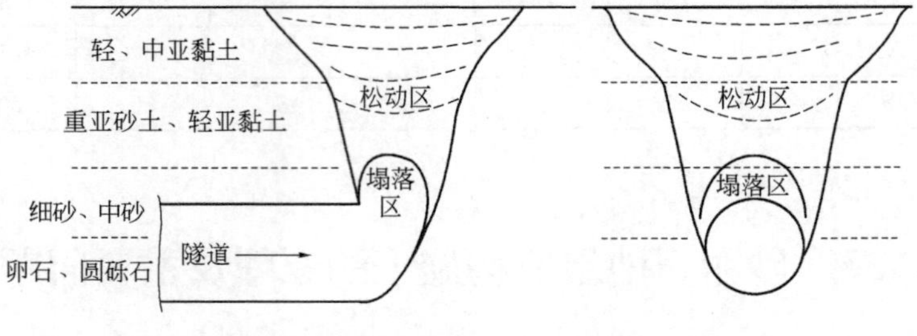

图 11-14　部分断面砂卵石地层开挖面失稳形态

11.3.2　砂卵石地层盾构开挖面的稳定性控制原理

1)砂卵石地层盾构开挖面的稳定机理

由前述开挖面上覆地层结构的稳定性分析可知,盾构在地层中掘进时,需要在土仓内建立一定的土压力,并向开挖面注入添加剂,是基于以下机理。

(1)盾构刀盘对开挖面的支撑以及土仓内泥土压力的作用有两点:一是为土体结构提供水平推力,以利于形成拱结构;二是提高开挖面土体的竖向抗力,减少开挖面上方土体失稳的可能;

(2)盾构在切削、排土的同时进行推进油缸的推进,实际是为及时有效地平衡开挖面土体的应力,控制并减少下沉速度;

(3)在刀盘切削的同时,向开挖面注入泥浆、泡沫等添加剂的作用是使开挖面土体的强度和刚度得到加强,对开挖面土体起到了支护作用,减少开挖面的无支护距离;

(4)在无水砂卵石地层中,颗粒松散,无黏结力,颗粒之间的传力方式为点对点,向开挖面土体添加泥浆之后,泥浆包围在颗粒周围,形成了一层泥膜,增加了颗粒之间的黏聚力,使得颗粒之间的传力范围得到扩大,改善了土体的受力状况,增强了开挖面土体的强度和刚度,利于开挖面的稳定,如图 11-15 所示;利用加入泡沫改善土体粒状构造,同时吸附在颗粒之间的气泡可以减少土体颗粒与刀盘系统的直接摩擦。降低土体的渗透性,又因其相对密度小,搅拌负荷轻,容易将土体搅拌均匀,从而做到既能平衡开挖面土压,又能连续向外顺畅排土。

2)无水砂卵石地层开挖对盾构的影响

盾构在这种地层中掘进所受到的影响主要表现在以下几个方面。

(1)砂性土和砂砾土内摩擦比较大,土的摩擦阻力大,故难以获得好的流动性,当切削下来的土充满土仓和螺旋输送机内时,将使切削刀盘转矩,螺旋输送机转矩,盾构推进油缸推力增大,甚至使开挖排土无法进行。因此,盾构刀盘切削土体时容易使刀盘过热,加剧刀盘刀具的磨损,影响盾构的机械性能;

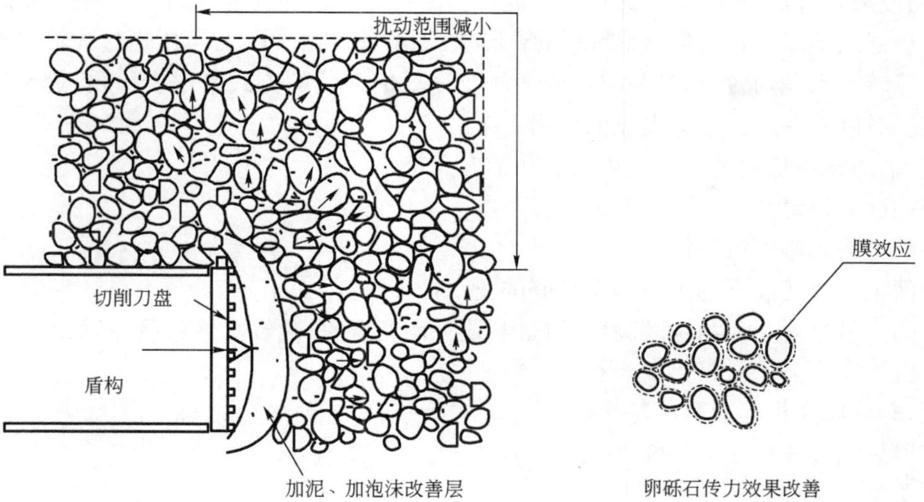

图 11-15　加泥、加泡沫对开挖面土体的改善示意图

(2)刀盘切削进来的土体须经螺旋输送机运出至皮带输送机，当遇到土质含水量低、较硬的情况下，螺旋输送机也会因工作扭矩过大而发热，影响其性能，严重时甚至停转；

(3)这种砂卵石地层的塑流性差，会导致大颗粒卵石滞留土仓内或向盾构四周移动，使得盾构位置和姿态控制变得困难，严重时则无法推进。

3)无水砂卵石地层稳定性控制措施

由前述可知，盾构在掘进过程中，如果控制不当或未采取有效措施，将引起较大的塌落和松动，以至于引起显著的地表沉降。因此必须对开挖面稳定加以控制。常采取以下措施。

(1)调节推进油缸的推力，使得在盾构土仓内建立起的泥土压力足以与地层土压力相抗衡；

(2)保持开挖面切削土量和螺旋输送机排土量的平衡，以使泥土压力与地层土压力保持动态平衡；

(3)向开挖面添加泥浆或泡沫，改善开挖面砂卵石地层的力学性质，同时有利于改善盾构刀盘和螺旋输送机的工作环境。

基于盾构开挖面的稳定性分析，为保证无水砂卵石地层开挖面稳定，必须确保以下两个方面控制技术的实现：①合理确定开挖面的泥土压力并保持泥土压力与地层土体压力的平衡；②实施加泥或加泡沫技术，改善开挖面土体的受力状况，实现切削土体的塑流性。

11.3.3　砂卵石地层开挖面加泥加泡沫改良土体

加泥式土压平衡盾构掘进时，向开挖面添加塑流化改性材料，与开挖面切削下来的土体经过充分搅拌，形成具有一定塑流性和透水性低的塑流体。同时通过伺服机构控制盾构推进油缸速度与螺旋输送机向外排土的速度相匹配，经密封仓内塑流体向开挖面传递设定的平衡压力，实现盾构始终在保持动态平衡的条件下连续向前推进。由于加泥式土压平衡盾构可以根据不同地层的地质条件，设计和配制出与之相适应的塑流化改性剂(如泡沫等)，极大地拓宽了该类机型的施工领域，特别是在砂卵石地层中施工优势最为明显。

盾构穿越无水砂卵石地层，盾构在这种地层环境中掘进时，仅采用加泥措施，改善切削土体的流动性能力有限，土体离析严重，盾构经常堵塞不能正常掘进，而且加泥量过大，费用增加。为适应这种地层的施工，需考虑在加泥的基础上增加泡沫系统，利用加入泡沫改善土体粒状构造，吸附在颗粒之间的气泡可以减少土体颗粒与刀盘系统的直接摩擦，增加切削土体的黏聚力，同时降低土体的渗透性。又因其相对密度小，搅拌负荷轻，容易将土体搅拌均匀，从而达到既能平衡开挖面土压，又能连续向外顺畅排土的目的。

另外，在盾构推进施工时，由于大部分地层为砂卵石，土层含水量低、土质较硬，一方面，当盾构刀盘切削土体时容易使刀盘过热，影响盾构的机械性能；另一方面，刀盘切削进来的土体须经螺旋输送机运出至皮带输送机，当遇到地层含水量低、较硬的情况下，螺旋输送机也会因工作扭矩过大而发热，影响其性能，严重时甚至停转。因此，必须通过往泥仓内加注改良后的泥浆的方式来改善土质，起到减摩的作用，满足螺旋机运输的性能，并起到冷却刀盘的作用。

因此，加泥、加泡沫的功效主要表现为以下几个方面：

(1)保持开挖面的稳定；

(2)增加切削土体的塑性流动性；

(3)使开挖面土体及切削下的土体具有良好的止水性；

(4)防止切削土砂黏附在刀盘及螺旋输送机内，避免闭塞现象，减轻机械负荷，降低刀盘扭矩，同时也提高了掘进速度；

(5)对刀盘、螺旋输送机起减磨冷却作用。

(6)泡沫的可压缩性或称之为弹性，对土压的稳定也有积极作用。

11.3.4 砂卵石地层盾构施工中易出现的问题

1)刀盘扭矩大、盾构推力大

表 11-8 为北京地铁某标段砂卵石地层盾构推进的刀盘扭矩、推进油缸推力等参数。

北京地铁某标段砂卵石地层盾构推进参数　　表 11-8

衬砌环编号	盾构掘进参数		盾构推进时间(min)	管片拼装时间(min)
	刀盘扭矩(kN·m)	推进油缸推力(kN)		
279	3196	9035	77	53
280	3155	9941	70	99
281	3348	11016	59	68
282	3411	11084	65	55
283	3256	10682	79	77
284	3342	12356	104	88
285	3437	9792	105	75
286	3425	8635	88	67
287	3350	9113	219	88

表 11-8 的盾构掘进参数，砂卵石地层的盾构施工往往表现出下列主要现象：

(1)刀盘扭矩值一直居高不下，而且波动幅度较小；

(2)刀盘过载频繁，扭矩过大；

(3)推进时间延长，泡沫和膨润土用量增大，渣土含水量增大；

(4)排出渣土变热。

在以上现象之后，甚至还会出现刀盘扭矩急剧上升到无法继续掘进。

2)建立土压平衡较困难

因砂卵石地层级配的变化、大颗粒卵石的存在而引起的可切削性能的随时改变，土仓内渣土的砂和卵石的分离，以及螺旋输送机出土量的稳定性难以控制等原因，使得盾构在推进过程中往往难以建立真正的土压平衡，从而引起对地层的较大扰动。

3)刀盘、刀具及土仓隔板的不均匀磨损

盾构在砂卵石地层中掘进，刀盘及刀具的磨损往往表现出下列特征：

(1)大部分强化先行刀磨损严重，从刀盘中心向外，磨损的程度逐渐加大，周边刮刀往往完全磨耗掉或松动脱落，如图 11-16 所示。

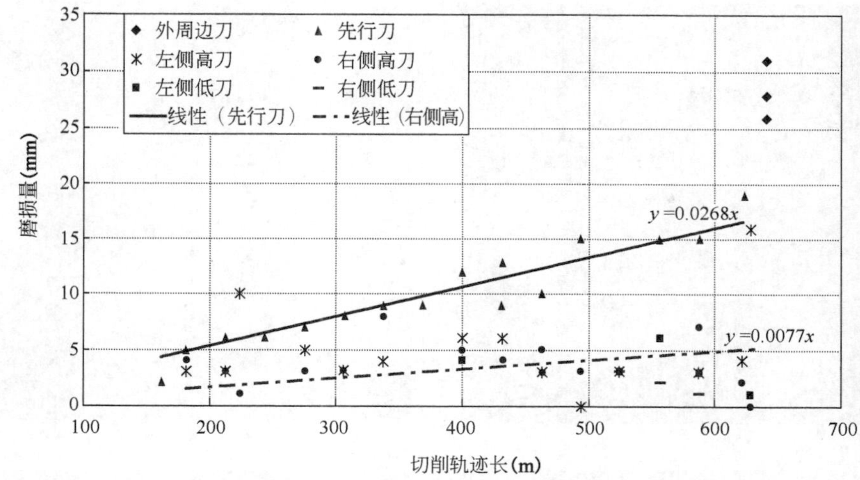

图 11-16 北京地铁某标段砂卵石地层盾构刀具磨损统计

(2)切刀容易松动脱落，切刀的磨损同样是从刀盘中心向外，磨损的程度逐渐加大；

(3)因周边刮刀完全磨耗或脱落，导致开挖直径变小，盾构推进困难；

(4)刀盘面板平均磨损较严重，刀盘外周常见穿孔；

(5)因土仓内砂和卵石颗粒的分离，使得土仓隔板的下部，尤其是螺旋输送机的入口部位的隔板磨损较大。

砂卵石地层盾构掘进刀盘的磨损实例如图 11-17 及图 11-18 所示。

4)盾构推进过程中容易发生小坍塌

当盾构刀盘上方为砂层或级配单一的圆砾层时，盾构推进过程中易发生小坍塌而对地下管线产生不利影响或引起较大的地表沉降。

5)盾构推进姿态控制困难

因砂卵石地层级配的变化、大颗粒卵石的存在引起的可切削性能的随时改变等原因，推进过程中盾构的姿态控制往往较为困难，推进参数一旦掌握不好，盾构的姿态就会偏离设计轴线。

6)盾构刀盘卡死

图 11-17 盾构切刀外侧不均匀磨损

盾构刀盘被卡死的情况(常称之为刀盘“抱死”)在砂性土、砂层及黏土中发生的概率比较低，但在砂卵石层中(尤其含有大粒径卵石)发生的概率较高，主要原因是因为加泥量及泥的浓度不够，同时当膨润土浆液较稀时，螺旋输送机只带出砂和一些小粒径的卵石，掘进过程中螺旋输送机转速与推进速度配合不当，而大一些的卵石被留在土仓中，遗留的大直径卵石增多到一定数量，最后当刀盘受到的摩擦阻力矩超过自身的额定最大扭矩，刀盘则被卡住。

7)螺旋输送机的磨损

在砂卵石层中掘进时，螺旋输送机容易磨损，当有大直径卵石进入螺旋输送机后，会对螺旋输送机产生更严重的磨损，磨损分为螺旋机的磨损及外部钢圆筒的磨损。

8)螺旋输送机抱死

在施工过程中，盾构螺旋输送机会发生被卡死的问题，经观察研究发现，主要源于大的卵砾石进入螺旋输送机，将螺旋杆卡住，这种情况很难预防，因为在进入螺旋输送机前无法得知土仓内土体的状况，只有在螺旋输送机被“抱死”转不动之后才能被发现。

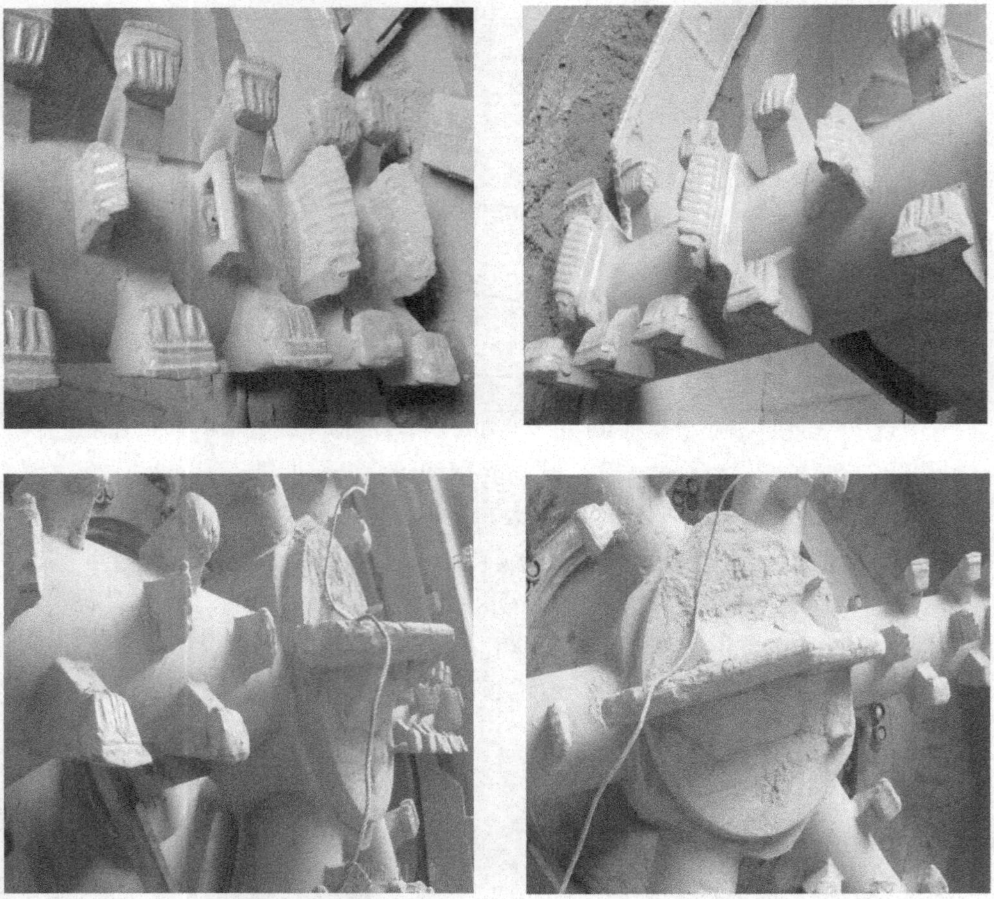

图 11-18　军白区间砂卵石地层辐条式刀盘的刀具磨损

11.4　北京地铁试验段盾构施工实例

11.4.1　工程与地质概况

1)工程概况

北京地铁 5 号线工程是北京地铁路网中一条重要的南北向轨道交通线路,南起丰台区宋家庄站,北至昌平区的天通苑站,全长 27.7km,其中地下线 14.88km,地下车站 16 座,其余为地面及高架线。线路呈南北走向穿越北京东单,所以又称"东单南北线"。

北京地铁 5 号线共有 7 个区间采用盾构法施工,盾构区间总长度为左线 6.121km,右线为 6.081km,分别占区间总长的 25.51%和 39.62%,其中雍和宫站—北新桥站—张自忠站的区间隧道工程,全长约 1334m,作为盾构试验段工程,于 2000 年 9 月 25 日先期开工建设。盾构掘进施工由雍和宫站南端竖井始发,经北新桥站址(该站当时未施工)采取直接掘进过站方式,至张自忠路站进行盾构接收与调头施工。在全线范围内,本区段环境条件、地层条件较具代表性,同时盾构法首次应用于地铁隧道施工。因此,工程的实施与进展备受关注。

该工程是在北京市首次采用盾构法进行地铁隧道工程的施工,实施盾构试验段的目的是通过工程实践,结合北京工程地质、水文地质及地面多危旧房屋的情况,全面掌握地铁工程中的盾构施工技术,为在北京全面推广盾构施工技术奠定了基础,提高北京地铁隧道的施工水平和工程质量,加快北京地铁的建设速度。

本工程地面环境条件比较恶劣，现状地表主要为雍和宫大街和两侧密集的构筑物，道路宽度仅12m，南北向交通繁忙，车流不畅。隧道线路主要在现况危旧平房下穿过，沿线还有雍和宫、成贤街等重点文化保护建筑物。隧道沿线的地质条件变化范围较大，穿越了3种非常具有代表性的北京地层：粉质黏土地层、砂性地层及砂卵石地层，地质条件复杂，部分地段地下水位较高，施工难度较大。此外，本工程施工场地狭小，使得盾构施工生产组织具有一定的特殊性。

线路由雍和宫站向南，先沿雍和宫大街西侧穿越民房区，再穿过雍和宫大街至东侧民房区到达北新桥站，最后向南沿东四北大街东侧穿越民房区至张自忠站。平面曲线最小半径$R=800$m，竖曲线$R=5000$m，隧道覆土厚度10～16m，线路最大坡度为22‰。隧道结构设计为单层预制装配式管片衬砌，管片外径6000mm，衬砌厚度300mm，管片分为6块，管片间采用预制弹性密封橡胶圈防水。管片环类型分为三种：标准环、左楔环与右楔环。管片环与环之间采用错缝拼装方式，管片之间采用弯螺栓连接。

本工程采用德国海瑞克ϕ6190mm土压平衡盾构施工，具有铰接装置，采用面板式刀盘，开口率38%，其主要技术参数详见表11-7盾构2相关参数。

2)地质概况

北京地铁5号线盾构试验段及南延工程沿线地层从上到下主要有：人工填土①层、黏质粉土砂质粉土②层(夹粉质黏土层②-1、重粉质黏土②-2层。局部夹粉细砂透镜体②-3层)、粉细砂③层、圆砾④层(一般粒径为5～20mm，最大粒径为150mm，中粗砂填充，局部成为中粗砂④-2透镜体。该层中部或底部颗粒较粗成为卵石④-3层，其粒径一般为20～80mm)、黏质粉土砂质粉土⑤层(含姜石，局部夹细砂透镜体，夹粉质黏土重粉质黏土⑤-1层和黏土⑤-2层)、中粗砂⑥层(含少量砾石，夹粉细砂⑥-1层和粉质黏土重粉质黏土⑥-2层)、卵石⑦层(亚圆形，未风化，一般粒径为20～80mm，最大粒径为200mm，中粗砂或黏性土充填，局部地段颗粒较细逐渐变为圆砾或砾砂⑦-1层)、粉质黏土黏质粉土⑧层和卵石⑨层(为亚圆形，为风化～微风化，一般粒径为20～60mm，最大粒径为180mm，中砂或黏性土充填，夹粗砂⑨-1层)。

3)水文地质概况

隧道沿线地下水包括：上层滞水(储存于杂填土①-1层，黏质粉土素填土①层和黏质粉土砂质粉土②层的孔隙之中，水位埋深为2.3～10.25m)、潜水(储存于粉细砂③层，中粗砂③-1层，砂砾③-2层，圆砾④层，中粗砂④-2层卵石④-3层的孔隙之中。局部地段潜水具有弱承压性，水位高出含水层顶板0.5～2.8m)、承压水(储存于中粗砂⑥层，卵石⑦层，粉细砂⑧-2层、卵石⑨层及其砂土夹层的孔隙中，水头高出含水层顶板1～3m)。地下水对混凝土具有弱腐蚀性。

11.4.2 端头土体加固

始发端头隧道口主要埋置于④-2中粗砂透镜体，含潜水；⑤-1夹粉质黏土重粉质黏土，⑥中粗砂，含承压水；⑧粉质黏土黏质粉土。其中，在⑥中粗砂承压水层对竖井施工及水平隧道开挖时有较大的影响，施工时须降水，且该层对盾构始发端头旋喷加固施工增加了难度。因在打开隧道洞门及盾构靠拢之前，洞门土体处于无支撑状态，经过对端头土体自稳能力的分析判定，为了保证开洞门时土体能自稳及保证盾构始发过程中不让泥、水等涌入隧道内，需对端头土体进行加固处理。施工中，加固体范围为盾构隧道周边各3m，沿隧道长度方向6m，加固体强度和稳定性必须达到设计要求，同时加固体的完整性必须满足下述条件：

(1)端墙与加固体之间没有明显的空隙；

(2)加固体内渗漏出水和泥沙混合物的最大允许值为九孔总和不大于30L/h。

考虑到雍和宫始发井距北二环护城河较近，地下水位较高，井点降水效果又不是太理想，所以首先考虑了静压注浆加固的方案，注浆材料采用水泥-水玻璃。注浆加固完成后，对加固体进行了检验，发现加固基本达到了止水效果，土体强度也有了提高，但强度未能达到设计要求，为慎重起见，又采用旋喷加固的方法对设计加固范围内的土体进行了加固，使土体强度也达到了稳定要求，保证了始发安全。

11.4.3 盾构始发

该工程在前期施工中，由于受拆迁条件的限制，包括施工用房在内，施工场地总面积只有 2000m²。根据工程整体筹划，必须采用盾构主机和后配套拖车分离的方式进行始发施工，也就是说，盾构主机先在竖井内完成组装，而后配套拖车必须在地面完成组装，盾构主机和后配套台车之间通过相关的液压、电气管线进行连接。

在盾构主机与后配套车架分离的条件下进行盾构始发掘进施工，由于管片输送机无法使用，就要采用其他机械设备来实现这些功能，为此，该工程中研究制造了专门的管片输送车，可以安全、准确地把管片输送到管片拼装机作用区域，解决了始发阶段洞内管片运输问题。

后配套车架放在地面始发施工，要解决的另外一个关键问题是：如何确保连接盾构主机和后配套车架之间的一百多条液压和电气管线的安全及时地随盾构主机前移。在工程开始是把各种管线悬挂在隧道壁上，盾构推进一定距离后，靠工人一段一段向前移动管线，这样不但费时，也存在一定的安全隐患。在施工过程中，采用了在隧道两侧安装滑轨的方法，实现了各种管线的半自动前移，提高了工作效率，保证了工程安全。盾构掘进 60m 后，对后配套车架进行了二次组装，把后配套车架全部放入已完成的隧道内，实现了皮带输送机直接出土，同时把洞内的单线运输改为双线运输，进一步提高施工运输效率(图 11-19)。

图 11-19　盾构始发时使用延长管线进行主机与后配套的连接

11.4.4 典型地层的盾构施工

1)黏质粉土、粉质黏土层地质段

该地质段的土层从上至下的分布一般是杂填土层、黏质粉土素填土层、黏质粉土、粉质黏土层、粉细砂层、中粗砂层，详见图 11-20。

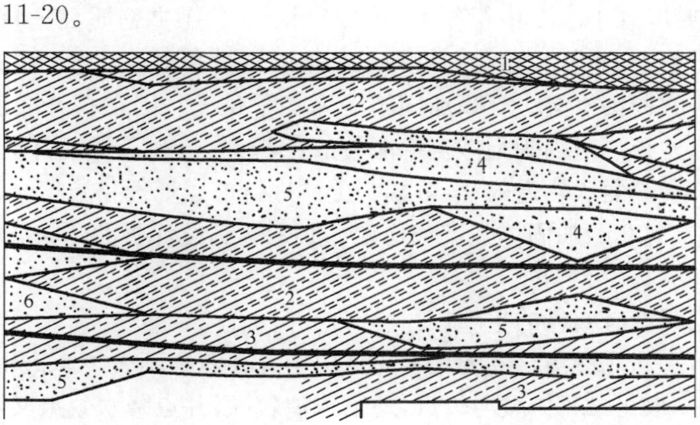

图 11-20　黏质粉土、粉质黏土层地质纵断面图

1-杂填土；2-黏质粉土；3-粉质黏土；4-粉细砂；5-中细砂；6-卵石

(1)隧道穿越地质

在该地质段中隧道穿越地层以粉质黏土、黏质粉土为主，局部有中粗透镜体砂夹层，上覆地层为粉质黏土、黏质粉土层，潜水水位高出顶板2～3m，具有微弱呈压性，承压水水头比隧道底高出约3m。此类地层土体密实度高，土中粘粒成分较多，具有无水时硬度大、遇水时黏度大的特点，土体有很好的自稳能力。

(2)掘进施工控制

开挖面的平衡以及有效的地表沉降控制均较易实现，掘进过程中刀盘扭矩、推进速度及掘进系统的各项控制数据均处于合理高效状态。沿线同步注浆压力及注浆量较恒定。刀具磨损小。

(3)易出现的问题

在此类地层掘进时，黏性土较易附着于刀盘表面以及靠近中心区域的刀盘开口，造成切削效率降低，刀盘扭矩增大；切削土体进入土仓后也易附着于仓板表面，影响土压传感器的数据的准确性。

(4)主要施工技术措施

在施工中，主要采用泡沫作为土体改良添加材料，在增加土体流动性的同时，降低其黏着性，防止土体附着于刀盘或土仓内壁。向螺旋输送机内注入适量的泡沫，增加土体的流动性，减小土体的摩擦力，使土体能经螺旋输送机顺利排出。土体改良效果十分显著。经过改良后土体变得松软，而且黏度大大降低，土体的可排性得到增加。此类地层施工中在泡沫注入时，还应根据出土的情况、盾构掘进速度、刀盘扭矩等参数合理调整泡沫在泡沫注入管路中的分配和注入泡沫的位置，使刀盘前方、土仓内和螺旋输送机内都能够有适量的泡沫注入，才能使土体改良效果达到最佳。

(5)主要施工参数

由于此段地层是在盾构始发阶段，考虑到地表的危房离始发竖井很近，而且正位于隧道上方，开始时将土仓内土压力目标值定得较高，在2.5bar(1bar＝10^5Pa)左右。在实际施工过程中，根据地表沉降监测报告，发现地表有轻微隆起，通过及时修正土压力目标值，地表隆陷控制更为理想，见图11-21。刀盘扭矩为1000～2000kN·m，掘进速度40～60mm/min，土仓平均土压力2.0bar。出土量每环虚方$50m^3$。

2)粉细砂、圆砾及卵石层地质段

该地质段的土层从上至下的分布一般是杂填土层、黏质粉土素填土层、黏质粉土砂质粉土层、粉细砂层、圆砾层、黏质粉土砂质粉土层、中粗砂层，详见图11-22。

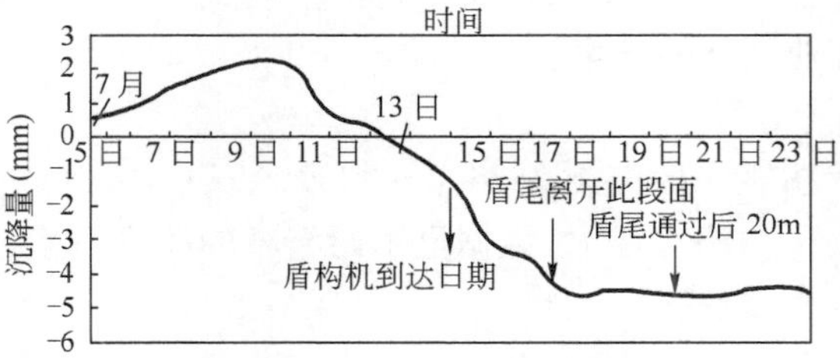

图11-21　G3断面时间-沉降曲线图

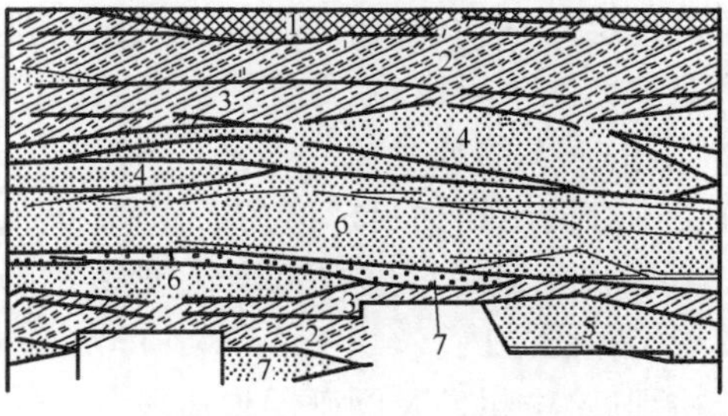

图11-22　粉细砂、圆砾及卵石层地质段纵断面图

1-杂填土；2-黏质粉土；3-粉质黏土；4-粉细砂；5-中细砂；6-卵石；7-圆砾层

(1)隧道穿越地层地质条件

隧道断面经过的地层以粉细砂、圆砾层及卵石层为主，上覆地层多为粉细砂，潜水水位位于粉细砂中，承压水水头比隧道底高出约2～3m。该段范围内地层有较好的颗粒级配，其中圆砾层及卵石层中的卵(砾)石磨圆度较好，粒径一般100mm，最大达200mm。粉砂层、砂砾层含水量较大，下部卵石层透水性强，土体之间的胶结力小，地层自稳能力较差。

(2)掘进施工控制

此段地层隧道覆土较前一区段薄，而且表层土质较差，土层松软，施工中易产生流沙、涌水等工程问题，是施工控制难度最大的地段。由于本地段土体中以砂、砾和卵石成分为主，掘进过程需采取加气、泡沫、泥浆等多种措施才能实现土压平衡。刀盘扭矩明显增大，掘进速度慢，刀具磨损快。停止掘进时土压力消散快,再启动困难,施工中对地层的处理十分关键。

(3)易出现的问题

该地段正常施工,切削下来的土体较易堆积在土仓下部而难以充满整个土仓,维持土压平衡的难度增加;砂、卵石层的渗透性较大,每日掘进结束后需进行停机保养时,土仓内压力消散较快,维持开挖面稳定有一定的困难;掘进控制难度增大,较难保持系统工作状态的稳定,经常出现过载现象;停机后再启动困难;刀具磨损较快,经常出现崩刀现象;刀具检查与更换难度加大,由于上覆地层多为粉细砂层,开仓检查前排土作业易造成刀盘前、上方土体失稳,形成空洞;老城区居民院落内的众多自渗井,使地层中形成较多松散的"饱和漏斗体",增加了施工的风险,在正常掘进以及开仓检查期间,稍有不慎,较易整体下滑塌落,造成地表塌陷。沿线同步注浆压力及注浆量略有波动。

(4)主要施工技术措施

研究土体改良外加材料的选用以及地层处理效果的改善。采用单一的添加材料,已不能很好地解决问题。在推进过程中,除仍使用泡沫以外,增加了压缩空气、泥浆配合使用,通过这一措施,加强了对刀具的润滑、冷却,改善了工作状态,提高了切削效率,大大降低了刀具磨损速度。同时改善了土体流动性和止水性以及可排性。在盾构掘进结束,需较长时间停机时,采取向土仓内注入泥浆的方法,并充分搅拌,改善土仓内土体的性质,防止土压力的快速消散,保持开挖面的稳定。

在砂砾和卵石层施工,普遍存在刀具磨损快、盾构推进速度慢、刀盘扭矩大、维持目标土压与保持较高的推进速度之间矛盾大等一系列现象,各要素之间相互影响、相互制约,通过采取注入泡沫、泥浆等措施,使掘进系统保持正常工作状态,同时也加大了施工成本。

盾构停机后,刀盘前方受扰动的土体、周边松散土体以仓内土体在较短时间内会沉积在刀盘周围,因此经常会出现刀盘再次启动困难的问题,严重地影响了施工进度。在泡沫和泥浆的使用上,两者发挥着各自的作用,泡沫注入开挖面,以利刀具切削;泥浆注入仓内,以利降低仓内土体的摩擦阻力,为刀盘转动提供有利条件。在掘进操作本身,在保持土压平衡的前提下,通过合理调节排土机构与推进千斤顶,可使刀盘顺利启动。

需要对刀具进行检查或更换前,对预定停机位置地表、地下构筑物进行严密勘查与寻访,避免与不利因素遭遇。开仓前进行排土作业,即使辅以气压施工,上覆粉细砂层也易局部塌落,但可在操作过程中注意减少对地层的扰动,密切关注渣土状态与排土量,使不利影响得以有效控制。一旦发生局部空洞现象,及时采取填充注浆等措施,保证刀具检查以及更换作业期间的安全。

(5)主要施工参数

施工中仓内土压力目标值在1.5~2.0bar。刀盘扭矩一般控制在2600~3300kN·m,掘进速度20~30mm/min,出土量每环虚方45m^3。地表沉降较前一区段略有增大,数据显示出清晰的沉降发生过程,但控制在规定范围之内。

3)粉细砂、中粗砂及圆砾层地质段

该地质段土层从上至下的分布一般是杂填土层、黏质粉土素填土层、黏质粉土砂质粉土层、粉细砂层、圆砾层、黏质粉土砂质粉土层、中粗砂层,详见图11-23。

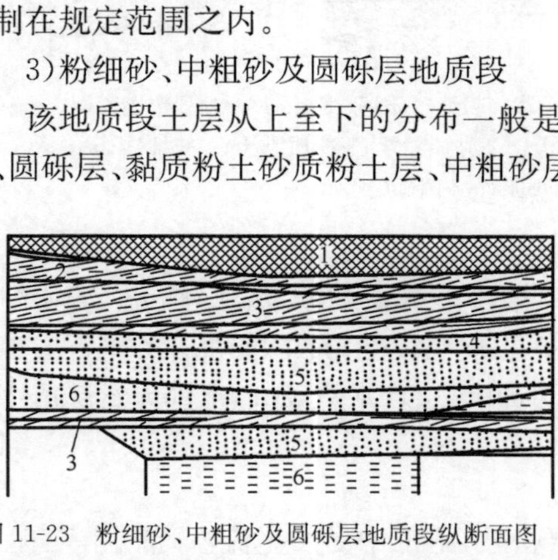

图11-23 粉细砂、中粗砂及圆砾层地质段纵断面图

1-杂填土;2-黏质粉土;3-粉质黏土;4-粉细砂;5-中细砂;6-圆砾层

(1)隧道穿越地层地质条件

隧道断面穿越的地层以中粗砂、圆砾为主,潜水水位较隧道顶低2m左右。此类地层土体密实度比粉细砂、圆砾层及卵石层相对要高,但土体自稳能力较弱。粉细砂层位于拱顶,中粗砂、圆砾层主要位于隧道中、下部。

(2)掘进施工控制

由于此段地层掘进过程中经过刀盘的切削和搅拌,仓内土体添加材料与中粗砂、圆砾在土仓内较好地拌和,改善了土仓内土体的流动性,对于保持较高的掘进速度比较有利,同时刀盘扭矩较小。

(3)易出现的问题

该段地层也容易出现与粉细砂及砂砾层及卵石层相似的问题，主要是地层的自稳能力较弱，较难在长时间内维持稳定的土仓压力，地表沉降控制难度大。该地层中，虽然刀具磨损相对较慢，但仍远远大于黏质粉土、粉质黏土层掘进中的磨损速度，刀具检查与更换期间依然易出现与粉细砂、圆砾层及卵石层相类似的问题。

(4)主要施工技术措施

将本区段地层的特性与前两种地层进行对比分析，在施工中的土体改良添加材料仍采用泡沫与泥浆配合使用，以加强刀具的润滑、冷却，改善工作状态，减低刀具磨损速度，其效果较粉细砂、圆砾层及卵石层更为明显，同时对土体和易性的改良也十分明显。

(5)主要施工参数

刀盘扭矩一般在 1600～2400kN·m，掘进速度 30～45mm/min，土仓平均土压力(1.8～2.0)×10^5Pa。出土量虚方每环 45m^3。

11.4.5 刀具的检查与更换

试验段盾构在砂卵石中掘进时，地层对盾构刀具的磨损较严重，为了保证盾构刀具的正常使用，同时也为了积累相关的施工经验，采用了带压进入土仓进行刀具检查和刀具更换。加压操作时严格按照加压操作规程进行，确保施工人员的安全。刀具检查的同时，对刀具进行编号，记录刀具的磨损量，并提供刀具检查报告。

1)刀具更换的标准

周边刀磨损量为 5～10mm；切刀磨损量为 12～20mm。

2)刀具检查更换程序和要求

(1)工作人员先将刀具周围的泥土清掉，保证有一定的工作空间。由刀盘外侧向内逐个检查刀具的磨损情况，同时检查一下螺栓是否完好，确定需要的刀具。

(2)用套筒及加力杆卸下固定需更换刀具的螺栓，将拆下的螺栓及附件放入随身携带的工具袋内，以防丢失。

(3)将换下的刀具递到人闸内，同时将固定螺栓和固定座用水清洗干净，并检查一下是否有裂纹，如有裂纹必须更换新螺栓，以确保新装刀具有足够的固定强度。

(4)将新的刀具按原来的位置安装好，并将固定螺栓拧紧。

(5)每次带一批刀具和螺栓进仓，每批刀具换完后，把废刀具和没有安装的新刀放进料闸内。与此同时操作手转动刀盘，之后工作人员通过料闸把下一批刀具送入土仓内，再继续更换下一组刀具。

(6)每换完一批后，由值班机械工程师检查一遍安装质量，并检查是否有漏掉的或者没有固定好的。机械工程师确认无误后方可继续作业。

11.4.6 沉降监测

1)地面沉降观测

本工程沿线危旧房屋密集、地下管线多，同时又有较多的文物，所以在施工过程中的地表沉降观测尤为重要。根据隧道埋深和地层情况，确定隧道轴线左右各 22m 为沉降观测范围，沿隧道轴线 30m 左右设一个观测断面，每个观测断面设 7 个观测点(隧道中线上方 1 个，左右各 3 个)。由于隧道多在密集的危旧房屋下通过，观测断面多沿房屋间的胡同设置，观测点的位置也会根据地面情况进行适当调整。在一些重要建筑位置也增设了一些观测点和观测断面。图 11-24 为 G3 观测断面在盾构接近前和沉降稳定后的地表沉降图，可以看出在盾构接近 G3 断面时，地面有稍微的隆起(约 2mm)，盾构穿越后地表逐渐下沉，一个月后基本稳定。监测结果显示，在正常情况下，地表沉降基本控制在＋5～－20mm 之间。

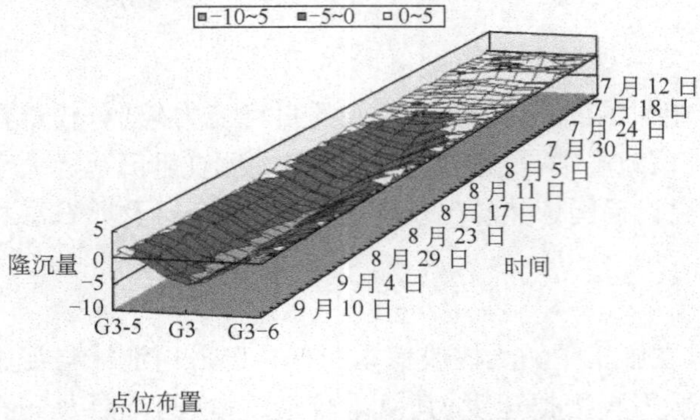

图 11-24 G3 断面沉降曲线图

2)地表沉降分析

通过沿线地表布置监测断面进行沉降监测,总结了 3 种典型地层的沉降槽及沉降规律。

(1)黏质粉土、粉质黏土层地质段

该段隧道覆土厚度为 16m,施工过程中建立的土压较高,挖掘出的土黏性比较大,属软塑至中塑黏质粉土、粉质黏土层,土壤自稳性能较好。施工使用了少量泡沫等添加剂对土体进行改良。由于该段的埋深比较大,加之地层条件较好,地表沉降不大,最大沉降量只有 6mm,沉降开始到结束过程较短,最终形成沉降槽宽度比较大,见图 11-25。图 11-25 中不同曲线表示该断面在不同时期(先行沉降、开挖面前沉降、通过沉降、盾尾空隙沉降、后期沉降)的沉陷槽。从图 11-25 中几条沉降曲线可以看出其沉降有以下几个特点:最大沉陷量不大,个别沉降槽曲线的对称性不好,地表沉降在沉降线具有沉降槽典型特征前已经结束。

(2)粉细砂、圆砾及卵石层地质段

该段隧道顶面的埋深约为 12m。隧道断面范围内 2/3 为砂,其余部分为卵石层。该段最大沉降量较大达到 15mm,见图 11-26。以卵砾石为主的地层沉降最大沉陷量相对比较大,沉降槽形状明晰,能与正态分布的曲线相符,在该地层中由于盾构施工产生的地层扰动较大,因此地表沉降量比黏性土层和粉质土层大。

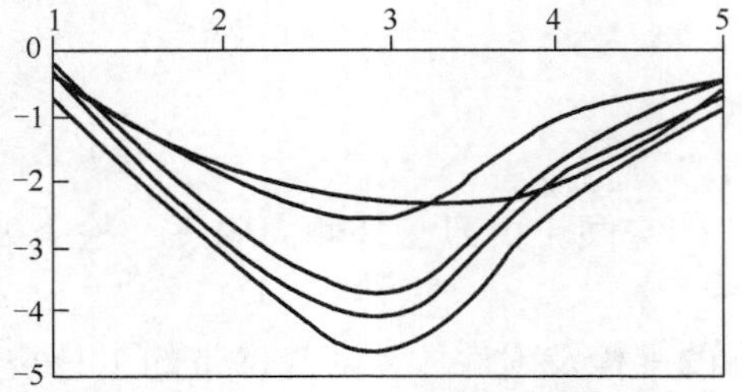

图 11-25 黏质粉土、粉质黏土层地表沉降曲线(尺寸单位:mm)

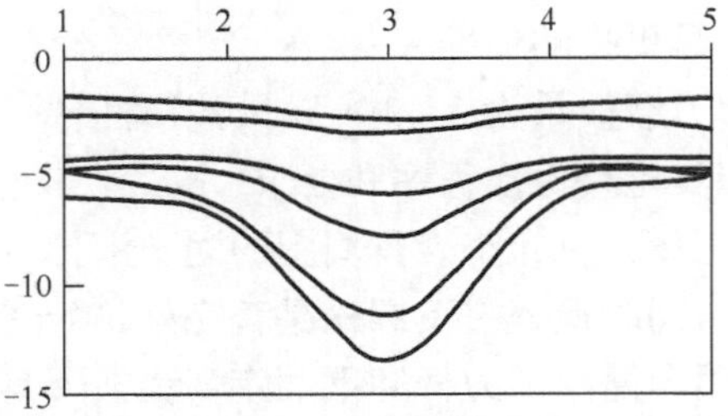

图 11-26 粉细砂、圆砾及卵石层地表沉降曲线(尺寸单位:mm)

(3)粉细砂、中粗砂及圆砾地层地质段

该区段隧道顶部埋埋深 10m,地表最大的沉降量 17.5mm。沉降曲线其与卵砾石为主的地层沉降曲线相似,但更为对称,其沉降量略大于卵砾石层。

3)地表沉降阶段划分

北京地区盾构法施工与上海地区软土地层盾构法施工引起的地表沉降组成有所差别。上海采用盾构法施工隧道沉降有明显的长期潜变的沉降过程,其产生的沉降量占总地表沉降量的 35%左右,而在北京的地质条件下长期潜变并不明显,其所占比重一般小于总沉降量的 5%。经统计分析,各阶段产生的地表沉降量所占的比重分别为:盾构到达前,地表产生的沉降仅占总沉降量的 5%~15%,盾构通过过程中产生的沉降占总沉降量的 45%~50%,通过后的后续沉降占 40%~45%。

11.5 马家堡站—北京南站盾构施工实例

11.5.1 工程概况

北京地铁 4 号线站—北京南站区间盾构工程采用 2 台日本三菱公司制造的 ϕ6140mm 土压平衡盾构进行施工。分别在右线 K3+635.000、左线 K3+595.000 处设盾构始发井,然后由北向南掘进,下穿京山铁路，近距离经过洋桥北里 14 层居民楼、京山铁路桥，穿过凉水河、万芳亭公园、南三环后，再沿马家堡西路向南，穿过马草河及马草河桥，最后到达马家堡站。其中，右线盾构段 1231.434m，左线盾构段 1161.488m。

马家堡站—北京南站区间线路曲线多、半径小，最小水平曲线半径仅 350m。区间隧道均在第四纪地层中通过。根据现场勘探、原位测试及室内土工试验成果，按地层沉积年代、成因类型，将本工程场地内的土层划分为人工堆积层（$Q ml$）、新近沉积层（Q_4^{3+2al}）、第四纪全新世冲洪积层（Q_{41}^{al+pl}）和晚更新世冲洪积层（Q_3^{al+pl}）三大类，并按地层岩性及其物理力学性质，进一步划分为 8 个大层及若干亚层，地层岩性及其分布特征见表 11-9。

地层概况一览表 表 11-9

沉积年代	地层代号	岩性名称	状态	密实度	湿度	压缩性	层底标高（m）	分布情况
人工填土层（Q^{ml}）	①$_1$	杂填土		稍密～中密	稍湿		32.50～43.72	连续分布
	①	粉土填土		中密	湿			连续分布
新近沉积层（Q_4^{3+2al}）	②	粉土		中密	湿	中压缩性	27.61～33.26	不连续
	②$_1$	粉质黏土	可塑			中高压缩性		局部分布
	②$_3$	粉细砂		中密	湿	低压缩性		不连续
	②$_4$	中粗砂		中密	稍湿	低压缩性		局部缺失
	②$_5$	圆砾		稍密～中密	稍湿	低压缩性		
第四纪晚更新世冲洪积层（Q_3^{al+pl}）	⑤	圆砾		中密～密实	湿	低压缩性	25.11～27.61	局部缺失
	⑤$_1$	中粗砾		密实	湿	低压缩性		透镜体分布
	⑤$_2$	粉细砂		密实	湿	低压缩性		透镜体分布
	⑤$_4$	粉质黏土	硬塑			中～低压缩性		局部透镜体分布
	⑥	粉质黏土	硬塑			中～低压缩性	23.51～27.49	局部缺失
	⑥$_1$	黏土	硬塑			中压缩性		透镜体分布
	⑥$_2$	粉土		密实	湿	中～低压缩性		局部缺失
	⑥$_3$	细中砂		密实	湿	低压缩性		
	⑦	卵石		密实	饱和	低压缩性	11.75～17.3	连续分布
	⑦$_1$	中粗砂		密实	湿	低压缩性		薄层或透镜体
	⑦$_2$	粉细砂		密实	湿	低压缩性		薄层或透镜体
	⑧	粉质黏土	硬塑			中压缩性	10.71～15.16	不连续
	⑧$_2$	粉土		密实	很湿	中压缩性		不连续

盾构隧道结构范围内为全断面卵石⑦层，卵石粒径一般为 20～60mm，最大粒径 180mm，亚圆形，粒径大于 20mm 的颗粒含量约占全重的 55%以上。卵石的主要成分为辉绿岩、砂岩等，中粗砂充填。隧道下方处于层间潜水层，在整个区间线路稳定分布。地下水情况见表 11-10。

地下水状况一览表 表 11-10

地下水性质	水位（水头）埋深（m）	水位（水头）标高（m）	含水层及其特征	
			岩性名称	渗透系数（m/d）
上层滞水（一）	9.2～10.6	29.25～29.63	圆砾②$_5$层	100
			细砂②$_3$	5
层间潜水（三）	16.8～21.8	17.2～22.75		180

马家堡站—北京南站区间隧道轨顶设计标高为 17.75 ～25.00m，隧道结构顶标高为 22.75～30.0m，隧道结构底标高为 16.75～24.00m，隧道埋深约为 16.0～23.5m，覆土厚度约为 10.0～17.5m。区间线路纵坡成“V”字形，马家堡站位于纵坡最大坡度 20‰上坡段，出站后区间线路以 15‰的坡率下

坡,至最低点后左右线分别以6.863‰和6.906‰的坡率上坡,北京南站位于纵坡2‰上坡段。

隧道采用标准单圆盾构衬砌结构,衬砌管片外径6000mm,厚度300mm,内径5.4m,环宽1.2m。衬砌管片分为6块,其中3块标准管片(A型)、2块邻接管片(B1和B2型)和1块封顶块(C型),采用错缝拼装。相邻管片环间沿圆周均匀布置16个纵向连接螺栓,环向管片间设12个螺栓,每环共计28个螺栓,均为弧形螺栓。

11.5.2 盾构类型及特点

本工程采用了2台日本三菱公司制造的ϕ6140mm土压平衡盾构,其主要技术参数见表11-7中盾构3的相关数据。本工程所使用盾构的主要特点如下所述。

(1)刀盘由3根主辐条,3根辅助辐条,6块面板构成。配置有1把中心刀、98把切刀、12把周边特殊切刀、40把先行刀(装有超声波式磨损检测装置),2把仿形刀。刀盘开口率39%。切刀在刀盘辐条侧面用销子加以固定,便于在土仓中快速更换。

(2)刀盘的最大扭矩为6498kN·m,刀盘驱动电机通过变频器控制,转数可在0.3～1.94r/min的范围内任意设定。

(3)采用了22台推进油缸,总推力37840kN,操作方式为计测调谐和全数调谐。

(4)16台铰接油缸,最大铰接角度为水平±1.5°,垂直±0.5°,以满足小曲线施工。

(5)螺旋输送机可正逆两个方向旋转,安装有蓄能器,储能器起到在突然停电时及时关闭闸门的作用。排土闸门可根据排土的状况调整其打开程度。

(6)配备有整圆器,利于提高管片拼装作业的线形精度。

(7)盾尾设置三道盾尾密封刷。配有管路自动向盾尾密封注入专用密封油脂,保证盾尾的密封效果,提高防水性能。

(8)安装有同步注浆装置,可从机内4个部位进行自动注浆或手动注浆,以便及时有效对衬砌背部和地层间空隙进行充填,防止地表沉降。

(9)刀盘、密封隔板及螺旋输送机均设有泡沫、膨润土注入管路,以改良开挖土体的流塑性。

(10)在前盾的隔板上安装人闸、材料闸和压气装置,可以对开挖面进行压气加压,最高使用压力为0.3MPa。

(11)具有及时测定盾构位置及姿态(方位/俯仰/旋转)的导向系统,能按环自动存储必要的数据。检测结果在操作室显示并与设计的数据进行比较,操作人员可根据显示的结果方便地控制盾构掘进。

(12)配备数据采集处理和远程传输系统,实现在办公室进行掘进工况信息管理。

11.5.3 始发段和接收段地层加固

根据设计要求,结合以往施工经验,该工程采用地面垂直高压旋喷注浆施工方法对盾构的始发段和接收段地层进行加固处理,加固范围为:隧道轴线方向(纵向)长6m,宽12.6m,高度10m,即隧道顶以上2m,隧道底以下2m,左右各3.3m,加固后的土体无侧向抗压强度为0.3～0.5MPa。高压旋喷法的施工参数如下。

旋喷直径:800mm;

桩 间 距:沿隧道方向700mm,垂直隧道方向600mm;

搭接厚度:沿隧道方向100mm,垂直隧道方向200mm;

水灰比:1.5∶1加1%水玻璃,加固体龄期为30d;

水泥强度等级:P.O.42.5;

加固体的土体黏聚力:0.3～0.5MPa;

喷嘴数量:1个(ϕ2.6～ϕ2.8mm);

旋转速度:18～20r/min;

提升速度:20～30 cm/min。

地层加固完成后,进行钻孔取芯试验以检查加固效果。钻孔取芯试件无侧限抗压强度达到0.3～0.5MPa。

11.5.4 小曲线半径段的始发施工

本工程盾构始发时,是在设计线路半径为350m圆曲线段上的竖井始发进洞,保证开挖隧道轴线在规范允许范围内是本工程的施工难点之一。在小曲线半径段的始发工艺流程为:曲线拟合→安装始发基座→组装盾构及后配套→安装反力架→直线推进→曲线推进纠偏。

1)施工工艺

(1)曲线拟合

①根据设计线路与竖井的平面关系确定进洞盾构长度范围内实际推进直线的轨迹,以经过设计圆曲线与洞门交点的切线为基线,绕交点向曲线内侧旋转,以直线与设计圆曲线偏差值不超过规范允许值为衡量指标,反向延长到竖井暗挖洞门作为始发轴线,结合考虑盾构、始发基座、反力架和与竖井的空间关系,修改基线旋转角,找出满足上述要求的始发轴线。

②由于始发轴线在曲线内侧,盾构直线进洞后如果还是按照设计圆曲线半径推进,将出现实际推进线路与设计线路偏差逐渐增大的情况,所以在实际推进中采用比设计半径小的圆曲线来拟合设计线路,待盾构回到设计线路上来且有向设计线路另一端反向增大的趋势时回归到设计半径,随设计线路正常推进。

(2)安装始发基座

①测量放线,在竖井地板放出在电脑上拟合好的始发轴线。

②分体始发基座在地面上用高强螺栓连接拼成整体,选择合适吊点往竖井下放,基座中线与始发轴线重合,确认基座高程无误之后,将其与底板预埋件牢固焊接。

(3)组装盾构及其后配套

①竖井及暗挖隧道里铺轨并放下电瓶车,将在地面组装好的后备台车吊入竖井并用电瓶车拉进暗挖隧道进行台车之间的连接。

②利用龙门吊及大吨位吊车按组装工艺将本体部分依次吊入竖井中已定位好的始发基座上,进行组装。

③在机械组装的同时穿插电气及液压连接。

④组装完毕之后对盾构进行整体调试,检查各部件的运转情况。

(4)安装反力架

在调试的同时进行反力架的安装,反力架由立柱、横梁、水平撑斜撑等用高强螺栓、法兰连接而成,各组成部件均采用箱梁内外加肋板的形式,极大提高了实际承载力。安装时按照定好的始发轴线,找准反力架中心高程将下横梁定位,依次组装左、右立柱,上横梁及支撑,由于推进轴线的旋转将在反力架水平撑与竖井壁之间形成楔口,并须用钢板将此楔口密实形成良好的传力体系。

(5)直线推进

①负环采用通缝拼装模式,封顶块放在12点位置,便于始发完毕之后拆卸。拼第一环负环的A块时,在盾尾下半圈推进油缸之间的间隙内焊20号圆钢,保证第一环负环拼装完后有良好的盾尾间隙并且在推出盾尾时不会拉坏盾尾密封刷,当水平尺的气泡居中与纵向螺栓孔连线重合时,用事先做好的定位板将第一块管片固定,然后依次拼装其他块,成环后将其推出顶到反力架为后续推进提供反力,最后启动油脂泵将3道盾尾密封刷间的间隙填满。

②开始推进时由于刀盘与掌子面还有一定距离,此时盾构重心前移,易产生栽头,必须在洞口钢环处做一段导轨支撑盾构顺利进洞。

③在盾构接触到掌子面时开始旋转刀盘切削土体,加大推力,待土仓充满土建立起土压平衡之后启

动螺旋输送机和皮带输送机开始排土,为了降低刀盘扭矩和改善土体的流动性需要通过旋转接头往刀盘前面加注适量泥浆和泡沫,同时打开超挖刀进行全断面超挖,为盾构进入曲线段后的纠偏甩尾做准备。

(6)曲线推进纠偏

①盾构离开始发基座后,将铰接开到理论计算角度,加大左右分区的油压差。

②通过计算可以得知拟合曲线上转弯环与直线环的比例,当左右推进油缸行程差达到转弯环纠偏左右长度差时拼装转弯环。

③盾尾完全进入帘布橡胶后开始同步注浆,注浆采用注浆量与注浆压力双控的原则。

2)施工要点

(1)曲线拟合

在 CAD 上对盾构始发进洞曲线进行反复拟合,根据设计线路与竖井的平面关系确定进洞盾构长度范围内实际推进直线的轨迹,以经过设计圆曲线与洞门交点的切线为基线,绕交点向曲线内侧旋转,以直线与设计圆曲线偏差值不超过规范允许值为衡量指标,反向延长到竖井暗挖洞门作为始发轴线,结合考虑盾构、始发基座、反力架和与竖井的空间关系,修改基线旋转角,找出满足上述要求的始发轴线。

盾构直线进洞后采用比设计半径小的圆曲线($R=300$m)来拟合设计线路,管片选型按照 300m 转弯半径进行,待盾构回到设计线路上来且有向设计线路另一端反向增大的趋势时回归到设计半径,随设计线路正常推进。

(2)参数设定

在初始掘进段内,对盾构的推进速度、土仓压力、注浆压力作了相应的调整,指标为:

①上土压力控制在 0.05～0.1MPa 之间;

②推力控制在 18000kN 以内;

③扭矩控制在 4200kN·m 以内;

④盾构在基座上时不开铰接直线推进,打开超挖刀行程 10cm 进行全断面超挖;进入曲线段时,用 300m 的转弯半径的圆曲线来拟合设计线路,要求将铰接开到 0.86～0.92°,超挖刀只需在曲线内侧超挖即可,左右分区油压差约在 10MPa。

⑤注浆上部压力在 0.25～0.3MPa,注浆量 3m^3 左右;

⑥管片选型按照 300m 转弯半径转弯环与直线环的比例是 1∶1。

11.5.5 盾构掘进参数的选择要点

(1)推进速度

推进平均速度 30mm/min,峰值不超过 50 mm/min。

(2)土仓压力

上土仓压力:0.07～0.15MPa(初始掘进定为 0.08～0.1 MPa,过铁路定为 0.11 MPa),对每环的出土量必须做一个统计,绝对不允许每环出了多少土都不知道的现象;注意观察上土压与左、右、下土压的差,如果土压差异较大,观察土体的和易性,检查泡沫与泥浆的效果。

(3)推进油缸行程

每环的长度必须出够,可使得管片自由放入,不可以用人工推管片的方法放入壳体,以防止管片被碰坏。

(4)推进油缸压力

注意各区的推进油缸压力,尽量合理地多选择推进油缸,否则对管片不利。

(5)推力

严格注意推力的变化,初始掘进时多观察后背的变形,如果后背开焊,立即停止推进,并上报。

(6)铰接

注意铰接角度的变化,由于初始掘进在曲线中始发,当整个机体(8665mm)全部进入土体时,开始进行轴线的纠偏，在基座上不进行纠偏；但铰接角度的开启可随推进距离的变化而逐渐加大，铰接角度控制在0.4°～0.7°(初始掘进在0.5°～0.6°)。

(7)回转角

推进时注意机体的回转角，当超过±0.1°时，立即调整刀盘的左右转，防止盾构的较大扭转。

(8)注浆压力

初始掘进时不能使注浆压力太高，否则会使洞口帘布破坏，但同时多检查管路，看是否由于堵塞引起的压力偏高。

(9)注浆流量

初始掘进时不宜过大，否则会引起压力过高，对洞口的封闭不利，可采取长时间的注入不间断而流量调低的方法；可保持在A液25～35L/min左右，同时多注意每环掘进距离与注浆累计量的关系，看是否过多而引起漏浆、压力高等问题。

(10)注浆量

为保证洞口处的密闭性(初始掘进洞口土体损失大)，开始+6环可以不限量，注够4000L时看压力是否上涨；如果压力一点没有上涨，可以再注；如果压力上涨明显，可以停止注浆，待推进时再注浆；但在拼装时必须停止同步注浆；与注浆压力结合，注浆压力的终压考虑为1.5～2.0MPa。

(11)注浆泵

同步注浆完时必须冲洗，在交接班时必须保证管路的清洁。

(12)补注浆

根据地面监测的情况及同步注浆的效果决定补注浆的量，同时在补注浆时观察盾壳内的漏浆的情况及补注浆的压力，决定补注浆的累计数量。

(13)加泥方向

尽量多用刀盘上加泥口，以保证土体流塑性好。

(14)加泥

每环的加泥量在2500～4000L左右。

(15)加泡沫

每环的量在2500～5000L左右。

(16)加泥加泡沫效果检查

可以看最后入电瓶车土斗泥的形状，最好就是渣土能成尖，不能使出的渣土像流体一样，开始时必须每环检查，把信息反馈给司机。

(17)螺旋输送机力矩

注意力矩的变化，防止大的卵石卡住螺旋输送机。

(18)螺旋输送机压力

在0.35～0.6MPa适宜。

(19)排土闸门开度

开到40%～70%可满足推进，有黏土时应注意开度。

(20)刀盘旋转速度

初始掘进时暂时调到尽量低。

(21)刀盘力矩

通过控制尽量降低力矩。

(22)仿形刀

不可以为了纠偏擅自开启仿形刀，如果要使用应上报。

(23)盾构姿态

保持在±40mm之内；尽量避免产生大的纠偏，在纠偏时不能太狠。

11.5.6 盾构姿态控制

盾构的姿态由一套日本 enzan 公司提供的隧道工程盾构法掘进管理系统 ARIGATAYA Version Ⅲ控制。该系统能向用户提供关于盾构当前空间位置和方向的连续的实时信息,通过正确的方向控制的操作,能使盾构与隧道设计轴线(DTA)的误差控制在较小范围内。

ARIGATAYA Version Ⅲ系统由 ROBOTEC 测量系统、数据采集系统、中央控制室三部分构成。ROBOTEC 测量系统由后视点(RMT)、目标点(RMT1、RMT2)和总站(器械点)组成。测量之前,后视点、总站的坐标值事先给定。测量时,总站的追踪系统通过感知目标点上 LED 发出的红外线来自动寻找目标点 RMT1、RMT2,然后锁定目标点,意味着固定了总站两个轴的角度(水平角度和垂直角度)。目标点锁定后,总站对准目标点的三棱镜发射光波,然后接收从三棱镜反射回来的光波。由于空气中的光速一定,通过测定光波从发射到反射回来所经历的时间就可算出从总站到目标点的距离。同时,总站自身伺服马达的角度值决定了总站在两个轴上的角度,详见图 11-27。

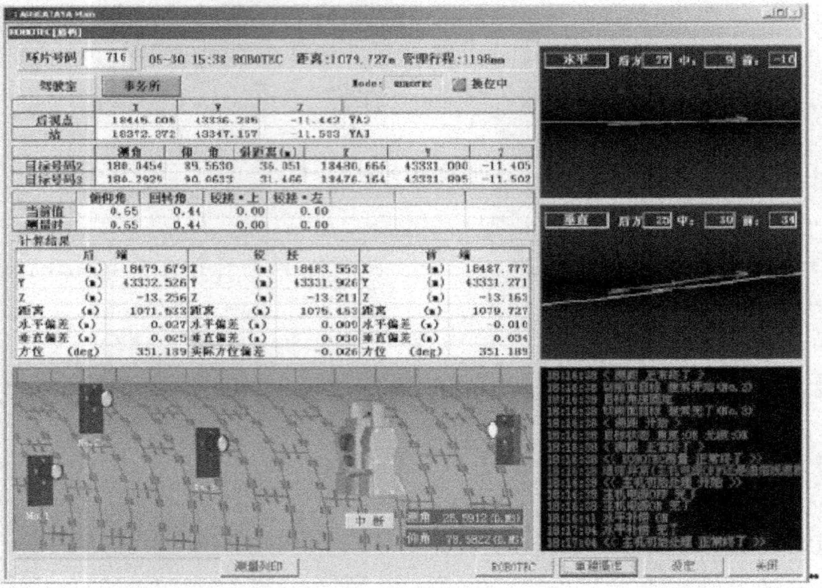

图 11-27 ROBOTEC 测量画面

ARIGATAYA Version Ⅲ系统对盾构、陀螺仪、注浆数据、排土量计测数据四处的信号通过直接配线进行收集,收集点数最大达 512 点,收集周期 3s 左右。然后,经过大约 3s 的处理,生成瞬时值、最大值、最小值和累计值。挖掘结束时,根据保存种类、最终值或是平均值生成存储数据,数据可用 Excel 形式打印输出(图 11-28)。

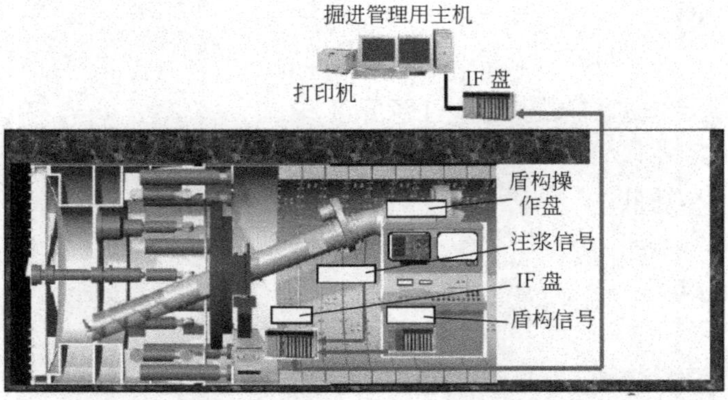

图 11-28 数据采集、存储、打印系统图

11.5.7 管片拼装质量控制

(1)在推进前正确地对下一环管片进行预测。

(2)掘进过程中,应严格按“勤纠偏,小纠偏”的原则,在直线掘进时,尽量减小推进油缸行程差,在曲线掘进时应依据计算值,控制推进油缸的行程差,使盾构行进方向与隧道设计轴线在允许偏差范围内平缓掘进,在曲线掘进时应将盾构位置控制在设计曲线的内侧。保证纠偏幅度在合理范围,确保隧道平面与高程偏差引起的轴线折角不超过 0.4%。

(3)管片拼装过程中,第一块管片的位置尤为重要,它决定了本环其他管片的位置及拼缝的宽窄。管片高于相邻块,将会导致 C 块的位置不够;低于相邻块,纵缝过大,防水性降低。同时,第一块应平整,防止形成喇叭口。

(4)当拼装第五块(B1 或 B2)时,应用尺子量 C 块空位的宽度,并调整第五块,保证(48±1)cm 或(95±1)cm。

(5)管片拼装应满足规范规定的偏差:高程和平面互不侵限;每环相邻管片平整度 10mm;纵向相邻环环面平整度 10mm;衬砌环直径椭圆度 5‰。

(6)螺栓应确保紧固,拧紧力矩要达到设计要求 300N·m。

(7)同一环内各管片的相邻位置应符合设计图纸要求,不可互换。每环管片上有管片类型标记,环类型标记,纵缝对接标记,安装管片时应认真查看这些标记,保证管片安装正确;管片迎推进油缸面和背推进油缸面不同,方向不要错装。操作手在安装管片时看到管片中心的管片标识字符应是正确的,如果是倒置的,则管片朝向错误。

(8)管片 C 块安装方法为先纵向搭接 1m,然后安装器径向推顶到预定位置再纵向插入。C 块及 B1、B2 与 C 块相邻面的止水条,在安装前应涂润滑剂。

(9)安装时注意小心轻放,避免损坏管片和止水条。尤其是在管片初步就位过程中,应平稳控制管片拼装机的动作,避免待拼管片与相邻管片发生摩擦、碰撞,而造成管片或橡胶密封垫的损坏。

(10)对掘进过程中出现的管片裂缝和其他破损,要及时观察记录并提醒盾构操作手注意,并要选择合适时间对管片进行修补。

(11)拼装中应严格控制每环管片环面高差。管片初步就位后,通过塞尺与靠尺对相邻管片相邻环面高差进行量测,根据量测数值对管片进行微调,当相邻管片环面高差达到要求后,及时靠拢推进油缸,防止管片移位。

(12)封顶块先径向居中压入安装位置,搭接长度大于 0.9m(故一般要求推进油缸行程量大于 1500mm 时才停止掘进),调准后再沿纵向缓慢插入。如遇阻碍应缓慢抽出后进行调整。严禁强行插入和上下大幅度调整,以免损坏或松动止水条。

11.5.8 管片壁后注浆控制

随着盾构的前进,砂浆泵送系统通过一套泵送装置将砂浆经过 4 个注入口同步注入管片和开挖洞身之间的环形间隙之中,砂浆泵可以手动控制,也可自动控制,砂浆泵上方设置了一个带搅拌器的砂浆罐(容积为 3.5m^3)。

砂浆在地面搅拌好后,通过溜管装入拖卡上的砂浆斗中(容积为 6m^3)。砂浆斗被运到砂浆罐旁时,先接通砂浆斗搅拌器的电源搅拌 3~5min 后,通过后续台车上的砂浆转运泵将砂浆转移到砂浆罐中。同步注浆采用单液砂浆,主要成分及配比见表 11-11。

同步注浆材料配比和性能指标　　表 11-11

水泥(kg)	粉煤灰(kg)	膨润土(kg)	砂(kg)	水(kg)	外加剂
60~100	241~340	60	900~960	419~516	按需要根据试验加入

浆液的初凝时间约为10h,24h抗压强度为0.5MPa,3天抗压强度为2MPa,28天抗压强度为6MPa。注入率为150%～200%,每环注浆量约为2.75～3.67m^3。

注浆压力应略大于各注浆点位置的静止水土压力,并避免浆液进入盾构土仓中。

最初的注浆压力是根据理论的静止水土压力确定的。在实际掘进中将不断调整。如果注浆压力过大,会导致地面隆起和管片变形,还易漏浆。如果注浆压力过小,则浆液填充速度赶不上空隙形成速度,又会引起地面沉陷。一般而言,注浆压力可取1.1～1.2倍的静止水土压力,最大不超过(3.0～4.0)×10^5。

由于是从盾尾圆周上的4个点同时注浆,考虑到水土压力的差别和防止管片大幅度下沉和浮起的需要,各点的注浆压力将不同,并保持合适的压差,以达到最佳效果。在最初的压力设定时,下部每孔的压力应比上部每孔的压力略大(0.5～1.0)×10^5。

盾构穿越后考虑到环境保护和隧道稳定因素,如发现同步注浆有不足的地方,通过管片中部的注浆孔进行二次补注浆,补充一次注浆未填充部分和体积减少部分,从而减少盾构通过后土体的后期沉降,减轻隧道的防水压力,提高止水效果。二次注浆使用专用的泥浆泵,注浆前凿穿外侧保护层,安装专用的注浆接头。二次注浆采用后方注浆方式,即从第三环及以后管片注浆孔进行壁后注浆。注浆孔位置选择对注浆效果起重要作用,从便于施工和注浆效果两方面综合考虑。注浆顺序为:隧底注浆→两侧注浆→隧顶注浆。注浆材料使用同步注浆浆液材料。二次注浆压力按比同步注浆压力高出0.01～0.03MPa来控制。

11.5.9 刀具的检查与更换

1)刀具磨损特征及规律

本工程中,大部分强化先行刀磨损严重,从刀盘中心向外,磨损的程度逐渐加大;切刀部分松动,用以连接的螺栓磨损较严重,有1～2把切刀脱落,刀具磨损同样是从刀盘中心向外,磨损的程度逐渐加大;周边刀磨损严重,大部分脱落,导致开挖直径变小,盾构推进困难;刀盘面板磨损较严重,平均磨损约有1cm;刀盘外周磨损严重。

2)刀具更换方案

刀具更换位置为:左线K2+946.77,隧道埋深16.941m;右线K3+045.152,隧道埋深16.572m,根据业主提供的资料以及现场调查,确认盾构换刀位置地下无管线。

从地面施工工作井,对盾构刀具进行更换。工作井直径ϕ1500mm,每天进尺2m,大约10天可挖至设计标高(盾构拱顶下1m)位置,在工作井护壁下部2～3m范围采用钢格栅、竖向设置连接筋,形成暗梁结构,同时打设小导管(小导管长度1500mm)对地层进行加固处理,详见图11-29。

工作井开挖直径为ϕ1500mm,深度18m,工作井护壁厚度为150mm,工作井护壁用C25混凝土浇筑,密实早强,以实验室配合比为准,必要时添加少量速凝剂,现场实际称量。工作井施工步骤如下:

(1)放线定井位。根据盾构刀盘与工作井所在位置进行测量放线,定出井位及尺寸。

(2)按现场实际情况,确定原材料堆场、机具棚等搭设工作。

(3)进行工作井井口护筒施工。

(4)挖取土方施工及浇筑护壁。

(5)架设垂直运输架,安装吊桶、照明、活动盖板、水泵和通风机。

(6)开挖吊运第二节井孔土方(修边),从第二节开始,利用提升设备运土,井孔内人员要戴好安全帽,地面人员要系好安全带。吊桶离开孔口上方1.5m时,推动活动安全盖板,掩蔽孔口,防止卸土的土块、石块等杂物坠落孔内伤人。吊桶在小推车内卸土后,再打开活动盖板,下放吊桶装土。

(7)逐层往下循环作业,将井孔挖至设计深度,清除虚土;井孔挖至规定的深度后,用支杆检查井孔的直径及井壁圆弧度,上下要垂直平顺,修整孔壁。

(8)在工作井护壁下部2～3m范围采用钢格栅、竖向设置连接筋,形成暗梁结构,同时打设小导管(小导管长度1500mm)对地层进行加固处理,小导管注浆范围根据现场实际情况予以加大,以确保施工安全。

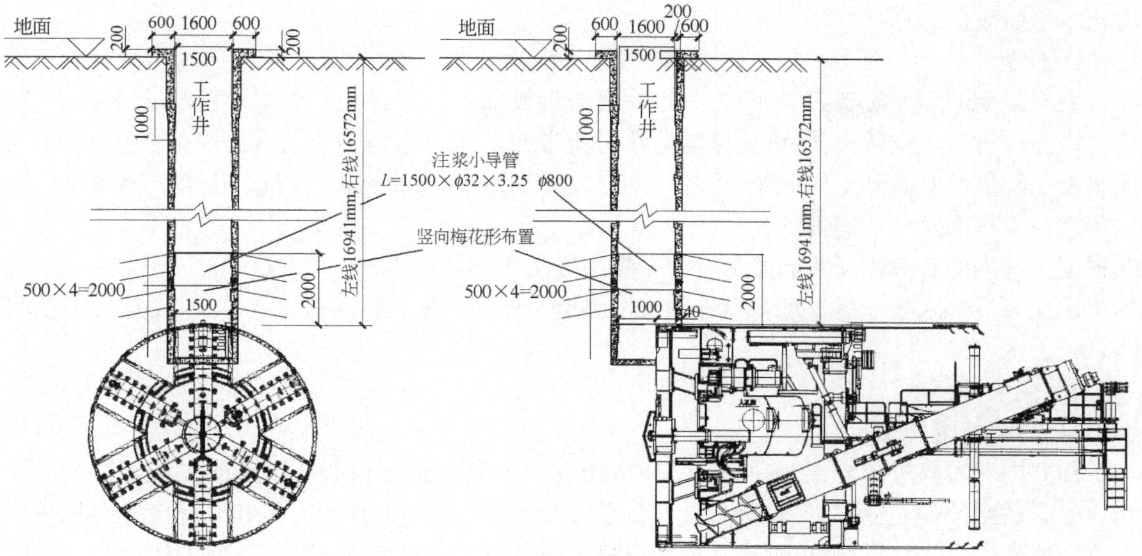

图 11-29　工作井与盾构位置关系图

(9)最后四节护壁施工时,必须调整长度,保证倒数第二节下沿正好骑在盾构拱顶上,最后一节护壁只做刀盘前部,护壁与刀盘之间的间隙采用木板作为临时支撑用丝杠顶住,需要转动刀盘时拆掉临时支护,待刀盘转到下一修复位置、观察到土体稳定时再恢复临时支撑。

(10)进行盾构刀具更换。

(11)在更换完所有需要更换的刀具后,用级配砂石进行回填,回填时必须拆除倒数第一节护壁,以免影响盾构后续掘进施工,回填时采用 30cm 一步,人工夯实,最后 2m 用黏土回填并夯实。然后,盾构才可以进行掘进施工。

3)刀具检查及更换程序

刀具检查及更换程序如图 11-30 所示。

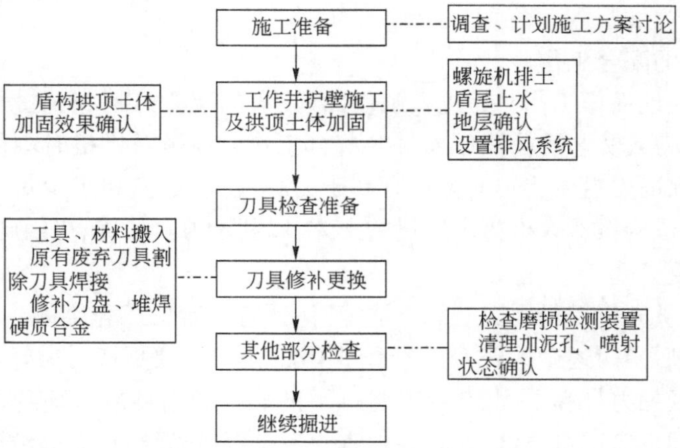

图 11-30　刀具检查及更换施工步骤图

(1)竖井内检查

竖井施工完毕后必须由土建工程师对整个结构及施工工作面进行检查、确认,检查合格后才可进行下一步施工。竖井及工作面内要保证足够的照明亮度,同时还要检查照明装置的安全、防水、防撞等性能。竖井及工作面内要使用空气质量检测仪进行检测,排除有毒、有害气体的存在方可进行施工。

(2)换刀检查准备

①盾尾处止水

为了防止换刀期间大量水从盾尾涌入土仓内,需要在打开近盾尾处的 3 环管片注浆孔压入双液浆形成一道止水箍将后面的水挡住。

②空转刀盘

在换刀施工期间需要旋转刀盘，当刀盘每一幅条旋转到上方竖井接口处时才可检查更换，所以就需要在换刀之前进行刀盘空转操作，检查刀盘旋转时所带的土体对竖井是否造成影响，同时要注意刀盘旋转时人员及工具要及时离开工作面及竖井，以不超过 0.5r/min 的速度转动刀盘，待刀盘旋转结束后由土建工程师进行工作面及竖井的确认。

③根据土仓内的实际情况掌握好是否需要螺旋输送机排土

如果工作人员进入竖井后发现刀盘处积土太多就需要通过螺旋输送机适量排土，注意排土期间的地层观测、检查。

(3)刀具更换、修复

①刀具更换、修复施工

在工作井内对刀具进行焊接，空间狭小，所以需要合理安排设备和器具以保证作业人员对刀盘进行焊接作业时有适当的作业空间。为了保证换刀人员的安全，只有确认换刀人员和所有设备器具从土仓内撤出后才能旋转刀盘，刀盘旋转位置可从操作屏幕中超挖刀的位置进行推算。更换刀换前需做好以下准备工作：

a. 工具(焊接设备、起重设备等物料)的搬运。

b. 焊接、切割设备接线(注意防止焊接设备漏电)。

c. 安装坑内起重装置(如起重葫芦等)和工作平台。

d. 通风换气设备安装。

注意运送工具及物料时一定注意安全，保证井下和井上的协调配合，另外要注意时刻检查运输设备的良好性。

②刀具更换标准

当刀具的硬质合金钢片的长度小于 30mm(原始状态为 50mm)时应更换；切刀磨损超过 30mm 时应更换；切刀的刀座受损严重时应及时补焊；外周侧面保护刀磨损超过 8mm 时应更换；刀盘硬质合金保护层磨损严重时应及时堆焊。

③刀具检查、更换时的配合工作

本次更换刀具采用在地面作工作井后进入工作面(刀盘的上方)，检查、更换刀盘每个幅条及其周边的刀具，所以需要做好换刀人员与盾构操作人员的配合工作。通过对讲机时刻保持联系，盾构操作人员要操作准确、运转平稳，保证刀盘所旋转的位置有利于刀具检查、更换和减少对周边土体的扰动，另外当刀盘处积土很多，也需要盾构操作人员排出适量的土体，以利于刀具检查、更换施工。

④刀具的更换及修复

每次更换时，工作人员先将刀具周围的泥土清掉，保证有一定的工作空间。先检查、更换刀盘外侧 2 把周边刀和 4 把切刀，然后向内逐个检查刀具的磨损情况，确定需要更换时做好记录。

切刀更换时用套筒及加力杆卸下固定螺栓，将拆下的螺栓及附件放入随身携带的工具袋内，以防丢失。同时将固定螺栓和固定座用水清洗干净，并检查一下是否有裂纹，如有裂纹必须换新螺栓，以确保新装刀具有足够的连接强度。将新的刀具按原来的位置安装好，并将固定螺栓拧紧。

周边刀和强化先行刀、刀盘外周保护刀更换时采用焊接的形式，首先要将废弃的刀具切除，采用碳刨割除的方式，切除后要用砂纸、磨光机打磨平整，用丙酮擦拭干净后方可焊接，焊接时严格依照图纸要求画线、定位，采用二氧化碳气体保护焊接，焊缝要求为 15mm，焊接后要将焊接处的碳化层去除并打磨。

每换完一批后，由值班机械工程师检查安装、焊接质量，并检查是否有遗漏或者紧固不牢的。机械工程师确认无误后方可继续作业。更换速度按实际情况定，必须以保证安装焊接质量为前提。

4)刀盘及其他部分的修复

刀盘表面的硬质合金层如果磨损严重需要进一步堆焊，采用 707 焊条焊接。在更换刀具的同时，对刀盘上的加泥、加泡口进行清理疏通，清理后进行测试；对土仓内的土压计上的泥土进行清理。

经过近一个月的施工，两处刀盘修复工作顺利完成，共更换周边刀24把，先行刀20把，齿刀10把，刀盘周边修复块4t。作为首次采用地面工作井进行刀盘修复施工来说，本次施工积累了丰富的经验，形成了整套的施工工艺，解决了以往地面加固开仓换刀施工的占地面积大，施工工期长，施工成本高等一系列工程难题。

11.5.10 砂卵石地层盾构隧道施工中常见问题与对策

1)盾构刀盘刀具减少磨损措施

在砂卵石层中施工对盾构刀盘的磨损程度是极其严重的，尤其是以刀盘最外圈上的刀具及刀盘本体最为严重。

从施工经验来看，要减轻刀盘的磨损应注意以下几点：

(1)控制好推进速度，尽量保持匀速，同时前方土压也要保持恒定，刀盘的摩擦阻力矩亦会是一稳定值，这时刀盘的转速会比较均匀，可以更好地把加入的造泥材料与土体进行均匀搅拌，减少刀盘与土体的干摩擦。

(2)采用浓度均匀的改性膨润土浆液，这种浆液可以起到润滑减阻及冷却的效果，施工中根据渣土改良状况、是否含有地下水等情况确定加入浆液的数量与浓度。

(3)在刀盘上增加膨润土浆液的注入口，其目的是为了让浆液更好地扩散渗透至前方土体中，使土体的泥化效果更好。

(4)添加泡沫。泡沫可以更快地随泥浆渗透至土体中，使土体变得疏松，并使砂卵石中的砂颗粒附着于卵石的表面，同时对于卵石与砂的混合体起一定的润滑作用，可降低渣土的密实度，改善了渣土的塑流性，还能降低泥浆的使用量。

仓内土体添加材料主要包括泡沫和制泥材料等。其浓度及使用量可按照表11-12、表11-13来确定。

泡沫浓度及使用量 表11-12

土质类别	浓度(%)	使用量(m^3/m^3)
砂砾、卵石层	5	0.4～0.6

制泥材料浓度及使用量 表11-13

土质类别	浓度(%)	最大使用量(m^3/m^3)
砂砾、卵石层	30～50	0.30

2)盾构刀盘卡死的预防及处理

盾构刀盘被卡死的情况(一般称为刀盘“抱死”)在砂卵石层中(尤其含有大粒径卵石)发生的概率较高，主要原因是因为加泥量及泥的浓度不够，同时当膨润土浆液较稀时，螺旋输送机只带出砂和一些小粒径的卵石，掘进过程中螺旋输送机转速与推进速度配合不当，而大一些的卵石被留在土仓中，遗留的大直径卵石增多到一定数量，最后当刀盘受到的摩擦阻力矩超过自身的额定最大扭矩，刀盘则被卡住。针对刀盘易在砂卵石层中抱死的情况，施工中采取以下技术措施：

(1)控制好推进速度，尽量保持匀速，一般20mm/min左右。

(2)土压保持稳定。

(3)控制好膨润土浆液的浓度及泥浆的一些性能参数，注入流量尽可能稳定，不要忽高忽低，做到与推进速度相匹配，注入压力稍高一些。

(4)在推进中向泥浆中注入泡沫，使其成为泡沫泥浆。要求掌握好泡沫的配比，浓度要适当，流量设定应与泥浆流量相匹配，同时每配制一次泡沫都要实际观察发泡效果，看泡沫质量是否达标(合格的泡沫应该是稳定、均一的)。这种泡沫泥浆渗透效果好，加入后可使土仓内土体更松散，可减小刀盘转动阻力矩。

(5)尽量缩短停机时间。砂卵石层渗透系数大,保水性能差,每次停机时刚加入的泥水会流失,因此在每次停机后开机前应先注入泥浆与泡沫,加入一定量后再转动刀盘。

3)螺旋输送机的磨损及维修

在砂卵石层中掘进时,螺旋输送机容易磨损,当有大直径卵石进入螺旋输送机后,会对螺旋输送机产生更严重的磨损,磨损分为螺旋机的磨损及外部钢圆筒的磨损。

在砂卵石层中掘进,螺旋输送机的磨损是不可避免的,施工中减轻螺旋输送机磨损程度的措施为:

(1)改善对土体的搅拌效果及对大粒径卵石的破碎效果,即在进入螺旋输送机前使切削下来的土体与加入的泥浆充分混合。

(2)调整膨润土液的浓度及加泥的注入量,通过刀盘上的装置注入到前方土仓中,利用刀盘上的搅拌翼对土体搅拌,加大土体的流塑性,从而减少刀盘螺旋输送机工作时所受到的摩擦阻力。

(3)根据刀盘转速及螺旋输送机排出泥土的状况,制订出适宜的推进速度,尽可能地保证切削下来的土体搅拌均匀,再经由螺旋输送机排出。

(4)本次投入使用的盾构的螺旋输送机的易损部位加焊了耐磨材料,按盾构在石英砂中推进 2000m 无须更换进行设计。

4)螺旋输送机抱死的处理办法及预防措施

在施工过程中,盾构螺旋输送机会发生被卡死的现象主要源于大的卵砾石或其他异物进入螺旋输送机,将螺栓卡住,这种情况很难预防,因为在进入螺旋输送机前无法得知土仓内物体的状况,只有在螺旋输送机被"抱死"转不动之后才能发现,该情况发生之后,采取的措施是停止掘进,一边通过设置在螺旋输送机顶、底部的两个加泥口向螺旋输送机内加泥,一边转动螺旋输送机,利用泥浆的注入压力配以螺旋输送机前部土体对后部土体的挤压力将大卵石或异物排出。当采取此措施无效时,还可以拆开螺旋输送机头、尾部的两个观察口,对螺旋输送机进行清掏再辅以上述措施,一般可以解决问题。

11.5.11 盾构近距离穿越万芳桥施工

1)盾构隧道与万芳桥的结构关系

万芳桥(图 11-31)位于南三环与马西路交汇处,桥上跨马西路。两路斜交,斜交角度为 15°。桥梁全宽 53m,该桥由两座辅路桥和两座主路桥四座独立的桥组成。上部结构为 4 孔 15m 预应力混凝土简支宽腹 T 梁桥,下部结构:桥台为柱式台身接钻孔灌注桩基础;桥墩为柱式墩身接钻孔灌注桩基础。桥全长 63.64m。盾构隧道于万芳桥东南侧桥墩斜擦而过,桥基离隧道结构外轮廓最小水平距离为 3.993m。具体结构关系如图 11-32 所示。南三环宽 53m,其中两侧人行步道宽 2m,两侧非机动车道各宽 9m,两侧主辅路隔离带各宽 2m,机动车道宽 12.5m。主路中央隔离带宽 2m。路面为沥青路面。此处盾构隧道结构埋深约 11m。

图 11-31　万芳桥照片

2)桥桩施工影响控制标准

根据第三方评估单位对三环路万芳桥进行的评估结果,提出以下控制标准。

(1)万芳桥基础位移控制标准

①桥桩地面处水平位移值控制在 3mm 内;

②简支梁桥相邻桥墩差异沉降控制在 20mm 内;

③同一盖梁下两桩基差异沉降控制在 3mm 内。

(2)挡墙和梯道位移控制标准

①挡墙倾斜控制在 1/1000 内;

②挡墙和梯道沉降控制在 10mm 内。

(3)沉降控制预警值

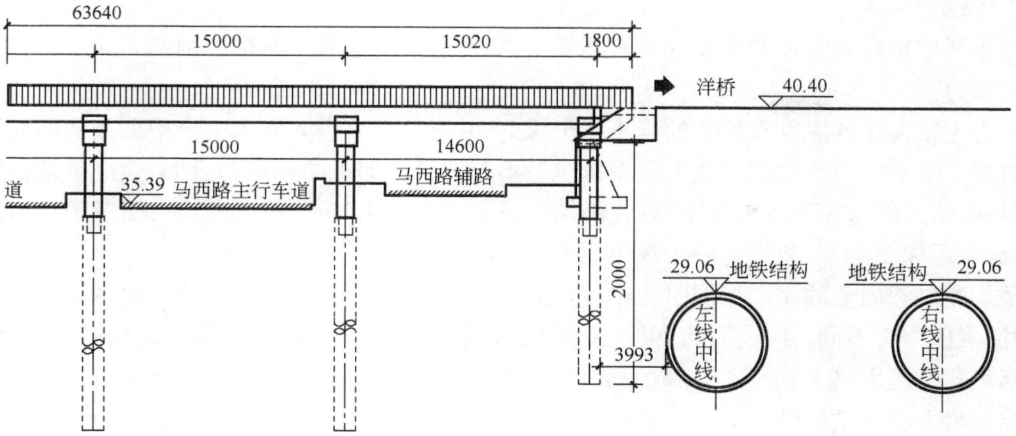

图 11-32　万芳桥与盾构隧道结构关系剖面图

沉降控制预警值取绝对沉降控制值的 80%。

3)盾构实际推进参数及推荐的合理推进参数

盾构过万芳桥施工区内实际推进参数和合理掘进参数见表 11-14。

实际参数及合理参数　　　　表 11-14

参数	掘进速度(mm/min)	推力(kN)	刀盘扭矩(kN·m)	土压力(MPa)		出土量(m^3/环)	注浆量(m^3/环)	注浆压力(MPa)	加泥量(m^3/环)	加泡量(m^3/环)
				上部	下部					
实际	35～40	18000～23000	3000～3300	0.08～0.12	0.1～0.15	37	3～3.5	0.25～0.35	5～7	8～9
合理	30～40	17000～24000	2800～3400	0.12	0.15	36.5	3 以上	0.35	6	8

4)同步注浆的浆液类型、配比和注浆工艺及参数

盾构的刀盘开挖直径为 6160mm，管片外径为 6000mm，因此，当盾构盾尾脱出管片后，在土体与管片之间将形成一道宽度为 8cm 的空隙。如果不及时进行回填，隧道上方的土体将有可能塌陷下来，从而引起地面的超限沉降。

注浆除防止地面沉降外，还有增强防水和限制管片变形的作用。

(1)注浆方式

采用盾尾同步注浆方式。随着盾构的前进，砂浆泵送系统通过一套泵送装置将砂浆经过 4 个注入口同步注入管片和开挖洞身之间的环形间隙之中，砂浆泵可以手动控制，也可自动控制，砂浆泵上方设置了一个带搅拌器的砂浆罐(容积为 3.5m^3)。

(2)浆液类型及配合比

采用单液砂浆，主要成分及配比见表 11-15。

同步注浆材料配比和性能指标　　　　表 11-15

水泥(kg)	粉煤灰(kg)	膨润土(kg)	砂(kg)	水(kg)	外加剂
60～100	241～340	60	900～960	419～516	根据试验需要加入

浆液的初凝时间约为 10h，24h 抗压强度为 0.5MPa，3 天抗压强度为 2MPa，28 天抗压强度为 6MPa。

(3)注浆工艺及参数

①砂浆供应

砂浆在地面搅拌好后，通过溜管装入拖卡上的砂浆斗中(容积为 6m^3)。砂浆斗被运到砂浆罐旁时，先接通砂浆斗搅拌器的电源搅拌 3～5min 后，通过后续台车上的砂浆转运泵将砂浆转移到砂浆罐中。

②注浆量确定

根据刀盘开挖直径和管片外径及现场实际情况，一环管片空腔的注浆量控制在 3.5 m^3/环即可。

③注浆压力

注浆压力应略大于各注浆点位置的静止水土压力，并避免浆液进入盾构土仓中。最初的注浆压力是根据理论的静止水土压力确定的。在实际掘进中将不断调整。如果注浆压力过大，会导致地面隆起和管片变形，还易漏浆。如果注浆压力过小，则浆液填充速度赶不上空隙形成速度，又会引起地面沉陷。一般而言，注浆压力可取 1.1～1.2 倍的静止水土压力，最大不超过 3.0～4.0kg/cm^2。

由于是从盾尾圆周上的 4 个点同时注浆，考虑到水土压力的差别和防止管片大幅度下沉和浮起的需要，各点的注浆压力将不同，并保持合适的压差，以达到最佳效果。在最初的压力设定时，下部每孔的压力应比上部每孔的压力略大 0.5～1.0kg/cm^2。

5)监控量测方案及监测结果

依据第三方评估单位提供的评估咨询报告及专家评审意见，严格按照施工方案进行万芳桥监控量测工作。在盾构穿越南三环万芳桥施工期间，为了确保三环路的行车安全、万芳桥的结构稳定及盾构施工的顺利进行，对盾构穿越三环路范围内的地表及万芳亭桥挡土墙、桩基进行了专项监测。

(1)监测项目

①现场观察：安排有丰富施工经验的人员进行现场观察路面及桥身有无明显变化，盾构穿越期间每 2h 观察一次。

②三环路地表及万芳桥桩基监测：为了确保监测数据的准确性与连续性，水准基点设在盾构施工区域 50m 以外，并采用与盾构施工监测统一的北京市高程系统。

(2)仪器设备

采用美国天宝公司蔡司 DINI12 电子水准仪及配套铟钢条码尺，仪器标称精度为 0.3mm/km。

(3)监测频率

每天 2 次，盾构施工至万芳桥桩基附近时每天 3～4 次。

(4)监测结果

通过现场监测工作，盾构过万芳桥施工最大沉降不超过 2mm。满足控制要求。

11.5.12 盾构穿越京山铁路施工

1)工程概况

盾构施工位于马家堡站—北京南站区间里程 K3+500～K3+600 范围内斜穿京山铁路，京山铁路是进出京的关键运营线路，车辆运行速度快(120km/h)，车流量大(每 15～25min 一列)。

隧道过铁路处覆土 14.1m，位于半径 R=350m 曲线上，隧道坡度为 5‰。盾构穿越铁路平面图见图 11-33。本区间第一次穿越是左线，右线始发掘进及穿越是在左线滞后一个月进行。本标段的左线隧道外轮廓结构线与京山铁路相交的位置为京山铁路 K11+002.0～K11+42.42。左线隧道的中心线与京山铁路上行、下行线的中心的交点分别为 K11+012.5 和 K11+026.2，京山铁路与下穿盾构隧道左线的平面相交角度为 21°，坡度为 0.683%，结构顶至地面约 13m。本标段的右线隧道外轮廓结构线与京山铁路相交的位置为京山铁路 K10+957～K10+986.55。右线隧道中心线与京山铁路的上行、下行线的中心的交点为 K10+966.1 和 K10+976.2，京山铁路与下穿隧道的右线的平面相交角度为 25°，坡度为 0.683%，结构顶至地面约 13m。

2)穿越铁路施工工作程序

在充分调查穿越段周边环境及地质情况，借鉴以往类似施工经验，编制穿越铁路段专项施工组织方案。就该方案组织多次专家论证，同时由过铁路影响区域内各设施产权单位，组织方案论证会，并办理穿越既有线施工审批手续，确定施工工期及加固措施。盾构施工严格按照施工方案施工，同时必须满足工期要求。

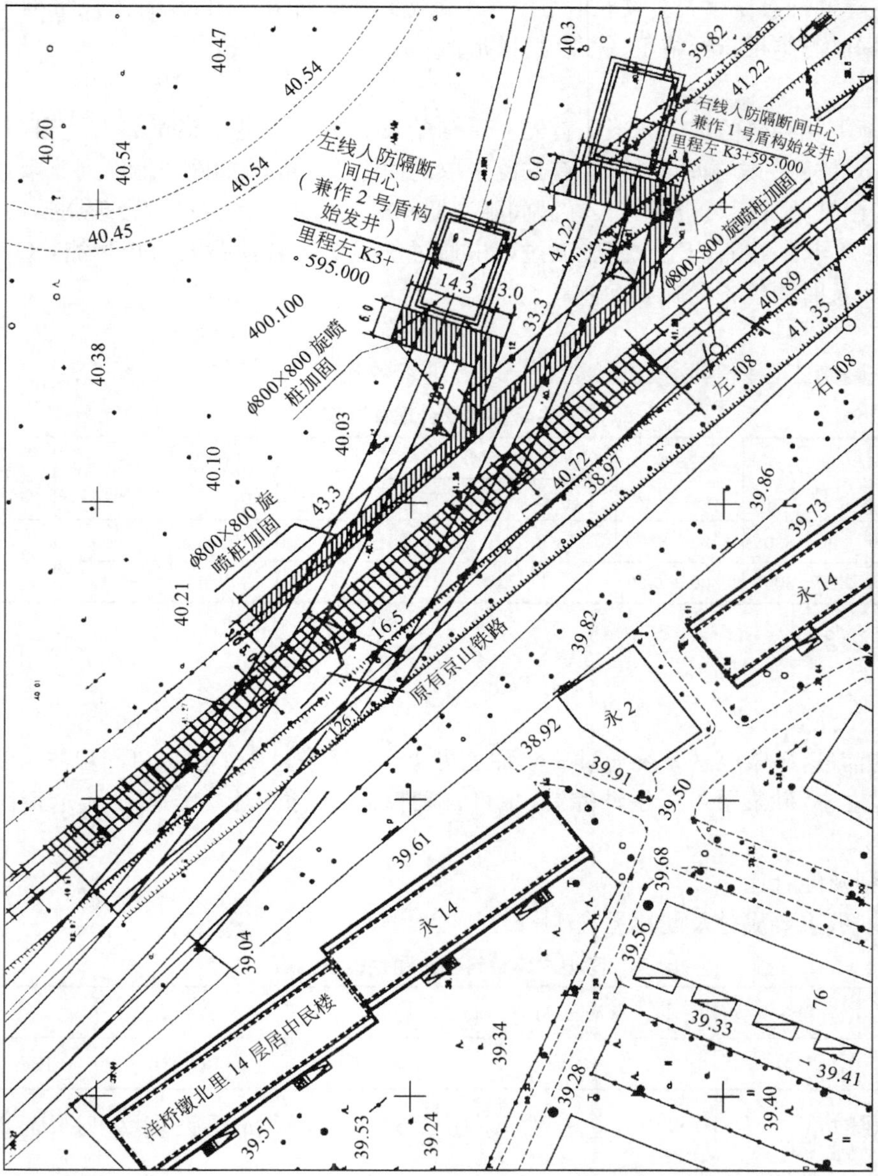

图 11-33 盾构穿越铁路的平面图

3)施工影响控制标准

根据北京地铁施工经验，结合本工程的特点、设计要求及有关规范规定，对盾构隧道开挖引起的地面沉降(隆起)、地面建筑物沉降、管线沉降等建立了相应的控制值和预警值。本加固地段地面最大沉降量不大于10mm。其他主要监测项目监测极限值见表11-16。

其他主要监测项目监测极限值 表 11-16

序 号	监 测 项 目	极限值(mm)	位移平均速度极限值(mm/d)	位移最大速度极限值(mm/d)
1	底部隆起	10		
2	拱顶下沉	30	2	5
3	洞周收敛	20	1	3

4)加固措施

(1)加固原则

加固标准不降低现有铁路安全度;加固施工尽量减少对铁路运行的影响;监控量测是加固保护的重要组成部分,根据监测结果指导施工、优化设计,形成"动态设计、动态施工"。

(2)加固方案

采用地面、地下相结合的加固方案。首先对盾构始发井的前端进行旋喷加固处理,并相应扩大加固范围以尽量减少对铁路的影响;同时对既有铁路采取地面纵横梁扣轨加固和地面列车限速行驶。铁路范围内的加固施工由铁路部门负责实施。在区间施工期间对盾构施工参数进行合理调整,并及时进行同步注浆及补充注浆。同时,在盾构过铁路施工过程中通过加强对既有铁路的监控量测,及时提供动态监测数据来指导施工,及时调整各项施工参数。

5)掘进参数

盾构穿越铁路施工区内实际推进参数和合理掘进参数见表 11-17。

实际参数及合理参数表 表 11-17

参数	掘进速度(mm/min)	推力(kN)	刀盘扭矩(kN·m)	土压力(MPa)		出土量(m^3/环)	注浆量(m^3/环)	注浆压力(MPa)	加泥量(m^3/环)	加泡量(m^3/环)
				上部	下部					
实际	15~25	3000~3300	3100~3300	0.12~0.15	0.15~0.18	39	3.3~3.5	0.3~0.4	7~8	8~9
合理	20~30	2500~3000	2800~3400	0.12	0.15	38	3 以上	0.35	7	8

6)同步注浆管理

(1)注浆方式

采用盾尾同步注浆方式。

随着盾构的前进,砂浆泵送系统通过一套泵送装置将砂浆经过 4 个注入口同步注入管片和开挖洞身之间的环形间隙之中,砂浆泵可以手动控制,也可自动控制,砂浆泵上方设置了一个带搅拌器的砂浆罐(容积为 3.5 m^3)。

(2)浆液类型及配合比

采用单液砂浆,主要成分及配比见表 11-18。

同步注浆材料配比和性能指标表 表 11-18

水泥(kg)	粉煤灰(kg)	膨润土(kg)	砂(kg)	水(kg)	外加剂
60~100	241~340	60	900~960	419~516	按需要根据试验加入

浆液的初凝时间约为 10h,24h 抗压强度为 0.5MPa,3 天抗压强度为 2MPa,28 天抗压强度为 6MPa。

(3)注浆工艺及参数

砂浆在地面搅拌好后,通过溜管装入拖卡上的砂浆斗中(容积为 6 m^3)。砂浆斗被运到砂浆罐旁时,先接通砂浆斗搅拌器的电源搅拌 3~5min 后,通过后续台车上的砂浆转运泵将砂浆转移到砂浆罐中。根据刀盘开挖直径和管片外径及现场实际情况,一环管片空腔的注浆量控制在 3.5 m^3/环即可。

7)监控量测方案及监测结果

京山铁路是重要的公共交通设施,是国家运输的大动脉,因此,盾构穿越京山铁路的施工相当重要,各方非常重视此次施工。

监测是盾构施工最重要的施工保证措施之一,也是保证京山铁路正常运行的措施之一,为保证盾构安全顺利通过铁路,为保证京山铁路的正常运营,施工项目部根据过铁路工程实际情况,以及结合类似相关监测工程的经验,特成立了以项目总工程师直接负责的监测部(9 人),加强监测和测量的组织与管理。

盾构本身带有自动测量系统,盾构自动采集的信息和通过人工监测测量采集的信息的相互校核,将会更好地指导施工,提供安全质量的保证。

(1)工作流程

测量监测工作流程见图 11-34。

(2)测点布置原则

①按监测方案在现场布设测点，当实际地形不允许时，可在靠近设计测点位置设置测点，以能达到监测目的为原则。

②为验证设计参数而设的测点布置在设计最不利位置和断面，为指导施工而设的测点布置在相同工况下最先施工部位，其目的是为了及时反馈信息，以修改设计和指导施工。

③地表变形测点的位置既要考虑反映对象的变形特征，又要便于采用仪器进行观测，还要有利于测点的保护。

④测点深埋(结构变形测点等)不影响和妨碍结构的正常受力，不削弱结构的刚度和强度。

⑤各类监测测点的布置在时间和空间上有机结合，力求同一监测部位能同时反映不同的物理变化量，以便找出其内在的联系和变化规律。

⑥测点的埋设应提前一定的时间，并及早进行初始状态的量测。

⑦测点在施工过程中一旦破坏，尽快在原来位置或尽量靠近原来位置补设测点，以保证该测点观测数据的连续性。

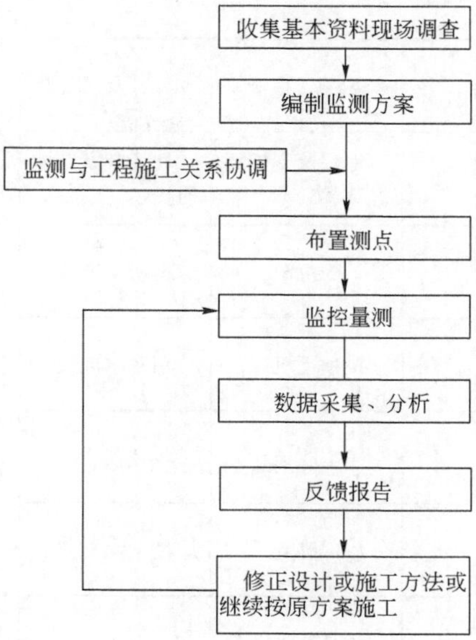

图 11-34　测量监测工作流程

(3)京山铁路加固段监测项目、方法

本工程包括盾构隧道地上和地下两个方面，为充分了解施工时铁路结构的受力、变形状态，确保心中有数，万无一失，应加强施工监测，对变形、收敛、拱顶下沉以及地面沉降进行监测，其监测密度要加大，由于盾构隧道穿过京山铁路段容易引起过量的地面沉降，所以应加强监测，并及时将信息反馈给各有关单位。

(4)测点布设

①地面沉降(隆起)监测点布置：在区间与铁路轨道相距 5m 的范围间，每 5m 布设一个地表沉降断面，区间与铁路轨道相距大于 5m 的范围间每 10m 布设一个地表沉降断面，每个断面布置 2 个监测点。

②地面建筑物沉降、倾斜：电气化网杆 S29-S36，每个网杆的根部都布设一个倾斜监测点。

③拱顶下沉、底部隆起、净空收敛纵向每 10m 布设一断面。

④管线沉降：每 10～20m 设一断面。

区间隧道监测点断面布置见图 11-35。

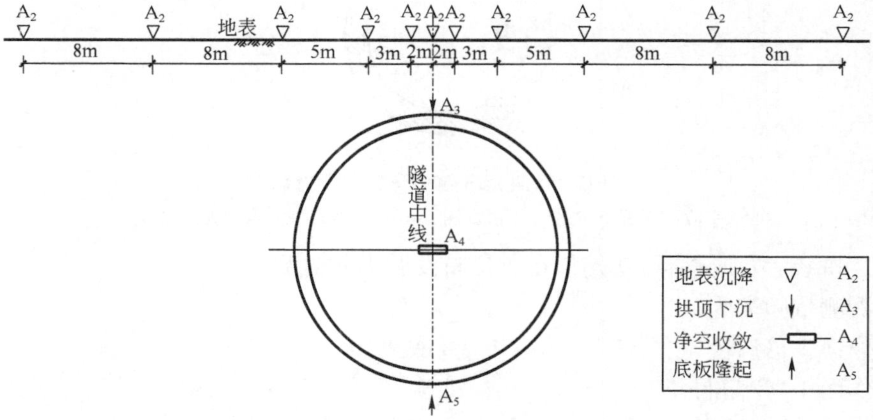

图 11-35　区间隧道监测点断面布置示意图

(5)监测结果

通过精心组织、精心施工，盾构安全通过京山铁路段，地面最大沉降为 4mm。

京山铁路加固段监测项目及方法见表 11-19。

京山铁路加固段监测项目及方法　　表 11-19

类别	序号	观察名称	方法及工具	断面距离	量测频率				备注
					1～7d	7～15d	15～30d	30d 后	
A类量测必测	1	地层及支护情况观察	现场观察及地质描述	每次开挖后立即进行					
	2	地壳沉陷	精密水准仪	每次开挖后立即进行	1～2 次/d	1 次/d	1 次/2d	1 次/3d	拆撑时频率适当加密
	3	拱顶下沉	精密水准仪	每次开挖后立即进行	1～2 次/d	1 次/d	1 次/2d		开挖后立即进行或拆撑后立即进行
	4	净空收敛	收敛仪	每次开挖后立即进行	1～2 次/d	1 次/d	1 次/2d		开挖后立即进行或拆撑后立即进行
	5	底部隆起	精密水准仪	每次开挖后立即进行	1～2 次/d	1 次/d	1 次/2d		开挖后立即进行或拆撑后立即进行
	6	地表、地面建筑物,地下管线及构筑物变化	水准仪和全站仪	每 5～10m 一个断面,每断面 11 个测点	开挖面距测断面前后小于 2B 时,1～2 次/d 开挖面距测断面前后小于 5B 时,1 次/2d 开挖面距测断面前后小于 5B 时,1 次/周				

11.5.13　监控量测

1)地面沉降测点布置

根据隧道的埋深及沿线的工程地质和水文地质条件,观测断面一般垂直于隧道中线方向布置,原则上每 30m 设置一个断面,特殊地段可以加密至 10m。每个断面布设 7 个观测点,关于线路中线两侧对称布置,观测点间距为 7m。

隧道结构的变形测量主要包括拱顶下沉和净空水平收敛,一般沿隧道纵向每 10m 布置一个断面,要结合地面沉降观测断面布设。其点位布置如图 11-36 所示。

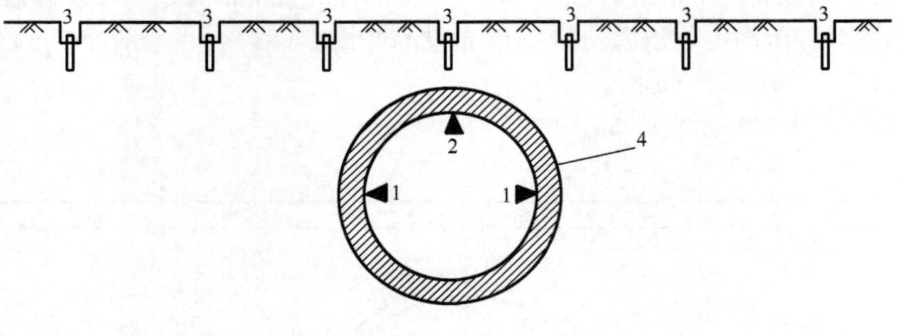

图 11-36　隧道净空观测点布置示意图

1-水平收敛观测点;2-拱顶下沉观测点;3-地面沉降观测点;4-隧道结构

测点要在管片拼装后及时进行,初始值在点位布设后 12h 内测量。

隧道变形监测测量频率为:

距离盾构工作面 1 倍洞径　　2 次/每天

距离盾构工作面 1～2 倍洞径　　1 次/每天

距离盾构工作面 2～5 倍洞径　　1 次/每 2 天

距离盾构工作面 >5 倍洞径　　1 次/每周

隧道的监测结果要及时汇总,结合相应位置的地面沉降的监测结果进行分析,出现异常,及时进行处理。区间隧道地面沉降监测断面的间距见表 11-20。

区间隧道地面沉降监测断面的间距 表11-20

埋置深度	间距(m)	埋置深度	间距(m)
$H>2B$	20～50	$H<B$	10
$B<H<2B$	10～20		

注：表中 B 代表隧道的外径。

2)地面建筑物的测点布置

在隧道施工影响范围内根据沿线地面建筑物的详细调查资料，包括建筑物的历史年限、使用要求以及受施工影响的程度，确定在需保护的建筑物的四角及其他构筑物基础上布设监测点，有裂缝的建筑物要设裂缝监测点。

3)地下管线监测点布置

根据地下管线的详细调查资料，在确定受影响的管线上每隔5m布设一个监测点，以测量盾构掘进期间地下管线的变形量。

4)土体内部垂直/水平位移测点布置

土体内部位移(垂直/水平位移)每30m设一断面，在隧道中线顶部地层中布设1个垂直测孔，隧道两侧布置两个测斜孔，详见图11-37。

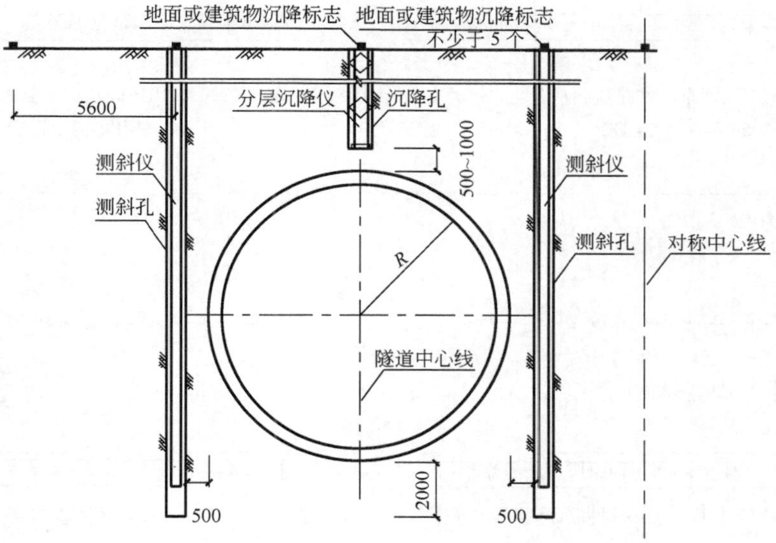

图11-37 量测主断面测点布置示意图(尺寸单位：mm)

5)地下水土压力及变形的测点布设

盾构法施工掘进过程中，由于盾构前方的土体受到挤压、切割等作用，土体的原始应力平衡受到破坏，土压力重分布。施工中，水土不可避免地流失，造成土体变形，水压力降低，产生固结沉降。土体的变形量是隧道施工多方面因素的反映，作为最直观、反应最明显的物理量，加强对地下水土压力及变形的监测和趋势分析，对实现隧道信息化施工，验证设计参数，保证周边环境和结构安全具有重大的指导意义。

地下水土压力及变形的监测内容主要有：

①土层垂直位移监测；

②土层水平位移监测；

③土层孔隙水压力监测；

④地下水位监测。

土层垂直位移和土层水平位移的监测可以采取“两管合一”的方法，插入埋设。对孔隙水压力，采用钻孔埋设的孔隙水压力计进行监测。对地下水位的变化采用长期观测孔进行观测。土层位移监测一般每50m布置一个断面，在每个断面上对称布置7个观测孔。孔隙水压力的监测，每个断面埋设2个孔隙水压力计。

地面隆陷、土体位移监测项目在横断面上的布点范围要能覆盖施工影响范围,通常隧道中线两侧布点的范围不小于覆土厚度与隧道衬砌外径之和。监测项目应在盾构掘进前测得初始值,监测数据要绘制成时态曲线,用回归法进行处理,及时反馈指导施工。要同步采集盾构开挖面压力、推力、推进速度、出土量和注浆量等施工参数,以便与监测数据一起分析,提高施工控制水平,保证施工安全。

6)衬砌环内力和变形测点布置

每 50m 布设一个监测断面,每个断面布设 5 个测点,采用内贴式,不允许破坏管片。

7)监控量测资料统计分析

具体详见图 11-38~图 11-43。

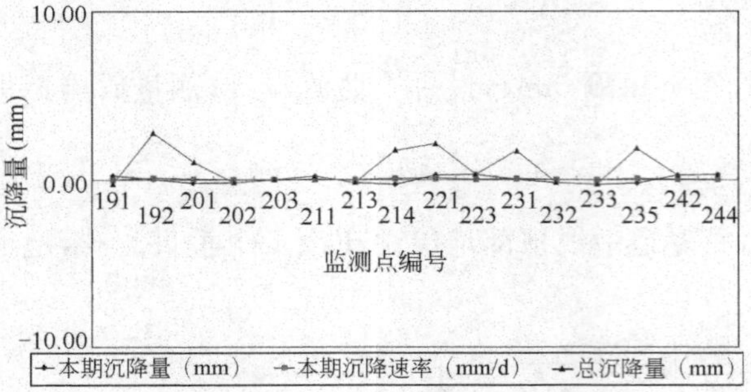

图 11-38 角山区间京山铁路监测示意图
(2006 年 9 月 14 日)

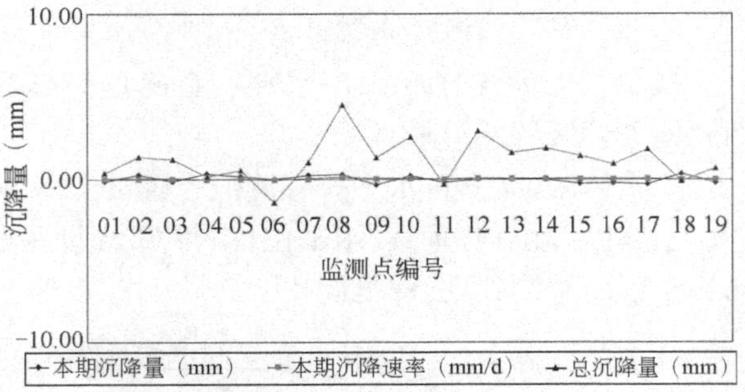

图 11-39 角山区间京山铁路路基沉降监测示意图
(2006 年 9 月 24 日)

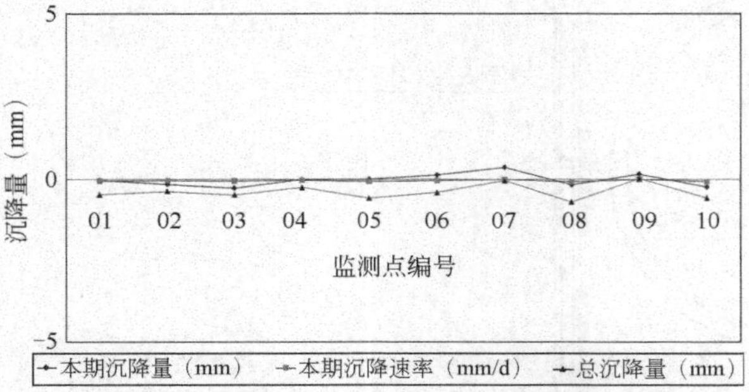

图 11-40 角山区间洋桥北里 14 层居民楼沉降监测示意图
(2006 年 10 月 1 日)

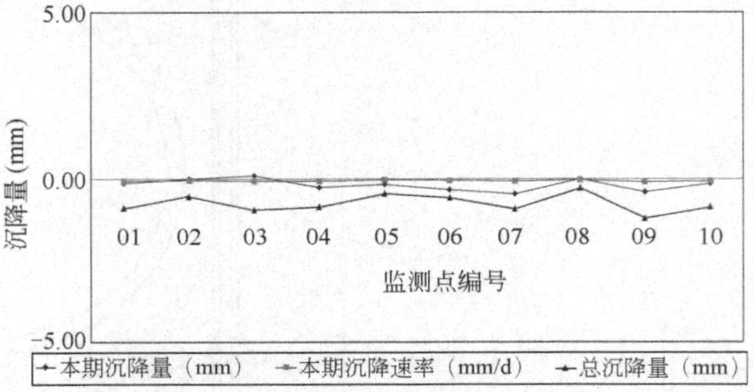

图 11-41 角山区间洋桥北里 14 层居民楼沉降监测示意图
(2006 年 10 月 9 日)

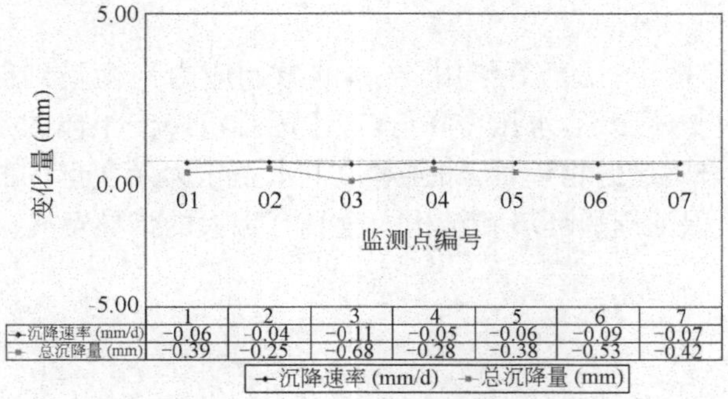

图 11-42 角山区间过凉水河铁路桥沉降监测示意图

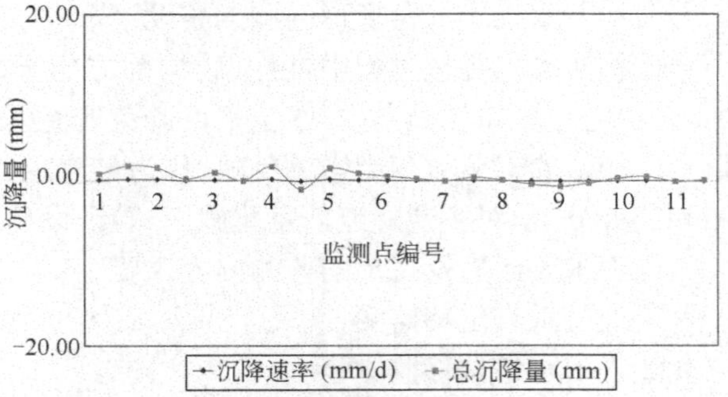

图 11-43 角山区间盾构段地表沉降监测示意图

11.6 辐条式盾构施工实例

本节介绍北京地铁 4 号线 14 标工程动物园站—国家图书馆站区间(以下简称动—国区间)、国家图书馆站—魏公村站区间(以下简称国—魏区间)、魏公村站—人民大学站区间(以下简称魏～人区间)隧道使用日本 IHI 公司辐条式盾构的施工情况。

11.6.1 工程概况

动—国区间盾构隧道长 1333.6m,国—魏区间盾构隧道长 1471.3m,魏—人区间盾构隧道长 823m,单线总长度为 3627.9m。本标段沿线基本都处在中关村南大街两侧绿地及其主辅路下方,到国家图书馆站之后向东沿西外大街下方到动物园车站(图 11-44)。

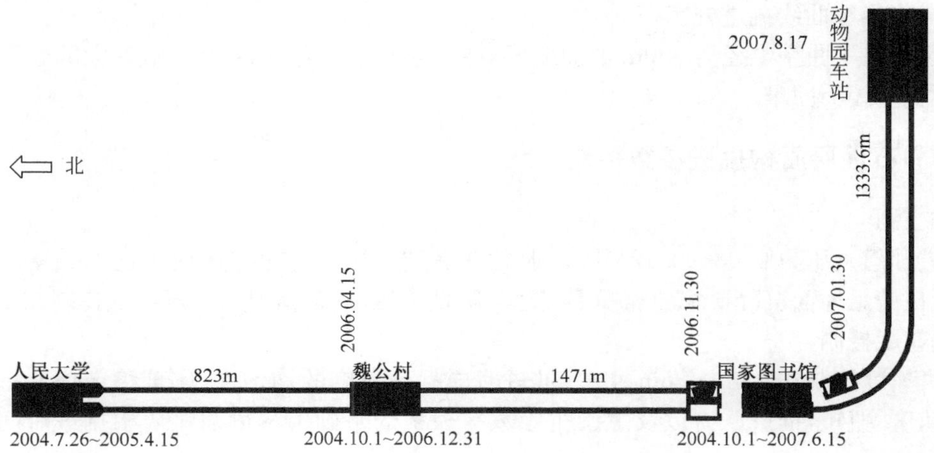

图 11-44 4 号线 14 标盾构隧道平面分布及工程筹划

动—园区间隧道平面上大致呈“C”形,设计最小曲线半径为 350m,曲线长度约占区间全长的 85%。由于要和地铁 2 号线西直门站相接,该区间段自国家图书馆站向动物园站一路下扎,落差近 7.5m,竖曲线最小半径为 5000m,竖曲线同平曲线叠加构成了一条立体空间的长距离急曲线地铁隧道。

11.6.2 地质条件

(1)动—国区间

该段区间的地层主要为粉质黏土④层、粉土④$_2$ 层、粉细砂④$_3$ 层、卵石圆砾⑤层、中粗砂⑤$_1$ 层、粉质黏土⑥层、黏土⑥$_1$ 层、粉土⑥$_2$ 层、细中砂⑥$_3$ 层、卵石圆砾⑦层、中粗砂⑦$_1$ 层、粉土⑦$_3$ 层、粉土⑧$_2$ 层、卵石圆砾⑨层等。隧道断面内大部分为卵石圆砾层,部分地段夹少量的砂层。

(2)国—魏区间

该段区间的地层主要为粉质黏土④层、粉土④$_2$ 层、粉细砂④$_3$ 层、卵石圆砾⑤层、中粗砂⑤$_1$ 层、粉质黏土⑥层、黏土⑥$_1$ 层、粉土⑥$_2$ 层、细中砂⑥$_3$ 层、卵石圆砾⑦$_3$ 层、中粗砂⑦$_1$ 层、粉土⑦层、粉土⑧$_2$ 层、卵石圆砾⑨层等。隧道断面内基本上为全断面卵石、圆砾层。

(3)魏～人区间

该段隧道上半断面在粉土层中通过,下半断面进入圆砾石层中。

11.6.3 辐条式盾构

本标段使用日本 IHI(石川岛播磨重工业株式会社)制造的 ϕ6140mm 加泥式土压平衡盾构。盾构刀盘的结构形式为辐条式(图 11-45),其特点是开口率大,更适合在砂卵石地层中(尤其是可能含有大粒径卵石地层)。该盾构铰接装置的水平张角为 ±2°,垂直张角为±1°,设计最小曲线施工半径为 150m。

图 11-45 北京地铁 4 号线 14 标使用的辐条式盾构

11.6.4 施工难点

(1)盾构隧道全断面穿越砂卵石地层

根据地质报告和实际推进的情况,本工程盾构隧道穿越的地层大部分是以砂卵石为主的地层。盾构在砂卵石地层中掘进是本工程的施工难点。学—双区间盾构最大推力接近 34000kN,正常掘进也在 23000kN 左右。刀盘扭矩最大达到 5100kN·m,正常约在 3500kN·m。在此种地层中掘进,对盾构刀盘的磨损非常严重的。由于盾构掘进时推力很大,对管片的作用力非常大,容易产生管片碎裂和错台。

(2)350m 小半径曲线掘进施工

动—白区间有一曲率半径为 350m 的曲线段,在小半径曲线施工时容易出现大的管片错台,轴线控制较难掌握,施工较为困难。

11.6.5 砂卵石地层盾构掘进参数控制

(1)土压控制

正常掘进理想土压为 0.08～0.12MPa。但是考虑到土压和刀盘扭矩成正比的关系,为了尽量减少刀盘的磨损,在满足地面沉降要求的前提下应适当降低土压,正常情况下土压最低控制在 0.05MPa。

(2)推进速度控制

正常掘进速度控制在 40mm/min 左右,推进时应保证速度的均匀性,实现稳定快速掘进,在综合盾构掘进刀盘速度、扭矩,推进压力以及螺旋机参数等因素的基础上尽量缩短盾构掘进时间,减少盾构的磨损。

(3)总推力控制

砂卵石地层中掘进理想推力应该控制在 23000kN 以下,当推力较大时应根据出土情况进行泥浆和泡沫注入量和注入比值的调整。当盾构推力长时间大于 27000kN 时应采取向盾构侧壁外注入减阻泥浆来降低推力。

(4)刀盘参数控制

在刀盘扭矩合适的前提下尽量降低刀盘的旋转速度,初步控制在 0.67～0.78r/min,当刀盘的扭矩超过 75%时,首先应检查泥浆和泡沫的质量与注入率,在以上因素正常的前提下应适当调快刀盘的旋转速度。每次盾构掘进前在满足刀盘正常施工的前提下,适当减少刀盘空转的时间以减少刀盘的磨损。

(5)螺旋输送机控制

螺旋输送机的开度根据实际情况确定,螺旋输送机的转数应根据推进速度、推进土压、出土情况来适当调整。应尽可能降低螺旋输送机的力矩和压力,如果出现较高的情况,应采取向螺旋输送机内注入泥浆或泡沫的方式来降低压力和扭矩,以减少螺旋输送机的磨损。

(6)注浆参数控制

①同步注浆

同步注浆浆液的凝结时间控制在 20s 内。B 液的波美度控制在 30,A、B 液混合注入量基本控制在每环 3000L 左右,应结合注浆压力确定注浆量,在压力较低时应适当多注。

②补注浆

补注浆量应控制在每环 1500L 左右,补注浆位置与同步注浆位置相反,补注浆的控制参考同步注浆。

(7)盾构姿态控制

盾构轴线严格控制在±25mm 以内,机头机尾差严格控制在±20mm 以内。每环必测管片和盾壳的间隙,尽量使各位置的间隙相等,当间隙量有差别时应通过加贴软木衬垫来调整,当间隙量相差较大时,应通过左、右曲管片来调整间隙量。

应尽量均匀推进,充分考虑推进油缸对管片成型质量的影响,必要时通过铰接来调整盾构掘进姿态。

国～魏区间左线第 101 环和前 128 环主要掘进参数如图 11-46、图 11-47 所示。

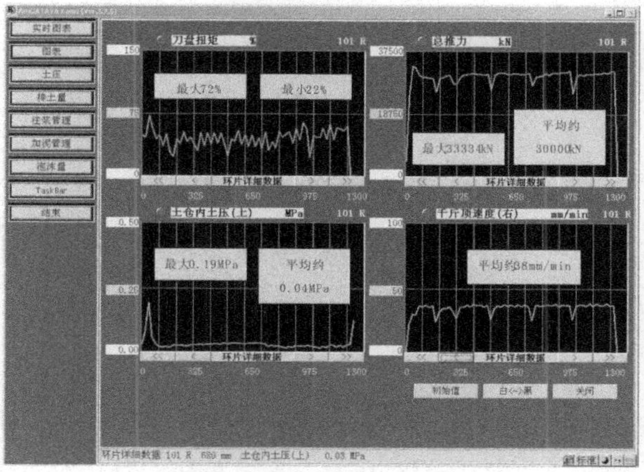

图 11-46 北京地铁 4 号线 14 标国—魏区间左线第 101 环主要掘进参数

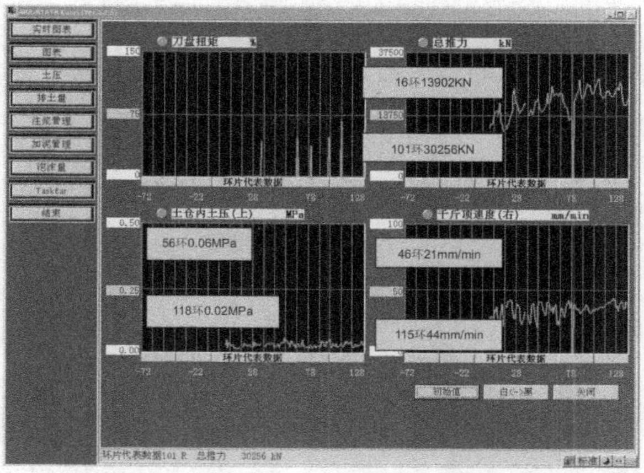

图 11-47 北京地铁 4 号线 14 标国—魏区间左线前 128 环主要掘进参数

11.6.6 砂卵石地层中掘进的辅助措施—加泥与加泡沫

盾构穿越无水砂卵石地层时，如果仅采用加泥措施，改善切削土体的流动性能力有限，加入量太少起不到改善作用，加入量过大反而会造成土体严重离析；如果增加泥浆的浓度则可能出现无法运输和压送，造成盾构经常堵塞不能正常掘进。为适应这种地层的施工，在加泥的基础上通过加入泡沫改善土体粒状构造，吸附在颗粒之间的气泡可以减少土体颗粒与刀盘系统的直接摩擦，改善土体的塑流性，增加切削下来的土体的黏聚力，同时又能降低土体的渗透性。另外泡沫因其相对密度小，搅拌负荷轻，可以降低刀盘的旋转扭矩，且更容易将土体搅拌均匀，从而达到既能平衡开挖面土压，又能连续向外顺畅排土的目的(图 11-48)。

(1)加泥控制

盾构推进过程中，应根据实际出土的塑流性、刀盘的扭矩以及总推力来调整加泥量，国—魏区间左线其中的 50 环加泥管理示意图如图 11-49 所示。

图 11-48 螺旋输送机实际排出的渣土状况

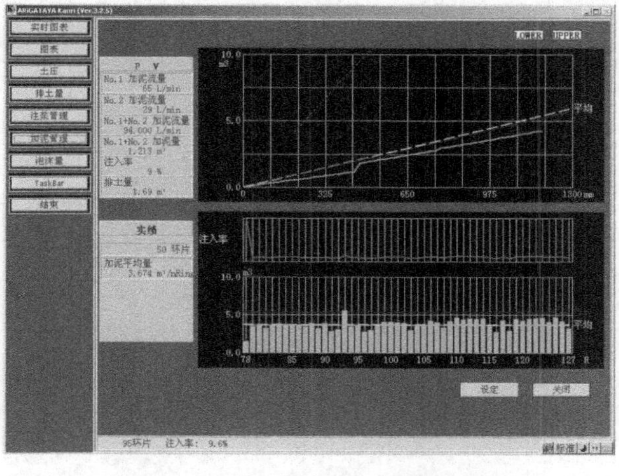

图 11-49 国—魏区间左线其中的 50 环加泥管理示意图

(2)加泡沫控制

盾构推进过程中，应根据实际出土的塑流性、刀盘的扭矩以及总推力来调整加泡沫注入量，国—魏区间左线其中的 50 环加泡沫管理如图 11-50 所示。

(3)加泥加泡沫比值控制

加泥加泡沫的比值控制在砂卵石地层盾构掘进施工中非常重要，合理的比值和注入量能改善土体塑流性到最佳状态，从而降低刀盘扭矩和推力。在实际推进中应根据地层砂卵石含量和卵石粒径来调整比值。国—魏区间左线前 128 环加泥加泡沫统计如图 11-51 所示。

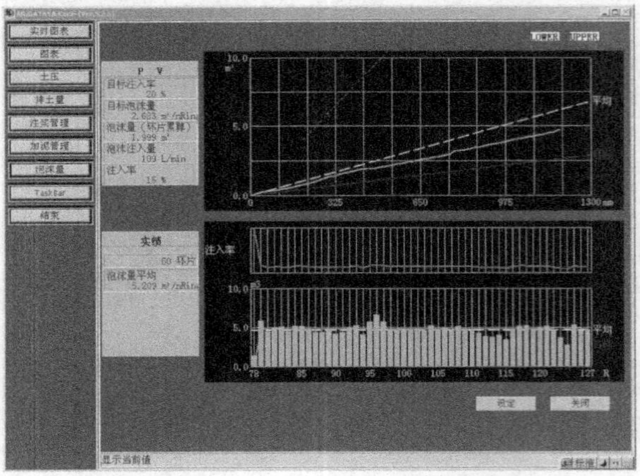

图 11-50　国—魏区间左线其中的 50 环加泡沫管理

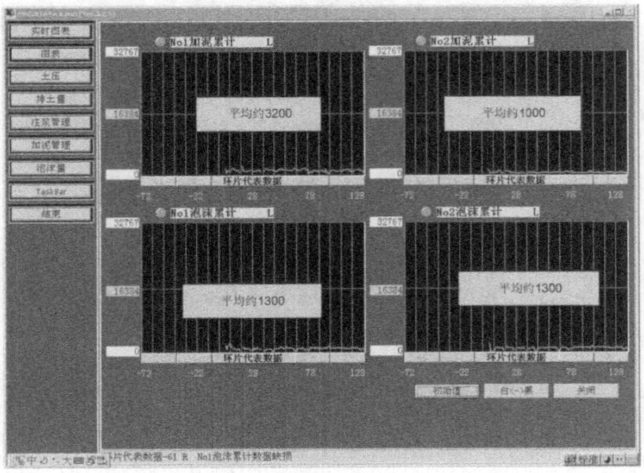

图 11-51　国—魏区间左线前 128 环加泥加泡沫统计

11.6.7　小曲线半径段的施工控制

(1)启用盾构铰接及仿形刀装置,预先推出弧线

首先根据设计曲线半径计算出所需用的铰接角度,使盾构前盾与后端的张角与设计曲线近似地吻合,经现场试验及建模模拟后确定水平张角为 0.5°,竖直张角为 0.1°,然后根据铰接张角计算出所需超挖的范围及超挖量,因该段区间为左转,故确定仿形刀超挖范围为左侧 180°,超挖量为 20mm 左右。

(2)增加盾构壁外加泥

针对无水砂卵石地层中盾构掘进施工时的推进阻力比较大的情况,增加了盾构壁外加泥的措施,即配制浓度较高的膨润土泥浆,通过盾构壳体预留的泥浆注入口将泥浆注入到盾构壳体与土层的间隙中,在盾构壳体与土体之间形成一层黏稠、润滑效果良好的泥膜,减少了盾构壳体与土体之间的直接接触面积,使得盾构推进阻力由 37000kN 降至 16000～20000kN 之间,一方面增加了推进油缸编组选择的空间,另一方面使得推进速度大大提高了,可以达到 70mm/min。根据现场的实际数据,泥浆的浓度为 9%,黏度为 18s,相对密度 1.07。

11.6.8　实际施工效果

(1)实现了长距离推进近 1.5km 不换刀

动—国区间、国—魏区间和魏—人区间隧道均为中途不换刀一次推进。图 11-52 为推进学—双区间后盾构到达接收井的照片。

(2)创造了单月掘进 653 环的纪录,成型隧道的工程质量优良,见图 11-53。

图 11-52　盾构长距离掘进中途不换刀到达接收井照片

图 11-53　盾构隧道施工效果

思考题

1. 简述北京地区的水文地质特征。
2. 简述无水砂卵石地层开挖的力学特性。
3. 简述无水砂卵石地层盾构开挖面的失稳模式。
4. 简述砂卵石地层盾构开挖面的稳定机理。
5. 无水砂卵石地层开挖对盾构有哪些影响?
6. 无水砂卵石地层稳定性控制措施有哪些?
7. 试论述砂卵石地层的渣土改良技术。
8. 砂卵石地层盾构施工中易出现哪些主要问题?

第12章

以上海为代表的软土地层盾构施工

12.1 上海软土地层盾构施工概述

12.1.1 引言

1956年，上海市就开始地铁建设的前期准备，1956年8月，上海市政建设交通办公室向上海市人民委员会提交了《上海市地下铁道初步规划(草案)》。1958年8月，上海市地下铁道筹建处成立，以“平战结合”的功能要求，对上海地下铁道开始规划设计、方案论证和试验研究。当时苏联专家断言上海是软土地层，含水量多，因此不宜建设隧道工程。1959年8月，上海警备区领导机关提出：上海地下铁道应以“平战结合、以战为主”的指导思想规划建设，地铁尽可能深埋入基岩层。市地铁筹建处组织科研、大专院校和设计单位，对上海地下铁道的埋深进行了浅、中、深3种方案的研究论证。对深埋方案探索后认为：如将地铁置于地下300～350m的基岩层，对功能要求、工程技术和建设经济均不合理。

1960年2月，上海市隧道工程局在浦东塘桥开始作盾构掘进试验。1962年2月，上海市城市建设局隧道处开始在浦东塘桥用直径4.16m的手掘式盾构，分别在覆土4m和12m处进行盾构掘进试验研究。于1963年3月建成25.2m和37.8m的装配式钢筋混凝土管片衬砌试验隧道，用于验证粉砂性土质和淤泥质黏土中建设隧道的可行性。

1964年11月，上海市委决定结合战备在地铁规划线上的衡山路段实施地铁扩大试验工程。1965年3月，由上海隧道工程设计院设计、江南造船厂制造的2台直径5.8m的网格挤压盾构，于1966年完成了一井一站和660m区间的2条平行隧道。

与此同时，1966年5月，上海市打浦路越江公路隧道工程采用由上海隧道工程设计院设计、江南造船厂制造的ϕ10.22m网格挤压盾构施工，掘进总长度1322m。打浦路隧道于1970年底建成通车，这是中国第一条水底公路隧道。

1973年，采用1台ϕ3.6m的水力机械化出土网格盾构和2台ϕ4.3m的网格挤压盾构，在上海金山石化总厂修建了1条污水排放隧道和2条引水隧道。

1978年，漕溪路段试验工程批准开工。1980年11月～1982年12月，上海市进行了地铁1号线试验段施工，采用了1台直径6.412m网格挤压盾构，掘进长度为565m。1983年6月—1984年10月又进行了试验掘进，在淤泥质黏土地层中掘进隧道1130m。通过试验段的掘进，取得了以下成果：盾构掘进的轴线误差和地表沉陷都可控制在允许的范围之内；隧道用单层装配式钢筋混凝土管片衬砌可满足地铁隧道结构要求，防水达到同期国际标准；初步掌握槽壁地下连续墙的设计与施工技术。

与此同时，1982年，上海外滩的延安东路北线越江隧道工程1476m圆形主隧道采用上海隧道股份设计、江南造船厂制造的ϕ11.3m网格挤压水力出土盾构施工。

1983年4月，市计委向市政府上报《关于建设本市南北快速有轨交通项目建议书》，8月，市政府批准项目建议书，并成立上海市南北快速有轨交通线项目筹备组。1985年3月，上海市地铁公司成立，接替上海市南北快速有轨交通线项目筹备组的地铁工程项目可行性研究。1986年7月，市政府向国务院上报建设新龙华至新客站地下铁道的请示报告。8月，国务院批准立项。1988年2月，国务院批准工程可行性研究报告，同时成立上海市地铁工程建设指挥部，组织实施工程建设。

1989年5月，中德双方正式签署了4.6亿马克的地铁专款贷款协议书，1990年3月7日国务院正式同意上海地铁1号线一期工程新龙华站至上海新客站(即今锦江乐园至上海火车站)开工兴建，一期工程引进了7台由法国FCB公司制造的ϕ6.34m土压平衡盾构施工。目前的上海地铁规划22条线路，总长为1050km。

上海是中国拥有盾构法隧道最多的城市，除地铁外，上海使用盾构法修建的越江公路隧道也位于全国之最，如：打浦路隧道、延安东路北线和南线隧道、大连路隧道、复兴东路隧道、翔殷路隧道、上中路隧道、崇明越江南港隧道。规划待建的还有军工路隧道、长江西路隧道、新建路隧道、人民路隧道和龙耀路隧道。

12.1.2 上海地铁工程概况

上海地铁1号线是我国第一条采用盾构法施工的地铁线路。目前的1号线从南部闵行区莘庄站到北部宝山区富锦路站共长36.39km，28个车站。1号线试验段始建于1980年，一期工程(南起锦江乐园，北至上海火车站)于1990年全线开工，18km区间隧道引进了7台由法国FCB公司制造的ϕ6.34m土压平衡盾构施工。1993年5月28日，1号线南段(徐家汇一锦江乐园)建成通车，使上海继北京、天津之后成为中国大陆第3个拥有地铁的城市。1995年4月10日，1号线一期工程全线(上海火车站站一锦江乐园站)建成通车。

1号线一期工程建成后，南向莘庄的延伸线开工；2号线工程开始筹备建设。1996～1999年，上海地铁2号线工程西起中山公园站，东至龙东路站，双线(上、下行)全长24km，采用10台ϕ6.34m土压平衡盾构施工。

2000～2007年的8年中，上海地铁4、6、8、9号线约140km区间隧道采用40余台盾构掘进施工，并首次应用5台双圆DOT盾构掘进8.2km隧道。

上海地铁规划22条线路，总长1050km，如图12-1所示，其中大部分为地下铁道。

12.1.3 上海地质概况

上海地铁隧道的埋深最浅的为11m，最深的达35m(穿越黄浦江底)。上海市区的地层从地表以下一般依次为杂填土、黏土、灰色淤泥质黏土、灰色淤泥质粉质黏土、灰色粉质土、粉砂、暗绿色黏土。盾构穿越的地层大多为淤泥质黏土、淤泥质粉质黏土，也有穿越粉质土、粉砂。如图12-2所示。

淤泥质黏土和淤泥质粉质黏土具有含水量饱和(40%～55%)，孔隙比大(1.0～1.4)，黏聚力小(1.0～13kPa)，内摩擦角小(7°～15°)，易塑流等，属高压缩性土。土的主要指标见表12-1。

上海地铁隧道穿越地层土的主要指标 表12-1

土 层	重度Γ(kN/m³)	含水量W(%)	孔隙比e	内摩擦角φ(°)	标准贯入度N
灰色淤泥质粉质黏土	17.7	43	1.16	15	2
灰色淤泥质黏土	17.2	51	1.45	8	<1
灰色淤泥质夹粉砂	18.2	34	1.00	11	3
粉质黏土	18.2	36	1.00	18	20

12.1.4 地铁隧道衬砌

上海地铁隧道衬砌外径为6.2m，内径为5.5m，衬砌为预制钢筋混凝土管片，管片厚度为350mm。每环宽度有1000mm和1200mm两种。每种管片有两种型号。

(1)管片分块

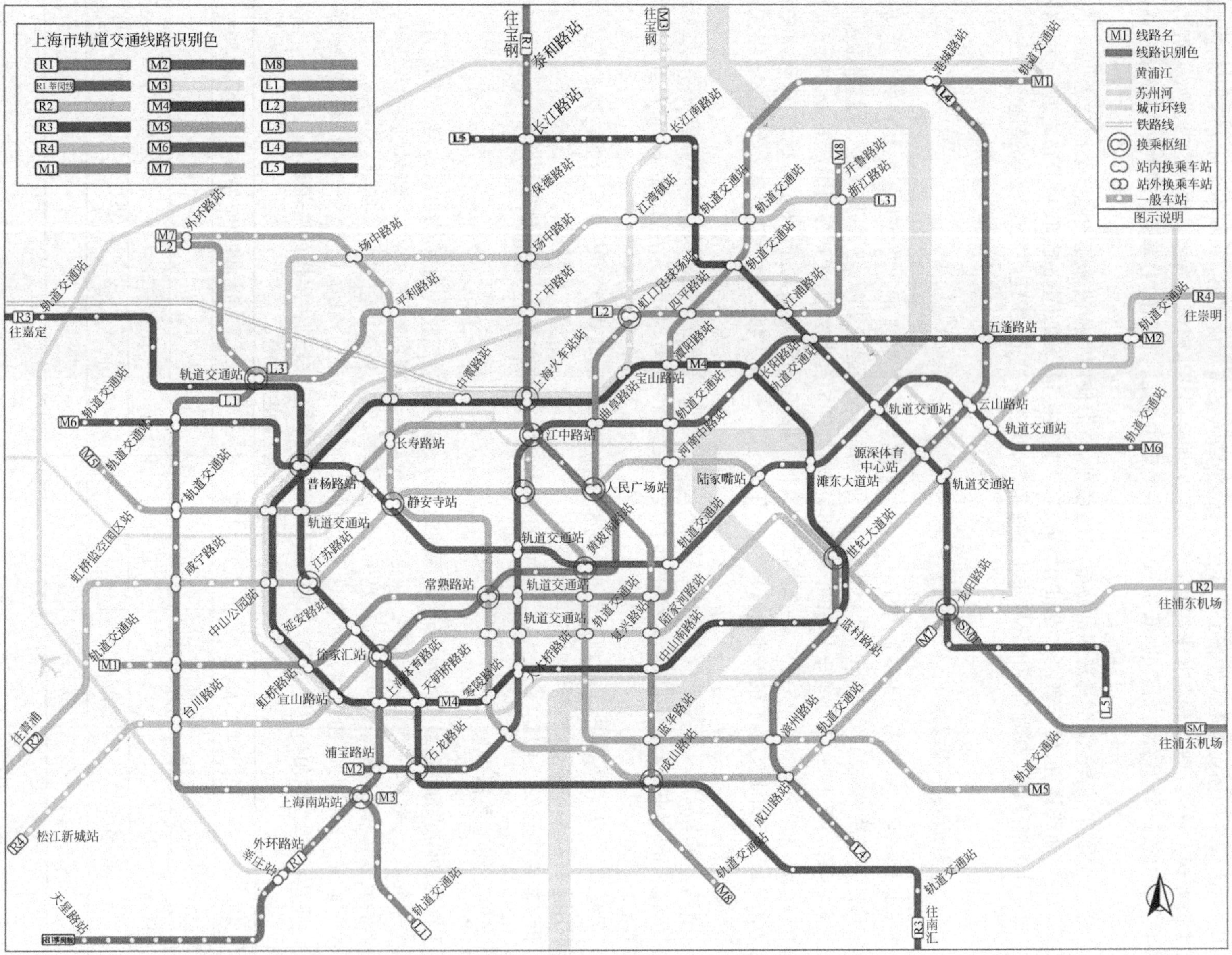

图 12-1　上海地铁线路规划图(2015—2020年)

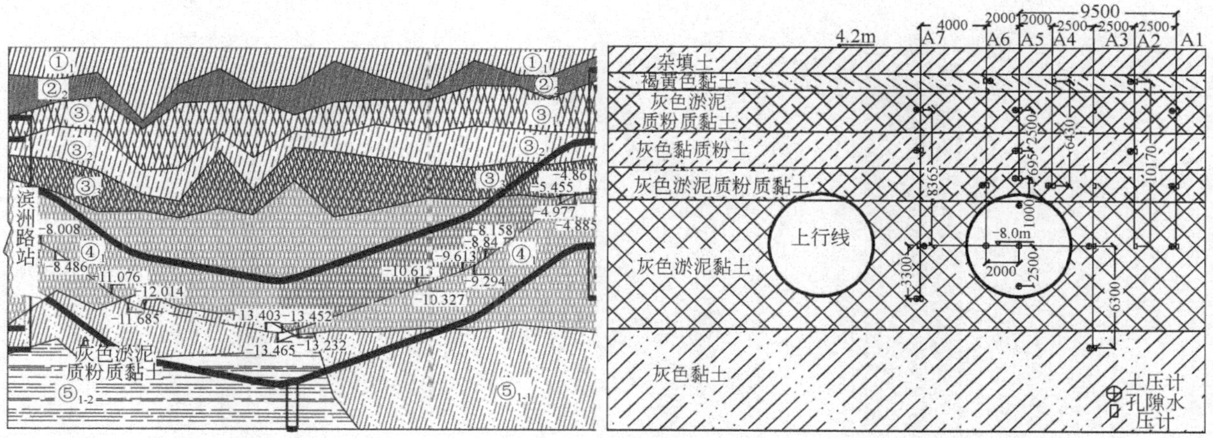

图 12-2 上海地铁隧道地质剖面图

Ⅰ型管片：84°×1、65°×4、16°×1；

Ⅱ型管片：67.5°×3、68.75°×2、20°×1。

(2)管片拼装方式

Ⅰ型管片：通缝拼装，封顶块搭接 1/2；

Ⅱ型管片：错缝拼装，封顶块搭接 1/3。

Ⅰ型管片每环由封顶块(F)、邻接块(L1 及 L2)、标准块(B1 及 B2)和落底块(D)6 块管片拼装而成，如图 12-3 所示。

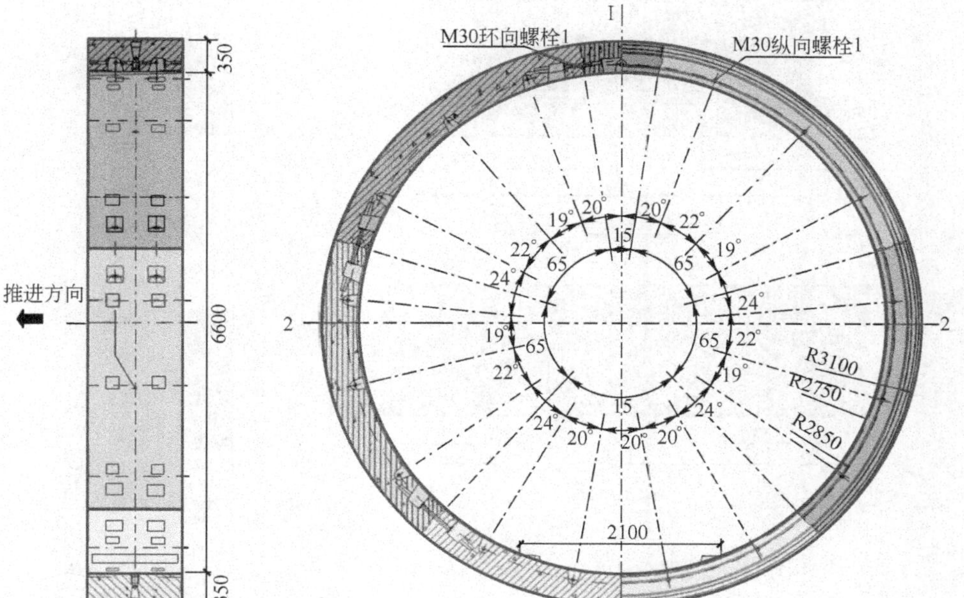

图 12-3 上海地铁Ⅰ型管片结构图

Ⅱ型管片每环由封顶块(F)、邻接块(L1 及 L2)、标准块(B1、B2 及 B3)6 块管片拼装而成，如图 12-4 所示。

两相邻管片的纵向、环向均采用 M30 螺栓连接，管片设计强度等级为 C50，抗渗为 S8，接缝防水采用水膨胀性橡胶和氯丁橡胶复合而成的弹性密封垫。

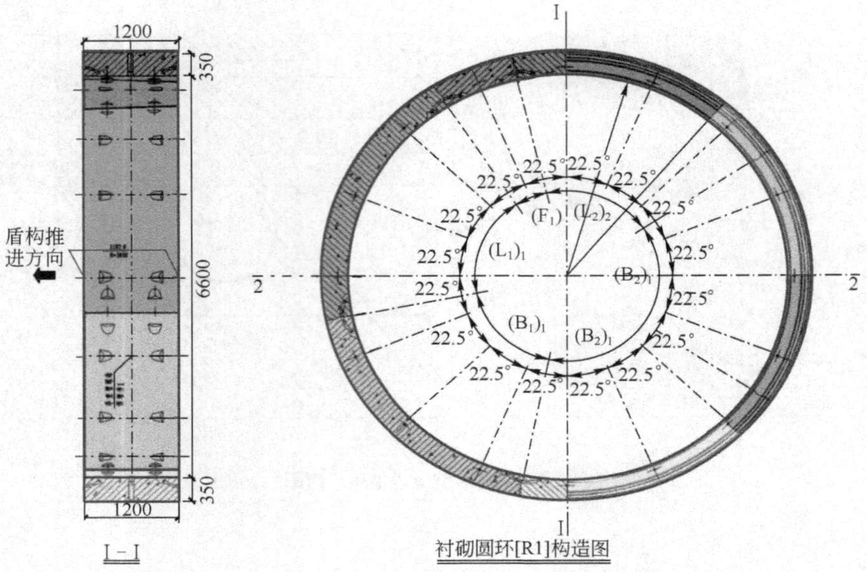

图 12-4　上海地铁Ⅱ型管片结构示意图

在衬砌接缝构造设计中,考虑到软土地层的特性,便于在环间传递一定的剪切力,控制环间踏步,同时方便管片拼装时的定位,在环缝和纵缝上均设计成凹凸榫槽。管片连接由直螺栓方式逐步发展为更合理的弯螺栓,这样,内弧面开孔更小,管片受力性能更好,如图 12-5 所示。

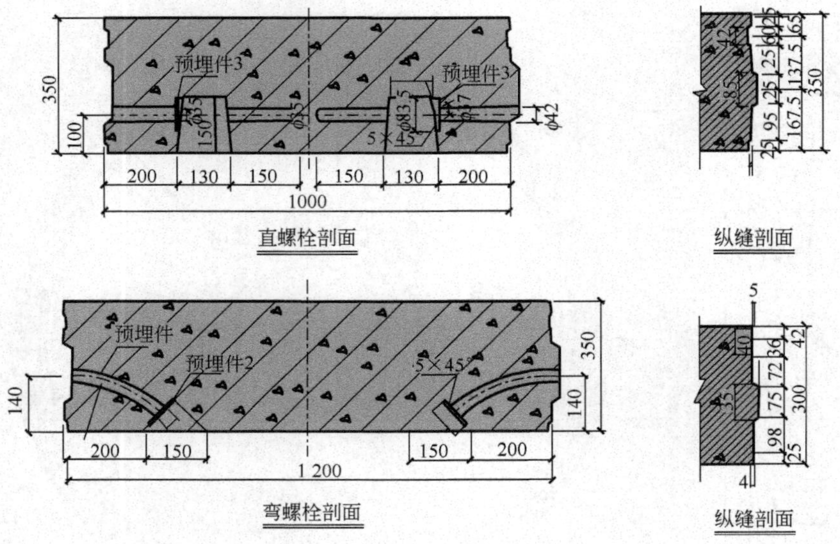

图 12-5　衬砌断面和螺栓孔结构图(尺寸单位:mm)

12.2　上海软土地层施工典型盾构

12.2.1　ϕ6.34m 土压平衡盾构

1990 年,上海地铁 1 号线区间隧道掘进施工首次使用了从法国 FCB 公司引进的 7 台 ϕ6.34m 土压平衡盾构。如图 12-6 所示,其主要技术参数见表 12-2。

图 12-6　法国 FCB 公司制造的 $\phi6.34$m 土压平衡盾构

法国 FCB 公司 $\phi6.34$m 土压平衡盾构主要参数　　表 12-2

盾构本体	开挖直径	6350mm
	盾体外径	6340mm
	最大推力	33300kN
	推进速度	30mm/min
切削刀盘	最大扭矩	4635kN·m
	转速	0～0.8r/min
螺旋输送机	螺杆直径	700mm
	扭矩	0～15kN·m
	排土量	200m^3/h
拼装机	回转速度	0～1.5r/min
	回转角度	±210°
	提升重力	82kN
	提升行程	650mm
	平移行程	1050mm

1995 年以后，上海地铁分别从法国、日本的盾构制造商购置 20 余台 $\phi6.34$m 土压平衡盾构，其主要工作性能参数基本相近。2004 年以来，上海隧道工程公司机械厂制造的"先行号"$\phi6.34$m 土压平衡盾构(主要技术参数见表 12-3)逐渐在上海地铁区间隧道工程中应用，至今已有 30 余台投入施工，占上海地铁工程使用盾构的 30%以上，如图 12-7 所示。

$\phi6.34$m"先行号"土压盾构主要技术参数　　表 12-3

序　号	名　称		单　位	参　数
1	盾构外径		mm	6340
2	盾构主机长		mm	8581
3	盾构主机重量		kN	2500
4	盾构总推力		kN	35200
5	推进速度(v)		mm/min	60
6	管片拼装机	提升力	kN	197
		回转力矩	kN·m	100
		转速	r/min	0.5/1.0
		回转角度	(°)	±220
		平移行程	mm	1000

续上表

序 号	名 称		单 位	参 数
7	螺旋输送机	螺杆直径	mm	740
		螺杆节距	mm	700
		转速	r/min	0～16
		输送量	m^3/h	260
		驱动扭矩	kN·m	45
8	刀盘系统	刀盘转速	r/min	0～1.0
		刀盘额定扭矩	kN·m	4070
9	皮带机输送能力		m^3/h	310

图 12-8、图 12-9 为日本小松及日本 IHI 公司制造的用于上海地铁的盾构。

图 12-7 上海隧道股份制造的“先行号”盾构

图 12-8 用于上海地铁施工的日本小松盾构图

12.2.2 6520mm×11120mm 双圆形土压盾构

2003 年，上海地铁从日本引进了 4 台 ϕ6520mm×W11120mm 双圆形土压平衡盾构(图 12-10)。盾构主机长 12745mm，总推力 68600kN。盾构有 2 组拼装机和 2 组螺旋输送机。盾构主要构造见图 12-11。

图 12-9 用于上海地铁施工的日本 IHI 盾构

图 12-10 用于上海地铁的双圆土压盾构

双圆盾构的特点是可有效减少断面，节约地下资源；有效减少工作井宽度，降低工程造价；可一次性完成两条隧道的掘进，缩短施工周期。使用双圆盾构施工的地铁隧道见图 12-12。双圆盾构主要技术参数见表 12-4。

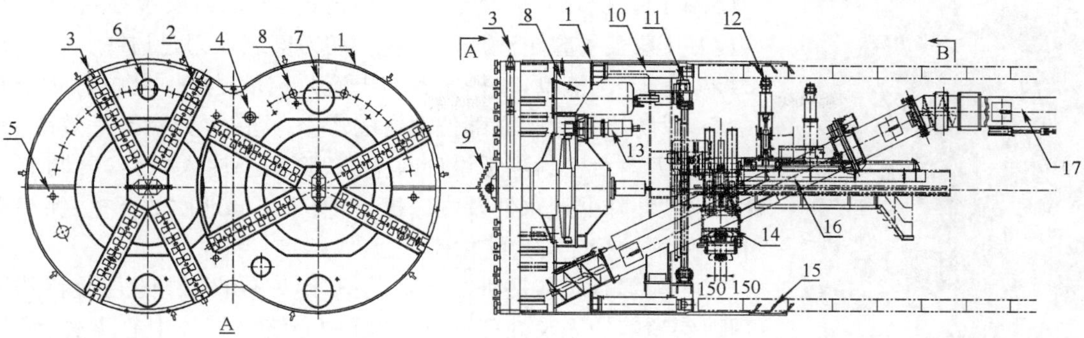

图 12-11 双圆形土压平衡盾构构造

1-盾壳;2-刀盘;3-仿形刀;4-可更换土压计;5-固定土压计;6-观测孔;7-人仓;8-球形注射管;9-中心刀;10-推进油缸;11-管片顶托装置;12-真圆器;13-刀盘驱动;14-管片拼装机;15-盾尾密封;16-1 号螺旋机;17-2 号螺旋机

图 12-12 使用双圆形土压平衡盾构施工的地铁隧道

双圆盾构主要技术参数 表 12-4

名 称		技 术 参 数	名 称		技 术 参 数
盾构本体	外径	6520mm×11120mm	拼装机	回转角度	±220°内径
	内径	6370mm×10970mm		旋转驱动	液压马达驱动
	长度	12745mm		设备数	2 台
	盾尾密封	3 道	加油装置	位置	刀盘驱动部、轴承部
	总推力	68600kN		方法	供油脂泵方式
大刀盘	支撑方式	中心轴支承方式	排土装置	形式	带轴螺旋
	同步控制	变频控制		排土量	140m³/h
	驱动方式	电机驱动		设备数	2 台
	转速	1r/min	润滑油脂	密封形式	土砂密封
	最大额定扭矩	5766kN·m		供脂方法	供油脂泵方式
	最大扭矩	3844kN·m	修正装置	形式	油压千斤顶
	超挖刀行程	120mm		偏向行程	±65mm

12.2.3 ϕ6.39m 土压平衡盾构

上海地铁施工中使用了德国海瑞克公司制造的 ϕ6.39m 土压平衡盾构。外形如图 12-13 所示，其主要技术参数见表 12-5。主要性能特点如下：

①铰接式盾构便于小半径曲线掘进和掘进方向纠偏;铰接位置在支承环与盾尾之间，便于盾尾部分的转动，延长盾尾密封的寿命，而且铰接油缸受力小。

②刀盘采用典型面板式结构，刀盘上安装了泥土型专用刀具，装有 1 把中心刀，120 把切刀，16 把切

图 12-13 ϕ6390mm 土压平衡盾构

刀及1把扩挖刀。扩挖刀用于曲径开挖。切刀安装在进渣口的左右两边,刀具覆盖了整个渣口的长度。切刀安装在刀盘边缘。刀盘开口率为34%,有16个渣槽,渣槽布置与土渣开挖量对应。其中有8个渣槽接近中心,以防止刀盘中心部位泥饼的产生,提高了刀盘开挖效率。

③刀盘及密封隔板设计有泡沫、膨润土注入管路,可调节土渣的塑性及黏度、降低透水性及内摩擦力,便于不同地质的开挖,保持土压稳定和工作面的稳定,减少功率消耗。

④配置有超前钻机及注浆设备,针对易液化的地层及特殊地层可实现地层超前加固及处理;推进油缸中心线与管片中心重叠,管片受力良好,油缸行程全部为1900mm,同步注浆管路另有四根备用注浆管路,堵管时,可保证同步注浆的可靠性。

⑤激光导向保证掘进方向的准确性和盾构姿态的控制。

⑥采用液压驱动,便于刀盘调速及过载保护,保证驱动系统的安全,而且驱动功率大,有足够的刀盘开挖性能储备。

ϕ6390mm 土压平衡盾构主要参数 表 12-5

名　称	参　数
盾构直径	6390mm
刀盘功率	2×315kW
刀具	中心刀1把,切刀120把,切刀16把,扩挖刀2把
刀盘开口率	34%
刀盘转速	0～3.05r/min
刀盘扭矩	I挡 620kN·m /II挡 4377kN·m
掘进速度	60mm/min
推进油缸	32根,行程 1900 mm
总推进力	31650kN
螺旋输送机功率	160kW
盾尾密封数	三排钢丝刷

12.2.4 ϕ14.87m 泥水盾构

上海上中路越江隧道工程起点为上中路—龙川路交叉口东侧,与中环线南段上中路衔接;终点为浦东规划华夏西路—公园大道交叉口西侧,工程全长2.8km。隧道穿越黄浦江底,黄浦江宽400m,深15m。盾构法隧道长1250m,两岸各设一座工作井,矩形暗埋段和引道段共长1052m。盾构法隧道江底最浅覆土10m,隧道纵坡4.5%,使用法国NFM公司ϕ14.87m泥水盾构施工(图12-14),盾构主要参数如下。

①盾构直径ϕ14.87m,长11.65m,总长120m。

②盾构主机重量19000kN,后配套装置重量14200kN,总重量33200kN。

③推进油缸:19组双联油缸,总推力为184300kN,推进速度0～40mm/min。

④刀盘额定扭矩36000kN·m,最大扭矩为43200kN·m,刀盘转速0～1.4r/min,功率3500kW(250kW×14台)。

⑤拼装机转速0～1.5r/min,旋转角度±220°,6个自由度,真空吸盘式。

⑥泥水输送系统:送排泥管20",送泥流量2020m^3/h;排泥流量2450m^3/h。

图 12-14 NFM 制造的 ϕ4.87m 泥水盾构

12.2.5 ϕ15.43m泥水盾构

上海长江隧桥工程采用“南隧北桥”方案进行穿越，南起浦东5号沟，途经长兴岛，向北止于崇明陈家镇，全长约25.5km。由上海隧道股份承建的上海长江隧道工程作为上海长江隧桥“南隧北桥”的一部分，穿越长江南港水域8.9km。隧道分为上下两层，上层为公路层，采用双管双向六车道高速公路设计，设计行车时速为80km/h；下层为轨道交通层，连接的是轨道交通9号线（松江大学城—徐家汇—崇明岛）。

圆隧道内径为13.7m，外径15m，采用通用楔形管片错缝拼装工艺，环宽2m，厚度为0.65m。每环管片重约160t，由10块组成，包括1块封顶块，2块邻接块和7块标准块。两条隧道间共设8条连接通道，在两隧道的最低点设有4座江中泵房便于雨水的收集和处理。

上海长江隧道工程采用2台德国海瑞克公司制造的ϕ15.43m泥水盾构（图12-15）施工，是目前世界上最大直径的泥水盾构。盾构总长132m，共有3个后配套车架。1号车架安装有驱动和输送物料所需的设备，所有推进的主体设备都集中于此，如主控室、泥浆泵、配电柜、注浆系统、液压泵站；2号车架为联系车架，连接1号和3号车架，2号车架设置了联系梁和行车（门吊），供管片吊装和运输；3号车架摆放着盾构的通风设备和同步管路的延伸设备等，如图12-16～图12-20所示。盾构一次性穿越长江南港沿线7.5km，一次性顶进距离为世界之最。

图12-15 ϕ15.43m超大直径泥水盾构

图12-16 始发井结构施工

图12-17 始发洞门施工

图12-18 管片运输

图12-19 盾构掘进与路面同步施工

图 12-20 盾构到达接收井

海瑞克公司 ϕ15.43m 泥水盾构主要技术参数见表 12-6。

ϕ15.43mm 泥水盾构主要参数 表 12-6

名 称	参 数
盾构直径	15430mm(含堆焊层时为 15440mm)
刀盘开挖直径	15470mm
最高工作压力	7.5bar①
刀盘功率	15×250kW
刀具	切刀 157 把(其中 8 把带有磨损监测系统,66 把采用可更换型设计),周边刮刀 24 把(其中 2 把带有磨损监测系统),可更换中心刀 7 把,仿形刀 2 把。可以在大气压状态下从刀盘臂内进行可更换刀具的更换,无需带压进仓
刀盘开口率	28%
刀盘转速	0～1.6r/min
刀盘扭矩	39945kN·m
掘进速度	60mm/min
推进油缸	19 组,每组 3 个油缸,6 个分区油缸尺寸 360/280mm,行程 3000mm
总推进力	203066kN
排泥流量	3000m^3/h

注:①1bar=10^5Pa。

12.3 ϕ6.34m 土压平衡盾构施工概述

12.3.1 盾构安装验收及施工准备

上海地铁车站之间的区间隧道采用土压平衡盾构施工,盾构始发和接收一般在地铁车站的两端。区间隧道上下行线一般采用 2 台盾构并行施工。

盾构安装前先在端头井下安装盾构基座,盾构基座为钢结构预制件,需满足支撑盾构出洞时的本体重量,并起到一个导向作用,如图 12-21 所示。支座材料采用 43kg/m 重型轨道,共布置 2 根。盾构始发基座位置按设计轴线准确放样,安装时按照测量放样的基线,吊入井下就位。两根轨道中心线与始发基座上的盾构必须对准洞门中心且与隧道设计轴线反向延长线基本一致,并在基座四周加设支撑保证整体稳定。

盾构吊装一般采用大型起重机将盾构后配套拖车依次吊入井下并移至地铁车站站台层,盾构本体分块吊入井下,在盾构基座上正确就位、组装,最后由专业技术人员进行系统调试和井下验收。

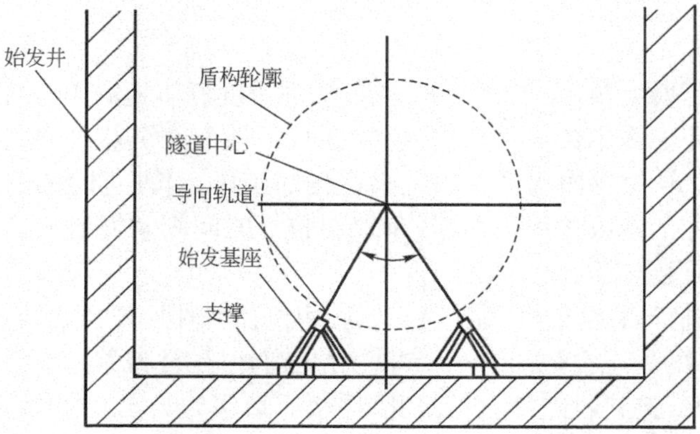

图 12-21 盾构始发基座示意图

在最后一环负环和井壁结构之间加设反力架，反力架与负环管片之间的间隙灌注水泥砂浆（或混凝土），使混凝土管片受力均匀，环面平整，如图 12-22 所示。为保证管片脱出盾尾后不产生变形，在管片外弧面加设支撑，予以固定。第一环闭口环与反力架之间采用 4 根 ϕ609mm 钢管传递轴向力。

图 12-22 上海盾构始发时的反力架设置

考虑到区间隧道上下行线 2 台盾构同时施工，一般在井口处布置一台 32t 门吊（也称行车）用于上、下行线推进时的垂直运输；另外布置一台 5t 行车，用于场内管片吊运，在 5t 行车工作范围内布置管片堆场。在端头井边侧设置集土坑，集土坑容积具备 20 环的存土量。场内布置拌浆间，浆液通过送浆管路送至井下浆车内。

井下运输配 14t 电瓶车 5 辆，凹式平板车 10 节，砂浆车 4 节，容积 10m^3 渣车 8 只。

12.3.2 洞门密封和端头土体加固

由于盾构工作井的洞门直径与盾构外径存有一定的间隙，为了防止盾构进出洞施工期间土体从该间隙中流失，在洞门的洞圈周围安装帘布橡胶带、环板、铰链板等组成的密封装置，并设置注浆孔，作为洞口防水堵漏的预防措施。为确保区间隧道施工过程中盾尾的密封防水效果，在盾构调试结束后，向盾尾钢刷之间涂抹盾尾油脂。

为防止盾构洞门凿除后发生洞口土体塌落，必须对洞口外土体进行加固处理，一般情况下采用深层搅拌法进行加固。一般加固范围为长 6m，宽 3m，深度为洞圈向下 3m，洞圈向上 3m。设计强度要求无侧限抗压强度达到 0.5～0.8MPa。盾构出洞前对井外地基加固质量进行验收，在洞门上钻 5～9 个样孔至加固土体检查有否渗漏水。

12.3.3 盾构始发施工

洞门混凝土凿除后，盾构向前推进，刀盘抵靠加固土体并开始旋转刀盘、启动顶在开口环上的推进油缸。

盾构始发穿越加固区时，刀盘切削加固土体，土压力的设定可低于按原状土计算的静止土压值，推进速度放慢些（宜小于 10mm/min）、推力小些，并注意洞门密封处有否渗漏水。当加固土体不能顺利从螺旋输送机出土时，应根据需要在盾构土仓加入发泡剂或润滑泥浆，以改善切削土体的塑流性。

盾构姿态严格控制在容许范围内，管片拼装注意环面平整和错台。

盾尾脱出洞圈进入加固区后，应及时通过盾构的注浆系统进行同步注浆，做好隧道衬砌环与洞圈的永久密封。

12.3.4 盾构掘进参数的设定和调整

盾构穿越加固区进入原状土后，设定土压增大，略大于静止土压值，推进速度逐步提高至 30mm/min 以上，盾构推力、刀盘转速、螺旋输送机转速等工作参数应作相应调整，并根据地面隆沉监测数据优化盾构掘进参数。在上海地区，一般盾构始发 100m 为盾构掘进参数调整优化的阶段，对推进时的各项技术数据进行采集、统计、分析，摸索地面沉降与施工参数之间的关系，争取在较短时间内掌握盾构的操作性能及盾构在本标段地质条件下的掘进参数的设定范围。

盾尾脱出始发井后，在盾构推进的同时进行盾尾同步注浆，以充填盾构外径与管片外径之间的空隙。采用 ϕ6.34m 土压平衡盾构施工时，推进 1m 的盾尾空隙约为 1.4m3。在上海地区，注浆浆液一般采用以粉煤灰、黄砂、膨润土为主的单液浆，泵送性好，但其收缩性大。因此，注浆充填率约为 150%～200%，施工中可根据地面隆沉量调整确定。

12.3.5 盾构在软土中推进时总推力与埋深关系分析

盾构推力主要承担开挖面的水土压力和盾壳与周围土层的摩擦阻力。盾构在同一地层条件下总推进力的大小随埋深增加而增大。表 12-7 是上海地铁几个标段 ϕ6.34m 土压盾构推进时总推力与埋深的几组数据。图 12-23 是根据该表数据拟合成的线性关系图。

上海地铁几个标段 ϕ6.34m 土压盾构推进时总推力与埋深关系 表 12-7

地层埋深(m)	土层名称	推力(kN)	工程名称
9.00	④$_1$ 灰色淤泥质黏土	6430	4 号线线 19 标
11.00	淤泥质黏土	11000	1 号线漕宝路—上体馆
12.00	灰色淤泥质黏土	8000	4 号线线 19 标
13.00	淤泥质黏土	8870	8 号线 9 标
13.00	黏土	11690	8 号线 9 标
14.00	黏土	12560	8 号线 9 标
14.00	④$_1$ 淤泥质黏土	10780	6 号线 19 标高清路—成山路
14.948	④ 淤泥质黏土 ⑤$_{1\text{-}1}$灰色黏土	13700	2 号线西延伸古北路—中山公园
14.948	④ 淤泥质粉质黏土	14460	8 号线 9 标复兴路—陆家浜路
17.487	⑤$_{1\text{-}1}$灰色黏土 ⑤$_{1\text{-}2}$灰色粉质黏土	15510	2 号线西延伸古北路—中山公园

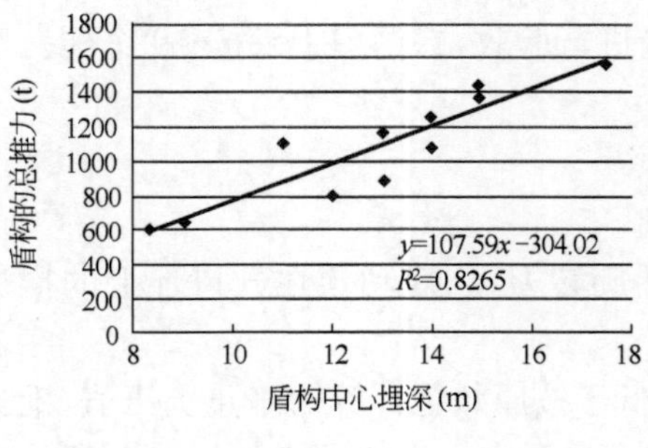

图 12-23 上海不同工地盾构总推力与盾构中心埋深关系图

上海地铁隧道穿越的地层主要为淤泥质黏土和淤泥质粉质黏土，也有粉质黏土、粉砂、粉细砂，深埋隧道会遇到暗绿色黏土。盾构设定的土仓压力一般略大于盾构中心处的静止土压 P_0。其计算方法可采用朗肯土压公式：

$$P_0=\gamma h\tan^2(45°-\varphi/2)-C\tan^2(45°-\varphi/2) \tag{12-1}$$

式中：γ——土的重度；

h——隧道埋深(地面至盾构中心)；

φ——内摩擦角；

C——黏聚力。

也可采用侧压系数的简易公式：

$$P_0=K_0\gamma h \tag{12-2}$$

在淤泥质黏土和淤泥质粉质黏土地层中 K_0 约为 0.7，在粉质黏土、粉砂、粉细砂地层中 K_0 约为 0.6～0.7。

12.3.6 土仓压力与埋深的关系

上海几个工程盾构推进时土仓压力与埋深统计见表 12-8。土仓压力设定与埋深关系购见图 12-24。

上海工程土仓压力取值　　表 12-8

工程名称	土层	埋深 (m)	土仓压力 (MPa)
4 号线 19 标成—滨	④1 淤泥质黏土	9.0	0.17
1 号线漕宝路—上体馆	淤泥质黏土	11.0	0.17
4 号线 19 标成—滨	灰色淤泥质黏土	12	0.12
6 号线高清路—成山路	④1 淤泥质黏土	14.00	0.179
6 号线高清路—成山路	④1 淤泥质黏土	14.38	0.174
4 号线 19 标成—滨	④1 淤泥质黏土	14.24	0.20
2 号线西延伸古北路—中山公园	④淤泥质黏土 ⑤1-1灰色黏土	14.948	0.241
2 号线西延伸古北路—中山公园	⑤1-1灰色黏土 ⑤1-2灰色粉质黏土	17.487	0.338
8 号线复兴路—陆家浜路	④淤泥质粉质黏土	14.948	0.254

从上面的图表可得到结论：在上海地区，当隧道埋深小于 12mm 时，土仓压力的设定基本上在 0.12～0.20MPa之间；当埋深大于 12mm 时，土仓压力的设定与埋深成正比。

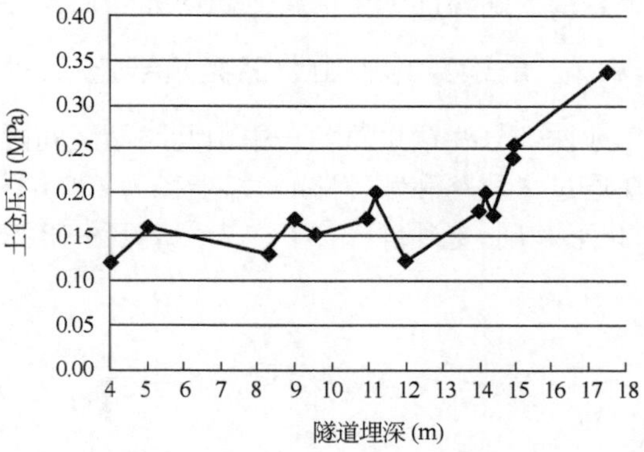

图 12-24　上海工程土仓压力与埋深关系图

12.3.7 盾构掘进时刀盘扭矩统计分析

上海不同工程不同土层的地铁土压平衡盾构刀盘扭矩与埋深统计见表 12-9。从表 12-9 可以看出，随着盾构埋深的增加，盾构刀盘的扭矩增大；盾构穿越加固区时刀盘扭矩会有较大幅度的增大。在目前上海隧道的埋深情况下，刀盘扭矩基本在额定扭矩范围内。

上海地铁工程盾构推进时刀盘扭矩值统计　　表 12-9

工程名称	土层名称	埋深 (m)	刀盘扭矩(kN·m)
4 号线 19 标成—滨	灰色淤泥质黏土	9.0	1774
4 号线 19 标加固区	灰色淤泥质黏土	14.24	3104
6 号线高清路—成山路	④1 淤泥质黏土	14.38	1212
2 号线古北路—中山公园	④淤泥质黏土 ⑤1-1灰色黏土	14.948	1091
8 号线复兴路—陆家浜路	④淤泥质粉质黏土	14.948	1286
2 号线古北路—中山公园	⑤1-1灰色黏土 ⑤1-2灰色粉质黏土	17.487	2719

12.4 盾构穿越建筑物及保护技术

12.4.1 穿越引水箱涵施工技术

地铁 2 号线在杨高路站—东方路站区间隧道施工中，盾构在始发段穿越 6.2m 加固区后，即穿越上海市自来水供水的上游引水箱涵管道。该箱涵距端头井壁门约20m,位于隧道上方,与隧道基本正交,箱涵底板距盾构顶部净距仅为2.2m,见图12-25。

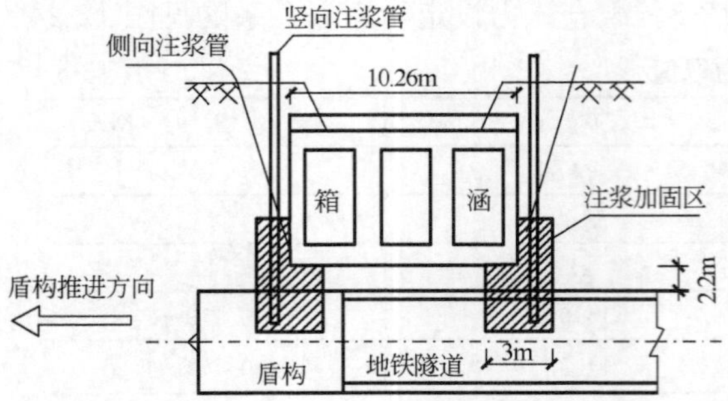

图12-25 盾构穿越上游引水箱涵示意图

盾构到达箱涵前施工阶段局部暴露箱涵结构,在两侧布设跟踪注浆管,同时布置沉降监测点。以箱涵上边线为基准,向两侧各布设2排共4排注浆管。另外,在此两排注浆管外侧各布置一排斜管。根据地面上的高精度水准测量、连通管和分层沉降监测信息的反馈及时调整土压设定值和出土量,使盾构较匀速地向前掘进以减少对土体的扰动,并在这一段时期的施工中摸索出了掘进速率、出土量、注浆量和地层变形的相互关系。

盾构到达箱涵前1~2环至盾尾全部进入箱涵阶段以设定土压力值和出土量的控制为推进管理重点。同时严格控制同步注浆量及地面跟踪注浆量。

根据施工的实际结果,盾构在穿越箱涵的整个过程中都保持了较好的姿态。监测结果表明,箱涵的沉降量控制在+8.5mm以下。

当盾构掘进至33环后,盾尾全部脱离箱涵。严格控制掘进速度和同步注浆量,使盾尾脱离箱涵时箱涵没有因为建筑间隙未能得到及时充填而发生突然下沉。

12.4.2 盾构穿越中山北路建筑群施工

地铁7号线铜川路站—中山北路站区间隧道长1358m,为穿越既有结构物较为密集的地区,区间隧道在通过华池路和镇坪路时,以半径为400m的曲线穿越浅基础建筑物23栋,建筑物均为5~7层砖混结构,条形基础,基础埋深2.6~3.2m,见图12-26。

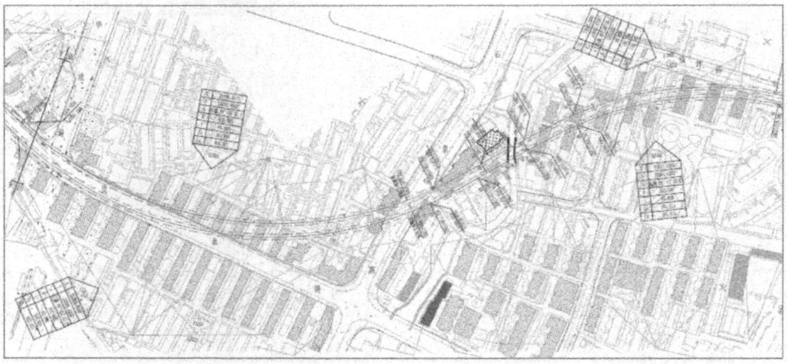

图12-26 7号线铜川路站—中山北路站区间隧道穿越建筑群示意图

盾构施工穿越的土层为:②$_{3-2}$砂质粉土、④淤泥质黏土、⑤$_1$粉质黏土。盾构穿越土层的物理力学性质见表12-10。

7号线铜川路站—中山北路站区间隧道土层物理力学指标 表12-10

层号	土层名称	含水率 W(%)	重度 γ (kN/m³)	孔隙比 e	直剪固快峰值强度		压缩模量 (MPa)
					黏聚力 C(kPa)	内摩擦角 φ(°)	
②$_1$	粉质黏土	31.4	18.5	0.89	16.0	23.5	5.92
②$_{3-1}$	砂质粉土	34.4	18.1	0.95	5.0	29.5	8.39
②$_{3-2}$	砂质粉土	32.8	18.3	0.92	5.0	31.0	13.26
③	淤泥质粉质黏土	39.3	17.6	1.11	11.0	23.0	3.76
④	淤泥质黏土	49.5	16.7	1.41	14.0	11.5	2.26
⑤	粉质黏土	36.5	17.8	1.05	14.0	16.0	3.81
⑥	粉质黏土	24.7	19.5	0.71	43	16.5	7.02

2007年11月12日～2007年11月30日，对上行线605～705环之间所穿越的建筑物实际沉降和盾构施工参数如下：

(1)整个穿越过程中土仓压力控制在3×10^5Pa左右，在建筑物下方时增加为3.15×10^5Pa。在推进和停机过程中保持土压基本平衡，避免出现过大的波动；

(2)盾构掘进速度控制在3cm/min左右，且穿越过程中保持匀速掘进；

(3)每环同步注浆量在3.8m^3左右，浆夜注入率约200%；

(4)在推进过程中保持盾构的姿态平稳，严禁姿态起伏过大，尽量避免蛇行超挖。

通过以上措施，盾构较为顺利地穿越本段建筑群，下面结合建筑物监测数据对其分析，图12-27为穿越施工时建筑物监测点位平面布置图。

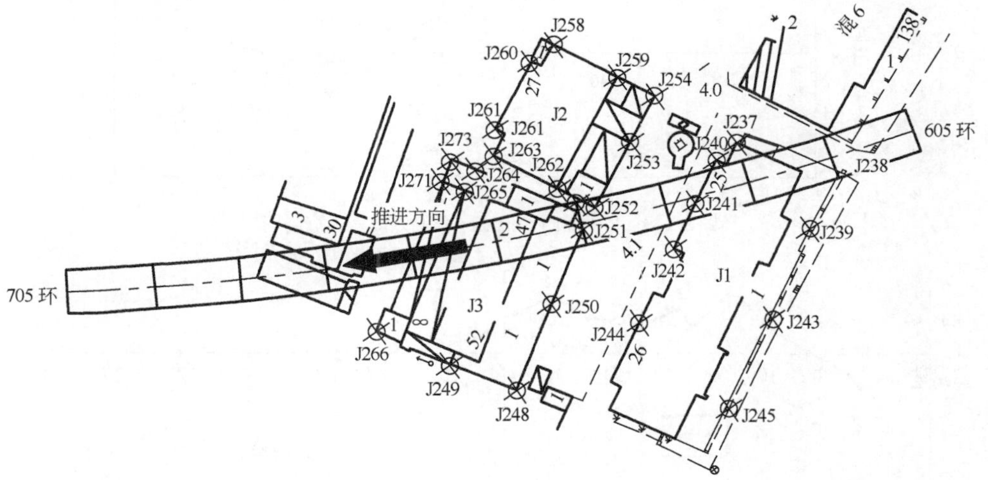

图12-27 监测点位平面布置图

盾构推进施工引起6层住宅建筑物各测点(位于628～634环上方)的隆沉变化如图12-28、图12-29所示。当施工610环时，盾构切口进入建筑物下，测点向上隆起，切口到达测点240和241前后隆起量达+4mm，这是由于盾构掘进引起的土体挤压影响造成的。盾尾通过时(630环)，测点明显下沉至−1mm，这是由于盾尾同步注浆还不能及时和足量充填盾尾建筑空隙造成的。盾构通过建筑物后(630～660环)的30环掘进施工过程加强了壁后双液注浆，使测点隆沉保持在+1～+2mm。停止壁后注浆后，测点发生微量沉降。从图中可以看出，本段盾构穿越施工对建筑物产生的影响在允许范围以内，不均匀沉降小于2mm，6层住宅楼未发生沉降裂缝和门窗变形，穿越施工相当成功。

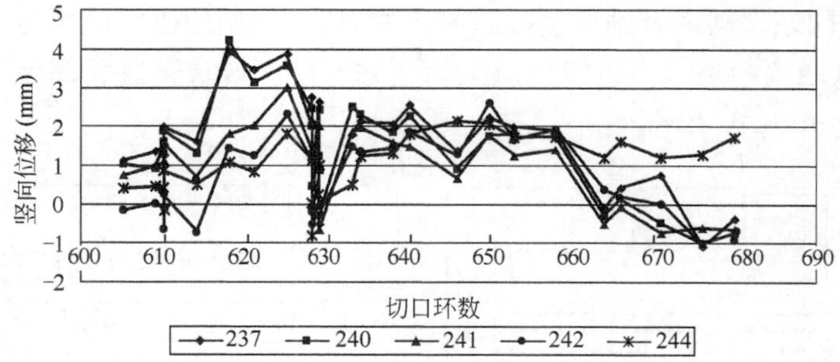

图12-28 JZ1建筑物各测点沉降变化趋势

图12-30为盾构穿越施工引起既有建筑物的长期沉降历时曲线图。从图12-30中可以看出，盾构到达前15m至0m，测点呈上隆趋势，切口到达时隆起量达4mm；盾构通过时至盾尾脱出后10d内，因同步注浆和壁后注浆效果明显，测点变化稳定在+3mm～+4mm范围；盾尾脱出后10～110d的100d内，后续补浆频率减缓，测点缓慢沉降了8mm，沉降速率约为0.08mm/d；盾尾脱出后110～160d的50d内，后

续补浆停止后,测点沉降了 12mm,沉降速率约为 0.24mm/d。说明多次补浆对控制建筑物的长期沉降具有明显效果。

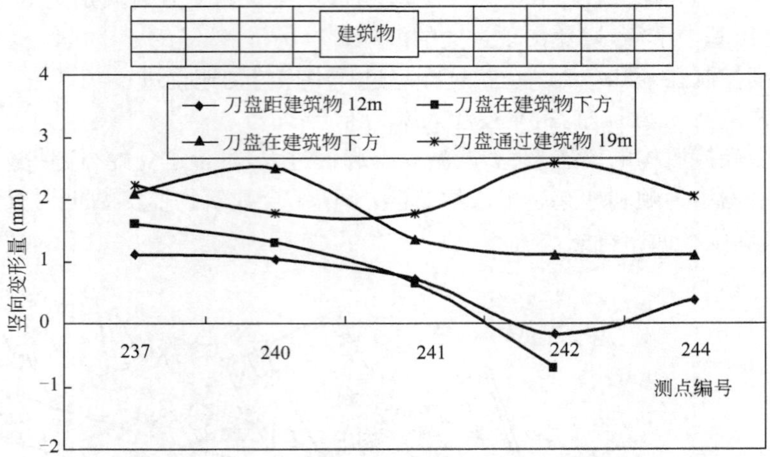

图 12-29　盾构推进引起 JZ1 各测点的差异沉降图

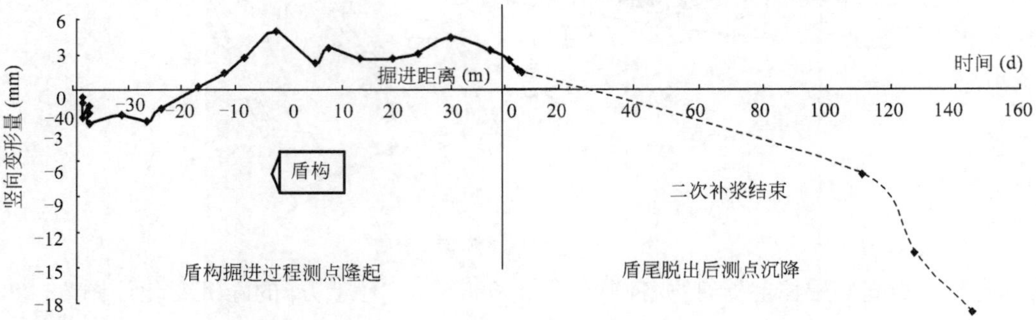

图 12-30　测点 264 的长期沉降曲线图

12.5　盾构穿越既有地铁隧道及保护技术

12.5.1　地铁 2 号线盾构穿越 1 号线施工

地铁 2 号线人民公园站—河南路站区间隧道施工中,盾构出洞段需穿越营运中的地铁 1 号线区间隧道。盾构出洞后仅 12m 距离与地铁 1 号线隧道呈 85°斜交,且 1 号线隧道底部与 2 号线隧道顶部间距仅为 1m,隧道埋深达 20.6m,见图 12-31。

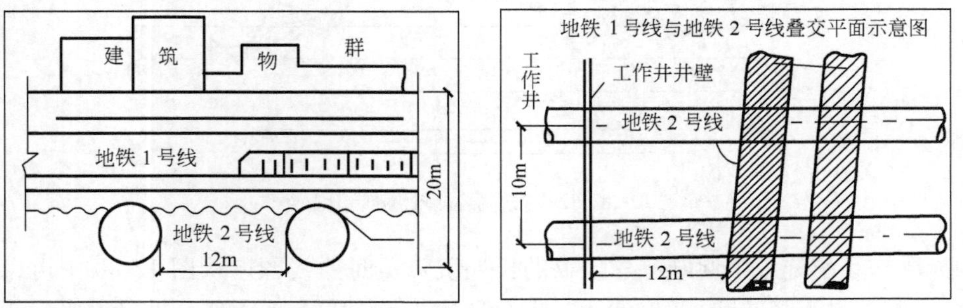

图 12-31　盾构穿越地铁 1 号线示意图

地铁 1 号线隧道在 2 号线车站建造过程中已下沉 12mm,其累计沉降量不能超过 15mm。为此,盾构穿越1号线隧道时沉降必须控制在3mm以内；地铁1号线隧道底部已采用多种方法进行加固，有水泥水玻璃双液浆、聚氨酯浆的分层注浆以及旋喷水泥注浆等。盾构出洞后即进入加固区，并受邻近商业建筑物以及地铁1号线隧道的影响，增加了施工参数准确设定的难度。

盾构的土压力设定为0.23MPa（$P_o=k_0\gamma h_0=0.7\times0.18\times17.5=0.22$MPa）。每环出土量控制在理论值的95%左右，掘进速度控制在1cm/min，加注发泡剂或水等润滑剂，减小刀盘所受扭矩，同时降低总推力。加强对地铁1号线的监测，及时优化调整掘进施工的参数，做到动态施工信息化管理。合理控制注浆量，控制地铁1号线隧道以及地面的沉降。沉降控制在3.5mm左右。

12.5.2 地铁7号线穿越1号线施工

地铁7号线常熟路站—肇嘉浜站区间隧道从常熟路站南端头井出洞后18m与地铁1号线隧道呈79°斜交下穿，最小净间距为1.4m。隧道交叠的投影长度上行线约为22m，环号为14～32，下行线投影长度约为20m，环号为13～29。区间隧道最大纵坡为4‰，隧道中心最低标高－21.031m，最高标高约为－17.441m，隧道上部覆土厚度17～22m。如图12-32所示。下行线穿越施工后4～5个月实施上行线穿越施工。

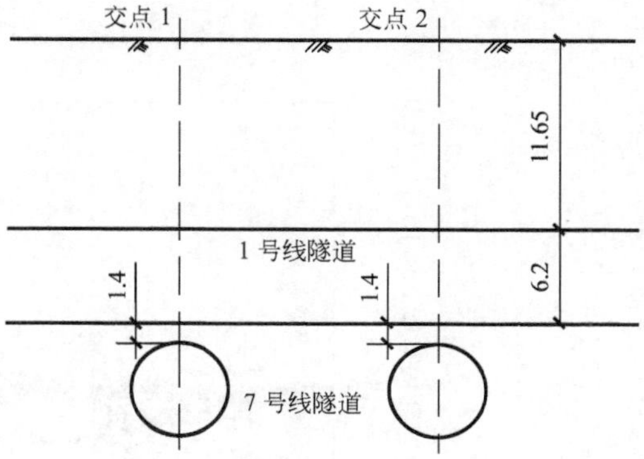

图12-32 地铁7号线隧道与地铁1号线隧道关系剖面图

穿越段土层主要由饱和黏性土、粉性土以及砂土组成，主要土层的物理力学指标如表12-11所示。地铁1号线隧道所处的土层主要为④淤泥质黏土层、⑤$_{1-1}$灰色黏土层，本工程隧道所处的土层主要为⑤$_{1-1}$灰色黏土层，⑤$_{1-2}$灰色粉质黏土层。

盾构穿越1号线地铁的土层物理力学性质参数 表12-11

层序	含水率 w (%)	重度 γ (kN/m³)	孔隙比 e	直剪固快		压缩系数 $a_{0.1-0.2}$ (MPa⁻¹)	压缩模量 E_{s1-2} (MPa)
				黏聚力 c(kPa)	内摩擦角 φ(°)		
②	32.7	18.3	0.97	20	18	0.46	4.65
③$_1$	45.8	17.2	1.26	11	18.5	0.96	2.44
③$_t$	35.8	18.3	0.95			0.23	8.44
④$_1$	49.7	16.8	1.41	11	13	1.11	2.31
⑤$_{1-1}$	36.5	17.9	1.03	16	13.5	0.56	3.71
⑤$_{1-2}$	33.2	18.0	0.98	14	22.5	0.41	4.96
⑤$_4$	21.3	19.8	0.64	46	18.5	0.25	6.76

图12-33为7号线上、下行线盾构推进过程中引起的1号线隧道的隆沉变化历时曲线图。从图12-33中可以看出，当盾构离隧道15m至盾尾通过时，隧道呈逐步向上隆起，上下行线最大隆起量分别为＋1.39mm和＋2.09mm；盾尾脱出后下沉，30天后的沉降值在－1mm内，如图12-34所示。隆沉量均满足既有隧道结构纵向沉降与隆起≤±5mm的要求。

盾构穿越运营隧道掘进施工采用了信息化施工、降低推进速度、降低设定土压值、隧道壁后多次补压浆的技术措施。推进速度从3.5cm/min降到1.5～2.5cm/min。密闭土仓的设定土压值在穿越隧道中从0.25MPa逐步下降至0.2MPa，如图12-35所示。同步注浆量控制在2～2.5m3/环，充填率为150%～180%，见图12-36。

图12-37为1号线的长期沉降曲线图。从图12-37中可以看出，7号线穿越施工结束后130d内，既有1号线的竖向变形呈现出波浪形的变化，并未出现一致的隆起或沉降，但既有1号线的最大绝对竖向变形量≤±1.5mm，相对施工期的最大变形幅度为3.89mm，不影响既有线路的正常运营。结合盾构穿越期间既有线的变形可知，施工期变形大的测点其长期变形量也较大，如1号线上、下行线与7号线下行

线交点在施工期和后期的最大竖向变形量分别为＋1.38mm、＋2.07mm 和－1.13mm、－1.6mm。

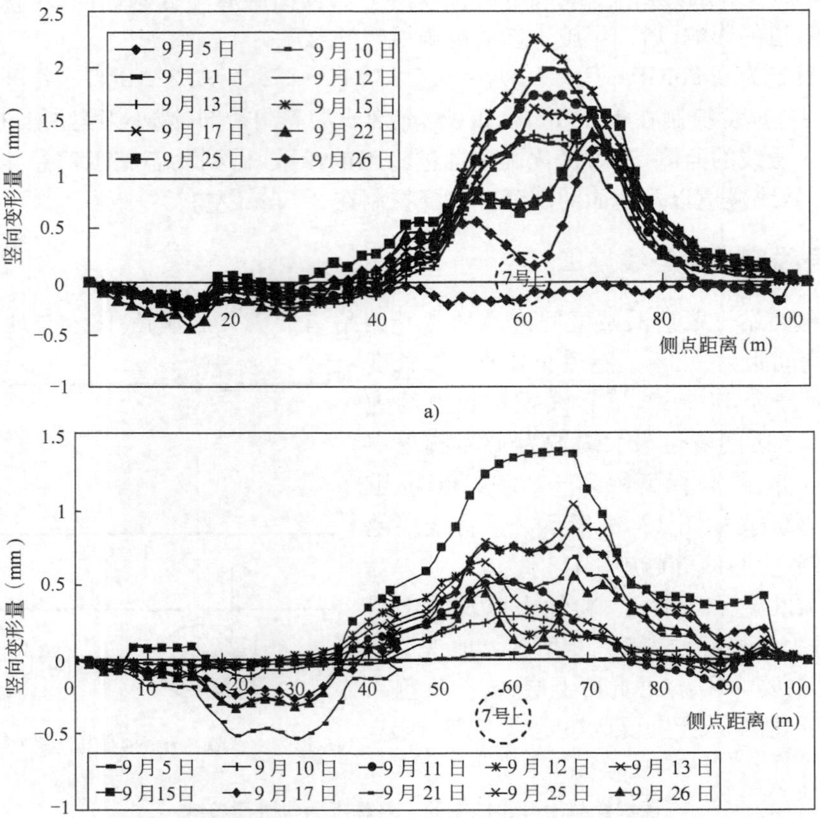

图 12-33　7 号线上行线推进引起 1 号线的竖向变形曲线

a)1 号线下行线的竖向变形曲线(9 月 10 日刀口到达,11 日盾尾脱出);b)1 号线上行线的竖向变形曲线(9 月 12 日刀口到达,15 日盾尾脱出)

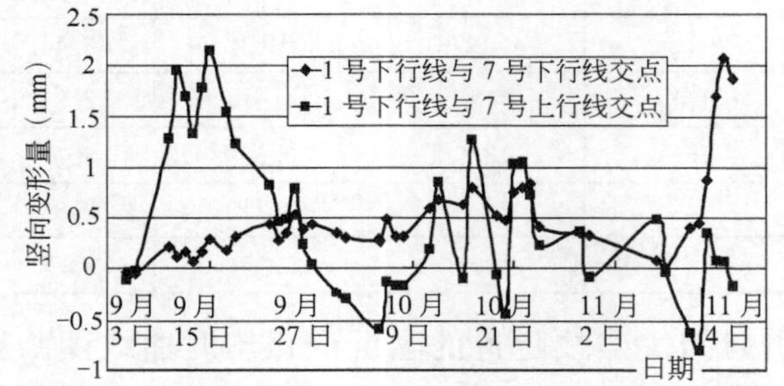

图 12-34　1 号线下行线与 7 号线上、下行线交点变形时程曲线

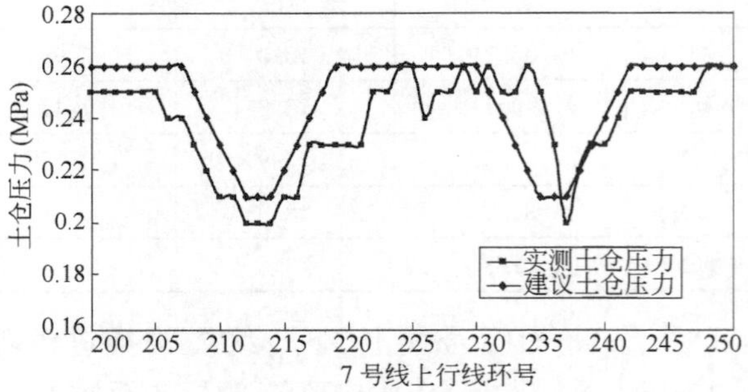

图 12-35　7 号线推进过程中土仓压力设定值

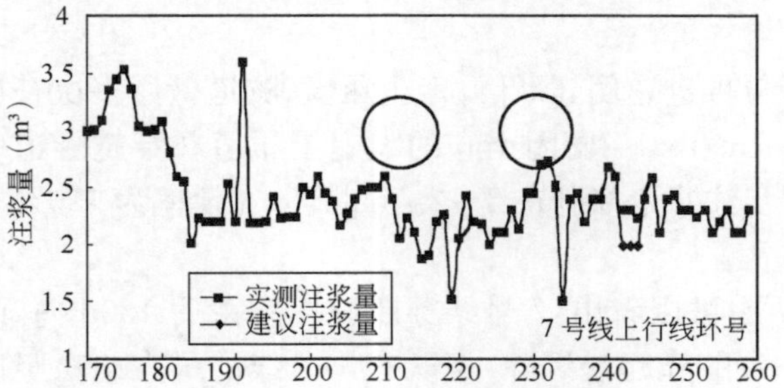

图 12-36　7 号线推进过程中注浆量设定值

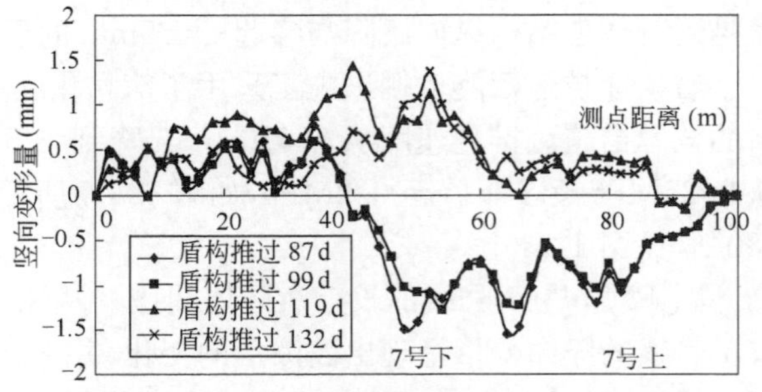

图 12-37　1 号线下行线横向长期沉降曲线图

12.6 地铁2号线西延伸工程2标段施工实例

12.6.1 工程概况

1)工程范围

上海地铁2号线西延伸工程2标段为威宁路站—古北路站。工程主要由一组双线单圆盾构区间隧道组成,区间隧道上行线1353.9m,下行线1296.75m,合计为2650.65m。主要附属工程有联络通道与泵房1座。

区间隧道共有两组平面曲线,其中第一组曲线半径下行线为1999.956m、上行线为1999.963m,而第二组曲线半径下行线为999.919m、上行线为1999.907m。左右线最大线间距(中轴线间距)13.2m,最小线间距12.0m。

区间隧道纵坡为"V"形坡。线路最大坡度为22‰,最小坡度5.2‰。隧道顶部覆土厚度6.7~14.3m,属中浅埋盾构隧道。

2)工程地质

工程区域内地势基本平坦,地表高程在3.26~4.17m之间。工程区域内主要为河口滨海和滨海沼泽相地层,上部浅层有人工填土层出现,主要岩层特性分述如下。

$①_1$ 人工填土:沿线均匀分布,以杂填土为主,含煤屑、碎石、垃圾。层厚1.3~2.5m。

$②_1$ 褐黄色黏土:均匀分布,饱和,可塑,含铁锰质结核及氧化铁斑点,局部为粉质黏土。层厚0.8~2.5m。

$②_3$ 灰色黏质粉土:欠均匀,湿,稍密,中压缩性,局部夹砂质粉土。层厚1~3.3m。

$③_1$ 灰色淤泥质粉质黏土:均匀分布,饱和,流塑,夹有少量薄层粉沙或团状粉砂,欠均匀,层理紊乱,中压缩性,层厚0.9~5.0m。

$③_2$ 灰色黏质粉土:呈不连续分布,湿、稍密,尚均匀,含少量云母片,局部段夹砂质粉土,中压缩性,层厚0.5~3.5m。

④灰色淤泥质黏土:均匀分布,饱和,流塑,夹少量薄层粉砂,具水平层理,层底见贝壳碎层,常有沼气溢出,高压缩性,层厚6.5~10.5m,为隧道的主要组成地层之一,主要位于隧道的中上部。

$⑤_{1\text{-}1}$灰色黏土:均匀分布,饱和,软塑,含少量腐质根茎,高压缩性。层厚3.6~7.3m。是隧道的主要组成地层之一。

$⑤_{1\text{-}2}$灰色粉质黏土:均匀分布,饱和,软塑,含少量钙质结核及半腐质根茎,高压缩性。层厚大于2.2m。

$⑤_{3\text{-}1}$灰色粉质黏土:均匀分布,饱和,软塑至可塑,局部夹薄层粉沙,含少量腐殖物及钙质姜块,中压缩性,层厚大于2.2m。

隧道掘进范围内主要为灰色淤泥质黏土④层和灰色黏性土$⑤_{1\text{-}1}$层为主,土性较均匀;土质呈饱和至软流塑状,具有高压缩性,低透水性,是盾构掘进的良好地层,但由于其高含水量、大孔隙比和强度低等特点,又极易产生流变。土层的黏粒含量均大于10%,施工中不存在液化现象,但由于其高黏粒含量的特点,容易在刀盘产生泥饼。在古北路以西5个地质勘探孔中有沼气溢出,喷出高度最大达11m,燃烧持续时间最长达20min,估计沼气溢出压力达17bar。而根据提供的钻孔资料,该区段内各探孔的地层起伏变化不大,地层土质差异较小,因此从仅有个别孔沼气溢出可以说明,沼气在地层中呈不规则透镜体或薄夹层中存在。

3)水文地质

根据钻探揭示的地层结构,工程区域内受影响的地下水为潜水。补给来源主要为大气降水与城市人工活动排泄水,水位动态为气象型。

渗透系数参见表 12-12,从表 12-12 中可以看出,除③$_2$ 黏质粉土层为中等透水外,其他各层渗透性均较弱。

地 层 渗 透 系 数　　表 12-12

土 层 序 号	土 层 名 称	渗 透 系 数	
		K_{v20}(m/s)	K_{H20}(m/s)
③$_1$	灰色淤泥质粉质黏土	2.17×10^{-9}	6.25×10^{-8}
③$_2$	灰色黏质粉土	1.72×10^{-6}	2.67×10^{-6}
④	灰色淤泥质黏土	1.18×10^{-9}	1.22×10^{-9}
⑤$_{1\text{-}2}$	灰色粉质黏土	4.05×10^{-9}	4.72×10^{-9}

4)地面建筑物及地下管线情况

隧道线路基本分布于与隧道线路平行的天山路路面下,下行线偶尔穿越天山路北侧人行道或部分临街建筑物。受影响的建筑物主要集中在天山路北侧。

根据调查资料显示,在本标段工程中,受盾构掘进影响的区域内管线设施密集,涉及种类较多,主要为给水、雨水、污水合流、煤气、信息、电力、路灯照明管线。这些管线按与隧道轴线平行和横交两类划分,其中沿天山路的管线属平行类管线,而其他管线主要属横交类管线。其中在芙蓉江路路口有一南北走向 ϕ3600mm 的污水管道,管底埋深达 8.4m,是施工控制的重点。

12.6.2　施工概述

上海地铁 2 号线西延伸工程 2 标段威宁路站—古北路站区间隧道采用 1 台德国海瑞克公司制造的 ϕ6.39m 土压平衡盾构施工(刀盘为中铁隧道自主制造)。盾构自威宁路站始发(出洞),先行掘进下行线,在古北路站进行盾构调头后进入上行线进行第二次出洞,然后掘进上行线至威宁站后吊出、拆卸。盾构施工过程如图 12-38 和图 12-39 所示。

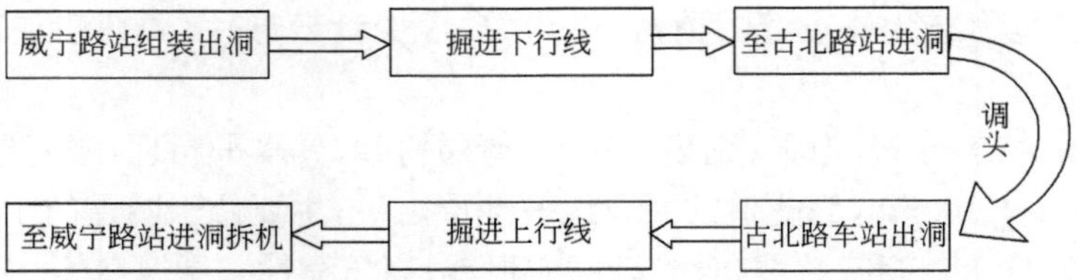

图 12-38　盾构施工过程示意图

盾构隧道采用管片装配式单层衬砌结构,管片环宽 1.2m,通缝拼装,管片之间采用高弹性复合膨胀材料三元乙丙弹性橡胶密封圈,以获得高弹性和遇水膨胀的双重止水效果。

图 12-39　上海地铁 2 号线威宁路—古北路区间施工

管片由上海市建筑构件制品公司制作和运输,为满足工程总体进度要求,共投入 6 套管片模具,左右转弯环模具各 1 套,标准模具 4 套,管片制作采用蒸汽养护以提高管片质量。

管片与围岩之间的环形间隙采用微膨胀可硬性水泥砂浆进行同步注浆回填,砂浆采用粉煤灰作填料,并添加一定量的具有膨胀与硬化性能的专用复合材料,以使管片背衬空隙充填密实,同时具有加固管片和增强防水的双重效果。

盾构区间隧道水平运输采用 24kg/m 钢轨铺设单线、25T 变频电力机车牵引重载大编组列车,使得每环掘进的进出料实现一组列车一次性运进(出),从而提高推进效率。垂直运输由 1 台 32t 门吊负责卸渣和所有进洞材料的供应。整个盾构施工过程采用监控量测跟踪,实施信息化施工,对掘进参数实施动态管理，以有效控制地层变形和确保施工安全。

12.6.3 盾构法施工

1)端头土体加固

区间隧道端头穿越的地层为淤泥质黏土层和黏土层，需进行端头土体加固，施工中采用了深层搅拌法。

加固范围为出洞端头纵向6.0m，进洞端头纵向3.5m，横向为隧道轮廓范围外3m。采用双轴搅拌桩机施工，桩径ϕ700mm，间距500mm×500mm，梅花形布置；对于搅拌桩加固区和车站围护结构之间的加固盲区，采用分层劈裂注浆加固。

端头地质及加固断面范围详见图12-40。深层搅拌加固时，严格控制水灰比，一般为0.45～0.55，充分拌和水泥浆，每次投料后拌和时间不得少于3min。深层搅拌桩的七天无侧限抗压强度为0.3～0.5MPa；浆液黏度80～90s；双液浆在黏性土中劈裂注浆浆液凝固时间一般为1～2h。

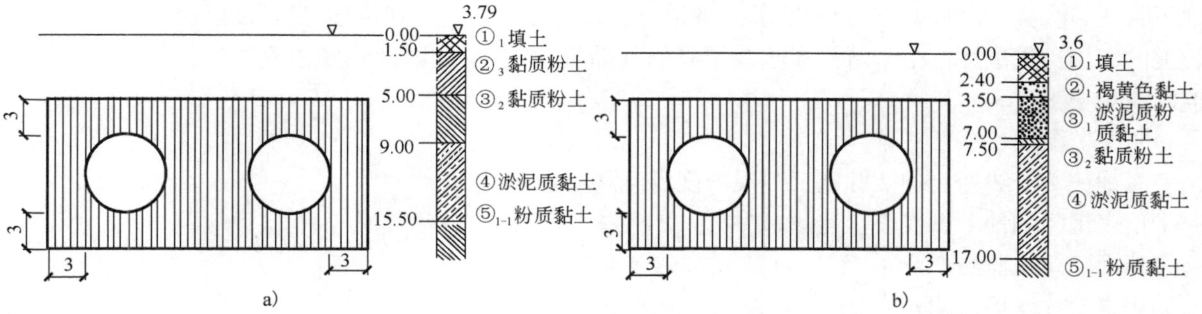

图12-40 端头井地质及加固断面示意图(尺寸单位：m)

a)古北路车站端头加固断面示意图；b)威宁路车站端头加固断面示意图

分层双液注浆时，注浆孔布置在连续墙与搅拌桩搭接处，孔间距为0.8m，使注浆加固后的土体在加固范围内连成一个完整的帷幕；在出洞口搅拌桩加固区外布置一排，孔间距1.0m，以保证有效加固范围。

采用取芯进行强度试验的方法进行检验，保证加固土体的强度在0.8MPa以上。每个洞门取一组岩芯进行检验，钻孔位避开隧道轮廓。加固后的土体应具有良好的防水性，以确保盾构在土压平衡状态未建立阶段的施工安全。土体加固完后，在预留洞门处将车站连续墙凿九个孔，透水量小于0.03m^3/d。

2)工程重难点及对策

(1)深埋管线段施工

芙蓉路路口有一路南北向的合流污水管，管径ϕ3600mm，在盾构施工影响区范围仅有一个窨井，井深9.2m，其管底深8.4m。由于这条管线埋深较深，盾构推进中如何控制对管线的影响，确保施工安全是本工程的重点。在施工过程中采用下列措施：

①为了保证盾构安全、顺利地通过管线，在盾构进入管线影响范围内之前，对盾构及配套设施进行全面的检查和保养，确保在通过此管线时不出现因盾构故障而引起停机及地表沉降。

②严格控制盾构掘进参数，减小地层沉降值。及时对环形空隙进行充填，并做好二次补压浆工作。

③加强地面沉降监测，尤其是对管线分布点监测并及时分析评估施工对管线的影响，根据施工和变位情况调节观测的频率，及时反馈监测信息并指导施工。

④在盾构进入管线重要影响范围内以前，以通过段所得到的地层变形实际监测结果为基础，再次对管线区内的地面沉降作出进一步预测，以准确反映实际情况并据此作出正确的管线保护方案。

⑤在盾构到达雨污合流管影响范围内时，对地面情况进行巡视，一有异常及时通知值班工程师、主司机，以采取必要措施。

(2)局部存在沼气储气层

地层中有沼气(有害气体)储气层,盾构推进穿越该层时如何防止有害气体的影响是本工程的重点,施工中采取如下对策:

①盾构推进全过程采用光干涉型甲烷探测仪(AQG-I 型)对洞内气体进行全过程检测,并做好记录。

②加强施工通风,确保盾构掘进过程中隧道内送入新鲜空气。

③盾构施工过程中,严禁明火。

④在管片拼装前仔细检查止水条,确保管片止水条外表面的清洁。加强管片拼装质量控制,确保隧道防水效果的同时,防止土层内的气体通过管片接缝渗入隧道内,以确保隧道建成后运营的安全。

12.6.4 地表监测及沉降控制

盾构法隧道施工,会引起土层的扰动而导致不同程度的沉降与位移,通过对周围环境等的监测,掌握由盾构施工引起的周围地层和房屋沉降变化数据,分析出周围环境的变形规律和发展趋势,及时采取必要的技术措施改进施工工艺,将施工引起的环境变形减小到最低程度,确保盾构法施工隧道影响范围内的地下管线、建(构)筑物的安全;与此同时,隧道也会发生相应的变形和位移,必须加以监测,以确保盾构法隧道的结构免遭破坏。由于盾构穿越地层有沼气储气层的存在,因此在隧道掘进时进行了 CH_4 气体的监测与预报工作。

1)主要监测项目

上海地铁 2 号线西延伸 2 标施工开展的现场监测项目如下:

①地表沉降和地下管线安全监测;

②地面建筑物监测;

③隧道管片变形监测;

④盾构掘进过程有害气体监测。

测试仪器及量测频率见表 12-13。

上海地铁 2 号线西延伸段Ⅱ标监测项目 表 12-13

监 测 项 目	监 测 仪 器	频 率
地面沉降	精密水准仪、铟钢尺	盾构前 20m,盾构尾 50m:1~2 次/d;盾构尾过 50m:1~2 次/周;基本稳定或盾构掘进完成后 1~2 次/月,直至竣工
建筑物沉降、倾斜、裂缝	精密水准仪、铟钢尺、经纬仪、测缝仪	
地下管线沉降	精密水准仪、铟钢尺	
隧道沉降、水平收敛	精密水准仪、铟钢尺、坑道收敛计	

2)监测基准值

依据经验、工程类比、结构计算结果及管线状况、材质,有关规范、规程和设计要求,制订了监控量测管理基准值,见表 12-14。

监控量测管理基准值 表 12-14

监 测 项 目	监测报警值(控制标准)mm		标 准 来 源
	累计报警值	单次报警值	
地面隆陷	+10/−30	+3/−3	上海地铁技术标准
建筑物沉降	−30,差异沉降 1/800	+5	上海地铁技术标准及经验
地下管线安全监测	+10/−30	+3/−3	有关规范
隧道沉降与收敛	+30/−30	+5/−5	上海地铁技术标准及经验

3)测点布置

(1)地表沉降和地下管线安全监测

地表沉降点沿隧道轴线按 5m 间距埋设,地表横向沉陷测点按 50m 间距埋设。沿区间隧道施工影响范围内(距隧道边线约 15m)的主要地下管线上方地表纵向每隔 30m 布置一个测点。

(2)地面建筑物监测

在区间隧道两侧距隧道边线约 15m,特别是对隧道两侧 10m 范围内地面建筑物进行监测,测点主要布置在建筑物基础或承重柱上。

(3)隧道管片变形监测

隧道管片变形监测,含拱顶下沉测点与水平收敛测点等,管片变形测点布置见图 12-41。

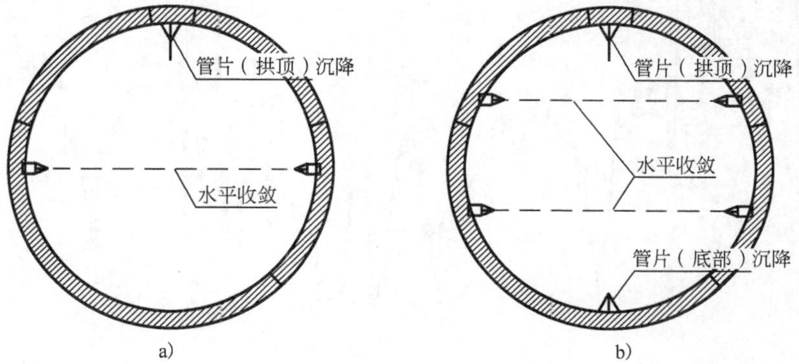

图 12-41 隧道沉降及水平收敛测点布置图

a)正常段管片测点补设图;b)联络通道及洞口段测点布设图

在盾构进出洞 50m 范围内、曲线段及联络通道处每 6m 布置 1 个测试断面,其他地段按 50m 间距布设测量断面。

(4)盾构掘进过程有害气体监测

用 AQG-1 型 CH_4 探测仪在螺旋输送机出渣口固定监测。

4)盾构掘进监测结果及分析

(1)纵向地表沉降

上海地铁西延伸工程 2 标,盾构主要在灰色淤泥质黏土中掘进,上行线地表沉降在 17.08mm～－63.59mm间,多数沉降稳定在－30mm 左右,见图 12-42。

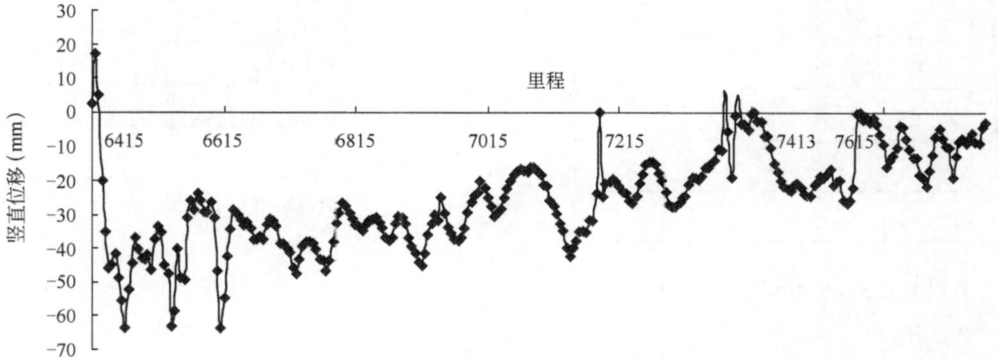

图 12-42 上行线地表沉降曲线(尺寸单位:mm)

地表沉降最大的地段分布在威宁路站端头井附近及芙蓉江路附近。

威宁路站端头沉降较大的原因:其一是盾构进站时调整盾构姿态的需要,导致了地表的沉降过大;其二是由于附近给水管线的施工导致沉降过大;其三是地质勘探孔的冒浆导致地层损失。

芙蓉江路地段地表沉降较大的主要原因是因为该地段的地质情况较差,多为流塑状黏土,流变性强,受扰动后沉降较大。

作为本工程施工重点的芙蓉江路下部的大型合流污水管线沉降控制较好,最大沉降量仅为－27.16mm,对管线安全没有影响,主要取决于在盾构掘进至此管线下部时,采取了积极有效的施工措施,合理调整了注浆施工参数,控制了掘进速度。

下行线地表沉降变化在 11.4～－53.3mm 之间,多数沉降值稳定在－30mm 左右,见图 12-43。

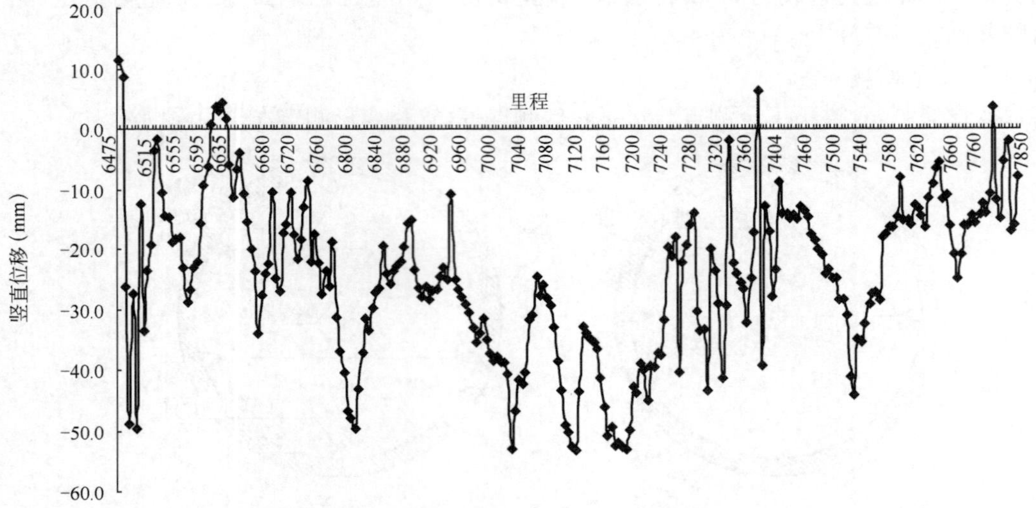

图 12-43 下行线地表沉降曲线(尺寸单位:mm)

(2)地面建筑沉降

地面建筑物的沉降比较小,控制在－25～＋3mm 之间。详见图 12-44。

(3)管片沉降

下行线管片沉降如图 12-45 所示:从图 12-45 可以看出,管片上浮最高达到了 81mm,远远大于设计允许值。管片上浮的主要原因是地层中有沼气储气层的存在。对管片上浮作了相应处理,进行了底部放浆,顶部注浆的措施。

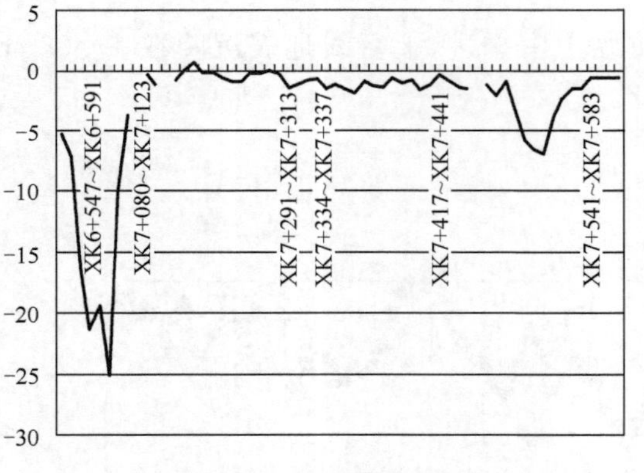

图 12-44 建筑物沉降图(尺寸单位:mm)

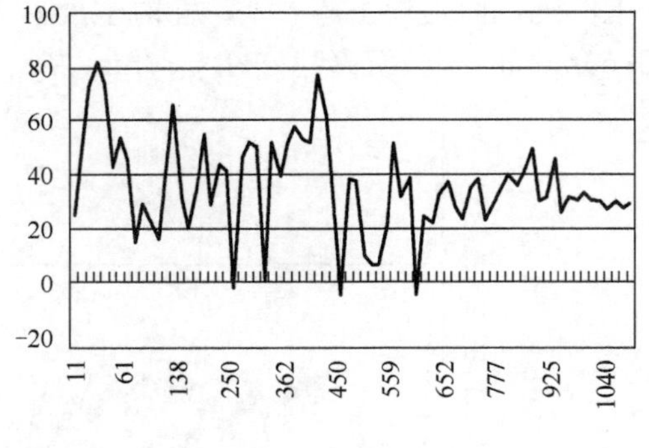

图 12-45 下行线管片浮图(尺寸单位:mm)

(4)地下管线沉降

管线监测主要有煤气管线、大型合流污水管和给水管。煤气管线的沉降变化在－38.5～＋1.87mm 之间,最大沉降虽然达到了－38.5mm,但煤气管为钢管,仍然小于控制值。合流污水管的沉降变化在－23～＋1.86mm 之间。给水管沉降变化在－20.97～－8.01mm 之间。管线沉降控制较好,沉降规律与地表基本一致,在盾构掘进主要影响区内的管线沉降大,主要影响区外的沉降较小。

12.7 双圆土压平衡盾构施工

2003 年,上海地铁 8 号线开鲁路站—嫩江路站—翔殷路站—黄兴绿地站 3 区间隧道工程,采用双圆盾构法施工,全长 2688m。2004 年地铁 6 号线 7 区间隧道也采用了双圆盾构法施工。2007 年,地铁 10 号线和 2 号线东延伸段 5 区间隧道又采用了双圆盾构法施工。上海地铁工程先后从日本引进 4 台

ϕ6520mm×W11120mm 加泥式土压平衡双圆盾构掘进机，已完成隧道掘进 15km。

12.7.1 管片制作和结构试验

隧道结构采用预制钢筋混凝土管片，错缝拼装。管片纵、环向连接采用球墨铸铁预埋手孔结合短螺栓形式，纵、环向螺栓尺寸为 M27。接缝防水均采用遇水膨胀橡胶止水条。

每环由圆形管片 A(8 块)、大海鸥形管片 B(1 块)、小海鸥形管片 C(1 块)及柱形管片 D(1 块)共 11 块管片构成。管片内径 ϕ5700mm，外径 ϕ6300mm，环宽 1200mm，中心间距 4600mm，见图 12-46。

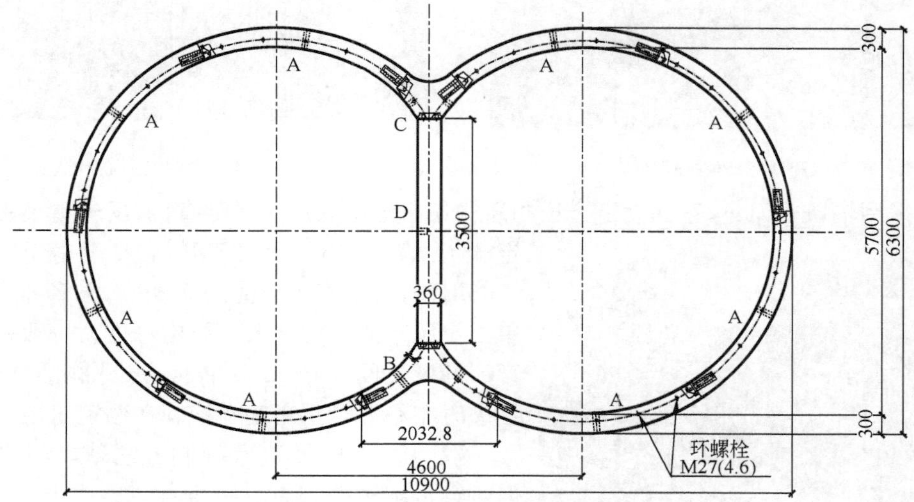

图 12-46 双圆隧道衬砌结构和管片分块(尺寸单位：mm)

DOT 隧道管片基本参数：混凝土强度等级 C50，抗渗等级 P10，粗骨料粒级 5～25mm，细骨料细度模数 μ_f=2.3～3.0，水泥为 P.O42.5，粉煤灰为低钙Ⅱ级灰，外加剂为高效减水剂，管片中预埋件为球墨铸铁，材质为 FCD-500。

管片采用高精度钢模浇筑预制，单块管片成型精度如下。

管片外半径公差：0～+2mm；

管片内半径公差：±1mm；

宽度公差：±0.5mm；

内外弧弦长公差：±0.5mm；

螺栓孔直径与孔位相对位置公差：±1mm；

对角线公差：≤1mm。

双圆隧道管片均采用短螺栓的拼接形式，与一般隧道管片的最大区别是管片接头部分采用大量的预埋件，管片上设置了球墨铸铁(材质为 FCD—500)预埋件(图 12-47)，用于管片环与环间和块与块间的连接，这是首次在隧道衬砌中采用的新型连接形式。

双圆隧道管片试生产后，进行 3 环试拼装，以检验管片制作的质量，主要测纵缝间隙、环缝间隙、成环后内径和外径的偏差，如图 12-48 所示。

为掌握双圆隧道衬砌结构受力情况，进行了双圆隧道衬砌结构 1∶1 荷载试验，如图 12-49 所示。取得大量结构应力和变形实测数据，并验证了隧道管片的制作质量。

12.7.2 盾构掘进施工

2003 年 8 月 9 日，中国第 1 台双圆形土压平衡盾构在黄兴路车站工作井始发推进。结合工程施工，进行了盾构进出洞技术、双圆衬砌拼装、盾构轴线控制、施工参数调整优化、地层沉降控制等研究，在国内首先形成一套双圆盾构隧道掘进施工工法。隧道最大坡度 28‰，最小平曲线 R=495m，隧道覆土 5.2～

12m。盾构主要穿越土层:灰色黏质粉土、灰色砂质粉土、灰色淤泥质黏土。

图 12-47　球墨铸铁预埋件

图 12-48　管片三环拼装试验

双圆盾构采用辐条式刀盘,正面设定土压与盾构切口地层变形关系更直接、反应更灵敏、更迅速。设定土压值 0.15～0.25MPa,大于静止土压 0.03～0.06MPa,为垂直土压值的 0.8～0.9 倍,比面板式刀盘的单圆土压平衡盾构略大。盾构总推力一般控制在12000～17000kN 之间,小于 2 台单圆土压平衡盾构的推力。正常掘进时左右刀盘扭矩基本控制在额定扭矩的 20%左右。

图 12-49　衬砌结构荷载试验

双圆盾构平面、高程控制方法基本与单圆盾构相同,但对管片旋转控制有其特殊技术。主要利用左或右侧盾构千斤顶推力的调整进行纠正。但由于盾构宽度相对较大,在左右侧千斤顶推力差相同的情况下产生的力矩也更大。为此,盾构平面控制的灵敏度较高,故在工程施工过程中需对盾构平面姿态随时监控并不断调整。

高程控制主要利用上下盾构千斤顶推力的调整进行纠正。为防止可能出现的盾构"磕头"现象,在盾构下部设置了 12 个大推力的推进油缸。左右圆隧道高程差(即盾构转角)较大时,将导致左右圆盾壳与管片间的间隙出现对角无间隙现象。控制时需对盾构高程和盾构转角两个因素进行综合考虑。

隧道衬砌由 11 块预制钢筋混凝土管片拼装而成,双圆盾构由于断面较宽,管片拼装需由 2 台拼装机作业完成。

先下部海鸥形管片→二侧标准管片(同步完成,先下后上)→上部海鸥形管片→中间立柱。如图 12-50所示。

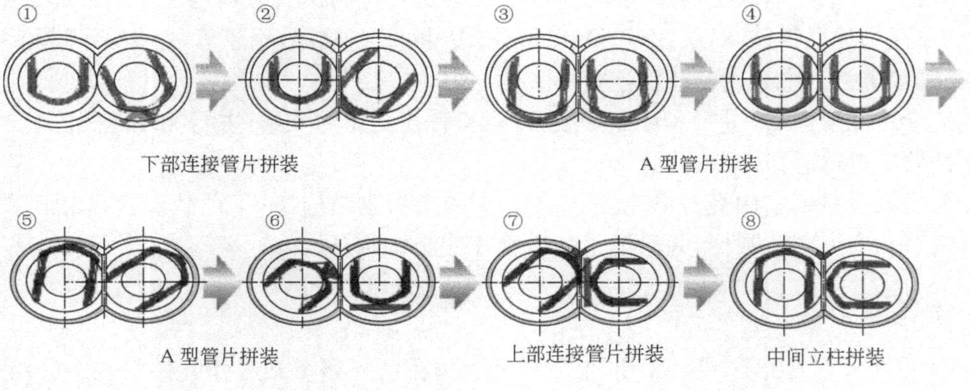

图 12-50　双圆隧道管片拼装顺序

双圆盾构尾部的建筑空隙为110mm，比单圆盾构多40mm。2根同步注浆管设在盾构中心顶部和底部，采用双液快凝浆，注浆率为180%～200%；同步注浆的浆量为上部注70%～80%，下部注20%～30%。

双圆隧道的衬砌拼装在初期施工时花费较长时间，熟练掌握后拼装1环在1h以内，1d的掘进速度可达8m，长840m的第一条区间隧道掘进施工用了110d。双圆盾构掘进施工见图12-51，进洞见图12-52。

图12-51 双圆盾构掘进施工

图12-52 双圆盾构进洞(到达)

12.7.3 地层沉降控制

双圆盾构推进对周围土体的影响规律与单圆盾构较为相似，如图12-53所示。盾构到达前10m至切口到达，推进轴线地表呈上隆，隆起量小于4mm，比单圆盾构小些，说明开口率大的辐条式刀盘对地层的挤压影响小于开口率小的面板式单圆盾构。盾构通过时对地层影响很小，保持在+2～+4mm范围内。盾尾脱出后的2d内沉降较大，可达15mm，比单圆盾构大些，这是由于盾尾建筑空隙有100mm，比单圆盾构多了30mm，且双圆盾构上部壳体易背土，加大了地层损失，尽管注浆率大于200%。后期固结沉降与单圆隧道相同，时间较长，沉降速率较小。

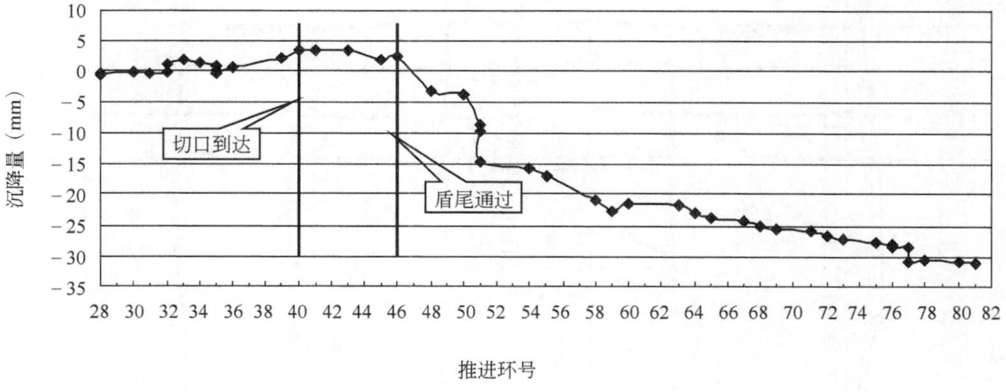

图12-53 双圆隧道施工地表沉降历时变化图

横向地表变形影响区域主要集中在轴线两侧2倍盾构宽度(2*W*)范围内，如图12-54所示，与单圆隧道相同。

地层土压力随盾构的逼近逐步增加，切口到达时达到最大，盾尾通过后缓慢减小，如图12-55所示。土压力的增量0.03～0.07MPa，说明盾构施工对周围地层有挤压影响。

土体受盾构施工影响发生变形位移，实测土体变形如图12-56所示。切口前方土体在切口逼近时产生远离盾构方向的水平移动，离盾构位置越近，水平位移越大，切口前方土体在切口逼近时产生隆起或者下沉，盾构上方的土体在盾构壳体上部时隆沉变化不大，盾构通过后产生比较明显的沉降。

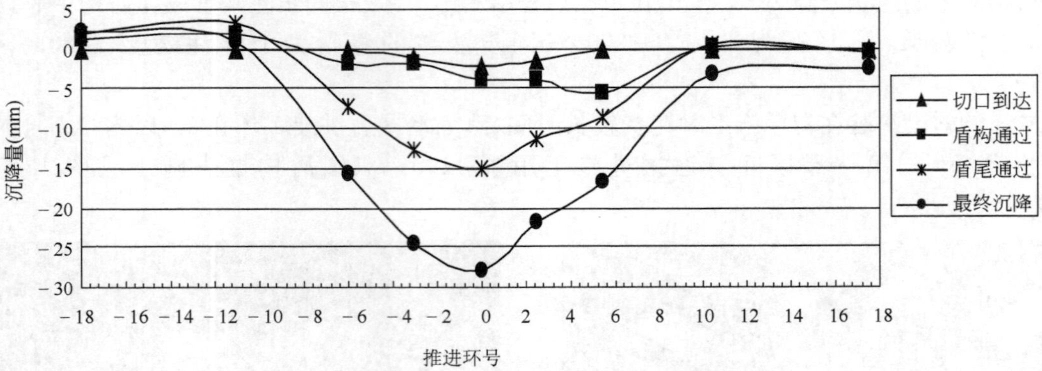

图 12-54　双圆隧道地表沉降槽变化图

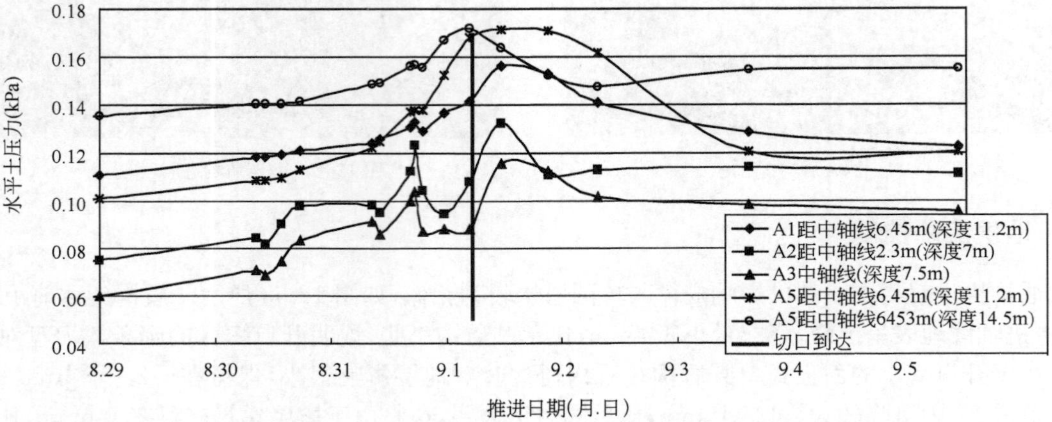

图 12-55　双圆盾构施工中地层土压力实测历时变化图

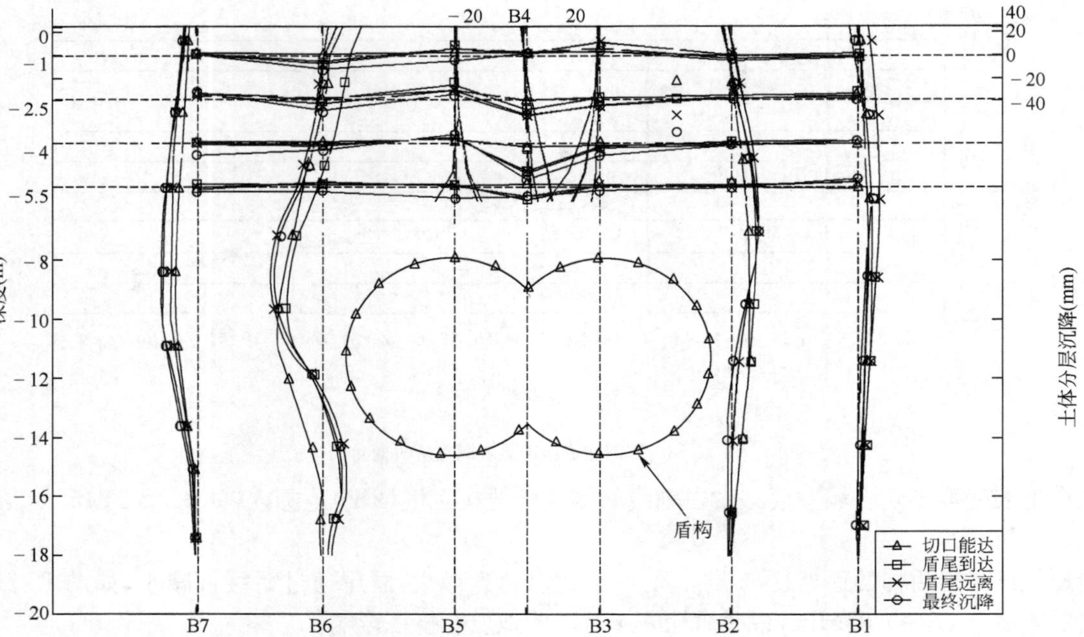

图 12-56　双圆盾构施工中地层变形实测变化图

12.7.4 穿越构筑物施工

上海地铁 6 号线全长 33km，全部位于浦东新区，其中高架线 12km，地下线 21km；其中位于张杨路下的 7 个区间隧道 5.6km 采用 3 台双圆盾构掘进机施工。在民生路站—源深体育中心站区间隧道盾构推进 184～200 环范围内，将穿越一根三孔钢筋混凝土原水管涵。源深体育中心站—世纪大道站区间隧道施工过程中，在张杨路、福山路交叉路口东南角，双圆盾构将从一民房下方穿过，民房与盾构的最小净距仅为 1.03m，如图 12-57 所示。隧道平面曲线为 $R=420$m；隧道竖曲线为 $R=5000$m。盾构推进主要位于黏质粉土、淤泥质粉质黏土和淤泥质黏土三层土中，覆土约 5.3m。

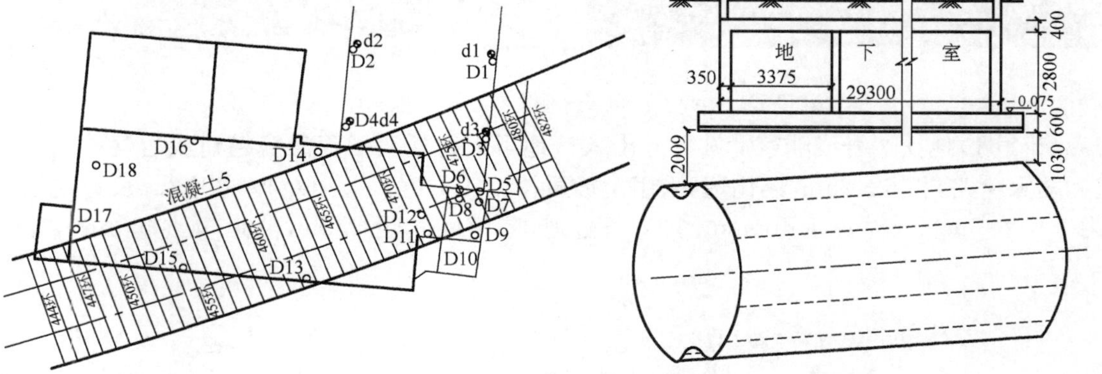

图 12-57 双圆盾构穿越构筑物示意图(尺寸单位：mm)

实际推进时施工参数：土仓压力取 $0.9\gamma H$MPa，推进速度平均为 1.2cm/min，同步注浆量为 312% 左右，同时实施了多次少量的二次补压浆。实际测量楼房的底板沉降最大只有 −5mm，隧道轴线处 D15 测点的最终沉降为 −2.133mm，隧道两侧的 D13 和 D17 的最终沉降几乎接近零，如图 12-58 所示。

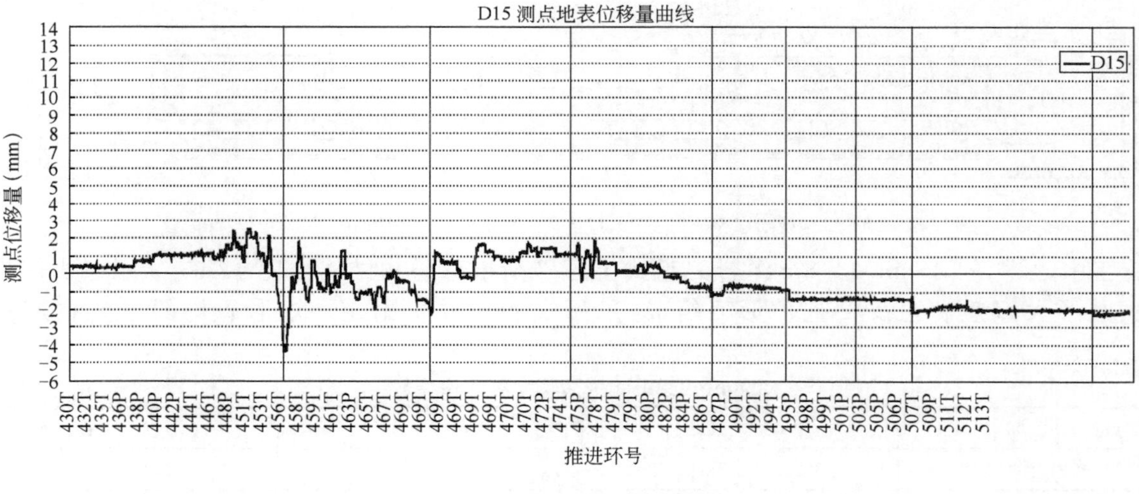

图 12-58 双圆盾构穿越构筑物沉降历时变化图

12.8 矩形盾构施工技术

1995 年 8 月起，上海隧道工程公司开展矩形盾构施工技术研究和试验工作，在消化吸收日本矩形盾构技术的基础上，研制 1 台 2.5m×2.5m 可变网格式矩形盾构，并在 1996 年 2 月完成了 60m 工程推进试验,如图 12-59 所示。

图 12-59　2.5m×2.5m 可变网格式矩形掘进机及工程试验

1998 年 2 月,地铁 2 号线陆家嘴站 5 号出入口地下人行通道工程需穿越建成运营的延安东路隧道引道和陆家嘴路,长 62.25m,经比选,采用矩形盾构施工方案。隧道结构采用 2m 长的钢筋混凝土管节,内净尺寸 3m×3m,壁厚 400mm,共 2 条隧道,隧道间净距 2.2m,隧道覆土 5.3m,如图 12-60 所示。

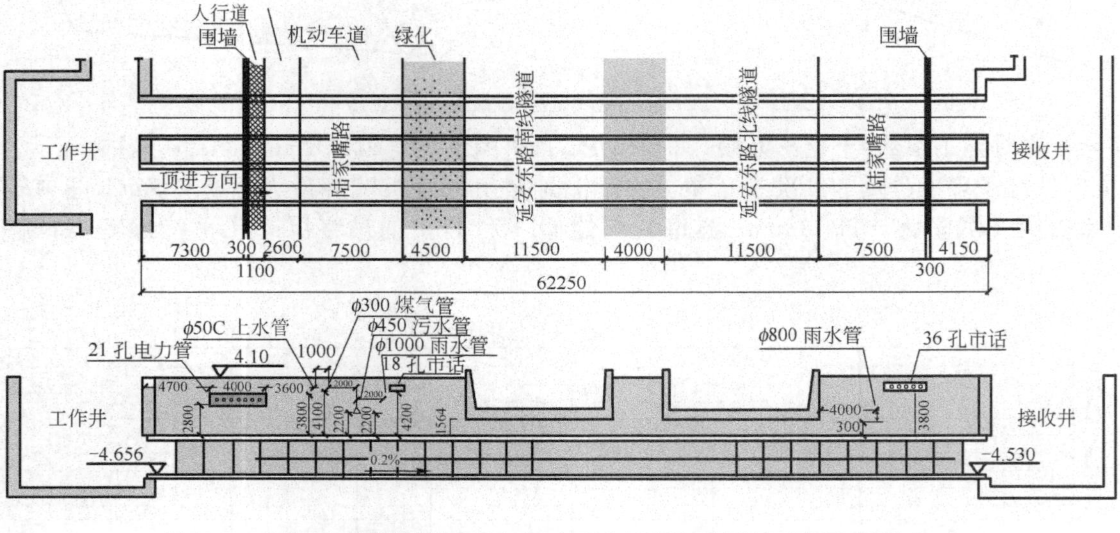

图 12-60　地铁 2 号线陆家嘴站 5 号出入口地下人行通道工程平剖面图(尺寸单位:mm)

施工中,采用的 3.8m×3.8m 组合刀盘式土压平衡矩形盾构结构如图 12-61 所示。头部切削机构由圆形大刀盘和正反 2 把仿形刀组成,采用螺旋输送机出土。矩形盾构的主要技术参数见表 12-15。

3.8m×3.8m 矩形盾构主要工作参数　　表 12-15

名　称	参　数	名　称	参　数
断面尺寸	3828mm×3828mm	刀盘扭矩	1011kN·m
长度	3920～4920mm	螺旋机转速	0～15r/min
额定推力	20000kN	螺旋机扭矩	21.2kN·m
推进速度	0～10mm/min	排土量	42m^3/h
纠偏角度	1.8°	主顶进推力	25000kN
刀盘转速	0～1.6r/min	主顶进行程	1450mm

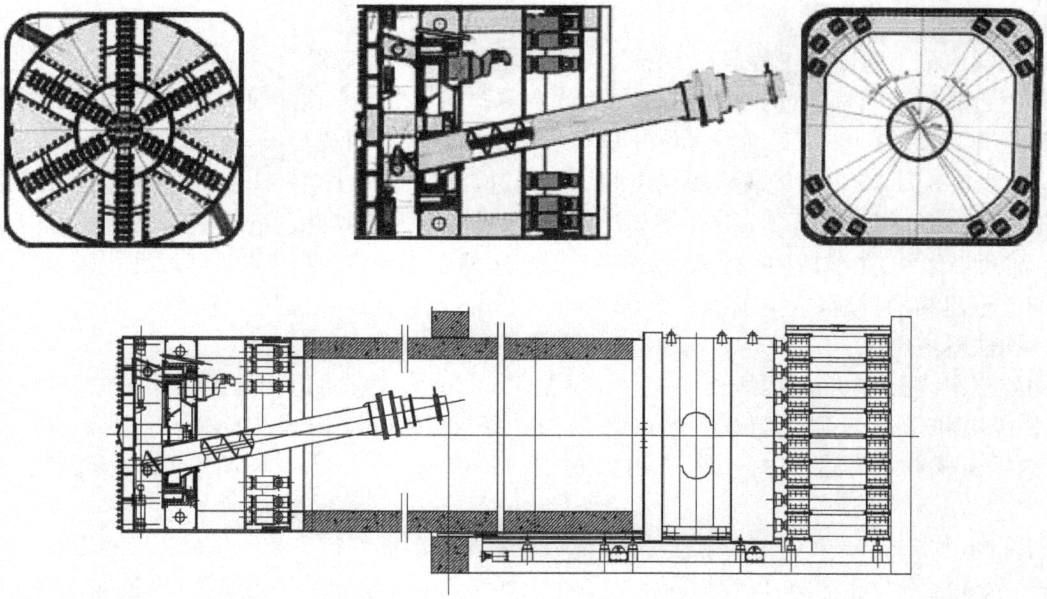

图 12-61 3.8m×3.8m 矩形盾构示意图

针对矩形盾构在施工中可能出现的机头背土、旋转、轴线不易控制、全断面切削和顶力大等难点，采取了以下技术措施：利用大刀盘及正反两把仿形刀完成矩形断面的全断面切削；通过对机头顶部压浆等措施解决矩形掘进机机头背土问题；利用刀盘的正反转及压浆纠转法解决了矩形掘进机机头旋转问题；利用纠偏装置和压浆纠偏两种方法对顶进轴线进行纠偏差控制等。

1999 年 4～6 月，3.8m×3.8m 组合刀盘式土压平衡矩形盾构在陆家嘴路下顺利完成 2 条 54m 长的地下人行通道。日掘进速度达 5m/d，最高达 8m/d。在掘进施工中隧道轴线偏差控制在 5mm 以内，旋转控制在±5°。以后，又陆续完成了上海地铁 4 号线浦东南路站过街人行地道、昆山市长江南路地下人行通道和上海上中路箱涵排管等多项工程。

12.9 泥水盾构施工技术

12.9.1 上海大连路越江隧道施工

本工程为穿越黄浦江的公路隧道，工程规模为双管双向四车道，其中过江圆隧道长 1274m，采用单层柔性衬砌，隧道外径 11m，隧道内径 10.04m，衬砌环宽 1.5m，采用 ϕ11.22m 大型泥水盾构施工，工程穿越了黄浦江底全断面粉砂地层及两岸码头等重要构筑物。在黄浦江底两条圆隧道间设置联络通道，采用水平冻结土体暗挖施工方法。两岸暗埋段为两孔一管廊形式，采用地下连续墙围护，明挖法施工。

1)工程概况

隧道按城市次干道设计，设计荷载按城 B 级，隧道布置为双管双向四车道，车辆在每条隧道内属同向行驶，设计车速 40km/h，通行净高 4.5m。隧道内双车道宽度为 3.75m×2，两侧路缘带宽 0.25m×2，外侧布置防撞侧石及安全带。

(1)线路设计

本工程设计线路总长度为：东线 2565.740m，西线 2549.600m。工程中浦西设隧道管理中心大楼。浦西、浦东各设一座风塔。全线共设两座降压变电所，两座雨水泵房，两座消防泵房和两座江中泵房。

由于大连路及东方路以西地铁明珠线二期先于本工程半年前开工，因此大连路隧道只能在地铁线路东侧布线。为回避浦西毛麻公司码头较深桩基，隧道平面线型呈反 S 形，最小曲率半径 R=500m，东西线浦西侧最大纵坡为4.24%,浦东侧最大纵坡为4%,东西线最小竖曲线半径为1500m。

(2)工程进展

大连路隧道由上海隧道工程股份有限公司设计施工总承包,工程合同工期36个月。其总体安排由原计划的1台盾构来回掘进过江圆隧道优化为2台盾构同步由浦东往浦西掘进。2001年5月25日浦东工作井率先开工,2001年11月浦东工作井基本结束;2001年12月先后开始西线盾构和东线盾构井下安装调试,2002年3月25日西线盾构顺利出洞始发掘进,2002年6月17日东线盾构随后出洞始发掘进;浦西工作井于2002年2月开工,2002年7月完成,为盾构进入接收井创造了条件。西线盾构于2002年9月抵达浦西工作井、东线盾构于在2002年12月抵达浦西工作井;两岸的暗埋段和引道段于2003年6月实现隧道土建结构贯通,整个工程于2003年9月通车,比合同工期提早8个月。

2)盾构法隧道施工

盾构隧道东线长2565m,西线长2549m,采用ϕ11.22m大型泥水盾构施工。圆形衬砌环由5块标准块、2块邻接块和1块封顶块组成。衬砌环采用外径11000mm、内径10040mm、环宽1500mm、厚度480mm的平板式衬砌结构。衬砌环采用大封顶,拼装时纵向插入。环间采用错缝拼装,环间错缝11.25°。

环与环间以32根M30的纵向螺栓相连,环面设有半圆形剪切键。块与块间以3根M36的环向螺栓紧密相连,纵缝内设凹凸榫槽,以利提高拼装精度。外弧侧设框形弹性密封垫槽,内弧侧设嵌缝槽。环向螺栓、纵向螺栓均采用锌基铬酸盐涂层作防腐蚀处理。

(1)管片制造工艺

为确保高精度钢筋混凝土管片的质量要求,采用由日本都筑株式会社设计的轻型高精度钢模,其宽度允差小于0.2mm。根据隧道各型号管片需求量,共生产直线环钢模4套、左楔环钢模1套、右楔环钢模1套。

管片结构混凝土的设计强度等级为C50、抗渗等级为S10,混凝土采用高效减水剂、高活性微矿粉掺料,选择合理的拌合物配合比参数,配制以抗裂、耐久为重点的高性能混凝土。为确保管片生产质量,本次管片全部在室内工厂化流水线生产。

本次管片生产质量优良,单块检验达到了宽度允差小于±0.2mm、弧弦长允差小于±1mm、管片内半径允差小于±1mm、螺栓直径与孔位允差小于±1mm的精度要求。管片3环拼装检验相邻环环面间隙小于0.8mm、纵缝相邻块块间间隙小于1mm、对应的环向螺栓孔不同轴度小于1mm。

(2)盾构参数

施工中选用了由日本三菱重工设计和制造ϕ11.22m大型泥水盾构,其主要技术参数见表12-16。为防止盾构推进过程中遇到混凝土等硬质障碍物,该盾构设计有土体探测装置和破碎设备。

ϕ11.22mm泥水盾构主要参数 表12-16

名称	参数	名称	参数
盾构外径	11220mm	刀盘脱困扭矩	22760kN·m
盾构内径	11080mm	仿形刀	11500mm
主机长度	11145mm	土体探测装置	探测部位为盾构前方345mm
刀盘功率	12×75kW	推进油缸	32根,总推进力112000kN
开挖直径	11240mm	最大掘进速度	46mm/min
刀盘转速	0～0.46r/min	盾尾密封装置	3道钢丝刷
刀盘额定扭矩	18550kN·m		

(3)盾构出洞技术

泥水盾构的出洞口土体稳定极为重要,一旦洞口土体受到扰动或破坏,将使刚出洞时的泥膜支护前方土体的能力大为降低,被扰动的土体更易造成地表坍陷和泥水冒溢地面等不利现象。为确保在破洞门过程中,暴露的土体具有稳定性和可靠性,对洞门处土体作局部垂直冰冻加固处理。

盾构在出洞过程中，工作井壁洞口与盾构壳体形成的环形建筑空隙达 19cm，为防止出洞时泥水大量从洞门处通过此建筑空隙窜入井内，影响盾构开挖面泥水压力的建立和开挖面土体的稳定，特设置密封止水装置。

西线盾构于 2002 年 3 月 25 日始发掘进，2002 年 4 月 1 日洞圈初步封堵完毕，盾尾脱出工作井后，盾构逐渐转为正常掘进施工，至 8 月底已完成 1000m 隧道，月均掘进达 250m；东线盾构于 2002 年 6 月 17 日始发掘进，2002 年 6 月 21 日洞圈初步封堵完毕转为正常掘进施工。

(4)掘进参数

①泥水压力

在泥水盾构掘进施工过程中，切口泥水压力必须使开挖面保持稳定，即与开挖面上的水土压力保持平衡。

设定泥水压 $P_0=P+P_k$

式中，P 为开挖面土压(含水压)，土压的取值在工程中通过试推进后确定，一般取静止土压力；P_k 为加压，一般取 0.02MPa。

②掘进速度

一般取 2～3cm/min。

③送泥水参数

一般取 1.18～1.25g/cm^3，黏度取 20～25s。

④背衬注浆

建筑空隙采用双液注浆充填，双液浆初凝时间为 6～8s，1h 抗压强度大于 60kPa，注浆压力取 0.3～0.4MPa，注浆量取理论建筑空隙的 120%～200%。

施工过程中检查掘削量来判断开挖面的稳定、坍方、超挖以及土质变化等情况；并通过地面沉降监测等数据来分析掘进控制效果，并随时调整完善各施工参数取值。正常掘进施工引起的地面隆起小于 1cm，地面沉降小于 3cm。

(5)穿越构筑物技术

盾构掘进沿线穿越大量房屋建筑物和两次穿越黄浦江码头及防汛墙，特别是两岸码头及防汛墙几经改建、扩建，基础较为复杂，施工中采取了以下技术措施确保构筑物的安全：

①严格控制盾构正面切口水压，使盾构切口处的地层有微小的隆起量；

②穿越构筑物时，推进速度不宜过快，尽量做到均衡施工；

③盾构姿态变化不可过大、过频，隧道轴线和折角变化不超过 0.4%。推进时不急纠、不猛纠，多注意观察管片与盾壳的间隙，采用稳坡法、缓坡法推进，以减少盾构施工对地层的扰动；

④在保证每环同步注浆总量的同时，还须保证均匀合理地注浆，并保证浆液的配比稠度符合质量标准；

⑤在构筑物区域合理布置相关测点，在盾构穿越前后，根据实际情况加密监测频率，必要时进行跟踪监测，并将监测结果及时反馈给相关施工人员，以便调整施工参数，做到信息化施工。

在盾构穿越两岸码头及防汛墙时，由于严格遵守上述措施，盾构穿越后，码头及防汛墙沉降量均控制在允许范围内，保证了码头的正常使用和安然度汛。

(6)江底全断面粉砂地层技术措施

盾构穿越黄浦江底有近 400m 为全断面$⑦_{1-1}$草黄色砂质粉土与$⑦_{1-2}$草黄～灰色粉细砂地层，其中含承压水，为此特制订了以下针对性技术措施：

①推进时根据潮位变化情况，对切口水压进行相应调整，控制其波动范围在设定值±0.02MPa，防止江底冒浆和土层坍陷；

②由于"⑦层土"内黏粒含量几乎为零，黏聚力极低，在全断面"⑦层土"掘进时，排泥水的黏度都会有所降低，因此在施工中适当提高送泥水的相对密度和黏度，防止开挖面土体坍塌和正面泥水后窜；

③在江中段推进时，在每块管片外侧垫放止水海绵条，封堵管片与盾尾间存在的间隙，必要时，在管片与盾壳间隙内填塞钢丝球，以加强盾尾密封效果；

④管片拼装坚持居中原则，使成环衬砌与盾壳的间隙均匀，确保盾尾密封效果的正常发挥。拼装后及时调整推进油缸的顶推力，防止盾构姿态发生突变。

西线盾构已于 2002 年 6 月上旬进入黄浦江，于 2002 年 7 月下旬顺利穿越黄浦江抵达浦西毛麻公司码头区；施工过程中取得了日均掘进 6～7 环的业绩。

(7)盾构进洞技术

为保证盾构进洞的安全、可靠，洞门处土体加固采用冻结帷幕墙。经过计算，取厚度为 2.8m 的板状全深冻结加固方式，冻结墙宽 16.7m，深 21.6m。为保证土体加固强度的均匀性，冻结孔排距、孔距不大于 0.8m。

为防止盾构推力波及冻土墙，造成拔管困难，在盾构掘进离冻土墙 20m 时，暂停掘进，将隧道断面范围的冻结管拔出至盾构顶部上 1m 处，并与其他未拔冻结管一起继续维护冻结。拔管结束后，盾构继续掘进，并逐步降低切口水压、减缓掘进速度，直至穿过冻土墙，靠近地下连续墙，然后完全凿除洞门口地下连续墙，盾构进入接收井。进洞特殊环管片的背覆钢板与井壁洞门预留钢圆环之间用扇形钢板进行电焊连接封堵。

3)隧道内道路结构施工

圆隧道内道路结构采用现浇钢筋混凝土结构，每 36～39m 设一变形缝。圆隧道的盾构掘进完成以后，由中间向两侧逐段施工。道路结构施工期间工程材料和施工材料的运输采用轨道式电机车拖挂平板车完成，混凝土采用固定泵和 150mm 钢管直接由工作井口输送到各施工段。施工顺序由下往上依次进行。

第一次浇筑：底部矢高约 60cm 的弓形底板和宽 1.2m 深 0.4m 的流水槽；

第二次浇筑：弓形底板两侧的弧形板及牛腿和流水槽两侧的 250mm×250mm 的立柱；

第三次浇筑：立柱上部的梁和厚 30cm 的路面板；

第四次浇筑：路面板两侧的防撞侧石；

第五次浇筑：两侧墙。

为合理调配周转材料和安排劳动力，采用流水施工。

4)江底联络通道施工

本工程在圆隧道段长度的三分点左右各设一座东线、西线间的连接通道，连接通道内净断面为 1.4m×2.1m。

位于浦西侧的联络通道，其东西线隧道间高差 3.11m，净距 22.87m，；位于浦东侧的联络通道，其东西线隧道间高差 1.02m，净距 17.17m。由于联络通道位于黄浦江底全断面饱和含水草黄色砂质粉土地层，施工过程中可能会发生水砂突出和地层沉陷甚至黄浦江水涌入，施工风险和难度极大，为确保工程安全，采用在黄浦江底“水平孔冻结加固土体，隧道内开挖构筑”的施工方案。

(1)施工方法

在隧道内利用水平孔冻结加固地层，使联络通道外土体冻结，形成强度高、封闭性好的冻土帷幕，然后根据“新奥法”的基本原理，在冻土中采用矿山法进行联络通道的开挖构筑施工。地层冻结和开挖构筑均在圆隧道内进行。

(2)冻结方案

按弹性理论设计冻结壁，冻土强度按砂质粉土冻结强度计算，$\sigma_{压}=4.5\text{MPa}$，$\sigma_{拉}=2.3\text{MPa}$，$\sigma_{剪}=1.9\text{MPa}$。通过计算及强度安全系数校核，冻结壁厚取 1.8m，冻结孔开孔间距取 0.6m，从西线隧道往东线隧道钻水平孔，采用全深冻结。

(3)施工措施

为杜绝在饱和砂质粉土地层水平钻孔时易出砂涌水的问题，采用强力水平钻机(MKD-5S 型全液压钻机)，实现无水钻进。在开孔前先进行水泥-水玻璃双液注浆，以提高孔口隧道外地层稳定性。在圆隧道预留钢管片采用金刚石取芯钻开孔，跟管钻进下冻结管，每个钻孔都设有孔口管，并安装钻孔密封装置，以防钻进时出泥、出水。

严格控制钻孔精度，终孔间距小于1.0m。在冻土帷幕内布置测温孔、观测孔，以便正确测定冻土帷幕厚度和判断冻土帷幕是否交圈。为确保连接通道开挖和衬砌施工安全，选用可靠的冻结施工机械，安装足够的备用设备，开挖时在冻土帷幕表面喷洒低温氮气，避免冻土帷幕化冻。

开挖采用短段短砌技术，开挖步距控制在0.3～0.5m，采用预应力钢支架加背板作为第一次支护，以维护地层稳定。钢支架的间排距与开挖步距相对应，所有钢支架后用木背板密背并紧贴冻结壁，以控制冻结壁的变形和减少冻结壁冷量损失。第二次支护为结构设计中的400mm厚永久钢筋混凝土衬砌。为减少施工接缝，在通道开挖和第一次支护后一次性连续浇筑。

为防止打开连接通道预留钢管片时隧道结构的变形和受损，在该区隧道内设置预应力支撑。在连接通道混凝土中按水泥用量的4%掺入PH型防冻剂。并在衬砌中预埋注浆管，在冻土帷幕融化过程中采用注浆方式补偿土层融沉。

5)岸边段隧道施工

岸边段隧道分为浦东和浦西两部分。浦东共17个施工段，包括浦东盾构工作井以及9段暗埋段、2段光栅段以及5段敞开段。浦东工作井为盾构始发井，基坑设计开挖深度达到23.84m(实际开挖深度达24.0m)，为超深基坑。浦西共13个施工段，含浦西盾构接收井、5段暗埋段、2段光栅段和5段敞开段。浦西盾构接收井的设计开挖深度为20.18m(实际为20.32m)，也属于超深基坑。

岸边段隧道地处闹市区，除了基坑开挖深度较大以外，两岸的隧道结构紧邻大量地下管线、城市道路以及破旧民房，环境保护的要求较高。此外，两岸的隧道结构段多次跨越交通主干道，必须对主要道路实施翻交作业，施工难度较大。

岸边段隧道为滨海地貌，根据地质钻探揭示的土层基本为第四纪松散堆积物。从地面以下依次为：人工填土、褐黄色粉质黏土、灰色黏质粉土、灰色淤泥质粉质黏土、灰色黏土、灰色粉质黏土、暗绿色黏土、草黄色砂质粉土、草黄色粉细砂等。第一承压水存在于草黄色砂质粉土及草黄色粉细砂层中，承压水头在地表下8～10m。

(1)盾构工作井及暗埋段

盾构工作井及暗埋段基坑开挖较深，特别是浦东盾构始发井，其平面尺寸为36.2m×20.6m，开挖深度达到24m，属于超深基坑。

根据基坑开挖的实际条件和环境要求，两岸的工作井和暗埋段均采用了地下连续墙作为围护结构，基坑内采用了辅助真空的深井井点进行降水。另外，根据承压水计算，浦东和浦西的工作井开挖后的承压水覆盖层仅3～4m，设置了降承压水井以降低承压水头，防止坑底隆起和涌水。

为了有效地降低基坑开挖和内部结构施工中围护结构的位移和周边地面的沉降，盾构工作井和暗埋段均采用了钢筋混凝土支撑结合钢支撑的支撑体系，综合了钢筋混凝土支撑刚度大以及钢支撑施工快捷的优点。在基坑开挖中还充分运用“时空效应”的原理，分区分块、快挖快撑。由于措施运用得当，超深基坑的变形得到了很好地控制。监测资料显示，浦东工作井围护结构的最大位移在55mm，浦西工作井最大位移在45mm，均达到了设计要求。

(2)地铁M6线预留技术

大连路隧道浦东暗埋段在穿越浦东大道处与规划的地铁M6线正交，由于规划的M6线将从大连路隧道的下方穿越，该区段必须考虑规划M6线实施的可行性，以及M6线实施时隧道结构的安全。

为了满足M6线车站或区间隧道的实施，考虑隧道结构下部的车站站台层暗挖实施的条件，在大连路隧道区域规划地铁M6线车站的两侧预设深度为45m的地下连续墙，在中部柱网位置设置两道45m深的地下连续墙。两侧两道地下连续墙作为M6线车站暗挖区段的围护结构，全部四道地下连续墙，作为M6线车站开挖阶段大连路隧道结构的承载体系。同时考虑到区间隧道实施的可能性，两侧的地下连续墙适当向外侧放宽，留足区间隧道盾构穿越的空间。在该特殊区段隧道开挖的支撑体系也采用钢筋混凝土结合钢支撑的形式。

(3)超深地下连续墙施工

在浦东工作井和规划地铁 M6 线预留段的围护结构中，均有深度超过 40m 的地下连续墙，尤其是 M6 线预留段的地下连续墙深度达 45m，属于超深地下连续墙。地质资料显示，浦东段⑦$_{1\text{-}2}$层的标贯击数在 50 以上，土体的埋深在 37m 左右。根据类似工程的经验，采用常规的液压抓斗施工极其困难，单幅地下连续墙的成槽时间在 5～7d，进度极其缓慢。由于施工周期长，槽孔容易发生缩孔和塌方，地下连续墙的施工质量难以确保。

在超深地下连续墙施工中，针对地质特点，采用了“两钻一抓”的工艺。即在每个开槽孔的两侧采用钻机打设先导孔，然后再采用液压抓斗沿着先导孔进行槽孔的开挖工作。在整个施工过程中加强过程管理和工序衔接，减少各工序之间的等工现象。在浦东工作井的超深地下连续墙施工中，平均施工时间 3d 一幅，施工质量全部达到设计和规范的要求。

(4)引道段施工

隧道引道段开挖深度较浅，围护结构采用 SMW 工法。在开挖深度小于 3.5m 的区段采用水泥土搅拌桩重力式挡墙。引道段施工按由深至浅的顺序进行。

在开挖深度较大、设置两道钢支撑的区域，为防止围护结构变形过大，造成引道段墙体开裂，施工采取换撑措施。即在完成底板后拆除第二道支撑，制作下部侧墙，待侧墙达到一定的强度后，将第一道支撑下移至下部侧墙上，再完成上部侧墙的施工。

6)隧道通风系统

本工程采用纵向通风方式，污染空气分别从隧道东、西端车辆驶出洞口附近的风塔内，由排风机集中高空排放，对洞口周围环境的影响将降低到允许标准内。

7)给排水、消防系统

隧道内不设生活用水设施，仅在两端道口处设置加水栓，供给冲洗车加水，并在雨水泵房内设置冲洗水龙。隧道内消防废水、冲洗废水沿侧墙下明沟及分段设置的五条横截沟分别将截流废水汇入浦东、浦西工作井废水泵房及最低点车道下的江中泵房。

在浦东、浦西工作井内各设一座消防泵房，每座泵房接入两根 DN200 进水管，形成环网供水。由每座消防泵房接出的两根 DN150 出水管分别在两条隧道车道下管廊内全线贯通，以形成安全可靠的消火栓总管环网，在每孔隧道的一侧墙内，每隔 45m 设置一组消火栓箱。在圆形隧道段范围内，设置自动开式水喷雾系统。

8)供电与照明系统

浦西侧设一座 10kV/0.4kV 降压变电所，位于浦西隧道工作井内，供电范围为浦西隧道口至隧道江中心的动力照明负荷和管理中心大楼内的动力、照明、监控设备负荷；浦东侧设一座 10kV/0.4kV 降压变电所，位于浦东隧道工作井内，供电范围为浦东隧道口至隧道江中心的动力照明负荷。

本隧道采用荧光灯作为隧道基本照明的主光源，高压钠灯作为加强照明光源。圆隧道和矩形隧道基本照明灯具均沿隧道两侧顶部纵向布置，隧道出入口的加强照明灯具布置于隧道基本照明两侧。

12.9.2 上海人民路越江隧道施工

1)工程概况

人民路隧道连接浦江两岸的城市核心区域，主要作用是改善核心区路网状况，沟通外滩地区与小陆家嘴的交通联系，分流延安东路隧道流量；同时与新建路隧道一起串联外滩、北外滩航运商务中心、小陆家嘴，形成黄浦江、苏州河河口地区的黄金三角。拟建隧道按机动车专用的城市次干道标准设计，设双向四车道，采用泥水盾构法施工。

隧道全长约 2.471km，分南北两条线路，其中北线盾构隧道段长 1465.130m，南线隧道段长 1469.753m，隧道外径 11.36m，内径为 10.4m。隧道断面详见图 12-62 及图 12-63。

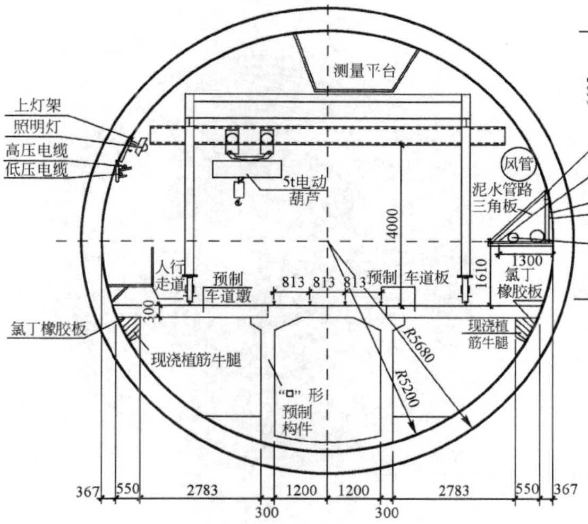

图 12-62 越江隧道标准断面布置(尺寸单位:mm)

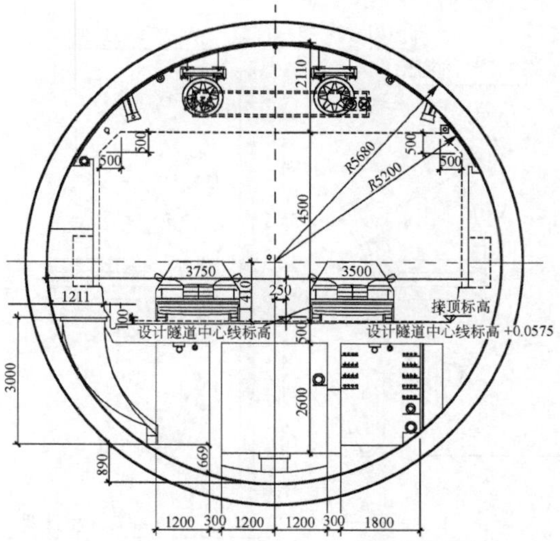

图 12-63 江中段工程隧道断面布置(尺寸单位:mm)

线路穿越处黄浦江江面平均宽度约 500m,河床底最深处标高约为－11.6m,基本呈东冲西淤态势。隧道穿越的土层为④灰色淤泥质黏土、⑤$_1$ 灰色黏土、⑥暗绿～草黄色黏土(局部)、⑦$_1$ 草黄色～灰色砂质粉土、⑦$_2$ 草黄色～灰色粉细砂(少许)。承压水分布于⑦层,⑦层等粉土或砂土渗透性强,在一定水动力条件下易产生流沙。

江中圆隧道施工是整个人民路隧道工程的重中之重,施工难度最大、工艺最复杂、工作量大且施工风险也最大,所以必须精心组织、精心施工,运用最科学、最经济、最环保、最安全的手段进行施工,这里从以下几个方面介绍江中圆隧道施工的几个关键技术。

2)衬砌管片

人民路隧道采用内径为 10400mm,厚度为 480mm 的平板式单层衬砌结构,环宽 1.5m。衬砌环全环有 1 块封顶块 F、2 块领接块 L 和 5 块标准块 B 构成。管片环面中部设有一对凹凸剪切键,纵缝内设凹凸榫槽,外弧侧设框形弹性密封垫槽,内弧侧设嵌缝槽。环与环间以 32 根 M30 的纵向螺栓,块与块间以 3 根 M36 的环向螺栓紧密相连。管片设计强度等级 C50,抗渗等级 P12。管片采用错缝拼装工艺。

3)ϕ11.58m 的大型泥水盾构

本工程使用了日本小松公司设计制造的 ϕ11.58m 的大型泥水盾构。主要由刀盘、盾体、刀盘驱动、管片拼装机、搅拌机、土层探测装置、注浆系统、盾尾油脂系统、中央集中润滑系统、吊运系统、泥水输送系统、盾构掘进管理系统、后配套系统及中央操作监控系统等组成。主机结构见图 12-64,盾构主要技术参数见表 12-17。

泥水盾构主要技术参数 表 12-17

名称		技术参数	名称		技术参数
盾构本体	外径	11580mm	拼装机	回转角度	±220°
	内径(盾尾)	11440mm		平移行程	0～1300mm
	长度	11850mm		提升行程	0～1050mm
	后继台车	6 节	搅拌机装置	数量	3 套
	总推力	109760kN		叶片外径	1000mm
	推进速度	最大 4.5cm/min		旋转速度	47r/min
	盾尾密封	3 道钢丝刷＋1 道紧急密封		搅拌扭矩	5kN·m
刀盘	直径	11580mm	土层探测装置	形式	土压传感器＋油缸行程传感器
	驱动装置	电机 100kW×12			
	转速	变频最大 0.65r/min	注浆系统	注浆装置	2 套
	额定扭矩	17602kN·m		注入口	6 个
	最大扭矩	21122kN·m		形式	单液浆

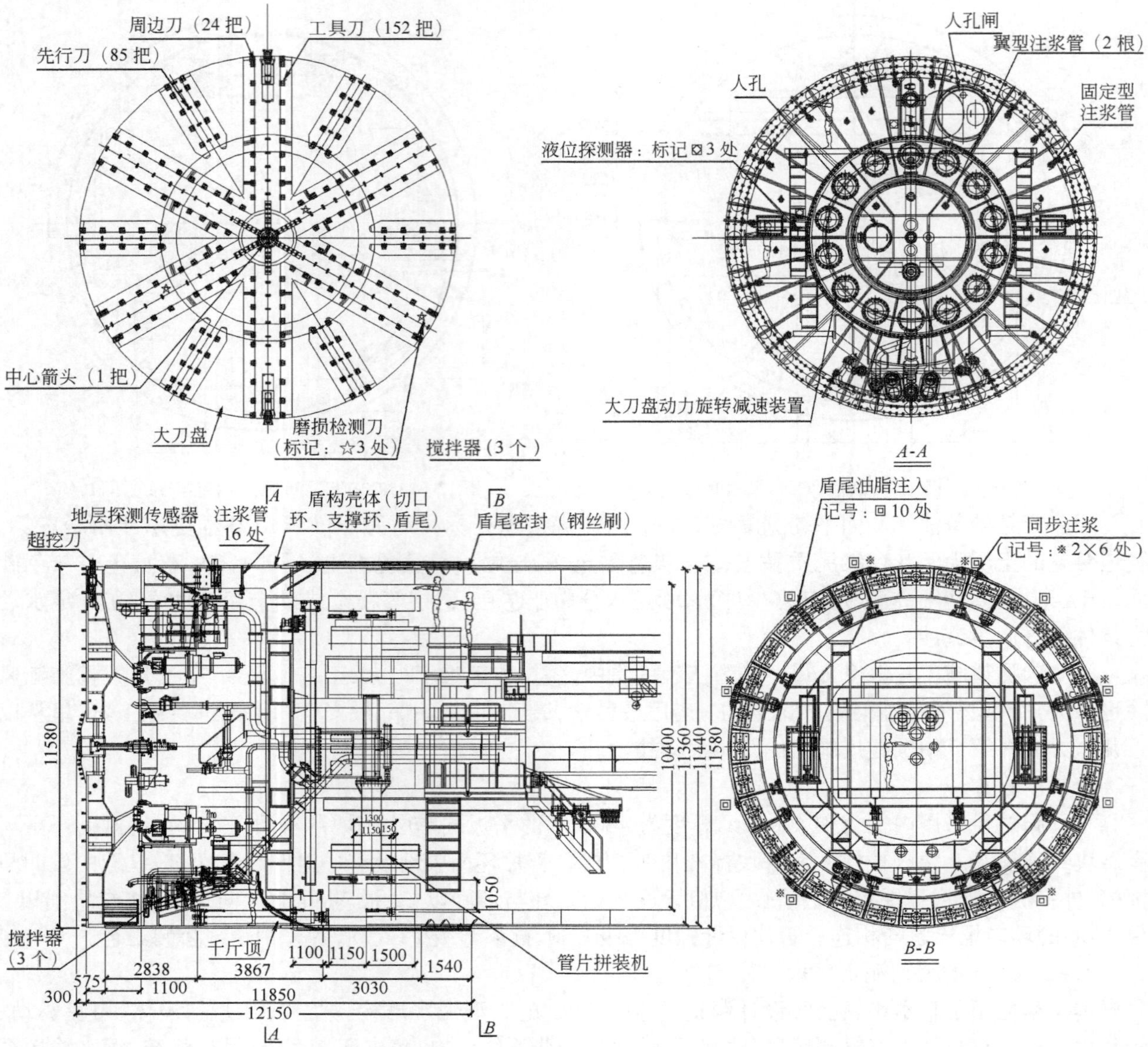

图 12-64　ϕ11.58m 泥水盾构结构示意图(尺寸单位:mm)

4)泥水分离设备

人民路越江隧道泥水分离站外貌如图 12-65 所示。泥水分离处理系统的工艺流程如见图 12-66 所示。

图 12-65　人民路越江隧道泥水分离站照片

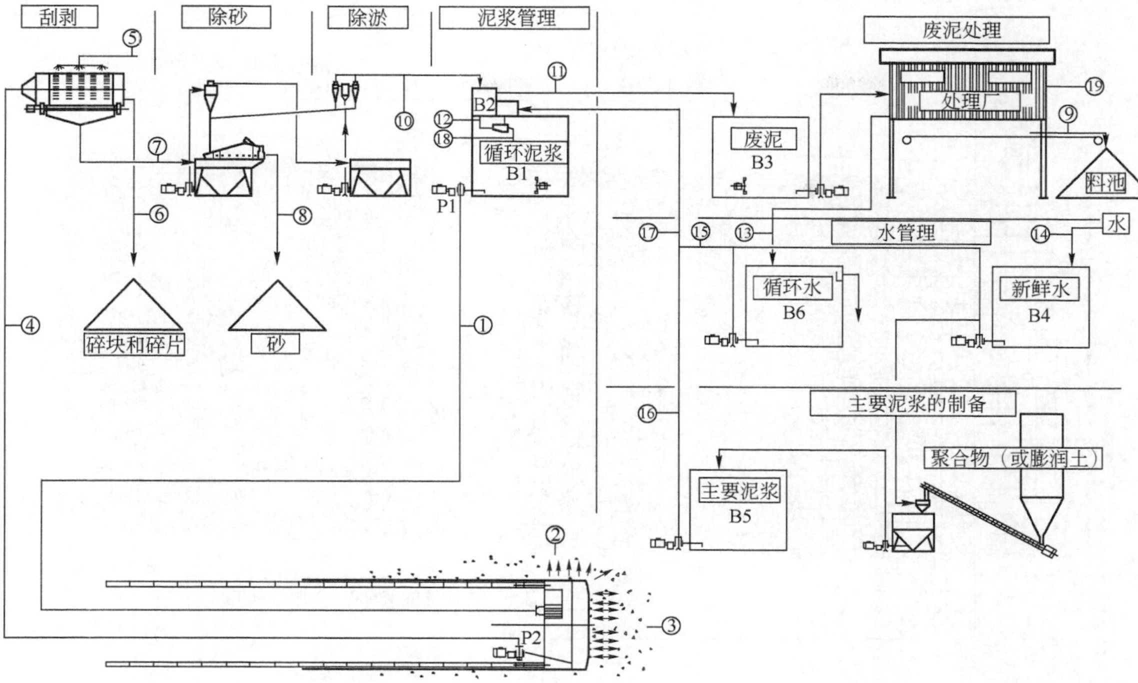

图 12-66　人民路越江隧道泥水分离处理系统工艺流程图

本泥水分离处理系统满足 2 台流量为 $1200m^3/h$ 的泥水盾构的分离要求，并与盾构的最大掘进速度 4.5cm/min 相匹配；满足盾构进浆泥水密度最大 $1.35g/cm^3$ 和出浆浓泥水密度最大 $1.42g/cm^3$ 的要求；满足开挖介质为灰色黏土、细砂层要求。

5)盾构出洞技术

(1)洞口地基加固

盾构出洞(即始发)是盾构施工最关键的工序之一，大型泥水盾构出洞施工更是如此，出洞口土体的稳定十分重要，为使盾构顺利出洞，防止地表土体坍塌及泥水冒溢，尽快建立盾构开挖面的泥水平衡，必须在出洞前对土体进行地基加固处理。

本工程的地基加固采用了加固后对地面使用空间影响最小的水泥土深层搅拌桩结合双重管高压旋喷桩的工艺。并在相应区域设置了 5 口降水井，以降低出洞施工时的地下水水位，进一步提高土体的强度。图 12-67 为洞口地基加固平面布置图。整个加固范围为浦东工作井外 14m 左右的区域，其中，ϕ850mm 水泥土深层搅拌桩桩长 24m，桩底标高－24.00m，单孔间距 0.6m，排距 0.6m。加固分三个分区，分区 1：设计强度指标 $q_u \geq 0.5MPa$，水泥参量 13%；分区 2：设计强度指标 $q_u \geq 1.2MPa$，水泥参量 20%；分区 3：设计强度指标 $q_u \geq 2.0MPa$，水泥参量 28%；在水泥土深层搅拌桩和地下连续墙之间采用 ϕ800mm 双重管高压旋喷桩进行补强加固。

(2)洞口止水

人民路隧道盾构壳体和衬砌外壁与洞口之间单边有 26cm 的建筑空隙，为防止盾构出洞时泥水从洞门外窜入工作井，影响开挖面泥水压力的建立和开挖面土体的稳定。在洞口必须设置性能良好的洞口止水装置。图 12-68 为洞门止水装置断面图。

洞门止水装置是一个箱体结构，布置在洞圈预埋钢板上，为减少误差，箱体按照现场实测盾构外形尺寸制造安装，在箱体内设置两道止水橡胶带和铰链板，外侧一道铰链板采用螺栓连接，腰子孔的铰链板有约 50mm 的调整余量，以调整橡胶止水带与壳体间的间隙在最佳位置，确保密封止水效果。再有，在箱体上两道橡胶帘布板之间沿外圈均匀布置 12 只(上部 240°范围内，每 20°1 只)50mm 直径压浆孔，以加强箱体密封效果。另外，在井内壁沿洞圈内壁设置 6 只泥浆压注管，当盾构切入土体后，及时在两道橡胶帘布板之间压注双液浆或聚氨酯,阻止泥水外溢。

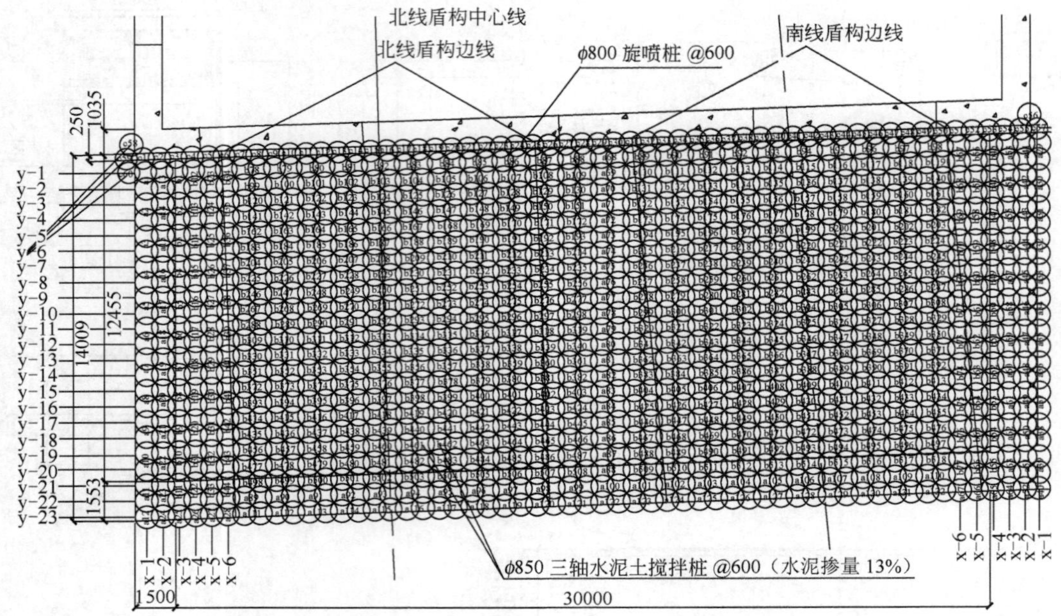

图 12-67　洞口地基加固平面布置图

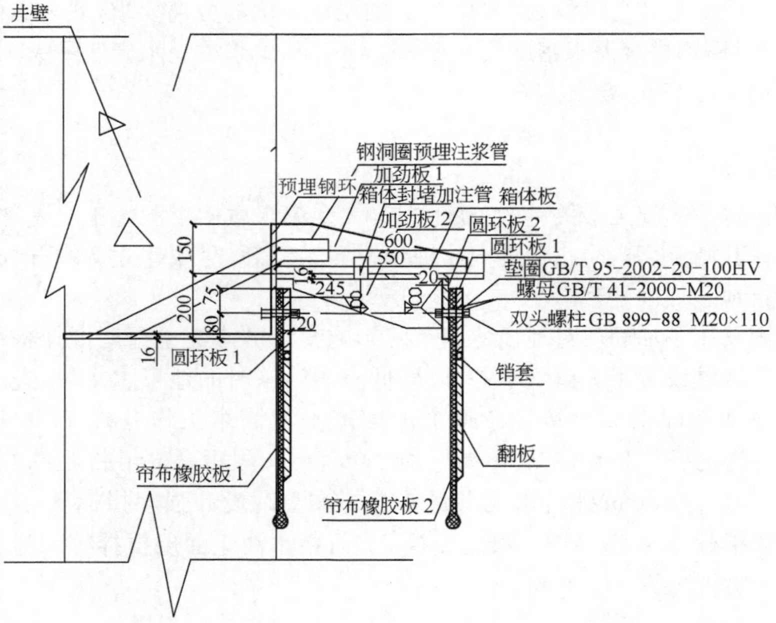

图 12-68　洞门止水装置断面图

(3)始发基座

按预想设计方向,盾构基座坡度为 5%,共 9 榀相同尺寸的钢筋混凝土预制基础,在基座上设置轨枕和斜坡轨道。各榀基座之间以及基座与工作井结构通过 H 型钢连接成一个刚性整体,每榀基座间用 4 根 45 号 H 型钢纵向连接,横向之间基座与工作井底的预埋件采用 320 钢管加以支撑,局部增加型钢接力支撑。施工时,通过铺设高度约 11cm 的木枕以填补管片与盾壳之间约 11cm 的间隙,使负环管片在脱出盾壳后能准确定位。盾构出洞采用割线出洞,基座安放的中心偏移地连墙垂线 3.594°。图 12-69 为现场拼装制作始发基座图。

图 12-69　盾构始发基座

(4)盾构反力架

在盾构出洞前完成反力架的整体浇注，由于场地狭小，分两次浇注，先浇注下部的 2/3，之后再浇注上面的 1/3。反力架完成后，对外立面进行二次修补，确保法面与盾构推进方向垂直。反力架的设计承载力为 10000t。

6)盾构掘进

(1)掘进参数

①泥水压力。在泥水盾构掘进施工过程中，切口泥水压力必须使开挖面保持稳定，即与开挖面上的水土压力保持平衡。

设定泥水压

$$P_0 = P + P_k$$

式中：P——开挖面土压(含水压)，土压的取值在工程中通过试推进后确定，一般取静止土压力；

P_k——加压，一般取 0.02MPa。

人民路隧道盾构推进切口水压基本控制在 0.16～0.25MPa 之间。

②掘进速度。一般取 1.5～3.5cm/min。

③送泥水参数。一般取 1.15～1.28g/cm^3，黏度取 16～24s。

④背衬注浆。建筑空隙采用新型单液浆充填，单液浆初凝时间＞30h，注浆压力取 0.3～0.4MPa，注浆量取理论建筑空隙的 120％～150％。

(2)穿越构筑物

盾构掘进沿线穿越大量房屋建筑物和两次穿越黄浦江码头及防汛墙，特别是两岸码头及防汛墙几经改建、扩建，基础较为复杂，施工中采取以下技术措施确保构筑物的安全。

①严格控制盾构正面切口水压，使盾构切口处的地层有微小的隆起量来平衡盾构背土时的地层沉降量。

②穿越构筑物时，推进速度不宜过快，尽量做到均衡施工。如果推得过快，刀盘面板对地层的挤压作用明显，地层应力来不及释放；如果推得过慢，刀盘的正反转动对地层的扰动作用相对明显，容易形成建筑空隙。

③盾构姿态变化不可过大、过频，隧道轴线和折角变化不超过 0.36％。推进时不急纠、不猛纠，多注意观察管片与盾壳的间隙，采用稳坡法、缓坡法推进，以减少盾构施工对地层的影响。

④在保证每环同步注浆总量的同时，还须保证均匀合理地注浆，并保证浆液的配比稠度符合质量标准。

⑤在构筑物区域合理布置相关测点，在盾构穿越前后，根据实际情况加密监测频率，必要时进行跟踪监测，并将监测结果及时反馈给相关施工人员，以便调整施工参数，做到信息化施工。

(3)江底全断面粉砂地层施工

盾构穿越黄浦江底有近 500m 为全断面⑦$_{1\text{-}1}$草黄色砂质粉土与⑦$_{1\text{-}2}$草黄～灰色粉细砂地层，其中含承压水，为此特制订了针对性措施，以确保盾构施工的正常进行。

①推进时根据潮位变化情况，对切口水压进行相应调整，控制其波动范围在设定值±0.02MPa，防止江底冒浆和土层坍陷。

②由于“⑦层土”内黏粒含量几乎为零，黏聚力极低，在全断面“⑦层土”掘进时，排泥水的黏度都会有所降低，因此在施工中适当提高送泥水的相对密度和黏度，防止开挖面土体坍塌和正面泥水后窜。

③在江中段推进时，在每块管片外侧垫放止水海绵条，封堵管片与盾尾间存在的间隙，必要时，在管片与盾壳间隙内填塞钢丝球，以加强盾尾密封效果。

④管片拼装坚持居中原则，使成环衬砌与盾壳的间隙均匀，确保盾尾密封效果的正常发挥。拼装后及时调整千斤顶的顶力，防止盾构姿态发生突变。

盾构推进时，浅覆土(江底、进出洞口等)冒浆对策如下。

①当发现江底冒浆时，如果是轻微的冒浆，在不降低开挖面水压下能进行推进，则向前推进，应适当加快推进速度，提高拼装效率，使盾构尽早穿过冒浆区。

②当冒浆严重，不能推进时，采取如下措施：

a. 将开挖面水压适当降低；

b. 提高泥水相对密度和黏度；

c. 检查掘削干砂量，确认有无超挖；

d. 掘进一段距离以后，进行充分的壁后注浆；

e. 将开挖面水压返回到正常状态，进行正常掘进。

③当发现江水由盾尾处流入隧道时，首先分析情况，组织力量进行抢险。抢险过程中，可在漏水部位相应压注聚氨酯，同时安排好排水工作，加大排水力度，保证进入盾构的江水顺利排出隧道。

④除此之外，结合 MS 泥水处理系统，在泥水处理场地增设一整套浅覆土施工区防冒顶特殊泥浆制作搅拌输送系统，如图 12-70 所示，以便在需要的时候防止或阻止冒顶事故的发生。

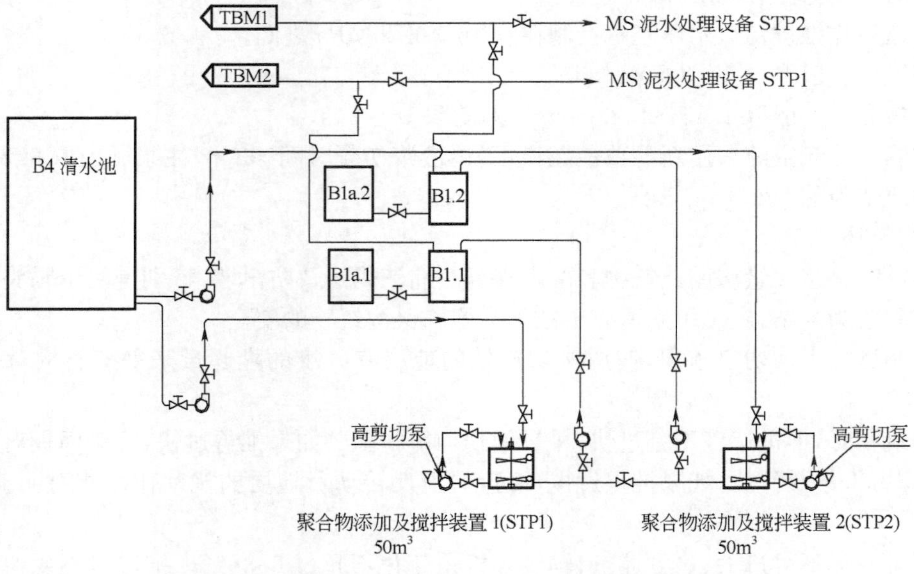

图 12-70 浅覆土施工区防冒顶特殊泥浆制作搅拌输送系统

7)隧道内道路结构同步施工

人民路隧道江中圆隧道结构施工包括：管片的拼装、口字形构件的安装、植筋并现浇牛腿、路面板的安装、防撞墙及整浇层的施工以及机电设备安装等主要工程量。由于整个工程必须在 2009 年 6 月前完工，工期非常紧。因此必须考虑各分部工程的搭接同步跟进施工，首先是隧道内部结构的最基本主体结构衬砌管片的拼装，口字构件基本紧跟衬砌管片的施工，并作为运输构件和材料的通道面，轨道敷设在已紧跟安装好的口字形构件上，电瓶运输车将构件和材料运输到工作面。口字形构件紧跟隧道衬砌管片施工，为预制混凝土结构；路面板下牛腿采用植筋现浇结构，随台车后部进行施工。隧道内路面板施工紧跟口字形构件后 200m 进行安装施工，防撞墙、整浇层的施工可以在盾构台车后约 500m 处开始分段施工。部分机电安装在整浇层施工后跟进同步施工。

同步结构施工应尽量以不影响盾构掘进为前提，构件安装尽可能安排在盾构维护工班施工为原则。图 12-71 为同步施工工艺流程。

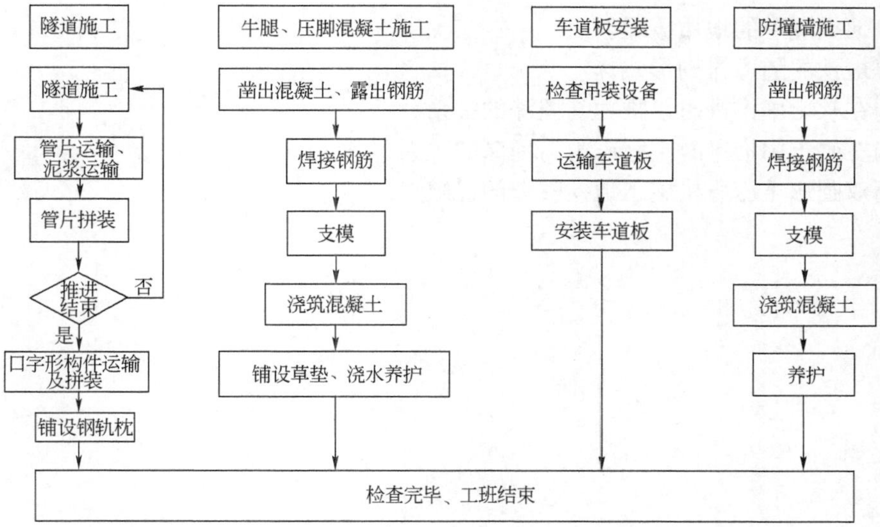

图 12-71 道路结构同步施工工艺流程

8)联络通道施工技术

人民路越江隧道在江中 SK1＋715、SK1＋150 处各设置一条联络通道，其中浦西岸上段的联络通道由南线隧道施工，江中联络通道由北线隧道施工。两联络通道相距约 565m，连接通道与南、北线隧道接近正交连接，断面为圆拱形，净高 2.70m、净宽 1.50m，为单层钢筋混凝土结构，厚度为 480mm。在连接通道与隧道连接处衬砌较厚，呈喇叭口状。

两条联络通道所处位置埋深标高分别为－31.320m、＝28.679m(中心埋深)，所处地层主要为⑦$_1$ 层和⑦$_2$ 层，在隧道内利用水平孔冻结加固地层，使连接通道外围土体冻结，形成强度高、封闭性好、均匀性好，且与隧道管片结合紧密的冻结帷幕，然后采用类似矿山法进行连接通道的开挖构筑施工，地层冻结和开挖构筑施工均在已成圆隧道内进行。

根据上海地铁旁通道、大连路越江隧道、翔颖路越江隧道、复兴路越江隧道、上中路越江隧道等多条隧道旁通道施工的经验，人民路隧道旁通道施工采用冻结法施工。根据连接通道地层冻结施工经验，由于混凝土和钢管片相对于土层要容易散热得多，会严重影响隧道管片附近土层的冻结速度，从而影响冻土帷幕的整体稳定性和封水性，为此，本方案采用水平钻机在隧道单侧打孔(图 12-72)，隧道两侧喇叭口部位采用双排孔冻结措施，以确保冻土帷幕不存在影响安全的薄弱环节。

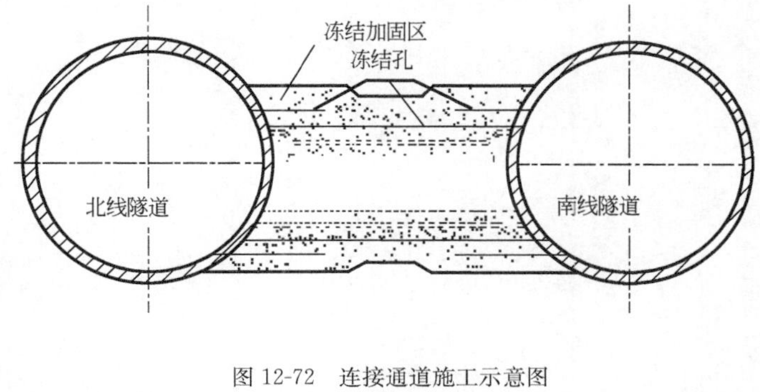

图 12-72 连接通道施工示意图

思考题

1. 简述上海地铁隧道的地质概况。
2. 简述上海地铁的隧道衬砌形式。
3. 简述盾构在软土中推进时总推力与埋深的关系。
4. 简述盾构在软土中推进时土仓压力与埋深的关系。
5. 试述采用双圆形土压盾构施工地铁隧道的优缺点。

第13章

以广州为代表的复合地层盾构施工

13.1 广州复合地层盾构施工概述

13.1.1 引言

1962年，广州就有了第一份地质勘探报告。广州地质条件表现在地形地貌起伏多变，地层岩性复杂多样的独特特征，主要有三大地质难题：一是广州发育了多条断裂，地铁线路经过的有广三断裂、广从断裂、瘦狗岭断裂等十多条。断裂带最大的问题是岩体破碎，相对周边完整的基岩属于软弱夹层，在隧道施工时容易造成涌水、突水等工程事故；二是花岗岩、混合花岗岩残积层多。当遇水浸泡时，该土层会迅速软化以及崩解、流淌，会造成涌水等事故；三是西北部存在大量的石灰岩和溶洞。这些地方涌水量很大，险情发生时止水、堵水等都极难进行。

与北京、上海、西安等地层相对单一的城市比较起来，广州地铁建设、设计施工难度亦更高。1965年，广州成立地下电车工程建设指挥部，筹资1300万元，这在当时是个巨大的工程。这条隐藏在古老羊城地底33～45m深处的9号工程，只挖了3m宽，2.85m高，全长8.3km，当时为了战备需要而仓促上马，技术先天不足，国家经济又处于极度困难时期，竣工后无法运行地铁。当时运用的是传统的“矿山法”，刚修到“体育馆”，就出了问题，地下开裂了。与此同时，规划中的科学馆的另一条支线也碰到了同样的问题，均无法继续施工。由于当时的技术有限，也没有通过改线等方式继续修建。此时，广州修建地铁的想法只能搁浅。

全长18.24km的广州地铁1号线于1993年开工，1997年10月通车。地铁1号线共设16个车站，其中有6个区间隧道由日本青木公司采用2台泥水盾构和1台土压平衡盾构施工。盾构法在广州复合地层中的成功使用，结束了当时能否在广州市区复合地层中使用盾构法修建地铁隧道的争论，使盾构法在广州的地位得以确立，并为以后广州地铁大幅度采用盾构技术修建地铁隧道奠定了基础，具体详见表13-1。在广州地铁盾构法施工过程中，大量技术难题的处理为在复合地层的盾构施工积累了丰富的经验。

广州地铁盾构使用情况一览表 表13-1

线路名称	地铁线路长度（双线，km）	盾构施工长度（单线，km/双线，km）	使用盾构数量（台）	
			泥水盾构	土压盾构
1号线	18.24	6个区间8.9/4.45	2	1
2号线	23.32	6个区间15.38/7.69		6
3号线	36.65	12个区间45.64/22.82	2	13
4号线	含高架线全长68.96km	6个区间19.75/9.875		10
5号线	31.9	17个区间45.8/22.9	2	24
6号线	37.8	22个区间49/24.5	1	14
2、8号线延长线	21.75	8个区间21.52/10.76	2	8

续上表

线路名称	地铁线路长度（双线，km）	盾构施工长度（单线，km/双线，km）	使用盾构数量(台)	
			泥水盾构	土压盾构
3号线北延段	20.49	10个区间32.94/16.47	2	12
观光线	4.2	6个区间5.04/2.52		6
广佛线	32.16	15个区间45.57/22.785	2	12
合计			13	106

13.1.2 复合地层的概念

将开挖断面范围内和开挖延伸方向上，由两种或两种以上不同地层组成，且这些地层的岩土力学、工程地质和水文地质等特征相差悬殊的地层组合，定义为复合地层。

复合地层的组合方式是非常复杂多样的，但总的来说可分为三大类：一类是在断面垂直方向上不同地层的组合；一类是在水平方向上地层的不同组合；另一类是上述两者兼而有之。

复合地层在垂直方向上的变化。最典型的垂直方向上的复合地层就是所谓“上软下硬”地层，即隧道断面上部是第四系的松软土层，而下部是坚硬的岩石地层，或者上部是软弱的岩层而下部是硬岩层，或者是在硬岩层中夹软岩层，或软岩层夹硬岩层等。

复合地层在水平方向上的变化。在一施工段当中，可能分布着不同时代、不同岩性或不同风化程度，从而表现出不同岩土性质的地层。比如广州地铁五号线草—陶区间的地层。

在水平方向和垂直方向两者兼而有之的更为复杂的变化。

13.1.3 广州地区复合地层的特点

广州地区复合地层最重要的特点是工程范围内的岩性变化频繁，物理力学特性差异大，基岩风化界面起伏大，断层破碎带分布密集，含水量差异明显。具体表现为：同一里程隧道横断面表现为上下或左右软硬不均，在隧道纵剖面上表现为软硬相间，其中隧道断面地层的复合特性，对盾构施工的影响尤为明显。盾构隧道埋深一般在10～30m，隧道断面及上覆的地层从地表至下依次为以下3部分。

上部：第四纪软土层，主要由杂填土、流塑～软塑淤泥层和富含水砂层组成。

中部：第四纪残积层，该层是沉积岩、岩浆岩、变质岩三大母岩地层风化后残积形成，可塑、硬塑～半固结状态黏土和砂质、砾质黏性土。

下部：大部分地区是由不同风化程度的白垩系砾岩、砂岩、粉砂岩、泥岩及少量泥灰岩组成；少部分是由不同风化程度花岗岩或花岗片麻岩及混合花岗岩组成。

根据施工实践，对盾构掘进有不利影响的典型工程地质和水文地质如下：

①残积土的黏土以及泥岩类岩石经研磨后形成的粉粒状矿物质，在受压、受热、受湿环境条件下，会在刀盘表面或土仓内形成泥饼；

②上软下硬或上硬下软的不均匀地层难以全天候进行动态平衡控制，易导致顶部坍塌；

③软硬地层突变及花岗岩地区的球状风化体，会使刀盘变形和刀具崩裂；

④富水断裂带和岩石破碎带等地层会导致螺旋输送机出土口涌水涌砂，造成施工困难；

⑤过江河或砂层、淤泥层，易失水和扰动引发大的沉降；

⑥土压平衡状态施工遇到石英含量的地层时，刀具磨损严重。

13.2 复合地层需要研究的地质问题

13.2.1 隧道围岩岩土形成的地质时代不同，地质特征也会不同

岩土形成的年代见表13-2。

地 质 年 代 表　　表 13-2

<table>
<tr><th colspan="3">地质年代(单位:百万年)</th><th>地　　层</th></tr>
<tr><td rowspan="2">新生代</td><td colspan="2">第四纪(1.8～今)</td><td>第四系</td></tr>
<tr><td colspan="2">第三纪(65～1.8)</td><td>第三系</td></tr>
<tr><td rowspan="3">中生代</td><td>白垩纪(145～65)</td><td rowspan="2">燕山期花岗岩
(205～66±2)</td><td rowspan="2">白垩系、侏罗系、燕山期花岗岩</td></tr>
<tr><td>侏罗纪(213～145)</td></tr>
<tr><td colspan="2">三叠纪(248～213)</td><td>三叠系</td></tr>
<tr><td rowspan="6">古生代</td><td colspan="2">二叠纪(286～248)</td><td>二叠系</td></tr>
<tr><td colspan="2">石炭纪(360～286)</td><td>石炭系</td></tr>
<tr><td colspan="2">泥盆纪(410～360)</td><td>泥盆系</td></tr>
<tr><td colspan="2">志留纪(440～410)</td><td>志留系</td></tr>
<tr><td colspan="2">奥陶纪(505～440)</td><td>奥陶系</td></tr>
<tr><td colspan="2">寒武纪(544～505)</td><td>寒武系</td></tr>
<tr><td colspan="3">前寒武纪(地球起源～544)</td><td>前震旦系</td></tr>
</table>

1)第四系地层

第四系地层是距今 180 万年以来在地球最表面形成的沉积盖层,是在地球表面内外营力相互作用过程中,岩石圈发生破坏—搬运—堆积形成的沉积地层。

第四系地层从宏观上可以分为陆相沉积和海相沉积。

陆相沉积物的特点如下所述。

(1)松散性:一般都呈松散状态,胶结成岩作用较低。

(2)岩相的多变性:由于沉积环境极为复杂,因此沉积物的性质、结构厚度在水平方向和垂直方向都具有很大的差异性,甚至属于同一时代的沉积物,在较短距离内可以变为另一岩性,厚度可由几米变为几十米或突变缺失。

(3)沉积物的移动性:第四纪沉积时间较短也较晚,来不及胶结成岩,又受到各种内外营力的作用,使沉积物经常处于再搬运堆积过程,物质成分上也不断发生变化,大多数难以找到其原始产状。

(4)地貌形态的多样性:第四纪沉积物常构成各种堆积地貌形态,而沉积物的沉积类型、分布、产状、厚度等与地貌是紧密联系着的。

海相沉积物的特点如下所述。

(1)近岸沉积:分布于从海岸到海底受波浪作用显著的水下岸坡部分。形成的沉积物也具有复杂性,有砾石、砂、淤泥和生物贝壳堆积等,碎屑物主要来自陆源。

(2)大陆架沉积:其粗粒碎屑沉积物主要来源于水下岸坡破坏和河流或冰川搬运物质;砂质沉积物主要是河流的挟入物,部分为海岸带砂质延伸部分;淤泥质沉积物分布极广。

(3)深海沉积:以浮游性动植物钙质或硅质沉积为主,其次为火山灰沉积、化学沉积(锰结核等)和局部的浮冰碎屑沉积。

2)岩石地层

由表 13-1 可以看出,不同时代的岩石相距的地质年代可能非常久远,它们的成岩程度、变质程度、岩性、结构、构造等会有很大的差别,盾构施工过程中出现的问题也就不一样。

比如,在广州地区盾构施工中穿越侏罗纪煤系地层时,盾构隧道内聚集了大量的瓦斯,是施工安全的极大隐患。而在同一地区盾构施工穿越白垩系地层时就不会碰到这类问题,因为在白垩纪就不会成煤,因此也就不会碰到煤系地层,也就没有聚集瓦斯的风险。

13.2.2　地层的组合不同

从宏观上来看,自然界中的地层组合可以分为两类,一是均一地层,二是复合地层。

(1)均一地层是指在开挖断面范围内和开挖延伸方向上,其岩土力学、工程地质和水文地质等特性相同或相近的一种或若干种地层的组合。

(2)均一地层又可分为均一土层和均一岩层两类。

均一土层可分为四种:均一黏土、均一粉土、均一砂土和均一砾土。

均一岩层可分为三种:均一软岩(单轴抗压强度≤30MPa)、均一中硬岩(30MPa<单轴抗压强度≤60MPa)和均一硬岩(单轴抗压强度>60MPa)。

(3)复合地层是指在开挖断面范围内和开挖延伸方向上,其岩土力学、工程地质和水文地质等特征相差悬殊的两种或两种以上不同地层的组合。

应该指出的是,这里所谓的均一并不是绝对的均质,这在自然界是不存在的。

复合地层可以分为以下3种情况。

一是复合土层:由两种或两种以上的均一土层组成。

二是复合岩层:由两种或两种以上不同强度或不同岩性的地层组成。

三是复合地层:是复合土层和复合岩层的组合地层。在广州地铁3号线盾构施工中遇到的典型复合地层如图13-1所示,隧道上部是砂质黏土层,下部是单轴抗压强度超过100MPa的花岗岩。

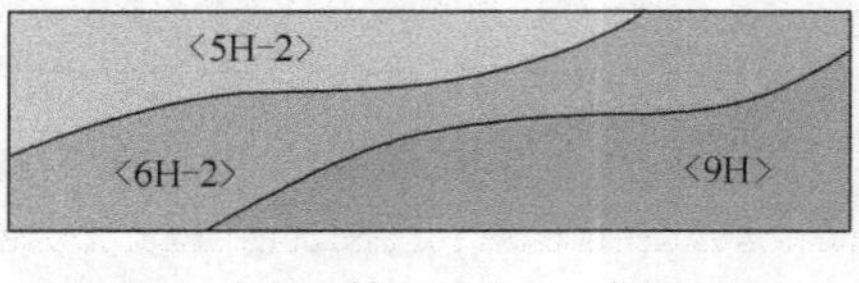

图13-1 广州地铁3号线天—华区间局部地质剖面示意图

盾构在均一地层中施工不能说没有问题,但毕竟可以在事先通过盾构选型及施工工艺的选择等方面找到相应的对应措施,尽管在流塑状的淤泥中施工对保证永久隧道的稳定性方面、在均一砾石地层中对防止对面沉降及刀盘刀具的过量磨损等方面还没有根本解决问题。

相比之下,盾构在复合地层中施工的问题就更多了,这部分的内容将在后面谈到。

13.2.3 岩石地层的岩性和地质构造不同

1)广州地铁盾构隧道穿过的岩石地层

广州地铁盾构隧道穿过的岩石地层按成因可分为岩浆岩(图13-2)、沉积岩(图13-3)、变质岩(图13-4)三大类。

(1)岩浆岩:岩浆冷凝固化后形成的岩石为岩浆岩。

(2)沉积岩:是在温度不高、压力不大的条件下,由风化作用、生物作用和某种火山作用的产物,经搬运、沉积和成岩作用而形成的岩石。沉积岩的主要特征是具有层理。

(3)变质岩:由变质作用形成的新的岩石称为变质岩。变质作用是由地球内力作用引起的岩石改变或变化的作用。

2)结构和构造不同

岩石的结构主要指岩石的各种组成部分在形貌的特征及相互间的组合关系,如颗粒的大小和形状等。

图13-2 广州地铁3号线天—华盾构区间

岩石的构造主要指岩石的各种组成部分的空间分布和排列方式。

岩石结构和构造的不同,岩石的物理力学性质将发生很大的变化。

3)构造不同

在地壳运动中,岩体由于受力而发生的连续或不连续的永久变形,称为地质构造。广州地铁盾构隧道穿过的常见的地质构造有褶皱与断裂两种基本类型。

(1)褶皱构造:是层状岩石在地质构造作用下所产生的一系列弯曲变形。

(2)断裂构造:是岩石受力产生的永久破坏变形。

图 13-3 广州地铁 1 号线陈家祠—西门口盾构区间

图 13-4 广州地铁 4 号线大学城小新盾构区间

断裂构造在盾构施工中的影响，主要反应在以下方面：①由于节理、劈理的产生，大大地破坏了围岩原始的完整性，降低了岩石的 RQD 值，有利于盾构的破岩；②在断层带中，可能会产生一些新的岩石，比如在广州地铁 3 号线大一汉区间的礼村断裂带中的硅化角砾岩；③一般来说，张性的断层带的透水性能很好，在盾构施工的过程中会发生螺旋输送器的喷涌，在暗挖横隧道中会发生突水和塌方。

13.2.4 盾构施工的不良地质层

所谓的不良地质是对应于特定的工法而言的。在黏土层中采用明挖法，甚至采用矿山法施工时，不一定有什么困难之处，但采用盾构法施工结泥饼就会是一大问题、在 20 世纪结泥饼问题被一些人称为是一个世界性的难题，如果在砂层中采用矿山法施工，恐怕就如履薄冰了，但采用泥水盾构法施工则没有大的风险。

1)第四系流塑状淤泥地层

淤泥地层的特性可以广州地铁 2～8 号线会江站地质报告中的〈2-1〉地层为例，其土工试验参数见表 13-3。

在这种地层中施工，已知的事故和风险主要反应在如下几方面：

(1)作为永久结构的盾构隧道本身是不稳定的，工后沉降可能很大，以至于会造成线路纵坡的变化及管片的错台、开裂和破损等。

(2)盾构体的重量在轴向上是不均匀的，其前部的 1/3，包括刀盘主轴承螺旋输送器等，大约占了盾构总重的 2/3 以上。在这种流塑状淤泥地层中掘进时，易出现盾构“磕头”问题。其结果是盾构姿态难以控制，进而造成管片的错台、开裂、破损等。

(3)若盾构的工作井或隧道的横通道位于这种地层中，主要的问题是如何保证围护结构的施工质量及防止基坑开挖时的底涌。

2)第四系黏土地层

以广州地铁 3 号线天一华盾构区间为例，软塑状的黏土与硬塑状的黏土试验参数是不同的(见表 13-4)。盾构在软塑状黏土层中掘进碰到的问题可能会小一点，在硬塑状的黏土层中问题会大些。出现的问题主要是结泥饼。此外，在黏土中还可能含有一定量的砂砾成分，对刀具的磨损也会有影响。

在均一黏土层中，盾构刀盘和刀具的配置相对容易和简单一些，但在复合地层中难度就大多了。因为在选择刀盘和刀具时既要考虑盾构的大开口率，又要考虑在岩石地层中破岩功能对刀盘强度的要求；既要防滚刀在黏土层中的偏磨，又不能不配置一定量的滚刀，等等。

3)第四系粉细砂地层和砂层

以我国地铁盾构工程为例，最近几年发生的几起灾难性大事故，都与粉土层、细砂层和中粗砂层或它们组合的复合土层有关。

广州地铁 2～8 号线会江站〈2-1〉地层土工试验参数

表 13-3

项目	含水率	湿密度	干密度	相对密度	天然孔隙比	孔隙度	饱和度	液限	塑限	塑性指数	液性指数	压缩系数	压缩模量	直接快剪 黏聚力	直接快剪 内摩擦角	固结快剪 黏聚力	固结快剪 内摩擦角	三轴试验 UU 总应力法		三轴试验 CU 总应力法		三轴试验 CU 有效应力法	
	w	ρ_0	ρ_d	ρ_s	e_0	n	S_r	w_L	w_P	I_P	I_L	a_v	E_s	c	φ	c	φ	c_u	φ_u	c_c	φ_c	c'	φ'
	%	g/cm^3	g/cm^3	—	—	%	%	%	%	—	—	MPa^{-1}	MPa	kPa	(°)	kPa	(°)	kPa	(°)	kPa	(°)	kPa	(°)
样本总数（个）	19	19	20	19	20	20	20	19	19	20	20	19	19	19	19	18	18	9	9	9	9	9	9
参加统计数（个）	18	19	18	19	18	18	18	18	18	18	18	18	18	19	19	18	18	8	8	7	8	8	9
最大值	98.4	1.68	1.08	2.65	2.75	73.35	115.04	83.50	50.60	40.30	2.34	4.21	2.62	10.80	6.16	12.6	10.2	8.48	5.46	9.66	19.23	12.04	33.31
最小值	55.8	1.38	0.70	2.58	1.44	59.03	92.58	44.40	31.00	11.60	1.03	0.93	0.85	1.80	2.06	3.6	6.16	4.61	2.92	1.75	12.11	4.30	16.40
平均值	77.4	1.53	0.87	2.61	2.07	66.84	97.46	63.51	38.85	24.66	1.62	1.81	1.86	3.79	3.68	7.903	7.622	6.33	4.22	7.47	16.82	9.23	25.68

静止侧压力系数	前期固结压力	固结系数		渗透系数	无侧限抗压强度	坡角		有机物	颗粒组成（%） 石		砾粒		砂粒				粉粒			黏粒		不均匀系数	曲率系数
	P_c	C_{v100} 垂直	C_{h100} 水平	K_{20}	q_u	水上	水下	O_m	>40	40～20	20～10	10～5	5～2	2～0.5	0.5～0.25	0.25～0.075	0.075～0.05	0.05～0.01	0.01～0.005	<0.005	<0.002	C_u	C_c
	kPa	×10^{-3}cm^2/s		cm/s	kPa	(°)	(°)	%	mm	mm	mm	mm	mm	mm	mm	mm	mm	mm	mm	mm	mm	—	—
9	10	17	9	5	10	1	1	18														1	1
9	10	17	9	4	10	0	0	18														0	0
0.72	95	1.140	1.47	3.19×10^{-5}	103			0.83															
0.45	48.6	0.216	0.22	1.24×10^{-7}	11.5			0.15															
0.57	63.9	0.515	0.66	1.28×10^{-5}	32.37			0.49															

广州地铁3号线天—华区间黏土地层土工试验参数

表13-4

土层名称	天然密度	天然含水率	孔隙比	抗剪强度		压缩模量	变形模量	泊松比	静止侧压力系数	承载力标准值	基床系数		渗透系数	单轴极限天然抗压强度最大值		
				黏聚力	内摩擦角						垂直	水平		干燥	天然	饱和
	ρ	w	e	c	φ	$E_{s1\text{-}2}$	E_0	ν	k_0	f_k	K_v	K_h	K	f_c	f_r	f_d
	g/cm³	%		kPa	(°)	MPa	MPa			kPa	MPa/m		m/d	MPa		
砂质黏性土（软塑）	1.85	27.0	0.87	21	22	4.5	15	0.33	0.49	190	28	55	0.4			
砂质黏性土（硬塑）	1.90	22.0	0.75	26	22	6.0	20	0.30	0.43	290	50	90	0.4			

桩周土摩擦力标准值	钻孔灌注桩桩端承载力标准值 q_k(kPa)		热导率	导温系数	比热容	基底摩擦系数	临时边坡率	高宽比	水上坡角	水下坡角	岩石完整性系数	围岩类别
	入土	入土			C	f						
q_s(kPa)	10m	15m	W/(m·k)	(×10⁻³m²/h)	kJ/(kg·K)				(°)	(°)	RQD	
35			1.61	2.30	1.40	0.25	1∶1.5					Ⅰ
40	630	720	1.51	27.50	1.34	0.35	1∶1.0					Ⅱ

(1)粉细砂层。在饱和地下水状态下是具有液化特性的。目前,还没有明显的证据说明,地铁永久结构在这类地层中是不稳定的;使用土压平衡盾构本身,只要添加剂使用得当,也没有大问题。若使用泥水盾构,除了泥水分离较困难之外,掘进本身没有严重的技术问题要解决。

在这种地层中施工出现的主要问题是发生在盾构隧道之间的横通道施工和盾构进出工作井这两大方面。主要原因在于上述这些特殊部位的土体加固效果不佳或采取的施工工艺、施工程序欠妥当,使得粉细砂大量涌入隧道或工作井,造成已完成的隧道或车站结构严重破坏、地面大范围塌方。

(2)中砂、粗砂或中粗砂层,非常松散,粉土和黏土颗粒一般含量很少(见表 13-5)。

盾构在中粗砂地层中施工,除了可能引发上述在粉细砂地层中出现的问题之外,采用土压平衡盾构施工时,盾构推进本身就不安全,主要反应在以下两方面。

一是工作面上的中粗砂在地下水的作用下,是极不稳定的,一旦出现土仓欠压,就会造成过量的砂涌入盾构密封仓,若不及时采取措施,则会造成地面沉降。

二是由于在该层中黏土颗粒很少,在密封仓和螺旋输送器中的渣土和易性很差,在地下水的作用下,会发生螺旋输送器喷涌,进而由于密封仓内的突然失压,立即引发地面塌陷。

即便选用泥水盾构,在这种地层中施工,若对出土的干砂量控制稍有不当,也会立即出现地面塌陷。

4)第四系砾石地层

目前国内盾构施工遇到的砾石层大体上有两类。

一类以成都地铁盾构施工遇到的砾石层为代表,粒经一般为 30~70mm,占地层的 55%~80%(图 13-5),颗粒大体上呈间断级配,由砾石和细砂两个极端粒经的颗粒组成。另一类是砂砾石层,以沈阳地铁盾构隧道遇到的地层为代表,大于 20mm 的砾石占 30%~40%,大体上是连续级配,从大的砾石到粉黏粒都有(图 13-6)。

图 13-5 间断级配砾石层

图 13-6 连续级配砾石层

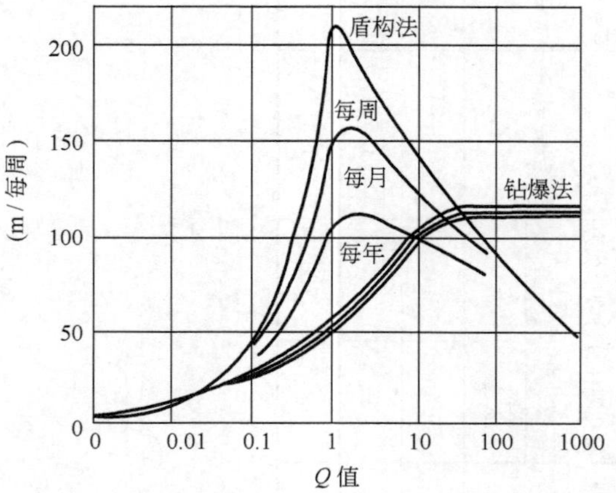

图 13-7 盾构法与矿山法 Q 系统关系示意图

注:引自“Are Tunnels Faster by TBM”,2001,06 “Tunnels & tunneling International”。

比较起来,盾构施工在成都地铁的砾石层中遇到的问题会更大一些,出现的问题也较难解决,主要有如下几方面:①刀盘和刀具的配置方式;②刀盘和刀具的磨损严重;③螺旋输送器喷涌严重;④地面沉降难以控制。

5)复合地层中的硬岩层

由于岩性、结构、构造、风化程度等的变化,盾构隧道线路的某些地段遇到硬岩层,在复合地层中施工时并不奇怪。

在复合地层中使用的盾构不是对付硬岩的典型 TBM,因此刀盘刀具的配置、刀间距的设计等如果用于硬岩地段会存在较大的缺陷,这是混合盾构应用于复合地层中的局限性决定的。在这种情况下,一般都用矿山法来辅助解决这一问题。统计资料显示,在围岩质量好的地层中,使用传统的钻爆法施工要比盾构法施工的效率还要高(图 13-7)。

广州市轨道交通6号线如意坊—黄沙区间详细勘察阶段　　表13-5

名称	统计项目	颗粒组成						不均匀系数	曲率系数	天然坡角		天然含水率	界限含水率				密度	
		砾砂粒				粉粒	黏粒			干燥状态	水下状态		液限	塑限	塑性指数	液性指数	天然	干燥
		粒径大小(mm)																
		20~2	2~0.5	0.5~0.25	0.25~0.075	0.075~0.005	＜0.005	C_u	C_c	a	a'	w_0	w_L	w_P	I_P	I_L	ρ	ρ_d
		%	%	%	%	%	%			(°)		%	%	%			g/cm³	
〈3-2〉	样本个数	23	23	23	23	23	23	23	23	23	23	1	1	1	1	1	1	1
	统计样本个数	22	23	23	23	23	20	18	19	8	22	1	1	1	1	1	1	1
	最大值	82.4	47.0	43.9	60.9	33.9	15.6	85.8	16.6	39.0	38.0	23.1	19.4	12.3	7.1	1.52	1.95	1.58
	最小值	2.0	1.5	1.7	0.0	0.9	1.2	2.6	0.2	34.5	31.5	23.1	19.4	12.3	7.1	1.52	1.95	1.58
中粗砂	平均值	18.2	22.7	23.9	22.6	8.2	5.3	20.4	2.7	37.2	35.1	23.1	19.4	12.3	7.1	1.52	1.95	1.58
	标准差	18.9	11.3	11.3	13.8	6.8	4.2	27.0	3.7	1.7	2.1							
	变异系数	1.0	0.5	0.5	0.6	0.8	0.8	1.3	1.4	0.0	0.1							
	标准值	25.3	26.8	28.0	27.6	10.7	3.7	9.2	4.2	36.0	34.3							

相对密度	初始孔隙比	饱和度	固结指标					直接快剪		固结快剪		无侧限抗压强度		灵敏度	渗透系数	自由膨胀率	有机质含量
			压缩系数	压缩系数	压缩模量	固结系数		黏聚力	内摩擦角	黏聚力	内摩擦角	原状	重塑				
G_s	e_0	S_r	$a_{v1\text{-}2}$	$a_{h1\text{-}2}$	$E_{s1\text{-}2}$	C_v	C_h	c		c		q_u	q_u'	S_t	K	F_s	W_u
		%	MPa⁻¹		MPa	(×10⁻³cm²/s)		kPa	(°)	kPa	(°)	kPa	kPa		cm/s	%	%
1	1	1	1		1			1	1						23		
1	1	1	1		1			1	1						9		
2.62	0.654	92.5	0.32		4.71			2.8	25.1						9.2E−02		
2.62	0.654	92.5	0.32		4.71			2.8	25.1						4.0E−04		
2.62	0.654	92.5	0.32		4.71			2.8	25.1						1.8E−02		
															3.2E−02		
															1.805		
															3.8E−02		

6)复合地层中的上软下硬地层

根据地层组合的形式,上软下硬地层大体上可以划分为以下三种类型。

(1)第四系土层的上软下硬

这种组合特点主要反映在地层标贯级数的差别、含水率的差别和颗粒粒径的差别上。通常上部地层的标贯级数很低,下部地层的标贯级数很高;上部地层的含水率高,下部地层的含水率低;上部地层的颗粒粒径小,下部地层颗粒粒径大。

盾构在推进过程中刀盘上部和下部受力不均,需要配置的刀具不同,会造成盾构姿态难以控制,刀具磨损严重等一系列问题。

(2)岩石地层的上软下硬

这种地层组合的特点主要反映在岩石岩性的变化、风化程度的变化、沉积岩结构和构造的变化及断裂带两侧地层的变化等方面。

盾构在这种复合地层中掘进是极其困难的。

(3)复合地层的上软下硬

图 13-8 是比较典型的复合地层中的上软下硬断层组合,隧道上部是第四系松散的〈3-2〉砂层,下部是单轴抗压强度 35MPa 的中风化或微风化的岩石地层。

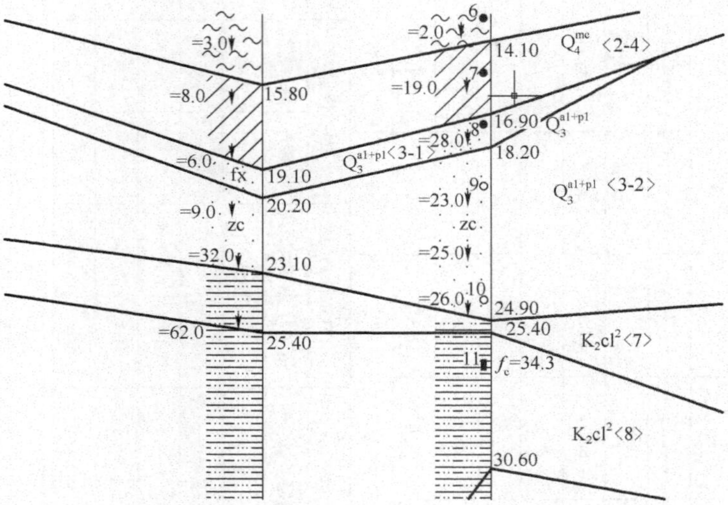

图 13-8　4 号线 E 标段剖面图(局部)

在上软下硬地层中施工的主要问题是:盾构的姿态难以控制,从而引发一系列的质量和安全问题,比如,刀盘刀具的过量磨损或刀盘的开裂或变形、地面的过量沉降、管片的错台、开裂和破损等。

7)孤石

孤石是相对于它的围岩或周围介质而言的,主要有如下几种。

(1)人工抛填碎石

我国沿海地区,在围海造田时,往往会人工抛填巨大的碎石,特别是花岗岩碎石块。碎石块的位置完全是随机的,没有任何规律,是盾构线路上的极大障碍。

(2)第四系漂石

多发于冰碛砾石层当中,同样没有任何规律可循,是盾构施工中的难点。

(3)花岗岩的球状风化体

花岗岩的球状风化是该类岩石的一种普遍的风化现象,即在深度风化的花岗岩岩体中残留了微风化的较新鲜坚硬的球状花岗岩体。

花岗岩的球状风化体的形成过程大体上分为以下三个阶段(图 13-9)。

第一阶段　　　　第二阶段　　　　第三阶段

图 13-9　花岗岩球状风化体的形成过程

第一阶段：高温的花岗岩岩浆从地球深处侵入到地壳表层。

第二阶段：地壳表层的花岗岩浆冷却结晶，岩体的浅部因极大的温差，收缩形成三维的网状开裂。

第三阶段：浅部的花岗岩体受到风化作用，形成残积层、全风化层和强风化层。由于岩体的裂隙部分比岩体内部在同样的地质年代过程中风化的程度更高，就形成了在深度风化程度（比如残积层和全风化、强风化花岗岩）中存在相对风化程度很低的岩体。这些岩体即花岗岩球状风化体。

无论是上述哪种类型的孤石出现在盾构隧道的线路中，都将给施工带来极大的困难。主要表现为这种孤石无论是由盾构破除还是由人工破除都非易事。

8）地层中的土洞和溶洞

在广州地区发现的溶洞有两种类型，一种是在石灰岩地层当中（图 13-10）；一种是在碎屑岩当中（图 13-11）。后者产生溶洞的原因主要与钙质胶结物、石灰岩砾石、夹石膏层、夹泥质灰岩层等有关。

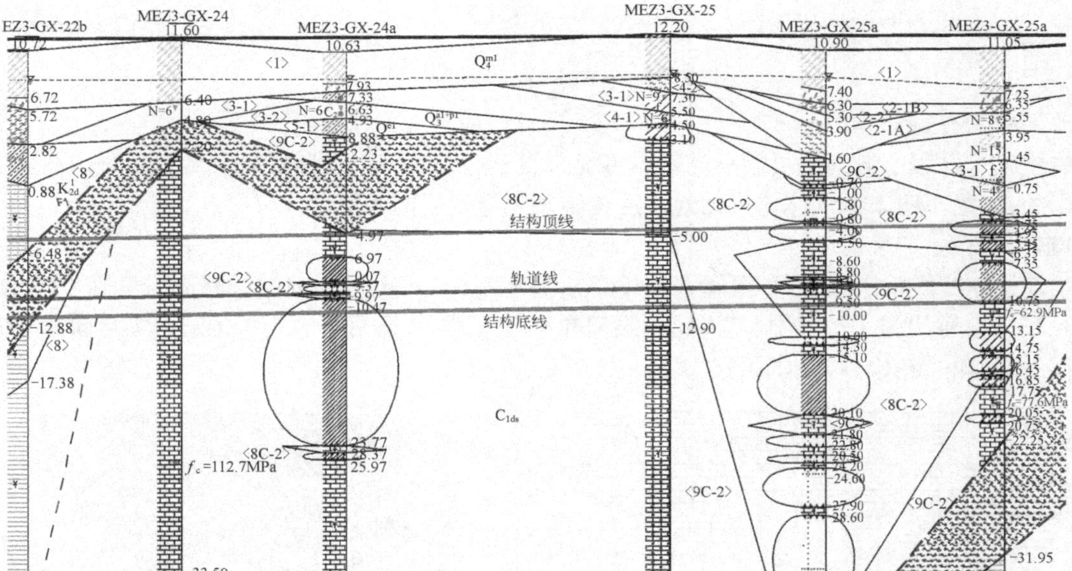

图 13-10　草—陶区间地质剖面图

土洞通常与石灰岩溶洞或石灰岩裂隙共生，且生成在特定的硬塑状的砂质泥岩或砾质泥岩当中（图 13-12）。

盾构在石灰岩溶洞地区掘进时遇到的主要风险是：①盾构在溶洞处可能会磕头；②地下水及地下水水压很大，或者工作面失水会造成注浆困难、螺旋输送器喷涌等问题；③刀盘在旋转过程中由于突然遇到溶洞，会因为瞬间荷载增大造成刀具损坏；④穿越溶洞的隧道的稳定性是永久结构隧道需要解决的一个问题。

在这类地区遇到土洞将是一个更大的问题，因为土洞的形成时间跨度可能是几年或几个月甚至是几天，如隧道在土洞上方通过，在遇到土洞塌方时隧道就无法保证稳定和安全，特别是土洞很难通过钻探或物探查明。

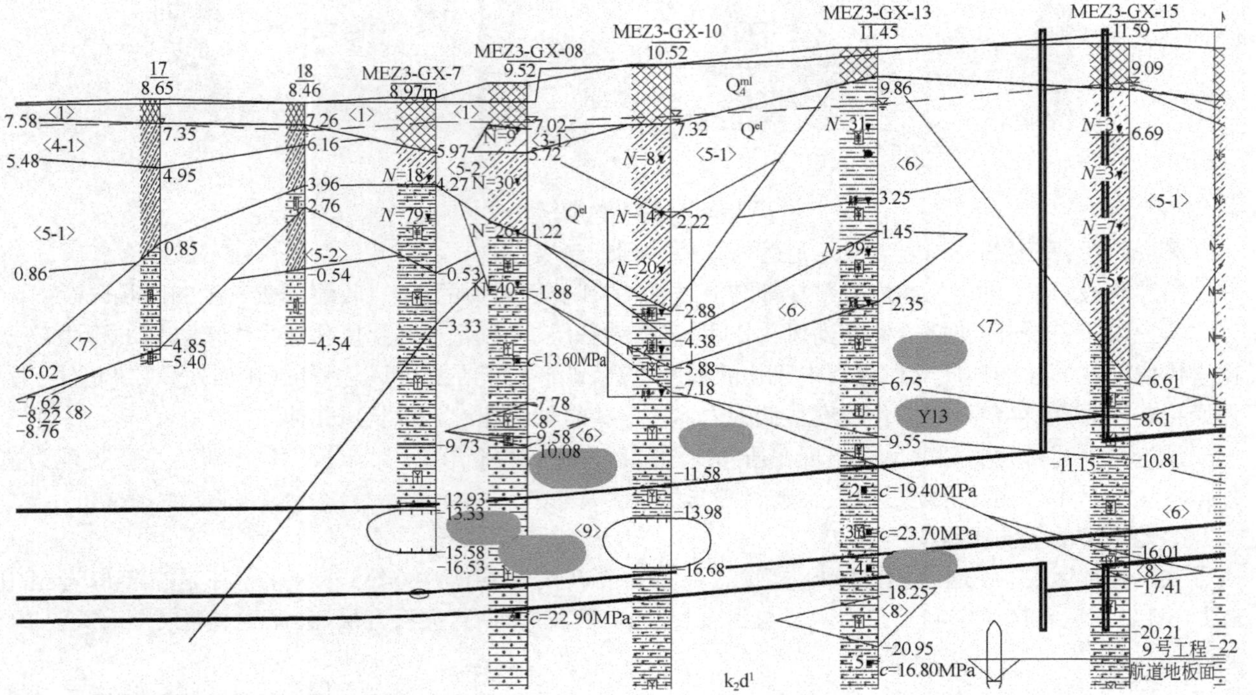

图 13-11　碎屑沉积岩中的溶洞(5 号线)

9)地层中的有害气体

在盾构施工过程中遇到的可燃有毒气体可能来自三个方面，一是地层中自然赋存的；二是在施工过程中产生的；三是不明来源气体。广州地区盾构施工只遇到后两种情况。

(1)施工过程中产生的可燃气体

广州地铁 3 号线汉一市区间，YDK20＋262～YDK20＋441 近 180m 的线路围岩为侏罗系的炭质页岩(图 13-13)，在盾构施工过程中，工人感到胸闷和恶心等不适，是明显的一氧化碳中毒症状，当即停止掘进，进行气体检测。经检测，气体成分如下：

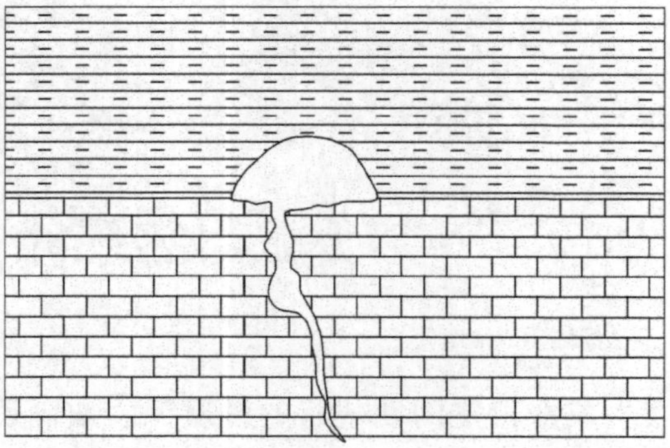

图 13-12　硬塑状黏土层中的土洞(3 号线北延段)

图 13-13　工作面上的炭质泥岩

CO：550×10^{-6}；

O_2：＜21%；

CH_4：0～5%；

H_2S：0～5%。

从资料中我们可以发现，煤层或煤系地层是可以产生天然瓦斯的，但其成分应以甲烷为主，而不是以

CO为主。因此判断,汉一市区间的有毒可燃气体仅有一小部分来自天然瓦斯。那么,其余的CO哪里来的?

盾构在推进的过程中,如果在中风化或微风化地层中,或者刀盘前方结了泥饼等情况时,刀盘在推进时会由于摩擦力的缘故产生大量的热能。有证据显示,该热能足以使滚刀达到淬火的程度。正是这种高温使得围岩中的可燃有机岩(煤或炭质泥岩等)中的炭在缺氧状态下不完全燃烧产生了大量的CO。在有明火的条件下,这种气体会发生爆炸。

(2)不明来源的可燃有毒气体

以下是盾构密封仓中的可燃气体爆炸事件案例。

发生事故的基本环境:广州地铁6号线东一黄盾构区间左线隧道穿越广州地区白垩系〈8〉中风化砾岩、〈9〉微风化泥质粉砂岩地层,地层自身不会生成可燃气体,在地质详勘阶段和地质补勘阶段均没有发现可燃气体。在广州地铁隧道工程同类地层中,尚未发现该地层中含有可燃气体。

发生事故的简要过程:在打开密封仓门,用压力水冲洗刀盘和土仓时,盾构土仓内突然发生不明气体的爆燃。

事故的特点:①盾构在正常使用及例行开仓时,盾构本身不会产生有害气体;②白垩系粉砂岩和砂岩中,不存在产生可燃气体的可燃有机岩;③在土仓内检测到甲烷、一氧化碳、硫化氢、二氧化硫及氨气等有害气体。该气体与废弃油站的渗漏物质及管道燃气的成分不一致,不可能是加油站或管道煤气渗漏的产物;④本次事故是意外自然事故。

10)采空区

广州地铁2号线北延段和3号线(机场线)将在煤矿的采空区附近通过。

含煤地层为上二叠统龙潭组(P_{2L}),其上部为灰白色长石石英砂岩、灰色泥岩,含铁质结核和菱铁矿条带,中部夹钙质泥岩、泥灰岩和硅质岩透镜体。下部为灰白色粉砂岩、粉砂质元岩,与细砂岩互含,夹数层煤层和炭质泥岩,厚度150~300m。地层分布及构造情况详见图13-14。

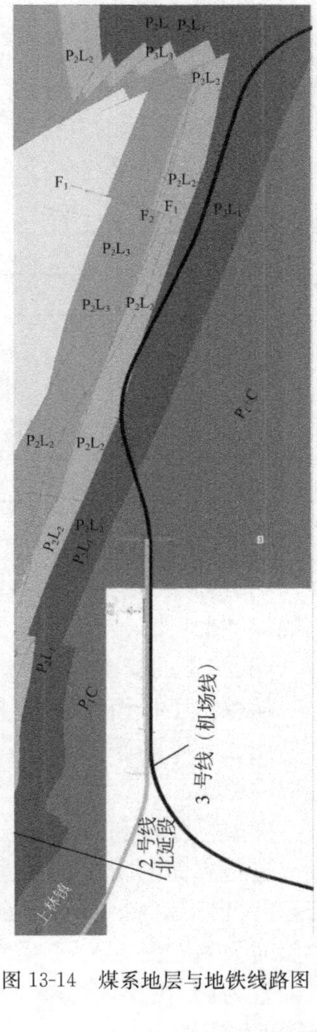

图13-14 煤系地层与地铁线路图

煤层被采空后,其顶板及围岩在自身重力和地面荷载的压力下会产生变形、裂开和冒落,故在煤层采空上方形成冒落带、裂隙弯曲带,继而使地面产生下沉。

从图13-14可以看出,线路选择在煤系地层的底板(避开了采空区)上,这样从根本上规避了可能穿越采空区的风险,这应该是最优的选择。否则,当盾构通过煤矿采空区时遇到的风险将远大于盾构穿越石灰岩岩溶地区。

11)地下障碍物

地下障碍物主要是指除了花岗岩球状风化体、岩溶等地质体或地质现象外的人类活动形成的地下结构或物体。

在盾构施工的过程中发现的这类物体主要有桩基础(钢筋混凝土、木桩等)、古建筑(包括古城墙等)、海岸或河流的堤坝、人工回填大块抛石等。在修建通过长江的盾构隧道时,在盾构的密封仓中甚至还发现有失效的炮弹。

地铁盾构隧道因为是在城市中修建的,由此,遇到最多的是盾构通过桩基础的问题,即盾构能否直接通过刀盘破碎桩基础。

搜集到的资料显示,盾构可将45mm的钢筋和ϕ110mm、壁厚2mm(图13-15)的岩芯管绞断,但这并不是说,盾构直接破除这类地下异物没有问题,恰恰相反,只有在万不得已的情况下,经过充分地论证,才可试用盾构直接通过桩基础。

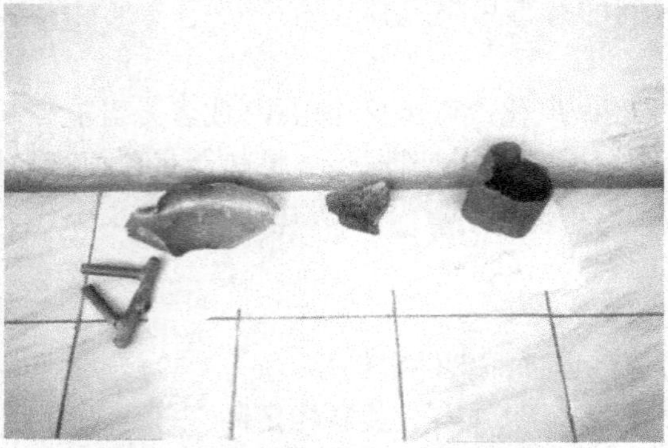

图 13-15 盾构绞断的岩芯管

13.3 复合地层中盾构适应性的局限性

13.3.1 盾构适应性在复合地层中的局限性

1)盾构选型困难

盾构选型困难主要表现在如下几方面。

(1)环保因素

对泥水盾构而言,虽然经过过筛、旋流、沉淀等程序,可以将弃土浆液中的一些粗颗粒分离出来,并通过汽车、船等工具运输弃渣,但泥浆中的悬浮或半悬浮状态的细粒颗粒土仍不能完全分离出来,而这些物质又不能随意处理,就形成了使用泥水盾构的一大难题。

(2)工程地质的复杂性

广州地铁 1 号线黄沙—公园前盾构区间就是一个比较典型的实例,如表 13-6 所示。

黄沙—公园前区间的盾构选型　　表 13-6

类　别	黄沙—长寿路	长寿路—陈家祠	陈家祠—西门口	西门口—公园前
区间长度(m)	691	910	710	612
工程地质	大部分为全断面中砂层,少部分为淤泥层	部分为砂层,部分为砂层、淤泥层及残积层的组合地层,部分为残积层	大部分为全断面的残积层和基岩强风化层,大约 120 m 为中风化岩层	以全断面强风化岩层为主,部分洞顶为残积层
盾构选型的适应性评价	泥水盾构	泥水盾构/土压平衡盾构	土压平衡盾构	土压平衡盾构
实际采用的盾构型	泥水盾构	泥水盾构	泥水盾构	泥水盾构

从表 13-6 可以看出,黄沙—陈家祠区间是以砂层、淤泥层以及它们的复合地层为主,根据盾构的适应性,泥水盾构是唯一的选择;而陈家祠—公园前区间则是以残积层和软岩为主,选择土压平衡盾构是适宜的。然而,作为同一个施工段,中途更换另一种盾构的可能性很小。

(3)施工的安全性

从保持工作面的稳定,控制地面沉降的角度来总结广州地铁盾构施工的经历来看,使用泥水盾构要比使用土压平衡盾构的效果好一些,特别是在河湖等水体下、在密集的建筑物或构筑物下及上软下硬的地层中施工。

2)盾构配置和施工参数选择的困难

这些方面的问题完全是由于复合地层本身的复杂性决定的。比如,土压平衡盾构在通过砂层时希望刀盘的开口率稍小一点,但遇到黏土层时又想将开口率变大;在土层中推进时应使用切刀,但在遇到岩石地层时又希望换上滚刀,等等。产生盾构配置上的这些矛盾是盾构施工在复合地层中无可避免的。以刀具配置为例,在复合地层中施工刀具配置的困难主要反映在三方面:一是选择破岩的滚刀还是选择切削的切刀；二是刀具配置的数量；三是不同种类刀具配置的高度。

(1)选择破岩的滚刀还是选择切削的切刀

这是在复合地层中盾构施工遇到最多的问题之一。

案例：广州地铁6号线2标，盾构始发之后，将在中粗砂层和淤泥层中掘进约250m，然后进入岩石地层(图13-16)。前者使用一般的切刀肯定没有问题，后者因为要考虑更长一段岩石地层，使用滚刀是合适的，可选用双刃滚刀。

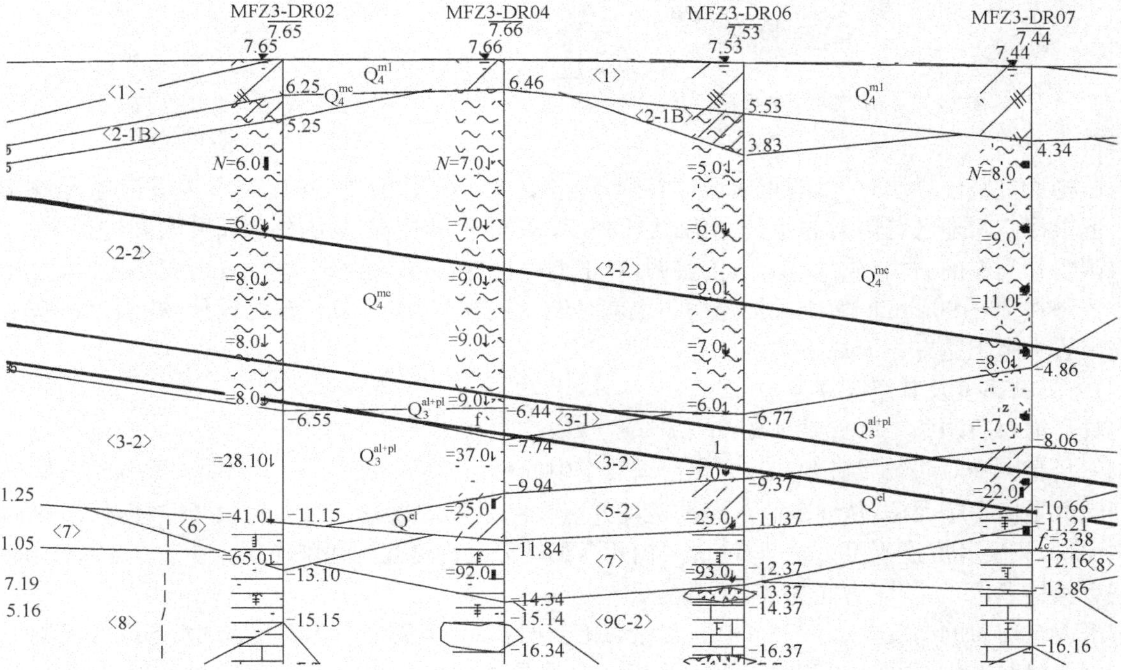

图13-16 广州地铁6号线2标地质剖面图(局部)

但问题是在施工过程中如何换刀。通常的办法是事先加固一个预想换刀区，盾构掘进至该区后，进行刀具检查，必要时更换合适的新刀。

应急的做法是采用气压作业，即在适当的气压条件下，通过人闸进入密封仓换刀。

在施工过程中，具体实施起来会遇到许多实际困难。对前者而言，准确地选择加固区并不容易，同时要花费时间和一定的费用。后者，会受到使用气压作业本身所需条件的限制，比如，隧道埋深过浅或上覆地层的气密性不好，或者隧道埋深过大，所需气压过高，都会产生气压作业的安全问题。

始发阶段的初装刀，应根据具体地质剖面的情况分别处理。本案例的初装刀采用的是加装合金的滚刀(图13-17)。

此刀圈是将超硬合金刀头嵌入刀环的顶部。由于超硬合金刀头以凸起状等间隔地嵌入刀环全周，所以能较容易地得到回转反力，超硬合金刀头比以往的刀环的材质更硬、更加耐磨。通过综合考虑，认为此结构不易发生偏摩。(2005,"滚刀磨损分析报告",小松公司内部文件)

(2)滚刀数量的选择

滚刀数量的问题实质上是滚刀的刀间距问题。

刀间距是影响破岩能力的关键因素之一。刀间距过大，会在两滚刀之间出现破岩的盲区而形成"岩脊"(图13-18)。

刀间距过小，会将岩体碾成小碎块，降低破岩功效(图13-19)，所以刀间距过大或过小都不利于破岩。

目前广州地区使用的盾构，刀盘边缘部分滚刀的间距一般为35～90mm，正面滚刀的刀间距一般是100mm。

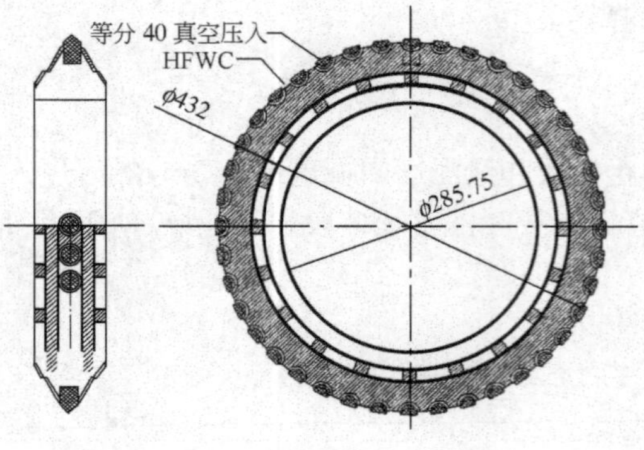

图 13-17　刀圈镶合金的滚刀

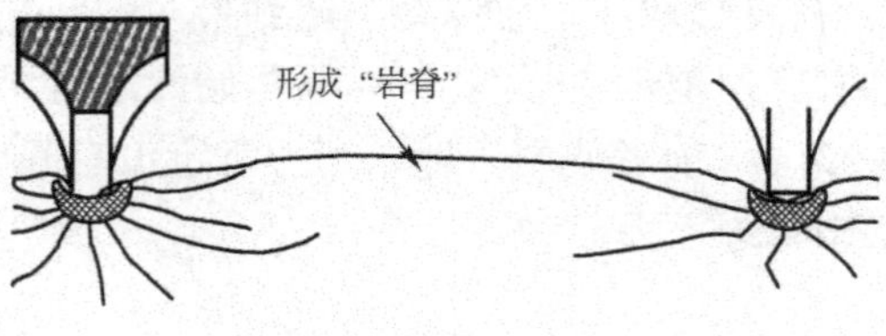

图 13-18　刀间距过大,在两滚刀之间形成“岩脊”

注:引自 Rostami,1993。

当盾构通过坚硬岩层时,刀间距应设计多少才合理?目前还没有更多的试验资料来定量地说明这个问题。但根据广州地区花岗岩的特点(单轴抗压强度、RQD 值等指标)与国外的研究资料进行对比,特别是参照国内外类似的盾构(或 TBM)施工实例,对于整体性好(即层理不明显),且岩石坚硬时,滚刀的刀间距应控制在 70～90mm 间可能是恰当的。也就是说,目前广州滚刀刀间距的设计,特别是在坚硬的微风化花岗岩中施工是有先天缺陷的。

(3)刀具的高度及其组合高度差

刀具高度对盾构施工有重要意义:

①刀具高一些对防结泥饼有利。广州地区岩土中的粉黏粒成分较高,这些细颗粒成分给盾构施工带来的问题就是极易结泥饼,从而限制了掘进速度并引发一系列的故障。当刀具较高时,即使刀盘面上结了一些泥饼,只要其厚度不足以将刀具全部“糊死”,那么刀具仍可起到切削作用。从这个意义上讲,刀具高一些有其优点。

②滚刀与切刀的高度差(d)很小的话,当滚刀破岩时,如果滚刀的贯入深度(h)大于或等于滚刀与切刀的高度差,切刀就“顶住”了岩面,限制了滚刀向岩层的进一步贯入,从而限制了滚刀的破岩能力(图 13-20)。显然,当滚刀的贯入深度 $h<d$ 时,滚刀的破岩效果肯定会变差。

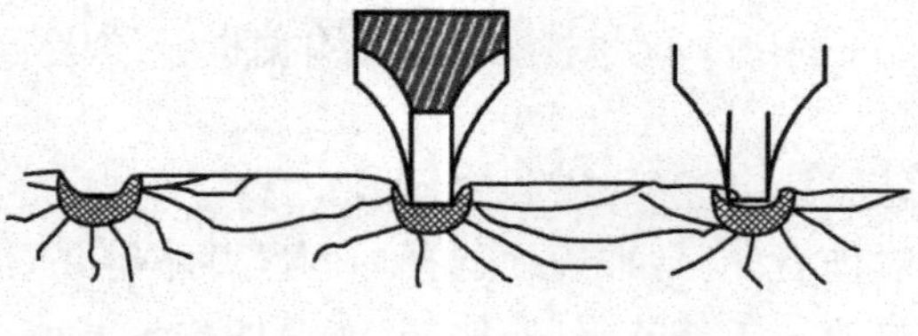

图 13-19　刀间距过小,岩体被碾成小碎块

注:引自 Rostami,1993。

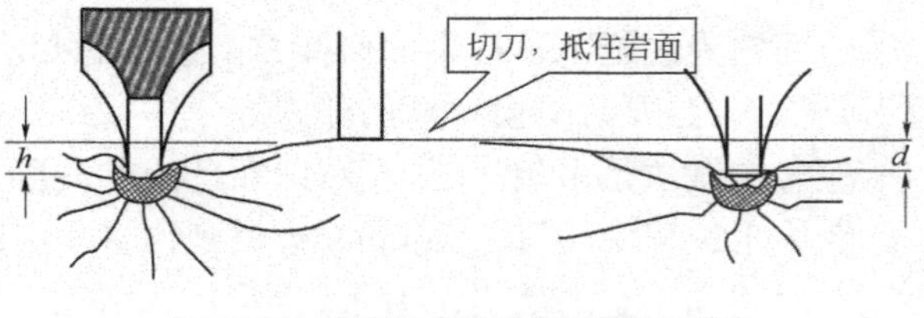

图 13-20　高度差小切刀会限制滚刀破岩

(4)单刃滚刀和多刃滚刀的选择

从理论上讲,单刃滚刀适用于中硬岩和硬岩,而双刃滚刀和多刃滚刀在软岩中掘进的效率更高。但在实际应用中,不可能根据地层的变化,随时随地任意更换刀具,而且如果不是特殊设计,单刃滚刀与多刃滚刀的刀座就不能互换,在这种情况下,换刀是不可能的。

从实际应用来看,在复合地层中配置单刃滚刀的适应性会更好一些,问题是要注意调整滚刀的启动扭矩。

13.3.2　盾构的设计和制造风险

盾构设计风险主要表现在盾构的适应性和可靠性方面,以下通过广州地铁 3 号线沥一大区间刀盘在隧道内破裂解体案例来说明。

刀盘解体事故发生于南珠江主航道底下(图 13-21),隧道通过地段为〈7〉(强风化泥质粉砂岩)、〈8〉(中风化泥质粉砂岩),局部为〈6〉全风化层。〈8〉岩最高抗压强度不超过 30MPa,岩面裂隙发育但整体仍算完整，无断裂破碎构造。隧道上覆地层为〈4-1〉硬塑粉质黏土、饱和中细砂〈3-2〉及淤泥质沙〈2-2〉。砂层富水性强，基岩裂隙水与江水联系较密切。

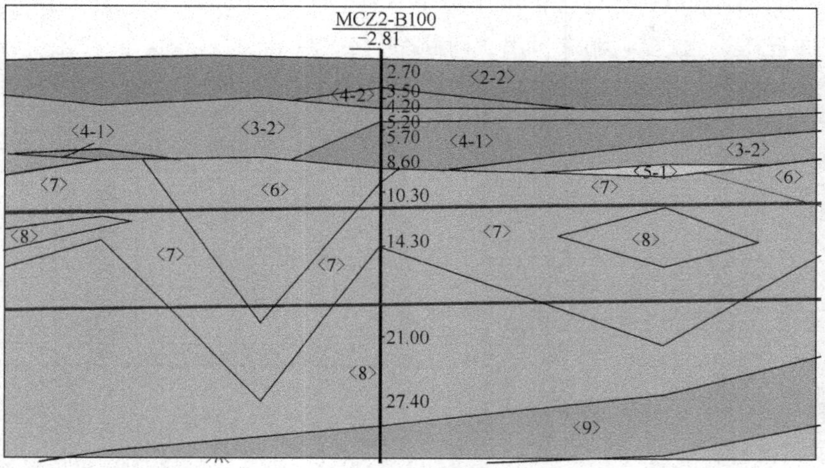

图 13-21 盾构刀盘在钻孔 MCZ2-B100 附近断裂

〈2-2〉-淤泥质砂土；〈3-2〉-中粗砂；〈4-1〉-冲洪积粉质黏土；〈5-1〉-残积土层；〈6〉-红层全风化带；〈7〉-红层强风化带；〈8〉-红层中风化带；〈9〉-红层微风化带

注：引自"广州地铁三号线初步勘察地质报告"。

开仓检查发现：盾构刀盘 4 号与 6 号辐条之间除牛腿外其余部分几乎全部缺失，土仓内堆积了大量刀盘构件残骸。土仓胴体变形外卷，10～2 点范围，最大变形达 10cm；8～10 点位置外卷达到 12cm；6 点位置外卷达到 4.5cm。几乎同时，在刚刚完成掘进的 T1 号机也发现刀盘边缘多处出现贯穿裂缝，T1 刀盘接近解体状态。两台盾构类似的问题使事故的原因明朗化，即刀盘首先在边缘开裂并变形直至解体，最终刀盘被解体的构件卡死。

钢结构出现问题，应该从结构设计、刀盘钢结构材料质量、制造工艺及施工控制等使用角度分析原因，对盾构而言，还需要考虑地质因素。

13.4 复合地层中盾构施工难点

在复合地层中盾构施工的难点主要来源于复合地层本身，表现在如下 8 个方面。

13.4.1 螺旋输送机喷涌

造成喷涌的原因是多种多样的，但无论什么原因造成的喷涌都有一个共同点，那就是必须有一个充足的水源。这样，要防止喷涌，其主要方法就是"治水"。

1)形成喷涌的施工环境

(1)在松散的富水地层中的喷涌。比如在〈2〉、〈3〉地层的粉细砂、中粗砂地层中，由于没有足够多的黏土物质，地下水与进入密封仓内的固体物质不能揉合成一体，在密封仓内就形成"水是水，渣是渣"的状态，此时，进入土仓中的水流量要比渣土量大，在这种情况下，螺旋输送机成了一种具有一定压力的液体管道，而不是一种流塑或软塑固体通道，这样，一打开螺旋输送机的开闸门，就会有高压泥水喷射出来。

(2)通过富水断层带的喷涌。富水的断层带或破碎带与上述富水地层类似。地铁 1 号线烈士陵园站一公园前站的东濠涌时发生过严重的喷涌。

(3)在水体下施工是另一种类似的施工环境。地铁 1 号线海珠广场站一市二宫站区间盾构通过珠江时，盾构工作面与珠江水连通，江底的旧自行车菜篮从螺旋输送器中排出，喷涌十分严重。

(4)在围岩自立很好的环境下的喷涌。在广州地区无论什么地质时代、什么岩性的〈8〉,〈9〉号地层都会出现程度不同的喷涌。在这种地层中施工,刀盘切削下来的弃土是以大小不等的岩块为主,弃土的和易性不好,如果管片背后注浆不充分就会形成了地下水通道(图 13-22),大量地下水积聚在管片背后(图 13-23)并经过工作面进入土仓,螺旋输送机出土时就会发生喷涌。

图 13-22　大—沥区间的管片背后积水从注浆孔喷出

注:广州地铁设计院监理所大沥监理部提供。

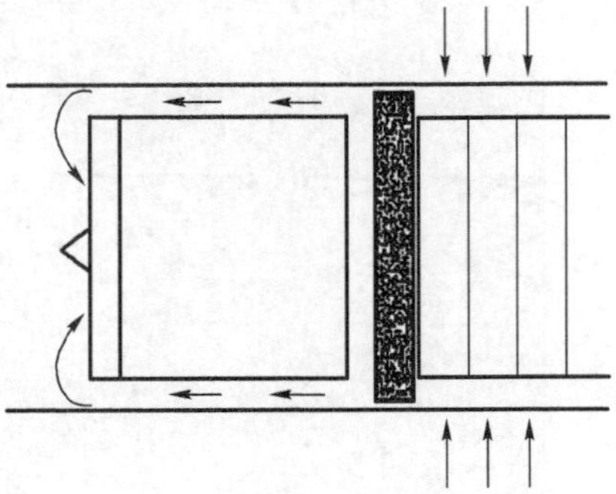

图 13-23　隧道背后积水进入密封仓示意图

管片背后的水通道如果不进行封堵,带来的另一问题是这股动水会将注浆液中的水泥冲淡,使注浆液无法固结。在这种情况下,注浆量可能很大,但效果并不好,管片背后仍然是水的通道。

(5)在黏性土中的喷涌。黏性土中的粉黏粒物质成分特别多,在密封仓和刀盘前土体不是松散而是结成了泥饼,此时螺旋输送器的喷涌能和刀盘及密封仓内结泥饼共生。当密封仓内形成泥饼时,盾构推进的速度十分缓慢,此时工作面前方土体中的地下水有充足的时间流入密封仓的空环当中并保持一定的压力,在这种情况下,螺旋机出土时,实际上已黏结在一起的泥饼是很难进入螺旋机的,而具有一定压力的地下水则会经过输送机从出口处喷出。

2)喷涌的防治

在施工的过程中,通过对围岩的分析是不难判断造成喷涌的原因的。处理的方法就是要从形成喷涌的原因入手。

(1)在富水的松散地层中,一般的方法如下所述。

①加入适量的添加剂:盾构在砂层或中微风化岩层中施工时,可以加入适量的膨润土泥浆或聚合物以便改善弃土的和易性。

②如果施工环境允许的话,可通过加气压的方法将地下水逼出密封仓,从而改善弃土的和易性。

(2)在自立性好的地层中采用止水的方法:在〈8〉、〈9〉地层中,如果管片背注浆不充分的话,应该通过管片进行双液注浆,以便尽快封堵隧道背后的汇水通道。

(3)在黏性土中防喷涌的办法是防止结泥饼。具体方法见下一节。

13.4.2　结泥饼问题

泥饼(次生岩块)是盾构刀盘切削下来的细小颗粒、碎屑在密封仓内和刀盘区重新聚集而成半固结或固结的块状体(图 13-24)。

应用"渣土改良剂"的工程实践表明,有成功有失败。失败的原因是过分依赖这些"化学剂或添加剂",而很少从地质、盾构选型、施工措施等全方位对之进行系统研究。

泥饼引发盾构工程事故很多,现就典型的事例及其特征简述如下。

案例一:广州地铁 1 号线盾构西段泥水平衡盾构施工结泥饼引发地表塌方。

盾构西段为两台泥水平衡盾构(图 13-25)。隧道洞身上部是富水的松散砂层,中下部是残积黏土层和强风化泥质粉砂岩。1996 年 11 月 8~9 日,盾构的泥水压力平衡系统出现参数异常,忽高忽低,11 月 9

日，房号为 No126～136 的地面 6 幢房子倒塌或严重损坏，造成直接经济损失达 500 多万元。后开仓证实，密封土仓的中心区内存在着大体积的泥饼(图 13-26)。

图 13-24 从人孔处理密封仓内结的泥饼

图 13-25 地铁 1 号线泥水盾构

案例二：广州地铁 1 号线盾构东段土压平衡盾构施工，泥饼引发地表隆起。盾构东段为一台土压平衡盾构，当盾构沿着中山四路左线掘进农一公区间近仓边路口地段时，隧道洞身正处于全断面的残积黏土层，残积黏土层的上覆是沙质淤泥层和杂填土层。为了控制地表沉降，设定的出土压超过 $2kg/cm^2$，最大推力达到 2355，土仓仓壁的压力超过 $5kg/cm^2$，致使盾构正上方路面呈一个“馒头状”隆起(图 13-27)。测量检查最大隆起值在机头位置，达 152mm，超过 10mm 的隆起范围，造成混凝土路面开裂破坏，幸好不在建筑物下。

图 13-26 地铁 1 号线土压盾构刀盘图

图 13-27 中山四路路面隆起

13.4.3 中途换刀技术

这项工作的关键并不在换刀本身，而是换刀环境的可实施性。比如，在江下的换刀，在砂层中的换刀，由于围岩的不稳定及存在大量地下水涌入盾构的可能性，使换刀这一程序大大地复杂化了。

通常的做法有如下几种。

1)在自然围岩条件下换刀

这要满足取 2 个最基本的条件，一是围岩自稳能力好，二是地下水涌出量不大。

问题的关键是如何正确地对这种可实施的条件做出判断，并在实施换刀过程中密切监测围岩的稳定性。

2)在地层预加固条件下换刀

深圳地铁 1 号线某工地，其地质特征如图 13-28 所示，全风化花岗岩(ω_4)只在工作面的右上方出露约 1.0m。开仓检查时，地层是很稳定的，只有少量地下水从 ω_4 地层中渗出。开仓换刀的第 3 天，右上方

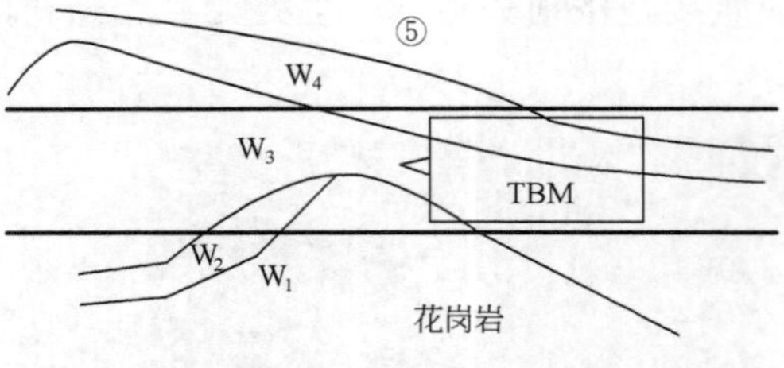

图 13-28 深圳地铁 1 号线盾构隧道地质剖面图

的土体突然塌方,造成严重的人身安全事故。

根据广州地区的经验,当盾构工作面上出露第四系松散地层,或基岩的全风化和强风化地层时,必须要对换刀地点进行预加固。

3)在压缩空气条件下工作

在压缩空气条件下施工带压换刀只能看作是一种应急的办法,不能当成常规手段到处使用,因为:

①在隧道盖层比较薄的情况下,特别是盖层比较松散和破碎时,容易跑气失压;

②在江河等水系下,当气压管理不好,造成欠压时,会造成江水涌入密封仓;

③进入密封仓的工作人员需进行特殊的培养;

④工作空间小,工作条件差。

4)适时地进行刀具检查

刀具的完好性是保证均衡掘进的一项重要因素,其中的道理不言自明。但是如何判断刀具是否完好则是一项非常困难的工作。在广州这种复杂的复合地层中施工,有些地段掘进几百米无需换刀,但有些地段盾构前进了十几米刀具就磨损殆尽。在条件许可的情况下,适时地检查刀具是保证正常掘进一项非常重要的措施。

深圳地铁 1 号线某工地为了换刀,不得不在地面进行加固。由于加固失败,只好在地面挖一竖井直至盾构,然后换刀,这绝对是得不偿失得。

13.4.4 淤泥地层中隧道的下沉和偏移

广州地铁 1 号线黄沙站—长寿路站区间盾构隧道,工程刚刚结束不久,在长寿路站以南长约 80m 的隧道下沉了约 100mm,向西水平偏移了 20mm。

1)沉降段工程地质特征

该下沉段隧道地质特征如图 13-29 所示。

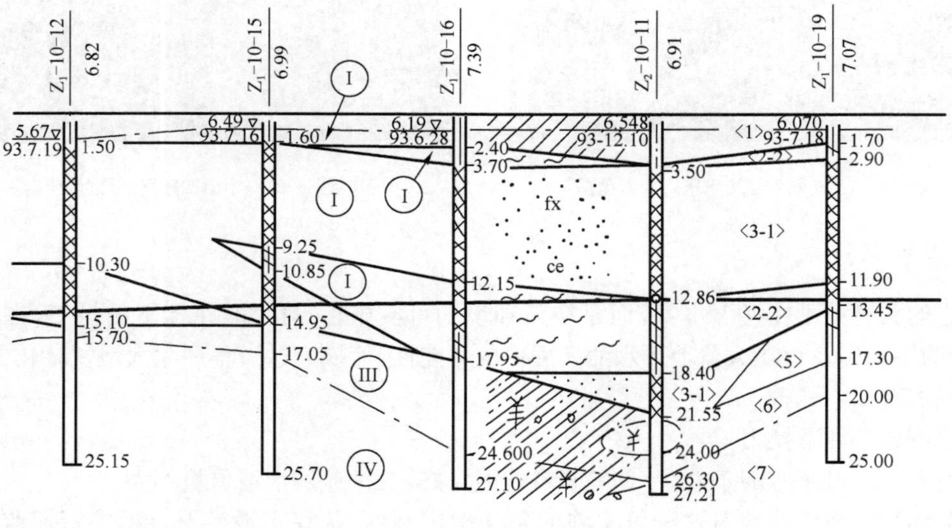

图 13-29 右线沉降段地质剖面图

2)隧道沉降原因的分析

(1)与沉降隧道连接在一起的长寿路站设有积水坑,车站抽水可能会造成一定程度的淤泥地层水位的下降,造成淤泥地层的重固结使隧道发生沉降。

(2)隧道的永久结构是C40的钢筋混凝土预制管片，尽管其防水性能很好，但仍会有部分围岩水通过管片渗漏蒸发掉，这也会在一定程度上造成地下水位的下降(图13-30)。

(3)在隧道完成之后，广东的三水地区曾发生过二次3.4级地震，广州地区也有震感。地震引起的震陷有可能是造成隧道及其周边地区大面积沉降的原因之一。

3)隧道沉降的防治

在淤泥地层之下，是硬塑的〈5〉残积层以及基岩的风化地层，承载力较高。处理的思路是在隧道下部进行袖阀管注浆，把隧道"支"在承载力好的地层上。

经过治理之后，地铁隧道又运行了6年多时间，没有发现隧道进一步下沉。

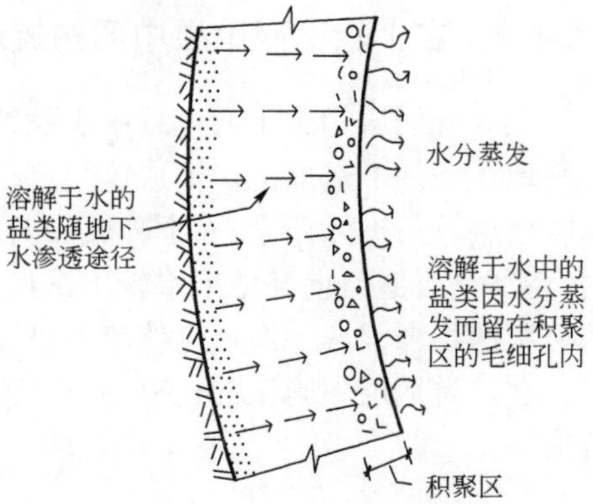

图13-30　围岩水分可穿过管片蒸发

注：引自王振信《隧道与地下工程防排水技术综述》。

13.4.5　在坚硬岩层中掘进的技术难点

什么样的围岩是坚硬岩层？就特定的盾构施工而言，其实一直都没有给出定量的定义。在一般概念中，单轴抗压小于30MPa的是软岩，30～60MPa的是中硬岩，大于60MPa的是硬岩。

在广州地区，中风化的石灰岩、岩浆岩和大部分母岩为岩浆岩的变质岩，一般它们的单轴抗压强度都在60～80MPa，微风化和新鲜岩层，通常都超过100MPa。至目前为止，在广州地区盾构在这种坚硬岩层中的掘进是极其困难的，一方面掘进的速度很慢，二是刀具的磨损非常严重。

13.4.6　花岗岩风化地层中球状风化体或巨大飘砾的处理技术

花岗岩的球状风化，是花岗岩岩体风化过程中独有的一种地质现象，体量比较小，一般直径多有1.0～3.0m左右(个别的体量较大)，只赋存在花岗岩的残积层、全风化、强风化岩体当中，由于它与其周围的围岩的强度相差巨大，且体量小，因此不易被钻探发现，在施工的过程中由于瞬间荷载突然加大，甚至会造成刀盘变形和刀具的严重损坏。

目前使用的处理办法有人工破岩、盾构破岩、地面钻探爆破三种方法。

1)人工破岩

可以采用静态爆破技术破岩；还可以用进口的破岩机械来处理球状风化体(图13-31)。

图13-31　国外引进的破岩机械(天一华区间)

采用人工破岩的方法无论是用静态爆破，还是用破岩机，一般都需要对地层进行加固，因为球状风化体本身就是在这种自稳能力不好的残积层或全风化和强风化花岗岩岩体中才会出现，因此采用这种方法的代价是要花很长的时间进行围岩的加固和等待。

2)盾构破岩

广州地铁3号线采用盾构直接破除花岗岩球状风化岩体时，发现前方的球状花岗岩风化体也像大漂砾一样会滚动，有些球状风化体即便是不滚动，盾构滚刀的破岩效果也不好。通常，盾构破岩时采用小推力、低转速。

3)地面钻探爆破

这种方法的思路是，通过钻探爆破将坚硬完整的花岗岩围岩崩碎，即通过人为的方法降低围岩的RQD值，从而便于盾构破岩。

采用这种方法的困难是，一方面难以在地面事先确定体量较小的球状风化体的精确位置；二是如果爆破不均匀，坚硬的花岗岩大碎块会造成刀具的损坏。

13.4.7 在上软下硬地层中盾构掘进的关键技术

在3号线盾构施工的过程中引发的较大的地面沉降，特别是几次“塌通天”的沉降，几乎都是在上软下硬地质条件下造成的。形成这类事故的原因，是由于在盾构推进的过程中，刀盘切削工作面土体时上部软地层较易进入土仓，而下部较硬岩体不易破碎，在这种情况下，往往会使上部软地层过量切削进入仓内，特别是当隧道上部地下水较丰富且有砂层、粉砂层或淤泥层时，一旦密封仓内有些许土压失衡，上部的松散地层会很容易造成土体流失进而发生较大的沉降，甚至发生“塌通天”事故。

在这类地层中施工的过程中，盾构的姿态是较难控制的，这样会搅动周围的土体，进一步加剧水土的流失。

13.4.8 添加剂的使用

盾构是特定的施工环境的产物，也就是说，不同的围岩使用的盾构是不同的，然而，复合地层的特殊性在于施工环境会发生突变，在施工的过程中由于环境的变化而随时随地变化盾构是不可能的。如图13-32所示，隧道的左部地层为〈3-2〉的中粗砂层，如果用泥水盾构将是理想的选择。但是，一通过〈3-2〉砂层之后，马上变为〈5-2〉和〈6〉含黏土颗粒超过50%的黏土层，而这种地层最好使用土压平衡盾构。

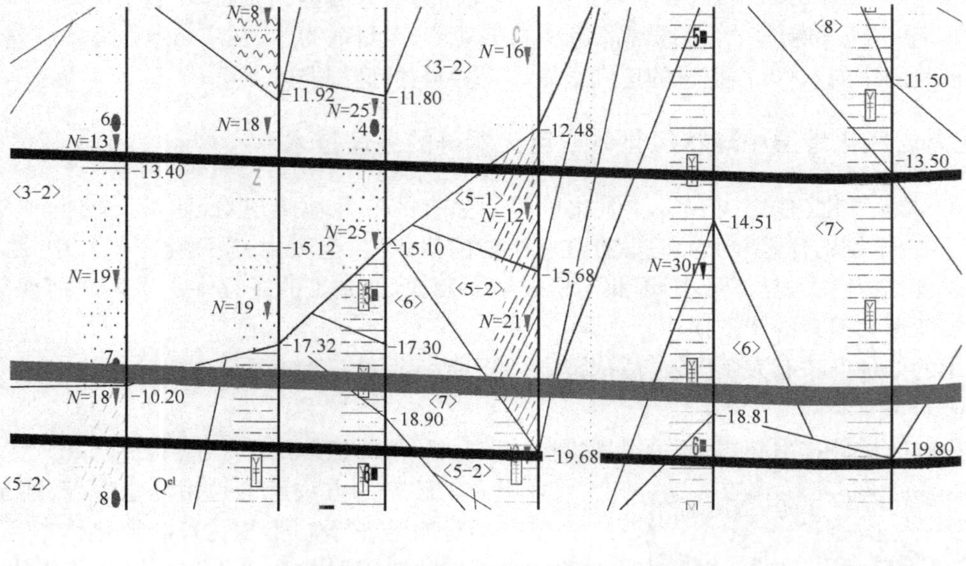

图13-32 广州地铁5号线某区间剖面图(局部)

在这种情况下，人们自然就会想到是否能扩大盾构适应范围的问题。目前，选择合适的添加剂能部分地解决这一问题。使用的添加剂主要有：发泡剂(Foams)、膨润土(Bentonite)和聚合物(Polymer)。

13.5 广州地铁盾构施工实例

13.5.1 广州地铁2号线越三区间

1)工程概况

广州地铁2号线越—三区间盾构隧道工程由中铁隧道集团施工设计总承包，工程范围包括越秀公园站(后变更为体育大厦站)至广州火车站、广州火车站至三元里站两个区间双孔隧道及区间双孔隧道之间的两条联络通道/泵房，具体见表13-7。

广州地铁2号线越三区间工程范围 表13-7

区　间	工程名称		里　程	长度(m)	备　注
越秀公园—广州火车站	区间隧道	右线	YCK15+592.8～YCK16+500.1	907.3	
		左线	ZCK15+592.8～ZCK16+500.1	911.137	长链3.837m
	左、右线间联络通道		YCK16+100	8.5	含泵房、检修井、集水管
广州火车站—三元里站	区间隧道	右线	YCK16+646.3～YCK17+694.5	1048.2	
		左线	ZCK16+648.9～ZCK17+694.6	1059.397	长链13.797m
	左、右线间联络通道		YCK17+300	13.65	含泵房、检修井、集水管
区间隧道总长				3926.034	

注:联络通道里程为中心里程,长度为与区间隧道相交的最短距离。

区间隧道的纵剖面见图13-33,两个区间左右线共有三组六段曲线,转弯半径分别为600m、400m,曲线合计长度约1939m,占线路全长49.4%。两个区间均为"V"形坡,最大坡度30‰,隧道上方覆土厚度最大约28m,最小约9m。整个工程自2000年5月1日开工,于2002年2月完成区间隧道施工,于2002年5月15日竣工。

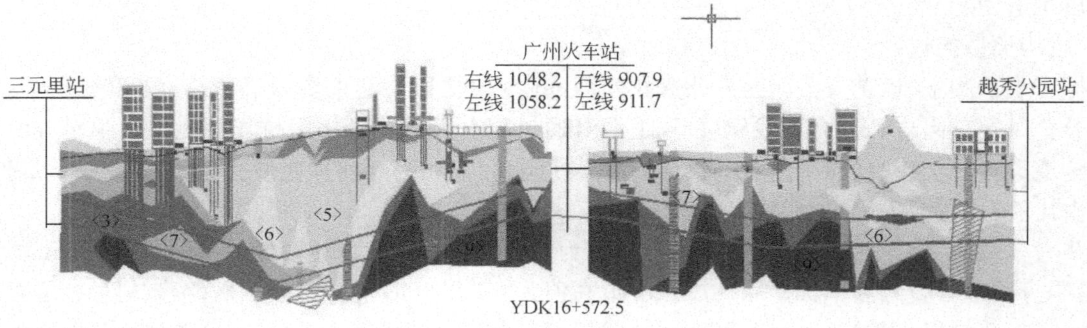

图13-33 广州地铁2号线越三区间隧道纵剖面图

2)工程地质及水文地质

(1)工程地质

越秀公园(体育大厦)至广州火车站区间隧道80%的地段埋置于岩层中,仅有20%的洞体处在断裂带和土石混合层中。穿越地层大部分是强风化岩〈7〉、中风化岩〈8〉及微风化岩〈9〉,有少部分为全风化岩〈6〉残积土层〈5-2〉和断裂破碎带。

广州火车站至三元里区间隧道穿越地层大部分是中风化岩〈8〉、强风化岩〈7〉和微风化岩〈9〉,其次为全风化岩〈6〉和残积土层〈5－2〉。在洞身范围内,不稳定地层多分布于上部,稳定地层则多分布于隧道下部,基本呈上软下硬。

(2)水文地质

本标段地下水主要为第四系孔隙水和基岩裂隙水两种。由于本标段发育有广从断裂和走马岗断裂,断裂破碎带富水性较好,施工时有突水现象发生。两个区间隧道地下水对混凝土均无侵蚀性。

(3)施工环境

整个区间隧道的地表建筑物密集,地面交通繁忙,地下管线复杂,共穿越135栋建筑物,其中四层楼以上的建筑物31栋,最高为7层。整个区间隧道穿越的各种地下管线达56条。

3)工程重点及难点

(1)盾构穿越铁路车站轨道,对沉陷控制要求严格

区间隧道左右线在广州火车站—三元里区间约180m长范围内穿越广州火车站站场14股轨道,且站内人行天桥桩基和邮电地下通道底板距隧道顶仅9m。由于铁路行车密度大,对沉降要求严格(轨面沉降≤10mm,两条钢轨沉降差≤4mm)。由于隧道上部覆土稳定性较差,如何在施工期控制地层沉降,并

确保后期地层不固结沉降,确保铁路绝对安全,这是本工程的难点。

(2)盾构穿越断层破碎带、建筑群并需要切一根桩

在越秀公园(体育大厦)—广州火车站区间左右线隧道要穿越广从断裂破碎带,该断层带岩体破碎,由角砾和碎块岩组成,地层无自稳能力,且地下水富集,有突水涌泥的可能。

(3)穿越软硬不均地层

在施工过程中,由于断面内岩层软硬不均,推力和扭矩变化较大,使盾构推进中的轴线控制和推进操作有相当大的难度。尤其是当软硬不均匀地层分布于曲线段和线路坡度较大洞段时,更加大了盾构掘进和轴线控制的难度。

(4)盾构穿越线路曲线多

区间隧道曲线长度约占线路总长的49.4%,且隧道纵坡分段多,变化大,在竖曲线和平曲线、缓和曲线上施工,方向较难控制。

(5)土渣粒径大,出渣困难

各种地层岩石与土体产生的土渣的粒径差异大、不均匀,可能造成出渣困难,影响螺旋输送机的使用效率。

4)盾构选型

(1)盾构类型的选择

根据岩土勘测报告,越秀公园至广州火车站区间隧道,洞身岩性主要为砾砂岩、含砾粉砂岩和砾岩,另有部分全风化花岗岩和花岗岩残积层;隧道洞身通过岩石天然单轴极限抗压强度最高值为44.6MPa。本区间隧道围岩分类按《铁路工程地质技术规范》(TBJ 12—1996)划分,主要有Ⅲ、Ⅳ、Ⅴ三个类别,各类围岩所占比例右线为:Ⅰ类,占5.85%;Ⅲ类,占39.2%;Ⅳ类,占1.22%;Ⅴ类,占53.8%。

广州火车站至三元里区间隧道洞身岩性主要为粉砂质泥岩及含砾粗砂岩,另有少部分细砂岩和粗砂岩,隧道洞身通过岩石天然单轴极限抗压强度最高值为29.8MPa,走马岗断裂破碎带从隧道洞身下方通过。本区间隧道围岩分类按《铁路工程地质技术规范》划分,主要有Ⅲ、Ⅳ、Ⅴ三个类别,各类围岩所占比例右线为:Ⅲ类,占26.4%;Ⅳ类,占64.9%;Ⅴ类,占8.7%。

根据越三区间地质情况,地层具有含砂量大、有硬软互层、液限指数过大并含有砾石等,宜采用闭胸式的泥水盾构或土压平衡盾构。

土压平衡盾构,在粉砂和黏土含量少的地层开挖时,在充满腔室内的开挖土砂中添加制泥材料,然后通过机械强制搅拌,使开挖土砂泥土化,即增加其塑性、流动性和不透水性。由推进油缸推力对这些泥土加压,抵抗开挖面的水土压力使开挖面稳定,因此即使在坍塌性砂层,开挖面也是稳定的。此外,由于可以调节添加材料的浓度和剂量来适应砂土和黏土互层开挖的土质变化,所以,土压平衡盾构是最适用的。

土压平衡盾构开挖砾层时,要在土仓内的土砂中添加高浓度、高黏性的制泥材料并加以搅拌,使土仓内的土砂具有塑性、流动性和不透水性,通过泥土压力与开挖面土压力平衡来防止开挖面坍塌。在泥土加压式盾构上安装有预定最大砾径可以通过的螺旋输送机来处理大砾。所以,在开挖砾层时,土压平衡盾构也是很适应的。

根据岩土勘测报告,〈8〉〈9〉岩层为稳定地层,越三区间约占50%,〈5-2〉土层、〈6〉、〈7〉地层和断裂带为不稳定地层,约占50%。所以,应选用既能采用敞开式开挖稳定地层,又能采用闭胸式开挖不稳定地层的复合式土压平衡盾构。

根据广州越三区间的水文地质的情况,本标段构造裂隙和节理相对不发育,80%的地段埋置于岩层中,岩体大部分较完整,富水性较小,透水性较弱,可以选取具有敞开式开挖功能和土压平衡开挖的盾构;但同时本标段有20%的洞体处在断裂带和土石混合层中,广从断裂带和走马岗断裂带富水性较好,施工时有可能发生突水现象,地层属冲击层和洪积砂层,为灰白、灰黄色中、粗砂,饱和、松散～中密,属强透水层,透水率在10^{-4}～10^{-6}m/s之间,既可选用泥水盾构,也可选用土压平衡盾构。选用土压平衡盾构时,通过添加材料的辅助工法可以改善渣土的性状,能避免渣土从出料口喷涌的现象发生。

综上所述，本标段宜选用既能采用敞开式开挖稳定地层，又能采用闭胸式开挖不稳定地层的复合式土压平衡盾构。根据越三区间的工程地质及水文地质特点和复杂周边环境，本工程选用了2台德国海瑞克公司制造的 ϕ6250mm 复合式土压平衡盾构，其外形见图 13-34。盾构均具有敞开式、半敞开式以及全闭胸的土压平衡式 EPB 式掘进模式，以适应硬岩地层、含水软岩以及软硬混合地层的掘进。同时，在 EPB 模式下，足够的土压平衡调节能力可有效地平衡周围土体的静水压力和土压力，保证开挖面的稳定。配合可靠的同步注浆系统，必要的二次补充注浆，以及后期地层注浆加固技术等辅助工法，可将地表隆陷控制在规定的范围之内，从而确保安全通过桩基群、广州火车站站场、广从断裂等特殊区段。

图 13-34 ϕ6250mm 复合式土压平衡盾构

(2)主要技术参数

主要技术参数见表 13-8。

ϕ6250mm 复合式土压平衡盾构主要技术参数 表 13-8

名称	参数
刀盘直径	6280mm
前盾直径	6250mm
中盾直径	6240mm
盾尾直径	6230mm
管片	外径 6000mm，内径 5400mm，宽度 1500mm，管片数量 5＋1
刀盘驱动类型	液压驱动
刀盘功率	3×315kW
刀具	切刀 64 把，切刀 16 把，双刃滚刀 14 把，双刃中心滚刀 6 把，五环扩挖刀 1 把
刀盘开口率	28%
刀盘转速	0～6.1r/min
刀盘扭矩	最大扭矩 4377kN·m，脱困扭矩 5350kN·m
掘进速度	80mm/min
推进油缸	30 根，行程 2000mm
总推进力	34200kN
铰接油缸	14 根，行程 150mm，收缩力 7340kN
螺旋输送机	直径 900mm，功率 315kW
盾尾密封数	三排钢丝刷
管片安装机	机械抓取式，起吊能力 120kN

(3)刀盘的地质适应性分析

刀盘的结构及刀具布置如图 13-35 所示。刀盘采用面板式结构，开口率约为 28%。刀盘开口的最大宽度为 280mm，螺旋输送机能通过的最大砾石直径为 300mm，从而保证了通过刀盘的石渣可以通过螺旋输送机。刀盘上安装了 64 把切刀，16 把周边刮刀，14 把双刃滚刀，6 把双刃中心滚刀，1 把五环扩挖刀。刀具均采用背装式，能从刀盘的背面进行更换。液压可伸缩式扩挖刀的行程为 50mm，用于曲径开挖。

刀盘是根据广州的地质条件设计制造的，刀盘结构具有刀具(在安装滚刀的位置可以换装齿刀)的互换性和可更换性，能满足不同地层的掘进需要。在刀盘的圆周面、正面焊接有耐磨层，增强了刀盘的耐磨能力。

刀具在刀盘上的超前量较大，盘形滚刀的超前量为 175mm，切刀的超前量为 135mm。

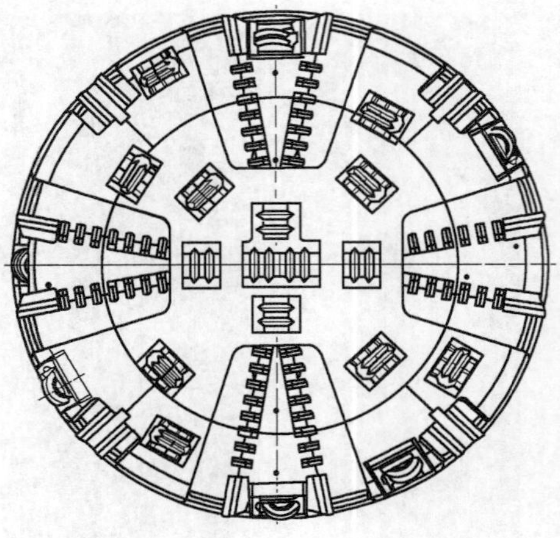

图 13-35 ϕ6250mm 土压平衡盾构

可以将刀盘中心的双刃盘形滚刀更换为齿刀，以增加刀盘中心的开口率。

正滚刀的刀间距为 100mm，边滚刀的刀间距为 60～70mm。

滚刀的承载力为 250kN，适应掘进的岩石抗压强度为 20～120MPa。

滚刀的转动阻力矩小，在砂层中掘进时可以转动，以避免滚刀偏磨。

刀盘前部的中心部位，装有一个用于注入添加剂的旋转接头，同时设备本身配备了用于渣土改良的泡沫和膨润土注入系统。在刀盘的背面焊有四根搅拌棒，以用来进行充分的渣土改良和搅拌。

齿刀和切刀与刀盘之间的角度比较适合广州地层(约 55°)，同时所有切刀与盘形刀都可以从刀盘背面更换。

通过越三区间的掘进，已证明了刀盘的推力与扭矩足以满足广州地层需要，在掘进过程中，推力与扭矩一般只达到额定推力与扭矩的 50%～60%左右。在施工后期，通过轻型盘形滚刀与中型滚刀的互换，进一步提高了刀盘的适应能力。

通过广州地铁 2 号线越三区间隧道的掘进实践，刀盘结构及刀具布置不太适应广州地铁的地质条件，仍需继续完善和改进。其一是刀盘中心的开口率相对较低，在掘进过程会形成泥饼，特别是在中心部位采用盘形滚刀的情况下，采用土压平衡模式掘进时。越三区间隧道施工后期，在刀盘的中心部位换装了齿刀后，刀盘中心结泥饼的问题基本得到了解决，主要原因是将滚刀换装成齿刀后增加了刀盘中心部位的开口率。其二是刀盘上的泡沫注入管偏少(盾构的泡沫注入系统共设计有 7 条注入管线，分别供刀盘和螺旋输送机)，且位置不太合理，在土压平衡模式状态下掘进时，渣土改良效果欠佳，特别是刀盘中心部位和刀盘的边缘位置。其三是使用的轻型双刃盘形滚刀的滚动阻力矩小，在砂层中掘进时效果较好，但掘进比较坚硬的岩层时，轻型双刃盘形滚刀的适应性不是很好，在施工后期换装了中型盘形滚刀后，破岩效果较好。其四是盘形滚刀在采用气压平衡模式掘进时，容易被渣土包裹，从而易形成滚刀偏磨现象。其五是刀具的刀座设计不合理，很容易因掘进造成刀座变形或刀具脱落造成螺旋输送机损坏等事故发生。本工程完成后，对刀盘做了改进，刀具数量和布置做了较大调整，通过以后的 3 号线、4 号线的实践证明，改进后的刀盘更能适应广州的地质。

5)掘进模式的选择

(1)掘进分段

根据盾构施工特点，将盾构掘进划分为三个阶段，即试掘进段、正常掘进段和到达掘进段。将盾构从三元里站始发后的右线 300m、左线 150m 及广州火车站二次始发后 50m 作为试验掘进段，将盾构到达车站工作井前 15m 段作为到站掘进段，其余地段作为正常掘进段。

(2)掘进工况的选择

根据地质条件、地下水位和地层压力情况以及地表建筑物情况，以稳定工作面地层、有效控制地层沉降、确保地面建筑物安全为原则，选择敞开、半敞开和 EPB 模式三种盾构掘进工况。

①敞开式掘进模式

在掌子面足够稳定并且涌水能够被控制时，采用“敞开式”掘进模式作业。

当洞身处于中风化岩〈8〉、微风化岩〈9〉等岩层中时，且渗水量较小的情况下，采用敞开式掘进模式作业。在敞开式掘进模式下开挖刀具破碎隧道掌子面的岩层，破碎的渣石通过刀盘上的开口进入土仓，通过位于土仓底部的螺旋输送机将渣土排出。

在敞开式掘进模式下，在土仓的底部，要有足够的岩渣供螺旋输送机出渣用，土仓的其他空间是空的。

在“敞开式”作业模式下，土仓通过螺旋输送机的卸料口与隧道相通。关闭卸料口，土仓将会在瞬间被压力封闭。当推进停止时，可以随时进入开挖仓而无需采取其他措施。

②半敞开式

当洞身处于中风化岩〈8〉、微风化岩〈9〉岩层中，且含水水压为(1～1.5)×10^5Pa，掌子面可以稳定的地层中时，采用半敞开式掘进模式进行掘进。半敞开式作业时，隧道掘进速度近似于敞开式作业。位于刀盘和承压板之间的土仓一部分是岩渣，一部分为压缩空气。半敞开式作业的开挖和推进与敞开式作业基本一致。

半敞开式作业时，当土仓内气压≤1×10^5Pa时，不会发生螺旋输送机出渣喷涌现象；当土仓内气压≥1.0×10^5Pa、≤1.5×10^5Pa时，可能会发生出渣喷涌现象，但可以控制。

③EPB模式

EPB模式用于围岩不稳定、水压高、水量大的地层。采用EPB模式施工时，可以用泡沫系统改善渣土的塑流性。在EPB模式下工作时，要很好地控制螺旋输送机的转速和出渣量，以防止土仓中压力下降过大而造成地面下沉。

广州地铁2号线越三区间隧道施工时，以下地层采用EPB模式掘进。

a.洞身全断面或上部处于冲、洪积土层〈4〉，残积土层〈5〉，全风化岩〈6〉和强风化岩〈7〉等地层中；

b.洞身处于断裂构造带中；

c.当地层可能有较大涌水时。

从土压平衡状态向非土压平衡状态转换时，要逐渐减少平衡压力，同时加强观测，直至过渡到非土压平衡状态。当从非土压平衡状态向土压平衡转换时应逐步减少出渣量，同时加强观测来过渡，工况转换区段长度，按1.5～2.0倍洞径考虑。

(3)EPB模式下添加剂的注入

①泡沫注入

为了改善渣土的流动性，在掘进时需要加注泡沫。泡沫的膨胀比需控制在10之内。在土压平衡状态下泡沫需要量约为500L/m^3。

②膨润土及黏土注入

盾构设计有膨润土注入系统，共有9条注入管线，供刀盘、盾壳和螺旋输送机。当隧道埋深较浅，且洞顶土层风化严重时，为控制地表沉降，可在盾壳上注入膨润土。当土仓中土流动性不好时，向开挖仓注入膨润土的比例约为20%～30%。

6)始发隧道施工

始发隧道采用矿山法施工，由于三元里站端地层为中风化岩〈8〉号地层，施工用两层台阶法。架设钢支撑，超前管棚注浆。

7)联络通道/泵房施工

联络通道/泵房施工采用从地表增设竖井，从地面通过竖井(泵房位置)向两端施工，在盾构通过前除两端各2m外均需施工完毕，盾构通过后施工其余部分。施工采用暗挖矿山法，通道采用正台阶法非爆破开挖，复合式衬砌，二次衬砌(现浇混凝土)分两次完成。

8)洞门施工

掘进通过后选择适当时机，拆除洞门负环管片，按设计作好防水层后，现浇混凝土衬砌。

9)车站端头加固

根据三个车站地质情况及地面建筑物情况，需对越秀公园站左右线隧道端头，在隧道范围外径向2.0～3.0m，长5.0m范围，采用自钻式锚杆加固注浆。

10)隧道防水

隧道防水以高精度、高强度、高抗渗性的管片自防水和管片拼装缝的弹性密封垫为主，管片混凝土抗渗强度等级不小于S_{12}，弹性密封垫采用遇水膨胀橡胶。拱部和底部衬砌内侧嵌缝充填水膨胀腻子作为辅助防水措施,并对洞门、联络通道接口钢管片、螺栓孔、注浆孔等作特殊防水、防腐处理,以保证建成的隧道不渗不漏。

11)盾构穿越广州火车站站场施工

广州地铁2号线广州火车站—三元里区间隧道为双洞单线隧道,两隧道净间距12.6m。该区间隧道右线在YCK16+745.5~YCK16+910.5长165m区段穿越广州火车站站场的14股轨道;左线ZCK16+768~ZCK16+925.5长157.5m区段穿越广州火车站站场的14股轨道。区间隧道ZCK16+648~ZCK16+805为渡线。同时隧道要穿过4个站场下部的邮政通道和一个跨越站场的人行天桥。邮政通道距离区间隧道顶部的最近距离为4.2m,人行天桥的桩基距洞顶2.6m。因此要求地铁区间隧道在穿越车站站场时,必须采用切实可行的技术措施,有效地控制地层变形和防止地下水渗漏,确保地表沉降及其沉陷槽在可控的范围。

广州火车站站场所处地层情况从上至下依次为素填土、粉质黏性土、残积黏土、全风化岩石、中风化岩石、微风化岩石。

右线首先掘进,由于所处地层地质情况较好,地层变位并不明显。在右线开挖支护完成的基础上,开展左线隧道的掘进。由于左线隧道掘进将遇到〈5-2〉透镜体的薄弱夹层,隧道围岩变位迅速增加,相应的地表沉降也将加大。

(1)施工原则

综合考虑该区间隧道的埋深、地质情况以及与火车站站场的空间关系,制订了通过本段隧道施工的指导思想为:"安全、连续、快速",同时并确立"模式正确、土压合理、防范失水、快速掘进、注浆充分、严密监测、快速反馈"的施工原则。

监控量测反馈系统建立两套模式:第一,与施工的反馈通过无线数据系统与施工决策部门建立通信网络,做到准确快捷;第二,与铁路运营部门建立通信热线,及时通报轨道及道床的沉降数据,同时了解列车进发动态。

(2)施工方案

①优先考虑施工同步背衬注浆,必要时采用适当的及时补强注浆进行地层加固和地层稳固。

②通过对收集到的火车站站场地区地质资料的分析,要求在过站场之前,必须恢复同步注浆系统,并要求盾构具有超前注浆加固地层的能力。

(3)施工措施

①在进入火车站站场前,全面检查盾构及后配套设备,如盾尾密封、铰接密封、注浆传感器、泡沫注入系统、刀具等,确保盾构在过站期间的正常工作。

②保证同步注浆的压力与注浆数量,确保注浆压力表的正常工作,注浆压力要维持在2.5×10^5Pa以上,且每一循环注浆量不宜少于$4.5m^3$。

③在掘进模式选择方面,尽管盾构穿越微风化岩〈9〉号地层,但由于广州的地层复杂、地质状况变化多样。加上站场段为人工杂填土,失水时容易产生沉降变形,而且此变形不像隧道沉降槽变形可以提前预测。再加之站场下部的邮政通道是年久失修,稍不注意,极易因沉降产生裂缝,甚至损坏。因此在掘进时,应建立一定的土压,最少应保证土仓内的渣土盖住螺旋输送机进料口。宜采用半敞开模式进行掘进,仓内压力不小于8.0×10^4Pa。

④严格控制每一循环的出渣渣量,密切关注出渣渣土的物理性能。对于〈8〉、〈9〉号地层,每一循环的渣量不大于5.5车,〈7〉号地层,每一循环的渣量不大于4.5~5.5车,〈5−2〉、〈6〉号地层,每一循环的渣量不大于4~4.5车。如发现渣土比较稀时,要尽量使用泡沫提高渣土的止水能力,以实现半敞开式模式的掘进。

⑤地下水的流失,更加容易引起地层损失,使地表产生沉降。应密切关注作业面的出水量,一旦发现渣土太稀、水量偏大或工作面有地下水涌出,立即关闭螺旋输送机仓门,建立土压平衡模式。

⑥加强对铰接密封、盾尾密封、泡沫系统使用的检查,发现有涌水或砂浆露出等现象立即进行处理,防止因水的流失或砂浆流失,造成地层损失。

⑦土仓仓门和土仓压力要严格控制，在没有得到相关责任人的允许，任何人不得随意打开仓门。

⑧加强同步注浆，必要时，用风钻钻孔深不小于1.5m的孔，同时用40Be水玻璃与1∶1的水泥净浆按照1∶1的体积比，用$(2\sim3)\times10^5$Pa的压力，进行补强注浆。

⑨尽量快速地通过火车站站场，如因特殊情况需要长时间停机时，必须建立土压平衡，使渣土堆满整个土仓内。

⑩加强洞内和地表的监控量测工作，跟踪施工。

12）断裂带的施工

①及时调整土仓压力，确保土压平衡，保证开挖面土体稳定。

②掘进中向土仓添加泥水或泡沫，以改善渣土的塑流性，防止螺旋输送机堵塞或喷涌。

③及时进行同步注浆，使管片衬砌尽早支撑地层，控制地层沉陷。

④全天连续掘进，地表和建筑物连续监测。掘进中，根据地表沉陷监测情况，采取向洞身周围围岩径向注浆加固备用方案。

13）到站掘进

（1）施工措施

①对洞门的结构尺寸及中线位置进行复核，并对侵入洞门的围护桩、钢筋等结构物进行清除。

②为防止洞门岩体在盾构推力作用下发生坍塌，应对洞门的岩体作适当处理，在洞门岩面作30cm厚的素喷混凝土，并紧贴岩面制作以ϕ20mm钢筋焊成20cm×20cm的钢筋网。施作时让钢筋接头朝向洞门外，以避免刀盘转动时钢筋进入刀盘。

（2）掘进参数

到站段尽量减小盾构掘进时对周围岩体的扰动影响，尽量减小推力、降低掘进速度。

土仓压力在距洞门距离大于10m时可保持与区间隧道掘进时一致的压力，在距洞门5～10m时需适当减小压力，在距洞门2～5m时将土压转换为相应的气压。在距洞门仅2m时减小土仓压力，小于1m时尽量排出土仓中的渣土，以使洞门岩面的渣土顺利进入土仓。

到站段采用的掘进参数见图13-36。

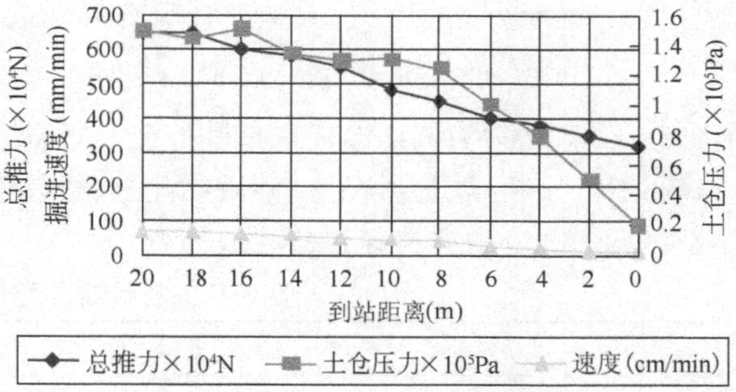

图13-36 到站段施工采用的掘进参数统计曲线

（3）管片衬砌背后注浆

为达到快速止水、尽快稳固管片衬砌的目的，在到站段的管片衬砌背后注浆选取胶凝时间短、早期强度高的浆液。注浆压力应小于区间隧道掘进时注浆压力，尤其在刀盘距洞门岩体仅2m时，由于此时的油缸推力一般都很小，为防止管片下沉或出现错台，注浆压力必须进一步降低。注浆速度也应相应地随掘进速度的降低而减小。在刀盘从洞门出露后，注浆时要对洞门轮廓与盾壳之间进行防漏处理。

（4）掘进方向的调整与控制

为确保盾构准确贯通，提前对盾构姿态进行调整。在距站50m时，以工程地面导线点和水准点为基准，对盾构姿态作高精度的测量复核。在到站前10m完成对盾构姿态的调整。

在软弱地质情况下到站时，应考虑刀盘自重作用的影响，避免由于刀盘自重的作用，盾构前体发生下沉而导致贯通困难，可使盾构中线相对线路中线提高5～20mm。

（5）管片安装

在到站段，由于盾构掘进时推力较小以及由于洞门岩体随盾构掘进逐步破除，推进油缸作用于管片上的力将会减小，使管片之间的环缝不能紧贴，从而导致管片的环向止水条的止水效果不佳，同时也可能使管片由于油缸对其的作用力较小，在自重的作用下而发生下沉或出现错台。为此，在拼装管片时要复紧所有的螺栓，尤其是纵向螺栓。必要时在螺栓手孔处用角钢进行连接加固处理，使到站段一定范围内的管片形成整体。

(6)地表监测

为确保到站段盾构掘进施工的安全,在施工的同时加强地表的隆陷情况的监测,并及时进行信息反馈,指导现场的施工。

13.5.2 广州地铁4号线小新区间右线盾构隧道

1)工程概况

广州地铁4号线大学城专线小谷围站—新造站盾构区间工程位于整条线路的最南部,线路从新造站北端的明挖始发井向北经过曾边村、新广公路、下穿510m宽新造海、新造北岸、练溪村,最后到达小谷围站南端的吊出井,见图13-37。

小新区间盾构工程主要由一个明挖始发井段、两个盾构隧道区段和一段矿山法隧道构成,明挖始发井段长81.7m。右线盾构隧道长1417.3m,右线中间风井马蹄形矿山法隧道扩大段长38m,右线矿山法圆形隧道长181m,采用盾构拼装管片通过。左线盾构隧道1598.3m,左线中间风井马蹄形矿山法隧道扩大段长38m。小新区间盾构工程的主要附属工程包括四个联络通道(一个与中间风井合建)、一个区间风井、一个废水泵房与八个洞门。区间隧道左右线间距为13.0m,隧道线路在平面上为直线。线路纵坡为"V"形坡,最大坡度为50‰,隧道覆土厚度在3~35m之间。

图13-37 广州地铁4号线小新区间工程位置

小新区间所处地貌属珠江三角洲河网交错的冲积平原区,其间夹有新造海河床,局部分布有侵蚀堆积成因的台间谷地。风化基岩埋深较浅,表层分布有坡积土层,新造海河床及局部低洼地段分布有软土。隧道通过地段自上而下为素填土、淤泥、淤泥质黏土、粉细砂、中粗砂、粉质黏土、砂质黏性土、全风化混合岩、强风化混合岩、中风化混合岩、微风化混合岩。小新区间右线隧道盾构穿越的地层见表13-9。

小新区间右线隧道洞身各地层围岩类别及渗水系数 表13-9

地层编号	岩土名称	所占比例(%)	渗透系数(m/s)
4-3	粉质黏土	0.95	2.3×10^{-7}
5Z	砂质黏性土	17.15	2.3×10^{-7}
6Z	全风化混合岩	11.12	2.3×10^{-7}
7Z	强风化混合岩	47.64	6.9×10^{-6}
8Z	中风化混合岩	9.49	1.0×10^{-5}
9Z	微风化混合岩	13.65	

2)盾构选型

根据欧美的盾构法施工经验,当地层的渗透系数大于1.0×10^{-4}m/s时,宜选用泥水盾构;当地层的渗透系数小于1.0×10^{-7}m/s时,宜选用土压平衡盾构;当地层的渗透系数在$1.0\times10^{-7}\sim1.0\times10^{-4}$m/s之间时,既可以选用泥水盾构,也可以在渣土改良情况下选用土压平衡盾构。小新区间盾构穿越的地层为黏质黏土、砂质黏土、全风化混合岩、强风化混合岩、中风化混合岩、微风化混合岩,渗透系数在$2.3\times10^{-7}\sim1.0\times10^{-5}$m/s之间。不论是选用泥水盾构,还是选用土压平衡盾构,从技术上来说都是可行的。本工程由于受施工场地所限,如果选用泥水盾构,在场地占用、废弃泥水的处理、运输上均有很大的难度;从经济性来看,泥水盾构由于需要泥水输送系统和泥水分离站,设备的购置费用比土压平衡盾构高25%~35%,因此施工中选用了德国海瑞克公司制造的ϕ6250mm土压平衡盾构,其主要技术参数见表13-10。

广州地铁小新区间土压平衡盾构主要技术参数 表13-10

系统名称	参数名称	技术参数
盾构	前盾直径	φ6250mm
	中盾直径	φ6240mm
	盾尾直径	φ6230mm
	盾构主机长	8.32m
	盾构及后配套总长	69.2m
	盾尾密封	4排钢丝刷
刀盘	开挖直径	φ6280mm
	开口率	31%
	刀盘开口槽	8个
	泡沫注入口	8个
	刀盘重量	560kN
	驱动功率	3×315kW
	转速	0～6r/min
	扭矩	4500kN·m;2000kN·m
	脱困扭矩	5400kN·m
刀具	中心滚刀(软土时换装双刃齿刀)	4把,17″(4把)
	单刃滚刀(软土时换装窄齿刀)	31把(31把)
	滚刀超前量	175mm
	齿刀超前量	140mm
	切刀	64把
	切刀超前量	140mm
	周边刮刀	16把
	超挖刀	1把,行程50mm
推进油缸	推进油缸数量	30个
	最大推力	34200kN
	最大推进速度	80mm/min
管片安装机	自由度数量	6个
	纵向移动	2000mm
	伸缩长度	1200mm
	旋转角度	±200°
	最大转速	0～2r/min
	功率	55kW
	提升力	120kN
螺旋输送机	功率	315kW
	长度	12290mm
	直径	φ900mm
	转速	0～22r/min
	最大扭矩	198kN·m
	输送能力	300m³/h

续上表

系统名称	参数名称	技术参数
皮带输送机	功率	30kW
	长度	2×45m
	皮带宽度	800mm
	皮带速度	0～2.5m/s
同步注浆系统	注浆泵数量	2套
	注浆泵功率	30kW
	砂浆罐容量	$6m^3$
加泥系统	功率	30kW
	注入能力	$30m^3/h$
泡沫注入系统	功率	5kW
	注入能力	5～300L/min
	水泵功率	11kW
空气压缩机	功率	2×55kW
	空气压力	0.8MPa
	能力	$10m^3/min$
电力系统	变压器容量	2000kV·A
	初级电压	10kV
	二级电压	400V

3)盾构法施工

(1)盾构始发

盾构始发主要包括:掘进前地层加固、安装盾构始发基座、盾构组装、安装反力架、安装洞门密封、拼装负环管片、盾构试运转,洞门处理、盾构贯入作业面和掘进等。

盾构始发按下列次序进行:

始发洞口的注浆补充加固→端头围护结构混凝土凿除(保留钢筋网)→始发台安装定位→盾构主机组装定位→反力架定位→负环钢管片安装定位→主机、后配套连接→盾构调试→负环管片安装→安装洞门密封→盾构空载推进→割除围护结构钢筋网→始发掘进→拆除反力架、负环管片。

在进行始发台、反力架和首环负环管片的定位时,为确保盾构始发姿态与隧道设计线形符合,始发前基座定位时,盾构轴线与隧道设计轴线应保持平行。为防止盾构低头,盾构中线比设计轴线适当抬高了2cm。

盾构始发是盾壳在始发台上滑行,依靠盾构推进油缸作用在反力架上向前行走。小新区间盾构施工时,将前100m作为试掘进段。始发时,首先通过800mm厚的C30素混凝土地下连续墙,然后通过旋喷加固的洞门端头,在这个区段,地层自稳能力强,采用了敞开式模式推进;接着盾构进入4.5m长的袖阀管压密注浆加固区,盾构在这一区段推进时逐步建立了土压,土压控制在1.5×10^5Pa以内,推力小于6000kN;然后进入原状土层,在原状土层中盾构按土压平衡模式掘进,土压力一般为1.5×10^5Pa,刀盘转速为1.6～1.8r/min,推进速度和推力逐步增加。其中第10环以内,掘进速度小于20mm/min,推力小于6000kN,泡沫剂用量为40～45L/环,并根据渣土性状酌情加水;第11～22环,掘进速度小于25mm/min,泡沫剂用量为35～40L/环,推力小于8000kN;第23～70环,掘进速度小于30mm/min,泡沫剂用量为30～35L/环,推力小于10000kN。为保证始发后同步注浆浆液快速凝固,始发段采用水泥砂浆,水泥用量较大,其配比见表13-11。

始发段同步注浆配比($1m^3$)　　表 13-11

水　泥	粉 煤 灰	膨 润 土	细　砂	水
135kg	370kg	64kg	820kg	440kg

正常掘进时同步注浆液的配比见表 13-12。

正常掘进时同步注浆配比($1m^3$)　　表 13-12

水　泥	粉 煤 灰	膨 润 土	细　砂	水
120kg	381kg	54kg	779kg	465kg

(2)盾构掘进

盾构在完成 100m 试掘进后，进入正常掘进阶段。盾构在小新区间采用了三种掘进模式，分别是敞开式(OPEN)、半敞开式(SEMI-OPEN)和土压平衡式(EPB)，三种掘进模式原理如图 13-38 所示。

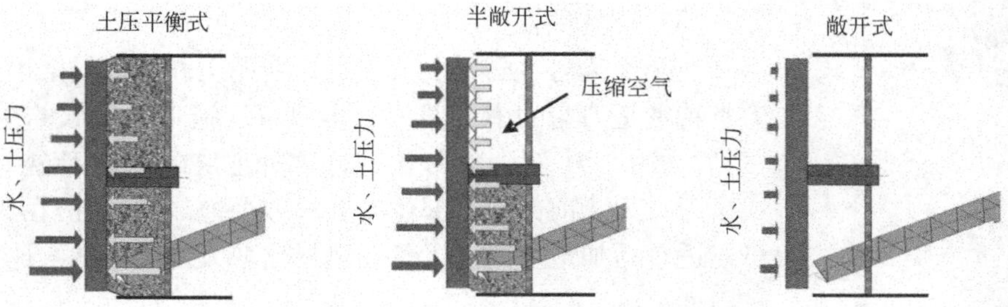

图 13-38　三种掘进模式原理图

①敞开式

该掘进模式类似于开敞式 TBM 掘进，盾构切削下来的渣土进入土仓内即刻被螺旋输送机排出，土仓内仅有极少量的渣土，土仓基本处于清空状态，掘进中刀盘和螺旋输送机所受反扭力较小。由于土仓内压力为大气压，故不能支撑开挖面地层和防止地下水渗入。在小新区间能够自稳、地下水少的地层多采用这种模式。

采用敞开模式掘进时，以滚刀破岩为主，采用高转速、低扭矩和适宜的螺旋输送机转速推进；同步注浆时浆液可能渗流到盾壳与周围岩体间的空隙甚至刀盘处，为避免此现象发生可采取适当增大浆液黏度、缩短浆液凝结时间、调整注浆压力、管片背后补充注浆等方法来解决。

②半敞开式

半敞开式又称为局部气压模式。掘进中土仓内的渣土未充满土仓，尚有一定的空间，通过向土仓内输入压缩空气与渣土共同支撑开挖面和防止地下水渗入。该掘进模式适用于具有一定自稳能力和地下水压力不太高的地层，其防止地下水渗入的效果主要取决于压缩空气的压力，在小新区间过江地段及上软下硬地层施工时多采用这种模式。在上软下硬地层施工时以滚刀破岩为主破碎硬岩，以齿刀、切刀为主切削土层。在河底段掘进时，需要添加泡沫剂、聚合物、膨润土等改善渣土的止水性，以使土仓内的压力稳定平衡。

③土压平衡模式

土压平衡模式就是将刀盘切削下来的渣土充满土仓，并通过推进操作产生与土压力和水压力相平衡的土仓压力来稳定开挖面地层和防止地下水的渗入。该掘进模式主要通过控制盾构推进速度和螺旋输送机的排土量来产生压力，并通过测量土仓内的土压力来随时调整、控制盾构推进速度和螺旋输送机的转速。在小新区间的稳定性较差的软土和富水地层中采用这种模式。采用土压平衡模式时，以齿刀、切刀为主切削土层(硬岩地段则以滚刀破岩为主)，以低转速、大扭矩推进。土仓内土压力值应略大于静水压力和地层土压力之和，在河底段掘进时，仍需要添加泡沫剂、聚合物、膨润土等改善渣土的止水性以及在螺旋输送机上安装止水保压装置，以使土仓内的压力稳定平衡。

(3)掘进方向的控制与调整

由于地层软硬不均、隧道曲线和坡度变化以及操作等因素的影响，盾构推进不可能完全按照设计的隧道轴线前进，而会产生一定的偏差。当这种偏差超过一定界限时就会使隧道衬砌侵限、盾尾间隙变小使管片局部受力恶化，并造成地层损失增大而使地表沉降加大，施工中通过下列技术措施控制掘进方向和进行纠偏：①采用 SLS-T 隧道自动导向系统和人工测量辅助进行盾构姿态监测；②采用分区操作盾构推进油缸控制盾构掘进方向。本工程使用的盾构有 30 根推进油缸(图 13-39)，推进油缸分为 5 组，每组 6 根油缸。通过调整每组油缸的不同推进速度来对盾构进行纠偏和调向。

(4)渣土改良的主要技术措施

在小新区间混合岩硬塑状残积土和全、强、中风化混合岩的掘进中，采取分别向刀盘面和土仓内注入泡沫，必要时向螺旋输送机内注入泡沫的方法进行渣土改良，泡沫的注入量为 1m³ 渣土 300～600L。在富水断层带和其他含水地层采用局部气压模式掘进及土压平衡模式掘进时，向刀盘面、土仓内和螺旋输送机内注入膨润土，并增加对螺旋输送机内注入的膨润土，以利于螺旋输送机形成土塞效应，防止喷涌。在砂土地层中掘进时，采取向刀盘面和土仓内注入泡沫。

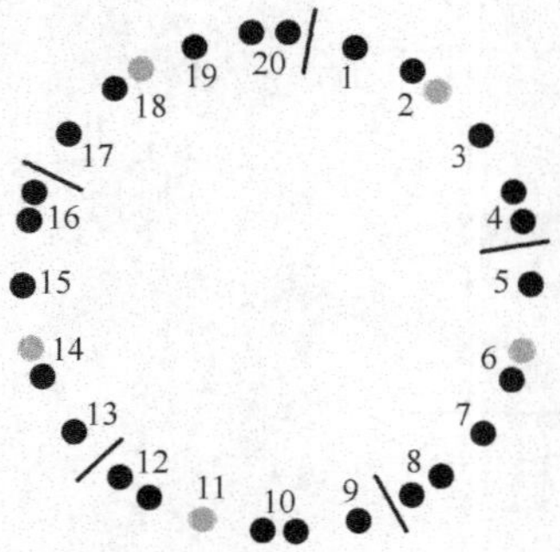

图 13-39 推进油缸分区示意图

(5)防泥饼措施

在全风化岩、强风化岩、混合岩残积土和塑性黏土中掘进时，容易在刀盘特别是刀盘的中心部位产生泥饼。施工中采取的主要技术措施如下：盾构中心刀采用切刀，在到达这种地层之前把刀盘上的部分滚刀换成齿刀。刀盘前部中心部位布置有数个泡沫注入孔，在这种地层掘进时可以适量增加泡沫的注入量和选择比较大的泡沫加入比例，减小渣土的黏附性。

(6)穿越珠江段施工

新造海为珠江水系在广州番禺区的一条支流，江面宽 510m，江水最大深度 17m 以上，江底隧道最小覆土厚度为 8.5m。2004 年 8 月 29 日，小新区间右线盾构进入新造海底进行掘进，于 11 月 14 日通过新造海，过江历时 79d。

在盾构到达新造海前，有一个 4 号联络通道，4 号联络通道是与泵房合建的。由于开仓换刀远比带压进仓换刀安全方便，同时也为保证 4 号联络通道的施工安全，在 4 号联络通道位置采用垂直袖阀管注浆技术对隧道掌子面提前进行了加固，然后采用敞开方式，对盾构的刀具进行了一次全面检查和更换。加固范围为刀盘前方 2.4m、后方 1.2m、两侧各 1.2m，竖向范围为盾构刀盘底部以下 1m、刀盘顶部以上 6m(图 13-40)。注浆孔横、纵向间距均 1～1.2m，呈梅花形布置。注浆采用水泥-水玻璃双液浆，水灰比为 0.8～1，水泥浆与水玻璃溶液体积比为 1∶1。

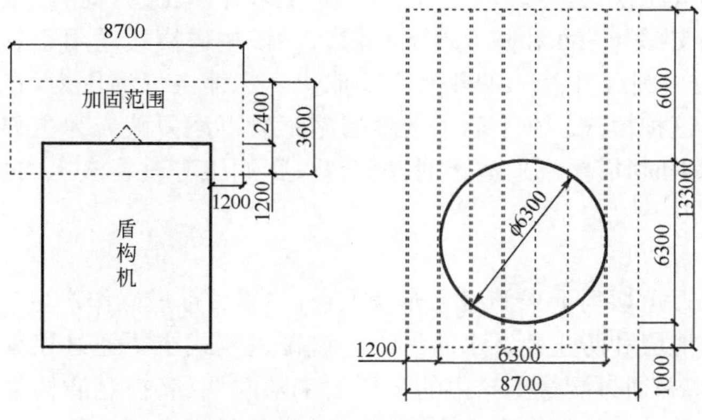

图 13-40 袖阀管注浆加固范围(mm)

①过江段地质情况

YDK22＋864～YDK22＋841(300～315 环)之间隧道顶部为强风化混合岩〈7Z〉地层、中下部为中风化混合岩〈8Z〉地层；

YDK22＋841～YDK22＋669(316～430 环)之间隧道顶部为全风化混合岩〈6Z〉地层、中下部为强风化混合岩〈7Z〉地层，其中 387～396 环隧道范围内下部有中风化混合岩〈8Z〉地层出现；

YDK22＋669～YDK22＋542(431～515 环)之间隧道顶部为强风化混合岩〈7Z〉地层、中部为中风化混合岩〈8Z〉地层，中下部到底部为微风化混合岩〈9Z〉地层，其中 387～396 环隧道范围内下部有中风化混合岩〈8Z〉地层出现；

YDK22＋542～YDK22＋503(516～540 环)之间隧道大范围以“V”字形状为砂质黏性土〈5Z-2〉地层、其隧道周边普遍为强风化混合岩〈7Z〉地层；

YDK22＋503～YDK22＋415(541～600 环)之间隧道顶部为强风化混合岩〈7Z〉地层、中部为中风化混合岩〈8Z〉地层，中下部到底部为微风化混合岩〈9Z〉地层，其中 387～396 环隧道范围内下部有中风化混合岩〈8Z〉地层出现；

YDK22＋415～YDK22＋363(601～635 环)之间隧道顶部为强风化混合岩〈7Z〉地层、中部为中风化混合岩〈8Z〉地层。

②过江段施工采用的掘进参数

a. 硬岩段(〈8Z〉、〈9Z〉地层)

总推力：2.0×10^7N；刀盘转速：2.0～2.3r/min；刀盘驱动：1.95×10^7Pa；掘进速度：15～25mm/min；土仓压力：0；注浆量 6m^3；注浆压力 3×10^5Pa；掘进模式：敞开式掘进。

b. 软岩段(砂质黏性土)(〈5Z〉、〈6Z〉、〈7Z〉地层)

总推力：1350T；刀盘转速：1.6～1.8r/min；刀盘驱动：180bar；掘进速度：不控制；土仓压力：(1.8～2.2)$\times10^5$Pa；注浆量 5.5m^3；注浆压力 3.8×10^5Pa；掘进模式：EPB 模式。

c. 上软下硬段(上部为〈6Z〉、〈7Z〉，中、下部〈8Z〉、〈9Z〉地层)

总推力：1.7×10^7N；刀盘转速：1.6～2.0r/min；刀盘驱动：1.65×10^7Pa；掘进速度：25～40mm/min；土仓压力：(1.2～1.5)$\times10^5$Pa；出渣量：注浆量 5.5m^3；注浆压力 3.8×10^5Pa；掘进模式：半敞开式。

d. 上软下硬段兼有喷渣段(上部为〈6Z〉、〈7Z〉，中、下部〈8Z〉、〈9Z〉地层，且高压富水地段)

总推力：1.6×10^7N；刀盘转速：1.6～1.9r/min；刀盘驱动：1.7×10^7Pa；掘进速度：25～35mm/min；土仓压力：(1.5～2.0)$\times10^5$Pa；注浆量 5.5m^3；注浆压力 3.5×10^5Pa；掘进模式：半敞开式。

③过江段施工控制要点

施工过程中一直把出渣量的控制作为首要问题，出渣量一般控制在每环 68m^3 以内，掘进过程中尽量减少或避免大幅度的蛇行和纠偏。

土仓压力要按该掘进区间地段的地质、隧道埋深计算得出土压平衡式时的土压，在硬岩掘进时一般采用敞开式掘进，而遇到上软下硬地层，并且上部有塌方的可能时，要保持一定的平衡压力，这时就可用气压代替土压；在掘进软岩时(如 5Z 地层)最好保持一个比较稳定的土压进行掘进。

在掘进到硬岩地段或有探测孔时，地层赋水强，一般采用超前注浆孔放水或在已安装好的管片的后 4 环注入双液浆进行堵水。

在出现管片上浮迹象时，应及时根据上浮量调整盾构的姿态。调整同步注浆浆液的配比，保证注入的浆液能够起到作用，或在管片背后注入双液浆，及时填充管片背后的间隙。

13.5.3 广州地铁 3 号线客村—大塘区间盾构过软岩和中硬岩

1)工程概况

本区间的基岩是白垩系沉积岩，分布特征主要有两种：一种是全断面为中风化岩层〈8〉、微风化岩层〈9〉，岩性为泥质粉砂岩夹粉砂质泥岩、粉砂岩、细砂岩、粗砂岩、砂砾岩、含砾砂岩、砾岩，占隧道总长 60%以上，岩石抗压强度大多在 30～60MPa，最大单轴抗压强度为 62.3MPa。另一种是隧道穿越的断面，上部为强风化岩层〈7〉，下部为中风化岩层〈8〉、微风化岩层〈9〉和上软下硬地层。对于这两种情况，均采用软岩和中硬岩区刀具布置形式，也就是在刀盘的边缘区、正面区和中心区共采用了 19 把双刃滚刀的刀盘刀具布置形式。

2)施工经验

本工程之所以进展顺利,除盾构选型合理外,施工过程还进行了适时、适地、科学的控制。在全断面软岩和中硬岩区段掘进,关键是刀盘刀具布置必须适应该地层的掘进,但同时也要做好掘进管理及施工过程中的刀盘刀具管理。其施工经验如下。

①在掘进中根据需要适当使用泡沫和膨润土,遇到连续掘进且地下水较少时,也应适当加一些水,以改良渣土的和易性,便于螺旋输送机排土。

②在中硬岩中掘进,刀具磨损较快,必须准备足够的刀具(尤其是滚刀),并及时检查和更换刀具。刀具的磨损程度可以通过掘进参数的变化作出初步判断。如果出现推力过大、推进速度变慢、扭矩也偏小,以及盾构姿态纠正很难的现象时,就要考虑刀具是否磨损严重,要安排开仓检查刀具;如果连续出现刀盘或螺旋输送机被卡住、驱动电机熄火等现象时,应立即停机检查;如果从出来的渣土中发现碎片石不均匀,且伴有大块的石头出现时,就可能有滚刀损坏,应立即停机检查。有条件的话,一般不超过 20 环对刀具进行一次检查,检查刀圈是否磨损超限、断裂、变形,固定刀圈的螺帽是否松动或掉落,以及刀座是否有裂纹等,一旦发现应立即采取补救措施。在确定开仓检查时必须首先考虑安全问题,在确保安全的前提下方可进行开仓检查。

③盾构掘进应控制好姿态,使其经常保持正确姿态,避免频繁纠偏。在硬岩地层中掘进,如果不断地调整盾构姿态就会使滚刀受力不均匀,在某个方向上过大的推力有可能导致局部滚刀变形损坏。

④要选择合理的掘进参数,包括掘进总推力、刀盘转速、扭矩、推进速度、切削量等。推力是影响刀具磨损的最直接的参数。其大小直接决定了刀具所承受的荷载。推力过大,虽然短期内掘进速度很快,但过大的荷载会使滚刀轴承受挤压产生变形,继而影响滚刀的自转,最终造成滚刀刀圈的偏磨或断裂。一般在中风化岩层〈8〉、微风化岩层〈9〉中最大总推力不要超过 10000kN。均匀、较小的总推力可以避免造成管片裂缝。

刀盘转速也是影响刀具磨损的另一个主要因素,过大的转速在硬岩地层中会造成盾构振动颠簸,加剧刀具的磨损。

⑤在硬岩中掘进,若条件许可,尽可能选用敞开模式掘进。在硬岩中掘进,应采取连续掘进,及时、足量注浆,并保证注浆的质量,防止隧道管片上浮。

13.5.4 广州地铁 3 号线大石—汉溪区间盾构过断层

1)工程概况

广州地铁 3 号线大石—汉溪区间中的 YDK16+340~YDK16+540 隧道,地处礼村断裂带影响范围内。主断裂带宽为 50~60m(图 13-41),断裂带主要为硅化角砾岩,岩体破碎,岩石强度高(最高达 156MPa),富水性强,渗透系数为 16.81m/d。该段隧道为直线段,坡度为 5‰。

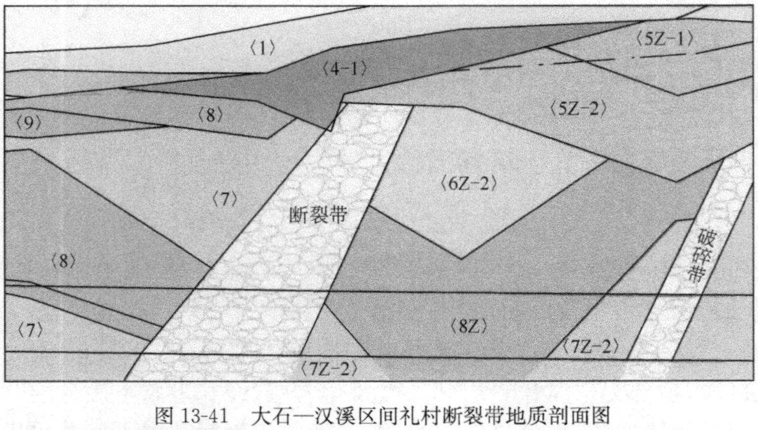

图 13-41 大石—汉溪区间礼村断裂带地质剖面图

〈1〉-人工填土层;〈4-1〉-冲洪积粉质黏土层;〈7〉-红层强风化带;〈8〉-红层中风化带;〈9〉-红层微风化带;〈5Z-1〉、〈5Z-2〉-变质岩残积层;〈6Z-2〉-变质岩全风化带;〈7Z-2〉-变质岩强风化带;〈8Z〉-变质岩中风化带

2)右线过断层带的技术措施

右线在掘进399环(里程YDK16+490.24)时,渣土中开始出现少量的硅化角砾岩岩块;在掘进401～406环时渣土中基本为硅化角砾岩块,个别直径达200mm,在掘进411环时,渣土中发现一把周边刮刀和三颗断裂的连接螺栓。在右线掘进406～411环时选择的参数为:总推力10000～20000kN;扭矩5000～8000kN·m;刀盘转速1.7r/min;掘进速度10～20mm/min。过断层时采取了以下技术措施。

①由于硅化角砾岩的不规则及强度比较高,刀盘在转动过程中,对岩石的冲击而产生连接螺栓松动,致使螺栓受拉断裂。从掘进情况及渣土中含大量硅化角砾岩的情况分析,刀具磨损较严重,不宜继续掘进,决定开仓检查刀具。

②因地层含水量大及含断层,地层不稳定,必须进行加固处理。

③结合隧道埋深(20m)、地表环境、地层条件、盾构条件,决定采用袖阀管和注双液浆的方法进行加固(加固范围见图13-42)。经加固处理及检查注浆效果后,决定开仓处理刀具。从开仓结果看,注浆加固效果比较理想,地层稳定,可以进仓处理刀具。经过检查,共有14把滚刀偏磨,2把切刀断螺栓。

④由于本次注浆液为双液浆,加固处理时间比较长,水泥浆的凝结作用对盾构有较大的影响,结果浆液将盾壳"包裹"凝固住,造成盾构在30000kN的推力下也不能前进。经过对盾壳的振动及铰接油缸的处理,才使盾构脱困。

⑤盾构施工通过礼村断裂带后,从474环开始,刀盘扭矩波动较大,推力也逐渐增大,而掘进速度逐渐缓慢,喷涌严重。在掘进到487环时,推力增至15730kN,掘进速度只有9mm/min,刀盘扭矩波动较大,刀盘转动时偶有异响。在掘进到489环时,推力达19000kN,速度只有0～1mm/min,刀盘转动声音尖利,且有较固定频率,渣土中含大量微风化岩块。初步判断,刀具损坏比较严重,决定再次开仓检查。根据地质资料显示,此处地层为断裂带影响范围,地层涌水量大,正常开仓有较大困难,经过带压进仓检查后,确定工作面地层为微风化变质岩层〈9Z-2〉和强风化变质岩层〈7Z-2〉。

根据实际地层情况、涌水量、隧道埋深(39m)及地表情况,初步决定在隧道内利用盾构预留的超前注浆孔进行注双液浆的办法封堵地层涌水,然后开仓检查更换刀具。

超前注浆孔位如图13-43所示。在实施过程中,首先施工E孔(E孔地层为微风化混合岩),钻进到10.12m时涌出大量水(涌水量为70m³/h),无法继续钻进,而螺旋输送机内水量变小。接着改钻B孔,B孔钻进到14m时有大量水涌出,B孔地层为微风化岩层;B孔涌水后E孔无涌水,螺旋输送机内水量也很小。根据B孔、E孔的岩芯及涌水量的变化,只要B孔保证连续抽水,工作面地层能保持稳定,可以不需要进行注浆处理,直接开仓更换刀具。开仓结果显示地层的确较稳定,涌水量很小,可以满足检查刀具的需要。经检查,刀具磨损严重。

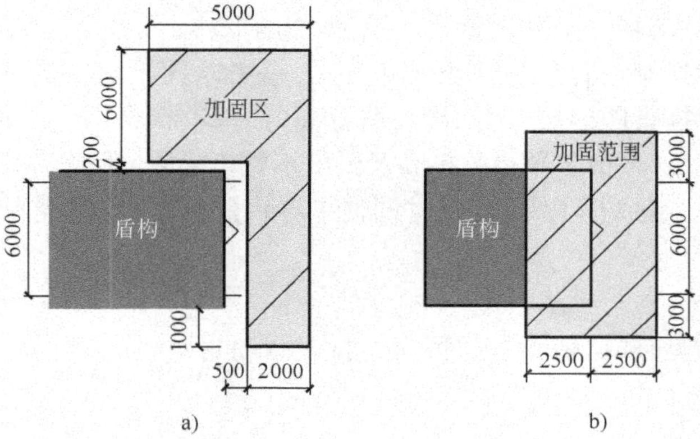

图13-42 注浆加固示意图(尺寸单位:mm)
a)剖面图;b)平面图

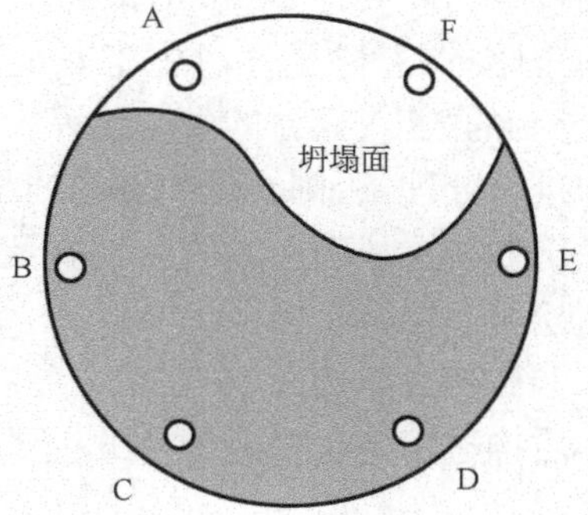

图13-43 超前注浆孔位置示意图

3)左线过断层带的技术措施

后掘进的左线在总结右线过断裂带的经验与教训后,采取了一系列措施,左线快速、顺利地通过了礼衬断裂带。

①在盾构到达断裂带前,对刀具进行检查及更换,以最合理可靠的刀具组合通过断裂带,在 YZK16＋416～YZK16＋540 段检查刀具并更换刀具。

②在掘进过程中控制掘进参数。

③在掘进过程中调整泡沫剂用量。右线平均每环泡沫剂用量为 26L,左线调整为 45L。

④在计划更换刀具的地段,对地层进行超前加固,然后开仓检查刀具。左线在 YZK16＋540 段进行地层加固,盾构到达后开仓检查及更换刀具。

13.5.5 广州地铁 3 号线大石—汉溪区间选择辅助工法使盾构通过硬岩段

1)工程概况

广州地铁 3 号线大石—汉溪区间,隧道通过范围内的主要地层为中风化混合岩〈8Z-2〉、微风化混合岩〈9Z-2〉,属Ⅴ、Ⅵ类围岩,岩石抗压强度为 62.5～113MPa,为硬岩段。其地质剖面如图 13-44 所示。

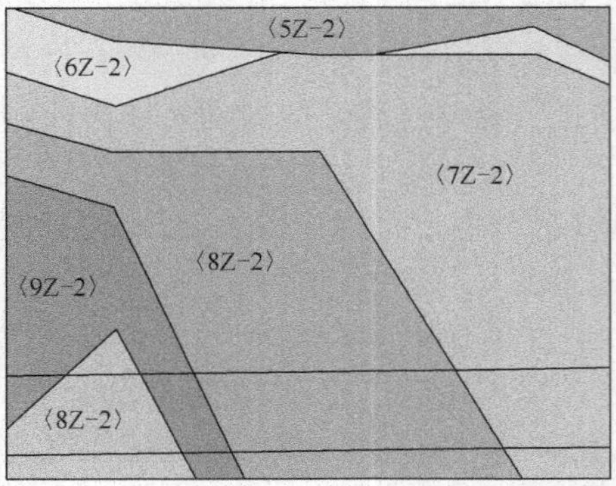

图 13-44　大石—汉溪区间地质剖面图

隧道平面为曲线,曲线半径为 1800m,纵断面为上坡,坡度为 4‰。根据该段地层的地质特征,如果采用盾构法通过,可能会出现刀盘、刀具磨损严重、工期严重滞后等风险。经充分研究,决定在盾构到达前,先采用矿山法开挖;然后盾构步进、拼装管片通过该段地层。

2)隧道开挖

根据该区间的地质特征,隧道采用人工光面爆破法开挖,超前小导管、锚杆加钢筋网加喷射混凝土等支护措施。其支护参数如表 13-13 所示。

支护参数　　表 13-13

围岩级别	喷射混凝土 C20	锚杆		钢筋网
		规格	间距	
Ⅴ	厚 120mm	ϕ22,L=2.5m 拱部设置	1.2m×1.2m	ϕ6.5@200mm×200mm,拱部局部设置
Ⅵ	厚 80mm	无	—	无

采用矿山法通过硬岩段,必须在盾构通过前将隧道挖通,完成导台、接收台施工并达到设计要求,否则会影响进度。隧道的开挖断面要满足盾构安全平稳通过。本工程考虑围岩的类型、施工误差,将开挖断面设计为外放约 200mm,即开挖直径为 6560～6640mm,并设置盾构导台,如图 13-45 及图 13-46 所示。在施工暗挖段,除了注意施工安全外,还要特别控制好隧道的中心线、隧道的超挖、隧道欠挖、导台的标高、导台的弧度、导台的中心线等。在贯通前,应检查隧道的欠挖、导台的标高,如果不符合设计要求,要立即进行处理,否则会影响盾构的步进。右线施工时,由于导台的标高及弧度不符合要求,造成返工而影响了工期。左线吸取右线的经验及早对导台的标高进行了测量,及时调整了导台的标高,使左线顺利通过暗挖段。

3)盾构过暗挖段

盾构过暗挖段拼装管片的主要工序为:盾构步进、拼装管片、管片背衬回填(喷射豆砾石)、管片背填注浆。

(1)盾构步进

盾构推上导台后要步进安装管片,盾构在导台上步进时,每步进 1.5m 安装 1 环管片,在步进过程中要在盾构前方提供反力,以确保管片安装质量的要求,增强管片防水效果。提供的反力约 3000kN,在步进过程中盾构姿态的控制,主要依赖导台的施工质量。

(2)拼装管片

图 13-45 大石—汉溪区间矿山法隧道盾构导台

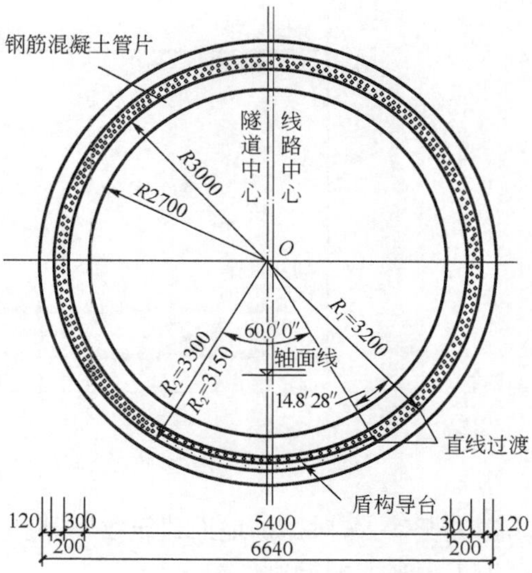

图 13-46 矿山法隧道初期支护结构示意图(尺寸单位:mm)

管片拼装工艺与正常掘进时相同。

(3)管片背衬回填(喷射豆砾石)

管片拼装完成后,要及时进行管片与地层间的背衬回填工作。背衬回填时,首先每隔 4.5m 在盾构的切口四周用袋装砂石料围成一个围堰,防止注浆液、豆砾石从刀盘前方流出。然后用混凝土喷射机自刀盘前方向盾构后方吹入粒径为 5~10mm 的豆砾石骨料;每步进 1.5m(即一环),再一次用混凝土喷射机向管片背后吹入豆砾石,以确保管片背后充分密实。为了不影响施工进度,要将豆砾石准备充分。管片背衬回填是在刀盘前方,将 ϕ50mm 导管从盾壳外插入到盾构中体或者后体进行。在背衬回填时盾构停止步进。由于隧道开挖得不规整,每环管片回填的豆砾石量不完全相等。

(4)管片背填注浆

注浆浆液采用水泥砂浆,水泥、膨润土、粉煤灰、砂、水的配合比为 120∶60∶381∶779∶460。注浆在每环管片豆砾石骨料回填后进行,通过盾构自身的同步注浆系统采用手控方式进行注浆。当注浆压力达到设定值(0.1~0.2MPa)或注浆量达到小碎石理论孔隙率的 80%以上时,即可暂停注浆。由于在管片背填注浆时,盾构前方是敞开的,管片注浆效果不理想,必须对管片进行补充注浆。管片安装 10 环后,间隔 6m 在管片吊装口开口检查注浆效果,若注浆效果不好,则进行补充注浆。补充注浆浆液采用水泥浆,通过普通注浆机,采用人工操作方式进行即可。当注浆压力达到设定值时,即可认为达到了质量要求。

盾构通过左线、右线暗挖段后,对管片的姿态、渗水、碎裂、错台进行了检查,管片垂直偏差、水平偏差基本控制在±50mm 以内。

13.5.6 广州地铁 3 号线天河客运站—华师区间盾构过球状风化体

1)球状风化体的特点

广州地铁 3 号线天河客运站—华师区间某段球状风化体在剖面位置上与隧道的关系参见图 13-47。球状风化体(孤石)的形象概念如图 13-48 所示。

盾构掘进过程中碰到的难题是:

①掘进困难并频繁卡刀盘。

②盾构姿态难以控制。

③刀具磨损非常严重,刀座、刀盘变形严重。

④更换刀具困难,特别是当隧道周边围岩不稳定,且通过建(构)筑物下或地面埋深太大时,地面不具备加固条件的情况下问题更严重。

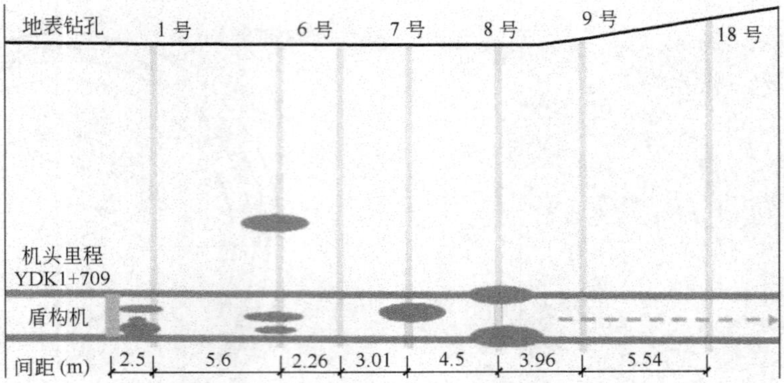

图 13-47 天河客运站—华师区间球状风化体在剖面的位置

⑤掘进振动大,对保护地面建筑物不利。

2)施工中采取的针对性措施

(1)加密补充地质勘探,掌握球状风化体的分布情况

广州地铁 3 号线天河客运站—华师区间华农兽药厂段隧道顶部埋深约 30m,根据钻孔揭露情况,查明共有 10 个钻孔(2 号、3 号、4 号、6 号、8 号、9 号、11 号、12 号、13 号、14 号)在洞身范围内有中风化或微风化花岗岩球状风化体(孤石)分布,体量由几十厘米至几米不等。其中,2 号、6 号、8 号、11 号、12 号钻孔的岩芯如图 13-49~图 13-53 所示。

图 13-48 球状风化体

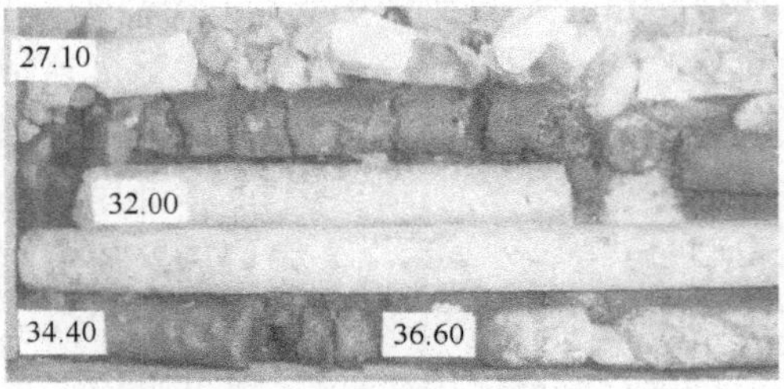

图 13-49 2 号钻孔岩芯图

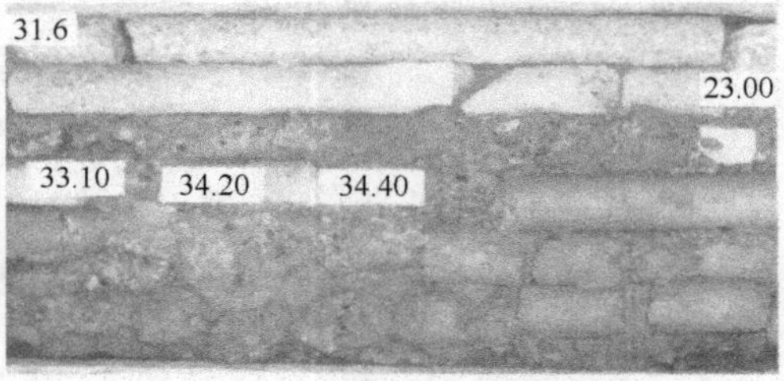

图 13-50 6 号钻孔岩芯

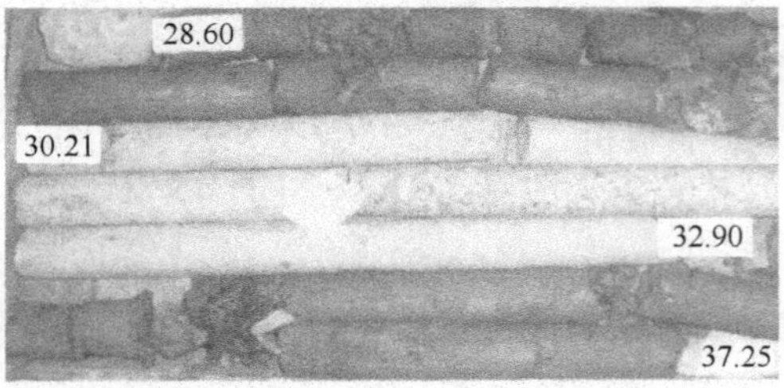

图 13-51 8 号钻孔岩芯图

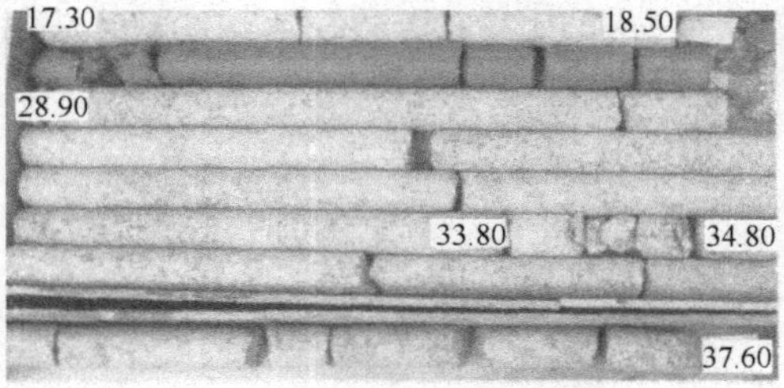

图 13-52 11 号钻孔岩芯

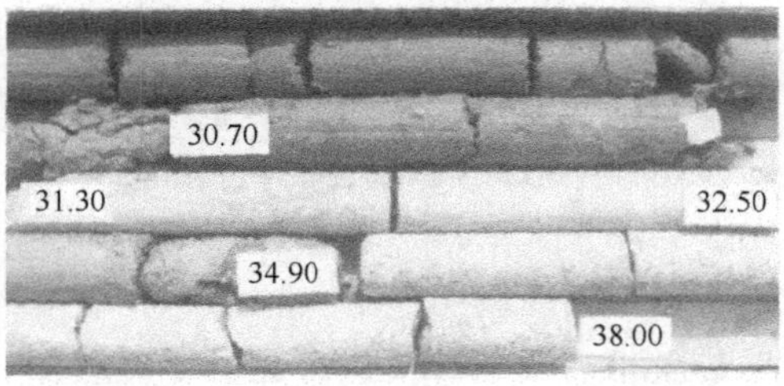

图 13-53 12 号钻孔岩芯

2号钻孔：在洞身范围内从上至下分布有厚2.40m的微风化花岗岩球状风化体，孔深32.00～34.40m。

6号钻孔：在洞身范围内从上至下分布有厚0.60m的中风化花岗岩球状风化体，孔深32.50～33.10m；厚0.20m的中风化花岗岩球状风化体，孔深34.0～34.2m。

8号钻孔：在洞身范围内从上至下分布有厚2.69m的微风化花岗岩球状风化体，孔深30.21～32.9m。

11号钻孔：在洞身范围内从上至下分布有厚4.11m的微风化花岗岩球状风化体、厚4.00m的中风化花岗岩球状风化体和厚1.19m的微风化花岗岩球状风化体。

12号钻孔：在洞身范围内从上至下分布有：厚1.20m的微风化花岗岩球状风化体，孔深31.3～32.5m。

花岗岩球状风化体主要有两个特征：一是出现在全风化、强风化花岗岩或残积土层中的孤石，其空间分布具有较大的随机性，很难找到其分布规律性；二是洞身范围内的孤石岩质坚硬：根据五山地区的勘察经验，微风化花岗岩的饱和单轴抗压强度大部分为40～80MPa，可挖性分级为Ⅵ级；中风化花岗岩的可挖性分级为Ⅴ级。

(2)加强科学判断

有经验的工作人员在掘进过程中通过观察盾构掘进的异常情况以及掘进参数的异常变化(如推力、扭矩突然增大，盾构有异响等)，来判断是否碰上了球状风化岩体。

根据天河客运站—华师区间过花岗岩球状风化体群的经验，总推力控制在$(1.3\sim1.4)\times10^4$kN，刀盘扭矩控制在$(1.2\sim1.5)\times10^6$N·m，转速控制在1.0～1.5r/min，掘进速度为4～8mm/min比较合理。

(3)勤检查、勤更换刀具

在花岗岩球状风化体群这种地层中施工，刀具(包括刀盘)的磨损和破损较严重，其主要原因是工作面的地质环境变化非常频繁。因此，应对刀盘刀具勤检查和勤更换刀具。

在花岗岩地层中施工，每掘进一环后都要进行一次刀具检查。但在实际施工过程中做到这一点是很困难的。其最主要的问题是能否开仓检查刀具。开仓检查刀具一定要对工作面的稳定性做出判断，如果地下水非常丰富且地层不稳定时，是不能贸然打开密封土仓的。

本工程的施工经验是：在中风化和微风化花岗岩地层中，若地层稳定，则掘进每环或几环之后就开仓检查刀具。不能在常压条件下开仓时，则要通过地层加固后才可开仓。通常是在地面进行加固：如果地面没有加固条件，则设法利用盾构本身的超前注浆系统对工作面进行加固。采用压气作业，在压缩空气条件下实施刀具的检查或换刀。

(4)花岗岩球状风化体的处理

在洞内采用静爆法破除花岗岩球状风化体，效果不理想，仅在钻孔周边形成微小裂缝。后来又用火药定向爆破，初见成效。但存在的问题是：临空面不足，效果欠佳；前期洞内加固工作面厚度有限，一经震动便不稳定，需再次进行洞内加固，存在安全隐患；经爆破震动，将球状风化体松动并滑落到刀盘前，卡住刀盘，致使刀盘无法转动，需进行二次爆破，危险性大；硬岩局部突出，刀盘一转，新换滚刀刀圈即被崩断。

13.5.7 广州地铁3号线珠江新城—客村区间盾构过砂层

1)工程概况

广州地铁3号线珠江新城—客村区间有约300m的砂层地段，其中有一部分是通过在建的建筑物基坑下面。隧道穿过的该建筑物基坑长约145m，基坑开挖深度为7～8m，基坑底部距隧道顶部约7～8m，基坑周围是已入住的居民楼，最近的居民楼距基坑约10m。隧道上覆淤泥质土层〈2-1〉和淤泥质粉细砂层〈2-2〉，如图13-54所示。在盾构施工到达前，基坑附近的多幢建筑物和建筑物的地面已经出现严重的下沉和开裂，最大沉降量为30～40cm。

2)盾构过砂层的技术措施

盾构通过砂层地段时，关键是做好附近建筑物和建筑物基坑的保护。其具体做法是：在隧道和建筑物之间建立一道止水墙，分隔隧道与附近建筑物的地下水联系，如图13-55所示。

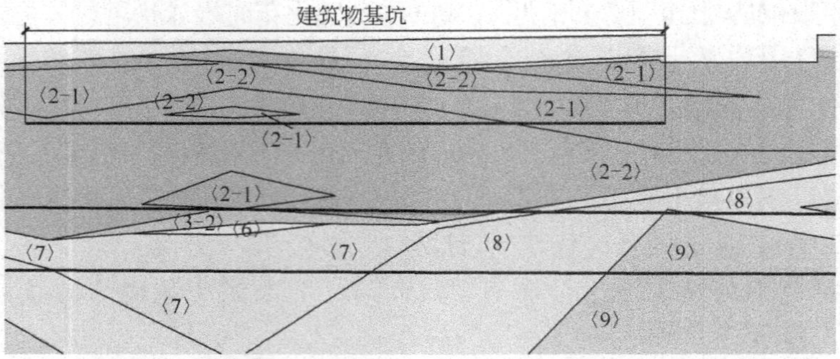

图 13-54　建筑物基坑相对隧道纵断面位置示意图

〈1〉-人工填土层;〈2-1〉-淤泥质土层;〈2-2〉-淤泥质粉细砂层;〈3-2〉-中粗砂层;〈6〉-红层全风化带;〈7〉-红层强风化带;〈8〉-红层中风化带;〈9〉-红层微风化带

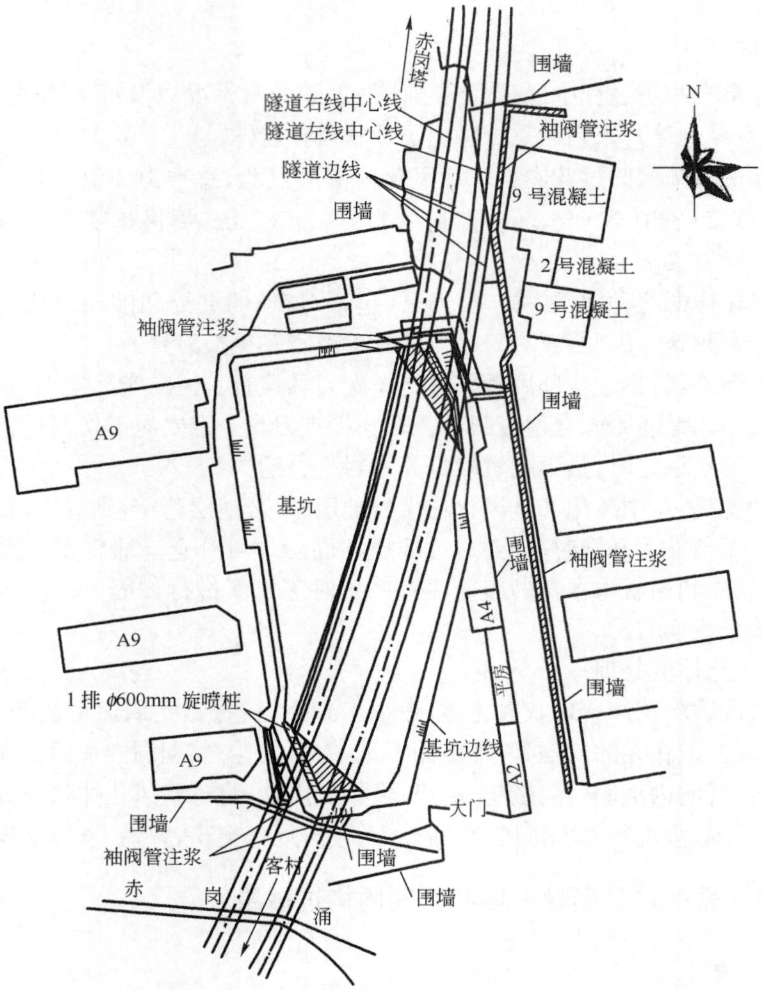

图 13-55　珠江新城—客村区间砂层地段砂层加固示意图

对建筑基坑制订较详细的加固措施,其重点是防止盾构通过时基坑内发生坍塌,特别是要防止基坑周边围护结构的坍塌,以防波及基坑附近的建筑物,但由于基坑内的加固施工场地经过多次协调仍然无法解决,只好通过制订详细的盾构施工方案,防止盾构通过时发生坍塌。其具体措施如下。

(1)做好盾构的维修和保养

通过砂层前对盾构进行全面检查和维修保养,确保盾构能够快速通过砂层地段。特别是对盾尾刷要进行检查,保持盾尾刷有效,防止砂土、泥水从盾尾冒出。

(2)采用土压平衡模式掘进

盾构通过砂层地段时，由于砂土具有渗水性大、受到震动容易发生液化的特点，需要采用土压平衡模式掘进，以确保密封土仓压力而稳定开挖面，控制地表沉降，防止地层出现塌陷。盾构在砂层中通过时，控制密封土仓压力的方法主要有两种：一是在保持推进速度不变的情况下，调节螺旋输送机的转速或闸门开度（螺旋输送机转速减小或闸门开度减小均能达到增大密封土仓压力的效果），控制出土量建立和保持密封仓压力；二是在保持螺旋输送机的转速或闸门开度不变的情况下，加大盾构推进油缸的总推力，提高推进速度，增大密封土仓压力。

(3)尽量快速通过

掘进速度加快能够及早为管片背后注浆创造条件，有利于隧道稳定和控制地表沉降。在条件允许的情况下，应该尽量提高掘进速度，避免刀盘转动对地层扰动时间过长而造成上部砂层液化。

(4)注意土体改良

尽量使用聚合物添加剂、膨润土来改良渣土，使水土混合，以增加止水效果，避免流沙的发生。

(5)加强注浆控制

由于砂土的渗透性较好，实际注浆量应大于理论计算量，以保证注浆质量。必要时，调整砂浆的配合比，增加水泥用量，缩短砂浆的初凝时间，加快管片周围土体的固结，避免地面沉降超限。

根据实际情况，为弥补同步注浆的不足，可以考虑采用管片背后二次注浆作为补充。二次注浆可采用双液浆，根据地质情况调整水泥浆的初凝时间，注浆压力控制在 0.4～0.5MPa，最大不超过 0.5MPa，以免造成管片外周围压力过大，对管片造成破坏。必须保证管片背后空隙充填密实。

(6)控制好盾构的姿态

根据地质勘察资料的显示，该段隧道断面地层上部为砂层，下部为中风化岩层〈8〉和微风化岩层〈9〉，属于典型的上软下硬地层。掘进时要特别注意对盾构姿态的控制防止盾构上偏。为防止盾构上偏，掘进时：宜使盾构适当保持下俯姿态（即倾角为负）。

(7)加强对出土量的计量

及时掌握开挖面的地质情况和出土量，防止超挖而造成地表塌陷。

(8)加强监测工作，及时反馈监测信息

加强该段的地表沉降和建筑物沉降的监测。根据地表沉降和建筑物沉降的监测数据，结合地质情况，及时调整密封土仓压力、推进油缸推力等施工参数，做到信息化施工。由于前期砂层段上建筑物开发商进行建筑物基坑施工时，基坑附近居住小区的建筑物和地表出现较大的裂缝和沉降，而且盾构隧道施工通过该处时该基坑的桩基础还在施工。因此，需要加强对建筑物、地表和建筑物基坑边坡的监测。其监测项目有：地表沉降监测、建筑物沉降及倾斜监测、深层土体移动检测和地下水位监测等。盾构通过时的监测频率为 2 次/d，发现异常情况时应加大监测频率和监测范围，及时掌握情况。监测报告要对监测数据的变化趋势进行分析，设定监测警戒值，以便发现问题并及时调整监测频率。

由于砂层地段的透水性强，所以尽量避免排水，以免引起地表沉降超限。当遇到地下水很大时，可加入适当压力的压缩空气，以排出密封土仓内的水。

(9)做好记录

对附近建筑物的原始状况做好记录，在盾构通过前委托有资质的单位对附近有关建筑物进行鉴定备案。

(10)准备必要的应急措施

盾构过砂层施工是盾构工程施工的重点、难点之一，为降低过砂层的风险，除了做好必要的施工准备外，还需要对可能发生的意外进行分析，制订详细的应急方案，在组织、技术和物资准备等方面做好准备，提高出现险情时的反应速度。

13.5.8 广州地铁 3 号线珠江新城—客村区间刀盘修复

1)地质情况

2004 年 11 月 26 日，广州地铁 3 号线珠江新城—客村区间右线盾构刀盘在掘进过程中，出现了严重损坏而无法推进。刀盘的里程为 YDK5＋875(赤岗塔—客村区间右线 192 环)。隧道断面中下部为微风化砂砾岩层〈9〉,石英含量较高;上部为中风化岩层〈8〉;隧道上部除覆有 1m 左右的强风化岩层〈7〉外,就是淤泥质土层〈2-1〉和淤泥质粉细砂层〈2-2〉。

2)事故情况

当盾构推进到图 13-56 所在的在建建筑物基坑维护结构附近,发现推进速度逐渐减慢,推测是由于刀具磨损所致,但上覆砂层无法直接开仓换刀。为了安全起见,经研究后决定继续推进至有利的换刀地层后再换刀。最后推至 193 环时,推进速度只有 0～3mm/min,20h 只推进了 1.4m,估计是开挖断面下坚硬的砂砾岩使刀具严重磨损所致。基坑的围护结构为搅拌桩加锚杆拉索加固。

在盾构从基坑内穿过时曾发生冒浆、冒泡和局部下陷等问题。出于保护基坑边坡和利于盾构推进考虑,盾构穿过前原计划对基坑内的砂层进行加固,但因为地层加固场地协调十分困难而作罢。

3)刀盘磨损情况

隧道顶部是富水的淤泥质砂层,开挖面稳定性很差,而中下部却是坚硬的砂砾岩层,刀盘刚好在建筑基坑边的围护结构下,建筑基坑的围护桩恰好成为换刀作业的地层加固体。停机打开密封土仓检查发现,中心刀位置原装置的轻型齿刀及另外 1 把中心滚刀已经脱落,刀具脱落和磨损造成刀盘中心部位的三联体刀箱及相应的刀盘中心部位严重磨损,刀盘中间部位被环状磨去约 10cm,旁边另 1 个中心刀刀箱亦被磨损。

4)刀盘修复过程

由于隧道上覆砂层,换刀和修复刀盘作业时间长会使工程风险增加,进行仓内作业对作业人员和基坑边坡均存在一定的危险性。经过开仓探查,此时刀盘刚好停在基坑围护结构的下部,也是不幸之中的万幸,因而有条件进入密封土仓内和刀盘前进行刀盘修复作业。在刀盘前方的岩体开挖出作业空间,三连体刀箱(图 13-57)已被磨坏需要更换,因其体积太大无法送到刀盘前方,只好将其一分为二,待进入刀盘前方后再予以组合成三连体;即使如此,也需要将盾构前仓壁板人仓处上、下各割去一块(图 13-58)才能将三连体刀箱(图 13-59)部件顺利运入。刀盘修复工作用了 18d,完成后恢复正常掘进。

图 13-56 基坑内盾构所停位置

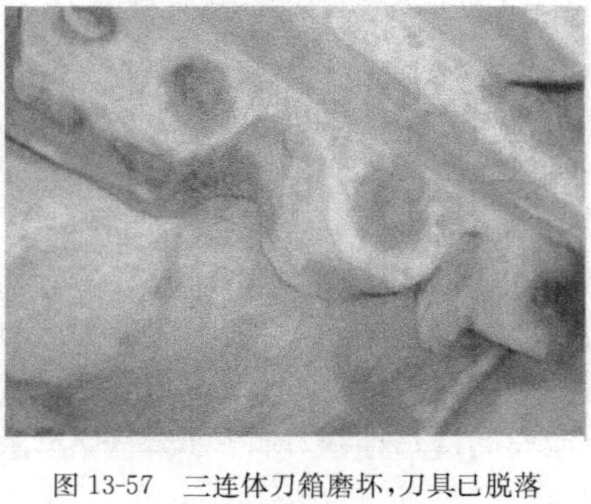

图 13-57 三连体刀箱磨坏,刀具已脱落

图 13-58 人仓压力壁板割去一块

图 13-59 完好的三连体刀箱

5)事故教训

①当发现掘进速度变小、推力增大、渣土温度高等迹象时,表明刀具已经严重磨损,不能贸然继续掘进。必须停下来对刀具进行检查,以免强行掘进造成刀盘被磨坏。

②在石英含量高的砂砾岩中掘进时,要充分估计刀具的磨损情况,及时开仓检查或更换刀具。本工程在此种砂砾岩中掘进时,使用的是意大利 Palmieri SPA 公司的 17"滚刀,一般掘进 50m 左右就要更换刀具。

③盾构通过砂层地段需要保持较高的密封土仓压力,采用土压平衡模式掘进通过;为防止刀盘渣土硬结形成泥饼,应提高刀盘中心部位的开口率,因而在刀盘全断面均配置滚刀的情况下,在刀盘的中心部位使用了两把开口率较大的轻型齿刀(轻型齿刀比标准齿刀外形尺寸较为纤小)。本实例中因为过于片面地考虑砂层的影响而忽略了隧道断面下部的地层为砾岩,石英含量高,岩层相对较硬的特点,并且中心部位刀具布置不均衡,在软硬相间的岩层界面上掘进时反复经受冲击而容易脱落,当掘进速度变慢时碍于刀盘上方是砂层而不能够及时开仓检查,这样在坚硬的砾岩中施工,刀盘在短时间内即被严重磨损。

13.5.9　广州地铁 3 号线沥ˇu—大石区间盾构整体吊装过站

1)工程概况

2004 年 8 月 22 日至 9 月 9 日,广州地铁 3 号线沥ˇu—大石区间右线进行了盾构整体吊装过站作业。此次吊装,将长为 8.6m、直径 ϕ6.3m、重量 300 余吨的盾构主机从约 20m 深的到达井一次性整体吊出(图 13-60),然后运至 700m 以外的始发井,再整体放入 18m 深的始发井中。

图 13-60　盾构主机起吊在半空中

盾构主机体积庞大,前重后轻,重心高,三维运动复杂,易发生偏移,并且盾构中间较为薄弱,易变形。盾构吊装出井后,装在 600t 的大型平板车上,依次穿越淤泥土上的软弱临时道路,爬坡经过交通主干道,最后到达 700m 以外的始发井并再次下井。盾构整体吊装运输比原计划将盾构分件拆装方式大大缩短了工期。

2)吊装机具

由 1 台带有微处理器的主控柜控制的 4 台 LSD200B-300/200t 液压提升装置,单台提升装置的额定起重量为 2000kN。配专用工具及 4×16 根 ϕ15.5mm 钢索,长 25m。LSD 液压提升系统由预应力锚固千斤顶发展而来。该系统采用钢绞线承重、提升千斤顶集群、计算机控制、液压同步整体提升的原理,集机械、电控、液压、计算机程控等多学科技术于一体,结合现代施工工艺,实现了超大、超重、超高构件的大跨度、高空整体提升与平移。该系统已成功应用于上海东方明珠电视塔钢天线提升安装、北京西客站主站房钢门楼整体提升、上海大剧院钢屋顶提升、上海外高桥电厂烟囱提升等工程。其主要性能指标为:可实现平稳提升与下放;单台提升千斤顶提升力可为 1000kN、2000kN,行程为 300mm;提升速度可根据工程的需要进行无级调节,最高可达 20m/h;在提升过程中,能控制提升构件的运动姿态、应力分布以及各提升吊点的同步性,提升同步精度误差不超过±10mm。

8 台 100t 的小坦克(提升架支腿下部的滑轮系统),用于牵引吊装架和盾构在轨道梁上移动,保证整个提升架吊起盾构后可以平稳平移。

1 套专用吊装架,其承载能力为 4000kN,自重达 2800kN,外形尺寸(长×宽×高)为:8000mm×14000mm×19055mm。

3)运输机具

牵引拖头为 1 台 TR88M8CK-D90 型 NICOLAS 拖头,在爬坡段增加 1 台 BENZ 拖头在后部顶推。单台拖头的额定拖载质量为 600t,功率为 560kW。

1台12×3轴线400t工况液压全挂车(图13-61),规格为19.370mm×5420mm×(1070±210)mm。

图13-61 盾构主机在液压平板车上

液压全挂车轮子轴数可以按照构件大小进行组合以减小轮压,本次共采用12×12=144个轮子,不同轴的轮子由液压系统控制转向,保证了整个挂车的灵活性。

4)加固措施

(1)混凝土结构加固

由于整体提升架尺寸已定型,车站结构的竖向体系与提升架不吻合,必须在车站增加临时竖向支撑(图13-62),经过检算,本标段在整体提升架轨道梁两端加了两个直径ϕ800mm的钢管进行支撑(图13-63)。

(2)盾构主体加固

盾构主机为外径ϕ6260mm的筒体,且由铰接分为前后两段,前段装有电动机、刀盘、支撑架等主要设备,而后体基本为空筒体,盾构为前重后轻。为了保证整体性和防止变形,在盾构铰接部按120°等分圆加了3个型钢支撑(图13-64),在盾构后筒体(即盾尾)内部用型钢做了"井"字支撑架(图13-65)。

图13-62 车站结构间竖向钢支撑

图13-63 ϕ800mm钢管支撑

图13-64 铰接处H型钢加固

图13-65 盾尾内的井字支撑加固

5)吊装过程控制

在整体提升过程中严格控制盾构和提升架的稳定性。4个液压千斤顶同步差和钢缆行程差容易造成盾构倾斜。在吊装过程中技术人员严密监测每一环节,当盾构吊离地面10cm时,技术人员对盾构的平衡性及相关部件的安全状况进行彻底检查,在保证4个主吊钢缆绳万无一失后继续往上吊,盾构以5m/h的速度缓缓向上移动,于8月22日上午吊出地面。吊装设备架本身高16m,重1300kN,加上盾构的重量,共约4300kN,水平位移速度控制为5m/h,移动时专人负责控制轨道梁与各支撑间的变化,以保证安全。

整体吊装运输共用了19d,其关键时间为提升架的安装与拆卸,而提升和下井各用2d,运输只用一个晚上。吊装完成后对盾构进行了尺寸复核,没有发现变形。

13.5.10 广州地铁2号线海珠广场—江南西区间盾构过江

1)地质情况

广州地铁2号线海珠广场—江南西区间,江底地形平缓,水深为8～12m,江底由两种地层组成。上覆第四系全新世软土,江中段隧道上方以砂层和砂砾层为主,下伏白垩系地层,以中～微风化的粉砂质泥岩为主,单轴抗压强度最大值为15MPa。隧道上面最小覆盖层约6m,距第四系砂层最近处不足2m。该工程地质条件的特点为:

①缺失残积层(隔水层),江水与基岩裂隙水容易沟通,盾构推进时工作面与江水连通。

②隧道断面上软下硬特征明显,盾构姿态控制困难。

③由于白垩系粉砂质泥岩的"软化系数"和"弹性模量"很小,因此在有水的环境中易软化、变形。

④围岩的裂隙发育。

2)施工中出现的主要问题

在施工过程中,从螺旋输送机中排出了皮鞋、自行车、菜篮子等杂物。说明隧道工作面与江底已完全连通,但并没有发生较大事故,施工出现的主要问题为:

①江底塌方,隧道与江水连通。

②刀盘和密封土仓结泥饼。

③螺旋输送机喷涌。

④盾尾密封失效。

3)过江风险分析

通过分析可以发现,过江段地层与陆地地层并没有本质上的不同,在江下施工时出现的问题与在陆地施工时出现的问题也没有很大的区别,唯一的差异在于当在水下施工时,隧道上方始终"悬挂"着一个巨大的水源。

盾构过江的风险来源于隧道上方的水源,其风险主要表现为:①盾尾密封失效;②铰接密封失效;③螺旋输送机密封失效;④水压力超过轴承最大密封压力,造成轴承密封失效。

若要避免盾构过江风险,要把绝大部分精力投入到对盾构的维修和保养方面,要保证过江时盾构在完全正常和安全状态下运行。此外,也要制订相应的施工措施,比如:①盾构正确的掘进姿态;②开仓或换刀时必要的保障和地层加固措施;③正确地控制各种施工参数,如出土量、注浆量、泡沫量、油脂量等等;④要准备充足的抢险材料和物资;⑤在铰接密封之前的盾壳上预设径向注浆孔,当机头前方塌方时,可以通过这些孔注入化学浆液或者水泥浆,力保铰接密封和盾尾密封的完好。

13.5.11 广州地铁3号线珠江新城—客村区间盾构过江

1)过江风险分析

广州地铁3号线珠江新城—客村区间盾构过江的施工长度为642m(在江中间穿越246m的海心沙岛),要在珠江底下2次穿过,江面宽度分别为78m和318m。存在的施工风险如下。

(1)盾构设备陈旧

本工程所使用的盾构为旧盾构,刀盘、主轴承等盾构关键部件因使用日久而损坏的风险较其他盾构高,并且在盾构过江前的检查中已发现刀盘出现裂纹、刀盘驱动电机减速器的轴承损坏和齿轮磨损等一系列问题和故障。应防止盾构在江底出现故障。

(2)盾构壳体密封部件漏水

该密封部件主要是指盾体铰接密封和盾尾密封失效,如在江底损坏而造成严重漏水,将直接影响盾构的安全。在过江前的掘进中这两个部位已经多次发生漏水、漏泥现象,必须引起足够的警惕。

(3)喷涌、江底塌方及江水浸入隧道

过江段的地下水基本上是"岩层裂隙水"且与珠江水连通,补给较迅速,受江水涨落影响较大;岩层层面起伏较大,层面容易形成涌水通道;江水深 6~8m,洞顶埋深最小 7m,且洞顶上覆盖不同厚度的强风化岩层〈7〉、硬塑或稍密状残积层〈5-2〉和淤泥质细砂层〈2-2〉。盾构施工中控制不好会引起螺旋输送机出土口大量喷涌,甚至会引起江底塌方、江水灌入隧道等严重事故。

(4)江底换刀

盾构过江的施工长度为 642m,若换刀时遇到地下水较大,则无法正常进入密封土仓换刀作业,将不得已采用风险较大的气压换刀方法。

2)盾构穿越浅覆土层

盾构穿越珠江面临的问题除了岩层裂隙水丰富外,隧道洞顶覆盖的岩层较薄也是施工时要考虑的主要因素。根据地质勘探资料,隧道洞顶最小埋深约为 7m,从下到上依次是:强风化岩层〈7〉约 1m,硬塑或稍密状残积层〈5-2〉约 3.4m,淤泥质细砂层〈2-2〉约 2.6m。盾构穿越珠江隧道上部覆盖层薄会产生以下施工难点:

盾构施工时头上悬河,岩层裂隙使丰富的地下水得到及时补充,在压力作用下造成盾构施工时螺旋输送机出土口喷涌。

在施工时易造成江底塌陷,严重时甚至造成江水与隧道贯通,而在水下又无法使用常规的监测手段进行精确监测,江底塌陷后难以处理。

盾构的姿态较难控制。

针对具体的地质情况,过江时采取的施工措施如下。

(1)选择合理的掘进模式

选择半敞开加气压模式,气压控制在 0.07~0.1MPa;或选择欠土模式,气压控制在 0.05~0.065MPa;根据具体地质情况,两种模式结合灵活使用。

(2)选择适宜的掘进参数

总推力控制在 10000~12000kN 之间,刀盘转数为 1.8r/min,刀具贯入量不超过 15mm/r。

(3)加强管片背后注浆管理

同步注浆压力、注浆量、浆液配合比等均根据江底下的地质情况和地下水的情况进行调整,采用的注浆量为 6~6.5m^3/环,同步注浆水泥、砂、粉煤灰、膨润土、水的配合比为:160∶779∶341∶56∶446。

(4)注意渣土改良

采用泡沫剂改良渣土,泡沫剂的用量为 40~50L/环,泡沫剂的比例为 2%~3%。

(5)加强江底监测

采用 GPS 跟踪定位,用声纳量测法对江底河床的变动情况进行监测,监测频率为 1 次/d,若发现异常变化则提高监测频率,必要时 24h 不间断进行监测。同时监测计量出土量,使出渣量与掘进速度相对应。实际出渣量控制在 72m^3/环左右。

3)螺旋输送机的喷涌

因为过江段地下水丰富,对所使用的土压平衡式盾构来说最常发生的施工困难是螺旋输送机出土口喷涌。目前,对螺旋输送机的喷涌尚没有特别有效地防止或处理措施,但在施工中通过调整掘进模式和施工参数、改良渣土以及其他辅助措施可以收到一定的效果。

(1)掘进模式的选择

根据地质情况可以选用半敞开式加气压掘进施工和土压平衡式掘进施工。在地质条件和外部条件允许的情况下,半敞开式加气压掘进施工可以减少刀盘扭矩、提高掘进速度。加气的压力可根据地质情况、隧道埋深和地下水压综合决定。本工程在过江时使用的最高气压是 0.25MPa,密封土仓压力一般控制在 0.06~0.08MPa 之间。

(2)采取放水减压措施

一般在地层较好的情况下,可先将刀盘停止转动,同时打开螺旋输送机放水,观察水量变化,待水压减小后再恢复掘进;或者将盾构后部隧道部分管片上的吊装孔打开放水,降低密封土仓中的水压力,防止掘进过程中螺旋输送机出土口喷出大量泥浆。

13.5.12 广州地铁3号线大塘—沥ˇu区间盾构过淋砂涌

1)地质条件

淋砂涌为珠江水系之一,系一通航河道。该河道水面涨潮时水面宽约130m,覆土最浅处仅6.4m。根据地质勘查资料显示,在隧道里程为ZCK8+856.00的土层依次为淤泥质土层〈2-1〉,厚3.8m;冲洪积砂层〈2-2〉,厚2.2m;中细砂层〈3-2〉,厚度大于5.9m;岩石全风化带〈6〉,厚2.9m;红层强风化带〈7〉,厚6.4m;红层中风化带〈8〉,厚2.1m;红层微风化带〈9〉,厚3.6m。隧道穿越淋砂涌地质剖面如图13-66所示。

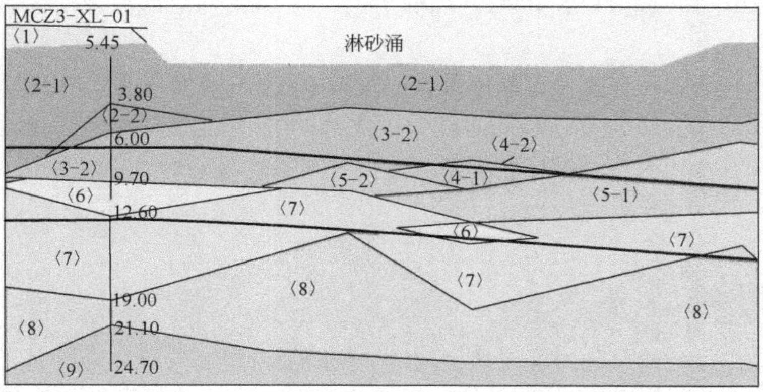

图13-66 盾构穿越淋砂涌地质剖面图

〈1〉-人工填土层;〈2-1〉-淤泥质土层;〈2-2〉-淤泥质细砂层;〈3-2〉-陆相冲洪积砂层;〈4-1〉-冲洪积土层;〈4-2〉-河湖相淤泥质土层;〈5-1〉-可塑或稍密状残积层;〈5-2〉-硬塑或中密状残积层;〈6〉-红层全风化带;〈7〉-红层强风化带;〈8〉-红层中风化带;〈9〉-红层微风化带

该区隧道拱顶主要为饱水中细砂层及全风化层,N=1~35击;边墙主要为饱水中细砂层、可塑状粉质黏土层,全风化、强风化泥岩,N=1~93击;隧底主要为全风化、强风化、中风化砂岩和泥岩,天然抗压强度小于10.0MPa。

2)采取的施工措施

2003年6月23日,第1台盾构率先在广州地铁3号线大塘—沥ˇu区间左线始发。7月9日,在拼装第18环后进入本标段第1险段——淋砂涌。该区段土层的稳定性差,敏感性强,在盾构掘进时由于刀盘的扰动,使地表及河床出现较大的沉降,尤其是当盾构通过砂层地段时极易发生喷涌。淋砂涌受潮汐影响,水位变化大,赋存于砂层的地下水与珠江水系存在着很强的水力联系,盾构在掘进过程中如果一旦发生喷涌将会导致河底土体坍塌、河水倒灌。针对以上技术难点,采取的施工措施如下:

①采取土压平衡模式掘进,保持密封土仓压力平衡,防止工作面的坍塌涌水,密封土仓压力保证在1.2bar左右,并随时根据地面监测结果进行修正。

②在工作面保压掘进的情况下,在土仓内辅以压缩空气,以保证平衡工作面的土压。

③在砂层中掘进时添加泡沫以减少渗漏,加强工作面的密封性。

④盾构在穿越淋砂涌区段砂层时,严密监视和分析渣土成分的变化。

⑤严格实施同步注浆,保证注浆效果,及时对盾尾密封刷充填足够的油脂,以保证盾尾的密封性。

⑥根据螺旋输送机出土的情况进一步确定泡沫的比例。

⑦加强监测及信息反馈的及时性,并根据反馈信息对盾构掘进参数及同步注浆量进行必要的调整。

⑧在始发端头及淋砂涌河堤外进行补充地质勘探,进一步查明地质情况。

尽管采取了以上施工措施,但在2003年7月8日16时,当左线盾构推进至淋砂涌北岸边时,发现监测断面C8845部分测点的沉降值和沉降速度超过警戒值。

在7月9日凌晨,当盾构掘进到淋砂涌时,在C8845部分监测点当日沉降速率急剧增加,C8845-3

(—40.81mm)、C8845-4(—57.19mm)、C8845-5(—62.23mm)、C8845-6(—54.85mm)、C8845-7(—32.75mm)等监测点出现较大沉降，并对附近的地面造成严重开裂，河岸施工围墙倾斜断裂，材料库砖墙出现较大的贯通性裂缝，河面像开锅的水一样翻浆冒泡。

7月10日上午，针对工地围墙倾斜开裂、地面串浆、水面冒泡等现象，立即采取的应急措施如下：

①沿C8845监测断面布孔进行了地面注浆并对隧道内第15环5522环管片吊装孔进行了补注浆，以控制地表的进一步沉降。

②向河内抛掷大量的沙袋，以填充河底被击穿的空隙。

③控制盾构掘进参数并严密监控出土情况，如发现涌水、涌砂，立即关闭螺旋输送机闸门停止掘进，并立即采取抢险措施。

④确保盾构以土压平衡模式推进，维持合理的土仓压力以及合适的注浆压力，以保证盾构平稳、连续、顺利地掘进。

⑤在淋砂涌中补设监测点，加密监测频率并及时反馈，根据沉降信息的反馈及时采取措施。

上述措施防止了事故的进一步发展，从而确保了盾构的顺利掘进，成功地穿越了宽度为130m的淋砂涌，掘进轴线控制及管片控制质量都比较理想。

思考题

1. 什么是复合地层？
2. 广州地区对盾构掘进有不利影响的典型工程地质和水文地质有哪些？
3. 复合地层需要研究的地质问题有哪些？
4. 广州地区的盾构施工主要有哪些不良地质？
5. 盾构适应性在复合地层中主要有哪些局限性？
6. 复合地层中盾构施工主要存在哪些施工难点？
7. 广州地铁盾构施工中，中途换刀技术主要有哪些？
8. 花岗岩风化地层中球状风化体或巨大飘砾怎么处理？
9. 球状风化体具有哪些特点？施工中采取哪些针对性措施？
10. 盾构过砂层的技术措施有哪些？
11. 盾构过江有哪些主要风险？
12. 盾构过淋砂涌应采取哪些措施？

第14章

以重庆为代表的岩石地层盾构TBM施工

14.1 重庆地铁历史沿革与建设规划

重庆轨道交通第一条线路于2004年11月6日开通。目前运营线路有5条,包括1号线、2号线、3号线、6号线及国博线,线网覆盖主城九区,运营里程达到202公里,车站117座。运营里程位居中西部第一,全国第五(不含港澳台)。在已建成的线路中,除2号线、3号线采用跨座式单轨制式外,其他线路均为钢轮钢轨地铁制式。重庆轨道交通已经成为重庆市民最主要的交通工具之一,2014年日均客运量141.7万乘次,单日最高客运量已达240.0万乘次。

1946年《陪都十年建设计划草案》中,提出建设高速电车。拟建3条高速电车线,建设标准采用47.77kg/m钢轨;轨距为1m;最大坡度9%;弯度最小半径80m;主城区车速25km/h,郊区45km/h;车辆长8m,宽1.8m;带拖车,每列乘240人;初定10min发一班,三线每天总运量约10万人次,部分线路在地下。

1958年,"重庆市市中区地下铁道工程队"成立,拟对原有防空洞进行拓宽、加固,并新挖从十八梯到临江门的地下隧道,工程在进行了一年多后停滞。

1960年《重庆市城市初步规划(1960—1980年)》提出"直通与环状"网布局的"地下快速铁道线网",以市中区为核心,将新牌坊、小龙坎、杨家坪、石桥铺、两路口等地区串联起来,总长约100km。

1965年,再次成立"重庆市中区地下铁道工程处",工程处共分4个工程队,共有1000余人。1966年下半年,工程再一次瘫痪,但工程基本完成了市中区的地下隧道网:千厮门、望龙门、中华路、十八梯、兴隆街、枣子岚桠、燕喜洞部分贯通。至1971年,工程处被迫停工解散,修建的隧道移交人防部门。

1983年《重庆市城市总体规划(1982—2000年)》提出建设"地下铁道",由朝天门至杨家坪,沿途经过较场口、菜园坝、两路口、鹅岭、大坪、谢家湾,全长约12.2km。现重庆轨道交通2号线走向与这一线路基本一致。该规划提出,菜园坝火车站改建后,由梨树湾经沙坪坝至菜园坝的铁路联络线开行城市列车,发挥轨道交通功能。

1988年,引入外地商人组建地铁集团投资修建地铁,公司设两路口,并开工建设,主要仍是在原人防工事基础上扩展施工。

1991年《重庆市综合交通规划(1990—2005年)》提出了南坪—新牌坊、朝天门—双碑、朝天门—九宫庙3条干线轻轨,以及杨家坪—石桥铺轨道连接线的规划方案,线网总长约55km。如今的轨道交通1、2、3号线走向与其基本一致。该规划基本确定了如今轨道线网的骨架雏形,并对轨道线路的断面流量进行了预测。

1998年《重庆市城市总体规划(1996—2020年)》,在1991年综合交通规划基础上,保留了朝沙线,调整了朝新线半岛地区走向,将新牌坊—南坪线北向延伸至江北机场,将杨家坪—石桥铺联网线东向延伸至4km,增加5号线由童家院子—冉家坝—高家花园大桥—杨公桥—上桥—中梁山。轨道线路总长约119km。

2000年12月26日,经国务院批准,2号线一期工程较场口至动物园段全面开工。该工程被列为国家西部开发十大重点工程，并于 2001 年 4 月获得由日本政府提供的政府间发展援助(ODA)270 亿日元(折合人民币 19.92 亿元)贷款，还款期为 40 年。

2004 年 11 月 6 日，2 号线开通大坪至动物园段的观光列车，在逐步增加站点、增加班次、降低票价后，于 2015 年 6 月 18 日正式运营。重庆进入轨道交通时代。

2007 年《重庆市城市总体规划(2005—2020 年)》：主城区轨道交通线网格局扩展为“九线一环”，此线网骨架承袭了 1998 年总体规划轨道线网结构，总长约 522km。

2007 年 4 月 6 日，3 号线一期工程二塘至龙头寺段开工；同年 6 月 18 日，1 号线一期工程朝天门至沙坪坝段开工。1 号线的小什字至两路口段有约 2.7km 的里程利用了之前修建的防空洞以及地铁隧道。

2011 年 6 月 18 日，1 号线通车，重庆轨道交通进入换乘时代；同年 9 月 29 日，3 号线通车，重庆轨道交通初步进入网络时代。

2013 年 12 月 31 日，6 号线二期北段(礼嘉—北碚段)通车，至此，轨道交通已覆盖主城九区。

2014 年 12 月 30 日，随着 2、6 号线延伸段的通车，重庆轨道交通第一轮建设已基本完成。

根据国家发改委批复的《重庆市城市轨道交通近期建设规划(2012—2020 年)》，到 2020 年，重庆市将形成 9 条运营线路(图 14-1)，即 1、2、3、4、5、6、9、10 号线和环线。

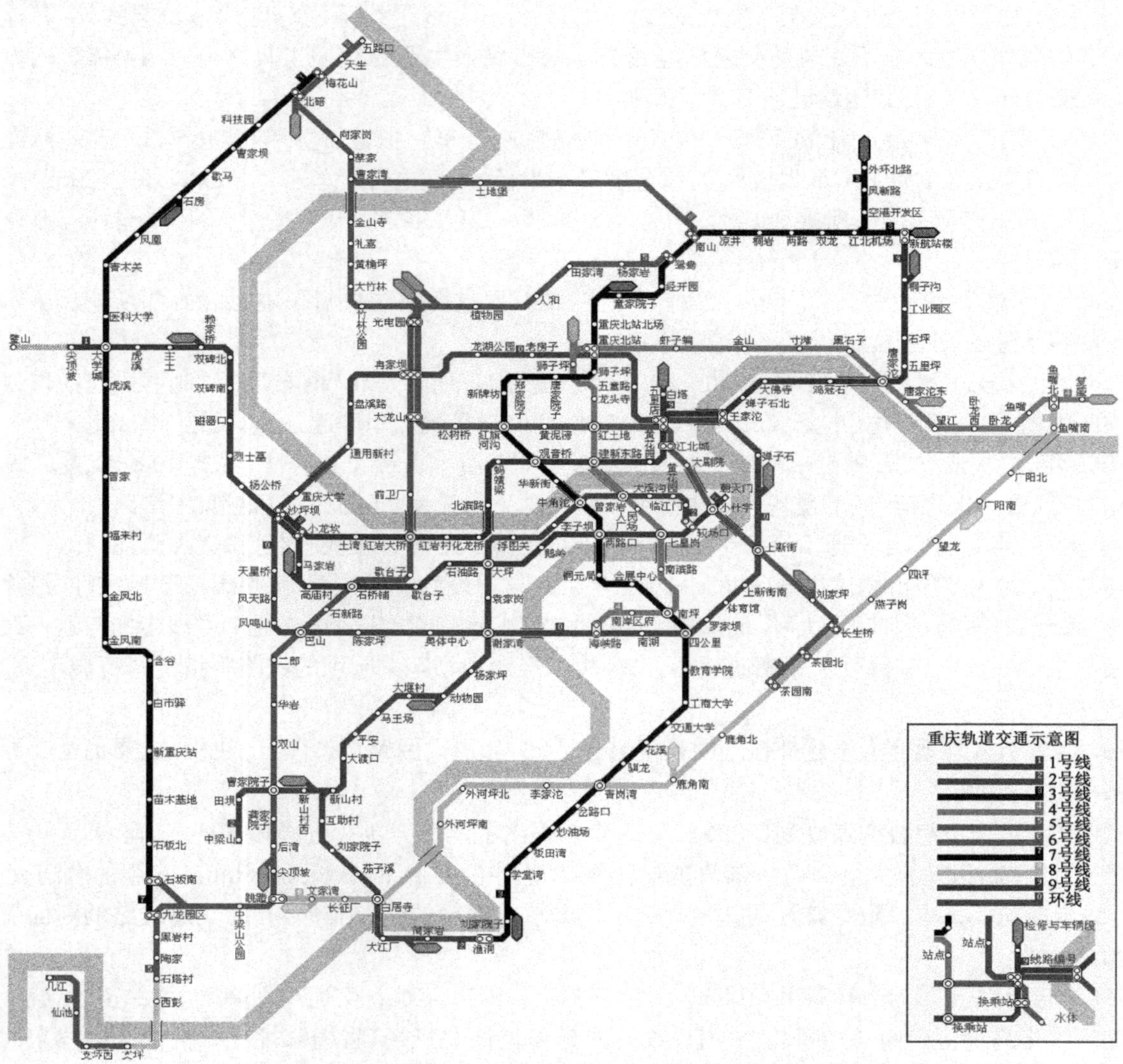

图 14-1 重庆市城市轨道交通近期建设规划(2012—2020 年)

1 号线：主城区全长 38km，设 22 座车站。2 号线：全长约 37.2km，其中中梁山支线长约 6.6km，共设

28 座车站。3 号线：全长约 63.4km，其中机场—空港开发区支线长约 6.3km，共设 42 座车站。4 号线：全长约 47.3km，共设 25 座车站。5 号线：主城区全长约 62.1km，共设 29 座车站。6 号线：全长约 70.6km，其中蔡家—渝北南山支线长约 9.56km，共设 32 座车站。7 号线：全长约 26km，共设 22 座车站。8 号线：全长约 54.4km，共设 20 座车站。9 号线：全长约 39.1km，其中弹子石—江北机场航站大楼支线长约 22.3km，共设 24 座车站。环线：全长约 44.9km，共设 26 座车站。

为适应重庆发展需要，重庆市政府在“九线一环”的基础上确定了十七线一环的规划。《重庆市城市快速轨道交通第二轮建设规划(2012—2020)》对重庆市远景线网规划做了扩展和优化，经过调整的线网规划共十七线一环(表 14-1)，网总长约 820km。

重庆轨道交通十七线一环规划线路 表 14-1

线路	走　向
1 号线	朝天门—小什字—较场口—七星岗—两路口—鹅岭—大坪—石油路—歇台子—石桥铺—高庙村—马家岩—小龙坎—沙坪坝—杨公桥—烈士墓—磁器口—石井坡—双碑—赖家桥—微电园—陈家桥—大学城—尖顶坡—璧山
2 号线	较场口—临江门—黄花园—大溪沟—曾家岩—牛角沱—李子坝—佛图关—大坪—袁家岗—谢家湾—杨家坪—动物园—大堰村—马王场—平安—大渡口—新山村—天堂堡—建桥—金家湾—刘家坝—白居寺—大江—鱼洞 中梁山支线 天堂堡—曹家院子—田坝—中梁山
3 号线	鱼洞—金竹—鱼胡路—学堂湾—大山村—花溪—岔路口—九公里—麒龙—八公里—二塘—六公里—五公里—四公里—南坪—工贸—铜元局—两路口—牛角沱—华新街—观音桥—红旗河沟—嘉州路—郑家院子—唐家院子—狮子坪—重庆北站—龙头寺—童家院子—金渝—金童路—鸳鸯—园博园—翠云—长福路—回兴—双龙—碧津—江北机场 空港线 碧津—双凤桥—空港广场—高堡湖—观月路—莲花—举人坝
4 号线	新牌坊—民安大道—天宫殿—虾子蝙—金山—寸滩—黑石子—安家湾—唐栋桥—唐家沱—唐家沱东—干坝子—鱼嘴—复盛—王家城—生基堡—龙兴—高石塔—普福—桐梓林—石船
5 号线	跳蹬—石龙—华岩新城—中梁山—半山—华成路—华岩寺—重庆西站—凤西路—巴山—石新路—石桥铺—歇台子—红岩村—忠恕沱—大石坝—大龙山—冉家坝—幸福广场—人和—和睦路—重光—湖霞街—丹鹤—园博中心—翠云—腾芳大道—同茂大道—椿萱大道—悦港大道 支线 跳蹬—文家湾—长征厂—白居寺—钓鱼嘴—外河坪南—李家沱—未定名—重庆南站—未定名—杨家坪—奥体中心—歇台子—半山路
6 号线	茶园—邱家湾—长生桥—刘家坪—上新街—小什字—大剧院—江北城—五里店—红土地—黄泥塝—红旗河沟—花卉园—大龙山—冉家坝—光电园—大竹林—康庄—九曲河—礼嘉—金山寺—曹家湾—蔡家—向家岗—龙凤溪—状元碑—天生—北碚 国博线 礼嘉—平场—黄茅坪—高义口—国博中心—悦来—甘院子—草家湾—麦子坝—刘家院子—胡家湾—雨台山—胡家桥—红岩坪—沙河坝 迎龙支线 茶园—重庆东站—任家山—梨湾—樵枰山—商贸城南—迎龙—商贸城北—小湾—广阳岛—孵化楼—银湖
7 号线	状元碑—科技园—曹家坝—歇马—未定名—回龙坝—团结村—土主—西永—微电园—未定名—未定名—未定名—含谷—白市驿—未定名—苗木基地—石板北—石板南—九龙园区—双福
8 号线	界石—未定名—鹿角南—鹿角北—茶园—未定名—刘家坪—广阳—望江—卧龙—干坝子—未定名—未定名—复盛—未定名—未定名—未定名—御临
9 号线	高滩岩—天梨路—沙坪坝—小龙坎—土湾—红岩村—半山路—化龙桥—李家坪—蚂蝗梁—观音桥—鲤鱼池—刘家台—江北城—五里店—溉北路—虾子蝙—金山—何家梁—上果路—上湾路—服装城大道—宝桐—回兴—春华大道—兰桂大道—中央公园东—丛岩寺—花石沟

续上表

线路	走　　向
10号线	兰花路—南湖—南岸区政府—南坪—南滨路—七星岗—人民广场—曾家岩—鲤鱼池—红土地—龙头寺公园—重庆北站—天宫殿—民心佳园—三亚湾—上湾路—环山公园—长河—T3航站楼—江北机场—渝北广场—鹿山—中央公园东—中央公园—中央公园西—悦来—王家庄
11号线	弹子石—十一中—弹子石北—大佛寺—鸡冠石—唐家沱—五里坪—石坪—工业园区
12号线	金凤南—白市驿—重庆西站—华岩—巴国城—双山公园—平安—重钢—未定名—外河坪北—李家沱—未定名—九公里—鹿角南
13号线	虎溪—大学城—未定名—未定名—未定名—青木关—凤凰—土主—同兴—未定名—未定名—向家岗—未定名—未定名—未定名—悦来
14号线	水土—未定名—草家湾—未定名—未定名—未定名—丛岩寺—凤新路—空港工业园—未定名—举人坝—未定名—未定名—未定名—石船—御临
15号线	双碑—井口—同兴—礼嘉—平场—金渝大道—鸳鸯—宝桐—石坝子—未定名—工业园区—未定名—未定名—生基堡—龙兴
16号线	金顶—向家岗—未定名—水土—未定名—未定名—胡家桥
17号线	鼎山——儿江—滨江新城—未定名—未定名—双福—走马—未定名—金凤南—金凤北—福来村—曾家—虎溪—陈家桥—未定名—西永
环线	重庆西站—上桥—凤鸣山—凤天路—天星桥—沙坪坝—沙正街—玉带山—南桥寺—体育公园—冉家坝—西湖路—洪湖东路—民安大道—重庆北站—渝鲁—五里店—弹子石—涂山—莲花村—上新街—上浩—海棠溪—罗家坝—四公里—南湖—海峡路—谢家湾—奥体中心—陈家坪—凤凰—二郎—华龙—重庆西站

14.2　重庆地铁6号线一期TBM试验段工程

14.2.1　工程地质特点

1)工程位置和线路概况

重庆轨道交通6号线是继1、2、3号线之后开始建设的第四条轨道交通线路。线路起点为茶园南站，终点为五路口站，线路全长61.23km。

6号线一期工程TBM试验段全长约12.122km，起点位于五里店站，终点为光电园与竹林公园区间的山羊沟水库段，其地理位置及工程范围见图14-2。

线路位于江北区、渝北区、北部新区三大主城区境内，主要沿主干道五红路、红石路和龙山大道地下敷设，贯穿3大行政区主客流方向。与规划的一期工程线路方向一致，即呈东南—西北方向走向。设计起点位于江北区的五里店站，出站后沿五红路和城市供电高压线走廊敷设，与3号线相交于红旗河沟站，后又经松树桥立交后转向北，沿龙山大道向北进入北部新区，到达设计终点山羊沟水库开敞段。

其中，五里店站为明挖车站。线路途径红土地站、黄泥滂站、红旗河沟站、花卉园站4个暗挖车站和大龙山站、冉家坝站、光电园站3个明挖车站，均为地下站。

标段全长约12.196km(含五里店车站、五里店车站大里程端环线区间隧道约100m)，起点位于五里店站始端K17＋044，终点为山羊沟水库开敞段K29＋140。

主要工程项目为：五里店车站AK17＋044～AK17＋285明挖施工(含100m区间隧道)、AK17＋285～AK17＋485(预备洞钻爆法)、AK17＋485～AK17＋505(出发洞钻爆法)以及AK17＋505～AK18＋494、AK18＋992～AK19＋814、AK20＋020～AK20＋945、AK21＋383～AK22＋394、AK22＋702～AK24＋239、AK24＋479～AK25＋269、AK25＋509～AK27＋066、AK27＋675～AK29＋120TBM施工段，及AK29＋120～AK29＋140(接收洞钻爆法)和红土地站、黄泥滂站、红旗河沟站、花卉园、大龙山站、

冉家坝站、光电园站过站施工。每台 TBM 累计掘进总长 9076m。附属工程主要有:联络通道、出渣斜井、洞门等。

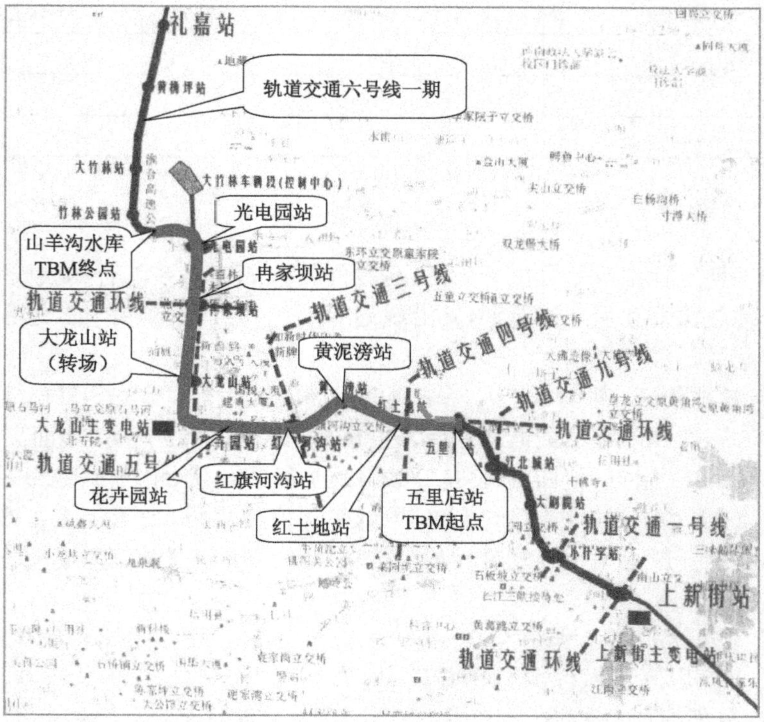

图 14-2 工程地理位置及工程范围示意图

重庆轨道交通 6 号线一期工程五里店站(含)—山羊沟水库节点工程(TBM 试验段工程)主要工程项目详见表 14-2。

主要工程项目一览表 表 14-2

序 号	项 目	起 讫 里 程	长度(m)	备 注
1	五里店站	AK17+044~AK17+285	241	明挖法
2	环线区间隧道		100	钻爆法
3	五里店—红土地	AK17+285~AK17+505	220	TBM 预备洞、出发洞(钻瀑法)
	五里店—红土地	AK17+505~AK18+494	989	(含接收洞)
4	红土地站	AK18+494~AK18+992	498	过站
5	红土地—黄泥滂	AK18+992~AK19+814	822	TBM 法(含出发洞、接收洞)
6	黄泥滂站	AK19+814~AK20+020	206	过站
7	黄泥滂—红旗河沟	AK20+020~AK20+945	925	TBM 法(含出发洞、接收洞)
8	红旗河沟站	AK20+945~AK21+383	438	步进过站
9	红旗河沟—花卉园	AK21+383~AK22+394	1011	TBM 法(含出发洞、接收洞)
10	花卉园站	AK22+394~AK22+702	308	过站
11	花卉园—大龙山	AK22+702~AK24+239	1537	TBM 法(含出发洞、接收洞)
12	大龙山站	AK24+239~AK24+479	240	过站
13	大龙山—冉家坝	AK24+479~AK25+269	790	TBM 法(含出发洞、接收洞)
14	冉家坝站	AK25+269~AK25+509	240	过站
15	冉家坝—光电园	AK25+509~AK27+066	1557	TBM 法(含出发洞、接收洞)
16	光电园站	AK27+066~AK27+675	609	过站

续上表

序号	项目	起讫里程	长度(m)	备注
17	光电园—山羊沟水库	AK27+675～AK29+140	1465	TBM法(含出发洞、接收洞)
18	联络通道	14座		钻瀑法
19	出渣斜井	220m(双洞)		钻瀑法
20	洞门	4座		两端

2)工程地质

(1)地形地貌

重庆交通6号线一期工程主要路段位于长江、嘉陵江两大地表水系汇合的狭长地带，宏观地貌呈深切割地貌景观。根据地貌成因和形态的差别，其沿线地貌形态大致分河谷侵蚀、堆积阶地区及构造剥蚀丘陵区的两个地貌单元区。其特征如下：

河谷侵蚀、堆积阶地地貌区：高程167～230m，地势平缓，相对高差20m～35m，地形坡度1°～5°。构造剥蚀丘陵区：高程208～373m，地形最低点在南方上格林AK16+000附近，地面高程208.53m，最高点在照母山仙人坪AK27+980附近，地面高程372.43m，地势波状起伏，相对高差20～70m。其中AK15+320～AK27+900以及AK29+100～AK31+200为城区人口密集段，地形经人工改造变化大。现状地形较平缓，起伏较小，坡度一般小于10°，局部地段呈陡坡、台阶状。其余地段为原始地貌。

(2)地质构造

重庆市轨道交通6号线一期工程AK16+500～AK29+700段原始地貌属构造剥蚀陵区。其中，AK16+500～AK27+800段现为城区人口密集段，地形经人工改造变化大。现状地形较平缓，起伏较小，坡度一般小于10°，局部地段呈陡坡、台阶状。其余地段为原始地貌。沿线海拔高程208～372m之间，地形最低点在南方上格林AK16+000附近，地形高程208.53m，最高点在照母山仙人坪AK27+980附近，地面高程372.43m，全线地势波状起伏，相对高差164m左右。

(3)地层岩性

轨道交通6号线一期工程沿线的地层主要由第四系全新统松散土层和侏罗系中统沙溪庙组泥岩、砂岩组成，现依据地层的新老关系，对岩性特征作简要介绍：

①第四系全新统人工填土(Q_4ml)

多为紫褐色。以黏性土夹砂岩、泥岩碎(块)石为主，局部点表层有生活垃圾或建筑垃圾，结构一般为稍密～中密。沿线广泛分布。该层厚约2～5m，局部厚度15～20m。

②第四系全新残坡积粉质黏土(Q_4el+dl)

紫色～黄褐色，一般呈可塑～硬塑状，主要分布于大竹林镇王家河沟以后段。厚度一般为0.5～5m。

③侏罗系中统沙溪庙组(J_2s)

砂岩：灰色～紫灰色。碎屑物以石英、长石、岩屑为主，其中石英含量54.00%～71.25%、长石含量1.80%～14.25%。胶结物为水云母、石膏和绿泥石，含量一般为5%～15%。岩石为细～中粒结构，中厚层状构造，为接触式和嵌晶胶结。岩石饱和抗压强度29.9～36.7MPa、天然抗压强度40.2～48.0MPa，属较硬岩。岩石声波波速2975～3489m/s，岩体完整性系数0.63～0.72，岩体较完整。

砂质泥岩：紫红色～紫褐色。碎屑物以石英、云母为主，其中石英含量54.00%～80.75%，云母含量2.55%～12.75%，胶结物为水云母、绿泥石、褐铁矿和方解石，含量一般为15%～40%。岩石为泥岩砂状结构，中后层状构造。岩石饱和抗压强度12.6～17.2MPa、天然抗压强度20.0～26.0MPa，属软岩～较软岩。岩石声波波速2593～3489m/s，岩体完整性系数0.63～0.68，岩体较完整。

泥岩：紫红色。碎屑物以石英、云母为主，其中，石英含量22.75%～28.00%、云母含量12%～12.25%。基质为水云母、绿泥石、褐铁矿和方解石，含量一般为60%～65%。岩石为粉砂泥质结构，中后层状构造。岩石饱和抗压强度14.5～15.7MPa、天然抗压强度22.0～24.0MPa，属软岩～较软岩。岩石声波波速2593～3489m/s，岩体完整性系数0.63～0.68，岩体较完整。本次勘察钻孔揭露的泥岩分布极少。

(4)岩石物理力学参数

经调查,轨道交通6号线一期工程沿线及临近地段无地面沉陷、地裂缝,滑坡、泥石流、崩塌等不良地质现象,岩土体稳定。

①岩石磨耗系数

经过试验,岩石磨耗系数损失19.5%~37.6%,磨耗损失一般30%左右。

②声波测井参数

经过试验,岩石的声波波速2975~3489m/s,岩体完整性系数0.63~0.72,岩体较完整。

(5)岩石级别

沿线的砂质泥岩围岩基本级别主要为Ⅳ级,砂质围岩基本级别主要为Ⅲ级。

(6)沿线工程地质条件评价

区域场地属构造剥蚀丘陵区及河谷区地貌单元。6号线一期工程分别穿越重庆向斜、龙王洞背斜、化龙桥向斜、沙坪坝背斜,分别跨过长江和嘉陵江。岩层受构造作用较轻微,构造节理裂隙较发育~不发育,局部发育,基岩完整性较好。不良地质作用仅见局部地下洞室分布。场地总体稳定,适宜建设轨道交通线。

6号线一期工程场地上部第四系地层相对较薄,丘陵区上部主要地层为第四系全新统残坡积粉质黏土和人工填土,河谷上部地层为第四系全新统冲击卵砾石土,砂类土和粉质黏土;下部地层为侏罗系中统上、下沙溪庙组泥岩加砂岩,为良好的基地地层,岩层软硬相间,节理裂隙较发育~不发育,局部发育,产状随褶皱舒缓发生变化,隧道围岩级别为Ⅲ~Ⅳ级。地表未发现不良地质现象。

沿线地下水除长江河谷地段因受江水影响导致水位及水量季节性差异明显外,其余段地下水贫乏,主要为上层滞水,隧道施工发生大的突水涌水的可能性小,水质对混凝土无结晶、分解侵蚀性。

该工程各段地质评价见表14-3。

工程地质分段评价 表14-3

序号	里程段	工程地质评价
1	AK17+300~AK17+369	隧道顶板以上的中等风化岩层厚度26.8~38.8m,主要为泥质砂岩,洞身主要为泥质砂岩,局部为砂岩,洞底主要为泥质砂岩,隧道围岩基本分级为Ⅳ级;为深埋隧道,成洞条件好。本段地下水量小
2	AK17+369~AK17+473	隧道顶板中等风化岩层厚18~22m,主要为砂岩,隧道围岩基本分级Ⅲ级。为深埋隧道,成洞条件好。水文地质简单,地下水主要由大气降水补给,地下水类型为上层滞水和基岩风化裂隙水。隧道段水量小
3	AK17+473~AK17+600	水文地质简单,土层薄,基岩裂隙不发育,不利于地下水的赋存。根据钻孔水位量测,本设地下水量小。 隧道埋深23~37m,顶板以上中等风化岩层厚度22~33m,主要为泥质砂岩,隧道围岩基本分级为Ⅳ级。为深埋隧道,成洞条件好
4	AK17+600~AK17+804	水文地质简单,地下水主要由大气降水补给,地下水类型为松散层孔隙水。隧道段水量小。隧道围岩顶部中等风化岩层厚32~35m,主要为泥质砂岩夹砂岩,隧道围岩基本分级为Ⅳ级。为深埋隧道,成洞条件好
5	AK17+804~AK17+874	水文地质简单,地下水主要由大气降水补给,地下水类型为松散层孔隙水,隧道段水量小。隧道顶部中等风化岩层厚度31~34m,主要为砂岩夹泥质砂岩,隧道围岩基本分级为Ⅲ级。为深埋隧道,成洞条件好
6	AK17+874~AK17+982	水文地质简单,地下水主要由大气降水补给,地下水类型为局部上层滞水和基岩裂隙水,隧道段水量小。隧道顶部中等风化岩层厚度34~37m,主要为泥质砂岩、砂岩,隧道围岩基本分级为Ⅳ级。为深埋隧道,成洞条件好。考虑到岩层倾角较平缓(10°),顶部岩层易掉块,应提高衬砌强度

续上表

序号	里 程 段	工 程 地 质 评 价
7	AK17+982～AK18+045	水文地质简单，地下水主要由大气降水补给，地下水类型为松散层孔隙水，隧道段水量小。隧道顶部中等风化岩层厚度37～42m，主要为泥质砂岩、砂岩，隧道围岩基本分级为Ⅲ级。为深埋隧道，成洞条件好
8	AK18+045～AK18+501	水文地质简单，地下水主要由大气降水补给，地下水类型为上层滞水，隧道段水量较小。隧道顶部中等风化岩层厚度40～51m，主要为泥质砂岩夹砂岩，隧道围岩基本分级为Ⅳ级。为深埋隧道，成洞条件好
9	AK18+501～AK18+652	水文地质简单，地下水类型主要为松散层孔隙水，隧道段水量小。根据设计方案，本段为双洞单线隧道。隧道埋深52.8～56.1m，顶板中等风化岩层厚度51～54m，主要为泥质砂岩夹砂岩，隧道围岩基本分级为Ⅳ级。为深埋隧道，成洞条件好
10	AK18+652～AK18+971	水文地质简单，地下水类型以松散层孔隙水为主，隧道段水量小。隧道埋深51.5～56.0m，顶部中等风化岩层厚度46～54m，主要为泥质砂岩夹砂岩，隧道围岩基本分级为Ⅳ级。为深埋隧道，成洞条件较好
11	AK18+971～AK19+450	水文地质简单，地下水类型主要为松散层孔隙水，水量小。隧道埋深40～51m，顶部中等风化岩层厚34～48m，主要为泥质砂岩夹砂岩，隧道围岩基本分级为Ⅳ级。为深埋隧道，成洞条件好
12	AK19+450～AK19+825	水文地质简单，地下水类型主要为松散层孔隙水，隧道段水量较小。隧道埋深31～40m，洞顶中等风化岩层厚度17～36m，主要为泥质砂岩夹薄层砂岩，隧道围岩基本分级为Ⅳ级。深埋隧道，成洞条件较好
13	AK19+825～AK19+980	水文地质简单，地下水类型以松散层孔隙水为主，水量小。隧道埋深27～31m，顶部中等风化岩层厚度15～24m，主要为泥质砂岩夹砂岩，隧道围岩基本分级为Ⅳ级。为深埋隧道，成洞条件较好
14	AK19+890～AK20+066.69	水文地质简单，主要为上层滞水。隧道段水量较小。洞顶中风化岩层厚25m，主要为砂岩，围岩基本级别为Ⅲ级，为深埋隧道，成洞条件好
15	AK19+066.69～AK20+581.84	水文地质简单，主要为上层滞水。隧道段水量较小。洞顶中风化岩层厚20～41m，主要为砂质泥岩夹砂岩，围岩基本级别为Ⅳ级。为深埋隧道，成洞条件好
16	AK19+581.84～AK20+959.54	水文地质简单，岩体中地下水量小。隧道顶板围岩主要为泥质砂岩，中风化岩层厚41～68m，围岩基本级别为Ⅳ级。为深埋隧道，成洞条件好
17	AK20+959.54～AK21+117.79	水文地质简单，地下水类型为上层滞水，水量小。洞跨10.6～15.6m、高6.05m，洞顶围岩主要为砂岩，中风化岩层厚度为27～44m，围岩基本级别为Ⅲ级。为深埋隧道，成洞条件好
18	AK21+117.79～AK21+291.33	隧道段地下水量较小。本段隧道洞跨11m、高6m。隧道顶板围岩主要为砂质泥岩，围岩局部级别为Ⅳ级，洞顶中风化岩层厚27～31m。为深埋隧道，成洞条件好
19	AK21+291.33～AK21+353.59	隧道段水量小。本段隧道洞跨10.6～15.5m，为单洞双线形式。洞顶围岩主要为砂岩，中风化岩层厚度为27～46m，围岩基本级别为Ⅲ级。为深埋隧道，成洞条件较好
20	AK21+353.59～AK21+397.76	隧道段水量小。本段隧道洞跨11m。洞顶围岩主要为砂岩，中风化岩层厚度为27～46m，围岩基本级别为Ⅲ级。为深埋隧道，成洞条件较好
21	AK21+397.76～AK21+846.79	水文地质简单，岩体中地下水量小。洞顶围岩主要为砂质泥岩，中风化岩层厚度为43～75m，围岩基本级别为Ⅳ级。为深埋隧道，成洞条件好
22	AK21+846.79～AK22+206	水文地质简单，地下水类型为上层滞水。隧道段水量较小。隧道围岩洞顶中风化岩层厚度为26.8～43.6m，主要为砂质泥岩，围岩基本级别为Ⅳ级。为深埋隧道，成洞条件好
23	AK22+206～AK22+600	水文地质简单，地下水类型为上层滞水，隧道段水量较大。隧道围岩洞顶中风化岩层厚度为12.36～28.87m，主要为砂质泥岩，围岩基本级别为Ⅳ级，为深埋隧道，成洞条件较差

续上表

序号	里 程 段	工 程 地 质 评 价
24	AK22+600～AK25+250	本段正在外业钻探阶段，暂缓提供中间资料
25	AK25+250～AK25+400	本段隧道地下水贫乏，洞壁偶有滴水。右线隧道顶板位于中等风化泥质砂岩层中，洞顶围岩厚度9.9～18.0m，属深埋隧道。围岩基本级别为Ⅳ级，成洞条件较好。左线隧道AK25+250～AK25+379，位于中等风化砂岩层中，洞顶围岩厚度11.7～24.8m，属深埋隧道。围岩基本级别为Ⅲ级，成洞条件好。其余条件同右线
26	AK25+400～AK25+647	地下水较贫乏。右线位于中等风化泥质砂岩层中，洞顶围岩厚度2.5～9.9m，属浅埋隧道。洞壁有串珠状滴水。围岩基本级别为Ⅳ级。其中，AK25+425～AK25+490段隧道洞顶围岩厚度2.5～6.0m，成洞条件差。左线AK25+379～AK25+812隧道位于中等风化砂质泥岩层中，洞顶围岩厚度9.9～18.9m，属深埋隧道。围岩基本级别为Ⅳ级，成洞条件好。其余条件同右线
27	AK25+647～AK25+677	地下水较贫乏。右线隧道位于中等风化砂岩层中，洞顶围岩厚度5.6～6.6m，属浅埋隧道。洞壁偶有线状流水。围岩基本级别为Ⅲ级，成洞条件差
28	AK25+677～AK25+751	水文地质简单。现隧道顶上及周边20m范围内地面为空旷地。右线隧道位于中等风化泥质砂岩层中，洞顶围岩厚度1～6m，属浅埋隧道。地下水较贫乏，洞壁有滴状水。围岩基本级别为Ⅳ级，成洞条件差
29	AK25+751～AK26+102	水文地质简单。现隧道顶上及周边20m范围内地面为空旷地 右线隧道位于素填土层中。为浅埋隧道。隧道周边无地表水体，地下水来源于大气降水补给，地下水量较大，洞内可能积水。围岩基本级别为Ⅴ级，成洞条件差。建议按Ⅵ级设计，超前支护 左线AK25+812～AK25+938，隧道位于中等风化泥质砂岩层中，洞顶围岩厚度1.9～9.9m，属浅埋隧道。地下水较贫乏，洞壁有串珠状滴水。围岩基本级别为Ⅳ级，成洞条件较差 左线AK25+938～AK26+033，隧道位于中等风化泥质砂岩层中。洞顶围岩厚度9.9～11.1m，属深埋隧道。地下水较贫乏，洞壁有滴水。围岩基本级别为Ⅳ级，成洞条件较好 左线AK26+033～AK26+209，隧道位于中等风化泥质砂岩层中。洞顶围岩厚度0.5～9.4m，属浅埋隧道。地下水较贫乏，洞壁有线状水。围岩基本级别为Ⅳ级，成洞条件差
30	AK26+102～AK26+195	水文地质简单。现隧道顶上及周边20m范围内地面为空旷地 右线隧道位于中等风化泥质砂岩层中，洞顶围岩厚度0.5～5.7m，属浅埋隧道。地下水较贫乏，洞壁有线状流水。围岩基本级别为Ⅳ级，成洞条件差
31	AK26+195～AK26+490	右线隧道位于素填土层中，呈松散状结构。浅埋隧道。隧道周边无地表水体，地下水来源于大气降水补给，地下水量较大，洞内可能积水。围岩基本级别为Ⅴ级，成洞条件差。建议按Ⅵ级设计，超前支护 左线AK26+209～AK26+490，隧道位于素填土层中，条件同右线
32	AK26+490～AK26+620	水文地质简单。现隧道顶及周边20m范围内地面主要为空旷地AK26+600～AK26+635洞顶为内环高速公路 右线隧道位于中等风化泥质砂岩层中。洞顶围岩厚度0.5～6.0m，属浅埋隧道。地下水较贫乏，洞壁有线状水。围岩基本级别为Ⅳ级，成洞条件差 左线AK26+490～AK26+615，位于中等风化泥质砂岩层中。洞顶围岩厚度0.5～5.7m，属浅埋隧道。地下水较贫乏，洞壁有线状水。围岩基本级别为Ⅳ级，成洞条件差
33	AK26+620～AK26+685	水文地质简单。现隧道顶及周边20m范围内地面主要为空旷地 AK26+635～AK26+649洞顶为内环高速公路 右线隧道位于粉质黏土层中，呈松软状结构。浅埋隧道。基坑单位涌水量为3.1m^3(m·d)。围岩基本级别为Ⅴ级。成洞条件差，建议按Ⅵ级围岩设计，超前支护 左线隧道AK26+615～AK26+682，位于粉质黏土层中，呈松软状结构。浅埋隧道。隧道内地下水量较大，可能有积水。围岩基本级别为Ⅴ级，成洞条件差，建议按Ⅵ级围岩设计，超前支护

续上表

序号	里程段	工程地质评价
34	AK26+685～AK26+822	水文地质简单。现隧道顶及周边20m范围内地面主要为空旷地。右线隧道位于中等风化泥质砂岩与砂岩层中。洞顶围岩厚度9.9～14.2m,属深埋隧道。地下水较贫乏,洞壁有线状水。围岩基本级别为Ⅳ级。成洞条件较好 左线隧道AK26+682～AK26+840,位于中等风化泥质砂岩中。洞顶围岩厚度9.9～15.7m,属深埋隧道。围岩基本级别为Ⅳ级,成洞条件较好
35	AK26+822～AK26+976	水文地质简单。现隧道顶及周边20m范围内地面主要为空旷地 右线隧道位于中等风化砂质泥岩层中。洞顶围岩厚度0.5～9.9m,属浅埋隧道。地下水较贫乏,洞壁有线状水。围岩基本级别为Ⅳ级,成洞条件差
36	AK26+976～AK27+070	水文地质简单。现隧道顶及周边20m范围内地面主要为空旷地 右线隧道洞顶为稍密状素填土,属浅埋隧道。隧道周边无地表水体,地下水来源于大气降水补给,地下水量较大,洞内有积水。围岩基本级别为Ⅴ级,成洞条件差,建议按Ⅵ级围岩设计,超前支护 左线AK26+840～AK27+040,隧道洞顶为稍密状素填土,属浅埋隧道。围岩基本级别为Ⅴ级,成洞条件差,建议按Ⅵ级围岩设计。超前支护。其余同右线
37	AK27+070～AK27+625	水文地质简单。现隧道顶及周边20m范围内地面主要为空旷地 右线隧道位于中等风化砂质泥岩层或泥质砂岩中。其中AK27+070～AK27+130段,洞跨6.0m,洞顶围岩厚度0.5～8.3m,属浅埋隧道。AK27+130～AK27+600段,洞跨28m,洞顶围岩厚度8.3～29.7m,属浅埋隧道。地下水较贫乏,洞壁有滴状水或线状水。围岩基本级别为Ⅳ级,成洞条件差 左线AK27+040～AK27+130,隧道洞跨6.0m,位于中等风化砂质泥岩或薄层砂岩中。洞顶围岩厚0.5～9.5m,属浅埋隧道。AK27+130～AK27+600洞跨28m,洞顶围岩厚度8.3～29.7m,属浅埋隧道。围岩基本级别为Ⅳ级,成洞条件差。其余条件同右线
38	AK27+625～AK27+870	现隧道顶及周边20m范围内地面主要为空旷地 右线隧道位于中等风化泥质砂岩中。洞顶围岩厚度35～43m,属深埋隧道。地下水贫乏,洞壁偶有滴状水。围岩基本级别为Ⅳ级,成洞条件好 左线隧道AK27+600～AK27+870,位于中等风化泥质砂岩中洞顶围岩厚度30～43m,属深埋隧道。地下水贫乏,洞壁偶有滴状水。围岩基本级别为Ⅳ级,成洞条件好

3)水文地质

(1)地表水

线路在AK28+700有山羊沟水库,水库面积19221m^2。

(2)地下水

沿线多位于构造剥蚀丘陵地貌,不具备典型的含水层,岩土层普遍含水微弱。地下水富水性受地形地貌、岩性及裂隙发育程度控制,为大气降雨和地面池塘水体渗漏补给。在地势较高的斜坡及丘顶平台,地表水径流条件较好,地下水补给范围小,表层土体薄,松散层储存地下水条件差,地下水不发育。在沟谷凹地第四系土层厚度较大的覆土层分布区域,下伏相对隔水层分界面(弱风化岩石界面)平缓,地表水向下渗入土体易聚集于岩土中,地下水相对较发育。根据地下水的赋存条件、水理性质及水力特征,沿线地下水主要储存于第四系松散层中及基岩强风化层中。基岩裂隙水主要分布在强风化裂隙和基岩构造裂隙中。

4)气象条件及地震动参数区划

(1)气象

轨道交通 6 号线一期工程沿线属亚热带季风湿润气候，具冬暖春早、雨量充沛、夜雨多、空气湿度大、云雾多、日照偏少、秋雨连绵等特点。

气温的垂直分带明显，海拔高程 300m 以下的沿江河谷区，年平均气温为 18°～18.8°C；海拔高程 300～500m 以下的丘陵地区，年平均最高气温为 16.8～18.0°C，年无霜期 349 天左右。多年平均气温 18.30°C，月平均气温 43.0°C(2006 年 8 月 15 日)，日最低气温－1.8°C(1955 年 1 月 11 日)。

多年平均降水量 1082.8mm，降雨多集中在 5～9 月，日最大降雨量 192.9mm(1956 年 6 月 25 日)，一次性连续最大降水量 190.9mm；日降水量大于 25mm 以上的大暴雨日数占全年降雨日数的 62%左右，小时最大降雨量可达 65mm。年蒸发量 1079.2mm，最大年蒸发量 1347.3mm。具体见表 14-4。

1951—1992 年累计年月平均总降水量(0.1mm) 表 14-4

月份	1	2	3	4	5	6	7	8	9	10	11	12	年
平均降水量	193	204	380	914	1583	1650	1530	1369	1329	965	461	248	10826

多年平均相对湿度 79%左右，绝对湿度 17.7hPa 左右，最热月份相对湿度 70%左右，最冷月份相对湿度 81%左右。全年主导风向为西北，频率 13%左右；夏季主导风向为西北，频率 10%左右。年平均风速为 1.39m/s 左右，最大风速为 26.7m/s。雾日数见表 14-5。

重庆地区各月多年平均雾日数 表 14-5

月份	1	2	3	4	5	6	7	8	9	10	11	12	年
平均雾日数	11.1	6.7	5.7	4.4	4.4	5.7	4.4	3.9	5.6	7.9	9.1	10.7	79.6

(2)地震动参数区划

拟建场地设计基本地震动峰值加速度 0.05g(相当于地震基本烈度 6 度)，地震动反应谱特征周期 0.35s。

根据《建筑抗震设计规范》(GB50011—2001)，场地上覆土层为中软～中硬场地土，一般厚 0～20m，下伏基岩属坚硬场地土，建筑场地类别为Ⅰ～Ⅲ类。

14.2.2 TBM 地质适应性设计

重庆以岩石地层为主，其传统的地铁修建采用钻爆法，爆破开挖施工不仅振动扰民，而且污染环境、施工受限，已成为制约重庆轨道交通快速建设的瓶颈。在全国的地铁隧道施工中，重庆是首次采用 TBM 法施工的，同时还采用了复合式土压平衡盾构(建设单位命名为“复合式 TBM”，下同。)、双模盾构(开敞式 TBM/土压平衡双模式)施工。

采用 TBM 施工，正确选型是工程成功的关键。1985—1992 年，天生桥二级水电站引水隧洞工程使用了美国罗宾斯公司制造的开敞式 TBM，直径为 10.8m，由于选型与地质不适应，且设备故障率较高，进度较低，平均月进尺仅 65m。青海引大济湟调水总干渠工程采用 1 台德国维尔特公司制造的 5.93m 双护盾 TBM 施工，2006 年 10 月 TBM 开始掘进，截至 2010 年 3 月 9 日，累计完成隧洞开挖 7258m，2008 年 4 月 3 日进入大坂山南缘断裂带(F_5、F_4、F_{19}断层组)以来，TBM 经历 9 次卡机脱困，后采用半断面人工开挖配合 TBM 掘进方式掘进。引红济石调水工程采用 1 台罗宾斯公司生产的直径为 3.655m 双护盾施工，2008 年 11 月开始掘进，截至 2010 年 5 月 8 日，累计完成隧洞开挖 4340m，2009 年 6 月和 12 月发生坍方，各卡机 2 个月，目前已经历 17 次卡机，因围岩变化频繁、高地应力、围岩变形量大、断层破碎带影响严重，管片破损和护盾挤压破坏，TBM 方向难以控制。

1991—1992 年，引大入秦工程 30A 号和 38 号输水隧洞，总长约 17km，相继采用了美国罗宾斯公司制造的 5.53m 双护盾 TBM 施工，TBM 应用较成功，平均月进尺 980m，最高月进尺 1400m。随后，在引黄入晋工程中相继使用了 5 台罗宾斯、1 台法国法马通公司制造的双护盾 TBM，开挖了总长为 122km 的隧道，创造了日掘进113m、月掘进1637m的纪录。其中，总干6号、7号、8号隧洞采用1台美国罗宾斯双护盾TBM施工，开挖直径为6.125m；南干4号、5号、6号、7号隧洞采用4台双护盾TBM施工，其中3台为罗宾斯、1台为法国法马通公司制造，直径为4.82～4.94m。

TBM的地质针对性较强，针对不同的地质条件、不同的隧道断面，需要设计成满足不同施工要求TBM，需要配置适应不同要求的辅助设备。TBM对隧道的地层最敏感，不同类型的TBM适用的地层也不同，一般的软岩、硬岩、断层破碎带，可采用不同类型的TBM，辅以必要的预加固和支护设备进行掘进。但对于岩溶暗河发育的隧道、高地应力隧道、软岩大变形隧道、可能发生较大规模突水涌泥的隧道等特殊不良地质隧道，则不适合采用TBM施工。在这些情况下，采用钻爆法更能发挥其机动灵活的优越性。

1)TBM项目成功的条件

一个成功的TBM工程项目，必须同时具备以下6个条件，才能算是真正成功的项目：安全完成、按期完成、实现盈利、积累经验、技术创新、培养人才。

达到以上6项指标，决定因素如下：地质水文条件(占40%)、TBM设备(占30%)、施工队伍(占30%)。

(1)地质水文条件

详细、可靠的地质水文资料是TBM工程项目成功的基本条件，直接决定了工程的成功。

地质水文资料决定了项目采用TBM是否可行，决定了TBM的选型，决定了TBM的主要技术参数，决定了辅助施工设备的选择和应急方案的制订。

地质水文资料必须详细、准确、可靠。隧道施工的根本问题通常是由隧道开挖通过地层的物理性质与岩土性质的不均匀性决定的。对于全断面、机械化开挖，由于这种开挖方式很不灵活，所以开挖物料强度的不均匀性更应引起重视。以适当方式事先掌握工程的地质水文条件对TBM施工是极为重要的。国内外大量的工程施工实例已经证明，用在前期勘察上的资金会因施工费用降低与工期缩短得到很大补偿。只有详细、准确、可靠的地质水文资料，才能对TBM进行正确选型，才能制定具有针对性的施工专项措施。

(2)TBM设备

技术先进，工程才能更安全、效率更高、更可靠；质量可靠是保证工期的关键因素之一；地下工程的风险需要丰富的经验应对；服务专业才能为施工提供技术支持，满足备件供应的需要。因此，技术先进、质量可靠的TBM设备和经验丰富、服务专业的TBM设备制造商是项目成功的直接因素。

(3)施工队伍

地下工程的风险需要丰富的施工经验应对。同时，隧道工程项目工期紧，进行科学管理，才能充分发挥TBM和配套设施的效能，以节约成本、创造效益。TBM施工工序安排紧凑，一环扣一环，高效的先进设备需要高效的作业人员，专业高效的施工队伍是保证工期的关键因素之一。因此，经验丰富、管理科学、专业高效的施工队伍是TBM项目成功的决定因素。

2)TBM设备选型原则

做好TBM设备的选型，对保证隧道工程顺利进行至关重要。TBM设备选型主要遵循下列原则：

(1)安全性、先进性、经济性相统一

TBM选型应首先遵循安全性、可靠性原则，并兼顾技术先进性和经济可行性的原则进行。经济可行性从两方面考虑：一是完成隧道开挖、衬砌的成洞总费用；二是一次性采购TBM设备的费用，TBM设备的费用应分摊在工程预算内。

(2)满足环境条件

TBM设备选型应满足隧道外径、长度、埋深和地质条件、沿线地形，以及洞口条件等环境条件。根据隧道施工环境综合分析，TBM的地质针对性非常强，TBM性能的发挥在很大程度上依赖于工程和水文地质条件。地质勘查资料要全面、真实、准确，除有详细而尽可能准确的地质勘查资料外，还应包括隧道地形地貌条件和地质岩性，过沟地段、傍山浅埋段和进出口边坡的稳定条件等。TBM 对隧道通过的地层最为敏感，不同类型的 TBM 适用的地层也不同，一般情况下，以 II、III 级围岩为主的隧道较适合采用开敞式 TBM；以 III、IV 级围岩为主的隧道较适合采用护盾式 TBM；复合式 TBM 则适用于复杂地层的掘进。当地层多变、存在软土地层、地表结构复杂且对沉降控制要求较高时，多采用复合式 TBM。复合式 TBM 对地表沉降的控制较好，适应于下穿房屋密集区等地质地层中的掘进。其对比详见表 14-6。

开敞式、双护盾式 TBM 及复合式 TBM 对比表 表 14-6

TBM 类型	开敞式 TBM	双护盾 TBM	复合式 TBM
掘进性能	可根据不同地质，采用不同的掘进参数，随时调整	刀盘结构同开敞式，可根据不同地质，采用不同的掘进参数	适用于软土、软硬不均、硬岩等多种地层的掘进
支护速度	地质情况好时，只需要进行锚网喷，支护工作量小，速度快；地质差时，需要超前加固，支护工作量大，速度慢	采用管片支护，支护速度快	采用管片支护
掘进速度	根据地质情况，调整掘进速度。受地质和设备性能影响	与开敞式相同。根据地质情况调整掘进速度。受地质和设备性能影响	根据地质情况调整掘进速度，受地质和设备性能影响。同时受渣土改良效果影响
衬砌方式	根据情况，可进行二次混凝土衬砌	采用管片支护，可不用二次衬砌	采用管片支护，可不用二衬
管片预制厂	没有	必须	必须
设备费用	较高	高	较低
工程成本	较高	高	较低
其他		不采用管片时，支护速度同敞开式	

(3)满足安全、质量、工期、造价及环保要求

TBM 设备的配置应尽量做到合理化、标准化；应依据工程项目的规模、难易程度、安全、质量、工期、造价、环保以及文明施工等要求，在充分调研的基础上进行选型。工程施工对 TBM 的工期要求包括：TBM 前期准备、掘进、衬砌、拆卸转场等全过程。TBM 的前期准备工作包含：招标采购、设计、制造、运输、场地、安装、调试、进洞等。开挖总工期应满足预定的隧道开挖所需工期的要求；对边掘进边衬砌的 TBM，TBM 成洞的总工期应满足预定的成洞工期的要求；TBM 的拆卸、转场应满足预定的后续工期的要求。

(4)后配套设备与主机配套

后配套设备与主机配套，满足生产能力与主机掘进速度相匹配，工作状态相适应，且能耗小、效率高的原则，同时应具有施工安全、结构简单、布置合理和易于维护保养的特点。进入隧道的机械，其动力宜优先选择电力机械。配套应合理，其生产能力首先应满足施工组织设计所要求的工期，能确保进度目标的实现。后配套设备的选型，应满足劳动保护和环境保护等职业健康安全的要求，满足文明施工的要求。因此后配套设备选型时，应符合操作者劳动强度、改善劳动条件，应配备污染少、能耗小、效率高的施工机械，以减少作业场所环境污染，有利于环境保护。同时，施工管理者要有强烈的劳动保护和环境保护意识，应自始至终把环境保护工作列入现场管理的重要内容，应强化环境管理，制定环境保护措施。

3)TBM 选型分析

综合考虑工程条件、TBM 方案特点、同类工程业绩和设备报价情况,本标段选用了 2 台由中铁工程装备集团有限公司与美国罗宾斯公司联合设计制造的 ϕ6.36m 开敞式 TBM(图 14-3)。

图 14-3　用于重庆轨道交通 6 号线一期工程的开敞式 TBM

(1)刀盘刀具及刀间距对该工程的适应性

TBM 在切割不同硬度的岩石时贯入度不同,当岩石硬度较软时滚刀贯入度大,过小的刀间距,会形成粉碎状岩渣,开挖效率减小、机械能耗浪费;当岩石硬度较高时,同样的推力下贯入度小,过大的刀间距又影响到破岩效果。在同一隧道中地质不可能一致,为了获得广泛的适应性,选定的刀间距大约是贯入度的 10～20 倍,即约在 65～90mm 之间。本工程所选用的 TBM 采用 19in 盘形滚刀,标准刀间距为 80mm。同类设计在类似的大伙房输水工程中的平均月进尺均达到 600m 以上。针对本工程地质设计的 TBM 采用了 19in 盘形滚刀、楔形安装,刀具轴承寿命长,刀具更换和检查时间少,纯掘进时间相对多,总掘进速度快;刀具承载力大,刀盘可承受的总推力大,在相同岩石硬度的情况下对岩石的切削力大,掘进贯入度大,掘进速度快;刀圈可磨损质量大,使用寿命长,更换次数少。本工程所采用的开敞式 TBM 创下了日掘进 46.8m、月掘进 862m 的业绩。经本工程的施工实践证明,本工程所采用的开敞式 TBM 是完全适应该工程围岩的切削的,能够达到设计的掘进进尺要求。

(2)TBM 超前地质预测预报设备对该工程的适应性

采用 TBM 在软弱围岩中进行隧道开挖,对未开挖的前方地层进行较为准确的地质预测预报十分重要,它是制定合理可靠的支护及加固方案的前提和基础。

为了适应该工程的软弱围岩地段以及可能出现的极端地质情况,TBM 配备地质超前预报系统,来进行超前地质预测预报,超前钻孔和掘进参数对比分析,同时采用地质素描综合地质预测预报方法,通过相互印证,以达到准确预测预报的目的。

(3)TBM 对不良地质的适应性

通过超前管棚、超前预注浆等超前支护手段,对前方的不良地质进行超前处理,使 TBM 能够安全、快速地通过不良地质段。

TMB 配备的钢拱架安装器具有快速运输、快速安装的功能,能在 25min 内完成一组钢拱架的安装工作;配备的 2 台阿特拉斯公司的 1132 液压钻机,每台可在 2～3min 内完成一个 2m 深的孔,其钻孔能力与 TBM 掘进速度相匹配;2 套喷混凝土机械手前后布置,工作范围达到 6m,根据以前的施工经验,每套可在 30min 内完成 5 立方米左右的喷混凝土量。

(4)整机设计功能完备,稳定可靠

TBM 设计充分考虑了在隧道施工中可能发生的各种情况,具备了 TBM 施工中开挖、出渣、支护、注浆、导向、控制等过程所需的全部功能,包括刀盘刀具、主驱动系统、推进系统、拱架安装系统、超前地质预报预测系统、喷浆支护系统、仰拱块安装系统、油脂系统、液压系统、电气控制系统、激光导向系统及通风、供水、供电系统、出渣系统等。

该TBM的一个主要特点是结构复杂、功能齐全，各个系统都能正常运行，才能完成TBM施工作业，任何一个环节出现问题都会导致整个施工停顿。所以对关键部件的设计要求高，关键部件要非常可靠，如主轴承、刀盘等。由于TBM在施工时荷载变化范围很大，并且往往难以得到准确的荷载值，所以在结构设计时选取了较大富的安全系数，各部件的强度、刚度均留有较大富余量，以满足施工特殊的荷载要求。

TBM各部件及液压、电气元器件均采用国际上的知名品牌产品，以充分保证TBM的各部件质量可靠。其中，主轴承采用世界知名的轴承制造公司SKF公司的产品，钻机系统采用阿特拉斯的产品，液压元器件主要采用德国力士乐公司、哈威公司的产品。电气元器件主要采用西门子公司的产品。

(5)良好的可操作性

TBM的操作设计充分考虑了减轻操作者的劳动强度、提高操作者的劳动效率。司机在主控室内可以控制TBM掘进的大部分操作，如启动泵站、推进、调向、刀盘操作、油脂系统的注入、出渣系统的控制等。TBM的主要状态参数，如各种油压油温、各种掘进参数、TBM的姿态等也直接反馈到主控室内。

仰拱块安装机的操作采用无线遥控的方式，使操作者能轻松、高效的操作，把注意力更多地集中在安装的质量控制上。

喷浆机械手的操作也全部在一个可移动的操作面板上完成，使操作人员远离喷浆区，减小作业环境对人的伤害。

钢拱架的运输和安装都是通过机械来完成，既安全又快捷。

TBM可操作性的另一个方面还表现在所有的刀具都可以在刀盘背后更换，避免了人员进入刀盘前面更换刀具而可能发生的危险。

(6)技术先进性

TBM上大量采用变频、液压、自动控制、导向等领域的新技术。其控制系统的底端全部由PLC可编程控制器直接控制，上端由上位机进行总体控制。TBM还可以通过网络系统由洞外技术部门或TBM厂家进行远程监控、调试及控制。TBM的数据采集系统可以记录TBM操作全过程的所有参数。

液压系统的推进系统及仰拱块安装系统，大量采用比例控制、恒压控制、功率限止等先进的液压控制技术。

TBM采用先进的PPS激光导向系统来控制隧道的掘进方向，这在隧道的方向控制方面也是比较前沿的高端技术。

(7)环境保护

TBM设计时充分考虑了施工及消耗的材料对环境的保护要求。TBM通过切削岩石实施掘进作业，减小对围岩的挠动；通过以电作为能源的长距离皮带机出渣，以减小油烟的排放，降低对环境的污染；TBM通过长距离的独头掘进，大量减少长大隧道施工中斜井、竖井等辅助设施的数量，不但大大减少工程投资，而且也避免了这些辅助设施对环境的损害。

重庆轨道交通6号线一期工程使用了2台ϕ6.36m开敞式TBM，其主要技术参数见表14-7。

用于6号线一期工程的ϕ6.36m开敞式TBM主要技术参数 表14-7

系统名称	名 称	单 位	技术参数
整机	主机结构形式		开敞主大梁式
	主机长	m	25
	整机长度	m	设备长约165(带道岔约195)
	主机质量	t	约310
	整机质量	t	约850
	最小转弯半径	m	300
	最大部件质量	t	48.5
	最大部件尺寸(长×宽×高)	mm×mm×mm	4306×4306×2100

续上表

系统名称	名　称	单　位	技 术 参 数
刀盘	刀盘形式/材质		HARDOX400，A588 和 A36
	分块数量	块	2
	总质量	t	77
	开挖直径(新刀/磨损后)	mm	6390/6360
	刀盘/面板厚度	mm	1450/40
	中心刀数量/直径	把/mm	4 把 8 刃/432
	正滚刀数量/直径	把/mm	23/483
	边滚刀数量/直径	把/mm	9/483
	扩挖方式/扩挖刀数量/直径	把/mm	更换边刀无需扩挖刀/无
	刀具冷却水喷嘴数量	个	7
	刮渣口和刮渣板布置、安装形式		刀盘圆周布置，螺栓固定
	刀盘耐磨层处理方式		焊接
	刮渣口/板数量	个	8
	刀具额定载荷	kN	32
	刀具安装形式		楔形
	换刀方式		前后换刀
	标准刀间距	mm	80
	刀盘推荐最大推力	kN	12800
刀盘驱动	驱动形式		变频驱动
	过载保护形式		安全设置
	驱动功率	kW	7×330=2310
	转速	r/min	0～5.44～11.97
	额定扭矩	kN·m@γ/min	4050@5.44 1843@11.97
	脱困扭矩	kN·m@γ/min	6080
	主轴承结构形式		3 列滚子
	主轴承直径×厚度	mm	3285×500
	主轴承密封数量、形式		内外唇式密封，各 3 列
	减速比		183.75
	大齿圈齿数/模数		119/20
	小齿轮齿数/模数		19/20
	主轴承寿命	h	19800
	减速器设计寿命	h	>15000
推进系统	油缸数量/缸径	根/mm	4/406
	油缸行程/掘进行程	mm/mm	1500—1800/1530—1830
	推进油缸与隧道轴向最大夹角	(°)	19
	行程传感器数量/型号	套	1 Cable Type Transducer/Celesco PT420
	最大伸出速度	mm/min	150
	最大回缩速度	mm/min	750
	系统压力	MPa	32.4
	总推力	kN	15154

续上表

系统名称	名　　称	单　　位	技 术 参 数
撑靴	形式		浮动撑靴
	油缸数量/缸径	根/mm	一个双端油缸/813
	油缸总行程/伸出量	mm	559/280
	系统压力	MPa	32.1
	总有效支撑力	kN	33,276(Max.)/31,000 (Rated)
	撑靴面积	m^2	3.375
	撑靴装置与主梁的接触面积	m^2	0.9m^2
	最大接地比压	MPa	2.92
	凹槽间距/槽宽/槽深	mm	750/188/300
润滑系统	形式	集中润滑	采用齿轮油集中润滑
	润滑泵型号		齿轮泵
	泵送压力	MPa	8
	每 min 注油量（主轴承、小齿轮、内外密封）	L	42
	润滑油循环流量	L	397
主机皮带输送机	皮带型号		编织皮带
	驱动形式		液压
	皮带宽度	mm	914
	皮带机长度	m	25
	皮带运行速度	m/s	2.9
	功率	kW	75
	最大出渣能力	m^3/h	655
	允许的最大粒径	mm	300
连接桥皮带机	皮带宽	mm	762
	运行速度	m/s	2.9
	皮带机长度	m	44
	出渣能力(最大)	m^3/h	655
	驱动类型		电驱
	允许的最大粒径	mm	300
	驱动功率	kW	55
后配套皮带输送机	皮带型号		编织皮带
	驱动形式		电驱
	皮带宽度	mm	762
	皮带机长度	m	71
	皮带运行速度	m/s	2.9
	功率	kW	55
	允许的最大粒径	mm	300
	最大出渣能力	m^3/h	655

续上表

系统名称	名　称	单　位	技 术 参 数
仰拱块吊机	起吊高度	m	1.5
	纵向移动行程	m	15
	侧向移动行程	mm	200
	起吊质量	t	12
	提升速度	m/min	1.8
	行走速度(重载)	m/min	15
	自由度		5
	控制方式		电液,无线和有线
钢拱架安装机	形式		旋转式
	旋转范围	(°)	360
	举升行程	mm	700
	纵向行程	mm	2400
	径向位移	mm	700
	举升质量	t	1.5
	旋转速度	mm/s	100
	驱动扭矩(适用的拱架规格)		I16
	控制方式		有线和无线
	系统压力	MPa	10
锚杆钻机系统	生产商/型号		Atlas Cop 1132
	控制方式		电液,有线和无线
	扭矩/转速	N·m,γ/min	最大 220,500
	单根钻孔深度/直径	m/mm	L_1 区:不小于 2.5m/20～51 L_2 区:不小于 2.5m/20～51
	数量	台	L_1 区 2 台;L_2 区 2 台
	钻孔范围	(°)	钻架覆盖角度 160
	冲击功	N·m	每个钻机最大 11
	功率	kW	总共 75,每个钻架 37
	推进器型号规格		BMH2325 液压推进,钻臂长 3m
	凿岩机移动行程	mm	1500
超前/注浆钻机系统	厂牌/型号		Atlas Cop 1838
	控制方式		电液
	扭矩/转速	N·m,r/min	最大 1000,210
	最大钻孔深度/直径	m/mm	40 以上/25～108,取决于岩石情况
	数量	台	1
	钻孔范围	(°)	>150
	冲击功	kW	18
	推进器型号规格		BMH2837 液压推进,3.7m 钻杆长
	凿岩机移动行程	mm	1500 (一个 TBM 行程)
	钻头形式		底部或插入式转头,取决于岩石情况
	钻杆长度/钻杆直径	mm	3500/35
	外插角	(°)	0～7

续上表

系统名称	名称	单位	技术参数
主梁内皮带机清渣系统	清渣方式		主梁内皮带机两侧布置橡胶挡板，两侧与主梁紧密贴合，同时在桥架皮带机上方安装网格罩，从而有效防止灰尘和渣土的漏出
混凝土喷射系统（后配套）	控制方式		遥控和有线
	混凝土泵的厂牌/型号/数量		Aliva/Sika-PM702/2套
	能力	m^3/h	20
	机械手数量	套	2
	喷射范围	（°）	300
	移动行程	m	8
	混凝土罐的容量/数量	m^3/l	5
	机械手布置形式		左右布置
其他吊装设备	材料吊机		材料运输均匀机械完成
	轨道安装吊机		1套
	其他		设联会定
电气系统	总功率	kW	4500
	变压器容量	kV·A	2×1,750＋1×1000
	变压器数量	台	3
	变压器形式		干式
	功率因数		$\cos\phi>0.95$
	变压器防护等级		IP55
	初级电压	kV	20
	次级电压	kV	690/400/230
	应急发电机容量	kW	220
	电缆卷筒存储能力	m	400
	电缆型号/断面尺寸	mm^2	PANZERFLEX/3×70＋3×16
刀盘驱动电气系统	电机长径比		2
	电机功率/数量	kW/台	330/7
	防护等级		IP67
	变频方式		矢量控制
	电机额定频率/最高频率		50/110
	同步控制方式		一对一通过PLC控制
	过载系数		1.79
	电机及变频器冷却方式	水冷	循环水冷
	刀盘点动方式		变频，工作区域控制
有毒有害气体监测报警系统	规格型号	个	感应式
	监测气体种类		瓦斯、氧气、一氧化碳 二氧化碳、硫化氢、粉尘
	探测器数量		6
测量导向系统	型号规格		PPS
	精度		2″
	有效距离	m	300

续上表

系统名称	名　称	单　位	技术参数
电视监视系统	摄像机数量	个	4～6
	显示器形式、数量	台	液晶/1
后配套拖拉油缸	数量	个	2
	拖拉力	t	100
	行程	mm	1500
后配套台车	拖车结构形式		门架式(最后一节为平台式)
	拖车数量/质量	节/t	15/18
	钢轨型号	kg/m	43
	轨距	mm	900
	拖车内净空尺寸(长×宽×高)	mm×mm×mm	8000×1700×2100
风管储存筒	数量	个	2
	储存长度	M	100
除尘系统	除尘器数量	个	1
	形式	干式	干式 DVS8
	过滤装置精度	mg/ m^3	<1
	能力	m^3/min	480
	风机功率	kW	2×22
二次风机	功率	kW	55
	风管直径	mm	1100
	风量	m^3/min	900
空气压缩系统	空压机数量	台	2
	能力(每台)	m^3/min	GA75,14.7
	最大压力	MPa	0.7
	储风罐容量/数量	m^3/个	3
供排水系统	新鲜水水箱容量	m^3	10
	新鲜水水管卷筒储存能力(含100m水管)	m	100
	热水水箱容量	m^3	1
	污水水箱容量	m^3	10
	回水水管卷筒储存能力(含100m水管)	m	100
	供水泵	m^3/h,台	12,2台
	排水泵	m^3/h,台	80,6;共25台
	污水泵	m^3/h,台	
砂浆注浆系统	厂牌/型号		Chongqing Heshi/HS-B6(国产)
	数量	套	1
	注浆能力	m^3/h	6
	注浆压力	MPa	8(可调)

续上表

系统名称	名　称	单　位	技 术 参 数
装机功率	刀盘驱动	kW	2310
	推进系统	kW	液压系统配置 3×56=168 润滑系统配置 1×15=15
	仰拱块吊机	kW	
	仰拱块拖拉系统	kW	
	锚杆钻机	kW	L_1 区 75，L_2 区 75
	喷射系统	kW	30×2=60
	后配套皮带机	kW	包括在液压系统中
	主机皮带机	kW	
	除尘器	kW	44
	二次通风机	kW	55
	通风空调系统	kW	
	空压机	kW	75×2=150
	供水系统	kW	11
	污水外排	kW	25
	其他设备(为客户预留)	kW	300
	总功率	kW	3217

14.2.3　TBM 总体施工部署

1)总体部署原则

针对施工规模和特点，采用项目法组织施工，确立工程项目管理原则："科技先行，设备精良，保障有力，管理规范，施工科学，关系协调，保护环境，保障安全，确保质量"。施工组织以区间隧道为重点，TBM段的施工组织是核心；对各专业施工队伍人员、机械设备等资源进行优化配置，精心组织；制定合理的安全保证措施和创优规划，确保工程质量和施工安全；制定合理的施工组织设计方案，规范管理，动态控制，保证工程快速施工，确保按期完成各节点工程，实现总工期目标；在精心组织施工的前提下，自始至终把"环境保护"放在日常工作的重要位置，常抓不懈，确保满足工程环境保护的要求。

2)施工总体目标

在工程建设过程中，严格按照项目法进行施工管理，充分发挥技术、管理等方面的优势，确保项目在合同规定的各节点工期和总工期内如期完成、同时达到规定的质量标准，优质、高效完成该工程建设。该项目施工原计划总工期为 35 个月，开工日期为 2008 年 11 月，竣工日期为 2011 年 10 月。后根据重庆市政府关于加快重庆轨道交通建设步伐的要求，工程竣工日期提前到 2011 年 7 月。

3)总体施工顺序及施工阶段划分

(1)施工顺序及关键施工线路

该工程总体施工顺序见图 14-4。

图中加粗部分线路为本标段工程关键线路。在 TBM 进场之前，在紧紧围绕 TBM 设计制造、工厂组装调试主线的同时，对于五里店车站施工进行合理统筹规划，以 TBM 始发端——五里店车站基坑开挖支护、TBM 预备洞和出发洞开挖支护为重点，为 TBM 进场组装创造条件。

(2)施工阶段划分

根据该工程特点，将工程施工划分为 4 个施工阶段，施工阶段划分及阶段任务见表 14-8。

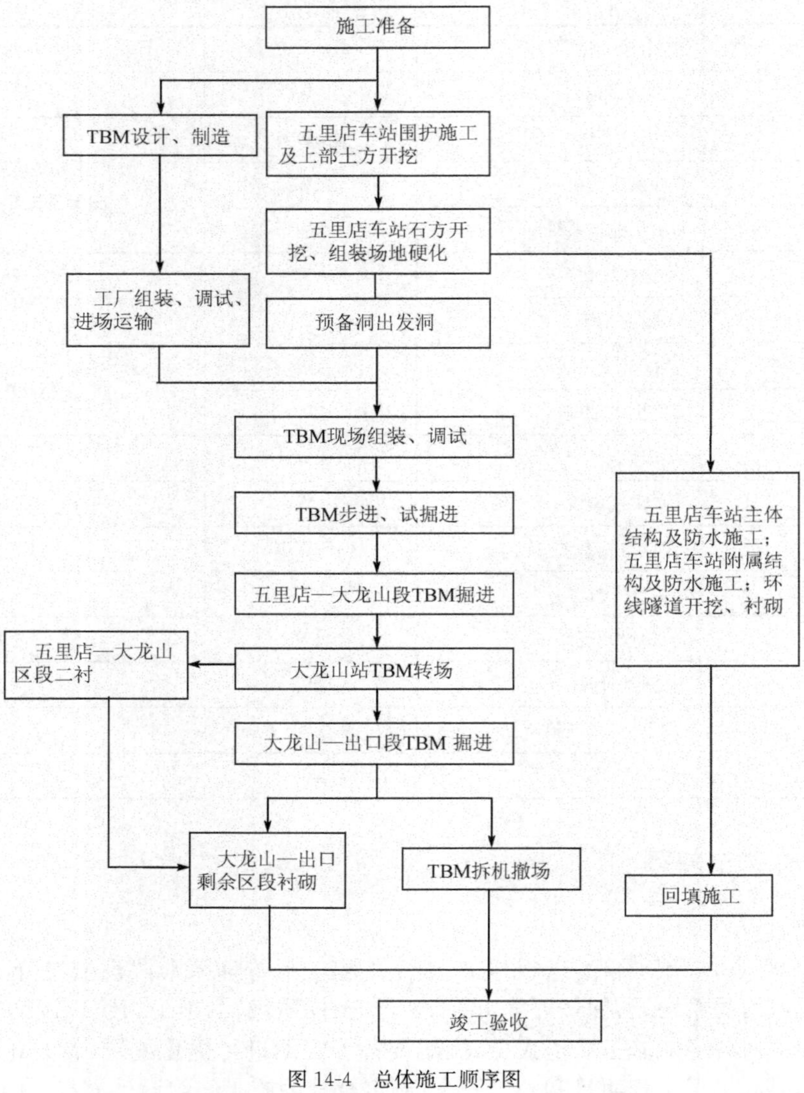

图 14-4 总体施工顺序图

施工阶段划分及阶段任务表 表 14-8

编号	阶段名称	划分标志	阶段任务
1	第一阶段	从开工至 TBM 进场	1. TBM 设备招标、采购、制造及运输 2. 五里店站场地临建等各种施工准备 3. 五里店站围护结构及站内土石方明挖，TBM 组装场硬化 4. TBM 预备洞、出发洞钻爆开挖初期支护
2	第二阶段	从TBM 进场至 TBM 通过大龙山站	1. TBM 组装、调试、试掘进及正式掘进、步进通过中间站 2. 联络通道；光敞区间通风竖井施工；冉家坝至光电园区间钻爆段开挖、初期支护及衬砌 3. 五里店车站主体结构、防水和附属工程施工 4. 自五里店站工地向大龙山站工地临建转场、辅助设备转场安装
3	第三阶段	从TBM 通过大龙山站到 TBM 到达山羊沟	1. TBM 掘进、过中间站 2. 五里店—大龙山站区间隧道衬砌 3. 联络通道开挖、初期支护及衬砌施工 4. 环线区间隧道施工 5. 山羊沟水库开敞段施工(含接收洞)及 TBM 拆卸场施工

续上表

编号	阶段名称	划分标志	阶段任务
4	第四阶段	从TBM到达山羊沟到交验退场	1. TBM拆机 2. 最后一区间段联络通道开挖、初期支护及衬砌 3. 大龙山—出口区间隧道衬砌 4. 场地恢复及竣工交验、退场

4)施工准备

(1)施工队伍准备

根据该工程特点及施工要求，实施本项目工程的工作班子在充分考虑合同条件及工作规范的基础上，结合工程技术特点，进行相关人力资源的优化配备，投入本工程的现场管理人员及技术人员，TBM操作人员主要从长期从事TBM硬岩掘进机施工的队伍中调集。参加工程施工的队伍及人员按任务划分和施工进度安排分批进场。

(2)技术准备

① 设计图纸复核

接到设计图纸后，组织全体技术人员进行图纸复核，认真阅读设计文件，了解设计意图，熟悉设计内容，结合前期施工调查，准确掌握设计要求，对设计图纸有疑问时，主动与设计部门联系，求得明确答复，据此制订工作计划和工作标准，为编制实施性施组奠定基础。

② 导线控制网复核

派专业精测队根据建设单位提供的工程定位资料和测量标志资料，会同设计单位赴现场进行线路控制桩点交接，形成交接记录；对整个线路进行复测；将完整的测量资料，报监理审查、批准后，据此完成施工放样定位工作，并进行测量资料技术交底。

③ 编制实施性施工组织设计和技术交底

组织有关管理和技术人员对该项目工程进行深入细致的施工调查，主要内容包括：全面了解线路位置，调查水文、气象、地形、地质、当地资源、建材、交通、水源、地上地下管线、地面拆迁、临时工程条件等；根据调查结果和施工图纸的复核、会审情况，组织技术人员编制实施性施工组织设计，通过上级单位审核后报监理和建设单位审批；然后根据实施性施工组织设计、图纸和有关的施工规范进行技术交底，以便工程施工能顺利开展。

(3)TBM准备

该项目采用2台全新的美国罗宾斯生产的ϕ6.36m开敞式硬岩掘进机(TBM)进行本标段隧道的掘进施工。根据采购计划，TBM主机在国外厂家生产，后配套在国内厂家生产，在重庆进行厂内组装调试，并在2009年9月运输到施工现场——五里店车站内进行现场组装调试。

(4)周边施工环境、沿线建筑物、冉光区间管线迁改及交通调查

进一步详细调查工程所处地区气候条件、经济技术条件，了解当地劳动力、交通运输能力、水、电等资源供应条件、弃渣、排污场所，调查当地物资供应状况、民族习惯、风土人情，以及当地卫生防疫情况等与施工有关的外部环境状况；

详细调查施工场地情况，落实需要拆迁改移的地面建筑物、电力通信线路，及地下管线分布等情况。

冉光区间DK25+800～DK25+900之间有DN1000排水管以及3.5m×3.5m(宽×高)的箱涵，在右线洞身通过的范围之内，管线标高与区间隧道结构冲突，由施工方进行改迁。改迁3.5m×3.5m(宽×高)的箱涵采用暗挖施工，改移箱涵总长约520m；排水管道DN1000计划采用明挖放坡开挖，计划改移DN1000排水管总长约540m。

(5)施工现场准备

施工现场准备本着“两短一快”的原则进行,即前期人员设备进场时间短、准备工作时间短、形成正常生产能力快。

现场准备的主要项目是:导线网复测、地质补勘、临时租地、管线拆移及加固、施工场地围挡、办公生产场地及设施及临时供水、供电、通信、便道、试验室的建立等。安排精干、熟练的地亩人员专门负责征(租)地工作,在建设单位协助下和地方政府有关部门取得联系,根据有关国家土地政策,协商解决,争取在开工前对主要的永、临用地项目达成一致意见,并签定协议。及时办理相关市政施工许可证件,落实水、电接口和弃渣场地,并委托地方电力部门进行临时施工用电的接入工作。

5)施工现场平面布置

(1)五里店站 TBM 施工生产场地布置

五里店站 TBM 施工生产场地规划内容主要包括:轨线布置、洞外门吊、拌和站、转渣场、材料库、配件库、充电房、机车修理间等生产设施,五里店站 TBM 施工生产场地布置详见图 14-5。

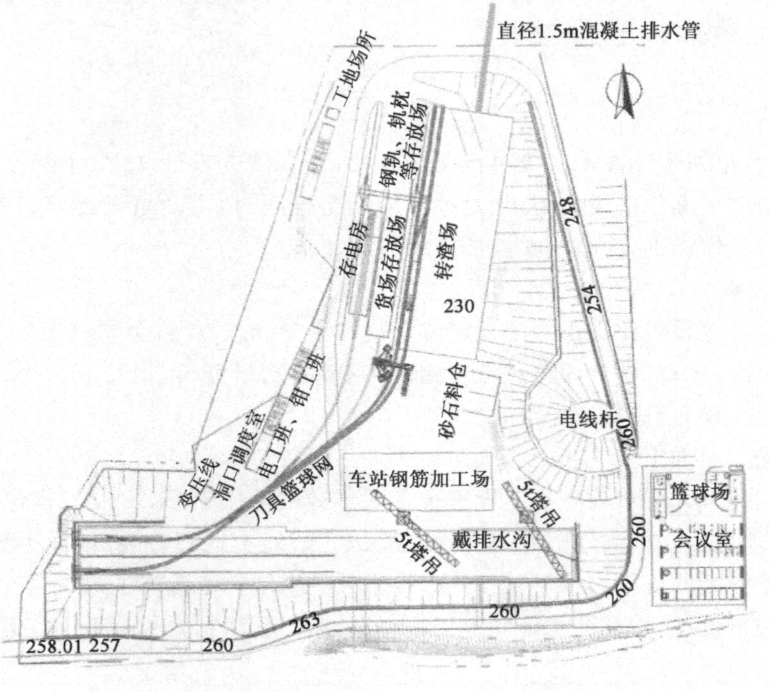

图 14-5　五里店站 TBM 施工生产场地布置

(2)大龙山站 TBM 施工生产场地布置

TBM 掘进到达大龙山站后,施工生产场地由五里店站转场到大龙山站。

TBM 转场到大龙山站后,洞内仍然采用有轨运输,材料进洞及洞内出渣均采用门吊垂直提升进行洞内外的转换。

在大龙山站时,本标段工程 2 条隧道呈垂直上下分布,且大龙山站中部刚好位于龙山路与新南路的十字交叉路口。

根据现场场地实际情况,考虑地面交通疏解需要及两洞上下垂直分布的特点,上下洞 TBM 施工生产场地在十字交叉口两侧单独布置,小里程端场地占用公路中间绿化带,大里程端场地占用地面公路南侧车道及中间绿化带。

TBM 施工生产场地分为地面场地和洞内场地两部分,地面场地主要规划内容包括:垂直运输门吊、转渣场、拌和站、配件库、材料库、刀具修理间、充电房;洞内场地规划主要内容为机车修理间。两者共用地面拌和站、材料库、配件库和刀具修理间;洞外充电房、门吊、转渣场相互独立。大龙山站 TBM 施工生产场地布置详见图 14-6、图 14-7。

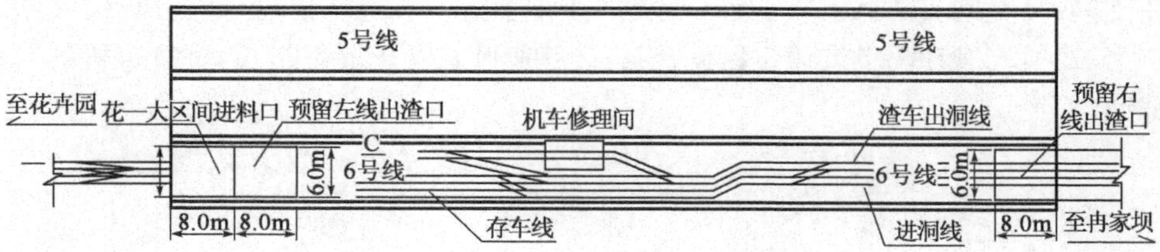

图 14-6 大龙山站内右线通过层场地布置

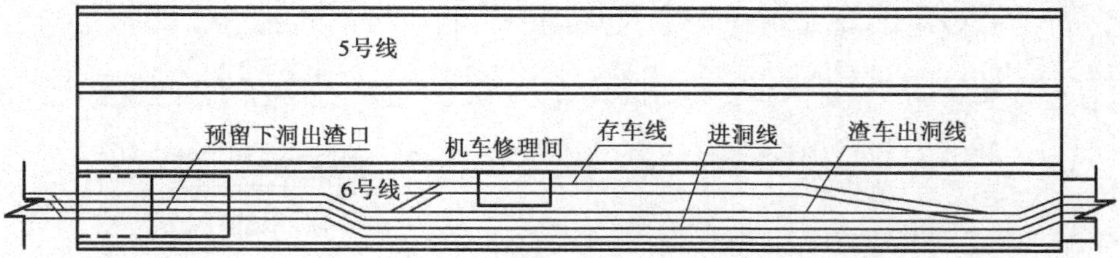

图 14-7 大龙山站内左线通过层场地布置

14.2.4 始(出)发洞与接收洞

1)始(出)发洞和接收洞的设置

开敞式 TBM 在城市地铁中应用的一个重要特点是要多次通过车站,TBM 掘进与车站施工相互影响,互相制约。根据总工期、TBM 施工及车站工期情况,TBM 可选择掘进过站和空载步进过站。当 TBM 到达车站时,车站仅能施工很少部分或未开始施工,TBM 可采用掘进过站方式;当 TBM 到达车站时车站主体结构已经施工,具备 TBM 步进通过条件时,TBM 可步进通过。为减小 TBM 掘进对已施工车站结构的影响,在紧邻车站小里程端设置接收洞。接收洞的长度根据围岩情况、车站结构施作情况等确定,本线设置长度为 5m。

当开敞式 TBM 采用步进方式通过车站后,由步进转为掘进时,需设置出发洞,满足 TBM 撑靴的支撑要求,以提供掘进反力再次掘进。出发洞长度根据围岩情况、TBM 设备撑靴距掌子面距离来确定。本线采用的 2 台开敞式 TBM 撑靴距离掌子面的距离为 13m、出发洞长度设置为 20m。

2)始(出)发洞设计

始(出)发洞通常采用钻爆法提前施工,且仅做初期支护,开敞式 TBM 可利用撑靴空载步进通过。因此,初期支护内轮廓与 TBM 主机外轮廓间必须预留足够的安全空隙,才能确保 TBM 顺利通过,并完成始发。安全空隙应充分考虑围岩变形、TBM 步进蛇形误差及曲线的设置等因素加以确定。本线 TBM 主机外轮廓与出发洞初期支护内轮廓间安全空隙设计取值为 10cm。

出发洞常采用马蹄形断面,断面内轮廓必须满足开敞式 TBM 设备始发的要求,拱墙初期支护内轮廓与 TBM 撑靴的密贴度大于 90%。在 TBM 空载步进时,为减小主机与底面的摩擦及确保 TBM 步进方向的准确性,衬砌断面回填底部应采用弧形,并预埋 43kg/m 钢轨。开敞式 TBM 始(出)发洞支护内轮廓要求见图 14-8。

根据以上要求,采用的衬砌断面见图 14-9、图 14-10,其中Ⅲ、Ⅳ级围岩 TBM 通过后施作二次衬砌,底部 TBM 通过前施作底板,并预埋两根 43kg/m 钢轨;Ⅴ级围岩在 TBM 通过前施作二次衬砌。始(出)发洞没有特殊情况下,尽量不要选在Ⅴ级围岩内。

14.2.5 分项工程施工方法、工艺及技术措施

1)TBM 步进

(1)工艺概述

TBM 步进的方式分两种。第一种:当 TBM 在组装场地组装完成后,需要步进进洞施工,在步进架,

即油缸支撑在支座、马凳的支撑状态下,走一步支一步地前进。场地空出后,铺设道砟、枕木,每走 12.5m 接一次长轨。第二种:当 TBM 步进通过区间已施工完成洞室或开敞段时,通过掘进机的步进机构,在地面直接向前移动。

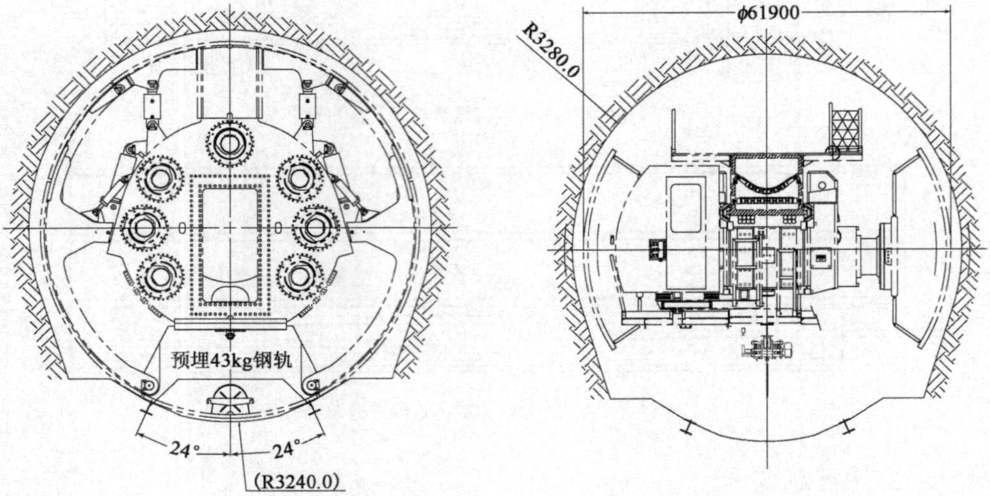

图 14-8 TBM 始(出)发洞内轮廓

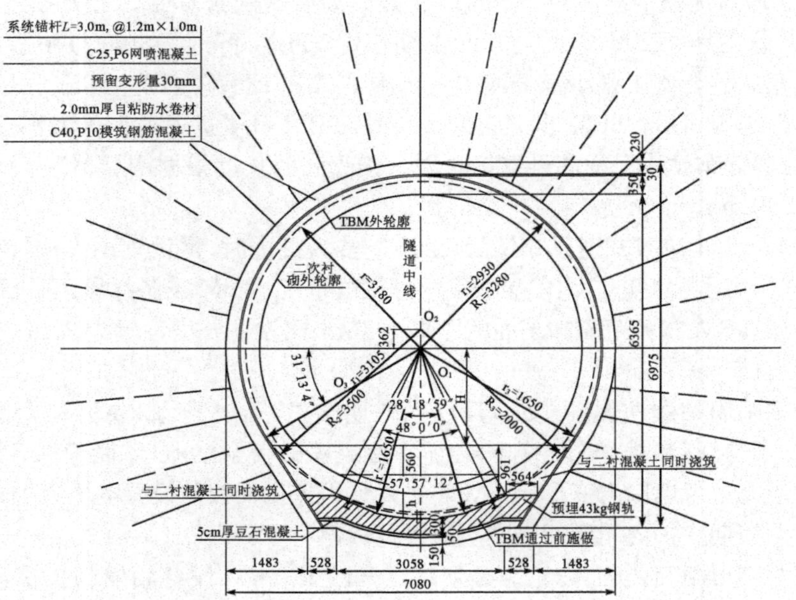

图 14-9 开敞式 TBM 始(出)发洞Ⅳ级围岩衬砌断面(尺寸单位:mm)

(2)施工流程

作业流程详见图 14-11。

TBM 步进至始发断面步骤为:步进前现场材料、机具准备→TBM 在预备洞外步进施工→铺设道岔 TBM 轨线、运输轨线延伸→暗挖隧道段步进→TBM 上始发台→拆除步进机架,将支撑卡住岩壁→TBM 始发定位→TBM 始发。

(3)工序步骤及质量控制

①步进。掘进机利用支撑机构换步到开挖面过程。

②步进小车。安装于刀盘及护盾下部,在机器平底步进时使用,通过竖向、横向辅助油缸的作用,实现护盾在其上部滑移。

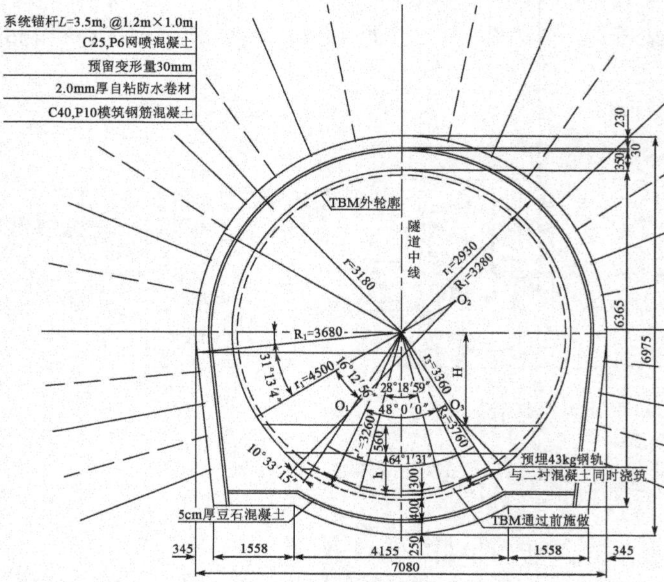

图 14-10 开敞式 TBM 始(出)发洞Ⅴ级围岩衬砌断面(尺寸单位:mm)

③步进机架。安装于机器撑靴下部,在机器步进时使用。通过水平油缸及竖向油缸的顶推作用,实现机器的向前步进。其中平底步进、弧形底步进有两种形式步进机架。

④后支撑。安装在机器后部下面,在机器复位时,支承机器后部重量的机构。

⑤平底步进。TBM 步进洞结构形式其下部为平面,满足步进小车、步进机架等平底步进,需在步进中线位置预留导向槽。

⑥弧形底步进。TBM 步进洞结构形式其下部为弧面,步进中线两侧预埋导向轨,两侧预埋件为 TBM 步进提供支反力。

⑦始发台。始发台主要作用是用于稳妥、准确地放置掘进机,并在基座上进行掘进机安装与试掘进,所以基座必须有足够的强度、刚度和安装精度,并需考虑应便于掘进机安装调试作业。

(4)TBM 步进前的准备工作

①安装步进行走梁总成(步进架),此项工作在开始组装时进行。当步进段地面为弧面,预埋 TBM 步进行走轨;当步进梁地面为平台,先期预留导向槽。

②TBM 步进物资准备。其具体包括:平底步进轨排架、平底异形轨排架、始发洞轨排架、轨线材料、平板车、人行踏步板、方木等。

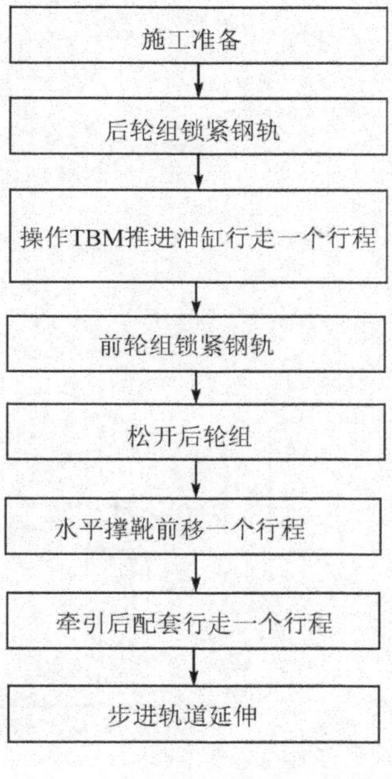

图 14-11 TBM 步进作业流程

③TBM 步进前的质量检查。其具体包括:导向槽的中线位置、结构尺寸进行确认复核,预备洞断面、始发洞断面是否有侵入 TBM 步进断面、始发洞导轨标高复查。

④步进阶段轨线材料运输。TBM 始发阶段,轨排采用人工倒运。在 TBM 步进前将步进时,需延伸的钢轨存放在洞外 70m 台阶后后配套中部位置,TBM 向前步进,通过平板车向前倒运钢轨。

⑤轨线延伸。步进段轨线采用 43kg/m 钢轨,钢轨长 12.5m/根,轨线形式为四轨三线,外侧两轨中心距为 2910mm,各股轨道中心距离均为 970mm,轨排间距为 80cm,轨道延伸采用人工配合轨排吊机施工作业,先用人工将轨枕倒至后配套拖车前轨道吊机下部,轨道吊机吊起轨排架,人工摆放到位,钢轨扣件采用成品垫板、M16 螺栓连接,采用风动扳手进行紧固。所有扣件螺栓必须紧固,不得出现松动现象。在钢轨连接处对轨枕间距可做适当加密,防止 TBM 走行时剪断钢轨。

⑥TBM 平底步进。图 14-12 为 TBM 在平底步进段走行过程中撑靴、后支撑及步进小车与洞室位置关系图。将前下支撑和行走架着地,重复图 14-13～图 14-17 步骤,使 TBM 不断前进。

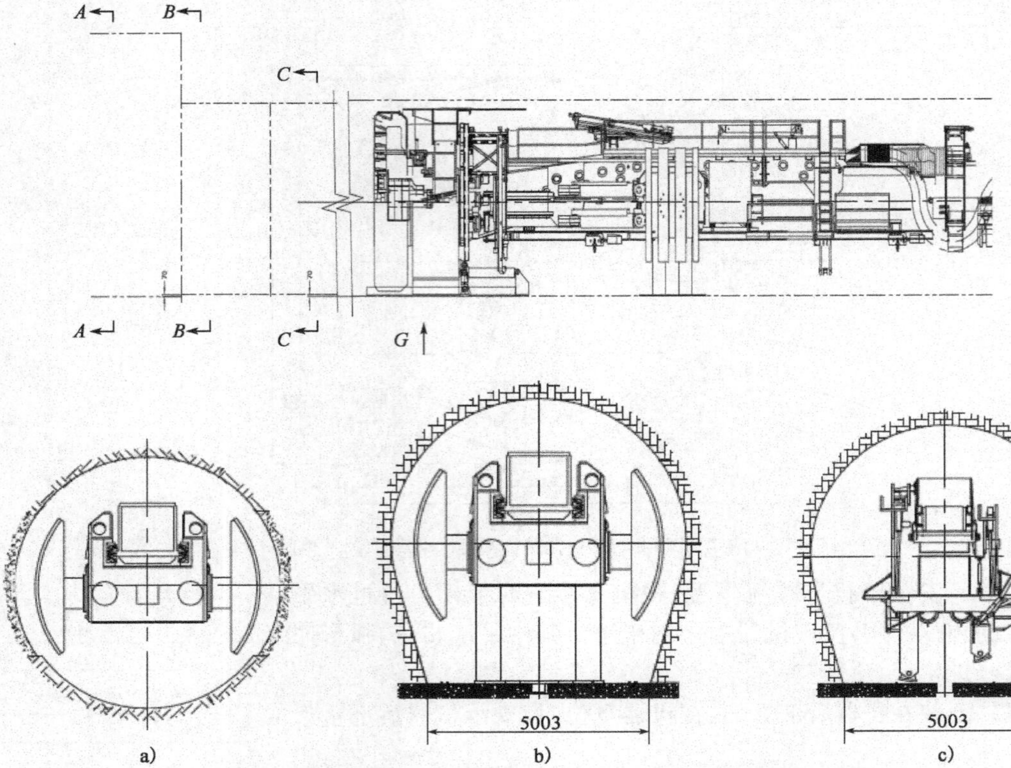

图 14-12　TBM 平底步进撑靴、后支撑及步进小车与洞室位置关系图(尺寸单位:mm)

a)*B-B* 剖面;b)*E-E* 剖面;c)*F-F* 剖面

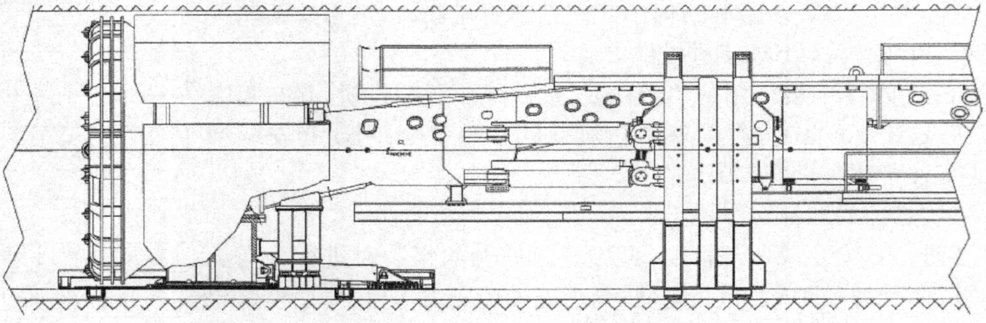

图 14-13　在步进架后安装挡块,给 TBM 前行提供支反力

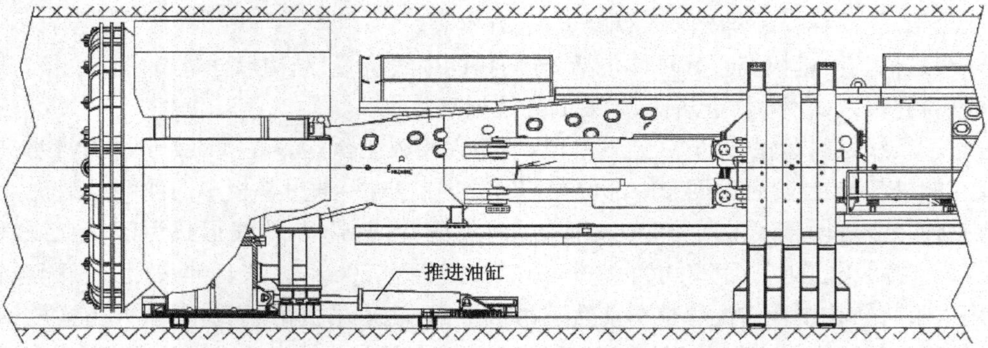

图 14-14　抬起后支撑,使前下支撑架和行走架着地

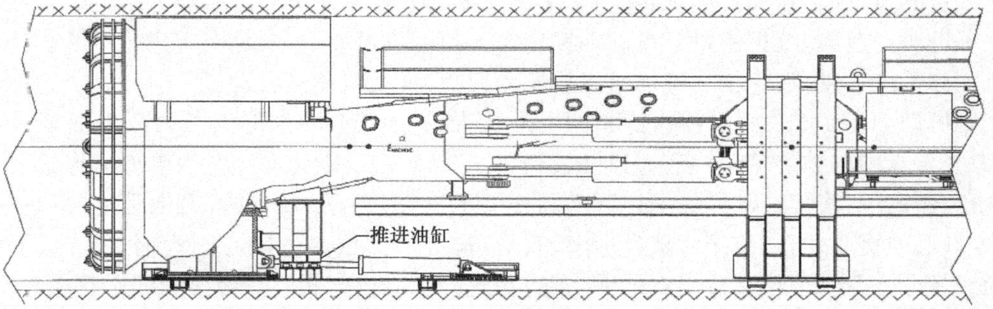

图 14-15 缓慢伸出推进油缸，使前下支撑架带着 TBM 一起向前滑行

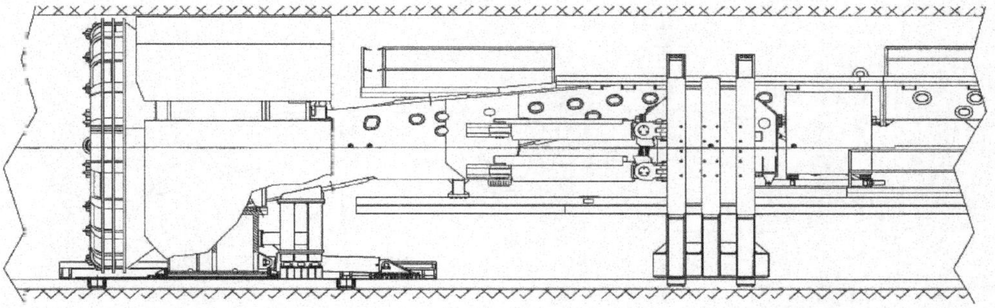

图 14-16 当推进油缸伸出一个行程后放下后支撑，使行走架离开地面

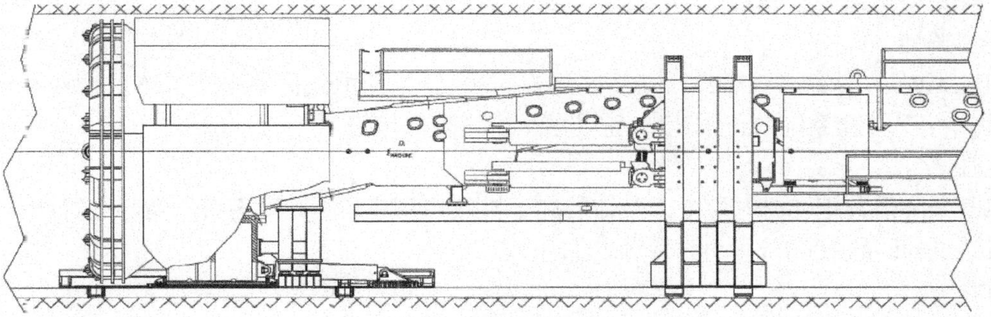

图 14-17 收推进油缸，使撑靴和行走架一起前移，到一个推进油缸行程，收起后支撑

(5)TBM 步进注意事项

①掘进机步进之前应使用断面仪对始发洞净空进行测量，严禁侵限。底部宽度平整度及混凝土强度应满足步进要求。

②在始发洞、预备洞铺底顶面测出隧道设计中线，以便于掘进机底部导向施工。

③掘进机步进时应将锚杆钻机支撑靴以及钢拱架安装器的支撑油缸锁定在最小状态。

④掘进机主机步进后，后配套跟紧主机同步前进。

⑤步进时，操作司机应密切注意操作室各相关仪表显示，做出正确判断后，加强步进监控，作业人员要加强巡视二作，并作好施工轨道延伸。

⑥步进完成，掘进机在支撑状态下，拆除步进装置，准备始发。

⑦步进期间，应进行始发洞、预备洞段的风管、风管挂钩的锚固工作，部分段落补喷等工作，所有支护作业系统可在步进前调试完毕。

2)TBM 掘进施工

(1)工艺概述

掘进机的核心部分是主机系统，主机系统主要由带刀具的刀盘、刀盘驱动和推进系统组成。刀盘上安装有一定数量的盘形滚刀，当刀盘旋转时，盘形滚刀划出的痕迹是以刀盘中心为圆心、间距均匀的同心圆切槽。在掘进时，支撑系统把主机架牢固地锁定在开挖的隧道洞壁上，承受刀盘扭矩和推进时的反力。推进油缸以支撑系统为支点，将推力施加给主机架和刀盘，推动刀盘破岩掘进。

滚刀破岩机理如图 14-18 所示：在推力作用下，安装在刀盘上的盘形滚刀紧压岩面，随着刀盘的旋转，盘形滚刀绕刀盘中心轴公转，并绕自身轴线自转。TBM 的刀具组成目前是单刃盘形滚刀，在刀盘强大的推力、扭矩作用下，滚刀在掌子面固定同心圆切缝上滚动，当推力超过岩石的强度时，盘形刀下的岩石直接破碎，盘形刀贯入岩石，掌子面被盘形滚刀挤压碎裂而形成多道同心圆沟槽。随着沟槽深度的增加，岩体表面裂纹加深扩大，当超过岩石的剪切和拉伸强度时，相邻同心圆沟槽间的岩石成片剥落。

崩落在隧底的岩渣被随刀盘旋转的均布在刀盘上的铲斗、刮板，收集到主机内的皮带机上，通过三级皮带机系统倒运后，运送到后配套矿车处卸渣，矿车运送至洞外。

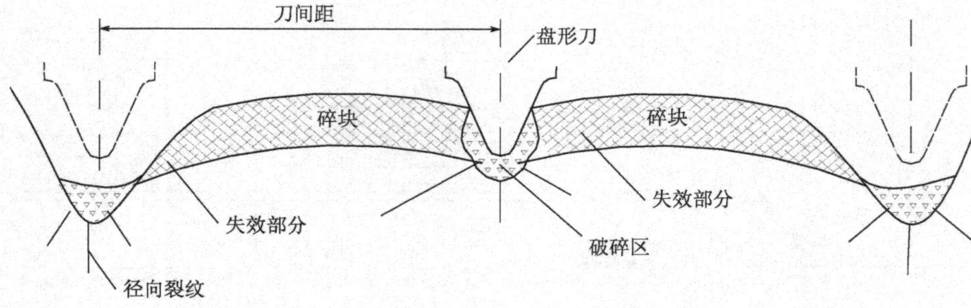

图 14-18　盘形滚刀作用下岩石破碎机理

(2)TBM 开挖工法特点

①同步协调性

掘进机施工时，主系统及各辅助设备系统都要同时运转，其中任何一个环节不协调或某一设施运行失灵，都将影响 TBM 全系统的正常运转，迫使整个系统全部停工。

②快速性

掘进机是集隧道开挖、支护、装渣为一体的施工机械，TBM 利用其刀盘挤压切割进行破岩掘进，大大提高了掘进速度，正常情况下，每小时可掘进 1.0～3.6m。

③连续性

掘进机施工各工序，如破岩、出渣、运输、初期支护等都是连续不断运转的，任何一个环节失去连续性，都将影响整个工序的连续运行，导致生产系统停止运转。

④集中性

基于前面几个特点，掘进机施工受诸多因素制约，掘进任务是在正常情况下集中在短时间内完成的。当掘进机运转时，要求各系统都非常紧凑。各系统必须保证在最短时间内，集中运转，从数量和速度上都必须满足掘进的需要。

⑤安全性

采用 TBM 开挖施工，对围岩扰动小，开挖断面成形好，且围岩出露后能及时进行初期支护以稳固岩体，在正常的硬岩隧道施工中，使围岩失稳和发生坍方的概率减小到最低。

⑥施工环境好

TBM 配套有强大的通风、除尘和降温、空气质量报警系统，使 TBM 施工的隧道作业环境大大改善。

⑦维保常态化

每日必须安排一定的维修保养时间，以保证 TBM 正常施工。

(3)工艺流程图

TBM 掘进作业流程见图 14-19。

TBM 施工集开挖、支护于一体，两者可平行作业。用于重庆地铁的 TBM 为开敞式 TBM，其有 3 种掘进模式，即自动扭矩控制、自动推力控制和手动控制模式。自动扭矩控制模式只适用于均质软岩，自动推力控制模式只适用于均质硬岩，手动控制模式操作方便、反应灵活，适用于各种地质，因此在掘进中通常采用手动控制模式进行掘进。

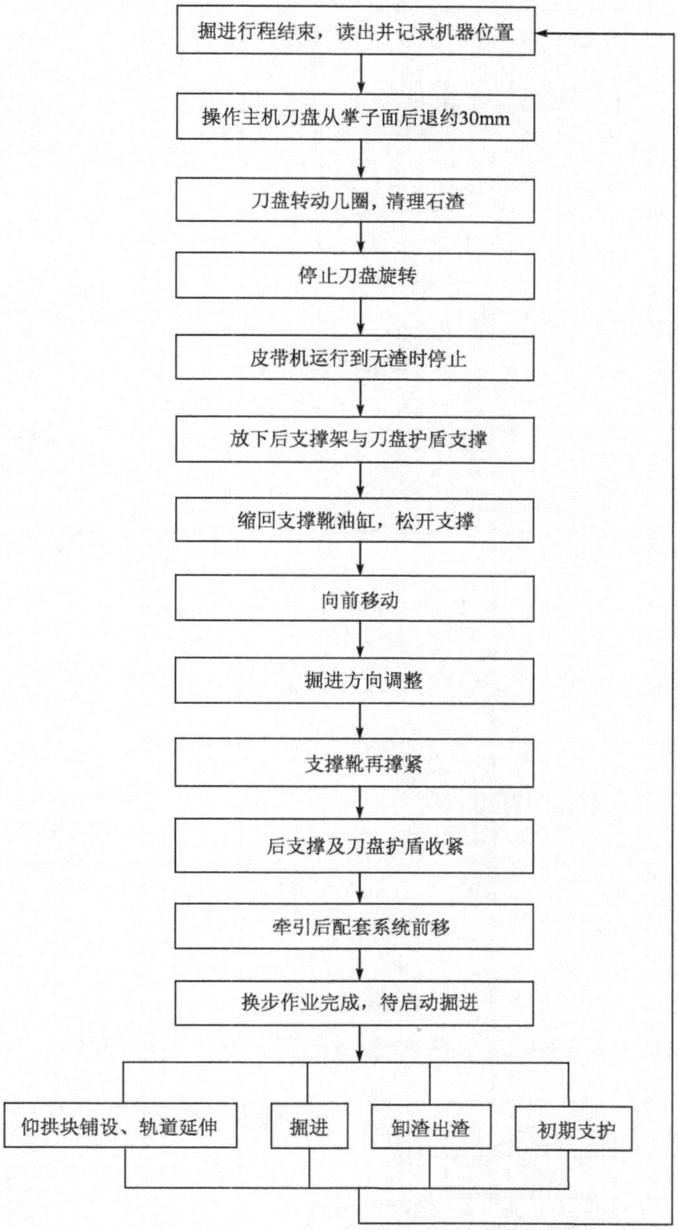

图 14-19 掘进作业流程图

在手动控制模式作业过程中，若围岩较硬，推力先达到额定值，此时应以推力变化为参照，选择掘进参数，控制推进压力不超过额定值；若围岩节理发育、裂隙较多或遇破碎带、断层带等时，主要以扭矩变化并结合推进力参数选择掘进参数，控制单机电流不超过额定值。

(4)工序步骤及质量控制

TBM 掘进时，水平撑靴撑紧在洞壁上为掘进机提供掘进反力，刀盘在主推进油缸的推力作用下向前推进，后配套台车停在隧道中，刀盘破岩切削下来的岩渣随着刀盘铲斗和刮板转动，从底部到顶部，然后沿溜渣槽到达刀盘顶部后，进入刀盘中心的皮带输送机上。主机皮带机和后配套皮带机将岩渣转运到矿车或正洞连续皮带机上。在 TBM 掘进的同时，进行初期支护和相关配套作业。当刀盘向前掘进 1.5m

时,完成一个循环的掘进。

TBM 掘进步骤如下:

①撑紧撑靴,收起后支撑(图 14-20)。

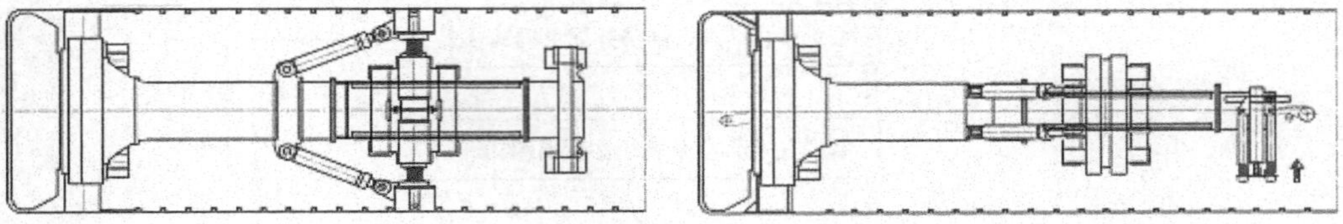

a) b)

图 14-20 撑紧撑靴,收起后支撑

a)俯视图;b)侧视图

②刀盘旋转,开始掘进推进(图 14-21)。

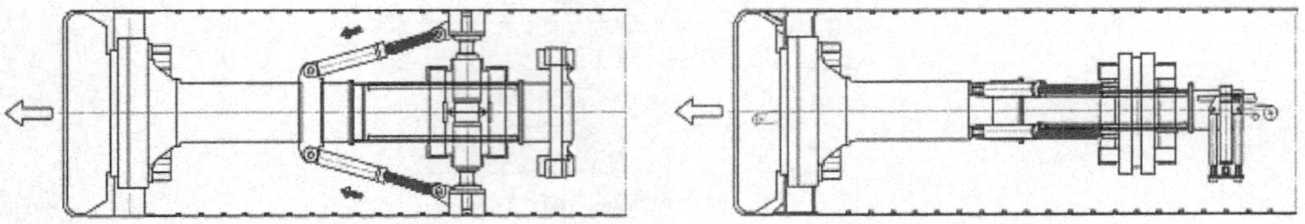

a) b)

图 14-21 刀盘旋转,开始掘进推进

a)俯视图;b)主视图

③掘进行程完成后,进行换步,放下后支撑(图 14-22)。

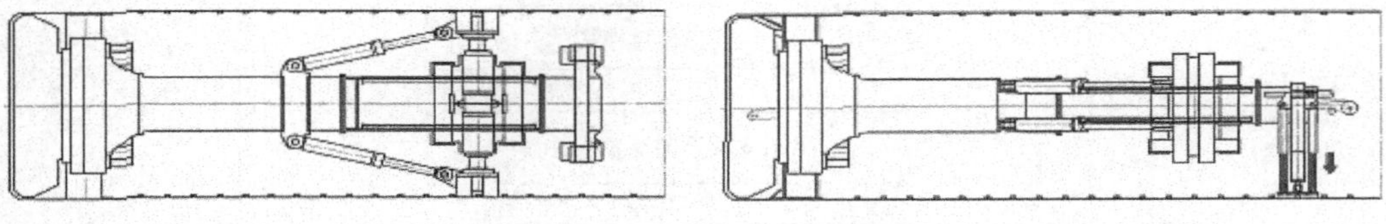

a) b)

图 14-22 换步,放下后支撑

a)俯视图;b)主视图

④收回水平撑靴,前移撑靴,再撑紧水平撑靴,进行下一掘进循环(图 14-23)。

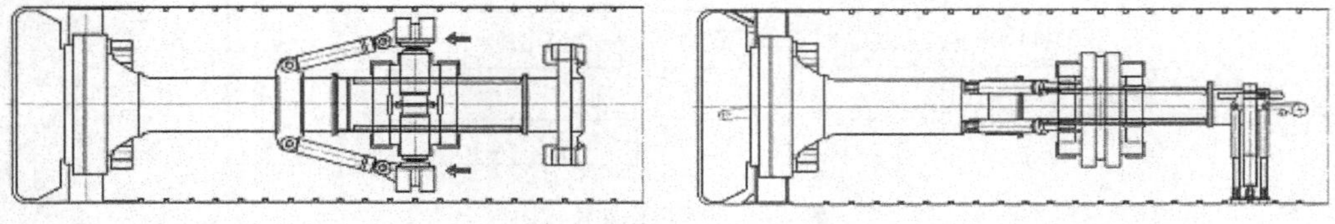

a) b)

图 14-23 收回水平撑靴,前移

a)俯视图;b)主视图

在 TBM 掘进过程中,要根据地质预报及现场对围岩的观察,确定掘进模式和掘进参数调整范围,适时调整掘进推力、撑靴压力、刀盘转速和循环进尺,在尽量保护设备的前提下,实现快速掘进。

在掘进过程中,操作司机应根据隧道测量导向系统显示的掘进偏差适当地进行方向调整。

3)TBM 初期支护

(1)工艺概述

在开敞式 TBM 上,配置了钢拱架安装器和喷锚等辅助设备,以适应地质的变化。开敞式 TBM 只需要有顶护盾，就可以进行安全施工。如遇有局部不稳定的围岩，由 TBM 所附带的辅助设备通过打锚杆、加钢丝网、喷混凝土、架钢拱架等方法加固，以保持洞壁稳定；当遇到局部地段特软围岩及破碎带，则 TBM 可由所附带的超前钻及注浆设备，预先固结前方上部周边一圈岩石，待围岩强度达到能自稳后，然后再进行安全掘进。采用开敞式 TBM 施工时，待全线贯通后集中进行永久性衬砌。

(2)工艺流程

支护作业流程如图 14-24 所示。

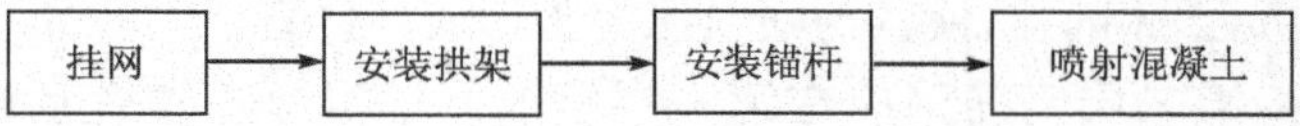

图 14-24　支护作业流程图

①网片施工。网片施工的工艺流程如图 14-25 所示。

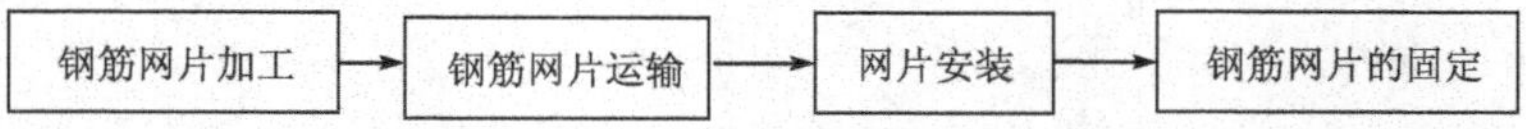

图 14-25　钢筋网片的安装工艺流程图

②锚杆施工。锚杆施工工艺流程如图 14-26、图 14-27 所示。

图 14-26　药包式锚杆施工工艺流程图

图 14-27　注浆式锚杆施工工艺流程图

③钢架施工。钢架安装工艺流程如图 14-28 所示。

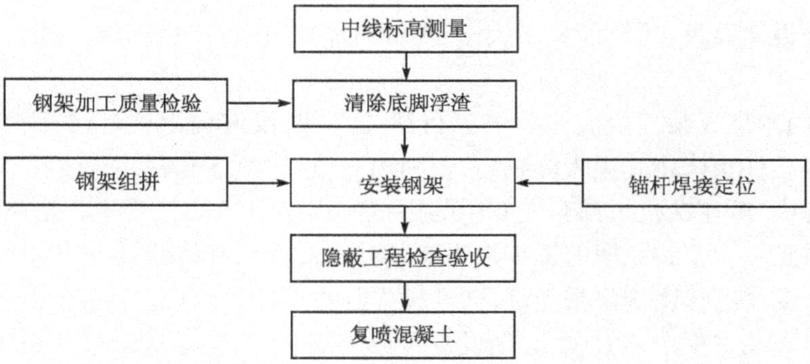

图 14-28　钢架安装工艺框图

④喷射混凝土施工。喷射混凝土工艺流程如图 14-29 所示。

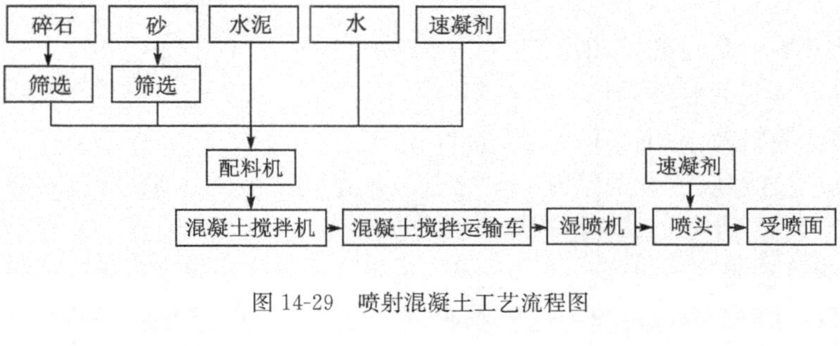

图 14-29　喷射混凝土工艺流程图

(3)网片施工质量控制

①采用屈服强度不低于 240MPa 的光圆钢筋,网格间距为 150～200mm。

②钢筋在使用前除锈拉直,钢筋的直径、钢筋网的间距,应符合设计要求。钢筋与岩壁面密贴,钢筋与锚杆、拱架连接牢固,喷射时不得晃动钢筋。

③钢筋网与锚杆之间采用焊接连接,钢筋网片之间采用绑扎或焊接连接。

④铺设钢筋网应符合下列要求:

a. 钢筋网宜在初喷混凝土后铺挂,使其与喷射混凝土形成一体;

b. 采用双层钢筋网时,第二层钢筋网应在第一层钢筋网被混凝土覆盖后铺设,其覆盖厚度不应小于 3cm;

c. 钢筋网应与锚杆或其他固定装置连接牢固,岩面保持 3cm 的间隙。

d. 钢筋网的钢筋保护层厚度不得小于 2cm。

(4)锚杆施工质量控制

在刀盘护盾后面的内凯氏机架旁边,及后支撑靴后面的内凯氏机架旁边安装有锚杆钻机。锚杆钻机在机器掘进时能进行锚杆的安装。

①根据地质条件、使用要求及锚固特性,可选用中空注浆锚杆、树脂锚杆、自钻式锚杆、砂浆锚杆和摩擦型锚杆等。锚杆杆体半成品、成品的类型、规格、性能符合设计要求和国家现有有关技术标准的规定。

②锚杆黏结剂的黏结强度、凝固时间、抗老化及抗侵蚀性能应满足设计要求,对环境无污染。水泥砂浆的强度等级不应低于 M20。

③利用开敞式 TBM 自配的锚杆钻机,按设计要求在要求范围内进行锚杆作业,钻机操作手柄为电控,司钻手按照《锚杆钻机施作规程》的要求正确操作钻机进行钻孔作业,锚杆的孔轴方向应垂直于开挖面,并符合设计要求。钻进至设计深度后,检查锚杆孔中是否有异物堵塞。若有,应清除干净,采用高压风、水吹孔、洗孔,将锚杆插入孔内,锚杆外露孔口长度满足安装止浆塞、垫板螺栓为宜;将止浆塞通过锚杆外露端打入孔口 10cm 左右,安装垫板及螺母,此时不宜上紧。在灰浆达到初始设计强度后,方可上紧垫板及螺母。

④锚杆孔位符合设计要求,孔位偏差不大于 100mm,锚杆孔深度达到施工图纸的规定,孔深偏差值不大于 50mm。

⑤钻孔完毕后,用木棍或其他轻质杆状体进行清孔,同时浸泡锚固剂,待锚固剂充分摄取水分后取出。用木棍或其他轻质杆状体将其顶入锚孔内,锚固剂充填量不小于锚孔深度的 3/4。

⑥安装锚杆过程中,可在钻机头部套上专用的铁罩或用钻机的大臂慢慢将锚杆顶入,严禁用钻头顶住锚杆端头使其安装到位。安装完毕的锚杆端头应紧贴岩壁,最后用锚固剂封孔。锚固剂在使用前必须检查药卷质量,受潮、变质的锚固剂严禁使用;药卷破损的必须经处理后,方可使用。

⑦为保证锚杆在安装过程中的安全,必须设专人扶住锚杆,待其剩最后约 50cm 时放可松开。

⑧其他注意事项:

a. 配制浆液,使水灰比、和易性符合设计和规范要求,并随用随配。

b. 锚杆钻孔位置及孔深必须准确;砂浆锚杆要除去油污、铁锈和杂质;锚杆体插入孔内不小于设计长度的 95%。

c. 检查注浆泵及其零件是否齐备和正常。

d. 用水或风检查孔体是否畅通,孔口返水或风即可。

e. 迅速将锚杆和注浆管及泵用快速接头连接好。

f. 开动泵注浆,整个过程应连续不停顿,一次完成,观察到浆液从止浆塞边缘流出或压力表达到设计值,即可停泵。

(5)钢拱架施工质量控制

钢拱架安装器可在 TBM 掘进过程中进行作业,在刀盘后面进行钢拱架的预组装和安装。钢拱架安装器由以下部分组成：在刀盘护盾后面的预组装槽、液压驱动的牵引链、在内凯上纵向移动的平台、钢拱架提升与伸展用的液压油缸。钢拱架安装器由装在刀盘护盾后面的控制台直接操作，由 TBM 的液压系统提供动力。

①利用开敞式 TBM 自配的钢架安装器安装钢架。

②钢拱架安装标准是一定的，在 TBM 拼装条件一定时确定钢拱架的规格，钢架用钢材的规格、型号、材质满足设计要求和国家有关现有技术标准的规定。钢架不宜在受力较大的拱顶及其他受力较大的部位分节。格栅钢架的主筋直径不宜小于 18mm，且焊接应符合设计要求。

③拼装完成后，转动拱架安装器，将拱脚转至底部，然后操作油缸，将拱架撑于预先确定的岩面位置，撑紧后，在上底部夹板上螺栓，采用鱼尾板连接。

④钢架之间宜用直径为 22mm 的钢筋、采用焊接方式连接，环向间距应不大于 1.8m。

⑤钢架安装应符合下列条件：

a. 安装前应清除底脚的虚渣及杂物；

b. 全圆钢支撑的间距应为掘进行程的 1/2～2 倍数，在 TBM 换步过程中，撑靴不得挤压拱架；

c. 安装允许偏差：横向和高程为±5cm，垂直度为±2°；

d. 各节钢架间应以螺栓连接，连接板应密贴。

(6)喷射混凝土施工质量控制

混凝土喷射系统，装作 TBM 后配套上，由混凝土输送泵，混凝土罐、液体计量泵、混凝土喷射机械手等组成一套相匹配的施工设备。为确保喷射混凝土质量、减少回弹、改善施工环境，采用湿喷法。采用强制式搅拌机，集料采用配料自动计量，混凝土搅拌运输车运输。

①材料

a. 水泥

采用 P. O 42.5 水泥，所使用的水泥必须有强度检验报告，过期、潮湿、结块水泥不准用在喷混凝土上。

b. 速凝剂

(a)必须采用质量合格的产品，并对速凝剂密封保存，严防受潮。

(b)由于喷射混凝土水灰比、施工环境温度、水泥和速凝剂受潮程度对速凝剂效果均有影响。因此，使用速凝剂前必须进行速凝效果试验，以选用最佳配合比。

(c)速凝效果试验必须满足初凝不大于 5min、终凝不大于 10min、无“急凝“现象、具有良好的流动性。

(d)速凝剂的掺量为水泥质量的 4%～8%。

c. 砂

喷混凝土应采用硬质洁净的中砂或粗砂，细度模数宜为 2.5～3.0，含水率控制在 5%～7%。

d. 石

采用坚硬耐久的碎石，粒径不宜大于 10mm，级配良好。当使用碱性速凝剂时，不得使用含活性二氧化硅的石料。

e. 水

水中不应含有影响水泥正常凝结与硬化的有害杂质；不得使用污水、pH 值小于 4 的酸性水和含硫酸盐是按 SO_4^{2-} 计超过水重 1%的水。适宜饮用的水均可使用，不得使用未经处理的工业废水。拌和用水所含物质不影响混凝土的和易性和混凝土强度的增长，也不能引起钢筋和混凝土的腐蚀。

②施工工艺参数

a. 工作风压应满足喷头处压力在 0.1MPa 左右。

b. 喷头距受喷面以 0.6～1.2m 为宜。

③喷护作业准备

a. 搅拌机、喷射机等机械设备，开机前须先清除混凝土余料和其他杂物，然后检查各操作手把、开关、按钮、仪表是否灵活可靠。试运转后电机、泵体及传动部分是否正常，各密封部位、各管阀有无漏风、漏水、漏油现象，如有故障必须事先排除，严禁机械带病作业。

b. 检查供风、供水、供电管线路的布置是否合理、是否安全。检查混凝土喷嘴的供水孔是否有堵塞现象，软管是否过度磨损，接头是否安全可靠。

c. 在开挖面上进行初次喷护，应先检查危石、浮渣和岩粉是否清除干净、石质好坏、有无渗水、超欠挖情况等。通过检查确定当班工作量和喷射作业时的安全措施。

d. 喷护前用高压风、水冲(吹)工作面，清除浮尘、浮石。

④ 喷护作业

a. 作业程序：

(a)倒罐至输送泵后部；

(b)开仓口、转罐、放料；

(c)起泵、开风、设置风压、设置泵送流量(3～8m/h)、确认速凝剂参量(4%)；

(d)试喷；

(e)逐层连续喷射混凝土；

(f)完成1罐混凝土喷射工作，停止供风、停泵，加水洗罐；

(g)空罐倒罐至罐车平板。

b. 喷射机操作质量对整个喷射作业连续施工影响很大，因此操作司机应有高度的责任心，并做好下列工作：

(a)开始时先给风、再开机、后给料，结束时待料喷完、先停机、后关风。供料连续均匀，机械正常运转时，料斗内要保持足够的存料；

(b)随时注意压力表变化，熟练地判断是否发生堵管，有主动防止堵管的经验；

(c)按混凝土输送距离和喷射方向，随时调整工作风压；

(d)坚持工作后清洗泵体和进行必要的机械维护保养；

(e)积极配合作好喷射机的防尘、除尘，预防并处理堵管时突然发生喷出伤人事故。

c. 喷头操作：

(a)开始时先给水、再给料，结束时先停料、后关水。根据喷出料浆情况，适当调节风压，喷头处的水压应大于风压。

(b)喷头与受喷面最佳距离为0.6～1.2m，当风压波动时，该距离可进行适当调整。喷射方向与受喷面的角度以垂直角为最佳，事实上仰脸喷射拱部很难做到垂直，此时力求垂直为宜。

喷射物流在受喷面上应呈螺旋轨迹移动，即一圈压半圈按顺序横移，螺旋半径取10～20cm为宜。

(c)喷射手与喷射司机要事先规定好联络信号，操作时要密切配合，协同动作。

(d)喷射手要随时掌握给水情况，注意喷射效果，使喷射物表面达到有光泽、黏聚好、有塑弹性、粉尘少、无干斑或流滑淌现象。

(e)当喷嘴不出料时，检查是否堵塞，一定要把喷头避开有人方向，严防喷出物、高压水、高压风突然喷出伤人。

(f)喷射作业完成后，必须将输料管和喷嘴清洗干净，排除各种堵塞因素。

(g)突然断水或断料时，喷头应迅速移离受喷面；严禁用高压风、水冲击尚未终凝的混凝土。

d. 喷混凝土终凝后2h起，即应开始洒水养护，洒水次数以能保持混凝土具有足够的湿润状态为准，养护期不得小于14d。

4)TBM掘进通过盘溪河涵洞施工方法

重庆轨道交通6号线一期工程花卉园站—大龙山站TBM施工段区间隧道右线设计起讫里程为YDK22＋640～YDK23＋734.423，全长1090m(左线里程为ZDK22＋640～ZDK23＋734.423，全长1094.423m)。隧道线路在YDK22＋970～YDK23＋036段下穿盘溪河涵洞(图14-30)。该段隧道围岩基本分级为Ⅴ级，衬砌施工采用Ⅴ级围岩衬砌断面。

图 14-30 盘溪河涵洞

(1)盘溪河涵洞概况

盘溪河涵洞位于重庆市渝北区松石大道下方，在修建松树桥时设置涵洞成为暗渠。

盘溪河涵洞全长 421.141m，上游接口位于 6 号线以北约 260m 处，该处河面宽度约 20m，两侧河堤标高 250m 左右，断面形式为梯形。下游接口位于 6 号线以南约 130m 处，该处河面宽度约 15m，两侧河堤标高 250.50m 左右，断面形式为梯形。盘溪河涵洞两翼各设有一过水箱涵，箱涵尺寸为 1.8m×1.7m，厚度 30cm。花卉园站—大龙山站区间隧道在 YDK22＋970～YDK23＋036(ZDK22＋970～ZDK23＋036)段下穿通过盘溪河涵洞。盘溪河涵洞与 TBM 隧道正线平面位置关系见图 14-31。

涵洞底部基岩裂隙不发育，流水下渗量不大。盘溪河涵洞为过水涵，向南汇入嘉陵江，上游有九龙湖，最高水位约 248.80m，常年水位约 246.6m，流速 0.2～0.3m/s，流量约 $2m^3/s$。

根据收集的盘溪河涵洞竣工资料，该段涵洞为双跨 5m 拱涵，起拱线高度为 5m，拱高 1.5m；侧边墙基础宽度为 3.5m，置于中等风化泥质砂岩之上，基础材料为 C15 现浇混凝土或 M10 水泥砂浆砌 30 号毛条石，墙身材料为 M10 水泥砂浆砌 30 号毛条石；中隔墙基础宽度 2.4m，同样置于中等风化泥质砂岩之上，基础材料为 C15 现浇混凝土或 M10 水泥砂浆砌 30 号毛条石，墙身材料为 M10 水泥砂浆砌 30 号毛条石；涵洞基础涵洞基础距地表高差约为 25m；拱圈为 C25 钢筋混凝土，厚 0.5m。根据钻探揭露，涵洞基础基底标高 240.88m，流水板为 C20 混凝土板，厚 20cm，流水板顶面标高 244～245.55m。

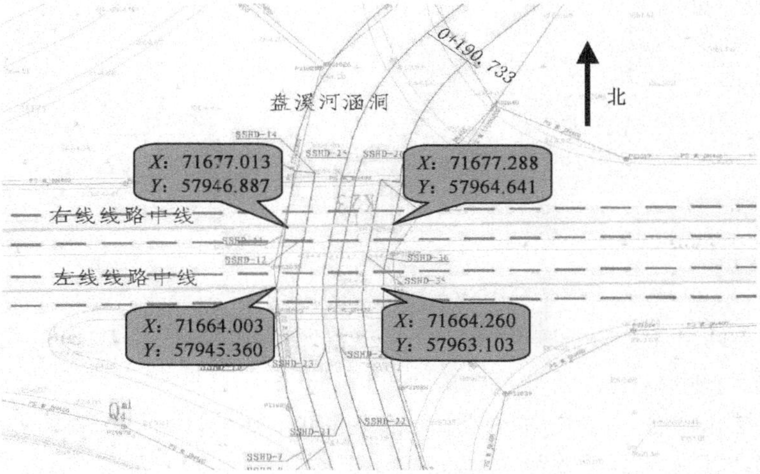

图 14-31 TBM 隧道与盘溪河涵洞平面位置关系图

区间隧道结构顶部与涵洞扩大基础底部的净距离为 4.66m，为 0.7B(B 为隧道开挖直径)。根据钻孔资料可以判断，涵洞基础位于风化层以下的砂岩层面，隧道与涵洞基础之间为砂岩与泥质砂岩。

TBM 通过盘溪河涵洞段线路平面为直线,纵剖面为 V 形坡,变坡点里程为 YDK23+000(ZDK23+000),竖曲线半径为 5000m。区间隧道下穿盘溪河涵洞段 TBM 隧道与盘溪河涵洞的剖面位置关系见图 14-32、图 14-33。

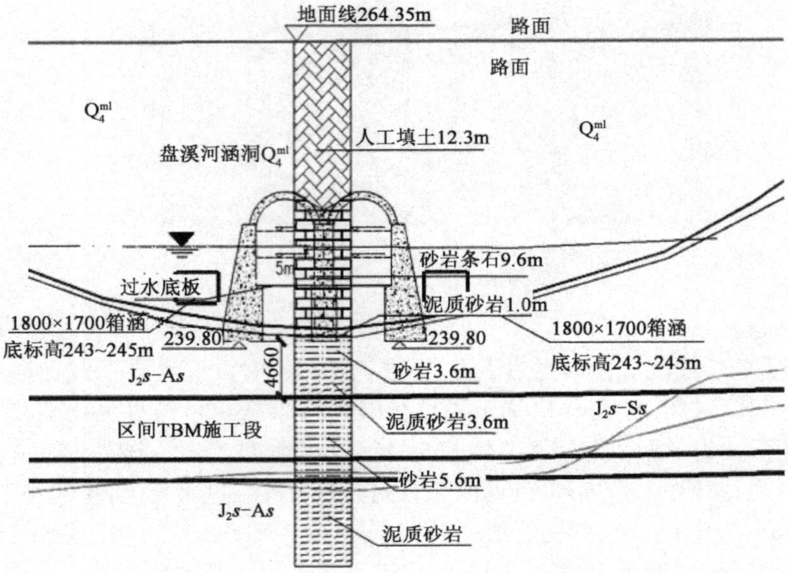

图 14-32 TBM 隧道与盘溪河涵洞纵剖面位置关系图

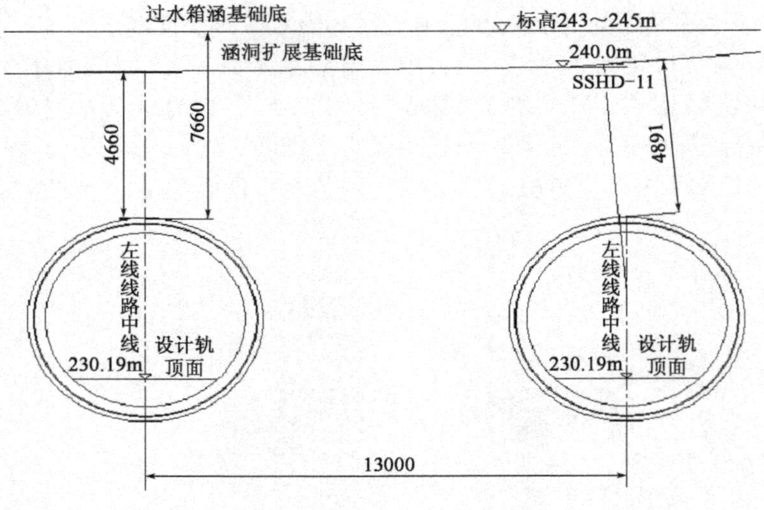

图 14-33 TBM 隧道与盘溪河涵洞横剖面位置关系图(尺寸单位:mm)

下穿盘溪河涵洞段隧道上层覆土厚度 18~24m,下伏厚层状泥质砂岩夹砂岩。地质构造上位于沙坪坝背斜东翼,线路走向与地质构造线走向呈大角度斜交。

地下水类型松散层孔隙水,主要由大气降水补给。根据钻孔 HD19、PX2 的抽水试验成果,素填土渗透系数 k 为 2.98m/d,泥质砂岩渗透系数 k 为 0.08m/d。

本段为浅埋隧道,隧道围岩基本分级为Ⅴ级,预计本段基坑涌水量 11.4L/(min・10m),地下水状态分级为Ⅱ级,隧道偶有渗水,成洞条件差,洞顶易坍塌,盘溪河涵洞内水体易通过裂隙下渗,造成隧道涌水量急剧增大。

(2)施工准备

①接口协调

与河道主管机关沟通协调工作,办理“重庆市河道管理范围内建设项目申请书”,通过重庆市渝北区河道管理处审批同意,上报“重庆轨道交通六号线 TBM 试验段区间隧道下穿盘溪河涵洞段涉河建设方案”,并通过专家评审。与重庆市市政管理委员会、重庆市市政设施管理局、渝北区交警大队等方面办理相关手续。

②补充调查

a. 组织施工前,对盘溪河涵洞的结构现状、基础材料、水文资料等进行详细调查,搜集较全面的现状资料。

b. 对盘溪河涵洞结构、附近建筑物等周边环境事先进行摄影、摄像,并形成书面及影像材料,进行存档,以备施工后进行评价对比。

③人员配置

盘溪河涵洞加固施工,人员配置为工程师 2 人、技术员 2 人、测量员 4 人、试验员 2 人、质量安全员 2 人、混凝土工 10、电工 2、杂工 15 人。

④机械设备配置

根据盘溪河涵洞加固施工工作面实际情况及本段加固工程的特点,编制机械使用计划,合理配置施工机械,做到提前进场,确保工程需要。盘溪河涵洞加固施工机械设备配置具体为:发电机 1 台、自卸汽车 2 台、手推车 8 台、铁锹 10 把、水泵 2 台、D2-25A 强力地面岩石电钻 6 把、注浆机 1 台。

⑤技术准备

对施工人员进行分批培训交底,使施工人员充分了解本段施工的风险点、过程控制要点等。

(3)涵洞加固及导流施工

TBM 掘进至盘溪河涵洞之前,预先在盘溪河涵洞两端设置围堰导流,分别对两孔涵洞底板下部的人工填土层及基岩进行小导管注浆加固,小导管长度以控制在距离隧道拱顶 1m 的距离为准,以防止破坏隧道顶部地下水环境。

TBM 下穿盘溪河涵洞施工前,为确保涵洞结构的安全,采取在涵洞内进行注浆加固的措施,涵洞洞内加固施工详见图 14-34。

①封堵截流。

先检测有害气体、通风,然后施作砂袋围堰,将两管涵洞的右侧一管临时封堵,水流汇集到左侧一管涵洞内流动,封堵后将涵洞内水抽干。排水截流施工详见图 14-35～图 14-37。

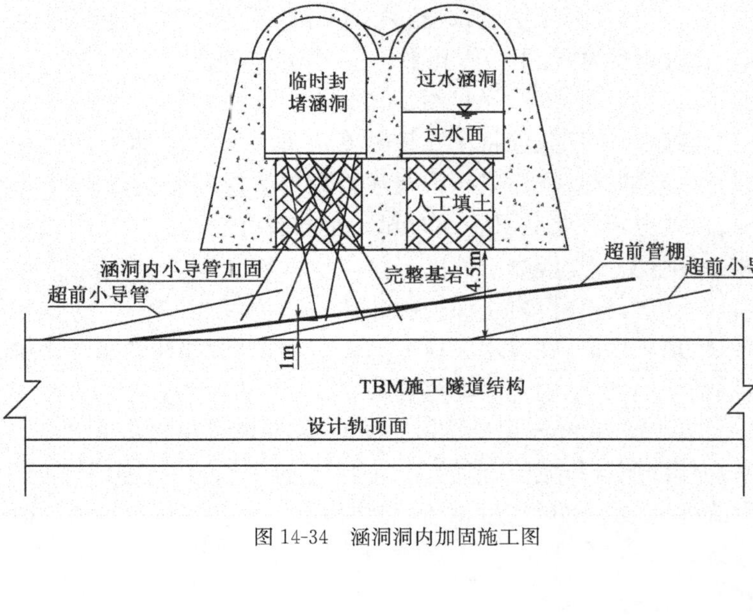

图 14-34 涵洞洞内加固施工图

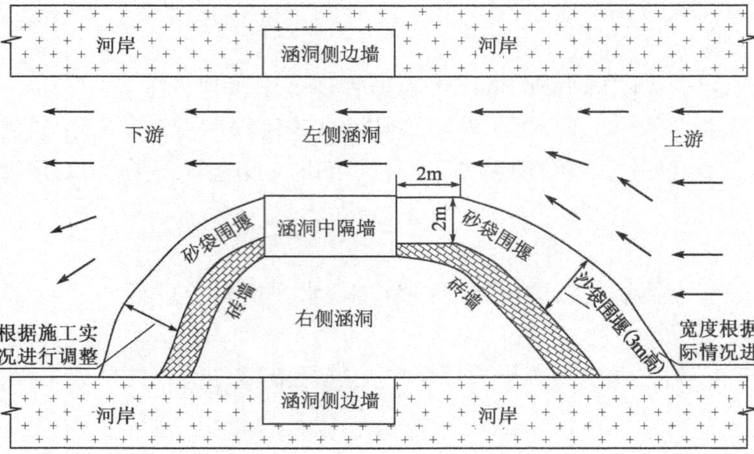

图 14-35　盘溪河涵洞砂袋围堰封堵截流平面示意图

图 14-36　涵洞上游左洞围堰

图 14-37　涵洞上游右洞围堰

②确定加固范围。

右侧涵洞封堵后，将该管涵洞内淤泥清理干净，然后测量放线，确定加固范围，加固范围为左右线中线外 11m 以内，共 35m。

③打孔、注浆。

在施工范围内打孔，进行小导管注浆加固。钻孔采用 D2-25A 强力地面岩石电钻。小导管斜向插入涵洞基础下方，通过涵洞底板下方的人工填土，对涵洞基底下方的基岩进行注浆加固，小导管的打入长度以控制在距离隧道拱顶 1m 的距离为准，小导管孔平均长度为 7.7m。

小导管布置间距为 1.5m，梅花形布置，详见图 14-38。

注浆材料选用水泥浆，注浆时确保浆液将小导管内填充满，注浆压力达到设计终压(0.5～1.0 MPa)时，可结束注浆。注浆过程中要随时观察注浆压力及注浆泵排浆量的变化，分析注浆情况，防止堵管、跑浆、漏浆。做好注浆记录，以便分析注浆效果。及时封闭小导管孔口，防止后期涵洞内水顺沿钻孔下渗。为防止其损伤防水板，将小导管头割至混凝土面以下。

④涵洞过水底板铺设防水层，施作混凝土保护层。

将地板的泥渣及积水清理干净后，在过水底板上铺设防水卷材，并在防水层上铺设 50～80mm 厚细石混凝土保护层。防水层铺设范围：纵向上加固范围共 35m，横向上满铺过水底板，并在两侧拱墙高度不小于 1m 范围内，铺设防水层并砌 240mm 厚砖墙保护防水层，砖墙外侧抹水泥砂浆。

⑤重复以上措施，对右侧涵洞进行截流、清淤、破除混凝土底板、打孔注浆等工作。

⑥TBM 掘进通过并施作完成二次衬砌后，对涵洞结构及周边环境进行检查，做好文明施工，协同市政、水利部门办理移交手续。

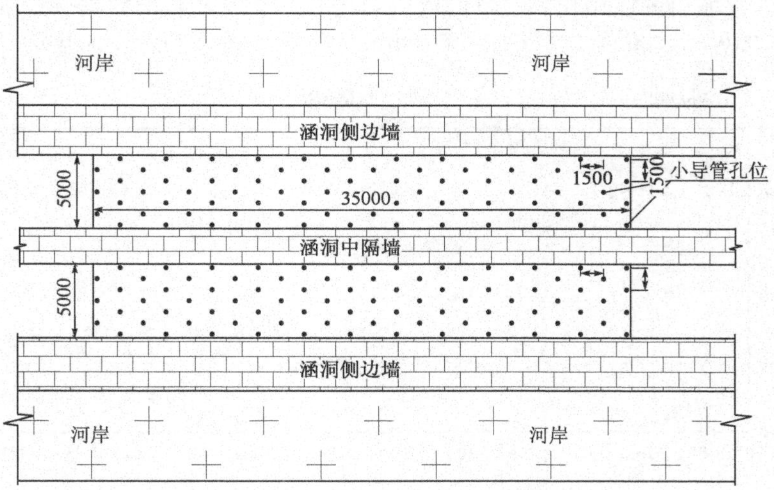

图14-38 盘溪河涵洞注浆加固小导管平面布置图(尺寸单位:mm)

(4)施工安全注意事项

①提前对现场施工人员做好岗前安全培训、质量培训及方案交底。

②规范做好施工围挡,设立安全标志及条幅标语。

③每日施工前领工员进行班前讲话,严格按技术交底进行技术及安全培训。

④做好洞口围堰,确保截流质量。

⑤雨天注意安全,洞口处需设立专人看守,及时与洞内取得联系。

⑥进洞前须撒石灰进行毒气处理,进洞人员必须佩带安全帽及防毒面具。

⑦钻机及注浆机操作前必须认真学习操作规程,现场挂设操作规程。

⑧确保涵洞内照明设施完好,配备应急灯。

⑨做好影像资料的收集,施工完毕后做好文明施工,将涵洞洞口恢复原状。

5)小净距掘进技术

红旗河沟站设计为侧式站台,为6号线与3号线的十字换乘车站。由于站内左右线间距仅为4.9m,故红旗河沟站两端区间结构由两个单洞单线向一个单洞双线过渡,其中,两个单洞单线隧道的净距由1m逐渐拉开,属于小净距隧道。其中,红旗河沟站小里程端区间隧道平面布置如图14-39所示。

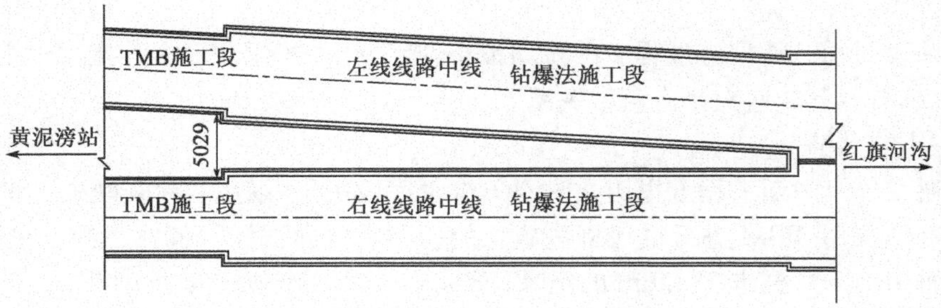

图14-39 TBM进红旗河沟站(尺寸单位:mm)

右线隧道TBM法掘进开挖过程中,无论是开挖掌子面,还是支撑靴到达先掘进施工隧道研究断面的位置,对先掘进施工隧道的初期支护结构影响较小,两隧道之间保留5m的岩体是稳定的,将5m作为钻爆法施工与TBM满载掘进开挖的分界距离是合理的。

采取的主要措施:选取合理的施工方法;保护好周边围岩,必要时对周边围岩进行注浆加固;对隧道衬砌支护参数进行适当加强。

6)TBM施工对周边环境的影响分析

监控量测可为隧道的动态设计和信息化施工提供依据,确保施工的安全。作为TBM首次应用于城市轨道交通，为 TBM 在城市的应用积累宝贵的资料和经验。从地表监测数据(图 14-40)来看，最大沉降变形不超过 5mm，主要发生在拱顶上方，且与隧道施工掌子面位置变化存在明显依存关系。

图 14-40　K17＋473 地表沉降历时曲线图

从地表沉降槽曲线图(14-41)可以看出，横向沉降槽较小，且各断面沉降差距不大。分析原因可知，TBM 掘进速度较快，且支护及时降低了对围岩的扰动，减少了施工对周围环境的影响，有效地控制了地表沉降。

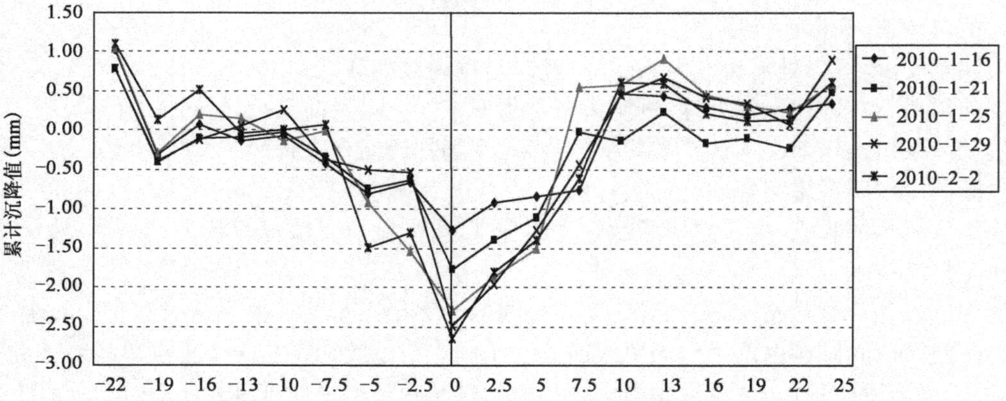

图 14-41　K17＋580 断面地表沉降槽曲线

振动检测结果表明，TBM 掘进过程中的振动很小，施工产生的振动不会直接对建筑物及桥梁产生破坏，地层振动的大小与刀盘转速大小有直接关系。

7)TBM 施工小结

重庆轨道交通 6 号线一期工程五里店站—山羊沟水库段工程，采用 2 台开敞式 TBM 施工，是我国城市轨道交通领域首次采用 TBM 进行隧道掘进施工的一项重要尝试和示范性工程。在施工中，不仅打破了全国城市地铁盾构施工月掘进 783.6m 的纪录，而且创造了城市轨道交通建设 TBM 施工单机日掘进 46.8m 和单机月掘进 862m 的全国新纪录。

通过对 TBM 的适应性分析、选型及试验段施工等的总结，初步掌握了 TBM 在城市轨道交通建设中的应用特点，主要获得如下结论：

(1)与钻爆法相比，利用 TBM 进行地铁施工，具有施工速度快，掘进效率高，环境污染小等特点。

(2)TBM 应用于城市地铁施工，关键在于做好适应性分析及设备选型，同时选取合理的过站方式，以便提高掘进效率，缩短工期。

(3)试验段施工表明，优化过站技术、小净距掘进方案及始发洞门设计，及时进行支护，可有效降低施工对周边环境的影响，减少施工对市民生活的干扰。

14.2.6 测量及TBM导向技术

1)控制测量

(1)控制测量的主要任务

保证隧道按照规定的精度在预定位置贯通;保证洞内各项建筑物以规定的精度按照设计位置修建,不侵入建筑限界。

(2)控制测量的特点

①洞外总体控制

作为指导隧道施工的测量工作,在隧道开挖前建立具有必要精度、独立的隧道洞外施工控制网,作为引测进洞的依据。

②洞内分级控制

洞内控制点控制正式中线点(正式中线点是洞内衬砌和洞内建筑物施工放样的依据),正式中线点控制临时中线点;临时中线点控制掘进方向;洞内高程控制与平面相仿,临时水准点控制开挖面的高程,正式水准点控制洞内衬砌和洞内建筑物的高程位置。

(3)控制测量主要内容

洞外平面控制测量、洞内平面控制测量、洞外高程控制测量、洞内高程控制测量;洞内中线测设、贯通误差调整及竣工测量。

①洞外平面控制测量

洞外平面控制测量的目的,主要是获取两端洞口较为精确的点的平面位置和引测进洞的方向。对于曲线隧道,洞外平面控制测量除具有与直线隧道相同的目的外,还在于间接求算隧道所在曲线的转向角及两端洞口控制桩与交点的相对位置,进而按设计选配的圆曲线半径和缓和曲线长,重新确定隧道中线的位置。

控制测量方法的选用:该项目平面控制测量计划采用精密导线法,导线点的位置根据隧道的长度及分布情况,并结合地形条件和仪器测程选择。导线最短边长不小于300m,相邻边长的施测及计算:导线的水平角采用方向观测法。当水平角只有两个方向时,按奇数和偶数测回分别观测导线的左角和右角,这样可以检查出测角仪器的带动误差,数据处理时可以较大程度地消除此项误差的影响。导线的内业计算采用严密平差法。

②洞外高程控制测量

洞外高程控制测量的任务,是按照测量设计中规定的精度要求,以洞口附近一个线路定测点的高程为起算高程,测量并传算到隧道另一端洞口与另一个定测高程点闭合。

闭合的高程差测断高,即使整座隧道具有统一的高程系统,又使之与线路正确衔接,从而保证隧道按规定精度在高程方面正确贯通,保证各项建筑物在高程方面按规定限界修建。

③洞内平面控制测量

隧道进洞测设采用极坐标法。将隧道的中线控制桩纳入洞外平面控制网,控制测量完成后,即可求得它们的精确坐标。根据这些点的坐标和洞口(或洞内)中线点的坐标,反算极坐标法的放样数据,进而现场测设。

隧道洞内控制测量:洞内控制测量起始于两端洞口处的洞外控制点,随着隧道的开挖而向前延伸,敷设成支线形式,通过重复观测的方法进行检核。

隧道洞内导线布置原则:导线点尽量布设在施工干扰小、通视良好、地层稳固的地方;点间视线离开洞内设施0.2 m以上,导线的边长在直线地段不短于200m,在曲线地段不短于70m,并尽量选择长边和接近等边;导线点埋于坑道底板面以下10~20cm,上面盖铁板以保护桩面及标志中心不受损坏,为便于寻找,在边墙上用红油漆予以标注。

洞内导线测设方法:采用双照准法测角,测回间要重新对中仪器和觇标,以减小对中误差和对点误差的影响;由洞外引向洞内的测角工作,安排在夜晚或阴天进行,以减小折光差的影响;要求洞内导线应重复观测,定期检查,在设立新点前必须检查与之相关的既有导线点,在对既有导线点确认的基础上测量新点;导线要求构成多边形闭合导线或主副导线环。

④洞内高程控制测量

洞内高程控制测量的目的,是由洞口高程控制点向洞内传递高程,即测定洞内各高程控制点的高程,作为洞内施工高程放样的依据。

洞内高程点的布设:洞内每隔200～500m设立一对高程控制点。高程控制点可选在导线点上,也可根据情况埋设在隧道的顶板、底板或边墙上。

高程点测设方法:水准测量时,必须进行往返观测;采用光电测距三角高程测量时,应进行对向观测;要求高程导线构成闭合环。除采用常规的方法外,有时为避免施工干扰,可以采用倒尺法传递高程。

2)TBM导向技术

重庆轨道交通6号线一期工程TBM采用了PPS导向系统,由德国PPS隧道导向公司研制的。它能全天候的动态测量TBM的里程、姿态、掘进趋势、滚动角、俯仰角。TBM操作人员可根据显示的偏差及时调整TBM机的掘进姿态,使TBM机能够沿着正确的方向掘进。PPS导向系统界面如图14-42所示。

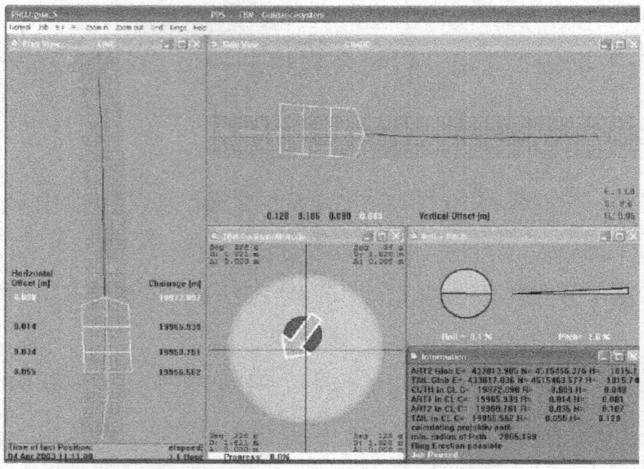

图14-42　PPS导向系统界面

(1)PPS导向系统组件阐述

TBM配置了一套PPS导向系统,其组成如图14-43所示。

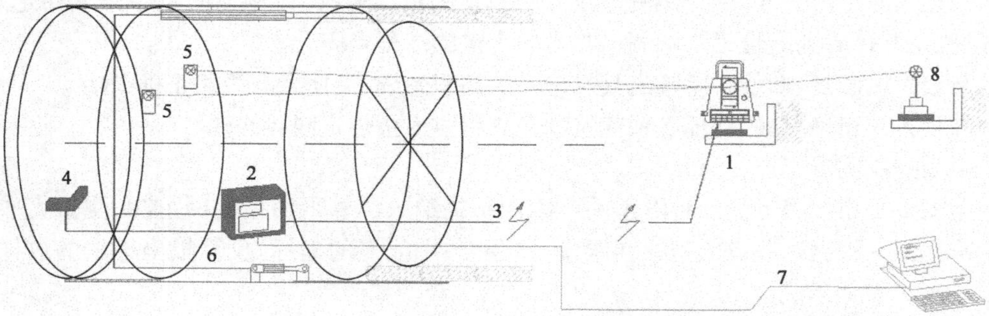

图14-43　PPS导向系统示意图

1-全站仪;2-工业计算机;3-数据线(电缆或无线连接);4-倾斜仪;5-光靶;6-行程传感器(备用);7-数据线(备用);8-后视棱镜

PPS导向系统能够对TBM在掘进中的各种姿态、TBM掘进的方向和位置关系进行精确的测量和显示。操作人员可以根据导向系统提供的信息,快速、实时地对TBM的掘进方向及姿态进行调整,以减小掘进偏差。

PPS导向系统和隧道掘进软件可连续不断地向TBM提供三维坐标和定向、连续的动态信息。导向系统附带的通信装置能够接收数据，由隧道掘进软件计算TBM的方位和坐标，并以图表和数字表格的形式准确地显示TBM的位置。

PPS导向系统主要由马达全站仪、倾斜仪、系统计算机、马达棱镜、数据传输电缆组成。

①马达全站仪。

PPS全自动系统功能需要一个马达全站仪，这个马达全站仪在系统计算机的控制下，自动测量安装在TBM上面的两个马达棱镜和定期的检查后视棱镜。

②倾斜仪。

在TBM前部还有一个高精度的倾斜仪，用来检测TBM的倾斜和滚动。

③系统计算机。

系统计算机通过马达全站仪传输的测量数据和倾斜仪的读数，自动计算准确的地球坐标、方位和TBM的倾斜和滚动，并将TBM姿态实时显示给TBM操作人员。

④马达棱镜。

为了防止由于两个目标棱镜之间相互干扰而产生测量错误，系统采用两个马达棱镜，在软件的控制下它能交替的打开和覆盖，这样能确保无论什么时候，只能单独测量一个棱镜，从而避免了两者相互干扰而产生的测量错误。

⑤数据传输电缆。

该电缆包括各仪器与系统计算机的连接线，还有洞外监控系统与主机操作系统的连接电缆。

马达全站仪在系统程序的控制下，将自动跟踪马达棱镜，还定期检查后视棱镜，以便检查和更正全站仪的定向。这项功能也包括对全站仪测站的稳定性检查，当发生围岩变形较大时，也能检测出来，通知给TBM操作人员，需对点位进行复测。

无论何时，一组数据被收集(两个目标棱镜的测量结果和读取的倾斜仪的数据)，系统将会自动计算一个新的TBM方向和位置，所有的信息将以图像和数据形式，显示给TBM操作人员。

(2)导向系统的工作原理

通过固定在隧道比较稳定的岩壁左上方的专用托架(坐标高程已知)上的全自动全站仪，以一定的时间间隔，实时测量出两个控制点(马达棱镜)坐标高程。同时，安装在TBM前部的双轴倾斜传感器确定出TBM的俯仰角和滚动角数据，分别经无线信号传输(或控制电缆)输入位于主控室中的工业计算机，再经过计算机专用的隧道掘进软件计算和整理，对TBM当前实际位置和相应里程的设计位置进行综合比较，盾构机的位置和姿态就以数据和模拟图表两种形式显示在控制室内的电脑屏幕上，TBM司机以此为准，操纵TBM保持沿隧道设计轴线掘进。

导向系统的设计在最大程度上为司机提供了TBM的位置信息，从而有效减轻了司机的劳动强度。

导向系统从三维空间来自动确定TBM的确切方位和掘进方向。同时，也为司机提供了关于机器偏离设计中线的所有信息。设计路径的显示为主司机提供了一条使偏离的TBM返回到中线的最佳路径。

测量TBM的位置和掘进方向时，必须从三维空间上来测量TBM上的两个确定点以及坡度和滚动。这两个确定点是安装在TBM前面的两个棱镜。它们相对于TBM轴线的确切位置和局部TBM坐标系统必须在TBM安装设置时确定。

由于TBM会发生滚动和移动，TBM坐标系统通常与大地坐标系统不平行。因此，必须要精确测量TBM的滚动和移动，该任务由安装在TBM内的电子化两轴向倾斜仪完成。

TBM上的两个棱镜由经纬仪自动测量，经纬仪的站点坐标和方位通过测量隧洞横向装置已经被预先确定。

由于经纬仪的水平角测量系统没有明确的参照点，经纬仪在安装的时候要通过人工测量经纬仪到一个基准点来定向，基准点的坐标已经被预先确定。此信息由测量人员输入到计算机系统中。

一个新的经纬仪站点可以通过系统中的辅助功能很容易地用普通的测量方法来测定。

TBM 上的两个主要点的地球坐标可以通过定位的经纬仪测量距离、水平角度和垂直角度来确定。由于 TBM 坐标系统的棱镜的位置在 TBM 设置时被确定,而且一直知道 TBM 的滚动和移动,那么 TBM(例如,刀盘的中心点)上的任意一点都可以通过地球三维空间计算出来。

设计中线已经预先存在于大地坐标系统,并被输入到计算机系统中。因此,就可以很容易地计算出 TBM 相对于中线的水平和垂直偏差以及 TBM 的方向,并且以图的形式展现给主司机。如果需要的话,也可以计算并给司机显示一条返回到设计中线的最佳路径。要考虑的参数,如最小拐弯半径,或者有关轨迹的几何元素。

后视棱镜的重要性不能被轻易忽视。后视棱镜不仅能够进行经纬仪的定位,同时它也允许自动联机来检测由于经纬仪站点的任何移动而引起的潜在错误。因为经纬仪通常安装在刚刚开挖的可能不稳定的隧道内,距离 TBM 有 25～300m,它有一个高位移的可能。如果这种移动没有被发觉的话,会给隧道开挖的精确度造成严重影响。因此,TBM 导向系统通过定期检测后视棱镜来检查经纬仪站点的稳定性,并通知操作人员是否发生偏差。这些基准测量的时间间隔,由用户通过密码保护参数菜单进行操作。

(3)TBM 姿态、方向控制

根据 PPS 导向系统的指引,TBM 按照设计的轴线向前掘进,但由于地层软硬不均以及操作等因素的影响,TBM 推进不可能完全按照设计的隧道轴线前进,而会产生一定的偏差。TBM 施工中必须采取有效技术措施控制掘进方向,使掘进偏差处于质量标准允许的范围之内。

水平单撑靴 TBM 方向控制工作原理:为根据测量导向系统显示 TBM 的位置及方位,需要随时调整 TBM 掘进方向,单撑靴开敞式 TBM 的掘进方向在掘进过程中可随时调整,TBM 以刀盘护盾为支点,通过调整主梁的左右上下位置来完成。如需要向左方掘进时,左侧支撑油缸伸出,右侧支撑油缸收回,主梁向右移动,改变掘进方向。如需要上下调整时,可以调整倾斜油缸调整主梁的上下。因此,隧道的方向在掘进过程中可以随时调整,隧道中心是一条连续的曲线,保证掘进方向可控。其掘进方向控制原理如图 14-44所示。

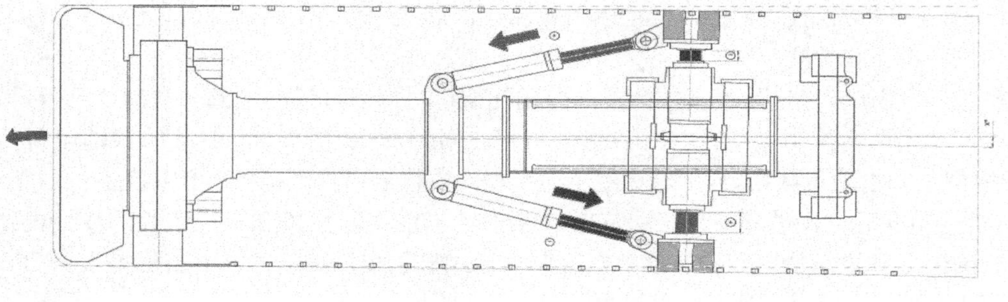

图 14-44　掘进方向控制原理

①TBM 姿态监测

PPS 自动导向系统辅以人工复核测量,对 TBM 姿态监测是控制 TBM 掘进方向的有效方法和手段。PPS 能都能够全天候地动态显示 TBM 当前位置与隧道设计轴线的偏差,以及预测在当前状态下一定距离的偏差趋势。定期人工复核 PPS 系统的状态,每 80m(或每两次移站)人工从导线点引测一次 PPS 系统坐标点,复核其坐标精度,以保证系统的准确性。

②TBM 姿态方向的控制与调整

在掘进过程中主要进行 TBM 的中线控制,当掘进一个循环完成后,在进行换步作业时,对主机的倾斜和流动值进行调整控制,纠正偏差。

为确保边刀不受损伤,每次调向的幅度不应太大。在更换完边刀的第一个掘进循环中,不宜进行调向作业。

当 TBM 出现下俯时,通过调整上下油缸,增大主机的坡度;反之,则减小主机坡度。

水平方向纠偏主要是通过调节水平撑撑的油缸伸缩量进行调整。

方向控制及纠偏注意事项：

a. 根据掌子面地质情况，及时调整掘进参数，防止 TBM 突然“低头”。

b. 方向纠偏时应缓慢进行，如修正过程过急，会对设备产生不利影响。

c. TBM 始发、贯通时方向控制极为重要，应按照始发、贯通掘进的有关技术要求，做好测量定位工作。

③导向系统的管理与维护

影响自动系统正常工作的原因：在正常掘进施工中，主要有以下几个方面的原因导致 PPS 导向系统不能正常工作。

a. 灰尘：若洞内灰尘太大，导致全站仪无法前视到目标马达棱镜，使系统无法正常工作。

b. 杂物阻挡或半阻挡全站仪通视线，造成无法前视目标马达棱镜。

c. 水雾：地下水进入目标马达棱镜，使之在棱镜片上形成一层水雾，将导致无法前视到棱镜内的照准目标，使系统无法正常工作。

d. PPS 系统故障，比如马达棱镜坏、线路故障、全站仪故障及数据转换器故障等问题，都会造成系统无法正常工作。

自动导向系统的管理：在施工过程中，应加强对导向系统的管理和维护，经常检查系统工作环境，并在施工中做好以下几个方面工作。

a. 工程技术人员在施工过程中，应及时了解 PPS 系统的工作状态，对 PPS 显示屏上出现的任何问题，应做出正确的判断，并及时解决。

b. 在掘进过程中做好对测量仪器的防护，做好倾斜仪、马达棱镜、全站仪、后视棱镜和数据线的遮挡防护，避免地下水和高压水直接喷洒到仪器，或碰撞等意外情况发生。

c. 经常检查导向系统中各测量仪器的运行环境，主要查看仪器是否进水和仪器是否固定牢固，防止系统带病工作。

d. 掘进过程中做好掘进偏差的详细记录，以备核查、分析。

e. 在长时间停机时，应将 PPS 系统的计算机关闭，进行彻底的散热。

f. 每隔一定的时间，应将 PPS 测量存储的数据备份一次。

14.2.7 施工监控量测

1)监控量测的必要性

地下工程穿越或所在的地层地质条件较复杂，开挖时会对支护结构及周围地层产生一定的位移和变形，这些位移超出一定范围，必然对支护结构及周围地层产生破坏。另一方面，对于地下工程，在施工以前，对地质等的评价总有不完善之处，设计和施工方案及细节也总有需要在施工中检验和改进之处，而施工监测正是使施工顺利进行和积极改进支护措施的一个关键环节，也是确保施工安全和经济性的重要手段，因此在隧道及其他地下工程施工过程中，开展施工监控量测，以研究施工引起的地层运动机理、预测相应的支护结构变位、确保施工安全，是非常必要的。

2)监测的目的及意义

监测的目的及意义主要有以下几方面：

(1)施工过程中对周围房屋及构筑物沉降和倾斜监测，及以地面、管线沉降监测，确保周围房屋、构筑物及管线在施工过程中的安全，确保行车路面的车辆安全运行。

(2)实时监测地下工程支护结构和周围岩层的变形特征，为施工日常管理提供信息，保证施工安全。

隧洞及地下工程支护结构和周围岩体的变形及应力状态与其稳定情况密切相关，支护结构和周围岩体的各种破坏形式产生之前，通常有大的位移、变形、受力异常等，监测数据和成果是现场施工管理和技术人员判断工程是否安全的重要依据。因此，在施工过程中，通常依据观测结果来验证施工方案的正确性，调整施工参数，必要时采取辅助工程措施，以此达到信息化施工目的。

(3)修正工程设计,使工程处于动态管理之中。研究监测工程状况的累计记录,有助于对工程设计进行修改,并通过观测数据与理论上的工程特性指标进行比较,以便及时了解设计的合理程度。

(4)验证支护结构设计,为支护结构设计和施工方案的修订提供反馈信息。地下结构周围岩层软弱,复杂多变,结构设计的荷载常不确定,而且,荷载与支护结构变形、施工工艺直接相关,因此,在施工中迫切需要知道现场实际的应力和变形情况,使之与设计值进行比较,必要时对设计方案和施工过程进行修改。施工监测是支护结构设计的重要组成部分。

(5)通过监控量测,了解该工程条件下所表现、反映出来的一些地下工程规律和特点,为今后类似工程或该工法本身的发展完善,提供借鉴、依据和指导作用。

(6)通过监控量测地下工程支护结构在施工过程中受力的动态变化,明确工程施工对周边岩体的影响程度,以及可能产生失稳的薄弱环节。

3)监测内容及监测控制措施

(1)监测内容

①监测点布设

监测点根据地形地质条件及地面建筑的分布情况布置,且满足设计及相关规范、规程要求。

地表建筑物、地下管线测点布置如图 14-45 所示。

②区间隧道监控量测项目

区间隧道监控量测项目见表 14-9。

区间隧道监测点布设如图 14-46 所示。

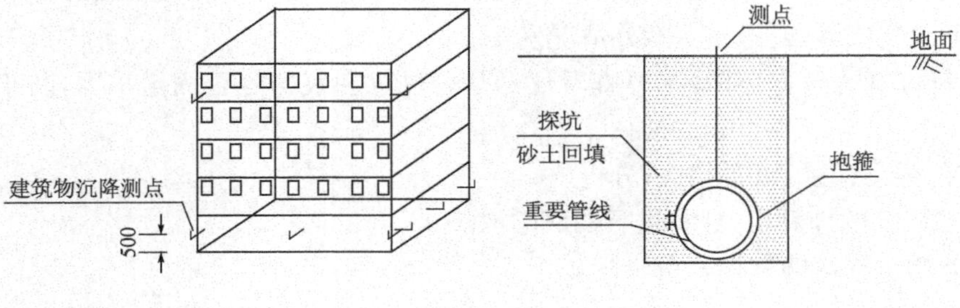

图 14-45 建筑物测点布置及管线测点布置

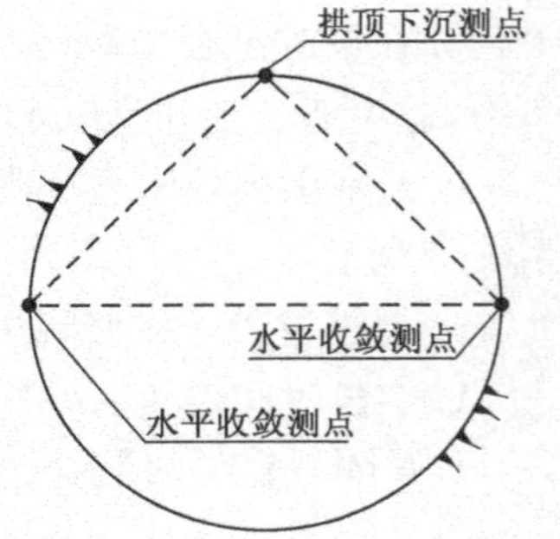

图 14-46 区间隧道监测点断面布置

区间隧道监控量测项目表 表 14-9

序号	监测项目	监测方法	测点布置	频率
1	拱顶下沉	精密水准仪	每 5～20m 一个断面,每断面 3 个测点	1～15d,内 1～2 次/d;16d～1 月内,1～2 次/2d;1～3 月内,1～2 次/周;3 月以后,1～3 次/月
2	水平净空收敛	收敛计	每 5～50m 一个断面,每断面 2 对测点	1～15d,内 1～2 次/d;16d～1 月内,1～2 次/2d;1～3 月内,1～2 次/周;3 月以后,1～3 次/月
3	地表沉降	精密水准仪	一般情况:30m/断面;建筑物:10m/断面	开挖面距量测断面后<2B 时,1～2 次/d;开挖面距量测断面后<5B 时,1 次/2d; 开挖面距量测断面后>5B 时,1 次/1 周
4	围岩及支护情况观察	现场观测地质描述		每次开挖后立即进行
5	地表建(构)筑物沉降、倾斜	精密水准仪,铟钢尺	建筑物四角,每栋布点不少于 4 点	1～2 次/1d
6	地下管线沉降	苏光 DSZ-2 水准仪,铟钢尺	分别于浅埋区间隧道线位上方、开挖范围内地下管线密集处,布设必要数量观测点	

注:B 为隧道开挖宽度。

(2)监测方法及控制措施

净空变化、拱顶下沉和地表下沉(浅埋地段)等必测项目应设置在同一断面,其量测断面间距及测点数量,应根据围岩级别、隧道埋深、开挖方法确定,按表14-10进行监测。

必测项目量测断面间距和每断面测点数量 表14-10

围岩级别	断面距离(m)	每断面测点数量	
		净空变化	拱顶下沉
Ⅴ~Ⅵ	5~10	1条基线	1点
Ⅳ	10~30	1条基线	1点
Ⅲ	30~50	1条基线	1点

净空变化量测点的布置:沿进洞方向,左侧量测桩焊接位置为直腿脚板底上2.4m,右侧量测桩焊接位置为直腿脚板底上2.2m(即左侧量测桩焊接位置为起拱点脚板底下2.5m,右侧量测桩焊接位置为起拱点脚板底下2.5m)。拱顶下沉量测点的布置:拱顶正中。

净空变化、拱顶下沉量测,应在每次开挖后12h内取得初读数,最迟不得大于24h,且在下一循环开挖前必须完成。测点应牢固可靠、易于识别,并注意保护,严防爆破损坏。拱顶下沉和地表下沉量测基点应于洞内、外水准基点建立联系。

隧道浅埋地段地表下沉的量测,宜与洞内净空变化和拱顶下沉量测在同一横断面内。横断面方向应在隧道中心及两侧间距2~5m处设地表下沉测点,每个断面设7~11点。监测范围应在隧道开挖影响范围以外,地表下沉量测应在开挖工作面前方,隧道埋深与隧道开挖高度之和处开始,直到衬砌结构封闭、下沉基本停止时为止。

地表下沉量测频率应与拱顶下沉和净空变化的量测频率相同,各项目量测频率应根据位移速度和量测断面距开挖面距离,分别按表14-11、表14-12确定。各量测作业均应持续到变形基本稳定后2~3周结束。对于膨胀性和挤压性围岩,位移长期没有减缓趋势时,适当延长量测时间。

量测频率(按位移速度) 表14-11

位移速度(mm/d)	量测频率	位移速度(mm/d)	量测频率
≥5	2次/d	0.2~0.5	1次/3d
1~5	1次/d	<0.2	1次/7d
0.5~1	1次(2~3d)		

量测频率(按距开挖面距离) 表14-12

量测断面距开挖面距离(m)	量测频率	量测断面距开挖面距离(m)	量测频率
(0~1)B	2次/d	(2~5)B	1次/(2~3d)
(1~2)B	1次/d	>5B	1次/7d

注:1. B为隧道开挖宽度。

2. 当按二表选择量测频率出现较大差异时,宜取量测频率较高的作为实施的量测频率。

4)量测数据的整理

(1)数据处理

各项监测数据收集后及时整理、绘制位移-时间曲线、应变应力等随施工作业面的推进时间变化规律曲线,即时态散点示意图,如图14-47所示。

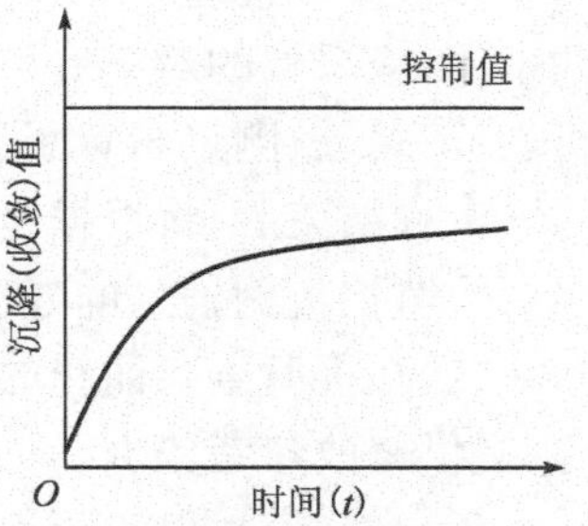

图14-47 时态散点示意图

当位移-时间曲线趋于平缓时,对初期时态曲线进行回归分析,以预测可能出现的最大变形值、应力值和掌握位移变化规律,还应视散点的数据分布状况选择合适的函数,回归分析时在下列函数中选用:

对数函数:

$$U=a\lg(1+t)$$

$$U=\frac{a+b}{(\lg1+t)}$$

指数函数：

$$U=ae-\frac{b}{t}$$

$$U=a(1-e-bt)$$

双曲函数：

$$U=\frac{t}{(a+bt)}$$

$$U=a\left\{1-\left[\frac{1}{(1+bt)}\right]\right\}$$

式中：a、b——回归系数；

t——初读数后的时间，d；

U——位移值。

(2)数据管理基准

根据施工监测的成功经验，采用Ⅲ级监测管理并配合位移速率作为监测管理基准(见下表)，即将允许值的2/3作为警告值，允许值的1/3作为预警值，将警告值和预警值之间称为警告范围。实测值在此范围，提出警告，说明需商讨和采取施工对策，预防最终位移值超限；警告值和基准值之间称为注意范围，实测值落在基准值以下，说明岩体是稳定的。监测管理等级见表14-13。

监测管理等级表 表14-13

管理等级	管理位移	施工状态
Ⅲ	$U_0<U_n/3$	正常施工
Ⅱ	$U_n/3\leqslant U_0\leqslant U_n2/3$	加强监测
Ⅰ	$U_0>2U_n/3$	加强监测，并采取相应工程措施

注：U_n是监测控制标准，根据有关规范和类似工程经验，确定控制标准。

根据上述监测管理基准，调整监测频率：一般在Ⅲ级管理阶段监测频率可适当放大一些；在Ⅱ级管理阶段则应注意加密监测次数；在Ⅲ级管理阶段则应加强支护，并加强监测，密切关注工程过程，监测频率可达到1～2次/d或更多。

5)施工监测反馈程序

监测信息主要以日报表、月报表的形式进行施工期间的反馈工作。施工期间有特殊情况时，将以阶段小结形式进行及时反馈，如图14-48所示。

日报表：在取得监测数据后，要及时对原始数据进行计算，对测点数据变化较大者，应组织人员进行复测，并查看测点的可靠性，观察测点施工附近情况，确认所取得数据的真实性，将所测得数据输入计算机，由相关软件自动计算得出，并生成相应的日报表，日报表上附简短反馈信息，以指导施工。

月报表：监测工作历时1个月后，将对本月监测工作进行阶段总结，提出施工中存在的问题，需注意的事项，应采取的对策等。月报表将在日报表的基础上，由相应软件直接输出，包括月报说明、分析图、分析表、汇总表、测点布置图、工况记录表等。

工程结束后，将根据建设单位要求，提供一份完善的施工期间监测总结报告。

6)监控量测信息的处理、分析及应用

(1)根据所绘各曲线的变化情况与趋势，判定围岩的稳定性，及时预报险情，确定施工时应采取的措施，提供修改参考依据。

(2)当隧道喷射混凝土出现大量的明显裂缝，或隧道支护表面任何部位的实测收敛值已达到规定允许值的70%，且收敛速度无明显下降时，应及时根据实测值找出回归方程，绘出回归曲线，由回归方程推算最终位移值。若最终位移值接近或超过规定的净宽允许相对位移值时，应立即采取补强初期支护措施，并改变支护设计参数。

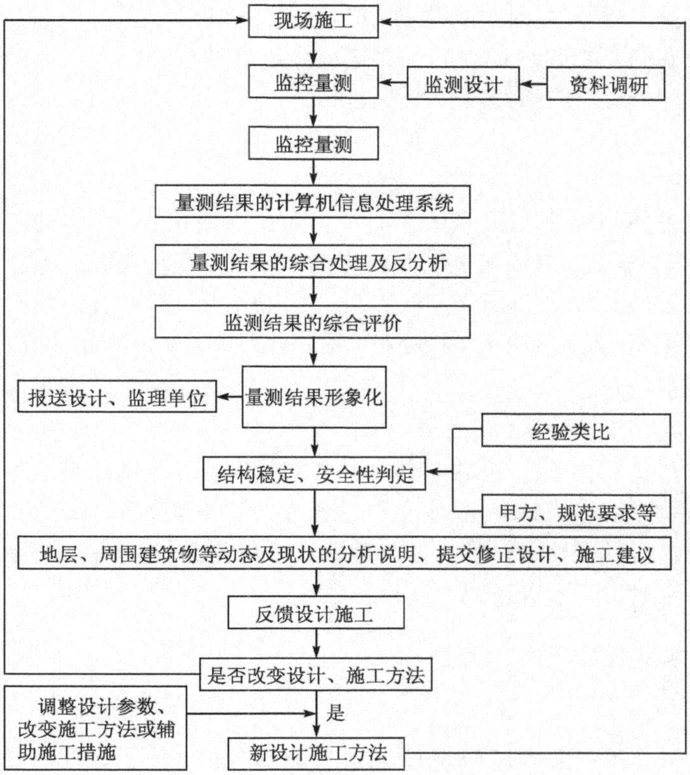

图 14-48　监测信息反馈程序图

7)监测管理体系和质量保证措施

为保证量测数据的真实可靠及连续性,确定了以下措施。

(1)建立专业组织机构,组成监控量测及信息反馈小组,成员由多年从事地下工程施工及监测经验的技术人员组成,监测主管由具有丰富施工经验,具有较高结构分析和计算能力的专职监测工程师担任。监测小组在监测主管的领导下,负责日常监测工作及资料整理工作。

(2)制订监测实施性计划,使监测按计划、有步骤地进行。建立质量责任制,确保施工监测质量。

(3)设定控制值,采用三级监测管理。当发现监测物理量接近或超过警戒控制值时,立即报告监理,并向监理报送应急补救措施。

(4)观测前,对所有仪器设备按有关规定进行检验和校核,确保仪器的稳定可靠性和观测的精度。

(5)制定各监测点位的保护措施,定期对使用的基准点或工作基点进行稳定性检测。

(6)监测资料保持有完整、清晰的监测记录、图表、曲线及文字报告。

(7)建立监测复核制度,确保监控数据的真实可靠性。

(8)量测资料的储存、计算、管理,均采用计算机系统进行。

14.3　重庆地铁 6 号线二期复合式 TBM 试验段工程

14.3.1　工程概况

重庆轨道交通 6 号线二期复合式 TBM(实为“复合式土压平衡盾构”,被建设单位命名为“复合式 TBM”)试验段工程全长约 17km,包括茶园段(茶园南站—长生桥站)、蔡家段(嘉陵江北桥头路基段—向家岗站)、北碚段(北碚站—五路口站)共 3 个区段,采用 9 台复合式 TBM 施工。

(1)茶园段

线路走向为“茶园南站—茶园北站—长生桥站”,全长约 2900m,采用 2 台复合式 TBM 施工。本段包括复合式 TBM 设备掘进区间长度约 2340m、掘进或步进通过车站长度约 200m、步进通过区间长度约 60m、设备吊出井长度约 15m、明挖始发段长度约 30m、明挖区间长度约 60m,以及钻爆法施工联络通道约 4 处。

(2)蔡家段

线路走向为“嘉陵江北桥头路基段—曹家湾站—蔡家站—向家岗站”,全长约 7999m,采用 4 台复合式 TBM 施工。本段包括复合式 TBM 掘进区间长度约 5647m、掘进或步进通过车站长度约 380m、掘进或步进通过区间长度约 140m、步进通过区间长度约 14m、出渣进料井长度约 14m、设备吊出井长度约 20m、路基始发段长度约 69m、明挖施工区间长度约 280m、钻爆法施工区间长度约 1260m,以及区间风井 1 处和钻爆法施工联络通道 8 处。

(3)北碚段

线路走向为“北碚站—天生桥站—五路口站”,全长约 5991m,采用 3 台复合式 TBM 施工。本段包括复合式 TBM 掘进区间长度约 5424m、掘进或步进通过车站长度约 190m、步进通过区间长度约 14m、出渣进料井长度约 13m、设备吊出井长度约 13m、始发段及吊出井长度约 13m、路基段长度约 58m,以及区间风井 1 处和钻爆法施工联络通道 8 处。

14.3.2 工程地质及水文地质

(1)茶园段

茶园段隧道拱顶埋深普遍不大,约为 8～15m,区间大部分位于岩石地层。

①茶园南站—茶园北站区间工程及水文地质概况

区间隧道里程 CYK0+470.8～CYK1+615,TBM 隧道全长 1144.2m,隧道穿越总长 1/3 的中风化泥岩层及总长 2/3 的中风化砂岩层。岩体完整性系数 0.64～0.80,较完整。属于 III～V 级围岩。构造简单,位于广福寺向斜西翼。地下水类型主要为红层承压水,原始沟谷区有少量上层滞水,水量较小。

隧道顶板覆盖基岩厚度 3.5～10.8m,为浅埋隧道。粉质黏土层(较薄,上覆盖人工杂填土)在 2 处分别接近和侵入左右线隧道顶板,复合式 TBM 掘进到这两个地段时需采用平衡模式掘进,以防止地表发生沉降。隧道最大坡度 7.111‰。

②茶园北站—长生桥站区间工程及水文地质概况

区间隧道里程 CYK1+800～CYK3+207.5,TBM 隧道全长 1407.5m,其中在 CYK2+100 处约有 61m 的明挖法隧道,复合式 TBM 在该处将步进通过。隧道基本穿越中风化砂岩,仅有少数地段为泥岩。岩体完整性系数 0.64～0.80,较完整。属于 III～V 级围岩。构造简单,位于广福寺向斜西翼。地下水类型主要为红层承压水,原始沟谷区有少量上层滞水,水量较小。

隧道顶板覆盖基岩厚度 0～25m,属部分浅埋部分深埋隧道。粉质黏土层(较薄,上覆盖人工杂填土)在 2 处分别接近左右线隧道顶板,其上覆盖的基岩层较薄,复合式 TBM 掘进到这两地段时需采用平衡模式掘进,以防止地表发生沉降。隧道最大坡度 22.1‰。

(2)蔡家段

蔡家段深、浅埋段均存在,深埋段拱顶埋深为 24～90m,浅埋段拱顶埋深为 5～11m,区间大部分位于岩石地层。

①北桥头—曹家湾站—蔡家站区间工程及水文地质概况

区间隧道里程 AK39+500～AK42+480.2,区间隧道全长 2980.2m,其中在曹家湾站有 212m 的暗挖区间,复合式 TBM 步进过站通过。隧道穿越总长的 3/4 泥岩和 1/4 砂岩。岩体完整性系数 0.66～0.77,岩体较完整,构造裂隙不发育,属于 III～V 级围岩。泥岩抗压强度 5.3MPa～9.8MPa,属于软岩;砂岩抗压强度 25MPa～28MPa,属于较软岩。地下水类型主要为红层承压水,原始沟谷区有少量上层滞水，水量较小。

隧道最大埋深约有100.2m，最小埋深约10.0m，属于深埋隧道。隧道顶板覆盖较厚的基岩。最大埋深地段为泥岩，由于强度较低埋深较大，开挖后可能有一定程度的收敛。隧道最大坡度20‰。

②蔡家站—向家岗站区间工程及水文地质概况

区间隧道里程AK42+950.2～AK46+150，区间隧道全长3199.8m，其中在向家岗站有346.38m的车站及明挖区间，复合式TBM步进过站通过。隧道穿越总长的2/5泥岩和3/5的砂岩。岩体完整性系数0.68～0.75，岩体较完整，构造裂隙不发育，属于Ⅲ～Ⅳ级围岩。泥岩抗压强度3.7MPa～11.7MPa，属于软岩，砂岩抗压强度21.5MPa～28.1MPa，属于较软岩。地下水类型主要为红层承压水，原始沟谷区有少量上层滞水，水量较小。

该区间复合式TBM在向家岗站过站后继续向前掘进1005m，在AK46+150里程处出洞。隧道全段基本为浅坦隧道。在蔡家站—向家岗站区段共有两处地段被粉质黏土侵入隧道顶板，侵入地段长度分别约为110m和70m，且覆土厚度约为5m。复合式TBM掘进到这两个地段时需采用平衡模式掘进，以防止地表发生沉降。隧道最大坡度25‰。

(3)北碚段

碚段隧道拱顶普遍埋深较大，平均约为20～55m，区间位于岩石地层内。

①北碚站前—北碚站区间工程及水文地质概况

区间隧道里程YAK54+964～YAK56+523.5，区间隧道全长1280m，在北碚站步进过站通过。隧道基本穿越砂质泥岩，但TBM在北碚站前入洞口的人工杂填土中始发，人工杂填土段约为100m，属Ⅴ级围岩。强风化泥岩抗压强度在0.25MPa以下，中风化泥岩抗压强度在1MPa以下，属于极软岩。夹层的砂岩抗压弫度不超过3MPa，属于软岩。岩体较完整。隧道由浅埋到深埋，再变为浅埋到深埋。地下水为基岩裂隙水，水量较少。隧道最大坡度25‰。

②北碚站—天生站区间工程及水文地质概况

区间隧道里程YAK56+523.5～YAK59+248.412，区间隧道全长2814.412m。隧道基本穿越砂质泥岩，少量穿越砂岩。强风化泥岩抗压强度在0.25MPa以下，中风化泥岩抗压强度在1MPa以下，属于极软岩。夹层的砂岩抗压强度不超过3MPa，属于软岩。岩体较完整。岩层产状平缓。全隧为深埋隧道。地下水为基岩裂隙水，水量较少。隧道最大坡度25‰。

③天生站—五路口站区间工程及水文地质概况

区间隧道里程YAK59+544.615～YAK60+900，区间隧道全长1342.385m。隧道穿越的泥岩和砂岩各占约1/2。强风化泥岩抗压强度在0.25MPa以下，中风化泥岩抗压强度在1MPa以下，属于极软岩。夹层的砂岩抗压强度不超过3MPa，属于软岩。岩体较完整。岩层产状平缓。全隧为深埋隧道。地下水为基岩裂隙水，水量较少。隧道最大坡度10‰。

14.3.3 复合式TBM选型设计

本标段选用了9台由中铁工程装备集团有限公司自主设计制造的ϕ6.25m复合式TBM(图14-49)。在施工重庆轨道交通6号线2期试验段蔡家至曹家湾区间时，最高日掘进达27m。

1)工程地质对复合式TBM的影响

重庆轨道交通6号线二期工程3个区段TBM隧道中，区间隧道穿越的地层基本上以砂质泥岩和砂岩为主，围岩裂隙不发育，围岩的完整性较好，地下水主要赋存于裂隙中，由于裂隙不发育，故地下水量较少。其中，茶园段、蔡家段4个区间穿越的泥岩和砂岩抗压强度在3MPa～30MPa之间，北碚段3个区间穿越的泥岩和砂岩抗压强度在1MPa～3MPa之间。

根据地质纵断面图，较大部分地段的岩层产状比较平缓，与隧道掘进轴线的夹角不大。按照细-中粒结构砂岩考虑，实际围岩强度应增加10%左右。另外，按照TBM盘形滚刀破岩的岩体处以三向应力状态考虑，实际计算输入的围岩强度也高于提供的无侧限抗压强度，从破岩的角度出发，考虑的围岩抗压强度初步估计在50MPa～60MPa,但该考虑与支护强度考虑的围岩强度没有内在的联系,属于两种不同的计算方式。

图14-49 用于重庆轨道交通6号线二期工程的复合式TBM

根据地质勘察资料,茶园段、蔡家段的围岩应属于开挖后能够自稳或自稳时间较长的围岩,由于大部分地段的埋深在30～40m之间,根据提供的资料岩层受构造作用轻微,在这两个地段开挖后围岩的收敛作用应较轻微。但北碚段的围岩强度较弱,就其埋深来说,地层在开挖后的收敛应比茶园段、蔡家段要大得多,岩层对盾体的摩擦因数也比土层的摩擦因数大,复合式TBM设计时应予以充分考虑。

根据地质勘察资料,在3个地段的7个区间中,茶园南站—茶园北站区间、茶园北站—长生桥站区间、蔡家站—向家岗站区间等3个区间均存在多处粉质黏土层从隧道顶板侵入或接近隧道断面情况,在粉质黏土侵入顶板地段,复合式TBM应采用土压平衡模式掘进,以防止地表发生沉降。但困难的是,在仍以岩层为主的断面中,块状的渣土对刀盘的搅拌阻力极大,采用土压平衡模式掘进发生堵仓的风险仍然很大,复合式TBM设计时,应予以充分考虑。

北碚站前—北碚站区间TBM将在人工杂填土围岩中始发,当掘进参数控制发生失误时易引起地面发生明显的沉降,这是复合式TBM设计时应予以充分考虑的问题。

2)施工难点分析

(1)长距离砂岩、泥岩层掘进

①难点1:破岩

根据设计院提供的资料,茶园段、蔡家段的岩层抗压强度在3MPa～30MPa之间,单纯从岩层强度角度来看,属于中等强度以下。即使考虑各种不利因素的影响,地层的强度也仅属于中等强度。但岩体完整性较好,需完全依靠滚刀压痕产生的裂纹破裂岩体。由于不能充分利用岩体原有的节理裂隙破碎岩石,产生和扩展裂纹需要更多的能量,一次滚压产生的裂纹可能不足以破裂岩石,要二次滚压或更多次滚压才能裂破岩面,因此推进获得的贯入度不可能很大,根据同类地质工程案例统计数据,应在3～8mm之间。由于贯入度不大,要更小的刀间距才能使相邻压痕之间的岩石破碎角贯通,从而能够顺利剥裂开挖面。

从破岩的角度看,本标段中等强度完整性较好的岩层并非很难破除,问题在于本标段中局部地段需要采用土压平衡模式掘进,复合式TBM不能采用伸靴方式(伸靴处及伸缩护盾漏浆)获取反扭矩,从而不能采用单向旋转的刀盘,采用推进油缸角度布置来获取反扭矩又会产生管片环旋转的新问题,因而也不能采用单向旋转的刀盘。由于刀盘需要双向旋转,双向的刀盘开口会占据刀孔空间,使刀盘滚刀布置的数量受到限制,从而使刀间距难以减小到需要的间距。因而使破岩问题成为本标段长距离砂岩泥岩层掘进的难点之一。

②难点2:刀盘进渣与刀具二次磨损

由于采用土压平衡模式掘进,因而不能采用硬岩TBM的主机皮带机出渣方式(该方式不能密封,不能建立平衡压力)，主机只能采用螺旋输送机出渣。采用开敞模式掘进时，土仓中至少要保持高于螺旋机叶片高度的渣面，才能保证螺旋机的正常输渣量(硬岩 TBM 中，进入土仓的渣土立即被刀盘上的铲斗带走，土仓中存留的渣土较少)，存留在土仓中的渣土会阻碍刀盘前的渣土进入土仓，同时存留在土仓中的渣土会对转到底部的刀具产生较严重的二次磨损及损坏作用。

③难点 3：主机振动与盾体滚转

硬岩掘进会产生比土层掘进更强烈的振动冲击问题。硬岩对盾体的围裹作用减弱，盾体不能从周围的地层中获得足够的摩擦力矩，刀盘扭矩的反作用力矩会使盾体产生滚转。

④难点 4：刀盘转速与掘进进度

由于推进的贯入度小，刀盘需要提供较高的转速才能获得需要的掘进进度。在保证刀盘足够的驱动扭矩前提下，提高刀盘转速势必加大主驱动的功率。但该点在设计与制造上不存在技术难题，功率的增大仅增加了设备的投资与使用成本。

⑤难点 5：卡盾与转向

与盾体在硬岩中不能从周围的地层中获得足够的摩擦力矩相反，当边刀磨损后不能及时更换，或不排除局部地段破碎岩块落入盾体开挖空隙时，会发生卡盾现象。根据国内外施工案例，在硬岩掘进中，当边刀磨损 5～8mm 后，复合式 TBM 会开始出现卡盾和转向困难的问题。根据地质资料，重庆轨道交通 6 号线二期工程的隧道最小转弯半径按照 500m 考虑，实际上对于复合式 TBM 硬岩掘进来说，500m 曲线半径也不表明转向很轻松。硬岩地层几乎没有可压缩性。纠偏时掘进中线的曲线半径有时并不大。如果在 500m 由线外侧超差时，更需要小于 500m 曲线的转向半径才能转回。因此即使隧道曲线半径较为理想，复合式 TBM 在硬岩里的转向问题也不容忽视。

⑥难点 6：刀具及螺旋机磨损

岩石渣块对刀具和螺旋机的磨损及损坏作用强烈。岩石渣块对螺旋机卡困的作用强烈，螺旋机必须有足够的驱动扭矩。螺旋机必须考虑在洞内能够进行中修等级的修理。总体设计必须考虑提供这样的可能性。

⑦难点 7：管片上浮

由于硬岩地层大多数地段几乎不发生渗透，同步注浆浆液在同等的配比条件下，更易处于液态状态，对安装后的管片环浮力增大，管片上浮后不但改变了隧道中心位置，同时使盾尾间隙消失，造成管片安装困难，尾刷损坏加速。

(2)茶园段、蔡家段软硬不均及北碚段较弱地层的平衡模式掘进

①难点 1：刀盘较大的搅拌阻力矩

茶园南站—茶园北站区间、茶园北站—长生桥站区间、蔡家站—向家岗站区间等 3 个区间均存在多处粉质黏土层从隧道顶板侵入或接近隧道断面的情况，在粉质黏土侵入顶板地段，复合式 TBM 应采用平衡模式掘进防止地表发生沉降。平衡模式掘进要求渣土有足够的细颗粒成分，通过注入泡沫及适量的膨润土使渣土具有流塑性，在充满土仓形成压力的同时，又能够被刀盘搅动。由于本标段渣土以片状块状为主，细颗粒成分不足，渣土的内摩擦阻力大，流塑性不好，一旦充满土仓形成压力易发生堵仓现象，导致搅拌阻力过大，使刀盘转动困难甚至卡转。

②难点 2：卡盾

北碚段砂质泥岩总体强度较弱，同时由于埋深相对较大，开挖后可能会有较大收敛，包裹盾体；由于砂质泥岩的摩擦系数较大，可能会导致复合式 TBM 的推阻力过大而导致卡盾。

(3)北碚站前—北碚站区间人工杂填土围岩中始发

北碚站前—北碚站区间复合式 TBM 将在人工杂填土围岩中始发。洞门加固区采用旋喷桩加固时，由于人工杂填土对桩基的支撑作用较弱，当桩基破除到一定程度自身强度不足时会折断，大块混凝土块可能会在刀盘开口间卡住地层，从而卡住刀盘，因此将要通过加固区时，应控制推进速度，避免过早折断桩基。复合式 TBM 推进液压系统可精确控制推进速度。

3)针对性设计

(1)刀盘

刀盘结构设计中同时考虑滚刀布置数量与进渣问题。刀盘前面不留有存渣的结构死角,铲刀和刮刀的旋向前方留有尽可能大的容渣面积或区域,以便使铲刀刮刀能够一次刮入更多的渣土。安装铲刀刮刀的刀梁板(也作为带渣板)具有较宽的宽度,能够将进入开口的渣土全部带走,其作用相当于硬岩 TBM 刀盘的溜渣板,将渣土带到上部后直接落到螺旋机叶片处输出。前盾切口的长度缩短,以便减少土仓内底部的存渣容积(仅铲刀刮刀梁较宽,其余的盘体厚度不变,以便留有作业人员的换刀操作空间),在此基础上考虑刀具布置数量问题。滚刀布置首要考虑边刀(弧形区域内的滚刀)的刀间距。为了延长边刀的换刀间隔,采用边刀间距密集布置,第一轨迹与第二轨迹的边刀间距最小,以减少最外轨迹边刀的荷载、延长换刀间隔。第三轨迹间距依次增大,但仍密集。刀盘布置了 43 把单刃滚刀,在边刀间距密集的前提下,正滚刀的间距为 83mm,可破除 70MPa 以上的岩体。

根据青海引大济湟项目经验,最外轨迹只有 1 把边刀与 3 把边刀的掘进效果相当。Robbins 公司的硬岩 TBM 最外轨迹的边刀也仅有 1 把,但第二轨迹的边刀与第一轨迹边刀的距离设置得很近,减少了最外边刀的荷载。根据硬岩刀盘施工案例的实验结果和参考国外厂商的设计,本复合式 TBM 的最外轨迹边刀数量为 1 把,减少了边刀的更换时间。并取消扩挖刀,以便增加开挖刀数量。设计 4 组共 8 个油缸伸靴装置,用以摆动盾体,以获得更换新边刀的扩挖空间。

边刀采用大倾角(70°)布置,以便增大刀体与开挖面的距离,减少块状渣土对刀体的额外附加荷载,进而减少滚刀轴承荷载,使轴承荷载尽可能用于刀圈。刀盘外环所有刀具均设计有刀体保护块,以便排开刀盘底部存留渣土,避免其对刀体的附加荷载及产生的损坏。

边刀采用通用型滚刀,以便在边刀磨损更换后(此时尚未达到滚刀的磨损极限)可作为正滚刀使用,提高刀具的利用率,降低成本。

刀盘用于北碚段掘进时,由于地层强度较低,地层对滚刀的摩擦力小,有可能发生滚刀弦磨损坏,此时可取消滚刀,在滚刀的刀座上安装重型撕裂刀,用以剥落岩面。

所有滚刀均为可靠的楔形安装方式,为背装式,所有的铲刮刀均可在土仓内进行更换。

刀盘的开口率为 28%,中心部位留有合适的开口,以防止刀盘中心泥饼。但大面积的开口布置在刀盘外环周边,共有 12 个开口,每个方向旋转时可有 6 个有效的进渣口,以满足开敞模式掘进时的进渣需求。

刀盘结构设计足够的刚度和强度,盘体结构在极端情况下发生局部磨损时仍能保持不发生变形,为洞内修复提供可能。刀盘有足够的耐磨设计,磨损修复间隔里程可达到 3km 以上。

(2)前盾稳定器

前盾上部左右分别设置各一个油缸伸靴方式的稳定器,掘进时伸出支撑在径向开挖面上随盾体向前移动。稳定器与盾体底部与开挖面的接触点一起形成三角形支撑结构,伸靴的油缸可以吸收主机传来的振动,对刀盘振动形成半刚性约束,可有效减少刀盘的振动。同时由于增加了约束点,增大了盾体与开挖面的摩擦力,进而获得较大的反扭矩,减少盾体由于刀盘扭矩引起的滚转。当复合式 TBM 用于北碚段较软地层时,盾体能获得足够摩擦力时,可将稳定器缩回。

(3)主驱动

在茶园段、蔡家段较硬的地层中,由于掘进获得的贯入度较小,刀盘常用转速应为 4～5r/min 为宜,配置的主驱动功率为 1200kW、额定转速 2.616r/min、最高转速 5.9r/min、额定扭矩 4380kN·m、脱困扭矩 5475kN·m。开敞模式不同贯入度时刀盘的阻力矩计算见表 14-14。

开敞模式不同贯入度时刀盘的阻力矩计算 表 14-14

贯入度(mm)	刀盘阻扭矩(kN·m)	主驱动在不同转速时可提供的理论扭矩(kN·m)/理论储备系数			
		2 转	3 转	4 转	5 转
3	447	4380 / 9.79	3820 / 8.54	2864 / 6.4	2291 / 5.12
4	593	4380 / 7.38	3820 /6.44	2864 / 4.82	2291 / 3.86

续上表

贯入度(mm)	刀盘阻扭矩(kN·m)	主驱动在不同转速时可提供的理论扭矩(kN·m)/理论储备系数			
		2转	3转	4转	5转
5	740	4380/5.91	3820/5.16	2864/3.87	2291/3.09
6	887	4380/4.93	3820/4.3	2864/3.22	2291/2.58
7	1031	4380/4.24	3820/3.7	2864/2.77	2291/2.22
8	1176	4380/3.72	3820/3.24	2864/2.43	2291/1.94
9	1320	4380/3.31	3820/2.89	2864/2.16	2291/1.73
10	1465	4380/2.98	3820/2.6	2864/1.95	2291/1.56
11	1599	4380/2.73	3820/2.38	2864/1.79	2291/1.43
12	1740	4380/2.51	3820/2.19	2864/1.64	2291/1.31
13	1881	4380/2.32	3820/2.03	2864/1.52	2291/1.21

注:1.计算条件:岩石强度60MPa、17in新刀、平刃口宽度20mm、42把刀、新刀开挖直径6280mm,根据工程案例统计数据,刀盘综合摩擦阻力矩、带渣溜渣阻力矩为纯切削阻力矩的0.35倍。
2.驱动参数:功率1200kW,总传动比462.53,电机额定转速1210r/min。

由表14-14分析可知,配置的主驱动可在4转时满足实际贯入度12mm(理论储备系数2.19,实际储备系数2.19×0.9=1.97),纯掘进速度2.88m/h,约32min掘进一环。

在北碚段较软的地层中,由于可获得较大的贯入度,刀盘的转速可以降低。配置的主驱动功率为660kW,额定扭矩5700kN·m,脱困扭矩6840kN·m。额定转速1.15r/min,最高转速3.0r/min。刀盘常用转速为2r/min左右。较大的刀盘扭矩可满足经常采用土压平衡模式掘进时块状渣土增加的搅拌扭矩的需求。

(4)主轴承

配置的主轴承直径3058mm,最大使用推力荷载12500kN,试验推力荷载31250kN,破坏推力荷载50000kN,安全系数4。有效使用寿命>10000h,设计使用寿命36555h。

刀盘推力计算见表14-15。刀盘实际所需推力在贯入度为12mm时为3570kN,按照主轴承最大使用推力荷载12500kN计算,储备系数为3.5(12500/3570)。因此配置的主轴承有足够的承载力。

刀盘推力计算　表14-15

贯入度(mm)	滚刀推力(N)	刀盘推力(kN)	贯入度(mm)	滚刀推力(N)	刀盘推力(kN)
3	43040	1800	8	69880	2930
4	49650	2080	9	74040	3110
5	55440	2330	10	77950	3270
6	60660	2550	11	81660	3430
7	65450	2750	12	85190	3570

注:计算条件为岩石强度60MPa、17in新刀、平刃口宽度20mm、42把刀。

按照每把滚刀最大实际荷载260kN计算,刀盘最大推力为10920kN<12500kN。

(5)螺旋输送机

本标段地层为完整性良好的岩层,刀盘切削的块状片状渣土的粒径极大部分不大于刀间距尺寸。为了在开敞掘进状态下提高输送效率,配置轴式叶片,可在筒体内形成半封闭结构,以利于输送松散渣土。

为了将土仓的渣土尽可能彻底输出,螺旋机叶片轴紧贴前盾切口底部内圆表面布置(常规复合式TBM叶片轴略微离开切口底部内圆表面)。

耐磨设计思路主要考虑能够便于在洞内修复。根据类似工程案例,镶焊耐磨复合钢块的叶片轴在大粒径密实卵石地层和硬岩地层的修复间隔约为1km,本标段区间隧道长度均超过1km,故应提供在洞内修复叶片和筒体磨损部分补焊的可能性。螺旋机设置了底部滑块导向装置,补焊修复时拆除筒体与前盾的联结法兰螺栓，借助人工倒链吊拽螺旋机，使其沿滑块装置抽出，在主机内对叶片轴及前部筒体进行补焊。

叶片轴前部镶焊复合耐磨钢块，并在复合钢块上再堆焊耐磨焊条。

螺旋机主驱动为周边液压马达驱动，共设置5个双速马达及一级齿轮减速传动，可提供150kN·m的最大驱动扭矩。

(6)盾体摆动设计

在前盾和中盾中下部设置4组共8个油缸伸靴，为盾体摆动提供支撑点及转向力，每组伸靴可提供2600kN的支撑及摆动力，其功能是通过盾体带动刀盘摆动获得边刀的更换空间。同时，可帮助复合式TBM转向和纠偏。

(7)同步注浆减水剂注入管

减水剂注入管端部设在盾尾砂浆管出口处，砂浆在输出离开管口前与减水剂混合，以便快使砂浆加快凝固，同时又不导致堵管。通过控制砂浆凝固速度，适时控制管片上浮。

(8)刀具冷却喷口

由于复合式TBM刀盘为开式结构，在土仓隔板上设置高压水喷口，通过适当布置喷口的位置和数量，可直接喷射到大多数刀孔及滚刀背部，对滚刀进行冷却。同时可清除刀盘及刀孔泥饼。

(9)掘进方式与参数控制

茶园段、蔡家段区间隧道地层完整性好自稳能力强，宜于采用开敞模式掘进，可减少刀盘阻扭矩和整机推力。由于复合式TBM采用螺旋输送机出渣，土仓底部必须保持一定高度的渣面叶片轴才能将其送出。如果渣土为干渣状态，将会在叶片轴两侧的土仓内堆积到相当高的高度，渣土才会沿着安息角滑向叶片轴，至少会在刀盘搅拌棒下部叶片轴两侧长期堆积干渣土，对刀盘的进渣非常不利；渣土也会对运转到底部的刀具产生严重的二次磨损。因此，即使在无压的常开状态掘进，也应向刀盘和土仓内注入适量的膨润土、泡沫和水，使渣土在土仓底部能够较容易地向中心底部流动，以便螺旋机输出。同时，润滑作用可有效减少螺旋机的磨损。

由于复合式TBM为闭胸式结构，在茶园段、蔡家段的砂质泥岩层中不存在开敞式TBM掘进的粉尘问题，通过向刀盘土仓注入泡沫并结合高压冷却清洗水喷射，可避免刀盘刀孔泥饼，而且对螺旋机的出渣更为有利。

在砂岩地段掘进应采用低贯入度及较高的刀盘转速控制参数。在泥岩地段应采用高贯入度及较低的刀盘转速控制参数。

(10)旋转接头

复合式TBM配置具有各自独立的膨润土及泡沫通道，可同时向刀盘前注入膨润土和泡沫，在第一空间内对切削的渣土进行搅拌，获得较好的混合效果。

(11)添加剂注入系统

复合式TBM配置性能良好的膨润土、泡沫及工业水注入系统，可对渣土进行有效的改良。为了增加渣土中的细颗粒成分，在砂岩为主的软硬不均匀地层采用平衡模式掘进时，需要注入30%以上的膨润土。

(12)盾壳外膨润土注入系统

复合式TBM配置能力足够性能良好盾壳外膨润土注入系统，可有效减少盾体的摩擦阻力，防止卡盾。根据工程案例统计数据，盾壳外膨润土注入系统可减少6000～10000kN的推阻力。

保证渣土改良质量，建立土仓压力是该区间采用平衡模式掘进，防止地表沉降及降低刀盘阻力矩顺利掘进的重要施工方法。

4)复合式TBM的主要技术参数

在茶园段、蔡家段较硬地层中，采用的复合式TBM所配置的主驱动功率为1200kW；在北碚段较软地层中，采用的复合式TBM所配置的主驱动功率为660kW。两种复合式TBM的主要技术参数见表14-16。

ϕ6.25m 复合式 TBM 主要技术参数 表 14-16

序 号	项 目	用于茶园段及蔡家段 TBM 参数	用于北碚段 TBM 参数
概貌	开挖直径	6280mm	6280mm
	刀盘转速	0～6r/min	0～3r/min
	最大推进速度	80mm/min	80mm/min
	最大推力	37000kN	37000kN
	整机总长	80m	80m
	主机总长(含刀盘)	9.174m	9.174m
	总重(主机＋后配套)	≈500t	≈500t
	适用管片规格(外径×内径×宽度)	6000mm×5400mm×1500mm	6000mm×5400mm×1500mm
	最大工作压力	0.5MPa	0.5MPa
	最大设计压力	0.3MPa	0.3MPa
	装机功率	1808kW	1268kW
	水平转弯半径	250m	250m
	纵向爬坡能力	±50‰	±50‰
刀盘	刀盘规格(直径×长度)	6280×1545mm	6280×1545mm
	旋转方向	正/反	正/反
	开口率	28%	28%
	结构总重	约 54t	约 54t
	主要结构件材质	Q345B	Q345B
	泡沫口数量	3 个	3 个
	膨润土口数量	2 个	2 个
	主动搅拌臂数量	4 根	4 根
	磨损检测装置配置	否	否
	刀盘伸缩装置	否	否
	刀盘喷水装置	是	是
滚刀	双联中心滚刀数量	5 把	5 把
	双联中心滚刀直径	17in	17in
	最大工作荷载	250kN	250kN
	单刃滚刀数量	34 把	34 把
	单刃滚刀直径	17in	17in
	最大工作荷载	250kN	250kN
	最外轨距边滚刀数量	1 把	1 把
	滚刀伸出量	165mm	165mm
	正滚刀刀间距	83mm	83mm
切刀	切刀数量	60 把	60 把
	切刀宽度	120mm	120mm
	切刀伸出量	125mm	125mm
刮刀	刮刀数量	16 把	16 把
	刮刀径向伸出量	125mm	125mm
中心回转接头	泡沫通道数量	3 道	3 道
	膨润土通道数量	2 道	2 道
	液压通道数量	4 道	4 道

续上表

序　　号	项　　目	用于茶园段及蔡家段 TBM 参数	用于北碚段 TBM 参数
刀盘驱动	驱动形式	电驱	电驱
	驱动组数量	6 组	6 组
	驱动总功率	1200kW	660kW
	额定转速	2.64r/min	1.15r/min
	最大转速	6r/min	3r/min
	额定扭矩	4400kN·m	5500kN·m
	脱困扭矩	5500kN·m	6900kN·m
	主轴承直径	3058mm	3058mm
	主轴承寿命	＞10000h	＞10000h
	密封形式	唇形密封	唇形密封
	内唇形密封数量	3 道	3 道
	外唇形密封数量	4 道	4 道
	密封最大承压能力	0.6MPa	0.6MPa
	扭矩限制器形式	滚珠式	滚珠式
盾体	形式	被动铰接式	被动铰接式
	前盾规格(直径×长度)	6250mm×2080mm	6250mm×2080mm
	前盾质量	49.7t	49.7t
	被动搅拌臂数量	4 个	4 个
	前盾壳体润滑孔数量	6 个	6 个
	压力传感器数量	5 个	5 个
	稳定器数量	2 个	2 个
	中盾规格(直径×长度)	6240mm×2795mm	6240mm×2795mm
	中盾质量	36.9t	36.9t
	超前注浆管数量	8 个	8 个
	中盾壳体润滑孔数量	6 个	6 个
	尾盾规格(直径×长度)	6240mm×3833mm	6240mm×3833mm
	尾盾质量	20.4t	20.4t
	尾盾密封刷排数	3 排	3 排
	尾盾止浆板	1 排	1 排
	紧急气囊密封数量	1 道	1 道
	盾尾安装间隙	30mm	30mm
	单液注浆管数量	4×2 根	4×2 根
	双液注浆管数量	4 根	0 根
	注脂管数量	12 根	12 根
	铰接密封形式	1 道气囊密封＋1 道橡胶圈密封	1 道气囊密封＋1 道橡胶圈密封
	盾体主要结构件材质	Q345B(盾尾采用 Q690D)	Q345B(盾尾采用 Q690D)
人仓	形式	双仓并联	双仓并联
	容纳人数(主仓＋副仓)	3 人＋2 人	3 人＋2 人
	主仓规格	1600mm×1800mm	1600mm×1800mm
	副仓规格	1600mm×1400mm	1600mm×1400mm
	工作压力	0.3MPa	0.3MPa

续上表

序　号	项　目	用于茶园段及蔡家段 TBM 参数	用于北碚段 TBM 参数
人仓	设计压力	0.45MPa	0.45MPa
	结构设计压力	0.6MPa	0.6MPa
	刀具运输导轨配置	1道	1道
螺旋输送机	螺旋轴形式	轴式	轴式
	规格(直径×长度)	750mm×11750mm	750mm×11750mm
	最大通过粒径	250mm×600mm	250mm×600mm
	最大出渣能力	$240m^3/h$	$240m^3/h$
	驱动形式	周边	周边
	驱动组数量	5组	5组
	驱动功率	200kW	200kW
	最大扭矩	145kN·m	145kN·m
	转速范围	0～18r/min	0～18r/min
	旋转方向	正/反	正/反
	闸门数量	1道	1道
	渣土改良注入口	9个	9个
	压力传感器数量	1个	1个
	保压泵接口数量	1个	1个
	伸缩机构	1个	1个
	伸缩长度	1000mm	1000mm
	总重	17t	17t
管片安装机	形式	中心回转式	中心回转式
	抓举头形式(机械/真空吸盘)	机械	机械
	驱动马达数量	2个	2个
	驱动功率	55kW	55kW
	转速范围	0～2r/min	0～2r/min
	纵向移动行程	2000mm	2000mm
	自由度数量	6个	6个
	旋转角度	±200°	±200°
	提升力	120kN	120kN
	扭矩	150kN·m	150kN·m
	总重	20.5t	20.5t
	控制方式	无线+有线	无线+有线
管片运输小车	规格(长×宽×高)	5220mm×1660mm×545mm	5220mm×1660mm×545mm
	承载管片数量	3片	3片
	负载管片能力	15t	15t
	纵向滑动行程	1860mm	1860mm
	控制方式	无线+固定控制(本地控制)	无线+固定控制(本地控制)
管片吊机	形式	双梁	双梁
	驱动形式	链轮链条驱动	链轮链条驱动
	起吊质量	4.5t	4.5t
	提升功率	3.5kW	3.5kW

续上表

序号	项目	用于茶园段及蔡家段 TBM 参数	用于北碚段 TBM 参数
管片吊机	起吊速度	6.3m/min	6.3m/min
	起吊高度	2400mm	2400mm
	水平驱动功率	1.1kW	1.1kW
	水平行走速度 v_1/v_2	0.25m/min	0.25m/min
	卷筒布置形式	中置前后拉伸	中置前后拉伸
	控制方式	有线	无线+有线
皮带机	倾斜段角度	12°	12°
	驱动功率	37kW	37kW
	带速	2.5m/s	2.5m/s
	输送能力	$450m^3/h$	$450m^3/h$
	带宽	800mm	800mm
	带长	120m	120m
	拉线开关	4 处	4 处
	跑偏检测装置	2 处	2 处
	清理装置	4 处	4 处
	打滑检测装置	1 处	1 处
	清洗装置	1 处	1 处
设备桥	规格(长×宽×高)	12635mm×4880mm×3455mm	12635mm×4880mm×3455mm
	总质量	6.8t	6.8t
后配套拖车	安全通道布置形式	内置式	内置式
	净空尺寸	1760mm×3510mm	1760mm×3510mm
	拖车轨距	2080mm	2080mm
	编组列车轨距	900mm	900mm
	拖车数量	6 节	6 节
	拖车总重	60t	60t
推进系统	油缸规格(缸径/杆径)	220/180mm	220/180mm
	推进行程	2150mm	2150mm
	最大推进速度	80mm/min	80mm/min
	油缸数量	30 根	30 根
	带行程传感器油缸数量	4 根	4 根
	分组型式(上+下+左+右)	8+8+7+7	8+8+7+7
	最大工作压力	34MPa	34MPa
	最大推力	3700kN	3700kN
	单缸的伸出速度	3225mm/min	3225mm/min
	双缸的伸出速度	1662mm/min	1662mm/min
	单缸的回收速度	6400mm/min	6400mm/min
	双缸的回收速度	3200mm/min	3200mm/min
铰接系统	油缸规格(缸径/杆径-行程)	160/80～150mm	160/80～150mm
	油缸数量	14 根	14 根
	带行程传感器油缸数量	4 根	4 根
	总拉力	7340kN(25MPa)	7340kN(25MPa)

续上表

序号	项目	用于茶园段及蔡家段 TBM 参数	用于北碚段 TBM 参数
拖车拖动油缸	油缸规格(缸径×杆径-行程)	130/70～250mm	130/70～250mm
	油缸数量	2 根	2 根
前盾稳定器	油缸规格(缸径/杆径-行程)	220/170～30mm	220/170～30mm
	油缸数量	2 根	2 根
	油缸推力(单根)	684kN	684kN
	摆动油缸(缸径/杆径-行程)	200/150～20mm	200/150～20mm
	油缸数量	8 根	8 根
	油缸推力(单根)	565kN	565kN
保压泵渣系统(选配)	保压泵形式	双活塞排渣泵	双活塞排渣泵
	排渣量	$85m^3/h$	$85m^3/h$
	功率	90kW	90kW
	最高工作压力	0.45MPa	0.45MPa
	最大允许通过粒径	ϕ50mm	ϕ50mm
单液同步注浆系统	注浆泵形式	双活塞注浆泵	双活塞注浆泵
	注浆泵数量	2 个	2 个
	注浆泵功率	30kW	30kW
	注浆能力	$12\times2m^3/h$	$12\times2m^3/h$
	注浆泵出口最大压力	6.0MPa	6.0MPa
	注浆口数量	4 个	4 个
	砂浆罐容量	$6m^3$	$6m^3$
	搅拌器功率	5.5kW	5.5kW
双液注浆系统(选配)	注浆泵形式	螺杆泵	螺杆泵
	注浆泵数量	1 个	1 个
	注浆泵功率	4kW	4kW
	注浆能力	20ml/min	20ml/min
	注浆泵出口最大压力	2.4MPa	2.4MPa
	注浆口数量	1 个	1 个
膨润土注入系统	改良膨润土泵形式	挤压泵	挤压泵
	改良膨润土泵功率	18.5kW	18.5kW
	改良膨润土泵注入能力	$20m^3/h$	$20m^3/h$
	改良膨润土泵最大工作压力	1.6MPa	1.6MPa
	盾壳膨润土泵形式	无	挤压泵
	盾壳膨润土泵功率	无	7.5kW
	盾壳膨润土泵注入能力	无	$8m^3/h$
	盾壳膨润土泵最大工作压力	无	1.6MPa
	注入口数量	4 个	12 个
	膨润土罐容量	$6m^3$	$6m^3$
	搅拌功率	5.5kW	5.5kW
泡沫注入系统	泡沫泵功率	0.55kW	0.55kW
	泡沫注入量	5～300L/h	5～300L/h
	水泵功率	11kW	11kW

续上表

序　号	项　目	用于茶园段及蔡家段 TBM 参数	用于北碚段 TBM 参数
泡沫注入系统	水泵流量	3～133L/min	3～133L/min
	泡沫发生器数量	3 个	3 个
	泡沫箱容积	$1m^3$	$1m^3$
工业压缩空气系统	空压机形式	螺杆式空压机	螺杆式空压机
	空压机数量	2 台	2 台
	空压机功率	37kW	37kW
	空压机出口压力	0.8MPa	0.8MPa
	空压机能力	$6.4m^3/min$	$6.4m^3/min$
	空气罐容量	$1m^3$	$1m^3$
	过滤器	A、B 两级过滤	A+B 双级过滤
工业供水及冷却系统	设备要求工业水供应量	$30m^3/h$	$30m^3/h$
	设备要求供水压力	0.3～0.6MPa	0.3～0.6MPa
	额定进水温度	28℃	28℃
	管路直径	DN80mm	DN80mm
	水管卷筒数量	2 个	2 个
	卷筒水管长度	40m	40m
	冷却系统形式	内+外循环	内+外循环
	内循环冷却水泵形式	离心泵	离心泵
	内循环冷却水泵功率	5.5kW	5.5kW
	内循环冷却水泵流量	$30m^3/h$	$30m^3/h$
齿轮油系统	油泵形式	螺杆泵	螺杆泵
	油泵功率	4kW	4kW
	油泵压力	0.6～3MPa	0.6～3MPa
	系统注油量	≥3L/min	≥3L/min
盾尾油脂系统	盾尾油脂泵形式	气动油脂泵	气动油脂泵
	盾尾油脂泵能力	15L/min	15L/min
	盾尾油脂泵压力	31.5MPa	31.5MPa
	油脂桶规格	200L	200L
	油脂用量	30L/环	30L/环
HBW 密封系统	HBW 油脂泵形式	气动油脂泵	气动油脂泵
	HBW 油脂泵能力	3.7L/min	3.7L/min
	HBW 油脂泵压力	35MPa	35MPa
	油脂桶规格	200L	200L
	油脂用量	4L/环	4L/环
主驱动密封系统	油脂系统形式	多线式	多线式
	主驱动油脂泵形式	气动油脂泵	气动油脂泵
	主驱动油脂泵能力	3.7L/min	3.7L/min
	主驱动油脂泵压力	35MPa	35MPa
	油脂桶规格	200L	200L
	油脂用量	4L/环	4L/环

续上表

序　号	项　目	用于茶园段及蔡家段 TBM 参数	用于北碚段 TBM 参数
排污系统	主机污水泵形式	气动隔膜泵	气动隔膜泵
	主机污水泵流量	$984m^3/h$	$984m^3/h$
保压及呼吸系统	保压系统形式	SAMSON	SAMSON
	呼吸过滤系统形式	活性炭过滤器	活性炭过滤器
独立加水系统	水箱容积	$5m^3$	$5m^3$
	水泵形式	离心泵	离心泵
	水泵功率	15kW	15kW
	水泵流量	$30m^3/h$	$30m^3/h$
	水泵压力	1.2MPa	1.2MPa
	加水口数量	5 个	5 个
二次供风系统	风管储存筒数量	2 个	2 个
	风管储存长度	100m	100m
	风管储存筒吊机功率	2.2kW	2.2kW
	二次通风管直径	600mm	600mm
	二次风机形式	射流风机	射流风机
	二次通风机功率	15kW	15kW
	通风流量	$11.2m^3/s$	$11.2m^3/s$
	隧道主风管直径	1000mm	1000mm
供电系统	初级电压	10000V	10000V
	次级电压	690/400V	400V
	驱动电压	690/400V	400V
	照明电压	230V	230V
	阀控制电压	24V	24V
	补偿装置	$\not<0.95$	$\not<0.95$
	变压器形式	箱式变压器(干变)	箱式变压器(干变)
	变压器容量	800kV·A 干式变压器 +2000kV·A 整流干式变压器	800kV·A 干式变压器 +1000kV·A 整流干式变压器
	变压器数量	2 台	2 台
	频率	50Hz	50Hz
	卷筒电缆长度	250m	250m
	高压电缆截面	$70mm^2$	$50mm^2$
导向系统	型号	ZED	ZED
	精度	3″	3″
监视系统	数量及配置	1 套 2 个摄像头及 1 台彩色显示器	1 套 2 个摄像头及 1 台彩色显示器
通信系统	数量及配置	1 套 8 部(含 3 套声能)电话	1 套 8 部(含 3 套声能)电话
照明系统	照明灯规格	TCW300/2×TL-D18W	TCW300/2×TL-D18W
	照明灯数量	45 盏	45 盏
	应急照明灯规格	TCW300/2×TL-D18W 带应急装置	TCW300/2×TL-D18W 带应急装置
	应急照明灯数量	15 盏	15 盏
消防系统	灭火器类型	手提式干粉灭火器	手提式干粉灭火器
	灭火器数量	8 个	8 个

续上表

序　　号	项　　目	用于茶园段及蔡家段 TBM 参数	用于北碚段 TBM 参数
紧急供电系统（选配）	内燃发电机规格	ZHC120	ZHC120
	内燃发电机功率	120kW	120kW
装机功率	刀盘驱动	1200kW	660kW
	螺旋输送机	200kW	200kW
	推进	75kW	75kW
	管片安装机	55kW	55kW
	注浆	30kW	30kW
	辅助泵	22kW	22kW
	液压油箱过滤泵	11kW	11kW
	控制油泵	5.5kW	5.5kW
	空压机 1	37kW	37kW
	空压机 2	37kW	37kW
	膨润土泵	18.5kW	18.5kW
	加水泵	15kW	15kW
	泡沫水泵	11kW	11kW
	盾壳膨润土泵	7.5kW	7.5kW
	内循环水泵	5.5kW	5.5kW
	齿轮油泵	4kW	4kW
	砂浆搅拌	5.5kW	5.5kW
	膨润土搅拌	5.5kW	5.5kW
	风筒吊机	2.2kW	2.2kW
	盾壳膨润土搅拌 1	2.2kW	2.2kW
	盾壳膨润土搅拌 2	2.2kW	2.2kW
	进水水管卷筒	1.5kW	1.5kW
	出水水管卷筒	1.5kW	1.5kW
	泡沫泵	0.55kW	0.55kW
	皮带机	37kW	37kW
	管片吊机	11kW	11kW
	照明及工控	5kW	5kW
	总装机功率	1808kW	1268kW

14.3.4　重难点施工对策

1)针对堵仓、堵螺旋机和糊刀盘所采取的对策

在重庆地区普遍存在的泥岩岩层和泥质粉砂岩层,其残积土的黏土以及泥岩类岩石经研磨后形成的粉粒状矿物质,在受压、受热、受湿环境条件下,极易在刀盘表面、土仓内和螺旋输送机内形成泥饼和泥团,造成掘进困难,高黏性土闭塞的"结泥饼"现象,发展到严重程度,使压力舱被黏结的渣土充满,不能被螺旋输送机排出。

主要性状:在"泥饼"形成过程中,刀盘扭矩、复合式 TBM 推力均迅速增大,螺旋输送机出渣不连续、伴随有较大泥块,渣土温度开始上升。随着泥饼的形成,推力逐渐增大,但扭矩逐渐恒定,波动不大,速度很小,出渣稀、偶出大块泥块,渣温高。

压力仓内过高的温度会缩短刀盘主轴承的使用寿命，加速主轴承的损坏，甚至会出现主轴承"烧结、报死"的严重后果。从实际施工中总结出"结泥饼"对工程的主要影响如下。

(1)影响掘进速度

发生"结泥饼"问题时，由于渣土会黏结在刀具上，导致刀具切土深度减小，使刀盘切削开挖面土体的效率降低，从而降低掘进速度。此外，当刀盘的刀具被高黏性土黏结后，随着刀盘的转动，黏结在刀盘上的土体会与开挖面上的土体直接接触摩擦生热，从而导致压力仓内温度升高。温度升高后，一方面会进一步加剧土体的固节排水，使得"结泥饼"现象进一步加剧，另外温度升高还会危及只能耐 70～80℃刀盘轴承密封，导致刀盘轴承损坏，从而严重影响施工进度。

(2)引发"喷涌"的发生

施工中发生"结泥饼"问题时，螺旋输送机无法将已经黏结的土体排出，同时掘进速度降低、进土量减少。当地下水力联系较强时，压力仓会被大量的水充满，这时螺旋输送机排土时压力仓内的水到达螺旋输送机的出口时，水头压力得不到有效降低，而以很高的水头压力喷涌而出，从而引发"喷涌"。"喷涌"既会污染隧道内的环境，同时将导致压力仓压力迅速降低，开挖面压力得不到平衡而使开挖面坍塌，开挖面坍塌又将引起地表塌陷。

(3)引发地表过大的沉降或隆起

发生"结泥饼"问题时，结成硬块的土体会使得切削土体效率降低，如果长期得不到解决，会使得复合式 TBM 长时间停留在同一位置，导致超挖沉降。

在易结泥饼地段施工，其技术要点如下：

(1)复合式 TBM 掘进过程中，要注意泡沫剂及水的合理使用，一方面可以改善渣土的性状，减少黏接概率；另一方面，可避免因发泡剂管路搁置而堵塞。

(2)加强复合式 TBM 掘进时的地质预测和泥土管理，特别是在土层中掘进时，要密切注意开挖面的地质情况和刀盘的工作状态。

(3)在这种地层掘进时应适量增加泡沫的注入量和选择比较大的泡沫加入比例，减小渣土的黏附性，降低泥饼产生的概率。

(4)一旦产生泥饼，及时采取对策，必要时采用人工处理的方式，清除泥饼。

(5)螺旋输送机内加入泡沫，以增加渣土的流动性，有利于渣土的排出。

(6)做好对渣土温度的监控，温度异常，及时分析。

2)针对砂岩、泥岩交错或互层软硬不均和岩性突变所采取的对策

在复合式 TBM 掘进砂岩、泥岩交错或软硬不均的地层时，对刀盘的适应性提出了很高的要求。由于地层岩性突变，对复合式 TBM 的掘进方向和姿态产生了巨大影响，刀盘的设计应能够适应软硬交错地层的施工。当通过软硬交错的地层时，可以根据地层的实际情况，将刀盘上的滚刀和齿刀混装或全部采用滚刀，配合渣土改良系统，调整刀盘的推力和扭矩参数。另外，在掘进过程中要时刻注意导向系统的变化，随时调整复合式 TBM 的姿态。

在该种地层段掘进时，主要通过控制推力和扭矩的最大值，保持合适的刀具贯入度进行掘进。

在软硬不均地段施工时，及时根据导向测量系统的测量成果，确定复合式 TBM 姿态的变化量，并根据姿态的变化情况，调节推进油缸的推力，保证复合式 TBM 尽量拟合设计线路掘进。

针对地层软硬不均的情况，特别是硬岩分布的位置，结合各种刀具的破岩特点，合理选择与配置刀具。

根据软硬不均段、土层段、岩层段的各段长度，结合以往在类似地层的施工经验，有计划地选择刀具更换位置，施工过程中结合既定换刀计划进行控制。

在掘进施工过程中严格按照掘进技术交底，进行掘进模式与掘进参数控制，并根据掘进参数变化、渣土性质、温度等及时分析、掌握刀具情况，确保复合式 TBM 掘进过程中的刀具磨损情况始终处于可控状态。

3)通过沟谷地带和高填方区抛填的孤石地段所采取的对策

由于沟谷地带和高填方区的地层多为人为活动抛填的孤石,地层相对不稳定,复合式TBM在这些区域掘进时地层受到的扰动和振动较大,容易造成地面不均匀沉降和局部塌陷现象,因此在掘进过程中应加强对复合式TBM的推进控制,时刻注意掘进参数的变化,保持均匀的推进速度,控制好推力和土仓的压力。另外,对出渣量进行比较,保证每环出渣量的变化处于可控状态,同时,同步注浆做到及时和饱满。

4)针对地层埋深变化巨大所采取的对策

由于重庆地区的地理环境影响,多为丘陵和低谷,地层埋深变化巨大,复合式TBM所受的土压力也会产生巨大的变化。应根据地层埋深的变化,及时对土仓压力做出调整,因此对保压系统的性能和正常运行提出了很高的要求。另外,由于地层埋深的巨大变化,一旦地层出现不稳定(塌陷现象),很容易造成卡盾问题。在设计时应增大复合式TBM推进系统的能力,使刀盘驱动具有正反转功能。同时,盾体圆周设计预留有径向孔和超前钻探孔,以通过这些孔向盾体外加注润滑用的添加剂,以利于盾体脱困。配置能力足够的膨润土注入系统,因注入性能优良膨润土,可有效降低盾体和岩层之间的阻力。

5)针对石英含量较高的砂岩地层掘进所采取的对策

在石英含量较高的砂岩地层掘进时,由于这种岩层的强度一般都超过40MPa,对刀具会产生严重的磨损。

刀盘结构应具有足够的刚度和强度,盘体结构在极端情况下发生局部磨损时,仍能保持不发生变形,同时也为洞内修复提供可能。在加工工艺上采取消除内应力、焊接时加热保温、焊缝无损探伤检查等工艺措施,确保刀盘的加工质量,防止产生疲劳裂纹及损坏。同时,刀盘具有足够的耐磨性设计,在面板上堆焊耐磨网格和耐磨块,磨损修复间隔里程可达3km以上。同时,在掘进过程中经常检查刀盘和刀具的磨损情况,根据对收集的照片和资料进行分析后,做出是否换刀的方案。保证复合式TBM在砂岩地层中顺利掘进。

采用敞开掘进模式,施工过程中通过控制仓内渣土数量,减少磨损;加大刀盘转速,控制贯入度;对刀具进行经常性检查和更换,特别是边缘扩挖刀应及时更换;在掘进时合理使用发泡剂,控制浓度在3%~8%,降低温度和减少摩擦,以保护刀具,提高掘进效率。

6)针对管片上浮所采取的对策

在硬岩地层中掘进时,管片所受到的浮力远大于其自重,管片在浮力作用下产生上浮。因此,必须调整浆液配合比,缩短其凝结时间,迅速稳定管片。复合式TBM掘进过程中全程(包括换车、拼装管片期间)注浆相当重要。

为防止管片上浮,首先选择合适的同步注浆浆液配比和注浆压力,合理调节浆液凝结时间,确保注浆填充效果。在管片安装后,对管片姿态进行连续监测,发现管片上浮,及时采取措施。在发现管片有上浮趋势或少量上浮时,采用从管片注浆孔补充浆液,对管片背后进行进一步填充。在遇到地层涌水较大段,提前对管片进行二次补充注浆,防止管片上浮。

(1)过岩层段注浆以同步注浆和二次补充注浆相结合的方式进行。同步注浆采用水泥砂浆,二次补充注浆采用水泥-水玻璃双液浆。

(2)加强施工过程控制,严格按照“注浆与掘进同时进行,确保注浆饱满”的原则进行控制。

(3)根据地下水情况、管片监测结果等情况,在必要时及时进行二次补充注浆,通过二次注浆隔断地下水,以保证砂浆尽快凝结,控制管片上浮。

7)岩层地段易造成盾构旋转和管片旋转所采取的对策

复合式TBM在硬岩掘进时会产生强烈的冲击震动。硬岩对盾体的围裹作用减弱,盾体可能不能从周围的地层中获得足够的摩擦力,刀盘扭矩的反作用力会使盾体产生滚转。为避免盾体滚转,施工中主要采取以下措施:

(1)掘进过程中加强对姿态、刀盘滚动等掘进参数的观察,发现主机扭转,及时进行预警,并采取防扭措施。

(2)施工过程中通过正反转刀盘,实现主机防扭。

(3)利用复合式 TBM 前体位置设置防扭稳定器,通过摩擦力,增强防扭性。

(4)施工过程中如出现较大扭转,将掘进模式转换为小推力,降低扭矩。

14.4 重庆礼嘉—会展中心段市政交通工程 BT 项目

该项目位于重庆市渝北区和北部新区。工程起点重庆市轨道交通 6 号线礼嘉站,终点会展中心北站,全长约 12km,其中包含 5 座车站(2 座明挖、3 座暗挖),区间隧道采用 4 台复合式 TBM 施工。

14.4.1 工程概况

1)工程概况及设计概况

(1)工程位置及范围

重庆市会展中心市政交通工程位于重庆市北部新区、渝北区内,连接礼嘉镇、黄茅坪工业区、悦来镇、新建会展中心等功能区。其中礼嘉站—平场站区间和平场站—黄茅坪站区间为复合式 TBM 区间,分为左右线施工,区间长 8239.923m,其中礼嘉站—平场站区间线路全长 3830.022m(左线全长 1936.021m、右线全长 1894.001m),平场—黄茅坪区间线路全长 4409.961m(左线全长 2225.991m、右线全长 2183.971m),具体如图 14-50 所示。

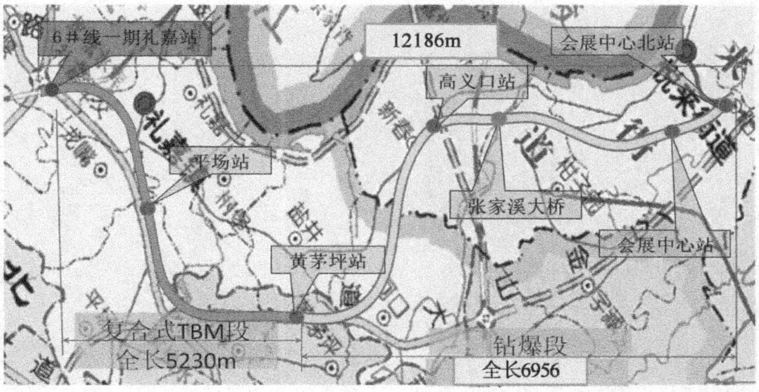

图 14-50 重庆市会展中心市政交通工程示意图

(2)设计概况

设计线路平面为"S"形,曲线半径分别为 650m、700m,最大纵坡为 29‰,最大埋深 80m。4 台复合式 TBM 分别从平场站前、站后矿山法区间隧道始发向两头推进,采用有轨运输出渣进料,线路纵断面为单面坡。礼嘉站—平场站区间线路最大坡度 28‰,最小坡度 2.0‰,由 1 号和 2 号复合式 TBM 进行施工;平场站—黄茅坪站区间线路最大坡度为 22‰,最小坡度 2.0‰,由 3 号和 4 号复合式 TBM 进行施工。复合式 TBM 开挖直径 6.28m,管片外径 6m、内径 5.4m、环宽 1.5m。

2)沿线自然地理特征

重庆市会展中心市政交通工程沿线属亚热带湿润气候,具冬暖春早、雨量充沛、夜雨多、空气湿度大、云雾多、日照偏少等特点。气温的垂直分带明显,海拔高程 300m 以下的沿江河谷区,年平均气温为 18.0~18.8℃,海拔高程 300~500m 以下的丘陵地区,年平均气温为 16.8~18.0℃之间。

(1)气象

根据重庆市气象局提供的重庆主城区气象资料,重庆市会展中心市政交通工程气象资料如下:

①气温:多年平均气温 18.3℃,月平均最高气温是 8 月为 28.1℃,月平均最低气温在 1 月为 5.7℃,极端最高气温 43℃,极端最低气温−1.8℃。

②湿度:年蒸发量 1079.2mm,最大年蒸发量 1347.3mm,年平均相对湿度 79%,年平均绝对湿度 17.7hPa,最热月份相对湿度 70%左右,最冷月份相对湿度 81%左右。

③降水量:多年平均降水量 1082.6mm 左右,降雨多集中在 5~9 月,其降雨最高达 746.1mm 左右,日降雨量大于 25mm 以上的日数占全年降雨日数的 62%左右,小时最大降雨量可达 62.1mm。

④风:全年主导风向为北,频率 13%左右,夏季主导风向为北西,频率 10%左右,年平均风速为 1.3m/s左右,最大风速为 26.7m/s。

(2)水文

重庆市会展中心市政交通工程线路所属流域为嘉陵江流域,与拟建线路密切相关的溪沟是张家溪,张家溪的各频率洪水位下:五年一遇洪水位 192.73m,十年一遇洪水位 195.23m,二十年一遇洪水位 197.33m,五十年一遇洪水位 199.63m,百年一遇洪水位 201.33m。

3)工程地质条件

(1)地形及地貌

隧道所经地段的地貌总体上属于构造剥蚀丘陵区,地形波状起伏,呈现一沟一丘相间分布的特征。海拔高程 192~380m,地形相对高差一般为 20~50m,最大相对高差达 80m。地形总体地形坡角一般 10~20°,局部呈陡坎状。

(2)地层结构与岩性

据统计,该区间的地层主要包括人工填土层(Q_4ml)、残坡积层(Q_4el+dl)及侏罗系中统上沙溪庙组(J_2s)沉积岩层等。根据地质勘察取芯情况来看,礼嘉—黄茅坪区间基本为泥岩和砂岩(见图 14-51),其所占比例如图 14-52 所示。

a) b)

图 14-51 现场取芯照片

a)K0+313 处;b)K5+100 处

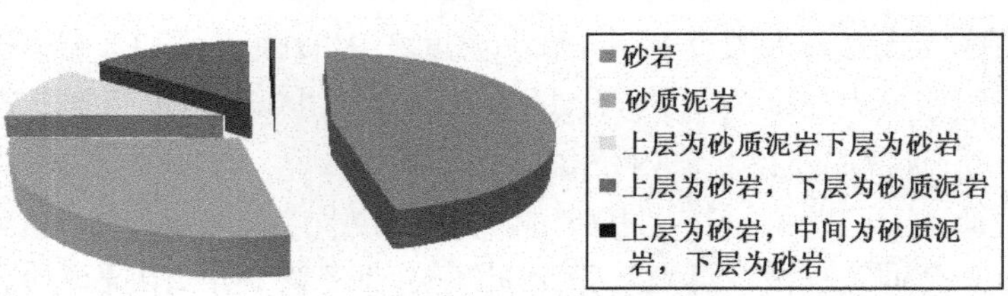

图 14-52 地层情况饼状图

区间砂岩及砂质泥岩的特性如下:

①第四系覆盖层

a.第四系全新统人工填土(Q_4ml)

紫褐色,主要分布于工厂厂区区和道路填方段,为素填土,厚度 1.0~25.0m,堆填时间 3~10a,主要由砂岩、泥岩块石和碎石及少量黏性土组成,局部含有少量的建筑垃圾、生活垃圾,块碎石粒径 10~

500mm 不等，含量约 10%～40%，结构松散～稍密，稍湿。

b. 第四系全新残坡积黏性土(Q_4el+dl)

褐黄色，可塑状，无摇震反应，干强度中等，韧性中等，断面稍有光滑。在地势低洼的宽缓处和冲沟部位，土质较均一，厚度较大，厚度一般 1.0～3.0m，最厚处达 6.0m(钻孔 HG91)；在丘顶和斜坡部位，一般含少量泥岩碎石，厚度 0～2.0m。

②侏罗系中统沙溪庙组(J_2s)

砂岩：红色和灰色、局部呈紫灰色或夹紫色条带，主要矿物成分为石英、长石及少量云母。一般为中粒结构，厚层状～巨厚层状构造，泥、钙质胶结，裂隙较发育。强风化岩体一般呈灰黄色或浅黄色，岩体较破碎，局部呈砂状，岩质较软，岩芯呈碎块状或短柱状；中等风化岩石岩质较硬，裂隙较发育，岩芯多呈长柱状。

砂质泥岩：紫褐色～紫红褐色，主要矿物成分为黏土矿物，含砂质条带，粉砂泥质结构，厚层～块状构造。该层是场地内的主要岩层，厚度大、分布广。强风化岩体较破碎，岩质软，岩芯呈碎块状；中等风化岩石岩质较硬，裂隙较发育～不发育，岩芯呈柱状。中等风化砂质泥岩的饱和抗压强度 3.8～9.7MPa，为极软岩—软岩，岩体基本质量等级为Ⅳ～Ⅴ级。

通过对钻探采集的岩石(土)样品进行室内物理力学指标测试，获得岩体的主要性能参数见表 14-17。

岩土体设计参数 表 14-17

岩土参数		填土	粉质黏土	砂质泥岩	砂岩	结构面
重度(kN/m³)		21	20	26	25	
黏聚力(kPa)		30.0(综合)	20	500～900	1500～2000	50
内摩擦角(°)			15	36	41	18
岩体破裂角(°)				63	66	
地基承载力基本值 σ_0(kPa)				500～1000	2000～2500	
抗压强度(MPa)	天然			7～12	27～33	
	饱和			4～7	20～25	
抗拉强度(kPa)				200～300	400～500	
变形模量(MPa)				1000～1500	2500～3000	
弹性模量(MPa)				1500～2000	3000～3500	
泊松比				0.3	0.15	
砂浆与岩石黏结强度(MPa)				0.20	0.35	
基底摩擦系数				0.40	0.55	
弹性抗力系数(MPa/m)				150	500	

(3)地质构造

重庆市会展中心市政交通工程位于川东南弧形地带，华蓥山帚状褶皱束东南部，构造骨架形成于燕山期晚期褶皱运动。勘察区域位于观音峡背斜与铜锣峡背斜之间的复式向斜地带，沿拟建轨道走向分别穿越复式向斜的次级构造——沙坪坝背斜、悦来向斜。区域内的构造线走向呈 NNE—SSW 向，无断层通过，节理(裂隙)发生与构造运动密切相关，以走向 NEE～SWW 和走向 NW～SE 两组较发育。岩层倾向 300°～350°，倾角 6°～20°。

(4)地震

据有关历史地震记载和近期地震观测资料，1989 年 11 月 20 日，距重庆 40 多公里的渝北区统景镇(北纬 29°51′，东经 106°57′)发生了 5.2～5.4 级地震，震中裂度Ⅳ度，是重庆地区有地震记载以来震中距重庆最近、震级最强的首次破坏性地震，以前重庆及邻区的地震震级皆小，地震烈度小于Ⅵ，属地震频率高，震级小的弱震区。根据《建筑抗震设计规范》(GB 50011—2001)，轨道交通 6 号线会展中心支线沿线抗震设防烈度为 6 度，设计基本地震加速度值为 0.05g。

(5)水文地质

工程沿线基岩大片出露,第四系覆盖层厚度小,覆盖少,含水微弱。砂泥岩互层的陆相碎屑岩广布。地下水富水性受地形地貌、岩性及裂隙发育程度控制。地下水受大气降雨和地面池塘水体渗漏补给,沿线大气降水丰沛,地下水补给条件良好。一般情况下,第四系松散层含孔隙水,砂岩含孔隙裂隙水(主要为裂隙水),泥岩为相对隔水层。根据沿线地下水的赋存条件、水理性质及水力特沿线地下水可划分为第四系松散层孔隙水,碎屑岩类孔隙裂隙水。

①第四系松散层孔隙水:主要分布在冲积层、残坡积层和人工填土层中,除河岸两冲积层中的孔隙潜水外,多为局部性上层滞水,水量小,动态幅度大,水质成分由含水介质的性质决定。冲积、残积、坡积层中的地下水,水质较好,化学成分属 HCO_3—Ca、HCO_3—Na 型,矿化度低,对混凝土无侵蚀性。人工填土层中地下水,化学成分较复杂,与堆填物成分相关,但多数水质较好,对混凝土无侵蚀性。泉水流量小于或等于 0.01L/s。

②碎屑岩类孔隙裂隙水:包括风化裂隙水和构造裂隙水,风化裂隙水分布在浅表基岩强风化带中,为局部性上层滞水或小区域潜水,水量小,受季节性影响大。构造裂隙水分布于厚层块状砂岩层中,以层间裂隙水或脉状裂隙水形式储存,水量稍大,动态稍稳定,泉水流量小于或等于 0.08L/s,为区域性潜水或局部承压水。地下水水质好,矿化度低,小于 0.1g/L,水化学成分属 HCO_3—Ca 型或 HCO_3—Ca、HCO_3Na 型,对混凝土无侵蚀性。

4)主要技术难点

重庆市会展中心市政交通工程复合式 TBM 小半径曲线平洞步进及正洞始发施工面临的主要技术难点如下。

(1)复合式 TBM 的地层适应性设计

根据地质勘察资料,复合式 TBM 在礼嘉—黄茅坪区间段掘进施工时,可能会遇到长距离砂岩泥岩层掘进,以及局部地层软硬不均等情况,造成泥饼、刀具非正常磨损、姿态控制困难等一系列问题。

(2)复合式 TBM 在小半径通道的步进技术

复合式 TBM 步进通道的最小转弯半径为 150m,坡度为 30‰,属于小半径平洞。重达数百吨的复合式 TBM 主机及后配套设备长距离平移通过步进通道时,容易出现因设备重量带来的地面塌陷、摩擦力过大导致步进困难等一系列问题。同时,在通道的转弯段,复合式 TBM 在平移过程中,容易出现设备倾斜、卡机等事故。

(3)小断面隧道转换为大断面隧道施工技术

复合式 TBM 的步进通道与正线隧道中的复合式 TBM 始发段均采用钻爆法施工,步进通道为 8m 宽的小断面隧道,而正线隧道复合式 TBM 始发段断面宽度达到 23m,实际施工过程中,从小断面隧道进入大断面隧道时,交叉口段的结构形式与受力情况较为复杂,会对洞室的稳定性造成不利影响。

(4)4 台复合式 TBM 正洞始发技术

复合式 TBM 始发技术涉及始发架及反力架设计、复合式 TBM 运输设备配套设计、始发端头加固技术、洞门密封装置设计等多个方面,受地形地貌影响,支洞洞口的选择只能处于狭小的地势,洞外场地基本靠开挖的隧道渣土进行回填而成,洞外场地的扩充受钻爆法进度制约,对复合式 TBM 始发影响较大。因此,如何合理利用场地、提高机械设备利用率的目的,并顺利完成复合式 TBM 的始发作业,也是施工的一个技术难点。

5)复合式 TBM 主要参数

根据重庆会展中心支线工程礼嘉—黄茅坪区间的地质条件,对复合式 TBM 的关键技术参数(推力、刀盘扭矩等)进行分析计算,最终选用由中铁隧道装备制造有限公司制造的 2 台复合式 TBM 进行施工(CREC021、CREC022)和 LOVAT 公司制造的 2 台复合式 TBM(L246、L247),其中一台复合式 TBM 主要技术参数见表 14-18。

复合式TBM(CREC021-22)技术参数表　　表14-18

序号	项　　目	CREC021-22参数列表	单位	备注
1	使用项目	重庆会展中心支线工程		
	标段名称	平场—黄茅坪		
	区间里程	ZK2+821.26～ZK5+047.251； YK2+863.28～YK5+047.251		
	三要地质条件	泥质岩、砂岩等		
	项目管片规格(外径×内径×宽度×分度)	ϕ6000/5400—1500/36°		
	最小曲线半径	R650	m	
2	整机性能概述			
	型号	CTE6250		
	开挖直径	ϕ6280	mm	
	刀盘转速	0—6	r/min	
	最大推进速度	80	mm/min	
	最大推力	37000	kN	
	整机总长	80	m	
	三机总长(含刀盘)	9174	mm	
	总质量(主机+后配套)	≈500	t	
	适用管片规格(外径×内径×宽度×分度)	ϕ6000/5400—1500/36°	mm	
	最大工作压力	0.5	MPa	
	最大设计压力	0.3	MPa	
	装机功率	1801.25	kW	
	水平转弯半径	250	m	
	纵向爬坡能力	±50	‰	
3	刀盘			
	刀盘规格(直径×长度)	ϕ6280×1545	mm	
	旋转方向	正/反		正/反
	开口率	28%		
	结构总质量	约54	t	
	主要结构件材质	Q345B		
	泡沫口数量	3	个	
	膨润土口数量	2	个	
	主动搅拌臂数量	4	根	
4	刀具			
	滚刀			
	双联中心滚刀数量	5	把	
	双联中心滚刀直径	17	in	
	最大工作荷载	250	kN	
	单刃滚刀数量	34	把	
	单刃滚刀直径	17	in	
	最大工作荷载	250	kN	
	最外轨距边滚刀数量	1	把	
	滚刀伸出量	165	mm	

续上表

序号	项　　目	CREC021-22 参数列表	单位	备注
4	正滚刀刀间距	76－80－84	mm	
	切刀			
	切刀数量	60	把	
	切刀宽度	120	mm	
	切刀伸出量	125	mm	
	刮刀			
	刮刀数量	16	把	
	刮刀径向伸出量	125	mm	
5	中心回转接头			
	泡沫通道数量	3	道	
	膨润土通道数量	2	道	
	液压通道数量	4	道	
6	主驱动			
	驱动形式	电驱		
	驱动组数量	6	组	
	驱动总功率	1200	kW	
	额定转速	2.64	r/min	
	最大转速	6	r/min	
	额定扭矩	4400	kN·m	
	脱困扭矩	5500	kN·m	
	主轴承直径	3000	mm	
	主轴承寿命	＞10000	小时	
	密封形式	唇形密封		
	内唇形密封数量	3	道	
	外唇形密封数量	4	道	
	密封最大承压能力	0.6	MPa	
	扭矩限制器形式	滚珠式		
7	盾体			
	形式	被动铰接式		主/被动铰接
	前盾规格(直径×长度)	ϕ6250×2065	mm	
	前盾质量	49.7	t	
	被动搅拌臂数量	4	个	
	前盾壳体润滑孔数量	6	个	
	压力传感器数量	5	个	
	稳定器数量	2	个	
	调向油缸数量	4	个	
	中盾规格(直径×长度)	ϕ6240×2795	mm	
	中盾质量	36.9	t	
	超前注浆管数量	6	个	
	中盾壳体润滑孔数量	6	个	
	调向油缸数量	4	个	
	尾盾规格(直径×长度)	ϕ6240×3803	mm	

续上表

序号	项　　目	CREC021-22 参数列表	单位	备注
7	尾盾质量	21	t	
	尾盾密封刷排数	3	排	
	尾盾止浆板	1	排	
	紧急气囊密封数量	1	道	
	盾尾安装间隙	30	mm	
	单液注浆管数量	4×2	根	
	注脂管数量	12	根	
	铰接密封形式	一道气囊密封+一道橡胶圈密封		
	盾体主要结构件材质	Q345B		盾尾壳体采用 Q690D
8	人仓			
	形式	双仓并联		
	主仓容纳人数	3	人	
	副仓容纳人数	2	人	
	主仓规格	1600×1800	mm×mm	
	副仓规格	1600×1400	mm×mm	
	工作压力	0.3	MPa	
	设计压力	0.45	MPa	
	结构设计压力	0.6	MPa	
	工具运输导轨配置	1	道	
9	螺旋输送机			
	螺旋轴形式	轴式		
	规格(直径×长度)	ϕ750×11718	mm×mm	
	最大通过粒径	ϕ250×600	mm×mm	
	最大出渣能力	240	m^3/h	3/4 充满
	驱动形式	周边		
	驱动组数量	5	组	
	驱动功率	200	kW	
	最大扭矩	145	kN·m	
	转速范围	0～18	r/min	
	旋转方向	正/反		
	闸门数量	1	道	
	渣土改良注入口	9	个	
	压力传感器数量	1	个	
	保压泵接口数量	1		
	伸缩机构	1		
	伸缩长度	1000(700)	mm	后退后行程 700
	总质量	17	T	
10	管片安装机			
	形式	中心回转式		
	抓举头形式(机械/真空吸盘)	机械		
	驱动马达数量	2	个	

续上表

序号	项　　目	CREC021-22 参数列表	单位	备注
10	驱动功率	55	kW	
	转速范围	0～2	r/min	
	纵向移动行程	2000	mm	
	自由度数量	6	个	
	旋转角度	±200	(°)	
	提升力	120	kN	
	扭矩	150	kN·m	
	总质量	20.5	t	
	控制方式	无线＋有线		
11	管片运输小车			
	规格(长×宽×高)	5220×1660×545	mm×mm×mm	
	承载管片数量	3	片	
	负载管片能力	15	t	
	纵向滑动行程	1760	mm	
	控制方式	无线＋固定控制		
12	管片吊机			
	形式	双梁		
	驱动形式	链轮链条驱动		
	起吊质量	3.2×2	t	
	提升功率	3.5	kW	
	起吊速度 v_1/v_1	4/1	m/min	
	起吊高度	2400	mm	
	水平驱动功率	1.5	kW	
	水平行走速度	10	m/min	
	卷筒布置形式	中置前后拉伸		
	控制方式	有线		
13	皮带机			
	倾斜段角度	13	(°)	
	驱动功率	37	kW	
	带速	2.5	m/s	
	输送能力	450	m^3/h	
	带宽	800	mm	
	带长	约 120	m	
	拉线开关	4	处	
	跑偏检测装置	2	处	
	清理装置	4	处	
	打滑检测装置	1	处	
14	设备桥			
	规格(长×宽×高)	12635×4880×3455	mm×mm×mm	宽走台
	总质量	6.8	t	

续上表

序号	项　　目	CREC021-22 参数列表	单位	备注
15	后配套拖车			
	安全通道布置形式	内置式		
	净空尺寸	1760×3510	mm×mm	
	拖车轨距	2080	mm	
	编组列车轨距	900	mm	
	拖车数量	6	节	
	拖车总质量	60	t	
16	推进系统			
	油缸规格(ϕ缸径/杆径)	ϕ220/180	mm/mm	
	推进行程	2150	mm	
	最大推进速度	80	mm/min	
	油缸数量	30	根	
	带行程传感器油缸数量	4	根	
	分组形式(上+下+左+右)	8+8+7+7		
	最大工作压力	34	MPa	
	最大推力	37000	kN	
	双缸的伸出速度	1662	mm/min	
	双缸的回收速度	3200	mm/min	
17	铰接系统			
	油缸规格(ϕ缸径/杆径—行程)	160/80-150	mm/mm	
	油缸数量	14	根	
	带行程传感器油缸数量	4	根	
	总拉力	7340	kN	34MPa
18	拖车拖动油缸			
	油缸规格(ϕ缸径/杆径-行程)	130/70-250	mm/mm	
	油缸数量	2	根	
19	前盾稳定器			
	油缸规格(ϕ缸径/杆径—行程)	220/170—30	mm/mm	
	油缸数量	2	根	
	油缸推力	684	kN	单根推力
20	单液同步注浆系统			
	注浆泵形式	双活塞注浆泵		
	注浆泵数量	2	个	
	注浆泵功率	30	kW	
	注浆能力	12×2	m^3/h	
	注浆泵出口最大压力	6	MPa	
	注浆口数量	4	个	
	砂浆罐容量	6	m^3	
	搅拌器功率	5.5	kW	
21	膨润土注入系统			
	改良膨润土泵形式	挤压泵		

续上表

序号	项　　目	CREC021-22 参数列表	单位	备注
21	改良膨润土泵功率	18.5	kW	
	注入能力	20	m^3/h	
	最大工作压力	1.6	MPa	
	盾壳膨润土泵形式	挤压泵		
	盾壳膨润土泵功率	7.5	kW	
	注入能力	8	m^3/h	
	最大工作压力	1.6	MPa	
	注入口数量	16	个	
	膨润土罐容量	6	m^3	
	搅拌功率	5.5	kW	
22	泡沫注入系统			
	泡沫泵功率	0.55	kW	
	泡沫注入量	5～300	L/h	
	水泵功率	11	kW	
	水泵流量	3～133	L/min	
	泡沫发生器数量	3	个	
	泡沫箱容积	1	m^3	
23	工业压缩空气系统			
	空压机形式	螺杆式空压机		
	空压机数量	2	个	
	空压机功率	37	kW	
	空压机出口压力	0.8	MPa	
	空压机能力	0.64	MPa	
	空气罐容量	1	m^3	
	过滤器	A、B 两级过滤		A＋B 双级过滤
24	工业供水及冷却系统			
	设备要求工业水供应量	30	m^3/h	
	设备要求供水压力	0.3～0.6	MPa	
	额定进水温度	28	^0C	
	管路直径	DN80	mm	
	水管卷筒数量	2	个	
	卷筒水管长度	40	m	
	冷却系统形式	内、外循环		内＋外循环
	内循环冷却水泵形式	离心泵		
	内循环冷却水泵功率	5.5	kW	
	内循环冷却水泵流量	30	m^3/h	
25	齿轮油系统			
	油泵形式	螺杆泵		
	油泵功率	4	kW	
	油泵压力	0.6～3	MPa	
	系统注油量	≥3	L/min	

续上表

序号	项 目	CREC021-22参数列表	单位	备注
26	盾尾油脂系统			
	盾尾油脂泵形式	气动油脂泵		
	盾尾油脂泵能力	15	L/min	
	盾尾油脂泵压力	31.5	MPa	
	油脂桶规格	200	L	
	油脂用量	30	L/环	
27	HBW密封系统			
	HBW油脂泵形式	气动油脂泵	设计最低消耗11kg/h	
	HBW油脂泵能力	3.7	L/min	
	HBW油脂泵压力	35	MPa	
	油脂桶规格	200	L	
	油脂用量	4	L/环	
28	主驱动密封系统			
	油脂系统形式	多线式		
	主驱动油脂泵形式	气动式		
	主驱动油脂泵能力	3.7	L/min	
	主驱动油脂泵压力	35	MPa	
	油脂桶规格	200	L	
	油脂用量	4	L/环	
29	排污系统			
	主机污水泵形式	气动隔膜泵		
	主机污水泵流量	984	m^3/h	
30	保压及呼吸系统			
	保压系统形式	SAMSON		
	呼吸过滤系统形式	活性炭过滤器		
31	独立加水系统			
	水箱容积	5	m^3	
	水泵形式	离心泵		
	水泵功率	15	kW	
	水泵流量	30	m^3/h	
	水泵压力	1.2	MPa	
	加水口数量	5	个	
32	二次供风系统			
	风管储存筒数量	2	个	
	风管储存长度	100	m	
	风管储存筒吊机功率	2.2	kW	
	二次通风管直径	$\phi600$	mm	
	二次风机形式	射流风机		
	二次通风机功率	15	kW	
	道风流量	11.2	m^3/s	
	隧道主风管直径	$\phi1000$	mm	

续上表

序号	项　目	CREC021-22 参数列表	单位	备注
33	供电系统			
	初级电压	1000	V	
	次级电压	400	V	
	驱动电压	400	V	
	照明电压	230	V	
	阀控制电压	24	V	
	补偿装置	≥0.9		
	变压器形式	箱式变压器(干变)		
	变压器容量	800kV·A 干式变压器+ 1000kV·A 干式变压器		
	变压器数量	2		
	频率	50	Hz	
	卷筒电缆长度	250	m	
	高压电缆截面	75	mm^2	
34	导向系统			
	型号	ZED		
	精度	3	s	
35	监视系统	1	套	两台摄像头及 一台彩色显示器
36	通信系统	1	套	8 部电话 (含 3 套声能电话)
37	照明系统			
	照明灯规格	TCW300/2×TL-D18W		
	照明灯数量	45	盏	
	应急照明灯规格	TCW300/2×TL-D18W 带应急装置		
	应急照明灯数量	15	盏	
38	消防系统			
	灭火器类型	手提式干粉灭火器		
	灭火器数量	8	个	
39	有害气体监测系统			
	监测传感器形式	便携式		
	监测传感器数量	1	个	
	监测气体类型	$CO_2/CO/O_2/CH_4$		
	监测传感器形式	固定式		
	监测传感器形式	2	个	
	监测气体类型	CH_4/H_2S		
40	装机功率	1801.25		
	刀盘驱动	1200	kW	
	螺旋输送机	200	kW	

续上表

序号	项　　目	CREC021-22 参数列表	单位	备注
40	推进	75	kW	
	管片安装机	55	kW	
	注浆	30	kW	
	辅助泵	22	kW	
	液压油箱过滤泵	11	kW	
	控制油泵	5.5	kW	
	空压机 1	37	kW	
	空压机 2	37	kW	
	膨润土泵	18.5	kW	
	加水泵	15	kW	
	泡沫水泵	11	kW	
	内循环水泵	5.5	kW	
	齿轮油泵	4	kW	
	砂浆搅拌	5.5	kW	
	膨润土搅拌	5.5	kW	
	风筒吊机	2.2	kW	
	进水水管卷筒	1.5	kW	
	出水水管卷筒泡沫泵	1.5	kW	
	泡沫泵	0.55	kW	
	皮带机	37	kW	
	管片吊机	10	kW	
	照明及工控	5	kW	

14.4.2 小曲线半径平洞选择、施工及复合式 TBM 平移技术

重庆市会展中心市政交通工程施工区域属于典型的丘陵山区，地表起伏大，隧道区间正线埋深较大。按照设计和施工方案的要求，该工程的礼嘉—平场区间和平场—黄茅坪区间采用复合式 TBM 进行施工，4 台复合式 TBM 需从平场站两端始发，分别向礼嘉站和黄茅坪站方向开始掘进。根据工期安排，复合式 TBM 始发时平场站主体结构所在位置的土方开挖尚未完成，无法为复合式 TBM 始发提供操作空间。考虑到复杂地形条件的限制，制定一个技术可行、经济合理、施工便捷的复合式 TBM 的始发就位方案，成了该工程一个亟待研究解决的问题。

1)复合式 TBM 就位方式的选择

(1)施工支洞类型选择

由于地下岛式车站在复合式 TBM 始发时尚未成形，无法提供操作场地，要将复合式 TBM 主机和后配套设备移至始发位置，需通过施工支洞来完成。地下工程施工支洞的主要作用，是为正洞施工增加工作面，同时还具有缩短工期、改善通风条件、排水和运输等功能。根据其与正洞的空间位置关系，可将施工支洞分为 4 种类型：平洞、平行支洞、斜井和竖井。这 4 种支洞的适用条件及特点见表表 14-19。

施工支洞的适用条件及特点　　表 14-19

类　型	适 用 条 件	特　点
平洞	1. 隧道沿河傍山，侧面覆盖不厚 2. 隧道洞口桥隧相连施工相互干扰，或影响弃渣及场地布置 3. 洞口地质不良或路堑上石方数量大，工期紧迫，难以及时从正洞进洞 4. 平洞长度一般小于 1/10～1/7 隧道长度	设备简单，施工及管理方便，出渣、进料运输距离较短，但通风排烟效果较差，应事先做好通风机具准备，施工中搞好通风管理

续上表

类　型	适用条件	特　点
平行支洞	1.长度较大的深埋隧道,难以采用其他类型的支洞型式 2.有大量地下水或瓦斯	可提高施工速度,解决施工通风、排水和运输干扰等问题,超前正洞可起到提前预报地质的作用
斜井	1.隧道侧有较低地形,覆盖不厚 2.井身地质较好,地下水不大	出渣、进料运输距离较短,但要有提升设备
竖井	1.隧道洞身局部地段覆盖层较薄 2.井身地质较好,地下水不大	出渣、进料运输距离较短,但提升设备较复杂,深度大于150m者,大幅增加造价

这4种支洞类型中,竖井是现阶段城市轨道交通工程最常用的盾构始发就位方式,在地势平坦的城市环境里,竖井施工往往还同车站基坑开挖有着密切的关系。采用平行支洞作为施工支洞,要求目标工程包含2条以上的平行隧道,并利用先行隧道为后续施工隧道提供施工通道,不符合该工程的方案特点。从目前的盾构施工技术发展水平来看,大倾角斜井的盾构掘进或步进,还是工程界尚未攻克的技术难题之一,如采用斜井方式来完成该工程复合式TBM的移动,可能会面临复合式TBM姿态难以控制的问题,为施工作业带来较大风险。因此,最终采用的支洞类型,将根据复合式TBM始发位置的地质和环境特点,从竖井和平洞两种方案中进行选择。

该工程复合式TBM始发位置埋深较大,如采用竖井方式将复合式TBM主机及后配套设备吊装至始发位置,预计单条竖井长度接近80m;如采用平洞方式,复合式TBM掘进或步进至始发位置,预计单条平洞长度为二百余米。按照国内外实践经验及相关统计数据,在同等地质条件下,开挖100m长度平洞所耗劳动量大约相当于20～25m高度竖井所耗劳动量,即两者造价比值约为1:4～1:5,按照该工程预计工程量计算,竖井方案开挖成本高于平洞方案。此外,竖井井口位置地表起伏较大,对施工场地的平整、物料的运输与堆放会造成不利影响。两种方案的具体对比分析结果见表14-20。

竖井与平洞方案可行性分析与比较　　表14-20

项　目	分析结论
开挖成本	竖井方案高于平洞方案
结构安全性	竖井长度较大,井壁下部应力分布情况较为复杂,将对竖井结构稳定性造成一定影响;场址区域无严重的断层、破碎带等不良地质问题,平洞施工不存在安全隐患
施工便捷性	由于竖井长度较大,随着深度增加和开挖工序变换,地层应力的变化较为复杂,为保证施工安全需缩短每循环进尺,增加开挖步序,对施工效率造成不利影响;平洞施工不存在不利的影响因素
场地布置	竖井井口施工场地布置难度较大,平洞方案对施工场地的选择和布置无过大影响
运输能力	竖井方案运输能力较差,尤其是出渣作业对渣土提升设备要求过高,后续有可能对复合式TBM施工效率造成极大的约束;平洞方案运输能力一般不受限制,可通过洞内有轨运输,较好地保证物料运输能力和排渣能力
通风效果	竖井方案优于平洞方案

按照表14-20的对比分析结果,该项目最终选用平洞步进、正洞始发的施工方案。

(2)平洞洞线布置

①洞线布置原则

平洞的洞线布置同正线隧道类似,需要遵循一定的原则,根据工程工期、隧洞通风、开挖方案、工程地质与水文地质等条件进行综合考虑,并优先采用永久洞室或地质探洞作为平洞或平洞的一部分。平洞线路应选择在地质构造简单、岩体完整稳定、岩石坚硬的地区,尽量避开不利的地质构造,如向斜构造、断层构造及其他严重的构造破碎带，同时也应尽量避开山岩压力大、地下水位高、岩溶发育、渗水严重、有承压水和可能坍塌滑坡的不稳定地段，以减小隧道衬砌上的荷载和便于施工。当洞线与岩层、构造断裂面及主要软弱岩层相交时，应尽量保证较大的夹角。当受到线形或地形的局限，平洞轴线必须与构造线和岩层走向平行时，应尽量使洞身位于坚硬均质、整体性较好的岩层中。平洞洞口应选择在岩石出露、整体性较好的岩层上，地形坡度最好在 60°以上，不宜设在不良地质、排水困难、地势狭窄的沟谷低洼处或不稳定的悬崖陡壁下，宜避开滑坡、崩塌、岩堆、危岩落石、泥石流等地段，同时应避免出现偏载，以减少投资。

平洞线路在平面上应尽可能短而直，以减少工程量。如由于地质、施工及其他结构的布置等条件的限制需要转弯时，其转弯半径应不小于 5 倍的隧道洞径，且转角应不大于 60°，弯道的首尾部分应以直线段连接。考虑到该工程平洞的最主要功能是作为复合式 TBM 的始发通道，对平洞与正线隧道的交叉口应进行针对性的设计，平洞前进方向与正线隧道复合式 TBM 前进方向的夹角应尽量偏小，以避免复合式 TBM 由平洞经交叉口进入正洞时作大角度的转弯，同时交叉口应设置足够大的空间，方便复合式 TBM 移动作业。

平洞的线路选择还应慎重考虑施工出渣通道和施工场地布置等因素。洞口处地形应相对平坦开阔，具有较好的运输条件。该工程的 4 台复合式 TBM 分别从平场站的两端进行始发，需设置 2 条平洞将 4 台复合式 TBM 分别移送至始发位置，而考虑到提高洞外施工场地的利用率、便于物料和运输的统一调配、节约人工和成本等因素，宜将 2 条平洞的洞口设置在同一区域，使 4 台复合式 TBM 可共用始发场地和物料堆放场地，从而提高施工组织管理效率。

②平洞最小曲线半径的计算方法

根据平场站周边区域的地形条件和平洞的布置原则，步进通道的洞线将存在局部的曲线段，以保证步进通道和正线隧道在交叉口处以较小的角度进行衔接，避免复合式 TBM 通过交叉口时作大角度转弯操作。

同直线段相比，复合式 TBM 主机和后配套设备平移通过曲线段时，对隧道净空有更高的要求。这是由于复合式 TBM 设备可近似视为直线形刚体结构，无法与隧道曲线段完全拟合，而隧道曲线半径和净空越小，复合式 TBM 设备的长度和外径越大，拟合就越困难，更容易出现卡机等事故，如图 14-53 所示。在进行隧道结构设计时，通常会根据通行车辆和设备的几何尺寸及其他因素，对隧道的最小转弯半径和净空进行计算，相应的计算方法在《地铁设计规范》和《城市地铁限界标准》中均有涉及，但主要针对地铁的运营车辆和设备的移动要求，对隧道施工阶段的机械设备则并不适用。就该工程而言，复合式 TBM 的主机与后配套设备需平移通过步进通道进入正线隧道，而步进通道曲线段的合理设计，尤其是曲线半径的确定，则成为步进施工顺利完成的重要前提。

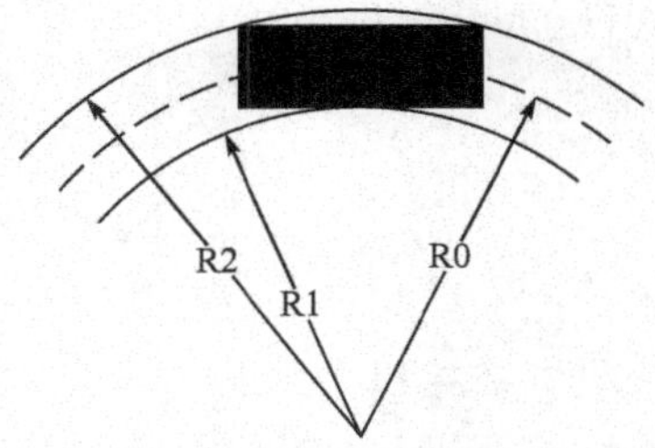

图 14-53 盾构在曲线隧道平移施工净空要求示意图

复合式 TBM 设备的几何尺寸，是平移施工中影响隧道最小曲线半径取值的最重要因素之一。这些设备按结构划分包括刀盘、盾体、人仓、螺旋输送机、管片安装机、整圆器和后配套拖车等；按功能划分则包括开挖系统、主驱动系统、推进系统、出渣系统、注浆系统、油脂系统、液压系统、电气控制系统及通风、供水、供电系统等。复合式 TBM 的平移方法对最小转弯半径也存在较大影响。采用整体平移的方案时，需考虑复合式 TBM 各单体组件之间的连接方式；采用主机与后配套拖车分离后单独平移作业的方案，则需考虑步进小车、滚杠、卷扬机、牵引电瓶车等辅助设备，对转弯半径造成的额外需求。

在实际施工中，考虑到常规复合式 TBM 主机的固定长度过大，有时候不能满足特殊地段曲线半径的需求，制造商设计制造了铰接式复合式 TBM。这种铰接式复合式 TBM 把盾壳这个刚体分成 2 节，用铰接的方式将之进行连接，从而缩短了主机的固定长度，增强了主机的转弯能力。在该工程的最小曲线半径计算中，分别按照无铰接机构和铰接机构两种工况进行计算。

a. 无铰接机构

复合式 TBM 主机为近似直线形的刚体，本身无弯曲能力，此时的平移作业实际上是以分段的折线代替曲线来实现的，其步进原理见图 14-53。

由图 14-54 体现的几何关系，可得出以下公式：

$$R=\frac{L^2+LS-\Delta^2}{2\Delta_R}$$

式中：Δ——主机单次循环水平位移；

R——步进通道设计转弯半径；

L——复合式 TBM 主机长度；

S——主机单次循环的前移距离。

分析上式可知，满足复合式 TBM 平移施工的步进通道最小曲线半径，随主机机长的增加而增大，随允许的水平偏移量 Δ 增大而减小。在机长 L、步进通道曲线半径 R 一定时，可以通过缩短单次前移距离 S 来减小水平位移 Δ，即在转弯作业时采取短行程多循环的方式，来避免过大的水平位移，防止主机尾部结构件碰撞洞壁。

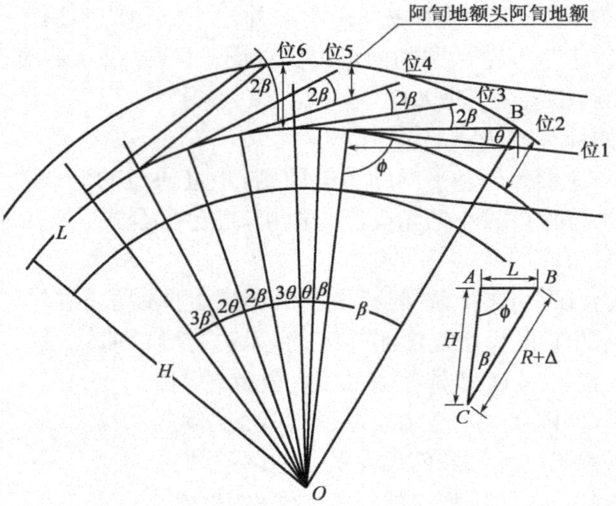

图 14-54 无铰接机构复合式 TBM 弯道步进原理图

b. 设置铰接机构

复合式 TBM 盾体的铰接方式有多种，常见的有中心前铰式、中心后铰式和侧铰式，如图 14-55 所示。

图 14-55 盾体常见铰接方式

在各种铰接方式中，侧铰式在转弯作业中的表现较为典型，现以侧铰式为例，对设置了铰接机构的复合式 TBM 转弯作业和隧道最小曲线半径的计算方法进行分析。图 14-56 显示了侧铰式复合式 TBM 在执行转弯作业时的 3 种状态。

状态 a：该状态属于铰接的转弯角度 θ 不足。假定隧道曲线的圆心为 O，那么此状态下，复合式 TBM 能够顺利进行平移作业的前提条件为 $OA>\mathrm{Max}(OG、OH、OD)$。此时，主机前方超挖量 δ 过多，主机尾部外侧的 D 点与洞壁之间存在孔隙，一旦平移作业操作不当，推力不均衡，有可能出现主机不稳定，甚至倾斜的现象。

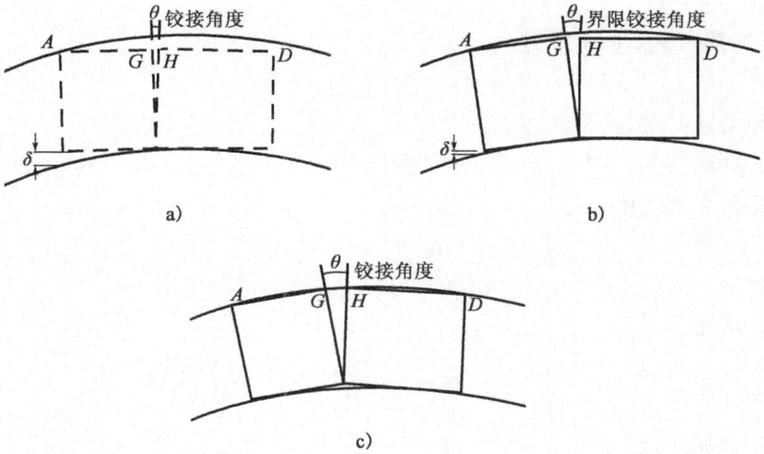

图 14-56 侧铰式盾构在转弯作业状态示意图

a)状态 a;b)状态 b;c)状态 c

状态 b:本状态属于临界状态。$OA=\mathrm{Max}(OG、OH、OD)$,刀盘前部外端的 A 点和尾部外侧的 D 点同在洞壁内侧所在的圆弧上,G、H 两点则位于该弧线之内。可将此时的铰接角度称为临界铰接角度 θ_{cr},如隧道曲线兰径和主机尺寸一定,即可通过几何计算得出 θ_{cr} 的值。在隧道断面尺寸取最小临界值的前提下,复合式 TBM 盾体采用 θ_{cr} 值进行铰接是最为理想的状态,此时主机状态最为稳定,δ 也为最小值。

状态 c:本状态属于铰接转弯角度 ϑ 过量。此时铰接角度超过了临界铰接角度 θ_{cr},A、G、H、D 有三点在洞壁内侧所在的圆弧上,容易出现前移困难,乃至卡机的风险。

以状态 b 的临界铰接工作模式为依据,分析复合式 TBM 主机尺寸与隧道极限曲线半径的关系。如图 14-57 所示,L_1 为主机前体的长度,L_2 为主机后体的长度,W 为主机宽度,R_2 为隧道外侧端墙的曲线半径,R_1 为隧道内侧端墙的曲线半径,R_0 为隧道中心线的曲线半径,隧道宽度为 $2d$,根据图中显示的几何关系,可得如下关系:

$$R_2=R_0+d$$

$$R_1=R_0-d$$

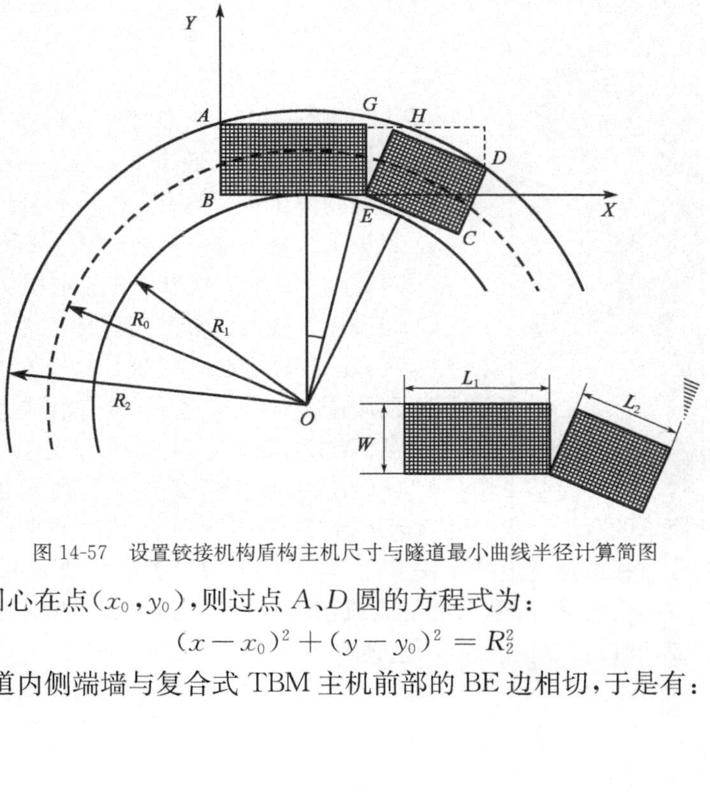

图 14-57 设置铰接机构盾构主机尺寸与隧道最小曲线半径计算简图

在 XBY 坐标中,圆心在点(x_0,y_0),则过点 A、D 圆的方程式为:

$$(x-x_0)^2+(y-y_0)^2=R_2^2$$

在临界状态下,隧道内侧端墙与复合式 TBM 主机前部的 BE 边相切,于是有:

$$y_0=-R_1=d-R_0$$

于是,过点 A、D 的圆方程,可改写为:

$$(x-x_0)^2+(y+R_0-d)^2=(R_0+d)^2$$

在 XBY 坐标系中,A、D 的坐标(x_A,y_A)、(x_D,y_D),根据几何关系,可得为:

$$x_A=0;y_A=W;x_D=L_1+W\sin\theta+L_2\cos\theta;y_D=W-L_2\sin\theta$$

将 A、D 点的坐标代入圆方程,有:

$$x_0^2+(W+R_0-d)^2=(R_0+d)^2$$
$$(x_D-x_0)^2+(y_D+R_0-d)^2=(R_0+d)^2$$

将上述两式联立,可得:

$$x_0=\frac{y_D^2-y_A^2+x_D^2+2(R_0-d)(y_D-y_A)}{2x_D}$$

将 x_0 的值代回圆方程,再令:

$$P=4(y_D-y_A)^2$$
$$Q=4(y_D^2-y_A^2+x_D^2)(y_D-y_A)-8d(y_D-y_A)^2-4x_D^2(4d-2y_A)$$
$$S=(y_D^2-y_A^2+x_D^2)^2-4x_D^2(2y_Ad-y_A^2)-4d(y_D-y_A)(y_D^2-y_A^2+x_D^2)+4d^2(y_D-y_A)^2$$

可得到关于 R_0 的二次方程式:

$$PR_0^2+QR_0+S=0$$

当其他参数确定时,求解该二次方程式,即可得出临界状态的隧道中心线曲线半径,也就是满足复合式 TBM 平移施工要求的隧道最小曲线半径。

③平洞洞线布置方案

根据平洞的洞线布置原则,结合相关要求,对现场施工环境和地形地质条件进行细致分析;考虑到步进方法的不同造成的影响,分别按不设铰接结构和设置铰接机构两种工况,对步进通道允许的最小转弯半径进行计算,以其中的较大值作为目标值,并充分考虑施工误差,在计算结果基础上赋予一定的余量。经技术、成本、工期等方面的综合分析,该工程最终设置了 1 号和 3 号两条平洞作为复合式 TBM 的步进通道,隧道净空为 8m×8m(宽×高)。1 号平洞长 281.828m,曲线半径 150m,1 号、2 号复合式 TBM 由 1 号平洞步进进入正线,向小里程礼嘉站方向始发掘进;3 号平洞长 257.936m,曲线半径 150m,3、4 号复合式 TBM 由 3 号平洞步进进入正线,向大里程黄茅坪站方向始发掘进。平洞的平面布置见图 14-58。

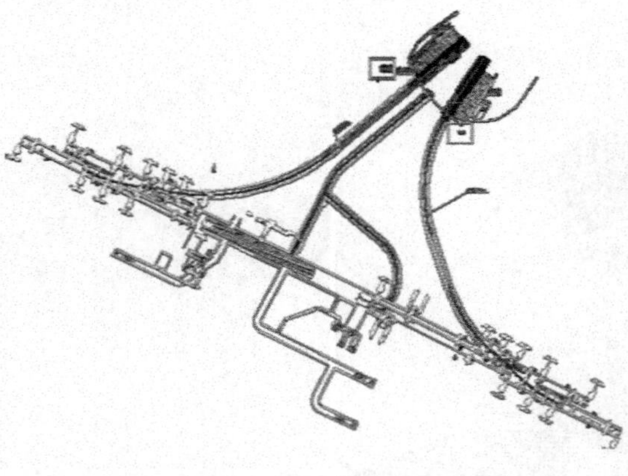

图 14-58 复合式 TBM 步进通道平面布置图

2)步进通道施工关键技术

(1)工程概况

复合式 TBM 步进通道即 1 号、3 号支洞,与平场站主体结构的施工通道 2 号支洞相距较近。3 条施工通道的洞门位于同一区域,并共用洞外的设备组装场地和物料渣土运输场地。1 号支洞与正线隧道相交于里程 K2+342.837,3 号支洞与正线隧道相交于里程 K2+699.944。步进通道施工区域的工程地貌总体上属于构造剥蚀丘陵区,地形波状起伏,呈现一沟一丘相间分布的特征。地面地质调查和钻探揭示,隧道沿线范围出露的地层由上而下依次为:第四系全新统人工填土层(Q_4ml)、残坡积层(Q_4el+dl)及侏罗系中统上沙溪庙组(J_2s)沉积岩层。总体上属于水文地质条件简单的区域。大气降水后沿着基岩裂隙渗入的基岩中形成基岩裂隙水。

根据场区地下水的分布和拟建隧道的工程特性,与拟建工程相关的主要是基岩脉状裂隙水,水量动态变化大,旱季水量较小,甚至贫乏,雨季水量可能成倍增加,场区地下水一般不具有腐蚀性。步进通道的洞门位置处于山谷地带,洞口自然横坡较陡,上覆第四系素填土,下伏侏罗系泥质砂岩,且夹有软质淤泥,洞顶容易引发泥石流。洞口汇水面积较大,有地下水涌出,地下水受季节和气候影响明显。

隧道围岩主要为砂质泥岩和砂岩,围岩级别主要为Ⅲ级和Ⅳ级;洞口段地质条件较差,洞身深埋段存在局部的破碎段,围岩级别为Ⅴ级。隧道沿线主要为村庄,由于新会展中心建设,大部分房屋已经拆迁。据有关部门提供的管线线路图和现场实地考察结果,沿线及施工区域内基本不受管线及建筑物影响。

(2)施工工法选择

根据步进通道的工程特点和工期要求,结合施工区域内的地质条件和环境特点,选用钻爆法进行支洞的施工。随着地下工程技术的发展和工程经验的累积,钻爆法根据施工步序的变化和工艺细节的差别,又逐渐衍生出多个分支,如全断面开挖法、台阶法和断面分部开挖法等。而台阶法又可进一步划分为长台阶法、短台阶法和超短台阶法;断面分部开挖法则可进一步划分为上半断面分部开挖法、中隔壁法(CD法)、交叉中隔壁法(CRD法)、双侧壁导坑法,等等。在这诸多的工法类别中,每一类工法都有其独特的工艺要求、适应范围和优缺点。在实际施工时,应根据不同的围岩工程地质条件、水文地质条件、工程建设要求、机具设备配备条件、施工技术条件、施工技术水平、施工经验等多种因素,对各种工法的适应能力进行分析,选择针对性最强,经济、高效、安全的一种工法或者多种工法进行施工。

①全断面开挖法

全断面开挖法是指隧道断面采用一次开挖成型(主要是爆破或机械开挖)的施工方法。全断面开挖法主要适用于地质条件较好的隧道,如围岩级别为Ⅰ～Ⅳ级,常见于山岭隧道及小断面城市地下电力、热力、电信等管道工程。全断面开挖法施工操作比较简单,其主要工序是:使用移动式钻孔台车全断面一次钻孔并装药连线,然后将台车后退到安全地点,再起爆,隧道断面一次爆破成形,出渣后钻孔台车再推移至开挖面就位,开始下一个钻爆作业循环,同时施作初期支护,铺设(或不铺设)防水隔离层,进行二次衬砌。

全断面开挖法的优点主要有:作业空间较大;有利于采用大型配套机械化作业,施工速度较高;工序少,便于施工组织和管理。全断面开挖法的缺点主要有:由于开挖面较大,围岩稳定性降低,需加强前方地质探查及支护后围岩的动态量测和监控;每个循环的工作量较大;虽然爆破对围岩造成的震动次数较少,但每次深孔爆破引起的震动较大,因此需进行精心的爆破设计,并严格控制爆破作业质量。

采用全断面开挖法施工时,应注意以下事项:

a.应加强对开挖面前方的工程地质和水文地质的调查,对不良地质情况要及时预测预报、分析研究,随时准备采取应急措施(在必要时也包括改变施工方法),以确保施工安全和工程进度;

b.各工序机械设备要配套,如钻眼、装渣、运输、模筑、衬砌支护等主要机械和相应的辅助机具,在尺寸、性能和生产能力上都要相互配合,各项工作要环环紧扣,不得彼此牵制而影响掘进,从而充分发挥机械设备的使用效率和各工序之间的协调作用,并注意经常维修设备,备存足够的易损零部件,以确保各项工作的顺利进行;

c.加强各种辅助作业和辅助施工方法的设计与施工检查,尤其在软弱破碎围岩中使用全断面开挖法时,应对支护后围岩变形进行动态测量与监控,并使各种辅助作业的"三管两线"保持良好状态;

d.使用全断面开挖法时,应优先考虑选择锚杆和锚喷混凝土、挂网、撑梁等支护形式。

②台阶法

台阶法施工就是把结构断面分成上下两个或多个工作面,分部开挖。根据地层条件和上下施工顺序,台阶法可以分为正台阶法和反台阶法;根据台阶长度的不同,可以分为长台阶法、短台阶法和超短台阶法。近年来随着大断面隧道的设计,又出现了三台阶临时仰拱法、预留核心土台阶法和多台阶法,等等。目前,台阶法在钻爆法中的应用最为广泛,可根据工程实际、地层条件和机械条件,选择合适的台阶方式。

短台阶法的使用最为常见,即上台阶长度一般控制在1～1.5倍洞径;长台阶法常见于围岩较为坚硬,对底拱封闭断面的需求不迫切的工程中;而超短台阶法初期支护全断面闭合时间最短,更有利于控制围岩变形和地表沉降,因此多用于膨胀性页岩和土质围岩,要求及早闭合断面的场合,也适用于机械化程度不高的各类围岩地段。此外,在硬岩段进行钻爆施工时,为了便于风钻打眼,也可采用超短台阶法。根据台阶长度的分类,如图 14-59 所示。

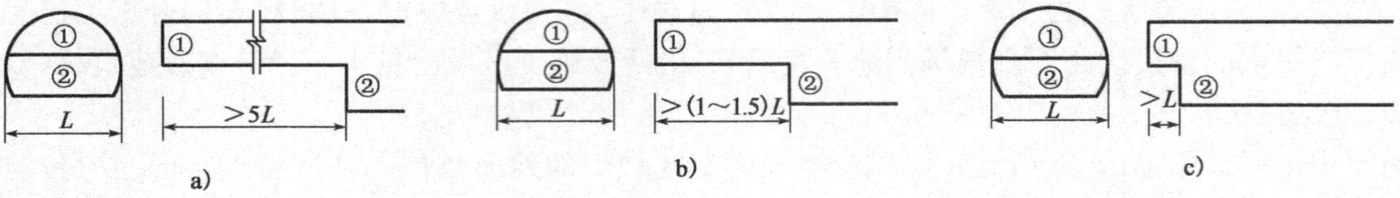

图 14-59 根据台阶长度的台阶法分类

a)长台阶法;b)短台阶法;c)超短台阶法

采用台阶法施工时,应注意以下事项:

a. 台阶数不宜过多,台阶长度要适当。这样除从结构稳定的角度进行考虑外,还有利于减少翻渣工作量,提高施工效率。实际施工时应根据两个条件来确定台阶长度,一是初期支护形成闭合断面的时间要求,围岩的稳定性越差,要求闭合的时间越短;二是上半部断面施工时开挖、支护、出渣等机械设备所需的空间大小。

b. 个别破碎地段可配合喷锚支护和挂钢丝网施工,以防止落石和崩塌。

c. 针对上下工作面作业相互干扰的问题,应认真做好施工组织、质量监控和安全管理等工作。

d. 采用台阶法开挖石质隧道时,应采用光面爆破技术和振动量测技术来控制振速,以减少扰动围岩的次数。

③分部开挖法

采用分部开挖法施工时,断面分部开挖,且某部超前开挖,因此又被称为导坑超前开挖法。分部开挖法主要适用于地层较差的大断面地下工程,尤其是地面沉降限制要求较高的城市地下工程。分部开挖法包括单侧壁导坑超前台阶法、中隔墙法、交叉中隔墙法、双侧壁导坑法和双隔墙中间预留核心土法等多种形式。

a. 单侧壁导坑超前台阶法

单侧壁导坑超前台阶法主要适用于地层较差,断面较大,采用台阶法有困难的地层。采用该工法可变大跨断面为小跨断面,简单而可靠(见图 14-60)。采用单侧壁导坑超前台阶法进行施工时,单侧壁导坑超前的距离一般在 2 倍洞径以上,为稳定工作面,经常与超前小导管预注浆等辅助性措施配合使用。一般采用人工开挖,人工和机械混合出渣。

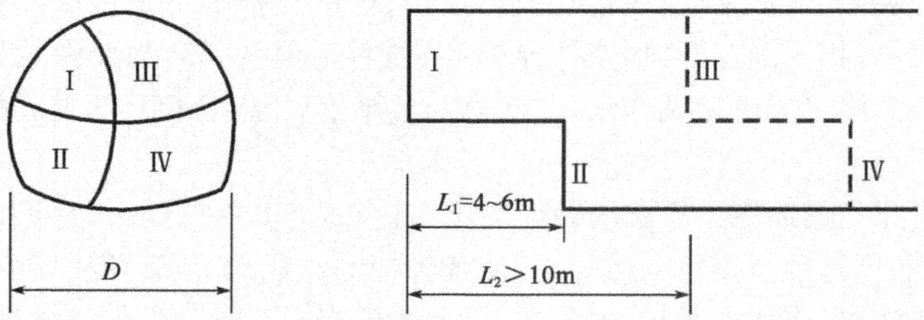

图 14-60 单侧壁导坑超前台阶法开挖方式示意图

b. 中隔墙法(CD 法)和交叉中隔墙法(CRD 法)

中隔墙法(CD 工法)主要适用于地层较差和不稳定岩体,且地面沉降要求严格的地下工程施工。当 CD 工法不能满足要求时,可在 CD 工法的基础上加设临时仰拱,即交叉中隔墙法(CRD 工法)。CD 工法是在正台阶法基础上发展起来的一种工法,它有效地解决了将大、中跨的洞室开挖转变成中、小跨的洞室开挖问题。其开挖方式见图 14-61。

CRD 工法则是将 CD 工法先挖中壁一侧改为两侧交叉开挖,步步封闭成环,将大断面开挖转化成小断面施工,各个局部封闭成环的时间短,早期沉降控制效果好,每个步序受力体系完整,结构受力均匀,变形小。其开挖方式见图 14-62。

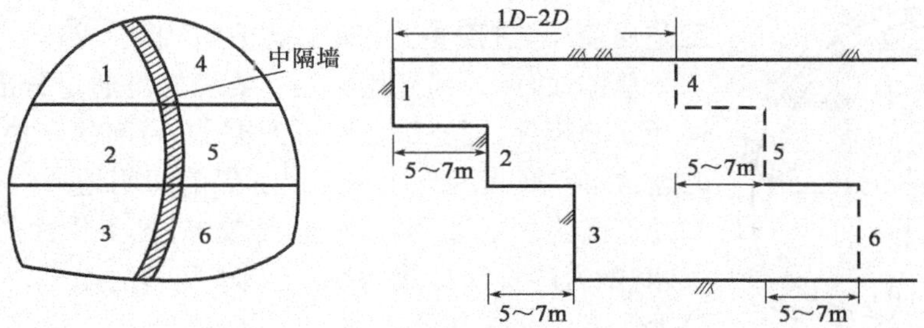

图 14-61 CD工法开挖方式示意图

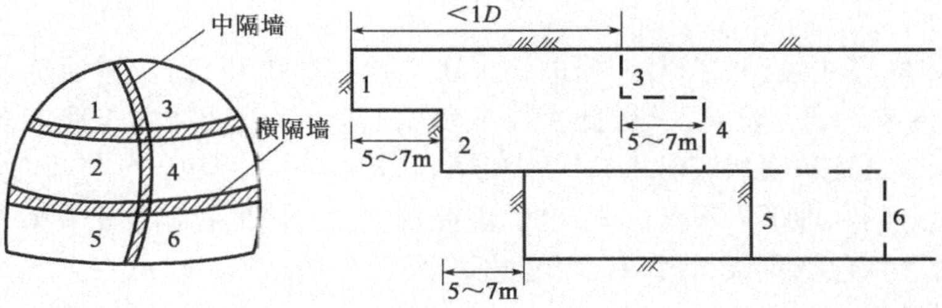

图 14-62 CRD工法开挖方式示意图

CD工法和CRD工法在大跨度地铁车站中的应用很普遍。在施工中必须遵守正台阶法的施工要点，尤其要考虑时空效应，每一步开挖必须快速，尤其是CRD工法，必须及时成环并封闭工作面，消除工作面由于应力松弛而增大沉降值的现象。

c. 双侧壁导坑超前中间台阶法(眼镜工法)

双侧壁导坑超前中间台阶法也是变大跨度为小跨度的一种施工方法。它实际上是将大跨度(跨度一般大于20m)分成3个小跨度进行作业，主要用于地层较差、断面很大、单侧壁导坑超前台阶法无法满足要求的三线或多线大断面铁路隧道及地铁工程。双侧壁导坑超前中间台阶法以台阶法为基础，将隧道断面分成3部分，即双侧壁导洞和中部。双侧壁导洞尺寸以满足机械设备和施工条件为标准加以确定。施工时，先开挖两侧的侧壁导洞，并及时施作初期支护结构并封闭成环，然后逐层开挖中间部分。其开挖方式见图14-63。

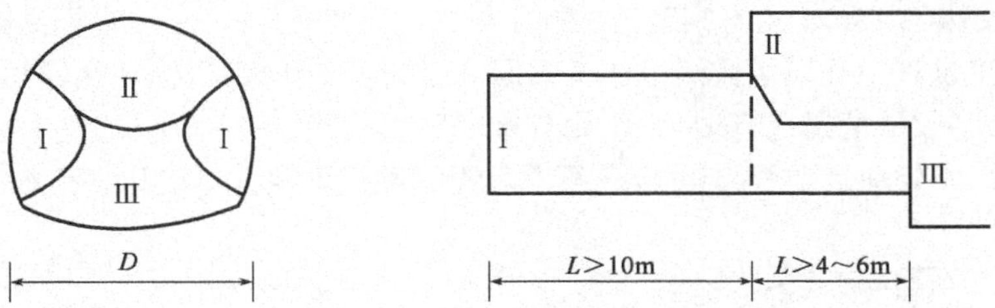

图 14-63 眼镜工法开挖方式示意图

该工法的工序较复杂，导坑的支护拆除困难，有可能因为测量误差而引起钢架连接困难，从而加大沉降值，并且成本较高，进度较慢。使用该工法时，双侧壁导坑的超前距离相等或不等，为了稳定工作面，经常与超前预注浆等辅助措施配合使用，一般采用人工和机械混合开挖，人工和机械混合出渣。

④双隔墙中间预留核心土法(留土柱法)

双隔墙中间预留核心土法主要适用于地层较差、断面较大(跨度一般大于10m)，而且CD法、CRD法和眼镜工法开挖有困难的地层，该工法的核心思想也是将大跨变为小跨。该工法是以台阶法为基础，用预留核心土将隧道断面从中间分成4部分，使上、下台阶左右各分成两部分，每一部分开挖并支护后形成独立的闭合单元，同时，中间预留土柱能支撑拱顶，有效减少拱顶下沉，充分发挥土体的支护

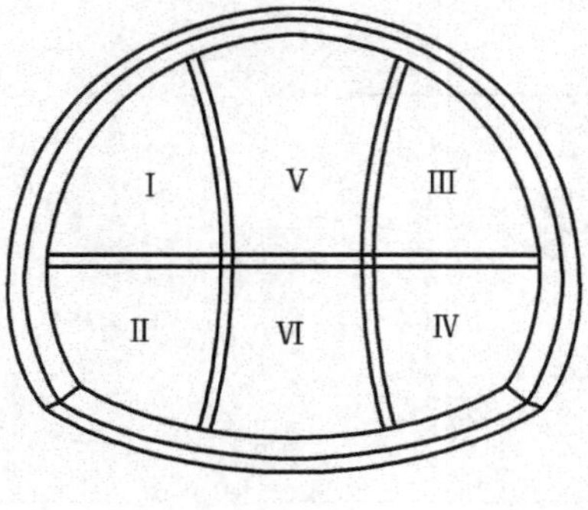

图 14-64 留土柱法开挖方式示意图

作用。其开挖方式见图 14-64。该工法与 CRD 法、眼镜工法相比，工艺更简单，进度更快，减少支护，降低了成本。

总体而言，分部开挖法的主要思想是通过分部开挖减少了单个隧道断面的跨度，围岩稳定性得到提高，局部的支护施工也相对简便，同时通过导坑的超前开挖，有利于提前探明地质情况，并及时采取得当的处理措施。不过，由于作业面较多，各工作面的施工相互干扰比较大，对围岩的扰动次数增加，不利于围岩的稳定，施工组织管理的难度较大。采用分部开挖法施工时，应尽量减少分部与扰动次数，尽量大断面开挖，加强控制爆破，同时需注意下部作业对上部稳定性造成的影响，并及时采取措施，保证施工安全。

⑤工法选择

该工程的工期较紧，其中复合式 TBM 掘进施工属于控制性工程，而步进通道的施工速度又对复合式 TBM 的及时始发有着决定性的意义，因此在保证安全的前提下，选择施工速度较高的工法是该工程工法比选的重要目标。该工程虽属于城市轨道交通项目，但同一般的城市轨道交通项目不同，工程场址区域没有受到周边建筑物和地下管线的过多制约，因此对地表沉降的控制要求相对较低。

步进通道的围岩级别包括Ⅲ级、Ⅳ级和Ⅴ级，岩石强度相对较高。经过对工程需求和各种施工方法特点的分析和研究，最终确定的施工方案如下：由于围岩保持自身稳定性的能力相对较好，Ⅲ级围岩、Ⅳ级围岩中的洞身深埋段采用全断面开挖，以加快开挖速度，每循环进尺 1.5～2.5m；洞口段的围岩相对破碎，在洞口设置 20m 加强段，加强段和洞身的围岩破碎段采用超短台阶法开挖，以便于风钻打眼，台阶长度 3～5m，拱顶曲墙段为上台阶，拱身直墙段为下台阶，每循环进尺 0.5～1.5m。步进通道开挖采用人工手持 YT-28 型气腿式凿岩机钻眼，浅孔微震控制爆破技术，选用 2 号岩石乳化炸药，ϕ32mm 标准药卷(周边眼选用 ϕ25mm 小药卷)，非电毫秒雷管隔段微差爆破起爆方式，周边光面爆破。

平洞洞口围岩为中风化砂质泥岩，埋深 1～4m，自稳能力差。为了保证进洞施工的安全，根据周边环境和地形条件，先在洞口施工 2～4m 明拱，并进行超前大管棚预支护后，再进洞开挖洞身。管棚钢管采用外径 108mm、厚 6mm 的无缝钢管，注浆材料采用水泥-水玻璃双液浆。洞身破碎段采用 ϕ42 超前小导管预支护，小导管长 4.5m，环、纵向间距为 0.4m×3.0m。

(3)步进通道施工效果评价

在实际施工中，1 号步进通道的开挖施工耗时 61d，周最高进尺达到 48m；3 号步进通道的开挖施工耗时 56d，周最高进尺达到 45m。为考察隧道的施工效果，保障施工安全，及时收集施工信息并反馈用于指导施工实践，在施工过程中开展了监测工作。根据围岩和现场实际情况，使用隧道收敛计，采用三角法对隧道拱顶沉降和水平收敛情况进行测量，监测点布置方法见图 14-65。

图 14-66～图 14-69 分别是 1 号、3 号步进通道沿线的累积拱顶沉降值和累积水平收敛值曲线。

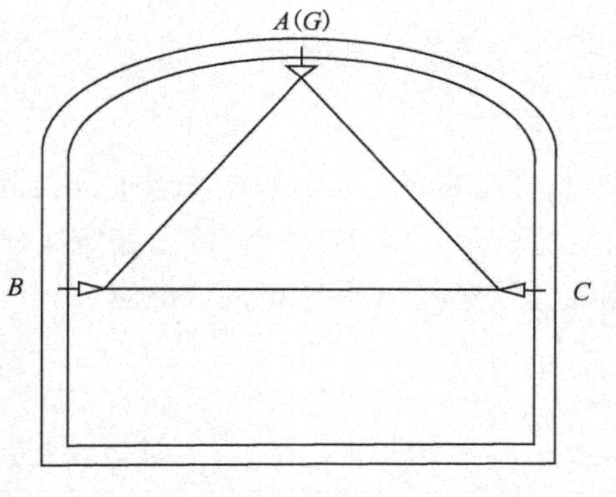

图 14-65 拱顶下沉、水平收敛监测点布置横断面示意图

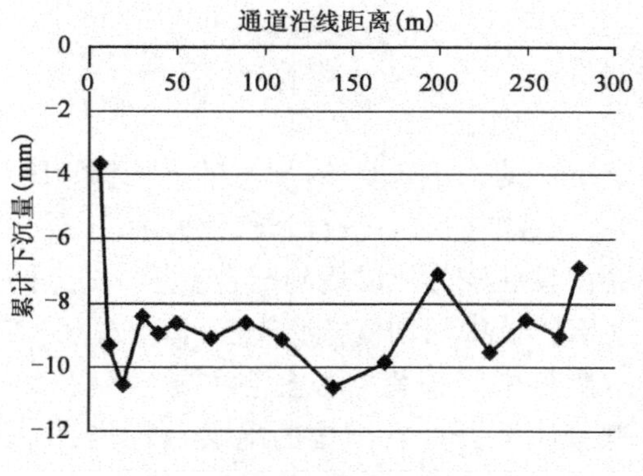

图 14-66 1 号步进通道沿线累积拱顶沉降值

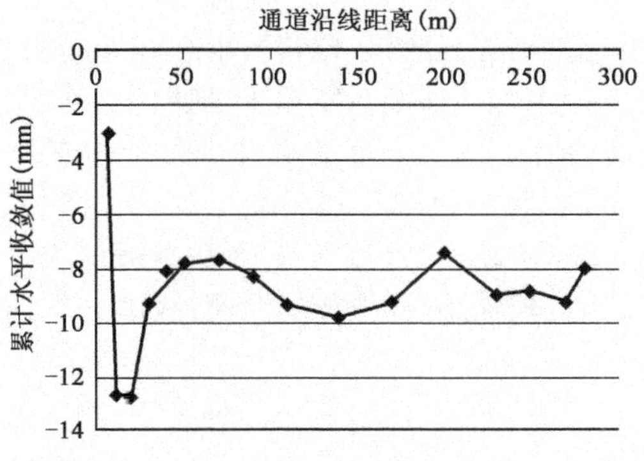

图 14-67　1 号步进通道沿线累积水平收敛值

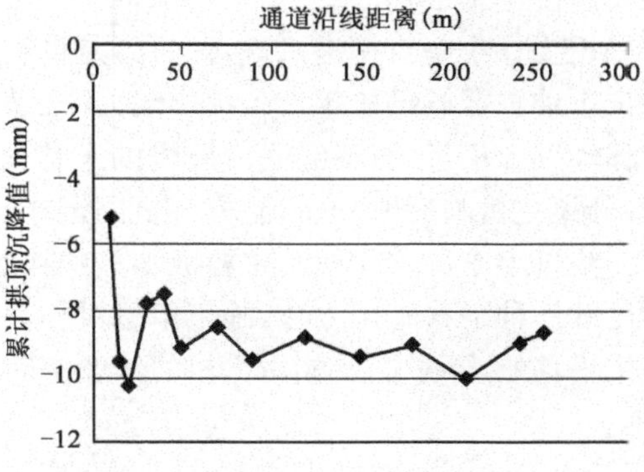

图 14-68　3 号步进通道沿线累积拱顶沉降值

监测数据显示，1 号施工通道累计最大沉降量为－12.6mm，最大沉降速度为－2.2mm/d，累计最大水平收敛值为－12.7mm，最大收敛速度为－2.86mm/d；3 号施工通道最大累计沉降量为－13.1mm，最大沉降速度为－2.93mm/d，累计最大水平收敛值为－12.5mm，最大收敛速度为－2.75mm/d。

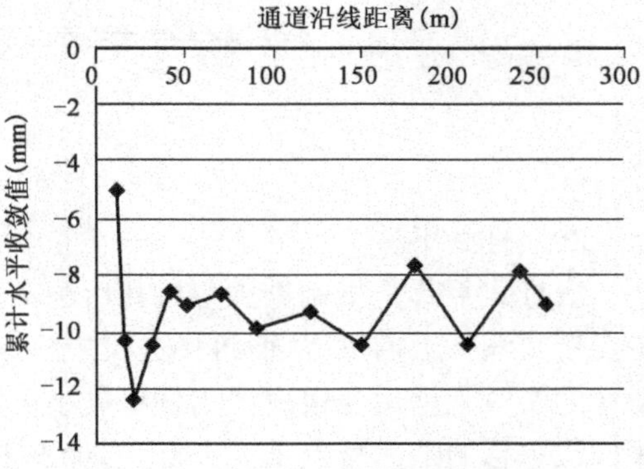

图 14-69　3 号步进通道沿线累积水平收敛值

由开挖速度和监测数据分析结果可知，复合式 TBM 步进通道的开挖速度高于同地区类似工程，而施工期间的拱顶沉降值和水平收敛值则远远低于变形控制指标，由此可见，该工程所选择的工法是安全合理的，在实际施工中取得了良好的效果。

3)复合式 TBM 空推步进技术

1 号、3 号平洞与正线隧道的复合式 TBM 始发端钻爆段施工完成后，即可进行复合式 TBM 的平移作业。在国内外的盾构隧道中，由于始发或过站等原因，掘进机的平移作业时有出现。受现场的施工环境和设备条件的制约，各工程项目的平移方法和具体操作细节也有一定的差异，实际施工时，应结合现场实际情况进行研究分析，选择经济合理的平移方法。

(1)平移方法分析比选

盾构的平移方法根据不同的标准，可进行相应不同的分类。以盾构主体部分与后配套部分是否分离为标准，可分为整机平移、步进小车平移和滚杠式平移等；以平移动力提供方式为依据，可以分为千斤顶顶推法和卷扬机牵引法等；根据平移摩阻力的作用方式，则可以分为滚轮法、滚轴法、滑移法以及组合法等。下面对几种常见方法的特点分别进行分析和比较。

①整机平移

整机空推平移是根据盾构工作原理，利用拼装的管片环作为反力结构，利用复合式 TBM 自身推进油缸作为平移动力，完成整机的平移作业。整机平移的主要工序一般包括浇筑 U 形槽、整机移动、掘进机始发、拆除空推管片和 U 形槽等几个步骤。整机平移的优点在于盾构可在洞外提前完成整机的组装，移动时不需要分离主机和后配套，省去了装机和调试的时间，这对维持盾构设备性能有很大的好处。此外，U 形槽和空推部分管片的拆除工作也可以留待工程完工以后进行，该工序不会影响工程的整体进度。不过，这种方法的缺点也较为明显，需要根据施工平洞的长度浇筑相应的混凝土 U 形槽，且需备有大量的废旧管片应用于平移段；U 形槽和管片的拆除虽不致影响工期，但同样需要投入大量的人力、物力和时间。

总体而言，整机平移的方法操作简单、方便，适用于无工期压力的工程，需要施工单位自备大量的废旧管片。考虑到 U 形槽的浇筑、拆除及相应的成本投入问题，该方法不宜用在施工平洞较长的工程项目。

②步进小车平移

采用步进小车对掘进机进行平移，是将步进小车作为盾构主机部分放置、推移的承载和导向的装置，通过推进油缸或卷扬机等设备提供动力，推动小车移动，将盾构主机运送至始发托架，随后完成后配套设备的移动及整机组装，最终完成盾构的平移作业，如图 14-70 所示。步进小车平移作业的主要工序一般包括：分离主机与后配套、将盾构主机固定在步进小车上、小车前移、后配套前移、装机调试、盾构始发等步骤。步进小车平移作业的主要成本集中在始发托架、步进小车和动力系统。这种方法是盾构施工中较为常见的一种平移施工方法，施工单位对相关的各项技术要领比较熟悉，操作相对简便，成本和工期一般比整机平移低，不过需要相对宽裕的作业空间。

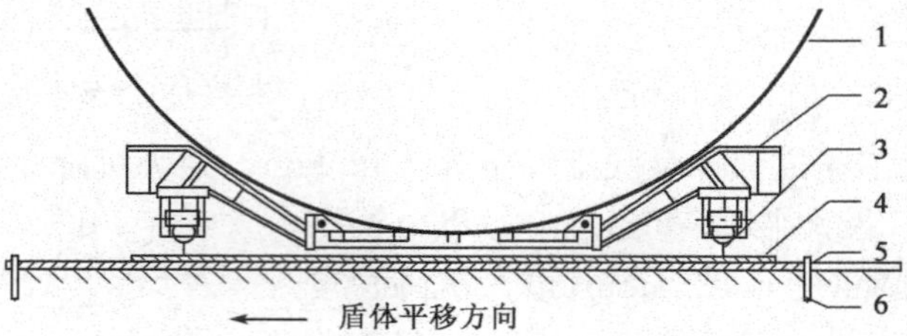

图 14-70　步进小车平移示意图

1-盾体；2-过站小车；3-轨道；4-上层钢板；5-下层钢板；6-地钉

③滚杠式平移

滚杠式平移是指掘进机主机和后配套设备分离后，主机落在改造过的始发托架上，利用液压站推动始发架在滚杠上前进，从而将掘进机主机运送至始发位置的平移方法。同步进小车平移法相比，滚杠式平移的实质就是用几根滚杠代替步进小车，因此制作合适的滚杠、设定合理的推力是滚杠式平移的关键。滚杠式平移的最大特点是成本低，同步进小车平移法相比，不需要在始发区域内装拆步进小车，这一点在狭小施工区域内的优势较为明显；操作灵活，只需加工几根滚杠即可进行平移施工。不过，这种方法技术要求较高，目前地铁行业对这种技术的掌握程度还较低。

④千斤顶顶推法

千斤顶顶推法采用液压千斤顶系统作为推进动力，常见做法是将千斤顶焊接在始发基座或步进小车上，利用隧道底板结构或钢轨上的预埋件制作钢支撑反力座，通过千斤顶对反力座的推顶和反力座的循环前移，完成盾构主机的平移作业。千斤顶顶推法由于具有操作方便、设备简单等优势，目前在城市地铁工程中应用较为广泛，操作工艺经过大量工程实践也日趋成熟。同其他方法相比，千斤顶顶推法有着自身的诸多优点：

a. 多台顶管千斤顶采用连通油管，一般由一台动力站驱动，可保持良好的同步性，千斤顶推进速度稳定，可确保复合式 TBM 和基座平稳前进；

b. 一般采用钢支撑作为反力支撑，具有良好的受力稳定性；

c. 采用千斤顶动力系统，只需将千斤顶焊接在复合式 TBM 基座上面，根据钢支撑中心高度来就位，再制作托架来支撑千斤顶，安装作业简便易行。

⑤卷扬机牵引法

卷扬机牵引法是采用一定额定功率的卷扬机作为盾构平移的动力源，将卷扬机固定在可移动的始发基座上，然后在隧道底板结构的预埋件上安装定滑轮，依靠滑轮组来产生足够的牵引力，拉动盾构平移。牵引用的钢丝绳一端固定在卷扬机的卷轴上；另一端绕经滑轮组后，固定在基座或掘进机本体上，具体如图 14-71 所示。

卷扬机牵引法也是盾构主机平移作业的常规方法之一，不过同千斤顶顶推法相比，这种方法在实际操作过程中存在以下弊端：

a. 因卷扬机固定在盾构基座上，大致与盾构顶端处于同一竖直面，当使用两台以上的卷扬机同时提供动力进行牵引时，各台卷扬机的牵引速度必定存在差异，同步协调性很难控制，给盾构平移作业的导向控制造成不利影响，同时极易造成单侧受力及位移过大，以致主机和基座产生偏转。如果处理不及时，很可能发生钢丝绳损坏以及基座滚轮出轨等事故。

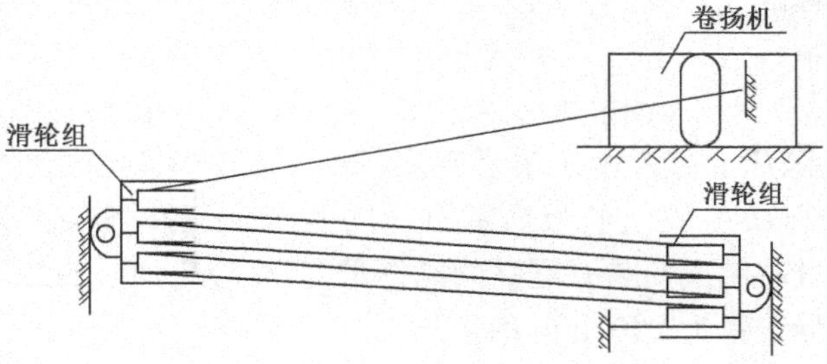

图 14-71 卷扬机牵引法工作示意图

b. 卷扬机以及相关滑轮组等配件在设备安装方面，同液压千斤顶系统相比，存在更高的难度。

该工程两条复合式 TBM 步进通道分别长 200 余米，曲线半径 150m，在转弯半径如此小的隧道中完成复合式 TBM 的平移，在国内尚属首次，因此平移方法的选择非常关键。

由于复合式 TBM 正常掘进的理论最小曲线半径在 300m 以上，通过复合式 TBM 自洞外掘进至始发位置的整机平移法，无法满足步进通道曲线半径的限制，考虑到 U 形槽的浇筑和拆除等额外投入，该方法的经济性也不具备优势。同步进小车法相比，滚杠法的成本相对较低，所需的作业空间也更小，但该方法目前在轨道交通工程的应用尚未普及，技术尚不成熟。考虑到该工程复合式 TBM 的平移距离较长，对技术方案的安全要求较高，而作业空间并不是该工程的关键问题，因此选用较为常见的、施工相对简便的步进小车法。步进动力的选择方面，考虑到卷扬机牵引法在多点动力同步协调性和施工难度方面的弊端，选用操作更为简便、设备更为简单的千斤顶顶推法。平移摩擦阻力处理方面，选用对作业空间要求较小和施工难度较低的滑移法。

(2)空推步进技术方案

通过对复合式 TBM 各种平移方法的特点分析和比选，并结合国内外盾构工程的类比分析和经验总结，该工程最终确定采用钢轨直推法的步进方案，即步进小车和复合式 TBM 主机直接放置在钢轨上，再配合反力装置及辅助工具，在液压油缸的推力作用下向前移动至始发位置。采用该方案的施工重点，是如何防止在步进施工时出现设备倾斜、地面塌陷、由于摩擦力过大无法步进等事故发生。施工过程中应结合这些问题，对施工工艺进行针对性的优化研究。步进施工的整体工作流程见图 14-72。

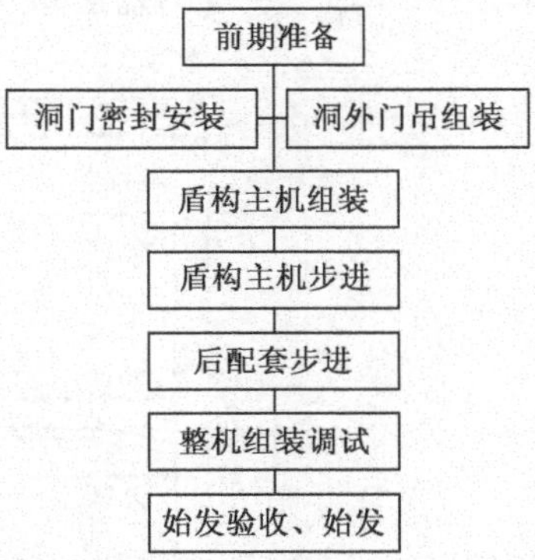

图 14-72 步进施工的整体工作流程图

①步进施工力学计算

a. 复合式 TBM 主机顶升力计算

根据复合式 TBM 初步设计参数，全部组装好的主机总重约 300t 左右，外加步进小车及钢板约 20t，需要顶升的总质量取 G=320t。考虑到顶升时主机的平衡，换步作业时选用 4 台油缸同时对主机进行顶升，那么每台油缸最低的推力为 320t/4=80t。实际施工时选用 4 台 100t 液压油缸。根据施工要求，在平移换步作业底部钢板向前移动时，复合式 TBM 主机和步进小车应处于被顶升状态，不能与钢板接触，因此顶升油缸的伸缩量可取为 300mm。

b. 复合式 TBM 主机前进推力计算

按照施工方案，需在油缸推力作用下向前移动的部件包括复合式 TBM 主机和步进小车，其总质量 G 按 320t 进行计算。步进的阻力主要考虑步进小车在底部钢板上的滑动摩擦力，其理论值按照下式计算：

$$f=\mu G\cos\theta=48.25(\mathrm{t})$$

式中：f——理论滑动摩擦力；

μ——动摩擦因数，钢与钢之间的摩擦因数无润滑状态取 0.15；

G——正压力,该方案中,即为复合式 TBM 主机与步进小车总质量;

θ——坡度夹角,该方案中,取 $\tan\theta=0.002$。

实际施工时,考虑到钢板的变形和其他因素造成的摩擦力增大,为保证油缸提供的推力能够满足要求,进行设备配置时按安全系数 2.0 考虑,即推进总阻力为 48.25×2.0=96.5(t)。考虑到推进水平力的平衡和推进方向的控制,选择 2 台液压油缸进行推进作业,那么每台油缸最低的推力为 96.5/2=48.25(t)。实际施工时选用 2 台 60t 的液压油缸。由于步进距离较长,且底部钢板移动困难,因此应尽量减少钢板的移动次数,相应地选择伸缩长度较大的液压油缸。同时,该工程步进通道的曲线半径较小,复合式 TBM 主机和步进小车在前进中的调向具有更高的操作难度,而液压油缸的最大行程越大,对调向操作越有利。基于以上考虑,选择伸缩量为 2000mm 的液压油缸。

②主机步进前准备工作

a. 制作步进小车

步进小车根据线路高程和线路走向参照始发架进行设计制造,并在底座焊接 δ20 钢板,以便保证步进小车与钢轨的接触面积和滑动顺畅。步进小车结构如图 14-73 所示。

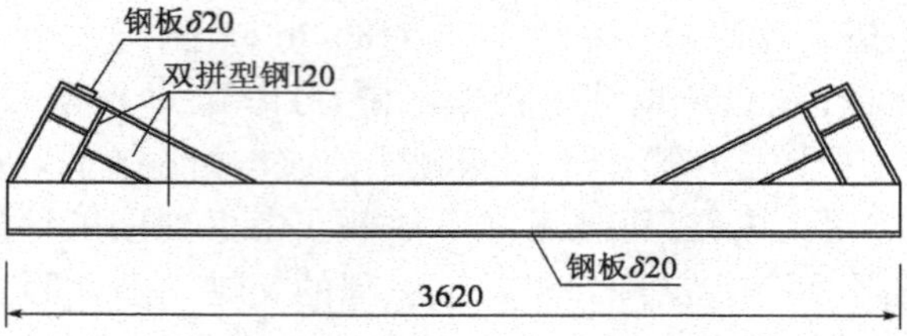

图 14-73 步进小车结构示意图

b. 洞内底板的准备

洞内底板的准备工作主要包括:洞内底板的平整和铺设钢轨、钢板,为复合式 TBM 主机步进小车提供平整且强度足够的滑动面。为便于钢板的移动,在平洞或正洞内安装一台拉力为 2kN 的卷扬机。由于平洞为曲线隧道,为了便于底部钢板的移动,在平洞内右侧靠底板处多处设置牵引转向点,在复合式 TBM 主机步进之前确定卷扬机的安装位置,并安装固定好卷扬机。小车底部钢板为 δ20 钢板,钢板上每隔 500mm 焊一块反力座底板。具体的铺设方法见图 14-74。

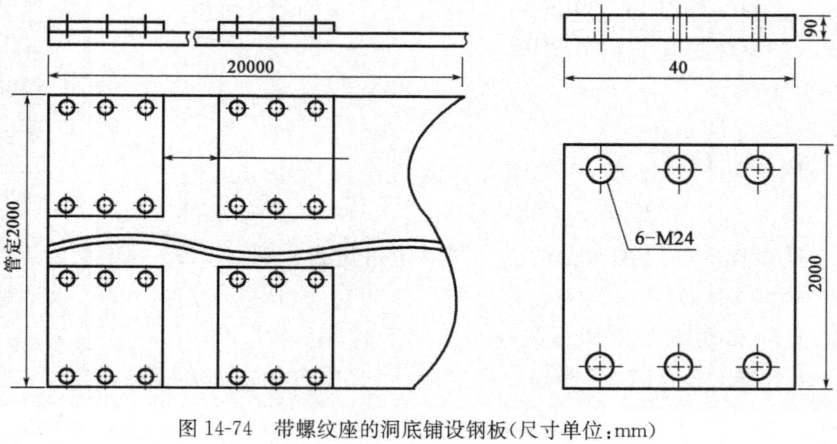

图 14-74 带螺纹座的洞底铺设钢板(尺寸单位:mm)

c. 复合式 TBM 主机洞外组装

待人员、场地和材料准备完毕后,开展复合式 TBM 的进场和组装工作。主机组装前将步进小车直接放置在铺设好的钢轨上,然后按照以下顺序进行组装。组装时后配套与主机之间的所有管线均不连接,待复合式 TBM 主机定好位及后配套到位后,再进行连接和调试。

(a)前体、人仓安装:在起吊前体之前,先将人仓吊安装于前体之上,再在两台 300t 汽车吊配合下由平放翻转至立放，然后撤除翻身吊机的吊具，由另一台汽吊缓慢吊送到步进小车上。前体在起吊前将两根软绳系在其两侧，向下吊运时，由人工缓慢拖着，防止前体扭动。前体停放在步进小车上后，进行旋转角度的测量及调整。

(b)中体安装：在起吊中体之前安装好管片吊机支撑及行走梁，翻转及安放同前体一样。吊送到步进小车后与前体对位，安装中体与前体的连接螺栓，并预紧、坚固。

(c)刀盘安装：刀盘翻转及下井同前、中体一样。安装好密封圈，送到步进小车上与前体对接后，紧固连接螺栓。

(d)管片拼装机安装：首先安装拼装机梁，然后将拼装机吊送至支撑梁上安装位置，再进行螺栓连接、紧固。

(e)螺旋输送机安装：首先将螺旋输送机的螺旋杆收回圆筒内，总长为14m左右。由两台吊车配合大倾斜角度，将前端头下至接近拼装机底时，用手拉葫芦将前端头吊在主机内预先焊接好的吊耳上，这样可以撤除前端头的吊机；手动葫芦将底端向刀盘方向拉近，同时吊车根据需要移动，螺旋机沿管片安装机内空间缓慢移至前体，直到用10t的手拉葫芦更换下另一个吊点。前端头圆筒处的法兰与前体对接，安装密封和紧固连接螺栓。

(f)盾尾安装：用汽车吊将盾尾安装好密封圈后，再与中体对接，注意铰接油缸的对位。

d. 复合式TBM主机固定

用钢板将复合式TBM主机壳体之间相对有活动部分焊接成一体，再用A3钢板(300mm×300mm×30mm)每隔一定距离、按一定角度把复合式TBM主机与始发台焊接成整体，防止步进作业时，复合式TBM主机相对步进小车发生扭转和滑移，从而酿成事故。

e. 主机步进准备

在步进小车尾部焊接两个步进支承座，在场地铺设的钢板上安装步进反力座，同时准备一级2×60t的油缸以用于复合式TBM主机步进。为便于在步进小车下部安放钢板、滚轴及步进时调整方向，在复合式TBM主机两侧焊接4个100t油缸支撑座，分别把4台油缸连接在支撑座上，在需要时把复合式TBM主机顶升抬起。推顶主机前进的液压泵站放置在盾尾内或步进油缸与盾尾之间，同时准备8根足够长的高压油管。为便于复合式TBM步进过程中的调向，准备ϕ80mm、长500mm的圆钢以备使用(图14-75)。

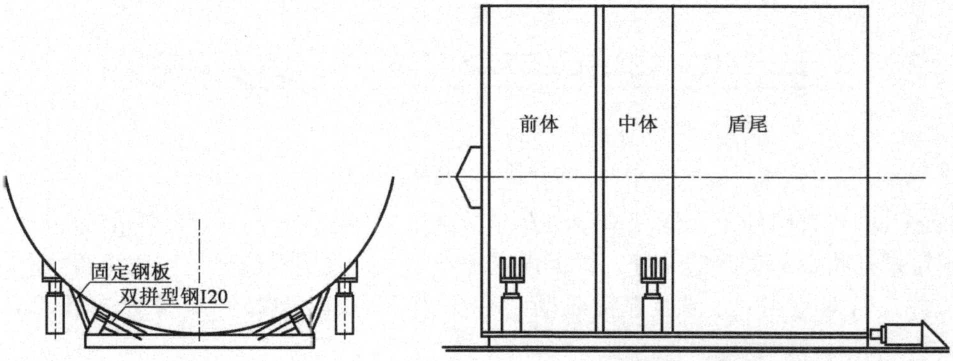

图14-75 主机固定和步进准备

③主机步进施工

a. 钢板的放置

复合式TBM主机步进之前，需先在步进小车底部安放钢板。将4台100t液压千斤顶的油管及泵站电源接好，检查无误后开启液压泵站，把单台顶升液压千斤顶油缸均匀、平稳地伸出至支撑面，同时计录好此时的泵站压力，并以此压力值作为参考，将其余油缸均伸出与反力座接触。待全部油缸调整好后，同时操作4台油缸慢慢顶升复合式TBM主机。然后，在步进小车底部放置钢板，再收放好泵站、油管及油缸。

b. 步进作业

首先将 2 台 60t 的步进油缸及反力座安装好，再将泵站、油管及油缸连接好，并安装到位。经过市场调研，目前难以找到与该工程步进设备相匹配的防爬器作为油缸反力座，同时钢轨面上也不便安装或焊接反力座。经过科研攻关，课题组自主研发了一种利用钢轨及辅助构件提供反力的装置。该反力装置的使用原理，是在已经铺设好的轨道上，再重叠放置一根钢轨，利用专门设计的固定板和中间夹板，将上、下两条钢轨临时固定成一个整体。步进小车连同复合式 TBM 主机在下部钢轨上滑行，千斤顶支撑在上部钢轨的端头，从而由上部钢轨提供步进反力，并将该反力通过固定板和中间夹板传递至下部钢轨。该反力装置的特点是结构简单，便于制作和拆装，可以随着步进小车向前滑行而不断向前移动。固定板和中间夹板的结构如图 14-76、图 14-77 所示。

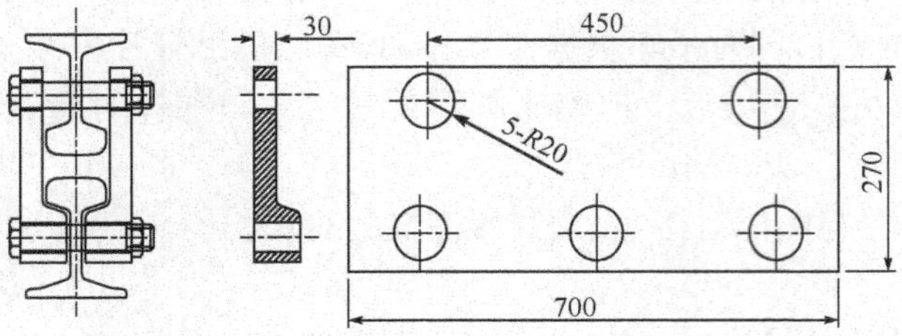

图 14-76　固定板结构设计图(尺寸单位:mm)

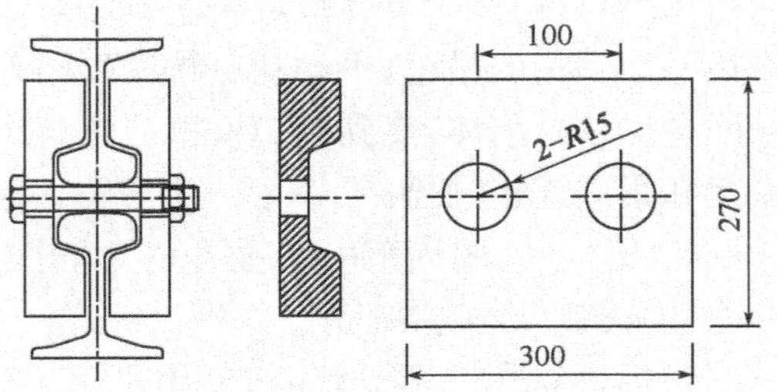

图 14-77　中间夹板结构设计图(尺寸单位:mm)

待设备安装就绪，按照以下步骤进行复合式 TBM 主机步进：

(a)启动泵站，依次开启两边的步进油缸，使油缸伸出顶紧步进小车上的步进挡板，使 2 台步进油缸压力尽量一致，然后同时开动两边的步进油缸，推动复合式 TBM 主机前进，直至步进油缸伸至尽可能长，且满足技术要求的位置，具体如图 14-78 所示。

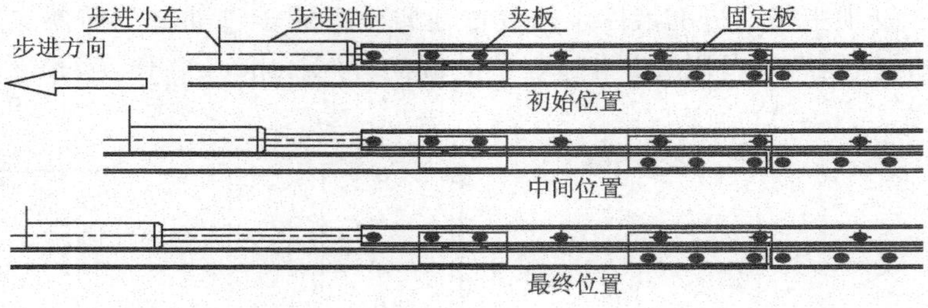

图 14-78　步进油缸顶推过程示意图

(b)将油缸缩回，松开钢轨上面固定板(反力座)处的固定螺栓，将上部钢轨向前移至合适位置，重新用固定板和固定螺栓将上部钢轨安装好。根据固定板与油缸距离增设或调整中间夹板，使夹板间距保持为约 1000mm 并左右对称，以防止上部钢轨受力变形发生危险，同时影响复合式 TBM 主机的正常步进。

(c)重复(a)、(b)步骤，使主机和步进小车前移至尽可能靠近底部钢板前端的位置。

(d)换步作业。按照放置底部钢板时的操作方法，用顶升油缸将复合式 TBM 主机及步进小车缓慢顶起，使其脱离底部钢板约 1cm，如图 14-79 所示。然后用卷扬机或手动葫芦把钢板前拖，直至步进小车尽量靠近钢板尾部，且满足步进油缸工作要求的位置。在拖动钢板纵向位置到位后，调整钢板的横向位置，然后收起千斤顶，使复合式 TBM 主机连同步进小车落到钢板上。

通过步骤(a)～(d)的循环，即可使复合式 TBM 不断前移，直至到达始发位置。前移过程中如果阻力偏大，可采用钢板之间涂油脂或加放圆钢的方法，以降低阻力。复合式 TBM 主机步进作业现场实景如图 14-80 所示。

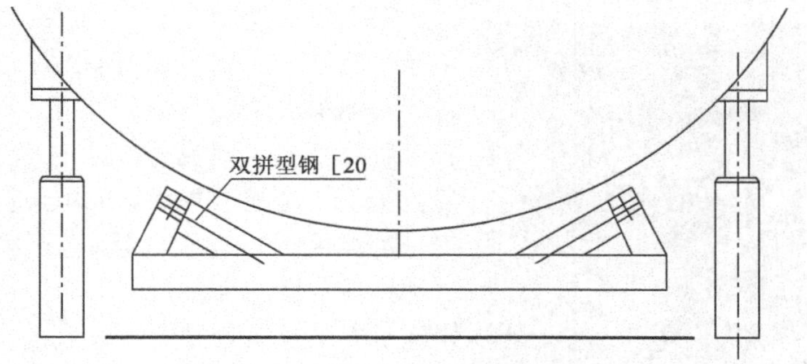

图 14-79 复合式 TBM 主机顶升作业示意图

图 14-80 复合式 TBM 主机步进作业现场实景

c. 复合式 TBM 的步进调向与纠偏

平移过程中，步进小车必须随步进通道的转弯而调向。同时，由于施工误差，复合式 TBM 和步进小车在前进时偏离预计中心线也是不可避免的，此时需及时采取有效措施，调整主机和步进小车的前进方向。经广泛的资料调研和施工现场进行的多次实验，总结出三种行之有效的调向与纠偏方法：

(a)利用单边的步进油缸在步进过程中进行调向。此时根据调整方向，选择单边油缸动作，另一边油缸停止或慢伸，使步进小车在不平衡水平力作用下实现转弯。

(b)利用滚轴进行调向。滚轴的安放方法与安放钢板的方法相同，先用顶升油缸顶起步进小车，改变滚轴的方向，使每一根滚轴都正对拟转弯的方向，然后再收回顶升油缸，用单边步进油缸缓缓推进，并随时调整方向。

(c)在复合式 TBM 主机侧面用千斤顶进行调向。利用边墙提供反力，在复合式 TBM 主机侧面，用千斤顶推动步进小车进行调向，此时步进小车底部的钢板也要作相应移动。

在三种方法中，方法(a)适合转弯角度较小的情况，方法(b)适合转弯角度较大的情况，一般情况下，可用将方法(a)、(b)结合使用，以解决问题。如果(a)、(b)方法达不到作业要求时，采用方法(c)。

d. 主机始发定位

主机步进到位后，利用 2 个 200t 和 2 个 300t 油缸，将主机及步进小车抬升，抽出底部钢轨及轨枕，并根据测量技术交底，对小车及主机进行定位。

e. 后配套步进施工

后配套设备采用有轨运输方式完成平移，由电机车提供平移动力。用于主机步进的轨枕尺寸满足后配套的步进要求，因此无须为后配套拖车另行铺设钢轨，只须移铺外侧钢轨放入电机车轨线位置即可。具体如图 14-81、图 14-82 所示。

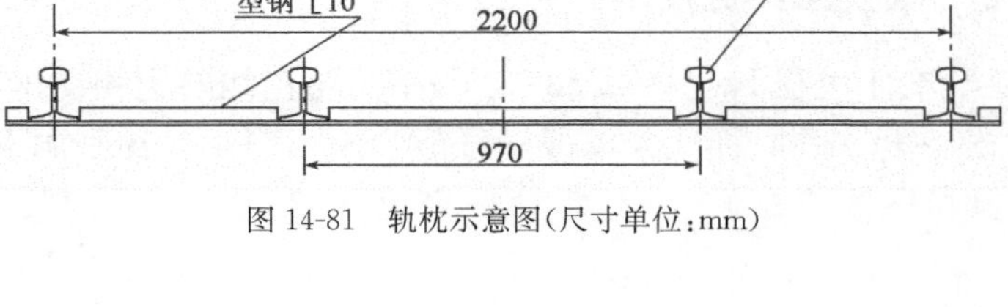

图 14-81 轨枕示意图(尺寸单位：mm)

图 14-82　钢轨铺设实景

根据隧道设计要求,为了便于施工,始发位置与后配套拖车处于同一水平面,但根据复合式 TBM 施工要求,后配套拖车水平面与始发架位置有一定高度差,因此时需将后配套拖车抬高到要求位置。根据高差要求,同时为了实现快速施工并降低成本,选用型钢加工字钢结构,按一定坡度进行铺设调整,直至第 1 节拖车前端行走钢轨达到设备设计高差要求。变坡情况如图 14-83 所示,具体施工方法及实景见图 14-84、图 14-85。

轨道铺设完成后,在 1 号拖车上焊接加装一个横梁作为牵引设备的连接点,利用电机车直接将 1 号拖车和设备桥牵引至设备桥前端安装位置,利用支洞顶预埋点或盾尾上焊接的吊点,将设备桥与主机连接,再将其他后配套拖车牵引到位。由于步进通道转弯半径太小,后配套拖车无法进行整体牵引,因此分节进行牵引,在三岔口将设备桥与 1 号拖车拼装到位,再进行依次安装。

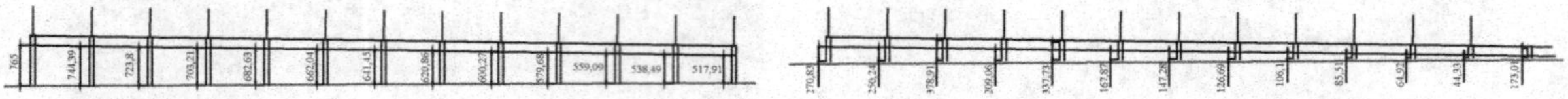

图 14-83　变坡示意图

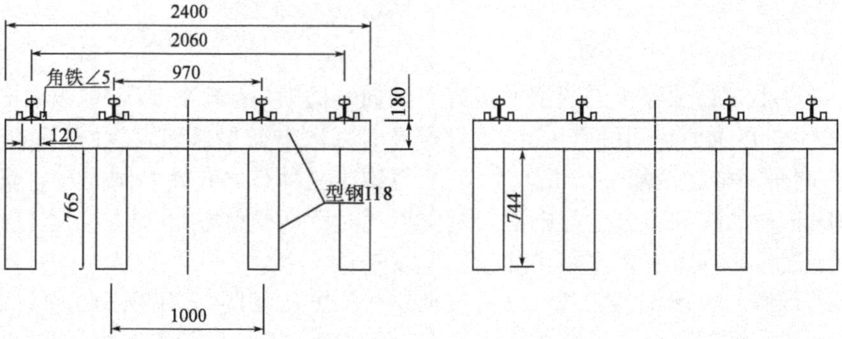

图 14-84　变坡轨枕示意图(单位:mm)

(3)步进施工效果评价

1 号和 2 号复合式 TBM 于 2010 年 8 月 28 日开始步进作业,作业流程为:首先完成 2 台主机的步进,然后进行 2 套后配套拖车的步进。由于施工初期经验不足,1 号、2 号复合式 TBM 的步进作业时间较长,总计耗时 23d。3 号和 4 号复合式 TBM 于 2010 年 10 月 23 日开始步进作业。在总结 1 号和 2 号复合式 TBM 的步进经验后,本次作业的顺序调整为首先完成单台主机与后配套拖车的步进,再完成另一台复合式 TBM 的步进作业。最终,3 号复合式 TBM 耗时 14d 步进到位,4 号复合式 TBM 仅耗时 12d 步进到位,单日最大步进距离超过 100m。

图 14-85　变坡轨枕实景

14.4.3　支洞进正洞变断面施工关键技术

1 号平洞与正线隧道相交于里程 K2＋342.837,3 号平洞与正线隧道相交于里程 K2＋699.944。由于平洞设计净空为 8m(宽)×8m(高),而交叉口段正线隧道断面净空都比平洞大得多,从平洞施工进入正线隧道时,需进行挑顶和反挑顶施工,施工难度大,工艺复杂,安全风险高。同时,为了便于复合式

TBM从平洞进入正线隧道时的步进作业，使复合式TBM主机和后配套设备在通过交叉段时无需作较大角度的转弯，平洞与正线隧道在平面上采用了小角度斜交的方式，两隧道之间存在一段小间距段，施工时小间距段的中隔墙、洞室转角部位和变截面部位的应力分布情况较为复杂，施工稳定性和安全性存在极大隐患。针对这一部位的施工，需对变断面隧道施工方法和不规则洞室稳定性控制技术进行研究，以保证施工安全。

1)交叉段施工方法选择

(1)挑顶施工方法要点分析

从小断面支洞进入大断面正线隧道的交叉口段施工中，挑顶与反挑顶是作业难度较大、安全风险较高的工序之一。其中，过渡段的结构净空、支洞与正线隧道的交角等因素都是制约挑顶施工安全和进度的先决条件，也是制订施工技术方案的一个瓶颈。就当前隧道工程的发展现状来看，由支洞(包括斜井和平洞等)进入正线隧道的挑顶施工方法很多，总体上可分为垂直挑、斜向挑两大类，而具体方法的选择，同工程的结构设计和地质条件均有很大关系。通过广泛调研，对各种挑顶方法的特点、技术发展情况及其对该工程的适用性进行综合分析，确定采用斜向挑顶法。其中，以下几种挑顶施工方法技术工艺较为成熟，适合该工程的地质条件、结构特点与施工环境。

①施工通道导坑挑顶法

施工通道导坑挑顶法是在施工通道内(平洞或斜井)开始挑顶开挖。在施工通道开挖至距大小断面分界面一定距离时，即开始施作过渡导坑。过渡导坑横断面形状尺寸一般与施工通道相同，其起点断面的顶部标高与施工通道该处断面一致，然后不断抬升，终点断面衔接至大断面开挖界限，断面顶部标高一般同正线隧道的大断面在该处的开挖限界设计顶标高一致，从而实现挑顶目标。考虑到正线隧道临时支护方式和设计初期支护方式之间切换时的技术方案要求，导坑终点断面的顶标高会略高于正线隧道断面的开挖限界设计顶标高，然后在超出设计高度的空间采取相应的支护措施，将围岩压力稳妥地传递至正线隧道设计初期支护结构。为保证交界面附近区域洞室结构稳定，导坑尾段的初期支护应适当加强，加强段长度和支护参数可根据相应的计算结果进行确定。

导坑初期支护完成后，以导坑终点断面为基础，进行正线隧道交叉口段上部的开挖施工。该部分的底面标高与导坑终点断面一致，临时支护参数可参照导坑加强段。待上部开挖完成后，以正线隧道的设计初期支护方式，取代上部开挖施工过程中采用的临时支护方式，然后进行正线隧道交叉口段和施工导坑段的落底施工，向下开挖至设计标高。待正线隧道交叉口段全断面形成后，再按照常规的隧道施工方法，向两端进行区间隧道的开挖施工。

施工通道导坑挑顶法的作业方法与流程见图14-86。

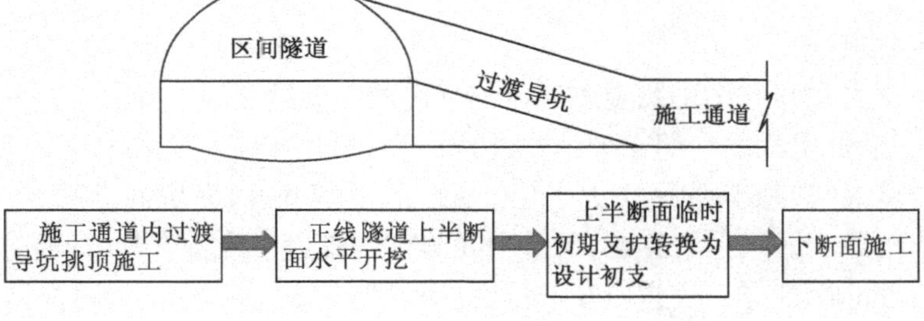

图14-86 施工通道导坑挑顶法施工示意图

②交叉口导坑挑顶法

交叉口导坑挑顶法是在交叉口范围内施作过渡导坑，进行挑顶和反挑顶施工。过渡导坑的起点断面为施工支洞与正线隧道的大小断面分界面，断面形状和顶标高同施工支洞终点断面一致，随后不断抬升开挖至正线隧道对侧端墙，导坑终点断面顶标高与正线隧道交叉口段中线顶部标高一致。同施工通道导坑挑顶法类似，按照这一方法进行挑顶施工，施工支洞尾段应设加强段，加强初期支护，以保证断面分界处的结构稳定。过渡导坑的临时支护形式与施工通道加强段相同。过渡导坑开挖完成后，由导坑终点向起点进行反挑顶施工,逐步将正线隧道上半断面按设计开挖成型,反挑顶施工过程中逐榀拆除过渡导坑的临时支撑结构,若施工台架高度不够时,可采用垫渣的方式解决。待正线隧道上半断面成型,立刻按照设计要求,施作初期支护,并进行落底施工,开挖至设计底标高以形成正线隧道全断面。然后,按照常规的隧道施工方法向两端进行区间隧道的开挖施工。交叉口导坑挑顶法的作业方法与流程参见图 14-87。

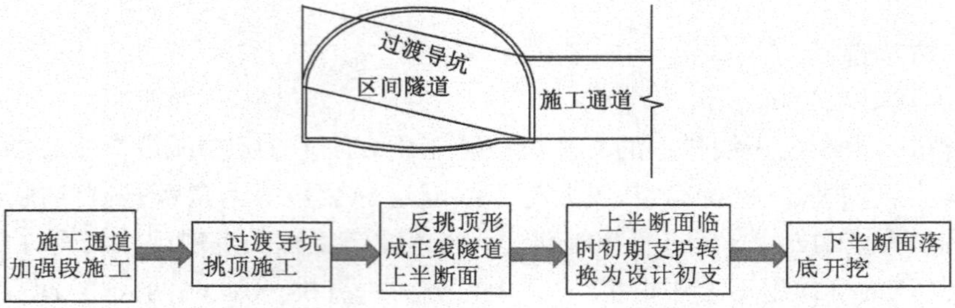

图 14-87 交叉口导坑挑顶法施工示意图

③交叉口半断面挑顶法

交叉口半断面挑顶法是在正线隧道交叉口段直接进行挑顶施工。按照该方法进行施工,首先应对施工通道尾段进行初期支护的加强,再在施工通道终点直接对正线隧道的交叉口段进行挑顶开挖,同时向两侧扩挖,到达正线隧道中线位置时,正好开挖至正线隧道的设计顶标高,此时挑顶完成。然后,由正线隧道中线位置向施工通道终点进行反挑顶,以逐步形成隧道半断面。待半断面形成后,即可按设计的初期支护方式架立半断面的型钢拱架,中线位置可采用密排型钢拱架的方式提供临时支撑,以保持半断面隧道空间结构稳定。继续开挖另一半断面,直至形成正洞全断面,此时可施作另一半断面的初期支护结构,使拱架封闭成型,并拆除中线处的临时支撑。最后,按照常规的隧道施工方法向两端进行区间隧道的开挖施工。交叉口半断面挑顶法的作业方法见图 14-88。

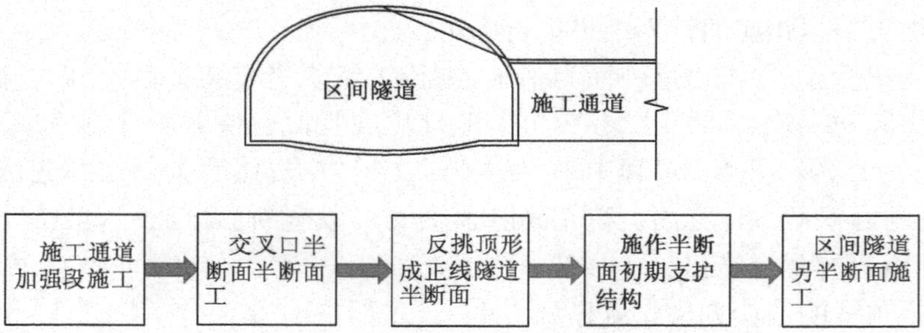

图 14-88 交叉口半断面挑顶法施工示意图

④正线隧道导坑挑顶法

正线隧道导坑挑顶法是开挖至正线隧道内再进行挑顶和反挑顶施工方法。同其他几种方法类似,挑顶施工前,首先对施工通道尾段的初期支护结构进行加强,再从施工通道终点至正线隧道中线位置施作一段转弯过渡导坑,导坑的转弯半径一般设为正线隧道的半幅宽度,导坑断面形状尺寸及支护结构与施工通道加强段一致。待导坑转入正线隧道,导坑中线与正线隧道中线重合后,开始进行上坡开挖,直至上坡段导坑的终点断面顶部标高与正线隧道在该位置的设计顶标高重合,然后再向两侧进行平坡的扩挖,并形成正线隧道的上半断面,此时过渡导坑施工完成。之后,再从过渡导坑的终点向交叉口进行反扩挖、反挑顶施工,施工过程中逐榀拆除导坑临时支护结构,施作正线隧道的设计初期支护结构。最后进行本段下半断面的开挖,形成全断面后,再按照常规的隧道施工方法向两端进行区间隧道的开挖施工。正线隧道导坑挑顶法的作业方法见图 14-89。

(2)施工方法的选择

施工方法通常包括施工通道导坑挑顶法、交叉口导坑反挑法、交叉口半断面挑顶法及区间隧道导坑反挑顶法四种。从开挖成型效果、施工难度、安全系数、施工干扰、资源投入、适用条件等方面对四种方案进行技术和经济指标对比，具体比较结果见表14-21。

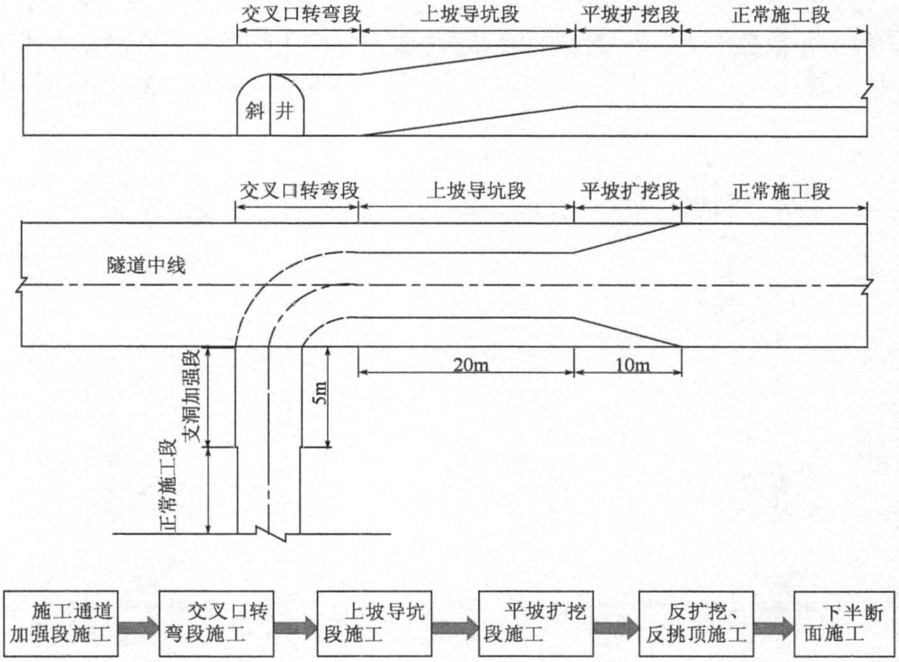

图14-89 正线隧道导坑挑顶法施工示意图

四种施工方案技术经济指标对比 表14-21

技术经济指标	施工通道导坑挑顶法	交叉口导坑反挑法	交叉口半断面挑顶法	区间隧道导坑反挑顶法
开挖成型效果	较好，技术性超挖较大	反挑顶时成型效果较差	较差	较好
施工难度	很小，易控制	一般	较大，不易控制	较小
安全系数	较大	一般。拆除临时支撑时，安全风险较大	安全风险大	较大
施工干扰	很小，基本无影响	很小	较小	较大。转换工序时，齐头停工时间较长
资源投入	较大，技术性超挖和临时支护量较大	较少	很少	临时支护量非常大
适用条件	各级围岩	自稳性较好的Ⅳ级以上围岩	自稳性好的Ⅲ级以上围岩	各级围岩

从表14-21的比较来看，施工通道导坑挑顶法施工开挖成型效果较好，施工难度很小，各工序之间的施工干扰较小，适用范围较广，虽然资源投入相对较大，但考虑到工期要求和安全要求，仍然是最合理的施工方法，该工程最终采用施工通道导坑挑顶法。

2)变断面地下洞室稳定性控制技术

(1)隧道小净距段施工控制技术

由于步进通道与正线隧道以小角度进行交叉衔接，因此两隧道交汇处存在一段小净距段，而这一段也是支洞进正洞的变断面施工的难点之一，直接影响地下洞室的稳定性和施工安全。在小净距段的施工中，两隧道之间的中夹岩柱(见图14-90、图14-91阴影部分)的稳定性控制又是保证施工安全的重点。由于中夹岩柱体较薄，且在施工过程中受到频繁扰动，当正线隧道作为后行隧道开挖施工时，中夹岩柱体易发生失稳坍塌，因此在施工时需采取特殊的处理措施。常见的处理措施是对中夹岩柱进行加固处理，而加固方式和加固时机则需经研究确定。从中夹岩柱力学分析的情况来看，对于Ⅳ、Ⅴ级围岩，中夹岩柱在未加固前都会产生蝶形塑性区，且会随着岩性的改变而发生变化，蝶形塑性区会由小到大，甚至贯通。及时采用正确的方式进行加固处理后，塑性区才会明显变小，乃至消失。对于Ⅲ级围岩，力学分析表明，即使采用全断面法开挖，一般也不会出现塑性区，但安全系数只略高于临界安全系数，因此也应对其进行加固处理。对于Ⅱ级围岩，如果中夹岩柱厚度达 4m 以上，则不需对中夹岩柱采取特殊的加固措施，依然可保证施工安全。

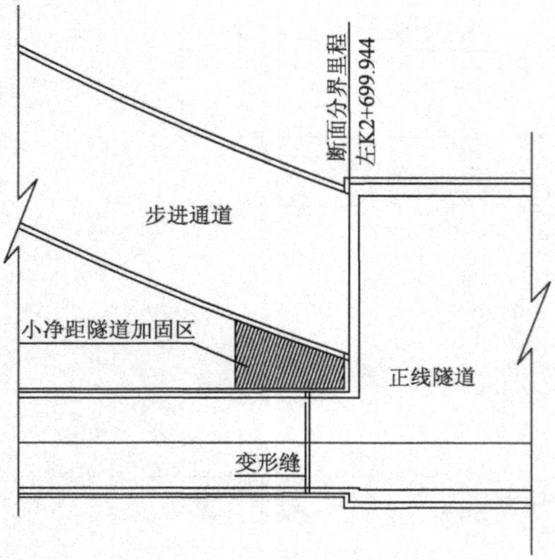

图 14-90　1 号步进通道与正线隧道交叉口平面图

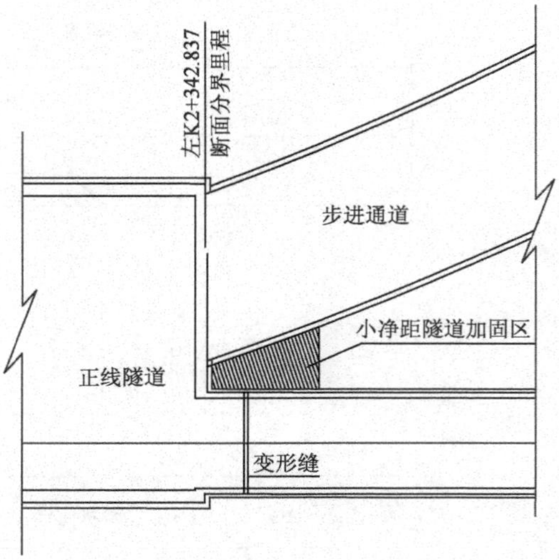

图 14-91　3 号步进通道与正线隧道交叉口平面图

目前，对于小净距隧道中夹岩柱的加固，人们在施工实践中总结出多种方法，如(预)注浆加固技术、系统锚杆加固技术、水平预应力对拉锚杆加固技术、预应力锚索技术等。同时，中夹岩柱也同其他部位的围岩一样，采取喷、锚、网、架设钢支撑等初期支护措施。

以上几种加固方法应视围岩状况而加以合理选择，如对于Ⅳ、Ⅴ级围岩，可采取注浆或系统锚杆和水平预应力对拉锚杆支护的方法，而注浆和系统锚杆不宜同时使用。对于Ⅱ、Ⅲ级围岩来讲，通常只选用水平预应力对拉锚杆对支护参数略加调整即可。在该工程实际施工时，选用注浆＋对拉锚杆的方式进行中夹岩柱的加固。采用 ϕ25mm 中空注浆锚杆作为对拉锚杆，锚杆设在断面直墙部分，锚杆长度为 4m，间距 1.0m×1.0m，错开布置，具体施作方式如图 14-92 所示。

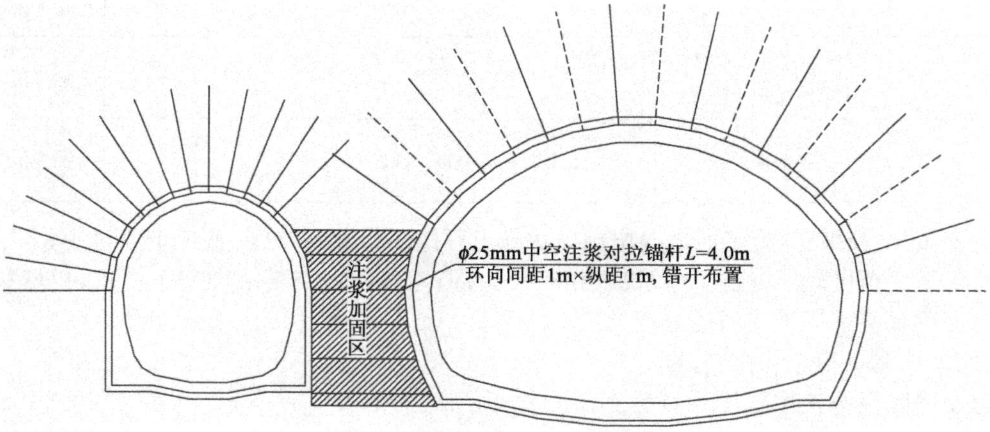

图 14-92　隧道小净距段中夹岩柱加固措施

除中夹岩柱加固外，先行隧道即步进通道在小净距段的初期支护结构也需得到加强。相关研究结果表明，在小净距隧道施工中，后行隧道的开挖会造成先行隧道周边围岩塑性圈扩大，而后行隧道自身周边一定范围内也会形成一个松动圈，严重时塑性区会贯穿整个中夹岩柱，从而对先行隧道的围岩稳定性造成负面影响。此外，由于后行隧道部位的围岩被挖空，先行隧道结构会失去原有的支护平衡，围岩将产生复杂的应力重分布，其受力特征主要表现为：先行隧道周围围岩松弛或松弛范围扩大，使支护结构荷载增加，支护结构和围岩向临空面拉升。步进通道加强段的初期支护，采用周边全环钻 ϕ100mm 孔取芯、核心静态破碎剂预裂、小型机具辅助人工开挖的方法，具体见图 14-93。

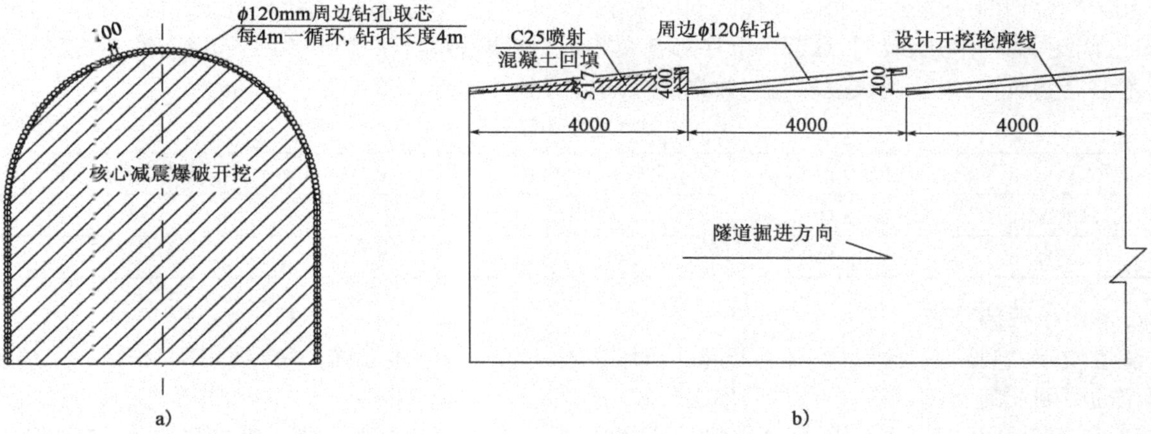

图 14-93 周边钻孔取芯、核心减震爆破开挖法示意图

注：本图尺寸单位除注明外，其余均以毫米计。

周边全环取芯相邻两孔位置间距为 10cm，每循环取芯长度为 4m，因钻机机身需要，在每循环作业时有一个大概 40cm 左右的加宽洞室，以保证钻机有操作空间，控制隧道周边欠挖，因此周边孔钻孔角度适当外偏，外偏角度为 5.7°，使每相邻两循环相交处有 40cm 的技术超挖量（该部位采用 C25 喷射混凝土回填）。核心采用静态破碎剂预裂、小型机具辅助人工开挖，每循环进尺为 2m。

（2）减震爆破技术

支洞进正洞的变断面段结构复杂，且存在着极易出现失稳坍塌的小净距段，保证洞室的结构稳定是该部位开挖施工的关键，而控制爆破震动对围岩和洞室结构的影响，则是保证结构稳定的关键。

①爆破设计技术要点

a. 钻爆开挖时，要防止爆破震动引起上方软弱土层的坍塌，危及施工安全和地面安全。

b. 由于局部隧道间距较小，在开挖过程中先行开挖的隧道易受后开挖隧道爆破震动的影响，甚至破坏，设计时应严格控制，避免出现这一状况。为避免爆破震动对洞室结构稳定造成危害，应采用减震、光面爆破措施。爆破作业遵循浅孔密布的原则，少装药、短进尺、多循环。小净距段施工时，严格控制光爆层的厚度、炮眼间距和装药量，尽可能减少临近隧道之间的扰动。

②减震开挖方法

掏槽区炮眼深度控制在 0.7～1.2m 左右，每炮循环进尺控制在 0.50～1.00m 左右。控制单段药量和爆破规模，以达到控制质点振速的目的。围岩较好、远离小净距段的部位，在结构安全有保障的前提下，可以将每炮循环进尺稍微加大，基本控制在 1.00～1.50m，以确保施工工期。在对爆破振速有严格要求的部位，为了控制振速并保证成型质量的前提下，均要采用预留光爆层，实现光面爆破技术。

③爆破技术措施

爆破震动强度主要与爆破器材、岩石波阻抗、地形地貌条件、爆破方式，以及爆心与震动测点的间距等因素有关。因此，降低爆破震动可从以下几个方面入手：

a. 选择合理的炸药品种：炸药品种对炸药的爆破震动速度有直接影响，根据工程地质和水文地质条件，该工程施工中在掏槽眼和辅助眼部位选用防水效果好的乳化炸药，在周边眼部位选用小直径低爆速的光爆炸药。

b. 选择合理的雷管起爆时差：设计爆破网络为孔内微差，孔外同段的非电微差起爆技术。导爆管一般跳段使用,使段间间隔时间大于 50ms,防止地震波叠加而产生较大的震动。

c. 选择合理的掏槽形式:爆破成功与否的关键在于掏槽水准的高低,同时掏槽也是产生最大爆破震动速度的主要震源。为了达到减震的目的,选用楔形+密排监控眼混合掏槽法,即充分利用楔形掏槽的易抛掷和减震作用,与贯通掏槽的贯通临空面,来最大限度地减轻震动。

d. 选择合理的钻爆参数:根据开挖断面的大小、部位、工程地质情况、周边环境条件等,选择合理的炮眼深度、间距、掏槽形式、装药量、起爆顺序等钻爆参数;炮眼采用线形布孔、线形起爆。注意提高装药质量和炮口堵塞质量,以达到减震和施工效果的预期目的。具体的钻爆参数见表 14-22。

钻眼爆破参数表 表 14-22

岩石种类	周边眼间距 E(cm)	周边眼最小抵抗线 W(cm)	相对距离 E/W	周边眼装药参数(kg/m)
Ⅳ级围岩	40~50	60~80	0.8~1.0	0.25~0.3
Ⅴ级围岩	35~45	50~70	0.7~0.8	0.15~0.2

e. 确定单眼装药量

隧道爆破,炮眼所在的部位不同,所起的作用是不同的。掏槽眼要求抛掷,掘进眼只要求松动,在掏槽部位的两侧及其上、下部位各部分的炮眼要求又不一样:侧部要求松动,上部要求弱松动,下部要求加强松动,周边眼则要求光面爆破,底板眼则要求用抛掷爆破的药量,否则可能底板爆破失败。所以各部位炮眼的装药量是不同的。

在该工程中,周边眼装药参数见表 14-22,而其他炮眼的装药量按下列公式进行计算:

$$q = kaWL\lambda$$

式中:q——单眼装药量,kg;

k——炸药单耗,kg/m^3,取 0.9kg/ m^3;

a——炮眼间距,m;

W——炮眼爆破方向的抵抗线,m;

L——炮眼深度,m;

λ——炮眼部位系数,参照表 14-23 选取。

中硬岩隧道炮眼部位系数 表 14-23

炮眼部位	掏槽眼炮	扩槽炮眼	掘进槽下部	掘进槽侧部	掘进槽上部	内圈炮眼	两台炮眼	底板炮眼
λ 值	1.5~2	1.0~1.2	1.0~1.2	1.0	0.8~1.0	0.5~0.8	1.2~1.5	1.5~2.0

f. 起爆顺序

爆破顺序为:掏槽眼、扩槽眼、辅助眼、周边眼拱部、周边眼直墙、底板眼。

④爆破震动监测

爆破施工过程中,需要根据爆破震速的监测结果及爆破效果来调整单段装药量等爆破参数。因此,爆破开挖期间,应在隧道掌子面后方,进行爆破震速监测。

a. 测点布置:实际爆破施工中,为了隧道初期支护结构的安全,隧道爆破时,在掌子面后方 30m 处隧道初期支护面上布置爆破震动监测点,分别设置水平和垂直向测点。将带有固定螺杆的钢筋钻孔埋设在初期支护结构中。

b. 监测仪器:爆破震动监测工作,采用的监测仪器为成都中科测控有限公司生产的 TC-3850USB 型爆破测震仪,该爆破测震仪具有轻便灵巧、抗震、抗电磁干扰、低噪声、高可靠性等特性,在公路、铁路、隧道、桥梁、采矿、地质勘探、水利水电工程爆破和国防科研中应用广泛,能够满足项目测试要求。

c. 控制基准:隧道结构的安全震速应控制在 2cm/s 以内。

d. 量测及计算:爆破前对爆破震动分析仪进行调试,爆破发生时由爆破震动分析仪的传感器拾起振动波,转化为电信号进行存储,然后输入计算机进行分析、处理,最后输出爆破震动波形及振动速度。

e. 爆破效果分析:每次爆破后均对爆破震速监测结果进行分析,根据结构调整爆破参数。实测爆破水平和垂直震速均低于 2cm/s,说明爆破设计参数合理,减震爆破措施得当。

3)变断面施工技术方案

该工程1号施工通道与礼平区间钻爆段斜交于里程K2+342.837,3号施工通道与平黄区间钻爆段斜交于里程K2+699.944。在这两个交叉口段的施工中,挑顶作业是保证施工安全的关键性问题。实际施工时,以新奥法基本原理为依据,妥善设计并合理利用临时支护系统,以“弱爆破、强支护、短进尺、勤量测、早封闭”为指导原则,分步开挖,及时支护,并对施工过程进行信息化管理,根据监控量测信息反馈指导施工,确保施工安全高效实施。

(1)隧道小净距段施工控制技术

线以1号施工通道与正洞交叉段的施工方法为例,进行分析和总结,3号施工通道与正洞交叉段的施工方案与此类似。

①施工通道加强段施工

施工通道从距终点里程5m开始,对初期支护进行加强:架设I25型钢拱架,拱架间距为0.5m/榀;拱顶、拱墙布设ϕ28中空注浆锚杆,间距1.0m×0.5m、长4m;挂双层ϕ8钢筋网@200×200mm;喷32cm厚混凝土。

②过渡导坑施工

1号施工通道开挖至7-7断面端墙位置时,以端墙位置为起点施工过渡导坑,导坑全长约20m,其起点里程为K2+342.837,底部设计高程为区间隧道7-7断面端墙位置底部高程(图14-94);终点里程为K2+323.282,顶部高程为终点位置7-7断面顶部高程。

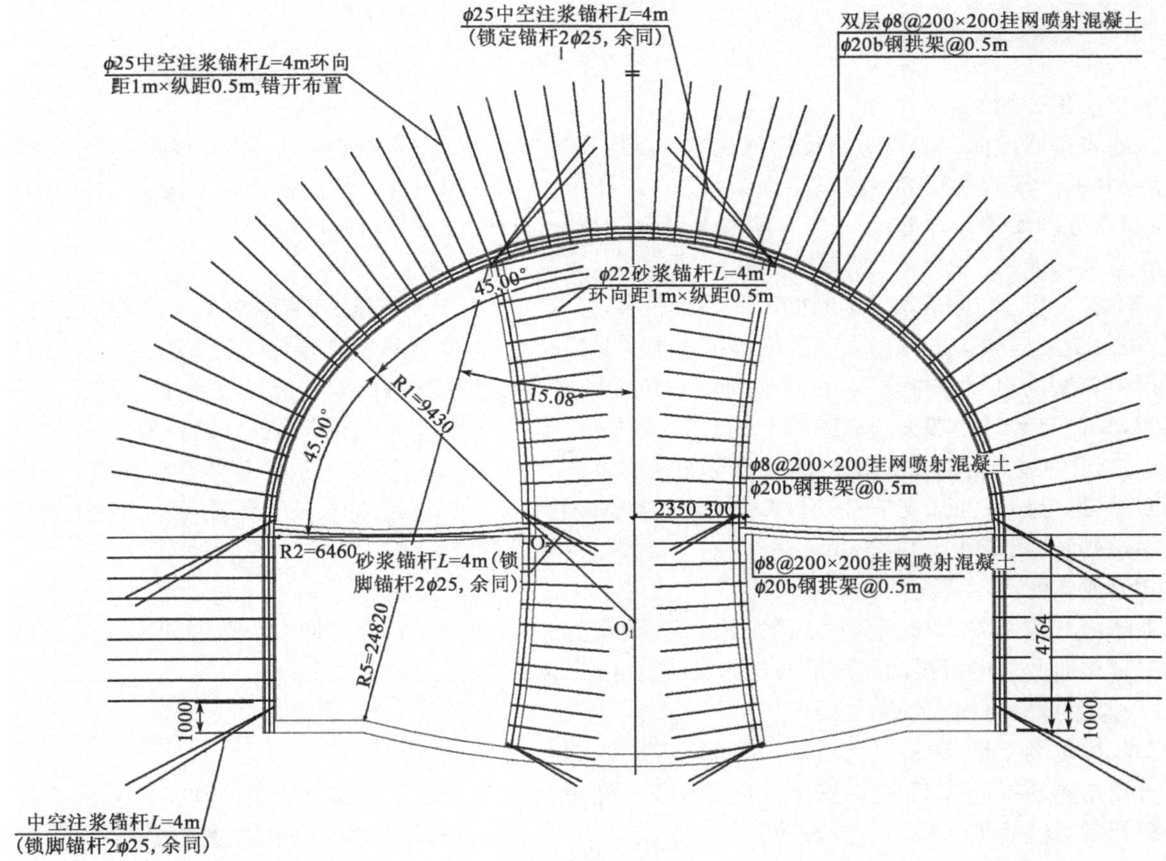

图14-94 断面初支结构图(尺寸单位:mm)

过渡导坑开挖采用直墙拱形断面,断面大小与1号施工通道基本一致,并根据导坑位置适当进行调整,防止导坑与区间隧道7-7断面上导坑冲突,造成超挖。过渡导坑采用矿山法全断面开挖施工,按喷锚方式进行临时支护,架设I25型钢拱架,拱架间距为0.5m/榀;拱顶、拱墙布设ϕ28中空注浆锚杆,间距1.0m×0.5m,长4m;挂双层ϕ8钢筋网@200×200mm;喷32cm厚混凝土。

③挑顶形成上断面

在过渡导坑施工到终点位置时,顶部高程与 7-7 断面顶部高程一致。在此基础上,对上半断面进行挑顶开挖和周边扩挖(图 14-95),形成 7-7 断面上半断面,然后按 7-7 断面的设计要求进行支护。隧道爆破前,将作业台架退回 1 号施工通道内避让。

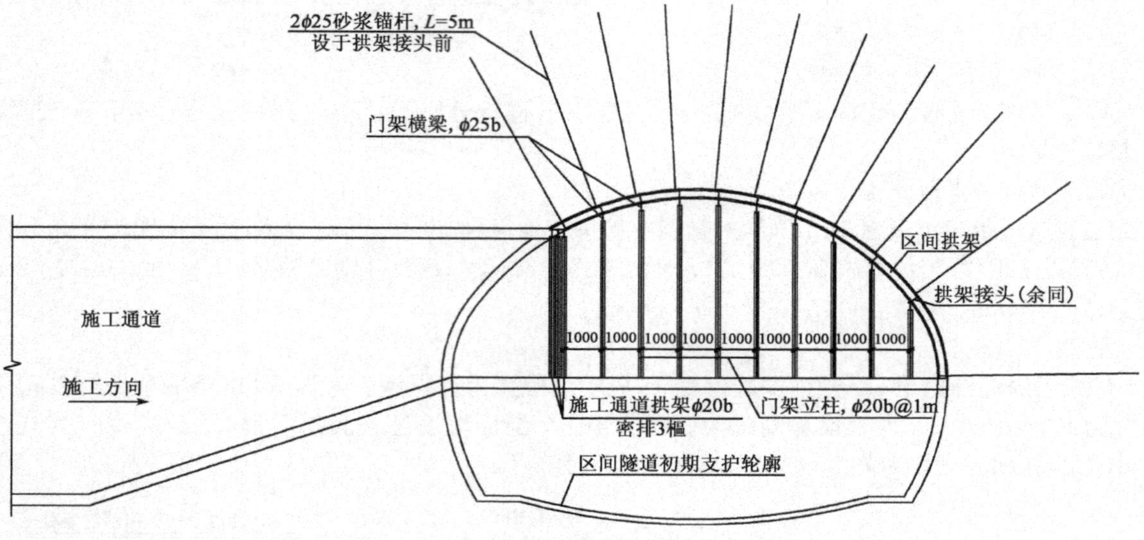

图 14-95 导坑挑顶施工示意图

④反挑顶开挖

从终点位置反向向起点进行反挑顶施工。反挑顶过程中,由于存在高差,在底部垫渣,以升高开挖台架,使斜井的开挖台架顶部距隧道拱顶 2m 左右,形成上断面开挖条件。然后根据始发段 7-7 断面结构尺寸,向起点方向反挑顶开挖,形成 7-7 断面上台阶。开挖时拆除过渡导坑临时支护。

⑤交叉口端头加固

1 号施工通道与始发段 7-7 断面尺寸差距较大,且施工通道与区间隧道斜交,对交叉口部位受力非常不利,需对交叉口端头进行加固。反挑顶施工至交叉口位置时,在拆除过渡导坑临时支护过程中,为使施工通道内斜交的拱架保持稳定,在交叉口端头位置密排 3 榀 I28 型钢拱架并浇筑混凝土,形成门式梁传力结构,并在交叉口处端头墙沿拱架外沿密排 3 排 4m 长 ϕ28 中空注浆锚杆锁口,锚杆间距为 0.5m×0.5m。施工中过渡导坑初期支护钢拱架与加强梁可靠连接,以保证受力体系的整体性。在整个交叉口端头面上,进行如下加强支护:采用 ϕ28 中空注浆锚杆@0.5×0.5m,锚杆长 4.0m;用双层 ϕ32 钢筋网进行加固,钢筋网间距@200×200mm。

⑥形成全断面

上断面开挖完成 20m 后,开始下断面开挖,形成全断面,然后开始施工仰拱。全断面形成后,再按照常规钻爆法向两端进行区间隧道的开挖施工(图 14-96)。

(2)监控量测与施工效果分析

①监控量测工作要点

监控量测是指导施工、确保安全的重要手段。通过施工前和施工中收集的数据和工程地质资料,及时分析判断爆破后围岩松动范围及围岩与初期支护受力的稳定状态,预测变形的发展趋势,预报险情,以指导安全施工,指导开挖作业与支护作业。在施工通道与区间隧道正洞交叉口地段进行挑顶施工,受岩体自身稳定及凌空面增多等客观因素的影响,围岩稳定性控制难度较大,因此监控量测成为保障隧道施工安全的关键措施,监控量测布点、量测及数据分析的工作相比隧道正常施工段,其标准及要求更高。施工通道与正洞形成的喇叭口,开挖断面大,作为施工通道放置时间长,围岩在应力重分布和应力释放的过程中,会引起支护结构产生位移、变形,直至支护结构破坏,危及隧道安全。因此,在施工中建立严密的监控量测,是保证安全的主要手段,同时也是调整支护参数的信息来源。监控量测的注意事项如下:

a. 隧道挑顶施工范围内，严格参照相应的隧道施工规范进行监控，专人负责；

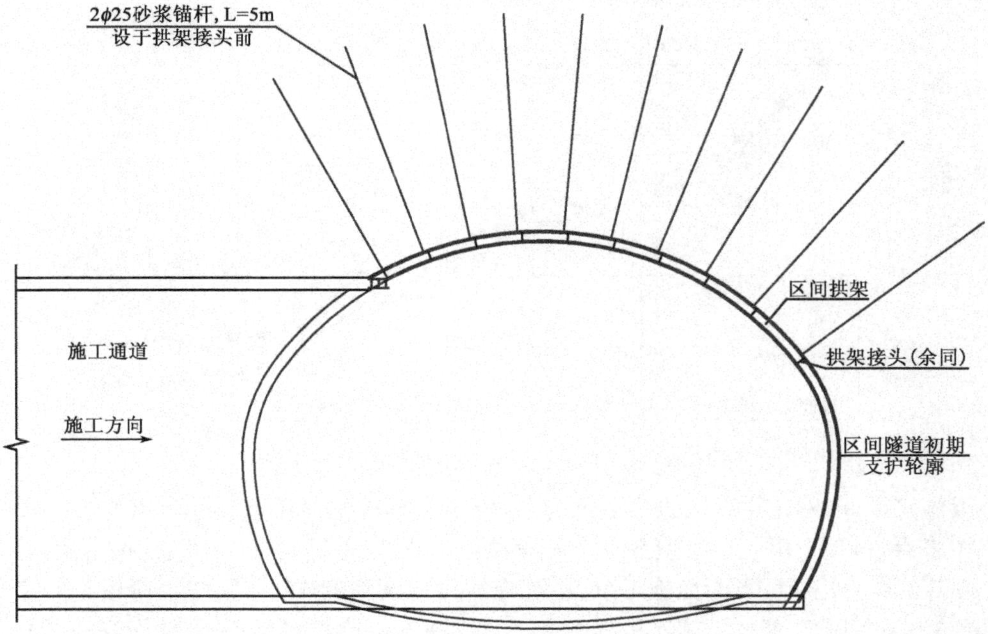

图 14-96　形成全断面施工示意图

b. 考虑围岩与初期支护变形的不同步性，采取围岩及初期支护同步监控的措施，无论拱顶沉降，还是水平收敛；无论围岩变形，还是初期支护变形超过规定值，立即按照专项方案进入应急管理；

c. 除采月仪器进行监测外，每日安排专人对初期支护面进行目测观察。监控过程中，连接板处作为初期支护的薄弱环节，是必须布点和目测观察的位置。

②监控量测的实施

a. 拱顶及收敛监测

根据支洞与正洞交叉口段的特点，重点针对交叉口段的拱顶沉降、隧道收敛、锚杆轴力、围岩压力等项目进行监测。

施工通道及正洞交叉口附近，每5m布设一组监测断面，每个量测断面各布置一个拱顶下沉测点和一条水平净空收敛量测基线(台阶法开挖时，在拱脚以上0.5m加测一条)。测点布置见图14-97。施工通道与始发隧道交叉部位量测断面加密到2m一组。根据有关规范、规程、设计资料及类似工程经验，该段监控量测水平收敛变形管理等级见表14-24。

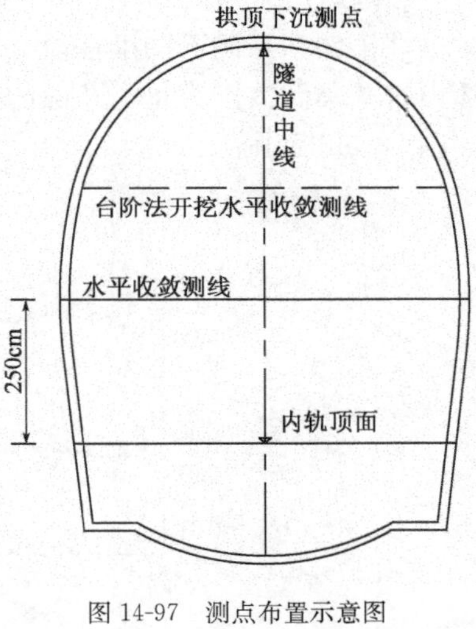

图 14-97　测点布置示意图

变形管理等级　　表14-24

管理等级	管理位移(mm)	施工状态
Ⅲ	$U<30$	可正常施工
Ⅱ	$30\leqslant U\leqslant 60$	应加强支护
Ⅰ	$U>60$	停工，采取特殊措施后，方可施工

在交叉口进行挑顶开挖施工期间，监测频率增至2次/d。在监测到变形速率较大的情况时，要加密监测频率。

b. 拱顶及收敛监测数据分析

由对施工期间拱顶及收敛变形的监控量测结果来看,拱顶交叉口及附近位置拱顶沉降及隧道周边收敛变形均小于－30mm。选取典型点绘制历时曲线图如图 14-98 所示。

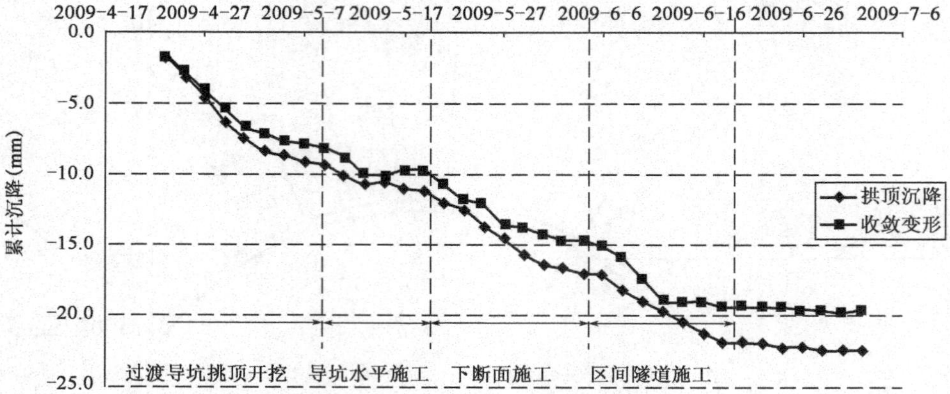

图 14-98　交叉口段导坑拱顶及收敛点变形历时曲线图

交叉口段施工期间,隧道主要以拱顶下沉为主,收敛变形较拱顶沉降要小。从交叉口处导坑拱顶沉降历时曲线图来看,拱顶下沉主要发生在三个阶段,第一个阶段是过渡导坑挑顶开挖阶段,沉降约占总沉降的 40%;第二个阶段是导坑下断面施工阶段,沉降约占总沉降的 15%;第三个阶段是交叉口处区间隧道施工,沉降约占总沉降的 25%。施工过程中交叉口段隧道保持在安全状况,初期支护结构未出现明显开裂,充分说明该工程经研究采用的施工通道导坑挑顶法是成功的,很好地控制了交叉口段围岩与初期支护结构的变形,保证了施工的安全。

c. 围岩压力监测

在支洞和正洞不同里程段共布设四个围岩压力监测断面(A、B、C、D),其中,B 断面因测点被施工破坏没有采集到数据。每个断面的拱顶和拱腰处各布置一个围岩压力计。各点围岩应力的时间历时曲线如图 14-99 所示。

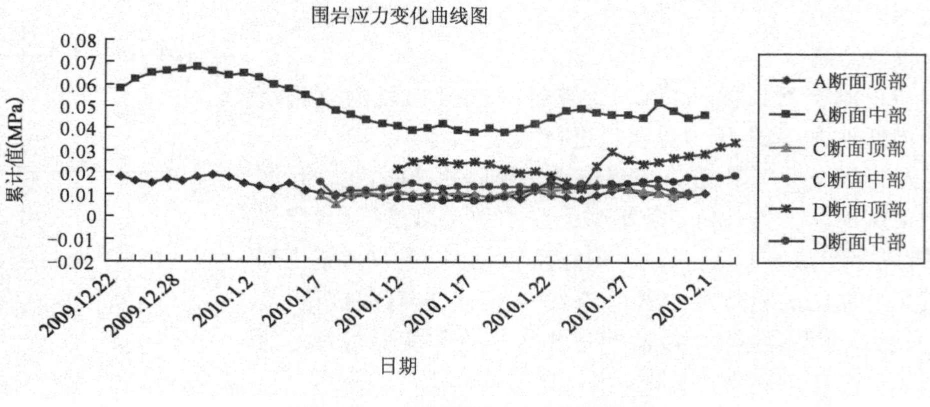

图 14-99　A 断面围岩应力变化曲线图

由围岩压力的时态图以及分布图可以看出:从围岩压力时态曲线上可以了解到在开挖掌子面到初期支护完成这段时间内,围岩压力的变化最快,很快即到达峰值,最终趋于平缓。三种不同位置条件下,断面拱顶和边墙的围岩压力基本相等,三者之间的差别非常小。正洞靠近支洞拱顶处(即初期支护拱腰部位)的土压力最大,拱顶处最大土压力的值只有 0.02～0.07MPa。支洞进入正洞挑顶施工采取了有效的施工加固措施,及时对初期支护结构进行封闭,使拱架和周边围岩及时形成完整的支护体系,有效地减缓了周边围岩的松动。

d. 锚杆轴力监测

为了了解在施工过程中围岩的内力变化情况,在支洞与正洞交叉口部位的支洞上布设监测点,监测锚杆轴力的变化情况。埋设了 4 组锚杆轴力计，分别布设在拱顶、拱肩、拱腰和拱底处，每组 3 个轴力计，分别设在隧道围岩 0.8m、2.2m、3.4m 深度处。各点锚杆轴力的历时变化曲线、轴力深度变化曲线分别如图 14-100、图 14-101 所示。

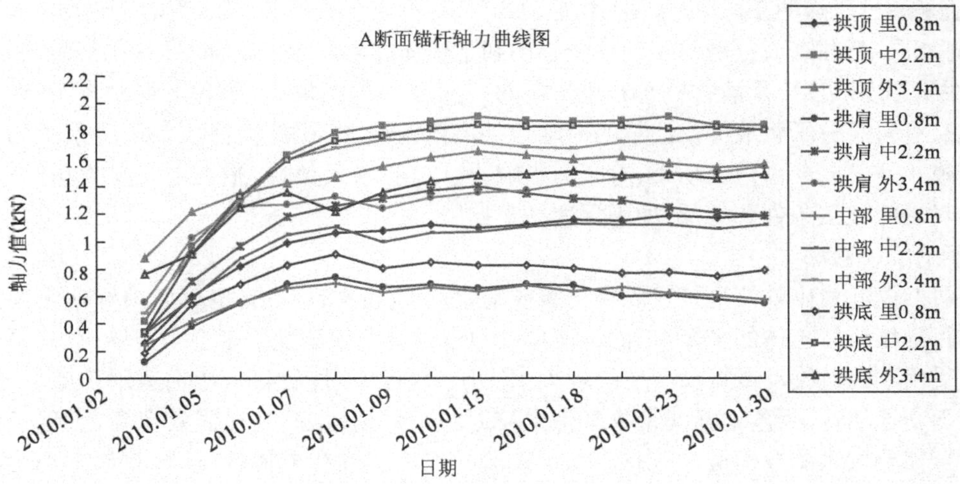

图 14-100 锚杆轴力历时变化曲线图

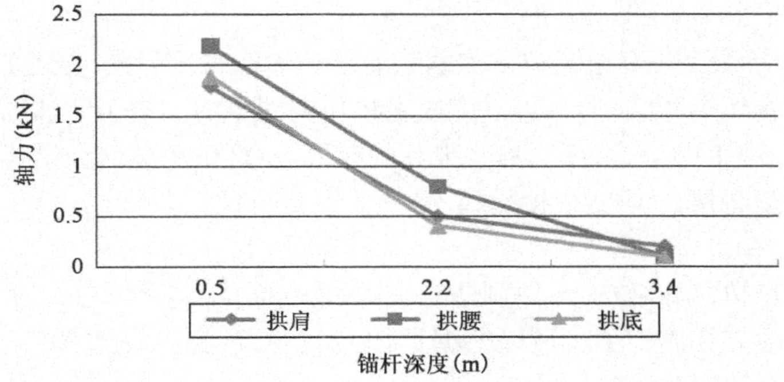

图 14-101 锚杆轴力深度变化曲线图

锚杆轴力历史变化曲线看出，离断面最近的围岩轴力最大，越远离断面围岩的轴力越小；由锚杆轴力时态曲线可以看出，围岩轴力按照距离断面的位置，越远值越小，在达到 3.4m 左右时锚杆轴力的值比较小。因此，在大于 3.4m 时，就可以基本不考虑围岩之间的压力。支洞施工期间锚杆长度设置为 4m 是合理的。

14.4.4 复合式 TBM 始发技术

1）始发端头加固技术研究

（1）端头加固的目的

进出洞时，存在塌方、涌水、地表沉降等安全隐患。为了避免由于变形、地表沉降引发的构筑物和埋设物受损，必须对始发端头进行加固。复合式 TBM 始发时，对端头加固的目的主要为：防止构筑竖井、始发井时对周边土体造成的扰动破坏，消除破除围护结构进出洞端墙时振动的影响，在盾构贯入掘削面前或进入竖井、车站端头前，能够使地层自稳并防止地下水涌出，降低对入口端围护结构端头墙的压力，防止因掘削面压力不足引起的掘削面坍塌（特别是对于泥水盾构），防止地表沉陷以及对地层管线和建筑物基础造成的破坏。

（2）端头加固方法

端头地层加固的方法很多，包括对既有地层进行高压注水泥浆液、水泥搅拌桩及地层冻结的方法；在围护结构外侧采用浇筑素混凝土连续墙、素混凝土桩法、板桩的方法;采用盾构直接掘削,以及通过对围护结构钢筋进行电蚀、用玻璃纤维筋来代替钢筋的方法等。

①注浆加固法

注浆工法是通过压送的手段,使浆液(水泥、水玻璃等可以生成凝胶、固结体的液体)渗入到地层土颗粒间隙或填充地层中裂隙(或空洞),喷入到地层中和土体搅拌混合形成的固结体,在浆液固结后,地层的物理和力学性质得以改善。浆液材料属非化学类的一般性纯水泥浆液、膨润土水泥浆液、黏土、砂浆,化学类的水玻璃、有机高分子浆液等。注浆的措施包括高压注浆、高压旋喷注浆等。注浆法的优点是施工设备简单、规模小、耗资少、占地面积小、对交通影响小、工期短、见效快,施工中产生的噪声和振动小,对环境影响小,对场地施工条件要求低,加固深度易于控制。

②素混凝土墙(桩)法

通过在围护结构、衬砌外侧浇筑素混凝土墙或是素混凝土桩的方法,也可以很好地在围护结构端头墙破除洞门后,继续维持土体的平衡,从而保证端头地层土体的稳定性。素混凝土墙或桩,其自身强度比较高,能够承受由于经过扰动或振动产生的较大水土压力,且加固范围小,特别适用于施工场地小、地下管线密集、地面交通繁忙、距离地面建筑物基础比较近的工程场地,而且加固效率高,工程造价比旋喷桩加固低。但是,需要大型的成槽机、挖掘机,对于较深的连续墙或在成槽较宽时,容易出现塌孔现象。该法所使用的一般材料为C25、C30混凝土,采用地下成槽、泥浆护壁、水下浇筑的连续墙模式,或采用钻孔灌注桩的模式。

③直接掘削法

直接掘削法又称作NOMST法,普通围护结构钢筋混凝土无法采用盾构刀盘直接切割,通过改变围护结构内钢筋的性质,或改变切割面的材料,可以完成直接切割的目的。对于无加固空间或由于大深度、大端面等无法进行正常加固施工的情况,该法具有很好的效果,而且采用玻璃纤维代替钢筋、电蚀围护结构墙受力钢筋等,可满足刀盘直接掘削的要求。

④其他方法

除了以上施工方法外,还包括冻结法、水中到达法、滑块法、降水法、压气法、开挖回填法、SMW拔芯法等,在盾构始发部位用以地层加固施工。可以根据具体工程特点、施工场地条件、周边建筑物状况、工程造价等方面的因素,选择合适的施工措施。

(3)加固方法确定

根据设计规范要求,结合始发洞门地质资料,该工程采用注浆加固方法。采用ϕ42mm小导管地表垂直注浆,小导管长度L为5.0m@1.0m×1.0m,注浆区域及注浆孔布设如图14-102所示。同时,对复合式TBM始发端头掌子面采用ϕ42mm硬质PVC袖阀管洞内水平注浆,袖阀管长度8m,@1.0m×1.0m,注浆区域及注浆孔布设如图14-102所示。注浆材料均采用1∶1水泥净浆,注浆压力为0.5~1.0MPa,注浆量根据现场情况控制。

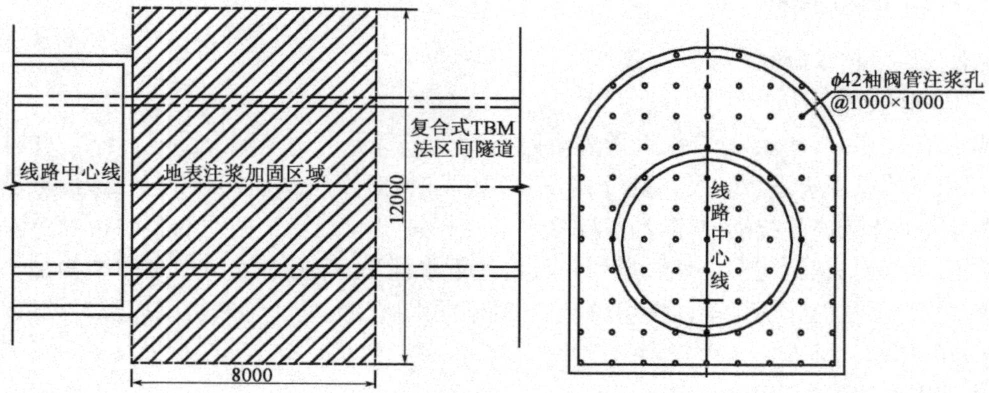

图14-102 地表水平注浆示意图

加固后的土体在洞凿除后，具有良好的自稳性、防水性和匀质性。加固土体单轴无侧限抗压强度不小 2.0MPa，渗透系数不大于 1.0×10^{6}m/s。

2)复合式 TBM 组装与调试

复合式 TBM 由主机、连接桥、后配套拖车等三大部分组成。为满足安全运输要求，复合式 TBM 出厂运输前，根据尺寸、质量将其拆分成很多小的组成部分，各部分设备运至施工现场后，通过起吊设备配合专业人员进行组装，组装完整的设备通过调试验收后，方能投入使用，施工现场所开展的一系列过程统称为复合式 TBM 组装及调试。

(1)组装流程

根据复合式 TBM 设计概念及现场施工条件，其安装流程如图 14-103 所示。

(2)起重设备选择

结合复合式 TBM 最大分部质量及施工场地布置情况，在选择起重设备时，不需考虑起重设备过大的回转半径，故起重设备起吊臂伸出长度较小，其起重能力损失较小。根据起重设备性能及参数，选择 2 台 200t 汽车吊配合使用可满足要求，200t 汽车吊在起吊 120t 物体时，物体中心距离吊车旋转中心的最大距离为 6m，现场严格按照此技术指导作业。后配套拖车及其他质量较小设备，根据需要，选择起吊能力较小的起重设备。

(3)吊具选取

首先应根据复合式 TBM 最大起吊质量进行吊具的选取。最大质量为前体 110t，最大外形尺寸为 ϕ6250mm×3500mm。

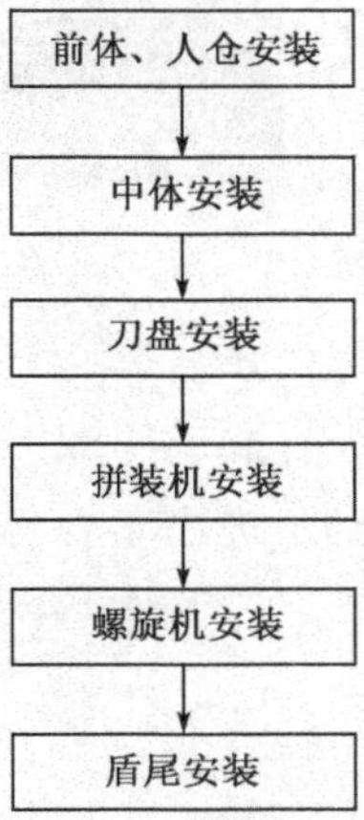

图 14-103 复合式 TBM 安装流程

①滑轮组选取

根据公式

$$W = K_1 K_2 (G + g)$$

则滑轮组的受力为

$$W = K_1 K_2 (G + g) = 1.1\times1.1\times(110+2) = 135.52(\text{t})$$

式中：K_1——动载系数，取值 1.1；

K_2——不均衡系数，取值 1.1；

G——设备起装重量，110t。

②钢丝绳选取

a. 索具配备：Q 取 110t，索具与水平夹角 α 取 86°，运载系数 K 取 1.1，则索具受力 $P=Q\times K/(4\times \sin86°)=30.32(\text{t})$；

b. 主吊钢丝绳：根据钢丝绳性能参数选取 6×37+1－170－60.0、4 只头。实际破断力 $S_{破}$ 为 1944kN，钢丝绳工作系数 $K=S_{破}/P=6.41\geqslant[K]=\geqslant6\sim8$；配备：$\phi$56mm 钢丝绳 14m 一副，卸扣 55t 级合金钢 4 套；

c. 副吊钢丝绳：根据起吊情况及受力分析，副吊钢丝绳在平卧起吊时受力最大，最大受力：$S_{max}=Q\times59\%=649$kN，配备：ϕ43mm 钢丝绳 4 只头、双股一副，卸扣 35t 级合金钢 2 套。

(4)组装工艺

①主机组装

根据实际施工及前期现场场地情况，在吊卸主机部件时，必须在起吊前体、中体、刀盘后立即进行组装，以减少场地堆放和转运产生的影响。同时，因场地原因，先进行复合式 TBM 主机组装，再进行后配套拖车的组装，在复合式 TBM 步进一定距离后，方能步进后配套拖车。在场地和人员允许的情况下，主机组装和后配套拖车组装可同时进行。

a. 前体安装

在起吊前体之前，先将人仓吊装于前体之上，在 2 台 200t 汽车吊配合下，由平放翻转至立放。然后撤除翻身吊机的吊具,由另一台汽吊缓慢吊送到步进小车上,前体前端面离步进小车前端面 100mm 处。前体在起吊前将两根软绳系在其两侧,向下步进小车放送时,由人工缓慢拖住,以防前体扭动。前体停放在步进小车上后,由测量人员进行旋转角度的测量及调整。如图 14-104 所示。

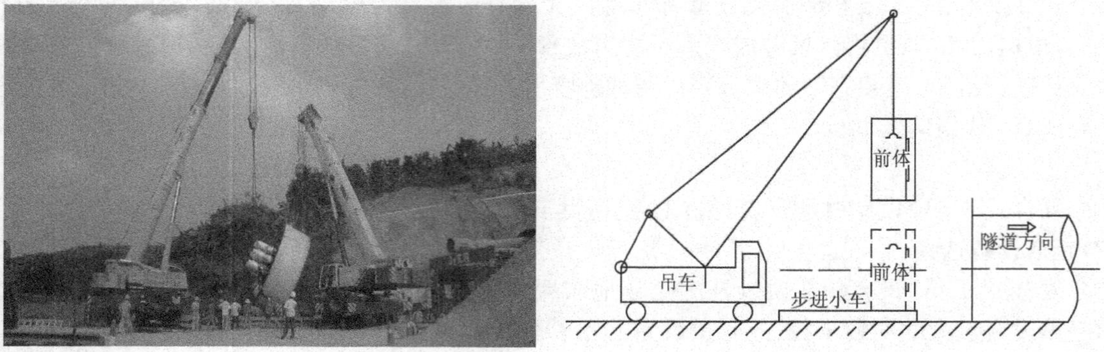

图 14-104　前体翻身及安装图

b. 中体安装

在起吊中体之前,将管片拼装机行走梁及附属机构与中体安装成整体,翻转及安放同前体一样。放送到步进小车后与前体对位,注意保护好橡胶密封,按照技术要求,安装中体与前体的连接螺栓,并预紧、紧固,如图 14-105 所示。

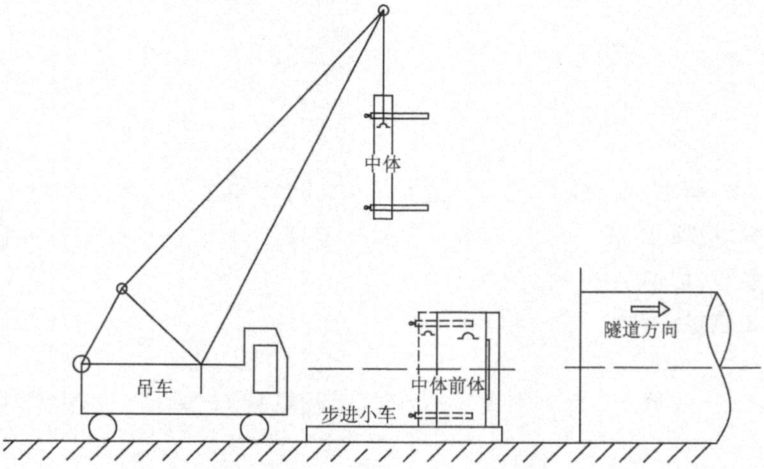

图 14-105　中体安装图

c. 刀盘安装

刀盘翻转及放送同前体、中体一样。按照技术要求,安装好相应密封圈,放送至前体对应位置后,与前体对接后并紧固连接螺栓。如图 14-106 所示。

d. 拼装机安装

拼装机的翻转及放送同前体、中体等一样,通过吊车将拼装机吊送至支撑梁上的安装位置,然后进行螺栓连接、紧固。安装拼装机之前,需安装好拼装机梁,如图 14-107 所示。

e. 螺旋机安装

由于螺旋机总长达 14m 左右,利用手动葫芦配合主机内吊点固定螺旋机前端,撤除前端头的汽车吊,通过手动葫芦将前端向刀盘方向拉近。同时,后部汽车吊根据需要移动,螺旋机沿管片安装机内空间缓慢移至前体,慢慢送进,直到前端头与前体连接法兰处,安装好密封进行对接,并安装和紧固连接螺栓。如图 14-108 所示。

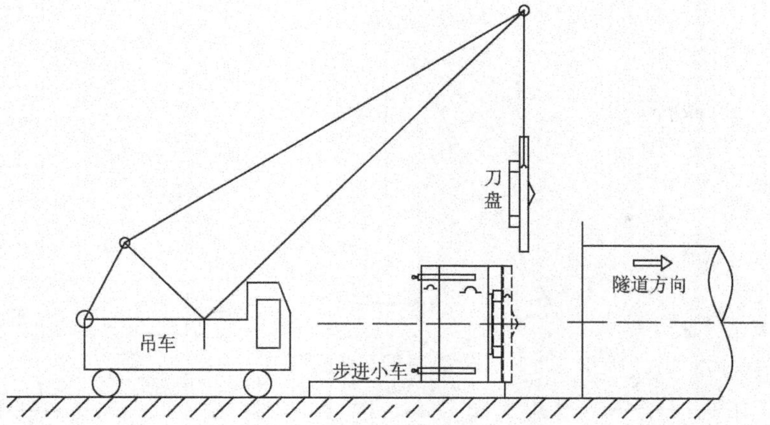

图 14-106 刀盘安装图

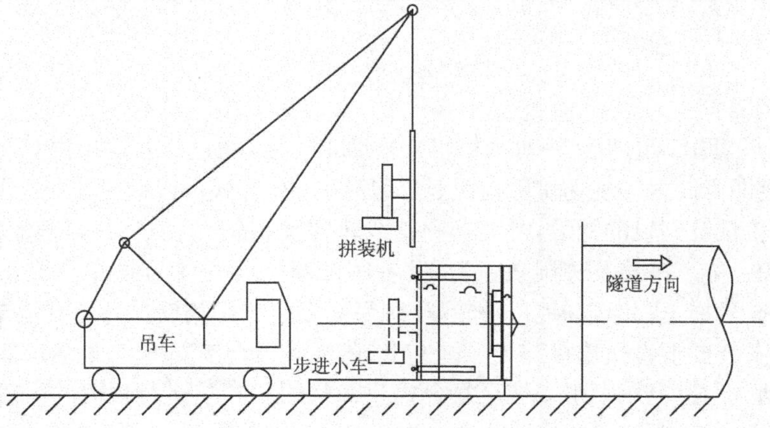

图 14-107 拼装机安装图

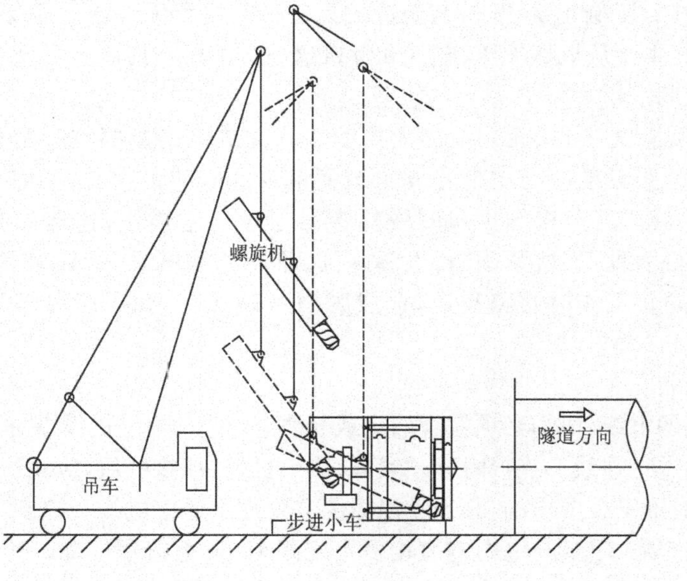

图 14-108 螺旋机安装图

f. 盾尾安装

盾尾翻转及放送同前体、中体等一样，用汽车吊将盾尾安装好、密封后，并与中体对接，注意铰接油缸的对位。如图 14-109 所示。

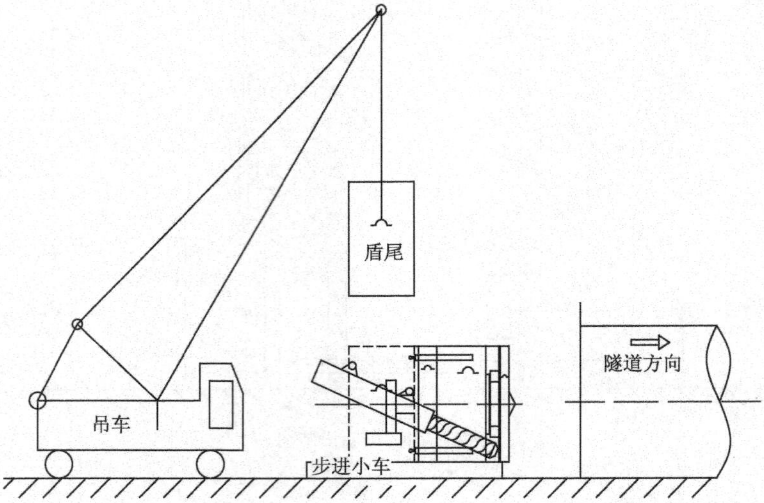

图 14-109　盾尾安装图

②后配套拖车组装

复合式 TBM 后配套拖车的组装相对主机组装要简单得多,通过 1 台 70t 汽车吊依次吊卸并放送至准备好的行进轨道上即可。根据现场实际情况(场地原因),复合式 TBM 主机先行组装并步进至合适位置,同时进行支洞内轨枕及钢轨的铺设,待支洞和正线轨枕及钢轨铺设好后,将拖车按小到大的顺序,用电瓶车拖至指定位置。拖车吊装及进洞顺序为:设备桥及牵引梁→ 1 号拖车→2 号拖车→3 号拖车→4 号拖车→5 号拖车→6 号拖车;如果场地条件较好,则吊装顺序正好相反。待所有拖车在行进轨道上安装好后,设备桥后端按安装要求直接连接到 1 号拖车上,前端采用钢架支撑并放置于管片车上,以便于 1 号拖车及设备桥的移动。通过电瓶牵引车拖至复合式 TBM 主机位置,进行最后的组装及调试。

(5)组装过程的质量控制

复合式 TBM 组装过程质量控制要求水平,将直接影响整台设备的调试过程以及设备的整机性能,掘进过程中出现各种故障,影响正常掘进,甚至造成无法施工的严重后果。所以,在复合式 TBM 组装过程中要严格要求和控制,主要从机械液压、电气和焊接这三方面严格控制。

①机械液压质量控制

整体组装应外观整洁、无变形、无裂痕和无晃动。关键螺栓连接部位应配合紧固胶或锁紧螺母连接。皮带传动时,皮带的张紧度应与皮带轮成比例关系。链传动张紧后,还需润滑脂润滑。齿轮传动箱加注合格的齿轮油。液压管路根据拆机时的标签号对号与之连接,连接前必须严格控制管接头清洁,要用专用清洁剂进行清理,连接紧固时,以不漏油、不扭曲为标准,管路较长而又是固定的部分,还需选择支点进行固定,防止工作时管路震动,造成磨损或破坏。同时,设备组装不能影响或破坏周围的其他设备。

②电气设备质量控制

所有电气设备使用的电线、电缆必须符合国家或相关行业标准,电机设备在连线前必须先进行绝缘测试,检测合格后,方能进行连线。连接时必须紧固、接地良好,连接好后,应测试接地绝缘电阻。所测值必须在规范要求值内,对不符合要求的,必须找出原因并处理。通信电缆和控制电缆应尽量避免受力,配置接头符合标准并紧固牢靠,尽量与电力电缆相隔一定距离,防止信号干扰。变压器及高压电缆由专业电力部门进行测试及连接,并出具相关“检测报告”。各种配电箱和控制箱需做外部防水,同时做好内部干燥及通风降温。

③焊接质量控制

设备焊接应根据不同部位、不同材质,选择合适的焊接工艺和焊材,关键部位的焊缝还需经超声波等设备检测。所有焊接必须达到Ⅱ级焊缝标准,特别是切口环和支撑环以及盾尾环,焊接标准高,不要出现变形、夹渣、气泡等不良现象。焊接作业时，要注意保护周围设备，避免其受到焊渣的灼烧；各种隔热和安全设施应该全部到位。

3)负环管片拼装技术

负环管片，即为了满足复合式 TBM 施工需要，在隧道掘进前期，按要求拼装固定后，位于隧道洞门以外的全部管片。负环管片的拼装分两步进行，第一步负环拼装是为了满足洞门凿除前，将复合式 TBM 向前推进至合适位置，一般距洞门圈 600～800mm 位置；第二步负环拼装是为了满足洞门凿除后，能使复合式 TBM 主机快速通过洞门密封装置，从而形成主机与洞门的密闭，防止洞门涌水涌砂造成施工风险，同时将推进至刀盘可以回转的位置，从而达到切削推进的目的。拼装负环管片时，第一环负环管片的拼装、定位、固定尤其重要，管片形式有钢管片或常规管片两种，根据实际情况选择。在尽量保持管片同圆度的情况下，管片径向和轴向均应控制在设计要求范围内。

(1)负环管片拼装准备

在拼装负环管片之前，为保证负环管片不破坏尾盾刷、负环管片在拼装好后能顺利向后推进，在盾尾内底部间隔 120°安设 4 道高度不小于盾尾间隙的圆钢，以使管片在盾壳内的位置得到保证。当第一环管片与反力架固定并支撑好后，即可拆除该圆钢。增设的圆钢示意图如图 14-110 所示。

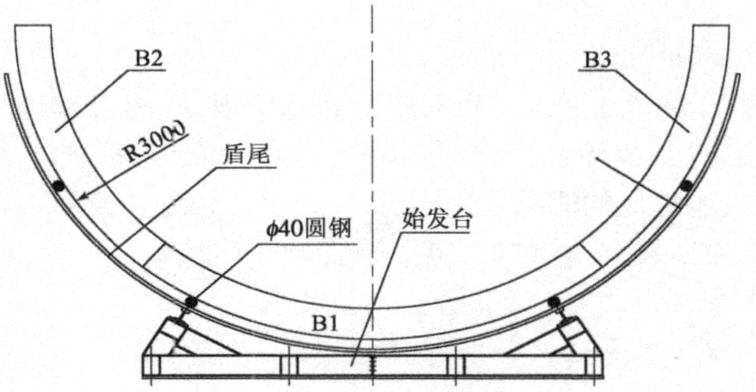

图 14-110　盾尾圆钢布置示意图

(2)负环管片后移

第一环负环管片拼装成圆后，用 4～5 组油缸完成管片的后移，并观察主机移动情况，若主机向前移动，则需增设反力装置。管片在后移过程中，要严格控制每组推进油缸的行程，保证每组推进油缸的行程差小于 10mm。在管片的后移过程中，要注意不要使管片从盾壳内的方木(或型钢)上滑落，后移至下一环拼装位置，再进行拼装、后移，以此循环，完成规定负环管片的拼装。如图 14-111 所示。

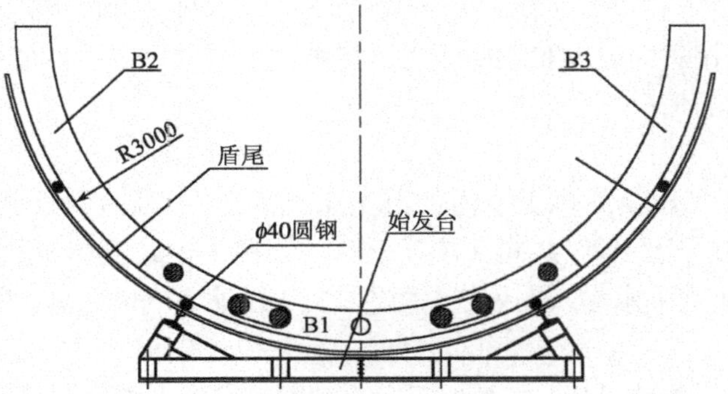

图 14-111　后移油缸示意图

(3)负环管片固定

管片与反力架之间的空隙用砂浆或铁片垫实，同时通过管片螺栓，将管片与反力架固定成一个整体，管片脱离盾尾后，管片与导轨之间的间隙用三角木进行支垫，然后，进行后面负环的拼装和固定。为提高管片受力和防止管片失圆，在管片底部增设支撑装置。负环管片支撑及固定如图 14-112 所示。

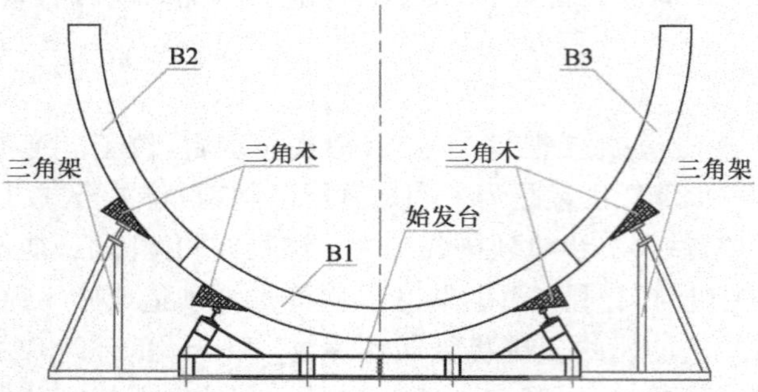

图 14-112　负环管片固定示意图

负环管片分钢管片和混凝土管片,钢管片成本较高,但重复利用率高。负环管片的拆装,按接缝方式,可分为通缝和错缝拼装。负环管片一般选择错缝拼装,主要是考虑错缝拼装结构形式有利于推力的反作用力均匀分布。通缝拼装便于拆卸。按圆度分整圆和半圆拼装,正常情况下负环管片均选择整圆拼装,只有在施工场地受限或只有一个始发井施工时,采用半圆拼装以便渣土、管片等物质的吊运。

4)复合式 TBM 掘进技术研究

洞门凿除后复合式 TBM 快速通过洞门密封装置到达切削面,因刀盘离洞门圈存在一定的距离,加上洞门的长度,此时需拼装 1～2 负环管片,管片的拼装方式、移动和固定,与复合式 TBM 移动前负环管片拼装相同。在检查洞门装置完好的情况下开始掘进,当掘进长度达到新一环管片拼装位置时,停止掘进并拼装管片;因刀盘土仓空间较大,需向前掘进一定距离方能填满。

(1)始发段掘进关键技术

①掘进模式

a. 土压平衡模式

土压平衡模式,即刀盘土仓建立的土压力与土体和水压力等产生的压力相互平衡的模式。复合式 TBM 掘进时,其前端刀盘旋转切削地层土体,切削下来的土体进入土仓。当土体充满土仓时,其被动土压力与切削面上的土、水压力基本相同,以此可达到对地表沉降的有效控制,主要通过推进速度、螺旋机排渣速度及排渣量、土仓压力设定等方式对地表沉降进行控制。该掘进模式适用于不能自稳的软土和富水地层。此时,与一般土压平衡盾构的工作状况相似。

b. 敞开模式

敞开模式,即基本不设定和建立土仓压力,切削的土体及时排出的模式,土仓内基本没有残留切削的土体,基本处于清空状态,掘进中刀盘和螺旋输送机扭矩较小。该模式一般使用在岩层稳定性较好,或完全不考虑地表沉降等因素的情况下。

c. 半敞开模式

半敞开模式又称局部气压模式。土仓内的渣土未充满土仓,通过复合式 TBM 保压系统或充气管道,向土仓内输入压缩空气与渣土,以共同支撑开挖面。该掘进模式适用于具有一定自稳能力和地下水压力不太高的地层,其防止地下水渗入的效果,主要取决于压缩空气的压力。

②土压力确定

地层压力的计算原理有多种,目前,我国《铁路隧道设计规范》是在太沙基土压力理论的基础上,提出以岩体综合物性指标为基础的岩体综合分类法。根据隧道的埋置深度不同,将隧道分为深埋隧道和浅埋隧道,然后根据隧道的具体情况,采用不同的计算方式,进行地层土压计算。

a. 深埋隧道的土压计算

对于深埋隧道,一般根据隧道围岩分类和隧道结构参数,按照《铁路隧道设计规范》的计算公式,计算围岩竖直分布松动压力和水平松动压力。

地层的水平侧向力为：

$$\sigma = q \times 0.41 \times 1.79 S\omega$$

式中：S——围岩级别，如Ⅲ级围岩，则 $S=3$；

ω——宽度影响系数，且 $\omega=1+i(B-5)$；

B——隧道净宽度，m；

i——以 $B=5$m 为基准，当 $B<5$m 时，取 $i=0.2$，当 $B>5$m，取 $i=0.1$；

q——根据围岩级别确定的水平侧压力系数，系数见表 14-25。

水平侧压力系数表 表 14-25

围岩分类	Ⅰ～Ⅱ	Ⅲ	Ⅳ	Ⅴ	Ⅵ
水平侧压力系数 q	0	1/6	1/6～1/3	1/3～1/2	1/2～1

b. 浅埋隧道的土压计算

(a)主动土压力与被动土压力

复合式 TBM 隧道施工过程中，刀盘扰动改变了原状天然土体的静止弹性平衡状态，从而使刀盘附近的土体产生主动土压力或被动土压力。复合式 TBM 推进时，如果土仓内土压力设置偏低，工作面前方的土体向复合式 TBM 刀盘方向就会产生微小的移动或滑动，土体出现向下滑动趋势，为抵抗土体的向下滑动趋势，土体的抗剪力逐渐增大。当土体的侧向应力减小到一定程度，土体的抗剪强度充分发挥时，土体的侧向土压力减小到最小值，土体处于极限平衡状态，即主动极限平衡状态，与此相应的土压力称为主动土压力 E_a。

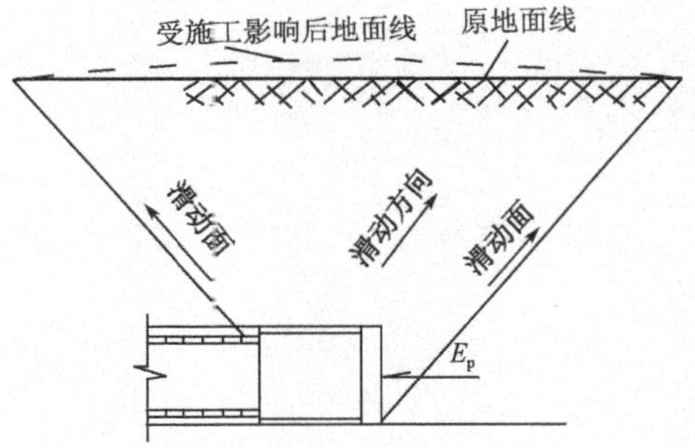

图 14-113 被动极限平衡状态下的土体位移趋势

复合式 TBM 推进时，如果土仓内土压力设置偏高，刀盘对土体的侧向应力逐渐增大，刀盘前部的土体出现向上滑动趋势，为了抵抗土体的向上滑动趋势，土体的抗剪力逐渐增大，土体处于另一极限平衡状态，即被动极限平衡状态，与此相应的土压力称为被动土压力 E_p，如图 14-113 所示。

(b)主动土压力与被动土压力计算

根据复合式 TBM 的特点及复合式 TBM 施工原理，结合我国铁路隧道设计、施工的具体经验，采用朗金理论，计算主动土压力与被动土压力。复合式 TBM 推力偏小时，土体处于向下滑动的极限平衡状态。此时，土体内的竖直应力 σ_z 相当于大主应力 σ_1，水平应力 σ_a 相当于小主应力 σ_3。水平应力 σ_a 为维持刀盘前方的土体不向下滑移所需的最小土压力，即土体的主动土压力：

$$\sigma_a = \sigma_z \tan2(45° - \varphi/2) - 2c\tan(45° - \varphi/2)$$

式中：σ_z——深度 z 处的地层自重应力；

c——土的黏聚力；

z——地层深度；

φ——地层内部摩擦角。

复合式 TBM 的推力偏大时，土体处于向上滑动的极限平衡状态。此时，刀盘前方的土压力 σ_p 相当于大主应力 σ_1，而竖向应力 σ_z 相当于小主应力 σ_a：

$$\sigma_p = \sigma_1 = \sigma_z \tan2(45° + \varphi/2) + 2c\tan(45° + \varphi/2)$$

式中：σ_z——深度 z 处的地层自重应力；

c——土的黏聚力；

z——地层深度；

φ——地层内部摩擦角。

c. 地下水压力计算

地下水位高于隧道顶部时，由于地层孔隙、裂隙的存在，形成侧向地下水压。地下水压力的大小，与水力梯度、地层渗透系数、管片背后的砂浆凝结时间、渗透系数及渗透时间有关。由于地下水流经土体时，受到土体的阻力产生水头损失，因此，作用在刀盘上的水压力一般小于该地层处的理论水头压力。掘进过程中，随着刀盘的不断向前推进，土仓内的压力处于原始土压力附近，考虑水在土中流动时的阻力，掘进时地层中的水压力可以根据地层的渗透系数，酌情考虑。复合式 TBM 因故停机时，由于地层中压力水头差的存在，地下水必然会不断向土仓内流动，直至将地层中压力水头差消除为止。此时土仓的水压力为：

$$\sigma_{\text{W刀盘前}} = q\gamma h$$

式中：q——根据土层渗透系数确定的经验数值，砂土 $q=0.5\sim1.0$，黏性土 $q=0.1\sim0.5$，风化岩层 $q=0\sim0.5$；

γ——水的容重；

h——地下水位距刀盘顶部的高度。

施工中，如果管片顶部的注浆不密实，地下水可能会沿隧道衬砌外部的空隙，形成过水通道。当复合式 TBM 长时间停机时，必将形成一定的压力水头。此时的地下水压力：

$$\sigma_{\text{W盾尾后}} = q_{\text{砂浆}}\gamma h_{\text{W}}$$

式中：$q_{\text{砂浆}}$——根据砂浆的渗透系数和注浆的饱满程度确定的经验数值，一般 q 取 0.5～1.0；

γ——水的容重；

h_{W}——补强注浆处与刀盘顶部的高差。

计算水压力时，盾尾后部的水压力与刀盘前方的水压力按取大值考虑。在掘进过程中，一般按刀盘前方的地层水压力进行计算，在复合式 TBM 停机过程中，按盾尾后部的水压力进行计算。

③复合式 TBM 始发段参数的确定

a. 掘进模式：敞开式；

b. 总推力：小于 10000kN；

c. 刀盘转速：小于 2r/min；

d. 掘进速度：小于 20mm/min；

e. 刀盘扭矩：1500～2000kN/m；

f. 土仓压力：由于选择敞开模式，无土仓压力；

g. 渣土改良：泡沫剂用量 20～30L/环；

h. 出渣量控制：出渣量控制在 70m^3/环以内。

④复合式 TBM 始发段管片拼装技术

管片到达施工现场后，每块管片都应进行外观质量检验，止水带附近不允许有缺陷，吊装孔应完整、无水泥浆等杂物，管片表面光洁平整、无蜂窝、露筋、无裂纹、缺角，轻微缺陷进行修饰。经过质检工程师和监理检查合格后，按照管片类别分类堆放。管片安装程序如图 14-114 所示。

a. 管片止水条及衬垫粘贴

粘贴时管片表面应干燥清洁，用刷子在管片环纵接触面、预留粘贴止水条的沟槽及止水条上涂抹粘贴剂，涂抹要均匀，不允许漏刷现象出现。涂完粘贴剂后凉置一段时间，一般 10～15min，具体时间随气温、湿度而异。待手指接触不粘时，再将加工好的框形止水条套入密封沟槽内。止水条套入管片预留沟槽中时，先将角部固定好，再向角部两边推压。用橡胶榔头或木榔头依次敲紧止水条，粘贴后的止水条应牢固、平整、严密、位置准确，不得有鼓起、超长与缺口等现象。用类似的方法粘贴环纵缝衬垫，环缝的软木衬垫粘贴在管片背千斤顶侧环面，粘贴衬垫时应注意预留螺栓孔。粘贴好的衬垫不得出现脱胶、翘边、歪斜等现象。传力衬垫尺寸为 1.1m×0.1m、1.1m×0.13m、0.5m×0.13m，可根据实际情况，对长度作适当修改。

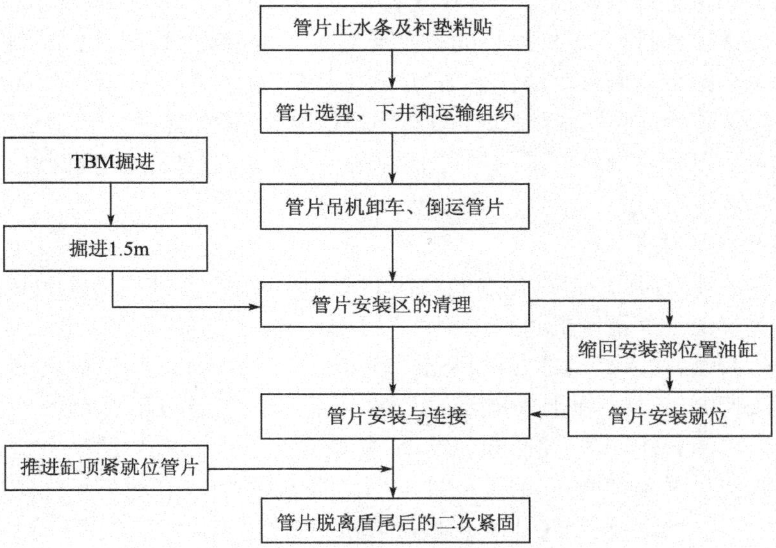

图 14-114 管片安装程序图

b. 管片选型

当复合式TBM掘进一个循环后，根据复合式TBM姿态及管片间隙选择合适的管片，管片选型时遵循以下两个原则：第一，要适合隧道设计线路；第二，要适应掘进姿态，重点考虑管片拼装后盾尾间隙要满足下一循环掘进极限值，确保有合适的盾尾间隙，以防盾尾接触并挤压管片，造成管片破损或盾尾漏浆。这两者相辅相成，通过正确的管片选型和选择正确的拼装点位，将隧道的实际线路调整在设计线路的允许公差±50mm内。同时，可通过转弯环与标准环的组合，来适应不同的曲线要求。

c. 管片拼装技术

掘进停止后，首先清理盾尾底部的积水和残渣，观察盾尾间隙，结合复合式TBM姿态进行管片选型确认，根据需要可临时更换管片或增加管片贴片，以满足管片姿态、拼装，保证盾尾间隙。

(a)拼装点位

拼装点位是指管片拼装时封顶块所在的位置。施工设计时封顶块正常位于11点和1点位置，直线环可根据施工需要任意确定拼装点位，转弯环在实际拼装过程中，可以根据不同的拼装点位，来控制不同方向上的偏移量。通过管片不同点位的拼装，可以控制隧道的曲线走向，从而实现隧道的调向或纠偏，还可适当调整盾尾间隙，以便下一环有利掘进。

(b)拼装方法

管片拼装正常情况下必须从隧道底部开始，先拼装三块标准块，然后依次拼装邻接块，最后安装封顶块。封顶块安装前，应对止水条进行润滑处理，安装时先径向插入2/3，调整好位置后，缓慢纵向顶推插入。当拼装点位发生较大变化时，特别是拼装点位于隧道中线下部时，拼装要特别注意安全，但管片拼装顺序还是先标准块，然后邻接块，最后封顶块。管片块拼装到位后，应及时伸出相应位置的推进油缸顶紧管片，其顶推力应大于稳定管片所需力，然后方可移开拼装机。管片拼装完后，应及时进行连接螺栓紧固，并在管片环脱离盾尾后，对管片连接螺栓进行二次紧固。

d. 拼装管片质量保证措施

为保证隧道施工质量，必须从管片生产质量、管片进场、拼装质量等方面入手，具体的保证措施有：

(a)严格进场管片的检查，破损、有裂缝的管片坚决不用。下井吊装管片和运送管片时，应注意保护管片和止水条，以免损坏。

(b)止水条及软木衬垫粘贴前，应将管片进行彻底清洁，以确保其粘贴稳定牢固。施工现场管片堆放区应有防雨设施。粘贴止水条时应对其涂缓膨剂。

(c)管片安装前，应对管片安装区进行清理，清除污泥、污水，保证安装区及管片相接面的清洁。

(d)严禁非管片安装位置的推进油缸与管片安装位置的推进油缸同时收缩。

(e)管片安装时,必须运用管片管片拼装机的微调装置,将待装的管片与已安装管片块的内弧面纵面调整到平顺相接,以减小错台。调整时动作要平稳,避免管片碰撞破损。

(f)同步注浆压力要进行有效控制,注浆压力不得超过限值,避免管片产生渗漏,破坏止水条。

(g)管片安装质量应以满足设计要求的隧道轴线偏差和有关规范要求的椭圆度,以及环、纵缝错台标准进行控制。

⑤复合式 TBM 始发段注浆技术

复合式 TBM 施工引起的地层损失、复合式 TBM 隧洞周围受扰动或受剪切破坏的重塑土的再固结,以及地下水的渗透,是导致地表沉降的重要原因。为了减少和防止沉降,在复合式 TBM 掘进过程中,要尽快在脱出盾尾的管片背后注入足量浆液材料充填管片环形建筑空隙,采取的具体方法是同步注浆法。同步注浆是复合式 TBM 施工中一项十分重要的工序,其目的主要有以下几个方面:及时填充管片与地层建筑空隙,支撑管片周围岩体,有效控制地表沉降;凝结的浆液作为管片的第一道防水屏障,可增强隧道的防水能力;为管片提供早期的稳定,并使管片与周围岩体一体化,有利于复合式 TBM 对掘进方向的控制,并能确保隧道的最终稳定;复合式 TBM 在硬岩地层中掘进时,可有效防止管片变形和上浮。

在复合式 TBM 掘进过程中,通过盾尾注浆管在掘进的同时进行管片壁后同步注浆。必要时,在管片脱出盾尾后,通过管片上预留的注浆孔进行补强的二次注浆。

a. 同步注浆

注浆材料:通常情况,常采用水、水泥、粉煤灰、膨润土、砂,按一定比例配成的浆液作为同步注浆材料,该混合材料具有结石率高、结石体强度高、耐久性好、能防止地下水浸析的特点。水泥一般采用 P. O42. 5,以提高注浆结石体的耐腐蚀性,使管片处在耐腐蚀注浆结石体包裹内,减弱地下水对管片混凝土的腐蚀。浆液配比及主要物理力学指标:根据以往经验,同步注浆拟采用表 14-26 所示的配合比。在施工中,根据地层条件、地下水情况及周边条件等,通过现场试验优化,确定最合理的配合比。

同步注浆配合比 表 14-26

组别	水泥(kg)	粉煤灰(kg)	膨润土(kg)	砂(kg)	水(kg)	外加剂
始发段	120	381	54	779	344	根据试验,按需加入

同步注浆材料要求具有以下性质:

①胶凝时间:一般为 3～10h,根据地层条件和掘进速度,通过现场试验变更配比,来调整胶凝时间;

②固结体强度:一天不小于 0.2MPa;

③浆液结石率:>95%,即固结收缩率<5%;

④浆液稠度:8～12cm;

⑤浆液稳定性:倾析率(静置沉淀后上浮水体积与总体积之比)小于 5%。

b. 二次注浆

复合式 TBM 在硬岩地层中施工,同步注浆受管片与围岩间的空隙充填密实性差、浆液渗透(与地质情况有关)及注浆材料固结收缩等因素影响,致使隧洞变形得不到有效控制或管片衬砌出现渗漏,此时必须采取管片壁后二次注浆。同时,地表如果出现过大沉陷时,可通过二次注浆进行抬升和补强。施工时,采用隧洞监测加以信息反馈,结合洞内超声波探测管片壁后有无空洞的方法,综合判断是否需要进行二次注浆。二次注浆材料要可注性强,对同步注浆起充填和补充作用。当地下水特别丰富时,需要对地下水进行封堵。同时,为了及早建立起浆液的高黏度,以便在浆液向空隙中充填的同时,将地下水疏干(将地下水压入地层深处),获得最佳充填效果,这时需要将浆液的凝胶时间调整至 1～4min。二次注浆采用水泥-水玻璃混合成双液浆,必要时还可加入稳定剂和减水剂等,浆液配比见表 14-27。

浆 液 配 比 表 表 14-27

浆液名称	水玻璃	水灰比	稳定剂	减水剂	A、B 液混合体积比
双液浆	35Be′	0.8～1.0	2%～6%	0～1.5%	1∶1～1∶0.3

(2)局部不良地层复合式 TBM 掘进关键技术

根据地质资料和补勘资料显示,该工程存在上软下硬、砂层裂隙发育等局部不良地层,在地层中复合式 TBM 施工难度和风险较大。在施工过程中,应不断分析和总结施工数据,找出可能存在的问题和预防措施。

①掘进缓慢,掘进方向易发生偏差

复合式 TBM 在软硬不均的地层中掘进时,推力和扭矩变化较大,主机有着向地层较软一侧偏移的惯性,特别是当复合式 TBM 需要向硬岩一侧调线时,姿态将更难控制,甚至造成"卡盾"的严重故障。

②喷涌严重,清渣量大

在开挖面砂岩裂隙发育的情况中,裂隙水发育,特别是雨季施工时,尤为突出。因此,当复合式 TBM 掘进参数控制不当时,螺旋机出土会出现涌水、涌渣等情况,需要花费大量的人力、物力清理渣土,严重影响掘进速度。

③预防措施

a. 掘进参数控制

在上软下硬地层中,复合式 TBM 掘进时容易发生掘进缓慢、方向偏差。经过对施工数据的不断分析和总结,复合式 TBM 无论在何种地层中掘进,掘进参数都至关重要。在上软下硬地层中掘进时,应特别注意掘进参数的设定和控制;当发现问题时,应及时调整设定参数,使复合式 TBM 掘进顺畅、降低风险、提高效益。特别需要注意的掘进参数有:掘进模式、刀盘转速、刀盘扭矩、掘进速度、总推力。当复合式 TBM 掘进方向发生偏差时,首先,应掌握开挖面地层分布状况,以及地层分界面的变化情况,制定初步的掘进参数计划;其次,利用自带导向系统,及时掌握复合式 TBM 的掘进方向。如果掘进线路偏离设计线路,应及时对各项掘进参数进行纠偏,纠偏过程应遵循"及时、连续、限量"的原则,逐环、少量对复合式 TBM 姿态进行调整,避免纠偏过猛引起复合式 TBM"蛇形"前进,加剧刀具磨损、损坏拼装管片和盾尾密封,严重时造成"卡盾"的严重后果。

b. 渣土改良控制

在裂隙发育地层中,其岩层整体性和自稳性均较好,复合式 TBM 在该地层中掘进时,当地层裂隙水进入土仓和螺旋机时具有一定的压力,极易造成螺旋机出渣口发生喷砂、喷水的喷涌现象。泡沫剂和膨润土是防治螺旋机出渣口喷涌最常用的两种添加剂。泡沫剂适用于各种级配的砂性地层,膨润土特别适用于细粒含量少的砂性地层。经多次试验和施工发现,当膨润土质量百分比达到 12%,泡沫剂质量百分比达到 8%时,就能够完全抑制喷涌现象的发生。膨润土在遇水膨胀后体积可以达到原来体积的数十倍,与水混合后制成的泥浆具有良好的注塑性能,因此膨润土又是一种优良的切削面封闭材料。当出现复合式 TBM 掘进线路中围岩强度较大或上软下硬地层严重时,还可以采取地面钻孔的弱爆方式进行处理。

(3)复合式 TBM 掘进隧道线性方向控制

①方向控制

由于受地层、隧道轴线和坡度变化以及操作等因素的影响,复合式 TBM 推进不可能完全按照设计的隧道轴线前进,会产生一定的偏差。当这种偏差累积超过一定界限时,就会使隧道衬砌侵限、盾尾间隙变小,管片局部受力恶化,并造成地层损失增大、地表沉降加大,因此,复合式 TBM 施工中必须采取有效的技术措施控制掘进方向,及时有效地纠正掘进偏差。

a. 采用自动导向系统和人工辅助测量进行复合式 TBM 姿态监测

该导向系统配置了导向、自动定位、掘进程序软件和显示器等,能够全天候在复合式 TBM 主控室动态显示复合式 TBM 当前位置与隧道设计轴线的偏差。根据测量参数及时调整复合式 TBM 掘进方向,使其始终保持在允许偏差范围内。随着掘进距离加大及曲线增加,复合式 TBM 导向系统后视基准点需要前移。此时,必须通过人工方法进行精确定位。同时,为保证掘进方向的准确可靠,应定期进行人工复测,以校核自动导向系统测量数据,并复核复合式 TBM 的位置、姿态,确保复合式 TBM 掘进方向的正确性。

b. 采用推进油缸分区操作,控制复合式 TBM 掘进方向

根据线路条件所做的分段轴线,拟合控制计划、导向系统测量的姿态信息,并结合隧道地层情况,通过分区操作复合式 TBM 推进油缸压力来,控制掘进方向。

②姿态调整与纠偏

在实际施工中,由于地质突变等原因,复合式 TBM 掘进方向可能会偏离设计轴线并超过管理警戒值;在稳定地层中掘进,因地层提供的滚动阻力小,可能会产生盾体滚动偏差;在线路变坡段或急弯段掘进,有可能产生较大的偏差。因此,应及时调整复合式 TBM 机姿态,纠正偏差。

a. 姿态调整

当导向系统测量显示的复合式 TBM 姿态与设计参数发生变化时,操作人员应及时调整掘进参数,加以控制。主要采取操作分区推进油缸,来调整复合式 TBM 姿态,将复合式 TBM 的方向控制调整到符合要求的范围内。

b. 滚动纠偏

当复合式 TBM 滚动角达到报警值时,系统会自动报警;当滚动角超过极限设定值时,系统会自动停止,以保护系统设备。此时,应采取刀盘反转法纠正滚动偏差。系统设定允许滚动偏差≤1.5°。

c. 竖直方向纠偏

当复合式 TBM 遇到上软下硬土层时,为防止复合式 TBM"抬头",或因操作不当,使复合式 TBM 已出现"抬头",此时,应调整复合式 TBM 姿态,使其有下俯趋势,需加大上侧千斤顶的推力来进行纠偏;反之,要保持上仰趋势,需加大下侧千斤顶的推力。掘进时,要注意上下两端和左右两侧的千斤顶行程差不能相差太大,一般控制在±20mm 以内。在曲线段掘进时,一般情况下,根据曲线半径的不同,使复合式 TBM 向曲线内侧偏移一定量,偏移量一般取 10～30mm。

d. 水平方向纠偏

与竖直方向纠偏的原理一样,左偏时加大左侧千斤顶的推进压力,右偏时加大右侧千斤顶的推进压力,以此来进行水平方向的纠偏。

③方向控制及纠偏注意事项

a. 在切换刀盘转动方向时,应保留适当的时间间隔,切换速度不宜过快,切换速度过快,可能造成管片受力状态突变,而使管片损坏。

b. 根据掌子面地层情况应及时调整掘进参数。调整掘进方向时,应设置警戒值与限定值,达到警戒值时就应实施纠偏程序。

c. 修正及纠偏时应缓慢进行,防止纠偏过度,纠偏量控制在 6mm/环之内,如修正过程过急,则蛇行更加明显,严重时导致卡盾而无法掘进。直线掘进时,应选取复合式 TBM 所在位置与轴线远方的点为一直线,再以这条直线为新的基准进行线形管理。曲线掘进时,应使复合式 TBM 所在位置与远方点的连线与设计轴线相切。

d. 推进油缸油压的调整不宜过快、过大,否则,可能造成管片局部破损,甚至开裂。

(4)复合式 TBM 掘进施工监测

由于隧道地质构造及地层岩性复杂,为了保证复合式 TBM 隧道施工的安全和顺利进行,在不良地质、突水、洞口浅埋及有特殊要求的停机、通道交叉地段或业主及监理认为有必要监控的地段设置监控量测断面,进行全面、系统的监控监测。以掌握围岩和支护的动态信息;使隧道结构既安全,又经济合理,满足其使用要求。监测主要内容包括:

a. 掌握围岩动态和支护结构的工作动态,利用量测结果修改设计,指导施工;

b. 预见事故和险情,以便及时采取措施,防患于未然;

c. 积累资料,为以后的工程设计、施工提供经验;

d. 为隧道安全提供可靠的信息;

e. 量测数据经分析处理与必要的计算和判断后，进行预测和反馈，以保证设施安全和隧道稳定。

①监测任务

复合式 TBM 掘进施工监测主要包括：

a. 根据监控量测方案，为隧道的安全和优化施工及地下水的自然状态的保护，提供技术支持；

b. 负责对典型断面的量测断面的测点埋设、量测，了解围岩松动破坏范围，对开挖后的围岩稳定性做出评价，对量测数据及时分析整理；

c. 了解支护结构的受力状况和应力分布，揭示围岩变形与衬砌结构的相互作用关系，对支护结构形式、支护参数和二次衬砌支护时间提出建议；

d. 对出现的异常情况迅速向有关部门发出警报，并及时提出处理方案，对支护结构的合理性及安全性做出评价；

e. 掌握隧道围岩的变形规律，以及围岩变形与施工工序、爆破震动的关系，用以指导施工，及时根据实际情况调整施工方法和参数。

②监测流程

监测方案得到相关单位批复后，布置各监测点，读取初始值。若发现建筑物变形有异常现象，立即报告监理工程师，并采取有效防治措施。在采取防止建筑物变形的对策中，综合考虑施工的安全性、经济性、工期、环境条件等，并结合现场实际条件，结合以往施工案例，选择最为合适的方案。除非发生房屋严重损坏，需要立即抢险，否则每栋建筑物的防护和加固方法，要报监理工程师批准后执行。监控量测流程如图 14-115 所示。

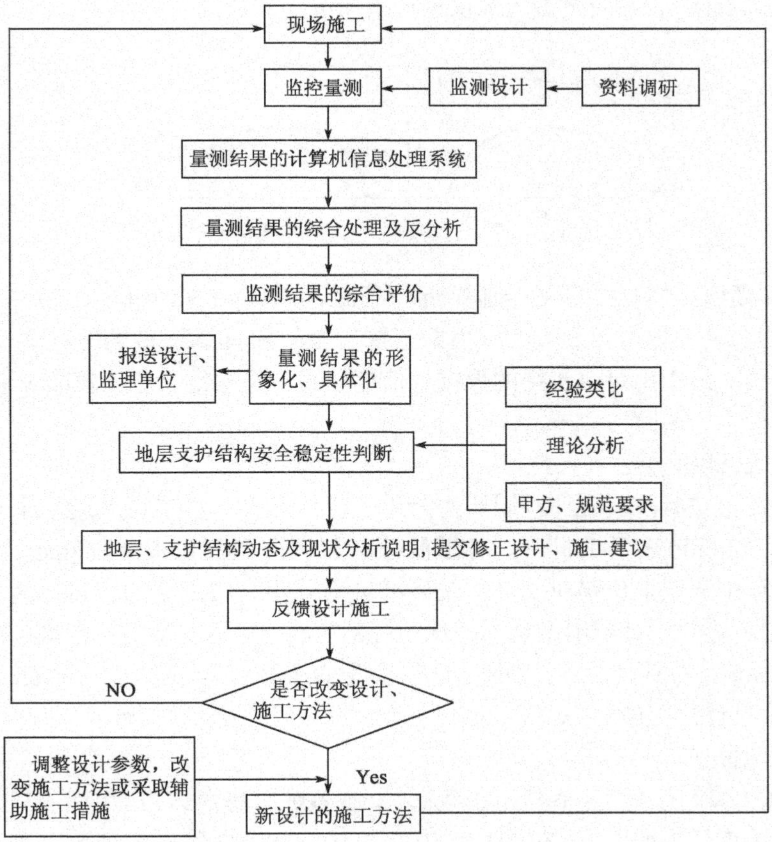

图 14-115　监控量测流程

③量测项目及方法

监测的项目和具体方法按现行相关规定及复合式 TBM 隧道的特殊要求拟定；监测的频率、采集的次数等按设计图纸要求和有关规定执行。

a. 监测项目

(a)洞内外观察(含地质及支护状态观察);

(b)周边位移监测;

(c)拱顶下沉监测;

(d)隧道边、仰坡地表下沉;

(e)竖井周围岩体内部位移监测;

(f)竖井顶部沉降位移监测。

b. 测点布置及量测方法

监控测点布置应根据实施大纲要求布够,监控测点采用油漆进行醒目标注,并保护好监控测点。

(a)日常观察

地质及支护状态日常观察的目的,是及时了解施工过程中开挖工作面附近的围岩状态,为及时分析判断隧道的稳定性提供基本资料。通过数码相机、地质罗盘、放大镜、钢尺、地质锤等工具进行日常观察。

(b)周边位移收敛量测

隧道周边收敛量测采用三线量测布点方式。量测设备采用隧道专用型收敛计,如 SL-3 型隧道收敛计。

(c)拱顶下沉位移量测

拱顶下沉量测目前采用高精度水准仪,使用拱顶三点倒尺法进行量测,测量方法如图 14-116 所示。在隧道开挖毛洞的拱顶设置三个测点,测桩埋设深度 30cm,钻孔直径 ϕ42mm,用快凝水泥或早强锚固剂固定,用精密钢尺从测点倒悬,利用精密水准仪进行拱顶沉降的量测。

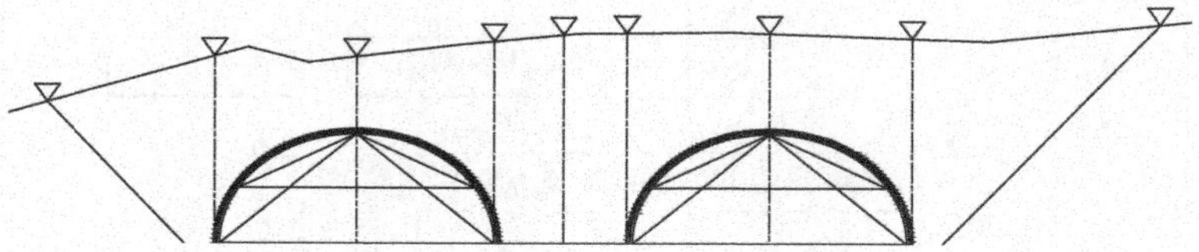

图 14-116 TBM 隧道洞口拱顶地面位移观测示意图

拱顶下沉的量测断面同样需要尽可能地靠近掌子面,一般在 2m 的范围内,并应保证爆破后 24h 内或下一次爆破前测读初次读数。量测频度应根据开挖后时间和具体位移量进行调整。由于采用高精度水准仪和高精度钢尺,对短距离量测测得的数据可信度较高。量测结果能比较准确地反映拱顶的沉降累计及发展情况。

(d)隧道仰坡地表沉降量测

为判定开挖地面的影响程度和范围,需要进行地表下沉量测。按有关规定,当隧道埋深(H)小于洞跨(D)的 3 倍时,必须进行地表下沉量测。隧道洞顶地表沉降量测仪器应在隧道尚未开挖前就开始布置,以求获得开挖过程中测点全位移曲线。地表下沉量测采用高精度全站仪进行,测点和拱顶下沉布置在同一断面上。根据各隧道设计资料及地质情况,在隧道进口端及出口端各布置 2 个和 3 个测点,在中间浅埋段(埋深 40m)布置 3 个测点。根据要求,绘制"地表沉降时间-位移"与"地表沉降距离-位移"图。

④数据处理及信息反馈程序

a. 施工监测的数据处理

根据现场实测结果,对比实测数值与初始数值,绘制各种时态曲线,运用回归分析法进行分析;根据位移、应力变化趋势推算最终结果;与控制值相比较,确定土体及支护结构的安全稳定性,提出分析意见和采取必要的措施,并及时反馈,以调整施工参数,并提交成果报告。监测成果报告内容包括:观测点布置图,观测方法及精度要求,本次监测的应力、位移及累计值,观测成果汇总表及各种时态曲线图;有关工程进度和荷载变化;根据监测数据等实测情况,计算和预测应力、位移的最终结果及发展趋势;分析意见以及修正措施;经量测,变更设计和改变施工方法地段的信息反馈记录;观测、计算和校核责任人等。

当隧道施工中地表沉降或变形监测、管片变形、裂缝监测数据不断增大的趋势、时态曲线长时间没有变缓的趋势，或监测数据超过设计值等现象时必须停止施工，采取相应措施处理后，方可继续施工。

b. 监测信息反馈

监测信息反馈程序如图 14-117 所示。

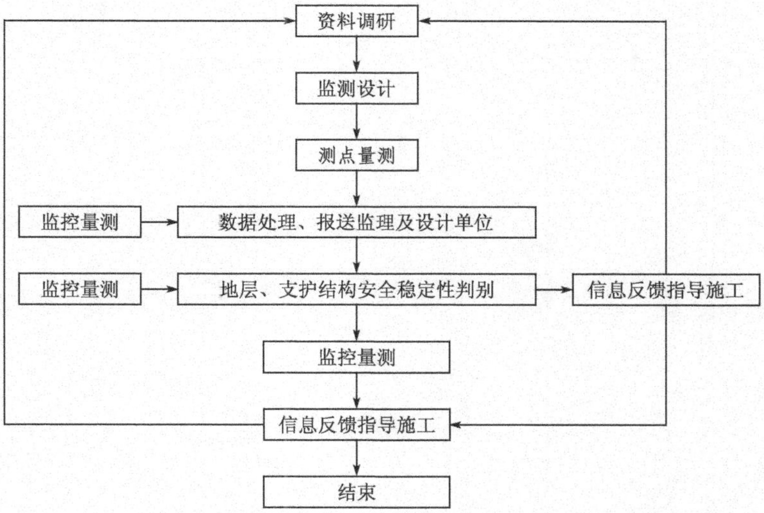

图 14-117 监测信息反馈程序图

思考题

1. 简述重庆地貌及地层特点。

2. 简述 TBM 设备选型原则。

3. 重庆地铁选用 TBM 时，主要考虑哪些因素？

4. 重庆 TBM 法施工的施工准备工作主要包括哪些内容？

5. TBM 法施工临时工程包括哪些主要内容？

6. 控制测量主要内容有哪些？

7. 简述 PPS 导向系统的组成。

8. 监测内容及监测控制措施有哪些？

9. 请对重庆地铁 6 号线二期复合式 TBM 试验段工程的施工难点进行分析。

10. 发生堵仓、堵螺旋机和糊刀盘时，应采取哪些措施？

11. 在砂岩、泥岩交错或互层软硬不均和岩性突变地层施工时，应采取什么对策？

12. 重庆岩石地层施工时，管片上浮主要采取哪些措施？

13. 重庆市会展中心市政交通工程复合式 TBM 小半径曲线平洞步进及正洞始发施工，面临的主要技术难点有哪些？

第三篇 施工视频

盾构隧道施工科技含量高，社会关注度大，安全生产责任重。盾构是现代科学技术与工业技术的结晶，集中体现了机械制造、液压、传感、自控、信息、材料等综合技术水平。本篇展现的盾构施工技术、设备视频（可通过手机扫描二维码图像观看），有助于帮助读者揭开盾构施工的神秘面纱。

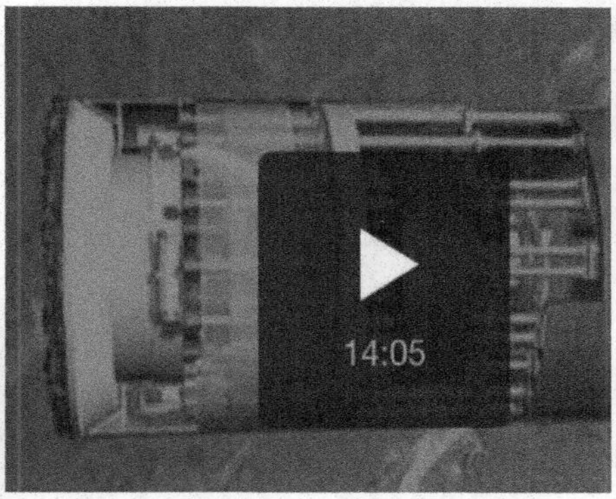

第15章

盾构 TBM 施工视频

本章共收录盾构 TBM 有关视频 25 个可通过手机扫描书中相应视频二维码图像即可观看，具体视频如视频 15-1～视频 15-25 所示。

视频 15-1　盾构的起源

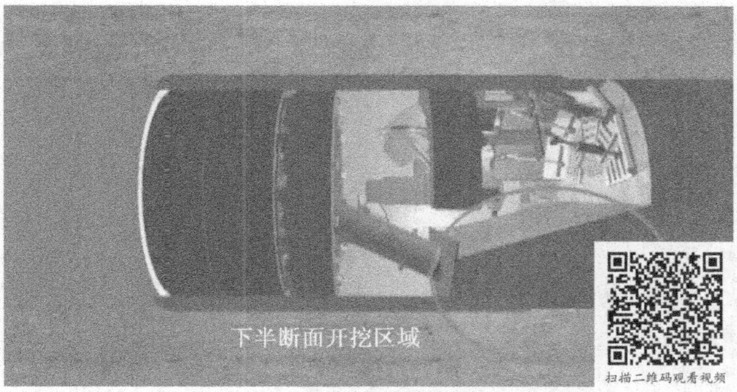

视频 15-2　敞口式盾构施工演示

视频 15-3　NFM 双模盾构

视频 15-4 小断面泥水盾构施工技术与应用

视频 15-5 泥水平衡与气压复合模式

视频 15-6 武汉长江隧道工程

视频 15-7 南京纬三路过江通道

视频 15-8 南京长江隧道

视频 15-9 上海长江水底隧道工程(ϕ15.43m 泥水盾构)

视频 15-10 南水北调穿黄隧洞施工

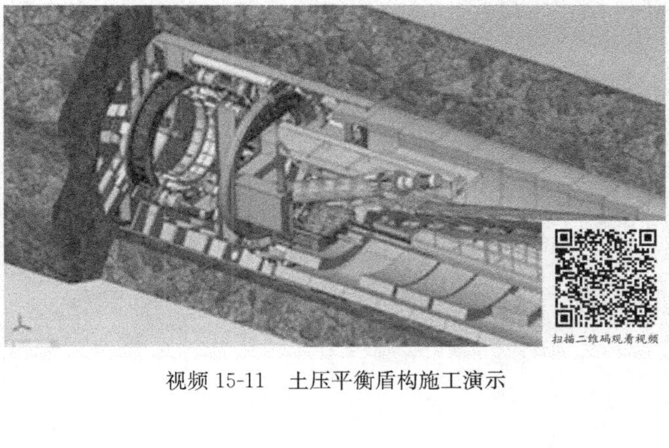

视频 15-11 土压平衡盾构施工演示

视频 15-12　土压平衡盾构结构与施工

视频 15-13　土压平衡盾构的组成及施工流程

视频 15-14　土压平衡盾构施工三维动画

视频 15-15　盾构隧道施工与变形控制技术

视频 15-16 德国海瑞克 ϕ12.06m 土压平衡盾构

视频 15-17 大直径土压平衡盾构施工

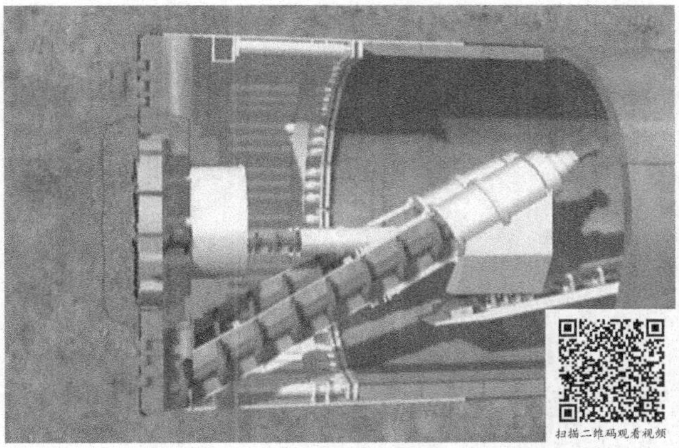

视频 15-18 内外刀盘式土压平衡盾构工作原理

视频 15-19 西雅图日立造船 Bertha 号盾构(世界最大土压平衡盾构)

视频 15-20　英法海峡隧道施工演示

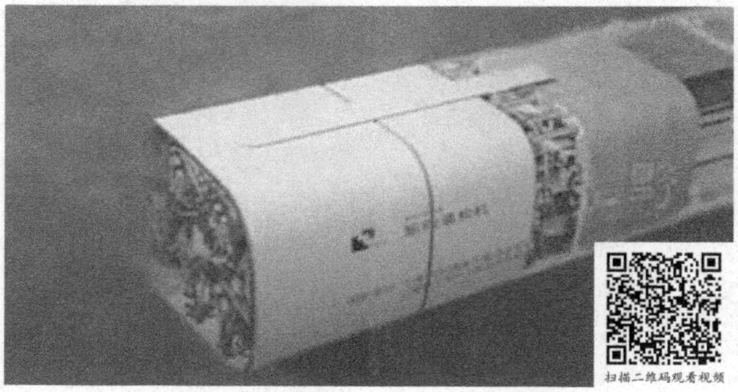

视频 15-21　大截面土压平衡矩形盾构

视频 15-22　德国海瑞克开敞式 TBM

视频 15-23　海瑞克双护盾 TBM

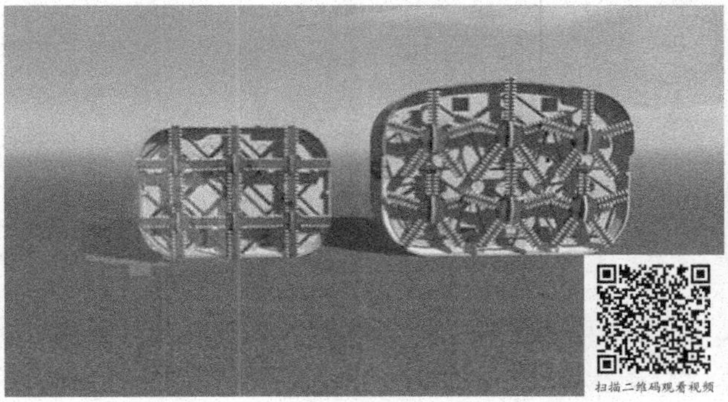

视频 15-24 郑州中州大道矩形顶管施工

视频 15-25 地下共同管廊工程

参 考 文 献

[1] 白廷辉.盾构法隧道施工技术与环境保护[J].地下工程与隧道,1993(3).
[2] 马积薪(译).盾构隧道瓦斯爆炸事故的原因及对策[J].世界隧道,1995(6).
[3] 孙钧,易宏伟.地铁隧道盾构掘进施工市区环境土工安全的地基变形与沉降控制[J].地下工程与隧道,2001(2).
[4] 土木学会.隧道标准规范(盾构篇)及解说.北京:中国建筑工业出版社,2001.11.
[5] B Maidl,M Herrenknecht,L Anheuser .机械化盾构隧道掘进[M].浙江:浙江大学出版社,2002.
[6] 韩亚丽,陈馈.南京地铁管片拼装技术[J].隧道建设,2003(2).
[7] 王镇春,陈馈,韩亚丽.南京地铁许玄区间盾构调头施工技术[J].建筑机械,2003(12).
[8] 陈馈.南京地铁盾构掘进技术[J].建筑机械化,2004(2).
[9] 康宝生,陈馈,李荣智.南京地铁盾构始发与到达施工技术[J].建筑机械化,2004(2).
[10] 李荣智,陈馈,史基盛.南京地铁联络通道冷冻法施工技术[J].建筑机械化,2004(2).
[11] 周文波.盾构法隧道施工技术及应用[M].北京:中国建筑工业出版社,2004.
[12] 陈馈.南京地铁TA15标盾构法施工技术[J].建筑机械,2004(10).
[13] 张凤祥,傅德明,杨国祥.盾构隧道施工手册[M].北京:人民交通出版社,2005.
[14] 竺维彬,鞠世健.复合地层中的盾构施工技术[M].北京:中国科学技术出版社,2006.
[15] 陈馈.TBM在铁路隧道施工中的应用[J].建筑机械,2006(8).
[16] 伊旅超,朱振宏,等.日本盾构隧道新技术[M].华中理工大学出版社,1999.
[17] 顾国明,陈卫平.大型泥水盾构越江隧道施工技术[J].建筑机械化,2008(10).
[18] 顾国明,陈卫平.大型泥水盾构越江隧道施工技术[J].建筑机械化,2008(10).
[19] 陈馈,洪开荣.盾构施工技术[J].北京:人民交通出版社,2009.
[20] 陈馈.重庆地铁六号线二期工程盾构适应性设计[J].建筑机械化,2011(2).
[21] 陈馈,张兵.重庆地铁六号线一期工程TBM法施工技术[J].建筑机械化,2011(5).
[22] 陈馈,冯欢欢.中国盾构技术的发展与创新[J].建筑机械化,2012(增刊2).
[23] 李辉.泥岩地质条件下TBM快速掘进技术[J].建筑机械化,2012(增刊2).
[24] 仲建华.城市轨道交通工程硬岩掘进机(TBM技术)[M].北京:人民交通出版社,2013.
[25] 龚秋明.掘进机隧道掘进概论[M].北京:科学出版社,2014.
[26] 陈馈.盾构刀具关键技术及其最新发展[J].隧道建设,2015(3).
[27] 陈馈,洪开荣,焦胜军.国内外盾构法隧道施工实例[J].北京:人民交通出版社,2016.

盾构施工技术

第二版 SECOND EDITION

SHIELD CONSTRUCTION TECHNIQUE

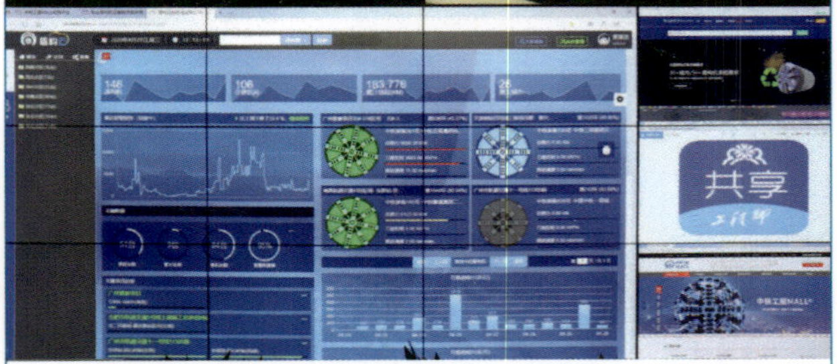

欢迎关注微信公众号：隧道及地下工程大讲堂

电子书阅读 / 专题讲座 / 动画视频 / 行业资讯

图书不是阅读的终点，
它是打开全媒体知识与服务的链接

责任编辑　张江成

文字编辑　范晓锋　秦　伟

封面设计　赞泰书装 MOB:13521027010

编辑邮箱　zjc@ccpress.com.cn

ISBN 978-7-114-12800-4

9 787114 128004

定价：98.00元